美国合同法案例精解

【上 册】

CASES AND PROBLEMS ON CONTRACTS

[美] 约翰·卡拉马里 约瑟夫·佩里罗 海伦·哈德吉扬那基斯·本德 卡罗琳·布朗 著 王飞 译

第 6 版

上海人民出版社

推荐序

美国的法学教育有着悠久传统，教材也很多，教材中，经过时间检验，只有很少一部分能够沉淀下来成为经典。本书就是这些经典中的一本，将本书介绍给中国读者是不错的选择。

对于合同，中国人并不陌生。合同是平等主体的自然人、法人、其他组织之间，为了一定的经济目的，设立、变更、终止民事权利义务关系的协议，通常是当事人以法律文书的形式明确双方权利义务的协议。合同在中国古已有之，中国古文字中的"契"，本义就是合同。《说文解字》中将"契"字解释为"大约也"，所谓"大约"就是重要的合同，如房契、地契、卖身契等。照理说，合同在经济和社会生活中是广泛存在的，因此，合同法也应该是一直存在的。但是，我国的合同法是在改革开放后才出台的，至今还不能说十分成熟。因为在以往的计划经济体制下，政企不分、政商不分，行政机构在资源配置中发挥着决定性的作用，经典的理论强调"计划就是法律"，所以，合同的作用有限，也无需合同法对经济活动加以规范。以市场为价值取向的经济体制改革，改变了以往的资源配置方式和经济运行方式，合同与合同法的作用凸显出来。

《威尼斯商人》中关于"一磅肉"的诉讼，曾经在重建法治时对人们认识合同及合同条文解释的重要性产生过重要影响。随着中国经济体制改革的日益深入，关于合同的法律理论与司法观念取得了很大进步，特别是对外交往的加深，中国法学界和司法界对普通法国家的合同法理论越来越关注，我国合同法和最高法院相关司法解释出台，基础工作都包括对普通法国家的合同法理论的研究，我们感受得到，中国相关法律与国际潮流日趋融合。

美国是世界第一大经济体，经济活动无处不在，频繁的经济活动推进了合同的完备与发展，丰富的实践为相关理论的发展提供了基础。合同从最初的简单条文演化到今天的完备文本，每一条文的增加，都是为了解决实践中遇到的新情况、新问题。因此，学习借鉴发达国家合同理论，不仅有助于我们知己知彼，减少纠纷，避免损失，在经济活动中保持主动性，还有助于我们了解和接受通行的市场经济规则，并完善法律，在制度建设上少走弯路。

本书在体系上较完整，全书 15 章，覆盖了合同法理论的各个方面，从合同的订立、要约、承诺、对价等基本概念，到合同的解释、履行、条件、无效、救济、解除到非法合同的处理，其中，有的是与大陆法系相同的概念和理论，例如，要约和承诺、对价、禁止反言，也有美国合同法中比较独特的规定，例如，反欺诈法、口头证据规则等。可以说，本书的权威性不仅来自作者的身份，也来自体系的完整。除了系统的完整性，本书还向我们呈现了合同法演化历史。书中引用了历史上的众多经典判例，最早的案例距今已 300 多年，这些案例让读者触摸得到历史，认识合同法发展的曲折历程。但是，本书并没有在历史面前停步，而是持续记录，直至近年才有的资产收购、电子商务、互联网交易、同性恋者同意拥有共同的孩子等新类型合同案件。

本书的另一个特点也值得一说。在常人眼里，合同乃至法律的文字都刻板无味，但是，书中的判决写得并不呆板，不仅将法理很自然地融于判例之中，而且文笔非常漂亮，阅读这些判例犹如听人讲故事，可以从中感受到法律之美。

本书的译者王飞是资深法官，也是上海基层法院的行政领导。十多年前，他在上海市高级人民法院工作时，曾组织过很多研讨会，那时他的发言和论文就给我留下深刻印象，他是一位很注重将审判实践在理论层面进行思考的法官，是具备较强学习动力和学习能力的。本书是王飞利用业余时间翻译的。众所周知，现在法官的工作压力很大，上海 2016 年法院受理的案件总量已经突破 70 万件，年办案量在 200 多件的法官不在少数。王飞除了必须到一线办案之外，还承担着行政管理的工作，但他在工作之余，坚持不懈，将这本厚重的法学教材翻译出来，说明他具有对法学的浓厚兴趣和热情。

中国的司法体制改革正在向纵深发展，改革的最终目标是实现公平正义，提高司法公信力。实现这个目标，需要加强队伍建设，让司法人员具有崇尚法治的理念，以及与他们所负权力责任相适应的能力。这种能力是需要培养的，已经进行的员额制、遴选制等一系列改革，对司法人员提高自身素质有积极作用，但是，要真正符合实施司法责任制的要求，司法人员需要自觉学习，持久学习。

本书中文译本的出版，为广大司法人员借鉴美国合同法律制度提供了便利，对他们提高对合同法的认识具有积极意义。我相信，阅读此书，读者一定能从中受益。

中国法学会学术委员会委员

上海市法学会学术委员会主任

上海交通大学凯原法学院讲席教授

2017 年 10 月 1 日

积跬步，至远方(译者序)

翻译这本专著，对我的挑战不啻小牛拉大车，刚开始的时候只是想尝试，抱着能做多少是多少的态度，没有想到过能够完成。可是，走着走着，就想既然开始做了，何不就做下去呢？这一做，就是数年的时间，从开始的第 4 版到成书的第 6 版。

着手这项工作，首先是因为热爱。在大学时，知道我们国家是成文法国家，法律是由法条规定的。但最喜欢的还是听老师讲解各种案例，案例让一个个略显呆板的法条鲜活起来。在攻读美国天普大学法律硕士学位之前，我已经做了多年的法官，接触了不少案件，自认为对于案例的分析有些经验，能够说上些道道。可是，在我真的接触了美国合同法判例，走进其文字背后的哲学思辨、法学理论之后，才知道自己原先的很多所谓观点是多么的浅显，甚至是狭隘。好在自己并没有就此停住，内心对于法律的这份热爱，加上执着，让我走进一个个案例，走进这些案例背后的思辨和逻辑。这是一种"头脑风暴"，因为很多观点几乎是颠覆性的。但仔细再思考回味，又会发现这些观点闪耀着理性、睿智的光芒。

自己主动迎接这一挑战，还有一个原因，是想亲自走进美国合同法案例当中，一看究竟。在开始这项工作之前，也接触过一些美国合同法案例，也在不少研讨会上听到专家学者提起一些案例。但由于是"传来"资料，总是觉得不解渴。我想，既然如此，就自己做吧。回过头来看，要知道梨子的味道，真的就得自己尝一尝。原来很多案例还有那么多被我们忽略的细节，有那么多充满哲理和美感的分析、论述。那些著名法官在面临新类型案件和棘手案件时，也和我们一样有着内心的纠结，也经常是难以取舍。看着那些法官分析、论证的过程，经常就是跟随法律前行、感受正义和公平的过程。

困难来自方方面面，时间、精力、能力等一道道难题摆在面前。感谢家人给予了极大支持，让我可以集中精力投入这项工作。特别感谢沈国明教授拨冗作序，鼓励后进。一路走来，幸得贵人相助，他们给予精神鼓励、帮忙搜集比对资料、提供商榷意见，让自己能够坚持下来，不至于半途而废。最初的热爱，也在日积月累中转化成习惯，或多或少，每天总要做一些。每天做的一点一滴，都成了工作过程中的一步一步。

这本书在美国是法学院学生的重要教材。它按照美国合同法现行的体系、框架精心挑选各种案例,也选入了一些英国的经典合同法案例,因为美国在历史上是英国的殖民地,采纳的是相似的法律体系和司法传统。普通法国家在传统上可以借鉴其他国家的判例。这些案例既体现了传统普通法精髓,也展示了《统一商法典》颁布之后美国合同法新的理论发展。为使读者更好地理解这些案例的主要内容,译者在每篇案例的开始,增加了一个简短的"本案要旨",主要是想对裁判作一个原则上的提炼。同时,为方便读者,译者对书中的英美法术语加了译者注,必要时是在多处均加译者注。为便于读者理解案例中的程序,译者专门写了一篇附录,介绍美国法院体系。稍感遗憾的是,由于时间和材料变动等原因,原书中所附"问题"、《统一商法典》的第一章和第二章以及部分注解未能跟进收入。

法律人如何应对社会的各种变化,更好地实现公平正义,可能会见仁见智,但我相信加强学习、借鉴应该是共识。这种学习,既包括学习我国传统文化及精髓,当然也包括学习世界其他各国的文明成果。本书中的这些合同法案例,也许只是这些文明成果当中极小的一部分。但在这些案例作出的年代,法官同样也面临着各种新情况、新问题,他们有的时候坚守传统理念,让社会核心的价值得以存续;有的时候创造性地发展、突破,摒弃落后、迂腐的陈规,引领社会的进步。制度不能简单复制,但文明成果却可以共享。

是为序。

王 飞

2017 年 10 月

中文版序

作为作者,我们非常乐意为本书第 6 版的中文版作序。

从第 1 版开始,我们就在英美合同法基本原则的框架范围内,选取了与本书内容紧密相关的经典盎格鲁—美国合同法案例。本书对问题的收录也极富创意,这些问题本身简单,却与其他重要案例间接相关,有助于领会判例的精妙之处。在第 6 版中,我们致力于强化读者对这些传统法律渊源的信任,以此传达美国合同法的精髓。

即使现代化程度日益提高,但在本书的各版中,我们仍然保持着对传统判例的重视。编写第 6 版时,我们优先考虑的是在书中向读者表明,美国法院正将《统一商法典》的基本原则和法律术语扩大应用至不适用该法典的案例中。鉴于《统一商法典》第二章"普通法"性质的独特性——即它有着成文法的框架,判例法的内核——法院可以通过扩大适用或类推来避免技术解释造成的不公正;直接支持这一结论的,是成文法当中的"目的解释"这一政策,该政策通过《统一商法典》第 1—103 条款贯穿了整个法典。为便于查阅,我们将《统一商法典》第一章和第二章作为本书附录。①

第 6 版成书时,最后也是最具实质性意义的一步,是将该书中提出的问题进行归纳,以便直扣特定法律议题。我们遵循现代美国合同法的发展路径,将这些问题编排纳入各个法律议题,使其展现出更加丰富翔实的脉络。

本书的中文版看来大有可为。我们相信,如同本书在美国法学院成为合同法案例典范那样,它也必将为中国读者学习美国法律助一臂之力。

约翰·卡拉马里

约瑟夫·佩里罗

海伦·哈德吉扬那基斯·本德

卡罗琳·布朗

---

① 《统一商法典》的第一章和第二章在中文版中略去。——译者注

目 录

推荐序/1

积跬步,至远方(译者序)/1

中文版序/1

第一章 缔约过程 / 1

第一节　订立合同的意愿/1

露西诉齐默/1

鲍尔弗诉鲍尔弗/5

德士古公司诉潘佐尔公司/7

第二节　要约/20

一、要约与观点表达及广告等的区别/20

霍金斯诉麦吉/20

霍金斯案:一段悲惨的经历/24

沙利文诉奥康纳/26

伦纳德诉百事公司(1)/27

二、投标和拍卖/36

霍夫曼诉霍顿/36

三、要约与初步协商以及价格目录之间的区别/38

洛纳根诉斯科尼克/38

费尔芒特玻璃公司诉克鲁登—马丁木制品公司/40

第三节　合同的不确定性/44

海恩斯诉纽约市政府/44

瓦根塞勒诉斯科茨代尔医院/48

约瑟夫·马丁食品公司诉舒马赫/64

BMC 工业公司诉巴斯工业公司/70

西南机械公司诉马丁拖拉机公司/75

科普兰诉巴斯金公司 / 80

欧格贝·诺顿公司诉阿莫科公司 / 89

埃克尔斯诉沙曼 / 98

第四节 作出承诺 / 103

一、与作出承诺相关的初步问题 / 103

布罗德纳克斯诉莱德贝特 / 103

MCC-Marble 公司诉达戈斯蒂诺公司 / 105

卡利尔诉石碳酸烟球公司 / 106

江湖医术与合同法：石碳酸烟球一案背后的故事 / 110

伦纳德诉百事公司(2) / 113

二、通过沉默或者行为作出承诺 / 118

戴诉卡顿 / 118

威尔霍伊特诉贝克 / 120

米勒诉 NBD 银行 / 124

霍布斯诉马萨索伊特公司 / 126

第五节 单方合同的要约什么时候不再可以撤销? / 127

彼得森诉帕特伯格 / 127

布拉肯伯里诉霍奇金 / 133

莫泰服务公司诉 CMP 公司 / 135

第六节 对不确定承诺具体方式要约的接受 / 140

霍顿诉戴姆勒金融服务公司 / 140

第七节 指定媒介的承诺以及"投邮生效"规则 / 144

藤本诉雷欧公司 / 144

坎图诉州教育委员会 / 148

第八节 传递中出现错误 / 151

第九节 可撤回要约的终止 / 152

斯威夫特公司诉斯密戈尔 / 152

第十节 反要约和格式文本之战 / 159

一、"镜像规则"、"最后一击"原则和《统一商法典》

第 2-207 条款 / 159

阿登特诉霍兰 / 159

多顿诉科林斯公司 / 162

钻石水果栽培公司诉克莱克公司 / 169

二、藏在盒子中的条款 / 177

　　　　ProCD 公司诉齐登伯格 / 177

　　　　希尔诉 Gateway 2000 公司 / 188

　　　　克洛切克诉 Gateway 公司 / 195

　　第十一节　电子商务 / 205

　　　　施佩希特诉网景公司 / 205

　　第十二节　选择权合同 / 217

　　　　比尔诉比尔 / 217

第二章　对价 / 221

　　第一节　什么是对价？/ 221

　　　　金诉宋 / 221

　　　　哈默诉希德威 / 223

　　　　柯克西诉柯克西 / 228

　　　　宾夕供应公司诉美国灰循环利用公司 / 231

　　　　戈特利布诉特罗皮卡那赌场 / 237

　　　　菲格诉贝姆 / 242

　　第二节　既存合同义务规则 / 248

　　　　施瓦茨赖克诉鲍曼—巴施公司 / 248

　　　　安杰尔诉默里 / 252

　　　　基布勒诉弗兰克公司 / 258

　　第三节　成文法上的改变 / 263

　　　　罗思钢铁制造公司诉沙伦钢铁公司 / 263

　　第四节　双方合同中的对价及义务的相互性 / 270

　　　　里奇林业公司诉维尼曼 / 270

　　　　伍德诉露西 / 273

　　　　梅扎诺特诉弗里兰 / 276

　　　　迈阿密可口可乐瓶装公司诉鲜橙汁公司 / 279

　　　　得克萨斯州液化气公司诉 S.A.巴雷特 / 281

　　　　威斯科公司诉江森自控公司 / 284

　　　　Summits 7 公司诉凯莉 / 290

第三章　道德义务和对价 / 296

　　　　谢尔登诉布莱克曼 / 296

巴西班科银行诉安提瓜和巴布达政府 / 301

哈林顿诉泰勒 / 304

韦布诉麦高因 / 305

第四章 允诺性禁止反言 / **311**

范伯格诉法伊弗公司 / 311

康拉德诉菲尔茨 / 316

萨尔斯伯里诉西北贝尔电话公司 / 322

德雷南诉星星铺路公司 / 325

科斯格罗夫诉巴托罗塔 / 332

第五章 口头证据规则及合同解释 / **338**

第一节 口头证据规则 / 338

米奇尔诉拉斯 / 338

李诉西格拉姆公司 / 345

乔治诉达沃里 / 352

瓦尔·福特不动产公司诉J.Z.玩具世界公司 / 355

第二节 合同解释 / 356

太平洋煤电公司诉托马斯公司 / 356

特里登中心诉康涅狄格寿险公司 / 361

拉弗尔斯诉威切豪斯 / 369

运送棉花的合同:两艘"无敌号"轮船的案件 / 372

那那古利公司诉壳牌石油公司 / 375

第六章 当事人的行为能力 / **386**

佩蒂特诉利斯顿 / 386

奥特利诉教师退休管理委员会 / 391

第七章 因为不当行为或者错误而导致的合同无效 / **403**

第一节 胁迫 / 403

加伦诉劳埃德—托马斯公司 / 403

奥斯汀仪器公司诉劳拉公司 / 408

第二节　不当影响 / 415

弗朗索瓦诉弗朗索瓦 / 415

得克萨斯州"卫理公会使命之家"诉 N_A_B_ / 422

第三节　错误陈述、不予披露和保证 / 427

柯西诺诉沃克 / 427

沃克斯诉亚瑟·默里公司 / 437

史密斯诉津巴利斯特 / 442

本特利诉斯拉维克 / 446

第四节　错误 / 452

纳尔逊诉赖斯 / 452

舍伍德诉沃克 / 459

怀特诉伯林达·梅萨水务局 / 467

第五节　合同变更 / 474

霍夫曼诉查普曼 / 474

第六节　显失公平和当事人阅看合同的义务 / 478

威廉姆斯诉沃克·托马斯家具公司 / 478

有关 RealNetworks 公司侵犯他人隐私的一起诉讼 / 484

第八章　合同条件、合同的履行和违约 / **489**

第一节　明示条件的性质及其后果,以履行的时间节点对合同条件所作的分类 / 489

奥德特诉圣·约瑟夫 / 489

英曼诉克莱德·霍尔钻井公司 / 491

第二节　明示条件与其他条款之区别 / 495

一、合同创设的究竟是一个明示条件、一个承诺,抑或是两者兼而有之? / 495

纽约青铜粉公司诉本杰明资产收购公司 / 495

二、当事人的约定究竟是一个付款时间条款,还是一个明示条件? / 505

索斯·戴尔公司诉毕晓普国际工程公司 / 505

沙恩公司诉埃特那公司 / 511

三、合同成立的条件,还是合同履行的条件? / 514

汤普森诉利西亚公司 / 514

第三节　推定条件／523

　　　　斯图尔特诉纽伯里／523

　　　　门罗街置业公司诉卡彭特／527

　　　　雅各布公司诉肯特／530

　　　　雅各布公司诉肯特／537

　　　　VRT 公司诉达顿公司／537

　　　　沃克公司诉哈里森／540

　　　　K＆G 建筑公司诉哈里斯／545

第四节　《统一商法典》下的推定条件／550

　　　　巴特斯诉里卡迪／550

　　　　帕克诉贝尔·福特公司／554

　　　　伊曼纽尔公司诉各州法律研究公司／557

第五节　违约一方当事人可以获得救济的几种情形：合同的可分
　　　　性，独立的承诺以及单独合同／566

　　　　清道夫公司诉 GT 软件公司／566

第六节　错误地阻止、阻碍履行以及不予合作／567

　　　　坎特雷尔公司诉纪尧姆赛车公司／567

　　　　洛克诉华纳兄弟公司／571

　　　　斯沃茨诉罗切斯特战争纪念委员会／580

　　　　Stop ＆ Shop 公司诉加南／583

　　　　市场街有限合伙公司诉弗雷／588

第七节　放弃条件、禁止反言以及权利人事后不再追究／599

　　　　克拉克诉韦斯特／599

　　　　斯坎塔迪钢铁公司诉布鲁诺建筑公司／604

　　　　斯坎塔迪钢铁公司诉布鲁诺建筑公司／608

第八节　对于剥夺他人财产的法律救济／609

　　　　汉堡王公司诉全家餐饮公司／609

　　　　康涅狄格州 R ＆ R 公司诉施蒂格勒／621

　　　　C ＆ J 化肥厂诉联合互助保险公司／628

第九节　以当事人满意作为条件／648

　　　　俄勒冈西部公司诉 Pfau／648

　　　　英杜诉德怀尔／654

第十节　可能的不履行行为和通过毁弃构成违约／661

　　　　霍克斯特诉德拉图尔／661

德雷克诉威克怀尔／670

科恩诉克兰兹／675

第九章 合同的履行不能、履行困难和合同目的落空／**681**

第一节　合同的履行不能、履行困难／681

帕拉丁诉简／681

泰勒诉考德威尔／683

CNA 国际再保险公司诉菲尼克斯／688

克拉克诉华莱士县粮库／691

跨大西洋金融公司诉美国政府／695

东方航空有限公司诉麦道公司／703

奥尔布里大理石公司诉约翰·鲍恩公司／714

第二节　合同目的落空／718

克雷尔诉亨利／718

西部地产公司诉南犹他航空公司／724

第十章 法律救济的适用／**728**

第一节　赔偿损失／728

一、法律救济的一般原则和限制／728

霍金斯诉麦吉／728

护卫者保险服务公司诉美国 USF & G 公司／728

哈德利诉巴克森代尔／734

马德诉斯蒂芬森／738

罗金厄姆县政府诉路登桥梁公司／739

格鲁伯诉 S—M 公司／743

安格利亚电视公司诉里德／746

二、货物买卖合同和不动产合同／748

赫斯勒诉水晶湖公司／748

全美控制装置公司诉科莫多商业机械公司／756

霍顿诉奥罗克／763

三、雇佣合同与服务合同／765

帕克诉二十世纪福克斯电影公司／765

有关乔丹向世界通信公司申请债权案／774

四、建设工程合同 / 784
　　雅各布公司诉肯特 / 784
　　皮威豪斯诉加兰煤炭开采公司 / 784
五、惩罚性赔偿、惩罚性、有效率的违约、约定的赔偿金以及
　　对赔偿责任的限制 / 795
　　巴顿诉中州系统公司 / 795
　　"有效率的违约"之谬误 / 799
　　瓦塞纳诉帕努斯 / 804
　　卡瓦塞诉默里 / 811
　　温德诉忠诚安全系统公司 / 816

第二节　返还利益 / 824
一、对于受害一方当事人 / 824
　　美国政府诉阿尔杰农·布莱尔公司 / 824
　　奥利弗诉坎贝尔 / 827
二、对于违约一方当事人的救济 / 833
　　马丁诉舍恩博格 / 833
　　兰斯洛蒂诉托马斯 / 833

第三节　实际履行 / 840
一、实际履行的实质基础 / 840
　　桑达克斯住宅公司诉博格 / 840
　　拉克雷德燃气公司诉阿莫科石油公司 / 845
　　适用实际履行救济措施的案件 / 849
二、雇员不得与雇主进行竞争的协议 / 852
　　卡宾斯基诉英格拉西 / 852
　　霍华德·舒尔茨公司诉布罗尼克 / 857

第十一章　第三方受益人 / 863
第一节　有意的受益人、附带的受益人、债权人受益人以及受
　　赠人受益人 / 863
　　劳伦斯诉福克斯 / 863
　　西弗诉兰塞姆 / 869
　　莫克公司诉伦塞勒供水公司 / 874
　　西部防水公司诉斯普林菲尔德住房管理局 / 878
　　卢卡斯诉哈姆 / 884

第二节　抗辩理由、特别利益和相关权利／889

　　　　埃里克森诉龙德公司／889

　　　　底特律银行和信托公司诉芝加哥淬火公司／892

　　　　劳斯诉美国房屋管理署／898

第十二章　合同转让和授权他人代为履行／901

第一节　合同转让的性质和后果／901

　　　　赫佐格诉艾拉斯／901

第二节　权利是否可以转让？行为是否可以由他人

　　　　代为履行？／905

　　一、一般原则／905

　　　　马克公司诉盖瑟斯堡比萨公司／905

　　　　萨莉公司诉耐克斯公司／910

　　二、合同中禁止转让的条款／920

　　　　有关考夫曼是否有权转让合同这一问题的回答／920

　　三、不当转让或者不当授权代为履行——放弃追究的

　　　　后果／927

　　　　西尔诉贝茨／927

第三节　有关合同转让和授权代为履行的其他难题／932

　　　　西部石油销售公司诉布利斯和韦瑟比／932

第四节　转让案件中的抗辩理由、反诉和隐性权益／936

　　　　联合贷款公司诉沃克／936

第十三章　反欺诈法／939

第一节　一年期条款／939

　　　　科勒文公司诉旗舰置业公司／939

　　　　从书面形式的功能与障碍看反欺诈法／949

　　　　埃利希诉迪格斯／949

第二节　备忘录／956

　　　　克拉布特里诉伊丽莎白·阿登销售公司／956

第三节　部分履行或者完全履行、合同的撤销及修改的后果以

　　　　及它们与一年期条款的关系／962

　　　　麦金托什诉墨菲／962

第四节　反欺诈法和货物买卖合同 / 970

阿泽维多诉米尼斯特 / 970

科恩诉费希尔 / 977

波特诉哈特农场 / 982

好市多批发销售公司诉环球首饰销售公司 / 988

第五节　保证与反欺诈法 / 994

劳伦斯诉安德森 / 994

亚布罗诉麦金尼斯设备公司 / 997

第六节　反欺诈法和婚姻关系 / 1003

迪恩斯特诉迪恩斯特 / 1003

第七节　反欺诈法与不动产 / 1005

肖内西诉艾兹莫 / 1005

第十四章 合同的解除 / 1012

哥德巴德诉帝国人寿公司 / 1012

第一美国商业公司诉华盛顿储蓄银行 / 1019

第十五章 非法交易或者违背公共政策的交易 / 1024

第一节　公共政策的一些变化 / 1024

T.F.诉 B.L. / 1024

特劳特曼诉南方铁路公司 / 1036

第二节　非法行为的后果 / 1040

北印第安纳公共服务公司诉卡本县煤炭公司 / 1040

科克伦诉德尔法瓦 / 1046

梅泽提斯诉 TUV 公司 / 1050

附　录 / 1055

美国法院概况 / 1057

案例索引 / 1060

关键词索引 / 1071

第 一 章
缔约过程

■ **第一节 订立合同的意愿**

露西诉齐默[1]
弗吉尼亚州最高上诉法院(1954年)

本案要旨

原告W.O.露西一直想买下被告A.H.齐默的农场,一次酒过三巡之后,原告再次提出这一要求,并说被告的农场价值不超过5万美元,被告则认为原告拿不出这么多钱。在原告要求下,被告在一便条上写下愿意出售农场的文字,并叫妻子签名。被告当时悄悄告诉妻子这只是开个玩笑。原告收下便条后,就着手准备购买农场的事宜。被告认为,当时自己只是在开玩笑,拒绝交易。原告向法院起诉,要求被告履行合同。法院认定,双方达成了合同,判决支持了原告的诉讼请求。

本案确定的规则是,当事人有没有订立合同的意愿应根据其显露在外的言行进行判断,如果一个人的言行根据理性人的判断构成明确的缔结合同意愿,那么没有显露在外的意愿就不再重要。

布坎南法官[2]代表法院呈递以下判决意见:

本案由两位原告W.O.露西与J.C.露西诉至法院,两位原告要求被告A.H.齐默与其妻子Ida S.齐默实际履行双方签订的不动产买卖合同。两位原告声称,被告齐默夫妇已经向原告W.O.露西出售了他们所拥有的一块土地,

---

[1] Lucy v. Zehmer, 196 Va.493, 84 S.E.2d 516.
本案原告有两人,是露西兄弟,而被告是齐默夫妇。——译者注
[2] Buchanan, Justice.

该土地位于迪温迪县①,名叫弗格森农场,面积为471.6英亩,被告出售这一块土地的价格为5万美元。本案的另一原告J.C.露西是W.O.露西的哥哥,W.O.露西已经答应将这一土地买卖交易中的一半利益转让给J.C.露西。

原告要求法院强制执行的书面材料是由被告A.H.齐默在1952年12月20日所写的一张便条,内容如下:"我们在此同意以5万美元的价格将弗格森农场出售给W.O.露西,该农场的产权转让给买方。"该书面材料上有两位被告的亲笔签名。

A.H.齐默在答辩状中承认,在上述书面材料提及的这一时间,原告W.O.露西曾经向他发出要约,想要以5万美元的现金购买其拥有的弗格森农场。但A.H.齐默坚持认为,该要约仅仅是玩笑而已。被告之所以这样认为,是因为他和原告W.O.露西当时都喝多了,他是在喝醉的状态下写下了前面提及的便条,并且唆使他的妻子在上面签名的。但是,他当时没有把这张便条交给原告W.O.露西,是W.O.露西将这张便条捡起来并放进口袋,W.O.露西当时想支付给他5美元,让交易变得具有法律上的约束力,但被齐默拒绝了。直到这时,他才第一次认识到W.O.露西对于这件事是认真的,于是,他明确告诉W.O.露西,其实他并不想出售弗格森农场,刚才的整件事只是个玩笑而已。后来,W.O.露西离开了酒店,坚持说他已经买下了弗格森农场。

2　　　有关本案的事实,当事人都接受了书面调查,初审法院的裁决认为,原告并没有表明他们有权利要求被告实际履行合同,同时驳回了原告的诉请。原告认为初审法院的判决错误,向我们法院提起了上诉。

原告W.O.露西是一位伐木工人和农场主,他向法庭陈述的主要内容是:大约在七八年之前,他就曾经向齐默提出用2万美元买下齐默的农场,齐默当时接受了他的这一要约,但这一协议只是口头的,而且后来齐默反悔了。1952年12月20日晚上约8时,W.O.露西来到齐默居住的一个叫作麦肯尼的地方,再次尝试想买下弗格森农场……他问齐默,是不是已经将弗格森农场卖出去了,齐默回答没有卖出去。W.O.露西说,"我敢肯定,你这个农场卖不到5万美元"。齐默回答,"是啊,但是你也拿不出5万美元"。W.O.露西说他拿得出这笔钱,并让齐默把刚才说的话在纸上写下来。

双方的谈话最终使得双方签署了这一协议,这次谈话一共持续了30—40分钟,其间齐默似乎怀疑W.O.露西究竟能否拿出这5万美元。W.O.露西建议在协议中写上一项条款,让双方对所购买农场权属进行确认。齐默提出,他会把弗格森农场"全部出售,包括上面的各种东西",并说他在这个农场里的所

---

①　迪温迪县是位于美国弗吉尼亚州东南部的一个县。——译者注

有东西是三头小母牛(法院接着又分析了 W.O.露西的其他证词,以及齐默、齐默的妻子和餐厅服务员的证词)。

被告齐默坚持认为,本案中的证据足以支持他们的辩称,即原告要求强制执行的书面材料只是被告虚张声势或吓唬人的,是用来迫使 W.O.露西承认他没有 5 万美元。整个事情就只是一个玩笑,他写的书面材料也不是交给露西的,因此,双方之间没有形成真正的有法律约束力的合同。

在我们看来,被告的上述辩称即使说不上奇怪,也是非常少见。当被告中的一方承认书写了上述文字,并且夫妻双方均在上面签字之后,我们认为,从法律上来说,就已有足够的证据来维持这一书面材料的严肃性。

在证词中,齐默说他自己"是个大块头,个子像乔治亚松木一样高大",他和原告的这一交易"仅仅是两个混蛋醉汉之间的虚张声势而已,两个人都是在吹牛,就看谁能够吹得更多,吹得更大"。在我们法院看来,被告的这一辩称与他作证时说的很多细节,例如,他们是如何说、如何做的,并不一致。齐默的说法与有关当事人当时状况的其他证据相矛盾,他妻子的证词说,当 W.O.露西离开餐厅时,她曾建议齐默开车送 W.O.露西回家,这一点就更加表明齐默有关他是醉汉的说法是站不住脚的。庭审记录表明,齐默在当时未醉到完全不能辨识自己书写内容性质及后果的程度,根据美国有关合同法及判例,这些书面文字中的内容不能因此被认定为无效。[①]事实上,被告的律师在口头辩论中也不得不承认,从证据上来说,齐默的醉酒并没有让他糊涂到无法签订一个有效合同的程度。

本案的书面证据同样可以确定,齐默当时曾经写过两份协议,第一份协议的开头是"我在此同意出售"。齐默开始时说,他不记得这一内容了,接着又说"我不认为我曾经写过"。齐默夫人说,她丈夫当时在纸上写的的确是"我在此同意",但是,在那个晚上之后,上面的"我"被改成了"我们"。被告书写并签名的协议就在本案卷宗中,它清晰地显示,文字中并没有齐默夫人所提及的从"我"到"我们"这样的变化。在这一段书面文字中也没有发现齐默想要指出的文字拼写上的明显错误[齐默认为,他当时在便条上错误地拼写了农场的名字("Firgerson"[②])及单词"satisfactory"]。

在双方正式签字之前,本案系争合同的文本内容已经经过四十分钟的讨论。W.O.露西不同意齐默写的第一个草案,是因为上面只有齐默的单方签名,而 W.O.露西要求齐默夫人也在上面签名。后来齐默重新写的文字满足了

---

① Taliaferro v. Emery, 124 Va. 674, 98 S.E. 627.
② 农场的正确名称应该是"Ferguson"。——译者注

W.O.露西的要求,齐默夫人随后也在上面签了名。双方讨论的内容涉及诸多事项,包括哪些东西是在出售的范围之内,弗格森农场的所有权如何检验确认,双方所签订的合同如何最终履行手续,在两名被告中的任何一人都没有提出要回书面材料的情况下,W.O.露西收下了这一书面材料,等等。以上这些事实更加具有说服力,证明该合同的签订是一件严肃的商业交易,而不是被告所称的只是玩笑而已……

让我们作一个与证据显示情况相反的假定,假设齐默只是就出售农场给 W.O.露西这件事做做样子,本意上只是想和 W.O.露西开个玩笑。但本案证据显示,W.O.露西并不知道被告是在开玩笑,而是认为这是一件严肃的商业交易,合同对他和齐默来说都有法律拘束力。在合同签订的第二天,W.O.露西就安排了他的兄弟支付一半的款项,同时给予其兄弟这片土地的一半利益。之后,他又聘用律师去查验弗格森农场的权属情况。第二天,也就是周二晚上,W.O.露西回到齐默居住的地方,齐默这才第一次告诉 W.O.露西自己不打算将弗格森农场出售给他。W.O.露西告诉齐默:"你要知道,你已经将这个地方以公平价格卖给我了。"在从他的律师处得到弗格森农场权属完好的报告之后,W.O.露西写信告诉被告,他已准备好完成这一交易了。①

从整个过程来看,不仅 W.O.露西本人的确相信,而且有证据显示他有理由相信双方签订的合同是一份正式、严肃的商业协议,就出售和购买系争的弗格森农场而言,双方都是善意的。

在合同法以及其他领域,"我们必须更加注重一个人用来表明其内心意愿的外在表现,而不是他秘而不宣的、没有外露的那些内心意愿。'法律根据行为人言语和行为的合理意思认定其内心意愿'"。②

在该合同签订之前,被告齐默没有通过任何言语和行为向 W.O.露西表示过他并不是诚心诚意地想出售这一农场。双方就这一合同以及合同的条款讨论过很长时间,这一点就连被告齐默本人也是承认的。W.O.露西在陈述中提到,讨论的过程中如果有什么吹牛的话,那就是 W.O.露西能不能在当晚就付出这 5 万美元。本案的合同和证据都表明,原告并不想在当晚就支付 5 万美元。齐默说,他在便条上签名之后,就躺倒在 W.O.露西面前的柜台上。而 W.O.露西说,齐默将写有文字的便条递给了他。在任何情况下,一份书面合同的签署和明显

---

① 不动产交易中的"完成交易"是指双方当事人去登记机构完成不动产的权属转移手续。——译者注

② First Nat. Exchange Bank of Roanoke v. Roanoke Oil Co., 169 Va. 99, 114, 192 S.E. 764, 770.

的交付行为,都会被认为是一个善意的要约和善意的承诺。双方当事人都谈到,W.O.露西将齐默写的便条放进了口袋,接着拿出 5 美元给齐默,想以此来确认双方的这一交易。即使到了这个时候,按照被告的证据来看,被告也没有以任何言语或行为表明先前他写的文本只是一个玩笑。被告齐默夫妇双方都讲到,当齐默要求他的妻子签名时,齐默对他的妻子低声地耳语道,这仅仅是个玩笑。因为是低声耳语,W.O.露西无从听到,齐默夫妇也不想让 W.O.露西听到。

双方当事人思想上的合意对于合同成立来说并不是必需的。如果一方的语言和其他的行为有着一个合理的意思,那么,除非其外在表现得出的是一个不合理的结论,否则,没有显露在外的内心意愿就并不重要。①……所以,当一个人的行为和语言足以使对方合理地相信他确实是想达成一个真正的协议,那么,他认为自己仅仅是个玩笑的观点就不能成立。②

由被告签署并由原告诉请要求履行的系争合同,不论它是原告与被告之间严肃认真的要约和承诺的结果,还是仅仅是 W.O.露西作出严肃的要约,而被告只是秘而不宣"做做样子"的结果,本案中的书面文字在双方当事人之间都形成了一份法律上有约束力的合同……

原告有权要求被告履行其起诉的合同。原告提起上诉的初审法院裁决在此予以推翻,案件发回初审法院重新审判,由初审法院作出正确的裁决,判令被告按照起诉状的要求履行合同。

初审法院的判决予以推翻,案件发回重审。

鲍尔弗诉鲍尔弗③
英国上诉法院(1919 年)

5

本案要旨

本案的原被告为夫妻关系,双方曾经达成一份口头协议,约定丈夫每月支付妻子 30 英镑的生活费,丈夫未履行协议,于是妻子起诉要求丈夫履行。本案的争议焦点是:夫妻之间在日常家庭生活中达成的协议是否构成合同法意义上的合同?法院认定,当事人之间只是作了一个家庭安排,并没有赋予这一安排以法律效力的意愿,判决驳回了原告诉请。

本案确定的规则是,对于夫妻之间达成的有关家庭内部安排的协议,当事人并不想赋予这样的协议以法律上的效力,因此这样的协议不能成为具有法

---

① *Restatement of the Law of Contracts*,Vol.I,§71,p.74.
② *Clark on Contracts*,4 ed.,§27,at p.54.
③ Balfour v. Balfour, 2 K.B.571.

律效力的合同。

[原告与被告于 1900 年在英格兰结婚。他们婚后共同生活在锡兰(现斯里兰卡),被告即原告的丈夫当时任该国水利部门的负责人。1915 年,丈夫到英格兰休假,夫妇两人返回英格兰。1916 年,丈夫将要离开英格兰返回锡兰的时候,妻子正患风湿性关节炎,在医生的建议下,妻子决定在英格兰再待几个月。在离开之前,丈夫承诺每月支付给妻子 30 英镑作为生活费。之后,双方的分歧加剧并开始分居。妻子向法院提起诉讼,从法院得到了判令丈夫向其支付扶养费的判决。在本案中,妻子向法院起诉,认为双方的约定构成了合同,丈夫应该支付其每月 30 英镑。][1]

上诉法院阿特金法官[2]代表法院呈递以下意见:

在判断某个合同是否已经达成的时候,我们必须牢记在心的是,有时当事人之间的确会达成一些协议,然而,这些协议并不导致双方形成法律意义上的合同。通常的例子是,两个人说好了共同去散步,或者是达成了应该彼此殷勤款待的要约和承诺。在通常情形下,没有人会当真认为这一类协议也应该构成合同。不构成法律意义上的合同最常见的例子之一,就是夫妻之间(就家庭事务)所作的安排。这种安排很普通、很常见,夫妻之间不可避免地要在双方之间作出一些具体安排。正如引起本案诉讼的有关生活费安排的协议一样,丈夫同意每周、每月或每年支付妻子一定数量的钱,作为她本人、家庭和子女必需的生活费,而妻子则以明示或默示方式答应按照丈夫给生活费的目的支配这笔钱。在我看来,这样的协议,或者其他许多这样的协议,根本不可能导致合同的产生。这样的协议并不是法律意义上的合同,因为双方当事人并没有赋予它们以法律后果的意愿。如果赋予这样的协议以法律拘束力,实在是最糟糕透顶的事情。一旦丈夫承诺每周给妻子 30 英镑或 2 英镑作为家庭或子女的生活费,妻子答应依照这一约定去支配生活费,那么,不但妻子可以在丈夫未支付生活费的任何一周起诉丈夫,而且丈夫也可以在妻子未履行她应尽的明示或默示义务时起诉妻子。如果这样的协议被认定为会在当事人之间产生法律上的义务,我们国家将不得不增加数百倍的法院以应付这样的案件。这样的协议不能作为起诉的依据,不是因为当事人在协议被违反的时候不愿意行使权利,而是因为当事人在订立协议的一开始,就不想将它们作为起诉的

---

① 这一段内容是原编者对案件事实和背景所作的概括。——译者注
② Atkin, L.J.
原编者在引用阿特金法官的判决意见时,删去了一部分内容。为了让读者更好地了解判决意见的全貌,译者补上了被删去的部分内容。——译者注

依据。这样的协议是在合同领域之外的,普通法并不调整配偶之间的类似协议。夫妻之间所作的承诺并没有经过签字蜡封这一程序。①这种协议的真正对价,是夫妻双方自然产生的爱和感情,而这种自然产生的爱和感情,对冰冷而严肃的法院来说,并没有多大价值。夫妻间签订的这种条款在履行或者分歧的发展过程中,可能被夫妻任何一方违反或修改,也可能被双方更新;而合同法中的一些概念,如合同的解除与撤销,对于已存在的债务进行"和解清偿"②,在家庭法中并不能找到合适的位置。在这样的协议中,他们自己就是律师、法官、法院、司法官员和报告者。这样的承诺就像家庭的房屋一样,都是国王的令状不想去触及的领地,国王的官员也不希望成为处理这种家事纠纷的官员。本案中唯一的问题是:丈夫所作的承诺是不是属于这样的性质呢? 基于我的法官同仁给予的上述理由,我认为,对于本案中丈夫的承诺,任何一方当事人都不愿意赋予其法律上的拘束力。我认为,在本案中证明合同成立的义务在原告这边,而原告并没有证明任何合同的存在。本案的双方当事人在当时仍然生活在一起,妻子也在打算返回锡兰。这一协议只是建议,丈夫在任何情形下将每月支付 30 英镑,以此作为对自己的一种约束,而妻子也会在任何情况下对丈夫支付的这笔款项表示认可。虽然妻子身体欠佳,独自生活在英格兰,但不管以后妻子病情及与疾病相关的费用如何发展,她都将自己支付这些费用。在我看来,任何一方当事人都不想赋予该协议以法律上的效果。本案中的口头证据并不足以使合同成立。当事人之间的信件并没有证明合同的存在,也未让妻子所作的口头证据更加具体充分。综上,我认为下级法院的判决是错误的,被告的上诉应该予以支持。

德士古公司诉潘佐尔公司③

得克萨斯州上诉法院,休斯顿(第一区)(1987 年)

本案要旨

初审原告潘佐尔公司准备收购格蒂集团,在与格蒂集团主要股东进行接

---

① 对于合同进行蜡封以示郑重,是普通法上赋予承诺以法律效力的一种形式。这在古代英国较为常见。——译者注

② "和解清偿"是合同法上的一个概念,是指双方当事人对于最初存在的债务,经过协商之后,以一定的金额予以了断。在通常情况下,协商后支付的金额会低于债务金额。——译者注

③ Texaco, Inc. v.Pennzoil, Co.729 S.W.2d 768.

本案初审原告是潘佐尔公司,被告是德士古公司。德士古公司不服初审法院判决提起了上诉,本案标题是上诉中的案件名称。——译者注

洽后,双方以备忘录形式将达成的意见记录下来。该"协议备忘录"规定,它必须经过格蒂集团董事会的批准才生效。在董事会讨论之前,格蒂集团的主要股东已经在备忘录上签字。董事会认定价格太低,拒绝备忘录上的要约,并提出一个反要约。原告接受了这一反要约。后原告与格蒂集团的律师马上起草了有关并购的新闻稿,宣布两家公司已经就并购达成了原则协议。格蒂集团的投资银行家随后又另外找到了被告德士古公司,因被告出价更高,格蒂集团董事会决定撤销先前作出的反要约,转而与被告合并。于是,原告以被告侵犯自己已经达成的合同为由,要求被告赔偿损失。法院认定,原告与格蒂集团已经达成了一份有约束力的合同,被告干预了这样的合同,最终判决总体上支持了原告的诉请。

本案确定了三项规则,一是当事人是否赋予了协议以法律约束力,应当根据当事人外在的、客观的意愿来判断;二是当事人就协议的主要条款达成一致时,合同就已成立;三是合同的内容必须具有确定性,只要当事人以善意履行能够确定其义务和责任,合同的确定性就是具备的。

沃伦法官①代表法院呈递以下判决意见:

该案是一起上诉案件,初审法院认定德士古公司侵犯、阻挠潘佐尔公司和格蒂集团(格蒂集团下面有格蒂石油公司、格蒂信托公司、格蒂博物馆三家企业)之间的合同,判令德士古公司赔偿潘佐尔公司的损失。德士古公司不服判决并提起上诉。

在认定的其他事实以外,初审法院的陪审团还认定了下列事实:

(1) 1984年1月3日,在格蒂集团的董事会会议行将结束时,格蒂集团决定,接受[潘佐尔公司]购买格蒂石油公司股票的协议,并愿意受到这一协议的法律约束。这一协议规定,格蒂信托公司将拥有格蒂石油公司股份的4/7,潘佐尔公司将拥有格蒂石油公司股份的3/7;在1984年12月31日之前,如果格蒂信托公司和潘佐尔公司没有能够就重组格蒂石油公司达成一致,则双方要根据各自的股份比例对格蒂石油公司的资产进行分割;

(2) 德士古公司是故意对潘佐尔公司和格蒂集团之间的协议进行干预;

(3) 德士古公司干预[潘佐尔公司和格蒂集团协议]的结果是,潘佐尔公司遭受了75.3亿美元的损失;

---

① Warren, Justice.

(4) 德士古公司的干预行为是故意为之,完全不顾潘佐尔公司的权利;

(5) 潘佐尔公司有权获得 30 亿美元的惩罚性赔偿……

在本案中虽然双方当事人对很多事实各执一词,但当事人的主要冲突以及法律上争议的重要问题,还是可以从这些事实中推断出来的。有证据显示,当时社会上广泛流传着格蒂石油公司的董事会与格蒂石油公司的董事长、同时也是格蒂石油公司所有人的戈登·格蒂不和。戈登·格蒂作为格蒂石油公司的受托人,大约拥有公司已发行股票的 40.2%。1983 年,潘佐尔公司对于这一传闻产生了兴趣。1983 年 12 月 28 日,潘佐尔公司发布了一个主动的、公开的报价,愿意以每股 100 美元的价格,收购格蒂石油公司 1 600 万股的股票。

随后,潘佐尔公司与戈登·格蒂及占有格蒂石油公司大约 11.8% 股份的格蒂博物馆的代表进行了接洽,双方讨论了收购要约和购买格蒂石油公司的可能性。在 1984 年的最初两天,潘佐尔公司与戈登·格蒂及格蒂博物馆的代表就双方交谈中的主要内容达成共识,并起草了一份"协议备忘录"……

"协议备忘录"里讲到,这一协议需要得到格蒂石油公司董事会的批准,而且,如果该协议没有得到 1 月 2 日召开的董事会会议批准,该协议的条款将自动终止。在董事会召开之前,潘佐尔公司的首席执行官利特克、信托公司的戈登·格蒂已经在"协议备忘录"上签字。就在董事会会议召开之后不久,威廉姆斯作为格蒂博物馆的主席,也在"协议备忘录"上面签了字。这样,在"协议备忘录"被提交到格蒂石油公司董事会讨论之前,签署同意"协议备忘录"的股东所持有的股份已经占到了格蒂石油公司董事会已发行股票的大多数。

该"协议备忘录"随即被送到格蒂石油公司董事会进行讨论,在这次开会讨论之前,董事会已经讨论过公司如何应对潘佐尔公司的收购要约……格蒂石油公司董事会经过讨论,决定拒绝将潘佐尔公司的收购要约交付格蒂集团的全体股东表决,随后又以每股 110 美元①的报价太低为由,拒绝了"协议备忘录"。在[1 月 3 日]凌晨 3 时休会之前,格蒂石油公司董事会决定向潘佐尔公司提出一个反要约,要求每股股价为 110 美元,外加 10 美元的公司债券……在 1 月 3 日的早晨,格蒂石油公司的投资银行家杰弗里·波西开始联系其他公司,想要为格蒂石油公司的股票寻求比潘佐尔公司更高的报价……

当董事会在 1 月 3 日下午 3 时再次开会时,潘佐尔公司修改后的报价建议被提交会议讨论,修改后的建议报价是每股 110 美元外加 3 美元的分红,这

---

① 格蒂石油公司董事会讨论中曾提出要求潘佐尔公司给出每股 110 美元的报价。这一节在前面被略去了。——译者注

一分红将在格蒂石油公司的子公司"ERC"出售之后,从超过 10 亿美元的超额收益中予以支付。每一个股东将会按股份比例取得相应份额的分红,但是,在任何情况下,每股股票在 5 年之内将最少获得 3 美元的利益……

格蒂博物馆的律师告诉董事会,根据他与潘佐尔公司的讨论,他相信,如果董事会坚持 110 美元另加 5 美元分红的方案,潘佐尔公司应该会接受。董事会休会后,格蒂博物馆的主席(也是格蒂石油公司的总经理)提议,如果潘佐尔公司能够将分红标准提高到 5 美元,格蒂石油公司的董事会就应该接受潘佐尔公司的收购要求。接下来,董事会以 15∶1 的投票结果批准了对潘佐尔公司的这一反要约。随后,董事会成员就他们自己、公司的管理人员和顾问在过去几个月中在这一事件所承担的责任如何补偿,进行了投票表决。另外,董事会授权它的行政赔偿委员会,对"可能因公司管理层的改变而受到影响"的高管给予"高额离职费"[①]这一事项进行投票表决。有证据显示,在董事会简短的休会过程中,每股 110 美元外加 5 美元分红的反要约被送到了潘佐尔公司,并被潘佐尔公司所接受。潘佐尔公司接受格蒂集团反要约的承诺也被送交到了格蒂集团的董事会,但这时董事会会议已经暂停,绝大多数的董事会成员已经离开了该市,返回各自的家中。

1 月 3 日晚上,格蒂石油公司以及格蒂博物馆的律师和公关部的工作人员共同起草了一份新闻稿,介绍了潘佐尔公司和格蒂集团之间的这一并购交易。该新闻稿宣布,双方就两个公司之前签署的"协议备忘录"已经达成了原则协议,只是将价格修改为每股 110 美元外加 5 美元分红。这一新闻稿在次日早晨,即 1 月 4 日早晨以格蒂石油公司抬头的信笺发布了出去。在 1 月 4 日的晚些时候,潘佐尔公司也发布了同样内容的新闻稿。

1 月 4 日,格蒂石油公司的投资银行家杰弗里·波西仍然在继续接触其他公司,希望得到一个比潘佐尔公司要约更高的报价。在与杰弗里·波西作了简要会谈之后,德士古公司的管理层与其内部的金融计划部门在一天中连续召开了几个会议,研究格蒂石油公司的价值、潘佐尔公司的要约条款、格蒂石油公司可能接受的价格范围,并向公司管理层作了报告。当天晚些时候,德士古公司聘请了第一波士顿银行作为投资银行,再次就收购格蒂石油公司的可行性进行研究。同时,1 月 4 日,潘佐尔公司的律师也在起草正式的"交易协议",对"协议备忘录"和新闻稿中的原则性条款予以细化。

1 月 5 日,《华尔街杂志》报道了潘佐尔公司和格蒂集团之间达成的协议,

---

① 高额离职费为美国俚语,直译为"金降落伞",通常是公司为下级职员失去原来工作所作的经济上的安排或补偿。——译者注

对"协议备忘录"中的主要条款进行了介绍。潘佐尔公司的董事会在这一天又召开会议,批准了它的管理人员与格蒂集团在谈判中的行动,而潘佐尔公司的律师也在按时间节点接触其他各方的律师和顾问,继续就这一交易的协议开展工作。

德士古公司的董事会也在1月5日这一天召开会议,授权其管理人员向格蒂石油公司发出100%收购的要约,并采取任何可能的行动与格蒂石油公司进行接触。德士古公司首先接触了格蒂博物馆的律师利普顿,并与之进行了专门会面,双方就格蒂博物馆将其在格蒂石油公司的股份出售给德士古公司进行了讨论。在返回公司的路上,利普顿律师告诉正要前去参加起草潘佐尔公司与格蒂集团合并交易文本的助理,叫他不要再出席这一会议了,因为他需要这位助理去参加和德士古公司的会面。在与德士古公司的会面中,格蒂博物馆概括地提出了与德士古公司进行交易需要解决的各种问题,接下来,格蒂博物馆同意向德士古公司出售其在格蒂石油公司拥有的11.8%的所有权。

同一天晚上,德士古公司又会见了戈登·格蒂,商谈出售格蒂信托公司所拥有股份的事宜。戈登·格蒂被告知,格蒂博物馆公司已经同意将其股份出售给德士古公司。戈登·格蒂的顾问先前已经警告过他,如果德士古公司购买了足够多的公共股,再加上格蒂博物馆的股份,德士古公司就可以取得格蒂石油公司50%以上的所有权,到那时,格蒂信托公司就可能被置于小股东的地位,在公司决策中被"扫地出门"。戈登·格蒂接受了德士古公司每股125美元的报价,随即签署信件,同意将他的股票出售给德士古公司。〔由于戈登·格蒂是公司的受托人,法律对其出售股份会有一定限制,因此,〕他将在加利福尼亚州对他出售股票的临时限制令予以撤销之后,立即将其拥有的股票出售给德士古公司。①

1月6日中午,格蒂石油公司董事会召开了电话会议,讨论德士古公司提出的收购要约。在这次会议上,董事会经过表决撤回了先前对潘佐尔公司作出的反要约,一致同意接受德士古公司的要约。德士古公司随即对外发布了新闻稿,宣布其与格蒂石油公司即将合并。德士古公司的新闻稿一经出现,潘

---

① 在美国,对于格蒂石油公司这样的大型企业进行并购并不是一件很容易的事情,会涉及很多法律问题。为了保护公司及股东,特别是小股东的利益,美国法律规定,公司的受托人在出售股票时会有一定限制,不得先行出售。戈登·格蒂就是这样的受托人。有关机构会发布一个临时限制令限制受托人出售。只有在临时限制令期满之后,受托人才可以出售。法院在审理涉及家庭暴力、离婚、虐待儿童等案件中也会经常发出这种临时限制令。——译者注

佐尔公司立即以电报方式告知格蒂集团,要求其遵守与潘佐尔公司之间的协议……德士古公司与格蒂石油公司的合并协议在1月6日签署;与格蒂博物馆之间购买股份的协议在1月6日签署;与格蒂信托公司的股份交换协议于1月8日签署……

争议焦点问题之一①

德士古公司认为,根据纽约州法律占主导地位的规则,本案中并没有充分的证据支持陪审团认定的以下事实,即在1月3日晚上格蒂石油公司董事会行将结束的时候,格蒂集团已经决定赋予其与潘佐尔公司的协议以法律效力。②

潘佐尔公司对此的回应是,当事人内心意愿的判断,是一个事实问题,对这些证人证言,陪审团可以接受,也可以拒绝德士古公司提交的事后带有主观性的证人证言。潘佐尔公司坚持认为,有证据显示,当事人在当时已经有了这样的意愿,即对于"协议备忘录"中的条款以及另外加上的每股110美元报价和5美元分红的条款赋予法律效力,尽管当事人可能会期望通过一个正式文本固定双方已经达成的协议……

10

---

① 本案涉及的争议焦点有好几个方面,此处只是引用了与订立合同意愿相关的第一个争议焦点。——译者注

② 对于本案涉及的第一个问题——格蒂集团究竟是不是有着让自己与潘佐尔公司之间协议具有约束力的意愿——法官对陪审团进行了释明,相关释明的内容引用如下。在本判决意见的后面部分,上诉法院认定,初审法官所作的释明并没有什么不当之处。——原编者注

1. 一个协议可以是口头的,也可以是书面的,或者是部分书面、部分口头的。当一个协议全部或者部分以书面方式达成的时候,法律规定,即使当事人没有在上面签字,但是,在他们以其他方式表明了自己同意这一协议的情况下,当事人也可以让这样的协议具有法律约束力。

2. 在回答第一个问题时,你们(指陪审员)应该关注、发现潘佐尔公司及格蒂集团的内心意愿到底是什么,这里的"内心意愿"是它们以各自的言行所表明的外在或者说是客观上的意愿。内心意愿是什么,并不是由当事人秘密的、内在的或者主观的意愿来决定的。

3. 一方面,即使当事人想要在今后达成一个更加正式的、详细的合同文本,当事人也可以赋予他们已经达成的协议以法律上的约束力。另一方面,当事人对于已经达成的协议也可以不赋予法律上的约束力,直到他们签订了正式的合同文本为止。

4. 法律上并没有这样的要求:在当事人想要让自己受到协议约束之前,必须对于协议所有附带的事项都达成一致。(也就是说,即使当事人没有对协议的所有事项都达成一致,也可以让协议具有法律上的约束力。——译者注)

5. 对于每一个协议来说,当事人都有着善意履行的义务。如果潘佐尔公司和格蒂集团想要在1月3日格蒂集团董事会结束之后,赋予协议以法律约束力,那么,它们就有善意的义务对最终并购协议的条款进行协商,并且将交易继续下去。

6. 修改一个协议或者对一个协议的修改进行讨论,并不导致当事人先前接受协议约束这一意愿变得无效或者不再算数。通过双方的同意以及共识,当事人总是可以增加新的条款,这些条款并不包括在最初的协议当中。

根据纽约州的法律,如果当事人确实不想在协议转化成书面文本并由双方签订之前受到约束,那么,在那样的事件发生之前,双方当事人之间就没有合同。①如果当事人对于他们在受到法律约束之前是否必须形成书面合同文本没有形成共识,而当事人已经就协议所有的实质性条款达成一致的话,那么,即使当事人想要在以后通过正式的文本来证明这一协议,非正式的协议也具有法律约束力。②

如果当事人确实是只想通过口头方式进行协商,那么,将协议转化成书面文本的意愿并不阻碍合同的成立。③当事人即使没有将他们的承诺转化成书面文本,对于它们是否受到法律约束来说,也并不重要。④然而,如果合同的任何一方都表示在最终正式文本签署之前不受法律约束,那么,只是就特定条款达成口头协议,并不能构成有法律效力的合同。⑤由以上分析可知,根据纽约州的法律,选择究竟是以非正式的方式还是以正式签字的书面文本约束自己,这是当事人的权利。⑥合同何时具有法律效力,分析的重点应该是当事人的内心意愿而不是形式。⑦

合同成立应适用什么规则,这是由当事人明示的内心意愿所决定的。在判断这一内心意愿的时候,法院必须仔细审查当事人的措辞和行为,因为这是体现当事人内心意愿的客观表现。⑧法院只会考虑当事人显露在外的内心意愿。那些秘而不宣的内心意愿,或者主观的内心意愿对于判断当事人是否受到法律约束并不是关键因素。⑨

有好几个因素可以相互联系,用来帮助法院判断当事人是否真的想以正式的、书面的文本赋予协议以法律效力:(1)一方当事人是否明示保留这样的权利,即只在签订书面协议时,协议才对双方有法律约束力;(2)一方当事人是否已经部分履行,或表明其放弃了先前已经接受的合同;(3)双方就系争合同的所有实质性条款是否已经达成一致;(4)所涉及的交易是否特别复杂和重大,以至于在通常的情况下,人们认为这样的交易需要正式的、签字的书面文本。⑩

---

① Scheck v. Francis, 26 N.Y.2d 466, 311 N.Y.S.2d 841, 260 N.E.2d 493 (1970).

② Municipal Consultants & Publishers, Inc. v. Town of Ramapo, 47 N.Y.2d 144, 417 N.Y.S.2d 218, 220, 390 N.E.2d 1143.

③ Winston v. Mediafare Entertainment Corp., 777 F.2d 78, 80(2d Cir.1985).

④ Schwartz v. Greenberg, 304 N.Y.250, 107 N.E.2d 65(1952).

⑤⑧⑩ *Winston*, 777 F.2d at 80.

⑥ R.G.Group, Inc. v. Horn & Hardart Co., 751 F.2d 69, 74(2d Cir.1984).

⑦ Reprosystem, B.V. v. SCM Corp., 727 F.2d 257, 261(2d Cir.1984).

⑨ Porter v. Commercial Casualty Insurance Co., 292 N.Y.176, 54 N.E.2d 353(1944).

　　在对上面提及的第一个因素进行分析之后,德士古公司认为,当事人有明示的内心意愿不想受到这一协议的约束,这些证据充分表明,在所谓德士古公司诱使格蒂集团违约的时候,格蒂集团与潘佐尔公司之间并不存在真正的合同。德士古公司所提及的"明示的内心意愿"包括以下几方面:(1)格蒂集团和潘佐尔公司签署的新闻发布稿中提及,"这次[并购]交易的最终完成,取决于最终合并协议的签署";(2)从这一[并购]交易的协议草案中使用的措辞看,德士古公司认为,[潘佐尔公司和格蒂集团双方]"非常慎重地表明,只有'当事人签署过最终协议,而且经过交换之后',协议才能对双方有法律约束力";(3)对于如何表达他们的共识,双方当事人深思熟虑之后在新闻发布稿中使用的措辞是"原则协议"。①

　　在提交给法院的案件分析意见中,德士古公司认为,按照纽约州已经很明确的法律,新闻发布稿中使用**"取决于"**这样的文字表述,就表明当事人在当时并不愿意赋予协议以法律约束力,而只是想在签署最终协议后才赋予其法律约束力。对此,德士古公司引用的判例是 Banking & Trading Corp.诉 Reconstruction Finance Corp.②一案。在这一判例中,法院在判决中这样表述道:"如果协议明确表示,其是否具有约束力取决于正式合同是否签署,那么,这样的内心意愿必须予以尊重;只有在正式合同签署的时候,法院才能认定双方之间形成了合同。"然而,我们认为,在该案判决中法院又继续说道,如果当事人就协议何时产生法律约束力表达得并不非常明确,那么,事实的发现者③就应该尽最大努力去查明他们的内心意愿。④虽然将某一协议予以正式化是当事人在签署正式文本之前并不想赋予其法律约束力的证据,但是,这并不是决定性的。⑤当事人究竟是在什么时候决定赋予协议以法律约束力,这是一个需要通过当事人的行为和双方联系沟通的具体情况来判断的事实问题。⑥

---

　　① "原则协议"通常是指当事人就某一交易未来要达成的合同形成的条款。由于"原则协议"通常有需要将来的细化或者获得批准等条件,一般被认为只是初步协议,而非正式的合同。但是,这一问题在实践中是非常复杂的。沃伦法官在本案中就认为,系争的协议尽管是"原则协议",但有证据表明当事人在达成这一协议时,内心已经赋予其法律效力。因此,一个协议是否在法律上有约束力,不在于是否使用"原则协议"这样的称谓,而在于协议达成时其内心意愿如何。——译者注

　　② 147 F.Supp.193,204(S.D.N.Y.1956),*aff'd*,257 F.2d 765(2d Cir.1958).

　　③ "事实的发现者"是美国民事诉讼程序中的概念。在美国法院审判程序中,它是指查明案件事实的人。在没有陪审团审理的案件中,事实的发现者是法官,在有陪审团审理的案件中,事实的发现者是陪审团。——译者注

　　④ 147 F.Supp.193,204(S.D.N.Y.1956)at 204—205.

　　⑤⑥ 147 F.Supp.193,204(S.D.N.Y.1956)at 204.

1月4日的新闻发布稿,首先是由格蒂集团发布,然后再由潘佐尔公司发布。它的内容是这样表述的:

格蒂石油公司、格蒂博物馆和格蒂信托公司的受托人戈登·格蒂今天宣布,他们与潘佐尔公司已经原则上同意了格蒂石油公司的合并,新成立的集团将由潘佐尔公司和受托人所拥有。

与这一交易相关联,格蒂石油公司的股东**将**得到每股 110 美元的现金,除此之外,他们还享有以后获得现金对价的权利,具体的金额将按照一定公式来计算。今后的现金对价**将**从出售 ERC 公司的超额收益中——超过 10 亿美元的部分——予以支付,股东**将**按照各自的股份比例平等获得。在任何情况下,根据这一计算公式,格蒂石油公司的股东在未来的 5 年内将至少获得每股 5 美元的收益。

在此次合并之前,潘佐尔公司**将**支付大约 26 亿美元的现金,受托人和潘佐尔公司**将**把他们拥有的格蒂石油公司的股份转到合并后成立的新公司。在最终的合并协议签署之后,潘佐尔公司的子公司收购格蒂石油公司股票的反要约**将**予以撤回。

双方达成的原则协议也规定,格蒂石油公司**将**给予潘佐尔公司按照每股 110 美元的价格,购买其 800 万库存股票①的选择权。

本次交易的完成,**取决于**最终合并协议的签署、格蒂石油公司股东的批准、各种政府相关文件的提交,以及等待期限的要求。

在该起合并最终完成后,格蒂信托公司**将**拥有格蒂石油公司 4/7 的股份,潘佐尔公司**将**拥有 3/7 的股份。格蒂信托公司和格蒂石油公司已经原则上同意,在合并最终完成后,它们**将**努力以最大的诚意,[在一年之内]对格蒂石油公司进行重整;如果未能达成这样的重整协议,它们**将**同意对公司的财产进行分割。

[我们认为,]在这一新闻发布稿中并没有明确表明当事人在签署正式文本之前是不想受到约束的。也就是说,当事人并没有表明双方在法律上还未形成合同。这一新闻发布稿中确实提到了已经达成的协议只是"原则上的",也提到了该"交易"取决于最终合并协议的签署。但从整体上说,整个新闻发布稿,是以一种陈述性的语句在进行表述,而不是以虚拟性的语句或是假定性的语气在表述。新闻发布稿中明确地描述了股东**将会**得到什么,潘佐尔公司**将要**付出什么,潘佐尔公司又**将获得**什么样的选择权,等等。②

------

① 库存股票是指他人已经认购,但发行公司又通过购买等方式重新购得,可以再行出售的股票。——译者注

② 这一段文字中的黑体斜体为原判决中就有。——译者注

新闻发布稿中提及这一交易将取决于最终合并协议的签署,也包括了需要股东的批准和各种政府相关文件的提交,以及符合等待期限方面的要求。有证据表明,这样的表述是惯常的具体操作步骤,所指的合并协议是根据特拉华州法律所需要的标准的正式文本,当事人在当时对于这些法律上的技术要求并不觉得它们有多重要。

某个"交易"受制于各种要求与协议的成立取决于哪些要求必须完成,这两者之间存在着可以进行探讨的差别。德士古公司的法律意见分析中引用了F.W.Berk & Co.诉 Derecktor① 一案。该案中,被告对于原告订单的承诺,取决于某个特定事件的发生。法院在该案的判决中,将"取决于"这一短语界定为"以……为条件,或者,依赖于……条件"的同义语,并且认为,如果对某一要约的接受是取决于某一条件,那么这样的接受并不是一种同意的承诺,它不能产生法律上的约束力。然而,对要约的接受附加条件或者对协议本身附加条件,是非常明显的不愿意让其产生法律约束力的意愿,这要比对模糊不清的"交易"附加条件清晰得多。②

德士古公司引用了其他涉及书面文本的判例,这些判例都特别说道,在书面合同签署之前,任何一方当事人都不受约束。③例如,在 Reprosystem, B.V. 一案中,系争协议明确提到,在协议产生任何法律约束力之前,双方需要签订正式的协议;在 Chromalloy American Corp.一案中④,有关当事人内心意愿的信件提到,合同签署之前,任何一方都不受合同的约束。然而,尽管在那些案件中保留合同暂不生效的文字非常清晰,但当事人对合同法律约束力的内心意愿究竟如何,仍然是需要根据案件本身来判断的事实问题。⑤在本案中同样如此。不管我们对新闻发布稿中附条件的文字如何解释,我们的结论是,新闻发布稿中的这些文字,并不是如德士古公司所称的那样非常清晰、确定,这些

13

---

① 301 N.Y. 110, 92 N.E.2d 914(1950).

② 在这一段论述中,沃伦法官着重对新闻发布稿中"本次交易的完成,取决于最终合并协议的签署"、"取决于股东大会的批准"等表述进行了分析。德士古公司认为,"取决于"这样的表述,说明了协议的生效是有条件的,表明了双方在签订"协议备忘录"时,并不想让其生效的意愿。但沃伦法官认为:(1)这样的表述,只是在类似并购协议中的技术要求,当事人也没有把它们当回事;(2)某一交易"取决于"一定事件的发生,与协议本身的成立取决于一定事件的发生,并不是一回事。只有协议本身的成立取决于某一事件的发生,才真正表明这一协议在签署时没有发生效力。在本案中,当事人使用的不是"协议"、"合同"这样的概念,而是"交易"这一术语,这个术语在法官看来,内容是相当不明确的。——译者注

③ 参见,e.g., Reprosystem, B.V., 727 F.2d at 260。

④ Chromalloy American Corp.v.Universal Housing System of Amercia, Inc., 495 F. Supp. 544, 547—48(S.D.N.Y.1980).

⑤ Reprosystem, B.V., 727 F.2d at 261—62; Chromalloy American Corp., 495 F. Supp. at 550.

文字并没有表明双方当事人不赋予协议以法律约束力,也就是说,这些文字并不能最终解决这一问题。

德士古公司还辩称,在潘佐尔公司起草的这一并购交易协议的草案中,有关保留合同效力的文字非常清楚地表明,如果当事人没有签订正式文本,协议就不发生法律约束力。德士古公司的辩论观点是,"潘佐尔公司的律师非常慎重地提到了'当事人的义务只有在协议签署和交换之后才有法律约束力'"。[在我们看来,]德士古公司的这一观点是不准确的。事实上,"在协议签署和交换之后"这样的表述,仅仅是作为一种介绍性短语在使用,它放在对当事人的义务作出说明之前。例如,协议中说道,"在协议签署和交换之后,潘佐尔公司将终止其要约;……潘佐尔[公司]和[格蒂石油]公司将终止所有的法律进程;……[格蒂石油]公司将购买格蒂博物馆所有的股份"等。这一协议的其他条款中并没有包括这一短语,例如,"[格蒂石油]公司**在此**给予潘佐尔公司以每股110美元购买其800万库存股票的选择权;**在协议生效之时或者之前**,潘佐尔公司和格蒂信托公司将组建一个合并公司",等等。[我们认为,]在对整个草案进行通读之后,一个合理的结论应该是,"在协议签署和交换之后"这一短语用在这里主要是对将来需要做的各种事情作出时间上安排,并不是要对合同的成立设置一个明示的前置条件。

接着,德士古公司提到,新闻发布稿中有关"原则协议"这一措辞的表述,是当事人当时有意而为的选择,用以表明当事人之间并不存在任何有法律约束力的协议。德士古公司得出这样的结论,主要是根据辩方证人的证词。这些证词表明,格蒂石油公司和格蒂博物馆的律师在起草新闻发布稿时,一开始用的是"协议"一词,后来再改成"原则协议"。这样的改动,是因为这些律师知道两者表述的不同法律后果,所以,他们才希望以"原则协议"这样的表述表明他们与潘佐尔公司之间的协议并没有法律约束力……在初审过程中,潘佐尔公司和德士古公司就"原则协议"这一措辞商业习惯上的通常理解问题,提供了相互冲突的证据……我们认为,对"原则协议"这一措辞通常的商业习惯和在本案中应如何理解这一问题,在法院初审过程中已经有充分的证据,这些证据足以让陪审团合理地得出以下结论:在新闻发布稿中并没有当然地确认在签署正式协议之前双方不受该协议约束。

在认定是否只有在签订正式的、书面的文本后协议才有法律约束力的时候,第二个判断因素是:否认接受合同的那一方当事人,是否存在着部分履行的行为?[①]德士古公司坚持认为,本案中当事人并没有让协议受到法律约束的

---

① *Winston*, 777 F.2d at 80.

内心意愿，相反，在本案中当事人的举止和表现，与双方之间存在有法律约束力的合同所应有的举止和表现是不一致的……除了潘佐尔公司［为这次并购］作出过初步的金融安排以外，我们发现，在本案中并没有那些表明当事人已相信他们的合同是有法律约束力的部分履行行为。然而，我们认为，［本案中的协议从开始签订到发生变化，时间非常之短，］在如此短的时间内，缺少相关的部分履行行为，并不能生硬地得出没有合同存在这一结论。德士古公司指出，本案中当事人的一些举止和表现，与合同受到法律约束应该具有的内心意愿不一致。但是，当事人的部分履行以及相关行为——它们与协议受到法律约束的内心意愿不相一致——只是事实的发现者在判断当事人是否真的愿意让协议受到法律约束时可以考虑的情形之一，但并不是唯一情形。在本案中，当事人行为的相关证据已经提交给陪审团，对于各方当事人从这些事实中推断出的结论，应该由陪审团来决定究竟是接受还是拒绝。

下一个能够表明协议受法律约束的因素，是协议有没有就所有的实质性条款达成了一致。德士古公司认为，在潘佐尔公司所称的合同已经成立的时候，仍然有大量"显而易见的重要条款"处于谈判之中。首先，德士古公司认为，就由哪一方来购买格蒂博物馆的股票，各方并没有达成一致。①潘佐尔公司则认为，合同在1月3日就已经成立，当事人愿意赋予协议以法律约束力的时间也应该确定在这一天。作为对本案争议问题6②的回应，陪审团特别发现，在1月3日董事会行将结束时，只要格蒂石油公司愿意按照"协议备忘录"的规定立即购买格蒂博物馆的股票，则格蒂石油公司、格蒂博物馆、格蒂信托公司以及潘佐尔公司它们每一方都想赋予这一协议以法律效力。在庭审笔录中，有证据支持陪审团作出的这一认定……

本案中有充分的证据支持陪审团得出这样的结论，即当事人就这一并购交易的所有实质性条款已经达成了一致，只是留下了技术和细节问题让律师们去充实、完善。虽然与交易协议草案相关的许多特定条款仍然需要在最终的文本中作出规定，但是，在本案中有足够的证据支持陪审团得出以下结论：对于德士古公司所称的"开放条款"，③当事人自己并没有认为它们是足以排除协议法律约束力的障碍。

---

① 根据后面的分析可以知道，由于格蒂石油公司购买格蒂博物馆的股票可能会让格蒂石油公司面临税务上的重大罚款，因此，潘佐尔公司可能取代格蒂石油公司来购买格蒂博物馆的股票。此为原编者所注。

② 本案争议焦点问题有好几个，第6个争议问题在本书编辑时被略去。——译者注

③ "开放条款"是指当事人最终完成，需要通过进一步协商之后才能确定具体内容的条款。——译者注

德士古公司提到了影响合同成立的第四个因素，认为该并购交易复杂而且规模巨大，在签署正式合同之前，当事人并不想受到约束。毋庸置疑的是，潘佐尔公司和格蒂信托公司收购格蒂石油公司这一交易，涉及的金钱数量相当巨大。对于这样大规模的并购交易，不管协议是在当事人愿意受到约束之前签署，或者它仅仅是想对已经达成的协议做一个备忘，如果说当事人不想达成详细的书面文本来明确自己的义务和交易的准确流程，是不太可能的。

我们法院同意德士古公司的观点，即本案所涉交易规模巨大，在通常情况下，当事人在协议生效之前一般会期待签订一个书面的正式合同。然而，我们不能就此认定，交易规模巨大这一因素可以从法律上单独决定当事人的内心意愿。

本案的审判在初审法院中持续了很多个星期，法庭传唤了双方当事人的证人到庭，就1984年1月前几天里的这一并购交易进行了广泛的调查。目击证人和专家证人对谈判过程及协议的各个方面进行了说明和解释。双方当事人再三告知陪审团有关格蒂石油公司资产的价值和公司出售可能涉及的金额。就格蒂石油公司的出售会引起公司的结构发生怎样的变化，就购买、重组该公司或者今后对该公司的清算可能涉及的对价，有证人作证，提供了证词。但是，也有证词表明，在过去曾经有涉及巨额资金的收购，是以短短两页纸的收购协议就确认了它们的约束力。格蒂石油公司的投资银行家证实，德士古公司[与格蒂集团]所形成的并购交易协议就包括在"像信封背面那样大小的一页纸上"。而本案中包括了潘佐尔公司与格蒂集团协议主要条款的"协议备忘录"，有四页纸那么长。

虽然就本案所涉及并购交易的规模来说，当事人通常会期待签订一份书面的正式协议，但也有充分证据支持陪审团的以下推论，即当事人这样的期待已经通过最初的"协议备忘录"得到了满足，该"协议备忘录"已由格蒂石油公司的多数股东签署，以更高的报价得到了董事会的批准，而且又得到了正在进行中交易协议的批准，这一协议对先前达成的共识进行了备忘……

[这一判决意见中的其他内容①在此略去。在潘佐尔公司提出同意将初审法院确定的30亿美元的惩罚性赔偿减到10亿美元之后，上诉法院维持了初审法院的判决。初审法院作出的75.3亿美元的补偿性赔偿则没有受到影响，仍然予以了维持。]

15

---

① 这里提及的其他判决意见主要是针对合同条款的不确定性所作的分析。上诉人德士古公司认为协议中存在着致命的不确定性，但是，陪审团和法院并没有支持这一观点。——译者注

16　　■　**第二节　要约**

一、要约与观点表达及广告等的区别

霍金斯诉麦吉①
新罕布什尔州最高法院(1929 年)

本案要旨

　　原告霍金斯小时候因意外事故导致右手受伤,但并无大碍。被告麦吉医生劝说原告父亲,由他为原告进行植皮手术,被告答应会给原告完好的手,但手术失败,原告因此承受了巨大痛苦。原告起诉要求被告赔偿手术失败造成的损失。法院认定双方存在合同,判决支持了原告的诉讼请求。

　　本案确定的规则是,虽然说一般情况下表达某种观点或者想法不构成一个要约,但是,如果医生为了诱导患者相信自己而提出保证治好,那么,在患者确实相信并接受手术之后,双方之间就形成了合同。对此造成的损失,医生应当对其承诺的手术效果与实际效果之间的差异承担赔偿责任。

17　　〔原告霍金斯以被告麦吉存在过错及违约为由,起诉被告,要求被告赔偿10 000 美元。初审法院在被告是否存在过错这一点上指导陪审团作出了支持被告的裁决。对于原告提出的违反合同这一点,陪审团裁决原告可以得到3 000 美元的赔偿。初审法院认为陪审团裁决的赔偿金数额确实过高,决定搁置陪审团的裁决,除非原告选择免除被告超过 500 美元的赔偿部分。原告拒绝免除裁决中超过 500 美元的赔偿部分,于是法官将陪审团的裁决置之一边。原告对法院的这一判决不服,向我们法院提起上诉。这部分为原编者对本案初审过程所作的概述。〕

　　布兰奇法官②代表法院呈递以下判决意见:

　　导致本案诉讼的手术包括去除原告霍金斯右手掌上的众多疤痕,并将原告胸前的一块皮肤移植到右手掌以替代原来手上的疤痕。在实施该皮肤移植手术的 9 年前,原告霍金斯因为接触电线发生了一场严重的烧伤事故,导致其右手手掌产生疤痕。

　　有证据表明,在实施这次手术之前,原告和他的父亲到过被告麦吉的办公

---

①　Hawkins v. McGee, 146 A.641, 84 N.H.114.
②　Branch, J.

室。在回答原告父亲提出的"孩子要在医院待多长时间"这一问题时,被告麦吉回答道:"需要待上三天或者四天,不会超过四天;然后孩子就可以回家了,只要几天时间,这孩子就可以有一双好的手回去工作了。"显然,原告的这一证言以及其他有着同样效果的证言,并不能证明被告麦吉已经同意在三天或者四天内在医院里完成手术,或者说原告在几天之后就可以回家工作了。原、被告之间的上述一问一答,只能被解释为对这一手术可能持续的期限、原告手术后可能导致的残疾情况所表达的一种观点或者估计。如果手术实际时间超出了被告估计的期限,并不能就此认定被告有着合同上的责任。原告霍金斯的诉讼请求中,唯一有重要意义的是以下证言,即被告麦吉在决定手术前说过这样的话:"我保证会让[原告]这只手变成百分之百完好的手,或者说就是百分之百的好手。"当被告说出这些话的时候,原告就在现场;从被告这些话的表面意思来看,被告的这些话就是表明,他是想要对其实施的手术作出保证。①

然而被告辩称,即使他说过上述这些话,也没有一个理性的人会将这些话视作"建立合同关系"的表示。这些话只能被合理地视作"被告是以很强烈的语言表达这样的想法②,他相信并且期望手术结果将是给予原告一只非常好的手"。正如被告麦吉所指出的,在当事人之间是否建立了合同这一问题被提交给陪审团之前,初审法院的法官首先需要考虑一个法律上的问题,即"被告说的这些话究竟有没有原告所解释的那种含义"。但是,[我们法院认为,]并不能就此认为初审法院在这一问题上的认定就是错误的。被告麦吉抗辩的基础是,"所有的外科手术都存在不确定性,这是人所共知的常识",而外科医生答应让受到损害的身体部分"百分之百地恢复完好"也是不可能的。我们认为,在被告的抗辩缺少针对性考虑的情况下,法院就没有必要来判断被告的抗辩是否应该被视为决定性的意见,因为在本案中还有其他因素支持原告的观点。本案证据证明,被告麦吉曾经反复、多次地向原告的父亲征求意见,希望自己有机会实施这一手术。原告的律师在对被告麦吉进行交叉询问③时提及,被告麦吉当时坚持要做这一手术,是因为被告麦吉先前并没有实施皮肤移植手术

18

---

① 在美国合同法中,"保证"是指一方当事人就自己的商品或者服务作出某种保证(例如,保证产品达到特定的质量,或者具备某一特定性能)。在本案中,被告向原告声称可以让原告在手术后拥有完好的手,在合同法上可以看作一种"保证",而且是一种明示的"保证"。——译者注

② 在普通法的合同法中,仅仅表达某一想法或者表达某一意愿并不能构成合同。因此本案被告坚持认为他的话只是以很强烈的措辞表达一个想法,不应该被认定为合同,法官在后面的判决中对被告这一观点进行了反驳。——译者注

③ 交叉询问是美国诉讼程序中的一个重要制度,为了查明案件的事实,当事人以及证人需要就案件的事实接受对方律师的询问,这样的询问是交叉进行的,因此称作交叉询问。——译者注

的经验,他只是想要得到一个机会来"实施皮肤移植手术"。如果陪审团接受了原告的这一意见,那就有合理的基础得出进一步的结论,即如果被告确实说过那些话,那么他的目的是希望这些话能够按照表面上的含义被原告接受,以诱导原告和他的父亲同意由他来做这一手术。庭审中有充分的证据证明,被告所说的这些话就是这样被原告接受的。在本案中,初审法院将争议的合同是否成立这一问题提交给了陪审团来考虑。

就赔偿数额这一问题,初审法院法官对于陪审团所作的释明包括以下部分:"如果你们认为原告有权获得任何赔偿,那么,他有权就这一手术中忍受的疼痛和折磨以及手术之后超出原先损害的那一部分要求赔偿。"①对于初审法官的这一释明,被告当即提出反对。根据该释明,陪审团在确定赔偿数额时允许参考以下两个因素:(1)手术给原告带来的疼痛和折磨;(2)手术给原告的右手带来的恶化结果。②对于本案损害赔偿所适用的规则,虽然看起来缺少权威结论,但是按照一般原则和推理,可以发现初审法官的上述释明是错误的。

"'损害赔偿'这一概念在合同法上是指对违约行为进行的补偿,补偿多少应该按照合同条款来确定。"③法律的目的是"将原告置于被告实际履行合同的情况下原告应该处于的地位"。④原告应该获得的赔偿数额的计算,是"基于被告本来应给予原告的利益,而不是原告已经给予被告的利益或是已经花掉的钱款"。⑤……

本案与另一起案件非常类似。另一案件中需要为了某一特定目的而制造一台机器,并且要保证机器能够从事某项工作。⑥在该案中,违反动产买卖担保义务⑦

---

① 原告霍金斯的右手在手术之前只是一般的损害,在被告麦吉实施手术之后,右手的疤痕变得更加严重,手的功能也受到了很大影响,原告不得不在医院待了很长时间。初审法院的法官向陪审团作出的释明是,由于原告的右手在手术之后不但没有好转,而且恶化,原告可以就超出右手原来损害的那部分痛苦要求被告赔偿。——译者注

② 在被告实施手术后,原告右手的状况非但没有好转,而且变得更加糟糕。——译者注

③ Davis v. New England Cotton Yarn Co., 77 N.H. 403, 404, 92 A.732, 733.

④ 3 *Williston Cont.* §1338;Hardie-Tynes Mfg. Co. v. Eastern Cotton Oil Co., 150 N.C.150, 63 S.E.676, 134 Am. St. Rep. 899.

⑤ 3 *Williston Cont.* §1341.

⑥ 布兰奇法官在此处说道,手头的这一案件与另一起制造机器的案件类似,这也许是因为两个案件都涉及了"保证"的问题。在目前的 Hawkins 这一案件中,涉及的是被告医生保证原告在手术后仍然有百分之百好好的手,而在涉及制造一台机器的案件中,被告是保证所制造的机器能够满足某种特定用途。尽管后者是涉及的是动产买卖合同,前者涉及的是手术服务合同,但是,在布兰奇法官看来,两者还是类似的,适用的赔偿规则也是相同的。——译者注

⑦ 动产买卖担保义务,是指卖方出售的动产必须符合合同约定的特定质量和用途。这种担保义务可以是明示担保,也可以是默示担保。如果卖方的商品不符合特定质量和用途,就是违反了动产买卖担保义务,买方可以要求卖方承担相应的违约责任。——译者注

所适用的一般损害赔偿规则得到适用,法院判决,原告在该案中可以得到的赔偿是这一机器如果符合保证时的价值与现在机器实际价值两者之间的差额,再加上当事人知道或者应当知道的由于其未能履行合同导致的间接损失。①

19

　　[有关损害赔偿所适用的规则在我们新罕布什尔州已经得到了很好的解决。"作为一般的规则,买方的损失金额是:合同保证的质量得以实现时该货物应该具有的价值与该货物出售时的实际价值这两者之间的差额,还包括被(不符合要求的货物)阻碍实现的收益和导致的损失,以及卖方未能履行协议时当事人可以合理预见的其他损失。这种损失对买方来说,是通过合理注意也无法避免的损害。"②]③因此,我们在此认定,原告在本案中真正的损失数额是原告完好的手的价值——这是陪审团认定被告承诺通过手术给予原告的——与目前状况下原告右手价值这两者之间的差额,也包括签订合同之时在当事人合理预见范围内任何附带的损失后果。④如果损害不在上述限定的范围之内,那么即使这一损害是由于违约行为导致的,被告也不应该向对方赔偿。

　　原告在手术过程中遭受痛苦的程度并不能用来评定价值之间的差额。一个重大的外科手术带来的不可避免的痛苦,是原告必须付出的一部分代价,它是原告自愿付出的,是为了与被告共同努力,以便能够让原告重新拥有一只完好的手……这样的痛苦,代表了原告为了获得好手所愿意支付的部分代价。但是,这样的痛苦并不能够用来确定一只好手的价值,或者是用来确定被告麦吉承诺的完好的手与手术后原告的手这两者之间的价值差额。

　　初审法院将原告的手在手术之后变得更加糟糕作为考虑赔偿数额时的一个单独因素并提交给陪审团,这也是错误的而且是误导性的,虽然说这一错误对于原告带来的损害可能要超过被告。根据上面提及的真正的损害赔偿规则,任何这样手术的副作用都将被包括在损失范围之内,但是,对于被告没有能够改善原告右手应给予的赔偿还是可以恰当地确定的,即使没有证据证明原告的手在手术之后变得更加糟糕。

　　可以认定的是,初审法院在将陪审团的裁决置之一边时采用的损害赔偿规则,与其先前向陪审团释明的规则是一样的;而正因为初审法院释明时所确

---

　　①　Hooper v. Story, 155 N.Y.171, 175, 49 N.E.773.

　　②　见 Union Bank v. Blanchard, 65 N.H.21, 23, 18 A.90, 91; Hurd v. Dunsmore; Noyes v. Blodgett, 58 N.H.502; P.L.ch. 166, §69, subd. 7.

　　③　这一部分是原判决意见中的内容,在原编者编辑时被略去了。为帮助理解,译者在此补上略去的这部分内容。——译者注

　　④　1 Sutherland, *Damages*(4th Ed.) §92.

定的规则是错误的，所以，我们法院就没有必要再考虑是否有证据来证明初审法院作出的超过 500 美元以上的赔偿过高这一结论是否正确……

由初审法院对该案重新审判。

编者注：在前面的霍金斯诉麦吉案作出判决之后，麦吉与霍金斯达成和解，由麦吉支付霍金斯 1 400 美元了结此案。在本案中，因保险公司拒绝对自己理赔，麦吉医生起诉了承保其执业过错损失的保险公司。保险公司拒绝理赔的理由是：依据霍金斯诉麦吉案的判决，被告麦吉是因违反承诺而非执业过错造成了损失。在本案中，被告保险公司的抗辩得到了法院支持。[①]

20　　在麦吉诉美国信用担保公司案件的判决中，我们对于霍金斯在起诉状中描述的右手状况有了更多了解。相关的描述是这样的："在实施手术后，霍金斯右手的皮肤组织变得一团糟，非常难看，而且这些疤痕结痂后固定在有问题的右手上，使得右手变得越发恐怖，它限制了霍金斯右手的活动，以至于原告的右手不能再发挥什么作用。而在这一手术实施之前，霍金斯的右手还是可以在生活中正常使用的……"我们还知道，霍金斯在手术之后待在医院里有三个月。[②]

1978 年的《哈佛法律记录》[③]发表了一篇文章，该文章是作者乔伊·罗伯茨采访了原告霍金斯的弟弟和弟妹、原告的妹妹以及当地律师之后写成的，它让我们对这一案件有了更多的了解。

霍金斯案：一段悲惨的经历

这一案件的开始时间是 1922 年，事情发生在新罕布什尔州一个叫柏林的小镇，该镇靠近加拿大边境。当时一个名叫麦吉的普通医生向乔治·霍金斯承诺，通过手术会让他有点小疤痕的手恢复完好。

1915 年的一个早晨，11 岁的霍金斯在用家里的烧柴炉为父亲准备早饭的过程中，右手被电流击伤……最初的疤痕"只有铅笔那样大小"，只是在大拇指和食指之间，并没有实质性地影响右手的使用。原告的父亲查尔斯在事故后也曾经找过好几个皮肤方面的专家，但是，这些专家建议不用做什么手术来

---

① McGee v. United States Fidelity & Guaranty Co., 53 F.2d 953(1st Cir. 1931).

② 编者在这一段中补充了麦吉诉美国信用担保公司一案中的部分判决，从这一部分介绍中，我们可以得知霍金斯的右手在手术之后变得更加糟糕的事实和程度。——译者注

③ Jorie Roberts, *Hawkins Case：A Hair-Raising Experience*, Harvard Law Record, March 17，1978 at 1，7，13.

恢复。

被告麦吉当时是一名家庭医生,在为原告的弟弟治疗肺炎时得知原告的手上有疤痕。被告在第一次世界大战中曾从事医疗服务,1919 年回到美国之后,他向原告父母提出要对原告的右手进行手术,以便让原告的右手能够"恢复完好"。

根据乔治·霍金斯妹妹的说法,麦吉当时声称,他在德国曾经做过一些类似的皮肤移植手术,但事后大家才知道,麦吉只是曾经看到过他人实施这样的手术。麦吉不断向原告的父亲进行劝说,说原告有疤痕的手将来可能给他带来社会问题。被告提出实施这一手术的要求持续了三年之久,在原告霍金斯年满 18 岁之后,原告同意了由被告实施这一皮肤移植手术。

麦吉是在 1922 年对霍金斯的手实施手术的,原来设想这一手术会很简单、很有效,只要在医院待上几天就会痊愈。但实际上这一手术却失败了,原告在手术过程中遭受了重大痛苦,用其兄弟霍华德·霍金斯的话来说,他在手术后的相当长时间内简直被"折磨至死",因为他手术中有大出血,随后又发生感染。此外,手术后的疤痕覆盖了他的大拇指,另两个手指被浓密的毛发覆盖。霍华德·霍金斯清楚记得乔治的手彼此靠拢,而且会周期性出血,一生都是如此。

在该案件审理之后,双方以 1 400 美元达成和解。原告的父亲曾带着这笔钱和受伤的儿子返回蒙特利尔找其他医生,看能否再作治疗缓解伤情。但其他医生认为,原告移植过的皮肤很糟糕,任何手术都无济于事了。

原告残疾的右手,影响了他今后的就业,对他的一生都产生了影响。在这一手术之后,原告再也没有进过学校。家人都认为他原本是一个聪明伶俐、反应迅速、有着很好个性的人,他的父母鼓励他返回学校,但原告因为手的状况,变得羞于见人,最终没有再返回学校。乔治·霍金斯原来对网球和射击很感兴趣,并获得过几个奖章。但是因为手的问题,他再也不能从事重体力劳动。他在一家公司的印刷部门工作了很多年,后来又在一家轮胎商店工作……根据其家人的说法,乔治·霍金斯总是对他的右手很敏感,一生中总是为此承担着精神上的痛苦。他的父母直到临死之前还因为儿子悲惨且不必要的残疾深感内疚。

21

霍华德·霍金斯相信,原告在 1958 年去世之前,已在一定程度上知道了这一案件的重要性。霍华德说:"我想,他是通过一个律师朋友知道了本案的重要性。……我认为,这让他感受到了自身的重要性,重要性在于,这一案件把事实展现在了公众面前。但是,他感受到自身价值只是暂时的,实际上他终身都因为这受伤的手而能力受限,一生都遭受着精神和肉体上的折磨。"

沙利文诉奥康纳[①]
马萨诸塞州最高法院(1973 年)

本案要旨

本案原告沙利文是一位女艺人,她因为对自己的鼻子不满意找到被告奥康纳医生。被告承诺会让她的鼻子变得更好。后手术失败,原告形象大受影响,因此起诉被告,要求其承担侵权责任和违约责任。法院认定,双方之间存在合同,支持了原告诉请。

本案确定的规则是,在有充分证据的情况下,医生对于患者所作的有关治疗效果的承诺,可以构成有效的要约。

卡普兰法官[②]代表法院呈递以下判决意见:

[爱丽丝·沙利文是一名职业娱乐明星,其针对自己的外科医生詹姆斯·奥康纳提起违约之诉,认为奥康纳违反了会让她更加漂亮、形象更佳的承诺,同时起诉被告存在职业上的过失。初审法院的陪审团认定被告并没有过错但存在违约,判决被告赔偿原告违约损失 13 500 美元。法院有关赔偿问题的分析在此略去。][③]

审理中出示的有关材料显示,原告以前的鼻子是直线型,不但长,而且有凸起。被告医生准备采取两个阶段的手术来改变原告鼻子凸起的形状,并且把原告鼻子适当变短一点,这样能够使原告的鼻子和脸上其他器官的搭配看上去更加精致。实际上,后来被告进行了三次手术,而且原告的脸部外观在手术之后变得更加糟糕。现在,原告鼻子的中间部位有明显的凹陷,整个鼻子变成了球形。从前面看过去,鼻子边上到中间变得又平又宽,鼻翼的两边失去了均衡感。原告鼻子变丑,已经被证明无法通过其他手术来改进了……

有的时候,医生会答应治愈患者的疾病或者实现预期的疗效,对于医生和患者之间达成的这种协议,基于公共政策的考虑,应该是不能被强制执行的。[④]但是,仍然有很多法院判决认定在医生和患者之间可以形成合同关系并判决予以强制履行,马萨诸塞州的法律已经将医生和患者之间的协议作为有效合同来对待,虽然我们法院还没有判决直接回应这样的协议没有法律约束

---

① Sullivan v. O'Connor, 363 Mass.579, 296 N.E.2d 183.
② Kaplan, Justice.
③ 这一段内容是原编者对于本案事实和诉讼基本情况的概括。——译者注
④ Guilmet v. Campbell, 385 Mich.57, 76, 188 N.W.2d 601(dissenting opinion).

力的观点①。然而,这些案件的诉因被认为有点令人怀疑,我们发现,这些法院有时是努力将当事人的诉请解释为仅仅在过错侵权的诉讼中才有效,而在合同的违约诉讼中并不有效,尽管当事人努力想让他们的主张符合合同法的理论。②

在这些案件中,不难看到,为什么法院对于合同理论不认同或者持怀疑态度。考虑到医学的不确定性和个体患者生理和心理的特质与差异,医生很少能够善意地向患者作出保证特别疗效的承诺。因此,即使是医疗水平在平均线以上的那些医生,事实上也不会作出有着特定疗效的承诺。在治疗过程中医生所说的一些带有乐观色彩的话,和合同并不是一回事,这些带有乐观色彩的话有时具有治疗价值,是治疗患者所需要的。但是,病人有时可能会将医生的这些乐观言语当作治疗效果上的承诺,在病人对于治疗结果深感失望的事件中更是如此。这样,患者在审理过程中就会以他们的感觉向法庭作证,以此获得陪审团的同情。一方面,如果法院很容易就允许当事人以合同关系来追究医院的责任,那么,医院将会为此感到担惊受怕,从而在手术中采取"保守疗法"。但另一方面,如果法院完全将合同关系诉讼排除在法律之外,只允许患者从职业过错的角度进行侵权诉讼,我们又担心公众将会被彻底地暴露在庸医面前,并被这些庸医的贪婪所吞噬,导致公众对医生这一职业的信任被彻底动摇。③在这种情形下,法律采取的是一条中间路线,即允许当事人进行合同诉讼,但这必须在有着明显证据的情形下才行。法院对陪审团所作的释明可以明确强调这一要求,并指明案件中的实际情况应该如何判断,例如手术的复杂性和难度究竟如何,是否允许医生给予患者明确疗效的承诺……

伦纳德诉百事公司(1)④

纽约州南区地区法院(1999 年)

本案要旨

被告百事公司为配合促销活动在电视中播出了一则广告,广告中告知公众可以通过购买商品获得积分,并用积分换取奖品,积分不足的可用美元购

---

① Small v. Howard，128 Mass. 131.

② Gault v. Sideman，42 Ill. App.2d 96，191 N.E.2d 436.

③ Miller，*The Contractual Liability of Physicians and Surgeons*，1953 Wash. L.Q. 413，416—423.

④ Leonard v. Pepsico，Inc. 88 F.Supp.2d 116，*aff'd per curiam*，210 F.3d 88(2d Cir. 2000).

买。广告中出现了一架军用"鹞式"直升机,并标明了它需要的特定积分。而在促销活动的目录中并不包括"鹞式"直升机。原告伦纳德决定用相当于直升机积分的美元换取直升机,但遭到被告拒绝,于是伦纳德起诉被告违约。法院判决认定,双方不存在合同,驳回了原告的诉讼请求。

本案确定的规则是,如果广告内容没有具体和明确到可以让一个理性人视为要约,那么这样的广告就不构成合同法上的要约。

伍德法官[①]代表法院呈递以下判决意见:

原告伦纳德向法院提起本案诉讼,要求强制被告百事公司按照电视广告"百事大礼包"促销中的要约,交付一架"鹞式"直升机。被告则根据《联邦民事诉讼程序规则》第 56 条[②],要求法院对本案作出简易判决。基于以下原因,我们支持被告提出的这一动议。

一、案 件 背 景

被告百事公司是一家从事软饮料生产和经营的公司,本案起因是被告实施的一项促销活动。被告推出了一个名称为"百事大礼包"的促销活动,鼓励顾客从百事公司特别标注的产品包装上收集"百事积分",并将这些积分兑换成有百事特别标志的商品。在向全国推行这一促销活动之前,被告百事公司先于 1995 年 10 月到 1996 年 3 月期间在美国西北部进行了促销试验。"百事大礼包"的商品目录也被发放给促销试验地区市场上的顾客,其中包括了华盛顿州。原告伦纳德是华盛顿州西雅图[③]的一位居民。原告看到了"百事大礼包"的广告节目,他坚持认为,这一广告节目构成了"鹞式"直升机的要约。

(一)原告所称的要约内容

因为被告的电视节目是否构成要约是本案中的争议焦点,因此我们有必要在此对这一节目的内容作一详细的描述。

在节目的开始,展现的是田园牧歌意境的郊区清晨,鸟儿在阳光透进的树林中鸣叫,好像在欢迎着一个报童走在清晨送报的路上。当报纸敲开一个传统两层楼的门廊,军鼓奏起的归营号声中打出了下列字幕"星期一,早晨 7 点58 分"。一名头发经过精心打理的少年,脸上洋溢着军乐带来的欢快气息,身上穿着标有百事特有标志——红蓝白三种颜色搭配在一起的球形图案——的T 恤衫,正在准备去上学。当少年自信满满地整理自己的时候,军乐声中再次

①　Kimba M. Wood, District Judge.
②　Federal Rule of Civil Procedure 56.
③　西雅图是美国华盛顿州的州府。——译者注

打出了以下字幕——"T恤衫,75个百事积分",这些字幕展开到整个屏幕。接着,少年蹦蹦跳跳离开了他的房间,大步走下过道,这时他身上穿了一件皮夹克。军乐这时再次响起,出现了以下字幕——"皮夹克,1 450个百事积分"。少年打开屋子的大门,面对早晨炫目的晨光,一点也不感到畏惧并拿出了一副太阳镜。这时,军乐再次响起,伴随而来的是以下字幕——"太阳镜,175个百事积分"。当电视镜头对准百事促销商品目录(以下简称"目录")的封面时,画外音传来:"看看新百事大礼包的目录吧!"①

电视画面接着转到坐在中学大楼前的三个男孩,坐在中间的年轻人专注地看着"百事大礼包"的目录,两边的男孩正在喝着百事可乐。当军乐逐渐演奏到高潮时,三个男孩开始显露出敬畏的眼神,抬起头注视着一样东西呼啸着越过头顶。"鹞式"直升机此时还看不见,但是,当直升机带来的强劲风力在乏味的物理课教室中造出强力漩涡时,观看的人可以感受到动力十足的直升机即将到来。最终,"鹞式"直升机进入了人们的视野,降落在了教学楼边上的自行车行李架旁边。教室里有几个学生急切地寻找庇护的地方,而直升机的强劲风力吹走了倒霉老师的衣服,最后只剩下了内衣。在这位老师因为衣服被吹走,尊严被剥夺的时候,节目的话外音响起来:"喝更多百事,赢更多大礼。"

节目开始时出现的少年打开飞行员的座舱,飞行员没有戴头盔,而是握着百事可乐。"看看他开心的样子吧",少年大叫道,"当然会打败公共汽车啦!"说完哈哈大笑起来。在这个时候,军乐最后一次响起来,伴随着的是下列文字出现在屏幕上:"'鹞式'直升机,7 000 000个百事积分"。几秒钟后,电视画面上出现了更加程式化的广告语:"喝百事,赢大礼。"在这一段文字出来之后,音乐和广告在得意洋洋、夸张的吹奏乐中戛然而止。

受到这一广告节目的鼓舞,原告计划要得到一架"鹞式"直升机。原告对此的解释是,他是"典型的'百事一代'……他年轻,富有冒险精神,想要得到'鹞式'直升机的意愿非常强烈"。原告查看了"百事大礼包"的目录。这一目录的图片主要由年轻人组成,他们或者是穿戴有百事徽章的服饰,或者是在享受着百事大礼包所附录的其他商品,例如,"蓝色太阳镜"(广告语是"期待阳光日子的另一个理由")、"百事T恤"、"百事球包"和"百事电话卡"。"百事大礼包"目录特别说明了促销商品所需要的百事积分(在后面折页中有相关说明),还包括了预订商品的表格。其中的一页上列举了53项可以积分兑换的商品,

---

① 在这个时点上,在屏幕底端有下列文字:"此商品不是在所有促销地区都有,详情请见特别标注的包装。"

当然,"鹞式"直升机并不登记在目录当中,也没有任何有关"鹞式"直升机的描述。目录中列明的商品,所需积分数量在 15 个积分到 3 300 个积分之间。需要指出的是,原告反对这一推论,即因为"鹞式"直升机并不包括在"百事大礼包"的目录中,所以它不会被消费者得到。

目录后的折页中包含着百事积分如何兑换商品的说明。这些说明指出,所列商品"只能"通过最初的预订表格来获取。目录提到,消费者在缺乏足够百事积分的情况下,如果想要得到自己心仪的商品,可以以每个积分 10 美分的代价购买,购买前也要有最初的 15 个百事积分作为前提。

虽然原告最初也想通过消费百事商品来收集所需要的 7 000 000 个百事积分,但不久之后,他意识到"不可能通过购买百事公司产品(更不要说通过喝百事饮料)来快速收集所需要的积分"。在重新评估之后,"原告第一次关注起'百事大礼包'促销活动中的材料",认为花钱购买百事积分将是一个更加可行的选择。通过熟人的帮助,原告最终筹集到了 70 万美元。

(二)原告为兑现所谓要约付出的努力

1996 年 3 月 27 日,原告递交了预订表格、15 个最初的百事积分,以及一张700 008.50 美元的支票。原告寄送支票时,看来已经有律师在代理了;该支票由原告的一名律师起草。在预订表格的底部,原告在"项目"一栏写的是"一架'鹞式'直升机",在"积分总额"一栏写的是"7 000 000"。在原告寄送的表格中附有一封信,其中提到,支票是用来购买百事积分的,"明确表示想要得到'百事大礼包'节目中的一架'鹞式'直升机"。

1996 年 5 月 7 日,被告负责派送促销商品的部门拒绝了原告的申请并退回了支票,被告在信中这样解释:

> 你要求的项目["鹞式"直升机]不在"百事大礼包"的范围之内。"鹞式"直升机不包括在商品目录或者预订表格中,而根据程序,只有在目录中的商品才可以兑换。
>
> 百事大礼包节目中的"鹞式"直升机是虚拟出来的,它的出现只是为了增加节目的幽默感和娱乐性。对于你因此产生的误解和困惑我们表示抱歉,在此附上一些免费的赠券。

原告律师在 1996 年 5 月 14 日对于被告百事公司的回信作出了以下回应:

> 你们在 1996 年 5 月 7 日的回信内容是完全不能接受的。我们已经仔细复查了你们"百事大礼包"的节目录像……很清楚,你们的节目提出了以 7 000 000 个百事积分换取新式"鹞式"直升机的要约。我方客户的做法符合你们的规则……

这封信就是正式要求你们履行承诺,而且对于向我的客户交付"鹞式"直升机一事立即作出安排。如果在 10 个工作日内没有收到你们交付"鹞式"直升机的指示,我方将别无选择并对百事公司提起诉讼……

这一封信显然由被告交给了它的上游单位,也就是实际负责这一电视节目制作的广告公司——BBDO 纽约公司。在 1996 年 5 月 30 日回复原告的信件中,BBDO 纽约公司的副总裁麦克加文先生对原告作了以下解释:

我很难相信你真的认为"百事大礼包"节目是要提供一架新式的"鹞式"直升机。节目中出现"鹞式"直升机,很显然只是一个玩笑,是为了让这一广告更加幽默和富有娱乐性。在我看来,没有任何一个理性的人会同意你对这一广告的分析判断。

1996 年 6 月 7 日,原告向被告邮寄了一封有着类似要求的信件……

二、问题的讨论

26

(一)法律架构

对于当事人要求法院作出简易判决的案件,[其审查标准是,]法院"不需要去审理案件中的事实问题,而只决定案件中是否有着需要法院进行审判的[法律上的]争议问题"……如果简易判决的动议成立,则提出动议的一方当事人必须表明案件的主要事实没有争议,不需要法院去审理,因而只要求从法律上作出判决。①……

(二)被告的广告并不是一个作为要约的广告

在广告是否构成要约这个问题上,一般的规则是,广告并不构成要约。《合同法重述》(第二次重述)②对于这一规则是这样进行解释的:

通过展览、展示、传单、报纸、广播或者电视所做的商品广告,通常并不是想要作为、也不想要被理解为出售该商品的要约。商品目录、价格目录和传阅报单即使详细说出了建议的协商条款,也同样不构成要约。当然,通过广告直接向一般公众发出要约也是可能的(见《合同法重述》(第二次重述)的第 29 条款),但在通常情况下这必须有一些承诺或者邀请的文字,邀请他人在不需要进一步联系的情况下采取行动。③

类似的观点,在权威的专著中也有叙述:

通过广告、报纸、传单、目录、报单或者在商店橱窗上的张贴来发出明确而可操作的购买或销售要约,是非常有可能的。然而,**在通常情况下人**

---

① 由于被告认为本案事实不存在实质性争议,因而向法院提出了动议,要求法院作出简易判决。伍德法官在这里对法院适用简易判决的标准进行了分析。——译者注

② *Restatement*(*Second*) *of Contracts*.

③ *Restatement*(*Second*) *of Contracts* § 26 cmt. b(1979).

们是不会这样做的；对于它们构成要约的推定只是一种例外的情形……

这样的广告应被理解为只是请求他人予以考虑、检查以及进行协商；没有人会合理地将这些广告认定为要约，除非案件的具体情形构成特例，例如，广告中所使用的文字非常明白而且清晰。①

一个仅仅通过可能的受约人完成预订表格来接受要约的广告，是不能转化为可以强制执行的要约的。例如，在 Mesaros 诉 United States② 一案中，原告起诉美国政府的一家造币厂，认为被告未能交付订购的自由女神像纪念币。当社会上对这些纪念币的需求出乎意料的强劲时，许多已经及时寄出订单的人未能如愿购买到纪念币。审理该案的法院在判决的开始这样写道：被告的广告及订单"仅仅是要约邀请，收到之后并不能产生承诺的效果"，这是一种"很成熟"的规则。③《合同法重述》（第二次重述）的第 26 条这样说道：进行某种交易的意愿④不构成要约，如果收到该意愿的人知道或者有理由知道对方要求进一步同意。那些被被告拒之门外的钱币收藏者并不能提起违约之诉，因为在广告方接受这一订购表格和款项之前，双方之间并不存在一份合同。⑤根据这一原则，我们认为，本案原告于 1996 年 3 月 27 日写给被告的信件加上预订表格和恰当的百事积分，构成了一个要约。在被告接受订购表格并兑付支票之前，双方并不存在可以执行的合同。

广告对于可能的受约人并不产生承诺的效力。这一规则的例外情形是，广告内容本身必须"清楚、确定、明白无误，而且没有留下任何空间再进

---

① 1 Arthur Linton Corbin & Joseph M. Perillo, *Corbin on Contracts* § 2.4, at 116—17(rev.ed. 1993).也见 1 E. Allan Farnsworth, *Farnsworth on Contracts* § 3.10, at 239 (2d ed.1998)；1 Samuel Williston & Richard A. Load, *A Treatise on the Law of Contracts* § 4：7, at 286—87(4th ed.1990)。

② 845 F.2d 1576(Fed. Cir. 1988).
这一案件的基本事实是，原告梅沙罗斯等人是钱币收藏者和购买者，被告是美国政府的造币厂。根据美国国会的法令，为了给美国自由女神像筹集资金，国会允许被告发行一定数量的纪念币。被告通过广告向社会告知，可以接受提前预订纪念币，预订时需要提交预订表格并支付部分款项。原告夫妇两人分别通过信用卡和支票预付。实际出售后，纪念币非常热销，特别是 5 美元的金币更是抢手。而原告等用信用卡付款的人却由于各种原因在购买时出现问题。就在这个期间，5 美元的金币已经售完，采用现金或者支票支付的都收到了预订的纪念币。被告告知原告等人，无法提供他们预订的纪念币。事实证明，这些纪念币后来在市场上价格暴涨。原告等众多没有得到纪念币的人就联合起来起诉被告，要求被告赔偿损失。审理该案的法院认为，被告的广告并不构成要约，原告递交的预订表格及款项才构成要约，因此，双方之间没有形成合同上的义务。——译者注

③ 845 F.2d 1580(Fed.Cir.1988).
④ 结合到本案来分析，广告节目就是被告愿意进行某种交易的意愿。——译者注
⑤ 845 F.2d 1581(Fed.Cir.1988).

行协商",在这样的情形下,"广告构成了要约,对广告的承诺就构成了一个合同"。①在 Lefkowitz 一案中,被告在报纸上声明:"星期六早晨 9 点整,3 款新的皮大衣,价值 100 美元,先到先得,每件只卖 1 美元。"Lefkowitz 先生星期六拿着 1 美元来到被告商店,却被告知根据"店规",报纸上的这一要约只是针对女士而非男士。法院认定,因为原告已经履行了广告中的所有条款,而该条款是明确而具体的,没有留下任何空间需要进行协商,所以,应该认定双方之间已经形成了合同……

本案与 Lefkowitz 一案是有区别的。首先,本案所涉及的电视节目内容并不充分明确。被告对节目特别作了保留,并将要约的具体内容放在单独称为"百事大礼包"的书面材料中。节目未提及受约人接受"鹞式"直升机要约所要采取的具体步骤。Lefkowitz 一案中的广告恰恰"具体明确了可以接受[来商店购买特价皮大衣]的人"。②在 United States 诉 Braunstein③ 一案中,判决书这样表述到:"[要约如果要构成合同]就需要具有相当高的精确性,在当事人只是站在合同的门口时,法院是无能为力的。"法恩斯沃思教授在其合同法专著④中提到:"某个建议如果是详细具体的,就表明它是一个要约;而某个建议如果缺少了很多条款,就表明它并不是一个要约。"其次,即使目录中包括了"鹞式"直升机并出现在了可换取商品的栏目中,[在我们看来,]通过电视和百事商品目录而播出的"鹞式"直升机广告,仍然不能构成一个要约。正如法院在 Mesaros 一案的判决中解释的那样,缺少类似"先到先得"这样的词语限制,就使得所谓的要约非常不清晰,因而合同也就无法形成。⑤"一个顾客通常不应该有理由相信店主会让自己置于大量承诺蜂拥而至的风险之下,蜂拥而至的承诺将导致许多的合同产生,[合同下的货物需求]就会超过店主的库存。"⑥在 Lefkowitz 一案中并没有这样的风险,这正是由于其广告中有着"先到先得"这样的限制。

28

总而言之,我们认定,"鹞式"直升机节目只是一个广告而已……[法院接

---

① Lefkowitz v. Great Minneapolis Surplus Store,251 Minn. 188,86 N.W.2d 689,691(1957).
② Corbin,*supra*,§2.4,at 119.
③ 75 F.Supp.137,139(S.D.N.Y.1947).
④ Farnsworth,*supra*,at 239.
法恩斯沃思是美国当代著名合同法专家,长期在美国哥伦比亚大学担任合同法教授,是美国合同法重述(第二次重述)的主要报告人。其合同法专著是美国法学院的重要教材,也是美国法官在审理合同法案件中经常使用的权威依据。——译者注
⑤ *Mesaros*,845 F.2d at 1581.
⑥ Farnsworth,*supra*,at 242.

着继续分析了赏金作为要约的法律问题,相关分析可以参见本书"作出承诺"这一部分中的内容。〕

（三）一个客观、理性的人不会把这个节目当作要约

……一个显而易见的玩笑,当然不会产生合同。①这一点可以参见 Graves 诉 Northern N. Y. Pub. Co.一案(在 Graves 这一案件中,法院驳回了原告主张1 000 美元的请求,该要约出现在报纸的"玩笑栏目"当中,该要约说道,任何能够提供某一个号码的人,都可以得到 1 000 美元,而这个号码实际上是很容易就能得到的)。另一方面,如果并没有迹象表明这一要约是"显而易见的玩笑",一个客观、理性的人会严肃、认真地对待这一要约,那么,这样的要约就可能是有效的要约。这一点可以参见 Lucy 诉 Zehmer② 一案(在这一案件中,法院判决被告必须履行一个购买农场的合同,尽管被告坚持认为系争的交易只是一个玩笑,整个交易就像"两个混蛋醉汉之间的虚张声势"而已)。

……在我们看来,正如被告恰如其分地界定的那样,本案中的电视节目只是一种"滑稽幽默"而已。〔我们作出这样的认定,主要是基于以下理由:〕

第一,这一电视节目……③蕴含的潜在意思是,百事大礼包的商品会使惊奇的时刻和场景流入到平淡无奇的生活当中。……任何一个观看了这一节目的人,只要他是一个理性的人,都会将这样的广告仅仅当作"自吹自擂"而已,而不会把它当作事实的陈述……也不会将这一节目中的承诺解读为在现实中真的会确有其事。

第二,广告节目中虚拟的尚未成年的少年,是一个非常不合格的飞行员,他的年纪还只是一个受父母委托拿车钥匙的小家伙,根本比不上美国海军陆战队的那些杰出飞行员……④

---

① *E.g.*, Graves v. Northern N. Y. Pub. Co., 260 A.D. 900, 22 N. Y. S.2d 537(1940).

② Lucy v. Zehmer, 196 Va. 493, 84 S.E.2d 516, 518, 520(1954).

③ 在此处省略的内容是,伍德法官认为,向年轻人建议使用广告产品是当今常见和普通的事情,广告节目现在经常会这样做。节目中引入军号和军乐,包括使用铅字打出的时间标题,都是为了引入军事元素,使人看了节目后感觉到精神振奋。节目这样制作的目的,是为了营造一种氛围,让人感觉消费"百事大礼包"中的商品,会让自己引人注目,成为人人羡慕的对象。——译者注

④ 在此处省略的内容是,伍德法官具体分析了广告节目中少年的一些不符合飞行规范的细节。例如,少年在起飞前不是去关注油表,而是关注自己的形象,而且没有戴头盔,更在意的是自己的头发。在驾驶直升机到达目的地之后,这位少年说的是"当然要比公共汽车更快",这不是对待驾驶飞机这一危险行为所应有的态度。——译者注

第三,驾驶"鹞式"直升机旅行到学校更是一个放大了的少年幻想……①

第四,……根据"鹞式"直升机的功能介绍,它可以进攻和摧毁地面及空中目标,武装侦察和空中封锁,对空中实施进攻和防御。节目中将驾驶"鹞式"直升机作为少年在早晨去学校上课的一种方式,很显然并不是严肃、正经的,[只能说是一个"滑稽幽默",]即使如被告所称的那样,[节目中的]这一直升机在"拆除掉可能的军事用途"的情况下可以作为上学的方式。

第五,……②当原告开始筹集必要的资金去接受所谓要约的时候,他是知道一架"鹞式"直升机的价格大约为2 300万美元这一事实的。即使一个客观、理性的人并不知道["鹞式"直升机的价格]这一事实,他也应该知道,以700 000美元去购买一架战斗机,这一交易太过划算,难以令人置信。

原告辩称,一个理性、客观的人,会将百事广告的节目当作一个严肃、认真的"鹞式"直升机要约,因为它与节目中展示的其他商品相比,"在提供方式上绝对没有什么差别"……[在我们看来,原告的这一辩论意见]只是想表明,被告促销活动的幽默感,其实并不是真正的幽默。……但是,从这一节目显而易见的荒诞性来看,我们法院拒绝接受原告有关这一节目并非玩笑的抗辩。

（四）原告所称的合同没有满足反欺诈法的要求

在本案中,原告所称的合同并没有以书面方式达成,这一点就为法院提供了作出简易判决的完全单独的理由。……本案中系争广告的那些内容并没有以书面方式表达……

三、结　　论

总而言之,一共有三点理由可以说明本案原告在法律上不可能胜诉。首先,被告百事公司的节目只是一个广告而已……其次,这一节目展示出的"并非当真,只是游戏"的态度,不会让一个理性的人认定一个软饮料公司会把一架军用直升机作为促销的一部分。第三,双方之间并没有充分的书面文字满足反欺诈法的要求。

基于以上原因,我们决定支持被告的动议,并在此作出支持被告的简易判决……

① 在此处省略的内容是,伍德法官列举了电视中的一些镜头,进行了分析。伍德法官认为,节目中驾驶直升机少年的同学们都张大嘴巴,露出羡慕的神情,而对于正在进行的物理课视而不见。直升机刮起的大风吹走了老师的衣服。而少年驾驶的直升机正好降落在学校里,紧邻着自行车棚。实际上,这一创意更加说明电视节目只是个幻想,没有一个学校会同意让直升机降落。——译者注

② 此处省略的内容是,伍德法官就理性的顾客应该是什么样的情形所作的分析。伍德法官分析道,要"购买"一架飞机需要7 000 000个百事积分,而要获得这些积分,一个人需要喝上7 000 000罐百事饮料(这相当于一个人在以后的100年中,每天喝掉190罐百事饮料。这根本不可能做到)。——译者注

二、投标和拍卖

霍夫曼诉霍顿①

弗吉尼亚州最高法院(1972 年)

本案要旨

被告霍顿由于不能还款,其所有的一块土地被强制拍卖。原告霍夫曼在竞拍中以特定价格拍中,但因成交前信托人认为拍卖师错过其报价,后拍卖师重拍,原告最终以更高价格拍中。原告起诉被告,要求赔偿两个价格之间的差额。法院认定,参照《统一商法典》,对于本案情形,拍卖师有自由裁量权,判决驳回了原告的诉讼请求。

本案确定的规则是,拍卖师在拍卖成交之前或者同时发现有新的竞价时,有权自行决定是否重新竞拍。

卡里科法官②代表法院呈递以下判决意见:

本案涉及的争议问题是,在一个丧失回赎权的土地拍卖会上,在拍卖的槌子落下或即将落下接受较低报价时,有人报出更高的竞价,在这种情况下,拍卖师是否可以重新拍卖?

本案的问题来自一场有关丧失回赎权的土地拍卖会。案件涉及的信托契约③项下的金额是 10 万美元,信托契约下用于担保的土地由被告霍顿夫妇和考尔夫妇共有,这块土地位于弗吉尼亚州的阿灵顿县。④在该土地的拍卖会上,通过激烈的竞拍,原告霍夫曼报出 177 000 美元的价格,并被拍卖师接受。当原告报出上述价格后,没有其他报价跟进,拍卖师随即向现场竞拍者问道:"先生们,你们都认可吗?"暂停一会儿之后,拍卖师向现场竞拍者说道:"177 000 美元一次,177 000 美元两次,177 000 美元,成交。"在说出这话的同时,拍卖师将左手掌向下,去击打右拳。⑤

---

① Hoffman v. Horton, 212 Va. 565, 186 S.E.2d 79.
本案有多名被告,除了霍顿夫妇之外,还有被拍卖土地的信托人。——译者注
② Carrico, Justice.
③ 信托契约类似于我国的一种借款担保合同。出借人将一定款项借给借款人,借款人则以自己的财产(通常是不动产)权利转让给第三人(在信托关系中往往称为受托人)作为担保,在借款人不能归还的时候,可能就丧失了对抵押财产回赎的权利,这时,受托人就可以将担保的财产强制拍卖,以实现出借人的债权。——译者注
④ 阿灵顿县是位于弗吉尼亚州北部的一个县。——译者注
⑤ 这是拍卖中表示成交的一种传统手势。——译者注

就在几乎同时,一直站在附近的信托人,突然冲向前面,说拍卖师错过了他的报价 178 000 美元。这位拍卖师既没有看到这一报价,也没有听到这个报价,说道:"如果我漏掉了一个报价,请你们最好叫出来。现在继续拍卖。"这时,原告走向前,说道:"先生,我已出价 177 000 美元买下了。"拍卖师和信托人都不同意原告的说法,拍卖师对参与拍卖的人宣布,现在有一个新的报价 178 000 美元。这一不动产的拍卖就这样继续下去了,这一不动产最终由原告以 194 000 美元的价格拍得。

原告根据这一次竞拍的要求,先行预付了 5 000 美元,但他坚持认为,他应该是以 177 000 美元购得了拍卖的土地。后来他在极不乐意的情况下支付了 194 000 美元,买下了这一块土地。他随即对该土地从前的所有者和信托人提起了诉讼,要求被告赔偿两次竞拍价格的差价 17 000 美元。初审法院驳回了原告的诉请。我们法院颁发了再审令,决定对该案进行重新审理。

······

初审法院认定,178 000 美元的报价,是在拍卖师拳头下落准备接受原告 177 000 美元竞价的"之前或者是同时"作出的,这一事实上的认定,没有受到原告的质疑。根据查明的这一事实,初审法院认为,"178 000 美元的报价是在 177 000 美元竞价被接受之前作出的",拍卖师决定重新竞价和继续拍卖,是"在被允许的自由裁量权的范围之内行使职权"。

初审法院认定拍卖师被赋予了自行决定重新竞价和拍卖的权利,主要是依据美国《统一商法典》的相关规定。[①]其表述如下:

> 对于通过竞拍方式实施的买卖,是以拍卖师将拍卖槌落下或者其他传统的习惯方式宣告拍卖成交而结束交易。当拍卖槌正在落下接受前一报价的时候,如果有新的报价作出,拍卖师可以在他的自由裁量权范围内决定究竟是重新竞拍,还是宣布该商品以拍卖槌下落时的价格已经售出。

初审法院认定,该案涉及的交易是由《统一商法典》[②]所调整的,这一观点我们不能同意,因为本案涉及的交易是"土地"买卖,而《统一商法典》第 8.2 部分明确限定,其调整的是"货物"交易。[③]

然而,我们法院认为,虽然《统一商法典》在本案中不能够适用,但是,从它的法律条文中"借用"规则,并运用到我们手头所涉及的土地交易仍然是恰当

---

① 《统一商法典》中 § 8.2—328(2)。
　《统一商法典》是美国为了统一各州的货物买卖的规则而通过的一部法律,现在已经为美国各个州所采纳。——译者注
② 见《统一商法典》§ 8.2—328(2)。
③ 见《统一商法典》§ § 8.2—105,—107。

的。在土地的拍卖中拍卖师被赋予和动产拍卖一样的自由裁量权,这让拍卖师可以自行决定是否重新竞拍。这样的做法有助于拍卖做法的统一。更重要的是,它将有助于确认这一对双方都是必要而且公平的规则。

因此,我们法院判决,在本案中拍卖师可以在他的自由裁量权范围之内对正在被出售的土地重新竞价。而且,当拍卖师知道在他的拳头落下去接受较低报价"之前或者同时",已经有新的更高的竞价确实存在的时候,拍卖师可以决定重新竞价并继续拍卖。拍卖师这样做,是"在他的自由裁量权范围内"。

因此,初审法院的判决予以维持。

三、要约与初步协商以及价格目录之间的区别

32

洛纳根诉斯科尼克[①]
加利福尼亚州第四地区上诉法院(1954年)

本案要旨

被告斯科尼克发布广告出售一块土地,原告洛纳根看到后写信询问相关事宜,在双方信件往来中,被告除回答原告提问外,还提到这是一封格式信件,自己也同时在与其他有意向的买家接洽,如果原告要买请尽快。在被告发出信件与原告实际收到信件这段时间,被告将土地售与了其他买家。而原告则在收到被告的信件后找银行存入了部分款项,随时准备支付全款。原告起诉被告违约,法院判定双方只是初步协商,没有形成合同,被告不构成违约。

本案确定的规则是,如果一方当事人知道或者有理由知道对方只有得到进一步的确认后才想达成协议,那么,在得到确认之前,双方之间还未形成合同。

巴纳德法官[②]代表法院呈递以下判决意见:……

本案中双方均认可的事实如下:

1952年3月,被告斯科尼克在洛杉矶的一份报纸上发布广告,其主要内容是:"40英亩土地,四周覆盖着约书亚树,[③]……需要现金,现在亏本出售。"原告洛纳根在看了这一广告之后,向被告询问了这块土地的一些情况。作为对原告询问的回应,居住在纽约的被告于1952年3月26日写了一封信给原告,

---

① Lonergan v. Scolnick,129 Cal. App. 2d 179,276 P. 2d 8.
② Barnard, Presiding Judge.
③ 约书亚树是在美国加利福尼亚州非常有名的一种植物。——译者注

这封信中对待售的这一块土地进行了简要的描述,告知原告如何到达该地块以及他的底价是 2 500 美元现金,而且被告进一步谈到"这是一封格式信件"。①同年 4 月 7 日,原告回信说他并不确信自己找到了广告上所说的那块土地,要求被告对这一块土地的具体方位进一步作出法律上的描述,并询问该地块是否包括上面所有面积,以及某个伸出来的岩石山丘,原告在这封信中还提出,"如果我愿意购买这一块地",会让某一家银行作为托管人。4 月 8 日,被告回信称,"根据你来信的描述,你已经找到了我要出售的那一块地";你要找哪一家银行做托管人也"没有问题";这块土地是相当平整的地;信中对于要出售的地块作了法律上的描述;并说道:"如果你真的对这块地感兴趣,请最好快点决定,我预计下个星期还会有有意向的买方要和我谈这交易。"4 月 12 日,被告将这一块土地以 2 500 美元的价格出售给第三人。原告是于 4 月 14 日这一天收到被告 4 月 8 日的信件的。4 月 15 日,原告写信给被告,感谢被告的来信"让我确信我找到的就是[你要出售的]那一块地",并称他将马上操作,开通委托账户,"根据你的要求"存入 2 500 美元,并要求被告在他的指示下再寄上一份这块土地的权属说明给托管人。1952 年 4 月 17 日,原告开设了委托账户,交给托管人 100 美元,同意在将来的某一天再存入另外的 2 400 美元。原告与托管人商定,如果在 1952 年 5 月 15 日之前买卖双方没有完成这笔交易,除非任何一方当事人提出了书面要求或者指示,否则这一账户将尽快关闭。本案中双方认可,原告一方已经做好了准备,随时愿意支付另外的 2 400 美元……

33

　　除非双方当事人就某一特定事项在思想上发生了交会并且已经达成一致,否则就不会有合同的存在。要想证明一个合同的成立,通常的情形是一方发出要约,而这一要约被另一方接受。《合同法重述》②第 25 条款对合同的成立是这样表述的:

　　　　如果从承诺、意愿表现或者当时存在的具体情形来看,其指向的对方当事人知道或者有理由知道,作出该承诺、意愿表现的这一方当事人在进一步明确同意之前并不打算将它们作为有着确定目的的表示,那么,他作出的承诺或意愿表现就不是一个要约。

　　在 Niles 诉 Hancock③ 一案的判决中,法官这样写道:"从双方往来的通信中可以很清楚地看出,被告的意愿是,他与原告之间的协商仅仅是初步的。"我

---

　　①　格式信件是一种发给不特定的很多人的信件,像一种格式文本那样。它有别于那种因为某种特定的事情发给某个特定对象的信件。收到这种格式信件的人,知道发信的人会同时将这些信发给其他人。——译者注

　　②　Section 25 of the Restatement of the Law of Contracts.

　　③　140 Cal.157,73 P.840,842.

们认为,Niles 一案的表述同样可以适用于本案。本案中双方往来通信的内容表明,对被告来说更主要的是想看看原告对他出售的地块是否有兴趣,而不是向原告作出一个明确的要约。被告在 3 月 26 日和 4 月 8 日信件中的文字非常明确地表明,当时他们并不打算带着确定的目的来作出明确的要约,这些文字足以通知原告,必须有被告进一步同意[出售这一块土地]的表示。

被告刊登在报纸上的广告仅仅是要约邀请。3 月 26 日的信件中没有包含明确的要约,而且这封信件清楚地表明那仅仅是一封格式信件。被告的这一封信只是对广告中的内容作了进一步特别的说明,告诉原告如果对这块土地感兴趣,应如何去寻找其具体方位。被告在 4 月 8 日的信中并未比上一封信增加任何内容,仅仅是回答了原告信中的一些问题,并且提到如果原告真的有兴趣购买这一块土地,最好能够快点行动。被告信中提到的下个星期他将会见一个有意向的买方,这就表明了他想要将这一块土地出售给第一个来购买的人。他保留着这样的权利,并且正在行使权利的过程中。仅仅从信的内容看,原告就知道或者应当知道他没有时间来接受一个正在形成的要约,知道这一交易需要被告进一步的同意。从双方往来信件中使用的文字来看,原告并没有被赋予在收到信件后的合理时间内马上采取行动的权利;原告被明确地告知,如果有可能,被告有意将这一块土地出售给另一人,而且被告预先警告过原告,如果是真的有兴趣买下这一块土地,他就应该迅速行动。

不管前述的意见如何,初审法院认定双方当事人之间没有形成合同,我们在这一问题上的观点和初审法院一致。即使这些信件可以作出另一种解释,我们也认为初审法院的解释是最合理的一种解释。

初审法院的判决予以维持。

费尔芒特玻璃公司诉克鲁登—马丁木制品公司[①]
肯塔基州上诉法院(1899 年)

本案要旨

原告克鲁登—马丁木制品公司向被告费尔芒特玻璃公司写信询问 10 车柜玻璃罐的价格,被告收到信后提供了价格和相关信息,并要求买方立即接受。买方收信后马上通过电报订购,但被告回电表示货已售出。原告以双方往来函电已经形成合同为由,起诉被告违约。法院认定被告的回信构成要约,原告回电表示同意后,双方之间就达成了合同。法院判决,双方达成了合同,

---

① Fairmount Glass Works v. Crunden-Martin Woodenware Co., 106 Ky.659, 51 S.W.196.

原告胜诉。

本案确定的规则是,从交易过程来看,如果当事人就价格目录设定了条件(例如,本案中是要求对方立即接受),那么这样的价格目录就构成了要约。一旦对方当事人接受,合同就已达成。

霍布森法官①代表法院呈递以下判决意见:

1895年4月20日,被上诉人[克鲁登—马丁木制品公司,以下简称克鲁登公司,初审原告]写了一封信给上诉人[费尔芒特玻璃公司,以下简称费尔芒特公司,初审被告],信件的内容如下:

密苏里州圣路易斯市②,1895年4月20日

　　敬启者:我们需要订购10车柜的绿色玻璃罐,要求带有盖子,一打(12个)罐子放一个包装盒,请告诉我们你们的最低价格;由你方送货到我方,或者按照FOB③价格由我们安排车辆到你们处提货,送货方式任由你们选择。请告诉我们你们的送货条件和现金折扣。

克鲁登公司

上诉人费尔芒特公司对于克鲁登公司上面的信件作了以下回复:

印第安纳州费尔芒特公司④,1895年4月23日

致克鲁登公司

　　敬启者:根据你们4月20日来信的要求,现答复如下:水果玻璃罐按照12个放一个包装盒,在伊利诺伊州的东圣路易斯发货,报价为:一品脱(型号)的每罗⑤4.5美元,一夸脱(型号)的每罗5美元,半加仑(型号)的每罗6.5美元⑥,要求你方立即接受这些条件。我们的送货时间不晚于1895年5月15日;60日内到货,2%的现金折扣,货到10天内现金付款。

费尔芒特公司

　　请注意,我们的所有价目表和合同都可能受到下列情形的制约,例

---

① Hobson, J.
② 圣路易斯市是美国密苏里州东部的一个城市,曾经在1904年举办过夏季奥运会。——译者注
③ FOB是国际贸易中的一个常用价格条款,是指由卖方按照约定将货物交到买方预订的船只,并通知买方。买方负责订船和运费,货物越过船舷后所有风险就转移到买方。——译者注
④ 费尔芒特是印第安纳州中东部的一个镇。——译者注
⑤ 罗(gross)是美国的一个计量单位,一罗相当于12打,而一打相当于12个。——译者注
⑥ 品脱、夸脱、加仑都是美国的容量计量单位。——译者注

如，经办单位或者交通运输出现了意外情况，以及超出我们控制的延迟或者意外事件。

作为对费尔芒特公司来信的回复，被上诉人克鲁登公司在 1895 年 4 月 24 日发出下列电报：

35

印第安纳州费尔芒特公司：

你们 23 日的信件已收到。按照你们的报价，我们订购 10 车柜货物。货物的具体事项已另行寄出。克鲁登公司。

作为对这一电报的回复，上诉人费尔芒特公司在 1895 年 4 月 24 日发出下列电报：

密苏里州圣路易斯市的克鲁登公司：

我们无法按照你们的要求供货。货物已全部售完。详情见信。

费尔芒特公司。

被上诉人克鲁登公司坚持认为，根据其对上诉人费尔芒特公司 4 月 23 日信件的电报回复，就购买 10 车柜水果玻璃罐一事，双方之间的合同已经达成；而上诉人费尔芒特公司则认为，根据这一天的电报，双方并未达成合同，上诉人仍然有权利拒绝 4 月 24 日被上诉人提出的订货要求，这是本案双方争议的主要问题。下级法院作出了被上诉人克鲁登公司胜诉的判决，上诉人费尔芒特公司随即提起了上诉，坚持认为初审法院的判决是错误的。

就本案争议的这一法律问题，有许多权威的学术论著认定，价格目录并不是出售货物的要约，只有对于建议的价格目录发出购货订单之后才可能在当事人之间形成合同。有许多判例认定，这样的订单只有被对方接受之后，整个交易才算完成。[1]但是，具体到每个案件如何处理，还是主要取决于当事人在交易过程中所使用的语言。在本案中，虽然上诉人的信件在说明货物价格时使用的词汇是"提供价格目录"，但是，我们认为，双方当事人之间谈及的不仅仅是价格目录问题。当事人往来通信的真正意思必须通过整个信件作整体解读。作为这一交易的开始，被上诉人克鲁登公司在 4 月 20 日的信件并没有询问价格目录。其信中写道："我们需要订购 10 车柜的绿色玻璃罐，要求带有盖子，一打（12 个）罐子放一个包装盒，请告诉我们你们的最低价格……请告诉我们你们的交货条件和现金折扣。"从这些内容来看，上诉人费尔芒特公司不会不明白，被上诉人想要知道的是出售 10 车柜玻璃罐的最低价格；所以，作为回复，上诉人写下的是："我们对你们需要的水果玻璃罐的报价……一品脱的每罗 4.5 美元，一夸脱的每罗 5 美元，半加仑的每罗 6.5 美元……要求你方立即

---

[1] Smith v. Gowdy, 8 Allen 566; Beaupre v. Telegraph Co., 21 Minn.155.

接受这些条件；……2%的现金折扣,货到 10 天内现金付款。"当上诉人写下这些内容时,就应当推定它是想就被上诉人先前的询问提供进一步的信息。我们认为,上诉人的这一封信只有看作"如果立即接受我的条件,我将按照那些报价出售",它才会使用"要求你们立即同意这些条件"这样的文字,否则,我们就很难理解上诉人为什么会使用"要求你方立即接受这些条件"这一表述。在解释每一个合同的时候,法院的目标是设法了解双方当事人的内心意愿。上诉人费尔芒特公司向我们法院提供了一些判例,但是,摆在我们面前代表上诉人观点的这些判例中,没有一起案件的当事人在信件中表示过按照信中提及的条件出售货物的要约……

应该注意到的是,被上诉人作出承诺的电报中提到了货物的具体事项已经另行寄出。被上诉人订购货物的具体事项包括在 1895 年 4 月 24 日的信件中: 36

密苏里州圣路易斯市,1895 年 4 月 24 日

致费尔芒特公司

敬启者:我们今天早晨收到你们 23 日的信,并且已经通过电报作出回复,电报的内容是,"你们 23 日的信件已收到。按照你们的报价,我们订购 10 车柜货物。货物的具体事项已另行寄出。"对这一电报的内容,我们再次予以确认。因而,现在我们之间已经达成了以下合同,订购 10 车柜带有管帽和橡胶的绿色玻璃罐,12 个罐子放在一个包装箱中,在东圣路易斯港口交货。一品脱型号的玻璃罐每罗 4.5 美元,一夸脱型号的玻璃罐每罗 5 美元,半加仑型号的玻璃罐每罗 6.5 美元。交货条件是不迟于 1895 年 5 月 15 日送货,货到 10 天内付款,2%的现金折扣,60 天内到货。玻璃罐及管帽必须严格保证是一等品的质量。你们可以将各种货物先装一车柜送到我们这儿,包括 5 罗一品脱型,55 罗一夸脱型,40 罗半加仑型。其余 9 车柜的送货情况会在以后的信件中告知你们。

克鲁登公司

上诉人费尔芒特公司仍然坚持认为,克鲁登公司的这封信不是对先前要约的承诺;其中的"玻璃罐及管帽必须严格保证是一等品的质量"这一要求,并没有出现在他们的要约中。因为被上诉人在其信中添加了新的内容,被上诉人也就没有按照要约的内容完全接受,所以,被上诉人的信件对上诉人也就没有约束力。但是我们注意到,上诉人在收到 4 月 24 日这封信之前就已经拒绝发送这批货物,而且在之后双方通信往来中,上诉人从来没有抱怨过对方增加了涉及产品质量的文字作为合同成立的条件。双方当事人之间还有很多其他的信件往来,涉及的是上诉人向对方解释其拒绝交货是基于其他的原因,但

这些原因当中没有一个能得到证据的支持。被上诉人向法院提交了相应的证明,说明其信件中涉及质量表述的文字在彼此从事的行业内,与上诉人在信件中使用文字所表达的是同样的意思;4月24日的这封信,只是在表达的形式上略有不同而已。上诉人费尔芒特公司的行为看上去似乎是确认了被上诉人的这一证据。

上诉人费尔芒特公司还认为,系争合同的内容是不明确的,因为每一个型号的货物数量是不确定的,以10车柜的货物作为交货的数量,太过模糊,而且,被上诉人克鲁登公司没有权利在不同时间内接受上述货物。但是,现在有证据显示,"10车柜"货物这样的计量表达方式,在业内就是相当于1 000罗的货物。以不同价格出售不同型号货物的要约,赋予了购买人确定不同型号货物数量的权利;要约中规定最迟不超过5月15日交货的约定,这使得购买人有权确定在5月15日之前的任何一天作为交货时间。

初审判决予以维持。

第三节 合同的不确定性

38

海恩斯诉纽约市政府[①]
纽约州上诉法院(1977年)

本案要旨

被告纽约市政府在多年前与地方村镇签订合同,约定由被告建造污水处理系统,并承担相关建设和维护费用。同时约定在该地需求增加及建设需要时,被告应延长污水处理管线。多年后,该地区污水处理系统已处于满负荷运作的状态。原告海恩斯想开发某地块,向被告申请延伸污水处理管道,遭到被告拒绝。原告和地方村镇因此起诉被告,要求法院认定被告有义务扩大或建造新的污水处理系统来满足需要。法院认为,合同中没有明确期限,不能被理解为合同就是永久期限合同。对于被告的义务范围,合同仅仅是要求被告建造污水处理系统,延伸管线来满足将来的需要,但合同并没有强制被告另建新的系统,于是,法院驳回了原告诉请。

本案确定的规则是,当合同的期限及义务范围不确定时,法院有权根据当事人的意愿和案件的具体情况来确定合理的履行期限和义务范围。

---

① Haines v.City of New York,41 N.Y.2d 769,396 N.Y.S.2d 155,364 N.E.2d 820.

加布瑞里法官①代表法院呈递以下判决意见：

1920 年年初，申诉人②（初审被告）纽约市政府和本案的诉讼参加人③汉特镇、坦纳斯韦尔村就建设一个服务这两个镇村的污水处理系统进行了谈判。这一谈判由纽约市政府提起，目的是要防止这一地区的居民将未经处理的污水排入一条名叫古斯蓓利的小溪，这一小溪恰好流入纽约市位于什科哈里流域供水系统的一个水库。

1923 年，纽约州的立法机关通过法案授权纽约市政府"为了提供、维护、运作这一收集和处理污水的系统和设施"，④与这一流域地区的市政机构签订合同。这一法案还进一步规定，这些合同需要得到纽约市的预算和分配委员会批准。

纽约市政府和本案诉讼参加人之间经过谈判，最终在 1924 年达成协议。根据该协议，纽约市政府的义务是建设污水处理系统，包括污水排放设备、污水总管和侧面的管道，纽约市政府还同意"所有的建设费用和今后的运作、维护费用，修理与家庭连接的污水系统、排放系统的费用，都由纽约市政府负担"。该协议还要求纽约市政府"在各个社区将来的污水排放量增加和大楼建设需要的时候"延长污水排放的管线。汉特镇、坦纳斯韦尔村则有义务为纽约市政府建造污水排放系统和管线提供必要的通行便利。

1926 年 12 月 9 日，纽约市的预算和分配委员会批准了上述协议，并批准纽约市政府以适当的方式，为建设这一污水排放系统发行 50 万美元的公司股票。在这里，可以指出一件有趣的事情，双方最初的协议曾经在 1925 年进行过修改，当时，在某个污水管线因地点调整而发生费用时，村里同意补偿纽约市政府一笔特定的费用。整个污水处理系统的设施在 1928 年完成建设并开始运行。纽约市政府从那时起开始维护这一设施，一直持续到现在。1958 年，纽约市政府还花费了 193 000 美元对这些设施和装备进行了改建和扩建。

目前，该污水处理系统平均处理的污水流量，从开始的每天 118 000 加仑提高到现在的每天超过 600 000 加仑，初审法院认定，该系统的设备"已处于超

39

① Gabrielli, Judge.

② 本案经过了初审、上诉审。在初审中，纽约市政府是案件的被告，初审法院判决被告败诉后，纽约市政府提起上诉但是仍败诉。纽约市政府继续向纽约的最高审判机构纽约州上诉法院申诉，这一申诉被纽约州上诉法院允许（这种情形较为少见）。本案的判决意见就是纽约州上诉法院受理纽约市政府上诉后的判决，由于该案的程序是类似我国申诉的程序，所以这里将纽约市政府称为"申诉人"。——译者注

③ 诉讼参加人是指参加到他人诉讼中的人，本案的汉特镇、坦纳斯韦尔村是作为原告参加到诉讼中。——译者注

④ 见 L.1923, ch.630, §1.

设计负荷运转的状态"。纽约市政府声称,该系统已经不能再承受任何实质性的超额"负担",因为这将导致所有污水系统处于不正常运作,并进而会损害整个城市的水供应。关于这一点,本案中的各方当事人并不存在分歧。本案的原告海恩斯是一尚未开发地块的所有人,他准备在这一地块上开发 50 个居民区。为此,他向纽约市政府申请将污水处理管道延伸到该地块。当原告提出这一申请的时候,该污水处理系统处于超负荷状态的棘手问题就立刻显现出来。纽约市政府以污水处理系统已处于满负荷运作状态,其没有义务扩建该系统来满足新的需要为由,拒绝了原告的请求。

原告海恩斯因此提起了本案诉讼,汉特镇、坦纳斯韦尔村后来也加入本案中作为原告,他们要求从法院这里得到确认性判决①以及禁令救济②。原告坚持认为,1924 年的协议在期限上是永久性的合同,该协议要求纽约市政府有义务投入另外的资金来扩大已有的设施,或者建造一个新的污水处理系统来满足该市政地区现在以及将来的需要。初审法院和上诉法庭判决支持了原告和参与诉讼的当事人——其中有法官持不同意见——认为尽管这一合同没有要求当事人永久性地履行,但是,纽约市政府有义务建造其他的设施来满足新增长的需要,直到汉特镇、坦纳斯韦尔村有义务来维持这一污水处理系统的时候为止。初审法院中有两名法官对多数法官的判决提出异议,认为这一协议不能被解释为纽约市政府必须建造一个新的污水处理系统或者另行建造其他的设施。

我们法院的结论是,纽约市政府目前仍然有义务维持现有的污水处理系统,但这一义务并不要求纽约市政府应该扩建这一系统,或者建造新的设施来满足原告对于污水系统实质性的增加需求或者任何其他新增加的需求。在确定纽约市政府根据 1924 年协议所承担义务的性质和范围时,我们法院首先要解决的问题是:这一协议的期限究竟是多长?和下级法院的观点一样,我们不赞同原告的以下观点,即纽约市政府根据该协议应该是永久性地受到约束。这一合同并没有明示要求纽约市政府永久性地去履行这一协议,初审法院和上诉法庭都认定,协议的当事人并没有这样的意愿。在这样的情形下,对于要

---

① 确认性判决是法院对当事人在某一事件中的权利或者法律地位作出宣判,不涉及要求当事人具体履行一定行为。在本案中,原告要求法院确认系争合同的期限是永久性的,并确认被告纽约市政府为了满足新增加的市政建设需要,应该增加污水排放设施或者新建污水排放系统。——译者注

② 禁令救济是法院颁发的命令,禁止他人从事一定行为。这种救济方式通常不是要求他人赔偿金钱损失,在普通法国家一般是衡平法上的一种救济。在本案中,原告要求被告纽约市政府不得违反 1924 年的协议。——译者注

求持续履行的合同,法律并不默认它在期限上是永久的。①

此外,纽约市政府的辩称意见,即这一合同因为没有明确表明其期限,因而是可以随时终止的观点,也是我们法院不能接受的。在合同中缺少明确合同期限表述的情况下,法院可以通过调查来了解当事人的内心意愿;如果合同的期限可以通过相关情况和当事人的内心意愿公平、合理地加以确定,那么,法院可以补充当事人遗漏的[合同期限]条款。②在这一问题上已经形成共识的是,当合同的期限可以根据默示的条件和情况公平、合理地予以补充的时候,该合同就不是可以随时终止的合同。③

我们法院还没有在判决中适用过前述规则,但有一些权威的判决已经适用并支持这一规则。前述规则就是,在当事人没有在合同中明确表明合同期限的时候,法院将默认当事人是想要在合理的期限内履行这一合同。④因而我们法院认定,根据1924年协议签订时的情况可以合理地推断,本案中的当事人希望纽约市政府维护这一污水处理设施,一直到这些污水处理系统设计时所要确保的水源以及水的纯净度不再被需要为止。……

在确定了纽约市政府应该承担的义务期限之后,还需要对其义务范围作出界定。根据1924年的这一协议,纽约市政府确定其义务是建造一个特别污水处理系统,并在将来需求增加的时候延伸这一设备的管线。在目前的情况下,延伸这些管线将导致整个系统的超负荷运转。原告声称,在这种情况下,纽约市政府就应该被要求建造一个新的污水处理系统或者扩建现有的设施来解决这一难题。我们不同意原告这一观点。如果延伸污水处理系统的管线到原告的地块将会让该系统超负荷并导致其无法正常处理污水,那么纽约市政府就不需要这样做。对于延伸污水处理系统的管线这一点,1924年的合同中并没有提到纽约市政府有义务对不在目前市政范围地区的地块提供污水处理服务,甚至对目前在市政范围地区的新地块,也没有义务提供污水处理服务,只要纽约市政府可以合理预见到提供这样的服务将会极大地增加现有设施的需求。

---

① Mitler v. Freideberg, 32 Misc.2d 78, 85, 222 N.Y.S.2d 480, 488; Town of Readsboro v. Hoosac Tunnel & Wilmington R. R. Co., 2 Cir., 6 F. 2d 733 (L. Hand, J.); 1 Williston, *Contracts* (3d ed.), §38, p.113.

② Warner-Lambert Pharm. Co. v. John J. Reynolds, Inc., 178 F. Supp. 655, *aff'd*, 2 Cir., 280 F.2d 197.

③ 1 *Williston*, *op.cit.*, p.112;也见 *Restatement*, *Contracts 2d* (Tent. Draft No.7), §230[now §204, ed]。

④ Colony Liq. Distrs. v. Daniel Distillery-Lem Motlow Prop., 22 A.D.2d 247, 249—250, 254 N.Y.S.2d 547, 549, 550(Aulisi, J.); Simpson, *Contracts*, §48, p.74; 1 *Williston*, *op.cit.*, pp.116—117.

因此，下级法院认为被告纽约市政府有义务建造其他设施来满足新增加的需求，原告有权充分使用污水处理系统的这部分判决是不恰当的。

综上，上诉法庭的判决应予以修改，我们将该案发回到纽约州格林县最高法院，由格林县最高法院按照我们的上述观点作出判决。

瓦根塞勒诉斯科茨代尔医院[①]

亚利桑那州最高法院，全体法官共同审理[②]（1985 年）

本案要旨

原告瓦根塞勒是被告斯科茨代尔医院的护士长，是一个"可以任意解雇"的员工。原告因不愿参加被告一负责人的恶俗节目而遭被告解雇。被告解雇原告时，没有遵守员工手册中的程序。原告认为被告的解雇违反了公共政策、员工手册及默示的"善意和公平交易"条款，起诉到法院。法院认为，被告的解雇违反了公共政策，员工手册是雇佣合同的组成部分，被告没有遵守就是违反合同。但法院同时认为，"善意和公平交易"这一默示条款只是要求雇主不得剥夺员工的合同利益，但不能以此限制雇主解除"可以任意解雇"员工的权利。法院最终支持了原告的诉求。

本案确定的规则是，对于"可以任意解雇"的员工，雇主在行使解雇权利时，可以基于"好的理由"，也可以"没有理由"，但不能基于"一个违背公共政策的理由"。对于员工手册中规定了特定程序的，雇主在行使解除权利时，必须遵守。

费尔德曼法官[③]代表法院呈递以下判决意见：

原告瓦根塞勒向我们法院提起申诉，要求对上诉法院的判决进行复审。初审法院判决被告斯科茨代尔医院和该医院的雇员[④]（以下统称被告）胜诉，上诉法院部分维持了初审法院的这一判决。在被告向法院提出作出简易判决的动议之后，初审法院驳回了原告的所有诉因。上诉法院决定予以部分维持，并决定将案件发回重审，认为原告唯一可以提起的诉因是针对其主管史密斯。……我们法院决定对本案进行审查，以此来分析亚利桑那州有关"可以任

---

① Wagenseller v. Scottsdale Memorial Hospital, 147 Ariz. 370, 710 P.2d 1025. 本案有多名被告，除了医院外还有原告的主管等人。——译者注
② "全体法官共同审理"，参见第 258 页注释。——译者注
③ Feldman, Justice.
④ 在本案诉讼中，原告瓦根塞勒将她在被告医院的部门主管史密斯以及人事主管等人也起诉到法院，要求被告承担干预合同的侵权责任。——译者注

意解除的雇佣关系"这一原则的法律①。我们法院概括出本案以下四个方面的争议焦点：

1. 雇主终止"可以任意解除雇佣关系"的雇员，这一权利是否受到一些规则的限制？如果雇主违反这些规则的话，是否允许雇员以错误解雇②作为诉因提起诉讼？

2. 如果"公共政策"或者其他一些基本法律原则确实可以作为错误解雇诉讼的基础，其内容又应当如何确定？

3. 从 Leikvold 诉 Valley View Community Hospital③ 一案的判决结果来看，初审法院认定被告斯科茨代尔医院的员工手册不构成雇佣合同的内容，是否正确？

4. 雇佣合同是否包含了"善意和公平交易"④这样的默示条款？如果有，这样的默示条款又是什么性质？……

事实背景

原告瓦根塞勒从 1975 年 3 月开始受雇成为被告斯科茨代尔医院的一名护士，是被急诊部主管史密斯（本案被告之一）亲自招聘进这家医院的。瓦根塞勒受雇于被告时，是一名"可以任意解雇"的雇员——她受雇时没有特定的合同期限。史密斯是原告的主管领导。1978 年 8 月，瓦根塞勒被分配到救护部门担任护士长，大约一年后被提升到医疗急救部门协调人这一岗位，这是隶属于急诊部的一个新设管理位置。三个月后，大约在 1979 年 11 月，瓦根塞勒被终止了雇佣合同。

虽然说在对这些事实的重要性和推定出来的结论进行解释时，当事人的观点各有不同，但是，围绕瓦根塞勒在医院的工作和她随后被解雇的相关事

---

① "可以任意解除的雇佣关系"原则是美国雇佣关系中的一个重要原则，是指雇佣关系中的任何一方可以单方面即时解除劳动关系，而且不需要任何理由。在这种雇佣关系下的雇员，就被称为"可以任意解雇"的雇员。这种性质的雇佣关系在历史发展进程中，不断出现新的变化。在本案中，对于这一原则应该如何理解和适用，也是双方争议的焦点。费尔德曼法官在本判决中对于这一原则的历史演变和如何适用，进行了详细的分析。——译者注

② 错误解雇是指雇主违反了双方雇佣合同而应该承担的法律上的责任。这是被解雇的劳动者起诉时经常采用的诉因。

诉因是英美法中的一个重要概念，类似于诉讼理由或者诉讼依据。诉因选择恰当与否，经常关系到法院能否受理甚至胜诉。本案中，原告就提出了"违反公共政策"、"违反员工手册"、"违反善意和公平交易的默示条款"三个诉因。——译者注

③ 141 Ariz.544，688 P.2d 170(1984).

④ "善意和公平交易"在美国被认为是在所有合同中都包括的默示条款，即使在合同中没有明示约定，当事人在履行合同中也应该遵守这一原则。本案中，在可以任意解雇的雇佣合同中是否适用这一默示条款，又如何适用，是法官着重分析的内容。——译者注

实,双方并没有什么冲突。在超过四年的时间里,史密斯和瓦根塞勒之间维持着友好、专业、工作上的关系。1979 年 5 月,她们两人加入了一个包括其他医院人员在内的八日游团队,旅行的线路主要是沿着科罗拉多河野营和漂流。根据瓦根塞勒的叙述,随着旅行的深入,"一种不舒服的感觉"在她和史密斯之间逐渐产生并日趋强烈,瓦根塞勒把这种感觉归结为是由于"史密斯暴露出来的言谈举止"所导致的。瓦根塞勒声称,史密斯的这些行为包括在公共场所随意大小便和洗澡,没有节制的豪饮,以及与其他漂流者在一起搞"小团伙"。瓦根塞勒本人没有参与上述任何行动,也拒绝加入这个"小团伙"去拙劣地摹仿表演歌曲《月亮河》,"小团伙"的表演是以集体"光着屁股"对着观众而告结束。据说,史密斯和这一"小团伙"的其他成员在返回时又表演了两次《月亮河》滑稽剧,但是,瓦根塞勒还是拒绝加入其中。

瓦根塞勒声称,由于她拒绝参与上述活动,导致了她和史密斯之间的关系逐渐恶化,并最终成为她被解雇的直接原因。她提到,在沿着科罗拉多河旅行过程中,史密斯就已经开始用侮辱性的语言骚扰她,并在其他人面前让她难堪。虽然史密斯对此竭力否认,但是急诊部的其他雇员证明,在这一次旅行之后,史密斯对瓦根塞勒的态度发生了显著变化。

直到这次科罗拉多河旅行的时候,瓦根塞勒在被告医院这里已经得到过相当满意的工作表现评价。在这次旅行的前两个月,史密斯对瓦根塞勒作过一次年度评估报告。史密斯认为,瓦根塞勒的工作表现是"超乎预料的优秀",这是被告对员工评价五个等级中第二高的评价。1979 年的 8 月和 10 月,瓦根塞勒首先与史密斯见了面,接着又与史密斯的继任者斯坦多夫一起就她作为医疗急救部门协调人在工作中的一些困难,以及她对这一工作的态度进行了讨论。1979年 11 月 1 日,被告和瓦根塞勒进行了一次离职谈话,在这次谈话中,被告要求瓦根塞勒主动辞职,但是遭到其拒绝,随后,瓦根塞勒就被终止了雇佣关系。

接着,瓦根塞勒以书信方式就她被解雇一事向她的上级主管和医院的行政及人事部门申诉,同时对医院提出的解雇理由予以了回应,声称医院对她的解雇违反了包括在员工手册中的纪律处理程序,要求医院恢复她的职位并给予她其他方面的赔偿。当这一申诉被医院驳回之后,瓦根塞勒对医院、医院的人事管理主管、她的部门主管史密斯提起了诉讼。

作为一名可以任意被解雇的雇员,瓦根塞勒认为她被解雇的理由与公共政策相抵触,就她的工作表现来说,解雇也没有正当的理由。她坚称其被解雇是错误的,不论从合同法还是侵权法的理论上,她的损失都是可以得到救济的。被告医院则声称,瓦根塞勒作为一名可以被任意解雇的雇员,她的被解雇可以是有理由的,也可以是没有理由的,哪怕是基于"不好"的理由也可以被解雇。我们法院在此认定,在缺少合同条款明确规定的情况下,原告这样的雇员可以因为好的理由被解雇,也可以没有理由而被解雇,但不能是因为"不好"的理由而被解雇。

"可以任意解雇"法律原则
历 史 演 变

早在 1562 年的时候,英国的普通法就推定,如果雇佣合同包括了年薪条款或如何计算年薪的条款,那么这样的雇佣合同可以被认定为是一年期的合同。① ……

……然而,到了 19 世纪晚期,伴随着工业革命的进程,"主人—仆人"②性质的雇佣关系逐渐减少,而非人身属性的"雇主—雇员"性质的雇佣关系却越来越多。这一经济变化延续了一个世纪,作为对这经济变化的外在回应,美国法院抛弃了以前的英国法原则,采用了"可以任意解雇"这一法律原则。③这一法律原则使得雇主可以以任何理由——不论好或者坏——随心所欲地解除那些"可以任意解雇"的雇员。

"可以任意解雇"这一原则,往上可以追溯到 1877 年伍德撰写的一本专著〔《主人与仆人关系的法律》〕,在这一专著中,伍德这样写道: 43

> 对我们来说,"可以任意解雇"这一原则是不可以轻易改变的,即一般的雇佣或者不确定期限的雇佣,是显而易见的"可以任意解雇"的雇佣关系。如果受雇的人想要证明双方之间是按照一年的时间作为雇佣的期限,那么,就应该由受雇的人来承担这方面的举证责任……这种不确定具体期限的雇佣关系,可以根据任何一方的意愿予以终止。……④

后来的评论者和法院却指出,伍德在该专著中引用的四个案例中没有一个真正支持〔"可以任意解雇"〕这一原则。……

然而,虽然"可以任意解雇"原则的基础并不是很合理,但伍德提出的"可以任意解雇"原则仍然被纽约州法院在 Martin 诉 New York Life Insurance Co.⑤一案中所采用。不久之后,这一原则逐渐成为美国普遍接受的法律原则。1932 年,我们法院首先在亚利桑那州采用了这一法律原则:"对于个人服务合

---

① Murg & Scharman, *Employment at Will*：*Do the Exceptions Overwhelm the Rule?* 23 B.C.L.Rev.329，332(1982).

② "主人—仆人"关系是早期雇佣关系的常见表述,通常将雇佣关系的性质当像主人和仆人的关系那样,仆人的义务是完成主人要求的工作,主人的义务则是提供工作条件和支付报酬。在工业革命之后,更多的是采用"雇主—雇员"关系这样的表述。费尔德曼法官在这里分析道,前者通常是具有一定人身关系属性,而后者则没有人身关系属性。——译者注

③ *Murg & Scharman*，*supra*，at 334.

④ H.G.Wood, *Law of Master and Servant* § 134，at 273(1877).

⑤ 148 N.Y.117，42 N.E.416(1895).

同的一般原则……如果这样的合同没有时间限制，它就是可以根据任何一方当事人的意愿任意终止的，最多是由雇主给予合理的通知期。"①因此，雇主对于一名没有明确雇佣期限的雇员就可以随心所欲地予以解除，这样的解雇可以是基于"好的理由、坏的理由，甚至是道德上错误的理由，雇主们这样做并没有在法律上犯错的负疚感"。②

"可以任意解雇"原则现在的地位

在最近这些年，对普通法中"可以任意解雇"原则不加区分地绝对适用，已经招致明显的不满。伊利诺伊州最高法院作为代表性的法院，认为对这一规则应当少一些机械适用：

> 现在很多公司从事的是专业经营，并且雇佣的员工很多是无法自由迁徙的工人，这些工人在其他地方无法施展技能。承认雇主和雇员之间并不能做到平等协商，是一种实事求是的态度。此外，不受审查的雇主权利与不受审查的雇员权利一样，其对于经过仔细考虑并采纳的公共政策带来了显而易见的威胁。由此带来的结果是，社会现在已经承认，必须在雇主利益、雇员利益和社会利益三者之间实现恰到好处的平衡。雇主的利益是企业能够既高效经营又赚钱有方，雇员的利益是通过劳动能够维持生计，社会的利益是公共政策能够得到实施。③

今天，美国有四分之三的州已经认可雇员可以以某种理由，提起错误解雇的诉讼。④

44

现在，在这一问题上的趋势是，通过创制一些例外情形对"可以任意解雇"原则的运作进行适当修改。目前，已经发展了三个一般的例外情形。其中，最为普遍接受的是违反"公共政策"的例外情形——在发现雇主的行为侵犯了一些重要的公共政策时，这一例外情形允许雇员获得救济。第二种例外情形是基于合同而产生的，它要求有证据证明双方当事人对于雇佣的特别期限存在着事实上的默示承诺。这样的默示承诺需要从与雇佣关系相关的具体情形来发现，这些具体情形包括了在公司员工手册或者员工备忘录当中对雇员工作保障作出的保证。在第三种例外情形下，法院认定在雇佣合同中双方存在着

---

① Dover Copper Mining Co. v. Doenges, 40 Ariz. 349, 357, 12 P. 2d 288, 291—92 (1932).

② Blades, *Employment at Will v. Individual Freedom: On Limiting the Abusive Exercise of Employer Power*, 67 Colum. L. Rev. 1404, 1405(1967).

③ Palmateer v. International Harvester Co., 85 Ill. 2d 124, 129, 52 Ill. Dec. 13, 15, 421 N. E. 2d 876, 878(1981).

④ Lopatka, *The Emerging Law of Wrongful Discharge—A Quadrennial Assessment of the Labor Law Issue of the 80s*, 40 Bus. Law. 1(1984).

法律上的默示约定,也就是说,当事人必须善意和公平地履行合同。该例外情形认定,雇主违反了这样的默示约定后,应该在合同上和侵权上都承担责任。瓦根塞勒认为,被告的行为全部违反了上述三种例外情形。

违反公开政策的例外

作为"可以任意解雇"原则的例外情形,违反公共政策的例外在开始之时被限定在很窄的范围之内,它仅仅允许雇员在法律明确禁止解雇的时候起诉雇主。Kouff 诉 Bethlehem-Alameda Shipyard[①] 一案涉及的是,法律禁止解雇为选举进行服务的员工。这一做法紧接着扩展到包括任何违反法律明示的公共政策。Petermann 诉 Teamsters Local[②] 一案涉及的是,雇员因为拒绝作伪证而被解雇。之后,法院允许当事人在即使缺少法律明确禁止的情形下,也可以以违反公共政策作为诉因而提起诉讼。Nees 诉 Hocks[③] 一案涉及的是,雇员因为履行陪审员义务未能上班而被解雇。新罕布什尔州最高法院[在 Monge 诉 Beebe Rubber Co.[④] 一案中]曾经宣布过一个也许是最为扩张的规则,该法院认定,一名女雇员拒绝与她的领班出去约会而被解雇时,雇主是有责任的。新罕布什尔州最高法院总结道:"如果解雇的动机是出于恶意、预谋或者是基于报复,那么,这样的解雇就不符合经济体制或者社会公序良俗的最佳利益,也就构成了对雇佣合同的违反。"[⑤]虽然其他法院在这一问题上不像新罕布什尔法院走得这样远,但美国多数法院现在的做法是,要么承认雇员可以以违反公共政策例外作为错误解雇的诉因,要么就是已经表明了这样的意愿,在面临合适的案件事实时,法院会考虑公共政策例外的适用。[⑥]在所有这样的案件中,雇员诉请的关键是如何正确界定被雇主行为所侵犯的公共政策。……

---

① 90 Cal.App.2d 322,202 P.2d 1059(1949).

② Petermann v.Teamsters Local 396,174 Cal.App.2d 184,344 P.2d 25(1959).

③ Nees v.Hocks,272 Or.210,536 P.2d 512(1975).

④ Monge v.Beebe Rubber Co.,114 N.H.130,133,316 A.2d 549,551(1974).
这一案件的原告是一名女雇员,在被告公司出现一个更高薪水岗位的时候,她提出了申请。原告的领班对她说,如果要得到这个岗位,就必须对他"好"。之后,领班要求原告出去和她约会,遭到了原告的拒绝。后来,该女雇员在一系列的事件中遭到了领班的敌意,最终导致原告被公司解雇。——译者注

⑤ 虽然在 Monge 一案中法院认定受侵害的雇员可以基于雇主的"恶意",以违反雇佣合同作为诉因起诉雇主,但是,新罕布什尔州最高法院后来严格该案的适用范围,将这一案件解释为仅仅限于"雇员被解雇是因为其从事的行为是公共政策鼓励的行为,或者他拒绝做的行为也是公共政策所不齿的行为"。见 Howard v.Dorr Woolen Co.,120 N,H.295,297,414 A.2d 1273,1274(1980).此为原判决中的注解。

⑥ 目前美国有 12 个州承认雇员可以以违反公共政策作为诉因,起诉雇主的错误解雇;另外有 15 个州承认如果遇有合适的事实,愿意对公共政策例外在法院的适用予以考虑。此为原判决中的注解。

法院如果还是继续允许雇主可以基于"道德上错误的原因"任意解雇雇员，在我们看来，要证明这样做的正确性，是非常困难的。到目前为止，在某一
45　个终止雇佣案件违反了"一目了然的公共政策"①的情况下，还没有法院拒绝适用公共政策例外这一原则。毫无疑问，对法院来说，如果寻找一个所谓的理由来支持雇主解雇一名拒绝作伪证的雇员，同时雇主可以不承担任何责任，那么法院将会面临巨大的压力。为什么法律应该默认这样的雇佣协议赋予了雇主如此权力呢？一个可以拿出来讨论的观点是，如果在处理与雇员关系的问题上雇主被赋予了宽泛的自由，那么我们经济体制的功能就可以得到最好的发挥。然而，我们法院也相信，如果雇主在解雇员工时是基于好的理由或者是没有理由，那么它将更好地服务于我们的经济制度。如果雇主被禁止以那些"道德上错误"的理由来解雇员工，那么整个社会的利益作为一个整体将会从中受益。

因此，对于任意解除雇佣关系这一规则，我们法院决定适用公共政策例外的原则。我们法院在此认定，雇主解雇员工可以是基于好的理由，可以没有任何理由，但是他不能基于"不好的理由"——这些"不好的理由"违反了社会公共政策。由于我们在此宣布的观点与我们法院先前判例的结论是相互矛盾的，所以，今天我们法院推翻先前 Dover Copper Mining Co. 诉 Doenges② 一案所确定的原则。

接下来，我们法院就需要考虑如何寻找"公共政策"、如何识别和厘清"公共政策"。按照我们国家的创立者和我们选到立法机关的那些人的论点，州宪法和法律包含了所在州人民的公共关切。因此，在雇主违反宪法和法律中的公共政策之后，法院认定雇主不能因此逃避责任，这样做就是进一步实现了所在州人民的利益。

然而，我们既不相信公共政策的内容仅仅包含在宪法和法律之中，也不相信宪法或法律者中的所有内容都是代表着公共政策。在界定哪些是公共政策的其他渊源的时候，我们在此首先引用以下这一段文字进行说明，这段文字也是我们认同的观点：

何为公共政策，这通常是由国家的行政机构来界定的。"违反公共政

---

① "一目了然的公共政策"，是指很清楚地说明什么是正确行为和正当行为的公共政策。像在 Petermann 一案中，雇员因为拒绝作伪证被解雇，而法律要求公民应该在司法机关面前如实作证，这是为了维持司法机关行使职权所必需的，也是维持全体公民的利益，这是州的法律明确认为正确的、正当的行为。如实作证，就被认为是"一目了然的公共政策"。——译者注

② 40 Ariz.349，12 P.2d 288(1932).

策"的事情,就是违反了立法机关所禁止的事情。但是,立法机关并不是公共政策的唯一渊源。在普通法的管辖区域,因为法律非经立法修改无法改变,并且由于立法修改是立法者固有的领地,法律的修改变得越来越不那么随意。因此,法院的判决也成为法律的渊源。例如,正是法院通过判决首先创制了以下原则,公共运输企业和和公共旅店的经营者必须没有歧视和偏见地为社会提供服务。从这个观点出发,法院也在创设法律,而且这么多年来法院也一直是这么做的。①

因此,虽然我们法院也同意夏威夷最高法院的这一观点,即"在对相关问题缺少先前的立法意见或者司法意见的情况下,在被要求对公共政策进行解释的时候,法院应该非常谨慎"②,但是,我们相信,对于先前法院的判决——这些判决同时也是可适用的普通法组成部分——予以信赖,是恰当的。因此,我们法院在识别公共政策的时候,将会探寻我们国家的创立者、立法机构和法院在相关问题上所作的宣示。

46

然而,所有上述这些宣示将不会为雇员提供可以主张错误解雇的基础。只有那些有着**公共**目的的宣示才会有这样的强制力,才可以成为雇员主张错误解雇的基础。……当所涉及的利益仅仅是单个的个体利益或者是私人利益的时候,公共政策的例外就不能适用。在 Pierce 诉 Ortho Pharmaceutical Corp.③一案中,原告皮尔斯因为拒绝从事某一项研究而被解雇。法院认定,在该案情形中,原告皮尔斯并没有提起错误解雇的诉因,因为原告没有能够说清楚雇主的行为很明显地侵犯了已经存在的公共政策。法院认为,原告皮尔斯医生拒绝从事人工增甜剂的实验属于个人性质的理由。在作出这一说明之后,法院在判决中这样说道:

> 如果允许单个从事研究的医生根据他或者她的个体感受来自行决定是否需要把项目继续进行下去,那将会导致非常混乱的结果。当他或者她仅仅因为从事的工作与其个人的道德信仰相抵触就拒绝从事研究,那

---

① Lucas v.Brown & Root,736 F.2d 1202,1205(8th Cir.1984).
② Parnar v.Americana Hotels,65 Hawaii at 380,652 P.2d at 631.
③ 84 N.J.58,417 A.2d 505(1980).
该案件的原告皮尔斯医生是被告雇用的一个可以任意解雇的员工,主要是从事药物研制的工作。她在接到雇主的研究任务后,认为产品中含有大量的糖精,对老人、儿童有害,做这样的研究是不道德的,也违反了她作为医生的一个内心信仰(hippocratic oath,希波克拉底誓言,这是西方的医学院学生在从事医生职业前所作的誓言,主要内容是会遵守医生的职业道德,维护病人的利益)。后来她辞职了,但是,她认为自己的辞职是被告报复的结果。这一案件也涉及公共政策的认定。一个个体雇员能否以自己的内心信仰为由拒绝从事雇主指定的工作?法院的最终结论是否定的。——译者注

么这样的雇员就没有权利要求继续受雇下去。一个可以任意解雇的雇员如果以拒绝工作来满足自身感受,那么他就应该认识到其他雇员和他们的雇主有可能并不会认同他的这一感受①。

面对如此的困境,虽然雇员可以拒绝从事与其道德信仰相抵触的那份工作,但是,她也不能向雇主主张继续雇佣的权利。……

然而,有一些法律原则,不论是成文法还是判决,总是具有可识别的、广泛的公共目的。州刑法典就是很典型的例子。正因为如此,其他司法地区的法院已经认可了在雇主的行为违反了刑法规定的情况下,雇员拥有提起错误解雇诉讼的诉因。……

虽然我们法院并不将公共政策例外的情形仅仅局限于违反了刑法规定,但是,我们相信,手头这一案件已经涉及违反刑法,很明显,法院有义务适用公共政策的例外这一原则,在我们看来,很少有其他情形能够和我们手头这一案件相比。……

在我们面前的这一起案件中,原告瓦根塞勒拒绝参与那些可能违反我们州"有伤风化暴露法令"②的行为。她认为自己被解雇就是因为拒绝参与那些行为。

该法令的相关内容是这样表述的:

第 13-1402 条款　有伤风化的暴露;种类

A. 一个人从事下列行为就构成了实施有伤风化的暴露行为:他或者她在其他人在场的情况下,暴露其生殖器或者她[指女性]暴露其胸部的乳晕、乳头,或者整个胸部,而且无视在场的理性人是否会被这样的行为所冒犯或受到惊吓。

B. 有伤风化的暴露行为构成一级轻罪。向 15 岁以下的人实施有伤风化的暴露行为的,构成六级重罪。

47 该法律条文所包含的公共政策,也许"不属于公民社会权利、义务和责任的心脏地带的内容"③,它也不像禁止伪证罪的法律那样清晰和富有强制力。但我们相信,该法条通过的目的是保护社会公认的隐私和廉耻。该法条无疑是承认了身体的隐私也是一项"公民的社会权利"。我们不同意上诉法院有关对法条的轻微违反并不违反公共政策的结论。在这里,应该是当事人违反法律条文的性质而不是违反的程度,才是问题的真正所在。立法机构已经总结

---

① 84 N.J. at 75, 417 A.2d at 514.
② Indecent exposure statute, A.R.S. § 13-1402.
③ *Palmateer*, *supra*.

得出,发生符合该法条所描述的行为,就是违反了本州的公共政策。因而,我们法院在此认定,雇员因为拒绝实施可能违反本州"有伤风化暴露法令"①这一法律条文而被解雇,构成了雇员主张错误解雇的基础。我们法院这样认定的依据,是为了维持我们州的公共政策。在这里要搞清楚的,并不是"光着屁股"行为究竟属于重罪还是轻罪或者技术上是否违反法律,而是该行为是否违反了包含在法律中的公共政策。立法机构通过的这一法律确立了这样的政策,表明在公共场合暴露肛门或者生殖器与公共道德相违背。因此,即使雇主有理由认为所有的观望者都是一些"下流胚"(窥阴癖者),被强制暴露不会让那些观望的人感觉受到冒犯,我们也认为,因为拒绝在公共场所暴露屁股②而被解雇与我们州的公共政策相违背。这种行为可能不涉及刑事犯罪,但是迫使雇员实施法律通常禁止做的事情,却是构成了对公共政策的违反。

从理论的观点出发,我们强调采用"公共政策例外"的原则,并不是要求法院为当事人订立一个新的合同。在"可以任意解雇"的雇佣关系中,当事人就雇佣的期限没有明确的约定,或者没有约定解雇的依据。普通法推定,在当事人这样做的时候,他们就是想要允许任何一方随时终止雇佣关系。这样的终止可以基于好的理由,也可以基于不好的理由。在这一点上,更加可以拿出来讨论的观点是,我们的法律已经认可当事人之间对于任何一方可以任意解除雇佣关系存在着默示约定。不论它是法律推定的,还是当事人默示约定的,法院都不应去打破它。我们只是不会作出以下的推定或者默示约定,即要求雇员去做公共政策所禁止或限制去做的那些事情。

因此,对于可以任意解除的雇佣关系,我们继续认可这样的推定或默认有这样的约定,即它可以根据任何一方的意愿终止,不管是有理由还是没有理由,它都可以被终止。基于一个"不好的理由"——这一理由与宪法、法律或者判例法所确定的公共政策相抵触——解除,并不是"可以任意解雇合同"或者其他任何合同中当事人内在的权利,即使它在合同中明示表达出来了,也是不行的。这样的终止,侵犯了雇员由法律所保证的那些权利,而且是一种侵权行为。③

48

---

① A.R.S. § 13-1402.
② 在如何认定有伤风化行为方面,我们法院在司法判断的技术上还没有什么经验。因此,从法律上我们不能说暴露一个人的屁股或者生殖器就一定违反了法律。对于这个问题,我们法院认为,只能根据每个案件的具体事实来确定。我们认为,在民事案件中关注这个问题是不合适也是不必要的。雇员被迫要在他人面前暴露屁股,对于终止雇佣关系案件来说,这样的行为即使在法律要件上没有违反法令,也足以被认定为违反了包含在法令中的公共政策。此为原判决中的注解。
③ *Prosser & keeton on Torts* & 92 at 655(5th ed.1984).

"员工手册"的例外

虽然一份缺少明确期限的雇佣合同可以被推定为随时终止,但是这样的推定和其他的推定一样,是可以被相反的证据予以推翻的。

一个事实上默认的合同,其条款……是从当事人的陈述或者行为来推断得出的。这里的合同条款,不是根据法律所确定的一种承诺,而是由当事人自己确定的一种承诺,虽然这种承诺不是很明确地表现出来的。雇主通常会颁布一些有关雇员工作保障和违纪处理程序的政策声明,有的法院已经从雇主的这些政策声明中找到了这样的默认条款,并且认定,根据当事人的行为,雇主的这些政策声明补充了用文字达成的"可以任意解雇"协议,从而使这些政策声明成为了合同的一部分,限制了雇主可以随时解雇这些员工的绝对权力。[①]不少司法区域已经承认,默认事实合同条款可以作为"任意解雇"原则的例外,亚利桑那州就属于其中之一。在 Leikvold 诉 Valley View Community Hospital 一案中,我们法院认定,雇主的员工手册可以成为雇佣合同的一部分,于是将该案件发回下级法院重审,由陪审团来决定发给雇员 Leikvold 的那一本员工手册是否构成了她与雇主 Valley View 医院之间雇佣合同的一部分。[②]

本案与 Leikvold 一案中的事实相比,并没有什么不同。在 1978 年 10 月,为了"给雇员提供所要求的公正的、一贯的纪律,帮助雇员改进其行为或表现"这一政策,被告斯科茨代尔医院颁布了一个由四步骤组成的违纪处理程序。根据这一处理程序,除了员工手册列举的 32 项例外情形需要遵守特别规定之外,在终止雇佣关系之前,雇主对于雇员的处理程序必须经过四个步骤,即口头警告、书面警告、正式的惩戒函、解雇通知。该员工手册的后面部分对处理雇员的这一强制性程序进一步作了限制,规定这 32 项例外情形"并没有包含一切违纪情形,并且本处理程序也只是指导性的"。瓦根塞勒在向被告申诉过程中,提及对她的解雇违反了该员工手册规定的处理程序。但是,初审法院认为,该员工手册并没有成为其与被告医院之间合同的组成部分。上诉法院认定,被告对瓦根塞勒的处理虽然没有遵照员工手册中的四步骤违纪处理程序,但因为瓦根塞勒没有能够证明她对违纪处理程序成为雇佣合同一部分产生了信赖,因此,被告的做法并没有侵犯原告的合同权利。我们法院对初审法院、上诉法院的上述认定都不赞同。

首先,我们只需要注意 Leikvold 一案中的规则是如何确定的,这一案件中的规则就是有关雇主的特定表态能否成为合同的一部分。该案在判决中是这

---

① Toussaint v. Blue Cross & Blue Shield, 408 Mich. 579, 292 N.W. 2d 880(1980).

② 141 Ariz. at 548, 688 P. 2d at 174.

样表述的：

> 是否任何特定的员工手册已经修改了"可以任意解雇"的雇佣关系，并且成为特定雇佣合同的一部分，这是一个**事实问题**。与这一事实认定相关的证据，包括了在员工手册中使用的文字，也包括雇主的行为举止和口头的表述。①

正因为如此，我们法院在 Leikvold 一案中认定，法院对这样的问题直接进行简易判决是不恰当的，"因为对于一个实质性的问题——员工手册是否被包含在雇佣合同中并成为了雇佣合同条款的一部分——仍然存在争议"。在合同条款"清晰明确且没有歧义"的情况下，作为一个法律问题，合同条款是可以由法院确定、作出恰当的解释的。本案中，上诉法院认定，被告医院虽然没有按照它创设的程序来处理原告，但从效果上看，被告已经合理地免除了自己的任何责任。上诉法院认定，在员工手册违纪处理程序的最后部分，医院已经事先免除了自己的责任。这最后部分的规定是，"第 20 条：违反本手册处理程序的这些行为，不论其是严重与否，并没有包含所有的违纪情形，并且本处理程序只是指导性的"。基于这一规定，上诉法院认为，这一"清晰"而"明确"的条款，其目的就是为了"通过这一条款，表明雇员根本不会因为这一条款产生任何权利"。

然而，在对该员工手册完整地阅读之后，我们法院并不认为这一员工手册的内容具备上诉法院所称的"清晰"，因为上诉法院只是从员工手册当中的一个单独部分得出了所谓"清晰"的结论。任何一个阅读了该员工手册的人都可以很容易地从中推断出，被告已经建立了一整套普遍适用于处理违纪员工的程序。虽然，看了这一员工手册的人也会注意到手册所列举的很多的例外情形，但在看了例外情形的目录后，他并不能就此得出这一结论，即某一个例外情形会适用到所有的纪律处理情形中，进而可以完全否定员工手册中一般的处理原则。我们并不认为那些语焉不详的例外条款应该从法律上整体颠覆精心设计、清晰明了的普遍政策。如果这些例外情形规定真的能够实现这样的颠覆结果，在我们看来，这样的结论不仅仅是完全不顾人们的常识，而且和我们在 Leikvold 一案中的认定的结论相冲突。在 Leikvold 一案中，我们就这一个问题是这样表述的：

> 雇主完全可以自行决定根本不发布任何员工手册，或者在发布的员工手册中非常清楚、非常明确地告诉雇员，这样的手册并不是雇佣合同的一部分，他们的工作是可以被任意终止的，终止可以是有原因的，

① 141 Ariz.at 548，688 P.2d at 174.

也可以是没有原因的。雇主的上述行为，无论是不发布员工手册，还是以非常清晰的文字对员工手册进行限制，都不会让员工对工作保障产生合理的期待，不会让员工有任何理由对手册上的表述产生信赖。然而，如果一个雇主选择了通过员工手册或者以其他方式发布自己的政策声明，而且通过这种声明中的文字或者雇主的行动相应地助长了员工的信赖，那么，雇主就不能再随心所欲地有选择地来执行员工手册。既然雇主已经声明了某一个政策，他就不能再将这些政策只是视为一个空中楼阁。① ……

我们的普遍规则是，判断某一个特定案件中是否能够认定存在着事实上的承诺，这是一个事实问题。②……我们法院认为，在阅读了被告医院员工手册中的违纪处理政策和程序之后，理性的人从中得出的推断和结论可能会有不同。在这样的情况下，员工手册中规定的政策和处理程序是否已经成为原告瓦根塞勒雇佣合同的一部分，这一事实仍然是一个问题。③因此，初审法院在这个问题上直接作出简易判决是错误的。④

我们认为，对于原告瓦根塞勒是否对员工手册的内容产生信赖这一问题，上诉法院的结论也是错误的。一方当事人在没有产生信赖的情况下，也可以要求强制履行一个合同条款。Leikvold 一案并没有要求原告雇员必须证明自己在事实上对员工手册产生了信赖。雇员对于雇主声明的政策所产生的信赖，只是在判断雇主是否已经打算修改"可以任意解雇合同"的诸多因素之一。雇主有关其员工政策的一系列行为及口头表述，以及员工政策本身所使用的文字，都可以为这样的修改提供证据。⑤

"善意和公平交易"的例外

接下来，我们考虑法律上默认的合同条款⑥——这些条款可以对雇主解除这些员工的权利进行限制。原告瓦根塞勒声称，医院没有"好的理由"就将其

---

① 141 Ariz.at 548，688 P.2d at 174.

② 1A.*Corbin*，*supra*，§17 at 38；也见 Leikvold，141 Ariz.at 548，688 P.2d at 174。

③ 见 Leikvold，141 Ariz.at 548；688 P.2d at 174。

④ 根据美国的民事诉讼法，作出简易判决的案件必须在事实上是没有实质性争议的。亚利桑那州最高法院认为，在本案中，员工手册中的内容是否成为原告雇佣合同的组成部分仍然存在疑问，因而不应该适用简易判决。——译者注

⑤ 见 Leikvold，141 Ariz.at 548，688 P.2d at 174。

⑥ 法律上默认的合同条款，是指合同中虽然没有明确约定，但法律上认为应该是默认的条款。例如，这一部分即将谈到的当事人应该"善意和公平交易"，就属于这样的默认合同条款。费尔德曼法官在这一部分就着重对"善意和公平交易"这一默认条款（即本案中经常提到的"好的理由"），是否可以作为原告诉因进行了分析。费尔德曼法官在这一问题上的结论是否定的。——译者注

解雇,这违反了包括在每个合同中的法律默认条款——"善意和公平交易"。①在这起案件的前前后后,瓦根塞勒坚持认为,被告没有"好的理由"就将其解雇,违反了应该善意履行合同的默认条款,因此,这样的解雇是错误的。"善意履行"这一默认条款,要求任何一方都不得从事某一行为去损害另一方的权利,进而从合同中得到好处。②当事人不去恶意、有失公平地履行合同,也就成为了合同的一部分,而且,对违反这一默认条款的救济方法——应该结合这一合同的其他因素——通常也是应该从这一合同本身去寻找。③在某些情况下,违反合同包括违反"善意和公平交易"这一条款,也可以成为当事人要求侵权赔偿的基础。④

只有在有着"好的理由"时才可以终止合同,这一义务是否应该被默认为适用于所有的"可以任意解雇合同"呢? 对于这一问题,已经在判例法和其他著作中引起广泛关注。⑤法院一般是拒绝将这一义务适用到雇佣合同中的,这一做法表明了法院的一种关切,即将"好的理由"运用到终止雇佣合同中的做法,将会给雇主的经营管理带来过分的压力,并侵犯雇主"在管理中正当的自由裁量的权利"⑥。我们法院认为,这样的关切是恰当的。

和其他司法地区相比,加利福尼亚州更接近于默认在所有"任意解雇"的雇佣合同中都应该有"好的理由"这一义务。被引用得最多的案例是 Cleary 诉 American Airlines⑦ 一案。在该案中,原告在被告处工作长达 18 年之后被解雇。该案原告声称,他被解雇,既违反了公司明示的有关雇员申诉的政策,又违反了雇佣合同中一方应该善意和公平地履行合同的条款。⑧审理该案的法院同意原告的这一观点,法院在判决中意见这样说道:

51

---

① *Restatement*(*Second*) *of Contracts* §205, Savoca Masonry Co. v. Homes & Son Construction Co., 112 Ariz.392, 396, 542 P.2d 817, 821(1975)。也见 3A.Corbin, *supra*, §541, at 97, 5 S.Williston, *The Law of Contracts* §670 at 159(3d ed.1961)。

② Comunale v.Traders & General Insurance Co., 50 Cal.2d 654, 658, 328 P.2d 198, 200(1958).

③ Zancanaro v.Cross, 85 Ariz.394, 339 P.2d 746(1959).

④ Noble v.National American Life Insurance Co., 128 Ariz.188, 190, 624 P.2d 866, 868(1981); Seamen's Direct Buying Service v.Standard Oil Co., 36 Cal.3d 752, 206 Cal. Rptr.354, 686 P.2d 1158(1984).

⑤ Pugh v.See's Candies, 116 Cal.App.3d 311, 171 Cal.Rptr.917(1981); Diamond, *The Tort of Bad Faith Breach of Contract*: *When, If at All, Should It Be Extended Beyond Insurance Transactions*? 64 Marq.L.Rev.425(1981); *Murg* & *Scharman*, *supra*, at 361—67.

⑥ Pugh v.See's Candies, 116 Cal, App.3d at 330, 171 Cal.Rptr.at 928.

⑦ 111 Cal.App.3d 443, 168 Cal.Rptr.722(1980).

⑧ *Cleary*, *Id*, at 448, 168 Cal.Rptr.at 725.

在经过这么长时间的雇佣之后,雇主没有法律上的理由而终止了原告的雇佣关系,这一行为违反了所有合同,包括雇佣合同中存在的法律上的默认条款——善意和公平地交易。作为这一默认条款的效果,就是在雇主这一方面产生了一个义务……他不能去做任何可能剥夺原告(雇员)在雇佣关系中所享利益的行为,这些利益是原告在18年的雇佣关系中累积起来获得的,在原告的起诉状中对于这些利益的内容已经作了明确说明。①

因此,该法院认定,基于原告受雇时间很长,雇主有着明示的申诉政策,所以,雇主不能没有"好的理由"就解雇原告。如果雇员能够证明他是被不公正地解雇的,法院会进一步认为他的诉因在侵权和合同上都是可行的。在加州法院之外,只有一个其他法院②就违反"善意和公平交易"这一默认条款的行为,在实际中允许原告从侵权的诉因上主张法律救济;和前面提到的 Cleary 案件一样,该法院的判决也是部分地依据了这一存在的事实,即原告对这一员工手册产生了信赖。③

我们发现,加利福尼亚州这些案件④中的内在逻辑以及这些案件的具体事实,都不能要求我们法院必须接受"好的理由"这一规则,并将这一规则适用于我们手头的这一案件。如果我们法院也采用"好的理由"这一规则,我们非常担心自己接近于踩在完全取消"任意解雇"这一原则的边缘,担心自己正在通过司法命令的方式,创设本可以由雇员而且*只能*由雇员通过集体谈判协议或者终身雇佣条款⑤来确定的利益,这是非常危险的一种举动。……

然而,在得出前面结论的过程中,我们并不觉得法院应该将雇佣合同作为一个特别协议对待。"善意和公平交易"条款默认适用于所有合同,那么法律有什么理由对雇佣合同另当别论呢? 正如我们前面提及的,法律上"善意和公平交易"这一默认条款,保护的是已经达成了合同的当事人所享有的取得合同利益的权利。剥夺当事人享有这些利益的权利,不论它是什么形式,都是违反了合同中默认的善意条款。因此,在这种情况下,法院审理中进行的所有相关调查,关注的总是合同本身,是想从中判断出当事人真正同意的究竟是什么内

---

① *Id*.at 455,168 Cal.Rptr.at 729.

② 这里提及的"其他法院"是蒙大拿州的法院。——译者注

③ Gates v.Life of Montana Insurance Co.,638 P.2d 1063(Mont.1982).

④ 此处是指像 Cleary 这样的案件,这些案件认为合同中"善意和公平履行"条款要求雇主必须是基于"好的理由"才能解雇员工。——译者注

⑤ 终身雇佣条款是雇主为雇员提供终身工作保障的一种制度,具体适用中当然也有一些例外原则。在美国,大学对于教师这一岗位曾经广泛使用这种雇佣制度。这种制度能够为雇员提供保障,吸引很多人才,但也容易产生用人机制僵化等弊端。——译者注

容。在一个"任意解除雇佣关系"的合同案件中,我们可以说,当事人已经协商同意的是:雇员应该完成雇主要求的工作,而雇主应该提供必要的工作条件和支付雇员劳动报酬。但是,我们不能说,"可以任意解雇"的雇员,他同意的利益是能够持续雇佣或者终身雇佣的保证。"可以任意解雇"的合同,其本质就是排除了当事人对未来利益的任何主张。雇主或者雇员都可以在合同履行的任何时间终止合同。

然而,我们也确实承认,在"可以任意解雇"的雇佣关系中存在着"善意和公平交易"的默认条款,虽然这样的默认条款并不会让雇主产生只有在"好的理由"情形下才可以解除雇员的义务。对于雇员在"没有理由"时被雇主解雇的,这样的默认条款并不给予保护,因为终身雇佣从来都不是"可以任意解雇"协议所固有的利益。这样的默认条款确实要保护的是这样的雇员,即雇主对他的解除是为了避免支付已经取得的利益。例如,在 Fortune 诉 National Cash Register① 一案中,雇主就是为了不支付雇员的销售佣金而解雇雇员的。但默认条款并不保护在 Cleary 一案中让雇员得到补偿金和退休利益的终身雇佣。因此,本案的原告有权获得其与被告医院雇佣协议中的那一部分利益。然而,如果瓦根塞勒主张的利益是将来继续为被告工作,那这样的主张必定是要失败的。在原告与被告可随时终止的"任意解雇"雇佣合同当中,被告并没有承诺要持续雇用原告。相反,从"任意解除"雇佣合同的实质来说,它可以根据任何一方的要求在任何时候予以终止,只有在瓦根塞勒被解雇的理由与公共政策相抵触因而被法律所禁止的时候,她才不能被解雇。

因此,由于我们法院并不想对于雇主自主管理其劳动力施加过分的限制,也因为终身雇佣与"可以任意解雇"合同的约定相矛盾,所以,对于原告提出的所谓没有理由的解雇违反了"可以任意解雇"雇佣关系中"善意和公平交易"这一默认条款的观点,我们法院拒绝予以认可……

概括和总结

原告瓦根塞勒在诉讼理由中认为被告错误解雇的侵权行为违反了公共政策的观点,没有被初审法院采纳,因而初审法院对原告的诉讼请求作出了不予支持的简易判决。我们法院认为,对于"可以任意解雇"的雇佣关系,应该采纳公共政策例外这一原则,并且初审法院在这一理论上对于原告作出简易判决是错误的。该案在重审中,如果原告能够有明显的证据表明她的被解雇是由于她拒绝参与违反公共政策的行动所导致,或者她的一些行为在公共政策上是有权利去做的,那么她就应该获得由陪审团参与审判的权利。然而,事物的

---

① 364 N.E.2d 1251(Mass.1977).

另外一面是,当事人只是在涉及公共政策问题上产生的争议,并不等同于法律上构成因果关系,并不能够自动地让原告获得胜诉的判决。解除雇佣关系的真正理由,会有一些证据或者推论,当这些证据或者推论在表面上就存在着矛盾和冲突的时候,因果关系这一问题也变成了案件的事实问题。

53　　　　原告瓦根塞勒在诉讼理由中认为被告违反了雇佣合同事实上的默认条款,初审法院没有采纳这一观点,而是作出了原告败诉的简易判决。我们认为,初审法院这样的判决也是错误的。从庭审笔录来看,员工手册的条款是否已经成为雇佣合同的一部分这一问题,仍然需要由陪审团来决定。

　　在被告是否违反了"善意和公平交易"这一默认条款的问题上,我们维持初审法院作出的简易判决。我们承认"善意和公平交易"这样的默认条款是本案系争合同以及其他合同的组成部分,但是,我们并不能将此解释为可以给予一方签订合同时所没有的权利,例如终身雇佣。……①

　　基于以上原因,我们对这起案件部分维持,部分发回重审。上诉法院的判决予以撤销,本案发回初审法院重审。

　　〔本案中的不同意见和附和意见在此略去。〕

　　〔霍洛汉首席法官的反对意见和以及特别附和意见以及费尔德曼法官的补充意见在此处省略。〕

约瑟夫·马丁食品公司诉舒马赫②
纽约州上诉法院(1981 年)

本案要旨

　　原告约瑟夫·马丁食品公司从被告舒马赫处租赁房屋,期限为 5 年。合同约定,租期届满后,承租人可以在通知房东后将租赁合同延长 5 年,续约租金"留待将来协商"。原告在合同期满后申请了延长租期,但双方并未在租金数

---

　　①　在这一起案件中,原告瓦根塞勒针对她的直接主管史密斯提了诉讼,其诉讼理由是史密斯在她与被告医院之间起到了不好的作用,故意干预她与被告之间的合同;被告史密斯则抗辩,对于一个"可以任意解雇"的合同来说,既然可以基于"不好的理由"解雇原告,所谓有意干预原告与被告的合同就无从谈起。同时,史密斯认为,她的行为是工作职责所在,享有工作职责赋予她的"特权"。初审法院支持了被告史密斯的抗辩,上诉法院则支持了原告瓦根塞勒。亚利桑那州最高法院的费尔德曼法官认为,即使在"可以任意解雇"的合同中,史密斯也不能干预原告与被告医院的合同,史密斯所称的工作职责上的特权并不妨碍原告针对她提起诉讼,关键是史密斯在原告被解雇过程中是否存在着"不恰当"、"恶意报复"这样的行为。——译者注

　　②　Joseph Martin, JR., Delicatessen. v. Schumacher. 52 N. Y. 2d 105, 436 N. Y. S. 2d 247, 417 N.E. 2d 541.

额上达成一致。原告聘请了一家评估机构,确定了系争房屋"公平的市场租金价值",随后原告向法院起诉,要求被告按照评估或法官确定的租金延长租约。法院认定,合同的关键条款没有达成一致,合同未成立,驳回了原告的请求。

本案确定的规则是,对于不动产续租合同,如果当事人对于续租后的价格或计算租金的方法没有达成一致,这样的合同缺少合同的确定性,因而不能强制履行。

富克斯堡法官①代表法院呈递以下判决意见:

本案提出的问题是合同法上基础性问题。这一案件要求我们法院审查纽约州上诉法庭②作出的判决(案号:70 A.D.2d 1,419 N.Y.S.2d 558)是否正确,纽约州上诉法庭认定,合同中约定续约期限内的租金"留待将来协商",是可以在法律上强制履行的合同条款。

摆在我们法院面前的相关事实和诉讼过程并不复杂。1973 年,本案的上诉人(也就是系争不动产的出租人)将一间零售商店出租给了被上诉人,租赁期限为 5 年。租金由第一年的每月 500 美元,逐步递增到第 5 年的每月 650 美元。该合同中的续约条款是这样表述的:"承租人可以对该租赁合同再延长另一个 5 年期限,届时每年的租金将另行协商。承租人在行使续约的权利时,应该提前 30 天书面通知出租人,该通知需要挂号邮寄,保留回执。"本案没有分歧的事实是,承租人及时通知了出租人,表达了续约的意愿。在出租人清楚表明续约后的起始租金只能在每月 900 美元之后,承租人聘请了一家评估机构对租金进行评定,评定下来,这一零售商店公平的市场租金价值是每月 545.41 美元。

于是,承租人向萨福克县③最高法院提起诉讼,要求出租人实际履行原先的租赁合同,并强制出租人按照评估机构确定的房租价格,或者按照法院确定的其他合理价格将原来的租约予以延长。而出租人则在当地的地区法院提起了收回房屋的诉讼,要求将承租人赶走。[在萨福克县最高法院审理的案件中,]出租人提出了要求法院作出简易判决④的动议,萨福克县最高法院认定,从法律上说,续约后租金需要留待将来协商的协议,缺少合同所必需的确定性,因而是无法强制执行的。于是,萨福克县最高法院驳回了承租人的诉讼请

54

---

① Fuchsberg, Judge.

② 上诉法庭在纽约州法院体系中的地位相当于我国的中级法院。本案的诉讼程序较为复杂,经过了初审、上诉审直到最后由纽约州的最高审判机构纽约州上诉法院进行审理。——译者注

③ 萨福克县是美国纽约长岛东部的一个县。这里提及的"最高法院"是当地的初审法院,与我国法院的一般概念不同。——译者注

④ 简易判决是美国民事诉讼中的一个程序,参见第 60 页注释。——译者注

求。与此相对应,就承租人提出将地区法院的案件移送到萨福克县最高法院一并审理的要求,萨福克县最高法院也当然予以了驳回。

在承租人就萨福克县最高法院的初审判决提起上诉之后,纽约州上诉法庭很明确地推翻了初审诉讼程序中的观点和做法,恢复了对承租人诉讼请求的审理,并将这一案件与地区法院的案件合并审理。上诉法庭之所以这样做,是因为上诉法庭认为,"租赁合同续约之后需要支付的租金,即使规定了需要留待将来谈判确定,但是,只要能够认定当事人'在续约租金谈判失败后也不想终止合同',那么这样的续约条款仍然是可以强制执行的"。上诉法庭进一步认为,如果承租人满足了前面的证明要求,初审法院可以直接设定一个"合理的租金"。在上诉法庭的上述判决意见中,有一个法官提出了附和意见,该法官甚至认为,可以将多数法官提出的第一步要求①置之一边,直接要求初审法院采用评估方法确定续约后的租金。在上诉法庭作出判决之后,双方当事人都提起了上诉。承租人在上诉意见中只是要求对上诉法庭的判决作一处修改,即要求我们法院直接采纳上诉法庭中提出不同分析理由的那位法官的观点。从上诉法庭那里转到我们法院面前的问题,实际上很简单,就是判断上诉法庭的判决是否正确。我们法院认定,萨福克县最高法院的判决是正确的,因而对于前面问题的观点也是否定的。

我们法院对这一案件的分析,首先是从最基本的法律理念开始。这一最基本的理念是,除非法律另有特别规定(例如,特别情况下居住用房的租金控制法案②),否则,合同就应该是一个私人之间的"命令"——要求一方去做或者不得去做某件特定的事情。③如果没有不签订合同的自由相伴随,那么合同自

---

① 这里的"第一步要求",是指当事人需要证明双方有着这样的意愿,即使对续约后的租金谈判失败,也不会终止合同。上诉法庭的多数法官中,虽然认为续约条款是可以强制执行的,但有一个前提条件,即法院在第一步要查明当事人在对续约期间租金谈判失败的情况下,是否会终止合同。如果不会终止合同,则可以由法院确定一个合理的租金数额;如果会终止合同,则续约合同是不能强制执行的。——译者注

② "特别情况下居住用房的租金控制法案",是美国一些州对于一些特殊的对象,采取控制租金、控制租金增长的方法,防止出租人将承租人赶走的法案。这一法案可以看作对社会弱势群体的一种保障。例如,在纽约州,20世纪20年代就有了租金控制法案,之后不断修改。这一法案有特定的适用条件,承租人必须是在1971后7月1日之后,连续居住在公寓房中,而且在一般情况下,这一公寓房必须是1947年之后建造的。如果公寓面积较大,要求连续居住的时间更长。纽约州对于适用租金控制的公寓,会颁布一个最高基本租金,这一租金只是维持大楼养护的成本费用。一般每两年调整一次。在美国其他州,也有一些类似的法案。

纽约州上诉法院在这里引用这一法规是想说明,对于并非政府调控的不动产,租金为多少数额,完全应该由当事人协商确定。这是一个合同的基本要求。——译者注

③ Fletcher v. Peck, 6 Cranch(10 U.S.) 87, 136, 3 L.Ed.162.Hart and Sachs, *Legal Process*, 147—148(1958).

由根本不会成为一种权利。由此得出的推论必然是,在当事人因为另一方履行承诺的问题而在法院寻求救济之前,他必须向法院证明,该案中争议的承诺构成了法律上的义务。

接下来需要考虑的是,在借助法律的力量强制执行当事人承诺时,这一承诺必须是足够确定和具体的,其内容必须是可以查实清楚的,否则,对于当事人将要做的事情或者已经要做的事情,法官就是在将自己的观点强加到当事人头上——法官如果这样做,就是干预当事人之间的事务——而不是将自己的职责限定在执行当事人双方协商的合同。因此,合同中的重要事项必须"具体"、"明确",是合同法中的本质因素,不可或缺。如果合同中有着令人费解的模糊性和不确定性,它就不符合合同法的本质要求,也就无法成为一份可以强制履行的合同。①

受上面这些法律原则的支配,纽约州普通法中已经很好地确定了这样的原则:一个"留待将来协商的协议",也就是关键条款留下空白、有待将来进一步谈判的协议,在法律上是不能强制履行的。②如果不动产买卖或者租赁协议中需要支付款项的数额属于"留待将来协商的协议",那么,这一协议没有执行力的观点就显得尤其正确。③在当事人主张以实际履行④的方式作为救济手段时,"留待将来协商的协议"没有法律执行力的规则所适用的情形更多。⑤

在本案中,合同确定性的要求并非只能通过明示的支付租金数额来确定,我们更应该关注的是其实质而非形式。例如,如果可以在租赁合同的内容中找到确定租金的方式,则通过这样的方式计算出的租金数额就能够满足合同的确定性。如果这样的协议中有外来的事件、条件或者标准作为确定租金的参考,则我们法院可以借助这些外来的帮助确定租金的具体数额,这样的协议也就不会因为合同的不确定性而归于无效。所有这些客观事件、条件或者标准都符合以下这一句法律格言,"可以通过一定方法确定的事物,在法律上就是确定的"(what can be made certain is certain)⑥。在 Backer

55

---

① 1 Corbin, *Contracts*, §95, p.394; *Restatement*, *Contracts* 2d, §32, Comment a.

② Willmott v. Giarraputo, 5 N.Y.2d 250, 253, 184 N.Y.S.2d 97.

③ Forma v. Moran, 273 App.Div.818, 76 N.Y.S.2d 232.

④ 实际履行是一方违约时,守约一方可以主张的救济方式之一,是要求对方按照合同的约定去履行。它有别于一般要求赔偿损失的救济方式。但是,实际履行也是有一定条件的。具体可以参见本书第十章中的相关内容。——译者注

⑤ 11 Williston, *Contracts*[Jaeger 3d ed.], §1424; Pomeroy, *Equity Jurisprudence*, §1405.

⑥ 9 Coke, 47a.

Mgt.Corp.诉 Acme Quilting Co.①一案中,当事人确定租金的方法,是将大楼租金的增长与大楼雇员将来工资收入的增加相挂钩。在 City of Hope 诉 Fisk Bldg.Assoc.②一案中,确定租金的方法,是随着美国消费者价格指数③的增长而调整。

但是,在我们这起案件中的续约条款,并不具备上述案件中的因素。本案中的续约条款使用的是一些没有直白表达、没有详细叙述的文字,它们只是简单地说到"每年的租金留待将来协商",再没有任何其他的内容。这样简单的文字,没有给我们的法律解释或者解决文字模糊性留下空间。出租人和承租人都不受到任何租金计算公式的约束。承租人和出租人之间并没有暗示过双方可以接受承租人聘请的评估专家报告给法院的"公平的市场租金价值",或者是接受上诉法庭所确定的"公平的市场租金价值"。对于这样的租金计算方法,承租人和出租人之间更是没有任何的具体规定。续约条款的其他方面也没有任何暗示,表明当事人直接或者间接同意在租金问题各执己见的情况下,租金的具体数额交由司法机关、仲裁方或者其他第三方来确定。

最后,关于承租人将 May Metropolitan Corp.诉 May Oil Burner Corp.④一案作为其诉讼请求所依据的判例,我们认为这是错误的。May 一案中的当事人签订了一份有关燃油炉的特许销售协议。该合同规定,每年续约的时候,销售价格报表"需要双方协商一致确定"。审理该案的法院否决了被告要求简易判决的请求,并在判决意见中指出,原告应该有机会证明,在一年一度的续约过程中,双方是否已经形成了一个成熟的交易惯例,可能让原来并不确定的条款获得合同成立所需要的确定性。该判决涉及的是货物销售,该判例可以被看作一个先行者,它对于货物销售条款不确定时应该如何处理进行了探索。在这一判决之后,《统一商法典》开始在各州生效。⑤正如承租人自己也承认的,《统一商法典》仅限定在货物销售的范围。因此,May 一案并

56

---

① *Cf*.Backer Mgt.Corp. v. Acme Quilting Co., 46 N.Y.2d 211, 219, 413 N.Y.S.2d 135, 385 N.E.2d 1062.

② 63 A.D.2d 946, 406 N.Y.S.2d 472.

③ "消费者价格指数"是反映美国经济的一个指数,美国每一年都会公布这样的指数,这样的价格指数一般都是很具体的数字。这也许是法官认为它可以很好地计算出未来租金数额的理由。——译者注

④ 290 N.Y.260, 49 N.E.2d 13.

⑤ Uniform Commercial Code, §1—205, subd.(1); [Rev.§1—303(b), ed]; §2—204, subd.(3); *Restatement*, *Contracts 2d*, §249.

不适用于不动产方面的合同。调整这样的交易,合同的稳定性是法律的重要标志。①

基于以上的理由,我们认为,纽约州上诉法庭的判决包括诉讼费用负担的判决,应该予以推翻,萨福克县最高法院的判决应该予以恢复。对于本案提交给我们法院的问题,我们法院给出的答案是否定的。至于原告的上诉,因为纽约州上诉法庭的裁决不会对它产生什么不良结果,所以,原告的上诉也予以驳回(依据是民事诉讼规则的第 5511 条款)······

迈耶法官②的附和意见:

因为本案的事实并不符合 May 这一案件的事实,所以,我同意法院对本案的结论意见,但我也不能同意多数法官拒绝在必要的情况下适用 May 这一案件到不动产租赁诉讼中的意见。May 一案调整的是商事交易背景的纠纷,该案的基本原则现在已经融合到了法规(《统一商法典》)当中。《统一商法典》这一法规从条款的适用范围来说,并不适用于不动产,但这与其法律原则是否可以适用于不动产案件这一问题是两回事。

正如我们法院在 Farrell Lines 诉 City of New York③ 一案中已经认可的那样——在该案中引用了 A.Z.A.Realty Corp. 诉 Harrigan's Cafe④ 的判决:"不动产租赁协议并不具备什么特别神圣之处,它所要求的解释规则与普通的合同并没有什么特别的不同。"在某种程度上,本案中多数法官的意见可能会被解读为:当事人之间就租赁合同进行磋商的过程也无法让规定了"租金留待将来协商"的条款变得可以强制履行。对于这样的观点,我是不能同意的。

贾森法官⑤对于多数法官的部分判决持反对意见:

虽然我也认可传统的规则——即租赁合同的续约条款为了能够有约束力和可执行,其内容必须是"确定的"——但在我看来,更好的规则应该是,如果根据租赁合同承租人能够证明其拥有续约的权利,那么,仅仅在合同中存在着"续约租金留待将来协商"这样的条款,并不能阻止司法机关的介入,也就是说,法院为了避免因条款模糊而使交易失败,可以自己来确定一个合理的租金。所以,根据纽约州上诉法庭雷泽法官的那些观点,我们应该维持上诉法庭的判决。······

① Heyert v. Orange & Rockland Utilities, 17 N. Y.2d 352, 362, 271 N.Y.S.2d 201.
② Meyer, Judge.
③ 30 N.Y.2d 76, 82, 330 N.Y.S.2d 358.
④ 113 Misc.141, 147, 185 N.Y.S.212.
⑤ Jasen, Judge.

BMC 工业公司诉巴斯工业公司①

美国联邦第十一巡回上诉法院（1998 年）

本案要旨

原告 BMC 工业公司与被告巴斯工业公司签订合同，由被告为原告设计、制造自动化生产线，并约定了生产线的交付日期。被告由于各种原因未能在约定日期交付。原告向法院起诉，要求被告承担违约责任，而被告则辩称原告在履行合同中对交付日期已经放弃要求，根据《统一商法典》，被告只要在合理期限内交付货物就不构成违约。法院认为，本案系争合同为货物与服务相混合的合同，货物合同占主导地位，本案应该适用《统一商法典》，因此，法院驳回了原告的诉请。

本案确定的规则是，对于性质不明确的合同，应该采取占主导地位因素的测试方法，从合同的文字、当事人的目的、合同的价款等方面判断合同的性质。

巡回法官乔弗拉特②代表法院呈递以下判决意见：

这是一起涉及合同纠纷的上诉案件。原告 BMC 工业公司（以下简称 BMC 公司）拥有一条镜片生产线，BMC 公司与被告巴斯工业公司（以下简称巴斯公司）达成合同，由巴斯公司为 BMC 公司这条生产线的自动化进行设计、生产并安装。在合同确定的交付日期过去 18 个月之后，BMC 公司起诉巴斯公司违反合同。而巴斯公司针对 BMC 公司也提起了反诉，认为对方违约。……③

57　　对于本案争议的问题，陪审团作出了支持 BMC 公司的认定，裁决巴斯公司应该赔偿原告 BMC 公司损失 300 万美元……随后，巴斯公司提出了两项替

---

　　①　BMC Industries，Inc.v. Barth Industries，Inc.160 F.3d 1322.

　　②　Tjoflat，Circuit Judge.

　　③　本案系争合同约定的最后交付期限是 1987 年 6 月。在履行合同过程中，经过双方协商，将交付期限延长到 1987 年 10 月。在 1987 年 10 月之后，由于各种原因，被告巴斯公司的工作进展并不顺利，但是，原告与被告双方一直在进行协商，原告 BMC 公司也有各种行为让被告继续履行合同，最终，被告直至 1989 年 5 月才完成工作。但是，此时，原告已经无法忍受这样的延迟交货，于是拒绝了被告的交付。被告巴斯公司认为，BMC 公司在履行过程中实际上已经放弃了按照原先合同确定的交付要求，根据《统一商法典》，被告只要在"合理的时间"内交付货物就不构成违约。而按照普通法，被告的行为可能构成违约。因此，本案在法律上是否适用《统一商法典》，成为这一诉讼的关键。——译者注

代动议，一是认为本案应该从法律上进行判决①，二是认为应该对本案进行新的审判。初审地区法院拒绝了被告的这两项动议，仍然根据陪审团的裁决作出了判决。巴斯公司不服这一判决，向我们法院提起了上诉。对于地区法院判决驳回巴斯公司提出的应该从法律上直接进行判决的动议，我们予以维持。但是，我们认为，地区法院在就合同问题上向陪审团所作的释明是错误的。因此，我们在此推翻地区法院针对巴斯公司的判决，将这一案件发回地区法院，由地区法院针对这些问题重新进行审判。

　　原告 BMC 公司通过其内部的"Vision-Ease"部门生产半成品的高分子镜片，这些镜片被用在眼镜上。……②当时不少其他的镜片生产厂家使用更加便宜的外国劳动力，BMC 公司为了减少公司的劳动力成本并维持竞争力，决定成为第一个对镜片生产流程采取自动化作业的公司。……[1986 年]，BMC 公司与巴斯公司达成合意，由巴斯公司"设计，试运行/测试，监督设备的安装，启动设备的自动化进程……"该合同约定，合同由佛罗里达州法律调整，合同价格为 515 200 美元，4 条自动化生产线的交付日期为 1987 年 6 月。……③

　　……④

---

　　①　"从法律上进行判决的动议"是美国民事诉讼中的一项程序。在有陪审团审理的案件中，当法院认为一个合理的陪审团不会找到充分的证据来支持一方当事人的诉讼请求时，法院就会根据另一方当事人提出的"从法律上进行判决的动议"，直接作出判决。这样的动议，也可以在陪审团作出裁决后申请。在陪审团作出裁决后，认为陪审团裁决错误的一方当事人仍然可以向法院提出一个新的"从法律上进行判决的动议"，要求法院将陪审团的裁决放在一边，直接从法律上进行判决。在本案中，被告巴斯公司认为陪审团的裁决根本不能成立，因而提出了由法院从法律上进行判决的动议。

　　"从法律上进行判决的动议"，通常是与"重新审判"这一动议结合在一起的。因此，被告在本案中提出了两项动议。——译者注

　　②　此处省略的部分介绍了这一镜片生产线是通过工人人工装配完成的，每个环节都需要由工人来进行手工操作，效率较低，成本较高。这是原告 BMC 公司决定对这一生产线进行自动化改造的原因。——译者注

　　③　此处省略的部分主要是介绍了双方在合同达成之后，在合同的履行过程中就合同的交付所发生的一系列事件。主要是原告 BMC 公司在被告延迟交付之后，并没有直接要求解除合同，追究被告的法律责任，而是希望被告继续履行下去。被告巴斯公司则为了完成设计任务，自己也垫付了不少费用。——译者注

　　④　此处省略的部分主要是原告提出的三个诉讼理由，其中针对被告巴斯公司的是两个理由，第一个是违反合同，第二个是错误陈述（主要认为巴斯公司在合同订立前自称在这一领域有相当的经验，原告认为，实践证明被告所作陈述是虚假的，使原告 BMC 公司对被告产生了信任），第三个诉讼理由是针对另一被告尼科斯公司（巴斯公司的母公司）在合同履行过程，曾经保证被告巴斯公司会按约履行合同，但是，却没有做到。原告认为，被告尼科斯公司的这一口头保证，虽然没有合同，但是违反了"禁止反言"原则。——译者注

在上诉中,巴斯公司声称,初审地区法院认定《统一商法典》①不适用于本案系争合同是错误的……

地区法院认定,系争合同占主导性质的是服务而不是货物,因而不适用《统一商法典》。我们法院不同意地区法院的这一观点。

《统一商法典》第2章规定,其仅适用于"货物交易"②。对于何为货物,法律规定是"在某一销售合同被验明身份③的时候,可以移动的所有东西(包括特别制造的东西)。它不同于将要支付的价款、投资证券(由第678章调整)以及诉讼中的物品"。④因此,一个完全的服务合同当然不是由《统一商法典》的第2章所调整的。然而,法院审理中经常面临的是既有货物又有服务的"混合"合同。在决定这样的合同究竟是货物交易还是服务合同,以及是否应该被排除在《统一商法典》之外时,绝大多数法院采取的是"占主导地位因素"⑤这一测试方法。⑥根据该测试方法,法院必须确定"某一合同以合理方式表示出来的占主导地位的因素、着力方向、目的等内容,究竟是以提供服务为主,货物为辅(例如,艺术家进行创作的合同),还是以货物买卖为主,劳务为辅(例如,在浴室中安装热水器的合同)"。……至少在佛罗里达州,法院已经明确采用了"占主导地位因素"这一测试方法。在 United States Fidelity & Guar. Co. 诉 North Am. Steel Corp.⑦一案中,法官这样说道:"因为本案涉及的交易,其主导性质是完成产品而不是服务,我们相信合同中安装的管道可以被定性为货物。"

---

① 《统一商法典》是美国于1952年正式公布的一部法律,现在已经被美国的各个州所采纳。它主要是规定了货物交易的各种法律制度。其中的第2章为"买卖",在这一章中规定它只是适用于"货物"交易。——译者注

② Fla. Stat. ch. 672—102〔UCC §2—102〕(1997).

③ "销售合同被验明身份"是《统一商法典》在界定"货物"时所使用的一个重要概念。当"某一货物被发送、打上印记或者以其他方式被卖方确定为合同中指定货物"的时候,这一销售合同就是被验明身份了。"销售合同被验明身份",意味着这一合同项下的货物变成特定的了,就与其他合同项下的货物区别开来。一个卖方的产品可能会出售给不同的买方,在送货之前,这些货物是种类物。但是,当卖方将买方需要的货物交付出去,打上印记和其他买方的货物区别开来的时候,某一个货物就确定为归特定的买方了。——译者注

Fla. Stat. ch. 672.501(1)(b),〔UCC §2—501(1)(b)(1997)〕……〔在本判决的注释15中,法官继续分析道:可移动性是在合同被验明身份的时候所使用的一种判断方法,而不是在合同完成的时候所使用的判断方法。因此,对于可以移动的设备或者原材料来说,虽然它们被安装在了不可移动的固定物体上,但是,它仍然是《统一商法典》中所称的"可以移动的"货物。See Bonebrake, 499 F.2d at 959 n.12.〕

④ Fla. Stat. ch. 672.105(1)〔UCC §2—105〕(1997).

⑤ 也有一些法院对于混合合同进行分类时,并不采取要么是货物交易,要么是服务交易这样的区分,而更多的只是将《统一商法典》适用于具有货物销售因素的合同。e.g., Foster v. Colorado Radio Corp., 381 F.2d 222, 226(10th Cir. 1967). 此为原判决中的注解。

⑥ Bonebrake v. Cox, 499 F.2d 951, 960(8th Cir. 1974).

⑦ 335 So. 2d 18, 21(Fla. 2d DCA 1976).

在对混合合同作出货物合同还是服务合同区分时,虽然法院一般不是将任何单一的因素作为决定性的因素,但法院还是会将合同中的好几个方面作为特别重要的因素予以考虑。首先,合同中使用的文字可以帮助我们搞清楚当事人自己认为究竟是货物还是服务更重要。例如,某一合同将交易视为"购买",或者将当事人界定为"买方"和"卖方"。在 Bonebrake①一案中,合同中使用的文字"设备",是特别适用于货物交易而不是适用于服务交易的。在 Bailey 诉 Montgomery Ward & Co.②一案中,法院认定,合同将双方的交易界定为"购买",将一方当事人称为"客户",这些也显示出双方涉及的是货物交易。在 Meeker 诉 Hamilton Grain Elevator Co.③一案中,系争合同将当事人称为"卖方"和"买方",这就表明系争合同是货物买卖合同。

法院也会审视交易的付款方式,当合同的价格不包括服务费用,或者货物费用超过了服务费用时,系争合同更可能是一份货物合同。在 Triangle Underwriters Inc.诉 Honeywell④一案中,法院认为付款账单不包括服务费用,表明这一合同是货物买卖合同。在 Lincoln Pulp & Paper Co.诉 Dravo Corp.⑤一案中,法院指出,账单并没有区分服务费用和货物费用,且货物的费用不到合同总价的一半,法院据此认定系争合同是服务合同。

在本案中,地区法院主要是依据 Lincoln Pulp & Paper 这一判例认定系争合同是服务合同而非货物合同。该案的系争合同涉及在造纸厂内设计、制造一个热量和化学物质回收系统。地区法院指出,与 Lincoln Pulp & Paper 一案相类似,本案系争合同也是要求巴斯公司设计、制造、测试并建造设备,合同中的价格条款也没有区分服务价格和原材料价格。因此,地区法院认定,本案与 Lincoln Pulp & Paper 一案极为相似,足以让法院得出系争合同是服务合同而非货物买卖合同这一结论。

合同中占主导地位的究竟是货物还是服务,这通常是案件的事实问题。⑥然而,当合同条款并没有真正实质性的事实争议时,法院可以从法律上决定争议问题应该如何处理。由于地区法院认为合同条款在事实上没有实质性争议,因此,地区法院判定系争合同是服务合同。我们决定对此问题重新再作一次审查和分析。⑦

① Bonebrake,499 F.2d at 958.
② 690 P.2d 1280,1282(Colo.Ct.App.1984).
③ 442 N.E.2d 921,923(Ill.App.Ct.1982).
④ 604 F.2d 737,743(2d Cir.1979).
⑤ 436 F.Supp.262,275 & n.15(D.Me.1977).
⑥ Allmand Assocs.,Inc.v. Hercules,Inc.,960 F.Supp.1216,1223(E.D.Mich.1997).
⑦ Preserve Endangered Areas of Cobb's History,Inc.v. United States Army Corps of Eng'rs,87 F.3d 1242,1246(11th Cir.1996).

在采用"占主导地位因素"这一测试方法后,我们认为本案系争合同中更占主导地位的是货物交易。这一结论的得出,是基于系争合同中的文字和相关情况,以及争议货物的性质。

我们分析的出发点,是合同中的文字本身,这些文字表明当事人更加愿意将合同视为货物合同而非服务合同。首先,该合同的标题是**"购买订单"**,这一名称从头到尾在合同文本中反复使用。我们认为,这一标题是最能说明问题的,因为当事人已经选择了一个几乎是专门用在货物交易中的名称来界定它们的协议。其次,当事人在合同中将它们称为**"买方"**和**"卖方"**。再次,系争合同写道,这一购买合同是"为了建造并安装自动化**设备**"。所有这些合同中的文字,"都是特别使用在货物交易合同而非服务合同当中"①,这表明当事人脑海中存在的是一个货物合同。

[在本判决的脚注 16 中,法院提出一个在本案中虽非决定性的,但却是很重要的因素,即本案系争的货物在制作完成并交付到巴斯公司②的时候,是可移动的货物③,"它不像其他合同只有原材料是可移动的,这些原材料随后就用在了所建造的不可移动的固定物体上(例如使用在房屋或者游泳池中)"。]④

Lincoln Pulp & Paper 一案与我们手头这一案件是有区别的。地区法院在判决中提到,本案的合同价格与 Lincoln Pulp & Paper 一案中的价格条款类似,并没有在服务和货物之间进行价格上的分配。然而,地区法院没有注意到,系争合同是根据自动化设备的交付来支付款项的。合同的付款计划要求,在每一条自动化设备生产线交付并接受之后,由 BMC 公司支付 70 050 美元。如果真的像 BMC 公司所说的,合同价格中占主导地位的是巴斯公司设计和调试的服务费用,那么当事人应该是将付款与完成调试和设计挂起钩来,而不是与交付货物相挂钩。进一步讲,虽然在 Lincoln Pulp & Paper 一案中服务费用超过了合同价款的一半,但在本案中,真实情况恰恰相反。本案中货物的总价是 280 200 美元,货物价格已经超过了合同总价的一半,货款的支付也是与设备的交付相挂钩。

最后,我们还注意到,法院在 Lincoln Pulp & Paper 一案中提到,"不能因为某一设备是由供货商在交付或者安装之前特别设计和生产的,就将有关这一设备的合同从《统一商法典》第 2 章⑤的适用范围中剔除出去"。⑥事实上,

---

① Bonebrake, 499 F.2d at 958.
② 原文如此。从上下文来看,似应为 BMC 公司。——译者注
③ "可移动性"是《统一商法典》在界定"什么是货物"时使用的一个术语。——译者注
④ 此为原编者所加的注解。
⑤ 《统一商法典》第 2 章就是有关货物买卖的内容。——译者注
⑥ 436 F.Supp.at 276 n.16.

BMC公司和巴斯公司的合同中包括了重要的服务因素(例如,设计和生产),这一点并不奇怪。因为在当时还没有其他公司着手对眼镜镜片这一产品实现自动化生产,巴斯公司不得不花费相当多的时间设计这个创新产品。然而,这一必不可少的服务因素,并不能够将本案系争合同从有关特别设计和生产的设备协议这一类型中剔除出去,这样的设备协议也是由《统一商法典》第2章所调整的。

BMC公司用作其主张依据的另外两个案件,对于本案的分析也是不恰当的。这两个案件涉及的都是很清晰的服务合同。第一个是Wells诉10-X Mfg.Co.①案,它涉及的是狩猎衫的生产。该案中,买方提供生产商制作成衣的所有原材料(除了衣服上的线以外)。因此,生产商并不是在出售货物,它只是提供将原材料转化成一件成衣的服务。

BMC公司作为依据的另外一起案件,是Inhabitants of the City of Saco诉General Elec.Co.②案,涉及的是设计和建造一个固体废物处理设备。该案也与本案有所不同,它涉及的是一个典型的建设工程合同,让当事人建设一个不可移动的废物处理设施。在这一案件中,唯一可以移动的物品是该设施中的原材料。更为重要的是,这一案件中的合同文字已经很清楚地将合同界定为服务交易。该合同在谈到合同目的时这样说道,"合同是为第一标段工程提供*服务*,'为承包商[GE公司]提供第二标段的*服务*创造条件'"。不仅合同中的文字提到系争合同是服务,而且合同还将另外一方当事人称为"承包商",这一概念是使用在服务交易中的典型术语。

基于以上理由,我们法院认定,地区法院得出的《统一商法典》不适用于系争合同的结论是错误的。……地区法院作出的巴斯公司败诉的判决予以推翻,地区法院应该按照《统一商法典》的规定就BMC公司针对巴斯公司的诉讼请求以及巴斯公司的反诉请求,重新进行审理。……

西南机械公司诉马丁拖拉机公司③

堪萨斯州最高法院(1970年)

61

本案要旨

原告西南机械公司为投标需要,向被告马丁拖拉机公司询问相关设备的价格,被告的报价被原告接受并作为投标的内容。后该投标中标,原告将此告知被告,双方决定就合同相关问题进行协商。协商中,被告提高了价格,双方

---

① 609 F.2d 248(6th Cir.1979).

② 779 F.Supp.186(D.Me.1991).

③ Southwest Engineering Co.v. Martin Tractor Co., Inc.205 Kan.684，473 P.2d 18.

对付款方式没有达成一致。除此之外,当事人对其他条款则形成了书面备忘。之后,被告拒绝供货,原告以被告违约为由提起诉讼。法院认为,如果当事人想要达成有约束力的合同,即使就付款方式没有达成一致,《统一商法典》也规定可以根据该法典的条款予以"补充",因此判决支持了原告的请求。

本案确定的规则是,如果当事人想要达成一个有约束力的协议,在某一条款遗漏或者不明确时,只要在法律中可以找到合理确定的救济方法,那么法院就可以将相关条款"补充"进去。

方特龙法官[1]代表法院呈递以下判决意见:

这是一起主张违约损失的诉讼。初审法院在案件审理之后作出了支持原告的判决,被告不服判决,提起了上诉。

西南机械公司(以下简称西南公司或原告)是本案的原告,从事总承包业务,来自密苏里州。被告马丁拖拉机公司(以下简称马丁公司或被告)是本案的被告,来自堪萨斯州。

通过阅看庭审笔录,本院查明以下事实:1966年4月,原告有兴趣向美国陆军工程兵团投标,建设位于威奇塔[2]的麦克科奈尔空军基地的跑道照明设施。然而,在投标之前的4月11日,原告的施工部主管科罗菲尔先生打了一个电话给正在科尔比的马丁公司工程部经理赫特先生,询问备用发电机和辅助设备的价格。赫特先生回答,将在回到托皮卡[3]后打电话答复他。第二天,赫特先生依约打电话给科罗菲尔先生,报价是18 500美元。赫特先生在4月13日对于这一报价再次予以确认。

西南公司在4月14日这一天投递了标书,其中对发电设备引用了赫特先生的18 500美元的报价,这一标书最终中标。4月20日,西南公司通知马丁公司其已经中标。赫特和科罗菲尔随即在电话里协商同意,双方于4月28日在斯普林菲尔德会面。当天,赫特先生乘飞机到斯普林菲尔德,双方在机场餐厅里协商了将近一个小时。赫特先生带来了政府已经提供给马丁公司的有关发电设备的作业参数手册。

在斯普林菲尔德的会面中,马丁公司将发电机和辅助设备的报价从18 500美元提高到了21 500美元。科罗菲尔对马丁公司突然改变报价感到非常震惊,但在当时他仍然与赫特继续讨论下去。根据科罗菲尔的说法,他们最终就D353型号发电机和辅助设备的销售达成了协议,总价是21 500美

---

① Fontron, Justice.
② 威奇塔位于美国堪萨斯州的中南部。——译者注
③ 托皮卡,美国堪萨斯州的州府。——译者注

元。……

1966 年 5 月 2 日，科罗菲尔致信给马丁公司，告知其要准备麦克科奈尔项目灯光工程的制图，并提交了麦克科奈尔照明项目的文本，还提醒他们一并附上对应的政府规章。关于这一次联系的进一步情况，本判决会在必要时予以引用。

三个星期之后，也就是在 1966 年的 5 月 24 日这一天，赫特给科罗菲尔写了下面这一封信：

敬启者：

62

　　由于受到地方管理部门对履带及辅助设备供应的限制，以及其他政府机构要求的限制，我们不能接受你们 1966 年 5 月 2 日信件中的内容，并在此撤回先前所有的口头报价。

可以确定的是，双方在斯普林菲尔德会面时并没有就付款方式达成一致。赫特作证时说道，当他在交谈中写下会谈备忘①的时候，他要求在签约后先支付 10% 货款，发货时支付 50% 货款，余款在收到货之后付清，但他并没有要求科罗菲尔对自己的这一方案作出回应。科罗菲尔的陈述则与赫特有所不同。科罗菲尔说，当他们两个人在酒店大堂里握手准备离开时，赫特说他们的付款条件通常是先付 20% 货款，余款在发货后支付。而科罗菲尔则认为，应在发货一个月后的第十天支付 90% 的货款，在最终收到所有货物以后再行支付余款。很明显，双方当事人在付款方式这一点上并没有达成一致。

然而，付款方式未达成一致，本身并不会使他们在其他方面已经达成的协议无效。堪萨斯州的法律②规定如下：

　　即使合同中的某一个条款或者更多条款悬而未决，但只要当事人确实有意达成合同，而且对于这些"开放条款"可以有明确、合理的基础③给予当事人恰当的救济，那么，这一买卖合同并不会因为条款的不明确而"失败"。

对于《统一商法典》的这一条款，官方评论④这样解释道：

---

①　在斯普林菲尔德会谈中，赫特曾经就他们协商的内容写下一个备忘文本。原告将此作为合同成立的一个重要依据。——译者注

②　K.S.A.84-2-204(3)在《统一商法典》中的对应条款是第 2—204(3)) 条款。

③　这里所指"将其予以明确的基础"，是指能够有其他办法将空白条款"填充"进去，从而让这些空白条款确定下来。——译者注

④　《统一商法典》在颁布的时候，起草人员为了帮助人们更好地理解条款的立法本意，附带了相关的评论，这种评论被称为"官方评论"。这种官方评论虽然并不具有法律效力，但是，在司法实践中还是经常被法院作为判决重要的参考，甚至可以说是相当重要的依据。——译者注

[《统一商法典》]该条款第(3)项提到的有关"开放条款"的处理原则,是本章后面条款的基础。如果当事人确实有意要达成具有约束力的协议,那么即使当事人"遗漏"了相关条款,《统一商法典》仍将认可该协议的法律效力。这里的测试方法,既不是当事人将来要做的事情是否确定,也不是原告应该得到的具体赔偿数额是否确定。合同的若干条款留下来需要协商一致,这一事实本身并不足以使合同中其他恰当的条款无效。相反,对于那些"不确定"的合同条款,我们更加倾向于采用商业标准来进行填补,对于当事人遗漏的合同履行所需要的其他条款、价格不明确条款、救济途径以及类似条款,这一法案的其他部分都有着相应的规定。

当事人留下来的开放条款越多,他们之间想要达成有拘束力协议的意愿就越少。但是,尽管当事人会省略一些条款,但在是否想要达成协议这一问题上,他们的行为通常是最有说服力的证据。

《统一商法典》的上述条款和相关评论在 Pennsylvania Co. 诉 Wilmington Trust Co.① 一案中曾被法院引用过,审理该案的法院在判决书中作出了这样的表述:

除了调整该案的法律条文之外,最近似乎还没有相关的权威法院就此条文作出过解释。在一篇名为《统一商法典买卖篇中的法律》② 的论文中,威利斯顿先生③ 曾经想让当事人可以省略的条款只限定在"次要条款"。他提出在"重要条款"处于空白、内容并不明确的时候,只有"商业信用"才是强制履行合同的唯一理由④。尽管这样,他的建议在立法时还是被拒之门外了⑤。这表明,《统一商法典》法案的起草者们考虑的是,即使某个重要条款被当事人忽略了,在合同中未作约定,但这并不影响法院根据这一法律认定当事人有着达成合同的意愿。⑥

就本案而言,我们州的法律⑦ 补充了本案当事人在协商中所忽略的付款方

---

① 39 Del.Ch.453, 166 A.2d 726.

② *The Law of Sales In the Proposed Uniform Commercial Code*, 63 Harv.Law Rev. 561, 576.

③ 威利斯顿是美国 20 世纪著名的合同法泰斗,曾经长期在哈佛大学担任教授,写过大量合同法专著,参与过美国多数重要合同法律,包括《统一商法典》的起草工作。——译者注

④ "商业规范"是企业在经营过程中应该遵守的普遍职业准则和要求。——译者注

⑤ See note on p.561.

⑥ pp.731, 732.

⑦ K.S.A.84-2-310[UCC § 2—310].

式条款。该法律在相应条款中是这样规定的：

> 除非当事人达成其他的约定，[否则，]

> "(a)买方应该在收到货物的时候支付货款，即使装货的地点就是交货的地点"。

在我们法院看来，法典的两个条款在文字上的表述是非常清楚和积极的。将两个条款结合起来一并考虑，其含意就是，在当事人达成了一个可以履行的货物买卖协议，但这一协议中没有付款方式的情况下，法律就默认买方应该在交货时付款，并将此作为双方协议的一部分。从这一点上来说，相关法律和我们法院多年前所确定的规则并无不同。

我们并不是说付款方式在许多情况下并不重要，也不是说当事人不可以对正在商谈的协议设定条件。但本案中的事实却清楚地表明，赫特和科罗菲尔这两个人都没有将付款方式的条款看得多么重要，或者并没有把付款方式这件事看得比眼前的利益更加重要。赫特作证时提到，他在提及付款问题时没有特别要求科罗菲尔予以回应，而科罗菲尔则提到，在他们两个人要分开的时候，他们只是说了各自通常的付款方式，然后这件事情就这样过去了。初审法院认定，双方之间就付款方式问题仅仅有一个简要的、常规的交谈，并没有什么特别的协商。我们认为，初审法院在这一点上所作的概括，是符合当时实际情况的。

另外，值得注意的是，马丁公司第一次提到合同中没有付款条款，并以 64 此为自己的违约抗辩，是在 1966 年 9 月 15 日其律师起草的一封信中。这一天距离赫特写信给科罗菲尔已经过去了四个多月。然而，在此之前，马丁公司将其取消在斯普林菲尔德双方共识的理由归结为其他原因。在 5 月 24 日的信件中，马丁公司将其撤回"先前所有口头报价"的原因，归咎于"受到地方管理部门对履带及辅助设备供应的限制，以及其他政府机构要求的限制"。在向科罗菲尔解释这封信的含义时，赫特说当时马丁公司正在为堪萨斯市和图尔萨地区的美国陆军工程兵团进行作业，因而不愿意和原告从事更多的业务。

本案的这些事实足以让我们怀疑马丁公司就有关付款方式在将来进一步谈判的说法，这些说法更像是其逃避责任的理由。初审法院在认定事实时，就将此作为被告马丁公司逃避责任的借口。

我们注意到了被告马丁公司的答辩观点。马丁公司认为，原告西南公司在 1966 年 5 月 2 日进行协商的信件是双方没有达成明确合同的证据。原告在信中所使用的一些文字，也许会得出被告马丁公司的解释。但是，初审法院有充分的实质性证据认定，双方的买卖协议是在斯普林菲尔德的时候最终达成的。根据我们一贯的规则,初审法院所作的事实认定在上诉中对我们法院是有约束力的,即使有些证据可能得出相反的结论。①

被告马丁公司特别向法院指出,原告西南公司5月2日的信件突然强加了在斯普林菲尔德协议中所没有的新的、让自己无法接受的条款。原告5月2日信件的相关内容如下:

> ……我们并不打算在订货时先支付部分货款。但是,在你们发货后的大约第一个付款期,我们将会支付包括全部发动机在内的价款,仅仅留下10%货款待收到货物后再予以支付。通常,这意味着供货商可以在发货后的30天内收到90%的货款。

的确,需要承认的是,原告西南公司信件中所建议的付款方式在之前确实没有得到过马丁公司的同意。然而,在我们法院看来,这封信中建议的付款条款与本案的处理并没有关系。虽然就付款方式双方没有协商达成一致,但是,我们州的法律②可以填补这一"遗漏"的条款,例如,在发货后付款,就可以成为已经达成协议的组成部分。原告建议的付款条款可以看作一方想要改变法律规定的付款方式。既然被告这一方没有接受这一改变,那么建议条款就不发生法律效力,同时也不改变他们在斯普林菲尔德达成的协议。……

我们在本案中并没有发现初审法院的判决有什么错误,初审法院的判决予以维持。

科普兰诉巴斯金公司③

加利福尼亚州第二区上诉法院(2002年)

本案要旨

原告科普兰向被告巴斯金公司购买冰淇淋工厂,同时要求被告必须买下工厂生产的冰淇淋,该模式被称为"代加工"。被告同意出售工厂并表示将在3年内买下原告生产的冰淇淋,但代加工协议需另行单独签订。后被告以母公司战略调整为由,拒绝就代加工协议与原告进行谈判。原告以被告没有"就协议进行谈判"为由起诉被告违约。法院认定,双方达成了一个有效合同。

本案确定的规则是,当事人同意就某一协议进行谈判,是一个有效的合

---

① See cases in 1 *Hatcher's Kansas Digest*(Rev.Ed.) Appeal & Error,§§507,508.
② K.S.A.84-2-310.
③ Copeland v. Baskin Robbins U.S.A. 96 Cal.App.4th 1251,117 Cal.Rptr.2d 875.

同,任何一方都应善意地进行谈判,否则就是违约。但受损当事人的赔偿请求应该限定于信赖利益损失,不包括预期利益损失。

约翰逊法官[①]代表法院呈递以下判决意见:

我们在本案中需要处理的是在加利福尼亚州尚未解决的一个法律问题:即当事人是否可以以违反"就协议进行谈判"这样的合同[②]起诉对方违约,抑或这样的"合同"仅仅是一个不能在法律上强制执行的"有待将来协商的协议"?我们在此认定,"就协议进行谈判"的合同与所谓的"有待将来协商的协议"是有区别的,前者可以成为一个有法律效力的合同,而且,就像任何其他的合同那样,它是可以被他人违反的合同。但是,我们法院在本案中进一步认定,即使原告科普兰在本案中可以证明被告巴斯金公司应该承担违反合同的责任,原告可以获得的损失也仅仅限于其信赖利益的损失——而对于这一信赖利益的损失,原告已经表示不存在这样的信赖利益,被告也已表明原告并不能证明这些信赖利益的存在。基于以上这一原因,我们法院在此维持初审法院支持被告的判决。

一、案件事实和下级法院的诉讼程序

以下案件事实不存在分歧。

被告巴斯金公司在韦尔农市[③]经营着一家冰淇淋制造工厂。当巴斯金公司表示想要关闭这家工厂后,原告科普兰表示有兴趣将该冰淇淋工厂买下,双方就此开始谈判。科普兰从一开始就很清楚地向巴斯金公司表明,其同意购买冰淇淋工厂是有条件的,条件就是巴斯金公司答应买下他在这家工厂所生产的冰淇淋。科普兰在他的证词中说道,由巴斯金公司买下冰淇淋产品这一安排——这一经营模式在业内被称作"代加工"——是"至关重要的条款",而且是"这一交易的关键所在"。科普兰作证时说道,如果没有代加工条款,"这一交易就无从谈起"。巴斯金公司并没有否认代加工协议是购买冰淇淋工厂合同必不可少的组成部分。

经过长达几个月的谈判,双方的协议初步成形,科普兰同意购买工厂的生产设备并租下工厂的资产。巴斯金公司同意在 3 年内从科普兰处购买总共

---

① Johnson, Acting P.J.

② "就协议进行谈判"的合同,是指双方当事人同意就某事达成有法律效力的合同进行谈判,它与下面提及的"有待将来协商的协议"有所不同。"有待将来协商的协议"是指当事人同意在将来就某一合同进行协商。一般认为,由于"有待将来协商的协议"有着相当的不确定性,因而在法律上是不能强制执行的。本案中,约翰逊法官对这两个概念的不同点,在实践中应该如何对待,进行了详细的分析。——译者注

③ 韦尔农市是加利福尼亚州的一个城市,位于洛杉矶南部。——译者注

700 万加仑的冰淇淋。

1999 年 5 月,巴斯金公司向科普兰发出以下信件,信中这样说道:

> 这封信详细列明了我们的供应链行政主管已经批准出租和出售位于韦尔农的生产设备,并批准了一份产品供应协议……(1)巴斯金公司将位于韦尔农市的生产设备以 130 万美元出售给科普兰……(2)巴斯金公司同意向科普兰提供一个为期 3 年的代加工协议——这一同意受到单独的代加工协议以及协商的价格条款的制约——买下科普兰生产的冰淇淋,其中第 1 年购买的量为 300 万加仑,第 2 年为 200 万加仑,第 3 年为 200 万加仑。……如果你接受上述内容,请将这一封信的副本退回我们,并附上一张金额为 3 000 美元的不可退款支票……随后,我们将配合在 30 天内完成这一交易。

66

科普兰接到该信件后,在信的底部写下"上述条款是可以接受的"文字,将信件退回并附上了 3 000 美元的预付款。

在科普兰于 1999 年 5 月接受上述信件中的条款之后,双方当事人继续就代加工协议的条款进行谈判。这一谈判需要解决的问题很多,有巴斯金公司为这些冰淇淋支付的价款数额,科普兰生产的冰淇淋的风味要求、质量标准和质量控制,由谁来承担冰淇淋变质的损失,以及商标的保护等。科普兰作证说,他相信,在 1999 年 6 月,他与巴斯金公司已经就代加工的价格达成了口头协议,价格为每桶冰淇淋的成本加上 85 美分。然而,他也承认,双方并没有就成本构成如何确定达成一致,而且,他也知道就这一价格协议并没有写过书面的备忘录。在巴斯金公司被指控违约之前,代加工协议需要解决的其他问题都没有得到很好解决。

1999 年 7 月,巴斯金公司写信给科普兰,表示就代加工的协议问题终止谈判,并退回了 3 000 美元预付款。巴斯金公司在这封信中解释道,巴斯金公司的母公司"最近已经针对巴斯金公司的业务作出了战略决定","代加工业务已经从我们的战略目标中被调整出去了"。因此,巴斯金公司通知科普兰:"我们对于代加工协议将不再进行任何谈判。"虽然巴斯金公司提出,可以就出售和租赁韦尔农工厂的资产问题继续进行协商,但是,它也没有坚持一定要这样做。很显然,巴斯金公司也是接受科普兰的这一观点的,即如果没有代加工业务的协议,双方的交易就"无从谈起"。

在科普兰提起的这一违约诉讼中,科普兰认为,他和巴斯金公司之间已经达成了合同,其内容是:巴斯金公司将按照 1999 年 5 月信件中商定的条款以及其他有待协商的条款与自己达成一份代加工协议。巴斯金公司通过"不合理而且错误地拒绝与科普兰达成任何代加工协议"的方式,违反了这一合同。

作为这一违约行为的结果,科普兰遭受了期待利益损失①,"损失的形式就是失去的利润……也包括雇佣机会和他的信誉损失"。作为对开示程序②中所提请求的回应,科普兰说道,他的损失包括"与被告之间3年代加工协议中所损失的利润",包括如果购得这一工厂,他将其他东西出售可以获得的利润,以及他出售工厂设备可以获得的利润。科普兰对于开示程序中所列问题的回答,并没有向法院提供他因为信赖巴斯金公司同意就代加工协议进行谈判造成损失的证据,也没有声称可以提供这方面的证据。

初审法院根据上述没有分歧的事实以及被告巴斯金公司的申请,作出了支持被告的简易判决③。初审法院的结论是,1999年5月的信件可以得出多种解释。但不管怎样,初审法院对这一信件的解释是:由于关键的代加工交易从来也没有达成一致,也没有合理的基础可以决定这些关键的条款,因此,这一封信作为合同来说是不成立的。科普兰对初审法院随后所作的判决及时提出了上诉。我们法院基于以下分析维持初审法院的判决,但我们判决的依据与初审法院却有所不同。

67

二、案件分析

当被告巴斯金公司拒绝就代加工协议进行谈判的时候,原告科普兰面临着进退维谷的境地。用原告的话来说就是,"本来可以赚得的数百万美元",就像夏天的香蕉波纹冰淇淋一样,一下子全部融化掉了。确实,科普兰可以就韦尔农工厂资产的购买和租赁事宜与被告继续进行谈判,然后利用这些资产为其他零售商制作冰淇淋。但是,正如科普兰在他的证言中所解释的,如果没有与巴斯金公司的代加工协议,在他另寻其他业务伙伴的情况下,他就付不起购买这些资产所需要的款项,也没有钱来支付经营这家工厂所需要的运营成本。[科普兰提到,]作为选择,他可以基于以下理论尝试起诉巴斯金公司违反代加工协议,这一理论就是:1999年5月巴斯金公司信件中列出的条款及法院提供的其他条款,构成了一个可以在法律上强制执行的合同。然而,这样的诉讼理由获得成功的可能性微乎其微。虽然法院为了认定一个在法律上可以强制执行的合同,会想方设法提供当事人"遗漏的"那些条款,但是,只有在"当事人成立一个合同的合理意愿"确实存在的情况下,法院才会这

---

① 期待利益损失是指在合同得以全部履行的情况下,守约的一方当事人预计可以得到的利益。——译者注

② 开示程序是美国诉讼程序中的一个重要制度。它是指案件在法院正式审理之前,让当事人就案件的证据、诉讼理由和抗辩、调查笔录等进行证据交换,目的是为了固定证据,提高庭审效率。——译者注

③ "简易判决"的含义,可参见第60页注释。——译者注

样去做。在这一问题上,一般的规则仍然是:如果承诺中的重要条款是留待双方当事人在将来协商,那么在未来协议达成之前这样的承诺就不会产生法律上的责任。在本案中,当事人在 1999 年 5 月的信件中就巴斯金公司在 3 年内购买冰淇淋的数量达成了一致,但是,正如科普兰本人也坦率承认的,在代加工合同完成之前,"还有大量的复杂条款"需要双方协商一致。这其中包括了价格、制作冰淇淋的风味、冰淇淋的质量控制标准,以及冰淇淋损耗的责任如何承担。

科普兰最终在本案中选择了第三条路径。科普兰既没有坚持双方当事人已经形成了一份代加工合同,也没有坚持起诉巴斯金公司违反了这一合同,他选择的诉讼理由是:巴斯金公司于 1999 年 5 月发出的信件,构成了一份就代加工协议的剩余条款进行协商的合同;巴斯金公司没有理由地拒绝继续谈判,或者巴斯金公司没有以善意进行谈判,就是违反了合同。科普兰选择的这条路径,也是有着不少困难。在加利福尼亚州,以违反"就协议进行谈判"的合同作为诉因、要求赔偿损失的,目前还没有公开报道过的案件。[①]另一方面,加利福尼亚州在大量的案件中已经表明,当事人如果违反了"有待将来协商的协议",法律并不能够给当事人提供救济措施。但是,我们法院确信,上面提及的这些困难在合适的案件中是可以被克服的。

首先,我们认为,简单认定当事人在原则上不能就一份代加工协议达成有效的、可以强制执行的合同,这是毫无道理的。……只要不违反法律或者道德,人们可以自由地做任何事情。[②]进行购买和销售冰淇淋产品的谈判,不属于违反法律或者道德的情形。

其次,正如我们在下面的判决意见中将要认定的那样,那些仅仅因为是"有待将来协商"而被法院摒弃的所谓合同,与"就协议进行谈判"的合同相比较,至少在两方面存在着不同。

一个同意对协议中的条款进行谈判的合同,不论在形式上还是在实质上,都不属于"有待将来协商的协议"。如果当事人尽管付出了善意的努力,但仍然在争议的问题上没有达成最终的协议,那么合同将被推定为得到了履行,当事人的义务也会被免除。当事人没有能够协商达成一致,本身并不是对"就协议进行

---

① 美国法院一般会将其认为有约束力的案件公开出版,这些案件被称为"报道过的案件",而对其认为指导意义不大的案件不予编入。——译者注

② 根据《民事法典》第 1667 条款,人们不得达成以下合同:"1.与法律的明文规定相抵触的合同;2.虽然法律没有明示禁止,但与明确法律的公共政策相抵触的合同;3.与良好的道德相抵触的合同。"此为原判决中的注解。

谈判"这一合同的违反。①只有在最终协议没有能够达成的原因,是由于一方违反了谈判的义务或者没有能够善意地进行谈判的情况下,这一方当事人才会承担责任。②基于这些理由,那些认为"有待将来协商的协议""荒唐可笑"而且"条款上自相矛盾"的批评,并不能够适用到"就协议进行谈判"这样的合同。

那些认定系争合同只是"有待将来协商的协议",因而在法律上不能强制执行的法院,他们着重关注的只是基础实体合同的可执行性,而非"就协议进行谈判"这一合同本身是否可以强制执行。注意到这一点,相当重要。例如,在 Autry 诉 Republic Productions 一案③中,法院在说明了这一观点——"对于违反'有待将来协商的协议'的行为不能提供法律救济"——之后,紧接着又解释道,这样做的原因是因为"法院不可以默认当事人将来要达成什么样的协议"。

绝大多数考虑过这一问题的司法地区都认定,违反"就协议进行谈判"合同的行为可以构成一个法律上的诉因。④

Channel Home Centers 一案可以拿来说明这一问题。该案中,双方当事人通过信件签署了意向书,同意就某购物中心的一个店铺达成租赁协议。这封信中提到,出租人格罗斯曼"将从租赁市场的店铺中搬离出去,并就完成前面提及的租赁交易,[与原告 Channel Home Centers]进行谈判"。Channel Home Centers 已经花费了大约 25 000 美元用于与这一谈判相关的工作,然而,出租人格罗斯曼最后还是终止了这一租赁合同的谈判。第二天,格罗斯曼就将这一店铺出租给了 Channel Home Centers 的一个竞争对手——古德·拜斯。Channel Home Centers 起诉格罗斯曼违反了意向书。初审法院在审查之后判决被告格罗斯曼胜诉,案件被提起上诉后,第三巡回上诉法院推翻了初审法院的判决。第三巡回上诉法院将这一案件与所谓违反"有待将来协商的协议"的案件作了区分,并在判决意见中指出:"Channel Home Centers 的观点是,意向书确定了双方**以善意进行谈判**的义务,这样的协议在法律上是可以强制执行的。原告 Channel Home Centers 认为,格罗斯曼单方面终止与 Channel Home Centers 的谈判,[来了一个一百八十度转变,]突然与古德·拜斯先生达

69

---

① Itek Corporation v. Chicago Aerial Industries, Inc.(Del.1968) 248 A.2d 625,629.

② Itek Corporation v. Chicago Aerial Industries, Inc. 248 A.2d at p.629;也见 Farnsworth, *Precontractual Liability and Preliminary Agreements: Fair Dealing and Failed Negotiations*(1987) 87 Colum.L.Rev. 217, 251(以下简称法恩斯沃思的著作)。

③ 30 Cal.2d 144,180 P.2d 888(1947).

④ Channel Home Centers, Grace Retail v. Grossman(3d Cir.1986) 795 F.2d 291, 293—294,299(这一案件中适用的是宾夕法尼亚州的法律);也见 Venture Associates v. Zenith Data Systems(7th Cir.1993) 987 F.2d 429, 433(这一案件适用的是伊利诺伊州的法律)。此为原判决中的注解。

成租赁协议,这样的行为显然是恶意的,而且违反了他作出的'将从租赁市场的店铺中搬离出去,并就完成前面提及的租赁交易,与原告 Channel Home Centers 进行谈判'的承诺。"该法院根据宾夕法尼亚州的法律认定,"善意进行谈判"的合同在法律上是可以强制执行的。

巴斯金公司坚持认为,对于"就协议进行谈判"这样的合同,不应该在法律上强制执行,这样做有着正当的公共政策上的理由。巴斯金公司声称,如果在法律上强制执行这样的合同,法院就是在将"善意及公平交易"这一条款强行注入当事人的谈判过程中,而不管当事人是否明确同意这一条款。[①]被告巴斯金公司为了证明自己的抗辩理由引用了法恩斯沃思教授在其论著中的观点,认为如果在这样的协议中加入"善意及公平交易"这一规则,非但不会对合同谈判产生有益的效果,相反,它是在鼓励当事人不去进行谈判,尤其是在成功机会渺茫的情况下更加不去谈判。除此之外,给当事人施加这样的义务,也可能给当事人带来压力,让谈判变得仓促而草率,当事人会觉得,即使带来不满意的结果,也比被不明不白地指控为恶意谈判要好。巴斯金公司认为,对于绝大多数当事人来说,他们宁愿冒着如果谈判失败,失去直接成本[②]的风险,也不愿承担被谈判伙伴证明是恶意谈判,从而失去可能获得数百万美元预期利益的风险[③]。最后,巴斯金公司还辩称道,任何合同订立之前的错误行为都是可以从法律上得到救济的,法律上有着不当得利、言词欺诈[④]和允诺性禁止反言这些诉因可供当事人选择。

我们认为,被告巴斯金公司有关公共政策的上述辩解,是没有说服力的。

我们认为,允许一方当事人起诉对方违反"就协议进行谈判"的合同,并不会违背当事人的意愿,将"善意及公平交易"这样的条款强行注入谈判程序中。当两个当事人在没有强制义务的情况下去协商或者修改合同时,任何一方当事人都没有义务一定要将谈判进行下去或者是以善意进行谈判。只有在当事人有着合同上的强制义务去进行谈判时,"善意及公平交易"这一条款才会随之产生,这一点和其他合同并无二致。在随后的谈判过程中,默认"善意及公平交易"这一条款的存在,对于阻止当事人在合同谈判中恶意行事会产生有益的效果。

---

① 在加利福尼亚州,"善意及公平交易"这一条款被默认为在每一个合同中都存在。[Foley v. Interactive Date Corp. (1988) 47 Cal. 3d 654, 684, 254 Cal. Rptr. 211, 765 P. 2d 373.]

② 直接成本是指某一交易中经营者直接支付出去的费用,多指现金成本。——译者注

③ 期待利益损失可以参见前文注释。

④ 言词欺诈是指当事人在作出某一承诺时并没有履行这一承诺的意愿。但是,如果立诺人在作出承诺时,不知道自己是在作出承诺,则不应该承担责任。在作出承诺后,因为情况发生变化,也不承担违约责任。——译者注

在我们看来,法恩斯沃思教授的批评意见并不是直接针对违反"就协议进行谈判"这一合同的诉因的。相反,法恩斯沃思教授是支持这一诉因的。[①]而且,他的批评意见针对的是一些欧洲法院和法律学者提出的理论,这些理论就是,即使就协议进行谈判的合同义务不存在,从协议本身也会产生一般的公平交易的义务。[②]

70

那种辩称"恶意"是一个不确定的概念,将可能给被告带来数百万美元预期赔偿的说法同样没有价值。基于我们在下面阐述的理由,违反"就协议进行谈判"合同的恰当救济措施,并不是受到损害一方当事人在可能的合同项下失去的预期赔偿,而是受到损害的当事人由于信赖"就协议进行谈判"合同所遭受的实际损失。[③]进一步而言,我们并不认同有些人的说法,这些人认为法院不能做到像国家劳动关系委员会或者劳动仲裁员那样很好地决定人们在谈判中是否善意。[④]我们认为,虽然法官很少有机会去从事价值几百万美元合同的谈判,但我们几乎每天都会参与各种形式的协商。在绝大多数案件中,被告在谈判中是否善意,应该是由陪审团来决定的事实问题。在我们看来,普通公民按照他们的经验法则和生活常理,可以很好地判断当事人在彼此的谈判过程中是否善意。

在合同谈判这一语境下,不当得利的救济措施,通常是由于在谈判过程中当事人已经披露出来的主意或者已经提供了服务。[⑤]然而,在我们手头这一案件中,谈判所涉及的是货物的销售,既不是某个主意,也不是可能的卖方对于可能的买方在合同成立之前提供的服务。

言词欺诈这一诉因,是基于"当事人已经明确地作出了承诺,却不想履行这一承诺"。[⑥]在许多案件中,在被告同意去谈判时也许是想善意地进行谈判的,但是,随后发生的事情却改变了他的想法。例如,一个更有吸引力的交易伙伴出现了。

因此,我们的结论是,在谈判伙伴终止了谈判或者以恶意进行谈判时,不当得利和言词欺诈这两个诉因都不能够给当事人提供恰当的救济途径。

---

① *Farnsworth*, 87 Colum. L. Rev. at pp.251, 263—269.

② *Farnsworth*, 87 Colum. L. Rev. at pp.251, 239—243.

③ *Farnsworth*, 87 Colum. L. Rev. at p.267.

④ 参见 *e.g.*, Venture Associates v. Zenith Data Systems(7th Cir.1996) 96 F.3d 275, 277.(Venture Associates Ⅱ)。

⑤ 参见 *e.g.*, Blaustein v. Burton(1970) 9 Cal.App.3d 161, 184, 88 Cal.Rptr. 319[在这一案件中,某个动作片的创意在讨论制作合同的过程中已经披露给了被告];*Hill v. Waxberg*(9th Cir.1956) 237 F.2d 936, 938—939[在就建造合同进行谈判的过程中,一方当事人已经向承包人提供了设计服务]。

⑥ Civ.Code, § 1572 subdivision 4. Muraoka v. Budget Rent-A-Car Inc.(1984) 160 Cal App.3d 107, 119, 206 Cal.Rptr.476.

允诺性禁止反言这一规则通常用来在法律上强制执行被告作出的清晰、明确的承诺,之所以要强制执行这样的承诺,是因为在被告作出清晰、明确的承诺之后,原告对这样的承诺产生了合理的、可以预见的信赖。我们认为,如果被告作出了清晰、明确的承诺,答应去善意地进行谈判,而原告又合理地、可以预见地对这样的承诺产生信赖,导致了与谈判相关联的成本支出,在这样的情况下,允诺性禁止反言这一诉因就是存在的。[①]为了辩论的需要,我们也可以假定,允诺性禁止反言这一诉因可以是基于善意进行谈判这样的默示承诺。[②]如果这些观点是正确的,那么允诺性禁止反言规则就是决定"就协议进行谈判"合同是否可以实际履行的不同路径。

最后,我们相信,有着正当的公共政策理由来保护商业谈判中的当事人,让他们免受谈判伙伴恶意行为的伤害。我们的祖先坐在一堆篝火旁,就一些石斧交换一些熊皮进行协商的年代已经远去。今天,我们谈判涉及的金额要远远高于我们祖先所处的年代,而且谈判也变得越来越复杂。只通过一次谈判过程,已经很少能够达成交易。相反,交易的达成越来越成为一个渐进的过程,它是通过一系列面对面的会议、电话交谈、电子邮件以及信件,就各种问题一点一滴地达成协议的,涉及的人员有公司高管、律师、银行家、会计师、建筑师、工程师以及其他人员。正如法恩斯沃思教授指出的,今天的合同已经不是通过毫无关联的要约、反要约及承诺来成立了。相反,今天的合同是当事人之间渐进的信息相互流动的产物,合同的达成是一系列的相互妥协,以及在主要问题上先达成试验性协议——这些协议最终再被纳入合同当中——的结果。[③]这些非常缓慢达成的合同,不仅费时而且费钱。基于这些理由,我们认为,当事人在谈判过程中应该获得一些保证,即"他们在时间、金钱和效果上的投资,不会被另外当事人的行为一扫而空,这些行为包括了拖延时间、改弦易辙或者利用谈判中他人易受攻击的地位来获取利益"。[④]

基于这些显而易见的理由,我们认为,违反"就协议进行谈判"合同所造成的损失,是按照原告因为信赖被告会善意谈判而造成的实际损失来确定的。这样的确定损失的方法,包括了原告进行谈判的直接成本,可能包括失去的机会成本[⑤],也可能不包括失去的机会成本。[⑥]因为无从知道当事人最终会达成

---

① Arcadian Phosphates,Inc. v. Arcadian Corp.(2d Cir.1989) 884 F.2d 69,74.

② Drennan v. Star Paving Co.(1958) 51 Cal.2d 409,333 P.2d 757…

③ *Farnsworth*,87 Colum. L. Rev. at p.219.

④ Venture Associates Ⅱ,96 F.3d at p.278.

⑤ 机会成本是指当事人在有其他选择的情况下可以获得的利益。——译者注

⑥ *Farnsworth*,87 Colum. L. Rev. at pp.225—229。因为科普兰在本案中没有能够证明其有机会成本的损失,因此,就违反"就协议进行谈判"合同造成的损失,我们法院在原则上就不再决定其是否可以得到赔偿。此为原判决中的注解。

什么样的条款,甚至不知道当事人是否能够最终达成协议,所以,本案的原告不能就所谓失去的预期利益(利润)要求被告赔偿。

[法院最后认定,由于原告科普兰没有能够证明其有着信赖利益的损失,所以,被告巴斯金公司有权得到法院的简易判决。]

三、判 决 结 果

初审法院的判决予以维持。

欧格贝·诺顿公司诉阿莫科公司①

俄亥俄州最高法院(1990 年)

本案要旨

原告欧格贝·诺顿公司与被告阿莫科公司早先签署过长期合同,由原告为被告运输铁矿石,运费方案有二,一是业内权威杂志上公布的当地运费,二是当地主导性运输企业的运费。双方为履行这一合同,进行过密切合作。后美国钢铁业急剧萎缩,被告出现支付困难,且两种运费价格都不能再获得。原告因此提起诉讼,要求由法院来决定运输价格。法院认定,在原先价格机制不再发生作用的情况下,双方当事人之间有着履行合同的意愿。法院根据实际情况确定了一个年度合理价格,并要求双方在今后每年进行协商并接受调解。

本案确定的规则是,在当事人之间有着接受合同约束的意愿时,如果价格条款不再能够发生作用,法院可以根据情况确定合理的价格,要求双方进行谈判,接受调解。

[案件事实]

1957 年 1 月 9 日,阿莫科钢铁公司(本案的上诉人,以下简称阿莫科公司)与哥伦比亚运输公司(后来成为欧格贝·诺顿公司的一个部门,是本案的被上诉人,以下简称欧格贝公司)签订了一份长期合同。这一长期合同的主要条款要求,如果阿莫科公司打算将在五大湖地区②的铁矿石从苏必利尔湖地区的矿山运输到位于下湖地区的阿莫科公司的工厂,那么,欧格贝公司必须保证拥有足够的货运能力,阿莫科公司则保证将会使用这些货运能力。

---

① Oglebay Norton Co. v. Armco, Inc, 52 Ohio St.3d 232, 556 N.E.2d 515.

② "五大湖地区",在美国和加拿大交界处,从大到小分别是苏必利尔湖、休伦湖、密歇根湖、伊利湖和安大略湖,一共有五个湖,因而被称为"五大湖地区"。——译者注

在 1957 年的这一份合同中,阿莫科公司和欧格贝公司设定了有关运费计算机制的第一方案和第二方案。对此,合同中是这样规定的:

> 阿莫科公司同意按照每个年度内通常的合同运价——该运价是得到这一年度主要铁矿石运输船队所认可的价格——支付所有的铁矿石运输费用。……如果任何一个年度内没有主要铁矿石运输船队所认可的通常合同运价,则当事人之间将通过协商来确定运价。这时的运价将参考在苏必利尔湖地区从事铁矿石运输的主要的、独立的船舶经营者所报出的合同运价。

在接下来长达 23 年的时间内,阿莫科公司和欧格贝公司曾经对 1957 年的合同进行过四次修改。通过每一次修改合同,阿莫科公司得以在原来的期限届满之后再延长合同时间。双方当事人都认可,阿莫科公司对欧格贝公司运输能力的要求不断增加,这就相应要求欧格贝公司投入足够的资金来维持、更新、购买铁矿石运输船。

对原先合同的第四次修改,由双方当事人在 1980 年签署,这次合同修改要求欧格贝公司更新和升级其运输船队,让欧格贝公司用于阿莫科公司运输的每一艘船只都拥有一个自行卸货装置。双方都予以确认、没有异议的事实是,欧格贝公司为此开始了一项投资达 9 500 万美元的工程,这一工程至少部分是为了满足阿莫科公司新提出的运输能力上的要求。为了回报欧格贝公司投资自行卸货装置的工程,阿莫科公司同意在原先运费的基础上,为欧格贝公司的自行装卸船每吨[①]增加 25 美分的费用,并同意延长合同期限到 2010 年 12 月 31 日为止。

在初审过程中,法院认定阿莫科公司和欧格贝公司之间有着紧密和长期合作的商业关系,这些紧密的关系包括阿莫科公司在欧格贝公司的董事会中拥有席位,阿莫科公司拥有欧格贝公司的股票。在另外一家合资企业中,双方当事人又是合伙关系。事实上,欧格贝公司有一艘运输船就是直接以"阿莫科"来命名的。

73　　阿莫科公司和欧格贝公司之间关系的紧密程度,以 1962 年的修正案中使用的文字作了最准确的说明。双方当事人在这一次的合同修正案中是这样表述的:

> ……欧格贝公司大型船队长期以来为阿莫科公司所提供的服务……对于阿莫科公司有着重大的、特别的利益,……因为欧格贝公司这样的运

---

① 本判决意见中,"吨"使用的是"gross ton"这一概念,有将其译为"英吨"、"长吨",它相当于 2 240 镑的重量,与我们一般称的"吨"有所不同。为阅读方便,在本判决意见中统一使用我们常用的"吨"这一名称。——译者注

输服务,对于阿莫科公司这样一家以钢铁生产为主业的企业来说,是必不可少的先决条件。……阿莫科公司有权要求欧格贝公司大型船队为其提供服务……这一权利是这一协议的核心。……

该修订协议也赋予了阿莫科公司向法院申请签发令状①的权利,以此来要求对方[欧格贝公司]实际履行这一合同。

从 1957 年到 1983 年,双方一直是根据 1957 年合同的第一个价格机制,即参考当时出版的《斯基林矿业评论》杂志②上标明的价格,作为欧格贝公司向阿莫科公司主张合同项下运输费用的依据。该杂志上的运输价格通常代表了内湖轮船公司③——这是一家独立从事铁矿石运输经营的企业,是这个行业占主导地位的企业——向其客户主张类似服务的价格。欧格贝公司以这本杂志上确定的价格作为依据向阿莫科公司主张运输费用,而阿莫科公司则依此向欧格贝公司支付运输费用。

遗憾的是,1983 年钢铁行业遭遇了严重的业务萎缩。这样,在 1983 年欧格贝公司向阿莫科公司主张 1984 年度的运输费用时,阿莫科公司对价格提出了质疑。由于自身经济实力的下降,阿莫科公司向欧格贝公司提出降低运输费用。在通过协商之后,当事人就 1984 年的运输费用达成了双方都满意的价格。

1984 年年末,双方当事人就 1985 年的运输费用没有达成彼此都能够接受的价格。当时,欧格贝公司的报价是每吨 7.66 美元(包括了 25 美分自行卸载船的附加费),阿莫科公司则要求每吨运费的发票金额降低到 5 美元。之后,阿莫科公司按照每吨 5 美元的价格进行了付款。阿莫科公司通过支票上的付款金额清楚地表明,它只能接受这样的价格,阿莫科公司还附上了一封信,解释了阿莫科公司当时所处的实际状况。1985 年下半年,当事人试图再次对 1986 年的运费价格进行协商,但是,这次协商仍然没有能够达成双方满意的价格。

1986 年 4 月 11 日,欧格贝公司向法院提起诉讼,要求法院作出"确认性判决",④确认 1957 年合同中约定的运费机制是恰当的,或者在缺少这样的运费机制时,由法院为欧格贝公司提供的运输服务确定合理的运费。

---

① 令状是法院签发的一个正式法律文件,要求某一个当事人必须做某事或者不得做某事。——译者注

② 《斯基林矿业评论》是美国出版的一种专门介绍各种矿产方面信息的专业杂志,通过本案判决中说明的情况可以知道,这一本杂志也刊登铁矿石运输的价格。——译者注

③ Innerlake Steamship Company.

④ "确认性判决"的含义,参见第 46 页的注释。——译者注

阿莫科公司在答辩中否认欧格贝公司所主张的 7.41 美元是"合同中的运输费用",并且认为初审法院没有权力自行宣布一个价格作为"合理的运输费用"。

在 1986 年这一运输年度,欧格贝公司还是继续为阿莫科公司运输铁矿石。在 1986 年 8 月 1 日之前,阿莫科公司为此支付的价格是每吨 4.22 美元,8 月 1 日之后支付的价格是每吨 3.85 美元。

1987 年 8 月 12 日,阿莫科公司向法院提起一个补充的反请求,要求法院宣告双方在 1957 年达成的合同不再是可以强制执行的合同,因为合同中的运费价格机制已经彻底丧失功能,导致了合同的目的无法实现。

74 在经过漫长的法官审判①之后,初审法院在 1987 年 11 月 20 日作出了包括四项涉及事实和法律内容的确认性判决。

第一,法院认定,从所提供的证据来看,尽管运费或者价格条款在合同中没有得到解决,但是,很明显,欧格贝公司和阿莫科公司双方都愿意接受 1957 年合同的约束。

第二,法院认定,虽然双方愿意接受 1957 年合同的约束,但是双方协议所确定的运费价格机制已经丧失功能,"……这时,欧格贝公司运输铁矿石的价格,就应当是考虑其提供这一运输服务过程中根据各种情况所确定的'合理的'价格"。

第三,初审法院认定,双方当事人必须继续遵守包括在 1957 年合同第二段落中的替代价格条款。这一替代价格条款要求当事人在考虑运费价格时,应该考虑在这一行业独立的、占主导地位的铁矿石运输企业的运费价格。

第四,初审法院认定,如果当事人没有能够就将来年度的运费价格达成一致,那么当事人必须马上将此情况通知法院。在接到这样的通知之后,法院将通过其正当的司法权,指定一名调解员和双方当事人的首席执行官"……进行见面,目的是为了进行调解和决定下一年度'他们双方认可的'运费价格"。

上诉法院维持了初审法院的判决……[阿莫科公司仍然不服,继续向我们法院提起上诉。]

我们法院一致作出以下判决:(PER CURIAM②):

---

① "由法官进行的审判"是指初审中只由法官来就案件的事实和法律适用进行裁判,而不采用陪审团来进行审判。——译者注

② 原是拉丁文,英语中是"by the court",意为"由法院作出的判决"。现在通常是指以法院名义作出判决,但不具体列出呈递判决意见的法官名字。——译者注

摆在我们面前的这一起案件提出了三个既涉及事实又涉及法律的问题。第一，在合同中的第一项和第二项价格确定机制已经丧失功能的情况下，当事人是否还有接受 1957 年合同条款约束的意愿？第二，如果当事人仍然有接受这一合同条款约束的意愿，那么，初审法院是否可以对阿莫科公司应该支付欧格贝公司的运费自行确定每吨 6.25 美元这一价格，并以此作为 1986 年这一年度的合理运输价格？第三，在当事人没有就每一个年度的运费达成一致时，法院是否可以对当事人行使恰当的司法权力，要求当事人通过调解人员来解决年度的运费价格问题？我们对这三个问题的回答都是肯定的，基于下面所阐述的理由，我们维持上诉法院的判决。

一

上诉人阿莫科公司辩称，合同中第一项和第二项运费价格机制彻底丧失功能的事实使得 1957 年合同不能再强制执行，因为当事人从来没有表明在第一项和第二项运费价格机制丧失功能时，仍然受这一合同的约束。阿莫科公司认为，合同中原来约定，参照占主导地位的运输企业在《斯基林矿业评论》杂志上所公布的价格作为运费。然而，1985 年之后这一杂志就不再发布这样的运费价格，因而 1957 年合同中的第一项价格机制已经无法再使用。阿莫科公司还认为，合同中的第二项运费价格机制，即参照独立的、占主导地位的运输企业所主张的价格来确定运费，也因为无法获得必要的信息而不可能再发挥作用。这是因为 1985 年之后该信息不再可以公开得到，而且初审法院在审理中也批准了案外人——法院传唤他们是为了得到这方面特定的信息——提出的取消其到庭作证的动议。阿莫科公司认为，当事人从没有想过在特别的价格机制丧失功能后仍然愿意受到原先合同的制约，因此，初审法院就应该宣布原先的合同已经无效，不再强制执行原先的合同。

初审法院也承认，1957 年合同中的运费价格机制已经丧失功能[不能再发挥作用]。然而，初审法院仍然认为，在它们面前有充分的、可信的证据表明，尽管运费价格机制已经丧失功能，但是，当事人还是有着接受 1957 年合同约束的意愿。有证据表明，在它们之间有着长期、紧密的商业合作关系，这包括它们之间存在着合资关系，存在着相互兼任董事①的情形，阿莫科公司还拥有欧格贝公司的股票。正如初审法院指出的那样，当事人自己也通过合同的形式，承认阿莫科公司在欧格贝公司的船队有着重大和特别的利益，而且当事人也承认，欧格贝公司每个运输年度可以为阿莫科公司提供最多达 710 万吨的

---

① "兼任董事"是公司法上的概念，是指一人同时身兼两家以上公司董事。——译者注

铁矿石运量。

在运费价格机制失去功能的情况下，当事人是否还愿意接受原来合同的约束，这是一个通过事实的发现者①已经解决了的事实问题。②因为初审法院有充分证据得出当事人有着接受合同约束的意愿这一结论，上诉法院就这一问题作出维持初审法院判决的决定，是正确的。我们在这个问题上也维持上诉法院的判决。

二

阿莫科公司还声称，初审法院自行确定了每吨 6.25 美元的运费，这一运费数额不符合 1957 年合同的运费价格确定机制，初审法院没有权力这样做。初审法院认定，即使合同中的运费价格机制丧失功能，但因为当事人愿意受到这一合同的约束，因此，法院就有权力为欧格贝公司提供的运输服务决定一个合理的价格。为此，初审法院援引了《合同法重述》③和相关评论④中的内容作为支持其观点的依据。《合同法重述》第 33 条款评论 e 的部分内容是这样解释的：

> 在当事人想要达成一个货物销售合同……而价格没有确定的情况下……这时的价格就是交付货物时的合理价格，如果……（c）价格是根据第三人或第三方机构所认定或记载的市场或标准来确定，而第三人或第三方机构并没有作出这样的认定或记载。

——《统一商法典》⑤第 2-305（1）条款

正如初审法院在判决中指出的那样，凯霍加县⑥上诉法院在审理相关案件中，已经认可并引用了《合同法重述》第 33 条款。《合同法重述》第 33 条

---

① "事实的发现者"，参见第 14 页注释。——译者注

② Normandy Place Assoc. v. Beyer（1982），2 Ohio St. 3d 102，106，2 OBR 653，656，443 N.E.2d 161，164.

③ 1 *Restatement of the Law 2d*，*Contracts*（1981）92，Section 33.
美国法律重述是美国法律协会组织的法律专家编写的有关合同法律问题的专著。这些观点是学者观点，是学术性的。但由于其编写者的权威性，经常被美国法院在审判中引用。美国法律重述包括很多部门法，如合同法、冲突法、财产法，等等。这些法律重述，过一段时间就会根据新出现的情况重新出版。——译者注

④ 美国在一些法典或者法律意见颁布时，往往会附上相关的评论，这些评论尽管不是当然有效的法律解释，但是，法院在审理案件时经常会引用这些评论，作为自己判决的参考。——译者注

⑤ 《统一商法典》是由美国的法律学会组织的权威法律专家起草的法律建议稿，最初的目的是统一美国 50 个州有关货物（不包括不动产和服务这样的交易）交易法律。它本身不是法律，只有经州立法机构批准后才可以成为所在州的法律。——译者注

⑥ 凯霍加县是俄亥俄州北部的一个县。——译者注

款的评论 e,实质上采用的是与《统一商法典》中相同的文字表述,《统一商法典》的这一条款在我们俄亥俄州,是出现在 R.C.1302.18(A)这一法律条款当中。此外,凯霍加县上诉法院在 Winning Sheet Metal Mfg. Co. 诉 Heat Sealing Equip. Mfg. Co.(Sept.30,1982)①一案中,还将我们俄亥俄州的 R.C.1302.18(A)这一法律条款推定适用到因价格没有确定而引起的服务合同案件中。

76

因此,基于上述这些考虑,初审法院认定,阿莫科公司在 1986 年应该支付给欧格贝公司的铁矿石运价是每吨 6 美元,在使用自卸轮船的情况下,每吨另加 25 美分。法院之所以作出这样的认定,是基于当事人在交易中的紧密联系,"[解除合同]对当事人各方带来的损害,以及当前市场价格的有效比较——这里的市场价格是反映了美国钢铁业发生严重衰退现实下的市场价格"。

上诉法院的结论认为,初审法院在充分考虑了该行业各种运费的证据,以及当事人愿意接受协议约束的情况下,就 1986 年度阿莫科公司支付给欧格贝公司的运费确定为每吨 6.25 美元,这是一个"合理的价格"。

上诉法院还认为,在当事人很清楚地表明愿意接受合同约束的情形下,合同中空白的价格条款可以由初审法院来予以"填补",初审法院有这样的权力审查各种证据,以确立"合理的价格"。为了支持这样的结论,上诉法院引用了《合同法重述》第 33 条款及其评论,第 179 条款,第 362 条款及其评论。②

第 33 条款的评论 a 是这样表述的:

当事人的具体行为可以决定性地表明,即使当事人对于合同的一个条款或者更多的条款没有约定,或者是需要留待将来协商,但他们仍然可以有着达成一个有约束力协议的意愿。对于这样的案件,如果有可能,法院应该尽力为这一协议填补上足够具体的内容。

一个要约的内容如果不明确,它可以通过商事习惯或者当事人之间的交易惯例来予以明确。这些条款可以通过事实上的默认来予以补充,对于一些反复出现的情形,在缺少相反协议的情况下,法律经常会去补充合同的条款……

正如上诉法院指出的那样,我们法院已经在其他案件中认定,对于像 1957

---

① Cuyahoga App. No.44365,这一案件没有公开报道,at 3—4,1982 WL 5944。

② 1 *Restatement of the Law 2d*,*Contracts*,*supra*,at 92,Section 33,and its comments,and 179,Section 362,and its comments.

年合同中的运费价格机制这样"有待将来协商的协议"①,在当事人表明有着接受合同条款约束的意愿,而且这些意愿又是足够具体明确、可以执行的情况下,那么它在法律上就是一个可以强制执行的合同。②我们法院还认定:"如果查明当事人确实有着接受合同制约的意愿,法院就应该设法不要让当事人的意愿落空,只要法院可以合理地填补当事人留下来的一些空白,并且能够实现公平和正当的结果。"③

77　　上诉法院对于当事人提交给初审法院的证据进行了深入的审查,然后才得出了以下结论:在现在的情形下,每吨 6.25 美元是一个"合理的价格"。上诉法院注意到了欧格贝公司向法庭提交的证据,这些证据是来自弗里德曼所作的证言——弗里德曼是一名经济和金融方面的专家。他在法庭作证时说道,对于欧格贝公司所提供的运输服务,每吨 7.44 美元的价格是一个"合理的价格"。同时,有进一步的证据显示,在 1985 年度,尽管当时公布的运费价格是每吨 7.41 美元,但阿莫科公司实际付给欧格贝公司的运费价格是每吨 5 美元。

　　在该案中,也有证人证言表明,欧格贝公司就 1987 年度的运费曾经向阿莫科公司提出过每吨 5.66 美元的报价。该证据也显示,在 LTV 钢铁公司与欧格贝公司破产重整之前,LTV 公司已经按照公布的每吨 7.41 美元的价格向欧格贝公司支付运费。也有证据表明,美国汽船公司曾经就 1986 年度的运费向阿莫科公司报出每吨 5.90 美元的运费价格。

　　上诉法院得出的结论是,每吨 6.25 美元的运费处于初审法院已经查明的最高价与最低价之间,是一个可以接受的价格。上诉法院也认定这是一个合理的价格。我们认为,庭审笔录中有充分、可信的证据支持上诉法院有关合理价格的认定,因而我们法院维持上诉法院在这一问题上的判决。

三

　　阿莫科公司还辩称,初审法院缺少正当的司法权力来命令当事人在 2010 年之前的每一个运输年度,就运费问题与对方进行谈判,或者在谈判失败的情况下进行调解。上诉法院裁定,初审法院这样的命令并没有超出它的司法

---

　　① "有待将来协商的协议"通常是指当事人对协议中的某些条款没有达到一致,需要另行协商或者明确的协议。在普通法中,这类协议属于内容不确定或者不完整的协议,通常被认为在法律上是没有拘束力或者强制执行力的协议。——译者注

　　② Normandy Place Assoc., *supra*, 2 Ohio St.3d at 105—106, 2 OBR at 656, 443 N.E.2d at 164.

　　③ Litsinger Sign Co. v. American Sign Co.(1967), 11 Ohio St.2d 1, 14, 40 O.O.2d 30, 37, 227 N.E.2d 609, 619.

权限。

《合同法重述》①第 362 条款的标题为"合同条款不确定时的效果",它的内容与《合同法重述》第 33 条款的效果是类似的。《合同法重述》第 362 条款是这样表述的：

> 除非合同内容非常确定，有足够的基础让法院发出一个合适的命令，否则法院不能够要求当事人去实际履行合同或者责令当事人从事某种行为。

第 362 条款的评论 b 是这样解释的：

> ……然而，在得出某一个协议缺少有效合同所需要的确定性②这一结论之前，法院首先应该利用所有可以帮助的通常手段来确定协议的范围。……那些第一眼看上去并不完整、具体的表达，在得到交易习惯或者法律补充的附加条款的帮助之后，合同的不确定性可能就消失了……

正如上诉法院指出的那样，就本案来说，初审法院要求当事人实际履行③合同是必须的，"……因为在五大湖运输市场上的运费价格发生了双方没有异议的剧烈变化，而且 1957 年合同的期限很长，这使得法院很难判定阿莫科公司的违约给欧格贝公司造成损失的准确数额"。我们同意上诉法院的做法，即考虑到当事人在法院要求的合同谈判中可能失败，因此需要再任命一名调解人员来从事调解工作，这样的做法既不增加、也不减少当事人根据合同所承担的主要义务。

如果当事人有着接受合同约束的意愿，而决定这一合同未来很长时间内的损失又是属于过度推测的话，那么，就应该由法院来行使恰当的司法权力，要求当事人履行特定的行为。这样的做法已经成为我们法院非常成熟的做法。④事实上，上诉法院已经指出，根据双方 1962 年对合同的修改，阿莫科公司自己就被赋予了要求法院强制欧格贝公司实际履行合同义务的权利。

78

---

① 3 *Restatement of the Law 2d*, *Contracts*(1981) 179.

② 合同的"确定性"是合同要在法律上有效、可强制执行的一个重要条件。美国合同法认为，合同条款内容必须基本具体、明确。在前面的"科普兰诉巴斯金公司"这一案件中，也涉及合同的"确定性问题"，可以参照。——译者注

③ 实际履行是一方当事人在对方违反合同之后可以从法院获得救济的一种手段。在对方违约后，守约的一方当事人可以有多种救济手段，例如，要求赔偿损失，也包括要求实际履行合同。实际履行是需要有一定的条件的，通常是其他手段不足以或者无法弥补守约一方的损失。在本案中，原告欧格贝公司要求的就是实际履行。有关实际履行的相关案例，具体可以参见本书第十章的相关内容。——译者注

④ 3 *Restatement of the Law 2d*, *Contracts*, *supra*, at 171—172, Section 360(a), Cmt b; Columbus Packing Co. v. State, ex rel. Schlesinger(1919), 100 Ohio St.285, 294, 126 N.E.291, 293—294.

考虑到双方特别而又长期的商业关系、同意受合同约束的意愿以及预估当事人在本案中所受损失的难度,在合同期限固定的情况下,上诉法院要求双方在每一个运输年度就运费价格进行谈判和接受调解是正确的。上诉法院认定,其责令当事人在每个运输年度进行谈判和调解,既不增加也不减少当事人根据 1957 年合同所承担的义务,这一观点也是正确的。因为法院的这一命令,仅仅是以实践中最为可行的方式,促使当事人双方根据合同更加容易地实现良性互动。因而,我们在这一问题上也维持上诉法院的判决。

在上诉法院面前有着充分、可信的证据,足以让其得出下列结论,即当事人有着接受合同条款约束的意愿,每吨 6.25 美元的价格是当时情形下的"合理价格",初审法院在本案中行使适当的司法权来要求被告阿莫科公司特别履行这一合同也是恰当的。因而,我们法院在此维持上诉法院的判决。

上诉法院的判决予以维持。

埃克尔斯诉沙曼[①]
美国联邦第十巡回上诉法院(1977 年)

本案要旨

原告是一支职业篮球队的所有人,被告沙曼是该篮球队前主教练。原、被告曾签订执教合同,约定被告享有购买球队股份的选择权,并可以参加球队的津贴计划,但合同中没有列出相关具体内容。合同还规定,如果合同中的某个条款被认定无效,相关条款将被视为从合同中剔除。双方之后曾对这两个条款进行过讨论,但未达成一致。后被告从原告处辞职加盟另一支球队,原告起诉被告沙曼违反合同,另一支球队诱导他人违反合同。法院认定,合同没有成立,判决驳回了原告的诉讼请求。

本案确定的规则是,如果争议条款是合同中的实质性条款,那么即使双方对合同的实质性条款进行过协商,但只要未达成一致,合同就没有生效。

布赖滕斯坦巡回法官[②]代表法院呈递以下判决意见:

本案是由一家职业篮球队的所有人提起的诉讼。该篮球队的所有人以球

---

① Eckles v. Sharman. 548 F.2d 905.
本案被告有多人,除了沙曼之外,还有邀请沙曼担任主教练的一支球队以及两名个人。——译者注

② Breitenstein, Circuit Judge.

队前主教练沙曼先生违反合同,另一篮球队的所有人诱导其违反合同①为由提起了本案诉讼。初审法院的陪审团作出裁决,认定前主教练沙曼先生应赔偿原告 25 万美元,实施诱导行为的另一职业篮球队所有人赔偿原告 17.5 万美元。我们在此推翻初审法院的判决,将本案发回初审法院,由初审法院按照我们的判决意见进行重审。

[被告不服初审法院的判决,提起了上诉。]在本案进入上诉程序之后,原告(也是本案的被上诉人)Mountain States Sports, Inc.,宣告破产,埃克尔斯作为原告破产后的信托人在本案中替代成为被上诉人。在本案的判决意见中,我们法院将更多地使用 Mountain States,而不是信托人埃克尔斯来表述原告或者被上诉人的身份。

本案的被告(也是上诉人)沙曼先生曾是 NBA 著名球队旧金山勇士队②的主教练。1968 年,他经人劝说离开了旧金山,执教于新成立的美国篮球联盟③的洛杉矶星队。沙曼先生和洛杉矶星队的合同期为 7 年,合同规定,沙曼先生的起薪为 55 000 美元,之后每年增加 5%。该案争议中涉及的相关合同条款如下:

(1)沙曼先生根据合同享有"购买俱乐部 5% 所有权的选择权④",购买的价格留待沙曼先生与其俱乐部的所有者进行谈判。

(2)沙曼先生将可以参加俱乐部的"津贴计划",该计划未明确具体方案。

(3)当事人协商同意,"协议中的任何一个条款如果被认定无效,该协议将不会因此无效,无效条款将被解释为在整个合同中被双方当事人剔除出去"。

(4)加利福尼亚州的法律调整本协议。

1970 年,洛杉矶星队以 345 000 美元的价格被出售给一家科罗拉多州公司,比尔·丹尼尔是这家公司的主席和主要股东,这家公司也就是本案的原告

---

① 根据美国的合同法,在他人有合同在身的情况下,一方当事人明知如此仍然与他人签订合同可能就构成"诱导他人违反合同"。受到损害的当事人可以就其损失,既向直接的违约一方主张赔偿,也可以向实施诱导行为的一方要求赔偿。——译者注

② 旧金山勇士队(San Francisco Warriors),现称为 Golden State Warriors,多译为金州勇士队,现为 NBA 的一支著名篮球队。——译者注

③ 美国篮球联盟(American Basketball Association,简称 ABA)是 20 世纪 70 年代和 NBA 齐名的另一著名职业篮球联盟,后与 NBA 合并。——译者注

④ "选择权"协议,是指在合同中赋予一方当事人拥有购买、租赁或者从事其他行为的权利,具体依照合同的性质有所不同。在本案中的"选择权"是一种"购买选择权",是指沙曼可以选择购买洛杉矶星队的股份。——译者注

Mountain States。有关洛杉矶星队出售协议的附件中有着以下的规定：

> 除非沙曼先生确认同意随队迁移到购买方[Mountain States]选择经营的城市去执教，否则购买方将没有义务接受与沙曼先生的合同。出售方在此表明，沙曼先生已经口头表达了他愿意随球队去购买方所选择的城市去执教。

洛杉矶星队后来迁移到犹他州的盐湖城，改称为犹他星队（Utah Stars）。尽管没有任何沙曼先生参与球队主场迁移的书面材料，但是，沙曼先生后来确实是随球队来到了盐湖城。沙曼先生在 1970 年至 1971 年赛季执教犹他星队，并带领球队获得了 ABA 的冠军。

在沙曼先生执教洛杉矶星队的两年时间当中，双方就合同中选择权和津贴这两个条款未进一步明确。博里拉是犹他星队的总经理，他曾告诉过沙曼先生，合同中的津贴条款将会予以明确。后来，沙曼先生和 Mountain States 的主席丹尼尔先生曾经就津贴条款以书面和口头形式进行了多次接触，但是，双方并没有达成最终协议。1971 年 6 月，沙曼先生辞去犹他星队主教练职务，在 7 月与 NBA 的洛杉矶湖人队签约，成为该队的主教练。

Mountain States 在犹他州法院提起了诉讼，指控沙曼先生违反了双方所签订的合同。随后，原告对诉状进行补充，追加了加利福尼亚州体育公司（这家公司是洛杉矶湖人队的所有人）以及两名个人作为被告，指控他们故意诱导沙曼先生违反合同。……

在原告提起诉讼的这起案件中，初审法院的里特法官[①]否决了被告提出的驳回原告起诉的动议。被告沙曼先生提出了合同无效的抗辩，其依据的是以下理由：因为合同中的选择权条款和津贴条款没有任何实质性的内容，它们只是用来转移注意力的幌子；而且沙曼先生和犹他星队的老板已经尽到了"善意"的努力，试图"让这些条款清晰起来"。在本案的证据都提交给法院之后，初审法院的里特法官就被告沙曼先生是否承担责任的问题指导陪审团作出判决，结果陪审团裁定沙曼先生应该承担赔偿责任。

接下来，就沙曼先生应该承担的赔偿数额、被指控诱导沙曼违反合同的其他被告的责任以及由此产生的赔偿数额问题，也由法官交给陪审团裁决。初审法院的陪审团作出了如下裁决：(1)指控本案中的个人被告诱导沙曼先生违反合同的理由不能成立；(2)沙曼先生应该承担的赔偿金额为 25 万美元；(3)加利福尼亚州体育公司的行为构成诱导沙曼违反合同，应该承担的赔偿金额为 17.5 万美元。

---

① Judge Ritter.

［我们法院认为，］从法律上来讲，初审法院有关沙曼先生应该承担赔偿责任的判决，隐含着这样的认定：(1)被告沙曼先生和洛杉矶星队之间的合同是有效的，并且是可以强制执行的合同；(2)该合同已经有效地转让给了［原告］Mountain States Sports；(3)合同中的选择权条款和津贴条款是可以与合同的其他条款分开的①，该两项条款并不影响整个合同的效力和处理。

我们法院认为，系争合同中的选择权条款在法律上是不能强制执行的，因为其内容实质只是一个"有待将来协商的协议"②而已。津贴条款里并没有提及以下内容：(1)津贴的具体数额；(2)资金储备的方式；(3)津贴开始发放的具体年份。案件审理过程中，被告提出该津贴条款的内容太过模糊，原告对此答辩并没有提出强烈的反驳意见。

系争合同中有着一个"可分开的条款"，该条款规定，"在本协议的任何一个段落被认定为无效时"，整个协议并不会无效，而是被解释为无效的段落将从整个合同中被剔除出去，本案原告就是以这样的约定作为其诉讼依据的。在本案中，合同中有两个段落"失败"了，无法发挥作用。沙曼先生和原告的代表曾就上述两个段落中的条款，其中主要是津贴条款谈判了近15个月，但最终还是没有成功。

当事人就协议中的各种条款进行了善意谈判，这并不能导致一份严重模糊不清的合同变得有效和可执行。加利福尼亚州的主导法律是，可以在法律上强制执行的一份合同，必须在实质的、重要的条款上达成一致。③如果合同已经达成，余下的仅仅是双方继续善意谈判或者就非实质性问题进行推敲、完善，那么，尽管余下的内容有着不确定性，我们法院仍然会认定它在法律上是可以接受的④。而本案争议的问题实质，并不是当事人是否进行了善意谈判，而是选择权条款和津贴条款对于系争合同来说是否足够重要，以至于如果双方达不成一致，这一合同是不是还可以在法律上强制执行。

Moffat Tunnel Improvement Dist.诉Denver & S.L.Ry.Co.，⑤一案的判决意见认为，一个可分开条款"对于合同的解释来说只能起到帮助作用；当综

---

① "可分开的条款"是指某一合同的条款可以从整个合同中分离出来单独处理。在美国，当事人订立合同时经常会规定某一条款如果违反法律或者被法院认定无效，不影响合同其他部分的效力。当然，法院是否认可这样的条款取决于每个案件的具体情况。例如，合同中约定纠纷通过仲裁来解决，并规定约定合同无效不影响纠纷解决方式，这样的条款也就是"可分开的合同条款"。——译者注

② "有待将来协商的协议"通常由于缺少合同的确定性而被认为在法律上不能强制执行。具体可以见本书的科普兰诉巴斯金公司一案中的分析。——译者注

③ 参见 *e.g.* Coleman Engineering Co. v. North America Aviation, 65 Cal.2d 396, 55 Cal.Rptr.1 420 P.2d 713,也见 Ablett v. Clauson, 43 Cal.2d 280, 272 P.2d 753。

④ 参见 White Point Co. v. Herrington, 268 Cal.App.2d 458, 73 Cal.Rptr 885, 889。

⑤ 10 Cir., 45 F.2d 715, 731.

合考虑了整个合同,一个所谓的可分开条款很显然是不能分开的时候,这一可分开条款并不能表明法院宣布这些条款可以分开就是正确的"。这里,关键的问题是,这些可分开条款对于合同来说是不是实质性条款。合同条款的实质性[即某一合同条款是否属于合同的重要的、不可分割的内容]取决于当事人在这一问题上的内心意愿。……

81　　当事人内心意愿的证据,并不总是只有一种方式。沙曼先生在作证时曾经提到,如果没有选择权条款和津贴条款,他就不会离开已经运作很好的 NBA 转投刚刚建立的 ABA。这一证词也被其他证人的证言所证实。另一方面,庭审记录也表明,沙曼先生从来没有认真地努力采取行动来让这选择权条款变得清楚明了或者是变得可执行。沙曼先生和他的球队待在洛杉矶的两年时间中,双方就津贴的条款没有做过任何事情。而在与犹他星队的 15 个月中,沙曼先生和球队老板的代表通过书面和口头的方式进行了多次交流,也没有达成任何结论。从庭审纪录来看,就双方的内心意愿这一问题,一个理性的人可能得出的结论并不是那么确定无疑。

我们法院已经多次认定,只有所有证据得出的结论相同,而且无法得出支持动议提出一方的合理推断,法官才能指导陪审团作出裁决①。……从庭审记录来看,并不能从法律上说选择权条款和津贴条款是非实质性条款,而且可以从整个合同当中分开。也不能说,在双方争议条款不能解决的情况下,沙曼先生当时同意了将原先的合同转让给犹他星队的所有人。当事人的内心意愿到底怎样这一问题,需要陪审团在法官正确的指导下作出事实上的判断。初审法院指导陪审团作出了沙曼先生败诉的裁决,而且在赔偿责任上裁决原告 Mountain States 胜诉,这样做是错误的。

加利福尼亚州体育公司在本案中是否应当承担法律责任,取决于沙曼先生和洛杉矶星队的合同效力。如果双方合同没有法律效力,那么,加利福尼亚州体育公司就无需对原告提出的其诱导沙曼先生违反合同、构成侵权的诉讼请求承担责任。初审法院在沙曼先生赔偿责任问题上向陪审团作出了错误的指导,这就要求我们法院推翻初审法院作出的加利福尼亚州体育公司承担赔偿责任的判决。

本案发回初审法院重新审理。

----

①　"法官指导的裁决",有时也称"指导性裁决",是指在某一方当事人的诉讼请求没有符合起码的法律上的要求,例如,没有提供基本的证据,这样,陪审团在法官的指导下,会就该案件直接作出裁决。在民事案件中,可能就是判决驳回原告起诉,在刑事案件中可能就是被告被宣告无罪。这种在法官指导后直接由陪审团作出裁决的方式较为少见,但在恰当的案件中有时也会出现。——译者注

第四节 作出承诺

一、与作出承诺相关的初步问题

布罗德纳克斯诉莱德贝特[①]

得克萨斯州最高法院(1907 年)

本案要旨

被告警察局局长莱德贝特发出悬赏要约,称任何抓到某个逃犯并将其送回监狱的人,将会得到一笔赏金。原告布罗德纳克斯抓到逃犯并将逃犯送回监狱,但当时原告并不知道悬赏要约的存在。原告主张无果后起诉至法院,要求被告支付赏金。法院认定,双方没有形成合同,判决驳回了原告的诉讼请求。

本案确定的规则是,行为人的某个行为如果要构成法律意义上的承诺,那么在他实施这一行为时,必须知道要约的存在。

威廉姆斯法官[②]代表法院呈递以下判决意见:

〔被上诉人是得克萨斯州的一名警察局局长,为了抓住一名越狱逃犯,这位警察局局长发出了 500 美元的赏金要约。原告布罗德纳克斯抓住了这名逃犯并将逃犯送回监狱,但警察局局长却拒绝支付赏金。审理该案的上诉法院将这一案件中的法律问题提交给州最高法院,要求予以解答。这一段为原编者对本案事实作的概括。〕

"在法院的初审过程中,本案的被上诉人(初审被告)对原告的诉讼请求提出反对,被告反对的理由是,原告在本案中并没有提出一个法律上的诉因,因为原告抓住越狱的逃犯并将其送回监狱时,他本人并不知道这样做会有一笔赏金[③],也没有人通知他会有一笔赏金。被告[④]提出的这一反对意见被初审法院认可,在原告拒绝修改、补充其诉讼请求的情况下,初审法院作出了驳回原

---

① Broadnax v. Ledbetter, 100 Tex. 375, 99 S.W.1111.

② Williams, J.

③ 这笔奖金的数额是 500 美元,在当时,500 美元可以说是一笔不小的奖励。——译者注

④ 被告莱德贝特是得克萨斯州达拉斯县的一个治安官,相当于现在的警察局局长。在 1904 年的 12 月 4 日,一个名叫霍利·范的刑事被告从监狱里脱逃,他是一名被控一级谋杀的重刑犯,被判处死刑。被告向社会上作出悬赏要约,凡是抓获这名罪犯,并将其送回监狱的人,将会获得 500 美元奖励。后来原告将这名危险的逃犯抓获并送回监狱。但是,被告却拒绝支付这一笔赏金。——译者注

告诉讼请求,所有诉讼费用也由原告负担的判决。综合前面陈述的案件事实,我们法院概括出本案争议的是这一问题,即原告在抓住逃犯时,本人知道抓住逃犯将有赏金或者得到通知抓住逃犯将有赏金,对于原告主张这一笔赏金是否非常重要?"

对于我们法院在本案中概括的争议问题如何处理,其他各个州法院给出的答案是有冲突的。我们法院对所能引用或者发现的其他法院的判决,都进行了仔细的考虑。我们的结论是,对这一问题的肯定回答,即原告应该知道要约的存在,才是正确的答案。我们认为,悬赏这一类合同中的法律责任——如果真的有的话——必须通过合同来确定。除了强制执行双方自愿达成的悬赏合同以外,现在并没有强制实施它的法律规则。仅仅有同意支付赏金的要约或者承诺,并不能在双方之间形成合同。合同成立需要两个人思想的交会或者合意,在要约没有被接受之前,合意并未最终达成。对于像本案中所声称的要约,它可以被任何实施了该要约的人来作出承诺,这个人必须确实知道该要约的存在,并且按照要约在履行,但是,除此之外则不行。行为人也可能是的确做了要约中所要求的事情,但是,在他做这些事情的时候,由于并不知道已经有要约的存在,因此他就不是按照要约在履行行为,因而也就没有接受这一要约。此时,双方就没有形成合同所必需的合意。……仅仅实施了要约中的行为而不知道该要约的存在,并不是该要约所需要的对价。这是权威司法机关所持的理论,我们认为这是合理的。[1]在我们引用的这些专著里,作者引用了在这一问题上相关法院所作的判决。

有一些州的司法机关对此是持否定意见的,这些法院似乎认为,合同法的原则并不能用来处理本案中这样的问题。在各种理由中,有一个理由是,"悬赏要约中答应给的东西只是一种恩惠、一个赠与物或者是一笔赏金;它通常只是因为大度和慷慨而给予他人,而不仅仅是一个价款,它也不是所要求服务的等价交换——它需要与行为人进行协商或征得行为人同意——对于悬赏而言,一旦某人实施了悬赏要约中的行为,不管是什么样的诱惑或者动机促使他实施了悬赏要约中的行为,从公平和法律的角度上来考虑,就应该让发布悬赏要约的人履行承诺"。[2]但是,我们认为,法律并不会仅仅因为他们承诺过给予恩惠、赠与物或者赏金,就强制他们一定要这样做。……

其他一些州的法院则认为,实际实施了要约要求行为的人不知道要约的存在,对于要约人而言并不重要;对要约人而言,提供服务时知道要约存在,与

---

[1]　*Pollock on Contracts*, 20; *Anson on Contracts*, 41; *Wharton on Contracts*, §§24, 507; *Story on Contracts*(5th Ed.) 493; *Page on Contracts*, §32.

[2]　Eagle v. Smith, 4 Houst.(Del.) 293.

提供服务时不知道要约存在的情形相比,两者的价值是一样的。①但是,我们认为,其他人实施的这些行为对于要约人的价值,并不能成为我们法院在本案争议问题上的测试方法。……要约人之所以承担责任——如果有责任的话——是因为他通过承诺诱导其他人去做某个特定的事情。……基于这样的诱导所实施的行为,就提供了合同成立所需要的双方合意和对价。如果合同没有产生法律上的义务,那么就不会有法律强制的任何事情。

也有人从他们设想的公共政策出发,就本案中的问题提出了他们的理由。他们的推理是,在这样的案件中,悬赏要约如果能够得到强制执行,将会激励人们帮助政府发现犯罪,逮捕和惩罚罪犯。但是,暂且不论,需要作出规定的法律原则不能根据任何合理的推理被用于为了本案这样目的的要约,我们认为,很难说人们的行为能够因为他们不知道的要约中的赏金而被激发起来。……我们可以作出这样的假定,在政府的法律规定抓住逃犯有赏金的情况下,某个人虽然不知道抓住逃犯有赏金这一要约,但他抓住逃犯的行为让他有权获得法律规定的赏金。个体公民在这种案件中的法律权利来自法律的规定,并不需要合同的帮助。但是,在本案中,对个体公民来说,这样的责任只能来自合同,是合同约束当事人必须支付赏金。

所以,对本案开始提出的问题,我们法院的回答是肯定的。[即行为人知道要约的存在,对合同的成立是必要的。]

84

MCC-Marble 公司诉达戈斯蒂诺公司②
美国联邦第十一巡回上诉法院(1998 年)

本案要旨

原告 MCC 是一家美国公司,它向被告一家意大利公司购买一批货物,由于双方语言不通,谈判通过翻译进行。最终的合同文本是被告提供的订单,用意大利文写成,原告的代表在该订单上签字。后来双方在合同履行中就某一条款产生争议,原告向法院起诉被告违约。法院认定,原告的理由不能成立。

本案确定的规则是,作为一名从事商事交易的主体,对于以外国文字写成的合同,在其签字同意后就要受到合同的约束,有关自己不懂外国文字的抗辩是不能成立的。

---

① Dawkins v. Sappington,26 Ind.199.
② Mcc-Marble Ceramic Center Inc. v. Ceramica Nuova D'Agostino,144 F.3d 1384.

[本案中，争议的某一合同条款写在一个打印合同的背面。原告 MCC 公司提出了各种的理由，认为其不应受这一条款的制约，其中就包括合同是由被告以意大利文写成的，自己公司的代表不懂意大利语。以下引用的是该判决脚注 9 的内容，法官对于原告这一理由提出了以下观点。]①

MCC 公司多次强调以下事实，这一书面订单完全是以意大利文写成的。代表 MCC 公司进行谈判的蒙松既不会说意大利语，也读不懂意大利文，就直接在这一表格背面的合同条款下面签了名。在我们看来，MCC 公司强调的这一事实对其观点没有任何帮助。我们认为，对于一个在商业领域具有丰富经验的人来说，会以外国文字来签订一个合同，并期待因为自己不懂外国文字而不受合同约束，这实在是太令人震惊了。我们认为，《国际货物销售公约》中没有任何条款建议当事人从事这种鲁莽的行为，也没有任何迹象显示《国际货物销售公约》否定以下观点，即不管当事人是否读过或者明白合同的条款，他都应该受到这一条款的制约。……

卡利尔诉石碳酸烟球公司②
英国上诉法院（1893 年）

本案要旨

原告卡利尔购买了被告石碳酸烟球公司生产的一款叫作石碳酸烟球的医药产品，并按照产品说明进行了使用。被告曾经在报纸上做过广告，称任何按照该产品说明使用的人，如果仍然患上流行性感冒等疾病，将从被告处获得 100 英镑的赏金。原告在按照说明使用之后，仍然患上了流行性感冒。在交涉无果之后，原告将被告起诉到法院。法院认定，被告的广告构成了要约，原告的行为构成了承诺，双方达成了合同，判决支持了原告的诉讼请求。

本案确定的规则是，如果广告中表明任何人只要履行了特定条件就可以获得赏金，那么广告内容就构成要约，行为人履行合同条件就构成对要约的承诺，且行为人不需要通知发出要约的一方。

---

① 此为原编者所注。
② Carlill v. Carbolic Smoke Ball Co.1 Q.B.256.
　该案是英国法院案例，也是英美法系中的经典案例。它是法学院学生在学习合同法时必须学习的标志性案例，因为它涉及合同，特别是单方合同中的要约、承诺、对价等基本概念。——译者注

被告对初审法官霍金斯所作的判决不服,向我们法院提起上诉。①

被告是医药产品"石碳酸烟球"②的所有人和销售商。被告于 1891 年 11 月 13 日,在名为 *Pall Mall Gazette* 的报纸以及其他报纸上刊登了以下广告:

> 任何人只要按照石碳酸烟球说明书的使用方法,每天使用三次,连续使用两周后,仍然患上流行性感冒、伤风或者其他由于受凉而引起疾病的,石碳酸烟球公司将支付其 100 英镑的赏金。为显示公司在这件事情上的诚意,我们已经在位于摄政街③上的联合银行存入了 1 000 英镑。

85

> 在上一次流感期间,数千个石碳酸烟球被售出用来预防疾病。在使用过石碳酸烟球的人当中,可以确认没有发现他们患上以上疾病。

> 一个石碳酸烟球可供一个家庭使用数月之久,每个石碳酸烟球的售价只要 10 先令,而且免费邮寄,这是世界上最便宜的治疗方法。该烟球重新装填石碳酸,只要 5 先令。石碳酸烟球公司的地址是伦敦汉诺威广场王子大街 27 号。

原告卡利尔女士基于对被告公司所作广告的信任,在一家药店购买了一个石碳酸烟球,并按照说明书上的指示进行了使用,从 1891 年 11 月 20 日这一天开始每天使用三次,但到 1892 年 1 月 17 日这一天,她还是患上了流行性感冒。初审法院的霍金斯法官判决,原告有权获得广告中提到的 100 英镑。被告不服判决,提起了上诉。

林德利法官④呈递以下判决意见:

……我们正在处理的这一案件涉及的是一个明示的承诺,这一明示承诺的内容是,在一定情形下,被告将支付 100 英镑。"任何人只要按照石碳酸烟球说明书的使用方法,每天使用三次,连续使用两周后,仍然患上流行性感冒、伤风或者其他由于受凉而引起疾病的,石碳酸烟球公司将支付其 100 英镑的赏金。"这样的广告任由你怎样阅读,任由你作怎样牵强地解释,它都是一个以文字表达出来的明示承诺,而且这是一个完美的、不会产生任何错误理解的明示承诺。

---

① 初审判决的案号为[1892]2 Q.B.484。
② "石碳酸烟球"是一个配着导管的橡胶球。它可以充填一种叫作"石碳酸"的化学物质。生产者希望使用者将导管插入鼻子里,通过用手捏放球,将含有石碳酸的气体送入鼻子,以此来驱走寒气,达到治病的效果。——译者注
③ 摄政街是位于伦敦西区的一条街道。——译者注
④ Lindley, L.J.

我们必须首先考虑的是,这样的广告究竟是被告的的确确想作出的一个承诺,还是仅仅是一个没有任何意义的自我吹嘘呢?[1]这样的广告真的仅仅是一个自我吹嘘吗? 我的答案是"不"。我这样回答的理由,是基于广告中有这样一段话:"为显示公司在这件事情上的诚意,我们已经在位于摄政街上的联合银行存入了 1 000 英镑。"被告在银行存入 1 000 英镑,作出那样的表态,这些行为除了表明广告内容不是一个自我吹嘘以外,还能说明什么呢? 发布广告的被告通过在银行存入金钱的方式证明其在这件事情上的诚意,这一诚意就是,一旦它在广告中提到的事件真的发生了,它就会付出这 100 英镑。我这样说的目的,是为了表明这样的观点,即我们不是在从被告这一承诺当中推定得出我们的结论;它就是同意在一定条件下付款的一个承诺,从它使用的文字本身来看,明明白白地就能够得出这样的结论。

被告接下来抗辩的理由是,这样的承诺并不具有法律上的约束力。首先,被告提出,广告中的这一承诺并不是针对任何一个特定的人作出的。对于本案系争的这一广告,以及其他悬赏广告来说,被告的这一抗辩是很常见的。我们认为,这样的要约,是针对任何将要履行广告中所要求条件的人,任何履行了广告所要求条件的人,就是接受了这一要约。从法律上来看,这一广告是这样的要约:即他愿意付出这 100 英镑给任何人,只要这个人履行了广告中的条件,而按照广告中的条件去履行,就是对这个要约的接受。这样的结论有一系列的权威判决作为依据,最早的判例是 Williams 诉 Carwardine[2] 一案,之后很多涉及悬赏要约的判决也遵循了这一判例。……

86

所以,对我来说,本案的被告必须履行它在广告中的承诺。而且,如果被告已轻率地将自己暴露在可能的大量诉讼面前,这样的糟糕情况也是它们自作自受。

鲍文法官[3]的判决意见:我也是持同样的观点……

被告接着提出的问题是,原告对于这一合同所作的承诺没有通知过被告。

---

① "仅仅是自我吹嘘"是在广告宣传纠纷案件中经常会涉及的概念。在英美合同法中,如果广告主在某一广告中的内容仅仅是"自我宣传的吹嘘"(相当于说大话),它就不会被认定为构成要约。行为人根据这样的"自我宣传的吹嘘"采取的行动,也不能构成承诺,双方之间不会形成合同上的关系。本案的被告石碳酸烟球公司,在诉讼中提出的抗辩理由就是,其广告内容"仅仅是自我宣传的吹嘘",不构成合同法上的要约,想以此来免除其合同上的责任。上诉法院并没有认可这一抗辩,而是认为广告构成一个严肃的要约。对于广告是严肃的要约还是"自我宣传的吹嘘",通常是以理性人的标准来进行判断。在"伦纳德诉百事公司"这一案件中,也涉及这两者之间的区别。——译者注

② 4 Barn. & Adol.621.

③ Bowen,L.J.

毫无疑问,作为通常的法律规则,对要约作出承诺必须通知到发出要约的这一方,这样才能够使两个人的思想产生交会。如果没有这样做,两个人的思想就是各自分开的,当事人之间也就不存在合意,而根据英国的法律,双方之间的合意是成立合同所必需的。对于这一基本原则,我们必须作出一个明确的说明,那就是法律要求对于要约作出承诺必须通知要约人①,这是为了保护要约人的利益而这样要求的;如果要约人认为不需要通知,则可以免除受约人的通知义务。没有疑问的是,要约人如果对另外一个人发出要约,明示或者默认地表明一个特定的承诺方式足以让交易有约束力,那么另一方要做的就只是按照要约要求的承诺方式去做即可。如果一个人作出要约,明示或者默示只要直接根据要约的建议去做,无需和要约人进行联系,那么,按照要约的条件去履行就已经是充分的承诺,并不需要通知要约人。

现在我们考虑以下这一问题:如果前面提到的通知要约人这一要求是法律的话,那么,我们又如何知道要约人为了形成一个有约束力的合同,确实不需要他人就承诺作出特别的通知呢? 在我看来,只要看看要约本身就可以查明这一点。在很多案件中,从交易的特点出发就可以得出某个承诺不需要通知这一结论。对悬赏广告案件的分析可以推定,一方在按照要约中的条件履行之前,是不需要就他接受要约通知要约人的。一旦受约人履行了要约中的条件,通知义务就被免除了。在我看来,在这一问题上,从公众常识来看,其他观点都是无法接受的。例如,如果我对全世界发出广告说我的狗丢失了,任何人只要将这条狗带到某个特定的地方,我就会付给这个人一些钱。在这种情况下,所有从事寻找丢失狗的那些警察或者其他人,还需要坐下来并写上一张纸条,表明他们已经接受了我的方案吗? 结论当然是不。为什么? 他们看到广告后,当然是立即去寻找那条丢失的狗,而他们只要发现了那条丢失的狗,他们就是履行了广告中的条件。在这起交易中,其实质是必须找到那条丢失的狗。这样的情形在我看来,不需要非得就承诺进行任何的通知来达成一个有约束力的合同。从事情的性质来看,履行要约中的条件就已经是充分的承诺,不需要就此另行通知。一个人如果在广告中发出这样的要约,那我们在解读这样的要约时,必须根据社会常识的反应来进行判断。所以,本案被告在它的要约中,是默认地表明了其他人对其要约作出的承诺并不需要另行通知。……

87

驳回被告的上诉。

———————————

① 要约人是指发出要约的人,下面的受约人是指接受要约的人。——译者注

江湖医术与合同法：石碳酸烟球一案背后的故事①
布赖恩·辛普森

1889 年 10 月 30 日，住在米德尔斯摄政街 202 号的弗里德雷克·罗先生，递交了一项专利申请，他申请的设备被描绘为："可以促进药粉的分布、吸入和发挥功用的改进型设备"……根据专利说明中的描述，这一改进型设备"包括了一个以印度橡胶或其他适合的可伸缩材料制成的伸缩球或容器，伸缩球或者容器上面有一个小孔或喷嘴，里面包含可以渗水或穿孔的圆盘或隔膜，圆盘或者隔膜由既薄且细的棉布、丝绸、导线或纱布、穿孔的薄金属板及类似材质组成；当伸缩球或者容器受到捏压时，里面的药粉会形成大量像烟雾一样的极小颗粒"。……通过一个很偶然的机会，如何使用这一伸缩球的说明书被保存了下来……

> 用手握住烟球……用大拇指和食指挤压烟球的侧面，会有类似烟雾状的气体在里面产生。当气体产生时，使用者根据说明书吸入气体或药粉。该过程中你可能会打喷嚏，短时间内感觉自己像伤风一样。这种感觉很快就会过去，治疗的过程就此开始。如果你第一次感觉不到效果，请以同样的方式尝试第二次……

专利申请记录还显示，德雷克·罗来自美国纽约；……在 1885 年曾经在伦敦居住过……这种烟球原先产于美国，广告宣传册可以证明这一点……广告宣传册将烟球描绘成"美国新药方"及"美国标准药方"。

事实上，这一烟球最初在美国销售时就像粉碎机一样，并不为人所知。但在 1889 年年末 1890 年年初，罗开始在英国推销石碳酸烟球，并将经营地搬到汉诺威广场王子大街 27 号。1889 年 12 月……英国发生流感，这一次流感的暴发对于罗来说简直就是天赐良机。但石碳酸烟球对外宣称的效用不只是限定在单一的疾病。我所看到的最早广告出现在 1890 年 1 月 11 日 "*Illustrated London News*"上。他宣称："这一石碳酸烟球在石碳酸烟球公司新的经营场所有售，售价是 10 先令，能很好地治疗伤风、多痰、气喘、气管炎、花粉热、面部神经痛、扁桃体发炎、声音嘶哑、失声、百日咳、哮喘、咳嗽、伤寒以及其他由于受凉引起的毛病。"在这一自信、乐观的表态背后，罗提出一项理论，即所有这些疾病都来自单一原因，那就是患者受了凉，因而可以用同一种方式，即石碳

88

---

① A. W. Brian Simpson, *Quackery and Contract Law*: *The Case of the Carbolic Smoke Ball*, 14 J.Leg.Stud. 345(1985).
这篇文章可以帮助我们更好地了解石碳酸烟球这一案件。——译者注

酸烟球进行治疗和处理。……

1891 年,流感再次袭击了伦敦,时间是当年六七月,1891 年到 1892 年间,流感在伦敦再次暴发……

引起本案诉讼的广告最早出现在 1891 年 11 月 13 日的"*Pall Mall Gazette*"这份报纸上,之后,在 11 月 24 日和 12 月 8 日广告再次出现。差不多同时,广告也以同样方式出现在其他的报纸上。……

卡利尔夫人在 1891 年 11 月 13 日晚看到这一广告。她在 11 月 20 日从威尔科克斯设在牛津街 239 号的药店处购买了一个石碳酸烟球……根据她的陈述,她是严格按照产品的说明书使用的,两周之内每天使用 3 次。对于这一点,卡利尔夫人在庭审中提供了证据,被告也没什么异议。卡利尔夫人的证言说道:"在早饭之前用一次,在下午 2 点钟再用一次,在上床就寝时再用一次。"在此之后,她是否再使用石碳酸烟球没有记载。1 月 17 日的流感高峰期,卡利尔夫人受到了感染。她有将近两周的时间一直病着,是由罗伯森医生对她进行治疗。

1 月 20 日,卡利尔夫人的丈夫詹姆斯·卡利尔写信给石碳酸烟球公司,告知他们在卡利尔夫人身上所发生的情况;也许这一封信只是这一时期石碳酸烟球公司收到的众多信件中的一封:

> 敬启者:
>
> 看到了你们 11 月 13 日刊登在"*Pall Mall Gazette*"报纸上的悬赏要约,我的妻子购买了一个你们公司生产的石碳酸烟球,并且从 12 月初开始,每天使用 3 次。然而,她还是患上了流感。来自西达利奇的罗伯森医生对她进行了治疗,而且毫不迟疑地确认我的妻子就是患上了流感。我认为,有必要告知你们这一情况,我们准备好回答你们就此进行的调查或者提供你们要求的相关证据。
>
> 詹姆斯·卡利尔

这一封信没有引起对方重视。詹姆斯·卡利尔随后又写了一封信,威胁要将这一事情交到律师手里。之后,詹姆斯·卡利尔收到了石碳酸烟球公司寄来的明信片,其中说到他们会慎重对待。他又写了第三封信,这一次,他收到了一个印刷信件,该信件上没有注明日期。信中写道:

> 至于这 100 英镑的赏金问题,石碳酸烟球公司已经接到了不少要求支付上述赏金的主张,这些人当中,有的根本没有买过石碳酸烟球,有的没有按照说明书的要求正确使用石碳酸烟球;因此,石碳酸烟球公司有必要在此表明这一赏金支付的条件。石碳酸烟球公司对于这种石碳酸烟球的效用是有信心的,当然买方要按照说明书使用石碳酸烟球;石碳酸烟球

89

公司完全是善意地作出上述赏金要约,他们相信,购买这一产品的人只要按照指定的方式使用石碳酸烟球,是不可能感染流感的。为了保护石碳酸烟球公司的利益,防止那些欺诈的主张,石碳酸烟球公司要求,主张广告中赏金的那些人必须在公司的办公室使用石碳酸烟球,这一过程完全免费。想要主张这笔赏金的人,必须在三周内每天来到公司三次,按照石碳酸烟球公司的指导使用石碳酸烟球。客户来公司使用的情况,将由秘书进行特别记录。……

为什么罗的这一封重要回信没有引用在案件的法律报告中,现在仍然是一个谜团,因为这封信对于解释法官为什么不在法律上支持石碳酸烟球公司很有帮助。罗的这封回信显然激怒了詹姆斯·卡利尔,他在回复中坚持认为,自己在这件事上完全是诚实的。对此,罗回答:"公司认为他的信件是无礼的,而且给了他自己律师的名字。"2月15日,卡利尔夫人要求石碳酸烟球公司支付100英镑赏金的诉讼被正式提交到了法院……

这一案件在1892年6月16日进行审理……双方当事人都竭尽全力准备了最好的法庭陈词。实际上,原告在律师身上花费的金钱表明了其在这一问题上的态度:原则是大问题,赔多赔少并不是问题……被告的抗辩理由,是由日后担任英国首相的阿斯奎斯准备的,被告方的花费并不比原告少……

卡利尔夫人提起的这一诉讼从1892年2月15日延续到12月7日,从下级法院一直打到最高法院……

……2月25日,我们看到石碳酸烟球公司以大号印刷的字体,在"*Illustrated London News*"这一报纸上发布了一个新的广告,为了让自己在整个事情中占据有利地位,他们对这一广告巧妙地进行了设计。广告中,罗这样说道,他已经答应给予最近那些因为受凉而感染流感或者其他11种疾病的人100英镑的赏金,如果这些人在根据说明书使用石碳酸烟球之后仍然患上了疾病的话。新的广告继续说道:"在这些广告发布之后,数以千计的石碳酸烟球已经被售出,但是,只有3个人主张这100英镑的赏金,这就充分证明,这一无法估量的治疗方法将阻止并治愈上述疾病。石碳酸烟球公司现在悬赏200英镑,任何人只要购买了石碳酸烟球,随后感染了下列疾病的,将可以获得这200英镑……"它下面附录了19种疾病:流感、咳嗽、流鼻涕、咳伤风、咳痰、气喘、支气管炎、嗓子疼、声音嘶哑、扁桃体炎、失声、喉炎、打鼾、眼睛酸胀、白喉、哮喘、百日咳、面部神经痛、头痛……可以看到,这一要约只是提出了一个单一的赏金数额,广告后面又以小字体进一步限制了该要约适用的范围:"本要约是针对从1893年1月1日以后购买石碳酸烟球的顾客,且要约受到一定条件的限制,这些条件包括在申请材料当中,顾客必须填好这一申请材料的副本,而且由申请人在开始按照条件治疗之前,先要将申请副本存放在公司位于伦敦的办公地。这一要约到 1893 年 3 月 31 日截止。"……

伦纳德诉百事公司(2)①
纽约州南区地区法院(1999 年)

本案要旨

　　被告百事公司为配合促销活动在电视中播出了一则广告,广告中告知公众可以通过购买商品获得积分,并用积分换取奖品,积分不足的可用美元购买。广告中出现了一架军用直升机,并标明了需要的特定积分,而在促销活动的目录中并不包括这样的直升机。原告伦纳德通过金钱购买的方式得到了足够的积分,要求被告交付直升机。原告认为被告作出的是一个单方悬赏要约。法院认定,被告的广告不构成要约,最多只是要约邀请,驳回了原告的诉讼请求。

　　本案确定的规则是,如果广告内容并不具体和明确,不能让一个理性的人视为要约,那么它只是要约邀请,不构成合同法上的要约,即使某个人实施了广告中的行为,双方之间也没有达成合同。

　　[在本书前面的伦纳德诉百事公司(1)这部分判决意见中,选编的是判决中的第二部分——"被告的广告并不是要约"。以下选编的则是该判决意见中接下来的部分。在以下的判决意见中,法官着重讨论了原告伦纳德提出的以下观点,即对于收集到了 7 000 000 个百事积分的原告来说,被告百事公司应该送给他一架"鹞式"直升机作为奖励。]②

　　[伍德法官代表法院呈递以下判决意见:]

　　……现在,我们法院对原告作为其辩论意见依据的判例进行分析。

作为要约的赏金

　　被告百事公司提出应由法院作出简易判决③的动议,而原告对这一动议提出了反对意见,其反对的依据主要是被告在广告中作出的是一个特别的单方

---

　　①　Leonard v. Pepsico, Inc. 88 F.Supp. 2d 116, *aff'd per curiam* 210 F.3d 88,(2nd Cir. 2000).

　　②　这一部分是原编者对这一案件的说明。

　　③　简易判决是在案件事实不存在实质性争议的情况下,由法官直接就案件中的法律问题作出判决。被告百事公司认为,原告的诉讼请求在法律上没有依据是很清楚的,因此向法院提出动议,要求法院作出支持自己的简易判决。也见第 60 页对这一概念的注释。——译者注

要约,这一要约是一个悬赏要约,它面向社会公众发出,任何履行了特定行为的人都可以得到这一笔赏金。这些案件中,通常涉及某个当事人向社会公众作出宣示,表明某一类产品有着特定的功效或者可信度,所以,有一个法院就很形象地将这一类案件概括为"证明我是错的"案件①。在这一类案件中,最古老而神圣的案件是卡利尔诉石碳酸烟球公司(Carlill 诉 Carbolic Smoke Ball Co.)这一判例②,原告伦纳德在其法律意见书中就引用了 Carlill 这一判例的以下判决意见:"如果一个人选择了作出夸大其词的承诺······这也许是因为他付得起这笔钱,但如果他真的这么做了,这一承诺的夸大其词,在法律上就不能成为他不受这一承诺制约的理由。"③

长期以来,石碳酸烟球公司一案一直是法学院必修课程中的经典判例,该案之所以享有盛名,不仅仅在于"它涉及的是有点滑稽、又有一点神秘的物品"④,而且在于它在单方要约的法律发展中所扮演的角色。这一案件产生于19 世纪 90 年代伦敦流感大暴发的时期。当时英国出现了不少类似产品的广告,例如,克拉克血液合剂⑤、陶瓦鲁女用薄荷油和钢铁片剂⑥、生科草原花⑦、依普甘油糖丸等。这些广告看来吸引了石碳酸烟球公司去做广告。这一案件

---

① "证明我是错的"案件(prove me wrong),是法官对这一类要约所作的形象概括,即如果有人证明我的判断或者结论是错的,我就将给予赏金。在前面的 Carlill 这一案件中,被告石碳酸烟球公司的要约,也可以看作一个"证明我是错的"要约,即,我认为任何人使用我公司的产品不会患上流感,谁能够证明我的这一结论是错的,我将给予 100 英镑的赏金。——译者注

这一称谓可参见 Rosenthal v. Al Packer Ford,36 Md,App.349,374 A.2d 377,380 (1977)这一案件。在这一案件中,被告是一个汽车销售商,它为了促销在报纸上刊出一个广告,称自己销售的某款汽车只比该汽车的出厂发票价格高出 89 美元,任何人如果能够证明这是错的,就将奖励 2 万美元。并且称,自己已经在银行存了这一笔奖金。原告看到这一广告后决定购买这款汽车,他在购买这一汽车时,提出对于汽车的收音机系统进行调整,被告于是进行了调整。原告购买汽车的出厂发票价是 4 035.26 美元。最后被告向原告收取的费用是由两部分组成的,一部分是"汽车价格 4 124.00 美元"(比出厂发票价正好高出 89 美元不到一点点),另一部分是收音机系统调整的费用 114.00 美元。原告认为,被告收取的实际费用超过了广告中的承诺,他已经证明了被告的说法"是错误的",因此,原告起诉被告,要求支付奖金 2 万美元。法院认为,如果原告真的能够证明被告是错误的,原告就有权得到这 2 万美元。但是,在本案中,被告收取的费用包括两部分,对于汽车销售的部分,其价格是符合广告中的条件的,所谓收音机系统的费用,并不在这一价格范围之内。于是,法院驳回了原告的诉讼请求。——译者注

② Carlill v. Carbolic Smoke Ball Co.,1 Q.B. 256(Court of Appeal,1892).

③ Carlill v. Carbolic Smoke Ball Co.,1 Q.B. at 268(Bowen,L.J.).

④ A.W.Brian Simpson,*Quackery and Contract Law:Carlill v. Carbolic Smoke Ball Company*(1893).

⑤ 广告称这是专门治疗痛风、风湿病、湿疹、败血症等皮肤疾病和血液疾病的药物。

⑥ 广告称这是一种专门治疗妇科疾病的药物。

⑦ 广告称这是一种治疗消化不良、肝病和一些血液疾病的印第安药物。

中的原告卡利尔夫人所看到并且产生信赖的公告,是以下内容:

> 任何人只要按照石碳酸烟球说明书的使用方法,每天使用三次,连续使用两周后,仍然患上流行性感冒、伤风或者其他由于受凉而引起疾病的,石碳酸烟球公司将支付其 100 英镑的赏金。为显示公司在这件事情上的诚意,我们已经在位于摄政街上的联合银行存入了 1 000 英镑。

> 在上一次流感期间,数千个石碳酸烟球被售出用来预防疾病。在使用过石碳酸烟球的人当中,可以确认没有发现他们患上以上疾病。①

"基于对这一广告的信任",卡利尔夫人购买了石碳酸烟球这一产品,并且按照该产品的说明书进行了使用,但是,她使用这一产品之后仍然患上了流感。下级法院认定她有权获得被告在广告中承诺的 100 英镑赏金。

英国上诉法院维持了初审法院的判决,林德利法官②在判决意见的一开始就指出,系争的广告是一个明示的支付 100 英镑的承诺,只要石碳酸烟球的使用者按照说明书使用后仍然患上流感,就可以获得这 100 英镑。这一广告被解释为是一个提供赏金的要约,因为它要求的是当事人履行一定行为,而不是邀请当事人进行协商——协商是为了要达到一个相互的承诺。正如林德利法官解释的那样,"提供赏金的广告……是针对任何将要履行广告中所要求条件的人发出的要约,任何履行了广告所要求条件的人,就是接受了这一要约"。因为卡利尔夫人的行为符合了广告中的条件,即在使用了石碳酸烟球之后仍然患上了流感,所以,她就有权获得这 100 英镑。

与卡利尔诉石碳酸烟球公司这一判例一样,本案原告伦纳德拿来作为依据的判例也涉及悬赏要约。例如,在 Barnes 诉 Treece③ 这一判例中,被告是一家赌博机销售商的副总裁特里斯先生,他在华盛顿州赌博委员会召开的[是否支持赌博合法化]立法听证会上说:"任何人只要能够找到一台可以作弊的赌博机,我将支付 10 万美元。只要他找到了,我就会付这笔钱。"原告巴尼斯以前是一个酒吧的男招待④,在得知有这一要约之后,他找到并锁定了两台可以作弊的赌博机。[原告曾经向被告询问,是否说话算数,]被告在重申了其要约是严肃、认真的之后,还在公司的信纸上写下了收到原告提交的赌博机的收据,并告诉原告赏金已经存入账户里。尽管这样,[在有关机构确认这台赌博机存在着可以作弊的缺陷之后,]被告特里斯先生还是拒绝履行原先的承诺。

---

① Carbolic Smoke Ball, 1 Q.B. at 256—57.

② Lord Justice Lindley.

③ 15 Wash. App. 437, 549 P.2d 1152(1976).

④ 该案原告以前在受雇担任酒吧招待期间,曾经购买过两台存在作弊缺陷的赌博机,他在看到被告的要约之后,就想方设法找到了原先的赌博机。——译者注

法院判决,这一要约是一个有效的要约,原告有权获得这一笔赏金。本案原告伦纳德还引用了另一起涉及悬赏要约的案件 Las Vegas Hacienda 诉 Gibson①,这一案件涉及的是,如果某人在高尔夫比赛中有着某一技能(或者运气)——一杆进洞——就可以获得一笔赏金。法院判决,这一案件中成功打出一杆进洞的原告有权获得赏金 5 000 美元。在 Grove 诉 Charbonneau Buick-Pontiac Inc.,②这一案件中,法院判决打出一杆进洞的原告有权获得一辆汽车。

另外一些涉及"悬赏"的案件则强调,典型的广告与悬赏要约这两者之间存在区别。在典型的广告中,所谓的要约是一个要约邀请,是邀请他人来购买商品;而在悬赏要约中,所谓的要约是想要诱导潜在的受约人去履行特定的行为,这样的行为通常不是为了商业上的目的。例如,在 Newman 诉 Schiff③ 这一案件中,税收抗议者希弗[在一个电视节目中]声称,"任何打进这一电视秀节目的人……只要他能够找到法典中明确提到个人需要提交纳税申报单的任何条款,我就将付给他 10 万美元",第五巡回上诉法院认定,如果原告在这位纳税抗议者还在电视中录制节目的时候拨打了电视节目的电话,那么,这位纳税抗议者的承诺就是一个可以强制履行的承诺。该法院在判决中说道,这一案件就像石碳酸烟球案一样,"涉及的是一个特殊要约:悬赏要约"。James 诉 Turilli④ 一案则来源于被告特里尔的自吹自擂,他说"臭名昭著的密苏里暴徒"

①　77 Nev.25,359 P.2d 85(1961).

②　240 N.W.2d 853(N.D.1976).

③　778 F.2d 460(8th Cir.1985).
该案的起因是一个抗议美国政府收税的人士希弗在电视节目上"打赌"。这一电视节目是美国 CBS 电视台的《午夜观察》,该节目当时采访了美国的一个抗议政府收税的人士,即被告希弗。他在接受主持人采访时说,美国政府向公民收税没有法律依据,并说出了上述"打赌"的言语。原告牛顿是一位律师,他当时没有看到这一节目的现场直播,而是第二天看到了节目重播,他后来和被告联系,指出了美国国内税收法中的相关条款。但是,被告拒绝支付承诺过的 10 万美元。法院认定,由于原告没有在电视节目的直播时间打进电话,因而原告的承诺不是一个及时的承诺,初审法院没有支持原告的主张。尽管上诉法院所持的理由有所不同,但是还是维持了初审法院的判决。在上诉法院的判决中,法官就说道,如果原告在直播过程中打通了电视节目的电话,指出了相关法律依据,那么原告就可以得到这一笔赏金。——译者注

④　473 S.W.2d 757(Mo.Ct.App. 1971).
该案的基本事实是:被告特里尔经营着一家名为"杰西·詹姆斯博物馆"的博物馆,而杰西·詹姆斯在历史上曾经是密苏里州一个很有名的暴徒,当时人们传说他在 1882 年就已经被人杀死。被告在一个全国广播的电视节目中说,杰西·詹姆斯在当时并没有被杀死,而是以弗兰克·多尔顿的化名活着,并且最后还在被告的这一博物馆生活到 20 世纪 50 年代。他说,任何能够证明他错了的人,可以获得 1 万美元赏金。原告是杰西·詹姆斯的儿媳,她找到了很多证人证言,这些证人证明,杰西·詹姆斯在 1882 年被枪杀后,他们看到过他的尸体。被告特里尔认为这些证据尚不足以证明,拒绝付款,于是,原告将其起诉到法院。法院最终判决原告胜诉。——译者注

92

杰西·詹姆斯并没有像歌曲和传说里描述的那样在 1882 年被人杀死,而是以弗兰克·多尔顿的化名,在由被告经营的"杰西·詹姆斯博物馆"生活过。被告提出,他愿意支付 1 万美元给"任何能够证明我这一结论是错误的人"。这名暴徒[杰西·詹姆斯]的儿媳在初审法院证明,杰西·詹姆斯在 1882 年的时候,确实已经被人杀死。在上诉中,法院认定,被告对于其答应过的赏金有责任予以支付。这方面的案例,也可以参见 Mears 诉 Nationwide Mutual Ins. Co.,①一案,法院判定,为保险公司制作宣传口号的原告有权获得两辆奔驰汽车的奖励。

在本案中,"鹞式"直升机这一电视节目并没有让任何人带着 7 000 000 个百事积分,于 7 月 4 日②来到百事公司总部接受"鹞式"直升机。相反,百事公司是劝说消费者积累百事积分,参照商品目录来决定他们怎样兑换百事积分。这一节目寻求的是一个相互的承诺,当事人是想要通过对订购表格③中条款的接受,实现符合这一订购表格中条款的承诺。正如我们法院在前面指出的,被告的商品目录中并没有提到"鹞式"直升机这一商品。原告伦纳德自己陈述,"他注意到'鹞式'直升机不在商品目录当中,但是,这并没有影响他对于这一要约的理解"……[我们认为,]原告想要主张"鹞式"直升机时,"鹞式"直升机就应该出现在被告的商品目录里。

卡利尔诉石碳酸烟球公司一案对于悬赏要约和典型的广告,即仅是邀请他人进行协商的要约,划出了明确的界限。正如鲍文法官在该判决中指出的:

> 本案中的要约——在它撤回之前——对所有履行了要约中条件的人都是有法律义务的……这样的要约,不是那种邀请他人来协商的要约,或者是你发布广告说有一批库存书籍要出售,或者有房屋要出租,在这样的情形中,这些要约是没有合同上的约束力的。这样的广告,是一种邀请他人来谈判的要约——是准备接受要约的要约,是准备用来讨价还价的要约。我想,有一些博学的法官同事在这些案件中已经指出这一点了。④

---

① 91 F.3d 1118,1122—23(8th Cir.1996).

该案的原告米尔斯曾经是被告的一名员工,被告是一家保险公司。被告在准备公司的大型活动前向公司的员工征集宣传语,并承诺会给予两辆奔驰的奖励。原告提交了"At the Top and Still Climbing"的宣传语,被告后来采纳了原告制作的这一宣传语。之后,原告因为其他原因离开了被告公司,在原告主张这笔奖励时,却遭到了被告的拒绝,被告说这只是一个玩笑而已。初审法院认为,被告的承诺太不确定,例如,两辆奔驰车到底是什么款项和车型都不明确,因而没有支付给原告。上诉法院最终从其他角度认定这一合同中的奔驰车是可以确定的,支持了原告的主张。——译者注

② 7 月 4 日是美国独立日。——译者注

③ 订购表格是被告百事公司为了配合这一广告节目设计的一种订单。消费者积累了百事积分之后,可以根据商品目录来兑换相应商品,但是要先填表格,表明其积分想换取什么商品。具体可以参见伦纳德诉百事公司(1)中的相关内容。——译者注

④ Carlill v. Carbolic Smoke Ball Co.1 Q.B. at 268.

……因为在本案中的所谓要约最多只是一个准备接受要约的广告,而非悬赏要约,所以,原告并没有能够表明在本案的具体情形下被告已经作出了要约。

[法院判决,原告的诉讼请求不予支持。]

94

二、通过沉默或者行为作出承诺

戴诉卡顿①

马萨诸塞州最高法院(1876 年)

本案要旨

原告戴在其与被告卡顿相邻的地块上建造了界墙,被告当时知道这一事实,也从中受益。原告起诉被告,要求支付一半的建造费用。法院认定,被告的沉默构成了承诺,双方形成了合同,判决支持了原告的诉讼请求。

本案确定的规则是,一方当事人在另一方实施让自己受益的行为时,如果其有机会提出反对而没有提出,那么,沉默可以被推定为同意付款。

[本案的基本事实是,]原告戴在波士顿格林威治公园相邻的 27 号和 29 号地块间建造了砖制的界墙,同时认为其与被告卡顿之间存在合同,要求被告支付一半的建墙费用。

高等法院②的艾伦法官在初审过程中查明,原告戴享有 29 号地块在衡平法上的权益③。1871 年,原告在地块之上建造了一堵界墙,其中有一半建在相邻的 27 号地块上,而被告卡顿当时享有 27 号地块上的衡平法权益。原告在庭审中认为,其在 27 号地块上建造界墙时与被告卡顿有着明示的协议,即如果被告将来使用该界墙,则应该向其支付建造界墙的一半费用。被告对此予以否认,认为自己从未和原告就建造界墙的事项有过交谈。就这一争议事实,本案中缺乏其他直接证人证言。

在初审过程中,被告卡顿请求法官就本案的争议向陪审团作出以下两点说明:

---

① Day v. Caton,119 Mass.513,20 Am.Rep.347.

② 美国州法院体系中的高等法院,从架构来看类似于我国的基层法院,与我国的高级法院含义有所不同。——译者注

③ "衡平法上的权益"是美国财产法上的一项权利,这一权利等同于一个真正的财产权利。——译者注

1. 在本案中,原告只有在双方存在着明示协议的情况下才能够得到法律上的救济。

2. 如果陪审团发现关于系争的界墙不存在明示的协议,那么即使被告知道原告正在其享有权利的地块上建造界墙,被告的权利也不因为知道建造界墙这一事实而受到影响。而且,被告在这一件事情上的沉默以及随后对界墙的使用,并不能得出被告已作出同意支付界墙费用的任何默示承诺。

法官没有按照被告的要求向陪审团作出上述释明,而是作了如下的释明:

原告在被告知晓的情况下建造界墙及被告实际使用了界墙的事实,并不能默认存在着承诺。但从双方当事人的具体行为还是可以默认存在着承诺。如果陪审团认定原告在实施和建造界墙的时候期待被告支付建造界墙的费用,而被告有理由知道原告有着这样的期待,也允许原告实施这样的行为,那么陪审团就可以推定被告有着同意支付界墙费用的承诺。

陪审团作出了支持原告诉讼请求的裁决。被告不服裁决,向我们法院提起了上诉。

德文斯法官[①]代表法院呈递以下判决意见:

95

初审法官认定,原告在建造界墙的时候被告是知晓的,随后被告又实际使用了该界墙——这实质上就等同于按照被告的请求在建造界墙——这样的事实并不能得出被告同意支付费用的结论。我们认为,初审法官的这一推论,可以勉强被认为是正确的。[②]

被告卡顿辩称,初审法院的法官错误地认定,基于以下的事实就可以推定双方存在着合同。这一事实就是:如果原告实施和建造界墙这一行为的时候期待着被告支付费用,而被告有理由知道原告当时有着那样的期待,也允许原告实施这样的行为,并没有提出反对。

我们认为,在案件的争议问题是当事人之间是否存在合同的时候,仅仅有着原告希望被告对他所做的工作支付费用这一事实,并不足以在双方之间形成合同。[③]必须有事实表明,在某种程度上,被要求付费的那一方当事人同意了支付费用。然而,如果一方当事人在既可以选择接受,也可以拒绝某个有价值的服务时,仍然自愿接受服务并从中获益,那么,即使没有清楚的证据表明该服务是其所要求的,我们仍然可以推定其有着付款的承诺。被告知道原告所

---

① Devens, J.

② *Chit. Con.*(11th Am.ed) 86; Wells v. Banister, 4 Mass. 514.

③ Taft v. Dickinson, 6 Allen, 553.

作的服务是有价值的,在面临选择时,被告又作出了有利于自己的选择,这两个因素结合在一起更加可以证明我们这样推定的正当性。①当一个人看到某个建造物在他的不动产上矗立起来,这样的建造物又是会给他带来价值(他今后在正常使用自己的地块时必定会从中得利),而这时候如果他仍然站在一边保持沉默的话,那么,结合他知道提供这样服务的人期待着他支付费用的事实,他的沉默就可以公正地作为他接受这一服务的证据,进而表明双方之间存在着同意支付该服务费用的协议……

如果某人看到其他人在他的田地里日复一日地劳作并给他带来利益,也知道他人期待着对这样的劳作支付费用,当时某人又很容易地告知对方是否需要这样的服务,那么即使对方要求支付费用的请求无法明示地得到证明,在我们看来,这样的请求——或许是在服务实施之前提出请求,或许是同时提出请求——还是可以被公平地推定存在的。但是,如果案件的事实是,对方仅仅是偶尔为之,自己很少有机会通知对方不需要这样的工作,也不会支付费用,或者这样的通知将会费时费力,那么,同样的推论就不能够得出。在知道他人从事着于已有价值的服务、知道对方期待服务费用的时候,沉默是否表明同意并推定合同的产生,必须是根据案件的具体情况进行分析。这个问题必须由陪审团来回答,而本案初审法官已将这个问题正确地提交给了陪审团。

上诉人的反对意见予以驳回。

威尔霍伊特诉贝克②

印第安纳州上诉法院第一审判庭(1967 年)

本案要旨

已去世的劳伦斯生前居住在原告贝克家中,她是原告贝克的堂妹。本案被告威尔霍伊特是劳伦斯的遗产管理人。劳伦斯从未向原告明示过将会支付居住期间的费用,且劳伦斯生前生活独立,并不参与原告家的日常生活。原告起诉要求被告支付劳伦斯生前居住期间的各种费用。法院判决支持了原告的诉讼请求。

本案确定的规则是,对于没有像家人一样一起生活的当事人,可以从双方的关系、行为中推定双方存在着默示合同,当事人提供的服务是有偿的。

---

① Abbot v. Hermon, 7 Greenl. 118.
② Wilhoite v. Beck, 141 Ind. App.543, 230 N.E.2d 616.
本案是一起上诉案件,标题是将上诉人威尔霍伊特放在前面,被上诉人贝克放在后面。在初审中,上诉人是被告,而被上诉人是原告。——译者注

福科纳①法官代表法院呈递以下判决意见：

上诉人的被继承人劳伦斯（已去世）于 1939 年至 1940 年间来到了被上诉人[初审原告]贝克的家里。劳伦斯显然是不请自来，原告既没有宣布过她的到来，也没有期待她来到自己家中。劳伦斯在原告家里一直待到 1963 年 7 月 12 日她本人去世为止。在劳伦斯去世之后，贝克向法院提起了诉讼，要求从劳伦斯的遗产中支付其从 1942 年 1 月 15 日开始直到 1963 年 7 月 12 日期间的各种费用，包括贝克一家提供的居住、膳宿和照顾、陪伴等费用，总计 27 837 美元。原告贝克的诉讼请求由初审法院在没有陪审团参与的情况下进行了审理，初审法院作出了原告贝克胜诉的判决，判决被告威尔霍伊特支付原告各种费用总计 11 368 美元，威尔霍伊特要求法院重新审判的动议被驳回。威尔霍伊特对此不服，要求在上诉中仅就这一点进行审理。

威尔霍伊特在上诉过程中就其要求重新审判这一动议的理由作了详细说明，主要体现在……（2）初审法院的判决没有足够的证据支撑；（3）初审法院的判决与法律相悖；（4）……②

为了法庭辩论的需要，上诉人威尔霍伊特将其要求重新审理该案的动议放在上诉理由的第二部分和第三部分，这两部分是想说明初审法院的判决没有足够的证据支持，并且与法律相悖。

一个人如果从另外一人那里获得了有价值的服务，法律就会认定接受服务的一方有支付服务费用的默示承诺，提供服务一方可以法律默认的合同作为依据，针对接受服务一方的遗产主张自己的权利。如果想要肯定得出死者在生前愿意支付价款，原告与死者之间存在默认合同，那么就必须证明死者生前有着支付服务费用的意愿，提供服务的人有着要求支付费用的期待。死者生前同意支付服务费用的意愿，原告有着要求补偿服务费用的期待，可以从当事人的行为中进行推定——公平和正义要求对此服务进行补偿——也可以从当事人间的相互接触当中推定出来……补偿服务费用的推定，还可以从当事人之间的相互关系和特定情形、所提供服务的性质和特点以及其他能够使争议问题更加清楚、明白的事实当中推断出来。③

上诉人威尔霍伊特辩称，被上诉人贝克和已经去世的劳伦斯之间是第二

---

① Faulconer, Judge.

② 在此处省略的部分中，上诉法院着重对上诉人提出的另外两点理由进行了分析。上诉人提出的另外两点上诉理由是：一是认为初审法院将原告的证言作为证据，二是对原告在劳伦斯生前提供服务的费用价值到底应该如何确定。——译者注

③ C.J.S Executors and Administrators §784, pp.853—854.

代的堂(表)兄妹,基于这样的亲属关系,可以推定被上诉人贝克为死者劳伦斯生前提供的服务和膳宿接待是无偿的。

本案的证据清楚地显示,被上诉人贝克和已经去世的劳伦斯之间是第二代或者第三代的远房堂(表)亲。在涉及这类亲属关系的争议中,我们法院还没有作出过相关的判决。

在阅看了相关教材和法院的相关判决之后,我们认为,第二代或者第三代的远房堂(表)亲关系本身,并不足以推定当事人之间提供的就是无偿服务。……

然而,如果当事人之间是像家庭成员那样共同生活,那么他们之间是无偿提供服务这一结论,就可以单独地推断出来;如果双方当事人之间还存在着血缘关系,那么就可以加强这一推定。

> 同居一室成员之间是免费提供服务这一推定,适用于以下两种情形:一是当事人之间有着亲属关系并像家庭成员一样一起共同生活;二是成员之间也可能没有血缘或亲密关系,但他们也像家庭成员一样一起共同生活。当然,以上推定可以因当事人之间亲属关系或亲密关系的远近得到加强或削弱。①

这样的无偿服务推定,可以被明示或默示合同所推翻。对于像家庭成员那样共同生活的人应该是无偿服务的推定,可以被一个明示的同意付款合同所推翻,提供服务的一方当事人可以基于这样的合同获得救济。无偿服务的推定也可以被案件事实以及案件中的具体情形——这些事实排除了接受服务的一方想把人家提供的东西或者服务视作无偿奉送的想法——所推翻,可以推定这样的补偿确实是提供服务的一方想要的,而且从当时具体情形下的公平公正来看,当事人本来应该达成支付费用的合同。在上述这些情形之下,法律就会认定双方当事人之间存在着默示合同,并要求接受服务的一方支付相关的费用。……②

> "家庭"一词意味着是一些人共同生活,他们之间产生家长和内部管理制度。他们之间有着相互的、自然的或者道义上的责任来相互支持和彼此照顾。③

虽然已经去世的劳伦斯生前在原告贝克家里居住的时间超过了 20 年,但结合庭审证据,一个理性的人并不能从法律上得出他们之间只存在着家庭关系这样的唯一结论。有证据表明,已经去世的劳伦斯生前相当独立,她按照自己的喜好在原告的家庭中生活。大多数时间,她都单独开灶,单独吃饭,自己招待客人。虽然她也在屋子周围做一些杂活,但那是她自愿干的,从来没有人

97

---

① Crampton v. Logan(1902), 28 Ind.App.405, 407, 408, 63 N.E.51, 52.
② Hill v. Hill(1889), 121 Ind. 255, 260, 23 N.E.87.
③ 58 Am.Jur., Work and Labor, §11, p.520.

主动要求她那样去做。

由于双方当事人在本案中都没有主张劳伦斯和被上诉人贝克之间存在着明示合同,所以初审法院在本案审理中主要关注的是,能否证明当事人之间存在着默示合同。初审法院作出了有利于原告贝克的一般认定,然而从这个一般认定中,我们法院却不能判断出初审法院到底是怎样得出这个一般认定的。得出这个一般认定有两个途径。一个途径是,首先认定当事人之间存在着血缘关系或者家庭关系,或者两者都有,进而应该假定贝克的服务是无偿的,但是本案中有事实或者合理推定表明双方达成了默示合同,这一合同足以推翻贝克提供的是无偿服务这一假定。另一个途径是,首先认定当事人之间没有这样的血缘或者家庭关系,因此贝克应该受益于一般假定,即通常情况下当事人有着付款的意愿和要求对方付款的期待。我们法院无从判断初审法院在这一问题上究竟是走的哪一条路径。

尽管这样,我们法院在上诉程序中——在当事人的诉讼请求和证据范围之内——还是会采用下面的理论,根据这一理论,我们法院将维持初审法院的诉讼行为,因为所有的推定都支持初审法院作出的认定。

一个默示的合同或者承诺是从当事人的行为、案情或者是当事人的相互关系中推定出来的,它是基于公平正义的考虑由法律来强制执行的。① 98

虽然在劳伦斯生前居住贝克家中期间,并没有双方就支付服务费用问题进行过交谈的证据。然而,我们法院的观点是,本案中的事实及其合理推定满足以下要求,即双方当事人之间存在着默示合同这一推定,这有着实质性的、强有力的证据支持。

有证据表明,已经去世的劳伦斯在原告贝克家先是待在一个地下室,之后与原告的母亲共享二楼的一个房间,后再被安排住进保姆的房间,直到她最后去世。虽然劳伦斯在屋里可以随意走动,但劳伦斯并没有被当作家庭的一员,她本人也没有期待被当作这个家庭的一员。在她居住贝克家的绝大部分时间,她有着自己的工作。好几个证人也作证,已经去世的劳伦斯生前相当独立,不需要他人的施舍。当别人把吃的东西带到她房间时,必须告诉她是谁给她送来的,或者告诉她食物是"多余出来"的才行。还有证据表明,原告贝克曾经雇了一名女孩照看劳伦斯,但又要求不能让劳伦斯知道这事,否则劳伦斯会生气。原告贝克作证,她自己从来没曾想过给予劳伦斯提供免费的服务和食宿照顾。有证据表明,原告贝克曾决定搬离他们所居住的房子,但随后又取消了计划。原因是劳伦斯对原告贝克没有给自己预留下房子非常生气。阅读过

---

① Hays v. McConnell(1873),42 Ind. 285,286—287.

本案庭审记录的人很难认定劳伦斯在生前是不愿意支付这些食宿费用的。死者劳伦斯生前是一个极其聪明的人,她能够"很好地进行阅读",在大部分时间,她都受雇于一个重要岗位。本案中,给人留下印象的是双方当事人很明显的态度,即因为劳伦斯的独立生活和她引以为豪的"能够自己照顾自己"的态度,贝克要和劳伦斯之间保持一定的"安全距离"。

上诉人威尔霍伊特进一步认为,死者劳伦斯在其遗嘱中将贝克列为受益人,这表明劳伦斯实践了曾经和第三人说过的"原告贝克将会在我去世后得到关照,得到一些遗产"。然而,劳伦斯在遗嘱中将原告作为受益人,并不必然排除受益人贝克就提供给劳伦斯的服务向劳伦斯的继承人主张法律上的权利。①在决定是否存在着支付服务费用的明示合同或默示合同这一点上,上诉人威尔霍伊特提出的观点,只是法院考虑的一个因素而非全部。

在查看遗嘱后发现,劳伦斯生前给与自己不相干的四个人每人留下了500美元,剩余遗产则让其六个堂兄妹——包括贝克——平分。死者劳伦斯遗产的价值或者遗产所包含的东西,在遗嘱中并没有什么证据证明。

99

在我们法院看来,从本案事实和具体情形,以及死者劳伦斯生前指示她的遗产执行人支付"所有应该由我(指劳伦斯)来支付的债务"这一事实,初审法院可以合理地推断出劳伦斯并没有以遗赠给贝克财产的方式,来补偿贝克所提供的服务及合理食宿的费用。起码从法律上来说,我们法院并不能得出与初审法院上述认定相反的结论。从庭审记录中可以很明显地看到,在这段时间里,其他受益人只是对劳伦斯生前给予了例行的、偶尔的服务和照顾,至少有一些受益人知道,劳伦斯需要向原告贝克支付费用,但实际上她没有支付。

对于什么样的事实才能证明存在着一个默示合同,我们并不能确立一个一般的规则。在仔细审查了本案庭审记录中的证据、案情以及法院从中得出的推定之后,我们认为,初审法院的认定以及判决是公平合理的,初审判决应予维持。

维持初审判决。

米勒诉 NBD 银行②
印第安纳州上诉法院(1998 年)

本案要旨

原告米勒与已经去世的蒙根曾经签订过一份不动产租售协议。米勒声

---

① Witt v. Witt, Executrix(1938), 105 Ind. App. 415, 421, 12 N.E. 2d 1013.
② Miller v. NBD Bank, N.A. 701 N.E.2d 282.

称,蒙根在去世之前与自己签订了一份新的协议,对前一协议进行了修改,后一协议上有蒙根的签名。蒙根去世后,被告 NBD 银行成为蒙根的遗产管理人,原告米勒主张权利未果后,向法院提起诉讼。被告 NBD 银行提供了蒙根女儿的证言,认为后一协议上的签名不是蒙根的。初审法院驳回了原告诉请。上诉法院认为,蒙根女儿对其父亲签字并不熟悉,不能以其证言证明签字真伪,专家的证言也只是表明后一协议上的签字可能不是蒙根所签。由于在协议是不是蒙根所签这一问题上存在实质性争议,初审法院作出简易判决是错误的。同时,上诉法院认为,原告米勒本人也不是适格的证人。

本案确定的规则是,在针对死者遗产的诉讼中,与死者有特定利害关系的人不能作证。

[在看了前面的威尔霍伊特诉贝克这一案件之后,有些学生对于该判决一定感到难以理解,为什么这一案件中已经去世的劳伦斯在生前没有和原告讨论过补偿的事宜? 其实,也许他们之间已经讨论过由劳伦斯对原告提供的服务进行补偿,但是,他们之间这样的讨论是不会被放在庭审笔录中的。以下米勒诉 NBD 银行判决的节选部分,可以对此作出解释。]①

通常人们将以下这一法规称作"死人法案"②,它在相关部分是这样规定的:

> 在遗嘱执行人或者遗产管理人为一方当事人的诉讼或者诉讼进程中——这一诉讼或者诉讼进程所涉及的争议事项发生在死者生前——如果法院的判决或者遗产的分配将会导致他人对该遗嘱执行人或者遗产管理人所管理的财产提出主张或者要求分得这些遗产,那么,任何与这一争议问题相关的必要当事人——如果该当事人要从死者的遗产中分得利益——对于本案争议事项就不是一个适格的证人……

这一法规的目的是为了在逝者的"嘴巴由于死亡永远闭上"的时候,防止他人声称曾经和逝者有过交易、行为或者谈话,进而对逝者的遗产提出要求。③"事实上,这是一个防止他人进行欺诈的法规。"④这一法规不是要排除证据,而是要阻止一些特定的证人在针对逝者遗产的主张中进行作证。⑤

---

① 此为原编者的注解。
② "死人法案"(Dead Man's Statute)不仅在印第安纳州有,在美国的许多其他州也有。——译者注
③ *In re* Sutherland's Estate, 246 Ind. 234, 240—41, 204 N.E.2d 520, 523(1965).
④ *Id.* at 241, 204 N.E.2d at 523.
⑤ Fisher v. Estate of Haley, 695 N.E.2d 1022, 1027(Ind.Ct.App.1998).

100

霍布斯诉马萨索伊特公司①

马萨诸塞州最高法院(1893 年)

本案要旨

原告霍布斯向被告马萨索伊特公司发送了用于生产皮具的鳗鱼皮,被告内心不想要这批货物,但被告在收到货物后既不把货物退回原告处,也没有和原告联系,由此导致货物全部毁损。发送这批货物前,原告曾向被告多次送过货,被告都接受并支付了货款。现原告起诉被告要求支付货款。法院认定,被告的沉默构成了承诺,判决支持了原告的诉讼请求。

本案确定的规则是,沉默并不当然构成承诺,但如果对方有正当理由相信沉默构成了接受要约,那么拒绝要约的一方就应及时通知对方,否则沉默就构成了承诺。

霍姆斯法官②代表法院呈递以下判决意见:

本案原告霍布斯将鳗鱼皮送至被告马萨索伊特公司之后,这批货物在被告处存放了几个月之后全部毁损。原告霍布斯因此起诉到法院,要求被告按照这些鳗鱼皮的价格予以赔偿。需要指出的是,原告并没有从被告处接到任何通知,说被告会拒绝接受这些货物。初审法官向陪审团所作的释明是:不论双方当事人之间是否存在着任何先前的合同,如果这些鳗鱼皮的确是由原告送到了被告处——这些鳗鱼皮看上去是合适的货物——无论被告是同意接受、拒绝接受,还是什么事也不干,就是一言不发,但是,只要被告有理由推定由于自己的沉默,送货人将会相信对方正在接受货物,那么,一旦被告没有将自己不想要这批货物的想法通知送货人,陪审团就应该作出原告胜诉的裁决。被告对法官的这一释明提出反对,于是这一案件就来到我们法院。

如果单独而论,初审法官向陪审团所释明的这一观点似乎是默认了陌生人可以通过发送货物来强加责任给另一方。收到货物一方尽管并不愿意接受这批货物,但是除非他愿意忍受各种麻烦和相关费用并通知送货人,否则他就将成为买方。本案被告在上诉中就是如此解释初审法院的判决,并以此作为其辩论观点。但在仔细查看了本案的证据后,我们不认为被告所作的解释就是初审法官所作释明的意思,也不认为陪审团在当时也是那样

---

① Hobbs v. Massasoit Whip Co. 158 Mass. 194,33 N.E. 495.

② Holmes, J.

理解法官的释明的。我们认为,即使本案的双方当事人不存在[明示]合同关系,但对被告而言,原告并不是一个陌生人。在发送这批货物之前,原告已经先后四五次以同样的方式将鳗鱼皮送给被告,被告每次都接受了货物并支付了货款。从被告所作的证言来看,我们可以公正地推定,如果鳗鱼皮的长度超过 22 英寸并且对被告的业务合适,那么,被告就会接受这些鳗鱼皮。原告的证言证实了这一点,这一点也被陪审团所认定。原告明白被告对于货物的这一要求。而且实际上,对双方来说,在有关鳗鱼皮的事项上存在着一个持续有效的要约。①

在上述条件下,原告需要保证的是自己送给被告的鳗鱼皮应该符合被告的要求,而且,即使这不是一个只要符合规格的鳗鱼皮被送到被告处时双方之间就即刻形成的合同要约,但原告的送货行为也的确让被告产生了一定义务,即就这些货物采取相应的行动。被告一方的沉默——结合这些鳗鱼皮在被告处滞留了不合理的时间这一事实——足以让陪审团得出这一结论,即原告当然可以认为被告已经接受了这些货物,因而就等同于作出了承诺。②我们这样的观点是以法律上的一般原则作为依据的。这一原则就是,从法律上来看,不管当事人的实际想法如何,那些表明其作出承诺或者同意的行为,就是构成了承诺或者同意。有的时候,在一些案件中,人们丢掉了这一原则。③

本院判决,被告在上诉中的反对意见予以驳回。

■ 第五节　单方合同的要约什么时候不再可以撤销？

103

彼得森诉帕特伯格④
纽约州上诉法院(1928 年)

本案要旨

原告是已去世的彼得森的遗嘱执行人。已经去世的彼得森生前是某不动产所有人,他欠着被告帕特伯格一笔款项,并以不动产进行了抵押。后被告写

---

① 持续有效的要约是指在买方需要的时候,卖方按照固定的价格、标准或者条件,向买方提供货物或者服务的要约。这样的要约通常发生在长期的业务伙伴之间。——译者注

② Bushel v. Wheeler, 15 Q. B. 442; Benj. Sales, (6th Amer. Ed.) §§ 162—164; Taylor v. Dexter Engine Co., 146 Mass. 613, 615, 16 N.E. Rep. 462.

③ O'Donnell v. Clinton, 145 Mass. 461, 463, 14 N.E. Rep. 747.

④ Petterson v. Pattberg, 248 N.Y. 86, 161 N.E. 428.

信给彼得森,说只要其在特定时间之前以现金方式付清款项,被告将减少原告的应付金额。彼得森在约定时间内带着足够现金来到被告处,表明愿意付款。但被告在这时表示自己已将债权转让他人,拒绝接受款项。原告认为被告的行为造成了彼得森的损失,于是向法院起诉被告。法院认定,被告已经撤销了其要约,判决驳回了原告的诉讼请求。

本案确定的规则是,在单方合同要约所要求的行为全部履行之前,要约人可以撤销要约。

凯洛格法官[①]代表法院呈递以下判决意见:

在初审法院审理过程中,双方提交的证据认可了以下事实:已经去世的彼得森是纽约市布鲁克林第六大道 5301 号不动产的所有人,本案的原告是彼得森最后遗嘱的执行人。彼得森生前曾经签署过一张个人付款的保证书,而被告帕特伯格是该付款保证书的持有人,该付款保证书的债务是以彼得森拥有的布鲁克林这一地块上的不动产进行抵押,而且这是第三顺序的抵押。1924年 4 月 4 日,彼得森欠被告帕特伯格的债务总额是 5 450 美元。这一债务的性质是分期付款,到 1924 年 4 月 25 日这一天,原告应该支付被告的款项是 250美元。之后,大约每 3 个月原告就要向被告支付欠款。这样,在整个债务到期支付之前,该付款保证书上的欠款金额和上面设定的抵押将持续超过 5 年时间。1924 年 4 月 4 日,被告帕特伯格给彼得森写了以下这一封信:

> 我在此同意,以接受你支付现金的方式,解除我对纽约布鲁克林第六大道 5301 号不动产享有的抵押权。作为对价,我在此同意,如果你在1924 年 5 月 31 日这一天或者之前付清欠款,而且 1924 年 4 月 25 日这一天应该支付的款项也能付清(每三个月付一次),那么总的欠款可以酌情少付 780 美元。

1924 年 4 月 25 日,彼得森向被告支付了到期应付的分期付款金额。随后,在 1924 年 5 月末,彼得森来到了被告帕特伯格门前,敲门后,帕特伯格问是谁。彼得森回答:"我是彼得森。我来这里是付款解除房子上的抵押的。"被告帕特伯格回答,他已经将该抵押权出售给其他人了。彼得森说,希望进来和被告再交谈一下。于是,被告帕特伯格把门打开了一部分。在这样的情况下,彼得森向帕特伯格出示了他随身带来的现金,并称他已经准备根据协议来付清所有的款项,解除设定在房子上的抵押。但是,被告拒绝收下原告的这些现金。在这次谈话之前,彼得森已经和第三人签订合同,将在解除被告设在这一

---

① Kellogg, J.

地块上设定的抵押之后,把这一不动产出售给第三人。同时,被告帕特伯格也已经将该付款保证书和抵押权出售给了另外一名第三人。这样,[如果被告帕特伯格不接受彼得森支付的"打折"款项,]对彼得森来说,他就必须向这位第三人支付保证书和抵押权项下的全部款项。原告在诉讼请求中声称,因为被告帕特伯格本来已经同意,只要原告在 1924 年 5 月 31 日之前一次性付清全部款项,就可以让他少支付 780 美元,所以,他因为被告的拒绝损失了 780 美元。原告现在向法院起诉,要求被告帕特伯格支付这笔损失及其利息。

很显然,被告帕特伯格的信件是向彼得森发出了一个单方合同,这一单方合同是为了和原告的履行行为进行交换。被告帕特伯格有条件承诺的事情是,减少抵押所设定的债务总额。作为这一承诺的对价,它要求原告完成的行为是:必须在这一笔债务到期之前全额付清减少数额之后的债务。"如果要约人要求对方[受约人]做出某一行为,那么这一特定行为就必须得到实施,受约人不能去实施其他的行为。"①"对于有着对价的要约而言,履行那些对价总是被认定为是合同履行的前提条件。"②在这一问题上,我们的法律有着一个基本的观点,那就是,任何意在达成单方合同的要约,在所要求的行为实际完成之前,都是可以被撤回的。③[在这一点上是有着很多的案例的。]司法拍卖会④上的竞买人,可以在财产交付之前的任何时间撤回报价。⑤要求他人履行一定行为的悬赏要约,在所要求的行为完成之前,也可以撤销。⑥同样,在要约人答应中介人只要将一块土地卖出就会支付佣金的情况下,虽然该中介人实际上已经为促成这一交易尽力做了很多工作,但是在这块土地实际售出之前,要约人还是可以撤回要约。⑦

本案中的有趣问题是,受约人彼得森自己来到了要约人这里,希望履行要约中所要求的行为[即付清款项],然而,在他付清款项的行为实际完成之前,要约已经被帕特伯格撤回。对于这样的情形,威利斯顿教授在其专著中是这样分析的:

---

① *Williston on Contracts*,§73.

② *Langdell's Summary of the Law of Contracts*,§4.

③ *Williston on Contracts*,§60;*Langdell's Summary*,§4;Offord v. Davies, 12 C. B.(N.S.) 748.

④ "司法拍卖会"通常是指地方的司法官按照法院的命令对有关财产进行拍卖,用以支付设定在该财产上的债务。——译者注

⑤ Fisher v. Seltzer, 23 Penn. St. 308.

⑥ Shuey v. United States, 92 U.S. 73;Biggers v. Owen, 79 Ga.658;Fitch v. Snedaker,38 N.Y.248.

⑦ Stensgaard v. Smith, 43 Minn.11;Smith v. Cauthen, 98 Miss.746.

要约人可能正在看到受约人向其走来，并知道他是来作出承诺的。如果要约人能够在受约人作出承诺之前说出"我撤回要约"，那么，尽管当事人的两个行为所间隔的时间很短，认定该要约已经被终止的结论还是可以成立的。①

在本案中，彼得森站在了被告帕特伯格的家门口，告诉被告，他来这里就是为了付清款项、解除抵押的。在彼得森将所要求的金钱交付给被告之前，被告告诉彼得森，他已经将抵押权出售给了其他人。被告这样的通知，是明确地告诉彼得森，被告已经不能再履行他原先作出的承诺了。由于被告此时已经不再是债权人，彼得森交付金钱给被告的行为就不能再有效地清偿原先的债务了。[在 Dickinson 诉 Dodds 一案中，审理该案的法官这样说道："一个出售财产的要约可以在他人作出承诺之前被撤回，并不需要向要约对象作出通知。如果受约人已经确实知道作出要约的人已经做出了与继续履行要约不相符合的事情，例如，已将财产出售给第三人，这就足够了。"②作出同样判决的是 Coleman 诉 Applegarth③ 这一案件。由此，被告的要约在对方提出履行之前已经被撤销。因此，我们就没有必要在此决定如果要约被撤回之前原告已经提示付款在法律上是什么结果。学者的个人观点是，两种情形下的结果相同。对于请求对方履行付清款项这一行为来说，除非接受付款的人同意，否则付款行为是做不成的。从这一点上讲，学者的观点是对的。④非常清楚的是，提出要约的一方当事人有权利规定究竟什么样的具体行为可以将他的要约转化为一个有约束力的承诺。不论这样的行为是什么样的，在它得到履行之前，要约一定是可以被撤销的。然而，那种假定的情形并不需要我们作出判决。我们认为，在这一起特殊的案件中，被告帕特伯格的要约在变成一个有约束力的承诺之前已经被帕特伯格撤回，因此，在双方当事人之间没有形成原告可以主张违约损失的合同。

---

① *Williston on Contracts*，§ 60-b.

② 2 Ch.Div.463，headnote.
这是英国上诉法院在 1876 年审理的一起案件。该案的基本事实是，被告多兹在 1874 年 6 月 10 日向原告迪金森发出要约，要约表示，同意以 800 英镑的价格向原告出售一幢房屋，这一要约将一直开放到 6 月 12 日上午 9 点之前。在第二天，另外一个人告诉原告，被告多兹已经将房屋出售给了其他人。原告在 6 月 12 日早晨 7 点找到了被告，表明自己接受了被告的要约，但是，原告的要求遭到了被告的拒绝，被告说已经太晚了。初审法院支持了原告，上诉法院推翻了初审判决，认为被告在知道原告已经实际上撤回了原先要约的情况下，再表示接受要约已经没有意义，在这时候，双方当事人已经没有建立合同的合意了。——译者注

③ 68 Md.21，11 A.284.

④ *Williston on Contracts*，§ 60-b.

上诉法庭和初审法院的判决予以推翻,原告的诉请予以驳回,并承担本案所有的诉讼费用。

莱曼法官[①]对于本案的反对意见如下:

被告帕特伯格写给彼得森的信,对于帕特伯格这一方来说构成了这样的承诺,即如果彼得森在1924年5月31日之前付清所抵押房屋上设定的全部债务,被告帕特伯格可以"打折"接受他在这一抵押上的款项。毫无疑问的是,从这一承诺的文字内容来看,被告履行承诺,接受原告[②]以"打折"方式付清欠款是有前置条件的,那就是原告必须在指定时间之前支付该抵押上所设定的债务。当原告带着立即清偿债务的请求来到被告处的时候,如果要说前置条件没有履行完毕的话,那完全是因为被告拒绝接受付款才导致了前置条件的履行不能。"如果要约人[③]自己是不能履行义务的原因,或者是其责任所取决的条件不能成就的原因,那么,要约人就不能从中获取利益。这是一个最基本的公正原则。"[④]本案中的争议问题,并不是彼得森付清抵押所设定的债务是不是被告履行承诺的前置条件;本案中争议的问题是,在被告拒绝接受原告付清债务的请求时,被告是否已经承担了有约束力的义务,即使这一义务受制于前置条件。

在被告帕特伯格作出承诺时,其承诺是缺少对价的。尽管这样,该承诺对于原告而言并不是一个礼物或者仅仅是无偿赠与。这一承诺的目的是让原告从被告处得到原告希望得到的东西。在我看来,一旦原告全面、准确地履行了被告所要求的对价——这是对被告所作承诺的交换——被告的要约就成了一个有约束力的要约。

106

在本案的事实中,被告并没有要求原告提出一个反要约。就自己接受原告付款这一承诺,被告要求的对价是,原告必须履行一定的行为。在所要求的行为得到履行之前,被告毫无疑问是可以撤回要约的。我们在本案中面临的困难是,如何根据本案具体情形,从被告信件上的文字内容准确界定被告要求原告履行的、作为他承诺对价的行为究竟是什么?

在本案中,毫无疑问,被告作出要约就是要诱导原告在债务到期之前"全部付清"抵押所设定的债务。因此,有学者[⑤]说道:"对于请求对方履行付清款

---

① Lehman,J.

② 莱曼法官在他呈递的反对意见中,以原告的称谓来表明已经去世的彼得森在本案中的诉讼地位。——译者注

③ 在本案中,这样的要约人就是被告帕特伯格。——译者注

④ *Williston on Contracts*,§677.

⑤ 实际上,以下的这一段话源自著名的合同法专家威利斯顿。——译者注

项这一行为来说,除非接受付款的人同意,否则付款行为是做不成的。"①[在我看来,]本案中的被告以不可能产生歧义的文字明确表明,他同意接受彼得森的付款,然而,还是有人认为②,被告想要的,同时也是原告应该理解的是:被告所要求的行为——作为被告接受原告付款这一承诺的对价——[不但包括了原告应该履行的行为,]也包括了被告自己对该承诺的履行。[根据这些人的观点,]只有在原告以及被告两人的行为全部得到履行的情况下,被告的承诺才会有法律上的约束力;本案原告为了被告的承诺所提供对价的一部分,是被告去履行自己的承诺。[我认为,]如果真的这样来解释的话,本案中被告的承诺或者要约虽然是想要诱导原告做出一定的行为,但那只是一个圈套和骗局而已。原告根本不能够合理地预想到,被告正在让他去做的事情只是努力让被告履行他自己已经作出承诺的行为。在这种情况下,仍然有人告诉我们,即使原告已经做了被告要求的所有事情,被告的承诺仍然不具有法律上的约束力,因为被告还是可以选择不去履行他的承诺。

我无法相信,当被告写下这一封信的时候,他想要的就是这样一个非常奇特的结果。"当某一段文字阅读下来的结果让人觉得不公正或者荒唐的时候,这就表明,这一段文字后面所包含的思想本身一定是被他人误读了。"③如果被告只是想诱导原告来付清债务,但又想在发出要约的时候保留自己拒绝接受原告付款的权利,那被告完全可以采用经过更好考虑的措辞来表达他的意思,而不是使用现在信中所写的"我在此同意接受"这样的表述。从它特定的文字内容来看,被告作出的接受付款的承诺,必定会产生法律约束力——如果真的如此——它产生法律约束力的时间不会比当场作出付款要约的时间晚。

我也承认,本案中,在被告撤回其接受付款的要约之前,原告作出的只是一个付款要约,而不是一个正式的提示付款④。从技术上来说,原告这一方的付款行为在当时没有完成。即使这样,如果将被告信件上的文字进行公正的解释,我认为原告已经完成了被告所要求的、作为被告承诺对价的行为。原告是当着被告的面提出付款的,并且他当时就有能力付款。"一个正式的提示付款"在商业交易中很少见,它只是当事人为了日后在法庭上主张自己权利而打好基础——在债权人拒绝一个正式的提示付款时,债务人会产生一些法律上

---

① *Williston on Contracts*, §60-b.

② 本案中的克罗格等持多数意见的法官就是这样的观点。——译者注

③ Cardozo, C.J., in Surace v. Danna, 248 N.Y.18, 161 N.E.315.

④ "一个正式的提示付款"是债务人向债权人正式表明——通常是以书面的形式——自己无条件地付清全部债务的要约。如果债权人没有正当理由拒绝接受,债务人就将被免除可能的罚金或者违约金。它和一般的要约相比,在法律上要更加正式一些。——译者注

的权利。如果本案被告是善意地接受原告付款的要约,那么他就不会想方设法对于原告用来交换被告承诺的行为作出区分,就不会坚持认为有两种付款请求存在:一种是一般的付款要约,除非被拒绝,否则这样的要约就会"成熟"为一个完成了的付款行为,另一种则是"正式的提示付款"。当然,被告也许没有预料到,或者说不想让原告在没有先行表明他已经来付款的情况下,就径行作出正式的提示付款。我们不能将被告承诺中的文字含义作以下解读:在这一承诺已经被原告接受,而且是以被告一定想到的方式——原告的行为是善意的——接受之后,文字中的含义又将阻止被告承诺的履行。

初审法院的判决应该予以维持。

布拉肯伯里诉霍奇金[①]
缅因州最高法院(1917 年)

本案要旨

原告布拉肯伯里夫妇是被告霍奇金的女儿和女婿。被告曾写信给原告,表示如果他们愿意到被告处居住并照顾其生活,自己可以在去世后将财产留给原告。原告夫妇于是搬到被告处居住并对被告进行照顾。不久后双方产生矛盾,被告将财产转让给了自己的儿子。被告儿子知道原被告双方的协议,但仍要求原告夫妇搬离该房屋。原告夫妇因此起诉,要求法院判决被告继续持有其财产,并且以原告作为信托人在被告财产上设定信托。法院判决支持了原告的诉讼请求。

本案确定的规则是,在单方合同的要约中,如果要约没有要求具体的承诺方式,那么,按照要约中要求的行为实际履行,就构成了接受要约,一旦行为人已经开始履行,要约人就不得再撤回要约。

科尼什首席法官[②]代表法院呈递以下判决意见:

1915 年 2 月 8 日,本案被告(之一)霍奇金是位于刘易斯顿市[③]郊区的一个家庭农场的所有人。她是一位独自生活的遗孀。她有 6 个成年孩子,包括 5 个儿子和 1 个女儿。其中一个名叫沃尔特的儿子和霍奇金是本案的共同被

---

① Brackenbury v. Hodgkin. 116 Me. 399,102 A.106.
本案原告是布拉肯伯里夫妇,同时本案有两名被告,除了被告霍奇金之外,还有原告的兄弟沃尔特。——译者注
② Cornish, C.J.
③ 刘易斯顿是缅因州中南部的一个城市,也是该州的第二大城市。——译者注

告,而霍奇金的女儿布拉肯伯里则是本案的原告之一(另一原告是其丈夫)。原告夫妻两人原本单独居住在密苏里州。母亲霍奇金和女儿布拉肯伯里之间就布拉肯伯里夫妇返回老家照顾母亲一事,多次进行了信件沟通和商量。1915 年 2 月 8 日,母亲霍奇金写的一封信成为女儿和女婿在本案中按照衡平法提交起诉状的基础。在这一封信里,母亲霍奇金提出了一个明确的建议,其实质内容是,如果布拉肯伯里夫妇同意搬到霍奇金位于刘易斯顿的家庭农场居住,自己支付搬迁费用并在母亲的家里照顾其起居,原告夫妇将可以使用并获得这些不动产上的收入,包括使用整个家庭的物品。作为例外的是,母亲霍奇金可以自行使用她想要的房间。在信的末尾,霍奇金以附言的方式写下了"你们可以在我去世之后拥有这一块地方"。

母亲霍奇金在这一要约发出之后,既没有撤回也没有修改。基于对母亲这一要约的信赖,原告夫妇于 1915 年 4 月末从密苏里州搬到了缅因州的这处房屋,并开始履行合同。一段时间之后,原告与被告之间产生矛盾,关系急剧恶化。母亲霍奇金因两件小事对女婿提起了两个诉讼,并最终要求原告离开现在的住所,但原告夫妇拒绝离开。1916 年 11 月 7 日,被告霍奇金就其拥有的财产签署了一份法律文件,将财产转让给了儿子沃尔特,只给自己保留了终身使用这些财产的权利。然而,对于母亲转让的财产,沃尔特并不是对财产权属毫不知情的善意购买者,在得到母亲转让财产的法律文件时,他完全知道母亲与布拉肯伯里之间协议的存在,沃尔特获得母亲财产的唯一目的,就是想赶走原告。在签署文件的当天,沃尔特先行向布拉肯伯里夫妇发出了搬离房屋的通知,以此作为 1916 年 11 月 13 日起诉原告非法进入并滞留其房屋的前期行动。原告按照衡平法提起诉讼,是为了将农场从被告沃尔特手里重新转移到其母亲名下,并限制和阻止沃尔特提起的非法进入房屋和滞留房屋的诉讼;原告还要求法院判决母亲继续拥有其财产的权属,并根据该合同以他们作为受益人在母亲的财产上设定信托。

初审法院的主审法官对本案的事实进行了清晰、仔细的分析并作出判决,最终支持了原告的诉讼请求,并要求被告沃尔特承担本案相关的诉讼费用。被告对初审法院的判决不服,上诉到我们法院。

本案涉及的问题是,合同是否已经达成,以及当事人之间是否存在一个有效的合同?

一个合法的、有约束力的合同在本案中可以清楚地得到证明。母亲霍奇金一方的要约是以书面形式作出的,而且,要约的条款之间并不存在冲突。这一要约并不要求对方以文字形式作出承诺,也不要求原告以文字形式提出反要约。本案中被告霍奇金作出的要约,其基础不是一个双方合同——双方合同要求当事人之间以承诺来交换承诺。霍奇金作出的要约是一个单方合同，单方合同要求以行为来交换承诺。"在后一种情形中，对要约的承诺，就是对于要约所要求行为的履行，这一行为的履行是必不可少的。换句话说就是，在要约所要求的行为履行之后，承诺就变得有拘束力了。"①这是一项基本的法律要求。

本案的原告通过从密苏里州迁移到母亲所在地的行为，就是接受了母亲的要约；从接受这一要约之后，原告夫妇一直在持续地履行相应的行为，这些行为是在得到母亲允许之后才履行的。原告与母亲之间已经达成了有效的合同，这一点是很清楚的⋯⋯

驳回被告的上诉⋯⋯

莫泰服务公司诉 CMP 公司②
缅因州最高法院(1978 年)

本案要旨

被告 CMP 公司的补贴政策表明，房屋所有人使用电力供热系统的，可以获得其补贴。原告莫泰服务公司与沃特维尔住宅局签订合同，由原告为后者建造两幢楼。合同签订后，原告向沃特维尔住宅局建议修改房屋的供热系统，修改目的是为了获得被告 CMP 公司的补贴。在原告的劝说下，沃特维尔住宅局同意使用新的电力供热系统。原告为了少交税，将所建房屋提前交付给了沃特维尔住宅局。被告 CMP 公司不知道原告想得到这笔补助，将补助给了沃特维尔住宅局。原告因此起诉被告，要求支付补助费用。法院认定，CMP 公司的补贴政策是一个单方要约，原告的部分履行行为构成了承诺，双方达成了一份有效的合同，最终支持了原告的诉讼请求。

本案确定的规则是，在单方合同要约所要求的行为已经由受约人开始部分履行之后，即使行为没有全部履行完毕，双方之间仍成立了有效的合同，要约人不能任意撤销。

波默罗伊法官③代表法院呈递以下判决意见：

本案是一起上诉案件，初审法院最后判决支持了作为被告和第三方原告

---

① 6 R.C.L. 607.
② Motel Services, Inc. v. Central Maine Power Co. 394 A.2d 786.
本案有两个被告，分别是 CMP 公司和沃特维尔住宅局。——译者注
③ Pomeroy, J.

的 CMP 公司①（Central Maine Power Company，以下简称 CMP 公司），原告莫泰服务公司不服这一判决，提起了上诉。CMP 公司针对沃特维尔住宅局②的第三方诉讼在初审程序中被驳回，因而案件中没有发生交叉上诉。本案初审是由法官在没有陪审团参与的情况下作出判决。

1971 年 8 月 5 日，上诉人莫泰服务公司与沃特维尔住宅局之间签订了合同，由莫泰服务公司以"交钥匙"完工的形式为沃特维尔住宅局承建两项房屋工程。在该合同生效之后，上诉人莫泰服务公司向沃特维尔住宅局提出，要求改变原先的建设方案，以电力供热系统取代原先的燃油供热系统。上诉人莫泰服务公司之所以想对合同作出这样的改变，是为了让自己能够有资格获得 CMP 公司的补贴费用。根据 CMP 公司的政策，有资格获得其补贴费用的条件是：

> 房屋的所有人有资格获得本公司（CMP 公司）的业务补贴，不论是新建房屋的所有人使用电力供热系统，还是房屋的所有人将已有的房屋改造成使用电力供热系统，只要这种电力供热设备的安装符合本公司的"电子服务和计量安装标准要求"以及"房屋电力供热绝缘标准"。

上诉人莫泰服务公司采取了积极行动，努力劝说沃特维尔住宅局和联邦住宅和城市发展署同意其使用电力供热系统的修改方案。在 CMP 公司的帮助下，上诉人莫泰服务公司向沃特维尔住宅局和联邦住宅和城市发展署证明了电力供热系统从长远看更加经济；上诉人莫泰服务公司也作出承诺，如果供热系统的修改方案获得批准，它将同意减少合同造价 16 000 美元。沃特维尔住宅局和联邦住宅和城市发展署最终同意了对原先的供热系统进行改造。上诉人从来也没有通知过任何一个政府机构改建电力供热系统存在着这样一笔补贴费用，尽管实际上上诉人期望合同造价减少的 16 000 美元当中，有 8 000 美元是能够从 CMP 公司获得的补贴。

在电力供热系统的安装彻底完成之后，但在该系统完全符合 CMP 公司要求的**"标准"**之前，上诉人莫泰服务公司将两项房屋工程都移交给了沃特维尔住宅局。上诉人之所以在最终符合标准之前移交出去，主要是为了避免在 4 月 1 日之后移交产生的税收。虽然这样，在沃特维尔住宅局表示满意，同时电力供热系统符合 CMP 公司的标准之后，整个工程还是全部完成了。

---

① 第三方原告是美国民事诉讼中的一个概念，它是指一个案件的被告针对第三人提起的诉讼，认为应该由第三人承担责任。在本案中，CMP 公司是被告之一，还有另外一个被告是沃特维尔住宅。CMP 公司认为，如果法院认为它应该向原告莫泰服务公司支付补贴费用，那么，它就要求被告沃特维尔住宅局返还其已经支付的补贴费用。——译者注
② 沃特维尔住宅局是一个负责住宅事务的政府机构。——译者注

在对上诉人莫泰服务公司的电力供热工程进行检验之后,CMP 公司的雇员准备了合适的补助费用申请表。由于不知道是上诉人莫泰服务公司希望获得这笔补助,CMP 公司的雇员将申请补助表寄给了沃特维尔住宅局,并将补助款最终支付给了工程完成时的房屋所有人沃特维尔住宅局。上诉人莫泰服务公司为此向 CMP 公司提起诉讼,声称其有权获得这笔补助费用。CMP 公司则在第三方诉讼中对沃特维尔住宅局提起了诉讼,要求法院一旦判决上诉人莫泰服务公司胜诉,则要求沃特维尔住宅局返还其已经付出的补助费用。

下级法院的法官对本案的相关事实作出了认定,对相关的法律问题也给出了结论。其中,最重要的事实和结论是,在将施工的房屋交付出去之前,上诉人莫泰服务公司并没有完全符合 CMP 公司补贴政策的要求。初审法官的结论是,CMP 公司的补贴政策可以看作一个建立单方合同的持续要约[1],初审法官认为,上诉人莫泰服务公司在放弃所施工房屋的所有权之前,并没有完全履行单方合同要约中的行为,因此,CMP 公司与莫泰服务公司之间没有产生可以强制执行的合同。

一

对我们法院来说,不费什么周折就可以得出初审法院的第一个结论,也就是沃特维尔住宅局并没有权利获得这笔补助费用。沃特维尔住宅局在整个建设工程完成之前并不知道使用电力供热系统会有这笔补贴费用的存在,没有提供任何对价,也没有和 CMP 公司进行过任何协商。仅仅完成申请补助费用的表格,并不构成对要约所要求行为的履行。

二

110

下级法院正确地界定了 CMP 公司的营销政策,即 CMP 公司想要与其客户之间建立一个单方合同的要约。尽管按照一般的原则,当事人之间的合同总是被推定为双方合同[2],但是,这样的推定是可以被清晰的要约所推翻的。单方要约要求的不是答应履行一定行为的承诺,而是根据条件去履行一定的行为。这才是单方合同的实质性标志。

然而我们发现,初审法院的主审法官在解释单方合同适用的法律时出现了错误,特别是从法律上解释 Brackenbury 诉 Hodgkin[3] 一案中的一段判决意见时出现了错误。这段判决意见的内容是:*"如果要约人要求的是以行为来*

---

[1] 持续要约是美国合同法中的一个概念,它是不可撤销要约中的一种,一般是在要约届满之后自动更新,没有届满日期的,一般是每 30 天更新一次。——译者注

[2] *Restatement of Contracts*,§31.

[3] 116 Me.399,401,102 A. 106(1917).
详见前案。——译者注

交换承诺，那么，履行的行为就必须是要约中的行为，只能是要约中的行为，而且必须是全部的行为得到履行，否则，双方当事人之间就没有形成合同。"科宾教授曾经对 Brackenbury 这一案件从细节上进行过分析、讨论，举例说明了对承诺的部分履行也会使某个单方合同变得不可撤销。①

在本案中，很显然，当上诉人莫泰服务公司开始按照 CMP 公司的政策进行电力供热系统的安装时，它不仅仅可以像房屋所有权人那样有权接受 CMP 公司的要约，而且它在事实上也接受了 CMP 公司的要约。从单方合同要约的整个背景来看，上诉人莫泰服务公司没有能够将其承诺通知 CMP 公司，但这并不会削弱其承诺的有效性。②

然而，当 CMP 公司的要约被上诉人莫泰服务公司承诺之后，CMP 公司对这一笔补贴费用是否还要支付，仍然取决于上诉人莫泰服务公司履行要约中所要求行为的具体情况。

三

被上诉人 CMP 公司提出了两点抗辩理由，认为上诉人莫泰服务公司没有完全履行其补贴政策所要求的行为。首先，上诉人没有完成主张补贴费用所需要的最后一步，即将申请补助的表格提交给 CMP 公司。其次，在房屋完全符合 CMP 公司建设标准的时候，上诉人已经不再是房屋的所有人。

被上诉人 CMP 公司的第一个抗辩意见根本不值一驳。上诉人莫泰服务公司之所以没有完成所要求的提交申请补助费用表格，是因为 CMP 公司将这一申请表格交给了沃特维尔住宅局，并且指导沃特维尔住宅局如何完成申请补贴的表格。毫无争议的是，如果 CMP 公司提供表格给上诉人，上诉人将会完成这最后的要求。

如果单方合同的受约人③没有完成要约要求的行为是由于要约人的阻碍造成的，那么，在受约人提起的合同诉讼中，未能完成履行行为并不能够成为要约人的抗辩理由。④

被上诉人 CMP 公司在其最后分析部分提出了第二个抗辩意见，这一意见涉及的是一个更加实质性的问题，但在我们法院看来，这一抗辩意见也是没有说服力的。的确，上诉人莫泰服务公司没有能够在工程完成的整个期间维持房屋**"所有人"**的身份，但我们法院认为，这并不能排斥它主张这笔补贴费用的权利。

111

---

① 见 *Corbin on Contracts*，§49[(1963)].[最后一句话出现在脚注中，原编者注。]
② *1 Williston on Contracts*，§68(3rd ed.1957).
③ 在本案中受约人就是莫泰服务公司。——译者注
④ Brackenbury v. Hodgkin, *supra*, at 402，102 A.106；*1 Williston*，§74A，p.246.

CMP 公司将它的要约延伸到下面的对象：

> ……*最初建造房屋时就使用电力作为主要加热方法的房屋所有人，或者将原先加热方法转化成电力加热的房屋所有人*……*对于使用电力加热的房屋所有人，即使安装了其他的电加热设施，我们也将按照上面提及的标准给予补贴*……

一直到 4 月 1 日的时候，上诉人都是在建大楼的所有人。当天，上诉人莫泰服务公司劝说沃特维尔住宅局接受房屋移交，目的是为了能够让自己少交财产税。被上诉人 CMP 公司认为，这样的房屋移交发生在电力供热设施完全符合 CMP 公司的标准之前，因此也就排除了上诉人莫泰服务公司获得补贴费用的权利。

我们不能同意被上诉人这样的观点。

要约人是要约的主人，他有权利设定接受要约的标准、注意事项和其他认为合适的条件。要约人有权指定其授权的某一个人、某一些人或者某一个群体来接受要约。①本案中，CMP 公司在它的要约中很明显地将接受其要约的人限定在房屋**"所有人"**这一范围。上诉人莫泰服务公司在开始履行要约所要求的行为时，确实是大楼的所有人，它被授权可以接受 CMP 公司的要约，而且它实际上也接受了 CMP 公司的要约。

CMP 公司辩称，其要求电力供热系统必须做到很好的绝缘，这是申请人获得补贴费用的前提条件，这样规定的主要目的是为了保证顾客对电力供热系统满意。因此，它特别强调，在前面引用的一段文字中，重点是**"使用"**这个词；CMP 公司的补贴是想要给予电力供热系统的**"使用人"**，在绝大多数情况下，供热系统的**"使用人"**也就是供热系统的所有人。因而，补贴费用究竟应该给谁，至关重要的决定因素是供热系统"使用者"的身份，而不是供热系统"所有者"的身份。

然而，在我们法院看来，CMP 公司实施补贴政策的管理目标和该补贴政策外在显示出来的内容相比，后者更加重要。我们相信，对 CMP 公司要约所作的字面上的解读，得出的结论必定是受约人这一群体中包含了实际安装电力供热系统设施的房屋所有人。该要约并没有附加这样的条件，要求所有人占有该房屋并在安装后实际使用该房屋。实际上 CMP 公司自己也承认，它从来没有设定过这样的要求。CMP 公司在诉讼中特别强调谁才是供热系统的**"最终用户"**，然而"最终用户"这样的称谓，在要约的条款当中并不存在。〔我们认为，〕在确定 CMP 公司究竟赋予哪一类人才有权利来接受其要约的时候，

---

① *1 Williston*，§ 80；1 *Corbin*，§ 64.

只有要约里的那些条款,才是我们法院必须研究的内容。

在本案中,CMP 公司通过它的要约得到了它想要得到的利益。房屋的所有人实际安装了电力供热系统;在房屋移交出去之前,90%的工作量已经完成,遗留下来的细节问题也在很短的时间内就完成了。如果上诉人莫泰服务公司保留它对移交出去房屋的"所有人"这一名份直到获得补贴,再将房屋立即转让给沃特维尔住宅局,那么也就不会有这起案件了。房屋在最终完成之前被移交出去这一点,并不能说服我们改变本案的最终结果。

我们认定,上诉有效。本案发回重审,由初审法院按照我们的意见,作出支持上诉人诉请的判决。

■ 第六节　对不确定承诺具体方式要约的接受

霍顿诉戴姆勒金融服务公司[①]
得克萨斯-德克联卡那上诉法院(2008 年)

本案要旨

原告霍顿欠被告戴姆勒金融服务公司一笔款项,被告向原告表示,只要在指定的两个日期归还部分款项,就可以将全部债务了结,并且被告将取消原告的信用不良记录。原告通过支票向被告付款,但是没有在指定日期付款,而是略微出现了迟延。被告接受了这两笔款项,后原告发现被告未取消其信用不良记录,于是,原告起诉到法院,要求被告承担责任。法院认定,被告的要约并没有规定作出承诺的方式,原告以支票付款就是作出了承诺,双方达成了合同,法院判决支持了原告的诉讼请求。

本案确定的规则是,仅仅约定还款时间,并不是约定作出承诺的方式。在没有约定作出承诺具体方式的情况下,当事人可以选择任何合理的承诺方式。

莫里斯首席法官[②]代表法院呈递以下判决意见:

本案中的所有当事人似乎都承认,债务人霍顿对戴姆勒金融服务公司(以下简称戴姆勒公司)所欠下的债务……在 2003 年的时候已经通过戴姆勒公司的代理商 CRS 公司和解解决了。霍顿相信,这一和解包括了戴姆勒公司和

[①]　Horton v. Daimlerchrysler Financial Services Americas，L.L.C.，262 S.W.3d 1. 本案有两个被告,除了戴姆勒金融服务公司之外,还有其代理商 CRS 公司。——译者注
[②]　Morriss, Chief Justice.

CRS公司有义务去消除他在这件事情上的不良信用记录。当霍顿于2005年申请购买房屋和商用卡车时,他发现自己的账户上仍然保留着原先的不良信用记录。于是,霍顿向法院起诉戴姆勒公司和CRS公司违约。初审法院作出了支持被告的简易判决①,认定原告霍顿没有权利要求被告消除不良记录。霍顿不服判决,提起上诉。基于以下的分析,我们推翻初审法院作出的简易判决,将这一案件发回初审法院重新审理。

本案系争的和解方案,来自2003年双方之间进行过的相互协商,这一协商主要是以双方的两封往来信件作为依据。其中一封是来自CRS公司的信,另外一封则是霍顿发给CRS公司的信。在落款日期为2003年6月5日的这封信中,CRS公司向霍顿提出了以下的和解方案:

113

> 作为戴姆勒公司授权的代理人,CRS公司将接受你支付1 000美元,以此方式将上面账户中你所欠下的25 038.85美元全部了结,作为双方全部并且是最终的和解方案。在此之后,没有其他资金再会到期。本要约将延长到2003年6月30日为止,在此之后,所有的余款都将到期归还。

> 此外,与这一账户相关的所有不良信用记录都将一并予以消除。请给予我们90天的时间来更新信用信息。

> 对于正在达成的这一和解方案,我们双方都知道,该笔债务现在没有担保。

> 付款期限:其中一笔500美元应该于2003年6月15日支付,另外一笔500美元应该于2003年6月30日支付。

2003年6月18日,CRS公司从霍顿处收到了一张金额为500美元的支票。这一张支票的落款日期是2003年6月14日。第二张支票落款日期为6月27日,CRS公司是在2003年7月2日这一天收到。第二张支票附上了一封落款日期为2003年7月1日的信件,信中表明,他已经通过"特快专递"方式寄出了支票,而且在信中还附上了霍顿自己设定的一些条款:

> 随信寄去的是霍顿支付的最终款项500美元,请查收。这张支票是对以前所欠的所有到期款项的全部清偿,这件事情就此全部了结。该支票的寄出是基于信托,并不是为了双方的进一步协商。

CRS公司接受了上述两张支票。

戴姆勒公司和CRS公司要求法院作出支持自己的简易判决,它们否认6月5日的要约在双方之间形成合同。戴姆勒公司和CRS公司坚持认为,霍顿没有能够根据信件中特别要求的日子支付1 000美元款项,也就是没有接受6

---

① "简易判决"的含义,参见第60页注释。——译者注

月 5 日的要约。相反,霍顿在 7 月 1 日的信件构成了一个反要约。通过接受霍顿的支票,他们之间达成了一个新的合同,但是,这一新的合同并不包括消除霍顿信用报告中的不良记录。

在上诉中,霍顿辩称,被告接受这两张支票是否构成了对 6 月 5 日信件时间限制的放弃或者修改,是一个重要的案件事实问题。由于在本案中对这一重要事实问题存在着实质性的争议,因此初审法院就此作出简易判决是不正确的……我们法院在此认定……在本案中存在着真正的事实争议,为此应该排除法院就本案作出简易判决……

本案的争议涉及当事人对于彼此协商的不同解释。在解释合同时,我们法院的首要目标是按照合同中表示出来的那些内容查清当事人的意愿,并且努力实现当事人的意愿。[①]……如果一个书面文本可以给出确定的法律上的含义,其内容就并非模棱两可,法院就应该按照法律来进行解释。[②]

戴姆勒公司和 CRS 公司辩称,从法律上来说,6 月 5 日的要约从来也没有被霍顿接受。根据戴姆勒公司和 CRS 公司的观点,这一要约只能通过及时支付 1 000 美元才能被原告接受。由于这一笔款项没有在 6 月 5 日这封信的指定到期日付清,戴姆勒公司和 CRS 公司认为双方没有按照最初的要约达成合同。[③]霍顿坚持认为,在他支付第一笔款项的时候,对方的要约就已经被自己接受。对于霍顿没有及时支付款项构成的违约,戴姆勒公司和 CRS 公司是否放弃了追究这一点,双方存在着事实争议。我们对于本案的分析可以得出以下三个结论:(1)这一要约没有规定作出承诺的特定方式;(2)霍顿通过支付第一笔款项就是接受了这一要约;(3)在本案中对于被告是否放弃了追究原告的违约责任,存在着事实争议。

本案中的要约并没有规定作出承诺的特定方式

戴姆勒公司和 CRS 公司辩称,2003 年 6 月 5 日的要约中规定了霍顿接受这一要约的特定方式,即在特定的日期付清全部款项。"对于一个明确规定了作出承诺时间和方式的要约,只有这些条款完全符合之后才能在当事人之间

---

① Seagull Energy E & P, Inc. v. Eland Energy, Inc., 207 S. W. 3d 342, 345(Tex. 2006).

② Coker v. Coker, 650 S. W. 2d 391, 393(Tex. 1983).

③ 戴姆勒公司和 CRS 公司认为,双方根据霍顿在 7 月 1 日信件中的反要约达成了一个合同。如果在 6 月 5 日这一时间点上没有达成合同,它们的辩解意见也许是成功的。一个"承诺"与要约必须是完全等同的。Long Trusts v. Griffin, 144 S. W. 3d 99, 111—12 (Tex. App.—Texarkana 2004), *rev'd in part & remanded in part on other grounds*, 222 S. W. 3d 412(Tex. 2006). 然而,我们在本案中认定,当霍顿第一次付款时,双方之间就已经达成了一个合同。此为原判决中的注解。

形成合同。"①本案中的争议问题是,这一要约是否规定了它只能通过在 2003 年 6 月 30 日这一天或者之前全部付清款项的方式来作出承诺呢?

要约可以明确规定特定的承诺方式。②6 月 5 日的要约中虽然明确了付款条款,但并没有明确规定作出承诺的特定方式。戴姆勒公司和 CRS 公司认为,接受这一要约唯一可行的方式是及时付清所有的款项。我们法院认为,它们[被告]没有向我们表明合同中这样的文字身在何方,我们在这一合同中也没有发现有着这样的文字。

在这一要约中,没有任何地方规定了作出承诺的具体方式。这一要约规定:"本要约将延长到 2003 年 6 月 30 日为止,在此之后,所有的余款都将到期归还。"[我们认为,]这一段文字提到了要约持续开放、可以被对方接受的截止时间,但是,它并没有提到要约可以被接受的具体方式。信件中的文字——"接受你支付 1 000 美元,以此将你欠下的 25 038.85 美元全部了结,作为双方全部并且是最终的和解方案",指向的是和解协议条款,而不是指向原告作出承诺的具体方式。最后,这一合同确定的付款时间是"付款期限:其中一笔 500 美元应该于 2003 年 6 月 15 日支付,另外一笔 500 美元应该于 2003 年 6 月 30 日支付",这些都只是合同中的条款,而不是作出承诺的具体方式。

Padilla 一案涉及的是"民事诉讼规则第 11 条"项下的协议③,这一协议明确规定了某一笔款项必须在特定时间支付;得克萨斯州最高法院认定:"很清楚,这一要约只能通过在截止日期之前**支付款项来进行承诺**④。"⑤我们认为,Padilla 一案的结论与我们手头的这一案件有所不同。Padilla 一案中的信件表述如下:"我期望在所确定的日期这一天或者之前**收到你的支票**⑥,如果你没有做到的话,这一要约将予以撤回……"而在我们手头的这一案件中,信件里并没有就作出承诺的方式作出像 Padilla 案件中那样的表述。

虽然戴姆勒公司和 CRS 公司本可以在要约中明确规定作出承诺的特定方式,但是,要约中的文字说得清清楚楚,其中并没有包括任何这样的要求。

115

---

① Padilla v. LaFrance, 907 S.W.2d 454, 460(Tex.1995); *Restatement*(*Second*) *of Contracts* §58(1981).

② Franklin Life Ins. Co. v. Winney, 469 S.W.2d 21, 23(Tex.Civ.App.—San Antonio 1971, writ ref'd n.r.e.).

③ "民事诉讼规则第 11 条"项下的协议,指得克萨斯《民事诉讼规则》第 11 条规定,律师与当事人之间的协议必须以书面方式签订并由双方署名,否则这样的协议是不能强制执行的。——译者注

④ 此处黑体为原判决中就有。

⑤ 907 S.W.2d at 460.

⑥ 此处黑体为原判决中就有。

"当事人的意愿必须是从协议本身,而不是从当事人现在的解释当中得出。协议必须按照其书面内容去执行。"①从书面内容来看,本案中的要约并没有规定特定的承诺方式。

通过支付第一期款项,原告霍顿对这一要约就是作出了承诺

除非有其他特别要求,合同中的一方可以按照当时具体情形下任何合理的方式来接受要约。②一般而言,"表示同意的具体方式无关紧要,只要它在客观上能够让发出要约的人知道他的要约已经被承诺就可以了"。③通过一定的行为来作出承诺,已经是得到广泛认可的规则。④霍顿支付第一期分期付款的500美元,是一个清晰、明确地表明承诺的行为。这一行为有效地通知了戴姆勒公司和CRS公司,他们的要约已经被承诺,而且是在要约所明确的时间之内被原告承诺。在霍顿支付了第一期款项这一时间点上,双方之间的合同就已经形成。

对于戴姆勒公司和CRS公司是否放弃追究责任这一点存在着事实争议

虽然霍顿没有按照合同中约定的时间及时支付款项很显然是违反了合同,但是,对于戴姆勒公司和CRS公司是否放弃了必须在指定日期付款这一要求⋯⋯还是存在着实质上的事实争议。因为案件存在着实质上的事实争议,初审法院作出简易判决就是错误的⋯⋯

我们法院在此推翻初审法院的判决,将案件发回初审法院,由初审法院按照我们法院的意见重新审理。

116

■ 第七节　指定媒介的承诺以及"投邮生效"规则

藤本诉雷欧公司⑤
美国联邦第五巡回上诉法院(1969年)

本案要旨

原告藤本和布拉沃是被告雷欧公司的雇员,在两原告向被告提出加薪后,

---

① Nicol v. Gonzales, 127 S.W.3d 390, 394(Tex.App.—Dallas 2004, no pet.).

② *Restatement(Second) of Contracts* § 30(1981).

③ Fujimoto v. Rio Grande Pickle Co., 414 F.2d 648, 652(5th Cir.1969).

④ Patrick v. Smith, 90 Tex.267, 38 S.W.17, 19(1896); *Restatement(Second) of Contracts* § 50(1981).

⑤ Fujimoto v. Rio Grande Pickle Co. 414 F.2d 648.
本案原告有两个人,即藤本和布拉沃。——译者注

被告给原告送去一份书面合同,合同中约定让原告将来可以获得被告公司利润的奖励。原告签署合同后未将书面合同返还给被告,之后继续在被告公司处工作了 14 个月。因被告答应的奖励从未兑现,于是原告起诉被告违约。法院认定,双方达成了合同,判决支持了原告的诉讼请求。

本案确立的规则是,在要约中没有明确具体的承诺方式时,任何外在行为只要能够表明对方已经接受了要约的,就已足够构成承诺。

戈德伯格①巡回法官代表法院呈递以下判决意见:

我们法院审理的这一起上诉案件涉及的是,原告藤本和布拉沃起诉被告雷欧公司,要求确认他们与被告雷欧公司之间存在书面雇佣合同。摆在我们法院面前的问题是,系争的合同是否成立,又应该作何解释?

被告雷欧公司是科罗拉多州一家为腌菜行业从事黄瓜种植和销售业务的公司,该公司在 1965 年的春天雇用了原告藤本,并在同年秋天雇用了原告布拉沃。两位原告受雇后,在被告公司从事很重要的工作。藤本受雇为种植和生长业务的负责人,而布拉沃则从事新进劳动力的管理和培训工作。

为了鼓励两位原告全身心地为公司工作并留在公司,被告雷欧公司为这两人都提供了一份雇佣合同,合同中包括了分享公司利润奖励的条款。在这份书面合同交给两个原告之前,被告公司已经口头同意了受约人(即藤本和布拉沃)所提出的给予更多补偿的要求,即在他们原来薪水的基础上,再加上公司年利润的 10% 作为奖励。布拉沃告诉被告雷欧公司的总裁,他想要一个上述方案的书面协议,雷欧公司的总裁对此回答道:"我会准备,并发给你一个书面合同。"雷欧公司送给原告藤本和布拉沃的合同文本中,并没有明确这一要约应该以什么方式来作出承诺,或者承诺应该以什么方式来告知雷欧公司。在这样的情形下,藤本和布拉沃各自在雷欧公司送来的书面合同上签了字,但是,两位原告没有将这一雇佣合同返还给公司。由于藤本和布拉沃两人相信他们已经接受了公司的要约,并认为已经是在提供了奖励的合同条件下进行工作,所以,他们两人就继续在雷欧公司工作,一直工作到 1966 年 11 月 30 日。

本案系争的书面合同要求这两名雇员尽他们最大的努力为雷欧公司服务,公司答应他们会支付给他们一定的奖励,奖励的标准是公司每财政年度净利润的 10%。每一名雇员同意将公司奖励的一半,作为自己在公司股票上的投资。……

117

---

① Goldberg, Circuit Judge.

在初审的法庭调查过程中,陪审团认定,藤本和布拉沃在 1965 年 10 月,已经分别与雷欧公司之间形成了书面合同。……

在上诉中,雷欧公司辩称,没有明显证据可以支持陪审团认定藤本和布拉沃接受了奖励合同。……

雷欧公司认为,其与藤本和布拉沃之间没有形成合同关系,因为这两人没有通过签署并返还书面文本给公司的方式来接受这一奖励要约。这两位雇员都是各自签订了奖励合同,但两个人谁也没有将这一奖励合同返还给公司。这样,本案争议的第一个问题就是,对于这样的要约——该要约的条款中没有确定作出承诺的具体方式——是否可以通过将签署的书面文本返还公司以外的其他方式作出承诺?

对于这一问题,科宾教授从法律上作了以下总结:

> 首先,没有疑问的是,要约人可以要求作出承诺的通知是他所希望的任何形式。要约人可以要求承诺以任何语言、任何方式传递。他可以要求承诺是点头、举旗、把某个东西摇一摇或是一个烟雾信号。他可以要求承诺以信件、电报或者无线电的方式来通知,并可以要求除非是自己知道、而且只有等自己实际知道承诺已经作出时,合同才成立。

> 其次,要约人可以具体规定对其要约作出承诺的方式,并且不将这一方式明确为承诺的惟一方式。如果要约人确定的承诺方式可能无法将要约已经被承诺的情况送到要约人家里,让要约人知道,那么要约人知道要约已经被承诺就不再是合同成立的前提。要约人可以在不知道任何合同法知识,而且根本没有想到过要约和承诺的情况下,明确具体的承诺方式。

> 第三,如果要约人在要约中没有明确承诺的具体方式,法律要求的承诺方式就必须符合类似情形中人们作出承诺的方式和习惯。如果有关这样方式和习惯的证据不足或者不确定,那么法院就必须考虑可能的便利和结果,并通过法院判决来帮助人们确立未来的习惯做法和法律规则。[①]

本案涉及的是科宾教授论述的第三种规则的情形。雷欧公司的书面要约中并没有明确要求原告作出承诺的具体方式,也没有证据显示雷欧公司曾经表明这样的意愿,即要约只有以返还签订过的书面文本这种形式才能被接受。本案事实恰恰和雷欧公司的陈述相反。庭审记录里的很多证据都表明,雷欧公司奖励要约最初的设定条件,是让受约人继续留在公司工作,两名雇员对此理解为:他们不需要将签署的合同返还就可以得到 10% 的奖励。

118

---

① *Corbin on Contracts*,§ 67,p.109[Student Ed.1952].

既然我们认定将签署过的合同文本返还给雷欧公司不是受约人作出承诺的惟一手段,那么我们就必须确定藤本和布拉沃是否事实上已经将他们接受要约这一点恰当传达给了雷欧公司。在这一点上,由于要约及相关情形对于可以接受的承诺方式是"沉默的",因此,法律只要求受约人将接受要约的内心意愿清晰而且没有错误地表达出来即可。在科宾教授的论著中,有着以下文字的表述:

> 在需要将承诺进行通知的案件中,受约人如果只是表达了内心的同意,或只做了一些要约人不知晓,也不构成通知或习惯做法的公开行为,那么这样的行为对于承诺来说是不够的。**如果公开的行为很明显地表明了受约人有着接受特定要约的意愿,要约人在事实上也已经知道了这样的公开行为,**那么,这样的承诺就构成了有效的承诺,因为要约人已经事实上知道对方作出了承诺。①

正如科宾教授所指出的,只要受约人有效地让要约人知道其要约已经被接受,表达同意的方式并不重要。人们通常想到的是从口头或者书面的方式来看待承诺,但是在很多情形下,行为或者符号也一样是有效的交流工具,[一样可以表达同意]。②布朗首席法官在 Aetna Casualty & Surety Co.诉 Berry③一案的判决意见中分析如下:

> 贝里公司与埃特那公司的接触和沟通,并不是通过言词方式来表达的,这仅仅涉及它们之间传递的消息是否很有分量、是否清晰,但这并不意味着双方没有合同存在。在很长时间内,法律已经承认了非文字方式传递讯息的有效性。受约人以沉默、点头、在订单表格手写上"√"或者"×"符号来表示承诺,根据"沉默即为同意"的法律原则,合同就由此形成;有鉴于此,我们的成文法在法律上已经认识到,对人们的各种行为进行有意义的指引和评论时,除了采用文字进行表达、沟通之外,还必须采用人们有共同认知的方式。文字的符号,经常就已经足够。律师和法官在工作中离不开这些文字符号来处理案件,这就像本案中的引注(也是一种符号)一样,经常可以用来论证案件。④

在 McCarty 诉 Langdeau⑤ 一案的判决中,也有着类似的观点。

---

① *Corbin on Contracts*, *supra*, §67 at p.111.
② *Restatement of Contracts*, §21.
③ 5 Cir. 1965, 350 F.2d 49, 54.
④ 因为美国是一个判例法国家,法官在审理案件和律师发表代理意见时,经常会提及一些判例,而美国的判例通常都是用符号或缩写来表示的。法官在此想说明,很多情况下,并不需要以文字来表示意思,非文字的形式也可以表示某些意思。——译者注
⑤ Tex.Civ.App. 1960, 337 S.W.2d 407, 412(writ ref'd n.r.e.).

119　　　　本案有充分的证据支持陪审团的认定,即雷欧公司已经知道受约人同意了包含着奖励条款的合同。特别重要的是,藤本和布拉沃曾经威胁过,如果他们的薪水没有实质性的增加,他们将会从公司辞职。事实上,他们在收到被告公司的要约之后留了下来,继续在被告处工作了 14 个月。而且,在这 14 个月中他们没有再对自己的补偿表示过不满。另有证据表明,藤本和布拉沃与雷欧公司曾就有关奖励的合同进行过讨论,讨论中的各种事项足以让雷欧公司总裁知道藤本和布拉沃同意和接受了这一合同,公司总裁对于他们接受这一合同也不会产生错误的理解。考虑到上述这些情形,雷欧公司就其与原告之间是否成立合同这一问题,不会被像哈姆雷特那样的疑问①所包围。因为雷欧公司知道了藤本和布拉沃已经接受了要约,所以,他们之间存在着一个有效的和有约束力的合同。②

　　　　本案部分维持,部分改判。

坎图诉州教育委员会③

得克萨斯州上诉法院,奥斯丁(1994 年)

本案要旨

　　　　原告坎图是一位教师,她在新学年即将开始前的一个周六递交了一封辞职信,学区负责人于星期一收到该信,当天就回信接受原告辞职,并将信件投递出去。回信的第二天,原告向学校表明自己撤销辞职,但遭到拒绝。后原告向被告州教育委员会反映,被告认定原告辞职已发生效力。原告因此向法院起诉要求审查被告的决定。法院认定,学校将同意辞职的信件投递出去时,就已经作出承诺,最终维持了州教育委员会的决定。

　　　　本案确定的规则是,在要约对于承诺的方式没有作出特别要求时,受约人可以采取任何合理方式接受要约,承诺一经作出就发生效力。

　　　　史密斯法官④代表法院呈递以下判决意见:

---

　　　① "像哈姆雷特那样的疑问",哈姆雷特是英国著名文学家莎士比亚剧本中的王子,在该剧中,哈姆雷特曾经提出"生存还是毁灭,这是一个问题"这样的疑问。"哈姆雷特的疑问"往往比喻一个令人非常困惑的问题。——译者注

　　　② 也可参见 *Williston on Contracts* § 90(1957)。

　　　③ Cantu v. Central Education Agency,884 S.W.2d 565.

　　　④ Bea Anne Smith,Justice.

上诉人坎图向法院起诉,要求法院对于州教育委员会主任莱昂内尔的最终决定进行司法审查。初审的地区法院维持了州教育委员会主任的决定。我们法院在此维持初审法院所作的判决。

一、案件背景

本案的事实并无争议。原告坎图被圣贝尼托学区[①]聘用为特殊教育教师,合同期为 1990—1991 学年。1990 年 8 月 18 日(周六),新学年开始之前,坎图向她的主管当面递交了一封辞职信,这一封信表明原告的辞职是在 1990 年 8 月 17 日作出的。在这一封信中,坎图要求学校将她最后薪水的支票寄到得克萨斯的麦卡伦,这一地方距离她递交辞职信的圣贝尼托学区的办公场所大约有 50 英里。圣贝尼托学区的负责人是唯一可以代表学区接受教师辞职的人,该负责人在 8 月 20 日(周一)这一天收到坎图的辞职信。学区负责人在当天就回信接受了坎图的辞职,他贴足邮资,写上正确地址,在当天下午 5 点 15 分左右将回信投进邮箱。在这封信寄出的第二天早晨,也就是 8 月 21 日上午 8 点左右,坎图来到了学区负责人的办公室,面呈了一封信,要求撤销原先的辞职请求。坎图在这一封信中包含了一个在圣贝尼托的回信地址。作为对坎图撤销辞职的回应,学区负责人当面交给坎图前一天自己寄出的信件副本,告知原告其辞职已经被接受,而且不得撤销。

州教育委员会认定,因为接受坎图辞职的信件在学区负责人投递进邮箱之后就产生了法律效力,当原告坎图试图撤销其辞职的时候,终止坎图雇佣合同的协议已经生效,所以,学区拒绝履行与坎图的雇佣合同并不违反法律。

120

二、法律分析

在本案中需要进行审查的唯一法律问题是,在得克萨斯州的法律下,"投邮生效"规则[②]的适用范围是什么?州教育委员会和初审地区法院是否正确地适用了"投邮生效"规则?在上诉中,当事人都认可终止坎图的雇佣合同需要有要约、承诺和对价这些要素。[③]但是坎图坚持认为,初审法院判决错误地认定,当学区负责人将接受坎图辞职的信件投递进邮箱的时候,终止其雇佣关系的协议就发生了法律效力。坎图的辩论意见是,根据得克萨斯州法律,只有要

---

① 学区在美国主要是管理公立学校的一个机构,它是由州和地方政府所控制。每个学区都有一个主管,其职责是学区的行政负责人,负责学区的日常事务。——译者注

② "投邮生效"规则是传统普通法上的一个重要规则,它是有关承诺什么时候发生效力的规则。这一规则对于认定合同什么时候成立具有非常重要的作用。具体地说,它是指在要约没有对承诺方式提出特别要求的情况下,如果以寄送信件作出承诺的方式在特定的情形下是合理的,那么,当信件被投递进信箱的时候,承诺就发生法律效力。——译者注

③ Texas Gas Util. Co. v. Barrett, 460 S.W.2d 409, 414(Tex. 1970).

约人自己以邮寄的方式提出要约,或者明示同意对方以邮寄方式作出承诺的时候,以邮寄方式作出的承诺才可以约束双方当事人。坎图的辞职信中,并没有明示同意学区以邮寄的方式接受坎图的要约。由此产生的问题是,默认受约人可以通过邮寄方式来接受要约,是否只有在要约是以邮寄方式作出时才可行,还是在案件的具体情形让通过邮寄接受要约成为合理的时候也可以这样做?

"要约人是自己要约的主人",这一法律格言反映了要约人有权设定受约人接受要约的条件,明确受约人接受要约的方式,或者在受约人有效作出承诺之前,要约人有权撤销其要约。然而,更加常见的情形是,要约人并不明示确定一个特别的承诺方法、手段或者方式。因此,特别是在当事人身处两地的情况下,需要有一个法律规则来确定合同成立的时间点,在受约人作出承诺的时间与要约人接受承诺的时间这两个节点之间,分配可能的损失和不便的风险——这样的风险不可避免地要落在当事人一方的头上。[①]

正如科宾教授指出的那样,法院可以采纳如下规则,即在要约人没有明示允许的情况下,承诺只有在要约人收到的情况下才有效;然而,作为"投邮生效"规则来说,承诺却是在信件投递出去的那一刻发生法律效力。这一规则可以使交易迅速完成,履行更加快捷,而且将带来不便的风险置于要约人身上——要约人他本来有着控制承诺方式的权力。此外,"投递信件这一方式,长期以来一直是传统的、也是被人们期待的接受要约的方式"。因此,"即使要约不是以信件投递的方式作出,要约对作出承诺的方式也没有明示的要求,但每个案件的具体情形也可以让邮寄成为合理的承诺方式,让要约人有理由知道承诺将会以邮寄这样的方式作出"。简而言之,如果在某一案件的具体情形下,用邮寄的方式来接受要约是合理的话,那么就可以认为要约中默认允许这样的方式。

《合同法重述》认可并且同意了这一观点:在要约中没有相反规定的情况下,只要这一承诺在案件的具体情形中是合理的,承诺在发送之时就具有了法律效力。[②]除此之外,《合同法重述》中还特别认可,如果当事人是身处两地进行协商,或*即使要约人亲自将一书面要约面呈给居住在同一城市的受约人,受约人以邮寄的方式来作出承诺,通常也被认为是合理的*。[③]根据得克萨斯州的商事交易法,调整商事交易中要约和承诺的规则同样适用《合同法重述》中的标

---

① 1 Arthur L. Corbin, *Contracts* §78(1963).

② *Restatement(Second) of Contracts* §§30(2),63(a),65,66(1979).

③ *Id.* §65 cmt. c.

准,也就是说,要看作出承诺的方式是否合理。①

我们认定,在本案中考虑以下两个问题是恰当的:通过寄送的方式来作出承诺,在本案具体情形下是否应该被认为是合理的默认? 要约是不是通过邮寄的方式作出的?

在仔细分析本案的具体情况后,我们同意州教育委员会和初审法院的结论,即学区主管通过邮寄的方式接受坎图的辞职是合理的。坎图是在新的一学年即将开始之前提交辞呈的,此刻辞职,双方当事人肯定都会意识到,学区需要迅速采取行动来寻找替代的教师以弥补空缺。事实上,坎图是在周六提交辞呈的,这时候学区负责人不可能收到她的要约,也不可能对她的要约作出回应,周六提交辞呈已经将她辞职的事项客观上迟延了两天。最后一点,坎图在辞职信件中说道,最终薪水支票应该寄送到 50 英里之外的一处地方,这表明在圣贝尼托应该不会再找到她,她也不想再返回学校住处或者学区办公室。教育委员会和初审地区法院正确地认定,学区通过寄送的方式来接受要约是合理的方式。上诉人认为在这一点上存在错误的观点,我们不能接受。

三、结　　论

我们在此维持初审法院的结论和州教育委员会的认定,即学区已经接受了原告坎图的辞职,在坎图试图撤销其辞职要约之前,学区已经终止了她的雇佣合同。

■ 第八节　传递中出现错误②

122

当事人的要约和承诺,总是要通过一定方式传递出去,让对方知道。这样的传递方式可以是口头表达,可以是写信、拍电报、电子邮件,等等。但由于各种原因,它们在传递过程中可能出现错误,没有真实表达当事人意愿,例如,口误、笔误、技术差错。媒介的工作人员在操作中也可能出现差错,导致传递错误。在典型的案例中,有的将单价 110 美元,说成单价 100 美元,对方听了之后,作出了承诺;再比如,电报公司的工作人员发生差错,将发报人的供货信息写错,对方信以为真。对此,一般的规则是,只要对方没有理由知道这是出现了错误,法院就会认定双方之间形成了合同。

---

① Tex. Bus. & Com. Code. Ann. §2.206(West 1968)[UCC §2-206].
② 在这一部分中,原编者没有选编具体的案例。这一部分内容是译者为了说明而添加。——译者注

■ 第九节　可撤回要约的终止

斯威夫特公司诉斯密戈尔[①]

新泽西州高等法院,上诉法庭(1971 年)

本案要旨

　　已经去世的斯密戈尔在生前为了能让原告斯威夫特公司向自己公司供货,与原告签订协议,由斯密戈尔个人承担付款的担保责任,在斯密戈尔撤销连续担保前,他对公司将来发生的所有债务承担付款责任。后斯密戈尔被确认为无行为能力人,之后又死亡了。斯密戈尔的公司则向法院申请破产。原告对斯密戈尔丧失行为能力这一事实不知情。原告起诉斯密戈尔的遗产管理人,要求遗产管理人承担支付货款的责任。法院判决,由于被告未能将斯密戈尔丧失行为能力这一点告诉原告,其提供的担保责任不能被终止。

　　本案确定的规则是,如果受约人不知道或者没有理由知道要约人在发出要约后丧失了行为能力,那么一旦受约人作出了承诺,双方之间就达成了一个有约束力的合同,原先的要约就不能被终止。

　　康福德法官[②]代表法院呈递以下判决意见:

　　原告斯威夫特公司在新泽西州高等法院对欧文·斯密戈尔(系约瑟夫·斯密戈尔的遗产管理人)提起诉讼,要求对方支付原告向 Pine Haven 公司供货的货款 8 509.60 美元。原告认为,已经去世的约瑟夫·斯密戈尔和第三人被告[③]克莱格对这笔债务承担着连续担保[④]的责任。初审法院作出了支持被告欧文·斯密戈尔的简易判决,驳回了原告斯威夫特公司的起诉,同时也驳回了欧文·斯密戈尔针对克莱格的第三人起诉。原告斯威夫特公司对这一判决

---

　　① 　Swift & Co.v.Smigel,115 N.J. Super.391,279 A.2d 895, aff'd 60 N.J.348,289 A.2d 793. 本案有两个被告,除了斯密戈尔的遗产管理人之外,还有另一自然人克莱格。——译者注

　　② 　Conford,P.J.A.D.

　　③ 　第三人被告是美国民事诉讼中的一种特别制度。第三人被告通常是由最初的被告申请追加进来的,最初的被告则称为第三人原告。第三人原告往往会称,如果法院判决其承担责任,那么他就要求第三人被告承担责任。通俗地讲,第三人被告往往是直接被被告拉到案件中来"垫背"的。本案第三人原告(即被告欧文·斯密戈尔)辩称,原告发送的货物并不是 Pine Haven 公司最终收取,而是转到了第三人被告克莱格新成立的一家公司。——译者注

　　④ 　连续担保责任是指担保人对被担保人在一段时间内的某一事项连续进行担保,而不用就每一次行为都单独进行担保。在一般情况下,连续担保的担保人可以随时撤销这样的担保。——译者注

不服,提起了上诉。

初审法院的判决主要依据两个方面的理由,一是在本案原告主张的货物实际交付之前,约瑟夫·斯密戈尔已经被确认为无行为能力的人;二是在这一问题上有关权威论著所确定的规则,支持法院作出这样的判决。权威论著确定的规则就是,在受约人接受要约之前,如果要约人已经变成精神上无行为能力的人,那么,该要约将被终止,无论受约人在接受要约时是否已经得知要约人没有行为能力这一事实。①初审法院判决中所提及的权威规则,迄今为止还未在新泽西州报道过的案例中出现,这一规则的正当性究竟如何,是摆在我们法院面前需要解决的主要问题。

有关本案的事实,在起诉状、申请书、案件的法律分析和口头辩论中多次提及,相互之间并不矛盾。本案的主要事实是这样的:已经去世的约瑟夫·斯密戈尔和克莱格是一家名为 Pine Haven 公司的两位股东,他们在公司中拥有相同的股份。1962 年 11 月 11 日,为了促使原告斯威夫特公司向 Pine Haven 公司出售货物,约瑟夫·斯密戈尔和克莱格各自与原告签订了有关连续担保的协议。根据这一连续担保协议,原告在将来要向 Pine Haven 公司出售并交付货物,而对于 Pine Have 公司所有应该支付的到期货款,[约瑟夫·斯密戈尔和克莱格]这两位担保人都同意承担付款责任。在这一担保协议的其他条款之外,约瑟夫·斯密戈尔签署的这一担保协议还将覆盖买方可能承担的所有责任。也就是说,这一担保责任将要延续下去,一直延续到原告收到担保人或者是担保人的法定代理人撤回担保通知之后的第 10 天为止。在这一担保协议签订之后,约瑟夫·斯密戈尔及代理人从未向原告作出过撤回担保的通知。原告斯威夫特公司诉称,在交付货物的整个过程中,包括在货物交付之前,其从来都不知道约瑟夫·斯密戈尔已经丧失行为能力,原告只是等到这一案件进入诉讼程序的时候才知道约瑟夫·斯密戈尔已经丧失行为能力。关于原告斯威夫特公司是刚刚知道约瑟夫·斯密戈尔丧失行为能力这一点,在这起上诉案件中,应该是我们法院必须接受的事实。

就原告是否应该有正当理由知道约瑟夫·斯密戈尔已经没有行为能力,或者是否应该对约瑟夫·斯密戈尔的行为能力情况进行调查、进而可以发现他已经丧失行为能力这一点,我们法院并没有找到这方面的相关信息,也就无从进行判断。约瑟夫·斯密戈尔于 1966 年 1 月 16 日被确认为无行为能力,有关机构签发给其儿子(本案的被告)监护证明的日期是 1966 年 2 月 1 日。尚未付款的这批货物是在 1967 年 1 月 4 日到 1967 年的 10 月 12 日之间发送

124

---

① *Restatements*, *Contracts*, § 48 at 56(1932).

的。在这之前,初审法院的庭审笔录中并没有记载交付货物和支付款项的过程中双方究竟发生了什么。

……①

在这起上诉案件中,任何一方当事人都认为,引起诉讼的协议不是"仅仅局限于某一特定交易的协议……而是想要覆盖到双方将来交易"的连续担保协议。②所谓连续担保,是担保人从某一交易的一开始就发出担保要约,在要约被债权人接受之后,担保人对于债权人将来每次从事的特定行为(如提供贷款给债务人的行为)都会进行担保。在通常情况下,连续担保中的担保人保留在债权人作出承诺之前单方撤回担保的权利。

本案中需要我们重点关注的问题是,担保人[约瑟夫·斯密戈尔]一旦被宣布为精神上没有行为能力,对于担保人来说,是否就是自动撤回了连续担保呢?就这一问题,根据当事人[的律师]和我们法院的研究,从已经披露的美国法院案例来看,现在还没有专门的判例就这一问题作出过判决。英国有一家初审法院曾经认定,只有在债权人知道担保人变成无行为能力人时,担保的效力才中止。然而,这一问题在上诉案件中却没有涉及过。③

担保人丧失行为能力之后应该如何处理,通常与担保人被假定为死亡作为同一类型的问题来对待。对于担保人死亡的情形,在为数不多的案件中,绝大多数法院认定,不管债权人是不是知道对方死亡,都将终止担保。这样的处理是基于一项原则,即要约人的死亡破坏了合同中所必需的双方当事人的同意,要约人因为自身的死亡已经不可能再同意原先的合同了。④新泽西州就有一家初审法院在判决中采用了该规则。⑤其他类似的典型案例有 Jordan 诉 Dobbins⑥和 Aitken 诉 lang⑦ 两案。与一般规则相反的代表性案例则是

---

①　在省略的这一部分中,判决意见中介绍了约瑟夫·斯密戈尔在 1967 年 11 月 19 日去世。Pine Haven 公司在 1967 年 12 月 20 日申请破产(这也是原告坚持要求担保人承担责任的原因,因为直接债务人 Pine Haven 公司已经无力清偿这笔债务)。原告曾经向被告主张在约瑟夫·斯密戈尔的遗产中清偿这笔债务,但是,遭到了拒绝。因此原告提起了诉讼。同时,在该判决意见中,被告欧文·斯密戈尔认为,原告交付的货物实际上被克莱格所成立的公司拿去使用了,因此他将克莱格列为第三人被告,要求法院一旦判令他承担责任,那么就应该让克莱格承担责任。——译者注

②　Fidelity Union Trust Co. v. Galm, 109 N.J.L.111, 116, 160 A.645(E. & A.1932).

③　Bradford Old Bank v. Sutcliffe, 2 K.B.833(Ct.App.1918).

④　10 *Williston*, *Contracts* (Jaeger-3d ed. 1967) § 1253 at 809—810; 1 *id*. § 62 at 206—207(1957); *Restatement*, *Contracts*, § 48 at 56(1932); *Restatement*, *Security*, § 87 at 250—252(1941).

⑤　Teplitz Thrown Silk Co. v. Rich, 13 N.J.Misc.494, 179 A.305(Cir.Ct.1935).

⑥　122 Mass.168(Sup.Jud.Ct.1877).

⑦　106 Ky.652, 51 S.W.154(Ct.App.1899).

Gay 诉 Ward[①] 一案,这一判例强调,如果在担保人死亡的情况下允许不作通知就直接终止担保协议,将会降低连续担保在商业上的效用。科宾教授将Gay 案视为其所倾向规则的代表性案例。[②]

在这一问题上,有着以下的观点,即在要约人死亡或者丧失行为能力时,要约应该被视为自动撤回,即使受约人对要约人死亡的情形并不知晓、其接受行为是善意的,也应该视为要约人自动撤回了要约。但是,这一观点的理论基础已经受到这一领域权威专家的批评。

科宾教授对这一观点的评论是这样的:

现在一般的说法是,即使受约人不知道要约人已经死亡,要约人死亡也可以终止受约人作出承诺的权力。这个一般观点源于早期的理论,即在特定的时间点,如果没有当事人思想的实际交会,那么就没有合同的成立。然而,早期的这一观点现在已经被抛弃很长时间了。在这一问题上的规则被认为是跟随了"合同必须两个人才能形成"这一格言,而且,在逻辑上必须跟随这一格言。不认可死亡[事件]终止受约人接受要约的权力,这一观点与"合同必须两个人才能形成"这一格言并不矛盾;要约是由一个活着的人作出的,也是由另一个活着的人作出承诺。

人们已经认定,**而且是公正地认定**,在要约人死亡后,如果受约人对此并不知情,并且已经完成要约人所要求的行为,那么就应该认定双方构成了合同。因而,一旦要约人通过其代理人订购了一船的货物,受约人在不知道要约人已经死亡的情况下将货物装运送货,受约人仍可以从要约人的遗产那里主张货物的价款。同样地,如果一个人同意对所出售的货物、所出借的款项、所从事的服务进行担保,那么,在不知道作出担保承诺的一方(担保人)已经死亡的情况下,受约人可以就已经交付的"货物"、付出的"款项"、提供的"服务"要求强制执行该担保人的遗产。然而,也有一些案件的认定与此相反;同时,这些案件也认定,在受约人已经知道要约人死亡的情形下,他就不能再就这一要约作出承诺。[③]

在科宾教授看来,受约人不知道要约人随后丧失行为能力而被法院判决终止要约的案例,"甚至比因为死亡而终止要约的规则更加值得怀疑",因为"从事实上来说,不论是对法官,还是对合同当事人而言,一个人究竟有没有行为能力,远不像一个人死亡那样容易认定"。[④]

125

---

① 67 Conn.147, 34 A.1025(Sup.Ct.Err.1895).

② 1 *Corbin*, *Contracts*(1963) §54 at 299. see *infra*.

③ 1 *Corbin*, *op.cit.*, §54 at 227—228, 229.

④ *Id*. at 231.

值得注意的是,虽然美国法律协会①以同样的方式在《合同法重述》(第二次重述)②中保留了《合同法重述》③第 48 条款的主要内容,即在要约人(或者受约人)死亡或者丧失了签订合同所需要的行为能力的情况下,法律会终止受约人接受要约的权力,但美国法律协会显然不太愿意这样做,而且对此是持批评态度的。《合同法重述》(第二次重述)第 48 条款的评论(a)这样写道:

> **要约人的死亡**:要约人的死亡,即使在没有通知受约人的情形下,也将终止受约人[接受要约]的权力。这一规则似乎**是一个过时观点——即合同成立需要当事人"思想的交会"——的遗物**,也与这一问题上的现代观点——即当事人外在的同意表示就可以构成有效合同,而不需要当事人实际上的主观同意——不相一致。这一传统规则已经在某些方面被人们"突破"了,这些突破体现在,通过法律和法院的判决,对于涉及银行储蓄和取款方面的情形,不再适用传统的规则④;通过立法规定,对于委托人的授权委托书,也不再适用传统的规则。⑤但是,在没有法律特别作出规定的情况下,这一传统的规则还是有效的。

在奥利芬特所著《要约的期限和终止》一文⑥以及《哥伦比亚法学评论》有关论文的注解⑦中,都对要约人死亡或者无行为能力自动撤回要约这一原则的理论基础提出了类似批评。这两篇文章都认为,在受约人不知道要约人已经死亡或者已经丧失行为能力的情况下,这一传统规则侵犯了受约人合理的期待。后面一篇文章的相关评论是这样的:

> 合同责任和侵权责任都会转移到执行遗产事务的代表身上。为什么要约下的责任不能够这样呢? 如果我们对要约人进行一个客观的测试,向要约人提出以下这一问题,"在要约人死亡的情形下,受约人合理期待

126

---

① 美国法律协会是由美国各法律领域专家组成的专门研究法律问题的专业组织,是美国权威的法律学术机构。这一机构经常会对最前沿的问题作出研究或提出立法建议,其观点和意见在美国司法界具有相当的影响力。——译者注

② *Restatement*, *Contracts* 2d(Tent.Dr. No.1, 1964).

③ 此处是指判决书前面提及的 1932 年出版的《合同法重述》,因为其引用的部分根据前面内容已经表明是 1932 年版的。——译者注

④ 如果存款人在某一银行存入一定款项之后死亡,银行在这笔款项实际取出之前,仍然应该支付一定的利息,并不会因为存款人的死亡就免除其储蓄合同中的义务。——译者注

⑤ Uniform Commercial Code, §4-405;见 *Restatement of Agency Second* §120 和评论 a。委托人在委托他人从事一定事项后死亡的,双方之间的委托合同并不当然地予以解除,在一般情况下,受托人仍然应该根据原先的委托履行相应的义务。——译者注

⑥ Oliphant, *Duration and Termination of an Offer*, 18 Mich.L.Rev.201, 209—211(1919).

⑦ *Note*, 24 Colum.L.Rev.294(1924).

的范围是什么?"其答案似乎是,应该将要约人已经死亡的情形进行通知,以此来终止要约。

在我们看来,对传统观点的上述批评意见是有说服力的。在对这些批评意见进行分析之后,在决定初审法院在这一问题上的判决时,我们法院不打算按照常规遵循已有的标准做法。我们所探索的,是符合相同交易业内人士合理期待的规则。就此而言,我们在这一案件中并没有责任一定要确定担保人死亡时应该适用的规则,我们只是确定担保人被宣布为无行为能力时所适用的规则。正如我们前面引用的科宾论著中的观点,要约人死亡和丧失行为能力这两个情形有着本质区别。进一步而言,对于行为人在精神失常之后应该承担的合同责任,我们新泽西州也要求对担保问题采取特别方法,我们在下面的判决意见中还将谈到这一点。

从更广泛的意义上来说,合同法的目的被认为是"试图实现人们的合理期待,这样的合理期待是因为另一方当事人所作承诺的诱导而产生的期待"。[①]在本案中,已经去世的约瑟夫·斯密戈尔答应原告,愿意对其拥有一半股份、由两位股东共有的企业购买物品产生的债务承担保证责任。假如没有这样的担保,原告也许就不会冒着商业风险将这些物品出售给这一企业。在我们看来,原告在其发送货物的任何时间段之内——这段时间内发送的货物构成了本案起诉的债务——既在客观上不知道,也没有正当理由知道约瑟夫·斯密戈尔事后已经被确认为无行为能力人,在这种情况下,原告基于约瑟夫·斯密戈尔最初的连续担保承诺所产生的合理期待,将会因为得不到救济而无法公正地实现。

如果是根据哪一方当事人相对方便来判断本案中的情形,我们认为,似乎是无行为能力人的监护人更容易、也更加被期待去通知那些与无行为能力人进行商事交易的人,告诉他们另一方当事人已经被诊断为无行为能力,而不是让本案中这样的被担保人[原告]在每一次债务产生之前去进行特定的调查。

我们对"合理期待"这一理论在本案中所产生的问题想得更加深远,这就是已经去世的约瑟夫·斯密戈尔的责任,应该是根据其他人在他签署了担保协议之后产生的合理期待和信赖来进行评判。根据"合理期待"理论,约瑟夫·斯密戈尔在签署担保协议之后变成无行为能力人与其应该承担的责任并不相关,因为在他同意提供担保的时候,他是具有行为能力的。然而,那种认为因为精神失常而自动终止连续担保的传统观点也是有其理论基础的,那就是,在连续担保的情形下,受约人每一次对要约作出的承诺都是对要约的一次

127

---

① 　1 *Corbin*，*op.cit.*，§1 at 2.

更新,即双方产生的是新的要约和承诺;在这个时候,要约和承诺的更新是不能由一个无行为能力人来完成的。①但在我们看来,即使我们遵循连续担保协议的担保人在法律行为上的那些理论基础,[也就是将受约人每一次作出的承诺,都看作对要约的更新,]我们还是认为从法律上免除本案中担保人的责任并不符合新泽西州法院已有的相关判例。在新泽西州法院的相关判例中,一个精神上丧失行为能力的人与他人签订了合同,而后者不知道前者在精神上丧失行为能力这一事实,并且已经付出了有价值的对价。新泽西州法院认定,这样的合同仍然是有效的,法院并没有免除丧失行为能力这一方当事人的责任。

在新泽西州的 Manufacturers Trust Co.诉 Podvin② 一案中,法院认可了早期 Drake 诉 Crowell③ 一案中确定的规则。这一规则是这样表述的:

> 我们新泽西州在这方面的法律规则已经确立,即与精神失常和精神错乱的人签订的合同是无效的,但是,这样的结论受到一定条件的限制。限制条件就是,如果当事人是在善意的情况下与精神失常的人签订了合同,支付了完全的对价,当事人也不知道对方精神错乱,或者对方精神错乱的情况不足以让这一个审慎的人相信他是无行为能力的,那么,这一合同的效力就应该予以维持。

前面所提的"限制条件",在新泽西州法院审理的 Drake 一案中得到了运用,在 Drake 一案中,法院支持了不知对方无行为能力的这一方当事人。

这样,本案中无论我们采取哪一种理论观点来决定已经去世的约瑟夫·斯密戈尔的责任,需要我们法院考虑的决定性的事项都应该是:在每一次担保债务发生之前,原告在这个时点是否已经实际知道或者有理由知道约瑟夫·斯密戈尔已经丧失行为能力。

此外,如果在初审过程中被告能够证明原告已经知道约瑟夫·斯密戈尔的情况,约瑟夫·斯密戈尔丧失行为能力这一问题也不能通过有关机构作出认定的证据当然地得出结论。我们州法院在这一问题上态度非常鲜明,那就是,有关机构所作的认定并不是结论性的,它只是当事人有无法律行为能力的初步证据。④

---

① *Note*, 24 Colum.Law Rev., *op.cit.*, at p.295.

② 10 N.J.199,207—208,89 A.2d 672(1952).

③ 40 N.J.L.58,59(Sup.Ct.1878).

④ 初步的证据,是指根据第一印象可以作出认定的证据。这样的初步证据是可以被更充分的证据予以推翻的。——译者注

相关案例可以见 Eckman v. Wood, 108 N.J.L.105,108,154 A.862(E.& A.1931).

包括驳回第三人起诉在内的初审判决全部予以推翻,本案发回初审法院,由初审法院按照本判决的意见重审。

■ 第十节　反要约和格式文本之战

一、"镜像规则"、"最后一击"原则和《统一商法典》第 2-207 条款

阿登特诉霍兰[①]
罗得岛最高法院(1976 年)

本案要旨

　　被告威廉·霍兰及凯瑟琳·霍兰准备出售一块不动产,原告阿登特报价之后,被告律师表示可以接受,随后将一份起草好的买卖协议交给了原告,但被告并没有当场签字。原告将签过字的协议和支票交给被告,并附信表示不动产中的部分设施也必须包括在交易中。两被告拒绝了这一要求,也没有在协议上签字。后原告起诉被告,要求履行协议。法院认定,双方没有形成合同,判决驳回了原告的诉讼请求。

　　本案确定的规则是,受约人在收到要约后对要约增加或者限制了条件,这样的承诺就构成了反要约。如果要约人拒绝对方的反要约,当事人之间就没有形成有效的合同。

　　多丽丝法官[②]代表法院呈递以下判决意见:

　　原告阿登特在初审的高等法院提起了这一民事诉讼,要求法院强制执行他与被告威廉·霍兰及凯瑟琳·霍兰之间有关出售一块不动产的合同。两被告共同提交了答辩状,并要求法院作出支持自己的简易判决……初审的高等法院作出了支持被告的简易判决,原告不服判决,提起了上诉。

　　1975 年 8 月,两被告准备将自己在纽波特市拥有的一处不动产出售。原告阿登特报价 255 000 美元,并通过被告律师告知了被告。在被告律师告知原告,其报价可以接受之后,被告律师在被告的指导下起草了一份买卖协议,并将这份协议交付给了原告的律师,让原告签名。在调查了这一地块的权属条

---

　　① 　Ardente v. Horan,117 R.I.254,366 A.2d 162.
　　本案中有两个被告,即威廉·霍兰和凯瑟琳·霍兰。——译者注
　　② 　Doris,Justice.

件之后,原告签署了买卖协议。随后,原告的律师将这一买卖协议文本还给了被告,一并交付的是一张总额为 2 万美元的支票和一封落款日期为 1975 年 9 月 8 日的信件。信件的相关部分内容如下:

> 我的客户很关心下列财产是否仍然保留在这一不动产当中:(a) 餐厅和其中的挂毯;(b) 全套的壁炉装置;(c) 太阳能设施。由于这些装置无法被替代,因此希望你能够确认这些设施包括在这次交易之中,非常感谢。

被告拒绝同意出售信中所列的财产,也未在买卖协议上签字。被告指示他们的律师,将这一买卖协议和支票退还给原告,随后拒绝将这一财产出售给原告。于是,原告向法院起诉,要求被告实际履行这一买卖协议。

在初审过程中,被告向初审的高等法院提出了由法院作出简易判决①的动议,被告提出这一动议的依据是,本案不存在事实争议,因为从法律上说,双方并没有达成合同。初审法院的法官认定,原告的上述信件对于被告出售不动产的要约构成了一个有条件的承诺,因此,必须被认定为一个反要约。由于被告从来也没有接受这个反要约,双方之间也就没有达成合同,因此,初审法院认为,应该支持被告提出的动议……

原告坚持认为,初审法院认定自己对于被告的要约未能作出一个有效的承诺,是错误地适用了合同法的原则。我们法院不同意原告的这一观点。

初审法官的判决是按照以下理论进行分析的,即被告将买卖协议交付给原告,构成了出售不动产的要约。在涉及简易判决的案件中,我们必须将证据作最有利于反对动议的一方当事人[本案中即原告]的解释,因此,我们与初审法院一样,假定被告交付的买卖协议构成了一个要约。②

接下来的问题是,对于被告的要约是否存在一个承诺?审查本案的庭审记录可以看出,原告对被告作出承诺的唯一表示,就是将已经签署的买卖协议以及落款为 9 月 8 日的信件交付给了被告。我们在分析原告的行为是否构成承诺时,应当将这两个书面文本中的文字作为分析基础,以判断是否存在着一个有效的承诺。原告在发送这两份书面材料时未表示出来的内心意愿,与认定是否有着有效承诺之间并无关系。我们必须关注的是书面材料中实际上写了什么,而不是原告认为他写了什么或者想写什么。

---

① "简易判决"的含义,参见第 60 页注释。——译者注

② 被告在将协议交给原告之前并没有签字,而且,**原告在收到协议之后**(此处黑体为原判决中就有)告诉被告的律师,他在签署协议之前将要调查这一房屋的某些权属条件。基于这样的事实,[我们认为],交付买卖协议构成了要约这一结论是不容置疑的。如果被告交付买卖协议不是一个要约的话,则原告签署这一协议本身至多只不过是一个要约而已,而被告从来也没有接受过这样的要约。此为原判决中的注解。

毫无疑问,如果没有其他内容,原告签署并交付买卖协议的行为将会构成承诺。然而,附带信件中的条款显然对承诺又添加了条件,即这一交易必须包括房屋内的某些特定财产。在评估这些条款的效果时,我们必须牢记,如果承诺想要在法律上有效,那么它就必须是明确而且毫不含糊的。"要约人有权通过清晰的条款确切知道受约人是否接受了他的建议。仅仅通过答复中的文字推定受约人已经同意,是远远不够的。"①承诺既不可以对要约施加附带的条件,也不可以增加限制。"一个带有疑问、设定条件或者增加限制的承诺,是一个反要约;需要最初的要约人在合同关系存在之前接受这一个反要约。"②

然而,即使某个承诺采用了附条件的文字,但只要这一承诺明显地独立于条件,这一承诺仍然是有效的承诺,有许多案件就是这样判决的。威利斯顿教授在其合同法专著中这样说道:

> 受约人在对某个要约作出肯定的承诺时,经常会请求或者建议对要约设定一些条件或者作出一些修改。只要这一承诺明确,不管这样的请求或者建议是否得到要约人同意,受约人都肯定而且毫不含糊地接受要约,那么合同就已经达成。③

科宾教授也同意威利斯顿教授的上述观点。④因此,我们在本案中的任务,就是判断原告的信应该被解释为附条件的承诺,还是被解释为仅仅附带咨询了相关事项的一个绝对承诺。

正如科宾教授在其专著中提到的,我们承认,"受约人作出的表示究竟是附条件的承诺还是反要约,这一问题并不总是很容易回答的。法院要通过常理上的解释来确定受约人所作表示的确切含意,这种解释方法在很多其他州肯定也能适用"。⑤在我们看来,原告在 9 月 8 日信件中表述的内容,附带要求无偿获得一定利益,这种请求不符合一个绝对承诺的要求。我们认为,这封信是对原告接受被告要约所设定的一个条件。这封信并没有清清楚楚地表明即使被告出售的不动产不包括信中提及的这些财产,原告也愿意完成这一合同。事实上,原告寻求的是从被告处得到一个"确认",确认信中提及的那些财产"是双方交易的组成部分"。因此,[我们认为,]信中提及的那些财产的出售,远不是一个独立的、附带的请求,而是明显要将它们作为不动产交易的组成部

---

① 1 *Restatement Contracts* §58, cmt.a(1932).

② John Hancock Mut. Life Ins. Co.v. Dietlin, 97 R.I.515, 518, 199 A.2d 311, 313 (1964).

③ 1 Williston, *Contracts* §79 at 261—62(3d ed.1957).
威利斯顿教授以及下面提到的科宾教授都是美国著名的合同法权威,他们的观点经常被法官在判决中所引用。——译者注

④ 1 Corbin, [*Contracts*] §84[1963]at 363—65.

⑤ 1 Corbin, *supra* § at 353.

分。此外，这封信中还特别强调了寻找这些财产的替代物所面临的困难。这就进一步表明，原告不仅仅是将信中提到的这些财产作为不动产交易的附带内容……

因此，我们法院在此认定，原告9月8日的信件是附带条件的，该信件构成了对被告要约的拒绝，这也就意味着在双方之间没有形成合同上的义务。

132

原告的上诉予以驳回，初审法院的判决予以维持。

多顿诉科林斯公司[①]
美国联邦第六巡回上诉法院（1972年）

本案要旨

原告多顿是一家合伙企业的合伙人，原告曾多次从被告科林斯公司处订购地毯。交易方式有时候是由原告打电话给被告订货，有时候是由来访的被告销售人员上门销售。被告会将原告的订货要求以"确认书"形式发给原告，确认书中写有仲裁条款。原告没有对确认书提出过异议，而是接收货物并支付货款。后双方因为货物质量问题产生争议，原告向联邦地区法院起诉，被告则认为根据仲裁协议应当进行仲裁。初审法院认定双方没有形成有约束力的仲裁协议。被告提出上诉后，上诉法院认为，本案当事人都是《统一商法典》所称的商人，"确认书"中的仲裁条款可以被视为建议增加的条款，法院应该查明仲裁条款是否实质性地改变了要约。由于有关重要事实没有查清，上诉法院将案件发回重审。

本案确定的规则是，对于商人之间的交易，承诺中增加出来的条款将被视为建议增加的条款，除非这一增加的条款实质性地改变了要约，否则建议增加的条款将视为已经被接受。

塞利布雷齐巡回法官[②]代表法院呈递以下判决意见：

本案中，在被告科林斯公司确认书的背面有着仲裁条款，初审法院认定，原告The Carpet Mart不受这一仲裁协议的制约，进而驳回了被告科林斯公司要求法院停止审理该案，改由仲裁机构进行仲裁的动议。在上诉中，摆在我们法院面前最基本的问题是，初审法院作出的这一认定是否存在错误？……

---

① Dorton v. Collins & Aikman Corp., 453 F.2d 1161.
本案原告有两位，分别是多顿和卡斯特，他们是以"The Carpet Mart"这一合伙组织的名义对外经营，因此，判决书中有时会出现合伙组织"The Carpet Mart"的名称。——译者注
② Celebrezze, Circuit Judge.

原、被告双方有着超过 55 次的业务往来。一般是由 The Carpet Mart 的一个合伙人打电话到位于乔治亚州达尔顿的科林斯公司产品订购部门，订购其产品目录上一定数量的地毯；有时候则是来访的科林斯公司销售人员打电话给科林斯公司产品订购部门确定一定数量的地毯。对于双方之间通过电话达成协议的性质——如果有着协议的话——原告与被告的观点是有冲突的。每次原告 The Carpet Mart 通过口头方式下达了订单之后，被告科林斯公司会将买方提出的价格与价格目录进行核对，同时向财务部门咨询，了解原告是否已经付清了先前所有的款项。在认定所有的情况都是正常之后，科林斯公司的产品订购部门会把这笔业务的相关信息打印出来。这些相关信息是打印在一份"确认书"文本上面的。每一个确认书文本都有着一个标题，标题名称是以下三者之一："确认书"、"顾客确认书"，或者是"销售合同"。下面我们列举的是"确认书"中的内容，它打印在文本的正面：

> 我们对于买方订单的接受附有一定条件，是以买方接受这一确认书中正面和背面的所有条款和条件——包括仲裁条款——作为前提；如果买方文本中也有这样的条款，则本确认书中的内容将取代买方的条款。在出现下列情形之一时，买卖双方将形成合同：(a)买方签署了该确认书，将该确认书送还给卖方，卖方以书面形式接受该确认书；或者(b)在下列情形下，卖方有权选择让合同成立。这些情形是，买方已经向卖方出具了产品规格、送货日期、装货指令的清单，或者是对本次所订的全部货物或者部分货物要求卖方开具发票，或者是买方收到了全部或者部分货物，或者是买方以其他方式同意了确认书中的这些条款和条件。

被告科林斯公司在书面文本的背面以小号字体规定——背面还有着其他规定——因本合同而产生的诉求，将提交给纽约市的仲裁机构进行仲裁。每一个这样的确认书文本都是在科林斯公司产品订购部门的员工签字之后邮寄给原告 The Carpet Mart，一般是在收到电话订购的当天，最迟是第二天寄出。随后，原告订购的这些地毯将被发送给 The Carpet Mart。从被告科林斯公司寄送确认书文本到交付订单中的货物，其中的时间间隔有所不同，从间隔极短时间到间隔数周或者数月不等。然而，除了有一次信件延迟之外，The Carpet Mart 总是在收到被告交付的地毯之前就会收到科林斯公司的确认书文本。在所有的情况下，原告 The Carpet Mart 并没有对包含在确认书文本中的任何条款提出过反对意见，而是收下被告科林斯公司交付的地毯，并付清款项。

初审法院认定，当事人在上述交易中并没有达成有约束力的仲裁协议。这一认定主要是基于田纳西州的法案(第 472-207 条款)[在《统一商法典》中对应的是第 2-207 条款]。该条款规定如下：

（1）明确且及时的承诺表示，或者在合理时间内发出的书面确认，将产生承诺之效力，即使其包含了与原先提出或协商的条款有所不同的新增条款或者不同条款，除非该承诺明确表示以要约人同意该新增条款或者不同条款作为条件。

（2）新增条款将被解释为合同建议增加的条款。如果相关交易是发生在商人①之间的，那么，这些条款将成为合同的一部分，除非（a）要约明确要求承诺必须完全符合要约中的条款；（b）新增条款对要约作了实质性的变更；或者（c）在收到新增条款之后的合理时间内，当事人向对方提出了反对意见。

（3）即使当事人的书面文本尚不足以构成一个合同，但如果当事人双方的行为认可了合同的存在，那么这样的行为还是足以认定买卖合同的存在。在这样的情况下，这一特定合同的条款将包括当事人双方在书面文本中已经达成的条款，再加上根据本法第 1 章到第 9 章所提供的任何可以补充适用的条款。

初审法院认为，《统一商法典》第 2-207（3）条款是调整本案的法律规定。初审法院在判决中引用了学者霍克兰②的论著作为这一认定的依据：

如果卖方……将货物发送出去了，买方也已经接受了这些货物，则根据《统一商法典》第 2-207（3）条款，双方之间就形成了合同。这一合同的条款，包括了当事人在购买货物的订单和确认文本中所同意的条款，合同所需要的其他条款则是在《统一商法典》中寻找。……

如果当事人之间的合同对于仲裁事项没有约定的话，则《统一商法典》不会在当事人之间强加一个仲裁条款，所以，如果在仲裁条款和非仲裁条款之间存在冲突的话，结果将是非仲裁条款发生效力。

仅仅以学者霍克兰的上述观点为依据，初审法院就认定，被告科林斯公司确认书背面的仲裁条款，在被告与原告 The Carpet Mart 之间多达 50 余次的交易中，并没有成为一个有约束力的条款。

134　　　《统一商法典》第 2-207 条款，特别是第 2-207（1）条款，很清楚就是想要改

---

① 　根据《统一商法典》第 2-104 条款，"商人"这一称谓在《统一商法典》中有着特定的意义，它是指从事某货物交易的人，或者因其职业关系对其从事交易的货物拥有专门知识或者技能的人，也指因职业关系被推定为拥有这些专门知识或者技能的代理人、经纪人或者其他中介人。——译者注

② 　1 W.Hawkland, *A Transactional Guide to the Uniform Commercial Code*，§ 1.090303，at 19—20(1964).

变普通法上的"完全匹配规则"或者"镜像规则"①。这一传统规则要求,某一个承诺以及用来表明确认的条款,必须和要约完全一致。②根据普通法,如果一个承诺或者[书面]确认包含了之前要约所没有的"新增条款"或者"不同条款",则构成了对要约的反对,或者是成为了一个反要约。一旦最初的要约人没有对反要约提出反对意见,实际履行了合同,那么,在传统规则看来,作为反要约的条款就是被接受了。因此,买方一旦没有提出反对意见接受了货物,支付了货款,那么,买方将被推定为接受了卖方的反要约。

同样的情况在《统一商法典》第 2-207 条款之下,结果将会有所不同。《统一商法典》的这一条款认为,在当前的商业交易环境下,要约中的条款和承诺中的内容很少会完全一样。更多的情况是,在"格式文本之战"③这一背景之下,每一方当事人都已经打印好了由律师起草的合同文本,这样的合同文本中包含了当事人预先设想的、尽可能在买卖交易中有利于自己的条款。根据普通法,在这些文本交换时,在当事人打印好的合同文本之间存在着的差异将阻止合同的成立;而第 2-207 条款则认为,在很多情形下——虽然不是全部情形——对于这些打印的合同文本之间存在的差异,当事人并不想赋予传统普通法规则下那样的重要性。④《统一商法典》第 2-207(1) 条款规定:"明确且及时的承诺表示,或者在合理时间内发出的书面确认,将产生承诺之效力,即使其包含了与原先提出或协商的条款有所不同的'新增条款'或者'不同条款',除非该承诺明确表示以要约人同意该'新增条款'或者'不同条款'作为条件。"据此,根据第 2-207(1) 条款,即使有着这一事实——即承诺或者确认书中包含了要约或者先前的协议中所没有的"新增条款"或者"不同条款"——存在,但只要受约人明示表达了接受对方要约的意愿⑤,那么,除非受约人的承诺明确以要约人同意"新增条款"或者"不同条款"作为前提条件,否则,仍然应该认定

---

① "完全匹配规则"有时也称"镜像规则",是普通法上有关合同成立的传统规则的一种称谓。这一规则要求承诺必须完全符合要约,任何一点细微的改变都将被认为不能构成合同。——译者注

② 1 W.Hawkland, *supra*, at 16;R.Nordstorm, *Handbook of the Law of Sales*, Sec 37, at 99—100(1970).

③ "格式文本之战"是指在传统的普通法规则下,当事人在谈判合同中,都拿出各自预先打印好的标准合同文本,想要以此作为最终合同。各自的合同文本往往是有差异的,合同的交换都是为了使自己处于有利地位,这种博弈非常激烈,业内人士以"战斗"来形容,"格式文本之战"这一称谓由此而来。法院要根据实际情况判断究竟哪一个合同是最终生效的合同。——译者注

④ 1W.Hawkland, *supra*, §1.0903, at 14, §1,090301, at 16.

⑤ 有关接受要约的意愿是否已经明确地表达出来,可以参见《统一商法典》第 2-204 条款和第 2-206 条款。——译者注

双方之间的合同已经成立。当根据第 2-207(1)条款认定一个合同已经成立的情况下,增加出来的条款,将被视为第 2-207(2)条款下"建议增加的条款";而当相关交易发生在"商人"之间时,双方的合同还包括了一个特别条款,即"建议增加的条款"将被推定为已经为双方所接受。相反,如果根据第 2-207(1)条款不能认定双方之间成立合同——合同没有成立,或者是因为没有明确的承诺表达出来,或者在更加特别的情形下是因为受约人明确表明,其作出承诺是以要约人对"新增条款"或者"不同条款"的同意作为前提条件的——那么,整个交易将因为合同没有成立而中途告终。然而,如果当事人随后的所作所为——特别是双方当事人显然是在相信他们之间已经存在一个合同的情况下实施了那些行为——认可了合同的存在,那么,根据第 2-207(3)条款,双方当事人之间的那些行为就足以构成一个合同,尽管单独根据他们的书面文本难以认定合同的存在。第 2-207(3)条款进一步规定了该条款所承认的这一合同,其具体内容到底应该如何确定。

将第 2-207 条款的上述分析以及立法目的牢记在心,我们现在把它们适用到手头的这一案件。首先,我们注意到,本案当事人的宣誓证词和确认书本身就提出了这一问题:科林斯公司的确认书是否构成了第 2-207 条款所称的承诺或者确认书? 科林斯公司确认书中使用的一些文字(例如,对你们订单的承诺,是以⋯⋯作为前提)和科林斯公司的市场营销经理赫斯特所作的宣誓证词都表明,其发出的确认书,仅仅是对原告 The Carpet Mart 口头要约作出的承诺。然而,在原告 The Carpet Mart 的合伙人卡斯特所作的宣誓证词中,卡斯特坚持认为,[它们之间的交易有两种形式,一种是]当他本人打电话到科林斯公司订购地毯时,科林斯公司订购部门的某一位工作人员会同意出售他所要求购买的地毯;另外一种形式是,在来访的科林斯公司销售人员带来订单时,他会同意这笔交易,有时是在销售人员用 The Carpet Mart 的电话打到被告的订购部门之后,他再同意这笔交易。初审的地区法院对于科林斯公司的确认书究竟构成承诺,还是对双方先前口头协议的确认并没有作出明确认定,在此情况下,为了更好地指导该案发回之后的审判,我们法院在这里会将第 2-207 条款这一条款适用到以上两种交易情形,分别进行分析。

如果将科林斯公司发出的"确认书"视为第 2-207(1)条款下的"承诺",那么,我们首先面对的问题就是,科林斯公司"确认书"中出现的仲裁条款对于原告 The Carpet Mart 所作口头要约而言,是否就是一个"新增条款"或者"不同条款"呢? 在第 2-207 条款的典型情形下,双方在交易过程中通常都会有书面的购买订单和确认书文本,果真如此的话,通过比较两个文本的内容,就可以很容易作出判断。然而,在本案中,仅有的书面文本就是被告科林斯公司发出的"确认书"。我们认为,这时仍然要将口头要约和书面承诺进行比较。虽然初审的地区法院很明显是假定了原告 The Carpet Mart 的口头要约中没有包括后来出现在科林斯公司"确认书"中的仲裁条款,但我们相信,在本案发回重审后,仍然要查明这一特定事实。

基于分析本案的需要,我们先假设仲裁条款对于原告 The Carpet Mart 的口头要约来说是新增出来的,接下来我们就必须判断科林斯公司所作的承诺是否构成第 2-207(1)条款的限制情形——也就是承诺"明确表示以要约人同意该新增条款作为条件"。我们在判决书的前面全文引用了科林斯公司"确认书"的内容,正如其表述的那样,"确认书"正面出现的条款声称,其承诺(或订单)"以买方接受这一确认书中正面和背面的所有条款和条件——包括仲裁条款——作为前提"。"确认书"文本上的条款还进一步表明,科林斯公司的条款在下列任何一种情形之下将作为双方当事人之间合同的基础:

> (a)买方签署了该确认书,将该确认书送还给卖方,卖方以书面形式接受该确认书;或者(b)在下列情形下,卖方有权选择让合同成立。这些情形是,买方已经向卖方出具了产品规格、送货日期、装货指令的清单,或者是对本次所订的全部货物或者部分货物要求卖方开具发票,或者是买方收到了全部或者部分货物,或者是买方以其他方式同意了确认书中的这些条款和条件⋯⋯

虽然被告科林斯公司在"确认书"使用的词语是"以⋯⋯作为前提",这显示其所作承诺在某种程度上是附条件的,但是,我们法院并不相信被告这样的承诺就一定符合第 2-207(1)条款所要求的"明确地表明了以买方同意'新增条款'或者'不同条款'作为条件"。为了让自己的"新增条款"符合第 2-207 条款要求,一个承诺仅仅明确地表明以"新增条款"或者"不同条款"作为条件,还是远远不够的;受诺人更需要让承诺**明确**表明以要约人**同意**作为条件。将第 2-207(1)条款放在该条的其他部分下分析或放在制订该条款的政策下来分析,我们相信,该条款的目的仅仅是适用于这样的承诺——即该承诺必须明显地表明,除非受约人确信要约人同意了这些"新增条款"或者"不同条款",否则,他不会同意将这一交易继续下去。①作出承诺取决于要约人的同意,这一点必须是"直接地和明显地表达出来,而不能仅仅认为其默示存在或者可以被推定出来"。

虽然《统一商法典》中没有对"同意"这一概念作出解释,但在被告科林斯公司打印的"确认书"文本中,表明买方至少有七类作为或者不作为——有时可以由科林斯公司进行选择——将被视为买方接受了这些条款的约束。这七

136

---

① See 1 W. Hawkland, *supra*, 1.090303, at 21.

类行为,既包括买方签署并返还这些"确认书"给卖方——这种情况在我们看来,应该被认为是买方同意了科林斯公司承诺书中的条款;也包括买方保留了"确认书"达到 10 天以上,并且没有提出反对意见这一情形——这种情况在我们看来,可能永远也不会被认为是买方同意了"新增条款"或者"不同条款",虽然承诺明确表明是以同意这些条款作为条件。

在本案中,如果要我们承认科林斯公司所作的承诺符合第 2-207(1)条款所称的"明确地以买受人同意这些新增条款作为条件",那就是在要求我们法院必须置该条款中的特定语义①于不顾。考虑到第 2-207(1)条款很清楚是想赋予那些要约和承诺之间存在差异的合同——这种差异在普通法下不构成合同成立——以法律效力,我们认为,这样去解释科林斯所作的承诺是不恰当的。

因为科林斯公司所作的承诺没有明确地以买方同意"新增条款"作为条件,所以,可以认为双方之间根据第 2-207(1)条款已经成立了合同。这样,根据第 2-207(2)条款的规定,增加出来的条款就将被视为合同"建议"增加的条款。因为科林斯公司和 The Carpet Mart 都符《统一商法典》第 2-104(1)条款所界定的"商人"这一身份,所以,除非双方争议的仲裁条款实质性地改变了 The Carpet Mart 的口头要约,否则,根据第 2-207(2)条款的规定,仲裁条款将被认定为已经由 The Carpet Mart 接受。②我们法院相信,根据第 2-207(2)(b)条款的规定,仲裁条款是否实质性地改变了 The Carpet Mart 的口头要约,是一个只能由地区法院进一步查明的问题。如果仲裁条款确实是实质性地改变了 The Carpet Mart 的要约,那么"除非该仲裁条款明确地得到 The Carpet Mart 的同意",否则它就不能成为合同的一部分。③

因此,我们在此认定,如果在本案发回重审过程中,地区法院发现科林斯公司的"确认书"在事实上已经构成了承诺,并且该仲裁条款是从 The Carpet Mart 口头要约中增加出来的条款,那么根据第 2-207(1)条款,这种情况将被认定为合同成立。此时,仲裁条款将被视为第 2-207(2)条款下的"建议",除非该仲裁条款实质性地改变了口头要约,否则将认定该仲裁条款已经被买方接受。

如果地区法院认定科林斯公司的"确认书"只是对双方先前当事人口头协议的确认而不构成承诺,那就要求适用第 2-207(1)条款,就像我们在前面所做的那样。第 2-207(1)条款要求我们首先确定,"确认书"中的仲裁条款和先前

137

---

① 第 2-207 条款中**明确地**以同意这些条款作为条件"的文字,在法官看来就是该条款中的"特定语言"。——译者注

② 《统一商法典》第 2-207(2)(b)条款。

③ 《统一商法典》第 2-207 条款官方评论三。

口头达成的条款相比,是否构成"新增条款"或者属于"不同条款"? 假定地区法院发现仲裁条款不在当事人的口头协议条款之列,则该仲裁条款将被视为第2-207(2)条款下"建议"增加的条款,此时,就像前面提及的科林斯公司的"确认书"文本被认定为承诺一样。仲裁条款将被认定为已经由 The Carpet Mart 接受,除非地区法院发现仲裁条款实质性地改变了先前的口头协议——在这种情况下,没有 The Carpet Mart 明确的同意,仲裁条款就不能对 The Carpet Mart 产生约束力。

将上述有关第2-207条款的分析放到我们手头这一案件中,我们觉得,有必要将本案发回地区法院重新审理,以查明以下事实:(1)在科林斯公司的"确认书"被寄送出去之前,双方当事人是否达成过口头协议? 如果没有达成口头协议,则要查明(2)出现在科林斯公司"确认书"中的仲裁条款,是否在 The Carpet Mart 的口头要约中不存在,是不是科林斯公司回复的时候增加出来的? 如果仲裁条款是增加出来的条款,则要查明(3)是否仲裁条款实质性地改变了 The Carpet Mart 口头要约中的条款? 或者,如果地区法院真的发现在科林斯公司寄送"确认书"之前双方当事人间已经达成口头协议,则必须查明下列事实:(1)是否先前的口头协议中包含了之后出现在科林斯公司"确认书"中的仲裁条款;如果没有,则要查明(2)是否仲裁条款实质性地改变了先前的口头协议。不管地区法院查明科林斯公司的"确认书"构成了"承诺"还是"确认",只要仲裁条款与要约或者先前的口头协议相比,确实是新增加的条款,而且对先前口头协议有实质性的改变,那么在缺少 The Carpet Mart 明确同意接受其约束的情况下,The Carpet Mart 就不必受到仲裁条款的制约。……

138

本案发回重审,以进一步查明案件事实。

钻石水果栽培公司诉克莱克公司①
美国联邦第九巡回上诉法院(1986年)

本案要旨

原告钻石水果栽培公司购买了被告克莱克公司生产的冷却设施,该设施中的钢管出现质量问题导致原告损失,而该钢管是被告从第三人(Metal-Matic公司)处购得。在原告起诉被告后,被告也起诉要求第三人承担赔偿责任。被告与第三人的交易模式,是被告发出订单,第三人发出确认书予以回复,但确

---

① Diamond Fruit Growers, Inc. v. Krack Corp.794 F.2d 1440.
本案除了标题中的原告和被告之外,还有一个第三人 Metal-Matic 公司。——译者注

认书中免除了第三人因钢管导致他人损失的赔偿责任。被告曾对免责条款提出异议,但遭到第三人拒绝。之后,双方在长期合作中继续以确认书形式进行交易。法院判决,第三人确认书中的免责条款没有成为合同的组成部分。

本案确定的规则是,双方当事人通过交换书面文本进行交易时,对于文本中的增加条款或者不同条款必须得到对方清楚而明确的同意,否则,新增条款或不同条款就不能成为合同的组成部分。在判断是否同意时,应该采取中立性原则,对于没有达成一致的条款,不管是哪一方提出的,都不放到合同中。

威金斯巡回法官①代表法院呈递以下判决意见:

本案中,被告克莱克公司提出了针对第三人 Metal-Matic 公司的诉讼请求②,在陪审团作出裁决之后,初审法院判决支持克莱克公司的这一请求,第三人 Metal-Matic 公司对初审法院作出的判决不服,提出了上诉。Metal-Matic 公司还要求初审法院作出"推翻陪审团裁决"的判决,但遭到初审法院的拒绝。Metal-Matic 公司对该判决同样不服,提起上诉。根据美国法典有关"司法机关和司法程序"部分第 1291 条款(1982)的规定,我们法院对本案拥有管辖权,我们决定维持初审法院所作的判决。

一、案件事实和诉讼程序

被告克莱克公司是一家冷却设施的生产商,冷却设施中的钢管是从别的供货商那里采购而来。第三人 Metal-Matic 公司就是克莱克公司的供货商之一。在本案争议产生的时候,Metal-Matic 公司已经为克莱克公司供应钢管长达 10 年之久。在长达 10 年的交易过程中,双方当事人遵循着同样的交易流程。每年年初,克莱克公司会向 Metal-Matic 公司寄送一揽子采购订单,其中载明了这一年中所需钢管的数量。随后,克莱克公司会在整个一年里按照它所需要的钢管数量,向 Metal-Matic 公司寄送具体的采购订单。对克莱克公司寄送的采购订单,Metal-Matic 公司会寄回一份确认书作为回复,然后再将克莱克公司所采购的钢管发送过去。③

---

① Wiggins, Circuit Judge.

② 针对第三人的诉讼请求是美国民事诉讼中的一种制度。通常是民事诉讼中的被告将第三人引入诉讼中,认为应该由第三人承担责任,或者认为一旦法院判决被告承担责任,则被告要求由第三人承担责任。在本案中,被告克莱克公司就将供货商 Metal-Matic 公司引入本案诉讼中作为第三人。——译者注

③ 双方的一揽子协议,显然只是表示克莱克公司在这一年中想要购买一定数量的钢管而已。当事人的行为表明,它们想要达成的合同是基于克莱克公司的具体采购订单和 Metal-Matic 公司回复该订单的确认书而成立的。此为原判决书中的注解。

第三人 Metal-Matic 公司的确认书中免除了因其产品给买方造成损失时的所有责任，并将因钢管产品的缺陷所造成的责任限定为补偿价款、退货或者修理钢管。正如人们所预料的那样，Metal-Matic 公司确认书中的以下条款并没有包含在克莱克公司的订单之中。其确认书上打印着以下声明：

Metal-Matic 公司在此表明，我们对于买方要约的承诺，是以买方接受该确认书中的条款作为前提条件的。

上述表述内容和免责声明都打印在该确认书的背面。然而，在该确认书正面的底部也用大写字体写着下面这一句话：**"本次销售的条款和条件，请详见背面。"**

在 Metal-Matic 公司和克莱克公司之间长达 10 年的业务往来中，克莱克公司的采购经理艾伦和 Metal-Matic 公司的执行副总裁罗伯特之间就确认书中限制和免除产品责任的条款至少有过一次讨论。艾伦告诉罗伯特，克莱克公司不同意确认书中的那些条款，并努力说服罗伯特改变确认书中的那些条款。但是，罗伯特拒绝了这样的要求。之后，克莱克公司继续接受 Metal-Matic 公司的上述确认书，并支付了钢管的款项。

1981 年 2 月，克莱克公司向位于俄勒冈州的原告钻石水果栽培公司出售了一套冷却系统。1981 年 9 月，钻石水果栽培公司在一个空气控制仓库中安装了这一系统。1982 年 1 月，该冷却系统中由钢管制作的冷却线圈发生了氨气泄漏事故。

在发现有氨气泄漏进仓库后，钻石水果公司叫来了当时负责建造这一空气控制仓库的工程师史密斯，以寻找氨气泄漏的源头。史密斯作证，他发现克莱克公司提供的冷却设施线圈处有一个针孔发生了氨气泄漏。当这一线圈仍在该冷却设施中的时候，他曾进行过检查。史密斯最后一次检查是在 1982 年 4 月 23 日。该冷却线圈后来被放到钻石水果栽培公司仓库的一个房间里，直到 1984 年 5 月由 Metal-Matic 公司的代表梅尔斯前往检查。

梅尔斯将有缺陷的钢管从冷却设施上切割下来，带回了他的办公室，并切下了更多材料进行检查。在梅尔斯检查之后，布鲁斯代表钻石水果栽培公司，艾礼希代表克莱克公司也对这一钢管进行了检查。

钻石水果栽培公司对克莱克公司提起了诉讼，要求克莱克公司赔偿由于氨气泄漏其被迫从仓库储藏室中转移水果所造成的损失。[在原告钻石水果栽培公司起诉后，]被告克莱克公司随即对 Metal-Matic 公司和另一钢管供货商 Van Huffel 公司提起了第三人诉讼，要求法院判决，一旦其对原告钻石水果栽培公司承担赔偿责任，则应该由这两家供货商进行赔偿或者补偿。在本案证据交换结束时，Metal-Matic 公司和 Van Huffel 公司都向法院提出动议，要求法院对于克莱克公司提起的第三人诉讼作出"指导性裁决"①。因为没有证据能够证明出现质量问题的钢管是由 Van Huffel 公司生产,初审法院判决支持了 Van Huffel 公司的动议,但初审法院驳回了 Metal-Matic 公司的动议。

在初审法院审理过程中,陪审团作出了克莱克公司应该向钻石水果栽培公司赔偿损失的裁决。陪审团还认定,克莱克公司有权就其赔偿钻石水果栽培公司损失的 30% 向 Metal-Matic 公司索赔。Metal-Matic 公司不服这一裁决,向法院提出了"推翻陪审团裁决"的请求。初审法院驳回了 Metal-Matic 公司的这一请求,并依据陪审团的裁决直接作出了判决。

Metal-Matic 公司要求撤销初审法院的判决,是基于以下两个理由。首先,Metal-Matic 公司认为,就其与克莱克公司之间的合同而言,它已经通过确认书免除了自己承担间接损失的责任,特别是自己限制了因钢管缺陷造成的赔偿责任,其承担的责任仅仅限定为补偿价款、退货或者修理钢管。其次,Metal-Matic 公司还认为,本案的证据并不能证明是自己制造了有问题的钢管或是其导致的氨气泄漏事故。我们接下来将对 Metal-Matic 公司的这两个抗辩理由分别进行分析。……

140

二、讨　论

A. Metal-Matic 公司是否已经通过确认书免除了其产品给他人造成间接损失的责任?

如果 Metal-Matic 公司和克莱克公司之间的合同包含了 Metal-Matic 公司确认书中的免责声明,那么,对于克莱克公司向钻石水果栽培公司所承担的责任,Metal-Matic 公司就不应该进行赔偿。因此,在本案的上诉中,摆在我们面前的主要问题是,Metal-Matic 公司的免责声明是否包含在当事人的合同之中。

克莱克公司以《统一商法典》的第 2-207 条款作为依据,认为 Metal-Matic 公司的免责条款并没有成为双方合同的组成部分。Metal-Matic 公司则辩称,因为当事人曾经就这一免责条款进行过讨论,讨论中克莱克公司同意了这一免责条款,因而《统一商法典》第 2-207 条款不适用于本案。

[我们认为,]克莱克公司认为《统一商法典》第 2-207 条款适用于本案的观点是正确的。《统一商法典》的第 2-207 条款适用的商业交易模式,是一方当事人使用自己预先打印的采购订单,另一方当事人也使用自己预先打印的确认书,然后双方相互交换。②《统一商法典》的起草者认为:"由于这些预先打

---

① "指导性裁决"的含义,参见第 102 页注释。——译者注
② U.C.C § 2-207 comment 1.

印的采购订单和确认书是针对各自起草文本的一方来考虑的,因而包含在这些文本之中的条款经常是不一致的。"《统一商法典》第 2-207 条款制定的目的,就是尝试对在这样的情形中如何认定合同的成立提供规则。在本案中,克莱克公司和 Metal-Matic 公司在交易过程中交换了包含着不同条款的采购订单和确认书。这种情形正是《统一商法典》第 2-207 条款想要适用的典型情形。[我们认为,]当事人在交换各自文本之后曾经讨论过合同中的条款这一事实,并不能将该案排除在《统一商法典》第 2-207 条款的适用之外。①该条款提供了以下这类案件合同成立的规则,即本案中双方当事人交换了不同的文本,但没有就所有条款达成一致。

就《统一商法典》第 2-207 条款作一些简要概括,有助于我们更好地理解该条款是如何适用于本案的。②该条款改变了普通法上的"镜像规则"③,代之以《统一商法典》第二章中的相关规定。根据普通法的规则,一个改变了要约内容的承诺被认为是一个反要约,并且构成了对原先要约的拒绝。④如果要约人在收到反要约之后在合同之路上继续走下去,那么,要约人的履行行为将构成对反要约条款的接受。⑤

总的来说,《统一商法典》第 2-207(1)条款"将普通法下的反要约转变为合同中的承诺,即使它添加了'新增条款'或者'不同条款'"。⑥《统一商法典》第 2-207(1)条款唯一的要求是,回复文本必须包含明确而且及时的承诺表示。对要约作出回应的回复文本条款构成了一份合同。根据《统一商法典》第 2-207(2)条款的规定,回复文本中的"新增条款"构成合同建议的条款。如果相关交易发生在"商人"⑦之间,那么这些增加出来的条款就成为合同的组成部分。只有以下三种情形是例外,即要约中特别限制了受约人增加条款,要约人反对这些增加出来的条款,或者增加的条款实质性地改变了要约中的规定。⑧

141

---

① 3 R.Duesenburg & L.King, *Sales and Bulk Transfers under the Uniform Commercial Code*(Bender's U.C.C. Services) § 3.05(2)(1986).

② 判决中在此提到了《统一商法典》第 2-207 条款,前面的 Dorton v. Collins & Aikman Corp.,一案中有该条款的全部内容。——译者注

③ "镜像规则"的含义,参见第 165 页注释。——译者注

④ Idaho Power Co.v. Westinghouse Electric Corp.,596 F.2d 924,926(9th Cir.1979).

⑤ C.Itoh & Co. v.Jordan International Co.,525 F.2d 1228,1236(7th Cir.1977);J. White & Summers, *Handbook of the Law Under the Uniform Commercial Code* § 1—2 at 34(2d ed.1980).

⑥ *Idaho Power*,596 F.2d at 926;见《统一商法典》第 2-207(1)条款。

⑦ "商人"的含义,参见第 164 页注释。——译者注

⑧ 《统一商法典》第 2-207(2)条款;*J.White & Summers*,§ 1—2 at 32。

然而,《统一商法典》第 2-207(1)条款受到一个但书规定的制约。如果一个明确而及时的承诺表明了其所作的承诺是以要约人同意包含在文本中"新增条款"或者"不同条款"作为前提条件的,那么,当事人文本之间的差异就不能让合同成立,除非要约人同意。①如果要约人同意,则应认定当事人之间存在着合同,这时"新增条款"就成为合同的组成部分。如果要约人不同意,但当事人之间仍然像存在着一份合同那样继续进行交易,那么,他们的履行行为也将导致合同的成立。②此时,双方之间的合同将由彼此已经协商同意的那些条款,再加上《统一商法典》所提供的任何可以补充适用的条款所组成。③

在本案中,Metal-Matic 公司明确提到,其作出承诺是以克莱克公司同意确认书中增加出来的条款作为前提条件的。Metal-Matic 公司在确认书中的表述引用了《统一商法典》第 2-207(1)条款中但书的内容:"Metal-Matic 公司在此作出的承诺⋯⋯**明确地是以购买人接受该确认书中的条款作为前提条件的**"。④因此,我们在这一案件中就必须进一步搞清楚,克莱克公司是否已经同意了 Metal-Matic 公司确认书中的那些限制其赔偿责任的条款。

Metal-Matic 公司认为,克莱克公司的确已经同意了确认书中的限制责任条款。这一观点的依据是,在克莱克公司的艾伦和 Metal-Matic 公司的罗伯特之间曾经就这些条款进行过相关的讨论。在两个公司长达 10 年合作关系的某个时间点上,克莱克公司曾经提出过反对 Metal-Matic 确认书中的那些保证责任条款和限制责任条款,双方的两位工作人员曾经就此进行了讨论。克莱克公司的艾伦试图劝说 Metal-Matic 公司改变那些增加出来的条款,但是 Metal-Matic 公司的罗伯特拒绝了克莱克公司的要求。这次讨论之后,双方还是和过去一样继续做着生意。Metal-Matic 公司认为,在自己坚持双方的合同必须包括这些增加出来的条款之后,克莱克公司还是继续接受了他们寄出的确认书并支付货款,这些行为就表明克莱克公司已经同意了确认书中的限制责任条款。

要分析 Metal-Matic 公司的上述意见,我们就必须确定什么样的文字才构成第 2-207(1)条款中提及的对"新增条款"或者"不同条款"表示了同意。本案的当事人并没有提供分析过这一问题的任何案例,我们也没有找到任何这样

---

① *J.White & Summers*,§1—2 at 32—33.

② 《统一商法典》第 2-207(3)条款。

③ *Id*;也见 Boise Cascade Corp.v. Etsco, Ltd., 39 U.C.C.Rev.Serv.(Callaghan) 410, 414 (D.Or.1984); *J.White & Summers*,§1—2 at 34。

④ *C.Itoh & Co.*, 552 F.2d at 1235.

的案例。①这样，我们就得到《统一商法典》第 2-207 条款的文字和结构中去寻找答案，分析该条款背后的立法目的，以此来判断这一问题的正确标准。

构成《统一商法典》第 2-207 条款基础的一个原则是中立性原则。如果可能的话，《统一商法典》第 2-207 这一条款应该这样解释，即它不能让合同中的任何一方仅仅因为其恰好是首先发出文本或最后发出文本的一方，就赋予其有利的地位。②在一定程度上，《统一商法典》第 2-207 条款的这一效果是通过废除普通法中的"最后一击"③规则来实现的。④在普通法"最后一击"规则之下，受约人/反要约人将得到合同的所有条款，这仅仅是因为其在交换文本的过程中发出了"最后一击"，[最后发出了要约。]第 2-207(3)条款⑤不认可任何一方当事人试图单方施加给另外一方当事人的条款，通过这样的方法达到废除传统普通法中"最后一击"规则的目的。⑥与传统"最后一击"规则不同的是，所有当事人在文本中没有达成一致的那些条款，全部不放到双方合同当中，而是由《统一商法典》来填补。

总的来说，由于双方当事人对合同中出现内容的模糊性都负有责任，因此，《统一商法典》第 2-207(3)条款这样的处理结果是公平的。当事人本应该通过谈判达成合同并对所有条款协商一致。然而，不管出于何种原因，双方当事人并没有做到这一点。因此，任何一方都不应该得到它想要的合同条款。⑦然而，正如学者怀特和萨默斯所指出的，借助于《统一商法典》第 2-207(3)条款来处理这类问题将经常导致案件的结果对卖方不利，因为卖方本来是"希望对其产品质量承担比《统一商法典》所施加的责任更少一些的责任，或者是希望

---

① 美国哥伦比亚特区法院已经判决过一个涉及该问题的案件。然而，由于该法院就其判决结论没有提供分析意见，因而这一案例并没有判例上的意义。在 *McKenzie v. Alla-Ohio Coals*, *Inc.*. 29 U.C.C.Rep. Serv. (Callaghan) 852, 855 (D.D. C.1979)一案中，要约人对于受约人文本中的一个条款提出了反对意见。受约人则坚持文本中必须有那一个条款，在这样的情况下，要约人就没有再继续反对下去。审理该案的法院认为，该条款是合同的组成部分，因为在受约人坚持那一条款必须存在之后，双方仍然像存在合同那样继续履行着一定的行为。此为原判决中的注解。

② *J.White & Summers*, § 1—2 at 26—27.

③ "最后一击"规则是普通法在合同法上的一个传统规则，它强调的是以最后一次发出文本一方的合同作为合同的最终条款。——译者注

④ 3 *R.Duesenberg & L. King*, § 3.05(1)(a)(iii) at 3—73.

⑤ 第 2-207(3)条款规定的是，如果双方当事人的书面文本不能够认定存在着合同，但是，当事人双方的行为表明存在合同，在这样的情况下，应该以双方已经达成一致的条款加上《统一商法典》中可以适用的条款作为合同的组成部分。这时候，任何一方当事人文本中的不同条款，都不会被认定为合同的组成部分。本判决意见中提到，法律既不会让先发出要约的人获利，也不会让后发出要约的人获利，就很好地诠释了立法目的。——译者注

⑥ 3 *R.Duesenberg & L.King*, § 3.05(1)(a)(iii) at 3—71.

⑦ 3 *R.Duesenberg & L. King*, § 3.05(2) at 3—88.

限制其赔偿责任,让自己承担的责任比法典所规定的责任更窄一些"。[1]尽管这样,怀特和萨默斯两位学者还是推荐适用《统一商法典》第 2-207(3)条款来处理这样的案件。我们在此同意这两位学者的观点。与传统普通法中仅仅因为某一方当事人寄出了最后的文本就认可该文本中的条款相比较,法院适用《统一商法典》第 2-207(3)条款在处理结果上将显得更加平衡。进一步而言,《统一商法典》毕竟是通过立法形式而确定的,其对于这一问题的理解更加平衡,也更符合公共政策。[2]

带着这些原则,我们现在再来分析 Metal-Matic 公司提出的观点。Metal-Matic 公司的观点是,在自己坚持确认书中的保证条款和免责条款构成合同一部分的情况下,克莱克公司还是继续接受了确认书并且支付了钢管的货款,这就表明克莱克公司同意了确认书中的免责声明。[在我们看来,]Metal-Matic 公司的这一抗辩观点还是有一定价值的。合理的政策应该允许卖方以其想要的方式限定条件,特别是在卖方既以书面方式、又以口头方式表明这些条件是它愿意出售货物的唯一条件时,更是如此。尽管 Metal-Matic 公司的上述辩解有一定价值,但我们法院仍然拒绝接受。这是因为,在我们看来,Metal-Matic 公司的这一观点,仍然必须服从于俄勒冈州正在实施的《统一商法典》所确定的公共政策。

如果我们法院接受 Metal-Matic 公司的上述抗辩观点,在某种程度上,我们就是又重新回到了普通法上的"最后一击"规则。为了更好地说明这一问题,我们假设本案中当事人寄送了同样的确认书文本,但是将案件事实颠倒过来,假设是克莱克公司的确认书中包含了以下内容,即 Metal-Matic 公司应该对其产品造成的所有间接损失承担赔偿责任,并以 Metal-Matic 公司同意克莱克公司的这一条款作为前提条件。假设 Metal-Matic 公司反对克莱克公司的这一条款,但遭到克莱克公司拒绝,然后双方当事人又继续交易下去了。如果我们法院采用 Metal-Matic 公司在本案中的抗辩观点,那么由于克莱克公司坚持只有 Metal-Matic 公司对所有间接损失承担赔偿责任才愿意购买这些钢管,且 Metal-Matic 公司在这之后继续发送钢管到克莱克公司,所以克莱克公司书面文本中的条款就成为了合同的一部分。如果我们这样认定的话,案件的结果将变成法院要去具体考察哪一方当事人发出了"最后一击",这样的结果也就与《统一商法典》第 2-207 条款想要废除"最后一击"规则的立法本意不相符合。

---

① J.White & Summers,§1—2 at 34.

② 3 R.Duesenberg & L. King,§3.05(2) at 3—88.

要想避免上述分析结果,就要求在受约人以要约人同意书面文本中"新增条款"或者"不同条款"作为前提条件时,要约人必须是具体而且明确地对这些条款表示同意。如果要约人没有这样做,但双方仍然像存在着合同那样地去履行,这时就应该由《统一商法典》的第 2-207(3)条款来填补合同中的条款。因为双方当事人在没有解决书面文本中分歧的情况下继续进行交易,所以,对合同中出现的模糊性都应该承担责任,适用第 2-207(3)条款来处理就是恰当的做法。进一步而言,对于本案中出现的情况,要求卖方承担比其预想责任更多的责任并非不恰当。对这一合同的模糊性,卖方更加应该承担责任,因为是卖方在确认书中加入了要求买方同意那些增加出来的条款,在这之后卖方又没有强制实施这些条款的要求。如果卖方确实是想表达除非对方[买方]同意这样的条款,否则卖方就不想受合同约束,卖方完全可以不发送货物,直到对方[买方]同意这些条款为止。①

我们在此判决,因为克莱克公司在本案中的所作所为并未具体而明确地表明自己已经同意了 Metal-Matic 公司增加出来的条款,所以,克莱克公司的行为并不能构成《统一商法典》第 2-207(1)条款下的"同意"。②……

由于初审法院陪审团所作的裁定有证据支持,并符合《统一商法典》的规定,因此,初审地区法院否决 Metal-Matic 公司要求法院作出指导性裁决的动议并没有错误。

初审法院的判决予以维持。

二、藏在盒子中的条款

145

ProCD 公司诉齐登伯格③
美国联邦第七巡回上诉法院(1996 年)

本案要旨

原告 ProCD 公司耗费巨资制作了一款软件,同时对软件的客户进行了区分,个人使用版本的售价低于商业使用版本。软件的包装盒上写明软件的使用受到许可协议限制,协议要求个人使用该软件时不得出售给他人谋利。该许可协议需要打开软件后才能看到,在每次使用时都会提醒用户,否则软件无

---

① C. Itoh & Co., 552 F.2d at 1238.
② 3 *R. Duesenberg* & *L. King*, § 3.05(1)(a)(iii) at 3—74.
③ ProCD, Inc v. Zeidenberg, 86 F.3d 1447.

法运行。被告购买了个人使用版本,无视许可协议并将软件信息出售给他人获利。原告因此起诉被告,要求被告停止该行为。法院认定,尽管许可协议藏在包装盒里面,但买方在使用时看到了协议,且有机会退货,双方还是存在合同。于是,判决支持了原告。

本案确定的规则是,对于拆封许可这样藏在盒子中的协议,买方虽然在购买时没看到,但只要买方在使用中看到并点击同意了,而且在有机会退货的情况下没有退货,买方就是以行为作出了承诺,买卖双方达成了合同。

伊斯特布鲁克①巡回法官代表法院呈递以下判决意见:

作为电脑软件的购买者,是否一定要遵守拆封许可协议②中的条款呢?初审的地区法院认为不必,它给出的是以下两个理由:首先,因为这样的拆封许可协议是放在包装盒的里面,而不是印刷在包装盒的外面,因而协议也就不能成为合同;其次,这样的拆封许可协议即使是合同,美国联邦的法律也是禁止强制执行的。③本案当事人和众多的"法庭之友"建议书④概括地提出了本案中的许多其他法律问题,但是只有前面提到的这两个理由,是我们法院不同意初审法官结论的地方。我们法院认为,除非拆封许可协议的条款因为违反了适用于一般合同的规定而无效(例如,违反了成文法的规定,或者当事人是在他们没有意识的情况下签订了合同),否则,这样的协议就是可以在法律上强制执行的。因为在本案中没有一个当事人在辩论中提及本案系争的拆封许可协议条款在法律上是存在着问题的,所以,我们法院在提出指导意见之后,将本案发回初审法院重审,由初审法院作出支持原告的判决。

——

原告 ProCD 公司对于超过 3 000 本电话簿的信息进行了精心编辑,并制作了电脑数据库。虽然这一数据库非常复杂,包含了大量信息(包括 9 个数码的邮政区号和工业普查代码),进行了不同的组合,因而比 Feist Publications,

---

① Easterbrook, Circuit Judge.

② 拆封许可协议是软件生产者试图通过合同来保护其著作权或者财产权益而设定的一种合同,在软件行业普遍使用。它最初是置于软件塑料包装盒外的热缩塑料包下,用户一旦打开软件的封装,即可获得对软件一定条件的使用权。——译者注

③ 908 F.Supp.640(W.D. Wis.1996).

④ "法庭之友"建议书是美国诉讼程序中的一种特别制度。它是由与案件结果没有直接利害关系的个人或者团体,就案件争议的法律问题向法院提出的中立建议,有时法院也会邀请一些中立的个人或者团体提出法律上的分析意见。但是,这些意见或者建议并没有法律上的效力,只是供法官参考使用。——译者注

Inc. 诉 Rural Telephone Service Co.，①一案中单纯以字母编排电话簿更加富有独创性②，但我们还是可以推定原告的这一数据库是不能获得知识产权的。ProCD 公司是通过 CD-ROM 存储器来销售这款名为"SelectPhone"（商标名称）的数据库。③ProCD 公司压缩该数据库的专有方法，起到的是对数据库进行有效加密的效果。顾客通过 ProCD 公司已经写好的申请程序的帮助，可以解密并使用该数据库。原告的这一申请程序获得了专利，该程序按照使用者设定的标准（例如，寻找在田纳西州所有叫 Tatum 的人，加上所有在公司名称中有"door systems"的商家）来搜寻相应的数据。在使用者进行搜寻之后，该数据库列出的结果就可以被读取出来，并可以被其他软件，例如单词编辑程序所使用。

"SelectPhone"这一数据库的编辑制作，耗费了原告 ProCD 公司超过 1 000 万美元的费用，其维护费用也非常昂贵。该数据库对于某些用户而言要比另一些用户更有价值。将企业按照名称、地址和标准工业代码组合起来，生产厂家就可以以此来编辑潜在的客户名录。［如果没有这一数据库的帮助，］生产厂家和销售商要获得这样的通讯名录，通常要花费很多金钱给专业的信息中介机构；而 ProCD 公司的这一数据库正好为这些厂家提供了一个相对便宜的选择。没有任何东西要出售的那些人，也可以将该数据库作为拨打长途电话信息的一个替代品，或者在老朋友搬到某个未知城镇的时候，它可以是寻找这些老朋友的一种方法，或者就是作为地方电话号码簿的电子替代品。ProCD公司决定采取针对不同客户实行不同价格的方法来销售这一数据库。对于一般公众为了个人目的而使用这一款数据库的，实行的是较低的价格（一套 5 张盘，大约 150 美元），而对商业使用这一款数据库的，实行的是较高的价格。

146

---

① 499 U.S.340，111 S.Ct. 1282，113 L.Ed.2d 358（1991）. Feist Publications 这一判例认定的是，对于电话号簿单纯按字母顺序编排，由于缺少著作权法上的独创性，因而不能获得著作权。本案原告 ProCD 公司所生产的软件也是对电话号簿进行编辑的，根据 Feist Publications 这一判例，它很可能是得不到知识产权法上的保护的，因此，原告在该案中主要是想要从合同法上，特别是从《统一商法典》上寻求保护。而被告认为，既然原告的软件产品得不到知识产权法上的保护，对软件的使用就是不违反法律的。伊斯特布鲁克法官在这里假定原告的软件产品是不能享有知识产权的。——译者注

② 可以参见 Paul J.Heald，*The Vices of Originality*，1991 Sup.Ct. Rev. 143，160—68。

③ CD-ROM 是"compact discs-read only memory"的缩写，意思为"压缩磁盘—只读存储器"，这样的文件不能被程序指令所改变。"拆封许可协议"之所以得名，是来自零售的软件包装是以塑料或者玻璃纸来压缩包装的，除 ProCD 公司外，有些销售商规定，只要顾客撕下了软件盒上的这个包装，许可协议就发生效力。软件的卖方更喜欢用"最终用户协议"这个名称来称呼该许可协议，但是我们法院还是使用更常见的"拆封许可协议"这样的称谓。——原判决注

ProCD 公司也采取了一些中间策略来销售该款数据库：例如，人们可以通过"美国在线"这一网站来获得"SelectPhone"数据库，其价格是"美国在线"向它的顾客所收取的费用（大约是每小时 3 美元），但是，这一服务经过 ProCD 公司的设计，只对一般公众才有用。

如果原告 ProCD 公司不得不通过实行单一价格以收回它的投资成本并实现赢利，即原告不向商业用户收取比一般公众更多的费用，那么它就不得不将数据库的价格提高到 150 美元以上。随之而来的销售量下降，将会损害那些认为该款数据库信息价值为 200 美元（假定的价格）的顾客的利益。如果 ProCD 公司将这一数据库的价格显著提高到 200 美元，在现行的价格安排下，ProCD 公司会从消费者这里多获得 50 美元，但是，这又将导致消费者停止购买该款数据库。如果因为市场上不同消费者的需求有很大的伸缩性，原告 ProCD 公司获取利润的唯一手段只能依靠价格来吸引商业顾客的话，那么，原告将会失去所有的消费者——连那些愿意支付更多费用的商业客户也会失去——因为 ProCD 公司不再能够从消费者市场上获得任何其他份额来消化成本，这些商业客户将不得不支付更多价款来购买数据库。

然而，要使其价格差别策略发挥作用，卖方就必须控制买方的套利交易。[其他行业也有自己的控制套利交易方法。]航空企业销售给度假游客的票价要比从事公务旅行人士的票价便宜，航空企业是通过提前预订和周六晚上停留这样的条件，将两类不同的顾客区分开来。电影厂商则是按照电影放映时间的先后来划分市场，一般是先在剧院首映电影，然后是提供"付一场，看一场"的服务，再通过录像和激光唱片市场进行销售，最后是通过有线电视和商业电视的频道来播放电影。软件的销售者在销售过程中实行价格差别策略，有着更大的困难。因为任何人都可以跑到零售商店购买软件。顾客并不会表明自己是"商业顾客"还是"个人顾客"。即使安排检查员站在商店门口核实哪些人是"商业顾客"也无济于事，因为"个人顾客"可以在购买了该款软件后再转售给商业顾客。这样的套利交易将彻底摧毁差别价格策略，导致 ProCD 公司销售给任何顾客的最低价格都将会上升。

原告 ProCD 公司没有采取简单处理产品、让使用者自动分类的办法来进行销售——例如，以较高的价格提供只对商业顾客有吸引力、最近更新的数据库，而对两年前陈旧的数据库则以较低的价格进行销售。取而代之的是，原告 ProCD 公司是以达成合同的方法来解决这一难题。它在销售给个人客户的产品包装盒上作了声明，包装盒上提到该软件里面有一个许可协议，软件的使用受到许可协议的限制。这一许可协议被编辑在 CD-ROM 的磁盘上，也印在使用手册上，每当买方在使用该软件的时候，协议总是会出

147

现在使用者的电脑屏幕上，它明确限定该申请程序和显示结果仅仅限于非商业目的的使用。

1994年，被告马修·齐登伯格从位于威斯康星州麦迪逊的一家零售商店购买了"SelectPhone"软件，并决定对该许可协议置之不理。他自己成立了一家名为"Silken Mountain Web Services, Inc."的公司，将从"SelectPhone"数据库中获得的信息转售给其他人。任何人，只要愿意向被告付费，就可以在互联网上使用该数据库的信息——不用说，这一费用当然要比原告ProCD公司向它的商业用途顾客所收取的费用更加便宜。齐登伯格还购买了另外两个"SelectPhone"软件包，每个软件包都是该数据库的最新版本，通过被告齐登伯格成立的公司，其他人只要支付一定的费用就可以通过互联网获取最新的电话信息。ProCD公司向法院提起诉讼，要求法院颁布禁令，禁止被告齐登伯格行使超过该许可协议的权利，不得继续传播信息（被告购买的三个数据库的许可协议都是相同的）。初审地区法院认为，因为该许可协议的条款没有出现在软件的外包装盒上，因而该许可协议没有法律效力。初审法院还补充说道，第二和第三个许可协议的情况与第一个许可协议之间没有什么不同，即使它们实际上完全一样也是如此，因为它们也有**可能**是不同的，而且，购买人没有同意购买时仍然不为人知的条款，也就不可能受到这些条款的制约。①

二

跟随初审地区法院的审判思路，我们将争议的许可协议视作销售某一产品的普通合同，因而该许可协议受到普通法和《统一商法典》的调整。至于"合同"和"许可协议"（在知识产权的"首次销售"原则②下，某一个协议究竟是"合同"还是"许可协议"，是一个很重要的问题）之间的差别，则是一个留待日后再讨论的问题。③本案中，被告齐登伯格并没有认为自己的公司不受到那些适用于个人的限制，因为任何试图将齐登伯格的公司和齐登伯格个人区别开来的努力，在原告ProCD公司的辩论意见面前很可能凶多吉少，这是因为复制硬盘下的申请程序就是侵犯了原告的知识产权。被告重点提出的抗辩意见以及

---

① 908 F.Supp. at 654.

② "首次销售原则"是一个限制著作权人权利的法律原则，它是指著作权人将作品复制件的所有权首次转移以后，其对该复制件的发行权即告用尽，不能再干涉复制件以后的出售、出借、赠与或出租等行为。例如，某个个人合法购得一本书之后，就可以再将该书出售给其他人。该原则最早是由美国最高法院在1908年以Boddy-Merrill诉Stralls一案首先确认，后在美国1976年知识产权法案（Copyright Act of 1976, 17 U.S.C. §109）中以法典形式予以确认。——译者注

③ Microsoft Corp. v. Harmony Computers & Electronics, Inc., 846 F. Supp. 208 (E.D.N.Y.1994).

地区法院认定的结论是，将软件包装放在货架上销售，就构成了一个"要约"，顾客支付软件的价款，将软件带离商店，就构成了一个"承诺"。①在威斯康星州，也包括在其他地方，一个合同的内容只限定在双方当事人达成一致的那些条款。初审法官认定的是，当事人一方无法同意那些隐藏在商品背后的条款。到目前为止，这一规则对于本案仍然是非常好的规则。但在本案中，被告齐登伯格所购买软件的众多条款中有一个这样的条款，即这一交易受到一个许可协议的制约。因而，被告齐登伯格在本案中的观点必定是，只有那些印刷在软件包装盒外面的条款才是当事人之间的合同，那些指向其他条款或者包含在其他条款中的印刷条款并不是合同条款。但是，为什么威斯康星州的法律在这一点上要限制当事人的选择呢？卖方可以通过两种方法将整个合同条款都放在包装盒的外面，一种方法是在包装盒上使用只有通过显微镜才可以看见的极小字号，另一种方法是在包装盒上删除买方认为可能更加有用的信息（例如，该软件是用来做什么的，以及怎样通过计算机来使用该软件），或者是同时使用以上两种方法。在绝大多数软件中都包括的"请先阅读"文件——它主要是用来描述系统要求和潜在的不兼容情况——其内容可能相当于10页纸的容量；协议的担保条款和许可限制所占据的空间则更大。在这样的情形下，我们法院认为，将软件使用的注意事项放在包装盒的外面，而将合同条款放在包装盒里面，同时赋予购买者在认为合同条款不可接受的情况下退货的权利（许可协议中明示给予了这样的权利），对于买方和卖方来说，可能是更有价值的一种经营方式。②《合同法重述》的评论③这样说道："合同的标准化可以在很多方面发挥作用，这些作用类似于产品和服务实行标准化所起的作用；对于一个实行批量生产和销售的经营方式来说，两者［指产品的标准化和合同的标准化］都是非常重要的。那些有限的、同时又是宝贵的时间和技能，可以用来进行数量很大的一类交易，而不是用在琐碎的单个交易上。"毫无疑问，某个州是可以禁止在软件行业中使用标准合同的，但我们法院并不认为威斯康星州已经这样做了。

先付钱，然后再知道具体的合同条款，这一交易方式很常见，我们可以拿购买保险作为例子来说明。购买保险的人通常是先找到保险公司的保险代理人，由他们来解释一些关键的条款（如保额总价值，保单的年限），由投保人将保费汇到保险公司总部，然后再由保险公司将保单寄给投保人。按照地区法

148

---

① Peeters v. State, 154 Wis.111, 142 N.W.181(1913).

② E. Allan Farnsworth, 1 *Farnsworth on Contracts* §4.26(1990).

③ *Restatement(2d) of Contracts* §211 comment a (1981).

院的理解,保单上的条款与合同不相关,因为投保人支付保费在前,而收到保单在后。而且,购买保单时的付款方法,经常会伴随着一个"临时保险"条款①(有了这一"临时保险"条款,即使保险公司保留着以后撤回保险项目的权利,该保险也可以立即生效),这一条款在保单到达投保人之前就已经有了。这样的"临时保险"条款通过加快保单生效速度,减少交易成本,可以更好地服务于保险购买者的利益。或者,我们也可以拿购买飞机票作为例子来说明。旅行者打电话给航空公司或者代理商订购飞机票,一般的程序是询问价格,预订机位,然后付款、取票。飞机票上包含了很复杂、很精细的合同条款,旅行者可以通过取消预订来放弃飞机票。即使回过头来看飞机票上的条款对旅行者是不利的,但只要旅行者使用了该飞机票,他就是接受了飞机票上的条款。②我们订音乐会票的程序和订飞机票的程序也是差不多的。音乐会票的背面往往写着听众必须承诺在音乐会过程中不得录音录像;如果某一个听众真的去参加了音乐会,那么,他就是同意了音乐会票后面的这一条款。剧院一旦发现有人违反了这个条款,将会没收录音带或者录像带,并将录音录像的人赶出剧院。主办方当然也**可以**仔细安排好音乐会门票的销售,以便让每个去音乐会的人在付款之前就签署好不得录音录像的承诺,但是,这样缓慢而低效的做事方式不仅会造成购票者要排很长的队,提高音乐会的票价,而且会阻碍电话订票或者电子数据订票这样的销售方式。

消费类商品的经营也是同样的方式。某人想要购买一款收音机,他来到一家商店,支付了价款,然后带上所购买的收音机离开。这一收音机的包装盒里面有一张包含了合同条款的印刷品,其中最重要的是担保条款。消费者通常是在舒适的家中才第一次阅读这一印刷品上的合同条款。按照被告齐登伯格的观点,包装盒里的担保条款对于合同来说也是无关紧要的;在合同对于包装盒里的条款是沉默不语的情况下,那些印刷品上的担保条款就不能成为合同的组成部分,如此一来,每一个消费者就只能从《统一商法典》这里得到其所默认的标准担保条款③。然而,到目前为止,据我们法院所知,还没有一个州的

———————

① "临时保险"条款是保险中的一个术语,是在正式保单出来之前,约束保险公司撤回保险的一种条款。——译者注

② Carnival Cruise Lines, Inc. v. Shute, 499 U.S.585, 111 S.Ct.1522, 113 L.Ed. 2d 622(1991).

③ 《统一商法典》中的默认担保条款是一种标准化的条款,它的担保责任可能比商家提供给消费者的担保条款要宽松,因此,有的商家为了提高自己产品的竞争力强化了自己的担保责任,也有的商家是因为自己的产品需要有特别的担保责任。如果按照齐登伯格的观点,放在包装盒里的担保条款因为消费者在购买时没有看到而不适用于消费者,那么,这样的结果可能对保护消费者并不利。——译者注

法院对消费类商品包装盒里面的担保条款置之不理。药品在出售的时候,会将其所含的成分写在包装盒的外面,而将该药品的具体说明藏在药品包装盒的里面。藏在包装盒里面的材料描述了药品的相互作用、禁忌症和其他一些重要信息,但是,如果齐登伯格的观点是正确的话,购买该药品的人是不需要阅读这些说明材料的,因为它们并不是双方合同的组成部分。

149

下面我们来考虑一下软件业自身的实际情况。只有很少的软件销售是发生在柜台上的,在柜台销售的情况下,消费者是可以仔细阅读软件包装盒上的内容的。消费者也可以在看到目录上的一款软件之后,或者在看了一本杂志之后,直接打电话预订自己想要的软件。很多软件是购买者通过网络来订购的,这些购买者从来也没有看见过软件包装盒;越来越多的软件是通过电子方式送到买方这里。在这种情况下购买的软件,没有纸质的包装盒,只有电子流——这个电子流是信息的集成,包括了数据、申请程序、使用说明、许多使用限制([例如,]MegaPixel 3.14159 不能与 BytePusher2.718 同时使用)以及销售条款。软件使用者在购买的时候会获得一个序列号,用这一序列号可以激活所购买的软件。按照被告齐登伯格的辩论意见,这些没有通过包装盒进行的软件销售,也是不受电子流中条款的制约的,因而软件的卖方就是对其软件产品作出了宽泛的担保,它就必须对其履行中的任何不足给顾客造成的间接损失都予以赔偿。在我们看来,如果被告的这一观点成立,原告在这样的销售中就是作出了两个"承诺"①,由此带来的结果将使得软件产品的价格升到天花板上去,或者就是让双方的交易退回到旧式马车那样的古老年代。

根据地区法院的判决,《统一商法典》并不认同"先付钱,然后见到合同条款"这样的情况。地区法院所作判决的众多理由中,有一条理由是:美国法律协会和统一各州法律全国代表大会建议的新的《统一商法典》第 2-2203 条款——建议草案的 2B 部分——想明确赋予标准的使用者许可协议以法律上的效力,这就等于是承认了拆封许可协议条款根据现行法律应该是无效的。在我们看来,初审地区法院以此作为依据是一个错误的推理。我们法院认为,对某一**法律文本**建议进行修改,并不等同于必然建议在**法律效果**上进行修改。通过设计一些新的名词,以更准确的法律条款来减少法律的不确定性,可以起

---

① 伊斯特布鲁克法官在这里提及的所谓两个"承诺",是指在判决中列举的通过电子方式销售软件的情形中,软件的卖方有可能被认为是作出了两个承诺,一个是"电子流"中的承诺,另一个就是《统一商法典》中的默示承诺。如果真的有两个承诺的话,软件的卖方就会承担相当大的责任,为了保护自己的利益,它就不得不将价格设定得很高,或者就是将软件通过电子销售这一方式彻底摧毁,让双方当事人再回到古老年代的交易方式。——译者注

到强化现行规则的作用。法律评论杂志中讨论拆封许可协议的文章不少,从这些文章的变化来判断,学者们更加关注的是要特别减少法律上的不确定性——虽然与学者们比较起来,经营者们较少感觉到法律上的不确定性,因为到现在为止也只有三个案例(我们法院手头审理的这一案件除外)涉及这一议题,而且,其中没有一个案例与我们手头的案件直接相关。[1]正如这三个案件的标题所提示的那样,这些纠纷都不是有关消费者交易的纠纷。Step-Saver 一案是一个有关"格式文本之战"[2]的案例,在该案中,当事人交换的是不相一致的合同文本,审理该案的法官必须决定究竟应该适用哪一个合同文本。[3]我们手头的这起案件,却只有一种合同文本,[并不存在格式文本之战的问题,]《统一商法典》第 2-207 条款[4]与本案争议并不相关。Vault 一案认定的是,路易斯安那州有关特别拆封许可协议法规已经由联邦法律先行作出了规定,这是一个我们在本判决的后面会研究的问题。Arizona Retail Systems 一案并不涉及我们手头这一案件所争议的问题,因为审理该案的法院认定,买方在购得软件之前已经知道了许可协议中的条款。

150

那么,让我们再看看现行的《统一商法典》对这种"先付钱,然后看到合同条款"的交易方式究竟说了些什么。我们法院认为,分析这一问题的出发点应该是《统一商法典》第 2-204(1)条款,这一条款是这样说的:"货物销售合同可以以任何充分表明存在着合意的方式来达成,包括双方当事人认可合同存在的行为。"一个货物买卖合同中的卖方,作为要约的主人,可以邀请承诺以履行一定行为的方式来完成,而且可以对作出承诺的行为进行限制。货物的买方可以通过履行卖方建议的被视作承诺的行为来接受卖方的要约。这就是本案中所发生的情

---

① Step-Saver Data Systems,Inc. v. Wyse Technology,939 F. 2d 91(3d Cir. 1991);Vault Corp. v. Quaid Software Ltd.,847 F.2d 255,268—70(5th Cir.1988);Arizona Retail Systems,Inc.v. Software Link,Inc.,831 F.Supp.759 (D.Ariz.1993).

② "格式文本之战"是法律界对当事人之间为了最终采用自己的合同所进行的博弈而进行的一个比喻,也见第 165 页注释。——译者注

③ Northrop Corp. v. Litronic Industries,29 F.3d 1173(7th Cir.1994)(Illinois Law);Douglas G. Baird & Robert Weisberg, *Rules,Standards,and the Battle of the Forms:A Reassessment of § 2-207*,68 Va.L.Rev.1217,1227—31(1982).

④ 《统一商法典》第 2-207 条款是有关合同形式之争应该如何处理的条款。根据普通法上传统的"镜像规则",承诺必须与要约完全一致才能构成合同,如果有任何不一致,则构成一个新的要约。《统一商法典》第 2-207 条款对传统的"镜像规则"进行了调整,它规定:一个明确、及时的承诺,如果在合理的时间内发出了,即产生了承诺的效力,即使这一承诺中规定了与要约内容不相同的附加条款,除非这一承诺明确表示它是以立约人同意该附加条款为条件。《统一商法典》的这一条款可以减少"镜像规则"的僵硬和呆板,促进商业交易。伊斯特布鲁克法官指出,在本案中争议的许可协议是否构成一个合同的问题,与《统一商法典》的这一条款并不相关。——译者注

形。原告 ProCD 公司提议的合同是这样的,买方在他空下来的时候,在有机会来阅读许可协议之后,通过*使用*所购买的软件来作出承诺。本案的被告齐登伯格确实这样做了。对于齐登伯格来说,他别无选择,因为他购买的这一软件在使用时已经将许可协议醒目地显示在电脑屏幕上,如果他不接受许可协议,这一软件就不会让他继续操作下去。所以,虽然合同可以而且经常是通过简单的付款离店的方式达成——在这一点上地区法院的认定是正确的——但是,《统一商法典》也允许合同以其他方式成立。原告 ProCD 公司就是提议以这样不同的方式来达成合同,被告齐登伯格对此并没有反对,他同意了这一许可协议。我们手头的这一起案件不是顾客打开一个物品的包装盒后发现里面有一个插页,写着"你另外欠我们一万美元",然后卖方起诉顾客要求支付一万美元。任何买方在发现包装中有这样的要求后,都可以将这一包装盒退回去以阻止合同的成立。同样,任何软件的买方如果认定许可协议的条款让这一软件不是物有所值,也可以退货。《统一商法典》中没有任何条款要求卖方必须将买方的利益最大化。

《统一商法典》第 2-606 条款界定的内容是"货物的接受",这一条款的内容强化了我们法院对于前面所讨论问题的理解。根据第 2-606(1)(b)条款的规定,买方在有机会对货物进行检查而没有根据第 2-602(1)条款作出有效拒绝的情况下,买方即接受了货物。如果软件购买者发现许可协议的内容不能让自己满意,ProCD 公司则给予了买方拒绝接受货物的机会;被告齐登伯格检查过了软件的包装,试验了该软件,知道了许可协议的内容,但是,他并没有拒绝接受这一货物。我们以《统一商法典》第 2-606 条款作为本案分析的参考,只是想表明,买方退回货物的机会是非常重要的。对于要约作出的承诺,与货物发送后接受货物并不是一回事[1],但是,《统一商法典》允许了当事人对于接受要约的时间与接受货物的时间进行调整[2],这样,购买者就有机会在仔细阅读了合同条款后,作出是否接受货物的最后决定。《统一商法典》第 2-606 条款的这一规定,与前面的第 2-204(1)条款的规定是相一致的。

《统一商法典》中有一部分内容对于当事人同意合同条款的方式提出了另

---

[1]　Gillen v. Atalanta Systems, Inc., 997 F.2d 280, 284 n.1 (7th Cir.1993).

[2]　在一般情况下,买方是先接受要约,然后再接受货物。但是,伊斯布鲁特法官认为,根据《统一商法典》的规定,从整个法律来说,它允许当事人就接受货物和接受要约的先后次序进行调整,当事人可以约定将接受货物的时间视为接受要约的时间。法官认为,本案中原告就是约定了使用者先接受货物,然后接受要约。——译者注

外的要求。对于产品适销性默示担保①的免责声明,《统一商法典》要求必须以非常显著的方式予以表明②。发出某一个确定的要约③,或者否定先前作出的口头上的修改,这样的承诺必须"单独签署"④。这些特殊条款——指合同中的一些事项必须非常显明地表明出来——的存在,强化了我们法院在本案争议问题上的观点:从目前的《统一商法典》来看,上述这些特殊条款以外的其他条款,和 Carnival Lines 一案中争议的条款一样,可以不需要特别显著地表明⑤。Carnival Lines 一案中争议的是游轮票背面的确定纠纷解决地条款,审理该案的法院认为,游轮票背面的这一条款并不需要显著地表明。就许可协议是否应该醒目地表明这一点而言,被告齐登伯格并没有找到任何威斯康星州的案例——也没有援引任何其他州的案例来说明——认定,根据《统一商法典》,拆封许可协议里的普通条款应该特别醒目,或者,如果不是特别醒目,法院就应该把它去除掉,不去实施它。最后,本案中许可协议的条款与软件包装上的内容在概念上是相同的⑥。正如没有法院会想到说"SelectPhone"(商标)这一软件所包含的电话簿必须是 3 100 个而不能是 3 000 个,或者它使用的必须是

151

---

① 产品适销性的默示担保是《统一商法典》中的特别术语。其中"适销性"是指出售的产品必须合理地符合购买者对于该产品通常的期待。产品的适销性担保通常是默示的,但是它可以通过免责条款来改变,在美国的实践中,通常用来表明免责的词语有"as is"或者是"with all faults"(即销售者是按产品的现状和现行条件销售或者处理,购买者是知道产品的现状,并接受该产品的所有缺陷和不足)。——译者注

② 见《统一商法典》第 2-316(2)条款,它吸收了《统一商法典》的第 1-201(10)条款,将后者更加具体化。

③ 根据《统一商法典》第 2-205 条款,"确定的要约"是指商人以书面形式作出的购买或者出售某一商品的要约,这样的要约在载明的期限内,或者合理的期限内——最长不超过三个月内——是不可撤销的。规定"确定的要约",其目的主要是,在要约人和受约人之间地位不平等的情况下,"确定的要约"可以用来保护受约人,限制要约人随意撤回要约。——译者注

④ 《统一商法典》第 2-205、2-209(2)条款。

⑤ 本案中,原告 ProCD 公司要求买方同意合同的方式是实际使用所购买的软件。《统一商法典》中规定,有一些同意合同的方式必须予以特别明确的提示,但是,对于本案这样的情形,并没有要求予以特别的提示。——译者注

⑥ 伊斯特布鲁克法官在此的分析认为,软件包装盒上显示的内容和许可协议中的内容,虽然在个别文字的表述上有所不同,但是,它们在概念上是相同的。软件包装盒上的内容并不是《统一商法典》中讲到需要特别显著地标明的内容,例如,前面判决书提到的免责声明、作出一个确定的要约或者否认先前作出的口头上的修改等,都需要特别醒目地标明。根据《统一商法典》的规定,只要许可协议中的内容和包装盒上的内容不构成实质性的改变,就可以认为该许可协议是有法律效力的。伊斯特布鲁克法官在随后就提到,本案中的数据库到底是包含 3 100 个电话簿还是 3 000 个电话簿,所提供的电话资料是不是必须是 30 天内的最新资料,根据《统一商法典》来分析,在这些内容上的差异,并不是什么实质上的差异,不影响合同的成立。——译者注

最多不超过 30 天的资料,或者它必须是以 100 美元价格出售而不是 150 美元——虽然说上述任何变化都会受到消费者的欢迎,如果本案中其他所有事项的认定都保持不变的话——所以,我们法院相信,威斯康星州的法律将不会让购买者在不同条款当中挑挑拣拣,[只选择对自己有利的那些条款。]软件使用条款也是"产品"的组成部分,其重要性与数据库大小、客户名单显示速度相比毫不逊色。卖方之间的竞争,不在于司法机关对包装盒中的条款内容修改了多少,而在于它们如何在市场经济中更好地保护消费者的利益。[①] ProCD 公司有许多竞争对手,这些竞争对手会选择各种方法与原告进行竞争,例如,提供更高级的软件,每月及时更新内容,提供更完善的使用条款,实行更低的价格,或者是对以上因素进行更好的综合、兼顾。正如我们法院在前面强调的,如果我们法院按照买方的喜好来调整合同的条款,在今天可能会帮助被告齐登伯格(他已经有了这款软件),但是,由此带来的影响,例如原告可能不得不实行更高的价格,将会伤害消费者的整体利益。……

本案发回重审。

希尔诉 Gateway 2000 公司[②]
美国联邦第七巡回上诉法院(1997 年)

本案要旨

原告里奇·希尔和恩扎·希尔通过电话联系从被告处购得电脑,寄来的电脑包装盒里面包含了很多条款,表明除非消费者在 30 天内退回该产品,否则这些条款将调整这次交易。这些条款中包括了一个仲裁条款。原告收到电脑后,没有在规定的 30 天内将产品退回被告,后双方产生争议。原告向联邦法院提起诉讼,认为仲裁条款藏在包装盒里,并不醒目、突出,没有给予原告足够充分的告知,要求退货。被告则要求将案件移送仲裁。法院认定合同成立,仲裁条款有效,判决驳回了原告诉请。

本案确立的规则是,当卖方藏在包装盒中的条款规定买方将产品保留在身边达到一定天数即视为接受合同的情况下,只要买方有机会在规定天数内退货而未退货,买方就是接受了要约,双方合同就已经成立。

---

① Digital Equipment Corp. v. Uniq Digital Technologies, Inc., 73 F.3d 756 (7th Cir. 1996).

② Hill v. Gateway 2000, Inc. 105 F.3d 1147.

本案原告是里奇·希尔和恩扎·希尔两人,代表着众多处于相同地位的消费者。本案被告为 Gateway 2000 公司,其生产电脑的系统也叫 Gateway 2000。——译者注伊斯特布鲁克①巡回法官代表法院呈递以下判决意见：

一位消费者通过电话从被告这里订购了一台电脑，并填写了信用卡号。不久之后，他收到了被告寄来的一个包装盒，盒子里有一台电脑和包含各种条款的清单，这些条款说道，除非消费者在购买后 30 天内将电脑退回，否则这些合同条款将会调整本次交易。那么，这些条款是否能够作为当事人之间的合同而具有法律效力呢？或者，是否因为接受订单的人没有在电话中把这些条款读给消费者听，征得消费者同意，就导致这些条款没有约束力呢？

本案中，在装有 Gateway 2000② 系统的包装盒中有很多合同条款，其中包括了一个仲裁条款。本案的原告是里奇・希尔和恩扎・希尔两位消费者，在开始对所购买电脑抱怨之前，已将电脑留在身边超过了 30 天。这两位消费者在联邦法院提起诉讼，声称这一产品存在众多缺陷，使得被告 Gateway 公司实际上成为了一个讹诈钱财的骗子（通过邮政和电信欺诈③来诈取钱财，在美国被认为是严重的侵犯财产犯罪），根据《反有组织犯罪法》④，希尔和其他类似的购买者可以获得三倍的损害赔偿。被告 Gateway 公司则要求法院执行仲裁条款，将案件移送到仲裁机构进行仲裁。被告 Gateway 公司的这一请求遭到了初审法官的拒绝，初审法官在判决意见中写道："本案的庭审记录还不足以让法院认定双方之间存在着一个有效的仲裁协议，或者就这一仲裁协议的存在，这些原告已经得到了恰当的通知。"被告 Gateway 公司根据《美国法典》第九章第 16 条款⑤享有的权利，对初审法院的这一判决立即提起了上诉。

希尔声称，本案系争的仲裁条款在众多合同条款中并不引人注目。原告

---

① Easterbrook，Circuit Judge.
伊斯特布鲁特法官也是审理 ProCD，Inc. v. Zeidenberg 一案的法官。——译者注

② Gateway 2000 是被告生产的一款电脑系统。——译者注

③ "邮政和电信欺诈"是指通过邮政和电信手段来骗取他人的钱财，这在美国被认为是一种严重的犯罪。美国有专门的法案，制止通过邮政和电信手段非法谋取钱财，违反该法律的，将构成严重的刑事犯罪。由于被告 Gateway 公司通过电话来销售产品，所以，原告认为被告涉嫌构成"邮政和电信欺诈"。——译者注

④ 《反有组织犯罪法》（简称 RICO 法）是美国于 1970 年通过的一部法律，旨在打击各种有组织的犯罪，它涉及的犯罪除了敲诈勒索之外，还包括了诈骗、绑架、赌博、高利贷等多种有组织的犯罪行为。这一法律的立法本意是打击刑事犯罪，但是，RICO 法案中第 1964(c) 款规定，任何 RICO 法案项下的受害人，如果提起的民事诉讼指控得以成立，则受害人可以获得三倍于其实际损害金额的赔偿及合理支出的律师费。通过 RICO 法下的民事诉讼获得巨额赔偿，很快在诉讼实践中风靡起来，以至于在 20 世纪 80 年代末期，民事 RICO 指控成了美国各联邦法院面临的非常普遍的诉讼。某一个人或者公司如果被认定为该法律所称的"讹诈钱财的骗子"，就很可能会被他人依照该法律追究高额的民事赔偿责任。——译者注

⑤ 9 U.S.C. § 16 (a)(1)(A). 这一法律条款规定，认为应该将争议交由仲裁机构解决的一方当事人，对初审法院拒绝将案件移送仲裁的判决，有权提起上诉。——译者注

也承认,自己注意到了包装盒的条款清单中所表述的内容,但否认自己当时很仔细地进行过阅读,因而没有看到过这一仲裁条款,原告要求法院判定,他们可以就本案争议到法院起诉。《联邦仲裁法》第 2 款规定,合同中的仲裁协议必须得到强制执行,"即使在合同被撤销的情况下,这样的书面仲裁条款在普通法或衡平法上仍然可以保留下来"。①美国最高法院审理的 Doctor's Associates,Inc. 诉 Casarotto② 一案认定,蒙大拿州法律有关仲裁条款必须是引人注目、显而易见的规定,与《联邦仲裁法》第 2 款不相一致。一个合同并不需要在当事人阅读之后才能生效;对于当事人没有看过的合同条款,接受合同文本的当事人要自行承担回过去再看可能不受欢迎的风险。③被告公司所寄包装盒中的那些条款,要么都能够成立,要么都不能成立。如果因为原告希尔在阅读这些条款之后有机会将这一台电脑送还给被告,这些条款构成了合同的一部分,那么,所有合同中的条款都应该予以执行。

ProCD,Inc.诉 Zeidenberg④ 一案认定,使用 ProCD 软件的消费者有机会阅读存放在软件包装盒中的条款,但是拒绝将软件产品送还给被告公司,软件盒中的那些条款对于消费者仍有约束力。与 ProCD 一案的判决相类似,在 Carnival Cruise Lines,Inc. 诉 Shute⑤ 一案中,法院认定,确定纠纷解决地的条款⑥也应该得到强制执行。该案中的游船票附带了长达 3 页的合同条款,确定纠纷解决地的条款就置身在长达 3 页的合同条款之中。ProCD 一案与 Car-

---

① 9 U.S.C. § 2.

② 517 U.S. 681,116 S.Ct. 1652,134 L.Ed.2d 902 (1996).Doctor's Associates,Inc. 诉 Casarotto 案是美国最高法院审理的一起涉及如何认定仲裁协议效力的案件。在这一起案件中,DAI 是一个特许经营许可商,它许可卡萨洛托在蒙大拿州开设一家三明治商店。在双方的协议中,有着一个仲裁条款,这一仲裁条款写在许可协议的第九页。后来,在双方当事人发生争议的时候,卡萨洛托在法院起诉了 DAI,DAI 以双方之间存在着仲裁条款进行了抗辩,初审法院支持了 DAI 的抗辩,蒙大拿州最高法院推翻了初审法院的判决。州最高法院认为,根据蒙大拿州的法律,仲裁条款必须是在协议的第一页以大写字体打印出来,由于许可协议中的仲裁条款是写在许可合同的第九页上,这不符合蒙大拿州的法律规定,因而蒙大拿州最高法院认定这一仲裁协议是无效的。DAI 不服蒙大拿州最高法院的这一判决,向美国最高法院提起了申诉。美国最高法院经过审理后认为,《联邦仲裁法》中并没有要求仲裁条款是特别的显而易见,美国最高法院审理后认为,蒙大拿州的法律是不符合联邦仲裁法的规定的,因此,推翻了蒙大拿州最高法院的判决。——译者注

③ Carr v. CIGNA Securities,Inc.,95 F.3d 544,547 (7th Cir. 1996).

④ ProCD,Inc. v. Zeidenberg,86 F.3d 1447 (7th Cir.1996).ProCD 这一案件的判决意见,也是由审理本案的伊斯特布鲁克法官呈递的。——译者注

⑤ Carnival Cruise Lines,Inc. v. Shute,499 U.S.585,111 S.Ct.1522,113 L.Ed.2d 622 (1991).

⑥ "确定纠纷解决地条款"是在可能涉及法律冲突的合同中,当事人通过自行协商确定纠纷由某个特定机构来解决因合同产生的纠纷。通常,当事人在协议选择纠纷解决机构的时候,也会约定处理纠纷所适用的法律。——译者注

nival Cruise Lines 一案是很好的范例，说明了先支付产品价款、随后寄送合同条款的商事交易情形，而且这样的交易情形非常普遍；ProCD 一案中还讨论了其他的交易情形。①初审的联邦地区法院在 ProCD 一案中的结论是，当消费者支付软件价款时，双方的合同已形成；因此，联邦地区法院判决，只有消费者在付款当时知晓的那些条款才成为合同的组成部分，消费者付款时不知晓的盒子中的条款，并不能包括到合同中去。虽然联邦地区法院提到的方法是判断合同成立的一种方法，但并不是唯一的方法："一个货物买卖合同中的卖方，作为要约的主人，可以邀请承诺以履行一定行为的方式来完成，而且可以对作出承诺的行为进行限制。货物的买方可以通过履行卖方所建议的被视作承诺的行为来接受卖方的要约。"本案中，被告在交付电脑时提出的要约是，要么接受要约，要么退还货物，这种要约与 ProCD 公司将软件交付给顾客的要约是同样的类型。ProCD 公司以《统一商法典》作为其主张的依据，而不是以威斯康星州的特别规定作为依据；伊利诺伊和南达科他②这两州——它们的法律也许正是调整原被告关系的法律——都采纳了《统一商法典》；本案中任何一方当事人都没有向我们法院指出，在这两个州有不同寻常的特别规定可能是与我们审理的这一起案件是相关的。因此，我们认为，ProCD 这一判例所确定的原则适用于本案。

本案的原告要求我们法院将 ProCD 这一判例的原则限定在软件交易的情形，但是，[我们要问，]这样做的依据是什么呢？ProCD 这一判例确定的原则是有关合同法的原则，并不是有关软件的法律原则。当事人一方在得知全部合同条款之前支付合同价款，这种情形在航空运输、保险以及其他许多交易中都很常见。[我们认为，]从实践出发，应该允许卖方在交付产品时附上全部法律上的合同条款。我们不能期待柜台的收银员在结算之前必须向消费者宣读合同上的那些条款。如果在电话的另一头，像 Gateway 公司这样的工作人员在接受买方的信用卡号之前，不得不宣读长达 4 页的合同条款，那么，他沙哑的嗡嗡声音只会让那些潜在的消费者昏昏欲睡，而不会激发起消费者的购买欲。其他一些人甚至可能在一怒之下把电话一挂了之。而且，卖方口头叙述合同条款，也不能阻止消费者声称卖方未宣读过某一条款，或者他们已经记不清是否宣读过，抑或他们对这些条款的含义并不能理解（这或许是真的，或许只是个借口）。书面形式的合同条款，对于从事商事交易的双方都是有利的。当卖方抛开花钱不少、效果不佳的电话宣读方法，转而代之以简单的"要么同意这些

153

---

① 86 F.3d at 1451—52.

② 本案被告 Gateway 公司 1985 年成立于艾奥瓦州，1989 年搬迁到南达科他州。在本案纠纷发生时，它的公司地址尚在南达科他州，所以伊斯特布鲁克法官在这里提到了南达科他州的法律。——译者注

条款,要么返还货物"的方法,消费者作为整体只会从中得益。任何有行为能力的成年人,不论是否读过这些条款,都应该受到这些条款的制约。不论价值如何,我们还是要补充一个事实,即被告 Gateway 公司寄送的盒子里装满的是软件。电脑是由操作系统来运行的,没有操作系统,电脑就只能作为一个船锚来发挥作用,成为累赘。[①]被告 Gateway 公司的产品中也包括了许多应用程序的软件。因此,原告想将 ProCD 一案的判决结论仅仅限定在软件交易的努力,并不会对他们有利,即使它看起来在法律上是合理的,然而实际上却不是这样。

希尔的第二个抗辩理由是,ProCD 一案的结论应限定于系争合同只是待履行合同[②]的情形(特别是那些许可协议),因此它不适用于本案,因为在本案中,当包装盒送到消费者家中的时候,合同已经履行完毕。我们认为,原告的这一抗辩理由在事实上和法律上都是错误的。从法律上说,本案争议涉及的是合同的成立而并非合同的履行;从事实上说,ProCD 一案与本案中的合同都是没有履行完毕的合同。ProCD 一案的判决结论,并不取决于卖方将双方的交易定性为授权许可而非合同这一事实;我们法院将系争合同定性为一份货物买卖合同,而且,我们在这样认定的时候也保留了一个问题,即基于其他目的[③],也许要优先考虑"授权许可"这一定性问题。将有关合同定性的所有争论都放在一边来理解,在 ProCD 一案的交易中,当事人之间的合同尚在履行之中,其程度要超过我们手头的案件:齐登伯格是支付了所购软件的款项,将软件包装盒挟在胳膊下带离商店,因此,如果说装着产品的盒子到达顾客家中就意味着合同条款披露时间的结束,那么在 ProCD 一案中,在齐登伯格打开软件包装盒之前合同披露的时间就结束了。但是,在 ProCD 公司交付了软件包装盒之后,它并没有完成合同项下的履行行为,本案中 Gateway 公司也是如此。这些交易中的一个重要因素是对产品质量的保证,这种保证要求卖方对于他们产品的缺陷进行维修。原告希尔在购买了被告 Gateway 公司的产品后,已经援引被告的保证条款与被告进行过交涉,并对被告的回复表示不满,所以,在我们法院看来,原告说当汽车司机卸下包装盒时,被告 Gateway 公司的义务就已经履行完毕,并不能让原告处于有利地位。此外,ProCD 公司和 Gateway 公司都承诺帮助消费者使用其产品。在电脑行业,不管是在硬件行业

[①]　Digital Equipment Corp. v. Uniq Digital Technologies, Inc., 73 F.3d 756, 761 (7th Cir.1996).

[②]　待履行合同是指双方尚未履行完毕,还有很多内容留待将来履行的合同。——译者注

[③]　在 ProCD 的判决意见中,法官是将双方争议的合同定性为一般的合同,但是,伊斯特布鲁克法官也提到了在涉及知识产权的情形下,可能要优先考虑"授权许可"这样的定性。——译者注

还是软件行业,卖方对消费者提供长期的服务和信息是非常普遍的现象。被告 Gateway 公司承诺给消费者提供"终身服务",而且为之设立了全天候的热线电话。对一些卖方来说,其帮助消费者使用所花费的时间已经超过了研发产品的时间。在 Gateway 公司的包装盒中,包含了将来为消费者提供服务的承诺,而这是一些消费者非常看重的一点;这些承诺对于被告 Gateway 公司是有约束力的,正如系争的仲裁条款也约束着原告一样。

原告坚持认为,ProCD 一案与我们手头的这一案件是没有关联的,因为在 ProCD 一案中,按照《统一商法典》的界定,购买软件的齐登伯格是"商人",而他们不是①。《统一商法典》第 2-207(2)条款——这是让"格式文本之战"②这一"恶名"广为人知的条款——说道:"在承诺中增加的条款应该被解释为建议合同增加的条款。在'商人'之间,这样的条款就成为合同的一部分,除非……"原告告诉我们,ProCD 一案之所以那样判决,只是因为买方齐登伯格是一名"商人",而且在 ProCD 公司包装盒中的条款并没有被《统一商法典》第 2-207(2)条款"除非……"后面的内容排除。在我们看来,原告的这一意见不能成立,原告对于 ProCD 一案的判决意见并未予以充分的注意。在该案中,法院认定,当案件只有一种合同文本存在时,《统一商法典》"第 2-207 条款不适用"。ProCD 一案中的争议问题,并不是在合同成立之后是否有其他条款被添加进来,而是合同是怎么达成以及何时达成的——特别是一个卖方是否可以建议不要在商店交付货款时就达成合同(或者在电话交谈中达成合同),或者不要在一般的"将产品交付给我"时达成合同,而是在消费者有机会检查产品的项目和合同条款之后再达成合同。ProCD 一案的判决对此问题的回答是"可

---

① 原告在这里提出了另外一个很重要的抗辩理由,就是根据《统一商法典》,被告包装盒中的仲裁条款是"新增条款",不能成为双方合同的组成部分。原告的这一意见的基础是,自己电话订购电脑时,被告并没有提到有仲裁条款的存在,因此,在产品送过来的时候,包装盒中的仲裁条款应该被视为"新增条款",而根据《统一商法典》第 2-207(2)条款,如果交易发生在"商人"之间,这些"新增条款"可以成为合同的一部分,除非这些"新增条款"实质性地改变了原先的要约。原告认为,由于其不是"商人"身份,只是一名普通消费者,所以,这些"新增条款"就不可能成为合同的组成部分。原告为了将自己的案件与 ProCD 一案区别开来,认为 ProCD 一案之所以支持了卖方在包装盒中"新增条款",是因为买方齐登伯格是一名"商人"。

伊斯特布鲁克法官则认为,《统一商法典》第 2-207 条款的适用有一个前提,就是必须有两个合同文本,而在本案中,原告口头订购电脑这一要约,并不是该条款所称的文本,本案中只有被告包装盒中的条款是一个合同文本,因而,《统一商法典》第 2-207(2)条款在本案中是不适用的。伊斯特布鲁克法官的这一观点,与他在 ProCD 一案中的判决意见是一致的。实际上,伊斯特布鲁克法官的这一观点并不是都被接受的,也有人对他的这一观点提出反对意见。也有法院认为,口头发出要约的,也属于《统一商法典》第 2-207 条款所称的合同文本,《统一商法典》第 2-207 条款在本案的情形下,也应该予以适用。在下一篇类似的案例 Klocek 诉 Gateway,Inc.案中,法官就采取了与伊斯特布鲁克法官不同的观点。——译者注

② "格式文本之战"的含义,见第 165 页注释。——译者注

以",因为不管买方的身份是一般的消费者还是《统一商法典》中所称的"商人",两者交易的情况是类似的。同样,不论价值如何,我们法院必须再次指出,原告希尔他们误解了 ProCD 一案判决意见的背景。根据《统一商法典》相关规定,它所指的"商人"是指"从事某货物交易的人,或者因其职业关系对其从事交易的商品拥有专门的知识或者技能的人"。[①]齐登伯格是在一家零售商店购买的软件产品,而零售商店被"商人"们作为取货地点并不常见。齐登伯格拥有的公司将从 ProCD 公司获取的数据库放在互联网上供任何人浏览的行为导致了诉讼的产生,但这种行为并不能让齐登伯格本人成为一个软件业的"商人"。

在庭审的口头辩论中,原告希尔提出 ProCD 一案与本案的另一个区别之处在于:存放 ProCD 公司软件的包装盒上有一个告知,告诉顾客里面有一个附加的条款,而在 Gateway 公司的包装盒上却没有这样的告知。在我们看来,这种区别只是功能上的差别而非法律上的差别。在商店中浏览产品的消费者也可以同时去查看这一包装盒,而如果他们不愿意让附加条款上的东西在将来约束自己,他完全可以在看完条款的内容后,将包装盒扔在一边,径行离开,以省下将包裹退回而产生的交易费用。在本案中,Gateway 公司的包装盒正好相反,它只是一个供装卸用的包装箱,其功能是在运输途中保护产品不被损坏,而且包装箱周边写着的那些信息,是为了让搬运工在使用中引起注意,而并非针对可能的产品购买者。

如果原告希尔打开盒子之后就被一批硬件和法律条文吓坏了,想要将电脑寄回去,不让自己讨厌的条款生效,但是却被昂贵的邮寄费用所阻挡。在这样的情形中,原告他们会得到什么样的救济呢? 它可以得到超过邮寄费用的救济吗? 这倒是一个很有趣的问题,但是,这一问题并不能够难倒我们,因为在希尔订购电脑之前就已经知道包装盒内将包括一些重要条款,他们并不想提前搞清楚这些条款究竟是什么内容。被告 Gateway 公司在广告中说道,它们的产品包含着有限的保证责任条款及终身服务条款。这样的保证责任受到怎样的限制呢? 是只有 30 天,所提供的服务只到电脑被退回为止吗? 还是有 5 年,在这期间被告一直可以提供在线免费服务呢? 被告提供的终身服务又是哪一类服务? 〔在我们看来,〕消费者主要有三种方法来查明这些内容。一是在决定购买产品之前,要求卖方给他们邮寄产品手册。《Magnuson-Moss 保证法案》[②]要求企业应根据消费者的要求,派发它们产品的保证条款[③];希尔他们也并没有认为 Gateway

---

① 《统一商法典》第 2-104(1)条款。

② 《Magnuson-Moss 保证法案》是美国国会于 1975 年通过的一部联邦法律,这一法律的目的是防止商人滥用明示保证和免责条款来损害消费者的利益。这一法案要求商人们必须将保证条款全部、完整地告知消费者,并且要以通俗易懂的方式让消费者知道。——译者注

③ 15 U.S.C. § 2302(b)(1)(A).

公司会拒绝告诉他们剩下的合同条款。将合同条款秘而不宣,对做生意来说并不是好事,这样会将一些消费者吓走,导致其他消费者大量退货。第二,买方可以通过咨询一些公共资源(电脑杂志,卖方的官方网站)来获得这些信息。第三,他们可以在产品交付之后检查相关的文本。像齐登伯格一样,希尔选择的就是第三种方法。通过将电脑保存超过 30 天,希尔就接受了被告 Gateway 公司的要约,包括其中的仲裁条款。

……地区法院的判决予以推翻,案件发回重审,并按照我们在这里的指导意见重新审判,强制原告希尔将本案的相关争议交由仲裁机构裁决。

克洛切克诉 Gateway 公司[①]
堪萨斯州地区法院(2000 年)

本案要旨

原告克洛切克从被告 Gateway 公司处购买了一台电脑,电脑包装盒中所附的消费者须知提到,如果消费者将该电脑保留 5 天以上,将被视为接受包装盒中的标准合同,这一标准合同中包括了一个仲裁条款。原告并未在指定时间内将电脑退回被告。后原告以被告电脑不能正常使用为由向法院提起诉讼,要求被告承担责任;被告则以存在仲裁协议为由要求将案件移送仲裁机构先行仲裁。法院认定,根据相关州的法律,仲裁条款没有成为合同一部分,判决驳回了被告的动议。

本案确定的规则是,在消费者交易中,买方是购买合同的要约方。卖方在交付产品时所附录的合同条款,如果没有得到买方的明示同意,就不能成为合同的一部分。

地区法院的弗拉提尔法官[②]代表法院呈递以下判决意见:

原告克洛切克对被告 Gateway 公司提起诉讼,原告诉请的依据来自其购买被告 Gateway 公司的电脑这一行为。……基于以下理由,我们法院在此推翻被告 Gateway 公司提出的驳回原告起诉的动议。

一、Gateway 公司提出的驳回原告诉请的动议

原告克洛切克针对被告 Gateway 公司既提起了个人诉讼,也提起了集体

---

① Klocek v. Gateway, Inc., 104 F.Supp. 2d 1332.
② Vratil, District Judge.

诉讼①。原告克洛切克声称,被告通过答应给予技术支持的虚假承诺,诱导原告以及其他消费者购买被告的电脑以及"特别支持包"②。在提起个人诉讼的主张中,原告还声称被告存在违约及违反担保的行为,即 Gateway 公司曾保证其电脑会与标准的外部设备和标准的互联网服务兼容,但实际上却没有做到。

Gateway 公司辩称,根据公司的标准合同,原告的诉请必须先进行仲裁。Gateway 公司在每一次出售电脑的时候,都会附上一本有着标准合同的小册子并放在电脑的包装盒中,盒子中还有电脑的电源线和用户手册。在标准合同第一页的顶部,写着下列告知事项:

消费者须知

这一书面文本包含了 Gateway 2000 的标准合同。在我们交付 Gateway 2000 电脑系统之后,如果消费者保留这一电脑的期限超过 5 天的,将被视为接受了这一标准条款。

以上的这一消费者须知事项,Gateway 公司是以大写字体打印出来,并放在一个印制好的盒子里,通过这样的方式将以上内容与这一文本的其他条款区别开来。系争的标准条款有 4 页长,包括了 16 个段落。在标准合同的第 10 段落中,有着以下的仲裁条款:

争议的解决:有关这一协议或者协议解释所产生的争议,只能通过仲裁并且是最终通过仲裁予以解决。该仲裁将由国际商会③按照其《调解与仲裁规则》进行。该仲裁将在美国伊利诺伊州的芝加哥由一名仲裁员独任仲裁。仲裁机构根据该仲裁程序所作出的任何裁决,都将是最终的裁决。该仲裁对于任何一方当事人来说都是具有约束力的,有管辖权的法院可以随即作出予以执行的裁决。④

156

---

① 集体诉讼是美国民事诉讼的一个制度,通常是众多原告针对某一个被告的行为提起民事诉讼。在本案中,被告 Gateway 公司的电脑出售给了包括原告在内的众多消费者,原告在本案中提起的诉讼代表了众多消费者的利益,因此,法院允许原告在提起个人诉讼的同时,提起集体诉讼。——译者注

② 特别支持包是电脑所携带的一个软件程序。——译者注

③ 国际商会总部设在法国巴黎。国际商会的仲裁机构在全球享有盛名,它在解决国际贸易争端方面发挥着重要的作用。国际商会的仲裁机构在全球很多地方都有分支机构。——译者注

④ Gateway 公司声称,在将电脑出售给原告后,它给所有在美国的客户寄出了它的季刊杂志,这一季刊杂志上包括了标准合同中有关仲裁政策变化方面的通知。Gateway 公司新的仲裁政策,让客户可以在伊利诺伊州的芝加哥或者双方当事人协商同意的其他地方的国际商会(ICC)、美国仲裁协会(AAA)或者美国国家仲裁论坛(NAF)这三个仲裁机构中进行选择。原告否认收到被告 Gateway 公司补充的上述仲裁政策。本案中的任何一方当事人都没有向法院解释为什么——如果仲裁协议是可以强制执行的合同——Gateway 公司有权通过向客户寄送杂志的方式来单方面补充其仲裁协议。此为原判决中的注解。

Gateway 公司因此要求我们法院根据美国《联邦仲裁法》①的相关规定，驳回原告的诉讼请求。《联邦仲裁法》规定，当事人达成的有关跨州商事交易的书面仲裁协议，是"有效的、不可撤销的，而且是可以强制执行的"。②……

Gateway 公司在本案中需要证明其有权将本案争议交由仲裁机构进行仲裁，为此，其负有相应的举证义务，这一举证义务类似于必须证明它有权从法院这里获得简易判决③。……这样，Gateway 公司必须向法院提供足够充分的证据，证明双方之间存在着一个可以强制执行的仲裁协议。……如果 Gateway 公司向法院提交了这方面的证据，则证明责任就转移到原告，由原告证明双方之间存在着需要经过正式庭审才能解决的真正争议。……在本案中，Gateway 公司未能提供证据证明双方存在有关仲裁协议的最基本事实。这一不足使得我们法院无法认定究竟应该适用哪个州的法律来解决本案中合同成立与否这一问题，因此我们法院无法在本案中支持被告 Gateway 公司提出的动议。

在决定某一案件究竟应该是由法院进行审理，还是应该由仲裁机构进行仲裁之前，法院必须确定当事人之间确实存在着书面的仲裁协议。……所谓仲裁协议的存在，"就是指在当事人之间存在着合同；仲裁是解决当事人争议的一个途径，这些争议是当事人协商同意提交给仲裁机构的争议，而且只能是这些争议"。……

在判断当事人双方是否已经协商同意将纠纷交由仲裁机构仲裁之前，法院必须确定在案件审理中适用哪个州的法律调整合同的成立……在判断该问题时，堪萨斯州法院适用的是"合同成立地的法律"④这一原则，该原则要求我们法院根据"合同成立所在地的州"的法律解释合同——在成立合同的过程

---

① 《联邦仲裁法》是美国国会通过的一部有关仲裁的专门法律，Gateway 公司在这里作为依据的条款是《联邦仲裁法》的 9 U.S.C. §1 et seq.。——译者注

② 《联邦仲裁法》9 U.S.C. §2。
联邦仲裁法本身没有创设独立的联邦问题上的管辖规定。[根据美国法律，凡是争议涉及美国宪法、联邦法律以及美国与外国签订条约的争议，可以认为是涉及联邦问题的案件，由联邦法院管辖；对于其他由联邦法院管辖的案件，根据美国民事诉讼法的规定，必须是双方当事人分属不同的州，而且争议的标的超过法定的数额。——译者注]联邦仲裁法只是规定，在案件进入联邦法院诉讼之前，"必须有跨州管辖因素或者其他单独的联邦管辖的因素存在"。Moses H. Cone Memorial Hosp. v. Mercury Const. Corp.，460 U.S.1，25 n.32，103 S.Ct. 927，74 L.Ed.2d 765(1983).在本案中，原告认为自己的案件具有跨州管辖因素，因而提起的是跨州管辖诉讼。此为原判决中的注解。

③ 简易判决是美国民事诉讼中的一项制度，是指在案件不存在任何事实上的真正争议时，可以要求法官不必经过陪审团审理，而是由法官径行作出法律上的判决。由于适用简易判决要求案件必须不存在任何真正的事实上的争议，因此，美国法律对于提出这一主张的当事人有着较高的举证要求。弗拉提尔法官在这里指出，Gateway 公司证明仲裁协议的存在及有效，其举证要求类似于主张简易判决。——译者注

④ "合同成立所在地的法律"，拉丁文是 *lex loci contractus*，相当于英文中的"law of the place where the contract is made(合同成立所在地的法律)"。——译者注

中，当事人可能会实施很多行为，"合同成立所在地的州"，指的是成立合同所必需的最后行为所在的州……

当事人并没有解决本案中的法律选择问题，庭审记录也没有清楚表明当事人是在哪里履行成立合同所必需的最后行为。被告 Gateway 公司没有向法院提供他们之间交易的具体细节。……看上去，本案当事人可能是在堪萨斯州履行了形成合同所必需的最后行为，因为原告是在堪萨斯州购买的电脑；最后行为所在地也可能是在密苏里州，因为被告的电脑是在密苏里州进行装运并交付给原告的；或者，最后行为所在地也有可能是在我们尚不知道的其他某一个州，因为被告 Gateway 公司可能在该州同意向原告交付目录订单，而且/或者实际上确实是在该州交付了目录订单。

我们法院看不出堪萨斯州和密苏里州可以适用的法律有什么重要区别，而且对于这两个州而言，也许这一次案件审理中并不需要解决法律的选择这一问题。……

根据堪萨斯州和密苏里州的法律，本案应适用《统一商法典》调整双方当事人之间的交易。……而本案争议的问题是，双方的买卖合同是否包括了标准合同，将它作为合同的组成部分？

对于消费者接受产品时在产品中所附条款是否构成合同的一部分，很显然，堪萨斯州和密苏里州的法院还没有作出过判决，其他法院的权威判决在这一问题上的判决结果也是分裂的。[目前在这一问题上，有着两种截然不同的判决意见。我们可以进行一下比较。]在 *Step-Saver*[①] 一案中，法院认定，打印在电脑软件包装上的条款不是合同的一部分；在 Arizona Retail Sys., Inc. 诉

[①] Step-Saver Data Systems, Inc. v. Wyse Technology, 939 F.2d 91.

这一案件是由美国联邦第三巡回上诉法院审理的一起上诉案件。案件基本事实是，原告 Step-Saver 公司是一家软件增值服务商，它从被告这里购得软件，进行加工、增值服务后再出售给消费者。一些消费者在购买了原告的软件产品之后，发现原告的软件产品在功能上存在缺陷，于是，一些消费者对 Step-Saver 公司提起了诉讼。为此 Step-Saver 公司也向法院起诉被告，认为其产品的问题应该由本案的被告负责，要求被告对其软件出现的质量问题向消费者提供帮助。本案的被告则声称，在其交付给原告产品的包装顶端，有着一个拆封许可协议，这一拆封协议中附有免责条款和限制责任条款；这些免责条款和限制责任条款规定，被告在本案中不应该承担法律责任。初审法院支持了被告的抗辩意见，认为被告交付产品中所附带的拆封许可协议成为了双方合同的一部分。案件上诉后，美国联邦第三巡回上诉法院经审理认为，双方当事人在通过订单、电话进行协商的过程中，对价格、质量、送货、付款等条款都达成了一致，而在这过程中并没有提到过有着免责条款和限制责任条款。上诉法院认为，被告在产品包装盒上的这些免责条款和限制责任条款，极大地改变了双方当事人在风险责任上的分配，因此，尽管原告在收到被告交付的产品时，知道了这些免责条款的存在，但是，在原告 Step-Saver 公司并没有明示同意拆封许可协议中免责条款的情况下，上诉法院认为，这些拆封许可协议并不能成为双方合同的一部分。——译者注

Software Link，Inc.①一案中，法院认定，交付的电脑软件许可协议并不能成为双方合同的一部分；在 U.S.Surgical Corp.诉 Orris，Inc.②一案中，法院认定，在产品包装盒上只限"一次性使用"的提示，并不能成为有约束力的协议。然而，在 Hill 诉 Gateway 2000，Inc.③一案中，法院认定，卖方交付电脑时附带的仲裁条款对于买方具有约束力；在 ProCD，Inc.诉 Zeidenberg④一案中，法院认定，拆封许可协议⑤对于买方具有约束力；在 M.A.Mortenson Co. Inc.诉 Timberline Software Corp.⑥一案中，对于卖方提供软件时所附带的许可协议，法院的判决遵循了 Hill 和 ProCD 两案所确定的原则。⑦在我们看来，以上案件的判决结果，至少在部分程度上取决于法院认定的合同成立时间，即双方当事

---

① Arizona Retail Sys.，Inc. v. Software Link，Inc.，这一案件的基本案情，与前面提及的 Step-Saver 一案有些类似，主要区别在于该案的原告 Arizona Retail Systems 在最初的交易时，就已经知道了被告的拆封许可协议中有着免责条款和限制责任条款的存在。法院认定，在双方的最初交易中，合同包括了拆封许可协议的内容，但是，对于双方随后进行的交易，法院却认定，软件所附带的拆封许可协议，只能作为要求修改的合同条款，根据《统一商法典》第 2-209 条款，要求修改的合同条款必须在对方明示同意的情况下，才能成为合同的一部分。——译者注

② U.S.Surgical Corp. v. Orris，Inc.，5 F.Supp.2d 1201(D.Kan. 1998).

在该案中，原告是一家销售医用器械的公司，它在接受客户订购产品之后，在发出的货物中，会在产品中加上一个"一次性使用"的限制。法院认为，原告增加的这一限制条款，是在双方合同达成之后提出的，根据《统一商法典》第 2-209 条款，应该视为要求修改的合同条款。而要求修改的合同条款，只有在得到对方明示同意的情况下才有效。因此，法院判决"一次性使用"这样的条款，并没有成为合同的组成部分。——译者注

③ Hill v. Gateway 2000，Inc.，105 F.3d 1147(7th Cir 1997).有关该案的具体案情及判决理由，可以参见本章中该案的判决意见。

④ ProCD，Inc. v. Zeidenberg，86 F.3d 1447(7th Cir.1996).有关该案的具体案情及判决理由，可以参见本章中该案的判决意见。

⑤ 拆封许可协议这一名称之所以得名，是因为用于零售的软件包装在外面包裹着一层塑料或者玻璃纸的"拆封"，里面包含着卖方的许可协议，卖方希望消费者撕开包装上的"拆封"之后，这一许可协议就发生法律效力。见 ProCD，86 F.3d at 1449.此为原判决中的注解。

⑥ M.A.Mortenson Co.，Inc. v. Timberline Software Corp.，140 Wash.2d 568，998 P.2d 305(2000).

⑦ 审理 Mortenson 这一案件的法院在作出其判决的时候，还从全美统一各州法律委员会建议的《统一计算机信息交易法案》(Uniform Computer Information Transactions Act，简称"UCITA"，该法案以前曾经作为建议的《统一商法典》的 2B 条款)的规定中找到了依据，全美统一各州法律委员会在 1999 年 7 月同意了 UCITA 法案，并建议美国的各个州通过这一法案(见 Mortenson，998 P.2d at 310 n.6，313 n.10)。然而，Mortenson 这一判决中所建议的 UCITA 法案，在我们手头这一案件的分析中却并不适用；UCITA 规定，其适用的是电脑信息方面的交易，[这些电脑信息方面的交易包括电脑软件、在线数据库、电子书等，] UCITA 将电脑信息方面的交易定性为，"创设，修改，转移或者许可电脑信息或者在电脑信息方面的信息化权利"的协议。见 UCITA，§§102(11)和 103。在涉及销售电脑这样的交易中——该案中就是销售电脑的情形——UCITA 只是适用于电脑程序和副本，并不适用于电脑销售本身。见 UCITA§103(c)(2)。此为原判决中的注解。

人究竟是在卖方向买方提供合同条款**之前还是之后**形成了一份合同。我们可以将相关案件进行一下比较。在 Step-Saver 一案中，法院认定，当事人在发货、收货以及支付货款过程中的各种行为，说明了他们之间已经存在着合同；根据《统一商法典》第 2-207 条款，包装盒顶部的许可协议构成了增加合同条款的建议，而《统一商法典》第 2-207 条款要求对这些增加的条款必须有买方明示的同意。在 Arizona Retail Sys 一案中，法院认定，卖方同意发送货物或者发送货物这一行为本身就表明其与买方之间形成了合同，根据《统一商法典》第 2-209 条款，货物包装盒上所附的许可协议构成了对协议的修改，而对协议的修改必须得到买方明示的同意。在 Orris 一案中，法院认定，在卖方收到消费者的订单时，买卖合同就已经达成；根据《统一商法典》第 2-209 条款，产品标签上标注的"一次性使用"的内容就需要买方明示同意。然而，在 ProCD 一案中，第七巡回上诉法院认定，根据《统一商法典》第 2-204 条款，卖方作为要约的主人，可以对作出承诺的行为进行一定的限制；《统一商法典》第 2-207 条款并不适用只有一种合同文本的情形①。在 Hill 这一案件中，法院作出的是与 ProCD 一案同样的认定。在 Mortenson 一案中，法院虽然认定，买方与卖方在先前的交易中使用过许可协议，但根据《统一商法典》第 2-204 条款，系争的拆封许可协议涉及的只是合同的成立问题，并不是《统一商法典》第 2-207 条款下合同是否改变的问题。②

被告 Gateway 公司要求我们法院在本案中遵循第七巡回上诉法院在 Hill 一案中的判决。Hill 一案涉及的是卖方 Gateway 公司在交付的电脑包装盒中附录了合同条款，这些合同条款与本案被告所附录的标准合同相类似，只是 Gateway 公司在 Hill 一案中给予了消费者 30 天的时间来决定是否退回货物，而在本案中，Gateway 公司对消费者退回货物的时间进行了调整，只给予消费者 5 天的时间。第七巡回上诉法院在 Hill 一案中判决强制执行仲裁条款的时候，是以 ProCD 一案的判决意见作为判决依据的——在 ProCD 一案中，法院认定包含在产品包装盒中的软件许可协议是有效的，应该予以强制执行。③在

① 在 ProCD 这一案件以及作出同样判决的 Hill 一案中，买方都是通过口头或者电话方式向卖方作出购买的要约，而不是发出书面的订单来购买货物的，交易过程中唯一的书面文本就是出现在卖方包装盒中的那些条款。审理这两个案件的美国联邦第七巡回上诉法院伊斯特布鲁克法官认为，《统一商法典》第 2-207 条款调整的是买卖双方都是以书面合同文本进行交易的情形，一方以口头作出的购买要约的，并不属于《统一商法典》所称的书面合同文本，因而，《统一商法典》第 2-207 条款并不适用于这两个案件。审理本案的弗拉提尔法官在下面的判决意见中着重对此观点进行了批驳。——译者注

② 《统一商法典》第 2-207 条款项下合同的"改变"，指的是一方在合同文本中添加了"新增条款"或者"不同条款"。法院认为，在 Mortenson 这一案件中，争议的问题是合同是否成立，而不是合同是否已经改变。——译者注

③ 见 *Hill*，105 F.3d at 1148—50。

ProCD 一案的判决意见中，美国联邦第七巡回上诉法院指出，在商事交易过程当中，交付价款经常会发生在提供具体的合同条款之前。①美国联邦第七巡回上诉法院在分析时引用了《统一商法典》第 2-204 条款，它指出，卖方对于所售软件产品附录的许可协议，是在建议与买方通过以下这一方式达成合同，即买方在有机会阅读了许可协议之后继续使用这一软件，就被视为接受了这一合同②。美国联邦第七巡回上诉法院在判决意见中对此有着以下特别的陈述：

> 一个货物买卖合同中的卖方，作为要约的主人，可以邀请承诺以履行一定行为的方式来完成，而且可以对作出承诺的行为进行限制。货物的买方可以通过履行卖方所建议的被视作承诺的行为来接受卖方的要约。③

Hill 这一案件的判决意见跟随了 ProCD 一案所作的分析，指出"从实践出发，应该允许卖方在交付产品时附上全部法律上的合同条款"。④

---

① 见 *ProCD*，86 F.3d at 1451。

② 《统一商法典》第 2-204 条款是这样规定的："货物销售合同可以以任何足以充分表明存在着合意的方式来达成，包括双方当事人认可合同存在的行为。"

③ *ProCD*，86 F.3d at 1452。

④ 见 *Hill*，105 F.3d at 1149。

有很多法律评论家对于美国联邦第七巡回上诉法院所作的分析意见提出了批评。见 *e.g.*, Jean R.Sternlight, *Gateway Widens Doorway to Imposing Unfair Binding Arbitration on Consumers*, Fla. Bar J., Nov.1997, at 8, 10—12(该评论文章指出，Gateway 这一案件的判决结果，在联邦法律、普通法、宪法以及合同法上，都是有问题的，作为一个法律政策来说，也是不明智的，因为它不合理地让消费者去查清楚仲裁条款是否存在，并且，如果消费者想要避免适用这样的仲裁条款，就必须承担邮寄物品回去的费用。)；Thomas J. McCarthy *et al.*, *Survey*：*Uniform Commercial Code*, 53 Bus.Law. 1461, 1465—66(该评论文章指出，美国联邦第七巡回上诉法院认定《统一商法典》的第 2-207 条款在案件中并不适用的判决意见，是不符合《统一商法典》的官方评论的)；Batya Goodman, *Honey*，*I Shrink-Wrapped the Consumer*：*the Shrink-Wrap Agreement as an Adhesion Contract*, 21 Cardozo L.Rev. 319, 344—352(这一评论文章指出，美国联邦第七巡回上诉法院在其判决意见中，没有考虑格式合同条款所带来的法律问题)；Jeremy Senderowicz, *Consumer Arbitration and Freedom of Contract*：*A Proposal to Facilitate Consumers' Informed Consent to Arbitration Clauses in Form Contracts*, 32 Colum.J.L. & Soc. Probs. 275, 296—299(司法机构的很多判决，包括审理 Hill 这一案件的法院，忽略了消费者对于仲裁条款的同意这一问题)。尽管这样，还是有一些法院跟随了美国联邦第七巡回上诉法院在 Hill 这一案件以及 ProCD 这一案件中的判决结论。例如，在 *e.g.*, M.A.Mortenson Co., Inc. v. Timberline Software Corp., 140 Wash. 2d 568, 998 P.2d 305 这一案件中，法院认定，许可协议是与软件产品一起提供给消费者的；在 Rinaldi v. Iomega Corp., 1999 WL 1442014, Case No. 98C-09-064-RRC(Del. Super. Sept. 3, 1999)这一案件中，法院认定，放弃保证责任的条款是包括在电脑的 Zip 驱动程序之中；在 Westendorf v. Gateway 2000, Inc., 2000 WL 307369, Case No. 16913(Del. Ch. March 16, 2000)这一案件中，法院认定，仲裁条款是与电脑一起交付的；在 Brower v. Gateway 2000, Inc., 246 A.D.2d 246, 676 N.Y.S.2d 569(N.Y.App. Div. 1998)案件中，与前一案件是同样的情形；在 Levy v. Gateway 2000, Inc., 1997 WL 823611, 33 UCC Rep. Serv. 2d 1060(N.Y. Sup. Oct.31, 1997)案件中，与前一案件是同样的情形。以上为原判决中的注解。

被告 Gateway 公司试图说服我们法院,在堪萨斯州或者密苏里州法院应该跟随美国联邦第七巡回上诉法院在 Hill 和 ProCD 两案中的分析推理,但是我们法院并没有被说服。在这两案中,美国联邦第七巡回上诉法院在没有什么依据作为支持的情况下就认定,由于案件只涉及一个书面合同文本,因此这两案与《统一商法典》并无关系。[ProCD 一案在作出这一认定时,并没有引用任何权威的依据;在 Hill 这一案件中,只是引用了 ProCD 一案中的结论。]我们认为,美国联邦第七巡回上诉法院的这一认定,并不能得到堪萨斯州或者密苏里州法律的支持。《统一商法典》第 2-207 条款所带来的争议经常来自"格式文本之战"这一背景①,但是,在该条款中却没有任何文字提及它不适用于只有一个书面文本的情形。……从该条款的文字来看,其适用于合同中的"承诺"或者"书面确认"这两种情形,它并没有要求在这一书面合同条款之前,必须有着另外的书面文本存在。事实上,《统一商法典》对于该条款的官方评论特别指出,第 2-207(1)、(2)条款适用于"双方已经先行达成一个口头协议……随后一方当事人或者双方当事人发出一个正式的合同文本,而这一合同文本中包括了双方已经达成的条款,以及增加出来的、并没有经过讨论的那些条款"。②因此,我们法院在此认定,堪萨斯州和密苏里州法院将把《统一商法典》第 2-207 条款适用到本案事实。……

此外,美国联邦第七巡回上诉法院对于它所作的"卖方是要约的主人"这一结论并未给出具体的解释。③[我们认为,]在涉及消费者交易的典型情形中,买方是要约人,而卖方才是受约人。在 Brown Mach.,Div. of John Brown,Inc.诉 Hercules,Inc.④一案中,法院认定,作为一般原则,订单应该被认为是购买货物的要约;在 Rich Prods. Corp.诉 Kemutec Inc.⑤一案中,法院认定,一般的价格目录构成的是要约邀请,而购买的订单才是要约。虽然卖方也有成为要约人的可能,例如在 Brown Machine⑥ 一案中法院认定,只要从卖方的价格目录中可以合理地得出以下结论,即一旦买方对价格目录表示同意,就可以让要约成为一个合同,那么卖方的价格目录就可以等同于要约。但是,本案的被告 Gateway 公司并没有提供支持这一认定的事实证据。本案中是被告提出驳回

① *E.g.*, Daitom, Inc. v. Pennwalt Corp., 741 F.2d 1569, 1574(10th Cir.1984). "格式文本之战"的含义,见第 165 页注释。——译者注

② Official Comment 1 of UCC § 2-207.

③ *ProCD*, 86 F.3d at 1452(它在作出这一结论时并没有引用任何依据来支持这一观点);*Hill*, 105 F.3d at 1149(它引用的是 ProCD 一案的结论)。

④ Brown Mach., Div. of John Brown, Inc. v. Hercules, Inc., 770 S.W.2d 416, 419 (Mo.App.1989).

⑤ Rich Prods. Corp. v. Kemutec Inc., 66 F.Supp.2d 937, 956(E.D.Wis.1999).

⑥ Brown Machine, 770 S.W.2d at 419.

原告诉请的动议,因此我们法院必须假定是本案原告发出了购买电脑的要约(这一要约或者是原告亲自作出,或者是通过目录订单的方式作出),被告 Gateway 公司已经接受了原告的要约(被告或者是自行完成这一买卖交易,而且/或者是通过同意送货而将电脑发送给了原告)。①在 Arizona Retail Sys 一案中,法院所作的认定与我们在本案中的上述假定是一致的。在这一案件中,卖方同意将货物装船,或者至少是将货物装船的行为,就是与买方达成了一个合同。

根据《统一商法典》第 2-207 条款,本案系争的标准合同,要么是构成了承诺,要么是构成合同的书面确认。作为表达出来的合同中的承诺,本案的标准合同只有在 Gateway 公司明示表明其所作承诺是以原告同意这些"新增条款"②或者"不同条款"为前提条件时,才构成反要约。……"如果合同中的某一承诺具有附条件的特性,那它必须很清晰地以一定的方式通知要约人这一点,即一旦这些'新增条款'或者'不同条款'不能包括在双方的合同之中,双方交易就会停止。"③Gateway 公司并没有提供证据证明在这一买卖交易达成的时

160

---

① 《统一商法典》第 2-206(b)条款规定:"一个要求立即发货或者当前发货的购买货物订单或者其他的要约,将被解释为邀请对方作出立即送货的承诺或者近期送货的承诺……"该条款的官方评论说道:"装运送货或者立即作出装运送货的承诺,是对于一个要求近期送货要约的恰当承诺。"见《统一商法典》第 2-206 条款的官方评论 2。此为原判决中的注解。

弗拉提尔法官在这里引用《统一商法典》第 2-206 条款的官方评论是想说明,在原告克洛切克作为要约人的情况下,被告 Gateway 公司立即送货的行为,按照该条款,应该被视为恰当的承诺。这样,在被告 Gateway 公司送货之后,双方之间就已经达成了合同。这样,被告在电脑中附录的标准条款就属于"新增条款",按照《统一商法典》,它不应该成为合同的一部分。——译者注

② 这里提及的"新增条款"或者"不同条款"是《统一商法典》第 2-207 条款中所提到的术语。其含义及意义可以见本章的相关案例。——译者注

③ Brown Machine, 770 S.W.2d at 420.

在如何认定《统一商法典》中"附条件承诺"的标准这一问题上,各个法院之间的观点是分裂的。见 Daitom, 741 F.2d at 1576 这一案件(在这一案件中,法院认定,宾夕法尼亚州倾向于采纳的是"更好的"观点,即受约人必须明示地告知要约人,如果作为回复的这些"新增条款"不能被要约人所接受,那么,他将不愿意将这一交易继续下去)。在标准问题上有两个极端,一个极端是,有一些法院认定,受约人只要告知那些对要约人有着实质性不利的条款,这样的做法就构成了"附条件承诺"。见 Daitom, 741 F.2d at 1569 这一案件(在说明这一观点时,Daitom 引用了 Roto-Lith, Ltd. v. F.P.Bartlett & Co., 297 F.2d 497(1st Cir.1962)这一案件的判决意见)。另一个极端是,有一些法院认定,合同承诺附有条件这一特性,应该以非常明确的方式表达出来,其表达的方式要足以通知要约人,如果没有这些"新增条款"或者"不同条款",他将不会将这一交易继续下去。见 Daitom, 741 F.2d at 1569 这一案件(在说明这一观点时,Daitom 引用了 Dorton v. Collins & Aikman Corp., 453 F.2d 1161(6th Cir.1972)这一案件的判决意见)。界于以上两个极端观点当中的观点,则要求受约人作出的回复需要预先告知其承诺是以所作的说明、增加的条款或者合同的修改作为前提条件的。见 Daitom, 741 F.2d at 1569 这一案件(在说明这一观点时,它引用了 Construction Aggregates Corp. v. Hewitt-Robins, Inc., 404 F.2d 505(7th Cir. 1968)这一案件的判决意见)。(转下页)

候,其曾经告知过原告这一交易是以原告接受标准合同作为前提条件。此外,[我们法院还认为,]Gateway 公司只是单纯地在发送货物时附录上标准合同,这一事实并不能表明它向原告传递了以下意思,即如果原告不同意这一标准合同,那么交易就会停止。Arizona Retail Sys① 一案的判决意见指出,对于通过履行一定行为达成合同,但卖方在交付货物的时候又附上前提条件的,法院如果认定构成附条件承诺,那么这样的认定很少是恰当的;Leighton Indus, Inc.诉 Callier Steel Pipe & Tube, Inc.② 一案适用的是密苏里州的法律,该案的判决意见指出,预先打印的书面合同文本不足以将承诺的附条件性质通知给要约人,在书面文本是在货物交付之后才到达要约人的情况下,更是如此。

因为本案的原告不是《统一商法典》所称的"商人"③,所以,除非原告明示同意了这些条款,否则在系争标准合同里的"增加条款"或者"不同条款"不能成为当事人协议的组成部分。……Gateway 公司认为,原告在货物交付之后将所购电脑保留了 5 天以上,证明他接受了仲裁条款。[我们认为,]虽然被告设定标准合同的目的是想达到其所称的效果,但被告并没有向法院提交证据,证明原告明示同意了那些条款。Gateway 公司只是说道,其将标准条款放在了包装盒里,留待原告日后再去阅看。Gateway 公司并没有提供证据证明它告知过原告,其接受这一为期 5 天的"阅看再退回"条款,是双方这一次交易的前提条件,或者提供证据证明双方当事人曾经想到要将这一条"新增条款"放入双方的合同中去。④

161

(接上页)由于第一巡回上诉法院已经推翻了它在 Roto-Lith 这一案件中的判决意见(见 Ionics, Inc. v. Elmwood Sensors, Inc., 110 F.3d 184),我们法院在此认定,在堪萨斯州法院和密苏里州法院都不应该适用 Roto-Lith 这一案件中确定的标准。见 Boese-Hilburn Co. v. Dean Machinery Co., 616 S.W.2d 520(Mo. App. 1981)(该案判决推翻了 Roto-Lith 这一案件中所确定的标准);Owens-Corning Fiberglas Corp. v. Sonic Dev. Corp., 546 F.Supp. 533, 538(D.Kan. 1982)(该案判决,根据堪萨斯法律,某一个承诺除非是以要约人对"新增条款"或者"不同条款"的同意作为前提条件,否则将不构成一个反要约;在这一判决中,法院还将其观点与 Roto-Lith 这一案件进行了对比);Daitom, 741 F.2d at 1569(该案在判决中认定,Dorton 这一案件的判决意见是"更好的"观点)。目前,对于附条件承诺所采用的标准还剩余两个(即 Dorton 这一案件和 Construction Aggregates 案件中采用的标准),而 Gateway 公司在本案中没有满足以上两个标准中的任何一个,因此,我们法院在这里并不决定在堪萨斯州或者/以及密苏里州究竟应该采用剩余两个标准中的哪一个。此为原判决中的注解。

① *E.g.*, Arizona Retail Sys, 831 F.Supp. at 765.

② 1991 WL 18413,* 6, Case No.89-C-8235(N.D.Ill.Feb.6, 1991).

③ 《统一商法典》所称的"商人"有专门的含义,具体可以参见 Hill 一案中的相关说明。——译者注

④ 我们法院当然也会注意到所涉及的商事交易在实践中的具体考虑,但是,我们法院还是认为,如果某一商事交易的情况真的是如此的话,让卖方在销售货物的时候很清楚地向买方讲清楚这一次买卖的完整合同条款,或者告知买方,卖方已经在文本中建议增加了一个条款作为这一次销售货物的前提条件,这样的要求并非不合理。——译者注

在 Step-Saver 一案中,双方当事人进行了多次协商,最后达成了购买卖方货物的交易,然而在双方协商过程中,卖方从来没有提及包装盒顶部的许可协议,或者是证明这一许可协议曾经得到过原告的明示同意。因此,由于 Gateway 公司在本案中没有提供足够充分的证据说服我们,根据堪萨斯州法律或者密苏里州法律,原告已经同意了包括在 Gateway 公司标准条款中的仲裁条款,所以,我们法院在此驳回 Gateway 公司提出的将本案先行由仲裁机关进行仲裁的动议。

如果堪萨斯州法律或者密苏里州法律不适用于本案,Gateway 公司的动议也应该被驳回。……如果 Gateway 公司认为系争合同的成立问题是由堪萨斯州或者密苏里州以外的法律调整,那么,它应该向我们法院提供一个补充动议,以提供支持其观点的事实及法律基础。之后,我们法院将再次审查 Gateway 公司提供的新动议,以决定是否应该以陪审团形式对存在仲裁协议这一问题另行进行审判。……

■ 第十一节 电子商务

施佩希特诉网景公司[①]
美国联邦第二巡回上诉法院(2002 年)

本案要旨

原告施佩希特等人在登录被告网景公司网址免费下载软件的过程中,点击了页面上的"下载"按钮并完成了下载。在这一过程中并没有任何东西提醒该软件存在使用许可协议。该使用许可协议必须由访问者滚动鼠标,翻到所在页面的下一页才可以被看到。软件使用许可协议中包含了仲裁条款。后因软件存在信息偷窥,原告向法院起诉,要求被告承担法律责任。被告则要求按照许可协议中的仲裁条款进行仲裁。法院认定,合同没有达成,驳回了被告将案件移送仲裁的动议。

本案确定的规则是,即使在电子商务环境下,合同成立的认定也需要要约人告知受约人存在着合同条款,并且需要受约人明示同意这些合同条款。

---

① Specht v. Netscape Communications Corp. 306 F.3d 17.
本案原告包括施佩希特在内有 5 人。——译者注

巡回上诉法院法官索托马约尔①代表法院呈递以下判决意见：

网景公司和它的母公司美国在线公司（它们是初审法院中的被告和上诉法院中的上诉人，以下称作"被告"或者"网景公司"）在纽约州南区法院初审过程中提出动议，认为本案的争议应当交由仲裁机构予以解决，法院进行的诉讼程序应当停止。纽约州南区法院驳回了被告网景公司的这一动议。被告网景公司不服这一判决，提起了上诉。为了解决本案中所涉及的争议问题，即该案争议是否应该强制进行仲裁，我们法院必须着重对在网络空间下的合同成立问题进行分析。……

我们上诉法院在此维持初审地区法院做出的判决，驳回被告要求强制仲裁和停止法院诉讼程序的动议。

一、案 件 背 景

（一）事实

……原告②施佩希特等人声称，当他们开始使用被告的"网景浏览器"时——这是一种可以用来登录互联网的软件程序——该软件会在他们的硬盘驱动器上创设并储存一个"小甜点"③的文本文件，其功能是在用户电脑和被告网景公司之间"充当未来双方进行联系的电子识别标签"。原告进一步认为，当他们安装被告的"SmartDownload"软件时——这是用来提高网景浏览器功能的单独插件④——该软件就会在硬盘驱动器中创设并储存一个"钥匙"字符串，该字符串的功能类似于和网景公司将来进行联络的识别标签。根据本案原告在诉状中的指控，每一次用户使用"网景浏览器"软件从互联网上下载文件时，"SmartDownload"软件"就会从'网景浏览器'接受下载该文件的任务，

162

---

① Sotomayor，Circuit Judge.

索托马约尔法官在撰写该案判决意见时，是美国联邦第二巡回上诉法院的一名法官。2009 年，她被奥巴马总统认命为美国联邦最高法院法官，成为美国联邦最高法院的第一位拉美裔法官。——译者注

② 本案的原告并非一个人，除了已经指出的施佩希特之外，还有被告网景公司的其他用户。——译者注

③ "小甜点"文件是电脑中的一个专业术语，主要是网站为了辨别用户的身份而储存在用户终端上的数据，这一文件通常是要进行加密处理的。通过这样的"小甜点"文件，网站可以为特定的用户提供更多特别需要的资料和信息。——译者注

④ 在网景公司的网址上，在界定这一插件时是这样描述的，"这是一款可以以特别的方式提高'网景浏览器'性能的软件，例如，可以让你通过浏览器欣赏音频样本或者观看到视频电影。"（http://wp.netscape.com/plugins）SmartDownload 这一软件是想要让"网景浏览器"这一软件的用户可以更加容易地从互联网上下载文件，当他们在下载过程中想去做其他事情时，原先的下载进程并不会中断……见 Specht v. Netscape Communications Corp.，150 F.Supp.2d 585，587（S.D.N.Y.2001）。此为原判决中的注解。

并通过网景公司创设的'小甜点'文件和 SmartDownload 的'钥匙'字符串,将用户正在下载的文件地址传输给网景公司"。原告认为,被告网景公司的上述操作程序构成了对软件使用者的非法"偷窥",同时,原告作为使用"Smart-Download"软件下载文件的用户,他们访问过的互联网网址也被网景公司非法"偷窥"。被告网景公司的这一行为违反了两项联邦法律,即《电子通信隐私法案(Electronic Communications Privacy Act)》和《防止计算机欺诈和信息滥用法案(Computer Fraud and Abuse Act)》。

在本案涉及的时间期限内,被告曾在其网址上提供过各种不同的软件程序,其中包括了"网景浏览器"和"SmartDownload",访问网景公司的用户可以免费获得这些软件。没有争议的是,原告是从被告网站上下载这些软件的。原告承认,自己开始安装①"网景浏览器"的时候,许可使用协议文本会在他们面前滚动显示,只有点击许可协议中的"同意"按钮,表明接受所有协议的条款②后,才能完成软件的安装。如果不去点击网页上的"同意"按钮,安装软件的程序就会停止。本案中5名列出名字的用户(原告)都点击了"同意"按钮,明示接受"网景浏览器"的许可协议。原告看到的"网景浏览器"许可协议并没有提及"SmartDownload"软件或者其他插件,许可协议中只是提及"该许可协议的条款适用于'网景浏览器'和'网景领航员'这两款软件",并且"所有有关这一许可协议的争议(除了涉及知识产权的争议之外),都应该被提交到

---

① 下载软件程序和安装软件程序存在着些许区别。当用户从互联网上将一个程序下载到其电脑上的时候,这一程序文件是储存在用户的硬盘驱动器上,但是,它通常是不运行的,只有在安装或者执行之后,这一程序文件才开始运行。安装或者执行程序文件,通常是由用户双击这一文件并且启动这一文件来完成的。此为原判决中的注解。

② 网景公司的这一在线软件许可协议,被普遍认为是一种"点击即视为同意"许可条款(另有一些软件是通过有形的包装方式出售给用户,其采用的是"拆封即视为同意"许可条款),因为"它在使用者电脑的屏幕上会弹出一个信息,要求使用者通过点击一个符号,对许可协议的条款明示表示同意。除非这一同意符号被点击,而且也只有在这一同意符号被点击的情况下,这一产品才能被用户获得。"(*Specht*,150 F.Supp.2d at 593—94,脚注略去。)

用户打开电脑软件上的热缩外包装封条,在看到外包装上写着存在许可协议条款这一提示之后仍然继续使用这一电脑程序,这样的行为被一些法院认定为构成了对该实体软件许可协议的同意。见 *e.g.*,ProCD, Inc. v. Zeidenberg, 86 F.3d 1447, 1451(7th Cir.1996)。(这里提及的实体软件相当于过去常用的以磁盘来存储的软件,因为有磁盘作为载体,因此这样的软件被称作实体软件,以区别于可以直接在网上下载的软件;可以在网上直接下载的软件,因为没有磁盘作为载体,就被称作非实体软件。)正因为如此,用户在得知软件中存在着许可协议之后仍然点击网页上按钮的行为,也被一些法院认定为用户对所下载的非实体软件许可协议的明示同意。见 *e.g.*,Hotmail Corp. v. Van＄Money Pie Inc.,47 U.S.P.Q.2d 1020,1025(N.D.Cal. 1998)。此为原判决中的注解。

加利福尼亚州的圣克拉拉县①进行仲裁"。

163 　　虽然"网景浏览器"这一软件可以在"SmartDownload"软件之外单独从被告处获得,但本案原告却是在下载"SmartDownload"软件的过程中一并下载、安装"网景浏览器"的。原告声称,他们曾经登录了被告网景公司的网页,点开了标题为"SmartDownload Communicator"的链接,这一链接上的文字鼓励他们"放心使用'SmartDownload'这一软件!"。在面对原告的这一网页的底端或者接近底端的地方,有一个"开始下载"的提示以及一个彩色的"下载"按钮。通过点击"下载"按钮,原告就可以下载"SmartDownload"软件了。在下载结束之后,"SmartDownload"的第一项工作就是允许原告下载和安装"网景浏览器"这一软件。在下载"网景浏览器"软件的过程中,上面提及的许可协议就会展示在用户的面前。

　　在下载"网景浏览器"和"SmartDownload"这两款软件的过程中,会有不同的信号显示出来,两者在提示上的差别是:下载"SmartDownload"并没有许可协议出现;相反,一旦原告……点击网页底端或者接近底端的"下载"按钮,"SmartDownload"的下载就完成了……对于"SmartDownload"软件及其使用存在许可协议这一点,原告并没有从被告处得到过进一步的信息提示。②在"SmartDownload Communicator"的网页上,唯一提及"SmartDownload"软件存在着许可协议的地方,是在当前网页的下一页面,而用户只有滚动鼠标翻到下一页面的时候,才能够看到该软件许可协议的文本。③

　　如果本案的这些原告不是按照被告网景公司的邀请去点击"下载"按钮,而是滚动鼠标翻到当前电脑屏幕的下一页面,那么,他们也许就可以看到被告网景公司在其网页上提出的以下要求:"请在下载和使用'SmartDownload'软件之前,阅看并同意网景公司'SmartDownload'软件的许可协议。"原告在证词中确认,当他们点击"下载"按钮时,从来没有看到"SmartDownload"存在着许可使用协议的提示。……

　　总而言之,原告认为,其从被告网页上下载获得"SmartDownload"软件的过程,与下载"网景浏览器"的过程有着显著的不同。原告选择了"Smart-

----

① 圣克拉拉县是位于加利福尼亚州西部的一个县。——译者注
② 原告凯利是一个经验相对丰富的互联网用户,他在法院作证时陈述道,当他通过点击"下载"按钮开始下载"SmartDownload"这一软件的时候,根本没有想到他是在下载一个软件程序,他当时只是认为"SmartDownload"软件"仅仅是一个下载技巧而已"。事后,当他试图从互联网上下载一个电子文件时,他才知道"SmartDownload"是保存在其硬盘上的一个软件。此为原判决中的注解。
③ "SmartDownload"软件的许可协议包括了同样的仲裁条款。此为原编者所作的注解。

Download"，但在下载的时候，既没有被明示要求同意被告的许可协议条款，也没有看到许可协议条款存在，在被邀请免费下载时，原告也没有意识到该软件存在着许可协议。此外，当原告开始下载"SmartDownload"软件后，在运行过程及日后体验的任何时间节点上，被告都没有提及该许可协议的存在。……

（二）下级法院的审理过程

164

在初审地区法院审理该案的时候，被告网景公司提出，根据《联邦仲裁法》①，这一案件应该交由仲裁机构仲裁，并停止在法院已经进行的诉讼程序。初审地区法院认定，被告网景公司网页上的内容，并不像典型的"点击即视为同意"的情形，它既没有充分警示用户"SmartDownload"软件存在着许可协议，也没有要求用户必须明确地同意许可协议作为其下载软件的前提条件。初审地区法院最终认定，就"SmartDownload"软件的许可协议而言，本案的原告并没有与被告网景公司之间达成一致。②

初审地区法院还认定，调整"网景浏览器"的独立许可协议，即使其条款已经得到原告的同意，涉及的也只是单独的"网景浏览器"的相关事宜，而"网景浏览器"许可协议中并没有提及"SmartDownload"软件。因此，"网景浏览器"许可协议并不能约束本案原告，即不能要求原告就"SmartDownload"软件产生的争议先行进行仲裁。

二、分 析 讨 论

（一）审查的标准和适用的法律

《联邦仲裁法》规定，"在任何证明当事人之间存在着涉及商事交易的合同中，约定日后双方以仲裁方式来解决因该合同或者交易产生争议的书面条款是有效的、不可撤销的，而且是可以强制执行的；在合同解除时，该书面仲裁条款仍然可以被保留下来，作为在法律上或者衡平法上进行仲裁的依据"。③……

---

① 《联邦仲裁法》，相应条款为 9 U.S.C. § 4。
② Specht, 150 F.Supp.2d at 595—96.
③ 相关法条是 9 U.S.C. § 2。
本案中当事人不持异议的事实是，系争协议是一个"书面条款"，尽管这一条款是以下载电子文本的形式提供给用户的。电子文本是否为书面形式这一点，已经由通过的《电子签名法案》(Electronic Signatures in Global and National Commerce Act)得到了解决。《电子签名法案》规定："有关这样的电子交易，当事人的签名、合同或者其他记录，其法律效果、效力或者可执行性，不能仅仅因为其是电子形式而被否定。"在《加利福尼亚州民事法典》(Cal.Civ. Code § 1633.7(b))中也规定："一个合同不能仅仅因为其电子文本形式而否定其法律效果或者可执行性。"

（二）我们法院是否应该就合同成立这一问题将案件发回重审？

……①我们法院在此认定，就被告是否尽到了合理通知、原告是否明示同意了"SmartDownload"软件的许可协议条款这一问题，初审地区法院按照摆在其面前的庭审记录，在法律上作出了正确的认定。就这一问题，被告网景公司认为初审法院作出了错误的认定，提出将该案发回初审法院进行全面审理的要求。我们法院对网景公司的这一要求予以驳回……

（三）原告是否得到了合理的通知，明示同意了"SmartDownload"的许可协议？

无论是由普通法还是《统一商法典》第2章②调整的交易，合同的达成都要求当事人之间协商一致。在 Windsor Mills, Inc.诉 Collins & Aikman Corp.,③一案的判决意见中，法官写道："双方当事人同意或者接受了仲裁条款，对于达成仲裁协议来说必不可少。"加利福尼亚州的法律［Cal.Com.Code 第 2204（1）条款］规定："买卖合同可以通过多种足以表明双方达成一致的方式来完成，包括以双方当事人认可合同存在的行为来完成。"不论是以书面形式、口头形式还是以一定行为达成的合同，双方当事人必须有明确的同意，这是判断合同成立与否的试金石。④虽然观察本案系争交易的旁观者也许会看到每一个原告（用户）点击了"SmartDownload"软件的"下载"按钮……但是，如果该许可协议的要约并没有向用户清楚地表明点击"下载"按钮将意味着同意许可协议条

---

① 本案中，初审法院就合同是否成立这一问题，进行的是法律上的审理，而没有进行全面的审理。

此处省略的内容是：被告网景公司在上诉中提出，本案争议的中心问题是，这些原告是否确实看到过"SmartDownload"软件的许可协议。被告网景公司认为，虽然原告在宣誓证词中说自己从来也没有看到过"SmartDownload"软件的许可协议，但是在被告律师的交叉询问过程中，在被问到他们在电脑上是不是看到过这一许可协议的时候，有的原告的回答是"记不清了"；同时，被告网景公司提出，在一些电脑上，"SmartDownload"软件的许可协议可以直接在用户当前的电脑屏幕上看到，用不着翻到下一页。

上诉法院的索托马约尔法官认为，被告的律师在初审过程中曾经向初审法院表示，根据现有并不冲突的证据，法院可以直接决定"一个合理谨慎的人是否应该意识到'SmartDownload'软件存在着许可协议"，被告网景公司并没有要求法院对该案进行全面的审理；同时，上诉法院认为，就初审中的各种证据来看，双方提供的证据已经非常充分了，本案并不需要再进行全面的审理。基于这两点理由，索托马约尔法官认为，就合同是否成立这一点，并不需要将案件发回初审法院重审。——译者注

② 《统一商法典》的第2章是有关买卖合同的形式、成立及合同的调整等内容的规定。——译者注

③ 25 Cal.App.3d 987, 991, 101 Cal.Rptr. 347, 350(1972).

④ 见 Binder v. Aetna Life Ins. Co., 75 Cal. App. 4th 832, 848, 89 Cal. Rptr. 2d 540, 551(1999); cf. Restatement(Second) of Contracts 第 19(2)条款(1981)［即《合同法重述(第二次重述)》］提到，"只有一方当事人的行为，是不足以认定其同意对方当事人的要约的，除非这一方当事人确实是想要实施这一行为，而且确实是知道或者有理由知道对方当事人可以从他的行为中推定同意"。

款的话,那么,点击"下载"按钮并不表示其对这些条款明示同意……加利福尼亚州的普通法在这一点上是很清楚的,即"不管受约人是否在外观上表示同意,对于那些合同性质并不明显的文本所包含的难以察觉的合同条款来说,只要受约人没有注意到,则受约人就不受这些条款的制约"①……

达成合同需要有当事人同意合同的外在表现,在这一点上,仲裁协议并不能成为例外。

1. 面对一个可以下载的软件,合理谨慎的受约人应该如何处理?

被告网景公司辩称,法院应该要求原告的行为必须符合一个合理谨慎的受约人的标准,因为"SmartDownload"许可协议的条款就在"下载"按钮这一当前页面的下一页,原告只要再滚动一下鼠标,就可以翻到下一页面,所以,应该推定"SmartDownload"这一软件在此时通知②原告去查看是否存在着许可协议条款。我们法院并不认同被告这一观点,即处于原告这样地位的一个合理谨慎的受约人,在下载"SmartDownload"软件之前应该当然知道或者了解到这一软件有着许可协议,因此,应当推定被告已经通知原告存在着许可协议,而且推定原告已经同意了其中的条款。……确实,相关判例确定了以下一般的规则,即"一方当事人并不能以其在签署合同之前未能阅看过合同条款为由否定合同条款的存在"③,但是,法院在该案的判决意见中随即又补充道:"该一般规则存在例外情形,当书面文字看上去并非合同,而且也没有提示受约人必须注意这些条款的时候,法律上的一般规则就不能适用。在本案中,就没有展示出来的'SmartDownload'软件许可协议而言,我们认为,不能认定双方当事人之间已经形成了一个合同。"……

被告网景公司引用了一些案例来支持其观点,即本案的情形应该推定被告已经通知原告去调查"SmartDownload"软件是否存在着许可协议,但是,被

---

① Cedars Sinai Med. Ctr. v. Mid-West Nat'l Life Ins. Co., 118 F.Supp.2d 1002, 1008 (C.D. Cal. 2000).

② "调查通知"是"指对于一个合理谨慎的人来说,交易中的相关情形足以让他去调查有关事项"(Cal. State Auto. Ass'n Inter-Ins. Bureau v. Barrett, Garages, Inc., 257 Cal.App. 2d 71, 64 Cal.Rptr. 699, 703(Car.Ct.App. 1967))。此为原判决中的注解。

索托马约尔法官在这里提到了英美合同法上的一个重要概念"调查通知"。"调查通知"是一种推定的通知,而非实际上的以书面或者口头形式进行的通知。它推定某一个人在得到某个财产时,应该对该财产的状况进行过调查。例如,某人购买一个不动产,实际交付的不动产在某些细节方面与原先的描述有差异,法律推定合理的买受人在实际购买这一不动产之前应该主动调查过这一不动产的实际情况。如果该买受人在实际入住之后,再以不动产的某些方面与原先的描述有差异,就很难得到支持,因为在这种情况下,法律推定卖方通知过买受人进行调查。——译者注

③ Marin Storage & Trucking Inc. v. Benco Contracting & Eng'g, 89 Cal. App. 4th 1042, 1049, 107 Cal.Rptr.2d 645, (2001).

告网景公司提供的这些案例都是来自以纸质方式达成交易的情形。……

在以纸质文件进行交易的情形中,受约人如果收到了纸质条款或通知,这通常会被认为足以将受约人置于自行了解合同条款的境地。……这些法律原则同样平等适用于新兴的在线交付产品情形,例如,弹出窗口①、超链接页面、"点击即视为同意"、可拖卷文本,以及希望你"现在就下载!"的急切催告等。本案中,在被邀请下载这一快速、免费的"SmartDownload"插件时,原告在电脑上看到的是屏幕上对这一软件产品赞美之词以及非常靠近电脑屏幕底端的"下载"按钮。被告网景公司因此认为,根据其引用案件所确定的原则,在这样的情形下,一个"合理而谨慎的人——其负担着一般的注意义务——就应该自行去调查'SmartDownload'软件是否还存在着许可协议"。

被告的观点是,在本案这样的情况下,一个合理谨慎的受约人应该知道存在着许可协议,但我们法院并没有被说服。原告正在回应的要约,并不包含着原告立即就可以看得到的通知,或者要求用户明白无误地对许可协议的这些条款予以同意。因此,本案原告"在外观上同意的那些文本条款,其合同性质并不那么明显"。②此外,被告网景公司还提到,其将滚动条③设置在网页相应的位置上,这样原告可以意识到,在"下载"按钮的下面可能还有着没有打开的网页内容。我们认为,这一事实并不意味着可以合理推断出那些没有打开的网页中包含着"SmartDownload"许可协议的通知。原告对这一点的陈述各有不同,在他们的证言中,有的说,"我只在感觉需要去看下一页内容的时候"才会使用滚动条;有的说,只有当处于较高位置的滚动条提示还存在着"正式手续,标准化的低位链接"时才会使用滚动条;有的说,只有"那一页面比我能够看到的页面更大"的情况下,才会使用滚动条。这些原告在作证时说道,他们在事实上并没有意识到被告对于"SmartDownload"软件的用户想附上一份许可协议,对此,被告网景公司也没有进行反驳。

……互联网的用户也许会"根据需要在一个网页上花费很多时间"多次翻动屏幕——本案的被告就是这样设置的——但是,并不能因为下一页屏幕的存在,就简单推定网页访问者一定会翻看到下一页。我们认为,本案中法院没有理由作出这样的推定。在软件产品是"免费",而用户在受邀下载时缺少合理、明确的通知,也未被通知将会受到合同条款制约的情况下,就不能完全类推适

---

① 弹出窗口是指电脑用户在打开一个文件时,有时会弹出一个窗口,展示另外一个文件。——译者注

② Windsor Mills, 25 Cal.App.3d at 992, 101 Cal.Rptr. at 351.

③ Windows 文件中用于翻页的一种功能,由滚动滑块和滚动箭头组成,通常由鼠标轮控制,实现页与页之间的相互切换。——译者注

用那些有着真正竞争关系的当事人之间以纸质方式进行交易的规则。……

2. 拆封许可协议及相关实践

被告引用了一些涉及拆封许可协议以及相关商业实践的著名案例,以支持他们的以下观点,即借助"调查通知"这一理论,原告应受制于"SmartDownload"的许可协议条款。例如,被告援引了 Hill 诉 Gateway 2000, Inc.,①这一案例。第七巡回上诉法院在该案中认定,买方[Hill]通过电话[从被告Gateway 公司这里]订购了一台电脑,之后买方收到被告公司寄来的包装盒,包装盒中包含着打印好的合同条款。Hill 没有按照合同条款的要求在 30 天内将电脑退回被告,法院据此认定 Hill 应该受到合同条款的制约。在 ProCD,Inc.诉 Zeidenberg 一案中,同一法院认定,顾客购买的软件中包含许可协议条款,在顾客打开软件时,许可协议条款都会显示在电脑屏幕上,顾客有充分的机会来查看许可协议条款并将其退回卖方,因此,法院认定顾客在留下软件继续使用后,就应该受到许可协议条款的约束。②在 Moore 诉 Microsoft Corp.一案中,法院认定,软件在安装前,许可协议条款已经被醒目地放置在电脑屏幕上,使用者点击"我同意"后,就应该受到协议条款的制约。③在 Brower 诉Gateway 2000,Inc.一案中,卖方交付的电脑和软件包装盒里有"拆封即视为同意"的许可协议,该协议包含仲裁条款,法院认定,买方在超过许可协议规定的日期之后仍然使用该电脑和软件,构成了对仲裁条款的同意。④在 M. A.Mortenson Co.诉 Timberline Software Corp.一案中,法院认定,买方安装并使用软件的行为,构成对许可协议条款的明示同意。⑤

[我们法院认为,]上述案件并不能对本案被告有所帮助。某种程度上,上面引用的这些案件只是认定,如果电脑或者实体包装软件的买方没有对产品中的合同条款提出异议,就应该受到条款的制约,而且这种制约只能是合同上的制约;这些案件涉及的都是当事人以传统纸质方式达成合同的情形,而 Hill 和Brower 这两个案件与那些以纸质方式达成合同的传统案件相比并没有显著不同。在 ProCD 一案中,顾客每次在电脑上启动软件时,都会看到一个醒目而且强制同意的许可协议。本案被告认为,在缺少醒目的合同条款情况下,原

167

---

① 105 F.3d 1147(7th Cir. 1997).

② ProCD, Inc. v. Zeidenberg, 86 F.3d at 1452.

③ *cf.* Moore v. Microsoft Corp., 293 A.D.2d 587, 587, 741 N. Y. S. 2d 91, 92(2d Dep't 2002).

④ Brower v. Gateway 2000, Inc., 246 A.D.2d 246, 251, 676 N.Y.S.2d 569, 572(1st Dep't 1998).

⑤ M.A.Mortenson Co. v. Timberline Software Corp., 93 Wash. App. 819, 970 P.2d 803, 809(1999).

告进行的下载行为仍然受到合同条款约束。在我们看来,ProCD 一案的结论不但不能够帮助被告,反而是削弱了被告的抗辩理由。在 Mortenson 一案中,许可协议的全部条款都被印制在封过口的装软件盒的纸袋上,在用户手册的内部封面中,也印着这些许可协议的条款,每次买方在使用时,有关通知就会出现在屏幕上。[①]总而言之,上述案例与本案的事实存在着明显区别。

3. 在线电子交易

的确,有的法院确实是在一些案件中认定当事人在互联网的使用过程中会产生合同,但是,它们的存在并不能够对本案被告产生什么帮助,因为在那些案件中互联网的提供者明确通知过使用者,其下载行为将构成对合同条款的明示同意。相比我们手头案件中的情形,那些案件中的通知要明确的多。在 Caspi 诉 Microsoft Network,L.L.C.一案[②]中,用户在使用某一在线软件时被要求接受一个可滚动窗口中的协议条款,并且要去点击"我同意"或者"我不同意";在该用户点击了"我同意"的情况下,法院维持了协议中的"确定纠纷解决地条款"[③]的效力。在 Barnett 诉 Network Solutions,Inc.[④]一案中,对于登记互联网域名在线电子合同中的"确定纠纷解决地条款",法院也予以维持。该电子合同要求使用者在接受或者拒绝合同之前,必须先要对这些条款进行点击,以表明其是否同意合同条款。[⑤]

---

① Mortenson,970 P.2d at 806.

② Caspi v. Microsoft Network,L.L.C.,323 N.J.Super. 118,732 A.2d 528,530,523—33(N.J.Super.Ct.App.Div. 1999).

③ "确定纠纷解决地条款",参见第 190 页注释。——译者注

④ Barnett v. Network Solutions,Inc.,38 S.W.3d 200,203—04(Tex.App. 2001).

⑤ 虽然本案的当事人都没有提及加利福尼亚州的《防止欺诈消费者法案》(Cal. Bus. & Prof. Code § 17538),但是,该法律调整在线商品交易或者在线服务交易,在美国只有为数不多的州有这样的法律。该法律规定,在披露"退货和退款政策"以及其他重要消费者信息的时候,在线的卖方必须清楚地将以下信息在电脑上予以展示,以告知买方:

(i)在卖方的电子地址被打开时,在第一页屏幕上就能够看到这些信息;(ii)在最初提供商品或者服务的这一页屏幕上提供这些信息;(iii)在买方下单订货或者预订服务的这一页屏幕上提供这些信息;(iv)在买方进入付款信息这一页——例如,信用卡账户的密码——的屏幕上提供这些信息,或者(v)对于并非基于浏览器技术上网的情形,则应该给予用户合理的机会来阅看这些信息。Cal. Bus. & Prof. Code § 17538(d)(2)(A).

这样规定的目的非常清楚,就是要保证从事在线电子交易的消费者在受到合同约束之前,应该得到与这一交易相关的各种信息。虽然这样的《防止欺诈消费者法案》在本案中并没有提及,而且该法第 17538 条款只适用于保护加利福尼亚州的居民,但是,我们认为,这一法规是与加利福尼亚州普通法中的合同法原则相符合的,即应该给予当事人以明确、醒目的通知,告知其合同条款的存在。

此外,[在本判决的注释 13(已略去)]已经讨论过的《统一计算机信息交易法案》原则上承认,对于在线买卖和计算机信息许可这样的交易,进行明确的通知以及买方明示的同意这两点是非常重要的。例如,《统一计算机信息交易法案》的第 112 条款是有关表示(转下页)

在查看了加利福尼亚州的普通法以及其他相关的权威学说之后，我们法院在此认定，在本案情形下，原告下载"SmartDownload"软件的行为，并不构成对被告网景公司许可协议的接受。我们认为，如果想要让电子交易变得真实而可信，那么，对于电子合同条款的存在，合同提供者应该向相对方进行合理而明确的通知，相对方对于条款应该明确地表示同意，以上两点至关重要。我们法院在此认定，一个合理谨慎的受约人如果处在原告位置，在应邀下载"SmartDownload"软件之前，是不会知道或者无法了解到"SmartDownload"软件的许可协议会隐藏在"下载"这一按钮的下一页面上的。我们在此维持地区法院的结论，即原告不应受到许可协议中的仲裁条款制约。

（四）在原告对"网景浏览器"的许可协议表示同意的情形下，是否应该要求原告就"SmartDownload"软件的主张去先行进行仲裁？

原告并不否认他们曾经同意过"网景浏览器"这一软件的许可协议。然而，对于"网景浏览器"这一软件许可协议的适用范围，当事人之间存在着分歧。被告网景公司认为，即使原告没有单独同意过"SmartDownload"软件的许可协议，即使"网景浏览器"的许可协议中没有明确提到过"SmartDownload"软件，但是，"网景浏览器"许可协议的调整范围足够宽泛，它足以覆盖原告基于"SmartDownload"软件提出的诉讼请求。因此，被告网景公司辩称，就本案中的争议，原告必须先去进行仲裁。……①

（接上页）同意的外在表现的规定。它规定，如果有关合同条款的"记录文本"（或者电子化书面材料）是想要以一定方式——这种方式应该提醒一个合理的人予以注意和阅看这样的"记录文本"——提供给使用者的，那么，该使用者就应该有机会阅看这样的在线合同条款。（UCITA，§112(e)(1)(rev.ed. Aug.23, 2001)）（通过 *www. Ucitaonline.com/unica.html* 可以获得这些信息。）

我们必须立即指出的是，UCITA 这一法律——目前只在马里兰州和弗吉尼亚州获得了通过——并不适用于在本案中当事人所从事的交易，但是，UCITA 这一法律的条文，让我们对于不断演变的在线［电子］交易"情形"有更深的理解——被告就认为，本案中出现的相关"情形"有充分的理由让原告主动去调查"SmartDownload"这一软件是否存在许可协议。UCITA 条款的适用范围一直存在着争议。……尽管这样，UCITA 这一法律中提到的"通知"和"同意"这两点，看来是与调整合同成立与强制执行合同的原则——这些原则是很成熟的原则——相一致的。……

以上这些内容为原判决中的注解。

① 在此处省略的部分中，索托马约尔法官指出，"网景浏览器"许可协议的仲裁条款，其适用范围是"（除了知识产权之外的）所有因该协议产生的"争议，这样的适用范围是足够"宽泛"的，一般情况下，应该推定这一协议中产生的纠纷都应该进行仲裁。但是，如果当事人主张的事项明显只是这一协议附带的间接内容，则应该区分情况进行处理。根据相关判例，如果当事人的主张不属于"合同条款解释"，不属于合同项下的"权利和义务"，那么相关争议就是在仲裁条款调整范围之外的争议。索托马约尔法官进一步指出，如果本案中原告的主张属于"网景浏览器"许可协议仲裁条款所覆盖的范围，那么，原告的主张就应该先行仲裁。而本案中原告主张的是被告行为是否违反了相关法案，侵犯了他们的权利。——译者注

在开始分析本案争议问题之时,我们发现本案中根本的争议问题——即被告是否侵犯了原告根据《电子通信隐私法案》和《防止计算机欺诈和信息滥用法案》所享有的权利——所涉及事项,很显然与"网景浏览器"许可协议并没有直接关联。……①

在确定了原告在本案的主张与"网景浏览器"的许可协议没有直接关联之后,我们接下来还必须分析原告的主张是否涉及合同的解释或者当事人在该协议项下的权利义务问题,以此来判断原告的主张是否应该进行仲裁。也就是说,即使原告的主张与"网景浏览器"的许可协议没有直接的关联,我们也必须判断原告在本案中所提出的主张是否仍然在"网景浏览器"许可协议的范围之内。被告网景公司认为,原告的诉状中充斥着"网景浏览器与'SmartDownload'软件共同作用,偷窥原告的互联网通信记录"这样的观点,[因此,原告所提出的争议也应该按照"网景浏览器"许可协议的要求进行仲裁。]我们法院并不能同意被告的这一观点。……②

在就下载和安装软件过程所作的描述中,原告提到,他们是将"SmartDownload"与"网景浏览器"分开的。而且原告在诉状中也很清楚地表明,是"SmartDownload"实施了所指控的非法侵犯隐私的行为,利用了"小甜点"以及"钥匙"或者"使用者身份证"这些软件,将原告的信息传输到被告网景公司处。……

在仔细地阅看原告的主张之后,我们法院认为,原告的诉讼请求是在"网景浏览器"许可协议的仲裁条款覆盖范围之外。因为根据"网景浏览器"许可协议或者"SmartDownload"许可协议——这些协议原告从来也没有同意过——原告的这些主张都是不能进行仲裁的,所以,我们法院在此维持初审联邦地区法院的判决,即不能强制本案原告就他们的主张进行仲裁。……

三、结　　论

基于以上理由,我们法院维持联邦地区法院的决定,驳回被告提出的该案应该强制进行仲裁并停止法院诉讼程序的动议。

---

① 此处省略的部分中,索托马约尔法官指出,在该案中,"SmartDownload"软件的许可协议提到该协议适用于网景浏览器、网景导航者和"SmartDownload"这三款软件,但"网景浏览器"的许可协议却明确其适用范围只有网景浏览器和网景导航者这两个软件,并不包括"SmartDownload"软件。——译者注

② 在此处省略的部分中,索托马约尔法官分析到,原告在诉状中实际上是对"网景浏览器"和"SmartDownload"这两个软件进行了区分,并提及到仅是"SmartDownload"软件的运行模式就构成了对原告隐私权利的侵犯。——译者注

■ 第十二节　选择权合同

比尔诉比尔①
马里兰州上诉法院(1980 年)

本案要旨

原告与被告就一块土地的买卖达成了选择权合同,合同对价是 100 美元,有效期为 3 年。后双方同意将选择权合同延长 5 年,原告另付 100 美元。在延长期届满之前,双方继续同意延长选择权合同,但对于这次延长原告没有支付对价。后原告在延长期间内要求行使选择权购买系争地块,遭到了被告拒绝。原告因此起诉要求被告实际履行合同。法院认定,原告在被告撤回要约之前,提出了购买请求,双方就达成了合同,判决支持了原告的诉讼请求。

本案确定的规则是,一个没有对价支持的选择权合同不再是不可撤销的,而仅仅是构成了一个要约,许可方可以在对方作出承诺之前的任何时候予以撤回。但一旦被许可方在要约被撤回之前作出了承诺,合同就有效成立了。

摩尔法官②代表法院呈递以下判决意见:

本案由初审原告卡尔顿·比尔提起上诉,涉及的是选择权合同纠纷,原告要求被告实际履行这一合同。普林斯·乔治县③巡回法院的墨尔本法官判决认定,本案系争的合同缺少对价支持,因而驳回了原告的诉讼请求。初审法院判决之后,原告卡尔顿·比尔不服判决,提起了上诉。

一

1968 年,本案原告卡尔顿·比尔从皮尔·比尔这里购买了位于普林斯·乔治县的一个农场。原告购买这一农场时,该农场是由皮尔·比尔的儿子卡尔文·比尔在实际耕作。庭审记录显示,原告卡尔顿·比尔和卡尔文·比尔之间是第二代的堂兄弟关系。卡尔文·比尔与本案被告塞塞莉亚·比尔结了婚。原告卡尔顿·比尔购买这一农场的时候,同意卡尔文·比尔只要支付农场每年应该缴纳的财产税,卡尔文·比尔就可以继续耕种这一农场。卡尔

---

① Beall v. Beall, 45 Md.App.489, 413 A.2d 1365.
② Moore, Judge.
③ 普林斯·乔治县是美国马里兰州的一个县。——译者注

文·比尔和塞塞莉亚拥有并居住在一块面积为1.5英亩的土地上,该土地与原告购买的农场三面相邻,而正是这一块土地引发了本案的争议。

从皮尔·比尔这里购买农场时,原告获得了一个选择权合同。根据该合同,他可以以28 000美元的价格购买卡尔文和塞塞莉亚拥有的那个地块。选择权合同的对价是100美元,以支票形式支付。1971年,双方又签署了一个新的选择权合同,期限改为5年,但使用的还是相同的条款,并由原告另外再支付100美元作为对价。

对于1971年的选择权合同,原告卡尔顿·比尔从来也没有行使过选择权,但在该合同届满前,在某页纸的底部,出现了下列文字:

> 在1975年10月6日,卡尔文·比尔和塞塞莉亚·比尔同意将选择权合同延长3年,从1976年2月1日到1979年的2月1日为止。
>
> 签名:卡尔文·比尔
>
> 签名:塞塞莉亚·比尔

就是上述延长选择权合同的文字构成了本案原告提起诉讼、要求被告履行合同的基础。卡尔文·比尔在1977年8月去世,塞塞莉亚作为遗孀取得了系争土地的全部所有权。在落款日期为1978年5月24日和1978年9月14日的两封信件中,原告卡尔顿·比尔告知被告塞塞莉亚,自己想要行使选择权购买系争地块。原告计划在1978年10月5日完成所购买地块的过户手续。正如初审法院的法官在判决意见中所指出的:

> 在本案中,没有分歧的是,原告卡尔顿·比尔最终确实是聘请了一名律师来查询这一不动产的权属状况,确定这一不动产权属转移的日期,到场完成这一不动产权属的转移,而且,原告已经做好准备,表明他确实是想要去履行这一合同,并且是能够履行这一合同的。

但是,塞塞莉亚拒绝到场转移系争不动产的权属,于是,原告卡尔顿·比尔针对塞塞莉亚提起了要求实际履行合同的诉讼。初审过程中,在原告向法庭提交证据后,被告向法院提出动议,要求驳回原告的诉讼请求。初审法院的法官支持了被告,认为该选择权合同没有对价支持,而"没有对价支持"体现在"合同中没有任何利益从原告卡尔顿·比尔转移到塞塞莉亚"。此外,对于1975年的选择权合同,初审法院的法官这样分析道:

> 对于最初选择权合同的延长或者试图进行延长,原告卡尔顿·比尔并没有提供对价。……很显然,每一次选择权合同的延长,对价必须以某种形式进行转移,并转移到被告这里。然而,在被告夫妇签名的书面材料中,从头到尾根本没有提及对价。

在上诉中,原告坚持认为,初审法官错误地驳回了他的诉讼请求,而且错

172

误地排除了有关原告与卡尔文·比尔,即被告塞塞莉亚已经去世的丈夫之间在生前曾有过口头交易的证人证言。

二

根据马里兰州的法律,很清楚的是,"选择权合同如果是有对价支持的话,那么它就不仅仅是一个要约——如果只是一个要约的话,许可方[①]可以在被许可方作出承诺之前的任何时候予以撤销——而是一个具有约束力的合同"[②]。也就是说,选择权合同是一个保持要约处于开放状态的合同。这一合同要求,一旦它具备了对价,就拥有了不可撤销的特性。[③]如果被许可方行使了选择权,决定购买合同中的财产,那么一个有法律约束力的合同就已经成立,被许可方可以要求法院裁决实际履行,强制执行这一合同。[④]因此,很清楚的是,一个选择权合同如果要想在规定的时间之内成为一个不可撤销的协议,那就一定要有对价支持。

然而,在选择权合同没有对价或者并不存在对价的时候,这样的选择权合同就不再是不可撤销,而是变成了"一个出售财产的要约,它可以在被许可方作出承诺之前的任何时候,由许可方予以撤销……"[⑤]合同没有对价支持这一点,将破坏选择权合同的不可撤销性。尽管这样,选择权合同在它规定的时间之内,或者在它被撤销之前,仍然保持着它作为购买要约或者出售要约的本质特点。现在,人们已经认可,即使一个选择权合同可能缺少对价,但是,对于一个在客观结果上已经形成的合同,衡平法还是会强制执行的……

为了更好地将这一问题表述清楚,现在假定 1975 年的选择权合同确实没有对价支持,但是,被告要求以 28 000 美元的价格出售系争地块的要约仍然存在。该要约在 1979 年 2 月 1 日之前一直保持着有效状态,只不过卡尔文·比尔和塞塞莉亚可以随时撤销要约。正如法官在 Holifield 诉 Veterans' Farm & Home Board[⑥] 一案中所阐述的:

---

① 在达成选择权协议的双方当事人中,"许可方"是指愿意赋予对方以选择权或者同意出售某一财产的一方当事人。相对应地,接受对方所给予的选择权或者购买选择权的这一方当事人,则被称作是"被许可方"。在本案中,被告塞塞莉亚是"许可方",而原告卡尔顿则是"被许可方"。——译者注

② Blondell v. Turover, 195 Md. 251, 256, 72 A.2d 697, 699(1950).

③ Goldman v. Connecticut General Life Insurance Co., 251 Md. 575, 581, 248 A.2d 154, 158(1968).

④ Diggs v. Siomporas, 248 Md. 677, 681, 237 A.2d 725, 727(1968).

⑤ Blondell v. Turover, *supra*, 195 Md. at 256, 72 A.2d at 699.

⑥ 218 Miss. 446, 450, 67 So.2d 456, 457(1953).

法律上已经确立的规则是,除非在规定的时间之内、而且是在要约被撤销之前获得了对方的承诺,否则缺少对价支持的选择权合同是无法作为一个合同产生法律约束力的。[在本案中,]由于 Veterans' Farm & Home Board 和莫尔丁没有对选择权合同支付对价,因此在 Veterans' Farm & Home Board 和莫尔丁告知霍利菲尔德夫妇他们确实想要购买该土地之前,霍利菲尔德夫妇是有权撤回选择权合同的;**但是,由于 Veterans' Farm & Home Board 和莫尔丁已经在规定的时间之内,在要约被撤回之前对要约作出了承诺,因而选择权合同已经成为具有约束力的合同,因为这一合同在随后得到了对价,也就是当事人双方所作承诺①的支持。**

173

我们认为,总的来说,Holifield 这一案件中法官的观点与我们马里兰州的判例是相一致的。

因此,对于本案,初审法院的法官必须确定出售系争财产的要约究竟是不是一个有效的、不可撤销的要约,而且必须确定这样的要约是否有一个合适的承诺存在,这一承诺是否足以构成一个在衡平法上可以强制执行的合同。要约和承诺中的这些问题,主要涉及事实上的判断,这一判断应该首先是由初审法院的法官作出。作为上诉法院,我们的权限是按照"是否存在明显错误"这一标准,对初审法院法官查明的事实进行审查。……但是,上诉法院对案件的审查,取决于那些与本案实质性问题相关事实的存在,而在初审法院的判决中却不存在这样的事实。

在原告起诉的这一案件结束的时候,初审法院法官驳回了原告的诉讼请求是错误的。根据我们在此呈递的判决意见,初审法院需要对本案重新进行审理。

初审法院的判决予以推翻,由初审法院根据我们在此的判决意见重新审判。

---

① 根据有关对价的理论,承诺和金钱等其他事项一样,可以成为合同的对价。——译者注

第 二 章
对 价

■ 第一节 什么是对价?

金诉宋①
加利福尼亚州第四区上诉法院第三合议庭(2009 年)

本案要旨

    原告金与被告宋都是韩国人,彼此是好朋友。在被告宋的劝说下,原告将大量资金投入被告公司,被告个人从未获得这些资金,也没有承担个人担保责任。后来,原告投入被告公司的钱都亏损掉了,被告对原告感到愧疚,以大头针刺破自己手指,以自己的血写下了一份还款书,但是之后并未实际归还。于是,在一年多之后,原告以被告所写的还款书作为依据向法院起诉,要求被告承担还款责任。法院认定,这一还款书没有对价支持,判决驳回了原告的诉讼请求。

    本案确定的规则是,一个有效合同必须有对价支持,没有对价支持的承诺只是一个无偿的承诺,这样的承诺是不能强制执行的。

    奥利里法官②代表法院呈递以下判决意见:

    原告金在本案中以下面一段话作为他观点的开场白:"血,浓于水,但是,它在本案中,无论如何,其价值要远远重于一个胡椒。"③初审法院认为,被告宋

---

① Kim v. Son, unpublished opinion,2009 WL 597232.

② O'Leary, J.

③ 这里提及的"一个胡椒",会让人产生疑惑,它可以在 Hobbs 诉 Duff(1863),23 Cal.596,602—603 一案的判决中找到出处。该判决中说道,"本案中,有价值的对价是什么呢? 就是一个胡椒;除了这个之外,在本案中,没有其他更大的对价了……"此为原判决中的注解。

只是作出了一个无偿的免费承诺;在这一承诺中,宋以自己的鲜血写下了一段文字,答应归还金借给两家商业公司已经亏损掉的钱。初审法院拒绝强制执行这一承诺,原告金不服判决,提起了上诉……我们法院在此认定,初审法院认定的那些事实和法律,足以支持它们的最终结论,即宋答应归还钱款的承诺完全是一个无偿的免费承诺,是一个不能强制执行的承诺,即使这一承诺是以血书写成的也是如此……在这起合同争议案件中,被告宋流出的血并不比一个胡椒更重。

被告宋是一家名叫 MJ 的韩国公司的大股东(占有 70% 的股份),他经营着这家公司。宋同时还是加州一家名为 Netouch 公司的唯一所有人。通过几个月的调查,原告金借款给这些公司并在这些公司中进行了投资。没有争议的是,他将款项直接汇到了这些公司的账户中。被告宋个人并没有收到其中的任何款项。金先是投资了 1 亿韩元,随后又借款了 3 000 万韩元给 MJ 公司。之后,他又借给 Netouch 公司 4 万美元。并没有证据表明,原告金的这些投资或者借款是由被告宋个人进行担保的。

令人遗憾的是,这些生意都以失败告终,金的投资全部亏损掉了。在 2004 年 10 月,宋和金在一家寿司酒吧中见了面,在这家酒吧,他们两个人都喝了很多酒。当时,被告宋叫服务生拿来一个安全的大头针,用它挑破自己的手指,以自己的血写下了一份"还款书"。将这一书面材料从韩文译成英语就是:"先生,非常抱歉。因为我的行为让你在经济上遭受损失。我将尽自己所能归还你的损失。"在同一天的某个时刻,宋还用墨水写道:"我在此发誓,我将尽自己所能偿付你的损失,预计金额为 170 000 000 韩元。"

在一年之后的 2006 年 6 月,这份以鲜血写成的还款书成为金起诉的依据:(1)宋违反了这一还款书……金声称,宋以"还款书"的方式同意偿付金 170 000 000 韩元,在当时这笔钱相当于 170 000 美元。

在经过陪审团审理之后,初审法院作出了支持宋的判决。在判决意见中,初审法院认定,这一份"以鲜血写成的协议"不是一个可以强制执行的合同。法院作出了以下的认定:没有证据表明,宋个人同意对这些贷款和投资进行担保。宋当时是在"极度醉酒,而且是对金的损失感到非常难过的状态下,以自己的鲜血写下这一还款书"。这一份以鲜血写成的还款书缺少充分的对价,因为它"不是双方协商的结果,而只是由宋个人表示愿意承担责任的一个无偿的免费承诺,因为他的好朋友金在投资中遭受了损失,而这样的投资最初是由宋引导投入公司中去的"。……一个无偿的免费承诺即使是以血书写成的,法院也拒绝强制执行……

初审法院的判决予以维持。

哈默诉希德威①
纽约州上诉法院(1891 年)

本案要旨

被告希德威是已经去世的大威廉的遗产管理人,原告哈默则是一个从大威廉的侄子小威廉那里受让权利的人。原告声称,大威廉曾经向侄子小威廉承诺,只要侄子能够不再吸烟喝酒,改掉赌博等坏习惯,就会在侄子 21 岁的时候赠与他 5 000 美元。侄子按照叔叔的要求,在这之后改掉了那些坏习惯,侄子曾向叔叔写信主张 5 000 美元,叔叔回复说已经在银行里存入这笔钱,等侄子再长大一点之后给他。叔叔去世之后,遗产管理人却拒绝支付这笔钱。原告遂向法院提起诉讼。终审法院认定,侄子限制自己在法律上有权实施的行为,这构成了充分的对价,侄子与其叔叔之间形成了一个有效的合同。于是,法院判决支持了原告。

本案确定的规则是,当事人放弃法律上的权利,进行自我约束的行为,足以构成一个充分的对价。

纽约州最高法院第四审判庭[上诉法庭]于 1890 年 7 月 1 日作出判决,推翻了支持原告哈默的初审法院判决,裁定初审法院重新审理。原告哈默不服判决,向我们法院提起上诉。

本案诉讼是基于一个合同争议而产生。

原告哈默向法院提出诉请,要求已经去世的大威廉的遗嘱执行人希德威支付 5 000 美元,以及从 1875 年 2 月 6 日起计算的利息。本案的原告哈默是从一个名叫小威廉的人那里通过几次中间转让②获得原告身份的。在要求大威廉的遗嘱执行人希德威支付 5 000 美元的请求被拒绝之后,原告提

---

① Hamer v. Sidway,124 N.Y.538,27 N.E.256.
　审理本案的是美国纽约上诉法院,它是纽约州的最高审判机构。Hamer 一案在到达纽约州上诉法院之前,已经经过了初审和上诉程序。初审法院支持了原告的诉讼请求,上诉法庭(相当于我国的中级法院)推翻了支持原告的初审法院判决。原告不服上诉法庭判决,继续上诉到纽约州上诉法院。纽约州上诉法院最终推翻了上诉法庭的判决,支持了原告的诉讼请求。——译者注

② 本案原告哈默是从他人那里受让财产权益而成为原告的。本案系争的合同发生在叔侄之间,叔叔大威廉曾经答应侄子只要能够改掉一些坏习惯,就会给侄子 5 000 美元。但是,侄子一直没有实际获得这笔 5 000 美元。作为侄子的小威廉后来将这一财产权益转让给了他的妻子,之后他的妻子又将这一权益转让给了本案原告哈默。——译者注

178 起了本案诉讼。大威廉是小威廉的叔叔;在1869年3月20日这一天庆祝大威廉父母金婚的仪式上,在家人和受邀客人都在场的情况下,大威廉向他的侄子小威廉作出承诺,如果他(指侄子)在21岁之前戒酒,戒烟,不再信口开河,不再以玩牌或者玩弹子来赌钱,他将付给侄子小威廉5000美元。侄子小威廉当即表示同意,并在这之后完全履行了叔叔承诺中要求的那些条件。当侄子小威廉年满21岁的时候,他在1875年的1月31日这一天给叔叔写了一封信,告诉叔叔他已经履行了协议中他应该履行的那些条件,告知叔叔他有权获得那5000美元。大威廉收到了侄子的这封信,几天之后,即当年的2月6日,他写了一封信并给侄子寄出去。信的内容是这样的:

布法罗,1875年2月6日

威廉·斯托里

亲爱的侄子:你31日写给我的信,已经顺利收悉,你说几年前就一直在努力实现对我的承诺。我毫不怀疑,正如我答应你的,你应该得到这5000美元。在你21岁的那天,我已经为你将这笔将存放在银行,到时你当然会得到这笔钱。……①

另外,你还可以考虑要求这笔钱的利息。

侄子小威廉收到了叔叔的这一封信,当然也同意按照信里的条款和条件,让叔叔大威廉先保留着这笔钱。叔叔大威廉在1887年的1月29日去世,在去世之前,叔叔并没有向其侄子支付先前答应的5000美元和利息中的任何部分款项。

帕克法官②代表法院呈递以下判决意见:

……在上诉中引起当事人律师最激烈争议的问题,也是原告在这一起案件中主张权利的基础,是作为立遗嘱人的大威廉在其侄子小威廉21岁生日这一天,是否对其侄子负有支付5000美元的义务。初审法院认定,从事实上来说,"在1869年的3月20日这一天,……大威廉和小威廉彼此同意,如果小威廉同意在21岁之前戒酒,戒烟,不再信口开河,不再以玩牌或者玩弹子来赌钱,那么,作为叔叔的大威廉将为侄子小威廉的上述自我约束行为支付5000美元",叔叔将"完完全全地履行协议中他的那部分义务"。

被告希德威辩称,本案中系争的合同没有对价支持,因而是无效合同。被告认为,本案中要求侄子小威廉戒酒戒烟的承诺,对小威廉没有害处而只有好处;小威廉实施的那些自我约束行为,对于他自己来说是最为有利的事情,他

① 此处省略的内容是,叔叔要求等侄子再长大一点将这笔钱给他,也许是因为这一笔钱在当时确实是很大的数目。——译者注

② Parker, J.

的这些自我约束行为独立于叔叔所作的承诺。被告还坚持认为，除非作出承诺的人自身从合同中得到利益，否则这样的合同就是没有对价的。如果被告的这一论点成立的话，在我们看来，似乎在很多案件中都会引起争论，即如果一个受诺人①主动从事的行为或者约束自己不去实施的行为在事实上只是对自己有利，那么，这样的情形是否就表明一个协议就没有对价，进而不能要求立诺人实际履行原先的承诺呢？我们法院认为，这样的规则是不能容忍的，而且这样的规则在法律上是没有基础的。

财务法院在 1875 年的一起判决中是这样界定"对价"这一概念的："从法律上来看，一个有价值的对价可以是给予一方当事人的权利、好处、利润或者利益，也可以是让另一方忍受、承担的约束、痛苦、损失或者责任。"对于法院来说，"它将不会去询问形成对价的东西是不是在事实上确实是有利于受诺人或者是第三方，或者形成对价的东西是不是对任何一方当事人具有实质性的价值。如果某一件事情被一方当事人拿过来作为对作出承诺一方当事人的对价，那么，只要受诺人实际上确实是作出了承诺、实施了一定行为、自我约束不去从事某个行为，或者是忍受了一定痛苦，作为对价来说，这就已经足够了"。②

"从原则上来说，根据另一方当事人的请求而放弃任何法律上的权利，是对一个承诺的充分对价。"③

"任何权利上的损失、权利的中止或者对权利的自我约束，都是维持一个承诺的充分对价。"④

波洛克⑤在他有关合同法专著的第 166 页，在引用了前述财务法院有关"对价"的界定之后说道：

> 财务法院在界定对价时所叙述的第二种情形，实际上是最重要的一种对价。对价并不特别意味着一方当事人因为另一方当事人放弃目前享有的一些法律权利，或者限制将来法律上的行动自由——这些内容是最初承诺的一个诱因——而让自己从中获得利益。

现在，我们法院将上述对价的规则适用到手头这起案件的事实当中进行

---

① "受诺人"是指接受承诺的人，而下面提到的"立诺人"是指作出承诺的人。本案中的受诺人是小威廉，立诺人是大威廉。——译者注

② *Anson's Prin. of Con.* 63.

③ *Parsons on Contracts*, 444.

④ *Kent*, vol.2, 465, 12th ed.

⑤ 波洛克是英国 19 世纪到 20 世纪初的著名的法学家，曾长期在英国牛津大学任教。其著有 *The Principles of Contract at Law and in Equity* (1876) 和 *The Law of Torts* (1877)，其法律专著在英美法系国家具有深远的影响。——译者注

分析。受诺人小威廉过去抽烟,偶尔喝酒,在法律上受诺人有权利这样做。在叔叔作出给予自己 5 000 美元承诺之后,在长达数年的时间里,受诺人小威廉放弃了抽烟喝酒的权利,这是其基于充分信任立遗嘱人所作承诺的结果,受诺人相信,如果这样限制自己抽烟喝酒的权利,立遗嘱人将会支付给他 5 000 美元。我们法院不需要考虑受诺人小威廉放弃抽烟喝酒的诱惑需要多大的努力。受诺人基于对自己与叔叔之间协议的信任,将法律上的行动自由限制在对方要求的特定范围之内,这对构成一个对价就已经足够了。现在,作为受诺人小威廉来说,他已经完全按照叔叔所要求的条件去实际履行了,在这样的情况下,受诺人实施的那些行为是否被证明为在客观上有利于立诺人,并不重要,法院也不会去调查此事。但是,即使我们法院把"对价是否有利于立诺人"作为一个恰当的议题来调查,我们法院在本案的庭审记录中也没有找到任何东西可以得出大威廉在法律意义上没有得益这一结论。能够有针对性地支持我们法院观点的案件并不多,但是还是有一些类似的案子可以说明这一问题。

在 Shadwell 诉 Shadwell① 这一案件中,作为叔叔的一方当事人曾经给他的侄子写了以下的信件:

> 我亲爱的侄子——得知你想要和埃伦·尼科尔结婚,我非常高兴,正如在开始的时候我就答应过你的,我会帮助你。我在此高兴地告诉你,在我有生之年,我将每年支付给你 150 英镑,直到你成为大律师之后每年的收入达到 600 基尼②为止。你接受我今天在信中所讲的这些内容,就是我要求的唯一凭证。

> 爱你的叔叔查尔斯·沙德威尔

---

① Shadwell v. Shadwell,9 C.B.[N.S.]159.

Shadwell 诉 Shadwell 是英国法院于 1860 年审理的一起著名合同案件。它争议的主要焦点是如何判断一个合同有没有对价。该案的基本事实是,原告准备与一个名叫艾伦·尼科尔的女子结婚,原告的叔叔给原告(侄子)写了一封信表示祝贺,信中表明在自己有生之年,会每年支付原告 150 英镑,直到原告的年收入达到了 600 基尼。在叔叔去世之后,原告向法院起诉,称叔叔在世的时候没有能够支付其承诺的费用,要求叔叔的遗产管理人支付这些费用。作为被告的遗产管理人则声称,这一合同没有对价支持,因而这是一个不能强制执行的合同。审理该案的多数法官认为,叔叔的目标是希望原告与这一女子结婚,叔叔的这一愿意得到了实现,这已经足以构成对价。持异议的少数法官则认为这一案件中并没有对价支持,叔叔在信中的表示,只是一种客气的表达而已,并不形成法律上的义务。

帕克法官引用的 Shadwell 诉 Shadwell 这一案件及分析,在本书第 6 次出版发行时,被原编者略去了,为帮助理解,译者在此补上这一段。——译者注

② 基尼是英国的旧金币。——译者注

审理 Shadwell 一案的法院认定,叔叔在这封信中的承诺是有法律约束力的,并且这一承诺有着很好的对价。

在 Lakota 诉 Newton(这是马萨诸塞州的 Worcester 法院审理的一起案件,但是这一起案件并未报道过[①])一案中,原告在诉讼请求中主张,被告曾经作出过以下的承诺:"如果你(指原告)能够离开酒一年,我将付给你 100 美元。"原告同意了被告的这一要求,并按照承诺中要求的条件履行了,因此原告要求法院判决被告支付这 100 美元。被告对原告的诉讼请求提出了各种反对意见,在其他理由之外,其中一个理由就是,原告在诉讼请求中的主张并没有指出其与被告的协议存在着一个有效和充分的对价。但是,被告的这一反对意见被法院驳回了。

180

在 Talbott 诉 Stemmons[②] 这一案件中,原告塔尔博特的继祖母斯坦蒙斯与原告之间达成以下协议:"我在此承诺并自愿接受以下承诺的约束:如果我的孙子塔尔博特在我有生之年不再吸食烟草或者雪茄,那么,在我去世之后,我将留给他 500 美元;如果塔尔博特违反了承诺,没有做到这一点,那么,他将付给他母亲双倍的钱。"斯坦蒙斯夫人的遗嘱执行人要求法院驳回原告的诉请,其理由就是,这样的协议没有充分的对价支持。被告的这一反驳意见在初审过程中被法院接受,但是在随后的上诉中,初审法院的判决被上级法院推翻,案件被发回重审。上诉法院在判决意见中是这样写的:"使用香烟和享受吸烟的权利,是属于原告自身的权利,吸烟这样的行为并不为法律所禁止。放弃吸烟可能确实会让原告节省金钱,或者是有益于原告的健康。尽管这样,是原告放弃了法律上的权利才产生了这样的承诺,而且双方当事人有权就本案所涉及的事项签订一个合同,因此,放弃使用(烟草或者雪茄)是维持该合同成立的充分对价。"在 Lindell 诉 Rokes(60 Mo.249)一案中,法院认定一方当事人戒除饮用烈酒,是兑现一个商业票据的很好对价。

被告在这个问题上所引用的案例并不具有针对性……

上诉法庭裁决应该予以推翻,初审法院的判决予以维持。

本院全体法官对这一判决都附和同意。

---

① 在美国,绝大多数案件的判决意见都可以在一定的载体(如法律杂志、法院的网站、法律专业网站)上查询得到,当然,也有一些案件没有进行报道,这样的案件被称作"unreported case"。报道过的案件(reported case),通常是涉及重要的法律事项,可以作为判例的案件;而没有报道过的案件,通常被认为是并不涉及法律上的重要事项,或者是不能作为判例的案件。——译者注

② 12 S.W.Rep.297.

柯克西诉柯克西[①]

阿拉巴马州最高法院(1845年)

本案要旨

被告伊萨克的弟弟亨利娶了原告安吉莉克,亨利去世后,原告安吉莉克就一个人带着孩子生活。被告写信给原告,告诉原告如果她来被告这里生活,他会给她一块地方居住,让她能够抚养家庭和孩子。原告随即搬离了原来居住的地方,来到了六七十英里之外的被告这里。在开始的时候,被告伊萨克还能履行承诺,善待原告,但是两年之后,被告却要求原告搬离原来居住的好房子,让原告居住在树林里一个条件很差的房子里,随后,被告又叫原告离开那里。为此,原告向法院提起诉讼,要求被告赔偿损失。法院认定,本案中被告作出的承诺缺少对价,双方没有达成合同,法院驳回了原告的起诉。

本案确定的规则是,如果一个承诺要成为法律上具有强制执行力的合同,就必须有充分的对价支持。一方当事人作出的单纯善意的表达,并不能构成一个充分的对价。

我们认为,[阿拉巴马州]塔拉德加县[②]巡回法院的初审判决存在错误。

初审法院认定被告对于原告有着一个合同上的承诺[③],在这一点上作出了有利于原告的判决,我们认为,这一判决是错误的。本案中,双方当事人认可

---

① Kirksey v. Kirksey, 8 Ala.131.

本案原告是安吉莉克(Angelico Kirksey),被告是伊萨克(Issac Kirksey)。被告是当时阿拉巴马州的一个大农场主,他在阿拉巴马州拥有大量的土地和众多的奴隶。资料显示,被告是一个极其精明的农场主。

本案是美国阿拉巴马州最高法院于1845年审理的一起涉及合同对价的案件。案件判决的字数很少,很多事实似乎语焉不详,在现代人看来是模糊不清的,很多学者在看了这一个案件的判决意见之后,也是见仁见智,各有不同的意见。有学者指出,这也许正是本案成为著名案例的原因。美国有专门的学者就这一案件的来龙去脉和当时判决意见背后的深层次背景进行了调查和研究,能够让我们更好地理解本案。详见卡斯托和里克斯所撰写的文章"Dear Sister Antillico ... The Story of Kirksey v. Kirksey"。本案的一些注解来自该文章的内容。——译者注

② 塔拉德加县是阿拉巴马州的一个县。——译者注

③ 在初审中,原告提出的诉因是违反承诺,原告在初审要求被告承担责任的理由有好几个,第一个是被告在赶走原告的时候,曾经口头承诺赔偿原告损失,因此原告要求被告赔偿5 000美元(原告的这一主张被陪审团驳回);原告的第二个和第三个主张是,原告认为双方当事人之间存在着一个合同,原告所称的合同也就是以被告写的这一封信件作为依据的。原告的这一诉因,在初审法院得到了支持。——译者注

的基本事实如下：

原告安吉莉克曾是被告伊萨克的弟媳，但是，在丈夫去世之后相当长的时间内，安吉莉克一直是一名寡妇，自己带着几个孩子生活。在 1840 年，原告安吉莉克签订过一个租赁合同，从他人那里租得了一块公共土地并居住在这一块土地上。原告安吉莉克在租赁期限届满之后仍然占有着这块土地，将它收拾得井井有条，并打算买下她居住的这块土地①。被告伊萨克居住在［阿拉巴马州的］塔拉德加县，距离原告居住的地方有六七十英里。在 1840 年的 10 月 10 日这一天，被告伊萨克给原告安吉莉克写了以下这封信，内容是：

亲爱的 Antillico② 妹妹——我很震惊，听说亨利兄弟和他的一个孩子去世了。我知道你肯定很悲伤，日子过得一定非常艰难。以前你还有一些机会，但现在的情况是越来越糟了。我真想来看看你，但现在不方便。……我不知道你对于现在居住的地方是不是享有优先购买权。如果你享有优先购买权，我建议你行使这一优先购买权，然后将这一地块卖掉，离开那个地方。据我知道，你居住的那个地方是非常不健康的，而且那里的社会情况也非常糟糕。如果你住到我现在的地方，来看看我，我会让你有一个地方耕作，让你能够抚养家庭，并且我这里有更多可用于居住的公共地块，比我能够提供给你的还要多③，考虑到你现在的家庭实际情况，我感觉，我想要让你和你的孩子生活得更好。

181

---

① 根据当时美国联邦有关优先购买土地的法律，对于原告这样的寡妇，她对自己实际居住的地方享有优先购买权。——译者注

② 原文如此，被告伊萨克当时在信中使用的就是 Antillico 这一拼写，实际上原告的名字应该是 Angelico。——译者注

③ 单单从这一段文字来看，很难搞清楚被告伊萨克想要表达的意思。只有对当时美国土地方面的法律和被告的情况有所了解之后，才能搞清楚这些文字背后的意思，也才能更加明白被告邀请原告到他这里的真正动机，了解为什么被告在之后又要赶走原告。

根据美国当时的土地法律，如果某个人占有了一块土地，实际居住在这块土地上面，他（她）就在一定条件下可以获得对该地块的优先购买权。学者卡斯托和里克斯在其文章中指出，被告伊萨克是一个精明的商人，他想利用美国当时的法律，以极其便宜的价格买到更多的土地，然后再出售这些土地获得巨额利益。这两位学者分析道，被告邀请原告来到自己这里，正是想让原告为他来占有这些地块，直到政府给予被告购买土地优先权。根据当时的法律，享有优先权的人，可以以极低的价格购买所占有的地块，最多可以购买 160 英亩，而这样的土地，每英亩只需要 1.5 美元（如果按照这样的价格计算，当时购买 160 英亩土地需要 200 多美元，这也许是初审法院判决被告应该赔偿原告 200 美元的一个原因）。然而，不久之后美国法律对已经拥有大量土地的人根据先占原则购买土地的权利进行了限制，这样，被告就不再有购买土地的资格了。事实上，在被告赶走原告之前，被告还曾经叫自己的儿子也进入原告居住的地方，造成两个人共同占有这不动产的事实，这一点也可以证明被告叫原告搬到自己这里的动机。然而，原告安吉莉克却由于其寡妇的身份，仍然可以行使优先权，购买土地。也许这才是被告要赶走原告的真正原因。——译者注

在收到被告伊萨克这封信后的一个月或者两个月之后，原告安吉莉克对她原先居住的那一块地方没有进行处理①，就放弃了对原先居住地块的占有，带着全家离开，来到了被告这里。在开始的时候，被告伊萨克将原告安排在一个很舒适的房子里，给了她一些土地，让她耕种了两年。但两年之后，被告要求原告安吉莉克搬离她原来居住的好房子，让安吉莉克居住在树林里一个条件很差、很不舒适的房子里，之后，被告伊萨克又再次叫原告安吉莉克离开那里。

初审法院的陪审团作出了支持原告安吉莉克诉讼请求的判决，判决被告伊萨克赔偿原告安吉莉克200美元，双方当事人对于上述事实没有异议，双方当事人还达成协议②，如果上述这些案件的事实支持这一诉讼，初审法院的判决就应该维持，否则这一判决就应该予以推翻。……

奥蒙德法官③代表法院呈递以下判决意见：

我本人倾向的观点是，原告安吉莉克放弃原来居住的环境，搬离到60英里之外的被告这里，在这一过程中原告遭受的损失和带来的不方便，是支持被告伊萨克所作承诺——为原告提供房屋居住，提供土地进行耕种，直到她能够抚养家庭——的充分对价。然而，我的法院同事却认为，被告伊萨克所作的承诺只是一种善意的表达，被告违背这样的承诺，并不能被提起诉讼。因此，依据当事人之间的协议④，下级法院的判决必须予以推翻。⑤

---

① 根据这一封信前面的叙述，此处提到的"没有进行处理"，可能是指原告对于居住地块没有行使优先购买权。——译者注

② 在普通法诉讼中，当事人在审理中有时候会对于某些事实或者法律上的问题（例如诉因的确定）达成协议，这样会有利于法院查明案件事实，更好地审理案件。本案中当事人就协商确定，"如果上述这些案件的事实支持这一诉讼，这一判决就应该维持，否则这一判决就应该推翻"，在这样的情况下，上诉法院就只要确定，本案的事实是否足以支持原告提起的这一诉讼。上诉法院在审理后认为，该诉讼中争议的合同由于缺少对价，不能支持这一诉讼。根据当事人的协议，法院就推翻了初审法院的判决。——译者注

③ Ormond, J.
当时审理该案的是阿拉巴马州最高法院的3名法官。本案中比较奇特的地方是，该案的判决意见不是由多数法官中的某一个来代表法院呈递判决意见，而是由持少数意见的奥蒙德法官代表法院呈递判决意见。这种做法虽然非常少见，但并不是没有。一个案件的判决，究竟是由多数法官的代表来呈递，还是由少数法官的代表来呈递，这主要是传统习惯所致。由少数法官来呈递判决意见，主要是因为某一个案件按照法院内部的案件分配规则，可能正好分配到了他的名下，由他主审，那么这一案件也就由他来呈递判决意见。——译者注

④ 此处的协议，就是指上一段落中提到的"如果上述这些案件的事实支持这一诉讼，这一判决就应该维持，否则这一判决就应该推翻"。——译者注

⑤ 有意思的是，原告的律师奇尔顿在这一案件判决之后的1848年成为了阿拉巴马州最高法院的法官，并在1852年成为首席法官，他接替的正是撰写本案判决意见的奥蒙德法官；而被告在上诉中的律师赖斯后来也成为阿拉巴马州最高法院的法官，之后又成为首席法官。——译者注

宾夕供应公司诉美国灰循环利用公司①

宾夕法尼亚州高等法院(2006 年)

本案要旨

原告宾夕供应公司承包了一个铺路工程,工程需要用到粉煤灰作为路基的原材料。根据招投标中的通知,原告从被告美国灰循环利用公司运走了相当数量的粉煤灰,原告对此没有支付任何费用。后来,原告施工的铺路工程出现了质量问题,经环保部门认定,粉煤灰是一种危险的废料。原告要求被告来清理这些粉煤灰,但是被告未予理睬。最后,原告花费了相当的费用修复路基,并清理和处理这些粉煤灰。原告向法院起诉,要求被告承担这些损失。被告则抗辩,本案中的所谓合同没有对价支持,不能在法律上强制执行。法院认定,本案中存在着对价,双方成立了一个有效合同,判决支持了原告。

本案确定的规则是,如果立诺人从承诺中获得利益,而受诺人承受了不利后果,那么,这样的承诺就不是无偿的,应该认定这样的承诺存在着对价,即使双方在交易过程中没有将这一点作为对价进行过协商也是如此。

梅尔文法官②代表法院呈递以下判决意见:

在初审过程中,法院支持了被告美国灰循环利用公司针对本案提出的法律上的反对意见③——这一反对意见的性质是一个抗辩——而原告宾夕供应公司(以下简称宾夕公司)对于初审法院的这一判决不服,提起了上诉。我们法院在此推翻初审法院在这一问题上的判决,将案件发回初审法院作进一步的审理。

初审法院对于原告诉状中所作的陈述是这样概括的:

本案的起因是来自约克县北部高中的一个工程(以下简称工程),这一项目的业主是宾夕法尼亚州约克县的北部学区(以下简称学区)。为了这一工程,学区与总承包商罗巴公司签订了一个建设工程合同。随后罗

---

① Pennsy Supply, Inc. v. American Ash Recycling Corp., 895 A.2d 595.

② Orie Melvin, J.

③ "法律上的反对意见"通常由被告在反驳原告主张的时候提出来,其性质是一种抗辩。它假定,即使原告主张的事实全部成立,原告的主张在法律上也是不能得到支持的。本案中,被告美国灰循环利用公司就认为,即使原告主张的事实都是存在的,原告宾夕公司的请求也不能得到支持,因为双方之间的所谓合同并没有对价支持。——译者注

巴公司将行车道的铺路工程和停车场工程转包给了原告宾夕公司。

　　总承包商罗巴公司与学区之间的建设工程合同包括了铺路工程的规范,这一规范要求总承包商罗巴公司通过它的分包商宾夕公司在这一铺路工程中使用一些碎石作为路基的基础。这一工程的规范还允许施工单位使用一种替代原材料来代替碎石,这一替代原材料就是粉煤灰。

182

　　该铺路工程的规范中包括了一个"对投标者的通知",该通知告诉投标者,它不需要花费成本就可以从美国灰循环利用公司这里获得粉煤灰,而美国灰循环利用公司是一家专门供应粉煤灰的企业。这一铺路工程的规范当中还包括了美国灰循环利用公司写给该工程建筑师的一封信,这封信确认了它按照先来先得的原则,免费提供一定数量的粉煤灰。

　　宾夕公司与美国灰循环利用公司进行了接洽,告知美国灰循环利用公司,它因为这一工程需要大约 11 000 吨粉煤灰。宾夕公司随后从美国灰循环利用公司这里装运粉煤灰,并按照工程规范的要求,将这些粉煤灰用在了铺路工程上。

　　宾夕公司在 2001 年完成了这一铺路工程。这一铺路工程最终在 2002 年 2 月的时候出现了大量的开裂。学区将铺路工程中的这一缺陷告知总承包商罗巴公司,罗巴公司随即又将这一问题通知宾夕公司,要求宾夕公司对这一工程的缺陷进行修复。宾夕公司在 2004 年夏天进行了修复,这一修复工作没有让学区花费任何费用。

　　修复工作的范围和费用包括清除粉煤灰,并对那些粉煤灰进行恰当的处理,这些粉煤灰被宾夕法尼亚州环保部门认定为一种危险的废料。宾夕公司曾经要求美国灰循环利用公司清除这些工程中的粉煤灰,并对粉煤灰进行恰当的处理,然而,美国灰循环利用公司对此没有理睬。宾夕公司后来告知美国灰循环利用公司,要求它赔偿相关费用。

宾夕公司声称,它从事的修复工作共花费了 251 940.20 美元,此外,它还花费了 133 777.48 美元处理那些清除出来的粉煤灰。

2004 年 11 月 18 日,原告宾夕公司向法院提起诉讼,其在诉状中针对被告美国灰循环利用公司提出了五点诉讼理由,其中一点诉讼理由就是被告违反了合同。……被告美国灰循环利用公司对所有的五点诉讼理由都提出了反对意见。……初审法院在 2005 年 5 月 20 日通过法院的裁决和判决意见支持了被告所提出的反对意见,驳回了原告的诉讼请求。原告宾夕公司不服这一判决,向我们法院提起了上诉。

宾夕公司在上诉中提出了三个问题,要求我们法院进行审查[①]:

(1)初审法院没有接受宾夕公司在诉状中提出的以下两个观点是否存在错误:(a)粉煤灰本身被认定为一种有害的废料,美国灰循环利用公司设法使这些废料得到利用,是为了避免让自己花费大价钱来处理这些废料;(b)宾夕公司利用了这些废料,为美国灰循环利用公司节省了处理这些废料的成本,美国灰循环利用公司从宾夕公司的行为中获得了利益,这就足以成为其合同诉求和产品保证责任[②]诉求的基础。……

初审法院认定,"本案当事人之间存在着的所谓协议,由于没有对价支持,是不能强制执行的协议"。初审法院在判决意见中还说道:"原告主张的那些事实,并不能推断出处理废料的成本这一问题是双方当时协商过程中的组成部分,*或者*推断出美国灰循环利用公司之所以向宾夕公司提供粉煤灰,是为了自己节省下处理这些废料的成本。"从上述观点中,我们理解初审法院之所以驳回原告的第一项诉讼请求,是基于以下两个理由:(1)原告宾夕公司在诉状中主张的那些事实只是表明,宾夕公司从被告美国灰循环利用公司处得到的是一个附条件的礼物;(2)原告宾夕公司在诉状中主张的那些事实并没有表明,在双方协商过程中,被告美国灰循环利用公司节省处理废料的成本是双方协商过程中的组成部分。

众所周知,对价是"一个可以强制执行合同的必备因素"。[③]在 Weavertown Transport Leasing, Inc.诉 Moran[④] 案件的判决意见中,法官这样说道:"对价包括某一个利益转移到立诺人[⑤]这里,或者是某一个不利后果[⑥]转移到受诺人

183

---

① 本判决意见在这里只是引用了原告有关对价这一问题的分析,对于其他两个问题的分析,在此处省略了。——译者注

② 产品保证是美国《统一商法典》中的一个概念,根据该法律规定,卖方对于自己出售的商品应该承担保证责任,保证其产品符合合同约定要求,没有合同约定的,也要符合默示保证的要求。本案中,如果原告宾夕公司的合同主张成立的话,那么,被告美国灰循环利用公司就可能会对于其供应的粉煤灰造成的损失向原告宾夕公司承担责任。——译者注

③ Stelmack v. Glen Alden Coal Co., 339 Pa. 410, 414—415, 14 A.2d 127, 128(1940).

④ Weavertown Transport Leasing, Inc. v. Moran, 834 A.2d 1169, 1172(Pa.Super.2003).

⑤ "立诺人"是指作出某一个承诺的人,与此相对应的概念是"受诺人",是指接受承诺的人,下同。——译者注

⑥ "不利后果"是在表述对价这一概念的时候,经常会使用到的一个术语。"不利后果"这一术语,本身有着多方面的意思,包括了支付价款、承担法律义务、放弃法律上的权利、忍受一些约束和限制,等等。具体的含义可以因具体案件的情况作相应的解释。与"不利后果"相对应的术语是"利益"。在本案中,原告宾夕公司认为,其承担的"不利后果"就是将被告的粉煤灰从被告这里装运走,而被告的"利益"则是可以节省处理这些粉煤灰的成本。原告坚持认为,这一"不利后果"和"利益"就构成了对价。——译者注

这里。"①Weavertown 案的判决还说道：

> 然而，在立诺人要求之下受诺人已经承受了法律上的不利后果，仅仅有这一点，对于认定对价来说还是不够的。受诺人承受的不利后果，还必须是这一承诺的"替代物"或者"价格"，而且是这一承诺的诱因……如果立诺人只是想让受诺人在履行一定条件的前提下向受诺人送出一个礼物，那么这样的承诺就只是一个免费的承诺而已，受诺人对于相关条件的履行并不能构成一个对价。一个附条件的礼物和一个合同之间的区别，在《威利斯顿论合同法》这一专著②中有着很好的阐述，相关部分的内容是这样表述的："一个乐善好施的人对一个流浪汉说道：'如果你走到角落里的那家商店，你就可以去买上一件外套，账由我来付。'对于这样的情形，没有一个理性的人会认为流浪汉走的这段短短的路，是这一承诺所要求的对价；而是会认为，如果这位流浪汉真的去了那家商店，那位立诺人会送给他一件礼物，为他买上一件外套。"③

一个合同是否有对价支持，提出的是一个法律上的问题。④

如何理解"对价"这一困难的概念，有着一个经典的公式，这一经典公式是由霍姆斯法官表述的，即"立诺人作出的承诺必须诱导了这一不利结果的产生，而这一不利的结果必须诱导了这一承诺的作出"。⑤正如默里教授⑥对这一公式所解释的那样：

> 如果立诺人是为了诱导受诺人承担某个不利后果而作出了一个承诺，那么，就应该认为是这个不利后果导致了这一承诺的产生。**然而，如果立诺人在作出某一个承诺的时候，它对于受诺人利用所承诺的礼物或者其他利益必须承担的不利后果并没有特别的利益，那么，这样的不利后果就只是受诺人获得利益所附带产生的结果或者一个条件。**即使受诺人承担了这一承诺所导致的不利后果，立诺人的目的也不是让受诺人承担这样的不利后果，因为立诺人当初作出承诺的时候，并不是想要以这样的

---

① Weavertown, 834 A.2d at 1172(citing *Stelmack*)。

② *Williston on Contracts*, Rev.Ed., Vol.1, Section 112.
威利斯顿是美国著名的合同法权威，他所著的合同法论著在美国有着深刻的影响，在许多判决中经常作为依据来引用。——译者注

③ Weavertown, 834 A.2d at 1172(quoting *Stelmack*, 339 Pa. at 414, 14 A.2d at 128—29).

④ Davis & Warde, Inc. v. Tripodi, 420 Pa.Super. 450, 616 A.2d 1384(1992).

⑤ John Edward Murray, Jr., *Murray on Contracts* § 60(3d. ed.1990), at 227(citing Wisconsin & Michigan Ry. v. Powers, 191 U.S.379, 24 S.Ct.107, 48 L.Ed.229(1903)).

⑥ 默里教授是美国著名的合同法学者，曾长期担任美国宾夕法尼亚州 Duquesne University 的法学院教授，撰写有 *Murray on Contracts* 这一合同法专著。——译者注

不利后果来交换他的承诺。①

对价这一概念在《美国法理学》②这一专著中也有着很好的阐述：

> 至于对价与条件这两者之间的区别，并不是那么容易判断的。通常 184
> 情况下，人们很难判断某个承诺中的条件文字表述的究竟是一个对价的
> 请求，还是仅仅是一个无偿赠与承诺中的条件。在这里，我们可以借助
> 一个测试方法来帮助判断，虽然这一测试方法不是决定性的。这一测
> 试方法在判断对承诺的哪一个解释更加合理时，会去调查这一条件的
> 发生是否会让立诺人从中获得利益。**如果立诺人从中获得利益，就可**
> **以合理推定出这一条件的发生是作为对价来要求的。**另一方面，如果
> 这一条件的发生并不能够让立诺人从中获得利益，而只是让受诺人获
> 得无偿的礼物，那么，作为这一承诺的条件即使发生了——它的发生是
> 由于受诺人信赖这一承诺——将它解释为对价就是不恰当的。③

《合同法重述》（第二次重述）第 71 条款的评论 c 指出："某一个表述究竟
是经过协商而达成的承诺，还是只是一个免费礼物，这两者之间的区别是非常
微妙的，它取决于当事人显露在外的动机究竟是什么。"在 Carlisle 诉 T & R
Excavating, Inc.,④这一案件的判决意见中，法官讨论了对价与一个附条件礼
物这两者之间的区别。审理该案的法院在判决意见中指出，一个立诺人（前
夫）答应为前妻正在建造的幼儿园从事挖掘工作，立诺人只是从前妻这里获得
原材料的补贴，这样的补贴并不表明立诺人从中获得了利益，因此，法院认定，
在本案中当事人之间不存在对价。

在本案中，初审法院的结论是，原告宾夕公司在诉状中只是表明被告美国
灰循环利用公司给予了原告宾夕公司一个附条件的礼物而已，然而，在对该案
进行审查之后，我们法院对于初审法院的这一结论并不能认同。在诉状的第 8
部分和第 9 部分，原告宾夕公司这样说道：

> 美国灰循环利用公司积极推进粉煤灰在铺路基础工程中作为原材料
> 来使用，而且它对于提供的这些粉煤灰是不收费的。它这样做的目的，是
> 为了让其他人来处理这些原材料，进而自己可以节省下处理粉煤灰的成
> 本……美国灰循环利用公司向宾夕公司提供粉煤灰，让这些粉煤灰用在
> 本案的铺路工程当中，这为美国灰循环利用公司节省了数千美元的处置
> 费用，否则，美国灰循环利用公司将自己负担这些处置费用。

---

① 参见 *Murray On Contracts*，§ 60.C，at 230.
② American Jurisprudence.
③ 17 A AM.JUR.2d § 104(2004 & 2005 Supp.).
④ Carlisle v. T & R Excavating, Inc., 123 Ohio App.3d 277, 704 N.E.2d 39(1997).

如果我们认可原告在诉状中所提及的这些事实，同时使用霍姆斯法官提及的有关对价的公式，那么，以下的结论就应该是合理的解释，即美国灰循环利用公司向宾夕公司承诺免费提供粉煤灰，导致宾夕公司愿意承担收集和运走这些粉煤灰的成本，而且，更重要的是，正是这些可以节省下来的成本——不管是由宾夕公司来承担或者是由其他铺路工程的成功投标者来负担——导致美国灰循环利用公司作出承诺，愿意为这一工程提供免费的粉煤灰。原告诉状的第 8 部分和第 9 部分简要地证明了以下观点是错误的，即美国灰循环利用公司对于铺路分包工程的成功投标者免费供应粉煤灰，只是一个有条件的礼物，并没有想过要任何的回报。

我们现在再来考虑以下这一问题，即由于宾夕公司并不坚持认为节省处理粉煤灰的成本是双方当事人协商过程的一部分，那么，在这样的情况下，被告免费提供粉煤灰的这一承诺是不是就缺少对价呢？原告宾夕公司在诉状中并没有坚持认为在提供粉煤灰或者接受粉煤灰的时候双方曾经讨论或者知道使用粉煤灰将会使得美国灰循环利用公司节省处理成本。然而，我们法院认为，对于认定一个可以强制执行的合同，这样的情形——即节省处理成本这样的事项，必须是当事人协商过程的一部分——并不是当然需要的。

> 对价必须经过双方协商这一理论，并不要求当事人在实际上对于协议的条款进行过讨价还价……根据霍姆斯法官——他是对价必须经过协商这一理论很有影响力的鼓吹者——的观点，认定对价是否存在，要求的就是这一承诺和对价之间处于"相互的传统上的诱因关系，其中一方是另一方的诱因"。[①]

在本案中，正如我们法院在前面所解释的，原告宾夕公司在诉状中所称的事实如果得到了证明，将表明美国灰循环利用公司的承诺诱导原告承担了不利后果，而这一不利后果又诱导美国灰循环利用公司作出了这一承诺，这就是构成了对价。因此，我们法院在此推翻初审法院驳回原告宾夕公司第一个诉讼请求的判决。

······

基于上述理由，初审法院支持被告抗辩意见、驳回原告诉讼请求的判决予以推翻，由初审法院对本案继续审判。······

---

① 见 E. Allen Farnsworth, *Farnsworth on Contracts* §2.6(1990)(引用了 O. Holmes, *The Common Law* 293—94(1881))；《合同法重述》(第二次重述)第 71 条款也是根据霍姆斯的公式来界定"经过双方协商"这一术语的。——译者注

戈特利布诉特罗皮卡那赌场[①]

宾夕法尼亚州东区地区法院(2000 年)

本案要旨

被告特罗皮卡那赌场在新泽西州大西洋城经营博彩业务,原告戈特利布夫人在被告处免费办了一张"钻石俱乐部"的会员卡,凭着这张会员卡,原告可以在被告处参加一个名为"百万美元大转盘"的游戏活动,有机会赢得一百万美元大奖。一天,原告来到被告处,在机器上刷过会员卡之后,启动了游戏上的转盘,原告认为转盘停在了一百万美元的位置上。但是被告的工作人员另外插了一张卡,重新启动了这一游戏,导致转盘停在了小奖的位置。被告否认游戏的转盘停在一百万美元的大奖位置,拒绝支付一百万美元。原告向法院起诉,要求被告支付一百万美元大奖。而被告则认为双方所谓的合同没有一个有效的对价支持。法院认定,原告来到赌场、排队等候,同意被告收集其个人信息,这些内容对于博彩这样的活动来说,构成了对价,双方达成了合同,于是判决支持了原告的诉讼请求。

本案确定的规则是,如果当事人是参加一个抽奖性质的活动,只要有最低的对价,就可以支持一个合同的成立。

巴特尔法官[②]代表法院呈递以下判决意见:

特罗皮卡那赌场是一家在大西洋城[③]经营着博彩业务的新泽西州公司,该赌场向人们提供一种名为"钻石俱乐部"的会员服务。某个人如果想要成为"钻石俱乐部"的成员,他就必须来到赌场的促销柜台,领取一张申请表格并填好这张表格,同时还要出示本人的身份证件。成为"钻石俱乐部"的成员,本身并不收取任何费用。这张申请表格记载了申请人的姓名、地址、电话号码和邮箱地址,表格中提供的这些信息将被输入赌场的计算机数据库中。每一个"钻石俱乐部"的会员都会得到一张会员卡,这张会员卡上面有着一个唯一的识别

---

① Gottlieb v. Tropicana Hotel and Casino, 109 F.Supp.2d 324.

本案中,法院认定,原告戈特利布夫人与被告之间存在着对价,足以支持双方存在着合同,驳回了被告要求法院作出简易判决的动议。最终,法院的陪审团认定,有目击证人证明大奖游戏的轮盘确实是停在了一百万美元大奖的位置,法院判决原告戈特利布夫人可以得到一百万美元大奖。——译者注

② Bartle, District J.

③ 大西洋城是新泽西州东部的一个城市,以休闲、娱乐、设有众多赌场而闻名于世。——译者注

号码。每一次会员在赌场里想玩博彩游戏时,都需要出示会员卡,或者在赌场的机器上刷一下会员卡,这样,赌场就会得到这位会员博彩的相关信息。赌场的市场销售部门接着会用这些信息设计会员所喜欢的博彩游戏。

原告戈特利布夫人是"钻石俱乐部"的一名会员,她成为这一俱乐部的会员已经好多年了。在 1999 年 7 月 24 日这一天,原告来到了被告的赌场,随后,她立即来到了一款名为"百万美元大转盘"的大奖游戏处。在排队等待了大约五分钟之后,开始轮到她玩这款大奖游戏。"钻石俱乐部"的成员每天可以得到一次免费的旋转"百万美元大转盘"的机会。正如这款大奖游戏的名称所提示的那样,它让每个参与者都有机会获得一百万美元的大奖。在这之前,原告戈特利布夫人曾经玩过好几次这个大奖游戏。被告在新泽西州以及宾夕法尼亚州的报纸、杂志上,都刊登过有关"百万美元大转盘"这个大奖游戏的广告,并且直接向人们邮寄这样的广告,虽然并没有证据表明戈特利布夫人曾经看到过被告的这些广告。

本案当事人对于戈特利布夫人开始玩这款大奖游戏之后的所有事情都不能达成一致,这一点并不令人奇怪。然而,双方当事人都认可的是,戈特利布夫人出示了她的会员卡,赌场的工作人员通过读卡机刷了她的会员卡,她按下了一个按钮,激活了这一游戏的转盘,然后"百万美元大转盘"上的转盘就开始旋转了。戈特利布夫人坚持认为,转盘上的指针停在了一百万美元大奖的位置上,但是,当转盘上的指针停在一百万美元大奖位置的时候,赌场的一名工作人员立即通过机器刷了另外一张卡,重新激活了这一游戏上的转盘,接着转盘的指针停在了奖品为两张演出门票的位置上。被告特罗皮卡那赌场坚持认为,转盘上的指针就是停在较少奖励的位置上。被告声称,"百万美元大转盘"这一游戏的指针从来也没有停留在一百万美元大奖的位置,赌场的工作人员也从来没有干扰和重新激活过这一大奖游戏。……①

根据宾夕法尼亚州和新泽西州的法律,要形成一个可以强制执行的合同,充分的对价必不可少。②所谓对价,是在当事人之间经过协商的一种交换,它的形式既可以是受诺人承受的一种不利后果,也可以是转移给立诺人的一种利益。③被告特罗皮卡那赌场坚持认为,新泽西州的法律认定当某个人参与一个

---

① 此处省略的内容主要是,原告在本案中提出了三方面的诉讼理由,其中第一个就是认为双方之间成立了一个有效的合同,而被告则认为,这一所谓的合同缺少充分的对价支持。因此,被告向法院提出,要求法院就双方是否存在合同这一点作出简易判决。"简易判决"的含义,参见第 60 页注释。——译者注

② Continental Bank of Pennsylvania v. Barclay Riding Academy, Inc., 93 N.J. 153, 459 A.2d 1163, 1171(1983).

③ *Continental Bank*, 459 A.2d, at 1172.

大奖游戏的时候,他与赌场之间并不存在有效的对价。为了支持自己的这一观点,特罗皮卡那赌场只是引用了新泽西州法院判决的一个案例作为依据,这就是新泽西州法院在 1985 年审理的 Resorts Int'l Hotel,Inc.诉 New Jersey Div. of Gaming Enforcement 案,这一案件并没有向社会公开报导过①。在新泽西州法院审理的这一起案件中,原告国际度假酒店是在新泽西州获得了赌博牌照的一个经营者,它起诉的被告是新泽西州的赌博管理部门。原告要求法院作出一个确认性判决②,即它所推出的三个大奖游戏——其中一个是纸牌大奖游戏,另两个是有关股票市场的大奖游戏——并没有违反新泽西州的法律。③摆在新泽西州法院面前的问题是,从参与大奖游戏的玩家转移到赌场这里的"有价值的东西"④,是否让这些大奖游戏违反了新泽西州的法律⑤,成为非法的赌博活动。新泽西州法院就该案中是否存在合同,并没有作出认定。然而,新泽西州法院在该案的判决意见中确实提到,在过去,根据新泽西州法律,某款大奖游戏哪怕只是存在着"极其细微的对价",也可以使得大奖游戏成为一个非法的赌博。随着时间的流逝,"有价值的东西"这一概念的范围已经受到了限制,而且有了"严格的界定"。也就是说,"有价值的东西"要求有着比最小的对价——最小的对价将可以支持一个合同的成立——更多的东西。新泽西州法院的判决认定,在这三个大奖游戏的过程中,没有任何"有价值的东西"从参与游戏的玩家转移到赌场这里。该案并没有像特罗皮卡那赌场坚称

---

① 在美国,一般比较重要的案例,会通过一定途径向社会公开。这些途径包括编辑成集或者是在网上推出。一般在法院看来并不重要的案件,就不一定会向社会公开。这样的案件通常是不能在将来的判决意见中作为依据引用的。——译者注

② 确认性判决是原告要求法院只是针对某一合同或者某一事件的法律性质作出判决。在 Resorts Int'l Hotel 这一案件中,原告为了避免政府部门认定自己推出的大奖游戏违反赌博法案,要求法院就其推出的大奖游戏是否违反法律作出判决。——译者注

③ Resorts Int'l Hotel,Inc. v. New Jersey Div. of Gaming Enforcement,No.L39436-85,slip op.(N.J.Super. Ct. Law Div.,Atlantic Co. Oct.25,1985).

④ "有价值的东西"是新泽西州有关赌博法案中界定赌博时使用的概念。某一个游戏,即使可以让参与的人获取大奖,但如果它不需要参与的人支付"有价值的东西",那它就是一个纯粹的游戏,参与的人获取的就是一个纯粹的礼物。但是,如果玩家在游戏过程中必须支付"有价值的东西",根据法律就可能构成刑事犯罪。新泽西州法院在本案中就是要界定国际度假酒店推出的三款大奖游戏,是否存在"有价值的东西"转移到原告这里;如果有,则原告开发的大奖游戏构成了非法赌博。法院最后的结论是,原告开发的大奖游戏,并没有"有价值的东西"从玩家转移到原告这里。——译者注

⑤ 根据该法院的观点,新泽西州的法律将"有价值的东西"界定为"任何金钱或者财产,任何可以用来交换金钱的代币券、物件或者制品,或者任何试图直接或者间接转移金钱、财产或者利益的债权或者承诺,或者涉及免费提供延伸服务、娱乐,或者让人享有玩博彩游戏或者设备的特权"。*Id.* at 12(citing N.J.Stat. Ann. §2C:37-1d))。此为原判决中的注解。

的那样,认定玩家参加游戏不能构成一个合同的充分对价。

187

我们发现,新泽西州最高法院在 Lucky Calendar Co. 诉 Cohen 这一案件中的判决意见更加具有针对性,说到了点子上。Lucky Calendar 这一案件涉及的是一家广告公司针对卡姆登县①检察官提起的诉讼,这家广告公司要求法院作出一个确认性判决,认定它为 ACME 商场所做的促销广告没有违反新泽西州的《六合彩法案》②。这一促销活动的核心,是一个"幸运日历",这种日历有ACME 商场的抽奖券③镶在边上,通过批量邮寄的方式分发出去,寄给居民。④这一"幸运日历"包括了 ACME 商场对于抽奖活动的解释。每个参与者都有机会在每月一次的抽奖活动中获取大奖。参与抽奖活动的人必须要做的事,就是撕开抽奖券上的报名表,填写上自己的名字、地址和电话号码,将这一报名表格放入任何一家 ACME 商场所设置的箱子之内。在这过程中,参与抽奖的人并不需要缴纳任何费用,而且在开奖的时候也不需要本人在抽奖现场。

Lucky Calendar 这一案件中的争议问题是,是否参与"幸运日历"抽奖大赛的活动就有着对价存在呢? 新泽西州最高法院指出,假定要让某个事情根据《六合彩法案》成为非法赌博活动需要有对价的话,那么,只需有成立合同所要的最小对价即可。该案的判决意见是这样解释的:

> 六合彩当中需要的对价,与许多简单格式合同是一样的,它并不需要金钱或者支付金钱这样的承诺,也不需要是真正有价值的东西;"一枝玫瑰,一头秃鹰,或者一个胡椒"都足够成为对价,只要这样的对价是立诺人提出来的,而且不是非法的……某一个"微不足道的东西"或者填写抽奖券、交付抽奖券这样的行为,是否足以构成一个承诺的充分对价,仅仅取决于它是不是由受到承诺诱导的受诺人被要求承受的不利后果。[在我

---

① 卡姆登县是新泽西州西部的一个县。——译者注
② 《六合彩法案》(Lottery Act),是一个有关赌博事项的法律。
③ 凭着这一抽奖券,顾客可以在指定的日期抽取大奖。——译者注
④ Lucky Calendar, 117 A.2d at 489—490.
Lucky Calendar 这一案件并不是一个发生在民事主体之间的合同纠纷,而是一个广告公司起诉卡姆登县的检察官,因为检察官认为,原告发放"幸福日历"、进行抽奖的行为涉嫌违反《六合彩法案》,可能构成刑事犯罪。于是,原告向法院起诉,要求法院作出一个确认性判决,确认其行为并不违反《六合彩法案》。如果要构成《六合彩法案》所称的非法博彩行为,一个要件是必须有对价从参与者转移到原告这里。这一案件争议的是,本案中是否有着对价的存在。已经确认的是,参与者并不需要购买这样的"幸福日历",也不需要出现在抽奖现场,那么,参与者需要填写表格、将"幸福日历"投入商场的盒子中的行为,是否就构成了对价呢? 法官在该案中指出,参与者填写表格、将"幸福日历"投入商场的盒子中的行为,构成了对价。——译者注

们看来，]本案中的这些情形，就是双方当事人之间认可的对价。①

审理 Lucky Calendar 这一案件的法院认定，该案中存在着对价，这一对价有两种方式："一种是根据立诺人的要求，转由受诺人承担的某个不利后果或者某种不方便，另一种是受诺人转让给立诺人的某种利益。""参与抽奖的人填写好抽奖券，安排好时间将抽奖券投进商场所设立的盒子里"，就是受诺人[即参与抽奖的人]需要承受的不利后果，由此"增加了商场的客流量"，就是给立诺人[即广告公司]及其客户——ACME 商场的所有者——带来的利益。正如该法院所指出的："通过开展幸运抽奖这一活动，原告及其客户的动机……绝不是单纯地只为他人考虑的利他主义。"

在 Cobaugh 诉 Klick-Lewis, Inc.,② 这一案件中，一个正在参加巡回赛的高尔夫球选手看到了一个竞赛声明，这一声明说道，任何能够将球打到一个特定球洞的人，可以得到一辆崭新的轿车。这位高尔夫球选手打出了一杆进洞的成绩。宾夕法尼亚州高级法院认定，在该案中有着充分的对价形成一个具有约束力的合同。③该法院指出，立诺人从这一促销广告中的宣传效应中获得了利益，这一位高尔夫球选手所实施的"一杆进洞"的行为，并不是法律上他应当承受的义务。

188

新泽西州和宾夕法尼亚州的法律有着类似的规定，都认定了当事人去参加一个大奖活动所承受的对价，哪怕是最小的不利后果，也是构成一个有效合同的充分对价。由于这两个州的法律没有冲突，因此我们法院并不需要进行任何冲突法上的分析。我们法院采纳哪一个州的法律，对于该案的处理并不重要。

[在我们看来，要想赢得这一大奖，]戈特利布夫人必须亲自来到赌场参与这一大奖游戏。她必须在旋转轮盘之前排队等候。通过向赌场的工作人员出示"钻石俱乐部"的会员卡，将这张会员卡插入机器进行刷卡，她允许被告收集她赌博习惯这方面的信息。另外，赌场的本质就是娱乐，设立赌场就是要向所有来到赌场的人提供这样的娱乐，通过参加这一大奖游戏，戈特利布夫人本身就是这一娱乐的组成部分。戈特利布夫人在这过程中所承受的不利后果，就是"立诺人所要求的、由受诺人承受的不利后果"，这样的不利后果，是被告特罗皮卡那赌场承诺可以让她有机会获得一百万美元所导致的。④特罗皮卡那赌

---

① 新泽西州的立法机构现在已经废止了在这一案件审理时具有效力的《六合彩法案》。此为原判决中的注解。

② 385 Pa.Super. 587, 561 A.2d 1248(1989).

③ Cobaugh, 561 A.2d at 1249—50.

④ Lucky Calendar, 117 A.2d at 495.

场提供这一大奖游戏的动机"绝不是单纯地只为他人考虑的利他主义"。特罗皮卡那赌场提供这一大奖游戏是为了在赌场内增加奖励,感谢顾客的惠顾,以及增加赌场的热闹程度。简而言之,戈特利布夫人为了她与特罗皮卡那赌场之间的合同,提供了充分的对价。……

特罗皮卡那赌场要求法院针对戈特利布夫人第一个诉讼请求作出简易判决的动议,予以驳回。

菲格诉贝姆①
马里兰州上诉法院(1956 年)

本案要旨

原告贝姆是一个未婚女子,她在怀孕后,善意地认为被告菲格是这个孩子的父亲,而被告也承认过他是孩子的父亲。也许是怕在刑事法院被追究责任,被告答应原告,只要原告不在法院启动确认他为孩子父亲的程序,他将支付这个孩子的出生费用和抚育费。被告在作出承诺后向原告支付过部分费用,但是,在血型检测证明他不可能是孩子的父亲之后,菲格停止了支付费用。原告贝姆以其与被告菲格之间存在着合同为由,向初审法院起诉,要求被告菲格支付答应过的费用。被告菲格认为,双方之间所谓的合同,没有有效的对价支持。法院认为,原告善意地认为她拥有权利,约束自己不去启动指控被告的程序,构成了对价,判决支持了原告的诉讼请求。

本案确定的规则是,如果一个当事人约束自己不去主张一个法律上的诉讼请求,只要他当时在主观上是善意的,而且这一主张在一个理性的人看来是合理的,那么,这一当事人约束自己不去指控对方的行为,构成了法律上有效的对价。

德拉普兰法官②代表法院呈递以下判决意见:

本案原告贝姆在初审的巴尔的摩市③法院向被告菲格提起违约之诉,要求被告菲格支付其私生子出生的相关费用,并向原告贝姆支付其答应过的抚育费,这些抚育费是以原告不指控菲格是孩子的非婚生父亲作为条件的。

原告贝姆在本案起诉中所陈述的实质性理由,主要在以下几方面:(1)在

---

① Fiege v. Boehm, 210 Md.352，123 A.2d 316.
本案是一起被告提起上诉的案件,初审原告是贝姆,被告是菲格。——译者注
② Delaplaine, Judge.
③ 巴尔的摩市是马里兰州最大的城市,位于该州的中部。——译者注

1951年年初,被告菲格与原告发生性关系并导致其怀孕,而原告贝姆本人当时未婚。被告菲格在当时表示,他会对原告的怀孕负责。(2)在1951年9月29日这一天,原告贝姆生下一个女婴;被告菲格是该女婴的父亲,而且被告在多种场合下都承认过他是这一个女婴的父亲。(3)在孩子出生之前,被告菲格同意支付原告所有的医疗费用和其他各种费用,同意补偿原告因为孩子的出生而导致的薪水损失,并同意在孩子年满21岁之前,每个星期支付孩子10美元的抚育费,条件是:只要被告菲格按照这一协议支付各种费用,原告贝姆就不会对被告启动确认被告为孩子非婚生父亲的诉讼程序。(4)1954年7月13日,原告将孩子送给他人收养,现在原告要求被告支付的是下列费用:联合医院的费用110美元、在佛罗伦斯儿童护理机构的费用100美元、聘请乔治医生的治疗费用50美元、药费70.35美元、各种杂费20.45美元、原告在26个星期内未能工作的损失1 105美元、孩子的抚育费1 440美元,以上费用总计2 895.80美元。(5)上述费用中被告只支付了480美元,因此,原告要求被告根据双方协议支付余额2 415.80美元,但是,被告没有支付这笔费用,并拒绝再支付这笔费用。

被告菲格对原告提出的诉讼请求表示反对,被告反对原告诉讼请求的依据是,原告在1953年的9月就主张过这些款项,但是没有成功;当时原告曾经在巴尔的摩市的刑事法院针对被告启动过确认其为孩子非婚生父亲的诉讼,但是,由于血液检查的结果表明被告不可能是这个孩子的父亲,因而在法院的这一诉讼程序中他被认定为无辜。初审法院支持了被告菲格提出的反对意见,要求原告贝姆就其诉讼请求继续补充意见。

于是,原告贝姆向法院提交了一个补充的诉讼请求,该诉讼请求中包含了新增的理由,即原告认为,在被告违反了当初愿意支付费用的协议之后,原告曾经和马里兰州政府的律师向刑事法院提交了一个指控,指控被告菲格是孩子的父亲。原告还认为,在1953年的10月8日,受理这一指控的刑事法院仅仅因为一位医生所作的证人证言——"基于确定的血液检测,被告可以被排除是这个孩子的父亲"——而认为被告无罪,但是,证人证言在初审法院中对于陪审团而言并不是结论性的证据。

被告菲格对原告的补充意见再次表示了反对,但是,初审法院这一次驳回了被告的反对意见。

原告贝姆是一个打字员,现年35岁多,她已经被华盛顿和巴尔的摩的政府部门雇用超过了13年。原告自己在下级法院审理时说道,她从未结过婚,但是在1951年1月21日这一天的午夜,被告菲格先是带她去了约克路的一家影剧院,接着又去了一家餐厅,之后,被告和她在汽车里发生了性关系。原告贝姆进一步陈述道,被告曾经同意支付其医疗和住院费用,补偿其因为怀孕和孩子出生导致的薪水损失,并同意支付孩子每个星期 10 美元的抚育费,条件是她不针对被告启动非婚生父亲确认的诉讼程序。原告贝姆进一步说道,在 1951 年 9 月 17 日、1953 年 5 月,被告菲格一共支付给她 480 美元。

被告菲格承认,他曾经带原告贝姆去过一家餐厅,和她跳过几次舞,带她去过华盛顿,带她去过乡间的家中;但他坚称,自己从没有和原告贝姆发生过性关系。被告还称,他从没有和原告贝姆达成过任何协议。然而,被告也承认,他曾经付给原告贝姆一共 480 美元。被告的父亲也作证,被告菲格曾经说过:"他不愿意让妈妈知道这件事,如果这事能够平静地过去,主要是能够不让妈妈、社会公众和法院知道这件事,他以后会在这件事上小心谨慎的。"

被告菲格进一步说道,在 1953 年 5 月,他去见了原告的医生,目的是了解血液检测的结果,以确定孩子父亲的真正身份。血液检测这一工作做完之后,检测结果表明他不可能是这个孩子的父亲,于是他停止了支付有关费用。原告随即和马里兰州政府的律师对菲格提起了确认其为孩子非婚生父亲的诉讼。

大学医院的血液专家萨克斯医生在刑事法院就被告是否为孩子父亲这一点所作的证词,在初审法院审理的过程中向陪审团进行了宣读⋯⋯萨克斯医生向法庭报告说,被告菲格的血型是 O 型,原告贝姆是 B 型,而孩子的血型是 A 型。萨克斯医生进一步作证说,基于这样的检测结果,可以认定被告菲格不可能是这个孩子的亲生父亲,因为 B 型血和 O 型血的两个人是不可能生出 A 型血的孩子的。

虽然被告菲格在刑事法院被判决认定为无辜,但是作为初审法院的巴尔的摩市法院仍然推翻了被告菲格要求法院作出指导性裁决①的动议。在陪审团面前,法官是这样向陪审员解释相关法律问题的:被告菲格在刑事法院被认定为不是孩子的亲生父亲,这一点对于陪审员如何认定这一[民事]案件并没有拘束力。随后,初审法院的陪审团作出了全部支持原告 2 415.80 美元诉讼请求的裁决。

被告菲格随后向初审法院提出要求,希望法院不要理会陪审团的裁决,而是由法院直接依法作出判决②,或者由法院就该案进行一次新的审理。但是,初审法院驳回了被告的这一请求,还是按照陪审团的裁决作出了判决。被告

---

① "指导性裁决"的含义,见第 102 页的注释。——译者注
② "不理会陪审团的裁决,直接由法官作出判决"是指当事人在认为陪审团的裁决明显与法律不符的情况下,可以要求法院将陪审团裁决放在一边,置之不理,由法院直接作出正确的判决。——译者注

对这一判决不服,向我们法院提起了上诉。

被告菲格在上诉中认为,即使他真的和原告贝姆存在着所谓的合同,但是,由于原告贝姆答应放弃对他的指控,不是基于一个有效的主张,这样的合同就是没有对价的,因此,这样的合同在法律上没有法律效力。基于此,被告菲格认为,初审法院错误地驳回了他以下的意见和主张,即(1)他对原告补充答辩提出的反对意见;(2)他要求法院作出指导性裁决的动议;(3)他要求法院依法直接判决,或者是由法院进行一次新的审理的动议。

普通法上最初是这样认定的,如果某一个孩子是从正常婚姻关系之外出生的非婚生孩子①,该孩子被推定的父亲没有任何法律上的责任去抚养他的非婚生孩子;如果这一位被推定的父亲承诺了要去这样做,这样的承诺也是没有强制执行力的,因为这样的承诺完全是基于纯粹的道德义务而作出的。……

然而,在成文法强制非婚生孩子的父亲必须支付抚育费的情况下,法院无一例外地一致认定,对于非婚生孩子被推定的父亲和母亲之间达成的支付抚养费的合同——这一合同是以母亲不对孩子的父亲启动非婚生父亲确认程序,或者是放弃已经启动的确认程序作为条件——是有着充分的对价的。②

马里兰州现在的法律规定,一旦某个人因为非婚生育了孩子而获罪,那么,法院将签署命令,要求这个人:(1)支付该孩子到 18 岁为止的生活费和抚育费。如果双方对这些费用进行过协商,可以按照协商的数额确定,在缺少双方协议的情况下,这笔费用也可以由法院根据被指控人的具体情况来确定;(2)向马里兰州政府交纳一定数额的罚金作为支付生活费和抚育费的保证,保证在法院以裁决或者补充裁决确定其支付生活费和抚育费的时候,他肯定会予以支付。法院在确定这些生活费和抚育费的数额时,要充分考虑到它有着良好和充分的保障。如果这个人未能作出这样的保证,那么,他将按照自己作出的承诺被投进监狱或者是感化院进行羁押,直到付清这一笔保证金为止,但是,羁押的时间最长不超过 2 年。③

在马里兰州,对非婚生孩子父亲身份的指控,是作为一种刑事程序对待的,但是,这一刑事指控的实际目的,却是民事上的。④马里兰州的非婚生子女地位法案⑤最主要的目的,是保护社会公众的利益,希望不要增加社会公众抚养非婚生孩子的负担。很清楚,这样的法案符合非婚生孩子母亲的利益,作为

191

---

① “非婚生孩子”在拉丁语中为 *filius nullius*。
② Jangraw v. Perkins, 77 Vt.375, 60 A.385.
③ Code Supp.1955, art.12, §8.
④ Kennard v. State, 177 Md.549, 10 A.2d 710.
⑤ Maryland Bastardy Act.

非婚生孩子的母亲,在该法案中是受益的一方。因此,非婚生孩子被推定的父亲以对方不启动非婚生父亲确认程序作为条件来支付孩子抚养费的合同,就是从刑事诉讼引发的一种和解,双方通过协商确定民事损害的数额,而不是对有关刑事指控的一种和解。如果这样的合同是公平的而且合理的,那么,它就是符合非婚生子女地位法案的要求的,并且也是符合马里兰州的公共政策的。

当然,非婚生子女被推定的父亲同意为其非婚生子女支付抚养费的合同,与其他合同一样,也必须是基于充分的对价。……

1867 年,马里兰州上诉法院法官巴托尔在 Hartle 诉 Stahl① 案的判决意见中提出了以下观点:(1)当事人②在启动确认非婚生孩子父亲诉讼程序之前放弃主张的,如果这样的主张在事实上并不是一个法律上的请求,那么,这一行为本身不构成一个支持承诺的充分对价。但是,(2)当事人就一个存疑的主张所达成的和解③,或者放弃正在进行中的[确认非婚生孩子父亲]诉讼程序,则是一个支持承诺的好的对价。(3)只要是当事人在达成这种和解的时候认为他们之间确实存在着真正的法律上的问题,就已经是足够支持这一和解的对价,即使最终发现在事实上并不存在着这样的问题。

因此,我们法院已经采用这样的规则:即对于自己提出主张的法律效力并没有诚实和合理确信的人,他放弃一个没有法律效力的主张或者约束自己不去提起主张的行为,这并不能构成一个充分的对价。④我们法院在此将这一规则主观上和客观上的必备条件结合起来。在这里,主观上的必备条件是,当事人提出的主张必须是**真正**存在的;客观上的必备条件是,该主张有着合理的基础。由此,如果一方当事人作出的不提起指控的承诺并非建立在善意的基础上,那么,该承诺本身不能赋予当事人基于"一方不提起主张,另一方即应付款"的协议进行起诉的权利,这是因为,仅仅是让对方当事人从烦恼和没有基础的诉讼中解脱出来,并不能为双方之间的协议提供有价值的对价。

对于这一规则合理性的测试方法是不是应该基于原告本人的认知水平这一点——原告可能是对法律一无所知,而且对于案件事实知之甚少——威利斯顿教授并不是完全有把握。但是,他似乎倾向于赞同"原告所放弃的请求,必须是在那些处于原告同样地位的理性的人看起来实际上并不荒谬;在那些

---

① Hartle v. Stahl, 27 Md.157, 172.

② 这里的当事人一般是指非婚生孩子的母亲。——译者注

③ 这种和解实际上是一种相互之间设定权利义务关系的协议,在本案中,一方同意支付抚养费,另一方同意不指控男方为孩子父亲,就是一种相互的妥协。——译者注

④ 1 *Restatement*, *Contracts*, §76(b).

对于法律原则有基本了解的人看起来,在法律上并非明显的无稽之谈"。①我们法院认可的是,应该强调的是主张权利一方的诚实和善意,如果他的请求完全是空中楼阁,使得他的主张与诚实和合理的认知程度相矛盾,那么,他放弃请求的行为就不是充分的对价。因此,如果一个非婚生孩子的母亲知道她自己是没有任何基础——不管在法律上还是在事实上——就去指控一个男人是孩子的父亲,而这个男人答应了向她支付相关费用以阻止她启动针对自己的非婚生父亲确认诉讼,那么,这样的放弃启动诉讼程序就不是一个充分的对价。

192

但是,在另一方面,主张权利的一方当事人放弃一个合法的诉求或者权利,以换来对方承诺支付放弃该请求的相关费用,就是一个充分的对价,只要放弃诉求的一方当事人在当时是诚实地想要去启动法律上的诉讼程序——这一诉讼并不是没有意义、没有根据或者是非法的,而且,他本人也相信自己的请求有着很好的基础。②因此,一个非婚生孩子母亲作出不去针对某个男子启动非婚生父亲确认诉讼的承诺,以换取该男子答应支付小孩抚育费,就是一个充分的对价,即使这一位母亲不确信该男子是不是孩子的父亲或者她的指控是不是会成功,只要她主张抚育费的时候是善意即可。……

另一起与本案类似的案件是 Thompson 诉 Nelson 这一案件③。在该案中,原告要求被告返还在一起刑事案件中他支付的费用,原告曾经被指控是一名非婚生孩子的父亲。该原告声称,当时指控其为非婚生孩子父亲的证人实际上并没有怀孕,因而对他的指控是存在着欺诈的。然而,印第安纳州最高法院判定,刑事指控中为了达成和解而支付的费用是一个好的对价,这样的和解是不能撤回的,因为从相关证据来看,对原告的这一刑事指控是善意的,在进行刑事指控的时候,指控方的证人有理由相信她是怀孕了的,虽然后来发现她在当时实际上并没有怀孕。……

我们法院正在审理的这起案件中,没有证据表明原告的指控存在着欺诈或者不公平。我们假定血液学专家在他们实验室里的测试和认定是准确的,但是,即使是这样,我们法院还是认为,原告提供的证言表明,她针对被告的非婚生父亲的指控是善意的。基于这些理由,初审法院驳回被告对原告补充答辩的反对意见,并驳回被告要求法院作出指导性裁决的动议,是正确的。

---

① 1 *Williston on Contracts*, Rev.Ed., sec.135.
② Snyder v. Cearfoss, 187 Md.635, 643, 51 A.2d 264.
③ 28 Ind.431.

第二节　既存合同义务规则

施瓦茨赖克诉鲍曼—巴施公司①
纽约州上诉法院(1921 年)

本案要旨

原告施瓦茨赖克与被告鲍曼—巴施公司签订了一份雇佣合同,由原告担任被告的设计师,合同期限为一年,每周薪水为 90 美元。随后,另一家公司向原告发出了工作要约,薪水为每周 115 美元。鲍曼—巴施公司答应原告,如果原告愿意留下来,公司会支付他每周 100 美元的薪水。原告与被告随后签订了一份新的合同,替代了原先的合同。原告继续在被告处从事与原先合同规定的同样工作。后来原告被解雇。于是,原告向法院起诉,要求被告按照新签订的合同赔偿损失。被告抗辩的理由是,原告所做的工作仍然是原先合同确定的工作,新的合同没有对价支持,因而没有法律上的约束力。法院认定,原先合同已经取消,双方达成了一个新的合同,新的合同有对价支持,判决支持了原告的诉讼请求。

本案确定的规则是,对于一份已经存在的合同,当事人可以通过协商一致予以终止,然后达成一份新的合同,即使当事人所从事的仍然是原先的工作内容。

克兰法官②代表法院呈递以下判决意见:

在 1917 年的 8 月 31 日,原告施瓦茨赖克与被告鲍曼—巴施公司(以下简称鲍曼公司)签订了下列内容的雇佣合同:

1917 年 8 月 31 日,鲍曼公司作为一家国内公司,以第一方当事人的身份,与作为第二方当事人、来自纽约市布朗克斯区③的施瓦茨赖克签订了以下合同。双方当事人同意:

第一方当事人[鲍曼公司]在此同意雇用第二方当事人[施瓦茨赖克],第二方当事人[施瓦茨赖克]同意受雇于第一方当事人[鲍曼公司],担任轮船设计师。

该雇佣合同从 1917 年 11 月 22 日开始,合同期限延续 12 个月结束。第二方当事人[施瓦茨赖克]每周的薪水为 90 美元,该笔薪水将每周[向

---

① Schwartzreich v. Bauman-Basch, Inc., 231 N.Y. 196, 131 N.E. 887.
② Crane, J.
③ 布朗克斯区,是纽约市最北面的一个市区。——译者注

施瓦茨赖克]支付一次。

第二方当事人[施瓦茨赖克]将以其全部时间和精力为第一方当事人[鲍曼公司]的业务服务,并以其最大的能力和努力促进公司的业务发展。

为证明该合同成立,第一当事人[鲍曼公司]已经在合同上盖印,公司代表在合同上面签了字,第二方当事人[施瓦茨赖克]也在上述时间,在该合同上签字并盖章。

> [鲍曼公司]
> 签字人:鲍曼
> 施瓦茨赖克
> 在场签字

在当年的 10 月,有其他人向原告施瓦茨赖克发出要约,愿意向他支付更多的薪水。被告公司的鲍曼先生在这个月听到了原告将要离开公司的传闻,于是,鲍曼先生和原告施瓦茨赖克之间有了以下的对话。

[鲍曼:]"我把他(施瓦茨赖克)叫到办公室,问他,'你确实要离开我们吗?'他回答'是'。我说:'施瓦茨赖克先生,你怎么能够那样呢? 你和我们公司之间可是有着合同的。'……我问施瓦茨赖克:'他们付给你多少薪水?' 施瓦茨赖克说:'他们付给我每周 115 美元。'……我说:'我现在一下子找不到其他设计师,而且,考虑到我必须马上将样品交货,我愿意付给你每周 100 美元,你就不要离开我们公司了。'他说:'如果你付给我每周 100 美元薪水,那我就留下来。'"

鲍曼先生随即指示他的速记员准备了一份落款日期为 1917 年 10 月 17 日的新合同,这一份新合同的内容和第一份合同完全一样,合同期限也是相同的,只是将施瓦茨赖克的薪水变成了每周 100 美元,新合同由双方当事人签署并见证。该合同副本由原告和被告各自保存一份。

在双方签署新合同的同时,原告施瓦茨赖克将手中原先合同的副本也交给了鲍曼先生,或者是留在了鲍曼先生那里。鲍曼先生作证说道,原告是将原先合同给了他,但是他并没有将原先的合同收下来。根据鲍曼先生的说法,原告施瓦茨赖克当时将原先的合同撕掉了。

原告施瓦茨赖克关于新合同签署经过的说法是这样的:

> 我告诉鲍曼先生,我从 Scheer & Mayer 公司这里得到了每周 110 美元的工作要约,我对他说:"作为一个朋友,你会建议我应该怎么做? 你知道,我和你们公司签有合同,我不应该接受这一每周 110 美元的要约;可是,我要问的是,从朋友关系来说,你建议我是接受这一要约,还是放弃这一要约呢?"当时鲍曼先生什么也没有说,但是,在这一天以后他找到我说:"我愿意每周付给你 100 美元,我需要你留下来。"我说:"好的,我接受;你能加薪太好了,我真的很感谢。"

195

原告施瓦茨赖克说,在 10 月 17 日这一天新合同签订时,他将原先的合同交给了鲍曼先生,鲍曼先生说:"你不再需要这份合同了,因为我们有一份新的合同替代它了。"

这样,原告施瓦茨赖克仍然受雇于被告鲍曼公司,一直持续到 12 月被鲍曼公司解雇。原告施瓦茨赖克根据 10 月 17 日的合同提起诉讼,要求被告鲍曼公司赔偿损失。

被告鲍曼公司在整个庭审过程中的抗辩是,双方之间新的合同没有对价,因为原告施瓦茨赖克已经受制于 1917 年 8 月 31 日的那一份合同,原告所从事的是同样每周 90 美元的工作,合同履行的期限也是同样的时间。

初审法院提交给陪审团回答的问题是,原先的合同是否已经被双方当事人取消。初审法院的法官对陪审团是这样释明的:

> 如果你们认为每周 90 美元的这份合同在每周 100 美元的合同签署之前或者在签署之时,已经由双方当事人通过协商一致被取消或者撤销,那么,你们陪审团的义务就是在新成立的每周 100 美元的这一份合同中找到对价。如果你们在新合同中找到了对价,那么原告就有权得到你们支持其损失的裁决;至于原告的损失,你们陪审团可以按照原告合同期限终止之前被解雇造成的大致的、自然的、必然的后果来确定,这一点我会在后面的审理过程中告诉你们陪审团。

就法官向陪审团所作的上述释明,被告鲍曼公司的律师提出了反对意见,认为法官所作的释明,即允许陪审团认定在另一份合同签署的时候,前一份合同就已经同时被取消,是错误的。对此,初审法院的法官又说道:

> 法院要求陪审团回答的问题是,双方当事人在签署每周 100 美元的这一份合同之前或者在签订的当时,是否通过语言或者行动同意原先的合同在这一时刻起就变成无效的合同。

初审法院的陪审团作出了支持原告的裁决,但是,初审法院的法官将陪审团的裁决置于一边,驳回了原告施瓦茨赖克的请求,理由是双方之间的第一个合同被取消,进而可以支持陪审团认定的证据,并不充分。

我们法院从庭审笔录中引用的上述内容表明,本案存在着一个事实问题:双方之间的第一份合同,究竟有没有经过双方同意而予以解除?而最有利于原告的证据支持这样的认定,即双方之间的第一份合同已经通过双方当事人的协商而被废除、取消或者终止。

我们认为,纽约州上诉法庭①推翻初审法院的判决是正确的。然而,上诉

① 上诉法庭主要审理不服纽约市地方法院初审民事判决和刑事判决的案件,其地位相当于我国的中级法院。纽约州的最高司法机关是审理该案的纽约州上诉法院。——译者注

法庭没有将案件发回初审法院要求重新审判,而是直接恢复了初审法院陪审团所作的裁决,作出了支持原告的判决。因而,本案中存在的事实问题仍然是:究竟初审法院向陪审团所作的释明,是不是一个在法律上正确的释明? 或者从所有支持原告的证据来看,原告是否证明了自己在本案中的诉因?

一份雇佣合同是不是能够由它的当事人取消或者终止,设立一份新的合同,或者以新的合同替代原先合同的地位呢? 如果我们的答案是肯定的,那么,能不能在结束一份合同的同时,成立另一份合同呢?

法院已经一再认定,一方当事人促使另一方当事人去从事的工作如果是原先合同已经确定的内容,那么这样的承诺是没有对价的。但是,在我们州,对于这样的案件,我们在执行这一规则的同时也承认,合同可以通过双方的协商一致而被取消,并在双方之间成立一份新的合同。例如,在 Vanderbilt 诉 Schreyer[1] 一案中,法院判决,如果一方当事人承诺所做的工作只是先前已经依法应该去做的工作,那么,这样的情况并没有所需要的对价。但是,审理该案的法院在判决意见中还这样说道:

> 毫无疑问,当事人完全可以取消原先存在的合同,成立一份新的合同,以不同的补偿作为条件来完成原先合同确定的同样工作。但是,关键的是,当事人对原先的合同必须有一个有效的解除。在 Lattimore 诉 Harsen[2] 这一案件中,涉及的就是合同已经被有效解除的情况。

在 Cosgray 诉 New England Piano Co.[3]这一案件中,原先的合同规定,原告的工作时间是 1 年,薪水是每周 30 美元,法院认定,被告在随后作出的原告将每年获得 1 800 美元薪水的承诺,并没有对价。需要注意的是,在这一个案件中并没有将第一份合同予以终止的情况。审理该案的巴特利特法官在其判决意见中这样说道:

> 如果当事人已经通过言词完全同意废止并取消原先存在的有关服务和补偿的合同,以另外的协议替代了原先的合同,那么,这一个案件可能就会有不同的结果。

对原先存在的合同作出的任何改变,例如,对补偿数额进行修改,或者是达成一个补充协议,必须有新的对价来支持。在这样的案件中,原先的那一份合同是一直延续着的,合同并没有结束。然而,假如出现的是双方当事人对于原先存在的合同经过协商一致予以终止,并签署一份新合同取而代之的情况,那么,我们法院面对的就是不同的情形。在这时,双方的承诺就有了一个对

197

---

①   Vanderbilt v. Schreyer(91 N.Y.392,402).

②   Lattimore v. Harsen(14 Johns.330).

③   Cosgray v.New England Piano Co.(10 App.Div.351,353).

价。对于一份已经存在并一直延续着的合同,当事人仅仅就补偿数额作一些改变,这只是其中一种情形;而另一种情形则是,双方终止原先的合同,签订一份新的合同,这一新合同的工作时间和工作内容与原先合同都一样,仅仅是增加了补偿数额而已。这两种情形之间只是有着很细微的区别,但是,从原则上来说,这两种情形却有着显著区别。只要一份新合同给了立诺人任何新的特权或者给予了其他有利的东西,那么法院就会认可新合同有一个新的对价,尽管从主要内容上来说前后两份合同是同样的。①

如果我们法院不适用现在的这一规则,则意味着当事人一旦签订了一份合同就不能再对它进行任何改变,不管他们是多么希望和多么迫切地想要这样做,除非合同条款已经赋予了立诺人额外的利益。

我们都承认的是,当事人可以通过双方协商一致废止一份合同,然后就他们同意的条款签订一份新合同。威利斯顿教授②在他的合同法著作中这样说道:"就同一个事项,如果一份合同在被废止之后随即被一份新合同取代,那么,在当事人之间将按照后面的合同确定当事人之间法律上的义务。"

对于当事人通过协商一致将原先的合同予以废止和取消,双方在这同时又成立一份新合同的案件,在我们法院看来,它和前面所提的情况是一样的效果。在这里,决定性的因素是,当事人之间通过协商一致已经废止了原先的合同。假定合同被废止是当事人通过协商一致已经明确并付诸了行动,那么,合同废止的时间究竟是新合同成立之前或者是在同时,这一点并不重要。

基于以上所述理由,我们认为初审法院所作的释明是正确的,上诉法庭的判决,包括诉讼费用负担的判决,也是正确的。

上诉法庭的判决予以维持。

安杰尔诉默里③

罗得岛州最高法院(1974 年)

本案要旨

被告之一马厄与纽波市达成了一份五年期合同,由被告马厄为纽波市收集处理所有的垃圾,费用为每年 137 000 美元。后由于纽波市的居民区有了大

---

① Triangle Waist Co., Inc. v.Todd, 223 N.Y.27.

② *Williston on Contracts*, Vol. I, §130a.

③ Angel v. Murray, 113 R.I.482, 322 A.2d 630.

本案有两个被告,除了纽波市的财务官默里之外,还有为纽波市提供垃圾回收服务的马厄。——译者注

幅增长,马厄向纽波市提出增加费用,纽波市在听证之后同意另外向马厄支付10 000美元。下一年,马厄提出了同样的请求,也得到了纽波市的批准。原告安杰尔向法院提起诉讼,认为马厄从事的是原先合同确定的义务,根据既存合同义务规则,被告马厄获得的这20 000美元没有法律依据,应该予以返还。法院认定,纽波市与马厄的合同已经被修改,这一修改是公平且合理的,判决驳回了原告的诉讼请求。

本案确定的规则是,如果合同履行过程中出现了签订合同时所没有预料到的情形,当事人可以对原先的合同进行修改,即使没有对价,修改也是有效的,只要这样的修改是公平并且合理的。

罗伯茨首席法官①代表法院作出以下判决:

本案是由艾尔弗雷德·安杰尔和其他原告针对[罗得岛州]纽波市②的财务官约翰·默里以及詹姆斯·马厄提起的民事诉讼。原告在这一案件中声称,被告马厄从纽波市的财务官处违法得到了20 000美元的款项,要求法院判令被告马厄返回这一笔款项。本案初审由高级法院的一名法官在没有陪审团参与的情况下进行审理,法院作出了要求被告马厄返还纽波市20 000美元款项的判决。被告马厄不服这一判决,向我们法院提起了上诉。

198

庭审记录显示,根据1946年开始的五年为一期的系列合同,被告马厄同意为纽波市提供垃圾回收服务。在1964年的3月12日这一天,马厄和纽波市达成了另外一个五年期的合同,这一合同从1964年7月1日开始,一直到1969年6月30日这一天终止。在其他规定之外,该合同还规定,作为收集和清理该市范围内所有可燃和非可燃废品的回报,马厄将每年从纽波市得到137 000美元的报酬。

在1967年6月,由于没有预料到纽波市新增了400个居住区,导致回收垃圾的费用有了实质性的增长,马厄要求纽波市的参议会每年另行支付10 000美元的费用。马厄在法庭所作的证词表明,双方在签订1964年合同时估计到的情形是,从1946年开始,纽波市一直是每年新增20—25个居民区。马厄的这一陈述和实际情况并不矛盾。在纽波市参议会召开的一个公开会议上,马厄详细地解释了要求另行增加费用的理由,并接受了纽波市参议会的质询。之后,纽波市参议会同意,到1968年6月30日为止,再向马厄支付10 000美元的款项。在1968年6月,马厄以同样的理由提出了类似的请求,

---

① Roberts,Chief Justice.

② 纽波市是位于罗得岛州西南部的一个城市。罗得岛州位于美国东北海岸,是美国著名的旅游胜地。——译者注

这一次纽波市参议会又同意了向马厄支付 10 000 美元的款项,一直到 1969 年 6 月 30 日为止。

初审法院认定,纽波市每一次向马厄支付 10 000 美元的行为,都违反了法律规定。初审法院法官的判决,按照我们的理解,是基于两个不同的理由。……第二个理由是,初审法院法官认定,马厄并没有权利从纽波市获得额外的补偿,因为原先的合同已经要求他负责收集清理纽波市范围内所有的垃圾,也就当然包括了新增加的 400 个居民点的垃圾。初审法院进一步认定,在双方当事人签订这一合同的时候,这 400 个新增的居民点在他们的预料范围之内。初审法院的判决表明,它判决的依据部分是基于这样的规则,即马厄有着一个既存合同义务去收集新增的 400 个居民点产生的垃圾,因而对于后面两次纽波市另行向马厄支付的那些款项,没有对价支持。

[初审法院指出,作为纽波市来说,将这些款项作为礼物赠与马厄,是不符合法律的;如果支付这些款项没有对价,那么,这一笔款项就是一笔不符合法律规定的礼物,马厄并没有权利获得。此为原编者的注解。]

……

在一般情况下,法院认定,对于合同的修改,本身就是一份合同,如果没有对价支持,它就不能强制执行。[①]在 Rose 诉 Daniels 这一判例[②]中,法院认定,债权人和债务人之间达成的债务人可以比原来应该支付的金额少付一些款项的合同,是不能强制执行的,因为这样的合同没有对价支持。

Rose 一案是有关既存合同义务规则的一个经典范例。根据这一规则,如果一方当事人所做的事情或答应去做的事情是已经依法确定有义务去做的事情;限制自己去做或者同意限制自己去做的事情并不是他在法律上有着特别权利去做的事情,那么,修改一份合同就不能得到对价的支持。[③]在 Rose 一案中,因为债务人已经依法确定了应该支付所有债务的义务,这时当事人签订新的合同减少原先的债务,就没有对价支持。

虽然既存合同义务规则在绝大多数司法区域内都得到了认可,但是,也有小部分的司法区域,例如马萨诸塞州,认为承诺去履行一个已经依法确定的事情是有着对价的,因为新的承诺是以实际履行取代一个赔偿诉讼。[④]在 Swartz 诉 Lieberman 这一案件中,法院就是这样认定的。Swartz 一案判决所依据的

---

① Simpson, *Contracts*, §93[(2d ed.1965)].

② Rose v. Daniels, 8 R.I.381(1866).

③ Calamari & Perillo, *Contracts*, §60(1970);1A Corbin, *Contracts*, §§171—72 (1963); 1 Williston, *Contracts*, §130[(Jaeger 3d ed.1957)].

④ Swartz v. Lieberman, 323 Mass.109, 80 N.E.2d 5(1948).

理论是,立诺人放弃违反最初合同的权利,以及放弃起诉要求赔偿损失的权利,就是双方当事人在随后达成的由受诺人另行支付补偿金这一合同的对价。然而,马萨诸塞州采用的这一规则已经受到了广泛批评,被认为是一个不正常的事物。①

既存合同义务这一规则最初的目的,是防止我们法院已经提及的"敲竹杠游戏"②的发生③。有关"敲竹杠游戏"的一个经典案例是 Alaska Packers' Ass'n 诉 Domenico④ 这一案件。在该案中,有 21 名海员与被告多梅尼克签订了一份书面合同,这 21 名海员答应从旧金山航行到阿拉斯加州的金字塔港进行捕鱼工作。在 1900 年这一年的捕鱼季,这 21 个人将作为海员和渔民为被告工作,到金字塔港后再返回。这一合同明确规定,每个海员将会得到 50 美元的报酬,另外,每捕到一条红大马哈鱼,他们可以得到 2 美分的奖励。在到达金字塔港之后,这些海员拒绝工作,并要求被告多梅尼克另外再支付每人 50 美元报酬。他们威胁,如果被告多梅尼克不满足他们的要求,他们就马上回到旧金山去。由于当时被告多梅尼克不可能找到其他人来为他进行工作,于是,答应了另行支付这些海员每人 50 美元的报酬。当他们返回旧金山之后,被告多梅尼克拒绝向这些海员支付额外的 50 美元报酬。法院认定,双方当事人在之后达成的另行支付 50 美元的合同没有对价支持,因为这些海员根据原先的合同已经有了既存合同义务,随后达成的合同是不能强制执行的。

另一个有关"敲竹杠游戏"的例子发生在建设工程合同领域。经常发生的情形是,施工方向建设方表示,除非它获得额外的经济补偿,否则将拒绝按照这一无利可图的合同继续施工下去。对于这种情况,法院一般认定,如果施工方只是完成原先合同要求它必须完成的工作,那么,随后双方达成的同意支付额外经济补偿的合同是不能强制执行的。……

这些例子清楚地表明,对于那些通过高压手段或者强迫手段达成的合同,法院是不会强制执行的,法院反而会确认当事人之间原先合同的效力,不管原先的合同是不是有利可图。然而,在一方当事人遇到了无法预见的困难,另一方当事人不是在高压或者强迫的情况下就先前合同已经要求的工作自愿支付额外的经济补偿,那么,法院并不愿意适用既存合同义务这一规则。例如,有的法院认定双方之间的合同已经废止,这种情形可以参见 Linz 诉 Schuck 这

200

① Calamari & Perillo, *Contracts*,§61.
② 此处的"敲竹杠游戏",从法律意义上类似于我国的"乘人之危"。——译者注
③ 1A Corbin, *Contracts*,§171.
④ Alaska Packers' Ass'n v. Domenico,117 F.99(9th Cir.1902).

一案件①;有的法院认为双方之间原先的合同已经被置之一边,这种情形可以参见 Connelly 诉 Devoe 这一案件②;或者,认为原先的合同已经被放弃,这种情形可以参见 Michaud 诉 McGregor 这一案件。③

虽然既存合同义务这一规则目前在阻止一方当事人利用高压和强迫手段获得额外经济补偿方面起到了有力的作用,但是,作为法律的一般规则,它还是受到了广泛批评。对于既存合同义务这一规则,有法律学者这样说道:

> 作为一项社会政策来说,对于这一规则(指既存合同义务规则)的合理性,已经产生了越来越多的怀疑。……在某些类型的案件中,对于这一规则的怀疑已经影响到法院,有一些法院在它们的实际判决中拒绝再适用这一规则,或者是对这一规则不予理睬。像其他规则一样,这一规则也在不断发展和变化的进程中,这一进程比大多数的情形更加积极。它的效果就是,法院不再是全盘接受这一规则。对于这一规则,绝不应该将其作为判决的主要依据,起码不应该在没有对特定案件的情形、当事人的道德应得④、案件所涉及的社会感受和利益进行充分考虑的情况下,就将这一规则作为判决的依据。可以确信的是,这一规则——它是以一般条款和"无所不包"条款来表述的——不再是那么理所当然、巍然挺立,以至于哪怕天塌下来法院也必须适用的规则。⑤

对于既存合同义务这一规则,现代的趋势是倾向于承认它,当合同在履行过程中遭遇到没有预见到的困难时,即使对合同的修改没有对价,但只要是当事人自愿协商同意修改,法院就应该强制执行修改后的合同。

根据已经被 49 个州采纳的《统一商法典》第 2-209(1)条款的规定:"修改[货物销售]合同的协议,可以在没有对价的情况下发生效力。"⑥虽然初看起来,《统一商法典》的这一条款似乎认可通过高压和强迫手段对合同所作的修改也是有效的,但是,对这一条款的评论⑦却表明,这一条款所指的"修改",必须满足该法典有关"善意"⑧的测试,对于一方当事人没有合法的商业理由,通

---

① Linz v. Schuck, 106 Md.220, 67 A.286(1907).

② Connelly v. Devoe, 37 Conn.570(1871).

③ Michaud v. McGregor, 61 Minn.198, 63 N.W.479(1895).

④ "道德应得"是西方哲学中的一个概念,是指一个人根据道义应该得到某样东西,它有别于根据法律应该得到某样东西或者权利。——译者注

⑤ 1A Corbin, *Contracts*, §171;也见前述 Calamari & Perillo, *Contracts*, §61。

⑥ G.L.1956(1969 Reenactment) §6A-2-209(1).

⑦ 《统一商法典》在立法时对于每一个条款都有相应的评论,这些评论是为了更好地说明立法者的立法本意,虽然这些评论没有法律效力,但是,很多法官在判决时却经常将它作为解释统一商法典的一种重要参考。——译者注

⑧ 根据《统一商法典》的规定,当事人一方没有合法的商业理由,通过"敲竹杠游戏"而修改的合同,将不会被认定为是"善意"。——译者注

过敲诈手段所达成的"修改",修改后的合同还是不能强制执行。

如果将现代趋势与僵硬地适用既存合同义务规则的做法相比较,可以看出,前者已经与后者拉开了一段距离,现代趋势已经跑在了这一规则的前面,这一点体现在美国法律协会通过的《合同法重述》(第二次重述)的第 89D(a)条款。该条款是这样规定的:"对于任何一方尚未履行完毕的合同,当事人作出的修改合同义务的承诺是有约束力的,[只要符合以下情形:](a)如果在考虑到他们遇到的情形是签订合同时所没有预见的情况下,这样的修改合同是公平的,并且是合理的。……"

我们相信,《合同法重述》(第二次重述)第 89D(a)条款在法律上是一个正确的规则,并认为这一条款适用于我们手头这起案件的事实。这一条款的规则不仅禁止通过强迫或者敲诈来修改原先的合同,而且满足了社会上对于自愿达成的合同,法院应该予以强制执行的期望。①当然,第 89D(a)条款的规定并不会强制去修改一份无利可图或者不公平的合同。那些应该予以强制执行的修改合同,必须是当事人双方自愿协商达成的,而且它必须具备下面三个条件:(1)修改原先合同的承诺,是在任何一方全部履行完整个合同之前作出的;(2)导致合同修改的基本情形,是双方当事人在签订合同时没有预料到的;(3)这样的修改是公平且合理的。

本案的证据并不矛盾,证据显示,被告马厄是在 1968 年 6 月请求纽波市参议会向他支付从 1968 年 7 月到 1969 年 6 月 30 日期间的额外费用 10 000 美元。这一请求是在纽波市参议会的公开会议上提出来的,在这个会议上,马厄详细解释了他提出这一请求的理由。之后,纽波市参议会通过投票表决,授权纽波市的市长签订了 1964 年合同的补充协议,允许马厄在合同履行期间再获得 10 000 美元的额外款项。在这样的情形下,我们确信,纽波市完全是自愿同意修改 1964 年的合同。

在确定了这一协议是双方自愿签订的之后,我们再将注意力放到上面提及的三个条件上。首先,合同的修改是在 1968 年的 6 月。这时,1964 年签订的这一个五年期合同,对于任何一方而言都还没有履行完毕。第二,虽然 1964 年的合同中规定了马厄应该负责收集该市的所有垃圾,但是,这一合同是建立在马厄过去的经验基础上的,即马厄认为该市垃圾控制小区的数量增长,每年应该在 20 个到 25 个之间。而并不矛盾的证据显示,在 1967 年到 1968 年期间,纽波市垃圾控制小区增加了 400 个,这样的增长数量"超过了先前的预

----

① Horwitz, *The Historical Foundations of Modern Contract Law*, 87 Harv. L.Rev.917.

计"。很显然,导致纽波市修改 1964 年合同的情况,是在签订合同的当时没有预见到的。第三,虽然没有证据显示这样的增长是什么样的比例,但是,证据表明,这样的增长是"实质性的增长"。考虑到这一点,我们不能说纽波市参议会在本案的情形下同意向马厄另外支付 10 000 美元款项是不公平而且不合理的。

被告提起上诉的判决予以推翻,发回高级法院重审,作出支持被告的判决。

另:《国际货物销售公约》(Convention On Contracts for the International Sale of Goods)第 29(1)条:"合同由当事人协商同意即可修改或者终止。"①

基布勒诉弗兰克公司②
华盛顿州最高法院,全体法官共同审理③(1968 年)

本案要旨

被告弗兰克公司雇用了原告基布勒为其收割 37 英亩的小麦。原告声称,他提出的是按照每蒲式耳[美国使用的计量单位]最低 18 美分的价格获取报酬,根据收割难度,价格还可以有所提高。在收割任务完成之后,原告给被告的报价是每蒲式耳 20 美分,考虑到收割难度,总报价是 876.20 美元。被告向原告寄出了一张金额为 444 美元的支票和一封信件。支票上有一行小字写的说明,表明如果原告接受了这张支票,就视为被告全部付清了款项。但是原告没有注意到这些小字,将这张支票存入了自己的账户。被告寄出的信件中表明支票上的金额超过了原告当初的报价,已经考虑到收割小麦中的困难,并提出基布勒现在的报价是荒唐的。在被告拒绝继续支付剩余款项的情况下,原告直接向法院提起了诉讼。初审法院驳回了原告诉请,但上诉法院认为,原告并没有同意被告提出的了结方案,推翻了初审法院判决。

本案确定的规则是,要认定"合意清偿"的法律效力,必须有当事人的共同意愿,必须是债务人确实同意以较小的数额了结双方之间未经结算的债务。

---

① 这里引用了《国际货物销售公约》中有着合同修改方面的规定。《国际货物销售公约》里规定当事人可以修改原先的合同,并没有提及对价问题,在文字上也没有像美国《统一商法典》那样要求当事人对合同的修改必须是"善意"的,但是,从一般法律原则来看,一个在"敲竹杠"之后修改的合同,是不会得到承认的,因为法律不允许当事人通过"胁迫"这一理由获得法律上的救济。——译者注

② Kibler v. Frank L. Garrett & Sons. Inc., 73 Wash. 2d 523, 439 P. 2d 416.

③ 本案是由华盛顿州最高法院全体法官共同进行审理的案件(En Banc)。在美国法院,一般案件只是由一个合议庭或者一个法官进行审理,而对于特别复杂或者特别重要的案件,有时就要求全体法院的法官对案件进行审理。——译者注

罗塞利尼法官①代表法院呈递以下判决意见：

本案是有关合同纠纷的诉讼,初审法院依据原告基布勒提供的证据,驳回了原告基布勒提出的诉讼请求。虽然当事人没有提出"合意清偿"②的主张,但是,初审法院还是认定,本案中当事人对于彼此之间的纠纷已经"合意清偿"。原告对于初审法院的这一判决不服,向我们法院提起上诉。

本案的事实是这样的:被告弗兰克公司雇用原告基布勒帮助其收割小麦。　202
双方对于这一工作应该支付的具体价款并没有达成过协议。根据原告基布勒提供的证据,他曾经向被告弗兰克公司提及过,如果证明其最终收割小麦的产量超过了每英亩 50 蒲式耳,那么,基布勒帮助收割的价格是每蒲式耳 18 美分,这一价格根据实际情况还可以更高一些。原告基布勒作证道,他收割小麦的产量实际超过了每英亩 50 蒲式耳,在原告收割小麦的过程中,又因为电线、道路和挡板的存在,发生了当初没有预见到的困难。原告基布勒先是以每蒲式耳 25 美分的价格向被告发出了工作报酬的账单,但是,基布勒随后又按照每蒲式耳 20 美分的价格发出了修改后的账单,总计金额为 876.20 美元。在原告发出上述账单之后,其从被告弗兰克公司收到的回复是被告寄出的下面这封信和一张金额为 444 美元的支票。信件的内容如下:

> 这张支票是按照每英亩 10 美元的价格来计算你工作的报酬,[这样的话,]37 英亩总共的价款是 370 美元。这个价格是你当初提出收割我们小麦的报价。考虑到这次收割小麦的工作量非常繁重,我们决定每英亩再额外向你支付 2 美元,你获得的总报酬就是 444 美元。这样的话,就同样的收割面积,你所得的报酬已经超过了去年我们付给你报酬的 50%,并高出了你报价的 20%。你就收割小麦工作提出的账单大约是每英亩 30 美元,这一报价在我们看来是非常荒唐的。

在收到这些支票和信件之后,原告基布勒打了一个电话给他的律师,询问他是否可以安全地将这一张支票存入自己的账户。律师让他看看支票上的提示文字。原告看了支票上的提示文字,提示文字是打印出来的,内容是"收割华盛顿农场小麦",印制的文字是"Frank L. Garrett & Sons, Inc"(即本案被告弗兰克公司)。但是,原告没有看见这张支票上还另有一行小字写的说明,内容是这样的:"该支票在经背书之后,即视为接受全部付清了[收割华盛顿农场小麦]的款项。"原告的律师在听了介绍后,告诉原告他可以在账

---

① Rosellini, Judge.
② "合意清偿"是美国合同法中的一个重要制度。它是指当事人对于双方未了结的债务,通过协商,确定以新的对价(这一对价的数额通常比尚未履行的数额要小)作为新的债务,当债务人履行了新的债务之后,原先的债务就视为已经清偿。——译者注

户中存入这一张支票。在被告弗兰克公司没有按照原告的要求支付收割小麦的费用之后，原告没有再与被告进一步接触，而是直接向法院提起了这一诉讼。

正如我们在前面提到的，在本案中，当事人并没有将"合意清偿"作为一个抗辩提出来。然而，初审法院注意到了支票上小字写的说明，认为小字写的说明是为了提醒当事人予以注意，在结合被告那封信件的内容并对本案进行了全面考虑之后，初审法院的结论是：支票上的那些提示文字，从法律上来说，构成了对本案争议的"合意清偿"。

调整"合意清偿"这一问题的规则，在经典案例 Graham 诉 New York Life Ins.Co.①中有过专门的阐述。这一规则的具体内容如下：

1. 在某一个案件中当事人是否存在着"合意清偿"[协议]，一般来说，这是一个综合了事实和法律的问题。

2. 但是，如果案件的事实问题并不存在矛盾，那么，当事人是否存在着"合意清偿"[协议]，就纯粹是一个由法院来处理的法律问题。

3. 要在法律上成立一个"合意清偿"[协议]，必须有双方当事人在达成协议这一议题以及内心意愿上的思想交会。

4. "合意清偿"[协议]的成立，是建立在合同基础之上的，因而和其他合同一样，它也必须是有对价的。

[5. 当某一个债务人支付他在法律上应该支付、他自己也承认是欠着这些款项的情况下——即使债务人提出的是想以较小数额来清偿较大数额的债务——债务人支付款项和债权人接受款项的行为，并不能够构成"合意清偿"[协议]，因为在这里没有对价存在。

6. 通常来说，当债务人向他的债权人发出一张一定金额的支票，表明他愿意支付这些数额，同时通知债权人他愿意将这张支票作为双方债务的全部了结，那么，债权人接受这样的支票并兑现，就表明他同意就此解决双方的债权债务，之后债权人也就不能再要求其他的补偿。

7. 但是，上面提及的规则并不适用于债务人需要支付的债务是确定数额、债务人并没有全部付清这些数额的情况。在债务数额确定的情形下，债务人寄出一张支票只是表明他愿意以支票上的金额解决双方的债务，从法律上来说，这样的行为并不构成"合意清偿"。……]②

9. 当某一债务或者义务的数额没有经过结算或者存在争议的情况下，债务人支付一定数量的费用作为双方争议的全部解决，债权人随即接

203

---

① Graham v. New York Life Ins.Co.，182 Wash.612，47 P.2d 1029(1935).

② 这里的第5—7项是译者为帮助读者理解根据原判决所加。——译者注

受并持有了这笔费用,那么,这就构成了"合意清偿";但是,如果这一债务是经过结算的或者不存在争议时,则债务人支付款项和债权人接受款项并不构成"合意清偿"。

在本案中,案件的事实问题并不存在冲突,因而对我们法院来说,需要解决的就是一个法律问题。被告弗兰克公司寄出信件和支票以及原告基布勒兑现支票的行为,是否就构成了"合意清偿"呢?本案中,原告基布勒主张的债权数额没有经过结算;因而,如果被告寄出支票是想表明原告一旦接受支票上的金额就意味着自己付清了全部款项,被告就这样的想法也确实和原告联系过,那么,原告兑现这一张支票就构成了合意清偿。

本案中需要决定的重要问题是,是否当事人之间存在着["合意清偿"的]思想交会呢?要想证明当事人之间有这样的思想交会,被告就必须让他的意愿非常清楚地到达原告这里。初审法院的观点是,当法院把被告的信件与支票上以小字写的说明结合起来一起阅读的时候,就清楚地表明被告弗兰克公司有着以支票上的金额了结全部债务的意愿。

本案中,信件本身的内容并没有表明支票上的金额就是被告应该支付的全部费用。从这封信中也许可以推断出以下内容,即被告只愿意支付它欠原告的合理费用。被告信件里的最后一句话,其含义是模棱两可的。被告说道,原告要求的费用是非常荒唐的,但是,被告并没有说"我不会再支付这张支票以外的任何费用"。我们法院认为,就被告欠原告款项这一问题,这封信还是留下了继续谈判的空间。原告没有试图与被告就收割小麦的款项问题继续进行谈判这一事实,并不能改变这封信中所使用文字的含意。……

因为在本案中,被告弗兰克公司的信件中没有就原告接受支票附加条件,所以,[我们法院认为,]这封信就不能被认定为是被告弗兰克公司发出的"合意清偿"要约。

是否附加条件已经被充分表达在这一张支票本身上了呢?本案没有疑问的是,原告没有看到支票上以小字写的说明,而且他的律师也没有看到。被告弗兰克公司的律师没有事先指出支票上有着说明,被告显然是直到法院初审的时候才提醒原告注意这些说明的。这张支票是一张格式化的支票,它应该主要是用于被告支付对外款项的,它可能是用来支付全部款项的,也可能是用来支付部分款项的。在本案系争的这张支票上,没有任何东西表明支票上面使用的文字是特别针对原告所主张的款项的。初审法院感觉到,被告信件中的措辞赋予了原告仔细检查支票内容的义务,或者在将支票兑付成现金时愿意自担风险。对初审法院的这一观点,我们法院并不同意。证明双方确实存在着某种意愿的举证责任,是在声称存在着"合意清偿"的这一方当事人身上。这一观点可以参见 Brear 诉 Klinker Sand & Gravel Co.这一案件①。如果支票上所附的小字写的说明对于形成"合意清偿"至关重要,那么,这些文字至关重要这一点就必须特别提醒原告注意,也就是说案件中需要有这样的事实存在。但是,本案证据所显示的情况,恰恰与此相反。……

我们认定,就本案中的证据而言,并不表明双方存在着"合意清偿",因为没有证据表明被告向原告表示过这样的意愿,即他不会再支付超过支票金额的任何费用。……

204

初审法院判决予以推翻,并发回重审。

黑尔法官②对于本案提出了反对意见:

我对本案的判断是,就本案的事实而言,它提供了有关"合意清偿"的一个经典范例,我的意见是维持初审法院所作的判决。毕竟,当事人是否通过"合意清偿"妥善处理了他们之间的分歧,更多的是由陪审团来决定的问题,在本案中则是应该由作为事实发现者③的初审法院来决定这一问题。

我也认为,仅仅根据印在支票上的那些提示文字,并不充分到足以构成"合意清偿"的程度。但是,在我看来,后来支票的交付及兑现当时的相关事实,提供了更多充分的证据,足以支持初审法院的认定,即原告基布勒先生在兑现这张支票时,知道支票上的金额是作为全部收割小麦的价款的,并且对这样的价款是满意的。以下是我见到的认定双方确实形成了"合意清偿"的具体情形。

……

我们手头的这起案件,是从一个未经结算的主张开始的。它涉及的协议是由原告帮助被告收割不特定数量的小麦,价格是每英亩 10 美元或者更高,价格也是笼统地按照收割小麦数量的比例来决定的。事后,债权人报出的账单是每蒲式耳 25 美分,总价款是 1 095.25 美元。几天后债权人向债务人发出修改后的账单或者是新的账单,价格是每蒲式耳 20 美分,总价款是 876.20 美元。这种情形毫无疑问地表明了双方债务"未经结算"和"不确定"的特性。本案争议的债务从一开始就是没有经过结算的,数量是不确定的;从第一个 1 095.25 美元的错误报价,再到第二个 876.20 美元的报价,虽然有这样的数字变化过程,但是,它还是一个未经结算的、不确定的债务。

到 1965 年 11 月 3 日被告向原告寄出 444 美元的这张支票时,本案争议的债务仍然是未经结算,也是未确定的债务。被告在信中还特别表明,这张支

---

① Brear v. Klinker Sand & Gravel Co., 60 Wash.2d 443, 374 P.2d 370(1962).
② Hale, J.
③ "事实发现者"的含义,见第 14 页注释。——译者注

票是按照协商的每英亩 10 美元的价格来确定款项,另外,因为原告收割小麦的工作量繁重,所以被告又多加了每英亩 2 美元。被告在信件中声称,所寄的支票金额已经超出了原告愿意获得工作报酬的 50%,并说原告账单上的数额接近每英亩 30 美元的价格,这样的报价是非常荒唐的。信中的这些内容都确定无疑地传递了这样的信息,即被告所寄出的支票是作为全部的价款来支付的。在这样的情况下,对一个有着普通常识的人来说,很清楚的是,如果原告兑现这一张金额为 444 美元的支票,就是作为接受全部支付款项的,并且原告不会再主张其为被告收割 37 英亩小麦的价款。

　　因此,我认为应该维持初审法院的判决。……

■ 第三节　成文法上的改变①

罗思钢铁制造公司诉沙伦钢铁公司②
美国联邦第六巡回上诉法院(1983 年)

本案要旨

　　原告罗思钢铁制造公司和托莱多钢铁公司与被告沙伦钢铁公司在钢材市场处于低谷时签订了一份合同,原告得以以较低价格从被告这里购买钢材。不久之后,钢材市场发生了急剧变化,导致美国整个钢铁行业满负荷生产,钢材生产者几乎都出现了交货迟延。被告通知原告取消原先的价格折扣,虽然原告不愿意,但经过协商还是对原先合同进行了修改。被告在这一过程中,曾经威胁过原告,如果不接受修改后的价格,自己会停止供货。之后,双方因为履行合同产生争议,原告向法院起诉,以被告违反合同为由,要求被告赔偿损失,而被告则以原告拒绝接收货物为由,提起反诉,要求原告赔偿损失。本案争议的一个问题是:当时的修改合同是否有效? 法院认为,被告修改合同的时候也许符合合理的商业标准,但被告并非诚实地想弥补商业困境,被告的行为不"诚实",不符合《统一商法典》要求的"善意"标准。

　　本案确定的规则是,根据《统一商法典》,修改合同可以不需要对价的支持,但是,当事人必须是"善意"修改合同,而"善意"的判断标准是当事人在修

---

　　① 这一节中所提及的"成文法"主要是指《统一商法典》。普通法中要求修改合同必须有对价,而根据《统一商法典》,修改合同却不需要对价,只要是"善意"即可。——译者注

　　② Roth Steel Products v. Sharon Steel Corp.705 F.2d 134.
　　本案有两个原告,除了罗思钢铁制造公司之外,还有托莱多钢铁公司。——译者注

改合同时是不是诚实地想弥补商业困境。

塞利布雷齐高级法官①代表法院呈递以下判决意见：

本案是一起有关违约的跨区诉讼②。这一案件涉及诸多的法律问题，要求我们法院探究《统一商法典》第 2 章当中还不是很清楚的一些领域。……

原告罗思钢铁制造公司和托莱多钢铁公司都是罗思实业公司的下属子公司，它们也是上诉审理中的被上诉人。罗思钢铁制造公司生产一种广泛用于各种领域的焊接钢管；托莱多钢铁公司生产一种用于汽车排气系统的装配钢管。……

在 1973 年，被告（也是上诉审理中的上诉人）沙伦钢铁公司是一家综合性的钢铁生产企业，其钢铁产量占到了整个国家钢铁产量的大约 1%。它生产热轧钢、冷轧钢，也生产酸洗薄钢板和涂油薄钢板。……

在 1972 年，美国整个钢铁工业的开工量只有生产能力的 70%。由于钢材价格竞争激烈，钢铁生产企业不得不采取将公布价格向客户打折的办法，努力增加钢铁生产的能力。〔在 1972 年 11 月，作为对被告 11 月 17 日信件的回应，原告同意购买一定数量的热轧钢和冷轧钢，这批钢材将按照折扣价供应，在 1973 年 12 月 31 日之前一直有效。原编者注。〕

在 1973 年早期，有好几个因素影响到了美国的钢材市场。美国联邦政府开始对钢材价格采取价格调控措施，控制外国的钢材进口；相反，美国国内的钢材生产者将相当大的一部分的钢材出口到国外，以避免联邦政府的价格控制。这样，美国国内的钢材供应量就急剧减少。另外，美国的钢铁行业不仅遇到了需求的实质性增长，而且，包括劳动力、原材料及能源成本等也大幅增长。这些增加的劳动力、原材料和能源成本，迫使美国钢铁生产企业不得不提高钢材的价格。增加的钢材需求和更富有吸引力的出口市场，导致整个钢铁工业在 1973 年和 1974 年实现了满负荷的生产。由此带来的是，几乎每一家国内的钢铁生产企业都出现了大量的交货迟延。

面对这样变化的市场条件，被告沙伦钢铁公司决定撤销先前所有在钢材价格上的优惠，包括它销售给原告的那些钢材。原告在 1973 年 5 月 23 日这一天得到了被告取消价格优惠的决定，原告当即提出了反对意见，称被告提高价格的行为违反了双方在 1972 年 11 月达成并于 1973 年 2 月修改的协议。在原

208

---

① Celebrezze, Senior Circuit Judge.

② 跨区诉讼是美国民事诉讼中的一个概念，它是指案件的争议发生在不同州的当事人之间，或者发生在美国公民与非美国公民之间，根据美国的法律，这样的案件一般是由美国的联邦地区法院管辖。——译者注

告提出反对意见之后,原、被告双方随即又进行了讨论,经过讨论,被告沙伦钢铁公司同意继续按照 1972 年 11 月的优惠价格提供钢材,这一优惠价格一直持续到 1973 年 6 月 30 日为止。对 1973 年余下时间的供货,被告沙伦钢铁公司提出,提供给原告的轧钢,要按照修改后的价格销售;这一价格要比 11 月 17 日信件中确定的价格要高一些,但是比沙伦钢铁公司供给其他客户的报价要低一些。被告沙伦钢铁公司明确告诉原告,除非原告接受修改后的价格,否则 1973 年 6 月 30 日之后,它将不会再向原告供货。虽然原告最初并不愿意接受沙伦钢铁公司的妥协方案,但是原告最终还是同意了被告沙伦钢铁公司的妥协方案,这主要是因为原告无法在其他地方获得满足它们生产要求的钢材。……

通过长达 5 天的审判,初审法院作出了一个很长又很详细的判决意见。在这一判决意见中,初审法院认定,在 1972 年 11 月,本案的双方当事人形成了一个口头合同;在 1973 年 6 月,被告沙伦钢铁公司试图修改这一口头合同的行为是无效的;被告沙伦钢铁公司向原告主张比 1972 年 11 月[口头]合同更高的价格,拒绝在 1973 年 10 月和 12 月向原告出售钢材,不及时交付根据 1972 年合同所签订单下的货物,这些行为已经违反了双方之间的合同。……

在初审法院审理过程中,被告沙伦钢铁公司声称,它是正确地提高了价格,因为当事人已经修改了 1973 年的合同,以此来反映变化了的市场条件。然而,初审法院查明了好几项事实,这些事实让法院相信被告沙伦钢铁公司试图修改合同的目的,并不是为了避免合同上的损失。初审法院还查明,在试图修改合同时,原告轧钢存货量的不足已经达到了惊人的地步,而且被告沙伦钢铁公司确实曾经威胁过,除非原告同意修改合同,否则将在 1973 年下半年停止向原告销售钢材。因为沙伦钢铁公司利用了它是原告主要供货商的地位来修改合同,所以,初审法院认定,沙伦钢铁公司修改合同构成了"恶意"。初审法院从中得出的另一个结论是,系争合同的修改是被告沙伦钢铁公司通过经济胁迫的手段实现的,因而是无效的;供应紧张的钢材市场,使得原告无法以自己承受得起的价格再从其他供应商那里获得钢材,因而原告是被迫同意修改合同,以便能够获得稳定的钢材供应。①被告沙伦钢铁公司在上诉中对初审法院的上述结论都提出了质疑。

[我们认为,]当事人根据《统一商法典》第 2 章所享有的修改合同的能力,比普通法上当事人所享有的修改合同的能力要强一些,这主要是因为前者不需要有对价就可以让修改合同具有约束力。②在《统一商法典》下,当事人修改

---

① *E.g.* Oskey Gasoline & Oil Co. v. Continental Oil Co., 534 F.2d 1281(8th Cir.1976).
② O.R.C. Sec.1302.12(U.C.C. Sec.2-209(1)).

合同的能力,只受到第 2 章中"善意"这一一般义务的限制①。在确定某一个特定的合同修改是不是"善意"的时候,法院必须查清两个方面的问题:一是当事人的行为是否符合"从事公平交易的合理商业标准"②,二是当事人修改合同的动机是否确实出于弥补商业困境的诚实意愿。③在 Ralston Purina Co. 诉 McNabb 这一案件中,法院判决意见的主旨是,当事人延长合同履行时间的主观目的是为了让自己的损失实现最大化,这就表明当事人在主观上是恶意的,这种情况下作出的修改合同决定就是无效的。这一点也可以参见《统一商法典》第 2-103 条款的规定。在需要法院查清楚的以上两个问题中,第一个问题相对比较直接;声称合同已经修改的一方,必须证明它修改合同的决定是某一种因素(例如成本增加)造成的结果,这一因素导致每一个正常的商人都会提出修改合同的要求。这方面的相关观点可以参见《统一商法典》第 2-209 条款的官方评论 2,该官方评论认为,合理的商业标准需要有客观理由存在。法院需要查清的第二个问题,由于涉及当事人在主观上是否"诚实地"想要弥补商业困境,在实践中变得不容易清晰界定。从本质上来说,法院需要查清的第二个问题,要求那些声称合同已经修改的一方当事人证明自己修改合同是——在事实上确实是——正当的商业理由所致,而且,这样的商业理由并不仅仅是当事人的一个借口。④除了要查清上述两方面的事实之外,法院作为案件事实的发现者,还必须确定修改合同是不是通过敲诈或者夸大事实这样的禁止手段实现的。⋯⋯

被告沙伦钢铁公司认为,它要求修改合同的决定是符合公平交易的合理商业标准的,因为当时的市场困境使得其再履行原先的合同将导致更大的损失。然而,初审地区法院认为,本案中有三个事实促使法院得出以下这一结论:即当时的经济环境并不是沙伦钢铁公司想要修改合同的理由。初审法院查明了以下三个事实:原材料价格的上涨对沙伦钢铁只是有部分影响;沙伦钢铁公司签订的合同仍然留有少量利润空间,这意味着它准备好了应对履行合同可能带来损失的风险;沙伦钢铁公司在 1973 年总体赢利和 1973 年第一季度的合同仍有利润,这与沙伦钢铁公司想要避免损失才修改合同的观点是不

---

① 本案中当事人的交易标的物是钢材,属于《统一商法典》所称的"货物",应该是由《统一商法典》调整,当然也就要求当事人在修改合同时必须是"善意"的。——译者注

Ralston Purina Co. v. McNabb,381 F.Supp.181,183(W.D.Tenn.1974);Official Comment 2,UCC§2-209. 也见 UCC§2-103.〔UCC Revised§1-201(b)(20),原编者注。〕

② U.S. for Use and Benefit of Crane Co. v. Progressive Enterprises,418 F.Supp.662,664 n.1(E.D.Va.1976).

③ Ralston Purina Co. v. McNabb,381 F.Supp.at 183.

④ Ralston Purina Co. v. McNabb,381 F.Supp.at 183—84.

一致的。[我们认为，]虽然初审地区法院认定的这三个事实与沙伦钢铁公司的行为是否符合公平交易的合理商业标准有着些许的关系，但是，我们并不相信上述这些事实就足以得出沙伦钢铁公司在修改合同时没有遵守合理的商业标准这一结论。在我们法院看来，初审地区法院认定的这些事实并不能支持，在当时的情形下，一个理性的商人为了避免损失将不会想到修改合同这一结论。例如，初审法院认定，被告沙伦钢铁公司的厚钢板合同①使得它可以不受当时钢铁产业广泛的成本增加的影响，初审法院的这一认定是对的，事实上也确实是这样。[但在我们看来，]虽然沙伦钢铁公司可以按照 1973 年之前的价格购买厚钢板，但是，初审地区法院认定的事实也表明了被告并不能以那样的价格购买到足够数量的厚钢板来满足其生产需求。初审地区法院也认定了沙伦钢铁公司其他原材料的上升非常明显，上升比例从 4％到接近 20％。根据上述这些事实，如果没有其他事实支持的话，仅仅凭被告已经以固定价格购买了厚钢板这一点，并不能得出沙伦钢铁公司没有受到 1973 年市场变化的影响这一结论。相类似的是，被告沙伦钢铁公司在 1972 年 11 月已经签订合同——这些合同只能带来很少的微薄利润——的事实，同样不能得出沙伦钢铁公司愿意承受亏损的风险。初审法院并没有认定市场变化和原材料价格上涨是被告签订合同时可以预见到的事实，而如果没有这样的事实，就不能从被告签订这一合同只是比平时略微少了些利润得出沙伦钢铁公司愿意自己消化损失这样的结论。最后，有关沙伦钢铁公司利润的认定，仅仅从它们本身来看，是不能够得出沙伦钢铁公司试图修改合同不正当这一结论的。很清楚，被告沙伦钢铁公司在这一合同中最初想要的利润，应该是法院考量的一个重要方面；然而，初审地区法院查明的事实也表明，在沙伦钢铁公司试图修改合同的时候，未来会有更大损失这一点已经是可以预见到的情形。[我们法院认为，]没有遭受合同实际损失的一方当事人，在未来损失是可以合理预见的情况下，仍然是可以尝试去修改合同的。相类似的是，寻求修改合同的一方当事人在总体上有钱可赚是法院考虑的一个重要因素；然而，总体上有钱可赚这一事实，并不能支持试图修改合同就是不合理这一结论。法院应该更多去进行调查的，是本案所涉及的那一条钢铁生产线通过销售所获得的利润到底是怎样的。我们的这

210

---

① 被告沙龙钢铁公司与案外人美国钢铁公司签有合同，根据该合同，沙龙钢铁公司可以从美国钢铁公司处每月购买最少 25 000 吨，最多 45 000 吨的厚钢板。它还与 Wierton Steel 这一家公司签有合同，可以每月购买 10 000 吨到 20 000 吨的厚钢板。这些合同都是在 1973 年之前，以非常有吸引力的价格签订的。但是，在 1973 年钢材市场收紧后，沙龙钢铁公司就再也不能以这些合同项下的上限获得这些原料：美国钢铁公司每月只供货 30 000 吨，Wierton Steel 公司每月只供货 10 000 吨。——译者注

一结论通过以下这一事实更加得到了证明,这一事实就是,只有部分生产线可能受到了市场困境的影响;不能仅仅因为被告其他生产线的产品仍然可以获得实质的利润,就对当事人尝试修改本案所涉生产线上的合同进行限制。

在[第一部分]最后的分析中,法院在判断本案这一背景之下修改合同的决定是否正当时,最重要的一个考虑因素是,是不是因为市场发生的变化或者其不可预见的条件,履行合同已经带来了损失的问题。在本案中,初审地区法院认定,在修改合同时,沙伦钢铁公司履行的那一份合同,遭受了实质性的损失。我们确信,在本案中,没有预见到的经济困境是客观存在的,这样的状况将促使一般的商人寻求修改合同来避免损失;初审地区法院对此得出了相反的结论,认定被告即使在当时可以预见到有损失,也不能修改原先的合同,我们认为,这一观点明显错误。……

第二部分的分析,涉及的是当事人在修改合同的时候是不是在事实上"诚实",这一点非常关键。初审地区法院认定,沙伦钢铁公司"曾经威胁过,如果原告罗思钢铁制造公司和托莱多钢铁公司在1973年7月1日之后拒绝按照涨价后的价格签订合同,那么,它将不再提供任何钢材",因此,沙伦钢铁公司这样做是错误的行为。被告沙伦钢铁公司并不否认地区法院对这一事实的认定,它承认自己确实威胁过不再向原告出售钢材,但是被告坚持认为,这样的事实仅仅是其修改合同时有着"恶意"的一个证据,而被告已经驳回了从这一证据中得出其修改合同为"恶意"的任何推论。我们法院在此同意沙伦钢铁公司这样的分析意见。虽然威胁停止供货这样的强制行为是被告"恶意"修改合同的一个证据,但是,表明存在"恶意"的初步证据①,同样可以被试图修改合同一方当事人所提供的其他证据有效推翻。②在 Business Incentives, Inc.诉 Sony Corp. of America 这一案件中,法院判决的主旨是,在涉及如何认定经济胁迫的场合,根据合同权利所产生的那些强制行为是被允许的。在 Jamestown Farmers Elevator, Inc 诉 General Mills 一案中,法院判决,对"善意"的认定必须坚持这样的观点,即某一个人如果确信他拥有法律上的权利,那么,他的强制行为就不能被认定为经济胁迫,即使后来证明他当时的认识是错误的,他事实上不享有那样的权利;这一观点也见前述怀特和萨默斯在他们著作中的论述。③[但

---

① "初步证据"这一表述源自拉丁文,本意是初步的、第一印象的。现在多指证据本身足以认定一个事实或者推定,除非有相反的证据推翻。——译者注

② E.g., Business Incentives, Inc. v. Sony Corp. of America, 397 F.Supp.63, 69(S.D. N.Y.1975).

③ White & Summers, supra, at 41.(如果试图修改合同的一方当事人相信,一旦修改未能实现,自己就可以拒绝履行,那么,该当事人还是善意的。)

211

是,]虽然我们法院原则上同意被告沙伦钢铁公司所作的分析,但我们法院并不认为沙伦钢铁公司在本案中已经驳回了其行为属于"恶意"的推定——这一推定是源自其实施的那些强制行为。被告沙伦钢铁公司在审理中认为,当时它单方面决定提高产品价格,是基于 1972 年 11 月 17 日信件中的内容,该信件中的内容允许它按照整个钢铁产业范围内总的价格上涨幅度来提高钢材价格。因为当时整个钢铁产业的价格都在上涨,所以,沙伦钢铁公司认为它提高产品的价格是正当的。鉴于此,沙伦钢铁公司认为,原告拒绝按照沙伦钢铁公司要求的价格接受货物,必须被认定为是对 1972 年 11 月合同的实质性违反,原告也就不能再要求沙伦钢铁公司继续履行合同。因此,被告沙伦钢铁公司认为,钢材价格不提高自己就拒绝履行合同的行为,根据合同是正当的,也是符合"善意"要求的。

我们认为,被告沙伦钢铁公司的上述抗辩在以下两个方面是站不住脚的。首先,被告沙伦钢铁公司所依据的合同文字仅仅是允许其最多对冷轧钢板提高价格;这样,即使沙伦钢铁公司的理论可以获得证据支撑,但因为原告拒绝支付更高的价格,沙伦钢铁公司就拒绝向原告供应热轧钢板不能被认定为正当。更重要的是,本案的证据表明,沙伦钢铁公司先前从未以此理论[1]作为其行为正当的依据,直到这一纠纷进入审判之后,被告才提出这一理论。沙伦钢铁公司的代表在他们所提供的证人证言中,也没有试图以这一理论作为其拒绝按照 1972 年的价格供货的理由。进一步而言,从双方发生纠纷后的相互沟通来看,没有任何内容提及沙伦钢铁公司现在作为依据的这一理论。简而言之,我们在本案卷宗中没有发现任何证据表明沙伦钢铁公司将这一理论作为它当时试图修改合同的依据。因此,我们相信,初审地区法院得出被告沙伦钢铁公司使用强制行为来提高合同价格的行为构成"恶意"这一结论,并不是明显错误的。基于此,我们法院认定,被告沙伦钢铁公司试图修改 1972 年 11 月的合同,以此来弥补增加的成本——增加的成本将导致履行合同成为亏损——的行为,是无效的,因为在拒绝按照 1972 年合同的价格履行余下义务的时候,沙伦钢铁公司并没有按照《统一商法典》第 2 章所要求的"诚实"来履行自己的行为。[2]……

---

① 这一理论就是修改合同反映了变化的钢材市场。——译者注

② 初审地区法院还找到另外一个可供选择的判决依据,即原告是在受到"经济胁迫"的情况下同意修改合同,因此,修改合同是无效的。见 Oskey Gasoline & Oil Co. v. Continental Oil,534 F.2d 1281(8th Cir.1976)。因为我们上诉法院认定了沙龙钢铁公司在修改合同时构成了"恶意",进而认定其修改合同的行为无效,所以我们上诉法院也就没有从原告是不是因为受到经济胁迫而导致无效这一问题进行分析。然而,我们上诉法院还是要指出,意欲认定是因为经济胁迫而导致合同修改无效的,必须是当事人采用了强制的手段。见前述 Oskey Gasoline & Oil Co.一案第 1286 页。通常,在善意修改合同的情况下,不能以当事人采用了强制方法就认定合同修改无效;如果合同的修改被认定为是善意的,那么可以推定的是,在修改合同中当事人没有使用过错误的强制方法。此为原判决中的注解。

212 　　我们仔细地阅读了本案的全部卷宗,认真考虑了地区法院判决意见中的几乎每一个细小的方面。我们相信,地区法院在判决意见的大部分中已经正确解决了过去八年间当事人激烈争论的所有事实和法律问题。……

　　[法院最终决定将该案发回重审,让初审法院查明原告是否及时通知了被告存在违约行为,这一问题与合同修改无关,在此略去。]

■ 第四节　双方合同中的对价及义务的相互性

里奇林业公司诉维尼曼①

联邦巡回上诉法院(2002 年)

本案要旨

　　原告里奇林业公司是一家专门从事森林防火的公司,被告则是美国农业部。林业局是农业部的下属机构,它专门负责美国森林与草原保护。经过招投标,林业局与原告里奇公司形成了一份名为投标协议的书面文件,协议规定,林业局并不能保证将来一定使用原告的消防设备,而里奇林业公司也完全可以根据自己的意愿和能力来决定是否为林业局提供消防服务。但是,林业局在几年间从未要求原告为其提供消防服务。原告认为林业局违反了善意和公平交易的默认义务,要求林业局赔偿损失 180 000 美元。法院认定,本案系争合同没有对价,判决驳回了原告的诉讼请求。

　　本案确定的规则是,一份协议仅仅有"协议"、"合同"的名称,并不表明有约束力的合同就一定存在。如果一份合同中的承诺对于当事人没有施加任何限制,当事人可以在将来自行决定如何实施,那么这样的承诺就是没有对价支持的"虚幻的承诺",是不能强制执行的。

　　迈耶首席法官②代表法院呈递以下判决意见:

　　农业部下属的合同争议处理委员会③驳回了里奇林业公司(以下简称里奇

---

　　①　Ridge Runner Forestry v. Ann M. Veneman, Secretary of Agriculture. 287 F. 3d 1058.

　　本案被告实际上是美国农业部。案例标题中的"维尼曼"是时任美国农业部部长。——译者注

　　②　Mayer, Chief Judge.

　　③　"合同争议处理委员会"是根据美国 1978 年《合同争议处理法案》设立的一个政府机构,它是专门处理涉及美国农业部门与合同缔约方的争议。——译者注

公司)向它提起的合同纠纷诉讼①。合同争议处理委员会驳回里奇公司主张的理由是,根据美国有关"公共合同"的法律(41 U.S.C.)第601—613条款的规定,它对于里奇公司这样的主张没有管辖权。原告里奇公司对合同争议处理委员会的这一决定不服,向我们法院提起了诉讼。因为我们法院审查下来,没有发现在本案当事人之间存在着合同,所以,我们法院在此维持合同争议处理委员会的决定。

一、案件背景

原告里奇公司是位于美国西北地区的一家森林防火公司。作为政府机构的林业局②向社会上发出了一个邀请投标的公告③。作为对这一邀请投标的回应,里奇公司向林业局提交了自己的一个方案,然后,双方最终签订了一份书面文本,这一书面文本的名称是"投标协议"。这一投标协议将邀请投标公告中的内容全部整合了进去,这一书面文本还包括了以下两个条款,这两个条款是以粗体字母标识出来的:

(1)"基于投标请求给予里奇公司的这一设备租赁协议,并不排除政府机构[林业局]使用任何其他部门或者合作方或者地方的EERA消防设备"。

(2)给予里奇公司的这一设备租赁协议,并不保证政府机构[林业局]一定会需要这些消防设备,也不保证政府机构[林业局]一定会根据这一协议去安排订单。④

在上述两个条款之外,由于政府机构[林业局]不能预见它实际需要的消防设备,这一投标邀请中还包含了允许缔约方里奇公司以任何理由拒绝政府机构[林业局]要求其提供消防设备的文字,这些文字是这样表达的:

因为政府机构[林业局]对于紧急情况下消防设备的需求和里奇公司可以提供的消防设备不能提前作出决定,所以,双方当事人共同同意,一旦政府机构[林业局]向里奇公司提出使用消防设备的要求,里奇**公司将根据自己的意愿和能力**来提供政府机构[林业局]所需要的消防设备。

---

① 农业部下属的合同争议处理委员会所作裁决的相关文书是In re Ridge Runner Forestry, AGBCA No.2000-161-1, 2001 WL 170915(Feb.13, 2001)。

② 林业局是美国农业部下属的一个专门保护美国森林和草地的政府机构。——译者注

③ 邀请投标(有时简称为RFQ)是美国商业交易中的一种方式,是一方就自己需要的货物或者服务,向社会上发布公告,邀请他人来投标,由自己在投标方中选择最适合的一方中标。在美国政府采购中,经常使用这样的模式进行采购,可以最大限度地降低费用。——译者注

④ Request for Quotation, No.R6-99-117(March 29, 1999).

林业局发出的投标邀请中还包括了以下这一个条款,这一条款告知投标者,政府机构[林业局]将不承担因为提交报价而产生的任何费用。里奇公司在1996年、1997年、1998年、1999年都和林业局签署了这样的投标协议。在1999年这一年,里奇公司向林业局的官员提出了赔偿自己180 000美元损失的主张,声称林业局违反了"善意和公平交易的默认义务",因为里奇公司在过去几年中,已经"从制度上被排除了向林业局提供服务的机会"。作为回应,林业局的官员告诉里奇公司,她没有权力来决定是否接受里奇公司的这一主张。里奇公司针对林业局官员的回复,及时向农业部的合同争议处理委员会提起了主张。该合同争议处理委员会支持了林业局提出的动议,驳回了里奇公司的请求。合同争议处理委员会的结论是,因为双方当事人之间没有合同存在,根据美国《合同争议处理法案》及有关"公共合同"的法律(41 U.S.C.)第601—613条款的规定,它对于这一争议没有管辖权。

二、问 题 讨 论

根据美国有关"司法机构和司法程序"的法律(28 U.S.C)第1295(a)(10)条款的规定,我们法院对于合同争议处理委员会所作的决定拥有管辖权。根据合同争议处理法案,合同争议处理委员会如果要[对涉及政府机构与某一缔约方的争议]具有管辖权,在最低限度上,要求这一政府机构和另一个当事人之间存在着合同。[①]因此,本案中作为讨论原点的问题是,系争的投标协议在本案当事人之间是否形成了一份合同? 这是一个法律问题,我们法院有权力从案件源头进行审查。[②]

里奇公司坚称,本案系争的投标协议是一个有约束力的合同,这一合同对于政府[林业局]施加了明确的合同义务;这一合同义务就是,政府[林业局]对于它的消防需求,有义务告知里奇公司和其他成功投标的当事人;作为对这一义务的交换,投标的当事人[里奇公司]要准备好可以使用的消防设备和经过训练的职员,以应对政府[林业局]发出的召唤。里奇公司认为,这样的权利义务,正好符合Ace-Federal Reporters, Inc.诉Barram[③]这一判决的精神。……

我们认为,在Ace-Federal这一案件中的合同,与本案系争的投标协议有着明显区别。Ace-Federal这一案件中的合同,要求政府[政府委员会][④]对于

---

① 41 U.S.C. § 607(d)(1994,amended in 2000).
② Oman-Fischbach Int'l v. Pirie, 276 F.3d 1380,1383(Fed.Cir.2002).
③ 226 F.3d 1329(Fed.Cir.2000).
④ 在Ace-Federal这一案件中,代表政府的是政府委员会这一机构,是专门负责政府采购的部门。——译者注

它所有的记录服务需求，都必须从列举出来的投标者当中进行选择，除非政府委员会批准这些政府机构放弃招标。而我们正在审理的这起案件，它所涉及的投标协议，只是一个虚幻的承诺①而已。一个虚幻的承诺，顾名思义就是，它只是在形式上是承诺，但是，在实际上却没有答应任何东西；虚幻的承诺并不想对于立诺人的自由给予任何限制，而是让立诺人在将来根据自己的意愿自由采取行动，就像立诺人在当时根本没有说任何话一样。②在是否要从里奇公司或者其他公司获得消防服务这一点上，不管这些投标者是不是签署过这样的协议，政府［林业局］都拥有选择权。这样的投标协议并没有限制政府［林业局］获得消防服务的选择权；政府［林业局］只是"答应"考虑使用里奇公司的消防服务。而且，这一投标协议没有对里奇公司设置任何义务。如果政府［林业局］要求它提供消防服务，里奇公司"答应"提供的［消防］设备，也只是在它"愿意提供，而且能够提供"的情况下才予以提供。一个有效的合同不能基于一方当事人虚幻的承诺而成立，如果它是基于双方当事人的虚幻承诺，那就更加不能成立一个合同，这是不言自明的道理。③

三、结　　论

因此，对于农业部下属合同争议处理委员会的决定，我们法院予以维持。

伍德诉露西④

纽约州上诉法院（1917 年）

本案要旨

被告露西是 20 世纪初美国著名的设计师，是当时引领美国时尚界的人物。她与原告伍德签订了一份协议，由原告伍德为被告设计及代言的商品进行市场推广。原告享有的这种市场推广的权利，是一种独家享有的排他性权利。原告需要将其进行市场推广的一半收入支付给被告。在合同期限内，被

---

① 虚幻的承诺是美国合同法中经常出现的一个概念，它是指一方当事人表面上看起来是作了一个承诺，但是，这一承诺由于没有实际的、具体的对价作为支持，因而无法成为一个有约束力的承诺。这样的虚幻承诺是不能强制执行的。——译者注

② Torncello v. United States，231 Ct. Cl. 20，681 F. 2d 756，769（1982）（quoting 1 *Corbin on Contracts* §145（1963））.

③ *Restatement（Second）of Contracts* §71（1）.

④ Wood v. Lucy, Lady Duff—Gordon, 222 N. Y. 88, 118 N. E. 214.
本案是美国法学院合同法教材必用的案例，主要是由于著名的卡多佐法官撰写的这一判决涉及了合同法中诸多基本理论问题。卡多佐法官在这篇不长的判决中的很多观点，至今仍在经常被各种论文及案例所引用。——译者注

告露西抛开原告,将自己设计的产品进行了市场开发。于是,原告伍德起诉被告违反了合同,要求被告承担违约责任。而被告则辩称,合同中没有规定原告应该承担的义务,缺少义务的相互性,因此这不是一个可以强制执行的合同。法院认定,原告存在着默认的努力经营的义务,合同并不缺少义务的相互性,判决支持了原告的诉讼请求。

本案确定的规则是,合同义务的相互性,不能仅从合同条款的表面文字来判断,还可以从合同条款中默示推定出当事人应该承担的义务。如果这样的默示义务存在的话,合同就符合义务相互性这一规则。在一个排他许可的合同中,即使合同条款在表面上没有规定约束当事人,但是可以推断出获得许可的这一方当事人应该尽到合理努力来履行合同。

卡多佐法官[①]代表法院呈递以下判决意见:

被告露西[②]将自己描绘成一个"时尚达人"。她的个人喜好,引领着当今的时尚潮流,可以促进商品的销售。一些服装、女帽和类似商品的生产者,非常愿意向她支付费用,以获得她宣传使用该商品的证书。她设计的物品有编织品、女用阳伞,有些产品即使不是她设计的,但一旦有了她代言,就在公众的头脑中有了新的价值。她雇用了原告伍德来帮助她从事推广工作,努力将这样的时尚转换成实实在在的金钱。根据原告与被告之间的协议,对于其他人设计的物品,在取得被告的同意后,原告享有以被告名义独家进行宣传的权利;对于被告自己设计的商品用于销售的,原告也享有独家经营的权利,或者,原告也可以许可他人对这些商品进行市场开发。作为回报,被告可以从原告签订的合同中获得"所有利润和收入"的一半。原告享有的这一垄断权,从1915年4月1日起将持续至少一年时间,并且在之后还可以一年接着一年延续下去,除非另一方提前90天通知终止合同。原告诉称,自己信守了双方的合同,而被告却违反了这一合同。在原告不知情的情况下,被告自行在编织品、服装和女用阳伞上进行宣传,并一个人独占了这些利润。原告就此起诉被告,要求被告赔偿损失,在上诉法庭没有获得支持后,原告不服判决,提出反对意见,于是,这一案件就到了我们法院。

系争的雇佣协议是由本案双方当事人所签订。该协议中有着大量内容叙述了案件事实,然而被告坚持认为,这一合同缺少合同的要素。被告辩称,原告根据这一合同可以不受任何约束。在合同文本中,原告确实没有用很多文

215

---

① Cardozo.J.

② 被告露西是当时纽约著名的时尚设计师,专门为上流社会和早期的无声电影进行时装设计。

字承诺将会尽到合理努力让被告能够为更多的产品进行代言，并对她的设计进行市场开发。但是，我们还是认为，这样的承诺可以公正地被默认存在。法律在不断发展，它已经脱离了早期那种将准确的文字奉为至上法宝，将文字中的每一个小小失误都看作致命错误的形式主义阶段。现如今，在这一问题上，我们采取的是更加宽松的观点。某个承诺可能会缺少义务，然而整个书面文本却可能"充满了义务"，义务只是没有被完美地明示表达出来而已。①如果某个承诺是这样的情况，那么在双方当事人之间仍然存在着合同。

　　在本案中存在着默认的承诺，这一点可以在协议的很多方面都找到支持。被告给予了原告独家代理的特权。至少在一年时间之内，如果不是通过原告的代理，被告就没有权利安排使用自己的签名或者对她的设计进行市场开发。一方当事人接受了独家代理的特权，就是推定其存在着义务。②我们并不会去推定合同中的一方当事人是处于另一方当事人的任意摆布之下。③协议中的很多其他条款，也同样说明了这一点。该协议的开始部分明确告诉我们，"伍德先生拥有一个经营机构，用以安排露西夫人授权同意的代言宣传"。这样的陈述就暗示着原告的经营机构，是用于为被告代言的目的。但是，相比而言，被告有权从原告这里获得补偿的条款也许更加重要，更加能够说明问题。被告授权原告独家代理获得的补偿数额，占到了原告辛劳所得利润的一半。如果原告不去努力经营，被告也许一无所有。如果协议中没有这样的默认承诺，那么，"这样的交易就不会有商业效果，这只能说明双方当事人已经想好了，无论如何要达到这样的效果"。④但是，本案争议的合同并没有在此打住。原告还进一步作出承诺，他将每个月对所获得的收入进行计账，并且承诺在保护协议下的权利和商品需要的时候，原告要去申请获得专利、著作权和商标。理所当然的是，如果原告没有义务去努力对被告的设计进行开发，或者尽力为她找到代言的机会，那么原告所承诺的每个月对利润计账或者申请获得著作权就毫无意义；上诉法庭在判决意见中也说到这一点。但是，在确定当事人的意愿时，当事人的承诺*有其价值*。原告的承诺帮助我们强化了这样的结论，即原告在这一合同中*承担着一些义务*。原告承诺，从自己独家代理获得的利润和收入中拿出一半给被告，每个月都要拿出一个账单，在我们看来，就是他必须尽到合理努力来获得收益的承诺。我们法院得出的这一结论，是有着充分的权威

216

①　Scott, J., in McCall Co. v. Wright, 33 App. Div. 62.

②　Phoenix Hermetic Co. v. Filtrine Mfg. Co., 164 App. Div. 424.

③　Hearn v. Stevens & Bro., 111 App. Div. 101.

④　Bowen, L. J., in The Moorcock, 14 P. D. 64, 68.

观点来支持的。①

上诉法庭的判决应该予以撤销,初审法院的判决予以维持。

梅扎诺特诉弗里兰②
北卡罗来纳州上诉法院(1973年)

本案要旨

原告梅扎诺特夫妇与被告弗里兰夫妇签订了一份合同,由原告从被告处购买一块土地及土地上的设施。合同约定,这一合同是否履行取决于原告能不能从银行处获得令其"满意的"贷款。之后,被告没有履行合同,于是,原告向法院起诉,要求被告实际履行合同。被告则抗辩,由于合同中约定了合同的履行取决于原告能否获得"满意的"贷款,这意味着原告对于合同拥有绝对的自由裁量权,这样的约定是虚幻的承诺,是没有对价支持的,因而是不能强制执行的合同。法院认定,原告有着通过合理努力履行合同的默认义务,合同中存在着义务的相互性,判决支持了原告的诉讼请求。

本案确定的规则是,对于一个附条件的合同,如果合同中当事人默认了应该尽到合理的努力履行合同,这样的合同就存在着义务的相互性,有着对价支持。如果合同中约定了"满意"条件,对于可以行使自由裁量权的这一方当事人来说,他是不能任意地以自己的标准作为判断标准的,而是应该根据合理的商业标准来判断某一条件是否令其满意。

原告梅扎诺特夫妇向法院起诉,要求被告弗里兰夫妇实际履行双方达成的买卖合同,并赔偿因被告违约造成的损失。

在1972年5月2日,原告和被告签订了一份合同。根据这一合同,原告同意购买被告位于奥兰奇县③的一块土地,包括这块土地上的构造物和装修,这一地块上的构造物名称是丹尼尔·布恩大厦。这一合同还规定了买卖价格和支付方式这样的条款,包括原告向被告支付5 000美元作为定金。……

在1972年5月2日的买卖合同中,除了其他条款之外,有一个条款的内容是这样规定的:

2. 本合同的履行,取决于第二方当事人[即原告]能否按照让其满意

---

①   Wilson v. Mechanical Orguinette Co., 170 N.Y.542.

②   Mezzanotte v. Freeland, 20 N.C.App.11, 200 S.E.2d 410.
本案原告与被告都是两人,分别是梅扎诺特夫妇和弗里兰夫妇。——译者注

③   奥兰奇县是位于北卡罗来纳州北部的一个县。——译者注

的条款和条件,从北卡罗来纳州国家银行获得第二个抵押贷款,以此来为完成这一买卖提供金融支持,获得附加的营运资金。……

原告未能从北卡罗来纳州国家银行获得贷款,而是从其他途径筹措了资金,在 9 月 5 日,原告向被告提出交付合同要求的首付款 200 000 美元,而且附上了余款的支票和信托证书。但被告拒绝了原告提出的履行,并且拒绝完成交易。于是,原告提起了本案诉讼。

初审法院查明了本案的事实,并且认定原告与被告在 1972 年 5 月 2 日签署的协议从法律上……构成了一份有效的买卖合同。初审法院的法官进一步查明,原告在 1972 年 9 月 5 日向被告提出履行合同,与他们合同中的义务实质性相符,而被告拒绝转移财产的行为构成了对合同的违约。被告这样的违约行为赋予了原告要求被告实际履行合同的权利。……

〔被告不服判决,提起了上诉。〕

217

巴利法官①代表法院呈递以下判决意见:

……被告弗里兰夫妇坚持认为,他们与原告之间没有一个可以强制执行的买卖合同,因为……在原告方面并没有对价,原告的对价是不确定的,它取决于原告能否从北卡罗来纳州国家银行获得让其"满意"的金融贷款支持……

被告的这一观点……来自他们对系争合同条款的解释,然而被告他们是以原告按照合同条款购买这一不动产的承诺为依据来解释合同的。被告坚持认为,由于这一合同是取决于原告能否从北卡罗来纳州国家银行获得令其"满意的"贷款,所以,这样的承诺是一个虚幻的承诺②,不能构成一个对价。

在我们法院看来,似乎很清楚的是,当事人在签订这一买卖合同的时候,他们是打算让彼此受到这一合同的制约,是想要遵守合同条款的。当事人他们明白,原告将尽到诚实的善意,努力从北卡罗来纳州国家银行获得令人满意的金融支持。这一合同默认的是,原告将会以善意努力从北卡罗来纳州国家银行获得合适的金融支持,而且,如果原告从银行这里获得的金融支持符合合理的商业标准,那么,原告就不能随意找个理由予以拒绝,而只能以让人满意的理由来拒绝。在某一个合同授权一方当事人可以行使自由裁量权,而这一自由裁量权的行使将会影响到其他人权利的时候,这样的自由裁量权就必须建立在善意和公平行使的基础上,以合理的方式来行使。庭审记录显示,本案的当事人就是这样来理解他们彼此之间的义务的;庭审记录还表明,原告梅扎诺特夫妇曾经向北卡罗来纳州国家银行申请了贷款,得到了该银行的口头承诺,但是,原告还是不能实际获得这笔货款,为了满足合同项下的义务,原告另

---

①　Baley, J.

②　"虚幻的承诺"这一概念,见第 273 页注释。——译者注

寻渠道寻找金融支持。[我们认为,]某一个承诺虽然是以立诺人控制范围内的事件作为条件,但是如果立诺人"以默认的方式作出承诺,他会尽到合理努力来促成这一事件的发生,或者会行使善意和诚实的判断来确定这一条件是否在事实上已经发生"①,那么,这样的承诺就不是虚幻的。这样的默认承诺当然也就构成了支持回报承诺的充分对价。……

虽然在北卡罗来纳州还没有判例作过特别有针对性的分析,但是,在其他司法区域已经认可,一个附条件的承诺,可以伴随着一个默认的善意条款和合理努力条款,这样的附条件承诺并不是一个虚幻的承诺。

例如,在 Jay Dreher Corp. 诉 Delco Appliance Corp. 这一案件②中,被告授予了原告某一产品的特许经营权,允许原告在一定地域内销售其产品。原告同意销售这些产品,并在特定区域内拓展被告的业务。由于这一特许经营合同中规定了被告保留拒绝原告订单的权利,因此,原告认为,这样的规定使得被告的承诺成为一种虚幻的东西。在汉德法官针对该案所作的判决意见中,他认定这样的合同是有着对价支持的,汉德法官发现,这一合同中被告有着一个默认的承诺,即"被告在阅看原告提交的这些订单时,将尽到诚实判断的义务"。

在 Commercial Credit Co. 诉 Insular Motor Corp. 这一案件③中,被告(一个汽车经销商)同意在两年之内向原告出售所有其顾客的分期付款义务④,而原告则同意购买这些顾客的分期付款义务。但是,合同又规定,原告仅仅会购买那些"可以接受的"分期付款义务[而不是所有的分期付款义务]。审理该案的法院拒绝了被告有关这一合同缺少对价的抗辩。法院认定,这一合同并不允许原告随意地拒绝购买被告的分期付款义务。"'可以接受的分期付款义务',并不意味着原告可以随心所欲地决定是否接受;它只是意味着,在这一类交易中,从通常的商业含义上判断,它是可以接受的。"⑤

在 Richard Bruce & Co. 诉 J. Simpson & Co. 这一案件⑥中,原告同意公开招标承销被告的股票,被告则同意支付原告一定的佣金。被告违反了双方的这

218

---

① 1 *Corbin on Contracts*,§149,at 659.

② Jay Dreher Corp. v. Delco Appliance Corp.,93 F.2d 275(2d Cir.1937).

③ Commercial Credit Co. v. Insular Motor Corp.,17 F.2d 896(1st Cir.1927).

④ 在该案中,被告汽车经销商采取的是分期付款的销售方式。在这种方式下,汽车经销商一般会寻找一家信贷公司或者银行,由信贷公司或者银行为客户购买汽车进行贷款。信贷公司或者银行帮助这样的客户支付款项之后,客户就在今后分期支付款项给信贷公司或者银行,信贷公司或者银行则从中收取相应的利息。这样的做法类似于我们现在金融消费贷款的做法。——译者注

⑤ Commercial Credit Co. v. Insular Motor Corp.,at 899—900.

⑥ Richard Bruce & Co. v. J. Simpson & Co.,40 Misc.2d 501,243 N.Y.S.2d 503 (Sup. Ct.1963).

一合同,于是,原告起诉被告违约。被告则指出,合同中的条款赋予了原告绝对的自由裁量权利,允许原告"在市场条件或者公共招股的前景已经变得黯淡不清或者不合时宜的时候,终止合同"。被告认为,这样的合同缺少对价支持。审理该案的法院认定,这样的合同是可以强制执行的,并称原告的自由裁量权仅仅是"建立在公平交易和善意基础之上的,这是一种合理的自由裁量权"。①

有好多合同与我们法院正在审理案件的争议合同非常类似,它们也被其他法院认定为有效。在 Mattei 诉 Hopper 这一案件②中,原告同意从被告处购买一块土地。该案中的合同规定,这一合同的履行"取决于 Coldwell Banker & Company 获得的租赁契约是否能够让购买方[原告]满意"。审理该案的法院认定,作为购买方的原告,他受到一个默认承诺的限制,在决定 Coldwell Banker 获得的租赁契约是否让人"满意"的时候,原告应该尽到善意的义务。因此,原告所作的承诺并不是一个虚幻的承诺,这一合同也就是可以强制执行的。……

Sheldon Simms Co. 诉 Wilder 这一案件③与我们手头的案件非常类似。在该案中,原告签订了一份合同,同意购买被告的一块不动产。该合同规定:"这一合同的履行,取决于购买人对于所购买的财产能否在两年的最长期限内,以 6.25% 的年利率获得 24 000 美元的贷款。"审理该案的法院认定,这一合同有着对价支持,是有效的。合同要求原告尽到"审慎的努力"来获得贷款。④他不能通过随意放弃贷款来使得这一合同落空。

上述所有案件的判决都倾向于表明,1972 年 5 月 2 日由原告梅扎诺特夫妇和被告弗里兰夫妇签订的这一合同有着对价支持,是有效的、可以强制执行的合同。这一合同包含了原告的一个默认承诺,它要求原告尽到合理努力来获得贷款,并在决定贷款条款是否满意的时候尽到善意的义务。……

初审法院的判决予以维持。

迈阿密可口可乐瓶装公司诉鲜橙汁公司⑤
美国联邦第五巡回上诉法院(1924 年)

本案要旨

被告鲜橙汁公司与原告迈阿密可口可乐瓶装公司签订了一份授权许可协

---

① *Id*, at 504, 243 N.Y.S.2d, at 506.
② 51 Cal.2d 119, 330 P.2d 625(1958).
③ 108 Ga.App.4, 131 S.E.2d 854(1963).
④ *Id*. at 5, 131 S.E.2d at 855.
⑤ Miami Coca-Cola Bottling Co. v. Orange Crush Co. 296 F.693.

议,被告授权原告销售一种名为"鲜橙汁"的饮料,原告需要从被告处购买制作这一饮料所需的浓缩液,并要努力提高饮料的销售量。这一许可协议虽然是永久有效的协议,但是协议又规定,原告可以随时终止协议。在协议履行了一年之后,被告提出解除协议。原告向法院起诉,要求被告继续履行许可协议。法院认定,这一合同中缺少义务的相互性,驳回了原告的诉讼请求。

本案确定的规则是,如果合同中规定了任何一方有权随时解除合同,那么这样的合同就缺少义务的相互性,在法律上是不能强制执行的。

布赖恩巡回法官[①]代表法院呈递以下判决意见:

本案是一起上诉案件。上诉人[初审原告]迈阿密可口可乐瓶装公司在初审中的诉讼请求是,禁止被上诉人[初审被告]鲜橙汁公司取消合同,并要求鲜橙汁公司实际履行双方的合同,初审法院驳回了上诉人的这一诉讼请求。上诉人迈阿密可口可乐瓶装公司不服这一判决,提起了上诉。

系争合同在形式上是一个许可协议,被上诉人鲜橙汁公司授予上诉人迈阿密可口可乐瓶装公司在指定地域内的特许经营权,允许其生产一种名为"鲜橙汁"的饮料,进行装瓶,以被上诉人的商标将这些饮料进行派送销售。被上诉人在合同中除了同意其他内容外,还同意以双方商定的价格,供应生产"鲜橙汁"饮料所需要的浓缩液,并做一定的广告宣传。上诉人迈阿密可口可乐瓶装公司同意购买一定数量的特定浓缩液,维持这一瓶装工厂的经营,争取订单,而且在原则上要尽量多购买这些浓缩液,努力提高这一饮料在该地区的销售量。这一授权许可协议是一个持续有效的协议,但是,它也包含着这样一个但书条款,即上诉人迈阿密可口可乐瓶装公司可以在任何时候终止这一合同。

上诉人声称,其从被上诉人处购买了一定数量的浓缩液,生产出了"鲜橙汁"这种饮料,履行了合同中的义务。然而在这一合同签订一年之后,被上诉人却向其发出了书面通知,表示不再履行这一合同。

我们法院在此同意初审地区法院的观点,即这一合同因为缺少义务的相互性而无效。虽然我们法院也承认,对于这一合同在履行期间给上诉人造成的损失,被上诉人应该承担责任。但是,就这样的损失而言,上诉人根据法律是有着恰当的救济途径的。然而,就这一仍然在履行中的合同而言,它不是一个有约束力的合同,因为它可以根据合同中一方当事人的意愿在任何时候终止。这一合同中的对价,是以承诺交换承诺的方式确定的。但是,上诉人迈阿密可口可乐瓶装公司没有承诺去做任何事情,却可以在任何时候取消这一合同。根据

---

① Byran, Circuit Judge.

一些重量级的权威判例,这样的合同是不可以强制执行的。①这一合同不能基于迈阿密可口可乐瓶装公司享有持续选择权这一理论而被认定为有效,因为这样的选择权如果要具有法律效力,就必须有对价支持……

初审法院判决予以维持。

得克萨斯州液化气公司诉 S.A.巴雷特②
得克萨斯州最高法院(1970 年)

本案要旨

原告得克萨斯州液化气公司是一家天然气供应商,被告 S.A.巴雷特等三人是原告的一个用户。双方签订了一份天然气供应合同,合同规定,原告应该尽量按照被告的要求供应天然气,而且原告要自己出资安装天然气的计量器具。被告则要根据原告供应的天然气支付费用,并且要支付最低费用。合同中又规定,原告对自己供气的数量和连续性不承担义务和法律责任。之后,由于被告拒绝支付最低费用,原告向法院起诉,要求被告根据合同支付最低费用。被告则以合同中只是规定了自己的义务,而原告却可以不承担义务为由,认为合同缺少义务的相互性,因而不能强制执行。法院认定,原告仍然要尽到合理努力,合同存在义务相互性,判决支持了原告的诉讼请求。

本案确定的规则是,即使合同中规定了一些免责条款,但是,只要当事人作出了有价值的承诺,那么这样的合同就是有对价的,并不会因为义务的相互性而在法律上无效,或者不能强制执行。

斯特克利法官③代表法院呈递以下判决意见:

本案是一起要求根据天然气服务合同支付最低费用的诉讼。本案诉讼是由申诉人(初审原告,以下简称原告)得克萨斯州液化气公司针对被申诉人(初审被告,以下简称被告)S.A.巴雷特、约翰·巴雷特和詹姆斯·比弗斯三人提起。在陪审团进行审理之后,被告向初审法院提出动议,认为他们有权根据陪审团的裁定得到相应的判决,从法律上也有权得到这样的判决。初审法院对被告的这一动议作出了回应。随后,初审法院判决原告败诉,原告分文未得。

220

---

①   Marble Co. v. Ripley, 10 Wall.339, 359, 19 L.Ed.955; 1 *Williston*, pp.219, 222.

②   Texas Gas Utilities Company v. S.A.Barrett. 460 S.W.2d 409.

本案被告有 S.A.巴雷特等三人。案件也经过了初审、上诉审,最后到了得克萨斯州最高法院。——译者注

③   Steakley, Justice.

在原告提起上诉之后,民事上诉法院认定,系争合同缺少义务的相互性,不能强制执行,因而维持了初审法院的判决。[原告仍然不服,继续向我们法院提起了申诉。]我们的判决意见与民事上诉法院的观点恰恰相反,我们认为,需要对上诉法院判决中没有讨论到的要点进行分析。

本案系争合同的签订日期是 1964 年 4 月 21 日,合同的期限是五年,并可以由当事人选择再续约五年。合同当时的签约一方是联合石油公司和液化气公司——这两家公司是原告得克萨斯州液化气公司先前的转让方(双方的转让合同是在 1965 年 1 月签订的),签约的另一方是本案被告。订立这一合同的目的是,由原告为被告在农场的水井泵供应天然气,这些农场是被告通过 1964 年 1 月 17 日签订的五年期农业租赁合同得到的。根据系争合同的约定,在整个合同期间,就所安装的水井泵,被告需要按照每 1 400 马力支付 7.5 美元的标准向原告支付相应的费用。到达目的地的输气管道,总长度达到 5 英里,由原告先前的转让方在 1964 年 3 月花费 10 多万美元建造,该管道于 1964 年 4 月 6 日这一天开始供气……从合同的内容来看,双方当事人对于以下内容没有争议:要求原告提供的天然气可以随时供应给被告;原告应该根据被告的要求提供天然气,同时原告应该向被告的下游单位提供天然气,也应该向这些下游单位收费,这些下游单位所支付的款项将计入被告应该支付的款项之中。

作为合同当初签订方的联合石油和液化气公司,以及受让这一合同的原告得克萨斯州天然气公司,它们的基本义务是根据合同第 1 条的规定向被告输送天然气:

> 根据本合同的条款和条件,公司应该在 1964 年 4 月 21 日到 1969 年 4 月 21 日本合同终止的这一段期间,或者到本合同因其他原因终止期间,负责向客户①输送天然气(除非是受制于本合同第 6 条提及的一个原因或者更多的原因)。公司在客户所拥有的服务管道线上安装有一个总的计量表,往下连接的是收费表,这些收费表安装在面积达 4 100.33 英亩农场的各个水井处 。……客户使用这些天然气只限于以下目的:为将近 20 个水井提供燃料。

然而,原告提供天然气的义务受到合同中第 6 条的限制:

> 公司将安排合理的储备来保障持续供应天然气,但是,公司并不能就此保证一定能够做到连续供应,并且公司对于下列原因造成的暂停供气服务或者无法供气的情形不承担赔偿责任:超出公司合理控制的条件,不

---

① 合同中提及的"客户",在本案中就是被告,"公司"在本案中就是原告。——译者注

可抗力①或者构成社会公敌的行为②,无法避免的事故、水灾、火灾、爆炸、罢工、骚乱、战争,接受所需原材料发生了迟延,在并非真正法律程序或者法律诉讼中由法院或者法官作出的命令,或者在这里享有管辖权的政府机构或者裁决机构作出的任何命令,或者前述列举事项以外、超出公司合理控制的任何其他行为或者情形,或者是由于必须修理或者更换分配系统而引起的暂时停止供应天然气的行为。然而,就公司同意提供但是实际上未能提供的那些服务,公司不得向客户要求支付费用。

221

　　双方进一步明确知道并且同意,公司就所提供的天然气的数量或者质量,或者提供天然气服务的连续性,并不承担义务,也因此不承担责任,但是,公司将尽力在可以获得的天然气范围内就上述服务提供客户所需要的天然气,在公司和可以找到的天然气生产商所签协议的许可范围之内,提供客户所需要的天然气……

民事上诉法院的观点是,根据系争合同的第 6 条,特别是标上黑体部分的那些文字内容,本案原告并没有义务向被告提供液化气,并且基于这个原因,这一合同因为缺少合同义务的相互性,是不能得到强制执行的。在本案被告看来,这是他们声称自己没有责任支付原告最低费用"第一位,也是最重要"的依据。

　　正如法律学者们所认可的那样,法院通常采纳的说法是,合同义务的相互性是形成合同的前提条件,双方当事人要么都受到合同制约,要么都不受到合同的制约。③威利斯顿的合同法著作提到——虽然其说法有一定的限制条件——义务的相互性是合同必须包括有效对价的另外一种表达方式。科宾教授极力建议的观点是,义务的相互性应该只是用于表明这样的观点:即合同的每一个当事人在法律上都应该对另一个当事人存在着一定的义务;每个当事人都作出了一个承诺,因而每个当事人都是义务人。这才是"义务相互性"这一术语一般使用时的应有之义,更确切地说,只有对价才是必需的,而义务的相互性并不是必需的。但是,也有人总结道:"反驳'义务相互性规则'的存在和确认这一规则的存在一样,在逻辑上都是软弱无力的……从逻辑上并不能将所谓的'义务相互性规则'与对价原则的公式联系起来,人们也从来没有提出过其他逻辑上的正当性来对此进行证明。"④……

---

　　①　不可抗力通常是指超出人类控制的行为。——译者注
　　②　社会公敌在普通法中通常是用来指某个人的行为从法律上来看是犯罪的,并且是对社会有严重危害的行为。——译者注
　　③　1 *Williston on Contracts*,§105A, at 420(1957);1A *Corbin on Contracts*,§152, at 2(1963);1 *Page on Contracts*,§565, at 949(1920).
　　④　Oliphant, *Mutuality of Obligation in Bilateral Contracts at Law*,25 Colum. L. Rev.705(1925);28 Colum.L.Rev.997(1928).

222 对我们法院来说,很清楚的是,系争合同是一份有效的并且可以实际执行的合同。合同上写明的那些内容,包含了每一方合同当事人有价值义务的相互交换,双方当事人彼此间被对方的承诺所吸引或者共同被对方的承诺所吸引,也各自作出了自己的承诺。原告得克萨斯州天然气公司的义务是,将天然气输送到合同上确定的每一个水井点;尽到合理努力来保障持续供应天然气;尽量满足被告的供气要求;自行出资安装必要的天然气表具。相应的,被告的义务是,对于根据他们的订单输送到水井的天然气,向原告支付费用,并按照合同支付最低费用。双方当事人相互确定的这些义务,并没有被合同中所使用的那些文字所否定。①本案原告在合同的第 1 条明确地给自己设定了义务,就是将天然气输送到被告那里,"除非被本合同第 6 条所提及的一个或者多个原因所阻止"。合同第 6 条规定的免责条款,并不能免除原告的义务。如果原告由于第 6 条所列举原因以外的其他因素导致未能供应天然气的,它就构成了违约,需要对被告承担违约责任。就免责条款的适用范围来说,它是指原告并不承担以下的义务,也就是说并不保证天然气总是可以供应的,或者特定质量的天然气总是可以供应的。然而,原告必须……向被告提供其**可以供应的**天然气。

我们法院在此认定,原告诉请的合同是可以强制执行的。……

……下级法院的判决在此予以推翻,本案发回初审法院按照本院的意见进行重审。

威斯科公司诉江森自控公司②

美国联邦第六巡回上诉法院(2005 年)

本案要旨

被告江森自控公司为一家著名的汽车企业戴姆勒克莱斯勒公司生产一种汽车头枕靠垫。被告将生产汽车头枕的部分工作外包给了原告威斯科公司,双方在需求合同中约定了原告每天生产的零件数量和报酬。但是由于不久后戴姆勒克莱斯勒公司对于新款汽车采用了不同的技术要求,被告江森自控公司大量减少了合同中零件的需求量。于是,原告威斯科公司向法院起诉,认为被告违反了双方的合同,要求被告承担违约责任。法院认定,原告未能证明被告减少合同

① Portland Gasoline Co. v. Superior Marketing Co., Inc., 150 Tex. 533, 243 S.W.2d 823(1951).

② Wiseco, Inc. v. Johnson Controls, Inc. 2005 WL 2931896, 59 UCC Rep. Serv. 2d 884. Unpublished Opinion.

项下的货物需求是出于恶意,驳回了原告的诉讼请求。

本案确定的规则是,对于需求合同中的买方来说,如果其出于善意,就可以减少合同项下的货物数量需求,哪怕合同数量与原先估计的数量存在着明显的不相称。

萨顿巡回法官[1]代表法院呈递以下判决意见:

初审原告威斯科公司是一家位于肯塔基州的加工及模具公司,威斯科公司在初审中的诉讼请求是,被告江森自控公司违反了双方之间的需求合同[2]。由于威斯科公司未能证明本案中存在着实质性的事实争议,即被告江森自控公司恶意地减少了双方合同项下的货物需求,因此,我们在此维持初审法院的判决。

在 1998 年,被告江森自控公司为案外人戴姆勒克莱斯勒公司[3]的几款汽车生产一种金属头枕靠垫。江森自控公司有一家叫作福美其的工厂,这家工厂位于肯塔基州的乔治镇,在这一年的 12 月,福美其工厂的一位员工试图将头枕靠垫制作中的两项工作外包给原告威斯科公司。准备外包的这两项工作是:将金属棒弯曲,变成一个 U 形的造型;在零件末端进行切割(环绕)。双方当事人口头协商同意,原告威斯科公司将自行承担费用,准备必要的工具来完成这一工作。威斯科公司每天的生产数量大约是 4 000 个(将根据戴姆勒克莱斯勒公司的实际需求来进行生产),其得到的报酬是每加工一个零件 50 美分。江森自控公司也告诉威斯科公司,它加工的这种零件,寿命至少是 4 年的时间,威斯科公司也就将这一期限作为它期待的合同期限。通过采用江森自控公司提供零件的制造方案,威斯科公司着手为加工这一零件进行了准备工作,也就是说,威斯科公司是自己购买而且准备了设备,从事零件的加工制造;在 6 个月的时间内,它每天生产大约 4 000 个这样的零件,这些生产出来的零件接下来将被送到江森自控公司设在福美其的工厂进行后期制作,然后再被送到江森自控公司设在加拿大蒂尔森伯格的工厂,完成汽车头枕靠垫的最后装配。

在威斯科公司开始生产零件 6 个月之后,江森自控公司告诉威斯科公司,它不久将要终止 684F 零件——威斯科公司已经生产的零件被称作 684F 零件——的订单。在随后的 6 个月中,江森自控公司对 684F 零件的需求量确实

223

---

① Sutton, Circuit Judge.

② "需求合同"是美国合同法中对合同的一种分类,它是指买方要尽可能地按照自己的需要向卖方购买某一物品或者服务。与此相对应的合同类型是"供应合同",指卖方尽可能地根据自己的需要生产(提供)某一物品或者服务。——译者注

③ 戴姆勒克莱斯勒公司是美国一家著名的汽车生产厂家。——译者注

是急剧减少。然而,在这一段时间内,江森自控公司还是要求威斯科公司承接对684F零件进行最终加工的工作,而在以前,这一项工作是由江森自控公司的福美其工厂完成的;承接下这样的工作,意味着威斯科公司不仅要对684F零件进行弯曲和切割,而且还要对这一零件进行开槽和加工,使它成为一个最终完成的零件——这一最终完成的零件被称作684B零件。虽然江森自控公司给予威斯科公司684B零件的订单要远远少于每天4000个,但江森自控公司对于威斯科公司的额外工作还是会支付更多的报酬的。

根据江森自控公司的说法,它减少对684F和684B零件的需求,是有原因的,这一原因就是由于戴姆勒克莱斯勒公司对于产品需求的变化。684F零件最初是使用在戴姆勒克莱斯勒的1999型切诺基车辆以及1999型大切诺基车辆上的零件。684F这一零件并不使用在2000型大切诺基车辆及以后的车辆上,但是,684B零件却是使用在2000型大切诺基车辆及2001型大切诺基车辆上。而新款大切诺基车辆所使用的头枕,采用的是611零件,这一零件是一种金属杆,比684B零件长40毫米,611零件有着另外两个增加出来的切口,是切割好之后用来对准靠垫底部的,而不是绕到靠垫底部。611零件是由一家名为古尔夫工具模型公司的企业生产的,这家公司靠近金属头枕最终完成装配的所在地——加拿大的蒂尔森伯格工厂。

2001年5月14日,威斯科公司在肯塔基州起诉江森自控公司违反了有关684零件的合同……江森自控公司则根据跨区管辖①的规定,申请将这一案件移送到了联邦地区法院进行审理……2001年8月31日,联邦地区法院作出了支持江森自控公司的简易判决。联邦地区法院在作出这一判决的时候,是这样分析的:"江森自控公司从威斯科公司这里购买了它所需要的所有684零件,从这一点上说,被告并没有违反双方之间的合同。"而且,因为没有证据证明有任何替代684的零件曾经使用在"福美其工厂所安装的任何头枕上",所以,本案中没有冲突的那些证据表明,江森自控公司减少其对于684零件的需求是善意的。

在威斯科公司开始生产之后,江森自控公司实质性地减少了它对于684零件的需求,这样的行为是否违反了双方达成的需求合同呢?根据《统一商法典》的规定——该商法典已经被肯塔基州采纳,而且几乎在每一个司法区域都已经被采纳——一个需求合同要求"买方必须是善意地从卖方这里购买实际需要的产品数量或需求,但是,不能提出或要求与原先合同相比明显是不合理

---

① "跨区管辖"是美国民事诉讼中的一个特别管辖规定,主要是指对于争议金额在一定数额以上的案件,或者当事人分别属于美国不同的州,或者一方当事人不是美国当事人的案件,应该由美国的联邦法院管辖,而并非由州法院管辖。——译者注

失衡的数量"。①相关法院在分析中指出,这一条款只有一个例外情形,即对
于增加需求和减少需求,在适用上有所不同。"大多数司法机构已经将《统
一商法典》第 2-306(1)条款解释为允许买方善意地减少需求量,即使减少的
货物需求量和原先合同中表述出来的估计数字有着巨大的失衡。而对于买
方增加需求量,却不可以。"②鉴于增加需求与减少需求在适用这一条款上的
区别,在一般情况下法院会认定,"卖方应该承担买方需求量发生善意变化
的风险,甚至包括买方决定对公司进行清算或者不打算将经营业务继续下
去的风险"。③

这样,在本案中被告江森自控公司是否发生了违反合同的情形,就部分取
决于肯塔基州如何理解《统一商法典》第 2-306 条款中的"善意"这一概念。由
于肯塔基州法院或者美国联邦第六巡回上诉法院没有现成判例对肯塔基州
《统一商法典》中"善意"条款进行过解释,在我们看来,美国联邦第七巡回上诉
法院波斯纳法官在 Empire Gas Corporation 诉 American Bakeries Co.这一判
例中的意见,最具有借鉴意义,该案分析了《统一商法典》中需求合同要求的
"善意"的组成要素……在 Empire Gas 这一案件中,波斯纳法官这样解释道,
一个需求合同,它不是一个选择权合同,因此,放弃购买合同项下货物的决定,
不能随便地以任意理由作出或者根本没有理由作出。④波斯纳法官分析指出,
"善意"这一条款,对于买方施加了好几个限制性的要求:买方不能再从其他卖
方那里购买系争货物;买方不能"仅仅是对原先的合同条款又有了新的考虑就
放弃购买";"买方要承担卖方供应的货物数量发生上下小幅波动变化的风
险"。而且,如果买方减少货物需求的商业理由是不受合同条款支配的原因,
或者是独立于它与卖方关系的其他原因……那么,买方的行为就不属于恶意
行事。

有好几个法院在作出判决时适用了波斯纳法官所界定的"善意"规则,它
们作出的判例可以帮助我们更加清楚地理解"善意"这一规则的轮廓……第一
巡回上诉法院在判决中认定,当一个买方选择关闭一家无利可图的生产工厂,
进而导致对一份供应合同下的货物不再有需求时,买方并没有构成恶意行

---

① KRS § 355.2-306(1).以下引注为《统一商法典》第 2-306(1)条款。

② Godchaux-Henderson Sugar Co., Inc. v. Dr. Pepper-Pepsi Cola Bottling Co.,
No.83—5730, 1985 WL 13561, at * 6, 1985 U. S. App. LEXIS 14121, at * 18(6th Cir.
August 29, 1985);也见 Empire Gas Corp. v. Am. Bakeries Co., 840 F.2d 1333, 1337(7th
Cir. 1988)。

③ Empire Gas, 840 F.2d at 1337—38; Brewster, 33 F.3d at 365.

④ 840 F.2d at 1339—40.

事。①相类似地,有好几个其他法院的判例认定,买方减少和取消订单的行为并没有构成恶意行事,这些判例中提及的减少和取消订单的原因多种多样,包括买方这样做是想要减少现有的产品库存;想让现在的经营变得更加富有效率;买方的顾客不再需要原先合同中的产品,或者只有一部分产品是需要的,这些产品比原先合同中估计的数量要少。

卖方则承担着这样的义务,必须由他来证明买方存在着恶意减少货物需求的行为。②在 Technical Assistance Int'l, Inc. 这一案件③中,审理该案的法官在判决意见中这样说道:"在不能表明买方存在着恶意的情形下,买方将被推定为是根据正当的商业理由来改变它对某一货物的需求,推定买方是在善意行事,并且对于其在货物需求上的变化不承担责任。"

225   将上述判例适用到我们手头正在审理的这一案件的时候,被告江森自控公司提出了自己的辩论意见,即原告威斯科公司从它这里得到了所有 684F 和684B 零件的需求,而且没有其他公司曾经向江森自控公司出售过那些零件。在最初的时候,威斯科公司是既为切诺基吉普的合同供应头枕,也为大切诺基吉普的合同供应头枕,这两款车型使用的都是 684F 和 684B 零件。但是,戴姆勒克莱斯勒公司现在的需求发生了变化,它要求江森自控公司生产一种更长的金属拉杆,以便能够容下大切诺基车辆头枕增加出来的槽口。江森自控公司的技术部门则被请求,对大切诺基车辆头枕的尾部作不同的切割,将零件的尾部改成以点对接的设计,以替代以前那种绕过去对接的设计,这样的话,车辆的头枕就变得更加容易安装。正如江森自控公司对于这件事情的判断,一旦戴姆勒克莱斯勒公司"停止需要"这些系争的零件,这一事件就成为被告订单缩水的一个"善意"理由,相应地,对于原告威斯科公司订单的改变也就不构成"对合同的违反"④。相类似的是,江森自控公司的技术部门决定改变这些零件的规格,也是减少原先 684 零件需求的正当理由,因为,让江森自控公司仅仅是为了遵守这一份需求合同而去生产那些已经无效的零件,将是"不合理的"⑤。在这样的情形下,由于没有其他证据表明自己仍然继续需要这些 684 零件,江森自控公司坚持认为,它所处的情形发生了实质性的变化,因此,它并没有违反双方的这一需求合同。⑥

---

① Brewster, 33 F.3d at 366.
② Technical Assistance Int'l, Inc. v. United States, 150 F.3d 1369, 1373(Fed. Cir. 1998).
③ 150 F.3d 1369, 1373(Fed. Cir. 1998).
④ Tri-State Generation, 874 F.2d at 1360.
⑤ Empire Gas, 840 F.2d at 1340.
⑥ Cf.Empire Gas, 840 F.2d at 1339.

原告威斯科公司也相应地提出了自己的辩论意见，它认为，本案系争的所谓不同零件，实质上是同一零件。为了让它的这一观点更加有理有据，威斯科公司请来了一个名叫戴维·史密斯的专家证人，这一专家证人认为，684零件与610零件实质上是相类似的。但是，事实表明，610零件实际上是用在欧洲的大切诺基车辆上的。这一零件是由古尔夫工具公司在1999年11月到2000年8月期间制造的，并且是由供货者直接将货物交付到奥地利。没有迹象表明，威斯科公司曾经为在欧洲的大切诺基车辆供应过684零件。所有证据都表明，威斯科公司制造的每一个684零件，仅仅是用在北美的切诺基和大切诺基这两种车型上。

威斯科公司接下来又提出，684零件与611零件实质上是同一种零件，后者就是仿制的前者。这里的611零件，就是替代了在2000型大切诺基车型以及以后车型上684零件的一种零件。但是，威斯科公司并没有向法院提供有关这两种零件实质上是同一种零件的任何证据。相反，江森自控公司却向法院提供了有关这两个零件之间存在着差异的证据，这种差异就是，制造611零件的拉杆要长40毫米，而且这两个零件上的拉杆是采用不同方法切割的。江森自控公司也向法院提供了这样的证据，即为了要生产替代684零件的611零件，它需要对零件进行重新加工，这是一种重大调整。江森自控公司还向法院提供证据表明，如果在同一台设备上交互生产这两种零件，它将要花费超过20 000美元的费用，而且完成这样的转换需要8个星期的时间。我们认为，在本案中，原告威斯科公司应该证明本案中存在着由法院进行审理的事实问题，即江森自控公司减少684零件合同项下的需求数量是恶意的；但是，从本案现有的庭审记录来看，我们法院并不能认定威斯科公司已经满足了对它的举证要求。原告威斯科公司仅仅是向法院表明，大切诺基车辆头枕所使用的零件就是承继的684零件。

毫无疑问，法律不允许江森自控公司改变威斯科公司正在制造的零件数量，以此来规避双方的需求合同。但是，威斯科公司向法院提起本案中的主张时，并没有满足它的举证要求。由于缺少充分的证据证明自己在本案中的主张，威斯科公司在审理过程中开始对它提出主张的前提条件进行扩大解释，它将适用条件从一个生产某一特定零件的合同，转为生产类似零件的合同，再转向所有生产吉普车头枕——不管这些吉普车上所用的头枕涉及的是什么样的零件——的合同。因为联邦地区法院在初审中所认可的需求合同中并没有这样的前提条件，而且因为《统一商法典》对于买方所施加的"善意"的限制并没有原告提出的这样的要求，所以，我们认为，联邦地区法院拒绝原告威斯科公司在本案中的诉讼请求，是正确的。

226

被告江森自控公司向法院指出了本案所涉及的这些零件的差异,包括 684 零件与 610 零件之间的差异、684 零件与 611 零件之间的差异。在这些零件存在着的差异之外,江森自控公司还向法院提供了它改变 684 零件需求的另一个理由:即汽车头枕的生产和最终完工,已经从肯塔基州的福美其工厂转移到了加拿大的蒂尔森伯格工厂。当威斯科公司和江森自控公司一起在福美其工厂生产其最终的 684 零件的时候,江森自控公司是将完成的汽车头枕交付到蒂尔森伯格工厂进行最终的装配。江森自控公司基于商业效率(运输成本、时间迟延,等等)的理由,以及它得出的福美其工厂已经多次未能有效生产零件这样的结论,作出了在加拿大工厂生产 611 零件的决定;在我们看来,被告江森自控公司的这两个理由都构成了不受其与威斯科公司合同所支配的正当商业理由。威斯科公司从来也没有向我们法院提供反驳这些正当商业理由的证据;事实上,威斯科公司自己也承认,它不知道为什么江森自控公司将汽车头枕的生产转移到了加拿大。将汽车头枕的生产转移到加拿大,也是对于减少 684 零件需要的另一种解释,这一另外的解释也支持联邦地区法院作出的从法律上驳回原告威斯科公司主张的判决……

基于以上这些理由,我们法院维持初审联邦地区法院所作的判决。

Summits 7 公司诉凯莉[1]

佛蒙特州最高法院(2005 年)

本案要旨

被告斯塔克·拉斯克(婚前姓氏是凯莉)曾经是原告 Summits 7 公司的一名雇员,被告属于一名"可以被任意解除的雇员",这意味着原告可以在雇佣关系的任何时候解雇被告;同时,被告也可以在被解雇之后不受限制地去任何她愿意去的新雇主那里工作。在被告为原告工作了一段时间后,原告与被告签署了一份相当严苛的竞业限制协议,后者承诺在她离开原告后的一定时间内,在特定区域内不得到原告的竞争对手处工作。后来,被告离开了原告,到了原告的竞争对手处工作。于是,原告向法院起诉,要求法院颁发禁令,禁止被告在其竞争对手处工作。法院认为,本案中存在对价,判决支持了原告的诉讼请求。

本案确定的规则是,对于可以任意解除的雇佣关系而言,雇佣关系的双方

---

① Summits 7, Inc. v. Kelly, 178 Vt. 396, 886 A.2d 365.

本案被告的婚前姓名是叫 Staci Kelly,但是,在本案初审过程中,她使用的是其婚后名字 Staci Lasker。此为原判决中的注解。

当事人在签订一个竞业限制协议的时候，只要雇主答应继续雇用这一位雇员，那么，这就是支持这一竞业限制协议的充分对价。

艾伦法官①代表法院呈递以下判决意见：

［被告斯塔克·拉斯克曾经是原告 Summits 7 公司的一名可以被任意解除的雇员。②］在斯塔克·拉斯克受雇于 Summits 7 公司期间，双方当事人曾经达成过一个竞业限制协议，根据这一协议中的条款，初审法院颁发了一个禁令，禁止被告斯塔克·拉斯克在其原雇主 Summits 7 公司的竞争对手处工作，被告斯塔克·拉斯克对初审法院的这一判决提起了上诉。本案争议的主要问题是：是否有足够的对价支持这一竞业限制协议？初审法院认定，斯塔克·拉斯克在原告处获得继续工作的机会，或者是她从原告这里得到晋升、增加薪水中的任何一个理由，都是支持这一竞业限制协议的充分对价。我们法院在此同意初审法院的这一观点，即斯塔克·拉斯克在原告处获得继续工作的机会，构成了支持这一协议的充分对价……

被告斯塔克·拉斯克在本案中提出来的最主要争议问题是，双方达成的这一竞业限制协议究竟有没有对价支持？需要强调指出的是，被告在本案中并没有以协议中强加给她的限制类型明显不合理，或者那样的限制是为了保护原告的利益量身定制这样的理由来质疑这一协议。被告也没有坚持认为协议中的竞争限制时间过长，因而不合理。被告真正提出抗辩的是，初审法院没有指出这一竞业限制协议中的地域限制过大、明显不合理，这才是初审法院的错误之处。但是……我们法院在此并不需要考虑被告提出的这一抗辩观点，因为被告显然是在一个受到合理限制的地域范围内寻找到了工作，而且对这样的协议法院可以确定合理的地域范围来强制执行。因此，如果我们法院认定双方的竞业限制协议有充分的对价支持，那么我们法院就将维持初审法院所作的支持原告的判决。

正如我们法院已经指出的，初审法院在判决中认定，雇员斯塔克·拉斯克获得在雇主处继续工作的机会，是支持一个竞业限制协议的充分对价。但是，我们法院认为，初审法院得出的另外一个结论，即斯塔克·拉斯克在受雇于

227

---

① Allen, C.J.(Ret.).

② "可以被任意解除的雇员"是美国雇佣法律中经常使用的一个概念。在美国，劳资双方基本的法律关系是，雇主既可以基于一定理由解除与雇员的劳动关系，也可以没有任何理由解除与雇员的劳动关系，雇员也可以不需要任何理由，随时解除与雇主的关系。这样一种雇佣关系性质，被称为"任何一方可以解除的雇佣关系"。这种雇佣关系与我国劳动法中确定解除劳动关系的性质和程序，有很大的不同。——译者注

Summits 7 公司期间获得的增加经济补偿和晋升的机会,也是支持这一竞业限制协议的充分对价,却是根本没有必要的。本案中的证据显示,斯塔克·拉斯克的晋升和提拔,与她本人签署这一竞业限制协议没有任何的关联。[①]我们只能认定,被告斯塔克·拉斯克得到提拔和提升是因为她工作出色所致,她得到的奖励也是由于其出色的工作表现。

从协议条款来看,我们法院也不想赋予以下事实特别举足轻重的地位,这一事实就是:从竞业限制协议的相关条款来看,这一竞业限制协议只有在斯塔克·拉斯克由于某个原因被解雇,或者是在她自愿离职之后才能得到强制执行。有人也许会认为,这一协议当中,除了给予斯塔克·拉斯克继续工作的机会之外,还规定了 Summits 7 公司不得没有理由解雇拉斯克的一些奖励措施。但是,我们认为,这些奖励措施并不构成用于交换斯塔克·拉斯克签署这一竞业限制协议的实际利益,这里所指的实际利益应该是超越持续雇佣的利益。实际上,这一竞业限制协议在条款中明确无误地表明,它既没有创设一份雇佣合同,也没有改变被告斯塔克·拉斯克属于可以随时被解雇员工的地位。

尽管这样,我们法院还是同意初审法院针对本案作出的判决结果,同意绝大多数其他法院在这一问题上的观点,以及最近《劳动法重述》草案中的观点,即单单是"雇员获得继续在雇主这里工作机会"这一利益本身,就构成了支持一个竞业限制协议——这一竞业限制协议是在双方可以随时解除雇佣关系的期间达成的——的充分对价。[②]

228　　此外,对于一个可以被任意解除的雇员来说,由于在他被雇用的最初阶段可以不需要任何理由被雇主解雇,所以,不管这一位雇员是在雇佣关系的哪一个时间点上签署竞业限制协议——[可能是在被雇用的最初阶段签署,也可能是在被雇用一段时间之后签署]——它的对价总是一样的。[③]

---

①　Sanborn Mfg. Co. v. Currie, 500 N.W.2d 161, 164(Minn.Ct.App.1993).
在这一案件中,并没有证据表明这一位雇员职位的提升和增加薪水是出于其工作表现之外的其他原因。——译者注

②　Mattison [v. Johnston], 730 P.2d [286] at 288 [1986],在 Mattison 这一案件中,法院认为,虽然有权威判决与大多数法院判决相反,但是,绝大多数法院还是认为,在一个可以任意解除的雇佣关系开始之后,"雇员在雇主这里继续工作"是支持双方达成竞业限制协议的充分对价;*Restatement(Third) of Employment Law*, Preliminary Draft No.2, *supra*, §6.05 cmt.d.

③　Copeco, Inc. v. Caley, 91 Ohio App.3d 474, 632 N.E.2d 1299, 1301(1992)。在这一案件中,法院在判决中指出,某一位雇员在最初被雇用的时候作出的承诺,与雇佣关系已经成立之后作出的继续雇用的承诺,这两者之间并没有实质性的区别。……

在以上两种情形①的任何一种情形下,雇员实际上都是同意了在受雇之后的指定时间内不去与原先的雇主进行竞争,雇员用来交换的对价,要么是从头开始就存在的雇佣关系,要么是这一位雇员在受雇一段时间之后继续获得为雇主工作的机会。我们可以换一个角度来看本案中的对价问题,在任何一种情形下,这一竞业限制协议的对价都是雇主约束自己,不去终止双方之间本来可以被他任意解除的雇佣关系……我们认为,不管当事人是在雇佣关系的哪一个阶段承诺不去与雇主进行竞争,只要在雇员签署这一不竞争承诺书之后雇主在解雇这一位雇员时没有恶意地行事,那么这一承诺的合法对价总是存在的。②

初审法院的判决予以维持。

约翰逊法官③对于该案的反对意见:

……在被告斯塔克·拉斯克为原告 Summits 7 公司工作了好长时间之后,Summits 7 公司要求斯塔克·拉斯克签订一个相当广泛的竞业限制协议,这一协议禁止她直接或者间接加盟任何与 Summits 7 公司提供服务相关联的那些企业。对她今后受雇于他人进行限制的期限,则是从她因为某种原因被雇主解雇或者自愿离开雇主之后的一年时间,而且,这一协议的限制地域包括了佛蒙特州、新罕布什尔州和纽约州的部分地区。为了签订这一受到严格限制的竞业协议,被告斯塔克·拉斯克除了获得继续在原告处工作的权利之外,一无所获……

对本案事实进行简要分析后可以看出,斯塔克·拉斯克在原告处获得的继续工作机会,对于她签署的竞业限制协议来说,是一个虚幻的对价。在原告 Summits 7 公司向斯塔克·拉斯克提交这一竞业限制协议之前,斯塔克·拉斯克是一个可以随时被解雇的雇员,这意味着雇主 Summits 7 公司可以在任何时候以一定的理由解雇她,也可以没有任何理由解雇她;但是,对于斯塔克·拉斯克来说,在签订这一竞业限制协议之前,她可以在任何时候自由地离

---

① 这里所提的"两种情形",一种是在受雇的最初就签订竞业限制协议,另一种是在受雇一段时间之后签订竞业限制协议。——译者注

② Zellner v. Conrad, 183 A.D.2d 250, 589 N.Y.S.2d 903, 907(1992).

在这一案件中,法院判决认定,雇主约束自己不去行使其享有的解雇雇员的权利,这是对自己权利所作的一种法律上的限制,它可以支持一个竞业限制的协议;该判决还认定,在竞业限制协议签订之后,双方的雇佣关系又持续了一段相当时间的,雇主限制自己享有的解雇雇员的权利,这是一种真实的自我约束,而不是虚幻的自我约束……此为原判决中的注解。

③ Johnson, J.

开现在的工作岗位,去寻找另外的工作。而在签署这一竞业限制协议之后,她仍然是一个可以随时被解雇的雇员,雇主还是可以基于一定理由,也可以没有任何理由解雇她,但是,对于斯塔克·拉斯克来说,她却失去了在离开现在工作岗位之后自由地寻找其他工作的权利⋯⋯

持多数意见的法官认为,只要在这一竞业限制协议达成之后雇主没有恶意地终止双方的雇佣关系,那么,斯塔克·拉斯克获得"被持续雇用"的机会就是充分的对价;在我看来,多数法官得出的这一观点,是没有将对价的虚幻性质搞清楚。我认为,多数法官在本案中的推理既不符合逻辑,也没有说服力。一个协议是否有着充分的对价支持,应该根据当事人达成协议时他们对于未来的期待进行判断。[在我看来,]采用一种"回头看"的分析方法①来判断某一个协议是否有着对价,将我们带离了对价的传统概念,就是将一个虚幻的承诺通过当事人的实际履行转换成了一个可以强制执行的对价。②

在历史上,法院对于在雇佣关系终止之后限制竞争的承诺,总是会进行特别严格的审查。③实行这样的严格司法审查是必需的,因为这样的限制雇员竞争的承诺,经常是当事人之间并不平等的讨价还价能力的结果。雇主可以利用这种不平等的谈判力量,对雇员施加他所想要的限制,也就是要求雇员在他们离开岗位之后不得与雇主进行竞争。在另一方面,关注获得工作机会或者保住工作岗位的雇员,对于在这之后他们因为将来工作受到限制而失去生计的困境,很可能考虑不足。在商业自由和个人自由选择工作这两个利益之中,法院已经感觉到,保证竞业限制协议是旨在保护正当的雇主利益,而不是去限制贸易或者竞争。

虽然说通过判断竞业限制协议是否与雇主的正当利益合理地相关、是否有着合理的地域限制和时间限制的时候,这些公共政策的关注点最终都会被涉及,但是,这样的竞业限制协议是否存在着充分的对价,已经成为这些关注点的重中之重。基于对可以任意解除雇佣关系的批评和限制日益增加,以及

229

---

① "回头看"的分析方法在这里是指多数法官分析"对价"时所采用的方法,即从争议发生的时候往回看,回到签订竞业限制协议的当初时间点上来看这一协议是否有"对价"支持。多数法官认为,在签订这一竞业限制协议的当时,雇主 Summits 7 公司本可以不需要任何理由就解除斯塔克·拉斯克的合同,但是,雇主约束了自己的这一权利,这就是一个充分的对价。然而,约翰逊法官认为,判断"对价"应该是一种"向前看"的分析方法,即看当事人在签订合同时对将来的一种期待。——译者注

② T. Staidl, *The Enforceability of Non-Competition Agreements when Employment is At-Will: Reformulating the Analysis*, 2 Employee Rts. & Emp. Pol'y J. 95, 106(1998) ...

③ 1 H. Specter & M. Finkin, *Individual Employment Law and Litigation* §8.01, at 443(1989).

雇主与雇员之间通过继续工作的机会来交换对将来工作限制时缺少真正的讨价还价的能力，我认为，"更好的观点"应该是要求双方在"继续雇佣"这一关系之外，还有着另外的对价来支持在雇佣关系存续期间达成的竞业限制协议。……

在本案中，斯塔克·拉斯克于 2000 年开始为原告 Summits 7 公司工作，刚开始的时候，她只是一个每小时只能赚 10 美元的普通雇员，后来，她在公司的职位逐渐获得提升。在斯塔克·拉斯克为 Summits 7 公司工作了 1 年多之后，Summits 7 公司要求她签署一个竞业限制的协议，这一协议严格限制了她在雇佣关系结束之后的权利。初审法院在判决意见中认为，作为一名雇员——她学会了如何担当业务中不断加大的责任——斯塔克·拉斯克的职务逐步得到提升，这就是她签署这一竞业限制协议的恰当对价。对于初审法院的这一观点，我同意多数法官在本案判决中所作的分析。……

初审法院还驳回了被告斯塔克·拉斯克的以下辩论意见，即斯塔克·拉斯克认为，Summits 7 公司曾经威胁过，如果她不签署这一竞业限制协议就会解雇她，这样的行为构成了胁迫……斯塔克·拉斯克在案件审理过程中提到，她对于是否签订这一竞业限制协议，真的是别无选择，因为当时她的婚姻正好解体，她不得不争取待在这一工作岗位上，多挣些薪水来抚养她的两个孩子。斯塔克·拉斯克的这一情形，恰好说明了她与雇主之间不平等的讨价还价的能力，这样不平等的讨价还价的能力很典型地存在于雇主与雇员之间，在雇员已经在雇主处工作，雇主以解雇作为威胁、要求雇员签订竞业限制协议的时候，这样的不平等就变得更为明显。……

230

总而言之，我相信，雇主以不签订协议就解雇作为威胁，在不给予雇员更多利益，只是继续雇用这一员工的情形下，要求雇员签订竞业限制协议——这一协议可以在达成之后的任何时间内被雇主终止——在性质上就是一种强制的行为，没有任何实质性的对价予以支持。我倾向于认定这一协议由于缺少对价而没有效力。

第 三 章

道德义务和对价

谢尔登诉布莱克曼①

威斯康星州最高法院(1925 年)

本案要旨

威尔金森夫妇生前都患有严重的疾病,而且没有子女,夫妇两人与其侄女即本案原告谢尔登口头商定,由原告对他们夫妇在生前进行照顾,而他们将在死后以遗产作为合理的报酬。在接受原告 30 年照顾之后,威尔金森先生制作了一份遗嘱,并签发一张支票,表明基于原告过去 30 年的照顾,原告在自己死亡之后可以从遗产中获得 30 000 美元。该份遗嘱后来却不见了。在原告细致妥帖的照顾下,威尔金森夫妇都是在高龄去世。之后,原告以这张支票作为依据,向威尔金森的遗产管理人布莱克曼主张支票上的费用,但遭到拒绝。于是,原告向法院提起诉讼。一般情况下,过去的对价不能作为充分的对价,这意味着原告过去 30 年的服务不能成为这张支票的对价,但法院认为,本案中的支票存在着对价,判决支持了原告诉请。

本案确定的规则是,在一方当事人受益于另一方当事人的服务,在道德上有义务支付报酬的情形下,如果这一服务的价值是无从确定或者难以确定的,那么,其对价是否充分应该由受益人来进行判断;法院应该尊重受益人所作的这种判断,而不是替代受益人进行判断。也就是说,即使受益人给予对方的报酬在常人看来远远超过正常的报酬,这也是受益人有权决定的事情。

这是一起上诉案件,初审法院沃尔沃斯县②遗嘱法院判决支持了原告谢尔登对死者威尔金森的遗产管理人布莱克曼的诉讼请求,被告布莱克曼对这一

---

① Sheldon v. Blackman, 188 Wis. 4, 205 N.W. 486.
② 沃尔沃斯县是美国威斯康星州的一个县。——译者注

判决不服，提起了上诉。原告谢尔登在本案上诉中的主张是要求获得一笔经济补偿，它是基于已经去世的威尔金森先生生前作出的一份书面承诺。在这份书面承诺中，威尔金森先生答应对原告谢尔登先前为自己提供的服务补偿30 000 美元，并支付自这份书面材料签署之日以后原告所提供服务的合理价值。本案中系争书面文本的内容如下：

［以下为一张支票］

30 000 美元

怀特沃特市①，威斯康星州，1919 年 5 月 10 日。②

我在此承诺，在我死亡的那一天，对于我所接受到的有价值的服务，向威斯康星州怀特沃特市的谢尔登支付 30 000 美元，但是，这一笔费用将不包括利息。

这张支票的对价，就是谢尔登根据我的请求，在过去 30 年当中对我的家庭、我的妻子和我本人进行的照顾。对于谢尔登提供的这些服务，本人尚欠着她上述数量的费用，这些费用到现在为止，还没有支付过。

我在此明白并同意，对于谢尔登在将来为我所提供的照顾服务，应该在我死亡的时候，从我的遗产中获得合理的回报，然而，在付给谢尔登未来照顾我的报酬的时候，不能因此减少现在或者将来我可能制作的最后遗嘱或者遗言对于本人普通遗产所作的安排。

威尔金森（印章）

原告谢尔登是已经去世的威尔金森妻子的侄女。谢尔登于 1889 年来到威尔金森先生的家中，并与他们生活在一起。谢尔登是在威尔金森先生的邀请下来到他的家中的，在谢尔登来到威尔金森家的时候，她知道自己来的目的，即她将要照顾威尔金森夫妇，一直要照顾到他们去世，在这对夫妇去世之后，她将获得他们的财产。原告谢尔登照顾威尔金森夫妇的时间长达 34 年，在接受威尔金森提出的照顾他们夫妇的请求之后，谢尔登就放弃了在伊利诺伊州伍德斯托克从事的制衣生意。在 1919 年 5 月，威尔金森先生制作了前面提及的书面材料［支票］和一份遗嘱；在这份遗嘱中，威尔金森先生在安排了少量的物品遗赠给他人之外，将自己剩余的遗产留给了原告谢尔登。但是，这份遗嘱后来却丢失不见了，或者是毁损了，在原告谢尔登根据前面提及的这张支票向威尔金森的遗产管理人提出支付报酬的请求之后，原告的主张遭到了威尔金森近亲属和遗产管理人的反对。他们反对的理由是以下几点：这张支票没有正确地被交付到原告谢尔登手里；没有充分的对价来支持这张支票；而

233

---

① 怀特沃特市是美国威斯康星州的一个城市。——译者注

② 这是一张由已经去世的威尔金森先生签署的支票。以下的内容是威尔金森先生在这张支票上对于支付这 30 000 美元所作的说明。——译者注

且，这张支票在性质上是一种遗嘱，但是由于它没有经过宣誓，因此，不能像遗嘱那样发生法律效力。

已经去世的威尔金森先生是一位银行家，从现有的审判笔录来看，他在生前有着良好的经营能力。他最近的其他亲属是一位堂弟。威尔金森夫人有着严重的听力和视力障碍。在很多年当中，她的健康状况一直非常糟糕。在威尔金森夫人去世之前，她需要有人非常体贴地进行身体上的照顾。原告谢尔登一直帮助她穿衣，陪伴她到街道上散步。威尔金森先生则有着严重的膀胱疾病，他一直是由原告谢尔登进行照顾，为他插入导管，谢尔登的细心照顾就像一位受过专门训练的护士那样体贴周到。原告谢尔登在其他方面也对威尔金森先生进行了细致周到和非常辛劳的护理。原告谢尔登一直待在威尔金森先生的家里，并被视作威尔金森夫妇的家庭成员，同时原告包揽了所有家务劳动。在照顾威尔金森一家的过程中，原告自己曾经花了 1 500 美元买了一幢房子，但是，这幢房子的产权登记在已经去世的威尔金森名下。当原告开始为威尔金森提供服务的时候，她是 42 岁。威尔金森夫人在 84 岁时去世，而威尔金森先生则是在 94 岁时去世。

在本案中引起争议、由已经去世的威尔金森先生签发的这张支票和最后的遗嘱，当时是由威尔金森先生的律师在他的家里制作完成的，虽然当时原告谢尔登也在威尔金森先生的房子里，然而，在威尔金森先生签署这张支票的时候，她并不在场，也不知道这份遗嘱的内容。但是，谢尔登后来在一个盒子里看到过这份遗嘱，她有机会接触这个盒子，知道了这份遗嘱的内容。谢尔登第一次见到这张支票，或者知道这张支票的存在，是在 1920 年 8 月 5 日这一天，这时大约是在威尔金森先生签署这张支票的 15 个月之后。为了安全起见，谢尔登在 1920 年 8 月 6 日把这张支票带到了威尔金森先生的律师弗里斯先生那里，并从弗里斯先生那里领到了这张支票的收据。在这之后，弗里斯先生就一直保管着这张支票，并在本案审理过程中把它提交给了法庭。在这之前的 1917 年 6 月 28 日这一天，威尔金森夫妇曾经彼此留下过遗嘱，内容是：在夫妻任何一方死亡时，将把各自所有的遗产转让给健在的另一方，但是，在另一方也不在人世的时候，健在的一方除了可以将小部分的遗产安排留给其他一些人之外，所有其他的遗产都将遗赠给原告谢尔登，谢尔登还被安排为没有报酬的女遗嘱执行人。

本案中，应该承认的是，原告谢尔登就她为威尔金森夫妇所付出的服务，可以按照"据实结算"这一原则①提出自己的主张。遗嘱法院认定，本案系争的

---

① "据实结算"的原则，本意是"得到应该得到的东西"，在普通法中，是指付出某种劳动或者服务的一方当事人，可以得到其"所从事服务的合理价值"。它经常是当事人在没有合同或合同无效时要求获得救济的方法。——译者注

书面材料[支票]是一个有着很好的,而且是充分对价支持的不可转让期票。遗嘱法院判决,原告谢尔登可以获得这张支票上载明的 30 000 美元,以及从该支票签署的那一天开始,直到威尔金森先生去世这段时间,原告谢尔登所从事服务的合理价值。按照每星期 30 美元计算,其价值总共是 35 925 美元,并包括利息。被告布莱克曼对遗嘱法院这一判决不服,提起了上诉。

······

琼斯法官①代表法院陈述了上述事实之后,呈递了以下判决意见:

上诉人的律师对于本案提出了诸多抗辩意见,首先是认为系争的书面文本[支票]没有对价;上诉人还认为,因为威尔金森先生在作出最初口头协议的时候,其要处分的财产中包括了不动产,根据反欺诈法②,这样的口头协议是没有法律效力的。上诉人的律师进一步辩称,就谢尔登与威尔金森双方的关系③来说,在没有明确合同的情形下,原告谢尔登并不能获得经济补偿;根据当时逝者所作的安排,他们在任何时候都不欠原告任何东西,因为原告只能就她的全部履行行为(即为威尔金森夫妇提供的照顾服务),按照"据实结算"的原则获得相应的救济。······

我们认为,虽然说本案中这样性质的口头协议是无效的,但是,原告可以以这样的口头协议来反驳其所提供的服务是无偿服务这样的推定。被告提出,原告这样的诉因只有在原告提供服务之后才能产生,而且,除非有着一个开放的共同账户或者是部分履行行为,否则,原告主张超过 6 年以上的服务报酬是受到诉讼时效制约的。被告认为,已经去世的威尔金森先生欠原告的款项,最多只是威尔金森签署支票这一天之前原告提供的 6 年服务的合理价值。原告谢尔登在本案中的诉讼请求是两个方面:一个是要求补偿她在 34 年提供服务过程中应该获得的合理价值,另一个是基于威尔金森先生签署的支票主张 30 000 美元。被告的律师在本案中提供了原告从事这些服务合理价值的相关证明,这一证明在庭审中由于原告的反对而被法院排除。本案争议的问题是:法院这样做是否正确呢?

威尔金森先生和夫人在生前意识到,由于他们的年纪越来越大,他们没有

---

① Jones, J.

② 反欺诈法是美国重要的法律,其主要内容是,对于一些金额比较大的交易,包括涉及不动产的交易,要求当事人必须以书面合同的方式达成一致意见;如果是口头达成的协议,很可能被认定为没有法律效力。这一法律非常复杂,在各个州实施时也会有区别。相关案例可见第十三章。——译者注

③ 原告谢尔登与已经去世的威尔金森夫妇之间是亲属关系,长期共同生活,在这种情形下,如果双方没有合同,原告谢尔登为威尔金森夫妇提供的服务,可以被认定为一种无偿的服务,被告的律师在本案中也将此作为否定原告主张的一个抗辩理由。——译者注

子女或者近亲属,因此他们需要忠实可靠和体贴入微的照顾,在认识到这一点的时候,他们已经分别是在60岁和54岁。为此,他们愿意将财产中的相当一部分用于他们所需要的这种照顾上。威尔金森夫妇选择了原告谢尔登作为最合适的对象来实现他们的这一愿望。威尔金森先生与原告谢尔登商定,如果谢尔登能够在他们的有生之年提供尽心尽力的服务,谢尔登将获得他们的剩余遗产。我们认为,虽然他们之间这样的口头协议是无效的,但是,这样的口头协议却表明了威尔金森先生的意愿,即原告谢尔登对于她提供的服务应该获得报酬,并应该很好地得到回报。威尔金森的这一意愿在他们夫妇于1917年签署的两份遗嘱中再一次得到了体现。威尔金森夫妇预见的健康恶化这一后果,后来真的发生了。他们的晚年时光一直被身体病痛所笼罩,这就更需要一种最忠诚的照顾,他们并没有被赐予一个"宁静而安详的晚年"。

毫无疑问的是,原告尽心尽力地完成了威尔金森夫妇赋予她的艰巨任务。在1919年,在得到了原告30年的照顾,并从中受益之后,威尔金森先生向他的律师咨询了有关法律后果,然后出具了上述支票。如果威尔金森制作的最后遗嘱在本案中被证明了,那么,原告谢尔登可以得到的威尔金森的遗产将远远超过支票上确定的数额,因为在这种情况下被告也许根本就无法提出有效的反对意见;然而,也许和很多法律的门外汉一样,威尔金森先生对这件事情还是有点担心,唯恐这一遗嘱会引起争议。在所有这些背景之下,他特地签署了原告现在作为主张依据的这张支票。

在本案中,原告谢尔登就是在这样的条件下为威尔金森夫妇提供照顾服务的,她所提供的照顾服务是如此地细致和周到,以至于这一服务的价值是无法用数学上的程度来估量的。没有人能够像威尔金森夫妇那样知道这些服务的真正价值,如果威尔金森对于原告谢尔登所从事的服务还不满意,那他就是一个忘恩负义之人。从本案证据来看,威尔金森知道原告这么多年辛勤付出的价值,并愿意对她进行慷慨的补偿,他这样做完全在他的权利范围之内。如果威尔金森真心实意地选择在原告提供服务的价值之外再多给一些补偿,那也完全是他的权利。促使人们更加节俭行事和自我牺牲的动机有好多,而获得他人提供的对价和尊重,让自己在今后的生活中变得更加慷慨大方,是其中的两个动机。就威尔金森先生签署的系争支票而言,它有着无法估量的价值作为对价,它绝对不是威尔金森夫妇送给谢尔登的一个礼物。在本案中,可以公平提出来讨论的,最多是这一张支票的对价是不充分的。但是,在本案这样的事实背景之下,仅仅是对价不充分,并不等同于没有对价或者对价缺失。当然,就对价不充分这一问题,有时也许会是这样的情形,即这一对价中存在着欺诈或者胁迫,或者是不当影响。但是在本案中,当事人都没有提到过存在这

235

样的情形。有时还会存在这样的情形,即不充分的对价与所获得的利益之间或者与所接受服务的价值之间可能存在巨大的落差,在这种情况下,法院可能会认为拒绝强制执行这样的合同是正当的。

在本案中,并没有欺诈或者错误陈述这样的因素存在,原告提供服务的价值也就应该由受益于这一服务的当事人来确定。如果认定当事人精心制作的协议应该被置之不理或者是被打破,那将是对当事人自行确定合同权利的一种否定。当某一个服务的价值并不确定或者是难以决定时,或者在很大程度上是一种见仁见智的观点分歧时,法院不能替代合同的当事人来决定这些服务的价值。对于这一规则,有着众多的权威判例支持。……

……

并不能因为这张支票是到签发者[威尔金森]死亡之后才生效,就得出这张支票具有遗嘱性质这一结论。支票上款项的所有权在支票交付和接受之后即归于获得这张支票的人,虽然兑现支票上的钱款被延迟到了以后。这样的情形是经常发生的。"仅仅因为在书面材料中规定了这一材料将在制作者死亡之后才生效这一事实,并不能足以得出书面材料就是遗嘱性质这样的结论。"①……

在这一点上,上诉人的律师提出了这样的辩论意见,即死者生前同时签署支票和遗嘱,目的是为了规避——至少在一定程度上是为了规避遗产税。我们知道,确实有一些人将遗产税视为死亡带来的新的、增加出来的恐惧,他们有时会费尽心机地采取各种手段来减少继承人的负担。但是,上诉人的这一抗辩在这一问题上,是一个纯粹的猜想,并没有证据,哪怕是一丁点的证据来支持他的这一抗辩意见。

我们法院的结论意见是,初审法院所认定的事实和作出的判决应该予以维持。

236

巴西班科银行诉安提瓜和巴布达政府②

纽约州上诉法庭第一审判庭(2000年)

本案要旨

被告安提瓜和巴布达政府于1981年向原告巴西班科银行贷款300万美

---

① *Schouler on Wills*,§356.

② Banco Do Brasil S.A. v. State of Antigua and Barbuda. 268 A.D.2d 75,707 N.Y.S. 2d 151.

本案被告除了安提瓜和巴布达政府之外,还有为这笔贷款进行担保的该国财政部部长。——译注元,约定1985年归还,被告为此还签署了一张到期还款的期票,同时安提瓜和巴布达政府的财政部部长为这一笔贷款和期票进行了担保。但是,被告在贷款到期日并没有归还这一笔贷款。被告在1989年和1997年先后两次写信给原告,确认了根据贷款协议所欠的金额。原告多次催促被告还款未果后向法院起诉,要求被告归还欠款。被告则抗辩,原告的主张超过了法律规定的6年诉讼时效。法院认定,被告在诉讼时效届满之后作出了新的还款承诺,这构成了新的对价,最终判决支持了原告的诉请。

本案确定的规则是,虽然在一般情况下,过去的对价不是一个充分、有效的对价,但是,债务人在诉讼时效期间届满之后作出的愿意还款的明确承诺,可以让债权人不受诉讼时效的限制。

勒纳法官[1]代表法院呈递以下判决意见:

这是一件起诉被告违反贷款协议、相关票据和担保责任的案件。在这一案件中,我们法院需要确定,在法律规定的诉讼时效期间届满之后,被告在1997年写给原告巴西班科银行的一封信件是否构成《一般债务法》第17-101条款所称的"承认"或者"承诺",进而可以让原告继续主张这一过期的诉讼请求。

原告巴西班科银行的主要营业地在巴西首都巴西利亚,大约在1981年11月12日这一天,原告与本案被告之一的安提瓜和巴布达政府签订了一个贷款协议,根据这一协议,原告巴西班科银行同意向安提瓜和巴布达政府贷款,贷款本金为3 000 000美元,同时约定了相应的利息。与这一贷款协议相配套的是,安提瓜和巴布达政府在签订这一贷款协议的同时向原告签发了一张期票,准备在这笔贷款的本金和利息到期时进行支付。根据这一贷款协议,安提瓜和巴布达政府的财政部部长同意为这一笔贷款和期票进行担保。作为担保人,财政部部长同意,一旦安提瓜和巴布达政府没有能够按照期票付款,由其个人支付这笔款项。

结果,安提瓜和巴布达政府没有能够在期票规定的时间兑付到期的款项。这笔贷款的最后到期付款日,是1985年1月21日。在落款日期为1989年10月5日的一封信中,安提瓜和巴布达政府的财政部部长致信给本案原告巴西班科银行,确认其有义务支付贷款协议项下的款项。然而,这位财政部部长在信中提到,由于他们的国家遭到雨果飓风[2]的袭击,蒙受了重大损失,需要对付

---

① Lerner, J.

② "雨果飓风"是1989年发生在加勒比地区的特大灾害,给当地造成了严重的经济损失。受损失的地区就包括本案被告安提瓜和巴布达。——译者注

款日期进行调整,这位财政部部长请求原告给予被告 6 个月的宽限期来制定一个还款计划。

由安提瓜和巴布达政府的财政部部长签署、落款日期为 1997 年 2 月 24 日的第二封信中,这位财政部部长确认了根据最初的贷款协议,截止到当时的总欠款数额(包括贷款本金加上利息)。在这封信中,他表明了最初的贷款数额、到期产生的利息、逾期付款的利息,截止到写信那一天为止,被告应该支付的欠款总额是 11 400 810.96 美元。

尽管原告不停地催讨,但是被告还是没有能够支付贷款协议项下的款项。于是,原告巴西班科银行向法院提起了本案诉讼,认为被告安提瓜和巴布达政府违反了贷款协议,未能按照期票来支付,而且该国财政部部长违反了担保协议。

被告安提瓜和巴布达政府向法院提出驳回原告诉讼请求的动议,被告这一动议主要是基于以下理由,即根据《民事诉讼法及规则》①第 213(2) 条款中 6 年诉讼时效期间的规定,原告在本案中的诉请是被法律所禁止的。被告认为,1989 年 10 月 5 日的信件,1997 年 2 月 24 日的信件,都不符合《一般债务法》第 17-101 条款中所规定的要求,《一般债务法》的这一条款要求书面材料必须表明当事人 [即债务人] 对于支付原告 [即债权人] 的欠款有着绝对的、无条件的付款意愿。

初审法院否决了被告的这一动议,认定根据《一般债务法》第 17-101 条款,6 年的诉讼时效期间应该被重新起算,因为 1997 年的那封信构成了对被告债务的明确承认,这封信中没有任何内容表明,被告同意支付这一贷款的意愿存在着矛盾之处。

《一般债务法》第 17-101 条款在相关部分中是这样规定的:

> 被要求还款的一方当事人以书面形式签署的确认或者承诺,是双方形成一个新合同或者将原先合同继续下去的唯一适格证据;依据这一书面材料,当事人可以不受《民事诉讼法及规则》中有关诉讼时效条款规定的制约,有权进行起诉。

> [《一般债务法》第 17-101 条款的] 规定重申了以下这一规则,即债务人所作的一个确认或者承诺,将导致诉讼时效规定不再发挥作用……这一书面材料——其目的是为了构成一个承诺——必须明确承认债务的存在,而且债务人愿意支付这笔债务的意愿是明确的,书面材料中没有任何内容显示与债务人这样的意愿不一致。②

在我们看来,审查该动议的初审法院正确地认定了被告于 1997 年写给原

237

---

① 《民事诉讼法及规则》是美国民事诉讼的基本法律及规则。——译者注

② Morris Demolition Co. v. Board of Educ., 40 N.Y.2d 516, 520—521, 387 N.Y.S.2d 409, 355 N.E.2d 369.

告的那封信件构成了《一般债务法》第 17-101 条款所称的"确认"或者"承诺",这封信件可以让原告就本来受到时效阻止的诉讼请求重新提起主张。从这封信的整体来看,它提到了双方当事人 1981 年达成的贷款协议事项,接着"确认"了 4 项"尚未支付的款项",即最初的贷款本金、到期产生的利息、逾期利息,以及前面三个应该支付的款项进行累加后"总的欠款金额"。[我们认为,]即使被告在信中只是表明了当时的欠款金额和随着时间延长而达到的款项,还没有达到同意支付过去到期债务的新的承诺这一程度,然而,被告在信中的陈述很显然传达了债务人愿意支付欠款的意愿,信中的陈述也是与其还款的意愿相符合的。《一般债务法》第 17-101 条款要求债务人必须做到的以上两点,在这封信的陈述中都已经有所体现。

被告安提瓜和巴布达政府坚持认为,它要求驳回原告诉讼请求的动议可以暂时中止,以便让被告向法院披露这两封信件是否表明了付款意愿。我们认为,被告这样的辩称是没有法律上的价值的。本案被告并不需要再披露他们在这些信件中的意愿,被告在它的信件中已经将付款的意愿表达得很清楚了。

综上所述,初审法院于 1999 年 2 月 17 日作出的裁决应该予以维持,被告以超过诉讼时效为由要求法院驳回应该诉讼请求的主张不予支持。初审法院有关本案诉讼费用的裁决,也一并予以维持……

238

哈林顿诉泰勒[①]

北卡罗来纳州最高法院(1945 年)

本案要旨

被告的妻子因不堪被告殴打,逃到了原告家中,在被告追到原告家的时候,被告的妻子想用斧子砍死被告。正是由于原告的及时阻止,被告才保住了性命,但是,在这过程中,原告自己遭受了严重伤害。被告当时承诺会赔偿原告的损失。然而,被告在支付了一部分费用之后,就不再支付。于是,原告向法院起诉,要求被告履行承诺。法院认为本案中不存在对价,因而双方没有达成合同,驳回了原告的诉请。

本案确定的规则是,一方当事人自愿实施的人道主义行为,不是法律上的充分对价,并不能支持一个有约束力的承诺。

---

① Harrington v. Taylor. 225 N.C.690,36 S.E.2d 227.

全体法官的一致意见如下：

原告的起诉目的是想要从被告这里获得一个救济，其主张的依据是被告在以下特定事实中对原告所作的一个承诺。

由于被告殴打妻子，被告的妻子逃到原告家里进行躲避。第二天，被告闯到原告的家里，要对妻子再次殴打。在被告闯进来的时候，被告妻子手里正拿着一把斧头，她将被告撞倒在地。就在被告倒在地上，被告妻子要用斧头砍向被告或是直接砍死被告的危险时刻，原告及时予以阻止，也就在这一把斧子砍下来的过程中，原告抓住了这一把斧子。原本砍向被告的斧子，砍到了原告的手，让原告受到了严重伤害，但是，被告的命保住了。

随后，被告作出了一个口头承诺，表示愿意赔偿原告因为受伤造成的损失，但是，被告只付了一小部分费用，以后就没有再继续支付。于是，原告向法院提起了这一诉讼。

被告对于原告的诉讼请求提出了反对意见，认为原告在诉状中没有表明一个正确的诉因，被告的这一反对意见得到了初审法院的支持。原告不服初审法院的判决，提起上诉。

我们认为，本案中提出来的问题是，是否有一个法律上认可的充分对价来支持被告所作的承诺。我们法院在这一问题上的观点是，虽然根据正常的感激之情，应该促使被告赔偿原告损失，减少原告遭到的不幸，但是，被告的行为是自愿实施的人道主义行为，这样的行为并不能够让原告在法律上获得救济。

初审法院中被告的反对意见应该予以支持。

初审法院的判决予以维持。

韦布诉麦高因[①]

阿拉巴马州上诉法院（1935 年）

本案要旨

原告韦布在工作过程中，为了避免麦高因受伤，自己遭受了严重伤害。随后，麦高因向原告承诺，愿意在今后一直向原告支付一定数量的生活费。麦高因向原告支付了八年的生活费，但是，在麦高因去世之后，他的遗产管理人却不再支付。于是，原告向法院起诉麦高因的遗产管理人，要求遗产管理人履行原先的合同。法院认定，本案中存在对价，最终支持了原告的诉讼请求。

本案确定的规则是，某一个立诺人在获得"重大利益"之后所作的承诺，尽

---

① Webb v. McGowin, 27 Ala. App. 82, 168 So. 196.

管是基于道德义务,但这样的道德义务也足以成为支持一份合同的有效对价。

布里肯①法官代表法院呈递以下判决意见:

本案是一起指控对方违约而要求对方履行付款承诺的诉讼……被告对于原告补充过的诉状所提的反对意见得到了初审法院的支持,而因为初审法院作出了这一不利于原告的认定,法院遂判决原告败诉,因此上诉审查的范围就是本案或者初审法院的认定是否正确。

上诉人韦布提交的法律意见书,就本案事实作了客观的叙述,也指出了本案中争议的问题,我们在此引用如下:

在1925年8月3日这一天,上诉人韦布正在对史密斯公司二号厂房的顶层进行清洁。当时上诉人韦布正受雇于史密斯公司,清洁厂房的工作也是在上诉人韦布的工作职责范围之内。在清洁厂房的时候,上诉人韦布要从厂房的楼顶将一块重达75磅的松木放到地面上,这是一种常用的、也是普通的清洁楼面的方法,而且将松木放到地面上,也是在韦布工作的职责范围之内。

在将这一块松木放到地面的过程中,上诉人韦布正好在厂房顶层边上的位置。在他开始操作、准备解开这块松木,以便让松木落到地面的时候,他看到了格列里·麦高因,也就是本案被告的被继承人正站在地面上,而且就站在这块松木径直要落下去的地方。上诉人如果放开这块松木,任由它坠落下去,上诉人韦布自己可以在厂房的顶楼安然无恙,但是这块松木将会重重地砸向格列里·麦高因,会造成格列里·麦高因身体严重受伤,甚至死亡。阻止这一不幸事件发生唯一安全和合理的方法,就是上诉人韦布抓住这一块松木,在它坠向格列里·麦高因的过程中调整松木下坠的方向;而调整坠落方向以避免松木直接砸向格列里·麦高因的唯一安全方法,就是上诉人韦布和松木一起坠落下去。上诉人韦布当时真的这样做了,他抓住这块松木,并和松木一起向地面坠落。在这块松木下坠的过程中,韦布不断调节着松木下坠的方向,以避免松木伤害到地面上的格列里·麦高因。通过这样的方法,格列里·麦高因避免了受到伤害,而上诉人自己的身体却严重受伤。韦布的右腿摔断,右脚后跟撕裂,右臂也摔断。韦布因此终身严重残疾,不能再从事体力活或者脑力劳动。

在1925年9月1日这一天,考虑到上诉人韦布了救了自己一命,或

---

① Bricken, Presiding Judge.

者是避免了自己严重受伤,也考虑到上诉人因此受到了严重伤害,格列里·麦高因同意对韦布进行照料并支付生活费,具体说是从上诉人韦布开始受伤之时起,在上诉人韦布余生中,按照每两个星期15美元的标准进行支付。格列里·麦高因同意支付上诉人这笔生活费。根据这个协议,格列里·麦高因生前一直在向上诉人韦布支付这笔款项,付到1934年1月1日格列里·麦高因本人去世为止。在格列里·麦高因去世之后,这笔款项又付到了1934年1月27日。但是,从这一天之后,这笔费用就没有再支付过。于是,原告提起了本案诉讼,要求被告支付到起诉时为止应该支付的款项。

原告韦布在最初诉状和补充诉状中列举的不同起诉理由,主要都是基于上述事实。

......

1. 韦布在诉状中坚持认为,正是自己救了格列里·麦高因一命,或者让他避免了受到严重的身体伤害。与格列里·麦高因所能得到的任何金钱上的帮助相比,这种救命之恩的价值无法估量,对格列里·麦高因而言,这是一种重大利益[①]。格列里·麦高因获得这一利益之后,他就在道义上需要对上诉人韦布的付出进行赔偿。按照上诉人韦布在诉状中的说法,正是认识到自己存在着这一道德上的义务,格列里·麦高因才明确表示,自己要付给上诉人韦布生活费,并且他在实际上一直按照这一协议履行,直到格列里·麦高因本人去世为止。格列里·麦高因按照这一协议支付上诉人生活费的时间长达八年。

我们假定,如果格列里·麦高因不幸遇上了一起中毒事件,某位医生在格列里·麦高因不知情或者没有请求的情况下决定采用解毒剂对他进行治疗,这样得以保全了格列里·麦高因的生命。这时,如果格列里·麦高因向这位医生作出支付费用的承诺,那么,这种承诺就是一个有效承诺。类似地,原告韦布在诉状中提及的因为原告挽救了他的生命或者避免了他的严重受伤,格列里·麦高因同意向原告支付生活费,这样的协议是有效的、可以强制执行的。

在受诺人对立诺人的财产进行了照看、增值[②]、保管服务这些情形中,虽然事先没有立诺人的请求,但是,这些事实上的照看、增值和保管服务,是立诺人

---

① "重大利益"是"过去的对价"这一规则经常会使用到的一个概念。根据"过去的对价"这一规则,在一般情况下,某人在过去因为受惠于其他人而作出感谢的承诺,是一种过去的对价,这样的承诺在法律上往往被认为是没有效力的。但是,如果立诺人从受诺人这里获得了"重大利益",那么,立诺人作出补偿的承诺就应该得到强制执行,因为这样的承诺如果不予执行会导致明显的不公正,使对方获得不当利益。——译者注

② 增值在美国财产法中是指一方以某种方式让他人的财产增加价值,例如,对他人的财产进行添附、装修、改良,等等。——译者注

在事发之后同意支付这些服务费用的充分对价,因为立诺人在这些情形中获得了重大利益。①

在 Boothe 诉 Fitzapatrick 一案②中,被告的一头牛从其住处逃出,之后这头牛被原告收留下来进行饲养,被告向原告承诺,会支付一定的费用。审理该案的法院认定,被告作出的这一承诺是有效的,虽然原告不是在被告事先请求的情况下对这一头牛进行饲养,但是,被告随后作出的承诺排除了被告对此提出的反对意见——即原告对这头牛的饲养看管,不是其事先请求下的饲养看管。在法院看来,被告事后作出的付款承诺,等同于被告事先提出的请求。在同样的原则下,如果受诺人挽救了立诺人的生命或者避免了立诺人严重受伤,那么,立诺人随后作出的支付挽救费用的承诺也是有效的。救人一命的价值,要远远高于照看一头牛的价值。任何认定救人一命或者避免一个人受重伤不足以维持一份合同——即被救助的人愿意支付抢救费用或者避免受伤的费用——有效的观点,必定是将以下的推定作为依据,那就是,抢救他人生命或者保全他人身体免受伤害,只具有一种情感上的价值。但是,我们认为,这一推定依据的反面才是正确的结论。救人一命和保全一个人的身体,具有重大的、金钱上的价值,这是一种可以用实实在在的美元进行衡量的价值。正因为如此,内科医生在抢救他人生命和治愈他人身体疾病之后,要向病人收取提供服务的费用,外科医生则是在实施手术后,向患者收取提供服务的费用。在过失致人受伤的法律中也是同样如此,法律是按照受伤的程度、误工损失和受害人的生命期望值,对人身伤害造成的损失来核定赔偿金额。

在寿险业务中,一个人生命的价值是可以按照生命的期望值、身体的完好程度和支付保费的能力,精确到一分一厘来进行计算。对于健康险和意外事故险,也同样如此。

我们由此得出本案的结论是,如果确实如上诉人在诉状中所称的那样,是上诉人救了格列里·麦高因一命,或者是避免了格列里·麦高因受到伤害,那么,格列里·麦高因随后同意向上诉人支付相关费用,就是一个有效的、可以强制执行的合同。

2. 虽然作出承诺的立诺人没有最初的义务或者责任,但是,在他得到了重大利益后作出的支付费用的承诺,却是有着充分的道德义务作为对价的。这一规则,已经是我们法院确立的一个很好规则。……

241　　　　我们法院正在审理的这起案件,与那些单纯是以道德责任或者良心义务

---

① Pittsburg Vitrified Paving & Building Brick Co. v. Cerebus Oil Co., 79 Kan. 603, 100 P.631.

② Boothe v. Fitzapatrick, 36 Vt.681.

作为对价的案件不同,后者涉及的只是单纯的道德责任或者良心义务,并不涉及立诺人得到重大利益或者金钱利益的情形。①而在本案中,立诺人格列里·麦高因获得的是重大利益,这一利益构成了他作出承诺的有效对价。

3. 有一些权威的法院判决认定,如果某一个道德义务要构成对价,支持一个事后作出的付款承诺,那么,就必须存在着"在前的法律义务"或者"在前的衡平法上义务"②——这种"在前的法律义务"和"在前的衡平法上义务"由于一些原因已经变得无法执行,但立诺人在道德上仍然受到它的制约。然而,在我们看来,这一规则是受到那些案件中的特定条件制约的,在那些案件中,立诺人从受诺人那里获得了重大利益,从道德上说立诺人应该就其获得的服务进行补偿,他们正是考虑到这样的义务之后才作出补偿承诺的。在这些案件中,立诺人随后作出的同意付款的承诺,是就其获得的服务所作的一种确认或者追认。这种确认或者追认伴随着这样的推定,即就这样的服务,立诺人已经在先提出了请求。③

根据上面引用的这些判决,格列里·麦高因明示同意就上诉人韦布的救人行为支付费用,这是对上诉人救人行为的一种确认或者追认。它来自这样的推定,即上诉人韦布的救人行为是在格列里·麦高因的请求下完成的。

4. 上诉人韦布在诉状中的陈述表明,在挽救格列里·麦高因的性命或者避免格列里·麦高因严重受伤的过程中,上诉人自己终身残疾。这是双方合同中存在的部分对价。格列里·麦高因从中获得了利益,上诉人却为此受到了伤害。立诺人获得的利益,或者受诺人受到的伤害,是受诺人同意付款这一协议的充分法律对价。④

5. 根据诉状中的陈述,上诉人的所作所为不是免费的、无偿的。格列里·麦高因同意支付费用、上诉人韦布接受费用的协议,恰恰从根本上表明,这一协议并非一个无偿的协议。……

Shaw 诉 Boyd⑤ 及 Duncan 诉 Hall⑥ 这两个案件,与我们法院在这里宣布

---

① Park Falls State Bank v. Fordyce, [206 wis.628, 238 N.W.516].

② "在前的法律义务"或者"在前的衡平法上的义务"是指某一方当事人在作出一个予以补偿或者支付费用的承诺之前,就存在着一个法律上的义务。例如,对于某一个债务人在诉讼时效期间届满之后作出的愿意继续支付欠款的承诺来说,虽然这一债务人在法律上没有义务支付欠款,但是,如果随后他作出了愿意支付的承诺,那么这一承诺仍然是有法律效力的。持这种观点的法院认为,这一债务人在时效届满之前有着支付欠款的义务,这一义务就属于"在前的法律义务"。——译者注

③ McMorris v. Herndon, 2 Bailey(S.C.) 56, 21 Am.Dec.515.

④ Fisher v. Bartlett, 8 Greenl.(Me.) 122, 22 Am Dec.225.

⑤ Shaw v. Boyd, 1 Stew. & P.83.

⑥ Duncan v. Hall, 9 Ala.128.

的原则并不冲突。在这两个案件中,当原告对所涉及的土地进行添附的时候,这块土地还是属于美国政府,随后,被告从美国政府这里购买了这块土地,被告同意向原告支付对这块土地进行添附的费用。[之后,被告拒绝向原告支付这些费用,法院判决,被告同意支付费用的承诺没有对价支持,因而是一个无效承诺。]因为在原告对这块土地进行添附的时候,这块土地随后的购买者[即被告]并不是当时的所有人,所以,原告在这块土地上进行的添附,当然不是为了被告的利益。

基于以上论述,我们法院的观点是,下级法院对于这一案件的认定是错误的。也就是说,下级法院在本案中错误地支持了被告的反对意见,因此,这一案件的判决应该被推翻,并发回重审。

萨姆福德法官①的附和意见:

本案所涉及的问题,并不是没有一点疑问的。如果严格按照多数法官在判决意见中提及的规则——这一规则并不总是那么一致——也许原告的诉讼请求不会得到法院的支持,但是,按照首席大法官马歇尔在 Hoffman 诉 Porter 一案②中所发表的判决意见,"在正义处于很大疑问时,我不认为法律应该从正义中分离出来",我在此附和同意本法院作出的结论意见。

242

---

① Samford, Judge.
② Hoffman v. Porter, Fed.Cas. No.6577, 2 Brock. 156, 159.

第四章
允诺性禁止反言

范伯格诉法伊弗公司[①]
密苏里州上诉法院（1959 年）

本案要旨

原告范伯格为被告法伊弗公司工作多年,被告的董事会考虑到原告对公司的忠诚和贡献,在原告不知情的情况下通过了一项决议,同意在原告退休后向其支付每月 200 美元的养老津贴,直至终老。原告得知该决议后,在 57 岁时选择退休并开始领取养老津贴。原告退休 6 年之后,被告拒绝再向原告支付上述养老津贴。后原告又患上癌症。原告诉至法院,要求被告继续支付养老津贴。法院认定,被告违反了禁止反言原则,判决支持了原告的诉讼请求。

本案确定的规则是,如果一个承诺导致受诺人产生了信赖,受诺人因此实施了某一行为或者约束自己不去从事某一行为,而不去强制执行承诺将会产生不公正的话,这样的承诺就应该得到强制执行。

多纳法官[②]代表法院呈递以下判决意见:

原告范伯格是被告法伊弗公司的一名前雇员。原告以双方之间形成了合同为由,向圣路易斯市[③]的巡回法院提起诉讼。原告所称的合同,就是被告曾经同意在原告退休之后每月支付 200 美元,直到终老。本案当事人放弃了由陪审团审理的权利,由法官单独进行审理。下级法院作出了支持原告 5 100 美元诉讼请求的判决,这笔款项是原告范伯格主张的计算到审理之日的养老津贴数额,另外法院还判决被告需要支付相应的利息。被告法伊弗公司不服这

---

① Feinberg v. Pfeiffer Co.322 S.W.2d 163.
② Doerner，Commissioner.
③ 圣路易斯市是美国密苏里州的一个大城市,位于密苏里河和密西西比河交汇处。——译者注

一判决,即刻提起了上诉。

本案当事人对于以下基本事实持一致的意见。原告范伯格自 1910 年开始为被告制药企业工作,当时原告只有 17 岁。到 1947 年为止,原告先后做过记账员、部门经理和助理财务主管,她拥有被告公司公开发行的 6 503 股股票中的 70 股。其中 20 股是由公司或者公司当时的董事长派送的,她自己则购买了 20 股,余下的 30 股是通过股票拆分或者增发股份获得。在过去几十年中,她和公司的其他股东一样,从自己拥有的公司股票中获得了实质性的分红。1937 年到 1949 年间,除了获得本人的正常薪水之外,原告在前面的几年中,每年可以获得 300 美元奖金,到后来,则每年可以获得 2 000 美元奖金。

1947 年 12 月 27 日,被告法伊弗公司每年一次的董事会在圣路易斯市的公司办公室举行。会议由当时的公司董事长,也是最大的个人股东马克斯·李普曼主持。……在这次会议上,公司董事会通过了下列议案。因为它是本案的关键,我们在此全文引用如下:

> 董事会主席指出,助理财务主管范伯格女士[即本案原告]为公司竭诚服务多年。她不仅对公司忠心耿耿,而且有出色的能力和技巧。董事会主席指出,所有的公司同事和董事都真诚地希望,只要范伯格女士愿意,她可以在现在的岗位上继续工作下去。不过,考虑到她已经为公司提供了长期服务,在她感觉需要从现行岗位上退休的时候——她可能是在多年以后才会真正退休——公司有义务给予她退休的优惠和利益,并让她获得这些优惠和利益,这应该是公司确定的义务。因此,公司董事会建议将范伯格女士的薪水从每月 350 美元提高到 400 美元。不论范伯格女士何时从现行岗位上退休,都将获得退休优惠,即她每月可以获得 200 美元的养老津贴,一直到终老。公司此举是基于这样特别的考虑,即现在实施的针对范伯格女士的这一退休计划,是为了让她在将来更加有安全感,并希望她在公司现在的岗位上继续服务下去。经过董事会正当的讨论和考虑,以及动议和附议之后,公司最终决定,范伯格的薪水从每月 350 美元提高到 400 美元。范伯格可以在她想要从公司现在的岗位上退休的任何时候获得退休优惠,她每月将获得 200 美元的养老津贴,直到终老。

在李普曼先生的要求下,他的女婿哈里斯和弗莱曼在董事会召开的同一天,来到原告的住所,拜访了原告,向她告知了董事会最后决定的形成过程。原告范伯格在交叉询问中作证道,在这之前她对被告通过的这一养老津贴计划一无所知。对她来说,这一养老津贴计划真是意外惊喜。不管这一养老金计划通过与否,她都会在被告公司继续工作下去。从这一证据可以很清楚地看出,就原告在被告公司受雇的时间,不论在口头上还是合同上,双方之间都没有形成一个合

244

同。原告可以随时放弃该工作,被告也可以在任何时候解雇原告。

　　之后,原告范伯格继续为被告法伊弗公司工作,直到 1949 年 6 月 30 日,原告于这一天才正式退休。被告按照前面提及的方案,于每月的 1 日付给原告 200 美元的养老津贴。李普曼先生于 1949 年 11 月 18 日去世,他的遗孀继任被告公司董事长。因为疾病的原因,李普曼夫人在 1953 年 10 月从董事长的岗位上退休,董事长这一职位由她的女婿哈里斯继任。哈里斯先生作证道,在李普曼夫人担任公司董事长的时候,她每个月签署一次支付给原告养老津贴的支票,但她在签署支票的时候总是会抱怨:为什么要支付这笔钱? 她认为这笔钱只是公司对原告范伯格的一个心意(礼物)而已。哈里斯先生称,在他担任公司董事长之后,公司新聘用的会计师事务所在多个场合质疑付给原告这笔费用的合法性。1956 年春天,在会计师事务所的建议下,他咨询了公司当时的律师卡利什先生。哈里斯先生作证道,会计师事务所和卡利什律师都告诉他,对公司来说,并不需要向原告支付这笔养老津贴。哈里斯自己也认为,支付给原告的这笔钱,更多地只是表示公司心意的一种赠与,而不是合同义务项下应该支付给原告的。在和律师讨论决定之后,被告公司在 1956 年 4 月 1 日向原告发出了一张 100 美元的支票。原告拒绝接受这一减少后的数额,本案诉讼也就随之发生。本案其他方面的事实将在判决意见的后面提及。[初审法院判决支持了原告诉请]……

　　上诉人法伊弗公司的另一个抗辩意见是,在本案中并没有充分证据支持[初审]法院所作的以下两个事实认定:第一个事实是,如果原告范伯格不知道被告会支付她每月 200 美元直到终老的承诺,并且没有对该承诺产生信赖,那么,原告范伯格就不会停止在被告处的工作;第二个事实是,从范伯格自愿退休开始一直到 1956 年 4 月 1 日,原告对每个月会从被告这里领到养老津贴产生了信赖。在我们看来,初审法院作出这样的认定,完全是正确的。原告范伯格在审理中作证道,她是在 1947 年 12 月 27 日被告知有关她养老津贴的最终方案的——公司是在这一天通过这一方案的,原告的这一陈述也得到了被告的证人哈里斯的确认。原告称,就是在这一天,由被告公司的哈里斯和弗莱曼告诉她,如果她愿意,她就可以得到这一笔养老津贴。原告范伯格进一步作证道,在这之后,她自己继续在公司工作了一年半,一直到 1949 年 6 月 30 日才退休。在她退休的时候,她的身体状况健康,可以继续工作,但是,由于她已经工作了 40 年,她自己想休息了。在庭审中她的证词是这样的:[1]

　　　　问:对不起,现在我想问一下原因。你是不是在过了一年半之后,才

245

----

[1]　以下的一问一答是在原告律师和原告之间进行的。发问的一方是原告的律师,回答的一方是原告范伯格。——译者注

决定不再为公司工作的？答：是的。

问：你离开公司的原因是什么？答：我想自己已经工作40年了，工作得太久了，我需要休息一下。

问：请继续下去。答：有公司给的养老津贴，有我丈夫挣的钱，我想我们退休后可以过得蛮好。

问：你们指望（依赖）这笔养老津贴吗？答：当然是的。

问：是正在付的养老津贴吗？答：是的。我们指望着这笔养老津贴，是因为我当时很确信，只要我活着，我就可以享有这笔养老津贴。

问：如果在当时你没有这笔养老津贴，你是不是也会离开这个公司，不再工作了呢？答：不会。

问：也就是说，你将不会停止工作。那么，在你收到这笔养老津贴的期间，你有没有再去其他地方找过工作？答：没有。

问：稍等。是指在之前任何时候，在任何其他地方没有找过其他工作吗？答：没有，先生。

问：在那个时候，你还可以继续在其他地方工作吗？答：是的，我想是的。

问：那时你身体状况还好吗？答：我的身体状况是健康的。

很显然，从上述庭审笔录中可以得出这一结论，即在本案中有充分的证据支持初审法院所作出的事实认定。……

246　　　被告的答辩从实质上说就是，公司董事会通过的有关原告的养老津贴方案，仅仅是一种表达心意（礼物）性质的承诺，双方并没有从中产生法律上的义务，或者说，并不在原告退休时产生一份合同，因为原告对于这一承诺并没有提供过对价，或者是支付过对价。被告强调，作为表达心意（礼物）性质的一种承诺，如果没有法律上对价的支持，就是没有约束力的；上面提及的公司方案，唯一明显的对价是方案中提及的原告"为公司竭诚服务多年"。这种"过去的对价"，不是一个承诺的有效对价。被告进一步提出，在公司的养老津贴方案中，没有任何内容表明它是以原告继续为公司服务作为这一方案的生效条件的。并没有一份合同约束原告范伯格必须为公司工作多长时间，相反，范伯格可以根据自己的意愿，在任何时候停止为公司工作；对于她自己的工作岗位，原告范伯格没有任何合同上的权利，被告可以在任何时候解雇原告范伯格。

　　　原告范伯格也承认，一个基于过去服务所作的承诺，是一个没有对价的承诺，但是，她坚持认为，在本案中有两个其他因素提供了支持这一承诺所需要的条件。第一，从1947年12月27日原告范伯格被告知有这一养老津贴方案开始，原告在被告公司这里持续工作，一直工作到1949年6月30日为止。第二,原告所处的情况发生了变化——也就是说,原告从被告公司退休了,原告之所以放弃继续工作获得收益的机会,是因为她对被告作出每月支付其200美元直到终老的承诺产生了信赖。

被告法伊弗公司认为,本案中没有证据支持原告的第一个观点,我们在此同意被告的这一抗辩意见。在公司通过的方案中,并没有任何文字表明,只要原告继续为公司工作下去,她就有权利得到这笔养老津贴。被告并没有要求原告必须为公司继续工作任何时间,以此作为其获得退休利益的前提条件。正如原告范伯格自己在作证时所提到的,她被告知,可以在公司养老津贴方案通过的那一天起就停止工作。从她自己的证言中可以很清楚地看出,她并没有作出承诺或者同意继续为被告工作,以此作为被告支付她养老津贴的交换。所以,在本案中缺少合同生效所必需的义务相互性。①

但是,对于原告范伯格坚持的第二个观点,我们必须同意。从被告公司通过方案的条款来看,它同意了在原告范伯格退休之后每月支付她200美元的养老津贴。……

《合同法重述》第90条款部分这样表述道:

> 对于以下这样一个承诺,即立诺人应该合理预见到他所作的承诺会诱导受诺人采取一个明确的和实质性的行动,或者是对自己采取一定的约束行为,而这一承诺也确实诱导了受诺人实施这样的行动或者对自己进行了约束,如果这样的承诺只有强制执行才能避免不公正的话,那么,这样的承诺就是具有约束力的。

……

那么,对于本案中的原告范伯格而言,是否因为她信赖包含在被告养老津贴方案中的承诺而产生的行为,就应该禁止被告自食其言,进而根据允诺性禁止反言原则,在双方之间产生了一个可以强制执行的合同呢? 我们的观点是,本案当事人之间产生了这样的合同。《合同法重述》第90条款中列举了以下这样一个例子:

> 2. A向B承诺,会在B的有生之年向他支付养老金。于是,B放弃了一份收入可观的工作,A在作出这一承诺的时候,是预料到B会这样做的。B从A这里接受这一养老金有好几年,在这段时间,B已经没有能力再获得一个好的工作岗位了。在这种情况下,A所作的承诺就是一个有约束力的承诺。

247

---

① "义务相互性"是美国合同法中的一个概念,它是指某一份合同如果要在法律上有效,双方当事人必须对于合同的履行都存在着义务,不能只有一方承担义务。有关"义务相互性"的案例,见第二章第四节。——译者注

《合同法重述》第 90 条款中所举的这一例子,遭到了被告的反对,被告认为,这一例子不适用于本案情形。被告对此提出的理由是,在《合同法重述》第 90 条款所列举的这一情形中,在 A 停止继续支付养老金*之前*,B 已经"丧失"再获得其他工作岗位的能力,而在本案中,原告范伯格是直到被告停止支付每月 200 美元的养老津贴*之后*,才发现自己患上了癌症,因而不能继续从事工作的。我们认为,被告所提出的这种差异,并不是实质性的差异。《合同法重述》例子中提到 A 丧失劳动能力,只是为了和第 90 条款提及的"为了防止不公正的产生"联系起来。不管例子中的当事人是在什么时候发生伤残,不公正的结果都会产生。在本案中,难道被告会认为,如果原告在 1956 年 3 月 31 日,即被告停止支付每月 200 美元养老津贴的前一天,发现自己患上疾病,这一合同就是可以强制执行的合同,而如果是在被告停止支付每月 200 美元养老津贴的后一天,即 4 月 2 日发现自己患上疾病,这一合同就不是一份可以强制执行的合同吗?再说,除了患病这一情形之外,还有很多其他情形会让人丧失劳动能力,或者使人不能再进行工作。在本案中,原告是在 57 岁的时候退休的。被告停止对原告支付养老津贴是在原告 63 岁的时候。我们认为,女性在 63 岁这样的年纪,几乎不可能再获得一个让人满意的工作岗位,更不用说去获得她退休的时候乐在其中的岗位,这是一个基本常识。

本案的实际情况是,原告随后患上疾病并不是受到被告养老津贴方案中所含承诺的诱导而采取的"行动或者约束"。正如初审法院正确认定的那样,对于原告来说,[《合同法重述》中提到的]"行动或者约束",是她由于信赖被告将向她支付年金或者养老津贴,她从一个有利的位置上退休了。

基于以上理由,我认为初审法院的判决应该予以维持。

法院一致意见:多纳法官撰写的上述判决意见,作为我们法院的判决予以采纳。初审法院的判决予以维持。

康拉德诉菲尔茨[①]
明尼苏达州上诉法院(2007 年)

本案要旨

被告菲尔茨是一名财力雄厚的慈善家,曾多次给予原告康拉德经济帮助。被告劝说经济拮据的原告去法学院就读,并表示会为原告支付学费。原告因此辞职并到法学院就读,但被告在支付部分学费后停止了付款。被告表示自

---

① Conrad v. Fields, Unpublished opinion, 2007 WL 2106302.

己出现了暂时的经济困难,承诺会在原告毕业并通过律师资格考试后支付其学费,但最终被告拒绝支付原告学费。原告因此诉至法院,要求被告支付其就读法学院期间的费用。法院认为,原告对被告的承诺产生了信赖,判决支持了原告的诉讼请求。

本案确定的规则是,如果作出承诺的一方知道其承诺会诱导另一方采取一定行动,另一方也确实因为信赖这一承诺采取了行动,而不强制执行这样的承诺将会产生不公正的话,那这样的承诺就具有法律效力。

彼得森法官①代表法院呈递以下判决意见:

初审法院驳回了上诉人菲尔茨提出的一个审后动议②,上诉人菲尔茨不服这一判决,提起上诉。初审法院认定,上诉人菲尔茨曾经作出一个承诺,同意支付被上诉人康拉德在法学院就读期间的学费和书费,而且允诺性禁止反言中的构成要件在本案中都符合。于是,初审法院判决上诉人菲尔茨应该向被上诉人康拉德支付全部的法学院学费和书费。我们在此维持初审法院所作的判决。……

一、案件事实

在 90 年代初期,上诉人菲尔茨和被上诉人康拉德居住在同一幢公寓大楼,两人因此相识并成为朋友。上诉人菲尔茨很早就开始了自己的生意,并成为一个颇具实力的商人。菲尔茨在明尼阿波利斯③的健伍社区建造了一幢价值 120 万美元的房屋,每年花费超过 5 万美元租赁一辆宾利轿车。菲尔茨是一个热心慈善的人,他也曾为其他人提供教育费用的资助。

2000 年的秋天,菲尔茨建议原告康拉德去法学院就读,并且由他来支付原告康拉德就读法学院期间的费用。康拉德当时刚刚支付过一笔 11 000 美元的医疗费用,外面还欠着 5 000 美元的大学贷款没有归还,她觉得自己没有能力支付就读法学院的费用。菲尔茨向她承诺,他会支付到期的这些学费,以及与就读法学院相关的其他费用。康拉德当时在奎斯特公司有着一份年薪 45 000 美元的工作,于是她辞掉了这一份工作,考进了一所法学院。菲尔茨在初审法院庭审中承认,在康拉德进入法学院就读之前,他确实同意过为康拉德支付学费。

---

① Peterson, Judge.
② "审后动议"是美国法院的一项民事诉讼制度。它是指在初审法院审理结束或者作出裁决之后,一方当事人向初审法院提出动议,要求初审法院重新进行审理,或者要求法院将陪审团的裁决置之一边,径行作出判决。——译者注
③ 明尼阿波利斯是明尼苏达州的一个城市。——译者注

　　康拉德在庭审中作证道,她是在 2001 年的夏天被录取为法学院学生的,她之所以去法学院就读,是基于菲尔茨劝诱和保证会支付学费。菲尔茨分别在 2001 年的 8 月和 10 月为康拉德支付过两笔学费,每一笔费用都是 1 949.75 美元,但是,菲尔茨随后停止了对第二笔费用支票的支付。菲尔茨曾告诉康拉德,由于他的资产受到了美国国家税务局的审查而被冻结,有关康拉德的学费将推迟支付,直到他将税务局的事情处理好。在 2004 年 5 月,对于康拉德在法学院期间的债务困难,康拉德和菲尔茨两人互通了邮件。作为对康拉德邮件的回复,菲尔茨在邮件中写道:"我在此以书面形式明确,在你从法学院毕业并通过律师资格考试之后,我将支付你的学费。"之后,菲尔茨又明确告诉康拉德,他将不会再为她支付这笔费用,并且威胁康拉德,如果继续试图与他联系,他将会申请一个针对康拉德的禁令,限制康拉德与自己接触。

　　于是,康拉德针对菲尔茨提起本案诉讼,声称由于自己对菲尔茨将会支付法学院学费这一承诺产生信赖,她放弃了通过全职工作获取报酬的机会,考入了法学院。这一案件由初审法院进行了审理,初审法院根据允诺性禁止反言规则,判决被告菲尔茨赔偿原告康拉德的损失总计 87 314.63 美元。初审法院驳回了菲尔茨提出的对本案重新进行审判或者进行补充认定的动议。在初审法院驳回这一动议之后,被告菲尔茨提起上诉。

二、分 析 意 见

　　……"在事实上没有达成一个合同的情况下,允诺性禁止反言规则就是从法律上默认一个合同的存在。"①《合同法重述》第 90 条款②这样表述道:"对于以下这样一个承诺,即立诺人应该合理预见到他所作的承诺会诱导受诺人采取一个明确的和实质性的行动,或者是对自己采取一定的约束行为,而这一承诺也确实诱导了受诺人实施这样的行动或者对自己进行了约束,如果这样的承诺只有强制执行才能避免不公正的话,那么,这样的承诺就是具有约束力的。"

249

　　主张允诺性禁止反言规则必须满足以下要件:(1)一个清晰而明确的承诺;(2)立诺人试图诱导受诺人对这一承诺产生信赖,而受诺人因为信赖这一承诺产生了不利后果;(3)要防止不公正的产生,就必须强制执行这一承诺。③对于"不公正"的司法判断,涉及一些考量因素,"包括受诺人信赖的合理性"。④

---

① 　Deli v. Univ. of Minn. , 578 N. W. 2d 779, 781(Minn. App. 1998).
② 　*Restatement*(*Second*)*of Contracts* § 90(1)(1981).
③ 　Cohen v. Cowles Media Co. , 479 N. W. 2d 387, 391(Minn. 1992).
④ 　Faimon v. Winona State Univ. , 540 N. W. 2d 879, 883(Minn. App. 1995).

"是否给予受诺人以恰当的衡平法上的救济,这是初审法院合理自由裁量权范围内的事情。只有存在明显的滥用自由裁量权的情形,才会导致初审法院的决定被推翻。"①但是,法院从法律上考量"不公正"这一因素,既要探寻受诺人对承诺产生信赖的合理性,也要对公正政策进行权衡(既要强制执行当事人达成的协议,又要阻止当事人不正当地获得利益)。当上述这些事实得到确认时,它们是否满足了允诺性禁止反言规则的要件,就是一个法律上的问题。②

(一)

菲尔茨辩称,康拉德在本案中未能说明或者证明允诺性禁止反言规则所要求的要件。……

康拉德在其诉状的第 12 段落这样说道:"菲尔茨在本案中存在疏忽行为和违约行为,这些行为直接的结果和相应的后果就是,康拉德因此遭受了损失……"但是,该诉状中也这样说道:

> 4. 在 2000 年的时候,基于菲尔茨保证会支付康拉德的法律教育费用,也正是受到这一承诺的诱导,康拉德在 2001 年决定进入明尼苏达州圣保罗市的哈姆莱大学法学院学习。

> 5. 如果不是菲尔茨对支付其学费的诱导和保证,康拉德将不会进入法学院去学习。菲尔茨对此是知道的。

诉状中第 4 段落和第 5 段落提到的事实,足以通知菲尔茨,康拉德将会对他主张允诺性禁止反言。

在庭前的调查笔录中,康拉德作证道,菲尔茨的疏忽和违约是她在本案中主张的仅有的两个诉因。因为允诺性禁止反言在法律上被认定为一份默示合同,所以,我们认为,康拉德的证言可以被解读为其诉讼请求包括了禁止反言的主张。

250

初审法院在针对本案所作的法律分析中这样说道:

> 法院认定,原告康拉德的证言是可信的,也就是说,被告菲尔茨是在知道康拉德无力自己支付学费的情况下,诱导康拉德去就读法学院的。菲尔茨曾经帮助过康拉德,向她提供过食物和其他必需品,菲尔茨也知道,康拉德在经济上很拮据。菲尔茨当时知道康拉德还欠着上大学的费用没有还清,康拉德当时正在奎斯特公司工作,而如果康拉德要去法学院就读,她就必须将这一工作辞掉。在康拉德进入法学院就读之后,菲尔茨

---

① Nadeau v. County of Ramsey, 277 N.W.2d 520, 524(Minn.1979).

② Greuling v. Wells Fargo Home Mortgage, Inc., 690 N.W.2d 757, 761(Minn.App. 2005).

支付过她的部分学费。康拉德在当时知道菲尔茨是一个财力雄厚的慈善家,他甚至对于偶遇的陌生人都会主动支付学费。她也知道菲尔茨有充分的财力支付她在法学院的学费,并且菲尔茨在社会上已经立足,比她年长,未婚,没有孩子,是一家成功企业的所有人,拥有一幢价值不菲的房子,租着一辆昂贵的车子。此外,菲尔茨在这之前已经是对她给予多次接济的朋友,她信任菲尔茨这个人。菲尔茨的承诺在事实上诱导康拉德辞去在奎斯特公司的工作,到法学院去就读,如果不是这样的话,康拉德是不会这样做的。······

······本案中的情形支持我们法院作出这样的认定,即如果我们法院不强制执行菲尔茨所作的承诺,这将是不公正的。基于对菲尔茨所作承诺的信任,康拉德辞去了工作。康拉德有着严重的身体疾病,本来因为这一疾病她是不应该去法学院就读的,但是,她还是选择了去法学院就读。

初审法院所作的这些认定,足以表明康拉德在本案中已经满足了允诺性禁止反言规则要求的构成要件。

菲尔茨认为,因为他在康拉德进入法学院之后不久就告诉康拉德,他不会再支付到期的法学院学费,所以,康拉德就不应该在他违背承诺之后,再合理地信赖他的承诺。菲尔茨坚持认为,他所作的承诺导致的唯一不公正之处,只涉及最初的5 000美元,就是康拉德进入法学院的最初费用。但是,在我们法院看来,菲尔茨说他将在学费到期时不再支付的陈述,并不能让康拉德对他承诺的信赖变得不合理,因为菲尔茨也说过,他的经济困境只是暂时的,在康拉德从法学院毕业并通过律师资格考试之后,他还是会支付其学费的。菲尔茨的这一陈述,就足以让康拉德对他会继续支付学费这一承诺产生合理的信赖。

(二)

[上诉法院在这一部分判决中强调了在明尼苏达州允诺性禁止反言规则的衡平法性质,法院给予当事人的救济应该限制在阻止不公正的必要限度之内。][1]

(三)

[上诉法院采用《合同法重述》第139(1)条款下的信赖理论,分析了《反欺诈法案》[2]。上诉法院的结论是,根据《反欺诈法案》,菲尔茨的口头承诺并不能

---

① 此为原编者对略去判决意见的概括。——译者注

② 《反欺诈法案》的注释见第299页。相关案例可见第十三章。——译者注

阻止法院在本案中强制执行这一承诺。]

因为菲尔茨有着作为一个成功商人所拥有的奢华房屋、汽车和社会地位，这些东西让他看上去完全有能力信守自己所作的支付康拉德在法学院学费的承诺，而且，因为在菲尔茨承诺会支付她法学院学费之前，康拉德已经好几次接受过菲尔茨的捐助，所以，菲尔茨应该合理地预见到他的承诺会诱导康拉德采取相应的行动。在我们看来，菲尔茨所作的承诺的确诱导了康拉德采取相应的行动，在菲尔茨没有履行承诺的情况下，他让康拉德背负了巨大的债务。康拉德辞去了自己的工作，进入了法学院进行学习，她之所以这样做是带着这样的期待，即菲尔茨将会支付她在法学院就读的费用，而在她从法学院毕业之后，她不会背负着这样的债务。……

（四）

在基于允诺性禁止反言的诉讼中，"法律给予的救济，可以限定在受诺人所受损失范围内——这一损失是根据受诺人的信赖来进行衡量的"。[①]"也就是说，对受诺人的救济应该限定在当事人由于信赖这一承诺所造成的直接损失范围之内。"

……初审地区法院判决被告菲尔茨应该赔偿康拉德的学费及书费损失。……康拉德在本案中提交并被当作证据的那些材料表明，其学费总额是86 462.21美元，再加上书费2 802.17美元。初审地区法院最终判决康拉德可以获得的赔偿总额是87 314.63美元（这一数额包括了学费加上书费，再减去菲尔茨已经支付了的费用）。

菲尔茨辩称，康拉德负有减少自己损失的义务，她可以在菲尔茨拒绝支付相应费用之后立即从法学院退学，以此来避免她的损失。但是，正如我们在分析康拉德信赖的合理性时所分析的那样，菲尔茨告诉康拉德，他的经济困难只是暂时的，他将在康拉德毕业之后支付其学费。在这样的情况下，康拉德只有在毕业之后才知道她会遭受损失，在她从法学院毕业的时候，她已经实际支付了自己的学费和书费，对她来说，已经没有机会减轻她的损失了。

（五）

菲尔茨辩称，因为康拉德获得了一个颇有价值的法律学位，所以她对于自己所作的承诺产生信赖，并没有造成任何真正的损害。但是，我们认为，康拉德获得法律学位正是菲尔茨所期待和想要追求的结果，而且，菲尔茨所作承诺的性质就是，康拉德可以在不用负担法学院费用的情况下，就获得法律学位。

---

① Dallum v. Farmers Union Cent. Exchange, Inc., 462 N.W.2d 608, 613(Minn.App. 1990).

虽然康拉德通过就读法学院获得了利益,但是,她基于对菲尔茨承诺的信赖而产生的学费,却是对她的一种损害。……

初审法院判决予以维持。

252

萨尔斯伯里诉西北贝尔电话公司①

艾奥瓦州最高法院(1974 年)

本案要旨

被告西北贝尔电话公司曾致信一位职业劝募人,表示愿意向查尔斯学院捐款 15 000 美元。于是学院将被告的捐款意向写在捐款证书上,但学院并未让被告在捐款证书上签名。这一信件也一直由学院保管。此后被告没有实际进行捐助。学院在遇到经营困难后将被告的捐款证书转让,在几经转让后,该捐款证书到了原告手里。原告诉至法院,要求被告履行捐款承诺,但在起诉前,原告并未见过被告同意捐助的原始信件。法院认定,慈善捐助不需要原告对此产生信赖,判决支持了原告的诉讼请求。

本案确定的规则是,传统的禁止反言规则要求受诺人对于立诺人作出的承诺产生信赖,而对于慈善捐助这样的承诺,并不需要信赖的存在。

哈里斯法官②代表法院呈递以下判决意见:

……原告约翰·萨尔斯伯里曾经努力参与创建一家名为查尔斯城市学院(以下简称"查尔斯学院")的大学。原告是该学院首位也是唯一的一位董事会主席。……作为资金筹集计划的一部分,皮特·布鲁诺——他是一位职业的资金劝募人——请求被告西北贝尔电话公司为查尔斯学院进行捐款。……

[布鲁诺与被告西北贝尔电话公司设在查尔斯市的代表进行了多次协商,]之后,被告的代表向布鲁诺写了以下这封信,内容如下:

我写这封信是为了告诉你,西北贝尔电话公司向查尔斯学院进行捐款这一事项,已经得到了梅森市③的地区经理迈克丹尼尔先生的同意。

总额 15 000 美元的捐款,将在三年之内分摊支付。第一笔 5 000 美元的捐款将在 1968 年支付。

我们很愿意你们[查尔斯学院]能够将我们公司的名称记在捐款者的名录之下。

---

① Salsbury v. Northwestern Bell Telephone Co. 221 N.W. 2d 609.
② Harris, Justice.
③ 梅森市是艾奥瓦州的一个城市。——译者注

如果需要我进一步的帮助，请即与我联系。

……①在这一起上诉案件中，我们法院面临的争议问题在于，是否因为被告写了这一封信的缘故，被告就应该支付这一封信上提及的那些捐款呢? ……

在强制执行慈善捐款这一理想目标和合同法的现实规则之间，存在着矛盾和冲突，我们国家相关案件的处理结果很清楚地反映了这样的矛盾和冲突。由此带来的后果就是，法院在涉及慈善捐款案件中的那些判决理由，招致了众多的批评。这些批评直接针对的是，在涉及慈善捐款这样的案件中，法院总是想方设法去找到某个东西作为对价的替代。根据合同法，如果法院想要去强制执行有关捐款的承诺，那么，法院寻找对价替代的努力就被认为是必须要做的事情。尽管这样，就慈善捐款的性质来说，这样的承诺仍然被推定为是一个礼物，并不需要以对价作为回报。②

法院曾经根据各种广受批评的理论寻找充分的对价，想以此来让一份合同具有约束力。③在 Brokaw 诉 McElroy 这一案件中，在有着多个捐款人的情况下，我们法院曾经从其他捐款人那里找到了捐款承诺的对价。④这一理论也受到了人们批评:

> ……这一观点的难题在于，其缺少事实上的一致性。两个人或者更多的人共同作出了一个承诺，每个人将捐给慈善机构或者其他对象特定数量的金钱，这种情况无疑是有可能的。但是，在通常的慈善捐助下，每一个捐款人所作的捐款承诺是直接给慈善机构或者它的受托人的，而且这样的捐款通常是不以其他人的捐款作为参考的。即使某一个捐款人是在受到先前捐款或者是期待捐款的诱导下进行了捐款，但这样的诱导也仅仅是影响捐款人的动机而已;不能说先前某一个人的捐款就是为了换取后面其他人的捐款而作出的。实际上，先前的捐款对于后面

253

---

① 此处省略的内容是，被告代表写出这一封信交给劝募人之后，查尔斯学院并没有按照一般做法，让被告正式在捐款证书上签字确认，而是自己制作了一个捐款证书，将被告代表信件中的捐款内容写在捐款证书上，但是，被告并没有在这一捐款证书上签字，这也是被告认为双方之间没有合同从而拒绝捐款的一个理由。在查尔斯学院建立之后，学院将不少捐款证书转让给供货商，其中就包括了被告的捐款证书。但是，被告的信件却一直保留在学院里。在一系列的转让甚至诉讼之后，这一捐款证书被转让到了查尔斯学院的董事会主席、原告萨尔斯伯里处，原告萨尔斯伯里在对外承担责任之后，转而要求被告承担捐款责任。实际上，原告是在起诉之前才刚刚看到这一封原始信件，原告从来没有对被告代表写的这一封信产生过任何信赖，按照传统的禁止反言规则，被告就不应该承担责任。而这恰恰是本案争议的问题，也是法官着重分析的问题。——译者注

② 1 *Williston on Contracts*, Third Ed., § 116, page 473.

③ *Id*. at 476—479.

④ Brokaw v. McElroy, 162 Iowa 288, 143 N.W.1087.

的捐款人来说，会因为其属于"过去的对价"①而遭到人们的反对。……②

作为对这一广受批评的观点的回应，一些法院转而求助于允诺性禁止反言规则，将它作为一种替代的解决方案，以取代合同法上的对价要求。③

如果将允诺性禁止反言作为强制执行捐款承诺的标准或者准则，那么在本案这样的诉讼请求中，这一规则也许并不能强制被告进行捐款。如果当事人没有对某一个承诺产生信赖，那么允诺性禁止反言这一规则就永远不会被适用。……原告约翰·萨尔斯伯里自己也承认，他是直到本案进入初审程序之前，才看见被告公司所写的这一封捐款信的。……

我们也承认，人们对于那些案件的批评是中肯、有效的——这些批评认为，在那些案件中，对于慈善捐助的强制执行仅仅建立在虚幻的对价这一基础上。但是，我们也不愿意将允诺性禁止反言规则作为强制执行慈善捐助唯一可替代的理论。

……在这一问题上各种观点差异巨大，这反映了我们在将对价作为强制执行慈善捐助的依据时所面临的困难。尽管如此，法院一般还是努力去寻找强制执行慈善承诺的依据，这也表明，在我们国家，认为私人慈善捐助在我们社会中起着重要作用这一观点，是多么深入人心。

最近，法院开始放弃利用传统的合同规则来支持慈善捐助，倾向于将允诺性禁止反言规则作为它们判决的依据。然而，令人诧异的是，如果我们还是按照允诺性禁止反言的传统理论来适用这样的慈善捐助案件，和以前利用传统合同规则处理这类案件相比，恐怕是更多的慈善捐助承诺将得不到强制执行。在先前利用传统合同规则进行判决的情况下，尽管法院在分析这类案件的时候，在概念上存在着对价不充分这样的问题，但是，慈善捐助的承诺仍然会经常得到强制执行。在利用传统合同法规则的时候，法院并不会考虑到这一承诺是否对受诺人产生了正当的信赖。只要立诺人承诺过捐出款项，就已经足够。[在我们看来，]如果强制执行慈善捐助承诺是我们想要实现的目标，那么，在案件中采纳这样的观点——即在没有对价和正当信赖的情况下也可以强制执行一个慈善捐助承诺——将更加占有优势，看上去也更加合理。这一观点看来就是《合同法重述》(第二次重述)中采纳的观点。如果我们认可《合同法重述》(第二次重述)中的这一观点，就可以终结由于遗产继承人和遗产管理人的谨小慎微所带来的大量不必要的诉讼，因为这些遗产继承人和遗产管

---

① 根据合同法理论，"过去的对价"是不足以支持一个合同的。——译者注

② 1 *Williston Contracts*, *supra*, pages 476—477.

③ 1 *Williston on Contracts*, Third Ed., §140, pages 607—619.

理人为了避免支付那些额外费用,往往不会主动支付已经去世的人所承诺过的那些捐款,除非有法院的裁决要求他们必须这样做。①

《合同法重述》(第二次重述)草案的第90条款中包含了新增加的第2款,该部分条款是这样规定的:

> (1) 对于以下这样一个承诺,即立诺人应该合理预见到他所作的承诺会诱导受诺人采取一个明确的和实质性的行动,或者是对自己采取一定的约束行为,而这一承诺也确实诱导了受诺人实施这样的行动或者对自己进行了约束,如果这样的承诺只有强制执行才能避免不公正的话,那么,这样的承诺就是具有约束力的。因为违反这一承诺而给予当事人的救济,可以限定在公正所需要的程度和范围之内。

> (2) 对于慈善捐款或者婚姻案件中对财产的赠与,根据该条第1款规定也是具有约束力的,并不需要证明受诺人对于这样的承诺实施了前款所称的行为,或者是对自己进行了约束。

我们相信,公共政策应该支持《合同法重述》(第二次重述)中的观点。法律不要求有着对价或者正当信赖的存在,而是直接赋予这样的慈善捐款承诺以法律约束力,这应该是更加符合逻辑的结论。

慈善捐款通常是服务于公共利益的需要,这些公共利益是通过可能的具体项目来实现的,如果没有慈善捐助,这些项目可能永远也不能变成现实。的确,有一些资金筹款活动的实施,其所依据的方案并不是要求人们的慈善捐款产生约束力。②对于这样的案件,我们法院当然会毫不迟疑地否决捐款承诺的约束力。然而,对于那些清晰而且并不模糊的捐款承诺,捐款人则必须信守。

初审法院的判决予以维持。

除了勒格兰德法官和雷诺森法官提出反对之外,其余法官都附和同意本判决。

德雷南诉星星铺路公司③

加利福尼亚州最高法院,全体法官共同审理④(1958年)

本案要旨

作为总承包商的原告德雷南准备竞标一个工程。按惯例,各分包商会在

---

① Calamari & Perillo, *Law of Contracts*, §177—178.

② Pappas v. Bever, 219 N.W. 2d 720(Iowa 1974).

③ Drennan v. Star Paving Co.51 Cal.2d 409, 333 P.2d 757.

④ 本案是由加利福尼亚州最高法院全体法官共同审理的一起案件。"全体法官共同审理"的含义,见第258页注释。——译者注

指定日期前向总承包商提供分包工程报价，由总包商汇总并放入总标书。如果中标，总包商再将分包工程交给分包商完成。在竞标的指定日期前，被告星星铺路公司就铺路工程向原告提供报价，原告将被告的报价计入总报价，并将被告作为铺路工程的分包商。但在原告告知被告其已中标后，被告却表示原先的报价错误，无法按当时的报价施工。原告只能以更高的价格另请其他公司施工。原告诉至法院，要求被告赔偿损失。法院认定，原告已经对被告的报价产生了信赖，于是判决支持了原告的诉讼请求。

本案确定的规则是，对于某一个要约，如果要约人应该合理预见到受约人可能会对要约产生信赖，而且受约人也确实对要约产生了信赖，那么，这样的要约就是不可以撤销的。

特雷纳法官①代表法院呈递以下判决意见：

由于被告星星铺路公司拒绝按照它向原告德雷南给出的报价完成铺路工程，原告德雷南向法院提起诉讼，要求被告赔偿相应损失。初审法院支持了原告，被告星星铺路公司不服这一判决，提起了上诉。

1955 年 7 月 28 日，原告德雷南作为获得许可的总承包商正在准备竞标位于兰卡斯特②校区的"Monte Vista School"工程。根据发标人的要求，标书必须在 7 月 28 日晚上 8 点之前提交。原告德雷南在法院审理时作证道，总承包商在竞标的当天一般会接到分包商有关分包工程业务的电话，总承包商会将各个分包商的报价计算在自己的总标价之内，这种做法在当地非常普遍。就在 7 月 28 日这一天，原告的秘书约翰夫人总共接到了 50—75 个分包商的报价电话，就这一工程的各个组成部分进行报价。每接到一个这样的报价电话，约翰夫人都会在一张特定表格上记下报价，并将它送到原告办公室。原告德雷南会将这张特定的表格粘贴在成本清单上，在成本清单上有着各个分包商的名称和报价。在原告的标书中，必须包括那些分包商——即完成建设工程量 0.5％以上的那些分包商——的名称，而且，如果原告一旦中标获准承包工程，他必须提交该工程总报价 317 385 美元的 10％作为施工的保证金。

7 月 28 日下午，约翰夫人和被告星星铺路公司的估价员胡恩通了一次电话，双方就铺路工程的分包事项进行了交流。胡恩报上了自己的姓名和电话号码，并称按照计划和要求，他代表被告星星铺路公司来竞标位于 Monte Vista School 的铺路项目，他给出的报价是 7 131.60 美元。在约翰夫人的要求

---

① Traynor, Justice.
② 兰卡斯特是加利福尼亚州西海岸的一个城市。——译者注

下,胡恩又将其报价重复了一遍。原告德雷南在他办公室的分机电话中听到了胡恩的报价,在收到约翰夫人交来的报价单后,原告将这一报价单黏贴在成本清单上。被告星星铺路公司就铺路工程的报价,在众多的报价中是最低的,原告也就理所当然地将被告的报价计算在自己的总报价之内,并将被告作为铺路工程的分包商写入总标书。该项目的标书于 7 月 28 日揭晓,原告德雷南的报价最低,获得了这一总承包工程。

255

竞标揭晓后的第二天早晨,原告德雷南在返回洛杉矶的路上,到被告的办公场所暂作停留。原告遇见的第一个人是被告的建筑工程师奥本海默先生。原告在庭审过程中作证道:

> 我先是作了自我介绍,奥本海默先生马上告诉我,那天晚上,他们在给我的标书中出了差错,他们公司无法按照那天投标的价格完成这一铺路施工任务。我告诉他们,还是希望他们按照最初的报价来完成这一铺路工程,因为我已经将他们公司的报价计算在总标书里了,这一分包工程也正准备发包给他们来做。我将不得不按照投标的总标书将这一工程继续下去,完成整个总包工程,我希望他们公司也会这样做。

被告则表示,如果这一铺路工程的价格低于 15 000 美元,他们将拒绝做这一铺路工程。原告在审理中作证道,在这次见面之后,他"从其他人那里打听了铺路工程的相关报价",在以后几个月之内,原告努力去寻找尽可能低的报价,最后找到了位于兰卡斯特一家名叫 L & H Paving Company 的公司来做这一铺路工程,这家公司的价格是 10 948.60 美元。

初审法院认定,有充分的证据证明,被告按照" Monte Vista School "项目铺路工程的计划和要求作出的 7 131.60 美元报价是一个明确的要约,而原告在竞标学校项目的标书中将被告的报价计算在了总标价当中,并且将被告定为铺路工程的分包商。因此,初审法院判决支持了原告提出的 3 817 美元的诉讼请求(这一金额就是被告最初的报价和原告在铺路工程上实际花费成本之间的差额),外加由被告负担诉讼成本。

被告辩称,在本案当事人之间并没有可以强制执行的合同存在。被告这一辩称的依据是,它已经撤回了原先的要约,而且是在原告向被告表明接受其要约之前就已经撤回。

没有证据表明,被告是将它的投标作为一个不可撤销的投标,被告没有以其报价作为交换,让原告必须在他的总标书中使用被告投标的报价。也没有证据表明,在接受被告的报价之后,如果原告真的中标了总承包合同,就一定要将分包合同授予被告。简而言之,在双方当事人之间既不存在有对价支持的选择权合同,也没有形成一个有约束力的双方合同。

然而,原告坚持认为,他对被告的要约产生了正当信赖,因此被告必须赔偿因其拒绝施工给自己造成的损失。这样,本案中要解决的问题就转换为:原告对被告报价的信赖,是否使得被告的要约变得不可撤销呢?

《合同法重述》第 90 条款是这样表述的:

> 对于以下这样一个承诺,即立诺人应该合理预见到他所作的承诺会诱导受诺人采取一个明确的和实质性的行动,或者是对自己采取一定的约束行为,而这一承诺也确实诱导受诺人实施了这样的行动或者对自己进行了约束,如果这样的承诺只有通过强制执行才能避免不公正的话,那么,这样的承诺就是具有约束力的。

《合同法重述》这一规则在我们加利福尼亚州也是适用的。

被告所作的要约,可以根据明示条件或者默示条件构成一个履行一定行为的承诺,或者是根据法律的实施而被认定为构成一个履行一定行为的承诺。[①]在本案中,被告有理由预见到,如果原告的竞标被证明是价格最低的,那么,它的报价将会被原告所采用。被告所作的报价,诱导原告"作出了[《合同法重述》第 90 条款所称的]明确的和实质性的行动"。

如果被告明白地表明或者很清楚地默认了它的报价是可以在原告接受之前被撤销的,那么我们法院理所当然地会作出这样的认定。然而,被告在它的报价是否可以被撤销这一点上,并未作出任何表示,因此,在这样的情况下,我们法院必须确定,法律所赋予的或者从事实可以合理推断出的撤销要约的条件在本案中到底是不是存在。单方合同中的要约,也曾经面临着与我们案件相类似的问题,那种认为在对方完全履行之前立诺人可以在任何时候撤销要约的理论,已经是昨日黄花。《合同法重述》第 45 条款是这样规定的:

> 如果一个单方合同的要约已经发出,作为回应,该要约中要求的部分对价已经由受约人提供或者由受约人提出履行,那么要约人就受到合同的约束;一旦受约人在要约规定的时间内,或者,如果要约中没有规定时间,受约人在合理时间内正在提供全部对价或提出履行全部对价,那么,要约人就有立即履行的义务。

《合同法重述》的评论 b[②] 在解释这一条款时这样分析道:

> 主要约中往往包括了这样一个附带承诺——该附带承诺当然是一个

---

①   1 *Williston*, *Contracts*(3rd, ed), §24A, p.56, §61, p.196.

②   《合同法重述》在通过时,起草者们为了让人们更好地理解那些条文的本意,会对条文进行具体的评论,在这些条文理解有分歧的时候,它们会帮助人们更准确地了解条文的本意。——译者注

默认的承诺——即如果要约人请求履行的部分行为已经由受约人部分实施，那么要约人就不能撤回其要约，而且，如果受约人提出交付履行行为，要约人就应该接受履行行为。部分履行行为或者提示交付履行行为，可以提供这一附带承诺所需要的对价。此外，在一些案例中，仅仅是受约人基于对一个要约的正当信赖而实施了一定行为，也可以成为一个承诺具有约束力的充分理由（见《合同法重述》第 90 条款）。

不管是基于事实上的默认还是法律上的默认，附带承诺起着这样的作用，即在受约人已经对要约产生了正当信赖之后，如果要约人想撤销要约的话，附带承诺可以阻止这种不公正的情形。受约人基于对要约的合理信赖，可能会让自己的地位发生可以预见到的不利变化。在这样的情况下，合理信赖就为默认一个附带承诺——即要约人不会去撤销一个双方合同——的存在提供了有力的根据。

对于强制执行这样一个承诺，缺少对价并不是致命的。确实，对于单方合同这样的案件，《合同法重述》从当事人的部分履行那里找到了默认的附带承诺的对价。但是，《合同法重述》第 90 条款的参考内容却清楚地表明，对于这样的承诺，对价并不总是必不可少的。《合同法重述》第 90 条款的立法目的是，在"当事人通过协商而形成，并且是为了交换而付出"的对价并不存在的情况下，让某一个承诺具有约束力[1]。合理信赖在这里就是起着这样的作用，即在通常需要对价的情形下，它能够使得要约人作出的要约具有约束力。达科他州最高法院在处理一个类似案件时有着以下的表述：

> 我们相信，理性和公正这两点，要求我们法院将《合同法重述》第 90 条款中的规则适用到本案中。对于我们手头这起案件中的事实而言，我们并不相信，如果一旦接受了《合同法重述》中的这一规则，就是在合同案件中取消了对价的要求。在我们看来，合同中的对价要求与允诺性禁止反言规则在适用时取消一些法律上的要求，完全不是一回事情。因此，我们的观点是，被告在签订这一（没有对价支持的）协议、作出这一承诺的时候，他们应该合理预见到这一承诺可能诱导原告向政府进行报价；这一承诺也的确是诱导了这样的行为发生；而且，只有强制执行这样的承诺才能够避免不公平的产生。[2]

在本案中，当原告将被告的要约［报价］计算在自己的总标书的时候，他基于对被告要约［报价］的信赖，已经将自己置于受到总标书的制约、一旦中标就

257

---

[1]　1 *Corbin*, *Contracts*, § 634 *et seq*.

[2]　Northwestern Engineering Co. v. Ellerman, 69 S. D. 397, 408, 10 N. W. 2d 879, 884; *cf*. James Baird Co. v. Gimbel Bros., 2 Cir., 64 F.2d 344.

必须去履行总标书的境地。虽然被告没有特意和原告商量过应该如何使用它的报价，也没有在无意中这样做过，被告看起来似乎对自己的报价是否会被原告使用漠不关心。但是，可以合理推定的是，被告向原告提供报价，是为了从原告这里得到一个分包合同。被告应该认识到，本案存在这样的可能性，而且是很大的可能性，那就是：如果被告的报价是最低报价，那么它的报价可能就被包括在原告的总标书当中。如果总承包人获得总承包合同，这也是符合被告的自身利益的；分包合同的报价越低，总承包合同的报价就越低，总承包商中标的可能性就越大，从而分包商获得分包工程的可能也就越大。被告有着正当的理由，不仅是期待原告信赖它的报价，而且是要求原告接受它的报价。很显然，在原告信赖被告的报价这一点上，被告是有着自身利益的。基于上述提及的被告在原告提交的报价上有着自身利益，以及原告已经受制于自己的总报价这两点因素，我们认为，原告在获得总承包合同之后，起码应该有机会来接受被告的报价，这是唯一公平的做法。

需要指出的是，总承包商在获得总承包合同之后不能为了得到更好的价格随意地推迟对原先要约的承诺。他也不能一方面与分包商重新对原先的报价讨价还价，另一方面，在讨价还价的同时又继续享有接受原先要约的权利。[①] 在我们手头这起案件中，原告及时通知了被告，他已经获得了这一工程，并且通知了被告，他将其中的铺路分包工程授予被告来完成。

然而，被告却认为，它向原告的报价是其工作失误的结果，它有权撤销这一错误的报价。被告的这一观点是以法院有关撤销合同的判例作为依据的。然而，在被告作为依据的那些案件中，投标人发生的错误对于受约人来说却是明知的，或者是应当知道的，在这种情形下，受约人是可以被置于"原先的地位"的（即要约人作出报价之前的地位）[②]。在本案中，如果原告有理由相信被告的投标是错误的，那么他当然不能再正当地对被告的错误投标产生信赖，《合同法重述》第90条款的规定也就不能再作为强制执行的依据。[③]然而，原告并没有理由知道被告在投标时出现了错误，因为在兰卡斯特的沙漠地区，铺路工程的最高价和最低价之间相差很大，经常可以相差160%。由于相信了被告报价的金额，原告向发包单位保证自己会履行总承包合同。在这样的情形下，被告报价的错误不但不能够免除它的义务，反而构成了应该强制执行被告要约的理由，因为被告的报价误导了原告，让原告不能正确计算完成整个铺路工

258

① R.J.Daum Const. Co. v. Child, Utah, 247 P.2d 817, 823.

② "原先的地位"（*status quo*，此为拉丁文），本意为事情的原状。在本案的情形下，意为"作出报价之前的地位"。——译者注

③ Robert Gordon, Inc. v. Ingersoll-Rand, Co., 7 Cir., 117 F.2d 654, 660.

程所需要的成本。即使法院很明确地认可被告的要约在原告接受之前是可以被撤销的，也不能必然得出被告在准备投标时可以不尽到谨慎注意的义务这一结论。被告在向原告投标时，知道原告有很大的可能在投标时使用其报价；被告可以预见到，一旦原告错误地低估了成本，必然会对原告造成损害。而且，被告向原告报价的动机是为了自己的商业利益。如果本案按照被告所称的理论来审判，不论上述列出的这些考虑能否单独证明原告基于对方存在过错有权获得救济，我们认为，按照《合同法重述》第 90 条款的规则，被告报价时的错误并不能阻止原告获得救济。这样的结论应该是有说服力的。在作出报价的分包商和对这一报价产生了合理信赖的总承包商之间，由于错误所造成的损失，应该由导致错误发生的一方来承担。

[被告在抗辩时引用了 Leo F. Piazza Paving Co. 诉 Bebek & Brkich 案[①] 以及 Bard 诉 Kent 案[②]作为其依据。]我们认为，这两个案件的结论与我们法院在本案中的观点并不背道而驰。在 Piazza 一案中，法院维持了这样的认定，即被告并不是想作出一个确定的报价，被告只是在原告投标的时候，向原告提供"一些观点供其使用"；有证据表明，被告已经告诉原告，他们对工程说明中的重要性并不是很确定。因此，那些让被告应该合理预见到原告会对其报价产生信赖的要约、承诺或者陈述，在该案中并不存在。在 Bard 一案中，法院认定，对于没有对价支持的一个选择权合同，由于给予选择权的一方已经死亡，那么，这样的合同就应该被认定为撤销了。《合同法重述》第 90 条款所涉及的救济问题，在 Bard 一案初审中当事人没有主张，受约人的信赖并没有表现为"明确的、实质性的特点"，还没有达到"只有强制执行这一承诺"才能避免不公正的程度。

被告还辩称，原告在本案中没有提出一个正确的诉因，理由是原告的诉状没有能够提出其试图减少损失或者损失无法减少。我们认为，被告这样的辩称是没有价值的。原告提到，在被告拒绝施工之后，"原告不得不以 10 948.60 美元的代价，让 L & H 公司完成原先的柏油路铺设工程"。原告提供的证据并不矛盾，这些证据表明，他花费了几个月的时间努力从其他分包商那里寻找报价，从中找到了最低的一家公司。很显然，原告已经尽到了合理的注意义务来减少损失。……

初审判决予以维持。

---

① Leo F. Piazza Paving Co. v. Bebek & Brkich，141 Cal. App. 2d 226，296 P. 2d 368，371.

② Bard v. Kent，19 Cal. 2d 449，122 P. 2d 8，139 A. L. R. 1032.

科斯格罗夫诉巴托罗塔①
美国联邦第七巡回上诉法院(1998年)

本案要旨

原告科斯格罗夫是一名经验丰富的公司律师。被告巴托罗塔准备开设餐厅,希望原告能够借给他 100 000 美元,提供商业和法律上的建议,并承诺可以给予原告该餐厅部分所有者权益。原告答应了被告的提议,并在餐厅场地的租赁和公司组织形式上提供过意见。此后被告并未从原告处借款,也未给予原告相应的股份。在被告餐厅经营大获成功后,原告诉至法院,以被告违反承诺为由要求被告赔偿。法院最终认定,原告作为一名专业人士,其付出是有一定经济成本的,可以认定原告对被告承诺产生了信赖,法院支持了原告诉请。

本案确定的规则是,如果一方所作的明确承诺确实诱导对方花费了一定经济成本,那么就可以认定对方因此产生了信赖,这样的承诺应该得到强制执行。

波斯纳首席法官②代表法院呈递以下判决意见:

这是一起由威斯康星州法律调整的跨区管辖案件③,初审法院的陪审团作出裁决,被告巴托罗塔应该赔偿原告科斯格罗夫的损失总共 135 000 美元。陪审团裁决的赔偿数额是这样组成的:违反允诺性禁止反言的损失 117 000 美元,因错误陈述造成的损失 1 000 美元,因不当得利造成的损失是 17 000 美元。在陪审团作出上述裁决之后,被告巴托罗塔根据联邦民事诉讼法的相关规定④向初审法院提出动议,要求对陪审团的上述裁决内容进行修改或者补充〔初审法院将被告的这一动议视为要求将陪审团的裁决置之一边,直接由法院作出判决⑤〕。结果,初审法院的法官认定原告科斯格罗夫没有能够证明其在本案中有着信赖的存在,在允诺性禁止反言这一问题上作出了支持被告动议的判决;但是,初审法院的法官对于陪审团作出的支持原告其他两个主张的裁决,还是予以了维持。……双方当事人都不服这一判决,提起了上诉。……

---

① Cosgrove v. Bartolotta., 150 F.3d 729.
② Posner, Chief Judge.
③ "跨区管辖"的含义,参见第 264 页注释。——译者注
④ Fed.R.Civ.P. 59(e).
⑤ 此为原编者对判决所作的说明。
根据美国民事诉讼法,在当事人认为陪审团裁决存在明显错误的情况下,可以要求法官将陪审团的裁决置之一边,径行作出裁决。——译者注

这起上诉案件对于我们上诉法院来说，具有其价值和意义。被告巴托罗塔想要在密尔沃基①开设一家餐厅。他向自己家的朋友原告科斯格罗夫寻求帮助。巴托罗塔想向科斯格罗夫筹借 100 000 美元，并获得开设这家餐厅在商业上和法律上的相关建议，因为科斯格罗夫本人是一名富有经验的公司律师。巴托罗塔答应科斯格罗夫，他不仅会在 3 年之内偿还这笔借款和利息，而且会给予科斯格罗夫这家餐厅 19% 的所有者权益。以科斯格罗夫承诺的 100 000 美元借款作为保证，巴托罗塔得以从银行获得了开设餐厅所需要的金融支持。由于相信了巴托罗塔所作的将来可以在这家餐厅获得所有权份额的承诺，科斯格罗夫在餐厅经营场所的租赁，以及从银行获得贷款这两件事情上，帮助巴托罗塔进行了相关的谈判；也正是在科斯格罗夫的建议之下，这家餐厅采取了有限责任公司这一组织架构。但是，科斯格罗夫实际上从来也没有借出这一笔 100 000 美元，也从来没有获得这家餐厅的任何所有者权益。在所有这些事项都处理完毕之后，虽然科斯格罗夫想要借出这一笔款项给被告，他也有能力借出这笔款项，但是，巴托罗塔并没有向科斯格罗夫借款，而是从其他渠道获得了金融支持。从此之后，在经营这家餐厅的事情上，巴托罗塔将科斯格罗夫扫地出门。这家餐厅随后开张，大获成功；如果巴托罗塔没有食言，让科斯格罗夫得到这家餐厅的所有者权益，这些所有者权益将为科斯格罗夫带来巨大利益。于是，科斯格罗夫提起了本案诉讼。

根据本案的庭审记录，我们在事实上作出有利于原告科斯格罗夫的认定；现在我们必须决定的是，初审法院的法官将陪审团针对禁止反言所作的裁决拿出来放在一边，不予认可，这一做法是否存在错误？科斯格罗夫向法院提供的那些证据，在审理中的确争议很大，但是，我们认为，这些证据足以让一个理性的陪审团认定我们在前面概括的那些案件事实。的确，在原告提出的被告违反合同这一主张上，陪审团并没有支持科斯格罗夫的观点，但是，陪审团在被告是否违反合同这一问题上的认定，与陪审团在允诺性禁止反言这一问题上的认定并不矛盾。科斯格罗夫和巴托罗塔从来没有就科斯格罗夫在这一餐厅中获得的财产所有权比例达成过严格的合同条款，因此，即使陪审团相信科斯格罗夫的那些证人所说的巴托罗塔的确是承诺了会把这家餐厅的部分所有者权益给科斯格罗夫，相信科斯格罗夫基于对这一承诺的信赖，的确是向巴托罗塔提供了那些服务，但是，陪审团还是可以合理地认定他们之间并没有合同存在。在一方当事人破坏了双方的关系之后，受害方寻求损失的救济可以有多种方法，允诺性禁止反言就是一种替代违约诉讼的方案。如果有这样一种

---

① 密尔沃基是美国威斯康星州的工商业城市。——译者注

260 承诺,它有很大的可能性诱导受诺人的地位发生经济上的变化——经济地位上的变化,正是基于对正在实施的这一承诺的信赖——而且这一承诺又的确是诱导受诺人的地位发生了这样的变化,那么,受诺人就可以要求法院强制执行这样的承诺,即使双方之间没有合同存在,受诺人也可以这样要求。①

我们对于允诺性禁止反言这一法律的简要概括,有一个重要的前提,即促使某一个承诺在法律上应该强制执行的"信赖",必须受到一个合理期待的诱导,这个合理期待就是,该承诺肯定会得到实现。一个空洞的、充斥着各种前提条件的承诺,有时也足以诱导一个理性的人去投入时间和精力,想方设法让这一承诺成为现实的可能实现最大化;但是,受诺人在这样做的时候,如果知道自己只是在投资某一个机会,并不是在依赖一个理性的人所期待实现的承诺,那么,他是不能通过允诺性禁止反言获得法律上的救济的。②假定一个父亲告诉他的儿子,说自己正在考虑答应儿子,如果儿子在下一个生日的时候能够戒掉烟瘾,他将考虑在自己的遗嘱中重新将儿子列为受益人。为了能够让自己完全符合父亲提出的这一条件,儿子报名参加了一个专门为烟瘾很重的人开设的戒烟项目。然而,在儿子生日到来的这一天,父亲并没有作出儿子所希望的承诺。儿子在参加这一个戒烟项目的时候,的确是基于对父亲的信赖而参加的,而且,这一信赖是一个合理的信赖;但是,儿子所信赖的承诺,并不是父亲已经决定将他恢复为遗嘱中受益人(在儿子报名参加戒烟项目的时候,父亲的这一个承诺[即遗嘱]还没有作出来)。另外一个例子是,假定一个总承包商告诉分包商,它正在考虑聘用后者从事分包工程,但是,除非分包商雇用更多的少数族裔人士,否则总承包商是不会考虑聘用该分包商的,于是,这一分包商开始雇用一些少数族裔人士,然而,总承包商和以前一样,最终还是没有聘用这一分包商参与分包工程。在这样的情形下,这一分包商也是不能主张适用允诺性禁止反言的。

被告巴托罗塔辩称,本案就是一个不能主张允诺性禁止反言的案件。但是,我们认为,陪审团有权得出不同的结论。虽然在一开始的时候,给予原告科斯格罗夫所有者权益的具体比例还没有确定,但是,在巴托罗塔承诺会给予原告这家餐厅所有者权益这一点上,是非常确定的。就其作出的承诺,巴托罗塔并没有设定一些前提条件,使得自己在适当的时候可以阻止承诺的履行。一个理性的陪审团,可以合理地认定科斯格罗夫在这家餐厅的成立过程中投入了时间和精力这一事实,而且可以认定科斯格罗夫曾经保证过自己会借款

---

① U.S. Oil Co. v. Midwest Auto Care Services, Inc., 150 Wis.2d 80, 440 N.W.2d 825, 828(1989).

② Major Mat Co. v. Monsanto Co., 969 F.2d 579, 583(7th Cir.1992).

100 000 美元给巴托罗塔这一事实；陪审团之所以作出这样的认定，并不是因为科斯格罗夫本人希望他的这些付出会诱导巴托罗塔给予其这一新成立公司一定数量的股份，而是因为他认为巴托罗塔已经给了自己一个确定的承诺，即一定会给予他一定数量该餐厅的股份；巴托罗塔作出的这一承诺，只是以科斯格罗夫将会信守借款这一保证（是在科斯格罗夫被要求的时候这样去做）以及提供所需要的商务咨询和法律咨询作为前提条件，而所有这些前提条件，科斯格罗夫都已经做到了，或者是已经准备在做了。

对于我们法院来说，更加困难的一个问题是，原告科斯格罗夫是否确实对巴托罗塔的承诺产生了"信赖"？在分析这一问题的时候，如果我们将"信赖"这一法律上的概念作通常意义上的理解，那将是很危险的。在允诺性禁止反言这一法律原则上，受诺人"信赖"了某一个承诺，并不仅仅是指他在这一承诺所提供的诱惑下作出了某种回应，去做了某种事情，而是受诺人必须是花费了一定**经济成本**去做了那些事情。[①]科斯格罗夫保证过借款 100 000 美元给被告，对于科斯格罗夫来说，这样的保证并没有让他花费什么经济成本。实际上，科斯格罗夫从来没有实际借过这 100 000 美元，而且，没有证据表明，他作出的保证对于他本人造成了直接经济损失。当然，有的情况下，可能会给科斯格罗夫造成直接经济损失，例如，在科斯格罗夫被要求出借款项的时候他不得不支付资本所得税，以提取现金，那么，科斯格罗夫就是因为这一笔借款而遭受了经济上的损失。在不知道科斯格罗夫投入的那些时间可以派上其他用场的情况下，人们甚至可能会对科斯格罗夫费时费力向巴托罗塔提供的那些私人服务的经济价值都不能确定。如果原告科斯格罗夫只是在他的空余时间——这一时间对于他来说并没有什么价值——甚至闲暇时间提供服务，那么，这些个人服务在经济上的价值就非常细微，也不足以产生允诺性禁止反言意义上的"信赖"。但是，我们认为，这样的说法在本案中难以成立。原告科斯格罗夫是一名提供专业服务的人士。而且，如果没有什么意外的话，这样的借款保证会将科斯格罗夫置于一种危险的境地，因为一旦被告巴托罗塔对他的借款保证产生了信赖，根据科斯格罗夫援引的允诺性禁止反言规则，科斯格罗夫本人就要受到这一信赖的制约；一旦巴托罗塔不能在其他地方获得更好的借款条件，巴托罗塔很可能会要求科斯格罗夫提供这一借款——这是该餐厅比最初看上去风险更大的一个信号——本案中以后发生的一系列事件也证明了这一点。……

初审法院还判决被告巴托罗塔应该赔偿因为其错误陈述和不当得利给原

261

---

① Hoffman v. Red Owl Stores，Inc.，26 Wis.2d 683，133 N.W.2d 267，275(1965).

告造成的损失，被告巴托罗塔对此判决也不服，提起了上诉。我们认为，被告巴托罗塔对当时的事实——即他作出承诺时的思想状态——作出错误陈述的证据足以支持陪审团所作的裁决。科斯格罗夫向巴托罗塔转让利益（这些利益就是科斯格罗夫向巴托罗塔提供的借款保证，该借款保证在巴托罗塔从银行获得金融支持时发挥了重要作用，而且，科斯格罗夫在这家餐厅成立过程中，向巴托罗塔提供了商业上和法律上的咨询意见），进而让他有权获得相应补偿的证据也同样如此。在转让利益的一方有理由相信他会获得补偿的情况下——也就是说，转让利益的一方并不是一个爱管闲事的人，或者是像一个利他主义者、一个朋友或者一个亲戚那样无偿地提供服务——如果接受利益的一方拒绝付款，那么，转让利益的一方就有权要求接受利益的一方支付这些服务的市场价值。[①]法官在 Ramsey 一案中所作的分析，正好契合了我们手头的这一案件。初审法院的陪审团可以认定，而且的确认定了科斯格罗夫基于其会获得这家餐厅的所有者权益这一信赖，向巴托罗塔输送了前面提到的那些利益。

　　然而，虽然原告既可以基于违约，也可以像在本案中这样基于允诺性禁止反言对被告提出一个主张，但是，原告要求被告返还利益的这一主张，并不是一个真正的法律责任替代理论，而是如何计算损失的一个替代方法。这家餐厅生意上的价值究竟有多大？这家餐厅的所有者权益究竟有多少？原告科斯格罗夫因为提供那些服务让他丧失的其他机会究竟价值几何？这些都是计算损失时需要考虑的问题。如果原告能够证明确定以上几个问题实在是太困难的一件事情，那么，原告将其提供服务的价值作为计算损失的一种替代方法——它或者是原告提供服务过程中的机会损失或者其他成本损失（这是信赖损失的一种计算方法）的一种替代方法，也可以是巴托罗塔所答应过的那些价值（这是期待利益损失的一种计算方法）的一种替代方法——就是一个可行的选择方案。

　　从以上确定损失的计算方法中，我们可以得出这样的推定，即在威斯康星州，作为当事人的你，可以基于允诺性禁止反言主张获得期待利益的赔偿[②]，而且，很明显，你是可以得到这样的赔偿的[③]，虽然我们在 Werner 诉 Xerox Corp[④] 这一案件中也曾经说过当事人不能获得这样的赔偿。这样矛盾的情形，在我们这一起案件中，并不那么重要；重要的是，损失的替代计算方法与损

262

---

　　① Ramsey v. Ellis, 168 Wis.2d 779, 484 N.W.2d 331, 333—34(1992).
　　② 期待利益赔偿是指信守合同的一方当事人在对方（违反合同的一方当事人）没有发生违约情形的情况下可以获得的利益。——译者注
　　③ Kramer v. Alpine Valley Resort, Inc., 108 Wis.2d 417, 321 N.W.2d 293, 294(1982).
　　④ Werner v. Xerox Corp., 732 F.2d 580, 585(7th Cir.1984).

失累加的计算方法并不是一回事。原告是让陪审团确定以下三个方面的内容：一是原告承诺的这家餐厅的所有者权益价值；二是由于被告巴托罗塔的错误陈述，让原告所遭受的损失；三是原告为巴托罗塔提供的那些服务的价值。在我们看来，科斯格罗夫所主张的这些损失，都是一种补偿性的损失，这种损失也就是在巴托罗塔没有实施那些不当行为的情况下，科斯格罗夫根据其所处地位应该获得的赔偿。如果被告巴托罗塔信守了他的承诺，科斯格罗夫将会拥有这家餐厅生意中相当大的份额，陪审团最终认定这一份额的价值是117 000 美元；在我们看来，陪审团的这一裁决，想必是考虑到了如果这家餐厅的生意变坏，那么，科斯格罗夫就会面临失去这 100 000 美元借款的风险（餐厅的生意风险很大）。因为所有者权益是原告提供服务应该获得的全部赔偿，所以，科斯格罗夫不仅不能得到 17 000 美元提供服务的赔偿，也不能得到那1 000 美元的"分手费"（我们不知道陪审团给予的这一部分费用还有其他什么性质）。因此，初审法院陪审团给予原告的赔偿数额在我们看来是过高了，但是，由于被告对陪审团的这一裁决没有提出反对，可以视为被告放弃了在这一点上的主张。

　　总而言之，初审法院的判决应该部分予以维持，部分予以推翻，由初审法院按照我们法院在这里的分析意见执行陪审团最初的裁决。

第 五 章
口头证据规则及合同解释

■ 第一节 口头证据规则

米奇尔诉拉斯①
纽约州上诉法院（1928 年）

本案要旨

　　原告米奇尔夫人希望购买被告拉斯夫妇的农场，但对被告位于另一块土地上的冰屋不满意。被告口头同意搬走冰屋。此后双方签订了一个看上去非常完整的土地买卖书面合同，但并未在合同中约定冰屋搬走事宜。原告获得土地权属证书后，被告没有按照口头协议搬走冰屋，也不愿意这么做了。原告诉至法院，要求被告实际履行搬走冰屋的口头协议。法院最终认定，系争合同非常完整，口头协议与书面合同联系紧密，当事人通常会将口头协议放到书面合同中，因此，只能认定口头协议无法证明，法院驳回了原告的诉讼请求。

　　本案确定的规则是，口头协议必须满足三个条件才能在法律上得到强制执行，即它在形式上是主合同的附带合同，与主合同的明示条款或者默示条款并不矛盾，而且当事人通常不会将这样的口头协议放到书面合同当中去。

　　安德鲁斯法官②代表法院呈递以下判决意见：

　　1923 年秋天，被告拉斯夫妇希望出售他们拥有的一个农场。在属于纽约

---

　　① Mitchill v. Lath，247 N.Y.377，160 N.E.646.

　　本案被告为拉斯夫妇两人。本案经过了初审、上诉法院的审理，初审法院、上诉法院都支持了原告米奇尔夫人的诉请，但被告拉斯仍然不服。本案是由纽约州的最高司法机关——纽约州上诉法院——再次进行审理的案件。——译者注

　　② Andrews，J.

州副州长鲁恩的一块土地上,穿过一条路,拉斯夫妇还另外拥有一间他们可以搬走的冰屋①。原告米奇尔夫人在查看农场之后想要买下这个农场。原告对冰屋的存在不满意。于是,"被告拉斯夫妇口头承诺并同意,以原告米奇尔夫人购买这一农场作为对价,由被告拉斯夫妇在 1924 年的春天将这一冰屋搬走"。原告米奇尔夫人基于对被告拉斯夫妇这一承诺的信任,与被告签订了一份书面合同,同意以 8 400 美元的价格——原告以现金和抵押货款的方式支付——买下这个农场,该书面合同包括了类似购买土地合同通常所包括的各种条款。在获得了农场的权属证书之后,原告占有了这一农场,为了在夏天就能使用农场上的房屋,原告还投入了相当大的费用对房屋进行装修。但是,被告拉斯夫妇并没有履行他们搬走冰屋的承诺,而且他们也不想这样做了。摆在我们法院面前需要处理的问题,并不是当事人在道德上谁是谁非这样的问题,而是当事人之间达成的这一口头协议在衡平法上是否可以强制履行。

如果法院要回答这一问题,就需要对口头证据规则进行讨论。这一规则是要从法律上明确被解释的合同范围到底是怎么样?②它不仅仅是一个证据规则和口头证言规则,即某个证据和口头证言除非是在没有反对意见的情况下被对方认可③,否则的话,它们是不会控制书面合同的④。这一规则的适用,却是试图通过口头方式修改双方已经达成的书面合同。当事人在达成书面合同时,经常还会形成一个与书面合同相区别,并且是独立于书面合同的口头附带合同⑤,这一规则并不会影响到附带合同的认定。有的时候,要在书面合同与口头附带合同之间划出一个明确的界限,实在是很困难的事情。威利斯顿在他的合同法专著(第 637 部分)中分析了这样的困难。"在同一时间,当事人可能会达成两个完全不同的合同,每一个合同都有其独立的对价,"威利斯顿说道,"而且,这两个合同在法律上也是截然不同的。然而,在其中一个协议达成的时候,该协议的全部对价或者部分对价又形成了另外一个合同,在这种情况下,两个协议就必定是捆绑在一起的。⋯⋯这时,如果两个协议当中一个是口头的,另一个是书面的,那么,问题也就随之产生了:这样的捆绑是否足够紧密,足以阻止当事人证明一个口头协议的存在呢?"威利斯顿在这里述说的情形,也就是我们法院正在审理的这一案件所面临的情形。原告米奇尔夫人认

268

---

① 冰屋是一种具有储存食品、防止食品变质功能的建筑,在电冰箱广泛使用之前,在欧美国家经常使用。——译者注

② Glackin v. Bennett,226 Mass. 316.

③ Brady v. Nally,151 N.Y. 258.

④ O'Malley v. Grady,222 Mass.202 .

⑤ 附带合同在普通法的不同语境下,有不同含义。在口头证据规则中,它是指与书面合同(主合同)同时存在着的一个口头合同,通常是和主合同"共享"一个对价。——译者注

为,被告拉斯夫妇就他们出售农场这一交易,不仅应该完成书面合同中约定的义务,还应该完成书面合同约定义务以外的其他事情。

　　口头证据规则的原则也许是清楚的,但是,只有不是机械地适用这一规则,才能达到这一规则追求的效果。原则的适用经常就是这样,它只是在一定程度上适用。正如威利斯顿教授说道的那样,一旦某个合同包括了每一方当事人所作的好几个承诺,将这些承诺中的任何一个穿上附带合同的外衣并不困难。但是,如果这样做就已经足够的话,那么书面合同将总是被口头证言所修改。因此,在测试某一合同是否为附带合同时,不是仅仅看其形式,而是应该看其实质。

　　在进行这一测试的过程中,我们法院采纳的政策当然是应该考虑的。我们法院已经非常确信,口头证据规则背后所蕴含的目的充满智慧,它不应该被我们否定。尽管这一规则有时也会产生一些不公平,但从总体上来说,它运行良好。对于先前的判例和法律原则,除非我们非常确信它们在现行条件下已经成为障碍,否则,这些判例和法律原则就不应该被轻易地弃之一边。与其他一些司法区域相比,对于是否应该修改口头证据这一规则的争论,我们纽约州法院的态度并不是那么开放。因此,在 Eighmie 诉 Taylor 一案①中,虽然在系争的书面合同当中并没有一个担保条款,但纽约州的法院最终还是认定,双方之间并不存在一个口头担保协议。

　　根据我们纽约州法院的判例,对于我们手头的这起案件,如果要认定口头协议已经改变了系争书面合同,至少需要具备三个条件:(1)这一口头协议在形式上必须是与书面合同并存的一个附带协议;(2)这一口头协议不能与书面合同的明示条款或者默示条款相矛盾;(3)当事人通常不会被期待将这一口头协议吸收到书面合同当中。这一条件换句话说就是,在根据案件的具体情形对书面合同进行审查之后一定不能得出这一结论,即书面合同似乎"想要包含当事人的全部约定,想要对这些约定的客体以及履行方法作出明确规定"。或者,说得再明确一点,这一口头协议一定不是与主要交易事项的联系非常清楚,以至于口头协议成为主要交易事项的一部分。

　　我们认为,在本案中,原告米奇尔夫人并不能满足上述条件中的第三个。也许,并不是第二个条件不符合。②摆在我们法院面前的,是一个有关购买和出售土地的合同。该合同显示,买方米奇尔夫人按照约定的方式支付 8 400 美

---

　　①　Eighmie v. Taylor (98 N.Y.288).
　　②　安德鲁斯法官在这里提到也许不是第二个条件不符合,但语气不是那么确信,也没有充分展开,安德鲁斯法官着重对第三个条件进行了充分的阐述。持异议的莱曼法官在后面就第二个条件进行了充分论述。——译者注

元。米奇尔夫人要支付自己应该承担的那一部分租金、抵押贷款利息、保险费用和水表费用。米奇尔夫人还可以对这一地方进行测量。对卖方拉斯夫妇来说，则要按照米奇尔夫人的测量结果向原告交付权属证书；在拉斯夫妇自己支付费用从事、实施、确认测量的情况下，按照测量师对这一土地测量的结果向原告交付权属证书。卖方将这一农场上他们拥有的个人财产出售给买方；卖方还同意，所有买方根据合同付给他们的款项以及检查这一不动产权属的费用，将作为出售这一财产的留置担保；在这一不动产权属交付之前，卖方还愿意承担可能的火灾所造成的损失或者由此带来的风险；卖方还同意向中介方支付佣金。除了上面提到的事项之外，作为卖方的拉斯夫妇，还要再做其他什么事情吗？或者说，原告米奇尔夫人的诉讼请求，是否与合同中的这些准确条款不相一致呢？从这一书面合同来看，它不可能表明原告米奇尔夫人还要另行支付被告拉斯夫妇一大笔钱。这是否也就默认了被告拉斯夫妇不需要再做书面合同明示内容以外的任何其他事情呢？

对于这样的问题，并不需要我们法院来作出决定。然而，在对合同仔细阅看之后至少可以表明，这是一个全面、完整的合同，它详细规定了当事人各自的义务。任何一个阅看了这一合同的人，都会得出这样的结论，这份合同对当事人之间的义务已经作出了足够详细地规定。假如他得知了本案中的相关情形，他的观点也不会因此改变。即使米奇尔夫人当时确实是对这一冰屋不满意，但是，冰屋存在这一事实也不会导致人们一定相信在书面合同之外还存在着一个独立的、有关冰屋的协议。如果双方当事人真有着这样一个与冰屋相关的协议，那么在书面合同中找到这样的协议应该是最自然的一件事。虽然这一口头附带协议在形式上是可以找到的，但是它和书面协议所涉及的交易客体是很紧密地联系在一起的；这种联系是如此地紧密，以至于我们只能认定这一口头协议是无法证明的。

恰当判例和不恰当判例之间的界线，有时非常勉强，在这样的情况下，援引权威判例的作用就显得微乎其微。每一个判例所代表的判决，都是在该案件特定的事实下作出的。当事人所提出的口头附带协议和系争书面合同之间捆绑得究竟有多紧密，在每个案件中都是决定性的因素。

在马萨诸塞州，有一系列这样的案件——这些案件以 Durkin 诉 Cobleigh 案件①为代表——它们都与口头附带合同有关，而这些口头附带合同是在不动产权属证书交付之前形成的。但是，不动产权属证书的最终固定就使得在不动产书面合同中再插入口头附带合同的内容变得不合适，即使这一口头附带

---

① Durkin v. Cobleigh (156 Mass. 108).

合同与该案的土地买卖密切相关也是如此。这也许是它作为一个例外的原因。我们在本案中要处理的这一合同的基础，是权属证书随后就交给了米奇尔夫人，因此，我们法院在本案中将需要解决的问题限定为，这一书面合同的条款是否可以被[口头合同]修改。……

我们法院对于本案的结论是，上诉法庭和初审法院的判决应该予以推翻，原告的诉讼请求应该予以驳回，并承担在法院发生的所有费用。

莱曼法官①针对本案提出的反对意见：

我接受安德鲁斯法官在前面所总结的一般规则。只是在将这一规则适用到摆在我们面前的案件事实时，我的观点与他的观点有所不同。原告米奇尔夫人想要按照协商的价格从被告这里购买系争的地块。本案当事人所签订的正式书面合同……从表面上来看是有关土地转让的一个完整合同。它描述了将要转让的地块，规定了将要支付的价款。所有转让这一地块的条件和条款，都在这一书面合同中清晰地作出了表述。我在开始的时候也认为，口头证据规则表明，在这一地块转让的事情上，如果再提出书面合同之外还有什么附加条件和条款是不应该被接受的。……

对于本案中争议的口头协议，下级法院认定它是附属于这一买卖地块合同的，并且是与这一买卖地块合同相关联的。下级法院已经认定，通过答应搬走买卖地块合同没有约定的冰屋，被告诱导原告同意购买合同项下的地块。对于被告作出的这一口头承诺，并没有独立的对价转移到被告这里。从这一点上说，本案系争的书面合同和所谓的口头协议捆绑在一起。当试图证明有着一个附属于书面合同的口头协议存在的时候，这样的捆绑通常会存在。所以，"法院面临的问题就产生了：这样的捆绑是否足够紧密，足以阻止当事人证明一个口头协议的存在呢"？②

安德鲁斯法官在前面的判决意见中概括了如何判断两个协议捆绑紧密程度的标准。安德鲁斯法官指出，在证明当事人之间还存在着一个口头协议，因而可以增加书面合同中所约定的义务之前，至少有三个条件必须符合。我认为，我们都同意本案中的第一个条件，即这样的协议必须"在形式上是书面合同的附带协议"，通过证据证明是符合的。我也承认，在绝大多数法院排除适用口头附带协议的案件中，这里提及的第一个条件也是符合的。本案的难题在于如何判断相关的另外两个条件，在绝大多数类似案件中，我们法院都面临着类似的难题。

270

① Lehman, J.
② 见安德鲁斯法官援引的《威利斯顿论合同法》（*Williston on Contracts*）这一专著，第637部分。

第二个条件是,"口头协议不能与书面合同的明示条款或者默示条款相冲突"。安德鲁斯法官对于这一条件在本案中是否符合表示了怀疑。这一书面合同已经履行完毕。购买的价款已经支付;不动产的交付已经完成,权属也已经根据书面合同的条款完成了转移。书面合同中明示的相互义务,并没有被所谓的口头协议改变。当某个履行行为是书面合同所需行为的时候,当事人的义务只能是根据书面合同的条款来确定。通过口头协议,原告米奇尔夫人寻求的是,对于没有交付给原告的土地,被告拉斯夫妇还应该履行其他义务。[我认为,]原告米奇尔夫人要求被告履行的其他义务,与系争的书面合同并没有什么不一致,除非系争书面合同明示地或者默示地包含着以下条款,即被告并不需要去做书面合同中没有明确的其他任何事情。我们应该承认的是,在这一书面合同中并没有这样明示的条款;当然,这样的条款是可以默认存在,但这样的条款只有在两个条件下才可以被默认存在,一是所称的附加义务"与主要的交易是如此明显地联系在一起,以至于这样的附加义务已经成为主要交易的一部分或者组成部分",二是并不存在着"当事人通常不会被期待将这一口头协议吸收到书面合同当中"的情形。按照我在此作的分析,"原告坚称的附加义务与书面合同的默示条款不相一致"这一结论的假设是,所谓的口头协议并不符合安德鲁斯法官概括的第三个条件。因此,在本案中,我们法院需要研究的问题就简化为系争的口头协议是否符合前面提及的第三个条件[即,当事人通常不会被期待将这一口头协议吸收到书面合同中]。

我在前面也已经承认,人们在看了本案系争合同之后,会认为它是一个完整的合同。"它似乎想要包含当事人的全部约定,想要对这些约定的客体以及履行方法作出明确规定";它在当事人之间构成了一个合同,并且可以被推定为包括了合同的所有内容。①本案系争合同约定的事项是,一方当事人将土地交付给对方,对方当事人支付相应的价款。原告米奇尔夫人则声称,在被告完成交付土地之后,被告还需要履行进一步的协议——这一协议与书面合同是基于同样的对价——这一协议直接涉及的是其他地块上的事项。的确,正如安德鲁斯法官指出的那样,"即使米奇尔夫人当时确实是对这一冰屋不满意,但是,冰屋存在这一事实也不会导致人们一定相信在书面合同之外还存在着一个独立的、有关冰屋的协议"。然而,我们在本案中必须解决的问题是,*假定*本案当事人之间真的达成了由一方当事人将某一个地块上难看的冰屋搬走的协议,以此诱导另一方当事人去购买另一个地块,那么,是否当事人还会像通常被期待的那样,或者自然被期待的那样,将搬走冰屋的口头协议吸收到另一

271

---

① Eighmie v. Taylor, 98 N.Y. 288.

个地块转让的协议中去呢？因为口头协议改变了已经形成书面文本的合同因而应该予以排除的做法，只能是基于以下这样的认定或者是假定，即在本案中，虽然搬走冰屋的口头协议导致了书面买卖合同的产生，但是，最终达成的这一书面合同，是想要覆盖掉原先的口头协议的。要去判断书面文本想要覆盖的是什么内容，"仅仅看书面合同的文本是不够的。书面合同文本想要覆盖的究竟是什么东西，在我们知道书面合同文本实际覆盖了什么东西之前，是无从知晓的。对于口头协商的内容是否想要被书面合同覆盖这一问题，我认为，在决定它们是否在事实上被覆盖之前，必须对书面文本和口头协商的内容进行比较"。[①]

在本案中，书面合同指向的客体是土地的转让。从文字表面上来看，这一书面合同的内容的确是非常完整的，当事人想要将所有的口头协商内容——至少是有关这一土地转让的那些内容——都纳入书面合同中的这一结论，在人们看来是必然的。除了"一份协议达不成，另一份协议也达不成"这一点之外，被告拉斯夫妇所作的将另一个地块上的冰屋搬离的承诺，与转让书面合同项下的土地这一义务并没有关联。原告坚称被告曾经答应搬走这一冰屋的口头协议，有着充分的证据予以支持。除非搬走冰屋的协议是转让土地协议的一部分，而且搬走冰屋的整个协议已经完全被吸收到书面合同中，否则，原告的主张就是成立的。

在本案中有压倒性的证据支持双方存在口头协议这一事实，当然，这一事实并不是我们认定这一证据是否适格或者认定这一证据法律效果所要考虑的因素。在某一个特定案件中所面临的难题，并不意味着我们法院就可以忽视或者削弱一般的规则。如果我们这样做，只会让我们法院面临的难题更加突出。在本案中，当事人之间达成了口头协议，没有任何怀疑能够让这一点变得模糊不清。那么，接下来我们法院面临的难题显然就是，是否在当事人没有将口头协议吸收到书面合同的情况下，法院也要推定当事人想要让这一个口头协议从法律上无效，或者认定这一口头协议不存在呢？虽然我们不得不承认，在有着确定条款和条件的书面合同当中，没有任何东西可以表明双方还有着进一步的口头协议存在，但是，尽管就土地转让来说书面合同在表面上看来是一个完整的合同，在对书面合同阅看了以后，我还是认为这一书面合同并没有表明它想要让双方的口头协议或者协商的内容吸收其中。双方口头协商的内容所涉及的事项——由被告将不在转让土地上的冰屋搬走——与土地转让这一事项的结合度是非常松散的，这两者并不是很紧密地联系在一起的。

---

① *Wigmore on Evidence*(*2d ed.*)，Section 2430.

无疑,"整合规则"①经常可以阻止当事人含有欺诈性质的诉讼请求。对于采取了预防措施,已经将口头协议的内容吸收到书面文本中的当事人来说,他们当然应该受到保护,他们可以对抗当事人提出的同一协议中还有其他条款没有被整合到书面合同的主张。但是,"整合"的范围究竟如何,是由书面文本来确定的,这一书面合同要根据每个案件当时的具体情形来进行解读。有时一个书面合同虽然是完整的,但只是覆盖了口头协议非常有限的组成部分。在本案的对价之下,我并不认为,转让土地的书面合同中当事人想要覆盖的范围非常之宽,以至于这一书面合同要包括先前的口头协议——如果有这一口头协议的话,它的内容就是,被告在土地转让完成之后,还需要再在另一个土地上去做其他的事情。

在面临着困惑的每一个案件中,不同的因素决定了不同的解决方案。我认为,当事人援引的在本司法区域或者其他司法区域的权威判例,是没有用处的,至少在没有对案件事实进行细致分析的情况下更是如此。我对于本州判例的分析让我得出这样的观点,即下级法院对于本案的判决是符合我们法院自己的判例的,应该予以维持。

卡多佐首席法官、庞德法官、凯洛格法官和奥布赖恩法官附和同意安德鲁斯法官的判决意见;莱曼法官提出不同判决意见,克兰法官附和同意雷曼法官的不同意见。

上诉法院和初审法院的判决予以推翻。

李诉西格拉姆公司②

美国联邦第二巡回上诉法院(1977年)

本案要旨

原告哈罗德·李父子三人拥有一家酒类销售公司 50% 的股份。原告与被告西格拉姆公司负责人优格曼先生是老朋友,彼此非常信赖。两人曾口头商定由原告向被告出售公司资产,但被告必须在别处为原告新设一个酒类销售点。随后被告的另一名主管与原告及其酒类销售公司签订了资产出售合同,但该合同并未将新设酒类销售点的口头协议包括进去。资产出售合同履行完毕后,原告以被告并未履行口头协议为由诉至法院,要求被告赔偿未能履行口

---

① 整合规则是指在书面合同与口头协议并存的情况下,法院将口头协议的内容视为整合到了书面合同当中。——译者注

② Lee v. Joseph E. Seagram & Sons, Inc. 552 F.2d 447.
本案原告有三人,为哈罗德·李及其两个儿子。——译者注

头协议给自己造成的损失。法院认定,可以认定口头协议存在,判决支持了原告的诉论请求。

本案确定的规则是,如果合同未被认定为是一个最终经过整合的书面合同,那么就应该允许引入口头协议,只要这一口头协议并不与书面合同相抵触。合同中有无整合条款,是判断某个合同是不是最终经过整合的书面合同的重要因素。

格法因[①]巡回法官代表法院呈递以下判决意见:

本案是由初审被告西格拉姆公司提起的上诉案件。初审原告是哈罗德·李及其两个儿子,原告诉称,被告西格拉姆公司违反了双方之间的口头合同,构成了普通法上的违约行为;初审法院的陪审团作出了被告应该支付原告 407 850 美元的裁决,联邦地区法院的查尔斯·特尼[②]法官据此判决支持了原告的诉讼请求。被告西格拉姆公司根据《联邦民事诉讼规则》[③]第 50 (b)条款的规定,向法院提出将陪审团的裁决置之一边、改由法院径行判决的动议,但是该动议被联邦地区法院驳回。[④]更早之前,联邦地区法院还驳回了西格拉姆公司要求法院作出简易判决的动议。初审原告是哈罗德·李(现在已经去世)和他的两个儿子(莱斯特·李和埃里克·李)。联邦地区法院对于该案的管辖,是基于跨区诉讼的管辖权[⑤]。我们在此维持初审法院的判决。

初审法院陪审团认定了下列事实:原告哈罗德·李父子三人拥有 Capitol City Liquor Company, Inc.(以下简称 Capitol City)公司的 50%股权。Capitol City 公司位于华盛顿特区,专门从事酒类的批发经营。Capitol City 公司另外 50%的股权,则由原告哈罗德·李的兄弟亨利·李和他的侄子亚瑟·李所拥有。被告西格拉姆公司是一家制酒企业。Capitol City 公司经营着西格拉姆公司多个品牌的酒,其销售的大部分酒也来自西格拉姆公司。

原告哈罗德·李父子和 Capitol City 公司的另外两个所有人希望出售他们在该公司业务中的各自利益,在 1970 年 5 月,原告之一哈罗德·李与西格拉姆公司当时的执行副总裁杰克·优格曼先生(现在是西格拉姆公司的总裁,

---

① Gurfein, Circuit Judge.

② Hon. Charles H. Tenney.

③ 《联邦民事诉讼规则》(Federal Rule of Civil Procedure,简称 Fed. R. Civ.P)。

④ 这一动议的相关判决见 Harold S. Lee, et al. v. Joseph E. Seagram and Sons,413 F.Supp.693(S.D.N.Y.1976)。

⑤ 跨区诉讼的管辖权,见第 264 页注释。——译者注

以下简称优格曼）讨论了出售 Capitol City 公司业务的可能性。原告哈罗德·李与优格曼先生之间已经相识多年。哈罗德·李同意向西格拉姆公司出售 Capitol City 公司，但前提条件是西格拉姆公司同意在另一个城市为他和他的两个儿子——Capitol City 公司 50％股权的所有人——重新安排一个属于他们的酒类销售点。

大约一个月之后，西格拉姆公司的另一个主管约翰·巴思——他是副总裁优格曼先生的助理——来到华盛顿，会见了哈罗德·李父子和他们在 Capitol City 公司的共同所有权人，他们就西格拉姆公司收购 Capitol City 公司资产的问题，开始进行谈判；对于这次谈判，约翰·巴思先生代表的是另外一家大型销售企业，这家企业将在西格拉姆公司购买 Capitol City 公司的资产之后再收购西格拉姆公司。根据双方达成的书面合同，购买 Capitol City 公司资产的交易在 1970 年 9 月 30 日最终完成。然而为原告哈罗德·李父子安排一个新的酒类销售点的承诺，并没有被写入这一有关资产出售的书面合同。

原告哈罗德·李在获得 Capitol City 公司一半股权之前，曾经在西格拉姆公司的重要岗位工作过，时间长达 36 年之久。在 1958 年到 1962 年期间，哈罗德·李是西格拉姆公司的一家合资子公司 Calvert 制酒公司的主要行政管理人员。在哈罗德·李为西格拉姆公司长期服务的过程中，他和西格拉姆公司的主要负责人之间结下了很深的友谊，彼此也非常信任。

在 1958 年的时候，哈罗德·李为了将他的儿子引入酒类销售这一行业，已经先行从西格拉姆公司购买了 Capitol City 公司的股份；哈罗德·李这样做，也是为了满足西格拉姆公司想要在华盛顿特区找到一个销售自己公司产品分销商的意愿，西格拉姆公司希望这是一家既强有力，又对自己友好的分销商，而哈罗德·李和优格曼先生正好彼此熟悉，两人相识的时间长达 13 年之久。

原告诉称，被告西格拉姆公司违反了重新为他们父子安排一个新的酒类销售点的口头协议，认为西格拉姆公司本来有机会为他们另行安排一个销售点，但是他们却拒绝这样做。原告于 1972 年 1 月 18 日向法院提起诉讼，这时距离被告收购 Capitol City 公司资产已有 15 个月之久。原告认为，他们已经履行了将 Capitol City 公司资产出售给被告西格拉姆公司的义务。初审法院允许陪审团去查明的"是原告与被告达成的一个口头协议，该协议约定：如果原告同意将 Capitol City 公司的资产出售给被告，作为回报，被告将在合理时间内为原告另行提供一个西格拉姆公司产品的销售点，该销售点的价格大致相当于原告出售其在 Capitol City 公司股份所获得的收益，该销售点的位置也应该是原告可以接受的地点"。当事人对于初审法院陪审团作出的这一部分认定,并没有提出特别的反对意见。由于初审法院陪审团就案件事实部分作出了支持原告的裁决,我们法院就必须认定,陪审团认定的这一口头协议,在Capitol City 公司资产出售给被告之前就已经达成,对此,西格拉姆公司在其法律意见书中也提到这一点……

—

初审法院的特尼法官对于口头证据规则在本案中如何适用,进行了仔细分析,他认为,这一规则并不妨碍当事人在本案中证明一个口头协议的存在。我们法院在此同意特尼法官的观点。

274

在驳回被告西格拉姆公司要求作出简易判决的裁决中,初审法院将本案争议问题概括为:出售 Capitol City 公司资产的这一书面合同,是不是一个经过整合的合同? 也就是说,这一合同是不是不仅包括双方有关出售 Capitol City 公司资产的所有协议,还包括了参与谈判的当事人达成的*所有*协议呢?初审法院认定,资产出售协议中的文字对于前述争议问题,在一定程度上是"模糊不清的"。据此,初审法院认定,要决定是否在本案中适用口头证据规则,必须要看被告西格拉姆公司提供的相关证据,即这一资产出售合同是否想要成为最终的,并且是准确"整合"了当事人双方所有承诺的合同。

对于法院要求其举证这一点,被告西格拉姆公司并没有很好地利用。对于当事人是否想要在书面合同中整合所有的相互承诺,或者这一书面合同为什么没有包括整合条款①这一点,被告西格拉姆公司并未能够提供代表其公司进行谈判的三名人员的证词。

上诉人西格拉姆公司坚持认为,从法律上来说,本案争议的口头协议是资产出售合同客体的"一部分以及组成部分",既然这一口头协议没有被包括在书面合同中,那么法院就应该阻止当事人证明这一口头协议的存在。②上诉人的这一观点,更直白地说是表达了这样的意思:这一口头协议要么是公司资产出售合同的诱因,要么是公司资产出售合同的部分对价,在上述任何一种情况下,它都应该被包括在资产出售的书面合同中,但是书面合同却没有包括这样的口头协议。因此,上诉人认为,在上述任何一种情况下,根据口头证据规则,都应该禁止认可这一口头协议。

---

① 整合条款是指当事人在合同中明确约定书面合同是双方最终的协议,以往所有的口头协议或者协商的内容都已经被包括到这一书面合同中,这通常意味着当事人不得在这一书面合同之外再主张其他口头协议的存在。这样的"整合条款",可以避免双方当事人就有没有口头协议产生分歧。对于这样的"整合条款",在一般情况下,会得到法院的认可。但是,也有例外情形。——译者注

② Mitchill v. Lath, 247 N.Y.377, 380, 160 N.E. 646(1928).

而被上诉人的观点恰恰相反，他们认为，本案中的口头协议是一个附带合同，由于这一附带合同与资产出售协议中的任何条款都不矛盾，因此，口头证据规则并不能阻止当事人证明口头协议的存在。因为这一案件在上诉到我们法院之前已经经过陪审团的裁决，所以，我们法院必须认定当事人之间确实存在着一个口头协议，这一点正如初审法院指导陪审团认定当事人之间存在着合同一样。我们法院有一个很坚定的政策，那就是要避免当事人通过口头证据规则来进行诉讼欺诈①。问题是，是否避免诉讼欺诈这一政策要求我们法院以陪审团不应该被允许对[口头]证据进行听证为由，推翻初审法院的判决呢？

初审法院将这一基本问题表述为，本案当事人是否"想要"让书面资产出售协议成为对双方当事人所有承诺完全的、准确的整合。初审法院认定，如果某一个书面合同并不是一个完全的整合，那么口头证据规则并不能够适用。我们法院在此认定，初审法院采用了一个客观标准来判断当事人在这一问题上的意愿到底如何，[这里需要我们法院认定的当事人"意愿"就是：当事人究竟是不是想让资产出售协议成为完全的，并且是准确整合了所有当事人承诺的合同。]②[需要指出的是，]口头证据规则实际上是一个实体法上的规则。……

纽约州的法律在这一问题上并不是僵硬的、绝对的，而是与这一观点相一致的。例如，福尔德法官在 Fogelson 一案的判决意见中是这样说的："对于每一个案件，法院当然应该根据它所涉及的交易类型、书面合同的范围和希望包含的口头协议的内容来作出判决。"③上诉法院在 Ball 诉 Grady 一案④的判决意见中这样写道："最后，法院必须根据案件的相关情况，仔细阅读书面合同的内容，以此来最准确地判定这一书面合同整合内容的范围到底有多大。"因此，某些口头协议即使是和书面合同同时作出的，也不在口头证据规则的禁止之列，"因为如果这些口头协议是单独的、独立的，并且是完整的合同——虽然它们与书面合同是同一客体——它们[指口头协议]也是允许通过言词证据来加以证明的。之所以允许通过言词证据加以证明，是因为口头协议就是通过口

275

---

① 在普通法的传统上，由于特别注重书面证据材料的证明作用，所以，对于口头证据的引入是非常谨慎的。在当事人达成书面合同的情况下，如果随便允许引入口头证据，可能会给居心不良的当事人通过证人证言来改变已经达成的书面合同的机会。在普通法的传统上，将这称为"诉讼欺诈"。——译者注

② 3 *Corbin on Contracts*，§ § 573—574.

③ 300 N.Y. at 338，90 N.E.2d at 883.

④ Ball v. Grady，267 N.Y.470，472，196 N.E.402，403(1935).

头方式达成合同的,因而口头协议的内容并没有表达在书面合同当中"。①

虽然也有纽约州的权威判例在总体上支持被告的观点,即一个诱导双方形成书面合同的口头协议,或者是改变了对价的口头协议,是应该受到禁止的,但是在这一问题上,首先要考虑的是:从某一案件的特定情形来看,是否这一口头协议的内容在通常情况下会被期待包括在书面合同当中?②例如,在买卖土地的案件③和租赁土地的案件④中,口头协议和书面合同整合在了一起,这样的情形最容易被法院推定为存在着口头协议。而在更为复杂的情形中——不同的商业惯例可能会有不同的情况——即使在书面合同中包含着一个强有力的整合条款,法院也会认定当事人之间有着一个单独的、独立的口头协议存在。⑤

因此,正如我们已经指出的那样,在本案中争议的问题是:考虑到原、被告在历史上的相互关系,对于原告个人而言,他们在 Capitol City 公司当中只占50％的股份,这样的口头承诺是否会被期待出现在出售 Capitol City 公司资产的书面合同当中呢?

在这里,我们有好几个理由认定为什么给予哈罗德·李另一个酒类销售点的口头协议,**不应该**被期待整合在出售 Capitol City 公司资产的合同当中。在通常情况下,经过整合的书面文本与口头协议之间,当事人是同一的。而在本案中,虽然说在书面文本中插入一个条款,对于只涉及公司50％股份的股东权益[即本案原告的权益]作出专门规定,从操作上说是可行的,但是,毕竟双方之间的交易涉及的是整个**公司**资产的出售。有一些附带协议,例如涉及资产出售方某个特别股东的雇佣协议或者咨询协议,通常会规定在一个单独协议当中,这样的单独协议会在资产出售协议达成之后保留下来。这一点可以参见前述 Gem Corrugated Box Corp. 诉 National Kraft Container Corp. 一案⑥的判决,在该案中,法院在判决意见中这样分析道:"很显然,在一个只涉及购买包装材料的书面文本中,当事人通常不会将股票买卖协议包括在其中……"我们认为,一方当事人要为某些人——这些人甚至不是公司资产出售

---

① Thomas v. Scutt, 127 N.Y.133, 140—41, 27 N.E.961, 963(1891).

② Ball v. Grady, *supra*, 267 N.Y. at 470, 196 N.E.402; *accord*, Fogelson v. Rackfay Constr. Co., *supra*, 300 N.Y. at 338, 90 N.E.2d 881;也见 *Restatement on Contracts* § 240.

③ E.g.Mitchill v. Lath, 247 N.Y.377, 160 N.E. 646.

④ *Fogelson*, *supra*.

⑤ Gem Corrugated Box Corp. v. National Kraft Container Corp., 427 F.2d 499, 503 (2d Cir.1970).

⑥ Gem Corrugated Box Corp. v. National Kraft Container Corp., *supra*, 427 F.2d at 503.

合同的当事人——获得一个新的酒类销售点这样的协议,并不必然会被合并到**公司**资产出售的书面文本中,这应该是可以预见到的情形。就像当事人对一个书面合同的法律效果口头设置一个前置条件一样——没有这个口头条件,该书面合同就成为整合过的合同——如果这一口头上的前置条件并不与书面合同直接抵触,那么它就不会被口头证据规则所禁止。①"在这样特定情形下进行交易的当事人,他们之间达成所提及的口头协议,当然并非不可能……"②

同样,在本案中,哈罗德·李和优格曼这两个老人之间多年的信赖和信任关系,也是非常重要的,优格曼先生的一言一行在约束西格拉姆公司方面的权威从未受到过质疑。为了哈罗德·李两个儿子的利益,他们两人之间通过握握手来表示一下,就会被认为已经足够;这一点对于两个老人来说,并不奇怪。本案中的情形恰恰是,有关公司资产出售协议的条款并不是由优格曼先生负责的,而是由西格拉姆公司的另外三个代表——其中以约翰·巴思为首——负责的。在起草资产出售合同时,在西格拉姆公司代表的脑海里,两个交易也许没有被整合在一起。③

最后,尽管这一书面合同中的相当部分条款(涉及担保和竞业限制的那些条款④)是格式化的表述,但是在本案中的书面合同并没有包含通常会见到的整合条款。在本案中,书面合同中的整合条款,当然可能由于双方当事人之间的彼此信任和信赖而被省略掉了,但是不管怎样,由于不存在详细的整合条款,所以在本案中法院并不能强有力地推定出当事人已经排除了口头合同——在前述的Fogelson一案⑤中,这样的推定是上诉法院作出其判决的依据。

我们也没有在本案的资产出售合同中见到任何与口头协议矛盾的条款。⑥书面资产出售合同处理的是公司资产,而口头协议涉及的则是原告酒类点销售的重新设立。因此,这一口头协议并没有改变或否认随后达成的出售公司

---

① Hicks v. Bush, 10 N.Y.2d 488, 225 N.Y.S.2d 34, 180 N.E.2d 425(1962); *cf. 3 Corbin on Contracts* §589.

② 10 N.Y.2d at 493, 225 N.Y.S.2d at 39, 180 N.E.2d at 428.

③ 在巴思于1970年6月12日写给优格曼和艾格卡特的秘密备忘录中讲到,"他(指哈罗德·李)很想为两个儿子在另一个地区设立另一个酒类销售点"。很显然,巴思——他不在哈罗德·李与优格曼会见的现场——认为,设立一个酒类销售点是哈罗德·李的愿望,而不是优格曼为西格拉姆公司作出的承诺。此为原判决中的注解。

④ 竞业限制合同是指在雇佣合同或者业务出售合同中,禁止雇员或者出售方在同一地区或者同一领域进行竞争的条款,有时也译为"不竞争条款"或者"限制竞争条款"。——译者注

⑤ *Fogelson*, *supra*, 300 N.Y. at 340, 90 N.E.881.

⑥ Mitchill v. Lath, *supra*, 247 N.Y. at 381, 160 N.E. 646; 3 *Corbin on Contracts*, §573, at 357.

资产合同中所提及的金钱对价。那些金钱对价是本案中唯一提到的对价,而且,它仍然是对于公司的唯一对价。

我们法院在此维持初审法院特尼法官所作的判决,即接受原告的口头证据,并根据口头证据规则,依照《联邦民事诉讼规则》第50(b)条款之规定,驳回被告提出的动议。……

初审法院的判决予以维持。

乔治诉达沃里[1]
纽约州日内瓦市法院[2](1997年)

本案要旨

原告乔治与被告达沃里签订了一份"先试后买"的书面合同,约定原告向被告支付500美元购买一款首饰,先是试用,如果不满意,原告可以退货并要求被告退还440美元。双方同时口头约定了退货时间,超过退货时间即推定双方交易完成。但上述口头约定并未包含在书面合同中。原告在约定时间之后要求退货,遭到被告拒绝。原告因此诉至法院,要求退货并责令被告返还440美元。法院认定,本案中可以认定口头协议存在,驳回了原告的诉讼请求。

本案确定的规则是,在涉及货物买卖的书面合同中,如果当事人没有约定某个条款,而相关口头证言与书面合同不相抵触,且书面合同并不希望成为最终的合同,那么就应该允许当事人向法庭提交口头证言,对相关合同条款进行补充。

戴维·布林德法官[3]代表法院呈递以下判决意见:

在本案审理过程中,被告达沃里是原告要求传唤的唯一证人。原告律师放弃了让原告本人出庭的权利,这样原告就没有出庭作证。原告在这起诉讼中的请求涉及的是某款首饰"先试后买"[4]的交易。这一交易的备忘录被提交给了法院,原告与被告都在该备忘录上签过字。该备忘录说道,原告买方以500美元从被告这里购买一款印度首饰,如果原告最终没有接受这款首饰,被告将接受原告的退货,并退还原告440美元。这一引起争议的备忘录本身对

277

---

① George v. Davoli, 91 Misc.2d 296, 397 N.Y.S.2d 895.
② City Court, City of Geneva.
③ David H. Brind, Judge.
④ "先试后买"这样的交易,是指让消费者先行试用一段时间,如果消费者不满意,可以在合理的时间内将货物退回。——译者注

于买方向卖方退回首饰的时间未作具体约定。

我们法院允许了被告就退货时间这一问题向法院提供证人证言——我们的这一许可遭到了原告律师的反对。被告提供的证言表明，在原告购买这款首饰时，买卖双方还达成过一个口头协议，双方同意，这一款首饰如果要退货的话，必须在下周一之前进行，否则就推定双方的这一交易完成。原告一直是到下周三才与被告接触的，比原先商定的最后截止期限晚了两天。原告是在这个时间节点上才提出无法接受这款首饰，要求退货并由被告退还 440 美元。被告拒绝接受原告退回的首饰，也不愿意退款。被告声称，根据他们之间的合同，双方的交易已经完成。

本案由我们纽约州的《统一商法典》进行调整……

毫无疑问的是，根据《统一商法典》，**除非当事人另有约定**，所购买的商品必须是"在适当的时间内"退还给卖方。①在本案的情形下，买方在一个星期内将货物退回，通常被认为是"在适当的时间之内"或者是在合理的时间之内。然而，如果当事人之间设定了一个特别的退货时间限制，法院就应该强制执行这样的时间限制。

《统一商法典》的第 2-202 条款②要求法院允许引入口头证言对书面合同进行补充，前提是该口头证言不与书面文本相抵触，而且这一书面文本并没有想让其中的条款成为完全的而且排他的内容。我们法院在此认定，本案系争合同中缺少当事人商定的退货时间限制这一条款，这种情形属于《统一商法典》中规定的可以引入口头证言的领域。由于系争书面合同中没有提到商品退货时间，被告的口头证言与书面合同就没有任何的不一致。同样，对于本案系争书面合同，也不能说合同中的条款就是一个完全的而且排他的陈述，因为退货时间对于当事人之间的安排来说非常重要。那么，它是不是因此就成为这样一个附加条款呢？也就是说，如果当事人已经协商一致，当然会将它包括在书面文本中，因而这一附加条款就不应被初审法院认可呢？上诉法庭曾经在 Hunt Foods & Ind. 诉 Doliner 这一案件③的判决意见中解释了《统一商法典》第 2-202 条款，认定在类似的情形下，法院必须认可这样的口头证据。上诉法庭在该案的判决意见中这样写道：

　　　　所以，摆在我们法院面前的首要问题是，是否那样的附加口头条款与

---

①　《统一商法典》第 2-326 条款以及第 2-327 条款。
《统一商法典》的这两个条款主要是有关"先试后买"这种交易的规定。——译者注
②　《统一商法典》第 2-202 条款的标题是"最终书面表述"；"口头证据或外部证据"。——译者注
③　Hunt Foods & Ind. v. Doliner, 26 A.D.2d 41, 270 N.Y.S.2d 937.

系争书面文本"相一致"。在某种程度上说,任何可能阻止书面文本中义务实现的口头约定,都是与书面文本不一致的。但是,很显然,这样的理解并不是法典中使用"相一致"这一词汇的本意。①如果要构成不一致,那么这一附加口头条款必须是与书面文本中的条款相矛盾,或者否定了书面文本中的条款。**如果与书面文本相比,某个口头条款或者前提条件有着更少的效果,那么这样的口头条款是允许当事人加以证明的。**

《统一商法典》起草者所作的官方评论中包含了以下陈述:"如果某个附加口头条款是这样的情形,即在法院看来,假如当事人真的协商一致,那就应该被包括在书面文本中,则当事人所称达成附加口头条款的证据就必须加以排除,不能提交给事实的发现者②。"③

上诉法庭将以上文字解释为,在"口头附加条款"的证据被提交的情况下,不仅是要求所有审级的法院作出一个裁决,而且是将作出这样的认定作为法院独自拥有的职能。我们相信,**只有在书面文本否认了当事人主张的附加口头条款的情况下,才能说那些当事人提供的证据是不能被法院接受的**。④在本案中,当事人之间进行的谈话——这些谈话的部分内容并不矛盾——以及当事人想要进一步谈判的期待都表明,所谓的口头前置条件从法律上来说并不能被排除在外,或者说这样的口头前置条件在事实上并非不可能发生。我们认为,仅仅是存在这样的前置条件不合情理,那还是远远不够的。**必须是不可能存在这样的口头前置条件才行。**

因此,我们法院在此认定,本案中的口头证据——这一口头证据证明,买方如果不接受货物,应该在规定时间内退货——是可以被法院接受的,它可以用来补充书面购买合同。而且,我们法院进一步认定,原告引用的纽约州上诉法院于 1928 年审理的 Mitchill 诉 Lath 案件⑤在本案中并不适用,因为立法机关于 1964 年颁布生效的法规⑥,已经改变了 Mitchill 这一案例对于本案的适用。

由于有关退货时间协议的口头证据确实存在,所以,我们法院必须判定,

---

① Hicks v. Bush, 10 N.Y.2d 488, 491, 225 N.Y.S.2d 34, 180 N.E.2d 425.
② "事实的发现者"的含义,见第 14 页的注释。——译者注
③ 《统一商法典》第 2-202 条款,评论 3。
④ Meadow Brook Nat. Bank v. Bzura, 20 A.D.2d 287, 290, 246 N.Y.S.2d 787, 790.
⑤ Mitchill v. Lath, 247 N.Y.377, 160 N.E.646.
⑥ 这里是指《统一商法典》第 2-202(b)条款。该条款规定,当事人达成的最终书面文本可以通过与书面文本相一致的附加条款证据(通常是口头证据)来加以解释或者补充,除非是这些书面文本想成为一个完全的而且排他的陈述。《统一商法典》的这一规定,改变了 Mitchill 诉 Lath 一案确定的规则。——译者注

原告没有遵守其应该在周一晚上之前退货的口头协议,这一行为的后果就是,这一款首饰的所有权已经转移到原告这里,被告也就没有法律上的义务再接受原告的退货了。

我们法院在此驳回原告的诉讼请求。

瓦尔·福特不动产公司诉 J.Z.玩具世界公司①
纽约州最高法院上诉法庭(1996 年)

本案要旨

原告瓦尔·福特不动产公司要求被告 J.Z.玩具世界公司及一个个人被告根据租赁合同支付租金,而被告认为这份合同的签订目的是为了骗取贷款,而非实际履行。原告提出,该合同是一份最终经过整合的合同,不应该允许被告引入口头证据。初审法院判决允许被告引入口头证据。原告不服提起上诉。法院最终认定,虽然系争合同是经过整合的合同,但被告想引入口头证据,是为了证明合同不存在,应该准许,驳回了原告的诉讼请求。

本案确定的规则是,对于一个即使是经过最终整合的合同,如果当事人引入口头证据的目的是为了证明合同根本不存在,那么就应该允许当事人向法庭引入这样的口头证据。

法院所作的简要判决②如下:

纽约县最高法院(赫尔曼·卡恩法官)于 1995 年 10 月 26 日作出初审判决,驳回了原告要求法院作出简易判决③的动议。原告不服该判决,提出上诉。本法院一致决定,维持初审法院所作的判决。

原告要求公司被告以及个人被告支付到期的租金,其起诉依据是由被告公司签署并由个人被告担保的一份书面租赁合同。这些被告承认签署过这一书面合同,但是他们又声称,签订这一合同的目的是为了欺骗原告的工程贷款方,好让贷款方能够提前给予更多的资金,双方从来没有想过要真正履行这一合同,而且,双方当事人在这一事情上也不是陌生人,为这一租赁合同进行担

---

① Val-Ford Realty Corp. v. J.Z.'S Toy World, Inc., 231 A.D.2d 434, 647 N.Y.S.2d 488. 本案被告有两个,除了公司之外还有为公司担保的个人。——译者注

② 简要判决是美国法院的一种判决形式。它是指法院只给出判决的结果,而对于案件涉及的法律问题并不进行深入的讨论和分析。简要判决跟随的是法院通常的规则,遵循的是先前的判例,其所涉及的法律问题通常也是认识比较统一的。在美国的一些州,这样的简要判决有时不能作为一个判例进行引用。——译者注

③ "简易判决"的含义,见第 60 页注释。——译者注

保的个人被告,就是原告公司的三个经理之一。我们法院在此同意初审法院的以下观点,即本案被告提供的口头证据提出了租赁合同是否可信这一问题;有这一问题存在,是不适合进行简易判决的。虽然对于诸如即时租赁和担保这样的整合合同,通常情况下不允许当事人提供口头证据来推翻、改变、增加或者减少合同的条款,但是,我们认为,应该允许当事人提供证据来证明"某一个书面文本虽然名义上是一个合同,但实际上它根本就不是合同"。[1]我们也分析、考虑过原告的其他辩论意见,但我们认为,其他辩论意见都没有什么价值。……

[初审法院判决予以维持。]

280 ■ **第二节 合同解释**

太平洋煤电公司诉托马斯公司[2]
加利福尼亚州最高法院,全体法官共同审理[3](1968 年)

本案要旨

原告太平洋煤电公司与被告托马斯公司签订合同,由被告为原告提供服务。合同中的补偿条款约定,如果被告在提供服务的过程中造成财产损害,应该进行补偿。合同履行过程中,被告对原告的财产造成了损害。在原告提起的合同诉讼中,原告认为,根据补偿条款,被告应该对自己的损失进行补偿。但被告认为,尽管合同中的补偿条款提到不管财产的所有人是谁,被告都要补偿损失,但是有诸多外部证据表明,当事人在这一条款中实际上指向的是针对第三人财产造成损害的情形,不包括对原告财产造成损害的情形。法院认定,

---

[1] Greenleaf v. Lachman, 216 A.D.2d 65, 66, 628 N.Y.S.2d 268, *lv denied* 88 N.Y. 2d 802, 645 N.Y.S.2d 445, 668 N.E.2d 416, quoting *Richardson on Evidence* § 606 (Prince, 10th ed).

[2] Pacific Gas and Elec. Co. v. G.W.Thomas Drayage & Rigging Co., 69 Cal.2d 33, 69 Cal.Rptr.561, 442 P.2d 641.

[3] 本案是由加利福尼亚州最高法院全体法官共同参与审理。一般在某一案件涉及重大法律问题时,法院才会采取这种审理方式。加利福尼亚州最高法院针对该案采取全体法官审理的方式,也许是因为本案涉及如何看待传统口头证据规则下的"解释"问题,是否要突破传统的口头证据规则。本案的最终结果是,加利福尼亚州最高法院突破了传统规则,认定即使在书面文本中的文字表面上看来是清清楚楚的情况下,如果当事人坚持认为这样的文字有着合理的分歧或者其他解读,那就应该允许当事人提供其他"外部证据"对合同文字加以说明。——译者注

合同内容是由当事人意愿决定的,为了搞清楚当事人的意愿,应该允许被告引入外部证据来解释合同。

本案确定的规则是,即使书面合同文字表面上有着明确含义,如果当事人提出的外部证据表明这些文字存在着合理的见仁见智、可能产生分歧的其他解释,那么这些外部证据可以被允许引入法庭,是可以接受的证据。

特雷纳首席法官①代表法院呈递以下判决意见:

初审原告太平洋煤电公司根据合同中的补偿条款,以被告托马斯公司对其财产造成损害为由,要求被告赔偿。初审法院支持了原告的诉讼请求,被告不服这一判决,提起了上诉。

1960年,被告与原告签订合同,约定由被告提供必要的劳动力和设备,拆走并重新安装原告蒸汽机的金属盖。被告同意"自担风险和费用"完成这一工作,并向原告"补偿在履行合同中产生的或者与履行合同相关的所有损失、损害、费用,承担相关责任"。被告托马斯公司还同意投保不少于50 000美元的保险,对可能造成的财产损失进行赔偿……

在被告托马斯公司履行合同的过程中,蒸汽机上的金属盖掉落下来,造成原告蒸汽机外面的转片损坏。于是,原告太平洋煤电公司提起诉讼,要求被告托马斯公司赔偿修复该转片的费用25 144.51美元。在初审过程中,法院驳回了原告基于被告存在过失要求赔偿的诉讼请求②,但初审法院随后根据合同中的补偿条款作出了支持原告的判决,该判决的理由是,合同中的补偿条款包含了对所有的财产损失,而不管财产的所有权到底归谁……

被告托马斯公司向法院提供了相关证据,试图证明对于合同中的补偿条款,当事人所指的仅仅是补偿第三人的财产损失,而不包括原告本身的财产损失。被告提供的这些证据包括了原告代理商的承认、与原告签订的类似合同中被告实施的行为,以及其他一些证据。虽然初审法院注意到了合同中使用的那些文字是典型的"补偿第三人财产的文字表述",而且"人们很容易得出合同的意图就是补偿第三人财产这样的结论",但是,初审法院仍然认定,合同中的"文字表达得很清楚",就是要求被告补偿对原告财产造成的损失。由于认定合同中的文字含义非常清楚,因此,初审法院拒绝承认那些与合同文字解释相抵触的外部证据。

---

① Traynor, Chief Justice.

② 基于当事人存在过失提起的诉讼请求,应该是属于侵权诉讼,而非合同诉讼。初审法院驳回了原告基于被告存在过失所提起的诉讼,也许是因为法院认为被告托马斯公司在这一事故中并不存在过失。——译者注

当某一法院在这一基础上①解释合同条款的时候,它是"法官以自己语言知识和经验方面的外部证据对书面文本的意思进行判断"。②如果某个证人就文字意思所作的证言与法官本人所掌握的语言知识相抵触的话,那么,法官就会排除这样的证言;这种做法反映了司法上对于文字表达有一种确信,确信文字可以完美表达某种含义。③法官对于文字可以完美表达含义的这种自信,可以说是一种遗风,人们在传统上对自身判断文字含义的内在能力④和文字的内在意思有着原始的信任。⑤

对于什么情形之下才允许引入外部证据来解释书面文本的意思,司法机关有着自己的独特测试方法,它不是看书面文本的文字含义在表面上是否明确和清楚,而是要看当事人提供的那些外部证据是否与证明书面文本的那些文字见仁见智、可能产生分歧这一点相关联。……

如果只是因为书面文本的文字含义在法院看起来是清楚和明确的,法官在解释的时候就将文字含义限定在书面文本的范围之内,那么,这将导致我们法院要么否认当事人内心意愿的实际意义,要么是预先就认定书面文本中的那些文字有着准确性和稳定性——而我们的文字目前尚未达到这种程度。

有些法院已经表达了这样的观点,即合同义务只是应该由文本所使用的

---

① "这一基础"在这里指法院只是根据文字字面上的明确意思来解释合同,而不考虑其他相关因素。——译者注

② 3 *Corbin on Contracts*(1960,ed)(1964 Supp. § 579,p.225,fn.56).

③ 9 *Wigmore on Evidence*(3d ed. 1940)§ 2461,p.187.

④ 特雷纳首席法官在判决意见中引用了乌尔曼所著《语义学的原则》(*The Principles of Semantics*)(1963 ed)一书中的部分内容——"各地原始部落中精心设计的禁忌和文字避讳制度"。

在古代埃及神话中,有众多神灵,有一个叫作 Khern 的神灵,它负责掌管文字,一个叫作 Thoth 的神灵,它负责记录事件真相……在婆罗门教、犹太教和伊斯兰教文字中,则避免使用上帝的名义;在中世纪土耳其和芬兰—乌戈尔族的文字中,有着文字的图腾和保护;旧时法国的贵族才女为追求风雅,对于使用什么文字来表达想法会苦思冥想[在 17 世纪的法国,贵族女子中曾经流行过对文字精雕细凿、刻意追求文字精确的风气。法国著名作家莫里哀曾经写过著名的剧作《可笑的女才子》,对这种现象进行讽刺。——译者注];在瑞典,农民为治疗那些着了魔的患病牲畜,会从诗集上撕下一页纸,把它放在面团里,让牲畜吃下去……也见奥格登和理查兹著《意思的意思》(*The Meaning of Meaning*)(rev. ed. 1956)pp.24—47。此为原判决中的注解。

特雷纳首席法官想以此说明,法官对于自己判断文字能力的确信,类似于古人的一些遗风。——译者注

⑤ "文字本身并不会改变,是人经常会改变"(Words are unchangeable,men changeable),见 Dig. XXXIII,10,7,§ 2,*de sup.leg.* as quoted in 9 *Wigmore on Evidence*,*op. cit. supra*,§ 2461,p.187。

文字来加以确定,而不用去管当事人是否有着形成这些义务的意愿。①在这样的观点下,合同义务就不是来自当事人的意愿,而是取决于他们使用的特定的、魔术般的文字。有关当事人意愿的那些证据,也就显得不那么重要了。

然而,在我们加利福尼亚州,当事人在合同中所要表达的意愿才是合同权利和义务的渊源②。我们法院是通过当事人使用的文字来判断这些文字的含义是什么,以此来搞清楚当事人的意愿到底是什么,并在解释这些文字时遵从当事人的意愿。因此,只有在单单凭书面文本上的文字就可以确定当事人赋予文字的意思时,法院排除适用那些用来解释书面文本意思的相关证据、外部证据,才是正当的。

如果文字的指向是绝对的、不变的,我们按照文字自身的意思和文字使用的习惯来揭示当事人在合同上的意愿,也许是可行的。然而,文字并没有绝对的、不变的指向。"文字是思想的符号,但是文字不像代数或者化学符号,它没有绝对和固定的意思。……"③某一个特定单词或者词组的意思,"……由于其使用者和听众(法官也不例外)在语言知识和经验上的差异,随着语言的上下文变化以及当时所处环境和意愿的变化",会发生相应变化。……"离开上述这些因素,一个单独的文字并没有什么实际意义;上述这些可供判断的因素越是缺少,文字所拥有的客观含义、真实含义就越是难以判断。"④因此,书面文本的含义"……只有在根据所有情形——即能够揭示使用文字作者意愿的那些情形——进行解释之后,才能够加以确定。在这样的情形下,仅仅因为某些文字对于读者看上去并非模糊不清就排除口头证据的引入,那将很容易导致法院所认定的书面文本意思,其实从来就不是当事人想要的那个意思"。⑤

---

① "严格来讲,合同与当事人个人的或者个体的意愿没有任何关系。合同就是通过法律的强制手段来保障当事人履行某种行为的义务;在要求当事人履行这一行为时,伴随着并且代表着一个已经知道了的意愿(即当事人是知道自己应该履行这一行为的)——这样的意愿,通常是以文字的方式来表达的。"(见 Hotchkiss v. National City Bank of New York(S.D.N.Y.1911) 200 F. 287, 293。也见 C.H. Pope & Co. v. Bibb Mfg. Co.(2d Cir.1923) 290 F.586, 587; 见 4 *Williston on Contracts* (3d ed.1961) § 612, pp.577—578, § 613, p.583。)。此为原判决中的注释。

② "合同必须按照签订合同的时候双方当事人的内心意愿来进行解释,只有这样的解释,才是确定的、合法的解释。"(Civ.Code, § 1636;也见 Code Civ.Proc. § 1859……)。此为原判决中的注释。

③ Pearson v. State Social Welfare Board(1960) 54 Cal.2d 184, 195, 5 Cal.Rptr.553, 559, 353 P.2d 33, 39.

④ 科宾著《文字的解释和口头证据规则》(Corbin, The *Interpretation of Words and the Parol Evidence Rule*(1965) 50 Cornell L.Q.161, 187.)。

⑤ Universal Sales Corp. v. California Press Mfg. Co., ……20 Cal. 2d 751,776, 128 P.2d 665, 679(concurring opinion) ……3 *Corbin on Contracts*(1960 ed.) § 579, pp. 412—431; Ogden and Richards, *The Meaning of Meaning*, *op.cit.* 15; Ullmann, *The Principles of Semantics*, *supra*, 61; McBaine, *The Rule Against Disturbing Plain Meaning of Writings*(1943) 31 Cal.L.Rev. 145.

283　　　虽然［口头证据规则］不允许通过外部证据来增加、减少或者改变书面合同条款，但是在判断当事人提供的外部证据是否出于法律所禁止的目的之前，法院必须首先确定这些书面合同条款本身的含义到底是什么。书面文本中的条款在法官看来很清楚，这一事实并不能排除这样的可能性——即当事人在文本中所选择的文字，想要表达的实际上是不同的意思。这样的可能性，并不仅仅局限于根据某种交易惯例①来解释书面条款的情形，而且在当事人对于某个词语的理解和法官的理解存在差异的情况下也存在。

　　因此，如果想要对文字进行理性的解释，就要求法院对于那些能够证明当事人意愿的所有证据，最起码要进行初步的考虑。……这样的证据，既包括了"与签订合同所涉情形相关的证人证言……也包括了书面文本的目的、性质和内容"，在考虑这些证据的情况之下，法院就能够"将自己摆在当事人签订合同时所处的地位"。②在对这些证据进行分析和考虑之后，根据合同的相关情形，如果法院认定合同文本中的文字"在两种解释上相互对立，任何一个解释都是见仁见智、存在分歧的时候"③，证明合同文本两种意思中任何一种意思的那些外部证据，便是可以被法院接受的证据。④

----

①　在有一些判例中，法院允许当事人向法院提交有关交易惯例或者交易习惯方面的外部证据，以便对合同中有分歧的条款进行解释。例如，对于一个电影发行合同中提到的"联合王国"（United Kingdom）这一概念如何理解，有关交易惯例或者交易习惯方面的外部证据表明，在电影发行合同中，"联合王国"（United Kingdom）一词包括了爱尔兰（Ermolieff v. R.K.O. Radio Pictures，Inc.（1942）19 Cal.2d 543，549—552，122 P.2d 3）；对于一个租赁合同中的"吨"（ton）这一单词的意思应该如何理解，有关交易惯例或者交易习惯方面的外部证据表明，在租赁合同中，提及的"吨"，是指一长吨或者是相当于 2 240 磅的重量，而不是法定的 2 000 磅重量（Higgins v. Cal. Petroleum，etc.，Co.（1898）120 Cal. 629，630—632，52 P.1080）；对于一个［土地］租赁合同中的单词"稻麦收割后的残株"（stubble）应该如何理解，有关交易惯例或者交易习惯方面的外部证据表明，"stubble"这一单词，不仅仅包括遗留在田地里的残株，还包括了"在收割之后遗留在田地里的"所有东西（Callahan v. Stanley（1881）57 Cal. 476，477—479）；对于一个分割采矿权合同中所指的"北面"（north）这一单词，有关交易惯例或者交易习惯方面的外部证据表明，这里的"北面"是"沿着电磁线的界线，而不是真正的子午线"来进行划分的（Jenny Lind Co. v. Bower & Co.（1858）11 Cal. 194，197—199）；对于一个形式上的买卖合同，有关交易惯例或者交易习惯方面的外部证据表明，它实际上是一个代理合同（Body-Steffner Co. v. Flotill Products（1944）63 Cal. App.2d 555，558—562，147 P.2d 84）。……此为原判决中的注释。

②　Universal Sales Corp. v. Cal. Press Mfg. Co.，*supra*，20 Cal.2d 751，761，128 P.2d 665，671.

③　Balfour v. Fresno C. & I. Co.（1895）109 Cal. 221，225.41 P.876.877.

④　在这样的案件中，外部证据已经得到了法院认可，依据的理由就是提到过的合同条款是模糊不清的……如果我们的脑海中记住，合同的模糊性可以通过外部证据得以暴露——这些外部证据表明合同文字有着不止一种可能的意思——那么，有关这一规则的内容并没有受到什么伤害。此为原判决中的注释。

在本案中,初审法院错误地拒绝考虑当事人所提供的那些外部证据——这些外部证据表明,合同中的损害补偿条款并不想要覆盖原告的财产损失。虽然这些外部证据并不必然表明合同中的补偿条款合理地存在着被告极力主张的这一意思,但是不管怎样,这些外部证据与这一问题是相关的,是允许被引入法庭上作为证据的。另外,由于本案系争的补偿条款合理地存在着见仁见智、可能产生分歧的特性,因此也就应该允许被告提供证据来证明这一条款有着它所称的那种意思,即这一条款并不包括原告的财产损失①。所以,初审法院的判决予以推翻。……

284

特里登中心诉康涅狄格寿险公司②

美国联邦第九巡回上诉法院(1988 年)

本案要旨

原告特里登中心向被告康涅狄格寿险公司贷款 5 650 万美元,双方签订了条款非常明确具体的贷款合同,其中有条款规定原告在合同期的前 12 年不得提前归还贷款,同时又有条款规定,在原告违约的情况下,被告有权要求原告提前归还贷款,并另外支付 10%的费用。几年后,因利率市场下降,原告提出

---

① 即使按照这一规则——即当某一个书面文本在表面上对法院来说是清清楚楚而且并不模糊的时候,就应该排除外部证据——来看,在本案中,初审法院排除外部证据也是错误的。本案的争议焦点集中在"补偿"这一单词和词组"所有损失、损害、费用和相关责任"这一短语应该如何理解。初审法院承认,合同中的这些文字,是典型的补偿第三人所使用的那些文字,有着双重含义。这两个方面都证明,本案系争合同中的"补偿"这一单词在如何理解上是模糊不清的……

原告坚持认为,合同文本中使用了"所有的"(all)一词来界定"损失、损害、费用和相关责任",这表明[财产损害的]受害人当中包括了原告在内的所有当事人,[我们认为,]这样的一种解释是没有说服力的。如果"补偿"这一单词只是针对第三人主张的情形,那么"所有的"这一单词也就指向第三人提出的所有主张。在"责任"这一单词之外增加使用的"损失、损害和费用"这样的单词,同样不是确定性的单词。这些增加出来的单词,并不表示被告默认同意对一个被害人的财产损失进行补偿,因为这些单词通常使用在对第三人进行补偿的条款当中——这些对第三人进行补偿的条款让那些主张赔偿的受害人可以在不用证明其有着责任的情况下,从加害人这里获得救济……

本案系争合同中有关被告是"自担风险和费用"完成工作的条款,以及与保险相关的条款,和前面的那些说法(指增加使用了"损失、损害和费用"这样的单词)一样,同样不是决定性的。通过同意在工作中自行承担风险,被告也可能是免除了原告对于被告在履行合同中财产损失的责任,但是,这一条款并不当然使得被告成为原告财产的承保人。被告同意投保责任险对原告的财产损失进行赔偿,并没有告诉我们这一保险究竟是赔偿原告的所有损失,还是仅仅赔偿因被告过失造成的那些损失。

以上为原判决中的注解。

② Trident Center v. Connecticut General Life Insurance Co. ,847 F.2d 564.

提前还款的请求,遭被告拒绝。原告诉至法院,要求法院判决允许其在支付10％费用的情况下提前还款。初审过程中,原告还想提供外部证据,证明被告曾经同意原告在合同期前12年的任何时候提前归还贷款,但遭到初审法院拒绝。初审法院驳回了原告的诉讼请求,原告不服提起上诉。上诉法院认为,虽然合同内容清晰、明确,但由于原告坚持认为存在其他解释,应该允许原告引入外部证据解释合同,法院最终支持了原告的请求。

本案确定的规则,和加利福尼亚州最高法院在太平洋煤电公司诉托马斯公司这一案件中所确定的规则一样,即在书面合同中的文字在表面上有着明确含义的情况下,也应该允许当事人提供外部证据,以证明合同文本中的意思并不是其字面上的意思。

科津斯基巡回法官①代表法院呈递以下判决意见:

按照任何标准来看,本案所涉交易的当事人都是非常精明老练的商人。原告特里登中心是一家合伙企业,由一家保险公司和洛杉矶最大的、也是最有声望的两家律师事务所组成;被告康涅狄格寿险公司则是一家保险公司。这起交易涉及的双方当事人,相互独立、彼此平等,双方也有着大致相当的缔约能力。它们通过协商达成了一个金额超过5600万美元的贷款合同。合同的文本内容很长,非常具体详细;对于本案争议所指向的内容,合同文本中的文字有着很准确的表达;对于所有英语读者来说,本案所争议的问题在合同文本中似乎已经全面、彻底地得到了解决。

尽管这样,原告特里登中心还是和它在下级法院时做的一样,坚持认为,它有权向法庭引入外部证据,用来证明合同指向的内容不仅仅是合同文本字面上所说的那些意思。因此,本案的争议问题是,在加利福尼亚州的当事人是否起草过一个合同——这一合同在性质上属于口头证据。让人感到有点震惊的是,初审法院对此的回答是否定的。

一、案 件 事 实

本案事实非常简单。1983年,第一证券人寿保险公司和Mitchell,Silberberg & Knupp以及Manatt, Phelps, Rothenberg & Tunney两家律师事务所合作,共同成立了一家有限合伙企业,目的是在西洛杉矶的奥林匹克大道建设一幢综合办公大楼。这一合伙企业名为特里登中心,也就是本案原告,它们想要从本案被告康涅狄格寿险公司这里为办公大楼项目获得金融支持。双方所签贷款合同批准的贷款金额为5650万美元,期限为15年,利率按照12.25％计算,并

285

———

① Kozinski, Circuit Judge.

以该大楼项目进行抵押。在付款的商业期票上有着这样的规定,在贷款期的前12年内,"借款人[指特里登中心]无权全部或者部分提前归还总借款……在第13年到第15年期间,该笔借款可以在支付一定费用的前提下提前归还"。该商业期票的另一条款还规定,从第1年到第12年间,借款人如果发生违约,被告有权选择提前收回贷款,并另行收取10%的费用。

贷款合同在开始的几年一直履行得非常顺利,直到后来市场利率出现了下降,情况才发生了变化。贷款合同中约定的12.25%的利率,在1983年时看上去还是合理的,但和1987年时的市场利率相比,却是太高了,而且高得让人难以接受。于是,原告特里登中心准备利用当前市场利率较低的有利条件,重新获得贷款。但是被告康涅狄格寿险公司并不同意,坚持这笔贷款在合同期的前12年之内,也就是在1996年之前,原告不能提前归还贷款。

于是,特里登中心先是在加利福尼亚州的法院提起诉讼,要求法院宣告其在另行支付10%费用的条件下,有权现在就提前归还贷款。被告康涅狄格寿险公司随即对原告的起诉提出管辖异议,这一案件随后被移送到联邦法院审理,被告康涅狄格寿险公司在审理过程中提出了驳回原告诉讼请求的动议,声称贷款合同的文本已经清楚而且明确地拒绝了原告在合同期的前12年提前还贷。联邦地区法院接受了被告提出的这一动议,驳回了原告特里登中心的诉讼请求。该法院还"依职权对原告特里登中心进行了制裁①,认定原告特里登中心提起的是一起没有价值的案件②"。③原告特里登中心对初审地区法院判决的两项内容都不服,提起了上诉。

二、案 件 讨 论

(一)

原告特里登中心从两个方面阐述了初审法院的判决存在错误。首先,原告认为,合同中的文字意思是模糊不清的,并且原告自行提出了一种解释,原告确信该解释可以支持其观点。其次,原告提出,根据加利福尼亚州的法律,

---

① "依职权对案件当事人进行制裁"(*sua sponte*,此为拉丁文,原意是按照自己的意愿采取行动),通常是指在当事人没有提出动议或者当事人没有提出请求的情况下,由法官自行决定采取行动,对当事人进行处罚。本案中,初审法官认为原告提起了一起没有价值的诉讼,因而对其进行了处罚。美国法律认为,当事人提起一起没有任何价值的诉讼,是浪费国家的司法资源,特别是在当事人明明知道这一点的情况下仍然坚持起诉,法院会进行处罚。——译者注

② "一起没有价值的案件",意为"没有价值的诉讼"。根据美国法律(《联邦民事诉讼证据规则》第11条),如果原告和律师在经过正当的勤勉调查后,知道所起诉的案件没有法律上的价值,其辩称的理由在法律上根本站不住脚,不可能获得法律上的支持,但仍然起诉的,那么,这样的案件就被称作"没有价值的诉讼"。由于这样的诉讼浪费了他人的时间、金钱和资源,浪费了司法资源,法院可以根据具体情况对原告和律师进行一定的经济制裁。——译者注

③ Order of Dismissal,No. CV 87-2712 JMI(Kx),at 3(C.D.Cal.June 8,1987).

即使合同文字的意思从表面上看来并非模糊不清，当事人也可以通过口头证据或者外部证据对合同内容进行修改。原告特里登中心指责联邦地区法院剥夺了其提供证据的机会，这些证据本来可以证明合同中的文字并没有准确反映当事人的意愿。

1. 关于合同

正如本判决前面提及的，期票上规定了特里登中心"在 1996 年 1 月之前，没有权利全部或者部分提前归还这笔贷款"。……在我们看来，很难想象还有比这样的文字更清楚或者更明确地表明了合同的意思，即原告特里登中心在合同期限的前 12 年之内，不能单方面提前归还贷款。然而，特里登中心认为，因为期票中还有另一个条款的规定，就使得这一条款的含义并不是很清楚。原告提及的另一个条款的内容是："在 1996 年 1 月 10 日之前，因为违约或者抵押而导致提前归还贷款的，提前归还贷款的费用是 10％。"（这一条款以下称为"违约条款"）……特里登中心将此条款解释为，只要支付提前归还贷款的 10％费用，自己就有权选择提前归还贷款。

我们法院可以不用深思熟虑，就驳回原告特里登中心的这一观点。首先，原告特里登中心所作的解释，将导致合同的两个条款之间出现矛盾；"违约条款"将吞没禁止特里登中心在合同的前 12 年提前还贷的条款。合同解释的一般规则当然是——如果可能的话——法院在解释合同的时候必须避免合同的内部条款发生冲突。①

在任何情况下，作为原告特里登中心主张依据的"违约条款"，即使从表面意思上来说，也不是像原告解释的那样是具有"见仁见智"、可能存在分歧的特性。在我们看来，在原告违约的情况下是否提前收回贷款，这完全取决于被告康涅狄格寿险公司的决定。本案的合同中有好几处条款，使得这一点非常清楚……例如，"在任何一起违约的情形下，对于全部的总欠款或者在未付款时余留下的欠款，出借人康涅狄格寿险公司可以宣布贷款立即到期并应该予以支付，**是否这样做，可以由出借人选择**"。……在出借人康涅狄格寿险公司**选择提前**结束贷款的时候……在任何一起违约情形下，受益人康涅狄格寿险公司**可以**宣布所有抵押的款项立即到期，并应该予以归还……即使康涅狄格寿险公司决定宣布特里登中心违约，提前收回贷款，它也"有权不给予违约方任何通知"……最后，康涅狄格寿险公司还有权在对方违约时选择不作出任何回应："在信托人［特里登中心］应该履行的行为或者条件不符合双方约定时，受益人［康涅狄格寿险公司］享有专门的选择权，保留不追究信托人［特里登中

---

① ……4 S. Williston, *A Treatise on the Law of Contracts* § 618, at 714—15(3d ed.1961).

心]违约行为的权利。"……

需要指出的是,本案系争合同赋予了康涅狄格寿险公司享有排他性的权利,这些权利包括了康涅狄格寿险公司有权决定是否宣布对方违约,是否提前收回贷款或者何时提前收回贷款,以及在已经选择了有利于己的救济方式之后,是否在这一救济方式终结之前取消其进程,[在我们看来,]很难想象还有比这些文字说得更清楚的表达。

然而,原告特里登中心还是坚持认为,它有权先行违约,只要支付到期款项并另加10%的费用,它就可以提前归还贷款。我们认为,上面所引用的那些合同文字,并没有给予原告这一解释的空间。当然,原告特里登中心可以自行停止归还贷款,康涅狄格寿险公司也可以就此宣布原告违约并提前收回贷款。但是,这并不等于说康涅狄格寿险公司一定要对原告的违约行为作出这样的反应[1]。合同中很清楚地赋予了康涅狄格寿险公司其他的选择权:它可以选择不追究原告的违约行为,也可以选择利用其他救济手段来维护自己利益的权利,例如,"收回对方所有收入、租金、特许使用费、收益、收获、利润和财产变卖收入"。……如果按照特里登中心所建议的那种方式来解释合同的话,我们就是将赋予了康涅狄格寿险公司排他性权利的那些条款完全置之一边。康涅狄格寿险公司享有的这些权利,包括了在第一个12年之内,在特里登中心违约的时候,决定怎样终止合同,什么时候终止合同,以及是否终止合同。这些排他性权利只是属于康涅狄格寿险公司专有,而不属于特里登中心。

实际上,[在我们看来,]原告特里登中心现在想要做的,是试图借助司法机关为自己的行为进行"消毒"[2],为实现自己的违约目的服务。毕竟,如果借款人[3]被认定违约,对借款人来说将是一件相当麻烦的事情,[可能会给自己造成非常不利的后果。]一旦抵押贷款的借款人违约,借款人的信用评级将会恶化;借款人试图再获得优惠贷款的努力,将由于必须满足被告康涅狄格寿险公

287

---

[1]　见米勒和斯泰著《加利福尼亚州现行的不动产法律》(1 H. Miller & M. Starr, *Current Law of California Real Estate* § 3:62, at 428)。"在违约发生时,[债权人或者受益人]提前收回贷款并不自动发生。它仅仅是给了受益人实现自己利益的一项**选择权**,而且受益人如果要提前收回贷款,只有在受益人**明确地**作出选择,宣布余下的款项和利息到期的时候才会发生。"

[2]　科津斯基法官在此形象地使用了"消毒"这一词语,是想说明,原告的自行违约是"有毒的"(即本来是合同不允许的),但是,原告希望通过法院判决对合同作出有利于自己的解释,认定其不构成违约,如果能够得到法院支持,他的自行违约就像经过"消毒"一样,变成合法的了。——译者注

[3]　在本案中,借款人就是原告特里登中心。——译者注

司的销售计划而受到阻碍;如果受益人行使贷款合同赋予其收取租金的权利,那么借款人的资金流将会受到影响;借款人的违约还可能会对借款人与其他出借人之间的违约条款产生影响。对于上述负面效果的担心,是一剂烈性药,在利率下降、债务人愈发意识到提前还贷对自己有利时,对违约后果的担心就能够阻止债务人缩短还贷义务的期限①。原告特里登中心不去采取直接违约的方式,而宁愿支付诉讼费用并忍受冗长的诉讼,是因为如果由我们法院来认定这些争议条款就是原告所作的那种解释,这就比任何结果都要好。我们法院在此拒绝对合同争议条款作出原告所希望的那种解释,我们并不想剥夺那些原本属于出借人康涅狄格寿险公司的救济手段,剥夺康涅狄格寿险公司通过谈判获得的那些保护自己的手段。

2. 外部证据

原告特里登中心还从另一个角度提出了自己的辩称意见,即使合同中的文字不是模糊不清的,但本案的情况是,双方当事人之间的实际交易情形与文字上记载的情形相比,事实上有着很大的不同。对原告特里登中心来说,它希望向法庭提供这方面的外部证据——这些外部证据表明了双方当事人同意特里登中心在合同期第一个 12 年内的任何时候,都可以提前偿还贷款,只要加上 10% 的费用即可。正如我们在上面讨论到的,原告对于合同所作的解释,从合同的书面内容来看,并不是可以合理得出的一个结论。根据传统的合同法原则,对于一个意思清晰、被整合过的书面合同文本,法院并不允许当事人引入外部证据来解释、改变或者增加书面合同的内容。②

然而,原告特里登中心指出,加利福尼亚州的法律采取的并不是传统的规则。二十年前,从太平洋煤电公司诉托马斯公司③这一案件开始,加利福尼亚州最高法院在传统观念上来了一个急转身。法院在这一问题上的传统观点是,如果可以清楚地探寻出合同条款当中的含义,就不必求诸外部证据来进行解释。然而加利福尼亚州最高法院在这一判例中认定,合同义务并不是来自合同文字,而是来自当事人的意愿。加利福尼亚州最高法院在太平洋煤电公司诉托马斯公司这一案件的判决意见中这样表述:"因此,只有在单单凭书面文本上的文字就可以确定当事人赋予文字的意思时,法院排除适用那些用来

288

---

① 在贷款利率上升的时候,也会出现类似的情形,只是,与本案不同的是,在那个时候是出借人想要按照提高了的市场利率来要求对方归还贷款。在一个利率处于波动的经济形势中,对于长期的贷款,必定有一方对利率不满意。这种相互性,要求不管是变化的市场利率是对哪一方不利,任何一方都要按照书面合同来履行。此为原判决中的注解。

② 4 S.*Williston*, *supra* p.5, § 631, at 948—49 ...

③ 69 Cal.2d 33, 442 P.2d 641, 69 Cal.Rptr. 561(1968).

解释书面文本意思的相关证据、外部证据，才是正当的。"①加利福尼亚州最高法院在判决意见中总结说，单单凭文字来确定当事人的意愿是不可能的："如果文字的指向是绝对的、不变的，我们按照文字自身的意思和文字使用的习惯来揭示当事人在合同上的意愿，也许是切实可行的。然而，文字并没有绝对的、不变的指向。"②在同样的思路下，加利福尼亚州最高法院在判决意见中还提到："如果某个证人就文字意思所作的证言与法官本人所掌握的语言知识相抵触的话，那么，法官就会排除这样的证言；这种做法反映了司法上对于文字表达有一种确信，确信文字可以完美表达某种含义。法官对于文字可以完美表达含义的这种自信，可以说是一种遗风，人们在传统上对自身判断文字含义的内在能力和文字的内在意思有着原始的信任。"③

根据太平洋煤电公司诉托马斯公司这一判例确定的原则，重要的不是合同文字写得怎样清楚，不是合同条款被整合得怎么彻底，不是当事人协商得怎么仔细，也不是它对于法院所关注问题规定得怎样明确。这一判例认为，合同不能被认定为是不受影响、不容干预的，口头证据可以对合同文字进行"攻击"。如果一方想要主张当事人的意愿是一回事，文字表述是另外一回事，法院就必须考虑那些证明合同文字是模棱两可的外部证据。如果那些外部证据引出了以前从来也没有出现过的"模棱两可"这一幽灵，那么，合同上的文字就将被挪开位置，法院就得从那些只为自己考虑的证人证言那里揣测出当事人的意愿到底是什么——这样的证人证言，其实是那些当事人的同党提供的，他们的回忆随着时间的流逝会逐渐模糊，而且会充斥着利益的相互冲突。我们怀疑，这样的做法更像是在挖掘当事人在签订合同当时最初的意愿，而不是去信任当事人在当初协商合同时所形成的非常清楚明确的合同文字。

太平洋煤电公司诉托马斯公司这一判例，对于根据加利福尼亚州的法律进行谈判和执行的所有交易，投下了长长的阴影。正如这一判例所指出的，即使双方从事的是非常可观的交易，即使双方的交易只发生在精明老练的当事人之间，即使这一交易是在律师的帮助下协商而成的，即使它导致的并不是模

---

① ② 69 Cal.2d at 38，442 P.2d 641，69 Cal.Rptr. 561.

③ *Id*.at 37，442 P.2d 641，69 Cal.Rptr. 561.

在一个很不寻常的脚注中，加利福尼亚州最高法院引用了 Ullman 所著《语义学的原则》一书的内容，在"各地原始部落中精心设计的禁忌和文字避讳制度"这一部分中，法院比较了不同地方的人们对于文字不可改变的意思有着自己的确信……（例如），在瑞典，农民为治疗那些着了魔的患病牲畜，会从诗集上撕下一页纸，把它放在面团里，让牲畜吃下去…… *Id*. n.2［quoting Ullman，*The Principles of Semantics* 43(1963)］.此为原判决中的注解。

棱两可的合同文字,但是,只要一方当事人强烈坚持要挑战这一合同,那么,花费巨大而又冗长的诉讼就将无法避免。这一规则给律师带来了很多业务,偶尔还会给一些客户带来些横财,但在绝大多数情况下只会导致诉讼当事人的沮丧和案件审判的迟延,给本已超负荷运转的法院带来更多的压力。

加利福尼亚州最高法院的做法,也动摇了我们法律制度的基础。由于它们固执地认为文字并不能够准确地表达概念,太平洋煤电公司诉托马斯公司这一判例还削弱了我们社会的基本原则,即文字能够对社会公众和个人的行为进行有意义的规制。如果我们对于那些面对面协商的当事人想出的文字可以约束他们都不承认,那么,我们又怎么能够将任何违法之人绳之以法、投进监狱呢? 因为法律也是由缺少"绝对和经常性指向"的文字所组成的;就连法令也不是以任何人都明白的文字写成的,而是以一种只是反映"法官语言背景"的特有文字来表达的,法院又怎么能够强制执行这样的法令呢? 是不是由于不可能有"完美的文字表达",下级法院就可以在没有执行上级法院的命令时不受到指责呢? 是不是因为"对自身判断文字含义的内在能力和文字的内在意思有着原始的信任"这一遗风①,所有试图将法律发展得更加理性、更加原则的努力,都将注定失败呢?

尽管如此,虽然我们法院对于太平洋煤电公司诉托马斯公司这一判例的做法表示怀疑,但是,即使没有外部证据来指导我们,我们在理解这一判例的含义上,也没有什么困难之处。我们在分析了加利福尼亚州法律对这一问题的规则之后,还是必须将初审法院的判决予以推翻,发回重审,以便让原告有机会提供外部证据来证明当事人在起草合同时的意愿到底是什么。我们正在适用的也许不是一个很明智的规则,但却是对我们具有约束力的规则。②

(二)

在决定对原告进行制裁时,初审法院是这样陈述其理由的:

根据《联邦民事诉讼证据规则》第 11 条③,我们法院决定对本案的原告依职权进行处理,由于我们认为原告提起了一起没有价值的诉讼,所以,我们法院决定对原告的这一行为进行制裁。我们认定,期票和抵押贷款合同上的文字写得非常清楚和明确。任何一个理性的人都不会对这些像水晶般透明清楚的文字产生误读,更不用说有专业能力的律师了。所以,原告提起本案诉讼是恶意的。④

---

① 这段文字是 Pacific Gas 这一案件的判决意见中所用的文字。——译者注
② Erie R.R.Co. v.Tompkins,304 U.S.64,78,58 S.Ct.817,822,82 L.Ed.1188(1938).
③ Fed.R.Civ.P. 11.
④ Order of Dismissal at 3.

由于我们法院推翻了初审法院就本案实体问题所作的认定,所以我们法院也就必须推翻初审法院对原告进行制裁的裁决。我们和初审法院的法官一样,对于这样的诉讼难以忍受,但我们还是要说,初审法官的生气没有用在正确的地方。在目前这样的规则之下,我们很难责怪原告和它的律师提起本案这样的诉讼。在如此巨大的款项处于关键时刻的情况下,如果他们不去采取法律所允许的所有救济手段,那一定是愚蠢之极。在我们看来,问题不在于本案的当事人及其律师提起这样的诉讼,而在于我们的法律制度鼓励这样的诉讼。通过认定文字并没有客观的意思,合同内容也是由法院单方面说怎样就是怎样,太平洋煤电公司诉托马斯公司这一判例的结果很清楚地就是在邀请当事人进行这样的诉讼。太平洋煤电公司诉托马斯公司这一判例从下判至今已有二十年了,现在我们有了一些"事后诸葛亮"的认识,受益于此,加利福尼亚州最高法院也许会在将来某一天希望重新对这一问题进行研究。如果加利福尼亚州最高法院真的这样做的话,我们法院很愿意推荐这一案件的事实作为研究的范例,证明为什么历经几个世纪的传统规则,体现的是更加智慧的一种选择。

三、结　　论

初审法院的判决予以推翻。……

拉弗尔斯诉威切豪斯[①]

英国财务法院[②](1864 年)

290

本案要旨

原告拉弗尔斯与被告威切豪斯和布施签订合同,约定由原告向被告出售棉花,并通过名叫"无敌号"的轮船将棉花从印度孟买运至英国利物浦。但合同签订的时候有两艘名叫"无敌号"的轮船准备从孟买出发,出发日期分别为 10 月和 12 月。合同中并未明确到底指向的是哪一艘船。原告认为合同指向的是 12 月出发的这艘船,因而在该船上准备了货物,而被告认为合同指向的是 10 月出发

① Raffles v. Wichelhaus,2.H.&.C.906,159 Eng.Rep.375.

本案原告为拉弗尔斯,被告实际上有两个,一个是威切豪斯,另外一个是布施。

本案判决于 1864 年,是英国合同法历史上的一个经典案例。这一案例在判决的当时并没有引起特别重视,但是,在之后却引起了广泛重视,成为法学家研究合同法的经典案例,在合同法的案例教材中几乎是必选案例。——译者注

② 英国财务法院,虽然名称叫财务法院,实际上它是英国历史上的衡平法院,处理的是衡平法上的事务。在 1873 年英国通过了司法法案之后,英国财务法院被合并到英国高等法院的王座法庭。——译者注

的这艘船。12月出发的"无敌号"轮船到达利物浦后,原告通知被告准备交付货物,遭到了被告拒绝。原告向法院起诉,要求被告履行合同。法院认为,在运货轮船指向不明的情况下,应该允许当事人引入外部证据加以解释。双方当事人没有形成一致意思表示,也就没有达成合同,法院驳回了原告的诉讼请求。

本案确定的规则是:第一,在当事人对于合同的重要条款认识错误或存在误解,当事人对此都不清楚的情况下,双方之间就没有形成订立合同的意愿,也就没有达成可以强制执行的合同。第二,在主要条款模糊不清的情况下,应该允许当事人引入外部证据对合同内容予以解释。

原告诉称:原告与被告之间通过协商确定,由原告拉弗尔斯向居住在利物浦的两名被告威切豪斯和布施出售125包棉花,合同中要求这批棉花必须保证是产自苏拉特、中等质量的棉花①,这批货物从印度孟买装船,通过一艘名叫"无敌号"的轮船运到英国利物浦;双方商定,这批棉花在码头交货,在这批货物到达英国之后的一定时间内,两名被告按照每镑17.25便士的价格向原告支付货款。原告坚称:现在,这批货物已经从孟买运到了英国利物浦,原告已经做好准备,并愿意将这批货物交付给被告。但是,被告却拒绝接受这批货物,不愿意支付这批棉花的款项,被告这样的行为构成了违约。

被告辩称:在双方合同中提及的轮船,对于被告来说指向的是10月从孟买出发的那一艘"无敌号"轮船;对于10月出发的这艘"无敌号"轮船,原告没有做好准备要交付货物,没有向被告提出交付货物,也没有实际交付任何一包棉花给被告;相反,原告认为,他做好准备、愿意交付,并实际向被告提出交付的125包苏拉特棉花,是12月从孟买出发的另外一艘不同的轮船上的货物,这艘轮船的名字也叫作"无敌号"。

原告对被告的辩称提出了反对意见。

原告的律师米尔沃德②支持原告提出的反对意见,其主要观点如下:

这一合同的内容,是出售有着特定要求[即中等质量,产地为苏拉特]的一定数量棉花。对于合同中提及的这些棉花,原告是做好准备,想要交付给被告的。这批棉花通过什么样的轮船运送给被告,无关紧要,因此,合同中提到轮船,只是表明这是一艘叫作"无敌号"的轮船而已。合同中"通过'无敌号'轮船来运送货物"这些文字,只是表明,如果这艘轮船在航行途中沉没,双方的合同就此结束。[波洛克法官:双方当事人在合同中所指的轮船是否为同一艘"无

---

① 苏拉特是印度的一个地方,以盛产棉花著称。当时整个印度都是英国的殖民地。——译者注

② 米尔沃德是代表原告方拉弗尔斯的律师。

敌号"轮船,这应该是由陪审团来确定的一个问题①。]如果双方之间的合同是出售一艘名叫"无敌号"的轮船,那么,被告的抗辩也许是对的;但是,现在双方签订的是一份出售棉花的合同,只是运送棉花的轮船叫作"无敌号"而已。[波洛克法官:本案被告只是想购买特定一艘轮船上的一批棉花。如果一个合同想要购买的本来是仓库 A 中的某个货物,而实际上交付的却是仓库 B 中同样类型的货物,这样的情形也许可以说得过去。]在涉及购买仓库中货物的情形下,应该是在两个仓库中都有着货物;而在本案中,原告并没有在另外一艘"无敌号"轮船[即 10 月出发的"无敌号"轮船]上准备任何合同项下的货物。[马丁法官:让被告接受 12 月出发的轮船上的货物,实际上是强加给被告一个合同,而这样的合同与被告他们想要达成的合同,并不是同一个;波洛克法官:本案的情形就像这样一个合同,买方本来想要购买的是产自法国或者西班牙某个特定种植园生产的葡萄酒,而实际上在那里有着两个同样名称的种植园。]对于一个在表面看上去非常完整的书面合同,被告并没有权利通过口头证据来加以推翻。在本案中,被告并没有将现在面临的难题归咎于原告的错误陈述或者欺诈,被告只是说,自己在合同中所指的轮船是另外一艘"无敌号"。除非在签订合同的时候明确表述出来,否则当事人的意愿就没有任何作用。[波洛克法官认为:在签订合同的时候,一艘"无敌号"轮船在 10 月出航,另外一艘"无敌号"轮船则是在 12 月出航。]轮船的出航时间,并不是双方合同的组成部分。

291

　　梅利什律师②支持被告的抗辩意见,认为应该驳回原告的诉讼请求,其主

---

　　①　括号中提及的波洛克是审理本案的法官之一。本案采取的"法庭作出裁决"(per curiam)这样的判决方式,即法院只给出判决结果,不给出具体的判决理由,因此,本案中没有法院的具体分析意见。然而,审理该案的法官还是对当事人律师的陈述意见,给出了自己简要的观点,让我们可以对法官的观点有个大概的了解。

　　在括号中波洛克法官的观点,是针对米尔沃德律师的观点而提出的。例如,米尔沃德律师在这里指出,合同中只提到用一艘叫作"无敌号"的轮船来运送货物,对于一个货物(棉花)买卖合同来说,重要的是将符合合同要求的货物送到,至于用什么样的轮船来运送并不重要。而波洛克法官在这一点实际上是持反对意见的,因此他在这里说道,当事人在合同中指向的是不是同一艘"无敌号"轮船,这应该是一个由陪审团来决定的重要问题。——译者注

　　②　梅利什和科恩在本案中是被告的律师。

　　法院在这里引用了梅利什律师的观点,尽管文字不多,但却涉及合同中的重要理论。梅利什律师的主要观点有两个方面:一是合同中的重要条款必须协商一致,否则就不存在合同。双方当事人在合同中没有明确究竟指向的是哪一艘"无敌号"轮船,而这是合同中的重要条款,双方当事人本来应该在合同中予以明确,而实际上并没有明确。这一观点与前面米尔沃德律师的观点明显不同。米尔沃德律师认为,用哪一艘轮船来送货并不重要,重要的是将合同项下的特定货物交付给被告。二是在合同条款或者术语不明的情况下,可以允许引入口头证据来查明当事人的真实意愿到底是什么。梅利什律师的这一观点明显与米尔沃德律师的观点不同。米尔沃德律师认为,当事人的真实意愿只有在签订合同时表述出来才有意义,在本案中,当事人指向的究竟是哪一艘轮船,并没有在合同中表述出来。——译者注

要观点如下(科恩律师也赞同其观点):

从本案系争合同的文字表面来看,没有任何内容表明那一艘叫作"无敌号"的特定轮船是什么样的;但是,在系争合同签订的时候,有证据显示当时有两艘都叫作"无敌号"的轮船正准备从孟买出航,这样的话,合同中所指的究竟是哪一艘"无敌号"轮船,就存在着可能的模糊不清。在这种情况下,被告就可以向法院提供口头证据来说明他们所指的是其中一艘"无敌号"轮船,而原告所指的则是另一艘"无敌号"轮船。正因为如此,本案的双方当事人就没有意思表示的一致,也就不存在有约束力的合同。

法庭作出裁决[①]:被告胜诉。[②]

运送棉花的合同:两艘"无敌号"轮船的案件
布莱恩·辛普森

[以下为布莱恩·辛普森针对本案背景写的一篇文章,编者将它作为注解。

在拉弗尔斯诉威切豪斯一案中,轮船的身份真的有那么重要吗? 又为什么如此重要呢? 如果这一案件让陪审团来进行审理,会是什么结果呢? 在本案中,存在着真正的误解吗? 著名历史学家布莱恩·辛普森在其《运送棉花的合同:两艘"无敌号"轮船的案件》[③]这一文章中,对于拉弗尔斯诉威切豪斯一案进行了全面深入的研究。有关上述问题的一些背景可以概括如下:]

原告拉弗尔斯是利物浦的一个棉花经纪人。被告威切豪斯和布施并不是棉花经纪人,而只是"一般的中间商"[④],他们两人也来自利物浦。由于当时美国发生内战,特别是美国北方实行了海上封锁,以致美国南方的棉花进入不了

---

① "法庭作出裁决"(Per Curiam,此为拉丁文,本意为"for the court")是指由法院作出的判决。在英美法系的国家,法院通常是由一名法官代表多数法官或者代表法院写出判决书,而以 Per Curiam 名义作出的判决,不具体标明是哪一个法官书写的判决书,对外是以整个法院的名义作出判决。——译者注

② 本案是以简单的法院一致裁决的方式,判决被告胜诉,但是,却没有给出法官的具体理由和分析。

本案判决对于以后英美法系国家的合同立法影响巨大,现在美国《合同法重述》(第二次重述)第 20(1)条款基本上采纳了本案判决的观点,即,如果合同中错误的表述涉及的是重要的条款,双方当事人对此错误都不知情,则双方当事人之间不存在合同。在合同条款存在着可能的模糊不清时,允许引入口头证据来确定相关条款的真正含义。——译者注

③ A.W. Brian Simpson, *Contracts for Cotton to Arrive*:*The Case of the Two Ships Peerless*, 11 Cardozo L.Rev.287(1989).

④ "一般的中间商"是指购买货物并不是为了自用的商人,而是为了买进卖出、赚取差价的商人。——译者注

英国市场,这使得当时的棉花市场剧烈波动。美国棉花的品质要高于印度棉花,印度棉花市场价格的涨跌,就取决于美国内战还会持续多久。(当时人们错误地认为,如果美国取消海上封锁,将导致大量储存的美国棉花涌入市场。)当时对于棉花的投机炒作非常厉害。拉弗尔斯诉威切豪斯一案所涉及的合同,就是这种棉花投机炒作的典型例子。买方购买这批棉花并不是自己用,而是希望将它出售以获取利润(或者,买方也可能将他们对棉花的购买权再进行转让,以便从中获取利益)。

为什么在本案中轮船的身份如此重要呢? 在当时,卖方并不能承诺一个明确的交货期限,因为航行的轮船何时能够到达目的地并不能确定,这批货物何时能够卸载也不能确定,而且,即使卖方承诺了交货期限,实际上也做不到。在一般情况下,卖方是通过确定运送棉花的某一艘轮船来识别自己交付的棉花,而且,买卖棉花的合同是在轮船向目的地航行的途中签订,有时甚至是在轮船到达目的地之后才签订。在当时,有关轮船运行状况的确切报告,是可以通过一定方式得到的。识别轮船的身份极为关键,是因为它可以让买方预估到棉花交付的大致日期。在一个变化无常的市场上,这样的交货日期可以决定某一次投机到底是赚还是赔。

292

在当时,有不少于 11 艘叫作"无敌号"的轮船在这一航线上航行,其中有两艘船登记在利物浦,也就是本案涉讼的这两艘船。对于两艘名称相同的轮船,人们通常是以它们船长的名字来加以区别的。因此,如果本案当事人知道当时在孟买有两艘同样叫作"无敌号"的轮船正在装运棉花,他们也许就不会只是以轮船的名称来识别运货的轮船,而是会进一步用船长的名字来加以识别。例如,以"无敌号(梅杰)"来表明是 10 月出发的"无敌号",因为这艘轮船的船长叫梅杰;以"无敌号(弗莱文)"来标明 12 月出发的"无敌号",因为这艘轮船的船长叫弗莱文。

买方提出,他们在签订合同时所指向的是 10 月出发的"无敌号"轮船,这有一定的事实予以支持。10 月出发的"无敌号"轮船,在前一年曾经去过一次印度,而 12 月出发的"无敌号"轮船,是在利物浦新登记的一艘轮船,它在弗莱文船长的带领下,前一次航行去的地方是澳大利亚和北美,而并非印度。

双方当事人签订合同的日期,也可以让我们判断当事人各持己见的主张究竟哪一个更加合理。10 月出发的"无敌号"轮船离开孟买驶向利物浦的新闻,是在 1862 年 11 月 21 日这一天在英国见报的;但是,12 月出发的"无敌号"轮船离开孟买的消息却是直到 1863 年 1 月 21 日才传到英国的。如果本案系争合同是在 1863 年 1 月 21 日之前达成的,那么,买方[威切豪斯]指向的是 10 月出发的"无敌号"轮船的说法,看上去就更加可信一些。另一方面,如果这一合同是在 1863 年 1 月 21 日之后达成的,那么卖方拉弗尔斯指向的是 12 月出发的"无敌号"轮船的说法,就更加可信一些;或者,至少有理由相信,有着两个相同名称的轮船正在从孟买到利物浦的航程当中。

在本案中,合同签订的具体日期并不知道,但是,当时棉花市场价格的上下波动情况,可以帮助我们判断合同签订的日期(看上去,这一合同的签订日期不会早于 1862 年 11 月 21 日,英国人就是在这一天才知道 10 月出发"无敌号"轮船离开了孟买)。在市场价格急剧下跌之后,棉花价格正在上涨,因为从美国传回来的消息表明,美国内战还将持续下去。本案系争合同,可能就是在棉花市场价格相当于合同价格或者略微低于合同价格的时候所签订的(本案中棉花的合同价格为每镑 17.25 便士)。买方期望等到这批货物交付的时候,市场的价格还会继续上涨。在 1863 年 1 月 10 日的这一周,在棉花市场上充斥着大量的投机炒作,相关的市场价格为 17 便士到 17.375 便士之间,而且有证据表明,从孟买出发的 10 月的"无敌号"轮船上的货物和 12 月"无敌号"轮船上的货物一样,正在被出售给其他人。因此,这一合同看上去似乎是在 12 月出发的"无敌号"轮船离开孟买的消息传到英国之前签订的,也就是说可能是在 1863 年 1 月 10 日的这一周签订的。(有意思的是,当时英国就这两艘"无敌号"轮船抵达孟买的时间有过报道,日期分别是 1862 年的 9 月 22 日和 11 月 5 日。)

在这之后,棉花的市场价格开始下跌。10 月出发的"无敌号"轮船到达利物浦的时间,是在[1863 年的]2 月 18 日,这一艘轮船卸货时的棉花市场价格在 15 便士到 15.25 便士之间。原告拉弗尔斯的律师说到,他的客户在 10 月出发的"无敌号"轮船上并没有棉花。如果他的客户有棉花的话,他肯定会愿意把它们交付给买方。买方对卖方未能将这一艘轮船上的棉花交付给自己,并没有抱怨过。

12 月出发的"无敌号"轮船到达利物浦的时间是[1863 年的]4 月 19 日,这一艘轮船卸货时的棉花市场价格在 16 便士到 16.75 便士之间。如果买方此时接受卖方的交货,买方还是会遭受损失,但是会比在 2 月接受"无敌号"轮船(10 月出发)的货物少遭受一些损失。"本案中形成的误解,在某种程度上是对买方有利的。"

如果本案的争议被提交给仲裁机构,由仲裁机构按照通常的方法来进行裁决,那将会是什么样的结果呢?

仲裁员很可能会决定以一种理智的和面对现实的方法来处理本案中的难题。本案在衡平法上的解决方法,会要求买方从卖方拉弗尔斯这里接收下这批货物,甚至会要求买方做法院总是不太愿意去做的事情,即让买方和卖方他们各退一步,虽然这对买方不太有利。此外,如果在拉弗尔斯告知买方其在

293

"无敌号（梅杰）"轮船上没有货物的时候，作为买方的威切豪斯和布施有意保持沉默，寄希望在第二艘轮船到达的时候棉花的价格对他们有利，那么，允许买方在得知自己希望落空的时候拒绝接受第二艘轮船的货物，实际上就是让买方鱼与熊掌兼得，这实在难言公平。

那那古利公司诉壳牌石油公司①
美国联邦第九巡回上诉法院（1981 年）

本案要旨

原告那那古利公司通过两个长期供货合同向被告壳牌石油分司购买从1963 年到 1974 年期间所需的全部沥青。合同中约定的价格条款是，以被告交付货物时的"牌价"为准。在合同期内，被告在没有给予任何通知的情况下，直接将沥青的价格大幅提高，并拒绝对原告实行"价格保护"。因此原告以"价格保护"为当地的行业惯例以及被告此前对原告实行过"价格保护"为由向法院起诉，要求被告赔偿相应的损失。被告辩称，双方合同明确规定货物价格以交货时的牌价为准。法院认定，当事人在履行过程中对于合同条款有了更好的说明，同时当地对于这一行业有商业惯例，可以用来解释合同，法院判决支持了原告的诉讼请求。

本案确定的规则是，在货物买卖合同中有明示条款的情况下，也可以引入商业惯例、履行过程和磋商过程这方面的证据来解释合同。

地区法院法官霍夫曼②代表法院呈递以下判决意见：

上诉人那那古利公司（初审原告）③最初于 1976 年 2 月在夏威夷州的法院④针对被告壳牌石油公司⑤提起违约之诉。那那古利公司是夏威夷的第二大沥青道路铺设公司，通过两个长期供货合同，它向壳牌石油公司购买了从1963 年到 1974 年期间所需的全部沥青。那那古利公司在本案中指控壳牌石油公司违反了双方之间的后一个供货合同，即 1969 年所签订的合同。那那古利公司的第一个诉讼请求是，壳牌石油公司在 1974 年 1 月违反了 1969 年的

---

① Nanakuli Paving and Rock Co. v. Shell Oil Co., 664 F.2d 772.

② Hoffman, District Judge.

③ 那那古利公司是初审原告，这是一家从事沥青铺路工程的专门公司。那那古利是美国夏威夷瓦胡岛上的一个小城市。——译者注

④ 本案最初是在夏威夷的州法院提起诉讼，在同年的 3 月，被告壳牌石油公司提起管辖异议，这一案件被移送到联邦地区法院审理。——译者注

⑤ 壳牌石油公司是初审被告，是世界石油行业的一个巨头。——译者注

合同,没有对供应给那那古利公司的 7 200 吨沥青实行"价格保护",而是将价格从 44 美元提高到 76 美元①,针对原告这项诉讼请求,初审法院的陪审团作出了支持原告的裁决,裁决被告应该赔偿原告 220 800 美元②。那那古利公司诉讼请求的理论基础是,对买方实行"价格保护"这种措施——是夏威夷沥青道路铺设行业的一种商业惯例——已经被整合到双方当事人在 1969 年签订的合同当中了。这一点不仅被该行业的其他供货者普遍使用的"价格保护"条款所印证,也被壳牌石油公司从 1969 年到 1974 年之间的实际履行情况加以证实。上诉人那那古利公司认为,"价格保护"这一商业惯例要求壳牌石油公司对于那那古利公司已经同意购买的那些沥青,实行价格不变,因为那那古利公司已经将这些合同中的沥青价格计入投标书当中,或者是计入承包商和政府部门所给予的总承包合同中。联邦地区法官将陪审团的裁决置之一边,支持了被告提出的由法院另行判决的动议③。对于联邦地区法官的判决,我们在此予以推翻,还是维持陪审团作出的支持那那古利公司的裁决⋯⋯

那那古利公司认为,在夏威夷,所有沥青道路铺设行业的供货商都遵循着"价格保护"这一商业惯例,因此,根据美国《统一商法典》的相关规定,就应该推定当事人之间想要将"价格保护"这一商业惯例纳入 1969 年的合同中。那那古利公司进一步认为,即使书面合同中规定提供的沥青价格以"壳牌石油公

---

① 壳牌石油公司在 1974 年的涨价,一方面是因为沥青这一产品的市场已经从建筑工程领域转向了商业部门,另一方面是因为壳牌石油公司签订 1969 年合同时的部门主管在这个时候都已经退休。在有关沥青价格的策略进行调整的时候,接替原先主管的那些人只知道 1969 年合同上的内容,并不知道夏威夷市场的独特之处,也不知道双方之间的特殊关系。——译者注

② 本案中,原告那那古利公司还提出了另外两个诉讼请求,主要是认为,由于被告壳牌石油公司没有提供价格保护,它遭受了其他损失:一个是它不得不从其他供货商那里购买沥青,为此支付了相应的佣金;另外一个是因为被告没有提供价格保护,它自己遭受的利润损失。对于原告那那古利公司的这两个诉讼请求,初审法院并未予以支持。——译者注

③ 从整个判决来看,联邦地区法院的法官之所以没有支持原告那那古利公司的诉讼请求,其中一个原因是,被告壳牌石油公司在 1970 年 11 月的时候,曾经给其所有的客户写过一封信,表明其在今后不能再保证按照以前的价格供货,并要求其客户在收到这一封信件之后的 15 天之内,与被告签订新的供货合同。原告对于被告的这一封信没有给予回应。联邦地区法院的法官认为,本案的原告应该对这一封信作出回应而没有回应。这一部分的事实,作者在编辑的时候略去了。
联邦地区法院的法官之所以没有支持原告,还因为他认为,原告提出的所谓"价格保护"这一交易习惯,与合同中的明示条款相抵触。联邦地区法院的法官认为,《统一商法典》中对于"交易惯例"这一外在证据如何适用,采用的是有别于以往的做法,认为应该是合同中的明示条款优先适用。——译者注

司在交货时的牌价"①（夏威夷的离岸价格）为准，"价格保护"这一商业惯例也应该是双方合同的组成部分。那那古利公司有关商业惯例被整合到合同中的观点，被双方商业背景②方面的证据进一步加以印证，根据《统一商法典》，这些商业背景应该成为判断一个特定合同背景时需要考虑的内容。整个合同应该根据那那古利公司和壳牌石油公司之间在瓦胡岛③上紧密的、几乎是共生的关系来仔细判断——这一共生关系就是壳牌石油公司在瓦胡岛上的商业扩张与那那古利公司的业务增长有着直接的关联。《统一商法典》将当事人实际履行合同的行为，作为判断当事人究竟是如何理解合同条款最好的注解。那那古利公司指出，根据 1969 年合同，除了 1974 年的这次涨价，壳牌石油公司先前在价格上涨的情况下，已经有两次对那那古利公司实施了"价格保护"。1970年和 1971 年，壳牌石油公司在声明价格上涨之后，分别将原先价格延长了 4个月和 3 个月。壳牌石油公司之所以这样做，按照壳牌石油公司在夏威夷代理人的说法，是为了让那那古利公司"消化"按照壳牌石油公司原先价格所签订的那些货物……

壳牌石油公司在交叉上诉④中提出三点辩论意见，认为应该维持初审地区法院的判决，并坚持认为，地区法院的法官允许在本案中引入某些证据是错误的。第一，壳牌石油公司在案件开始的时候就曾经向法院提出过这样的动议⑤，即在认定商业惯例这方面证据的时候，应该将行业范围仅仅限定在夏威夷购买和销售沥青这一行业，而不应该扩张到包括给沥青铺路行业提供其他原料的供货商。联邦地区法院不应该否认自己的这一动议。壳牌石油公司进一步辩解道，系争合同的购买对象是沥青，其向沥青铺路行业供货的唯一产品也是沥青。初审法官在认定行业惯例时，将行业的范围扩大到包括那些向铺路行业供应其他货物的主要供货商，并允许引入所有混凝料⑥供应商使用的那些对一方非常不利的"价格保护"条款作为证据。对于初审法官这一做法，壳

---

① "壳牌石油公司在交货时的牌价"，"牌价"是指卖方在出售某一商品，特别是大宗商品时，对外宣布的出售价格。——译者注

② 在双方当事人对于合同的理解或者履行的理解上产生分歧时，《统一商法典》将双方的"商业背景"作为判断合同意思或者合同应该如何履行的重要证据。——译者注

③ 瓦胡岛是美国夏威夷州的一个重要岛屿。——译者注

④ 交叉上诉是指初审法院判决之后，双方当事人对于判决都不服，都提起了上诉。——译者注

⑤ "在案件开始的时候提出动议"在美国民事诉讼程序中，是指在审判开始之前，一方当事人向法官提出某一证据应该或者不应该引入陪审团中，通常这是为了防止陪审团受到不公平的证据或者不该被接受的证据的误导。最终是否允许向陪审团引入某一个证据，是由法官来确定的。——译者注

⑥ 混凝料是建筑上的专用材料。——译者注

牌石油公司坚决予以反对。所谓用沥青混凝土进行铺路,就是在一个叫作"热拌混合料"的装置中将沥青与碎石或者混凝料搅拌在一起,然后再将这种混合物倾倒在所要铺设的路面上。第二,它在先前曾经对那那古利公司实行过的两次"价格保护",虽然是根据 1969 年合同在提高沥青价格时仅有的两次做法,但是,这样的"价格保护"仅仅构成其对合同价格条款下权利的放弃,并不构成合同的"履行过程"①。与当事人在合同履行过程放弃其权利相反,合同的"履行过程"表明的是当事人如何理解它们之间协议的条款。壳牌石油公司引用了《统一商法典》的两个评论②支持其只是放弃权利这一论点:(1)在当事人某个行为的意思看起来模糊不清的时候,倾向性的解释为当事人是在放弃权利;(2)单独一个行为并不构成"履行过程"。壳牌石油公司提出的第三个即最后一个辩解理由是,即使其先前实施的价格保护构成合同的"履行过程",假定初审法院对交易惯例进行广义的界定也是正确的,并允许引入混凝料供货商的交易惯例作为本案证据,但是,这样的"价格保护"并不能被合理解释为与合同中的明示条款相一致,因为《统一商法典》明确规定,应该优先适用合同中的明示条款。

我们法院在此认定,初审法院的法官为了界定本案中商业惯例这一目的,将可以适用的行业类型放在夏威夷的整个沥青铺路行业背景下来考虑,而不只是限定在沥青买卖行业,从本案的具体情形来看并没有构成滥用自由裁量权。本案的具体情形,在我们看来虽然不是独一无二的,但却是非同寻常的:瓦胡岛市场非常狭小;在该岛上只有两个供应商;在瓦胡岛上,这两家公司有

---

① "履行过程"是《统一商法典》中的一个专有名词,有着特定的含义,原意是指"一系列的履行行为",这里简称为"履行过程"。根据《统一商法典》第 1-303(a)条款的规定,如果某一合同涉及一方当事人需要重复履行一定的行为,在这个时候,如果另外一方当事人知道这一履行行为的性质,有机会提出反对而不反对,接受了这一履行行为或者默认接受了这一行为,那么,当事人这样的行为就被称为"履行过程"。简单地说就是,在合同履行的内容涉及需要不断重复履行的情况下,一方当事人在以某种方式履行合同时,另外一方当事人接受了这样的履行方式或者默认了这样的履行方式,那么,这样的履行行为就应该被认定是双方认可的履行方式。在合同约定不明的时候,它可以作为判断当事人意愿的重要证据。本案中,原告那那古利公司认为,被告壳牌石油公司先前对自己实施过两次"价格保护",原告都是接受的,因此,被告的行为构成了《统一商法典》所称的"履行过程"。在双方当事人对于是否存在价格保护商业惯例产生分歧的情况下,从被告曾经实施过"价格保护"措施来看,应该认为被告也是认可这一商业惯例的。而被告壳牌石油公司则认为,其对原告实施"价格保护",是对自己合同中权利的一种放弃,不构成合同的"履行过程"。霍夫曼法官在判决中对于这一问题作了详细的论述。——译者注

② 这里提及的"评论"是指《统一商法典》的起草者对于法典中的某一条款应该如何理解作出的解释、说明,用以说明该条款的立法本意。它对于法官如何适用《统一商法典》有一定借鉴作用,但是,这样的"评论"从法律上说,并没有强制效力。——译者注

着长期而紧密的联系,包括壳牌石油公司在瓦胡岛沥青销售业务发展得怎么样与那那古利公司自身在该岛的业务拓展密不可分。①壳牌石油公司在夏威夷的代表博纳先生对混凝料业务是了解的;他知道那那古利公司在投标报价时的经济成本只包括两种主要原料,即沥青和混凝料;他熟悉夏威夷市场的现实情况,所有政府机构在它们的发包合同中都拒绝采纳"价格自动调整条款"②,因此,如果所有的原料供应商都不提供"价格保护",一旦遇有价格上涨,铺路商将会面临巨大的损失;壳牌石油公司曾经决定,在有利可图的政府合同中扶持那那古利公司,让那那古利公司能够与瓦胡岛上最大的铺路商——Hawaiian Bitumuls(H.B.)公司竞争,而 H.B.公司当时的唯一沥青供货商是切尔文公司,它在原料供应上便对 H.B.公司提供了"价格保护"。对于《统一商法典》评论的解读让我们法院相信,《统一商法典》在界定商业惯例所适用的行业范围时,应该比当事人之间的具体交易范围更加广泛;约束当事人的,不仅仅应该是当事人从事的特定交易的惯例,而且应该考虑当地一般的商业惯例③。后面一点,是对有关商业惯例方面证据的一种衡平适用,在壳牌石油公司与那那古利公司签署 1969 年合同之前的整个 60 年代,该商业惯例在瓦胡岛这一狭小的市场上几乎是普遍实行的。另外,我们法院还认为,根据本案事实,陪审团可以合理地认定壳牌石油公司先前对于那那古利公司的两次"价格保护"行为,其含义并非模糊不清,而是恰恰反映了壳牌石油公司对合同条款的理解,

---

① 原告那那古利公司在夏威夷是一个较小的铺路公司,直到 20 世纪 60 年代初期,那那古利公司在瓦胡岛上只是承接一些小的铺路工程,而当时最大的铺路公司 H.B.公司却能够承担到机场以及政府工程等大项目。被告壳牌石油公司当时在夏威夷市场的份额也很小,它也想打开产品在夏威夷的市场。在这样的背景下,双方签订了长期的供货合同,被告同意向原告提供相对有竞争力的货物,以帮助原告获得政府的大额合同,而这也能够帮助被告拓展其产品市场。双方这样的关系就是本案中的"商业背景",这样的"商业背景"表明,原告对于被告的价格是产生了合理的信赖的,也在某种程度上要求被告应该对供应原告的货物,特别是已经列入标书中的货物提供价格保护。——译者注

② "价格自动调整条款"是指,当超出当事人控制的某一特定情形出现,如主要原料、劳动力成本出现大幅涨价时,合同中的价格也相应提高。这一条款在建设工程合同中使用较多。"价格自动调整条款"有点类似于我国的"开口合同"。对于不允许价格自动调整的合同,则类似于我国的"闭口合同"。在本案中,那那古利公司强调,政府部门对于投标的合同采用的是"闭口合同"形式,这样的合同要求当事人自己消化涨价因素,是不允许当事人涨价的。那那古利公司强调自己从政府得到的承包合同并不是"价格自动调整条款",主要是想说明自己的成本已经被固定下来,自己对被告将会提供"价格保护"有着合理的期待。——译者注

③ 结合本案而言,霍夫曼法官在此表达的意思就是,确定某一商业惯例所属的"行业"时,不仅仅局限在沥青买卖这一行业,还应该包括向沥青铺路公司供应原料的行业;在确定"惯例"时,不仅应该考虑沥青买卖的惯例,还应该考虑当地其他原料——如判决中多次提到的混凝料——供应的惯例。——译者注

它并不代表壳牌石油公司对于合同中那些价格条款享有权利的一种放弃。①

最后,我们法院在此认定,以壳牌石油公司交货时的牌价作为货物价格这一明示条款,虽然第一眼看上去与价格上涨的时候对买方提供"价格保护"这一商业惯例并不一致,但是,在对"价格保护"这一商业惯例作更深入解读之后表明,陪审团可以将"价格保护"与合同中的明示条款合理解释为是一致的,两者之间并不矛盾。我们法院作出这一认定是基于以下几个理由:首先,对《统一商法典》的仔细解读可以让我们作出这样的认定。《统一商法典》告诉我们,这一法典的基本目的是要拓宽"商业实践"的范围,让它能够有更大的灵活性,对"商业实践"这一法律上的特定领域进行更加彻底的"检修"。《统一商法典》希望法院能够超越合同上印刷的那些文字,通过商业惯例和当事人在合同中全部的商业背景,搞清楚当事人对合同"真正的共识"究竟是什么。第二,其他法院对于类似案件的判决,也已经将这样的商业惯例和表面上矛盾着的明示条款作出了两者是协调一致的认定。这些法院认定,只要当事人之间先前的磋商过程、商业惯例和当事人之间实际的履行行为表明了当事人之间有着很清楚的意愿,表明了当事人确实是想要将商业惯例合并到合同中去,或者是赋予合同中的明示条款以商业惯例的特定含义,那么,即使有的时候商业惯例改变了明示条款表面上的含义,也可以认定明示条款与商业惯例之间是协调一致的。那些深思熟虑的《统一商法典》评论者②提到的在明示条款和商业惯例之间需要一定程度的一致性,是指应该允许一个商业惯例来修改书面文本中看得见的合同,只要这一书面条款不是完全否定该商业惯例。我们法院确信,本案中争议的商业惯例应该包括在《统一商法典》的评论者所作的界定中,有一些说理透彻的判决也遵循了这样的界定。在夏威夷州,"价格保护"这一商业惯例只是在价格上涨时发挥作用,而且仅仅对价格上涨前已经承诺的工程发挥作用,这些工程所依据的合同还必须是价格不得自行上涨的那些合同。因此,本案中的情形只是对于"壳牌石油公司交付货物时的牌价"这一明示条款的一种例外,而不是完全否定。我们法院作出这样的认定,是有压倒性的优势证据来支持的。这些证据就是,在小小瓦胡岛上的沥青道路铺设行业,所有

① 例外,壳牌石油公司在瓦胡岛的销售代表博纳先生作证道,在1974年之后,壳牌石油公司在1977年和1978年的两次涨价中,又对那那古利公司实行了"价格保护"。由于这两次情形是发生在不同的合同中,虽然它不构成"履行过程",但是,对陪审团来说,这两次"价格保护"情形可能加强了陪审团的印象,即壳牌石油公司先前的行为是在履行着"价格保护"行为。此为原判决中的注解。

② 这里的"评论者"是指那些起草《统一商法典》的人,《统一商法典》在起草过程中,这些法典的起草人对于每一个条款的目的和可能面临到的问题进行了解释和说明,这些内容被称为"评论",相当于对相关条文的注释。——译者注

的供货商都普遍实行"价格保护"这一商业惯例,因此,壳牌石油公司对于这一商业惯例是知道的;在瓦胡岛这一市场也有着适用这一商业惯例的实际需要,它对于那那古利公司能够获得大额订单的政府合同,以及壳牌石油公司能够继续拓展在瓦胡岛上的业务,有着极其重要的作用。因此,这一商业惯例当然也就构成了壳牌石油公司和那那古利公司之间想要的协议组成部分,正如《统一商法典》对于"协议"这一条款作的是广义界定一样①……

《统一商法典》和先前的合同法相比,最重要的改变也许就在于口头证据规则,以及对什么是当事人之间"协议"的界定上。根据《统一商法典》,一个协议的内容,超越了那些写在纸面上的书面文字。"一个'协议',不仅仅是指当事人经过讨价还价、体现在文字中的那些内容,也包括从其他情形中可以推定出的内容",包括在这一章中所规定的"磋商过程"、"商业惯例"或者"履行过程"②这三个方面。这样,明示条款本身就不构成整个协议,要认定整个协议,就必须找到合同的"商业惯例"、"磋商过程"以及合同本身的履行这几方面的证据。找到"商业惯例"证据的目的——在[《统一商法典》]的前一条款中作了界定——是为了帮助人们更好地理解整个协议……

一个商业上的协议,要远比书面纸张上的内容更加广泛,它的含义不仅仅取决于书面合同条款所使用的那些文字,而且取决于"当事人的行为,这一行为是根据商业实践和其他相关情形来进行解读和解释的。解释的方法和背景,要放在当事人商业背景③中进行考虑——这些商业背景可以帮助我们解释

297

———————————

①　《统一商法典》对于"协议"的界定,要比一般所讲的"合同"更加广泛。根据《统一商法典》第 1-201(a)(3)条款的规定,"协议"不仅仅是合同中写明的那些书面文字或者从具体情形中推定出来的内容,而且包括了《统一商法典》第 1-303 条款所提到的"履行过程"、"磋商过程",以及"商业惯例"。霍夫曼法官在本案中认为,壳牌石油公司和那那古利公司的协议,不仅仅是书面合同中的内容,也包括了它们之间的"履行过程"和商业惯例。"磋商过程"也是《统一商法典》当中有着特定含义的一个概念。它是指当事人在交易之前实施的一系列行为,这样的行为是理解和解释当事人的文字表达以及其他行为的基础。概括起来就是,因为有了"磋商过程",才有了随后的具体交易,所以,在当事人对随后的交易或者书面合同产生分歧的时候,应该参照"磋商过程"来解释随后的书面合同或者是行为。"磋商过程"是通过书面合同以前的交易行为来判断书面合同中条款的意思,而"履行过程"正好相反,它是通过当事人在书面合同签订之后的履行情况来判断书面合同中条款的意思。由此可见,根据《统一商法典》,在合同内容产生分歧的时候,不仅仅要根据书面合同本身的内容来分析、解释,还要根据这一合同达成之前双方形成的"磋商过程",合同达成之后双方的"履行过程",以及行业的"商业惯例"来解释合同。——译者注

②　Sections 490:1-205,490:2-208[Revised UCC 1-303,ed];Id,§490:1-201(3).

③　霍夫曼法官在这里指出,"商业背景"也是了解当事人意愿的一个重要参考因素。在本案中,被告壳牌石油公司在瓦胡岛的代表博纳先生曾经几乎每周都要去原告那那古利公司那里,与原告一起准备政府工程的投标。因此,他肯定知道原告是以较低的沥青价格去竞争政府工程的,知道政府工程中的投标价格是"固定的",不能随便上涨。本案中也有其他证人证言指出,博纳先生应该知道"价格保护"这一商业惯例的存在。——译者注

和补充合同中的文字,即使这是一个正式的或者最终书面文本上的文字"①。当事人的履行过程、商业惯例和磋商过程非常重要,即使对于一个最终的和完全的协议而言,也应该允许引入它们②来帮助我们解释合同;只有在它们不能与合同的明示条款作出协调一致的解释时,才不会对当事人产生约束力。"协议的明示条款与可以适用的商业惯例和磋商过程之间,应该尽量合理地解释为彼此协调一致,并不矛盾;但是,当这样的解释不合理的时候,明示条款要优于磋商过程和商业惯例,而磋商过程又要优于商业惯例。"③

在当事人的"履行过程"、"商业惯例"和"磋商过程"这三个因素当中,当事人协议的最重要证据,是合同的履行过程情况。④[《统一商法典》]中有关"履行过程"的有效界定是这样的:"如果某一个买卖合同涉及其中一方当事人需要重复实施一定行为的,在另一方当事人知道这一行为的性质、有机会对此行为提出反对的情况下仍然接受了这样的履行行为,或者因为没有反对而默认了这样的履行行为,那么这样的行为就构成'履行过程',在确定协议的含义时就是需要考虑的因素。"⑤"磋商过程……是应该被切切实实地限定在当事人在协议之前所实施的一系列行为。然而,《统一商法典》中有关'履行过程'这一条款讲得很清楚,在协议之后或者根据协议而实施的'履行过程',有着与'磋商过程'同样的意义⑥。"⑦《统一商法典》对有关协议达成之后"履行过程"的重要性是这样解释的:"当事人自己最清楚他们在协议中所使用文字的含义,他们根据协议所实施的行为,是搞清楚协议具体含义的最好识别方法。这一条款在此列举了确定协议具体含义的几个因素……"⑧"根据这一条款,协议达成之后的'履行过程',在决定协议的含义时总是法院需要考虑的因素。"⑨

在本案中,我们对于《统一商法典》及其评论的研究,成为我们作出以下这一认定的基础,这一认定就是:对于这一商业惯例——即铺路商在价格非自动调整合同中已经作出承诺的那些工程,供货商应该在价格上涨时予以"价格保护"——可以合理地被解释为与"卖方交货时的牌价"这一明示条款是协调一致的。因为当事人之间的协议要比明示合同条款更加宽泛,协议还包括了商业惯例——这一商业惯例甚至可以在原来协议中增加条款,也因为那些商业

---

① *Id.*,§490:1-201(3),Cmt. 1.
② 即前面提及的"履行过程"、"商业惯例"和"磋商过程"。——译者注
③④ *Id.* §490:1-205(4)[Revised UCC § 1-303(e).ed].
⑤ *Id.* §490:2-208(1)[Revised UCC 1-303(a)*,ed].
⑥ [UCC]§2-208.
⑦ *Id.*490:1-205,Cmt.2.
⑧ *Id.* §490:2-208,Cmt.1.
⑨ *Id.*,Cmt.2.

惯例所提及的商业背景对于如何理解这一协议非常重要，所以，我们法院按照《统一商法典》的授权，作出以下推定，即除非这些商业惯例不能合理地被解释为与明示条款相一致，否则就应该认定当事人的协议中已经包括了这些商业惯例……

　　……在本案中，沥青道路铺设行业的所有供货商在类似情形下都对买方实行了"价格保护"，这样的证据是压倒性的。切尔文公司与H.B.公司之间的合同是与本案系争合同相类似的合同，是由卖方提供的、发生在有着紧密关系的买卖双方之间的长期供货合同，这一合同涉及的也是沥青买卖，规定了按照卖方的牌价进行销售，并没有提及"价格保护"……在本案中，明示的价格条款是"壳牌石油公司交货时的牌价"。对于这一条款完全彻底的否定，应该是变成由买方那那古利公司来决定沥青的价格，而不是由卖方壳牌石油公司来决定。但是，在遇有价格上涨的时候，允许合同中没有明白说出来的例外情形存在，还不至于构成对明示条款完全彻底的否认；这种例外情形就是，卖方对于价格非自动调整合同中以较低价格承诺下来的那些工程，在一定时间之内或者对于一定数量的货物，仍然应该按照原先的价格来收取费用。对于明示条款而言，这一商业惯例构成了更加宽泛而且重要的例外，但是，它并不完全"吞噬"（即否定）明示条款。因此，我们法院在此判决，根据本案中这些特定的事实，陪审团可以合理地认定"价格保护"条款已经被整合到那那古利公司和壳牌石油公司之间签订的1969年合同当中，而且，这样的"价格保护"条款与合同中的明示条款——卖方交货时的牌价——合理地协调一致，两者之间并不矛盾……

　　那那古利公司在本案中还提供了一个替代的理论，想以此说明为什么壳牌石油公司在1974年价格提高的时候应该对自己提供"价格保护"。那那古利公司认为，即使"价格保护"这一商业惯例并不是双方协议的组成部分，壳牌石油公司也没有以善意的方式来履行其与那那古利公司1969年的合同；壳牌石油公司是在一封写于12月31日的信件中提到，它将从1月1日开始将价格提高32美元的，原告是在1月4日这一天才收到这封信，而在当时的沥青铺路行业，遇有这样的涨价时，普遍都会提前通知买方。《统一商法典》当中规定："将要由卖方或者买方予以确定的价格，意味着这一价格应该是以善意的方式来予以确定。"[①]一个善意的商人，是指他"遵守这一行业当中公平交易的合理商业标准"。[②]有关《统一商法典》第2-305条款的评论这样解释道："在通

---

① 　Haw.Rev.Stat. s 490:2-305(2).
② 　Id. 409:2-103(1)(b).

常的情形中,一个'牌价'……是能够满足善意这一要求的。"①然而,这里提及的"在通常情形中"意味着,虽然某一个牌价在一般情况下是满足善意要求的,但是,它并不是在所有情形下都能够满足善意这一要求。此外,本案中双方当事人的争议,并不在于数额——即卖方固定的价格——而是对于卖方提高价格的方式,卖方是将提高的价格立即生效,没有给予任何的通知期。……那那古利公司向法院提交了切尔文公司在这方面如何做的证据,切尔文公司在将其货物价格提高到 76 美元的时候,至少提前给予了买方 H.B.公司 6 个星期的通知期,切尔文公司这样的做法就符合沥青铺路行业长期货物合同的商业惯例。相反,壳牌石油公司根本没有给予任何的通知期。陪审团可以据此认定,壳牌石油公司 1974 年提高价格的方式没有符合合理的商业标准。在宣布涨价以及拒绝按照旧的价格对买方已经中标的工程给予价格保护的时候,可以发现壳牌石油公司已经违反了《统一商法典》要求善意履行的义务……"在这一章下的每一个合同或者义务要求当事人在履行或者实施的时候必须尽到善意的义务"②,这就使得商人有必要遵守行业内公平交易的合理商业标准。③《统一商法典》第 1-203 条款④的评论这样写道:

> 这一条款确定了一条贯穿于本法案始终的基本原则。这一原则就是,在商事交易中,需要当事人在所有协议或者义务的履行和实施中都尽到善意的义务。这一原则的特别适用,会出现在这一法案特定的一些条款当中……《统一商法典》第 1-205 条款对于"磋商过程"和交易惯例如何实施这一原则,有着进一步的规定……

因为初审法院的陪审团可以根据原告提出的任何一种理论,支持那那古利公司提出的"价格保护"这一主张,所以,我们法院在此推翻初审联邦地区法院的判决,恢复陪审团作出的裁决,即被告壳牌石油公司应该赔偿原告那那古利公司 220 800 美元,并根据法律规定支付原告相应的利息……

---

① *Id*. Cmt.3.

② *Id*. S 490:1-203[Revised UCC § 1-304,ed].

③ 修改后的《统一商法典》在第一章中界定"善意"这一概念时,既要求双方当事人必须在"在实际中是诚实的,又要求当事人遵守公平交易中的合理商业标准。"(UCC § 1-201(b)(20))。而在以前的《统一商法典》(UCC § 1-201(19))当中,界定"善意"是"当事人必须在相关行为或者交易中是诚实的",而且以前《统一商法典》(UCC § 2-103(1)(b))对于"善意"提出来的附加要求,即"遵守善意的合理商业标准,以及行业中的公平交易",仅仅适用于"商人"。此为原编者注。

从新旧《统一商法典》有关"善意"的界定来看,修订之后的法典对于必须履行"善意"义务的主体有所扩大,以前是仅仅限于"商人"(《统一商法典》对于何为商人,有特别的界定,见第 164 页注释),而现在的主体则扩大到"商人"以外的一般人。——译者注

④ Revised UCC § 1-304, ed.

巡回法官肯尼迪①提出了自己特别的附和意见：

本案中涉及的是当事人要求给予特定的"价格保护"，它并没有涉及一般的不公平交易这方面的问题。我们法院在本案中的判决意见不能被错误地解读，也就是说，如果"价格保护"或者类似的特定合同条款，不是建立在很好的商业习惯和惯例基础上，或者当事人对其客观标准并不是非常清楚，那么，这样的价格保护惯例或者类似的特定合同条款就不符合善意这一概念，也就不允许陪审员们认可这样的商业惯例……②

---

① Kennedy, Circuit Judge.

② 肯尼迪法官在附和意见中，特别强调了本案在适用时的注意事项。他特别强调，本案之所以允许陪审团引入价格保护条款这一商业惯例，是因为这样的商业惯例是很成熟、很公平的商业惯例，当事人对于这样的商业惯例也是非常清楚的。也就是说，如果某一个商业惯例并不是很好地确立的，当事人对于这一商业惯例也不是太清楚，那么这样的商业惯例就不符合《统一商法典》中"善意"的要求，就不应该允许陪审团引入这样的商业惯例。——译者注

第 六 章

当事人的行为能力

佩蒂特诉利斯顿①

俄勒冈州最高法院(1920 年)

本案要旨

　　原告佩蒂特是一个未成年人,他从被告利斯顿处购买了一辆摩托车,双方约定了价格,原告先支付部分货款,然后每个月支付一定货款,直到货款全部付清。原告取走了这辆摩托车,并使用了一段时间。之后,原告要求将这一辆摩托车退回给被告,遭到了被告拒绝,被告认为原告已经使用了这辆摩托车,对摩托车造成了损耗。于是,原告向法院起诉,要求被告退回已经支付的款项。法院认定,原告已经实际使用摩托车,必须对被告进行补偿,判决驳回了原告的诉讼请求。

　　本案确定的规则是,如果未成年人从事的是一个公平合理的交易,在未成年人已经使用了财产的情况下,如果他想要退回财产,要回付出去的款项,就必须对这一财产进行合理补偿。

　　原告佩蒂特是一个未成年人,通过其监护人,佩蒂特提起了本案诉讼。原告佩蒂特在被告利斯顿这里购买了一辆摩托车,现在,佩蒂特向法院起诉,要求被告返还他已经支付的 125 美元。

　　本案中,一个未成年人在支付了部分价款或者全部价款之后购买了某一财产,取走并使用了这一财产。引出的法律问题是,在没有对卖方的财产损耗、折旧进行补偿的情况下,买方是否可以退回所购买的财产,并要求卖方返还已经支付的款项呢?

　　被告利斯顿从事的是摩托车和配件的经营。按照双方商议好的 325 美元

---

① 　Pettit v. Liston., 97 Or. 464, 191 P.660.

的价格,原告佩蒂特从被告利斯顿这里购买了一辆摩托车。按照协议的要求,原告先支付 125 美元,然后每个月支付 25 美元,直到付清全部价款。原告佩蒂特取走了这辆摩托车并使用了一个多月,最后又想将这部摩托车退回给被告,并要求被告返还已经支付的款项。[针对原告的诉讼请求,]被告作出了答辩,坚持认为原告已经使用过这辆摩托车,原告在使用过程中给被告造成了价值 156.65 美元的损失。

原告佩蒂特对被告的答辩提出了反对意见,这一反对意见被初审法院驳回,原告拒绝对初审法院的决定作出回应或者提出进一步主张,而是继续坚持其反对意见。于是,初审法院作出判决,驳回了原告的诉讼请求,原告对此判决不服,提出了上诉。

本纳特法官[1]在陈述了上述案件事实之后,代表法院呈递以下判决意见:

本案涉及的标的额并不大,但是,它在法律上提出的却是一个很重要的问题,法院对于这一问题的见解一直存在着很大分歧,在不同法院的判决之间也有着巨大的、难以调和的冲突,因此,我们法院在此对于本案所争议的问题予以特别仔细的关注。

对于本案争议问题,一方面,法院试图保护未成年人;在另一方面,对于与未成年人进行公平、合理交易的那些人,法院也要避免对他们产生错误或者不公正的结果。为此,法院想方设法在各种案件中找到了许多很好的差别之处。当然,这些法院也承认,各种案件中的差别其实是非常细微的。

303

如何处理未成年人享有撤销合同的权利以及未成年人可以这样做的前提条件,法院之间的判决差异非常之大。不仅不同州法院的判决在所涉及的主要问题上有着冲突,即使同一个州同一法院的许多判决,彼此之间看上去也不尽一致,相互矛盾。而且,经常是某一个法院作出判决时作为依据的不同点,在其他法院看来并没有什么不同。现在的结果是,对这类案件直接涉及的问题,不仅仅是存在着两条一般意义上的路线差异[2],而是存在着很多其他的路线——这些其他的路线,或多或少是从主要的路线上岔开出去的——这使得一些特定案件的处理结果,随着那些或是真实或是想象出来的差异及区别产生变化。这些差异及区别是:这一合同究竟是尚未履行的合同,还是已经部分履行或者已经全部履行的合同? 这一合同是否还有履行的必要? 这一合同是

---

[1] Bennett, J.

[2] 这里提及的"路线差异",是指以下两条路线的差异,一条路线更多是着重保护未成年人,另一条路线是着重保护与未成年人进行公平、合理交易的卖方。这两条路线,并不总是能够很好地统一在一起的,这也是法院在审理涉及未成年人的撤销合同案件中,不能统一做法的重要原因。——译者注

否对未成年人有利？这一合同是否公平、合理？未成年人所购买的财产是否还在其手边？他是否已经对所购买的财产进行了使用、是否从中获利？等等。

许多法院已经从一般意义上认定了这一规则，未成年人可以自行购买财产，而且，在该财产被磨损和毁损之前，他可以不定期地占有这一财产——如果他是这样选择的——接下来，他还可以要回已经付出去的价款，不必对卖方作任何补偿，不管这一财产的使用情况和贬值情况如何。

与前一个规则不同的是，许多其他法院的权威判决认定，如果卖方和未成年人之间的交易是公平、合理的，未成年人没有被收取过多价款或者卖方没有从中以任何方式占得便宜，而未成年人取走了这一财产，占有了这一财产，使用了这一财产，或者将这一财产用坏了，那么，在这种情形下，未成年人如果想要回当时购买财产的款项，就必须对所购财产在其手中使用时发生的磨损、损耗和贬值，对卖方进行补偿。

原告佩蒂特坚持按照某些法院所确定的前一个规则来处理自己的案件，并引用了缅因州、康涅狄格州、印第安纳州、马萨诸塞州、佛蒙特州、内布拉斯加州、弗吉尼亚州、艾奥瓦州、密西西比州和西弗吉尼亚州等法院的判决作为依据来支持自己的诉讼请求。原告引用的这些判决，虽然不是全部，但是绝大多数都是支持其主张的。相反，纽约州、马里兰州、蒙大拿州、伊利诺伊州、肯塔基州、新罕布什尔州、明尼苏达州以及其他一些州，都是支持后面的一个规则；后面的这一规则看上去也是英格兰所采纳的规则。原告引用的一些百科全书中的观点、所选择的不同系列案件的判决，都提到了原告所主张的规则，这些规则的内容也被一些很权威的法院判决所支持。但是，我们法院认为，这些法院的判决还是相当平衡的，并不是那么绝对。不论是在判决的数量还是在判决的权威性上，这些判决的结论还不足以支持原告的观点。

在 Rice 诉 Butler 一案[1]中，海特法官[2]代表纽约州法院撰写了该案的判决意见，这一判决得到了法院全体法官的一致认可。海特法官在判决意见中

---

[1] Rice v. Butler, 160 N.Y. 578，55 N.E. 275，47 L.R.A. 303，73 Am.St.Rep.703.

这是纽约州法院审理的一起涉及未成年人买卖财产的案件。该案原告在 17 岁的时候，从被告处购买了一辆自行车，合同价款总共为 45 美元，原告先行支付了 15 美元，以后原告每周支付 1.25 美元，直到这辆车的价款全部付清。原告是在 6 月购买的这辆自行车，他一直用到 9 月 20 日左右。然后，原告提出其购买这辆车的时候受到欺诈，将自行车还给被告，并要求被告返还已经支付的款项。被告则认为，车子使用的损耗和贬值，已经超过了原告已经支付的款项，拒绝返还原告已经支付的款项。初审法院经审理认为自行车买卖中不存在欺诈，支持了被告；上诉法庭撤销了初审判决；在纽约州上诉法院再次审理时，该法院又将上诉法庭的判决撤销，支持了初审法院的判决。——译者注

[2] Justice Haight.

这样说道：

> 有相当多的法院在审理案件时都涉及这一问题①，但是这些法院的做法并不完全一致。我们仔细阅看了这些判决，然而却发现，对于如何解决现在摆在面前的问题，这些法院却什么也没有说。因此，我们法院可以按照自己的判断，自主地去采用最能够促进公正和衡平的规则来解决这一争议问题。本案涉及的合同，从整体来看，应该被认定为一个尚未履行完毕的合同，因为从合同条款来看，合同付款条件要在将来才能成就，也只有在全部付清款项的情况下，这一财产的权属才能转移到未成年人的名下。但是，对于未成年人已经支付部分款项这一点来说，系争合同在一定程度上又是一个已经履行的合同，因为未成年人将来需要支付的余款和其已经支付的款项已经没有任何关系。肯特②在其著作《美国法律评论》③一书中这样说道："如果一个未成年人按照合同支付了款项，获得了这一合同上的利益，那么，当他到了法定年龄的时候如果想要撤销这一合同的话，他就不能再要回已经付出去的对价。另一方面，在他到了法定年龄之后，如果他以当时未成年为由要求撤销已经履行了的合同，那么他就必须返还已经获得的对价。尚未成年这一特权，是用来当作保护未成年人利益的盾牌的，而不是用来当作一把剑来伤害其他人的。他〔指未成年人〕不能一方面享受合同带来的利益，另一方面又不用返还所获得的等值财产。"

> ......

本案当事人并没有提请我们法院关注俄勒冈州在这一问题上的案例，而根据目前我们法院所进行的调查，在俄勒冈州，到现在为止，还没有任何这方面的案例。在这样的情形下，我们觉得法院正处于这样的地位，是在对第一次遇到的问题发表意见，而且，我们要根据自己对法律原则和公共政策的考虑宣告一个在我们看起来更好的规则。

我们法院认为，只要未成年人没有被对方以任何方式蒙骗，没有受到不当影响，合同也是公平、合理的，未成年人已经确实支付了所购财产的价款，拿走并使用了所购买的财产，那么，未成年人就不能被允许再要回已经实际支付的

---

① 指未成年人与他人之间签订合同、购买物品，应该如何认定其合同效力，如何处理这一问题。——译者注

② 肯特是美国著名的法学家，曾经在哥伦比亚大学担任法学教授，后来，曾经在纽约法院担任首席法官。他最著名的专著就是 1826—1830 年期间出版的四卷本《美国法律评论》，这一专著广泛涉及美国州、联邦的法律，涉及个人权利和财产权利，在肯特法官在世期间就先后出版了六次，在普通法国家享有崇高的地位。——译者注

③ *Commentaries[on American Law]* (volume 2，p.240).

那些款项,除非未成年人就这一财产在其手中的使用和贬值对卖方进行合理补偿。

当然,如果卖方对未成年人有着任何的欺诈或者强制,或者合同是不公平的,或者卖方从未成年人这里利用了不公平的有利条件,诱导未成年人作出了购买的行为,那么,法院就应该适用不同的规则。卖方是否存在着蒙骗的情况,在有陪审团审判的情况下,总是由陪审团来回答的一个问题。

我们认为,这一规则将完全能够保护未成年人,并且能够公平保护未成年人免于不公平或者强制。同时,它对那些出于善意和未成年人进行交易的商人来说,也是公平的。这一规则是最适应现代社会的,特别是对于我们这样一个地处偏远西部的州①来说,更是如此。在俄勒冈州,未成年人在达到法定年龄之前,他们被允许去从事交易,而且事实上他们也确实在为自己从事着大量的交易行为。在达到法定年龄之前,绝大多数年轻人都有着他们自己的时间。他们自己去工作,自己去赚钱,自己把钱积攒起来,并经常可以在没有任何监管或者限制的情况下自主消费。如果一个未成年人手头拿着钱去购买某个财产,没有一个商人会去质疑他们购买这一财产的权利。未成年人不仅是为了自己去购买财产,而且他们经常是受托去购买财产,是为了父母或者监护人的利益去购买财产。如果零售商或者其他商人不能与未成年人以公平、合理的方式,以本案中这样的现金交易方式安全地进行交易,那么,对于相关的任何一方当事人来说,都是难以忍受的负担。

而且,如果未成年人被告知他们可以为了自己的利益,用自己的钱去购买财产,在付款之后可以在这一财产磨损和毁损之前一直使用,尔后又可以到卖方那里强制卖方返还已经支付的款项,这将对那些孩子和年轻人带来非常不好的道德影响,这样的做法无法鼓励他们养成诚实和正直的人品。在我们看来,如此的做法只能导致年轻人的道德走向堕落,鼓励他们养成欺骗和不诚实的习惯。

考虑到上述方方面面,我们法院在此提出的这一个规则——这也是纽约州实质性采用的规则——是更好的一个规则,我们决定在俄勒冈州采用同样的规则。

在我们法院决定采用这一规则的时候,我们希望这一规则不要被理解为卖方可以强制一个未成年人去实施一个尚未履行的合同。这是一个与本案争议不相同的问题,在本案中并没有涉及。

因此,下级法院的判决予以维持。

---

① 俄勒冈州位于美国的西北部,西临太平洋。——译者注

奥特利诉教师退休管理委员会①
纽约州上诉法院(1969 年)

本案要旨

已经去世的奥特利夫人生前是纽约一所公立学校的教师,她的家庭并不富裕。奥特利夫人患上严重的精神疾病之后,便离开了教师岗位休病假。她向被告申请退休,并在清楚不同退休金方案后果的情形下选择了最终退休金方案。在作出这次最终选择之前,奥特利夫人曾两次选择将丈夫作为其去世后的受益人。根据奥特利夫人选择的最终方案,一旦她去世,她的家人将什么也得不到。显然,这是一个很愚蠢的方案。奥特利夫人因病去世后,她的丈夫要求法院宣告该退休金方案无效。法院认定,奥特利夫人因精神疾病不能控制自己的行为,判决支持了原告的诉讼请求。

本案确定的规则是,某个人如果患有精神疾病,即使他看上去是能够判断其行为的性质,但只要他的精神疾病足以导致其不能控制自己行为,则其实施的行为就是可以被撤销的。

布赖特尔法官②代表法院呈递以下判决意见:

本案涉及公共雇员退休体系③下的一个当事人选择的退休福利方案是否可以被撤销这一问题。它要求我们法院对于可能导致行为人行使的合同权利无效的精神障碍④这一问题,进行全新的审视。本案中面临的特定问题,来自一位 60 岁的老教师所选择的不明智、很愚蠢的退休金方案。这位老教师在选择退休金方案的时候,因为身患精神疾病正在休病假,而且她还承受着大脑动脉硬化的折磨。在这之前,这位老教师一直在一所公立学校担任教师,并加入了公共雇员退休体系,时间超过 40 年。这位老教师选择了在有生之年获得最大数额的退休金这一方案,这一选择导致她遗留下的全部退休金数额急剧下

---

① Ortelere v. Teachers' Retirement Board., 25 N.Y.2d 196, 303 N.Y.S.2d 362, 250 N.E.2d 460.

② Breitel, Judge.

③ 公共雇员退休体系是负责管理公共雇员退休事宜的机构。本案原告已经去世的妻子奥特利夫人生前是一名公立学校的老师,属于这一退休制度所覆盖的对象。——译者注

④ 精神障碍字面意思为"精神上没有行为能力",此处按照我国相对应的词语,译为"精神障碍"。精神障碍一般指行为人不能明白其行为的性质和后果,在刑事法律中,往往会导致行为人无罪,在涉及民事上的行为能力时或者资格时,可能意味着行为人不能与他人签订合同。——译者注

降,她本人也在作出这一选择之后不到两个月就离开了人世。这位老教师去世之后,留下了和她共同生活了 38 年的丈夫和两个成年的子女。

毫无疑问,任何退休体系都将其稳固运行建立在保险精算这一基础之上,这里的保险精算纯粹以所覆盖人群未来的退休金选择和死亡率作为依据。在当事人作出退休金选择这一事实已经发生之后,如果再允许当事人像回到当初那样重新进行选择或者再作出相反的退休金选择,将对整个退休体系造成损害。同样可以确定的是,任何退休体系中的成员都可以自主地作出自己的退休金方案选择,哪怕这一选择在其他人看来是不明智、很愚蠢的选择。在本案中涉及的问题,要比我们前面说的基本原则狭窄得多。一个在其他方面看来是不可撤销的退休金方案选择,是否可以由于行为人没有行为能力而变得无效呢?因为现在我们已经知道,这一行为人是由于患有精神疾病才作出了这样的选择,而这样的选择除了造成空泛的保险精算概念上的损失之外,对整个退休体系并没有产生什么不利的后果。

已经去世的格雷丝·奥特利生前是纽约市一所学校的教师。她的丈夫和遗产管理人向法院提起诉讼,要求对奥特利夫人生前申请的退休金方案不予认可——奥特利夫人申请的退休方案是,一旦本人死亡,其退休金将是"没有选项"[1],即没有受益人。原告声称,奥特利夫人在其自然死亡之前 2 个月,即 1965年 2 月 11 日这一天申请退休金方案时,在精神上并没有行为能力。通过奥特利夫人的申请——这一申请在次日就生效——她选择了在世时获取最大数额的退休金(所依据的法案是纽约市行政法规 §B20—46.0)。这样,她就撤销了先前所作的退休金方案选择,她先前选择的退休金方案是,一旦其死亡,将由其丈夫作为本人死亡之后留存退休金的受益人。而选择最大数额退休金这一方案,则意味着奥特利夫人死亡之后,她根据退休政策享有的所有收益都将不复存在。

纽约州最高法院[2]在没有陪审团参与的情况下,对该案进行了审理,认定奥特利夫人在 1965 年 2 月 11 日申请退休金方案的这一天,属于精神上没有行为能力,这一点导致其申请的退休金方案"没有法律效力,也不能产生法律上的效果"。纽约州上诉法庭以多数意见推翻了纽约州最高法院的判决,上诉法庭认为,从法律上来说,本案并没有充分的证据证明原告在申请退休金方案时存在着精神障碍。

---

① "没有选项"是指当事人没有选择其死亡之后的受益人。本案中的格雷丝·奥特利在选择退休金待遇时,选择的是在世的时候可以获取最大数额的退休金。这一方案意味着当格雷丝·奥特利去世之后,她的丈夫和子女将什么也不能得到。生前获取最大数额的退休金这一方案,只是比指定受益人的方案每个月多出少许数额。对于原告这样即将退休、自己家庭并不富裕的人来说,这样的选择实际上是非常不划算、很愚蠢的选择。——译者注

② 纽约州最高法院在纽约州只是从事初审案件审理的基层法院,这一名称是纽约州司法体系特有的称谓。——译者注

奥特利夫人生前患有精神上的疾病,确切地说患有精神病,对于这一点,在本案中并没有争议。然而,对于奥特利夫人在选择退休金方案时有着完全的认知判断或者意识这一点,当事人之间并不存在严重分歧。但是,现代精神病学对于精神疾病的理解却表明,尽管某一个行为人还有着正常的智力或者认知能力,但由于其在人格上和情感上存在着障碍或者精神分裂,仍然会导致行为人没有合同上的行为能力或者行使合同权利的行为能力[①]。这一问题被认为是一个民事法律上的问题,与这一问题并存的是精神病人的刑事责任能力问题,而精神病人的刑事责任能力这一问题最近已经引起了社会广泛的关注,并导致了立法和法院判决在刑事法律上的变化。[②]

---

① 认为精神病患者可能存在着正常的智力或者认知能力,但仍然不能控制自己的行为,这种观点就是现代精神病学的观点。这一观点在本案中被称作新的规则,它与传统的以"认知能力"作为判断标准(在本案中称为老的规则)的观点,有着很大的不同。——译者注

② *E.g.*, A.L.I.Model Penal Code, §4.01; Penal Law, §30.05; Durham 诉 United States, 214 F.2d 862。

此处的 A.L.I.Model Penal Code 是美国法律协会(American Law Institute,简称 A.L.I)推出的《示范刑事法典》。其第4.01条款的标题是"免除刑事责任的精神疾病或者精神缺陷",该条款主要内容是,当某一个人实施犯罪行为时,如果由于精神疾病或者精神缺陷,该行为人对于正确认知犯罪行为/错误行为,或者按照法律要求实施行为缺少实质性的行为能力,那么,该行为人对于其行为不承担法律责任。但是,这并不包括重复犯罪的变态行为或者其他反社会的行为。

此处的 Penal Law 是指《纽约州刑事法典》。这里提及的第30.05部分,已经在1984年被取消,代之以第40.15部分。第40.15部分的主要内容是,如果被指控的人在实施犯罪行为时患有精神疾病或者精神缺陷,他就没有犯罪行为能力。这里的没有犯罪行为能力是指,实施犯罪行为时由于精神疾病或者精神缺陷,他不知道行为的性质和后果,或者对此缺少实质性的认知。该条和以前的第30.05部分相比,最大的不同是它明确了这种行为能力上的辩护,是一种"肯定性的抗辩"。

这里提及的 Durham 诉 United States 一案,是美国哥伦比亚特区上诉法院在1954年作出的一起著名的刑事判决。被告德拉姆有着长期关在监狱和医院的历史。好几家医院在给他做过精神检查之后,都认定他患有人格混乱,为此他被海军解雇。他本人曾试图自杀过,之后他在监狱里又因为行为反常被调查,监狱认为他患有精神障碍。随后他被送到医院检查,这次诊断结论是他不存在人格混乱和精神障碍。两个月之后,他实施了入室盗窃,再次被起诉。在审理中,他的精神状况能够让他正常进行庭审,并能够在咨询律师后正确为自己进行辩护。初审法院在没有经过陪审团审理的情况下,认定并没有证据表明他行为时的精神状态存在障碍,于是判定他入室盗窃的罪名成立。上诉法院认为,在犯罪指控中,如果被告没有提起过行为能力的抗辩,应该推定其行为能力正常。但是在被告引入了证据证明被告可能存在精神障碍的时候,控方就必须排除合理怀疑来证明被告的行为能力是正常的。作为法院来说,必须将被告人的行为能力问题交由陪审团来进行裁决。因该案被告人的姓名为德拉姆,上诉法院在判决中采纳的观点就被称作为"德拉姆规则"。这一规则强调,在被告引入初步证据证明被告患有精神障碍之后,控方就应该证明并排除合理怀疑,特别是应该由陪审团来证明被告人是否有行为能力。在以往实践中,一般是由精神病学方面的专家证人来回答犯罪行为和精神疾病之间的因果关系的提问,这样,在这个问题上就变成是由专家证人,而不是由陪审团来确定被告人的行为能力。但是,这一规则在1972年被同一法院在 United States 诉 Brawner 一案所推翻。在 Brawner 案件中,法院采纳了美国法律协会在前述《示范刑事法典》(Model Penal Code)第4.01条款的标准。——译者注

奥特利夫人从 1924 年起一直在一所小学担任教师,在 1964 年 3 月的时候,她患上了"神经衰弱"并开始离职休病假。这一病假一直持续到 1965 年 2 月 5 日才期满。这时候她已经年满 60 岁,并幸福地走过了 38 年的婚姻之路。在 1964 年 7 月 1 日这一天,她来到精神病专家德·安吉鲁医生这里看病。德·安吉鲁医生确诊她患上了更年期精神病,属于忧郁症类型。德·安吉鲁医生对奥特利夫人进行了治疗,奥特利夫人在 6 个星期之内服用了镇静剂,接受了休克疗法。虽然这一治疗取得了一定成功,但是这一疗法并没有能够持续下去,因为她被怀疑还患有脑动脉硬化,这一疾病在后来也得到了证实。然而,德·安吉鲁医生还是每隔一个月去看望她,这样的看望一直持续到 1965 年 3 月。1965 年 3 月 28 日,奥特利夫人在家里发生动脉瘤恶化之后,被送到医院进行治疗。10 天之后,奥特利夫人去世,死因是"高血压性心脏病引起的脑血栓"。

作为一个教师,奥特利夫人一直是纽约市教师退休体系[1]下的一名成员。这一退休体系让她拥有获得年金和补助的权利,本人在退休之前死亡的,还可以获得相应利益。这一退休体系还赋予她各种不同的选择权,允许她选择退休之后可以获得的退休金。

在几年之前的 1958 年 6 月 28 日,奥特利夫人选择了该退休体系"一号选项"下的退休金发放方式,这一选项以她的丈夫作为她留存养老金的受益人。根据"一号选项"下的退休金发放方式,一旦她退休,她本人定期得到的退休金将略微少一些,但是如果她在收到全部退休金之前死亡的话,余下的退休金就将全部归其丈夫所有。在前一次选择两年之后的 1960 年 6 月 16 日,她再次选择一旦其在退休之前死亡,她的丈夫将作为其养老金的受益人。

接着,在 1965 年 2 月 11 日这一天,这时奥特利夫人的病假刚刚届满,她仍然在接受治疗的状态,她填写了一个新的退休金申请,也就是本案所涉及的退休金申请。这一次她选择的是在其有生之年获取最大数额的退休金,而在其死亡之后将什么也不会留下。就在她填写申请的这一天,她还从这一退休体系中贷款了 8 760 美元,这是该退休体系允许个人提取的最大金额。在这次申请的 3 天前,她曾经写过一封信给被告,提出她想在 2 月 12 日或者 15 日退休,或者是在她获得相关信息之后,尽快退休——"我需要相关信息,以便决定我究竟是选择一号退休方案还是选择生前获得最大数额退休金方案。"在这封信中,她列出了 8 个具体的问题——这 8 个问题表明她对这一退休体系有着很深刻的了解——这些问题涉及各种她可以选择的退休方案。被告在 1965 年 2 月 15 日寄出了一封回信,这封信对于奥特利夫人信件中的问题详细地进行了回答。由于奥特利夫人 2 月 11 日的申请在次日就生效,虽然从被告回信

307

---

[1] 对教师退休体系进行规范的相关的法规是纽约市行政规章 §B20-3.0。

的日期上来看,被告的答复从技术上来说已经不可能改变奥特利夫人当初的选择,但是,当时给奥特利夫人办理申请的被告部门主管作证道,对于她的问题,"已经在 2 月 11 日由我口头上作了回答"。她的退休金余额总共是 62 165 美元(这一数额是在扣除她已经提取的 8 760 美元之后的数额)。她选择的最高数额退休金方案(也叫"没有选项"方案)和"一号选项"方案退休金之间的差额是每年 901 美元,或者说是每月相差 75 美元。也就是说,如果某个教师选择了"一号选项"退休金方案,她将每年获得 4 494 美元,或者每月获得 375 美元;而如果她选择的是"没有选项"退休金方案,她将每年获得 5 395 美元或者每月获得 450 美元。如果她没有提取那 8 760 美元现金的话,根据两个不同的方案,每年她获得的退休金分别是 5 247 美元和 6 148 美元。

在奥特利夫人因为身体状况请假休息之后,她的精神变得越来越沮丧,而且已经不能够照顾自己。为此她的丈夫放弃了每周 222 美元薪水的电工工作,专门待在家里全职照顾她。她也只是在丈夫陪伴的情况下才离开家。虽然在 1965 年 2 月 11 日这一天奥特利夫人的丈夫带她去了被告那里,但是,作为丈夫的他,并不知道妻子为什么会去被告那里,也没有问她,因为丈夫担心"她会以为我在责怪她而歇斯底里地大哭。她当时就是这样的状况,我不想让她伤心"。

奥特利夫妇家境一般,并不富裕。他们拥有一幢价值 20 000 美元的房子,有着 8 000 美元的存款。他们还拥有一块价值约 5 000 美元的农场土地。根据庭审披露出来的这些情形,对于奥特利夫妇来说,或者对于夫妇一方死亡后的生者来说,从实际情况考虑,他们的退休生活将不得不主要依靠奥特利夫人退休之后的退休金。

根据给奥特利夫人治疗的德·安吉鲁医生的说法,奥特利夫人的病情从来没有好到足以"保证她回到学校继续教学"。教育委员会的一位医生在 1965 年 2 月 2 日这一天对她进行了检查,目的是为了确定她是否适合返回教学岗位。这位医生虽然不是精神疾病方面的专家,但却是内科方面的专家。这位内科医生"判断,她明显从精神沮丧中恢复过来了",她的行为举止看上去还算正常、合理。然而,在允许她返回岗位教学之前,教育委员会请求德·安吉鲁医生就奥特利夫人的病情出具一份报告。值得注意的是,教育委员会的医疗部门在 1965 年 2 月 24 日这一天,要求奥特利夫人在 1965 年 3 月 11 日这一天向委员会的"精神病医生专家组"报告其身体状况。

德·安吉鲁医生在法庭审理中陈述道:"自从奥特利夫人在我这里治疗之后,她就从来没有表现出在精神上是有行为能力的";"从精神上来说,她不能作出任何决定,事实上,不论要决定的事情是大是小,她都不能作出决定"。德·安吉鲁医生也描述了更年期忧郁症是怎样影响她判断过程的:

　　不管什么样的情形,这样的病人都是不能正常、合理地思考的。他们

308

甚至会告诉你:"我过去常常能够想到任何事情,并作出任何决定。而现在,"他们说,"即使我正在起床,我也不知道我是应该起床呢,还是该继续待在床上。"或者,"我甚至不知道怎么再去做一片吐司。"对于这些患者来说,他们对每一个事情都不可能作出决定,甚至想去做某一件事情,对他们来说都要付出极大的努力。实际上,他们已经力不从心,因为神经衰弱已经耗尽了他们所有的身体能量。

虽然精神病专家使用的是"合理性"这一专门术语,然而,很清楚的是,按照"不合理性"在法律上的测试方法来判断,奥特利夫人的精神状况并不能被归入"不合理"的情形。[她的精神状况看上去还是合理的。]毫无疑问,正是因为这个原因,纽约州上诉法庭没有接受德·安吉鲁医生所作的证人证言,也没有接受初审法院作出的奥特利夫人的精神状况"不合理"这一认定——这一认定是初审法院根据他们概括出来的主导规则所得出的结论。

现在,在这个问题上已经成熟的规则是,行为人虽然还没有被确诊为精神错乱,但只要他属于精神上有障碍的人,他签订的合同就是无效的。即使这样的合同已经部分履行或者全部履行,根据恢复原状的原则,这样的合同仍然是会被撤销的。①

传统上,在我们纽约州和其他的一些州,行为人是否有精神上的行为能力签订合同,在很大程度上是按照"认知度测试"②这一方法来进行判断的。③根

---

① Verstanding v. Schlaffer, 296 N.Y.62, 64.

② "认知度测试"是对人或者动物的认知能力进行判断的一种方法。它对于判断一个人或者动物的心理或者精神上的能力,也包括判断他们的智力状况很有用处。这一测试方法的主要科学依据是来自19世纪晚期的心理学成果,它更多是采纳身体的或者心理的测试方法,而不是精神上的测试方法。——译者注

③ Aldrich v. Bailey, 132 N.Y.85, 30 N.E.264; 2 Williston, *Contracts*(3d ed.), §256.
Aldrich 诉 Bailey 一案是在 1892 年由纽约州上诉法院作出的一个判决。这一案件的原告与被告在 1889 年 6 月 11 日签订了一个合同,原告将位于纽约的一处不动产出售给被告,但后来被告拒绝接受这一不动产,并拒绝支付价款。被告的理由是,在另一起相关案件中,合同所涉及的不动产正在法院另行诉讼。而这一诉讼的结果将影响该案中不动产的权属转让。在另一起案件中的原告 William Paine 是这一不动产的原权利人 John Paine 的继承人。William Paine 认为,John Paine 生前与被告 Nobel 签订合同时,在精神上没有行为能力。William Paine 提出,John Paine 在 1885 年 5 月将这一不动产出售给 Nobel 时,"已经年纪很大,身体衰弱,精神衰老,思维不健全,无法自己进行商业交易,不能明白有关商业交易的性质和后果,当时他完全在其代理人的控制之下,不能正确地处置其财产,这一点被告 Nobel 也是知悉的"。审理 Aldrich 诉 Bailey 一案的初审法院据此认定,John Paine 在出售这一不动产给 Aldrich 一案的原告时,属于精神错乱,没有行为能力,因而在本案中原告也就不能要求被告履行合同。这样该案就上诉到上诉法院。上诉法院认为,从 Paine 一案的诉讼请求来看,John Paine 只是年纪很大,身体衰弱,精神衰老,不能正确理解交易行为的性质,但是,法院并没有下结论说 Paine 就是精神错乱,或者 Paine 是完全地、绝对地、彻底地不能理解交易的性质,他可以在其他人的帮助下进行交易,他拥有这一交易所需要的心智和判断力。于是,上诉法院推翻了初审法院的判决。Aldrich 诉 Bailey 一案最终采纳的就是"认知度测试"这一方法。——译者注

据这一方法的测试标准,法院要"调查"的是,某一个行为人精神状况"受到精神疾病的影响,是否让他能够完全地、绝对地、彻底地丧失行为能力,无法去认知和理解交易行为的性质"。①如果某一个当事人对所涉及的特定交易可以作出正常、合理的判断,那么,这一当事人就是通过了"认知度测试"。②与此相反,在这一问题上还有另外一种观点,这一种观点也得到广泛承认,那就是,当事人的合同能力会直接受到与特定交易密切相关的精神妄想的影响。③

309

　　有关合同行为能力判断的传统标准[即"认知度测试"这一标准],形成于精神病学的研究还处于非常原始的时期。当时的精神病学专家还不能很好地解释,为什么一个精神上有疾病的人,即使其认知能力看上去没有受到什么损害,但仍然不能控制自己的行为。在这一传统标准进化、发展的过程中,人们逐渐认识到,所有精神机能都会由于精神疾病而同时受到影响。④"认知度测试"这一标准,也不再是占支配地位的一种观点。⑤

　　当然,在如何认定行为人精神责任能力这一问题上,一场最大的运动已经在刑事法律领域发生了。19世纪的"认知度测试"这一标准,集中体现在M'Naghten规则⑥中,而这一规则现在已经被立法和许多地方的法院判决所改变。⑦

　　虽然刑事法律和民事法律的政策考量有所不同,但它们都有着共同的观念,即某一个政策的考量必须是基于对人类心智和精神疾病合乎情理的理解。因此,由于"认知度测试"这一标准在大多数情况下过于严格,而且依据的是事实上错误的理论,这一标准就需要重新进行审视。原告提供的证据表明,奥特

---

　　①　Aldrich v. Bailey, *supra*, at p.89, 30 N.E. at p. 265.

　　②　Paine v. Aldrich, 133 N.Y.544, 546, 30 N.E.725, 726, Note, *"Civil Insanity"*: *The New York Treatment of the Issue of Mental Incompetency in Non-Criminal Cases*, 44 Cornell L.Q.76.

　　③　Moritz v. Moritz, 153 App.Div. 147, 138 N.Y.S.124, *affd*, 211 N.Y.580, 105 N. E. 1090, 见 Green, *Judicial Tests of Mental Incompetency*, 6 Mo.L.Rev.141, 151。

　　④　Green, *Mental Incompetency*, 38 Mich.L.Rev.1189, 1197—1202.

　　⑤　Note, *Mental Illness and the Law of Contracts*, 57 Mich. L. Rev. 1020, 1033—1036.

　　⑥　M'Naghten规则是以1843年英国法院审理的一起刑事案件的被告命名的规则。被告M'Naghten开枪杀害了时任英国首相的秘书,法院经审理认为,被告属于"精神错乱",最终宣告被告无罪。在这一案件中,法官确认了判断某一个行为人是否可以以"精神错乱"作为抗辩的标准,简单说就是,被告是否知道他在做什么,如果知道,又是否知道他所做的事情是错的。这一案件采纳的就是传统的"认知度规则"。——译者注

　　⑦　见M'Naghten' Case, 10 Clark & Fin.200; 8 Eng.Rep.718(House of Lords, 1843); Weihofen, *Mental Disorder as a Criminal Defense*(1954), pp.65—68; British Royal Comm. on Capital Punishment(1953), ch.4; A.L.I. Model Penal Code, §4.01; *supra*; *cf*. Penal law, §30.05。

利夫人患有精神疾病，正因为这样的精神疾病，她在决定退休金方案时，就没有行为能力作出自愿的选择。明白了这一点，我们就不能因为她的精神状态可以通过建立在 19 世纪精神病理学基础上的"认知度测试"，就排除适用现代法学理论在这一问题上的观点。

在民事法律这一边，也已经发生了一些变革，人们正在试图采纳现代精神病学的观点。在大多数情况下，这些变革在传统方法的笼罩之下还是非常缓慢的，甚至有点遮遮掩掩。法院采取了各种方法避免在老的规则①之下产生无法接受的结果，主要是通过认定某一案件中存在"不公正"或者"极度过分"，来让双方的交易无效。②

在纽约州，至少有一起案件在这个问题上的态度是比较直率的。在 Faber 诉 Sweet Style Mfg.Corp.③这一案件中，法官梅耶在判决意见中这样写道："当一个合同是在行为人身患精神疾病或者精神错乱、具有强迫症的情形下签订的时候，法院也可以认定这一行为人没有合同上的行为能力，因为这样的合同本来就不应该签订。"④这是已知法院根据当代精神病学的研究成果，第一次承认合同行为能力的传统标准不恰当、不充分，进而采取了现代的认定标准。在这起案例之前，法院采用的是"认知度测试"这一标准，根据这一标准，法院在审理时将很大注意力放在当事人行为举止"合理性"的客观证据上面。⑤

很重要的是，《合同法重述》（第二次重述）阐述了如何认定当事人合同行为能力的现代规则。《合同法重述》（第二次重述）很清楚地承认了现代规则，其报告者在相关解释中明确支持这一推论，即不管过去的案件是如何阐述它

---

① 此处"老的规则"，是指"认知度测试"这一标准。——译者注

② 见 *e.g.*，Green，*Proof of Mental Incompetency and the Unexpressed Major Premise*，53 Yale L.J.271，298—305。

③ Faber v. Sweet Style Mfg.Corp.，40 Misc.2d 212，at p.216，242 N.Y.S.2d 763，at p.768.

该案是 1963 年由纽约法院判决的一起涉及精神行为能力的案件。原告费伯是一位躁狂抑郁症患者，他在躁狂病发作期间购买了一块地，然后又在抑郁状态下，要求确认其购买地块的合同无效。当时他决定开一个药店，于是他在一天的时间内，完成了购买土地（还进行了讨价还价）、对地块权属情况进行调查、申请抵押、雇用承包商、申请造楼许可等所有工作。在躁狂病发作期间，他很清楚自己在做什么，根据"认知度测试"这一测试方法，他是能够通过这一测试标准的，因此，一般情况下就应该认定其签订的合同是有效的。但是，该案的法官提出了在本案中需要适用第二个测试标准，认定原告的行为是在精神错乱情况下实施的强迫症行为。法院最终认定了原告属于精神障碍，没有行为能力，双方所签订的合同无效。——译者注

④ Noted in 39 N.Y.U.L.Rev.356.

⑤ *E.g.*，Beisman v. New York City Employees' Retirement System，81 N.Y.S.2d 373，*revd.*，275 App. Div. 836，*affd*，300 N.Y.580.

310

们的分析推理的,《合同法重述》(第二次重述)将不再采用老的"认知度测试"这一标准去解释案件的结果。新的《合同法重述》(第二次重述)在相关部分是这样表述的:"(1)如果某一个行为人是由于精神疾病或者精神缺陷而进行了某种交易,那么,他由此产生的合同义务是可以撤销的……(b)就相关交易而言,他不能以合理的方式实施行为,而且交易的相对方有理由知道他的精神状况。"①在 Mental Illness and the Law of Contracts 一文②中,作者在推荐新规则时这样表述道:"对合同行为能力的全面测试,既要保护由于精神疾病的反应不能控制自己去签订合同的人,也要保护那些不能理解其行为性质和行为后果的人。"③

合同项下的义务是否撤销——签订这些合同的人,是由于精神疾病原因而签订合同,但是这些人又知道自己在做什么——取决于如何平衡不同的政策考虑。一方面,我们必须保持合同关系的稳定,保护出于善意而进行协商的那些当事人的期待;另一方面,我们也需要保护那些虽然知道他们行为的性质,但是却由于疾病不能控制自己行为的人。因此,在另一方当事人知道对方患有精神疾病,或者已经被告知对方患有精神疾病的时候,就应该给予精神疾病患者以法律上的救济。也正是由于这一考虑,《合同法重述》(第二次重述)中有关合同无效的条款,要求"另一方当事人应该有理由知道"行为人患有精神疾病。

然而,在另一方当事人不知道签订合同的对方患有精神疾病,所签订的合同也是公平的情况之下,《合同法重述》(第二次重述)建议的规则是:"一旦这一合同已经全部履行或者部分履行,或者是相关情况已经发生变化,再认定这一合同无效将会产生不公平的结果,那么精神疾病患者根据《合同法重述》(第二次重述)第(1)项④所产生的撤销合同权利就终止了。在这样的案件中,法院可以根据案件的需要赋予当事人一个公平的条款,让他们获得法律上的救济。"⑤

在本案中,纽约市教师退休体系知道或者应该知道奥特利夫人的精神状况。它们[指纽约市的教师退休体系]或者是教育委员会,知道奥特利夫人由

---

① *Restatement*,*2d*,*Contracts*(T.D.No.1,April 13,1964),§18C[now§15,ed].也见 Allen,Ferster,Weihofen,*Mental Impairment and Legal Incompetency*,p.253(Recommendation b)and pp.260—282。

② Note,*Mental Illness and the Law of Contracts*.

③ *Mental Illness and the Law of Contracts*,at p.1036.

④ 即前面提及的"行为人如果是由于精神疾病或者精神缺陷而进行了某种交易,由此产生的合同义务是可以撤销的"。——译者注

⑤ *Restatement*,*2d*,*Contracts*,*supra*,§18C,subd.[2][now§15,ed].

于精神疾病原因请假离开了教学岗位,而且为此借助了教育委员会的精神病专家来了解她的精神状况。因此,认定合同无效的其他条件,即另一方知道或者应该知道对方的精神状况,在本案中是具备的。

311　　　最后,认定奥特利夫人选择的退休金方案无效,并不对教师退休体系产生重大的影响,它只是给退休福利在保险精算上带来空泛的流动。

人们不应该忽略这一点,即在被告与其成员之间,尤其是在公共退休体系与其成员之间,涉及的不是一个商业上的交易,更不是一个普通的商业上的交易。相反,教师退休体系的性质和它所宣称的目标,是保护它的成员及其成员的利益。对于已经知道患有精神疾病的奥特利夫人来说,让她在一闪念之间的所作所为,将自己在这体系中 40 年的贡献和参与化为乌有,这样的选择并不是一个合理的方案。在奥特利夫人的行为被认定无效,并且不会对这一退休体系带来实质性伤害的情况下,奥特利夫人这样的选择就显得更加不合理。整个庭审笔录中没有任何记录可以否定,年满 60 岁的奥特利夫人当时正处于精神病治疗期间,处在身患动脉硬化期间,在有着一个她一直非常关切的家庭的情况下,她所选择的"没有选项"这一退休金方案是不明智的,甚至是很愚蠢的。在此情况下,作为一个事实的发现者①可以认定,奥特利夫人在退休金方案上的选择,只能被解释为是精神错乱的结果。

基于这样的分析,我们不难看到,原告向法院提供的论据是充分的,足以支持这样的结论,即奥特利夫人在 1965 年 2 月 11 日选择退休金方案时,她个人所实施的这一行为,完全是严重的精神疾病所导致的结果,也就是说,是精神病导致的结果。当然,那些没有划入医学上精神病的不太严重的情形,将不能满足这样的证据要求,否则将很少有合同不会受到当事人有精神疾病这一理由的攻击。奥特利夫人的精神病医生在作证时非常直截了当地说道,由于奥特利夫人当时正处在更年期忧郁症所导致的绝望之中,她是不能作出任何"合理的"决定的。当然,正如我们在前面提及的,初审法院试图将他们对事实所作的认定及一些证人证言纳入传统规则的轨道之中,更多的是因为初审法院采纳的仍然是传统规则。我们法院在此决定不是简单地恢复初审法院的判决,而是裁定由初审法院坦率承认并适用正确的行为能力判断标准,对本案重新进行审理。

因此,纽约州上诉法庭的裁决予以推翻,由初审法院对本案进行新的审理。

---

① "事实的发现者"见第 14 页注释。——译者注

贾森法官①对于本案的反对意见：

……

本案证据明白无误地表明,已经去世的奥特利夫人在她选择退休金方案时,不仅知道她行将退休,而且知道她选择了有生之年获得最大数额退休金这一方案。事实上,死者奥特利夫人在退休之前写给教师退休体系的一封信,证明她有着完全的精神能力来理解和决定她究竟是选择"一号选项"方案,还是选择让自己在生前获得最大数额退休金方案。这封信的全部内容如下：

1965 年 2 月 8 日

敬启者：

我想在 2 月 12 日或者 2 月 15 日退休。我需要相关信息,以便决定究竟是选择"一号选项"方案还是选择最大数额退休金方案,也就是说,在收到这些信息之后,我将尽快退休。以下是我希望你们给予回答的相关问题：

1. 我五年期的"平均"薪水是多少?

312

2. 我可以获得的最大数额退休金是多少?

3. 我现在是 60 岁,如果我选择 4a 这一选项,并选择一个比我年轻 27 岁的人(女性)作为受益人,我可以得到多少退休金?

4. 如果我只选择 4a 的养老金方案,并想得到最大数额的年金,我可以获得的退休金又是多少?

5. 如果我在退休之前按照我年薪的 89% 进行贷款,我可以获得的最大数额退休金又是多少?

6. 如果我在退休之前贷款 5 000 美元,我想在养老金和年金中都选择 4a 这一方案,我可以获得多少退休金?

7. 我总共的信贷额度是多少? 我从 1964 年 10 月 26 日开始已经是无薪休假。

8. 在计算 4a 选项(有着上述的受益人)时,需要考虑的是哪些"因素"?

希望你们尽快地计算清楚,我对此非常感谢。我将在本周二的下午到你们的办公室。

很清楚,这些内容详细、表达清楚而且非常恰当的问题,表明了提问人的精神状况,表明提问人对于教师退休体系的突出特点完全了解。因此,我们不能一方面说死者可以有足够的行为能力来写这封信——这封信表明她对教师

---

① Jasen, Judge.

退休体系有着全面了解,但是,在另一方面却不认为死者具有理解这些问题答案的行为能力。

在看了本案的庭审笔录之后我发现,本案证据表明,死者之所以选择接受最大数额退休金方案,是基于她需要更多的收入来支持两个退休的老人——她的丈夫和她自己——的生活。因为死者奥特利夫人和她丈夫唯一的收入来源就是死者的退休金,如果她选择最大数额退休金这一方案,她每个月可以多获得 75 美元的收入,这样的选择对她来说有着必要性。事实上,多出来的退休金和"一号选项"方案下她可以获得的退休金相比,意味着可以增加 20% 的收入。考虑到这些因素,奥特利夫人选择在有生之年获得最大的收入,不仅是合理的,而且是一个必要的决定。

在奥特利夫人在申请退休的时候,她从教师退休金部门那里获得了最大额的贷款(8 760 美元),这进一步表明她对家庭的经济需求是了解的。……

因此,死者奥特利夫人生前选择的最大数额退休金方案,并不与她的最佳利益相矛盾,并不能据此得出她有着精神障碍这一结论……

我也不能同意多数法官的观点,即认为有关合同行为能力的传统规则"在大多数情况下过于严格,而且依据的是事实上错误的理论"。

313   有关当事人合同上的行为能力,法院面临的问题是,当事人在什么情形和条件下可以从自由达成的合同义务中解脱出来。不管怎样,虽然有用的医学知识是影响法律选择的论据,但这终究是一个特殊的法律问题……

因为在每个情形中,法律必须在责任和非责任、义务和非义务之间划出一条界限,这样就必定存在着处于两可之间的案件,而错误地认定某个个体一定属于界限的一边或者另一边,将导致不公正的产生。为了减少这种不公正产生的几率,这一界限就必须尽可能地清晰明了……

因此,我认为应该维持上诉法庭的裁决。……

[法院最终意见:上诉法庭的裁决予以推翻,由原来的初审法院对该案重新进行审理。]

第 七 章

因为不当行为或者错误
而导致的合同无效

■ 第一节　胁迫

加伦诉劳埃德—托马斯公司①
美国联邦第八巡回上诉法院(1959 年)

本案要旨

　　原告加伦并非一名美国公民,他来到美国后在被告劳埃德—托马斯公司
处工作,但业务发展并不顺利,被告决定减少原告可以支配的资金。在一次被
告安排的见面中,被告告诉原告,美国司法部门正在调查其重婚的情况,原告
因此精神上受到了极大打击,在被告要求下,原告同意被告对于自己的利益进
行限制。在双方签订合同之后,原告继续在被告处工作,原告没有向被告抱怨
过签订的这一合同,也没有采取过法律上的措施,而是按照这一合同履行。直
到双方再次产生分歧、原告从被告处辞职之后,原告才以被胁迫为由,要求被
告赔偿损失。法院认为,原告已经追认了这一合同,判决驳回了原告的诉讼
请求。

　　本案确定的规则是,一个受到胁迫而达成的合同并不是"当然无效",而
只是"可以无效"。当事人如果事实上追认了合同,那么这一合同仍然有效。
至于如何判断"追认",可以考虑的因素包括但不限于当事人是否继续履行
合同,是否及时向对方表明自己是受到胁迫而签订,是否及时主张撤销合
同,等等。

---

　　①　Gallon v. Lloyd-Thomas Co., 264 F.2d 821.

马瑟斯①巡回法官代表法院呈递以下判决意见：

我们法院不得不第二次对初审法院的判决进行审查②。初审法院的陪审团作出了支持上诉人（原告加伦）第一项和第九项诉讼请求的裁决，然而，初审法院的法官还是将陪审团的裁决置之一边，作出了支持被告（劳埃德—托马斯公司，以下简称劳埃德公司）的判决。原告加伦不服这一判决，提起上诉……

正如我们法院在本案前一个判决意见中所指出的那样，原告加伦在第一项诉讼请求中声称，在1954年10月13日这一天，在被告劳埃德公司的胁迫和高压之下，他被迫与被告签订了一份与雇佣有关的合同。在本案的诉讼请求中，原告要求法院取消并撤销这一合同，判令被告赔偿他25 000美元的实际损失。初审法院的陪审团裁决被告劳埃德公司赔偿原告100美元的损失。对于原告在第九项中提出的惩罚性赔偿要求，陪审团裁决被告劳埃德公司应该赔偿原告20 000美元。

初审法院作出的判决没有支持原告提出的第一项和第九项诉讼请求，法院认定，即使双方在1954年10月13日签订的合同是在胁迫情形下签订的，但是，从法律上说，根据本案的各种情况来分析，这一合同已经被原告追认……

原告加伦是在1949年11月的时候由被告劳埃德公司雇用的。在1950年3月，加伦被任命为被告在密苏里州圣路易斯市的地区经理。原告从事的工作是向有关商业机构推销劳埃德公司的评估服务，为此他可以得到最初评估费用以及全年服务费用的15％作为其佣金收入。在1952年，由于在本案中并不重要的一个原因，被告将原告调到纽约去工作。被告给加伦提供了一个每星期225美元的提款账户，双方在口头上达成共识，原告加伦在纽约这一账户上透支的金额不能超过他在圣路易斯市赚得的佣金。原告在纽约的业务开展得并不成功，他根据签订合同可以获得15％的佣金，可是他在一个星期内提取或者预支的225美元，就超过了他可以得到的佣金收入。在1954年9月，被告将原告提款账户的金额下降到了每星期只有175美元。在1954年10月12日这一天左右，原告加伦接到了被告公司总裁戈兰的一个电话，在接到这一个电话之后，加伦就来到纽约的希尔顿公园酒店与总裁戈兰见了面。原告加伦向法庭作证说道，总裁戈兰在电话里和他说了下列内容："……（他说）我胆

316

---

① Matthes, Circuit Judge.

② 这一案件是第二次上诉到第八巡回上诉法院。在初审法院第一次判决之后，当事人不服判决，就曾经提起上诉，结果上诉法院将案件发回重审。在初审法院再次判决之后，当事人仍然不服，继续提起了上诉。所以，马瑟斯法官在这里说，他们是"第二次对初审法院的判决进行审查"。——译者注

大包天，大约在几天到一个星期之前，他已经接到了芝加哥司法部门官员的电话，司法部门正在调查我的身份。司法部门的调查人员向戈兰先生了解，是否知道我是一个重婚者；戈兰不想为此受到牵连，于是他让调查人员向被告公司的副总裁盖滕比先生去了解情况，处理此事。"原告加伦来到酒店处理这一事情的时候，他的妻子和他一同前往，但是总裁戈兰并不愿意让她陪着原告及戈兰一起到后面的房间去。原告说，他当时心烦意乱；他和总裁戈兰到了房间之后，发现盖滕比先生已经在房间里面了，盖滕比先生开始向他宣读一张纸上的东西"……（盖滕比）一直在骂我是一个坏男人，一个重婚者，只会在外面乱搞，是个大大的坏蛋，他这样的斥责持续了一个半小时或者两个小时，*到最后我彻底崩溃了*"。原告继续向法庭作证说道，盖滕比先生说，"如果让他来处理这事，老早就解雇我了。他说，我将不得不在12小时之内离开这个国家，否则不会有好果子吃"。

从其他证人证言那里我们知道，原告加伦在1949年11月的时候来到美国。他第一次结婚是在英格兰，配偶名叫埃瑟尔·查理；接着在苏格兰的格雷特那格林，他与一个叫作玛格丽特的女子结了婚。在伊利诺伊州的东圣路易斯，他与在加拿大多伦多认识的一名女子结婚，这一婚姻于1953年9月在纽约被宣告无效。在1954年8月10日，原告加伦和他的第四任妻子，也就是现任妻子结了婚。在1954年10月12日谈话事件发生的当时，原告还没有加入美国国籍。很显然，盖滕比先生在宾馆里所说的那些话让原告感到非常紧张，原告害怕被驱逐出美国。在和盖滕比见了面，并在盖滕比先生进了洗手间之后，总裁戈兰告诉原告，他已经告诉了盖滕比先生"不要对我太过责怪"。戈兰告诉我，盖滕比先生将会和他的一位朋友（纽约州一位很有名望的居民，现在是州政府的一位官员）进行联系，努力延缓司法部门对我的调查。根据原告的证词，在离开酒店的时候，他的身体变得极度虚弱，以至于总裁戈兰在大堂里不得不走在他身边照顾着他，直到原告好转一些之后，才被带下楼梯。

原告加伦的夫人向法庭作证说道，她和丈夫在希尔顿公园酒店大堂见到了总裁戈兰，戈兰对原告说："约翰，这次你走得太远了。调查人员要来调查你，而要让他们不来调查你，我们就会有很大的麻烦。我担心，你恐怕会被驱逐出去，但是，这也要看盖滕比先生和我应对这件事的结果到底怎样。"加伦的夫人还向法庭作证道，当她的丈夫和总裁戈兰、盖滕比先生待在一起的时候，她从下午两点到四点一直待在酒店大堂里等待。当原告加伦出现在加伦夫人面前的时候，"他看上去非常、非常地虚弱。我不知道他发生了什么事，但请相信我，他和那些待在一起的人之间一定是发生了什么大事。我丈夫非常、非常地悲伤。一眼就可以看得出来，他一直在哭个不停"。就在这一天的晚些

317

时候,在鸡尾酒吧里,总裁戈兰再次说到他和盖滕比先生会尽力想办法,以阻止对加伦的调查继续下去,并会向原告提出相关建议。在这件事情过去之后,一份改变原告报酬的合同,也就是本案系争合同出笼了。通过进一步的证人证言显示,似乎在前面这一事件过去之后的一天或者两天,总裁戈兰和盖滕比先生递给原告加伦一份合同,当时加伦不大愿意在这一合同上签字。于是,盖滕比先生大光其火,他说,恨不得马上就解雇原告。在这样的情况下,原告害怕自己被驱逐出美国,原告仍然想在被告处工作,于是,他就在 1954 年 10 月 13 日的合同上签了字。从证人证言的内容来看,可以很清楚地认定,总裁戈兰和盖滕比先生当时向原告保证,对他的相关司法调查将会停止,他会平安无事。

1954 年 10 月 13 日合同的主要内容和突出特点是,原告加伦承认自己的工作完成得不尽如人意;只要原告今后的工作让人满意,被告还会让原告留下来继续工作,原告的报酬将由双方当事人协商确定;原告承认,他在被告给他账户上的透支金额超过了 15 000 美元,就这些透支金额,原告授权被告可以动用原告从被告这里获得的所有债权和钱款,这一条款意味着终止了原告在圣路易斯市工作期间继续获得佣金的权利;原告授权被告向他的前妻乔吉娜支付 200 美元,这个前妻持有原告答应支付这一笔款项的支票。

很清楚的是,初审法院在审理过程中所涉及的真正问题集中在 1954 年 10 月 13 日这一天原告签订系争合同时所处的环境和氛围到底是怎样的。这一合同是否就是胁迫的结果呢? 这是需要法院思考的一个问题。本案中,原告加伦的证言足以让陪审团认定这一合同是在总裁戈兰和盖滕比先生威胁下导致的直接结果,这样的威胁使得原告失去了订立合同所必需的心智能力。[①]被告没有回避胁迫这一问题,它向法院引入证据,试图证明合同并不是在胁迫或者高压之下签订的,而是原告自觉、自愿签订的……[②]

从法律上说,原告加伦是否追认了这一合同呢? 被告坚持认为,从原告的行为举止来看,从原告在合同签订之后的态度来看,对于这一问题的回答是肯定的。对于被告的这一观点,我们法院在此同意。在解决这一关键问题的时候,我们法院注意到了法律上的一个很成熟原则,即在胁迫之下所签订的合同

---

① "根据当代规则,现在并没有受害人应该拒绝对方胁迫的法律标准——也就是在对方施加胁迫,受害者处于不能挽回的危险境地时,受害方必须妥协让步的标准——也没有认定产生胁迫的事实要充分到什么程度的一般规则;在每个案件中的问题是,是否受害人是在合同中主张权利一方的威胁之下采取行动,进而被剥夺了订立合同所必需的心智能力,是否合同就是如此得来的。"175 *C.J.S. Contracts* §175.[引注略去。]此为法官在判决书中所加入的注解。

② 判决意见中有关被告抗辩的这一段内容,在新的版本中被省略了。——译者注

并不是"当然无效",而只是"可以无效",在胁迫情形消失之后,合同可以被相对方追认。在胁迫之下签订合同的当事人,如果他接受了所签合同项下的利益,或者是在有机会去要求无效或者撤销之后的一定时间内,仍然保持沉默或者是对以前的合同予以默认,那么,就视为他对以前的合同追认了。有关合同追认这一原则的关键因素,是当事人的意愿。确实,已经有权威论著说道:"当事人的意愿……是放弃其权利或者追认合同这一原则的基础。"①

318

　　根据前面提到的标准来衡量,我们法院在这一问题上必然得出原告加伦已经追认了这一合同的结论。以下这些事实看起来不存在什么异议,即在这一合同签订的时候,原告有一位律师进行代理;在1954年11月或者是12月的时候,原告告诉了他的律师有关这一合同签订之前他和被告总裁在酒店房间见面会谈的情况;而且原告问他的律师,他在事实上是否会被驱逐出美国。从原告签订系争合同开始一直到1955年7月原告离开被告公司期间,他从来没有在任何一个场合就签订这一合同提出过反对意见,也没有在胁迫情形消除之后的任何时候向戈兰、盖滕比或者被告的其他管理人员提出抗议,表明他是在重压之下才签订这一合同的。相反,原告承认了这一合同的所有条款。他每个星期都会向被告进行报告,在从这175美元账户中提取报酬时,他都会向被告提出请求,他在合同中同意了必须这样去做;在签订系争合同之后,他在密苏里州圣路易斯市业务中所获佣金的增值部分,也根据这一合同由被告扣留了下来;根据这一合同中的一个条款,被告向原告的前妻支付了200美元。用原告加伦自己的话来说:"在我从公司辞职之前,我从来没有向他们[戈兰和盖滕比]提出将这一合同放在一边。一直到我离开公司之前,我从来没有向戈兰提出过这样的请求,也从来没有向盖滕比先生提出过这样的要求。"……

　　在1955年6月或者是7月的早些时候,被告将原告提款账户中的金额从175美元降到125美元。在这样的情况下,原告在1955年7月21日这一天给被告写了两封信。在其中一封信中,原告加伦建议将其办公场所转到锡拉秋兹②,允许他的业务范围超出纽约州。而且,原告建议根据他的业务所得,将自己可以提取的金额改为每星期175美元。在另一封信中,他向被告表明,如果他的建议被拒绝,他将会在30天内辞职。在上述任何一封信中,原告都没有质疑系争合同的有效性。在被告坚持先前的决定,仍然坚持将原告可以提取的金额降为125美元之后,双方当事人之间的关系彻底破裂。直到1955年9

---

① 　17A　Am.Jur.，*Duress and Undue Influence* § 26 at p.594.
② 　锡拉秋兹美国纽约州中部的一个城市。——译者注

月的时候,原告才采取法律措施,以其受到胁迫为由,要求撤销或者取消系争合同。

我们不需要就本案中并不冲突的那些证言作进一步的讨论,就合同是否被追认这一点来说,我们的观点以及我们对本案的认定是,在对所有事实和相关情形集中起来公平考虑之后,本案只能得出一个结论,即从法律上说,系争合同已经被追认。在我们作出这样的认定之后,紧接着必定跟随以下这一结论,即在本案中,并没有法律上的理由可以让原告就其所谓实际损失获得赔偿(即原告的第一项诉讼请求)或者是获得惩罚性赔偿(即原告的第九项诉讼请求),初审法院就原告的这两个诉讼请求作出支持被告的判决都是正确的。

初审法院的判决予以维持。

奥斯汀仪器公司诉劳拉公司①
纽约州上诉法院(1971 年)

本案要旨

被告劳拉公司与美国海军达成了一份合同,由其向美国海军提供一批雷达,这一合同的交货时间很紧。劳拉公司将这批货物中部分精密部件的供货合同分包给原告奥斯汀仪器公司。在劳拉公司收到美国海军第二批合同并就零件进行招投标之后,它向原告表示,不能将全部零件的分包合同给原告。于是原告威胁被告,如果其不接受涨价、不给予自己第二份分包合同,它就将停止第一份合同项下的供货,并在随后真的停止了供货。在没有任何一家其他企业能够满足交货时间要求的情况下,被告接受了原告的条件,将第二份分包合同全部给予了原告。在原告起诉被告要求支付第二个合同项下的货款之后,被告向原告提起反诉,要求返还加价款项。法院认为,劳拉公司同意涨价是受到了经济胁迫,判决支持了劳拉公司的反诉请求。

本案确定的规则是,一方当事人威胁如果不接受涨价就停止供货的话,另外一方当事人在无法找到替代供货商的情况下,可以认定这样的行为剥夺了当事人订立合同的自由意愿,构成了"经济胁迫"。受到这种"经济胁迫"而修改的合同,是不能在法律上强制执行的。在判断是否受到"胁迫"时,主要是看当事人是否被剥夺了签订合同所需要的自由意愿,在这一点上,不论涉及的是人身受到胁迫还是经济上受到胁迫,效果都是一样的。

---

① Austin Instrument, Inc. v. Loral Corp. 29 N.Y.2d 124, 324 N.Y.S.2d 22, 272 N.E. 2d 533.

福尔德首席法官①代表法院呈递以下判决意见：

被告（反诉原告）劳拉公司向原告（反诉被告）奥斯汀仪器公司（以下简称奥斯汀公司）提起反诉，要求奥斯汀公司赔偿其交付货物给原告带来的损失，这些货物是奥斯汀公司根据双方之间的合同应该交付的货物。被告劳拉公司要求原告奥斯汀公司赔偿的理由是，有充分的证据从法律上表明，劳拉公司是被迫接受奥斯汀公司在系争货物上的涨价行为，奥斯汀公司的这一行为构成了经济上的胁迫。

在 1965 年 7 月，劳拉公司获得了一份为美国海军生产雷达的合同，这一合同的价值总额为 6 000 000 美元。该合同中包含了交货的时间安排，迟延交货时如何计算损失的条款，以及在劳拉公司存在过错的情况下，美国海军可以取消这一合同的条款。为了完成与美国海军的这一份合同，劳拉公司随后通过招标采购了制造雷达所需要的 40 个精密齿轮部件，为此，劳拉公司与奥斯汀公司签订了一份分包合同，交由奥斯汀公司为自己提供 23 个这样的部件。根据这一合同，奥斯汀公司在 1966 年早期的时候开始了交付货物。

在 1966 年 5 月，劳拉公司获得了美国海军的第二份合同，由劳拉公司为美国海军生产更多的雷达。劳拉公司再次就相关部件的供货进行了招标。奥斯汀公司也再次进行了投标，这一次它投标了所有 40 个齿轮部件，但是，在 1966 年 7 月 15 日这一天，劳拉公司的代表通知奥斯汀公司的总裁克劳斯先生，奥斯汀公司只能得到那些报价更低的零部件分包合同，[而不会得到所有的零部件分包合同。]奥斯汀公司的管理人员拒绝接受少于 40 个齿轮部件的订单，第二天，该管理人员告诉劳拉公司，奥斯汀公司将停止按照已经签订的第一个分包合同交付到期货物，除非劳拉公司同意以下两个条件，一是通过协议来实质性地提高前一合同中的价格——这一价格的提高，不但追溯到已经交货的那些部件，而且包括将来还没有交货的零部件——二是将劳拉公司第二份海军合同中所有 40 个齿轮部件的订单都安排给奥斯汀公司。在这次交谈之后不久，奥斯汀公司真的停止了向劳拉公司供货。在接洽了 10 家生产精密齿轮的生产商之后，劳拉公司发现没有一家生产商可以及时交货来满足其对美国海军的交货承诺②，于是，劳拉公司同意了奥斯汀公司的要求；在一封标注日期为 7 月 22 日，由劳拉公司写给奥斯汀公司的信件中这样写道：

我们急切地调查了其他的供货渠道，因为这个合同项下的产品在军

---

① Fuld, Chief Judge.

② 劳拉公司在接洽了其他供货商之后，所能得到的最好回答是，其中一家生产商告诉它，可以交货，但是也要在 10 月的某个时间交货。此为原判决中的注解。

事上特别急需,其他供货商不得不从零开始,根本不可能及时交货来满足我们与政府达成的交货要求。……因此,我们劳拉公司别无选择,也没有其他的替代方案,只能满足你们奥斯汀公司提出的条件。

320 　　劳拉公司就此同意了奥斯汀公司坚持的第一份分包合同的涨价要求,并将劳拉公司与美国海军第二份合同①项下所有 40 个齿轮部件的分包合同全部给了奥斯汀公司。虽然奥斯汀公司按合同可以到 9 月重新开始供货,但是,劳拉公司事实上还是在 8 月的时候就收到了货物,劳拉公司也得以及时生产出雷达,兑现了其与美国海军两份合同中的交货承诺。在奥斯汀公司于 1967 年 7 月按照第二份分包合同最后交付货物之后,劳拉公司告知奥斯汀公司,要求对方赔偿由于提高价格给自己带来的损失。

　　在 1967 年 9 月 15 日这一天,奥斯汀公司[先行]对劳拉公司提起了本案诉讼,要求劳拉公司支付根据第二份分包合同尚未支付的货款,这一货款的总额超过了 17 750 美元。在同一天,劳拉公司也针对奥斯汀公司提起了诉讼[反诉],要求奥斯汀公司赔偿其损失 22 500 美元,这一数额是第一份分包合同项下的货物在涨价之后给自己带来的全部损失。劳拉公司要求赔偿的依据就是,它受到了奥斯汀公司的经济胁迫。初审法院对这两起诉讼进行了合并审理,在审理之后,奥斯汀公司的诉讼请求得到了初审法院支持,而劳拉公司对奥斯汀公司的反诉请求则被驳回,理由是劳拉公司并没有表明"它无法通过其他渠道及时获得相关的部件,以此来兑现它根据第一份合同对美国海军所作的交货承诺"。劳拉公司提起上诉之后,上诉法庭②以非常接近的表决,维持了初审法院的判决。[劳拉公司还是不服,继续向我们纽约州上诉法院提起上诉。]有关本案的事实并没有实质性的分歧。正如上诉法庭的斯图尔法官③在他呈递的反对意见中提到的,"本案的事实并没有什么实质性的冲突,法律上的问题也不复杂。本案的难题是如何将法律适用到本案的事实中去"。

　　本案所要适用的法律是清晰、明确的,而且,即使在当事人之间,对于这一点也并不持异议。当提出自己受到"胁迫"的当事人向法院证明了自己是在受到错误威胁、被剥夺了自由意志的情况下签订合同的时候,这样的合同就会因

----

　　① 劳拉公司在本案诉讼中没有主张第二份分包合同中的损失。此为原判决中的注解。

　　② 此处的上诉法庭(Appellate Division)是纽约州的上诉审理机构,由于它的全称是 N.Y.Supreme Court, The Appellate Division 容易被误认为是纽约州的最高审判机构,实际上它只是相当于我国的中级法院,专门审理不服初审法院判决的案件。审理本案的纽约州上诉法院才是纽约州的最高审判机构。——译者注

　　③ Justice Steuer.

为"胁迫"的存在而无效。① "急需的商品被威胁停止供应"②,这方面的证据可以证明存在着经济胁迫或者商业强制;或者在更特定的情况下,像我们手头这起案件一样,有证据表明合同一方当事人已经作出威胁,会通过撤回所供货物来违反合同,除非另一方当事人同意满足其进一步的要求,也可以证明存在着经济胁迫……然而,一方当事人仅仅是以不交付所要求的货物相威胁,这样的行为虽然错误,但是仅仅有这种行为本身并不能被认定为构成经济胁迫。[除了威胁行为本身之外,]经济胁迫还必须有这样的事实,即受到威胁的一方当事人不能从其他供应渠道那里获得所需要的货物,而且通过一般的起诉对方违反合同这一救济方法不足以解决问题。

从本案的庭审笔录来看,我们没有找到任何东西可以支持下级法院的结论,即劳拉公司没有能够证明它是奥斯汀公司经济胁迫的受害者。相反,本案的证据恰恰表明,从法律上说,这是一起典型的经济胁迫案件。

很显然,奥斯汀公司对劳拉公司的威胁——它威胁的内容是,除非劳拉公司接受涨价,否则它会停止供货——剥夺了劳拉公司自由达成一份合同的意愿。劳拉公司之所以愿意承受奥斯汀公司的涨价行为,是因为其与美国海军的关系至关重要。正如本判决意见在前面所提到的,劳拉公司与美国海军的合同要求前者只有一个月的间隔期就要交付雷达,并且这一合同中有着这样的条款,劳拉公司如果有过错将会被美国海军追究违约责任,而且可能被取消合同。因为其生产计划的原因,在 1966 年 7 月的时候,劳拉公司特别关注的是如何在 9 月、10 月和 11 月满足美国海军的交货要求,而奥斯汀公司拒绝供货的齿轮,就是在那几个月交货雷达所需要的部件。劳拉公司对其交货的产品必须提前做好安排,而且,劳拉公司因为其不能按时交货可能要承担巨额违约赔偿,一旦违约,美国海军还可能撤销合同,这样的严重后果都是有着确确实实的可能性。另外,劳拉公司的主要业务都与美国政府部门相关,它非常担心如果不能按期交货,将损害它在将来与美国政府之间的合同。劳拉公司关注的这些东西,并不符合上诉法庭多数法官给劳拉公司所贴上的那种标签;上诉法庭给劳拉公司贴的标签是,劳拉公司关注的这些东西是"自己施加给自己,没有被披露出来的东西,而且是主观上的东西"。[我们认为,]对于劳拉公司,或者对其他处于类似地位的当事人来说,认为本案中自己处于非常紧急、受到经济胁迫的境地,是非常合理的。

321

---

① Allstate Med. Labs.,Inc. v. Blaivas, 20 N.Y.2d 654, 282 N.Y.S.2d 268, 229 N.E.2d 50;也见 13 Williston, *Contracts*(3d ed., 1970)§ 1603,p.658。

② Mercury Mach.Importing Corp. v. City of New York, 3 N.Y.2d 418,425,165 N.Y.S.2d 517, 520, 144 N.E.2d 400.

然而,奥斯汀公司声称,劳拉公司将接受货物的时间继续延长到了9月,这就否定了劳拉公司当时迫切需要这些产品零件的说法。为此,劳拉公司的一名管理人员就这一问题向法庭作证说道,当时奥斯汀公司的总裁告诉他,他们可以在8月的时候交付一部分产品,而所谓延期交货只是一种例行公事的形式而已。不管怎样,在9月要交付雷达所必需的那些部件,后来还是在9月1日的时候送到了劳拉公司;计划在10月需要的那些部件,是在8月末和9月初的时候交货的。即使这样,劳拉公司当时也还是得争分夺秒地抓紧生产,以便能够兑现它对美国海军作出的交货承诺。考虑到劳拉公司从所接触的其他生产商那里所能够得到的最好的要约,也是要在10月的某个时候才能开始交货——这一点已经在庭审笔录中有反映——这将导致它9月和10月向美国海军的交货都会发生迟延,因此,劳拉公司辩称它当时没有其他选择,只能无奈接受奥斯汀公司的要求,在我们法院看来,无疑是得到证明的。

奥斯汀公司进一步认为,劳拉公司如果要满足其证明上的要求,就应该在事件发生当时和美国海军进行接洽,要求延长交货期限,以便可以从其他供货商那里购买相关的部件。我们认为,奥斯汀公司这样的观点难以令人信服。抛开劳拉公司想要在美国海军眼中表现得更好这一点不论,劳拉公司并不能确信自己什么时候可以从替代供货商那里得到足够的部件来兑现它对美国海军的交货承诺。在劳拉公司所接洽的公司中,它能得到的承诺,只是**开始**进行交货而已,并不是完全的供货。而且,在这一行业中,供货商交货迟延的情况普遍存在,对于劳拉公司来说,几乎不可能知道它究竟应该要求多长的交货延期。我们法院必须记住的是,劳拉公司正在生产的是一种急需的军用产品。此外,对于劳拉公司来说,有一个很权威的论点,即由于分包商未能履行合同,并不能免除自己在主合同中的违约过错。①根据所有这些理由,〔我们法院认为,〕不能因为劳拉公司没有向美国海军要求延长交货期限,就认定劳拉公司所作的辩解没有充分的理由支持。

322

正如我们在上面的判决意见中所指出的,劳拉公司还是需要证明它不能在合理的时间内从其他供货商那里得到所需要的部件。毫无疑问的是,本案中劳拉公司满足了这样的证明要求。当时能够生产精密齿轮的生产商都在"许可供应商"的目录上,劳拉公司接洽了这一目录上的全部10家生产商,但是没有一家生产商能够及时开始交货。由于劳拉公司是一家生产非常尖端的军用机械产品的厂家,它所需要的部件必须符合最严格的工程技术标准;要求劳拉公司从"许可供应商"目录以外的其他供应商——劳拉公司对"许可供应

---

① *E.g.*, McBride & Wachtel, *Government Contracts*, §35.10,(11).

商"以外的其他供应商,既不熟悉,又不满意——那里获得所需要的部件,对劳拉公司来说是不合理的。正如上诉法庭的斯图尔法官在该案上诉判决的反对意见中所指出的那样,劳拉公司"接洽了它相信能够生产这些部件的所有生产商",而这正是法律要求劳拉公司必须做的事情。

在我们看来,几乎没有必要指责劳拉公司采取的通常法律救济方法——即先接受奥斯汀公司的违约,事后再要求奥斯汀公司赔偿——在本案具体情形下是不恰当的,因为劳拉公司不这样的话,它还是不得不从他处获得零件,同样还是会产生上面提到的后果。也就是说,在奥斯汀公司提高价格的时候,劳拉公司只能先按照"强制的"价格接受对方的齿轮部件,待合同履行完毕之后再主张因为对方涨价给自己带来的损失,除此之外,劳拉公司确实是别无选择。

奥斯汀公司最后的辩论意见是,即使劳拉公司是在受到胁迫的情况下和自己签订合同,它也是一直等到1967年7月的时候才对自己提高价格的行为提出反对意见,而这时已经是合同终止以后很长时间了,这样,劳拉公司就失去了要求自己返还涨价款项的所有权利。确实,声称受到胁迫的一方当事人如果想要回付出去的款项,那么就必须立即采取行动,让它的主张为对方所知晓。[1]在本案中,劳拉公司是在奥斯汀公司根据第二份分包合同最后一次交付货物的三天之后,才要求奥斯汀公司返还涨价款项的。劳拉公司提出,它之所以等到这个时候才提出主张,原因是害怕奥斯汀公司再次停止对它的供货,这将会使它再次处于无法生产下去的境地。考虑到奥斯汀公司过去曾经有过这样的威胁行为(这里指曾经威胁过停止供货),因为奥斯汀公司进行商业强迫的可能性仍然存在,而这种可能性一直要等到所有部件都交货之后才能消除,所以,[在我们看来,]劳拉公司的担心非常合乎情理。

总而言之,我们面前的庭审笔录表明,劳拉公司接受奥斯汀公司的涨价,是受到奥斯汀公司经济胁迫的后果。因此,应该将本案发回初审法院,让初审法院就如何计算劳拉公司的损失进行重新审理。

当事人提起上诉的裁决应该予以修改,支持被告劳拉公司提出的诉讼请求,对于其他判决则予以维持。

伯根法官[2]对于本案多数法官的判决意见提出了以下反对意见:

被指控构成经济胁迫的行为是否产生了损害后果,这通常是一个典型的事实问题。本案中的这一事实问题,是不利于被告劳拉公司的,这一点既得到

---

[1] Oregon Pacific R.R.Co. v. Forrest,128 N.Y.83,93,28 N.E.137,139.

[2] Bergan, Judge.

了初审法院的认定,也得到了上诉法庭的认定。因此,我们法院就不应该打开这一事实问题之门,再去寻找不同的解决方案。

323　　在概括了初审法院的判决意见和自己的判决意见之后,上诉法庭认定:"劳拉公司是在深思熟虑和自觉自愿的情况下接受了奥斯汀公司的涨价决定,在当时的情况下,劳拉公司拒绝涨价的行为,并不存在立即招致严重经济后果的压力,这就排除了劳拉公司基于经济胁迫的理论要求赔偿损失的请求。"

当时代表冲突双方实际进行谈判的证人,就本案事实问题向法庭提供了证言,他们的证言经过了法庭的质询,结果这些证言存在着尖锐的冲突。奥斯汀公司的说法是,它之所以要求就已经存在的合同重新进行谈判,是基于奥斯汀公司坚持认为劳拉公司没有执行双方就所供应部件达成的共识,这才是导致它对合同不满意的根源,这种不满意导致了双方当事人去修改已经存在的合同,并且达成了一份新的合同。

本案这样的情形,从法律上来说,并不足以认定构成经济胁迫。在这起上诉案件中,我们必须从本案的事实来分析,而本案的事实是特别有利于奥斯汀公司的,这一点是在初审法院审理过程中已经解决了的问题。奥斯汀公司有关本案事实的说法是,它当时并没有对劳拉公司作出过威胁,它的工厂因为例行的假期需要关闭一段时间,它当时只是向劳拉公司提出请求,希望劳拉公司能够对交货时间进行适当的调整。而奥斯汀公司这样的要求,是符合当事人原先就已经存在的一般共识的。

需要特别指出的是,认定构成经济胁迫的关键,是作为购买者的劳拉公司在本案的情形下获得替代供货商的可能性。奥斯汀公司的证人向法院提供的直接证言、审理过程中对劳拉公司的负责人和采购代表进行的交叉询问,都充分证明以下这一点:就实际替代供货者的可能性这一问题,是一个存在着激烈争议的事实问题。就这一事实问题,初审法院作出了明确的认定,即劳拉公司应该可以找到其他的替代供货商,并且这一事实认定被上诉法庭予以维持。本案中的事实问题,仍然是一个非常重要的问题,这一点并不因为本案的事实本身并不存在冲突,并不因为本案只涉及如何公平适用并不冲突的法律规则而变得无足轻重。[①]

奥斯汀公司坚持认为,在这一行业的"许可供应商"登记目录上有很多的

　　[①]　伯根法官这里的一段话,是针对多数法官提出的"本案的事实本身并不冲突,本案只涉及如何公平适用并不冲突的法律规则"这一点来说的,从伯根法官在这里所作的分析来看,他还是坚持事实问题仍然是本案中的一个重要问题,而在事实问题上,上诉法院应该尊重初审法院的认定。也就是说,对于劳拉公司当时有没有其他可以替代的供货者这一事实问题,上诉法院应该尊重初审法院已经作出的认定。——译者注

产品供应商,在法庭交叉询问过程中,劳拉公司对于这一点也是承认的,但是,劳拉公司的选择却是只信任过去自己有过订单的那些供应商,以及自己所熟悉的那些供应商。因此,在这样的情形下,劳拉公司的行为是否合理,是否使得本来是一个商业上的、可理解的重新谈判变成了经济上的胁迫问题,起码就成为了一个恰当的事实问题。

我认为,初审法院的裁决应该予以维持……

■ 第二节　不当影响

弗朗索瓦诉弗朗索瓦①
美国联邦第三巡回上诉法院(1979 年)

本案要旨

原告维克托·弗朗索瓦与被告简·弗朗索瓦是一对夫妻。在这一婚姻关系中,被告妻子处于绝对控制地位,她通过死缠不放的手段,逐渐控制了原告的财产。因为一个偶发事件,被告下决心与原告离婚,但是她并没有将自己决定离婚的意愿告诉原告,而是在咨询一位律师之后,让律师起草了一份将原告几乎全部的财产都转移到被告名下的协议。被告及其律师反复劝说原告,只有签订这一协议才能挽救他的婚姻,原告抱着挽救婚姻的期望,最终签了字。在签订这一协议之后,原告与被告又同居在一起。不久,被告用家庭财产购买了其他企业的财产,也就在这时被告告诉原告,她要永远离开原告。原告向法院起诉,要求认定协议无效,被告返还财产。法院认定,被告妻子利用丈夫对自己的信任,对丈夫施加了不当影响,这样的协议是无效的,判决支持了原告的诉讼请求。

本案确定的规则是,在有着信任关系的双方当事人中,一方利用自己的优势地位让对方放弃独立思考而接受协议,进而让自己获利,这样的行为可以视为"不当影响"。受到"不当影响"而达成的合同,是无效的合同。当然,这一判决也指出,即使夫妻关系也并不当然产生信任关系。在判断"不当影响"是否成立时,一定要有证据证明在当事人之间存在着信任关系。

罗森巡回法官②代表法院呈递以下判决意见:

---

① Francois v. Francois.，599 F.2d 1286.
② Rosenn，Circuit Judge.

我们法院在这一起上诉案件中需要对初审联邦地区法院的判决进行评判。在本案中,一个丈夫与其妻子达成了"财产处理和分居协议"(以下简称"协议"),初审联邦地区法院判决这样的协议无效,将丈夫从这一协议灾难性的经济后果中"解放"出来。我们上诉法院就是要评判,究竟这样的判决是否正确?本案原告叫维克托·弗朗索瓦(以下简称"维克托"),他在联邦地区法院起诉其妻子简·弗朗索瓦(以下简称"简"),要求撤销双方达成的这一协议,并要求法院将根据这一协议转让到被告简那里的不动产和个人财产,返还给原告。联邦地区法院作出判决,宣告这一协议以及根据这一协议进行的财产转让没有法律效力。联邦地区法院的这一判决除了其他依据之外,主要的依据是被告简向其丈夫维克托先生施加了不当影响。联邦地区法院判决将一块不动产和各种证券财产都归于原告维克托一个人所有。在联邦地区法院作出最终裁决之后,简不服,提起了上诉,声称联邦地区法院错误认定这一协议无效,将财产判给了丈夫。我们法院在此维持初审联邦地区法院的判决。

一

325   摆在我们法院面前的这起争议,来自当事人之间既麻烦又相对简单的婚姻关系。在经过几个月的求婚之后,维克托先生和简于 1971 年 5 月正式结婚。在他们举行婚礼的时候,维克托是单身,年纪为 50 岁,和他年迈的母亲生活在一起。简当时 30 岁,曾经离异过两次,是两个未成年人的母亲,一个小孩大约是 16 岁,另一个小孩大约是 13 岁。维克托在经济上相对富足,他拥有一大片位于理林德尔的不动产[①],在这里有着一幢两层楼别墅,两面有 5 间卧室,包括 2 个公寓(以下简称"理林德尔房产");在家族的五金生意中,维克托拥有四分之一的收益;在只有家族内部成员参与的公司[②]"Francois Realty"中,维克托拥有 30 股的股份;在由多个家庭组成的企业"21 Queen's Quarter"中,维克托拥有 4 股的股份。维克托持有的公共股票,其价值在 18 000 美元到 19 000 美元之间,此外,他还拥有两个银行账户。维克托担任家族五金生意的总经理,也可以获得相应收入。在刚刚结婚的时候,简还受雇从事有报酬的工作,但她随即就停止了工作。很显然,她在结婚的时候没有给这个家庭带来任

————————

①   Lilliendal and Marienhoj, St. Thomas, V.I.

②   "只有家族内部成员参与的公司"是指公司主要是由某一家族的成员组成,其公司股票不向家族以外的成员发售或者转让。下面提及的"多个家庭成员内部参与的公司",是指由多个家庭组成的公司,其公司股票不向这几个家庭以外的成员发售或者转让。这样的公司,其成员内部由于传统或者地域的原因,往往关系比较密切,不愿意让其他人来染指公司的事务,这样可以保持公司的独立性和自主性。——译者注

何的金钱或者财产。

在结婚之后不久,这对夫妻就开始矛盾不断。在婚后的四年,他们之间发生了一系列事件,矛盾集中体现在经济冲突上,这导致双方关系最终恶化和破裂。在婚礼之后的几个月,简开始对丈夫维克托表示了自己的担心:一旦维克托先生死亡,她在经济上如何得到保障。为了减少妻子的担心,维克托先生专门开设了一个联合账户,在这一账户里存入5 000美元供她使用。

简一直想要一个属于他们婚姻中的住房①。为此,在1972年3月,原告维克托先生花费107 000美元购买了一个带游泳池的大房子(以下简称"密斯岗斯特房产")。维克托先生以自己的财产支付了购房的首付款,并负责每月偿还860美元的抵押贷款。这一房子的产权属于他们夫妻共有。也就是在这一年,维克托先生提交了收养简的两个孩子的申请。在维克托先生口头宣誓表示他自愿承担对两个孩子的抚养责任之后,法院批准了他的收养申请。

1973年秋季,这一对夫妇的经济联系变得更加紧密。维克托先生将其在"理林德尔房产"中的利益转让给了简,并将其拥有的30股"Francois Realty"的股票,4股"21 Queen's Quarter"股票中的一半,都转让给了妻子简。维克托先生还就他拥有的公共股票,给了简一份授权委托书,让简可以处理这批股票。简还坚持要在她的名下购买一艘游船。为此维克托先生又出售了他价值18 000美元的股票,花费17 000美元购买了一艘游船,登记在简的名下。大约在一年之后,简又以16 000美元的价格将这艘游船卖掉了,所得款项由她自己用来投资。这一对夫妇签订了相互继承的遗嘱②,遗嘱规定,一旦夫妻中的一方死亡,各自将婚姻中的财产留给健在的配偶,如果没有配偶健在,则将财产留给子女。

1974年9月,原、被告家庭内部的一场争吵,将他们的婚姻彻底断送。这一冲突缘于一起偶发事件,据称是维克托先生让简在她的朋友面前丢了脸。这一事件带来的后果就是,简决定和丈夫维克托先生离婚,并在1974年10月8日咨询了哈罗德·莫诺森律师,她让该律师起草了一份离婚协议。维克托先生对于妻子想要离婚的决定一无所知。两天之后,在没有任何解释的情况下,简叫上维克托先生和她一起去了莫诺森律师的办公室。到了莫诺森律师的办公室之后,让维克托先生大吃一惊的是,摆在他面前的是要他签字的"财产处理和分居协议"。莫诺森律师向维克托先生建议,他最好去找一个律师帮助咨

326

---

① 这也许是因为,在美国,婚前财产并不能自动转化为夫妻共同财产。本案中丈夫的婚前财产并不会在婚后自动属于其妻子。——译者注

② "相互继承的遗嘱"是夫妻双方订立的一种遗嘱形式。根据这种遗嘱,如果一方死亡,其遗产将留给健在的另一方。——译者注

询一下,但是维克托先生自己选择的律师却被他的夫人简否决。简坚持认为,维克托先生选择的律师是不能接受的。接着,莫诺森律师叫来了在同一幢楼办公的另一位律师鲍尔来到他的办公室。鲍尔律师看了这一份协议,有趣的是,鲍尔律师作为维克托先生的法律顾问,他的名字已经出现在这份协议上。鲍尔律师努力地向维克托先生建议,不要在这一协议上签字,因为这份协议将会让维克托先生在"经济上自取灭亡"。当维克托先生坚持在这一协议上签字之后,鲍尔律师告诉他,自己不能在这件事情上代理他,随后鲍尔律师就离开了办公室。

莫诺森律师和简向维克托先生反复劝说,只有签订这份协议才能挽救他们的婚姻,于是维克托先生相信了他们两人的话,满怀着挽救婚姻的希望,在这一协议和几份相关的文件上签上了自己的名字。根据这一协议,他将在婚后购买的"密斯岗斯特房产"中的一半产权转让给了简,将自己拥有的公共股票和他在两个紧密型公司①中余下的股份也转让给了简。除此之外,这一协议还要求维克托先生每月支付简 300 美元的生活费。

在签订了这份协议之后,双方当事人又恢复了同居,他们的同居时间持续了大约一年。但是,在 1975 年早期的时候,简通知维克托先生,她已经将公共股票以约 20 000 美元的价格全部售出了。在 1975 年 10 月,简通知维克托先生,她已经将"密斯岗斯特房产"和"理林德尔房产"售出,购买了位于加利福尼亚州的一家合伙企业 AD'M 的财产。在 10 月中旬,简再次很简单通知维克托先生,这次她将永远离开他,并立即离开维尔京群岛。AD'M 企业在 1975 年 10 月 15 日的时候,通过一纸契约取得了简所出售财产的权属,但是在 AD'M 企业进行权属登记之前,维克托先生提起了本案诉讼。显然,当 AD'M 企业知道了这一诉讼之后,它就没有再要求进行权属登记,相反,它以简未能完成财产转让为由起诉了简。

维克托先生向法院起诉简和 AD'M 企业,要求撤销他们的协议并将自己转让给简的所有财产予以返还。法院及时向 AD'M 企业进行了送达,但是它却缺席了法院的审判,于是,法院作出了不利于他们的缺席判决,他们双方都没有上诉。这一案件是在没有陪审团的情况下,由法院进行审理的。

初审地区法院的首席法官克里斯蒂那宣告,双方当事人签订的"财产处理和分居协议"没有法律效力。认定协议无效主要是基于以下几点理由:(1)双

① 紧密型公司通常是股东人数不多的小型公司,其组织结构不用像标准的大型公司那样复杂、严格,有点类似于合伙。其最大特点是不得向外募集股份。此处提到的"两个紧密型公司",是指维克托先生拥有股份的"Francois Realty"和"21 Queen's Quarter"。——译者注

方当事人在签订这一协议之后,随即又同居了;(2)在维克托先生签订协议这件事上,简施加了不当影响;(3)对于简来说,她在签订这一协议上有着欺诈和错误陈述①的行为;(4)协议中的条款显失公平。初审法院的克里斯蒂那法官还宣布,1974年10月10日,双方将"密斯岗斯特房产"转让到简一人名下的行为,没有法律效力,判决将这一财产的权属回归到维克托先生一个人的名下。初审法院还认定,简试图将"密斯岗斯特房产"和"理林德尔房产"转让给AD'M企业的行为没有法律效力。初审法院同时宣布,简根据这一协议获得股份——这些股份本来是维克托先生在两个紧密型公司"Francois Realty"和"21 Queen's Quarter"的股份——的行为,同样无效,并判决将这些股份恢复到维克托先生一个人的名下。法院判决"理林德尔房产"的权属仍然回归到简的名下,因为"有关这一财产的转让,原告维克托先生在法庭的证言中没有能够作出很详细的说明"。然而,地区法院在"理林德尔房产"上设定了留置权,以保证维克托先生股票的价值和简在1975年早期转卖出去的财产能够得到偿还。最后,初审法院判决维克托先生可以获得本案的诉讼费用和律师费用。

<h2 style="text-align:center">二</h2>

简在上诉中的第一点理由是,初审地区法院对于系争的"财产处理和分居协议"进行了错误的认定。她对地区法院认定这一协议无效的每一个理由都提出了质疑。因为我们法院认同在签订这一协议过程中,简对她的丈夫施加了不当影响,认为地区法院正确地认定了这一协议无效,因此,我们法院不需要对简所质疑的其他三点判决理由再进行分析。

[我们现在对于本案涉及的"不当影响"这一问题进行分析。地区法院认定,在简和维克托先生两人之间存在着一种信任关系。地区法院进一步认定,在本案双方当事人的婚姻关系中,简是处于支配地位的一方,而维克托先生处于极端受支配的地位,被简所影响和控制。地区法院还注意到,如果简有什么想法,她只要反复缠着丈夫直到他屈服,她的想法就可以顺利实现,这方面的证据非常充分。地区法院据此认定,由于双方当事人之间存在着信任关系,应该由简来证明这一协议的公平性②。地区法院还认定,在签订协议过程中,简

---

① "错误陈述"是指一方当事人在签订合同时作出的陈述存在错误,导致对方产生错误的信任或者信赖而签订合同。存在"错误陈述"是导致合同无效或者被撤销的一种情形。具体可以见本章第三节的相关案例。——译者注

② 从整个判决内容来看,被告简在本案中坚持认为夫妻双方并不当然存在着信任关系,而且即使存在着信任关系,也应该由主张协议无效的一方,即由丈夫维克托先生来证明不当影响的存在。而法院认为有充分证据证明原、被告双方存在信任关系,而且被告简处于占优势一方,因此应该由简来证明协议是公平的。——译者注

故意作出错误陈述,误导维克托先生,让他相信只要在这一协议上签了字,就能够挽救他们的婚姻。地区法院的结论是,简并没有证明这一协议的公平性,于是宣布这一协议是没有法律效力的。]①

在本案中,我们法院要搞清楚的关键问题是,简和维克托先生,作为一名妻子和一名丈夫,是否也存在着信任关系。婚姻关系并不当然产生信任关系,但是,当婚姻关系中的一方"赋予对方以信任,而对方是在婚姻关系中有着优势和影响力一方"的情况下②,双方的信任关系就可以产生。因此,每一个婚姻中是否存在着信任关系,一定要从每个案件自身的事实进行考察判断。

地区法院在判决中明确认定,在原告维克托先生和被告简之间存在着这样的信任关系,而且简明显属于占支配地位的一方。地区法院认定,本案中的证据"非常充分,而且有着一些事例予以证明",这些证据表明,简只要纠缠丈夫维克托先生,就能够使他最终屈服,以此来实现她的目的。庭审记录显示,在结婚之后不久,维克托先生就将经济上的管理控制权交给了简,随后简利用她的支配地位越来越多地控制了维克托先生的财产,直到她控制了维克托先生绝大部分的财产。本案中的证据支持区法院的认定,当事人双方之间是维克托先生完全信任简的关系,而简利用了她在婚姻中的支配地位,侵害了维克托先生的经济权益。

……在认定双方存在着信任关系之后,地区法院将证明协议公平的举证责任分配给了简,我们认为,地区法院这样做完全正确。

328　　现在,我们法院必须考虑的是,简的举证是否足以驳回对她行使了"不当影响"这样的指控。如果她不能举证证明,法律就要对他们夫妻的财产实施强制信托③,以阻止简不公平地获得利益。④

"不当影响"并不是一个能够单独拿出来进行界定的概念。其实质是破坏对方的自由意志,以便让自己根据协议能够获得财产。

---

①　法官的这一段分析在新的版本中略去了,但是,由于它对于理解本案当事人之间的关系有一定帮助,译者在此还是引用出来。——译者注

②　Yohe v. Yohe, 353 A.2d 417, 421(1976).

③　"强制信托"是普通法中类似于信托的一种制度,更多的是衡平当事人利益的一种救济手段。主要是由法院对于那些被错误剥夺权利或者财产的人,强制施以一种"信托"关系,让他们可以追回自己的财产,以避免让对方当事人不当地获得利益。——译者注

④　"不公平地获得利益"是衡平法上很重要的一个原则,主要是指在一方当事人付出代价的情况下,另外一方当事人不能在没有补偿或支付对价的情况下获得利益,或者是指一方当事人不公平地获得或是取得了某种利益。这一概念类似于我国的"不当得利"概念。——译者注

　　如果被赋予信任的一方当事人，错误地利用这样的信任关系来让自己获得有利条件，而另一方当事人一直认为所信任的对方不会损害到自己的利益，那么，这样的交易或者协议就是不当影响的结果。这里的影响一定是，受害者的所作所为与自己的最佳利益背道而驰，而如果没有这样的不当影响，受害者本来是不会这样去做的。①

　　构成"不当影响"必须有劝说的存在，这样的劝说需要达到一定程度，具体程度如何，则因案而异。判断一方的劝说是否达到一定程度的恰当方法，并不在于搞清楚某个劝说是不是导致了这一交易，而是要判断这一交易是不是受害者的意志在不当影响之下受到控制、支配的结果。②因此，每一个具体的交易都应该仔细分析，以便能够确定协议是否真正是自由和独立意志的结果。在这一方面，协议的公正性必须有清晰和有说服力的证据加以证明。③……

　　地区法院认定，简单独策划了这一协议，一个人从中获得了利益。对于维克托先生当时曾经被劝说找一个律师听取意见的情况，地区法院对此的描述是，这几乎是不加掩饰的欺诈伎俩。没有证据表明，维克托先生获得的独立建议是来自他自己选择的律师。事实上，维克托先生与鲍尔律师的见面，是被告简和莫诺森律师同时安排好的，维克托先生也没有机会与律师进行全面的和私密的咨询。鲍尔的名字——作为维克托的律师——早就已经写在协议上面了。④很明显，当时维克托先生对妻子作出终止婚姻关系的决定感到很惊异。证据也显示，莫诺森律师和简（或者是简一个人）误导了维克托先生，让他相信只要签订了这一协议，他们的婚姻就能维持下去。地区法院还认定，在协议签订的时候，简其实并没有想挽救他们婚姻的真正意愿。

　　这一协议的条款非常不公平。鲍尔律师评价这一协议对于维克托先生来说，是"经济上自取灭亡"，我们认为，这一评价恰如其分。地区法院认定，在地区法院作出简施加了"不当影响"这一推定之后，简并没有能够提供证据予以反驳。从庭审记录来看，我们认为可以得出上述结论。

　　因此，在这样的情况下，本案就可以构成一个典型的推定信托情形，让我们法院对于简所获得的所有财产强制适用推定信托。地区法院在宣布这一协议没有法律效力的时候，恰当地行使了它在衡平法上拥有的权力。婚姻关系

329

---

　　① *Williston on Contracts*，§1625 at 776—77(3d ed.1970).

　　② *Restatement of Contracts* §497，cmt.c.

　　③ ［*Williston*，*supra*］§1627B at 823，Buchanan v. Brentwood Fed'l Sav. & L.Ass'n，320 A.2d 117，127(1974).

　　④ 有关独立咨询律师的重要性，可以参见 *Williston，supra* §1625 at 778。此为原判决中的注解。

中的一方如果非常无辜地对另一方给予信任,而另一方却因此施加不当影响,那么,在这样的情况下,法律就应该充分保护信任另一方的配偶,让他免于被剥夺财产……

上诉人在上诉过程中还提出了其他理由,这些理由在我们看来,没有什么价值。因此,初审法院的判决应该予以维持。上诉费用由上诉人承担。

得克萨斯州"卫理公会使命之家"诉 N_A_B_ [①]
得克萨斯州上诉法院(1970 年)

本案要旨

被告得克萨斯州"卫理公会使命之家"是一家获得政府收养许可的产科医院,原告则是一名未婚生育的女子。在被告医院待产期间,有专门的咨询人员对这些女子进行相关咨询,包括劝说她们放弃对孩子的抚养,转由医院对孩子进行抚养。原告在生完孩子之后,曾表明想要自己抚养这一个孩子。当时,原告处于产后极度虚弱的状态,被告的咨询人员连续 5 天不停地劝她放弃对孩子的抚养,告诉她这是对孩子负责。在被告咨询人员的反复劝说下,原告最终签署了文件,同意放弃对孩子的抚养。现原告向法院提起诉讼,要求法院认定她放弃抚养孩子的行为无效。法院认定,被告医院的行为构成了"不当影响",判决支持了原告的诉讼请求。

本案确定的规则是,在一方当事人处于情绪低落、精神不振状态时,另一方当事人的过度劝说,特别是在这过程中还有着错误诱导、陈述的情况下,可能就构成了"不当影响"。

卡迪那法官[②]代表法院呈递以下判决意见:

本案被告是得克萨斯州"卫理公会使命之家"(以下简称"卫理公会使命之家"),这是一家获得政府许可的专门收养机构。初审法院在审理之后宣布,原告向被告签署的一份文件,即原告放弃作为母亲对非婚生婴儿的权利和控制,同意将该婴儿交由被告收养,是无效的。被告对此判决不服,向本院提起了上

---

① Methodist Mission Home of Texas v. N_A_B_, 451 S.W.2d 539.
本案原告是一位未婚母亲,也许还未成年,所以案件标题中原告是以其姓名的首个字母来表示(N_A_B_),这是为了保护当事人隐私。
卫理公会教是基督教的一支。"卫理公会使命之家"是照顾未婚怀孕女性、收养未婚女性所生小孩的一个专门机构。——译者注
② Cadena, Justice.

诉。初审法院的判决是基于陪审团所作的认定而作出的,陪审团认定,原告签署这些文件是被告及其雇员向原告施加了不当影响的结果。

被告要求推翻初审法院判决,将该案发回重新审判。其理由是,并没有充分证据支持陪审团所认定的"不当影响"。

双方当事人都认为,由于原告同意了被告——被告获得了得克萨斯州政府的收养许可——收养其孩子,所以,只有在证明被告确实存在着"欺诈、错误、错误陈述、奸猾或者类似行为"的情形下,原告才可以撤销已经作出的同意意见。①这一案件在初审法院的审理过程,主要是基于以下理论进行:即如果原告同意放弃抚养小孩是由于被告对原告施加了不当影响,那么,根据 Harper 案件所确定的规则,原告签署的同意放弃抚养小孩的文件就是可以撤销的。对于这一理论,双方当事人在本案中都没有质疑,也没有不同意见。

位于圣安东尼奥②的被告,是由全美卫理公会教堂管理的一家产科医院,它主要是为那些"面临非婚怀孕的女孩或者女子提供周到全面的照顾"。全美卫理公会教堂为被告的运营提供主要的经济来源。被告其他的经济来源,则来自愿意到被告这里生孩子的女子所支付的费用,其他宗教组织的捐助,以及一些在被告这里收养小孩的人士进行的个人捐款,这些被收养的小孩是来此生育的家长放弃抚养后留在被告这里的。

除了为这些女子提供膳宿和医疗保健之外,对于到被告这里准备生育的这些女子,被告还会安排专门的咨询人员为她们提供服务,这些人员是经过专门训练的社会工作者,他们都是被告咨询团队的成员。这些咨询人员会关注女子面临的个人困难和休假安排,她们咨询的问题也涉及"未出生孩子将来的安排"。每个星期,住院的待产妇女都会被分组参加被告组织的这方面的咨询会议,这一安排由咨询部主任里杰达赫尔负责,并且由沙伦·伯罗斯进行协助。除此之外,每一个住院的待产妇女,每个星期还会有一次私下单独接受一名咨询员专门解答的机会。原告的单独咨询员是伯恩斯夫人。原告在本案中声称受到的"不当影响",涉及的就是里杰达赫尔、沙伦·伯罗斯,特别是伯恩斯夫人的行为和言语。

330

本案的问题涉及支持初审陪审团结论的证据是否"充分",当这一问题摆在我们法院面前的时候,我们法院就必须考虑和评估本案中的所有证据,而不能仅仅是支持陪审团裁决的那些证据。如果在考虑了本案所有证据之后,我们法院得出的结论是原陪审团的裁决明显不公正,那么,我们法院就

---

① Catholic Charities of Diocese of Galveston, Inc. v. Harper, 161 Tex.21, 337 S.W.2d 111, 114—115(1960).

② 圣安东尼奥是位于得克萨斯州中南部的城市。——译者注

可以将陪审团的裁决置之一边，将本案发回初审法院重新进行审理，即使庭审记录包括了一些有证明力的证据可以支持陪审团的结论，我们法院也还是要这样做。

在对本案事实的全部陈述进行了仔细审查之后，我们发现，在本案中有充分证据支持下列结论：

（1）劝说未婚母亲放弃她们的孩子，将孩子交由被告抚养，这是被告的一个既定政策。

（2）被告的咨询人员试图劝说来被告这里的未婚妈妈放弃抚养她们的孩子。

（3）在原告的儿子还没有出生之前，曾经有一段时间被告的工作人员相信原告想要放弃她的孩子，在这段时间里，被告的咨询人员并没有作出努力去劝说原告重新考虑她的决定。

（4）在原告的儿子出生之后，原告宣布了她想要留下孩子的决定，这时伯恩斯夫人开始持续不断地劝说原告，劝说时间超过 5 天。这种轮番劝说的结果就是，原告最终同意了放弃抚养她的孩子。

（5）虽然伯恩斯夫人在法庭作证时说道，她与原告进行接触的目的，是和原告讨论小孩是留还是送这一难题的利弊，但是，咨询员与待产妇女讨论的内容，却只是不断地述说原告应该放弃孩子的理由。

（6）伯恩斯夫人向原告头脑中灌输这样的观念，声称支持原告将孩子留下来的原告父母，只是试图利用原告而已。伯恩斯夫人不断劝说的结果就是，原告成功地劝说了自己的继父和姐姐"掉转头"回了加利福尼亚州，当时原告的继父和姐姐已经在赶往得克萨斯州的路上，他们本想带原告和孩子回到加利福尼亚州。

在 11 月 26 日（星期二）到 12 月 3 日（星期二）原告签署文件同意被告收养小孩的这一个星期之内，原告的身体非常虚弱。根据原告的说法，伯恩斯夫人对她反复劝说，并"着重强调"，如果原告"还是一个负责任的人"，就应该放弃抚养这个孩子。原告描述，这一段时间对她来说就像"噩梦"一般，她每天只能睡 3—4 个小时。原告向法庭作证到，伯恩斯夫人和她交谈、讨论后的结果就是，她感觉自己像"掉在陷阱里"，最终在 12 月 2 日（星期一）这一天，在伯恩斯夫人又向她重复先前说过的话之后，她同意了放弃对孩子的抚养，她这样做是不想再受到伯恩斯夫人的"骚扰"。

331 　至于什么情况才构成"不当影响"，这取决于各个案件的事实和具体情形，并且要根据所适用的法律原则来判断。我们知道，要从法律上认定"不当影响"，只有在行为人的自由力量和意志被破坏和搅乱达到了一定的程度才可以。也就是说，在这种情况下，行为人不是在表达自己的意愿，而是在表达施加影响的那一方当事人的意愿。①这一法律原则的表述，由于涉及需要对行为人的意愿这一抽象概念进行调查了解，因此，并不能在判决过程中提供具体的帮助。因为每一个案件或多或少都有其独特性，想要对"不当影响"进行一个非常准确的界定，这样的努力往往是徒劳的。

可以确定的是，我们法院不能仅仅因为一方当事人施加的影响起到了劝说的作用，收到了效果，就给这种影响贴上"不当"的标签，法律并没有认定所有的劝说、恳求、笼络、强求、说情，都是不允许的。②也许我们是得承认，一方去提醒一个未婚母亲，让她出于自己最好的利益，出于让孩子得到最好照顾的考虑，将孩子交由他人收养，这样的行为并不能因此就被贴上"不当影响"的标签，即使这一个未婚母亲是受到了对方的诱导而放弃了抚养孩子。

但是，在我们审理的这一起案件中，有充分的证人证言足以支持以下这一结论，即原告是受制于被告工作人员的过度劝说而放弃对小孩的抚养权的。所有的证人证言都说道，原告是一个害羞的女孩，并且不愿意和他人讨论自己

---

① Rothermel v. Duncan，369 S.W.2d 917(Tex.Sup. 1963).

这一案件的原告是邓肯，被告罗瑟梅尔是原告的叔叔。原告以祖母订立遗嘱时没有行为能力、被告对祖母施加了不当影响为由，要求法院宣告祖母订立的遗嘱无效。该案只是涉及对不当影响是否成立的认定。案件在初审的时候，陪审团认定了"不当影响"的存在，初审法院、上诉法院据此都支持了原告，但是，得克萨斯州上诉法院最终认定，该案中并没有证据证明被告对原告祖母施加了不当影响，驳回了原告的起诉。原告祖母在 1906 年的时候丈夫去世，当时留下 16 岁的长子罗瑟梅尔（即本案被告），一个女儿（后来也去世），和 1 岁的儿子比尔（即原告的父亲），由于小儿子年纪太小，原告的祖母更多是靠罗瑟梅尔支撑、帮助家庭。在 1939 年，原告祖母曾订有一个遗嘱，将遗产平分给两个儿子。原告祖母的两个儿子后来从宾夕法尼亚来到休斯敦发展，生意很成功，小儿子也是生意的合伙人，但小儿子在 1955 年去世。1957 年 10 月之后，长子将母亲带到他位于休斯敦的农场生活，具体由其雇用的玛丽照顾母亲。当时原告祖母已经 93 岁高龄，听力、眼睛都不好，还患有关节炎、糖尿病。原告祖母非常信任儿子，所有的业务和生活都交由儿子安排，其 1939 年的遗嘱也交由儿子锁在休斯敦的保险箱中。在 1957 年年底或者 1958 年年初，原告祖母要来了 1939 年的遗嘱，她告诉儿子她要另做遗嘱，将一切遗产留给儿子。被告罗瑟梅尔起草了遗嘱，当时没有咨询律师，由玛丽和她的兄弟在场见证，但是，当时也没有人向原告祖母解释这一遗嘱。原告祖母在遗嘱上签字的时候，被告在同一幢房子里，但不在同一个房间里。原告祖母于 1958 年 10 月，在 94 岁高龄的时候去世。原告认为，被告的行为构成不当影响的理由是，原告祖母起草遗嘱时年老又有疾病，容易在意志上摇摆；被告长期照顾原告祖母，并负责管理她的财产；从签订遗嘱的过程和情形来看，存在着不当影响。审理该案的得克萨斯州上诉法院认为，"不当影响"需要符合以下条件：存在着施加影响的客观行为；行为人有效施加了这种影响，破坏、打搅了对方正常的思维判断；如果没有这种"破坏和打搅"，就不会产生现在的结果。法院最终认定，尽管死者生前一直和被告在一起生活，被告有机会影响死者，但是不能因为有这样的机会，就能够推定不当影响存在。该案中并没有这样的直接证据。——译者注

② Robinson v. Stuart，73 Tex.267，11 S.W.275(1889).

的个人困难。原告在生好小孩之后的关键时期,精神上、情绪上都非常混乱,就这一点而言,原告的证人证言是可信的。事实上,一个未婚母亲刚生完孩子时,通常在精神上会心烦意乱,特别脆弱,在人们劝说她放弃小孩时,她要么变得特别心地善良,要么变得无所顾忌,破罐子破摔。与伯恩斯夫人所期待的相反,原告在生完孩子之后表示她想要抚养自己的儿子。在原告作出这一表示之后,她随即受到了被告"轮番轰炸"般的劝说,时间持续 5 天。这样劝说的目的,就是想说服原告放弃对孩子的抚养,而不是让原告的决定——不管最终是什么样的决定——建立在考虑所有相关因素的基础上。伯恩斯夫人错误地告诉原告,她没有权利来抚养她的孩子。原告被说成是一个自私自利的人,被告的咨询人员告诉她,如果她"还是一个负责任的人",她就应该放弃对孩子的抚养。原告的父母是唯一支持原告将孩子留下来的人,原告父母的这一想法被伯恩斯夫人没有任何事实根据地说成是别有用心,只是想"骗骗"原告而已。伯恩斯夫人的说法是,她们当时讨论了放弃抚养这一事情的"利与弊",实际上伯恩斯夫人和原告谈论的却完全是无穷无尽的"弊"。在这过程中,伯恩斯夫人一再向原告述说应该放弃孩子的理由,而原告并没有机会来说话。伯恩斯夫人喋喋不休地劝说,只是为了落实被告的这一既定政策,即鼓励来它们这里的未婚妈妈放弃孩子,将孩子留下来让被告收养。而且,对于原告意志的集中"轰炸",来自本应该给予她关怀、指导的伯恩斯夫人。伯恩斯夫人是被告这一组织的成员,在当时的情况下,原告毫无疑问应该对伯恩斯夫人心存感激,因为根据所有证人的证言,原告要依赖于伯恩斯夫人的帮助来找到工作和居住的地方。

在对本案的整个情形进行了解、分析之后,从证据上看,我们不能说陪审团所得出的结论,即被告对原告施加了影响、强制原告同意了放弃孩子,是不合理的。而如果没有被告这样的影响,原告是不会签字同意放弃抚养的。在考虑了所有证据之后,我们也不能说陪审团的认定是"违背常理"[1],或者是"明显地不公平",或者是"明显地表明是一种偏见",以至于法院是为了接受陪审团的结论而"不得不瞎了眼睛"来接受陪审团的裁决。[2]

初审法院的判决予以维持。

---

[1] "违背常理"在这里是指陪审团的结论是非常清楚地、特别明显地不公正。——译者注

[2] Garwood, *The Question of Insufficient Evidence on Appeal*, 30 Tex. L. Rev. 803, 811(1952).

■ 第三节　错误陈述、不予披露和保证

柯西诺诉沃克[①]

阿拉斯加州最高法院（1980 年）

本案要旨

　　原告柯西诺及合伙人是从事砂石生意的商人，他们对于不动产交易也有着丰富的经验。被告沃克夫妇想出售他们在阿拉斯加州的一块土地，并委托了中介机构挂牌出售。挂牌的相关信息表明这一地块上有着大量的砂石，而且高速公路前面还有一定面积的空地。原告看了这一挂牌信息后，与被告接洽并察看了地块现场，但当时这一块土地被大雪覆盖，看不出界限标志。在双方签订的正式土地买卖合同上，没有砂石储量和空地面积的描述，但是，土地买卖合同中提到开采砂石的权利将转让给买方。原告购买了这一地块后，投入资金和设备，开始进行砂石的搬运。但是，实际的砂石储量与挂牌时提到的储量相差甚远。同时，由于邻居对原告的挖掘行为提出了警告，这时原告才知道高速公路前的空地面积可能与被告提到的面积不符。原告向法院起诉，要求被告赔偿损失。法院认定，被告在这件事上作出了错误陈述，原告对这样的陈述产生了信赖，最终判决支持了原告的诉请。

　　本案确定的规则是，如果一方当事人所作的陈述在对方当事人决定签订合同时具有重要作用，客观上又让对方当事人产生了信赖，那么，即使对方当事人在这过程中存在一些小的过失，也不影响对错误陈述的认定。一旦法院认定构成了错误陈述，当事人可以据此要求撤销合同，赔偿损失。

　　布谢弗法官[②]代表法院呈递以下判决意见：

　　本案中涉及的问题是，因为卖方（被上诉人沃克夫妇）的错误陈述，买方（上诉人柯西诺）是否有权撤销双方签订的土地买卖合同。［初审］阿拉斯加州高等法院[③]在审理之后认为，买方没有对卖方的错误陈述产生信赖，卖方的错误陈述对于这一交易并不重要，而且，买方并没有能够提供充分证据证明其对

---

　　① Cousineau v. Walker, 613 P.2d 608.
　　本案原告是柯西诺及其合伙人，而被告则是沃克夫妇。——译者注
　　② Boochever, Justice.
　　③ 阿拉斯加州高等法院是审理该案的初审法院，与我国一般意义上的高级法院不同。——译者注

于卖方陈述的信赖是正当的、合理的，因此，初审法院驳回了买方要求卖方根据合同返还已经支付款项的诉讼请求。我们法院在此推翻初审法院判决，将案件发回阿拉斯加州高等法院重新审理，由初审法院确定上诉人的具体损失数额。

1975 年，被告沃克和妻子购买了位于阿拉斯加州鹰河①流域一块面积达 9.1 英亩的土地，这一地块叫作"Cross Estates"一号地块。为了购买这一地块，沃克夫妇总共支付了 140 000 美元。大约一年以后，在 1976 年的 10 月，被告沃克夫妇与安克雷奇②的一个房地产经纪人帕特·戴维斯签订了一份多重挂牌出售协议③。挂牌出售的信息资料对外声称，这一地块在 Old Glenn 高速公路前面有一块长达 580 英尺的空地，而且**"工程报告提到，这一地块有超过一百万立方码④的砂石储量"**。被告他们对这一地块给出的报价是 245 000 美元。

这一多重挂牌出售协议期满之后，沃克签订了一份新的协议，聘请戴维斯担任出售这一地块的独家代理人。在双方签订的中介合同中，这一地块再次被描述为拥有 580 英尺的空地，但是，砂石的储量表述为"最少有 80 000 立方码的砂石"⑤。这一协议还提到，这一地块前端的 2.6 英亩土地已经被建议列入政府的 B-3 区域规划（属于商业使用性质），沃克夫妇将这一地块的报价提高到 470 000 美元。

沃克聘请了一位地产评估师，以确定 1976 年 12 月 31 日这一时点上拟出售地块的价值。沃克特别指示这位评估师，在这一地块的评估价格中不要包括砂石的价值。这位评估师出具的评估草案和草案的特别说明，在初审过程中都进行了出示。在"假定和有限条件"这一标题下，评估报告称，评估师"没有考虑任何砂石的价值……"但是，在评估师随后出具的正式报告中，这一地块被描述成"有着很好的砂石地基……上面覆盖着桦树林和云杉树"。这一评估报告没有提及高速公路前的空白地块。

原告柯西诺是一个承包商人，同时也从事着砂石提炼的生意，他从多重挂

---

① 鹰河是美国阿拉斯加州的一条河流。——译者注

② 安克雷奇是美国阿拉斯加州的一个港口城市。——译者注

③ 多重挂牌出售协议是美国房地产买卖中介中经常使用的一种专门协议，意为委托方（房产所有人）同意中介方将其出售房地产的信息在全国各地的房地产中介系统中挂牌、出示，即在一地挂牌后，所有的其他中介会员都可以将其出售房地产的信息挂牌，这种方式会提高成交机会。这是源于美国的一种房地产出售制度，其主要特点是房地产经纪人之间共同建立信息系统，分享这些信息，一旦挂牌的房地产成交，则由参与中介的各方分享佣金。美国的这一制度也叫"多重上市（挂牌）服务"制度。——译者注

④ 此处引用的是这一地块在挂牌出售时的公布信息。——译者注

⑤ "码"是美国的一个计量单位。——译者注

牌系统那里知道了这一地块要出售。柯西诺咨询了安克雷奇的另外一个房地产经纪人卡米尔·戴维斯,想了解自己能不能购得这一个地块。在1月的时候,柯西诺和卡米尔·戴维斯到了这一地块的现场,并和沃克讨论了提炼砂石的相关问题,虽然根据沃克向法庭所作的证言,当时的讨论中并没有考虑到砂石的商业提炼问题。在这一次见面中,柯西诺就这一地块向沃克给出了 360 000 美元的报价。柯西诺向沃克提供了一份建议的买卖协议,在这一建议的买卖协议中提到,所有涉及这一地块上砂石的权利都应该在这一合同签订完毕之后转让给买方。

334

　　在作出购买这一地块的第一次要约之后,柯西诺曾尝试确定这一地块的道路空地面积到底有多大。当时这一地块上覆盖着大雪,他只能看到一个界限标记。在初审过程中,评估师向法庭提供证言时说道,他当时看不到任何界限标记。柯西诺在审理中向法庭作证道,他去了当地的市镇办公室了解情况,以便确定是不是有什么法规阻止他在这里进行砂石提炼。

　　尽管沃克夫妇在挂牌出售时提到有"工程报告"说这一地块"有超过一百万立方码的砂石储量",但是,在初审过程中沃克本人也承认,他从来也没有看到这一报告的副本。根据沃克在这一地块的代理人帕特·戴维斯所作的证言,他曾经告诉过卡米尔·戴维斯,如果她或者柯西诺需要这一报告的话,他们可以自己支付费用来获得这一报告。在本案中没有分歧的事实是,柯西诺本人从来也没有获得过这一报告。

　　在 1977 年 2 月,当事人双方同意以 385 000 美元的价格购买这一地块,并签署了定金支付协议。这一地块的买卖是否继续下去,将取决于这一地块前端改为商业使用的规划能不能得到政府批准。高速公路前面的房屋空地情况,并没有包括在这一协议中。在这一协议的第 4(e)段,有条件地赋予了柯西诺享有砂石开采的权利①。根据这一协议,柯西诺如果想要开采砂石,就必须在商业开发的地块上建成一个施工标志,他只能开采这些范围地块下的砂石。如果柯西诺想要开采其他地方的砂石,那么他就需要对以前开采过砂石的地块先支付一定的"遣散费"②。协议中这样的规定,是为了防止在原告柯西诺没有全部付清款项之前,沃克在这一地块上的担保权益受到损害。

---

　　① 在初审法院判决查明事实的第九部分,初审法官称,在这一协议中并没有提到砂石的储量,也没有提到高速公路前面的空地情况。就协议并没有提及具体的砂石数量或者空地面积这一点来说,初审法官这样的说法是正确的,但是,这一协议也明确将砂石开采的权利转让给了买方[柯西诺]。此为布谢弗法官所作的注解。

　　② "遣散费"一般是指一个企业在员工离开单位时给予的一次性经济补偿费用。此处是指,柯西诺在开采完一个地块的砂石之后,如果想要开采其他地方的砂石,就必须对前一地块的使用、开采支付一笔费用。——译者注

在定金协议签署之后不久,该出售地块的前端完成了规划调整,一个月之后,双方当事人完成了这一地块的买卖合同。

在双方当事人最后达成的土地买卖合同中,并没有提及高速公路前面空地的具体面积。对于开发砂石权利的让与,第三方信托契约的附录部分所使用的文字和定金协议中所使用的文字,从实质上来看是相同的。

在完成这一土地买卖合同之后,柯西诺和他的合伙人开始开发这一地块上的商业用地部分。他们花费了 12 000 美元购买了一台砂石磅秤,使用了柯西诺的两辆卡车和一台载货设施。柯西诺的合伙人与一家建筑公司——南方建筑公司——签订了合同,约定由南方建筑公司负责搬运砂石。根据柯西诺向法庭提供的证言,当邻居警告柯西诺,他是在邻居的地块上采运砂石,再这样下去将要起诉他的时候,他才第一次知道这一地块的实际情况和沃克所描述的情形有差异。最近的调查显示,这一地块的高速公路前空地只有 415 英尺,而不是广告上所说的 580 英尺。

也正是在这个时候,柯西诺才发现高速公路前面空地上的砂石储量严重不足,南方建筑公司已经搬运完了空地上所有的砂石,但是他们也只搬运了 6 000 立方码的砂石。为了搞清楚这一地块是否还有更多的砂石,南方建筑公司的一名雇员强行挖出了一条长 50 英尺、深 20 英尺的壕沟,结果还是没有发现砂石。1978 年出具的一份土壤报告证实,在这一地块上并没有砂石储藏。

1977 年 12 月之后,柯西诺和他的合伙人停止了每月向被告支付款项。到这个时候为止,他们已经为这一地块支付了总共 99 000 美元,包括首期交付的和以后分期交付的款项。1978 年 3 月,柯西诺和他的合伙人通知被告沃克,他们想要解除双方的合同。1978 年秋季,根据信托契约,这一地块进行了强制拍卖,在拍卖会上,沃克通过竞价重新购得了这一地块。在 12 月进行的没有陪审团参加的审判中,柯西诺和他的合伙人要求撤销合同和返回款项的诉讼请求被初审法院驳回。

在判决书的查明事实部分,初审法院的法官认定了以下事实:

在 1976 年 10 月 24 日到 1977 年 1 月 11 日这段时间,被告在将所出售地块进行多重挂牌时进行了广而告之,这些广而告之的内容当中包括了砂石储量和道路空地的信息,这些信息的内容在后来被证明是错误的。

初审法院的法官进一步认定了以下事实:

原告并没有对被告的错误信息或者错误陈述产生信赖。有关这一地块上的砂石储量和道路前面空地面积的错误信息,并不是本案当事人当初谈判的实质性因素,这些信息并没有出现在 1977 年 2 月 16 日律师哈兰德·戴维斯为原告准备并由当事人签署的协议文本中。

根据上述这些认定,初审法院从法律上部分得出了以下结论:

因为原告不应该对被告的所谓错误陈述产生信赖,所以,原告他们也就不能被赋予解除合同或者返还款项的权利。

原告提及的构成错误陈述基础的那些信息,在本案这一特定交易中,并不是非常重要,因此,双方当事人达成的土地买卖协议是一个有效的协议,当事人并没有因为错误陈述中的任何差错或者缺陷受到损害。

一、合同的撤销

有众多的判例作出了判决,而且《合同法重述》也规定,那些没有恶意的错误陈述可以构成撤销合同的基础。毫无疑问,正如初审法院在查明事实部分所认定的,被告沃克和他的不动产经纪人在多重挂牌时作出的那些陈述,是错误的①。然而,在决定柯西诺是否有权利以对方作出错误陈述为由撤销合同并要求返还已经支付款项这一问题时,有三个问题必须予以解决。首先,我们法院必须确定柯西诺在客观上是不是对这些陈述产生了信赖。其次,我们法院必须确定这些陈述对于双方从事的这一交易来说是不是非常重要。从客观上分析,一个理性的人在决定购买这一地块时,是否认为这些陈述非常重要。第三,假定柯西诺对被告沃克的这些陈述产生了信赖,这些陈述也非常重要,那么,我们法院还必须确定柯西诺的这种信赖是否正当、合理。

（一）对错误陈述的信赖

正如我们在前面的判决意见中所引用的,在初审法院判决的事实查明部分,法官是这样表述的:"原告没有对被告的任何错误信息或者错误陈述产生信赖。"……在我们法院看来,初审法官认定柯西诺和他的合伙人没有对被告沃克的陈述产生信赖这一结论,是明显错误的。

不管一些证人证言的可信度到底如何,本案中没有分歧的事实是,柯西诺从事的是砂石提炼生意。他是通过多重挂牌体系第一次知道有着这么一个地块出售,挂牌内容说得很清楚,这一地块有*超过一百万立方码的砂石储量*。

336

---

① 在两次挂牌协议中有关高速公路前面空地的面积大小和砂石储量的陈述,不能被当作只是被告的一种"自吹自擂"。在被告沃克作出这些陈述时,他们采取的是一种积极、主动的对外陈述方式,这可以让人理解为他们"有着确切的专业知识"。见 Young & Cooper, Inc. v. Vestring, 214 Kan. 311, 521 P.2d 281, 290(1974)。虽然 Vestring 这一案件并不适用于不动产的买卖,但是,它也揭示了在《统一商法典》之下——根据《统一商法典》,"推销用语"和那些创设担保的陈述是不同的,经常是必须予以区分的——像挂牌协议中这样明确的陈述,有非常大的可能会被解释为一种明示的担保。此为原判决中的注解。

这一注解中提到了"推销用语"和当事人"创设担保的陈述"这两个概念。这两个概念在含义上是有区分的。"推销用语"有时候会有点"自吹自擂"的成分,但是,它不能作为当事人的明示担保,通常不能以一方当事人的"推销用语"作为追究责任的依据;而明示担保则是可以作为法律上追究责任的依据。——译者注在随后的一次挂牌内容中,还是说到有 80 000 立方码的砂石。即使沃克可能会坚持认为,这一地块的出售是基于评估报告,而不是挂牌上所说的那些内容,但是,评估师的报告并没有撤销早先有关高速公路前的空地面积以及这一地块存在砂石的陈述。事实上,评估师的报告可能进一步让买方确信了这一地块存在砂石,因为评估师在评估报告里提到,这里有着很好的砂石地基。有关这一地块的买卖,从第一个要约开始一直到最后的权利信托,所有的书面文本都规定了有关开采砂石权利的转让。柯西诺在取得这一地块之后采取的第一个行动,就是联系南方建筑公司来搬运砂石,并且还花费了 12 000 美元购买砂石磅秤。根据这些事实,我们法院认为,初审法院认定柯西诺对被告陈述的这一地块上拥有砂石没有产生信赖,是明显错误的。

我们也确信,初审法院认定柯西诺对沃克作出的有关高速公路前面空地面积的陈述没有产生信赖,也是明显错误的。柯西诺对于不动产业务有着丰富经验,并且有着这方面的专业知识。在决定是否购买一个地块时,他当然会将高速公路前面空地的面积大小作为重要因素予以考虑。尽管沃克坚持认为,柯西诺知道相邻地块界限标志的方位,但是柯西诺并没有看到这些界限标志,评估师也没有看到这些界限标志。如果柯西诺知道这些界限标志的准确方位,他是不可能从邻居的地块那里搬运砂石的。

(二)错误陈述的重要性

错误陈述的重要性问题,是一个综合了事实和法律的问题。一个"重要的事实",是指"人们预见到一个理性的人会将这样的事实看得非常重要,他要根据这一事实决定是否采取行动"。[①]这里提及的"重要的事实",是指可以合理地被预见的事实,它们会影响相关交易中人们的判断或者行为。根据《合同法重述》(第二次重述)草案第 306 条款[②]的规定,某一个错误陈述,如果它是欺诈性质的或者是非常重要的陈述,那么,它可以被当作认定合同无效的依据。这一规则的背后,要求当事人证明某一个陈述非常重要,其理由是为了鼓励人们将合同关系稳定下来。这一规则禁止在交易经过讨价还价之后对结果不满意的当事人,回过头来再以那些并不重要的小小差异作为理由,要求认定合同无效。

我们法院在此认定,本案中有关高速公路前面的空地和砂石储量的陈述,从法律上来说是非常重要的。在开发这一地块时,一个理性的人很可能会倾向于认为这一地块上的砂石储量是一个重要的考虑因素。如果某一个地块之

---

① W.Prosser, *Law of Torts* §108, at 719(4th ed.1971).

② *Restatement(Second) of Contracts*[now §164, ed].

下真的是一个砂石地基的话，即使它对商业开发来说没有什么价值，也会在将来开发的时候节省相当多的填充物，从而减少从其他渠道获得这些物质[即可以减少开发费用]。沃克的不动产经纪人向法庭证实，有关砂石储量的表述之所以放在挂牌信息中对外公布，是因为砂石储量是这一地块中的"最有价值之处"，也是"最好的卖点"。很明显，卖方自己也认为，买方会意识到有关砂石储量的表述内容非常重要。

买方实际获得的高速公路前面的空地面积，还不到挂牌信息上所称面积的四分之三。这个商业地块位于高速公路前，它的空地到底面积是多少，当然会被认为是一个非常重要的内容……

（三）正当、合理的信赖

初审法院的法官认为，从法律上来说，原告"并不应该对所谓的错误陈述产生信赖"。

被上诉人在法律意见中提出了其辩解理由，主要内容就是，柯西诺对沃克和其经纪人不加怀疑地绝对信任，太过草率，也是不合理的。柯西诺并没有想方设法去获得这一地块的工程报告，并对这一报告加以分析，他在登记部门那里没有对可以获得的地图进行调查和检验，他也没有对这一地块进行实际的丈量、计算。如果柯西诺这样做了，他就会发现这一地块的真正面积到底是多少。虽然这一地块当时覆盖着大雪，但是，根据沃克的说法，原告有充分的时间来察看这一地块。原告是经常买卖不动产的有经验的商人，挂牌信息上有关这一地块描述上的前后差异，应该让柯西诺和他的合伙人对潜在的面积差异问题产生警觉。简而言之，被上诉人坚持认为，在本案中，根据**"买者自负"**原则[1]，应该驳回原告要求赔偿损失的诉讼请求。

在思考对于土地买卖合同应该采用怎样合适的一个法律原则时，我们首先注意到，在商事和消费类商品这样的领域，通过颁布《统一商法典》和实施产品严格责任[2]，"买者自负"这一原则几乎已经被抛弃。在不动产交易领域，这

---

① "买者自负"是普通法中合同法上的一条重要原则，也有译为"买者自慎"、"买者当心"原则。根据这一原则，在双方买卖完成之后，买方不能再以财产存在缺陷，不符合通常使用目的为由，要求卖方返还款项。这一原则唯一的例外是，卖方积极地隐瞒了财产的缺陷，或者作了重要的错误陈述，这样的错误陈述等同于欺诈行为。在现代美国法中，这一原则逐渐变成了美国《统一商法典》中的"默认的适用性担保"。——译者注

② "产品严格责任"，现在也经常简称为"产品责任"，即只要产品存在不合理的缺陷（unreasonable defect），造成了购买方的损失，产品的生产者就应该承担赔偿责任，而不问生产者是否存在过错，也不问这一产品是否存在质量问题。这一责任也是现代侵权法上对传统的过错原则的一个重要发展和突破。——译者注

一原则也在迅速退却。阿拉斯加州已经通过了《统一不动产销售法案》①,该法案对从事"分割不动产"②销售的卖方施加了大量的限制。违反这一法案的,甚至可能会遭到刑事制裁。《有关住宅出租方和承租方关系的统一法案》③已经极大地改变了普通法上出租方和承租方的关系,转而对承租方予以更多的保护。现在美国很多州在新房销售领域都默认适用"适销性担保"④。怀俄明州最近甚至将这样的"适销性担保",从最初的购买者延伸到随后的购买者。⑤

有关买方是否有义务去调查卖方欺诈性陈述的问题,不同法院对此问题的观点是分化的,但是,占优势的倾向性意见是,只要买方尽到最低限度的义务就可以了。最近,佛罗里达州上诉法院推翻了他们长期坚持的一个判例。佛罗里达州原先的判例认为,不管是不是存在欺诈情形,如果获得与交易相关知识的手段是公开的,而且是买方可以得到的,那么,买方就必须尽到审慎的注意义务来保护自身的利益。在有关一幢大楼买卖的判决中,佛罗里达州法院推翻了原先判例所确立的原则,该法院这样说道:"对于一个进行了欺诈性错误陈述的人,法院不能允许他躲藏在'买者自负'这一原则的背后逍遥自在。"⑥

缅因州最高法院最近也推翻了先前判例确定的一个原则,这一原则曾经被缅因州最高法院视为底线。该法院现在认定:在一方轻率作出错误陈述或者有意作出错误陈述的不动产买卖合同中,不允许卖方以买方未尽到审慎注意义务为由进行抗辩。⑦在加利福尼亚州、艾奥瓦州、堪萨斯州、马萨诸塞州和俄勒冈州,这一观点也是占优势地位的观点。另一方面,虽然说仍然有一些州坚持"买者自负"原则,但是,正如《威利斯顿论合同法》一书的注释中所指出的,"现在,在这一问题上,法院越来越增强的趋势以及法院的倾向性态度,是继续朝着以下这一规则迈进,即一方当事人过于信任对方当事人错误陈述的疏忽,并不能豁免那些主动作出、带有放任性质的欺诈行为,或者剥夺被欺诈

---

① Uniform Land Sales Practices Act,AS 34.55.004-.046.

② "分割不动产"在美国是指将一个地块分割成若干区域,进行不同开发,以利于房地产的销售。在美国开发一个居住社区或者小城,第一步就是进行"分割"。20 世纪 20 年代,美国通过了《标准城市规划法案》,统一规范不动产的规划开发。——译者注

③ The Uniform Residential Landlord and Tenant Act,AS 34.03.010-.380.

④ "适销性担保"是规范货物交易的《统一商法典》所采用的一个概念,它是指卖方必须保证所出售的货物符合商品使用的相关要求。这一担保并不需要当事人在合同中明示规定,即使没有明示规定,它也是默认存在的。这样规定,可以更好地保护买方的利益。——译者注

⑤ Moxley v. Laramie Builders,Inc.,600 P.2d 733,735—36(Wyo.1979).

⑥ Upledger v. Vilanor,Inc.,369 So.2d 427,430(Fla.App).

⑦ Letellier v. Small,400 A.2d 371,375(Me.1979).

一方当事人要求赔偿的权利"。①

在一些地方的法院,即使某一个错误陈述是无辜地作出的[即不是主动地、放任地作出错误陈述],法院也不会适用"买者自负"原则。《合同法重述》(第二次重述)、判例法和货物销售中类似的明示担保,都支持这一观点。

《合同法重述》(第二次重述)的最新草案允许买方在一个重要的错误陈述并非故意作出的情况下撤销合同,除非买方的过错是如此疏忽大意,等同于"没有按照善意的要求、没有按照公平交易的合理标准去实施自己的行为"。②

在 Van Meter 诉 Bent Construction Co.③这一判例中,圣迭戈市政府没有正确地标注一座水库的位置,而这一水库本来是需要用画笔很清楚地注明的。下级法院认定,圣迭戈市政府没有能够正确标注水库方位,是无心之过,竞标者本人也没有能够发现需要清楚标注的水库方位,构成了过失。因为认定圣迭戈市政府的错误陈述并不是放任地作出的,初审法院驳回了原告要求圣迭戈市政府赔偿损失的请求。但加利福尼亚州最高法院推翻了初审法院的判决,第一次表明一方当事人自身的过失并不能阻止原告基于"共同错误"④这一理由而要求解除合同。加利福尼亚州最高法院的判决意见这样说道:

> 虽然被告圣迭戈市政府的错误陈述并不是有意要欺骗原告,但是只要在原告基于善意而信赖了被告这一结果当中,被告的疏忽是这一结果的部分原因,那么,就有着更多的理由不应该去阻止原告获得正当的法律救济。作为被告来说,他作出了错误陈述并诱导原告信赖了他的陈述,在一个衡平法的诉讼中就不应该允许他抗辩原告的信赖存在着过失,除非根据原告的智力和陈述的信息来看,原告的行为属于荒谬的或者极其不合理的。⑤

马萨诸塞州最高法院在 Yorke 诉 Taylor⑥ 这一案件中表达了与加利福尼亚州最高法院类似的观点。

我们法院并不顽固地认为不动产交易与涉及货物的销售一定是同样的情形。尽管如此,参照《统一商法典》下如何适用"买者自负"这一原则,对于我们法院审理不动产案件还是有帮助的。在《统一商法典》下,有关货物买卖在事

---

① W.Jaeger, *Williston on Contracts* § 1515B at 487(3d ed.1970).

② *Restatement(Second) of Contracts* § 314, cmt.b(Tent.Draft.no.11, 1976)[now § 172, ed].

③ 46 Cal.2d 588, 297 P.2d 644(1956).

④ "共同错误"是指双方当事人对于某一合同或者民事行为都存在过错,这一理由可以成为当事人要求解除合同或者撤销民事行为的理由。——译者注

⑤ 46 Cal.2d 588, 297 P.2d at 648.

⑥ 332 Mass. 368, 124 N.E.2d 912, 916(1955).

实方面的错误陈述,构成了明示担保。①《统一商法典》第 2-316 条款②涉及的是担保责任的放弃。这一部分的官方评论这样说道:

> 在所有由买方来检验货物的情形中,不管卖方作了什么样的陈述,适用**"买者自负"**原则的做法,已经被本条的规定所抛弃。因此,如果卖方在检验货物的要约中伴随着对货物适销性或者特定属性的言语描述,而买方清楚地表示他更加相信的是卖方的言语描述而非自己的验货,那么,这样的情形就构成了卖方的"明示"担保。

已经有大量判例作出了这样的判决,认定尽管买方对货物没有能够进行适当的检验,但是买方仍然有权对卖方的明示担保产生信赖。

进一步而言,《统一商法典》的保护范围,延伸到了平等交易③中那些非常精明老到的买方,也延伸到了家庭消费中的买方。在我们看来,除了因为传统原因这一点以外,在适用**"买者自负"**原则这一点上,将土地买卖与一般的商业货物买卖区别对待,并没有什么理由。我们法院在此认定,土地的买方可以对卖方作出的重要错误陈述产生信赖,买方并没有义务来搞清楚卖方的陈述是不是真实的、可靠的。

一个购买土地的人,对一个并非故意的错误陈述产生了信赖,仅仅因为其没有能够发现土地上存在的缺陷就被剥夺了要求赔偿的权利,在我们看来,这完全是不合理的、荒谬的,或者说是恶意的。

虽然柯西诺提起的这一诉讼,可能反映了一个有经验的商人不应该有的低下判断力,但是,就被告沃克作出的有关系争地块的描述来说,原告柯西诺的判断并不是太过不合理或者荒谬,以至于应该被剥夺要求赔偿的权利。所以,我们法院在此推翻阿拉斯加州高等法院的判决。

二、赔偿损失

被告沃克总共从柯西诺和他的合伙人那里获得了 99 000 美元,但是,上诉人并不能要求全部返还这一笔款项。很显然,柯西诺对于这一地块上的一幢建筑造成了很大损害,而且他搬运走了 6 000 立方码的砂石。法院应该允许被告沃克扣除这些损失,再加上这一地块以合理价格出租可以获得的收入,减去其合理的租赁成本。

340

---

① AS 45.05.094.

② AS 45.05.100.

③ "平等交易"是美国合同法上的一个特定术语,是指交易的双方当事人是按照双方彼此独立的原则进行的交易,在这交易过程中都没有受到对方的压力或者影响。——译者注

因此,我们必须将本案发回初审法院重新审理,以确定原告损失的准确数额。

初审法院的判决予以推翻,并发回重审。

沃克斯诉亚瑟·默里公司①
佛罗里达州上诉法院(1968 年)

本案要旨

原告沃克斯是一个 51 岁的寡妇,被告亚瑟·默里公司是一家经营舞蹈培训的连锁公司,另外一个被告达文波特是亚瑟·默里公司的特许经营者。在达文波特持续不断的肯定、恭维和劝说之下,原告参加了许多另行增加出来的舞蹈培训课程,为此支出了大量金钱。实际上,原告并没有舞蹈方面的天赋,甚至连音乐节奏都不太能掌握。原告在"清醒"过来之后,向法院起诉,要求被告赔偿那些没有具体指导的培训费用。法院认定,被告有着虚假陈述和误导的行为,判决支持了原告的诉讼请求。

本案确定的规则是,虽然在一般情况下,一方当事人所提出的某个"观点"或者"意见"是不可诉的,但是,如果一方当事人在交易中有着更多知识,他所作的陈述相对于缺少这方面专业知识的另一方来说,就不是"观点"或者"意见",而是一种事实上的陈述。在这样的陈述过程中,如果伴随着虚假或者误导的情形,这样的陈述就可以被认定为构成了"错误陈述"。

皮尔斯法官②代表法院呈递以下判决意见:

初审法院认定原告沃克斯没有能够提出正确的诉因,最后驳回了她的第四项补充起诉理由(以下简称原告的起诉理由),裁定她不得以同一理由再次起诉。原告沃克斯对初审法院的判决不服,提起了上诉。

被告之一的亚瑟·默里公司是一家经营舞蹈培训的公司,它通过各个地方的特许经营者,在全美国授权他人以"亚瑟·默里舞蹈学校"这一品牌经营舞蹈学校。其中一个特许经营者就是本案的另一被告达文波特,他经营的这家舞蹈学校设立在克利尔沃特。③

---

① Vokes v. Arthur Murray, Inc., 212 So.2d 906.
　本案有两个被告,除了亚瑟·默里公司之外,还有该公司的一个特许经营者达文波特。——译者注
② Pierce, Judge.
③ 克利尔沃特是美国佛罗里达州西部的一个地方,靠近墨西哥湾。——译者注

　　原告沃克斯是一位没有家人的 51 岁寡妇,她非常渴望成为一个"有成就的舞蹈家",以此寻找"新的生活乐趣"。因此,1961 年 2 月 10 日,在一个热心的熟人帮助下,也许是命运的安排让她参加了在达文波特的舞蹈学校举办的"跳舞晚会"。在这次晚会上,她度过了愉快的时光。这样的"跳舞晚会",有时也安排在达文波特的私人房间里,在晚会举办期间,达文波特总是竭尽所能地运用他出色的销售技巧,对原告跳舞的优雅和姿态大加恭维,绘声绘色地为原告描绘了作为一个"优秀舞蹈家"的美好未来。好像一幕戏剧中偶尔发生的某个事件一样,达文波特似乎在不经意间向原告出售了 8.5 个小时的舞蹈培训课程,这些课程应该在一个月内使用完。原告沃克斯当场支付了现金 14.50 美元,很显然,被告达文波特出售给原告沃克斯的这些舞蹈培训课程,相当于一个诱饵,催促原告沃克斯"快来吧、快来吧"。

　　接下来,原告沃克斯开始了几乎是没有止境的追求舞蹈艺术的经历。在不到 16 个月的时间内,被告达文波特向原告出售了 14 期舞蹈培训课程,累计时间为 2 302 个小时,沃克斯总共投入的费用达 31 090.45 美元,所有这些舞蹈培训都设在达文波特的舞蹈馆。这 14 期课程,有双方签署的书面合同"亚瑟·默里舞蹈学校入学协议"作为凭证,这一协议还有着以粗黑字体写的附录协议,上面写道,"你正在参加这一舞蹈培训课程,我们不会告诉任何人。你与我们之间的关系属于严格的信任关系"。在协议当中写着当时出售给沃克斯的"舞蹈课程"和"音乐节奏课程"的编号,当然,这些课程总是伴随着原告沃克斯必须交付相应的费用。

　　如果原告沃克斯在诉状中所说的事实是真的,那么,这些舞蹈培训课程合同和总额超过 31 000 美元的金钱对价,就是达文波特和他的助手通过各种手段和方法诱导原告实现的。这些手段和方法已经超出了令人讨厌的"营销中的夸大其辞"的边界——这样的自吹自擂还仍然是合法的——它完全是肆意地闯入了法律所禁止的范围,这些禁止的行为包括不当影响、虚假建议、隐瞒真相和任性地作出判断。从 1961 年 2 月沃克斯第一次与舞蹈学校接触开始,她就不知不觉地被持续不断的恭维、虚假的赞扬、过度的阿谀奉承和溢美之词包围着,这些恭维和溢美之词不仅是不恰当的,而且是违背良知的,对于我们法院来说,在运用内心的衡平法则之后,我们无法再允许这样的合同继续有效地存在下去。

　　原告沃克斯持续不断地接受着被告达文波特过度的奉承和笼络。被告达文波特靠着这样的奉承让原告确信,她有着"优雅的姿势和平衡的天赋";她正在"迅速地提高和增强她的舞蹈技艺";增加出来的那些培训课程,将"使她成为更加漂亮的舞蹈家,可以和最杰出的舞蹈家同台表演";她"在跳舞技巧和跳

341

舞的优雅性方面有了突飞猛进的提高",等等。她不时地会接受"跳舞适合性的测试",这一测试对外宣称的所谓目的,是为了"确定"她还需要再参加多少小时的培训指导。

其间,她接受了额外增加出来的 545 个小时的舞蹈培训课程,之后,她被授予了"铜质奖章",表明她的舞蹈技艺达到了"铜质水准",这一名称是被告亚瑟·默里公司自己设定的,是表明跳舞者所取得成就的一个称号。

之后,她又接受了增加出来的 926 个小时的舞蹈培训课程,获得了"银质奖章",表明她的舞蹈技艺达到了"银质水准",为此她花费了 12 501.35 美元。

在她的指导课程仍然有着 900 个小时未用完的情况下,她被诱导自费购买了另外 24 个小时的舞蹈培训课程,这一课程需要她自行付费参加一个去美国迈阿密市的旅行项目,目的就是为了能够让她"有机会与迈阿密舞蹈工作室的成员同台跳舞"。

在另一场合,她又被诱导购买了 126 个小时增加出来的指导课程,这一次不仅仅是为了能够让她参加迈阿密之旅,而且是为了让她成为"亚瑟·默里工作室的终身会员"——成为工作室的终身会员之后,可以有些数额不等的报酬,为此,她再次支付了 1 725.30 美元。

在另外一个场合,在她的指导课程仍然有 1 000 个小时未用完的情况下,她又被诱导购买了 151 个小时增加出来的课程,这一课程的目的,是为了让她能够参加"特立尼达①学生之旅",她到后来才知道,为此她要支付 2 049.00 美元。

同样,在她的课程额度仍然有 1 100 个小时未用完的情况下,她再次被劝说购买了 347 个小时增加出来的课程,以便取得被告的"金质奖章",这一奖章表明她的舞蹈技艺已经达到了"金质水准",为此她又花费了 4 235.74 美元。

在另一个场合,在她仍然有 1 200 个小时培训课程的情况下,她又被诱导购买了 175 个小时增加出来的指导课程,这样做的目的是为了让她有资格参加"墨西哥之旅"。为此,她又花费了 2 472.75 美元。

最后,在舞蹈课程促销较少的那一段时间,她又在被告的影响下购买了另外的 481 个小时的指导课程,花费了 6 523.81 美元,花费这些费用的目的,就是为了让原告"成为金砖会员,这是在被告舞蹈工作室所能获得的最高荣誉"。

所有上述的培训促销,有 14 份完整的独立合同为证,是由被告达文波特和亚瑟·默里公司通过错误陈述,诱导原告沃克斯签订的。这些错误陈述是,沃克斯在跳舞的优雅性方面正在按照培训课程的要求取得进步,她正在逐步让自己成为一名优秀的舞蹈家。而实际上,她的舞蹈水平并没有什么提高,她

342

---

① "特立尼达"是特立尼达和多巴哥这个国家的一个岛。——译者注

并没有"舞蹈的潜质",事实上她连听懂"音乐节奏"都有困难。原告在诉状中声称,被告对她说的那些话,"在实际上是错误的,而且被告自己也知道他们所作的这些陈述是错误的,被告的这些陈述和原告真实的舞蹈能力实际上完全相反。被告对原告真实的舞蹈能力完全知晓,但是为了欺骗原告,为了诱导原告购买增加出来的舞蹈课程这一特定的目的,被告仍然瞒着原告,不让原告知道真相"。原告沃克斯坚持认为,向原告兜售的这些课程"完全忽视原告在身体素质、音乐节奏和精神方面的能力"。也就是说,原告在一开始的时候,感觉是进入了"人生的春天",为此欢欣鼓舞,最终她醒过来了,明白了这样的事实:春天既不在她的人生中,也不在她的脚下。

原告要求法院宣告这些舞蹈培训合同无效,没有法律效力,并予以解除。由于付款的账目清清楚楚,原告要求法院作出判决,由被告"返还 31 090.45 美元当中没有对原告进行具体指导培训的那些费用"。初审法院认定,原告的诉讼请求没有能够陈述出正确的诉因,于是驳回了原告的诉讼请求。我们法院对于初审法院的判决不能同意,在此推翻初审法院的判决。

原告诉称的主要内容在法律上是否足够充分,法院需要测试,如果测试下来是充分的,原告诉称的主要内容就必须被法院认可。被告坚称,双方达成的合同只有在存在欺诈或者错误陈述时,才可以被撤销,这些所谓错误陈述必须是对于重要事实作出的,而不能只是一种观点、预计或者期望;而且,原告在诉状中所列举的那些陈述和表达,只是属于被告在"做生意过程中的自我吹嘘①",这样的行为还是在法律允许的范围里,并不违反法律……

的确,"一个错误陈述,如果要在法律上具有可诉性,那它必须是一个事实,而不能只是一个观点"。②但是,这一规则在适用的时候有着重要的前提条件,而这一前提条件在本案中是具备的。在以下情形中,这一规则不能适用,这些情形是指:在双方当事人之间存在着信任关系③,或者一方实施了阴谋诡计或者不当手段,或者当事人之间进行的不是我们所理解的"平等交易,或者被告知的一方并没有平等的机会就对方陈述事实的真伪进行评估"。④正如我们法院的艾伦法官在 Ramel 诉 Chasebrook Construction Company 一案⑤的

---

① "自我吹嘘"在合同法上的意义及后果,见第 108 页注释。——译者注

② Tonkovich v. South Florida Citrus Industries, Inc., Fla. App. 1966, 185 So. 2d 710.

③ "信任关系"是美国合同法上的一个重要概念,它是指一方当事人与另一方当事人之间存在着特别的信任关系,其中一方要诚实、善意地为另一方谋取利益,并忠实于这些利益。按照卡多佐法官的说法,信任关系不仅仅是一般的尊重对方。在英美法中,它被认为是衡平法或者一般法律上的最高标准。这些关系通常是委托人和受托人、银行和客户、律师和客户、监护人和被监护人、立遗嘱人和遗嘱执行人之间的关系,等等。——译者注

④ Kitchen v. Long, 1914, 67 Fla. 72, 64 So. 429.

⑤ Fla. App. 1961, 135 So. 2d 876.

判决意见中所说的那样：

> ……有着更强专业知识的一方当事人所作的那些陈述，可以被认为是关于事实的陈述，虽然这样的陈述如果发生在平等交易的当事人之间，它将会被认为只是一种观点。

在本案中，就原告是否拥有"舞蹈潜能"，是否在忒耳西科瑞①艺术方面有了明显提高这一点，我们法院可以合理地推定，被告在这方面有着"更强的专业知识"。根据原告诉状中的陈述——被告并没有否认这些陈述——我们可以合理地推断，被告一开始对原告作出的那些溢美之词，只是随后兜售1 944个小时额外舞蹈指导课程的序曲，其目的是为了让原告先进入铜质水准序列，接着是银质水准的等级，再达到金砖会员的水准，最后成为被告终身会员这样的最高境地。在对原告的舞蹈能力或者她事实上取得的进步进行任何诚实的或者现实的评估之后，我们觉得，被告这一步步的过程，等于是将原告当作一个"提款机"，被告是在不断地催促着原告交钱再交钱。

即使交易一方当事人在其知识范围内没有义务披露相关事实，或者回答本案中这样的问题，但是，法律的要求是，一旦他开始了披露或者开始了回答，那么他就必须披露*所有的事实*②。仅仅从原告诉状的表面内容就可以看出，她花费大量金钱接受的长达数百小时的舞蹈指导课程，相对于她缓慢而不明显的进步来说，完全是无用功。对于这一点来说，很明显被告应该清楚地知道。如果被告他们说出了"所有的事实"，原告就会早一些清醒地知道自己在舞蹈方面的真实天赋到底是怎样的。

在 Hirschman 诉 Hodges, etc. 一案③的判决意见中，法官这样说道："……那些明显与善意相悖的行为，足以被认定为欺诈，当事人当然可以要求撤销合同。"而且，一份在经济上纯属浪费金钱的合同，可以"……因为突然袭击、合同上的错误、签约时**缺少自由意志、不当影响、提供欺诈性的建议或者是隐瞒真相**"这些原因而被撤销。

我们再次重申，如果双方当事人是在平等合同基础上进行的交易，在履行过程中没有不公平或者内在的不正当，那么法院通常"还是会让当事人自己去找到各自的位置"。但是，在我们审理的这一案件中，从原告所称的这些事实——被告并没有对这些事实予以答辩——来看，我们不能说前面的那些权威司法判决提及的诸多内容在这一起案件中根本就不存在；如果这些内容不存在，那么我们法院也就不会对原告施以正义之手。在我们看来，从原告诉讼

① 忒耳西科瑞(Terpsichore)是古希腊神话中专司歌舞的女神。——译者注
② Ramel v. Chasebrook Construction Company, *supra*.
③ 1910, 59 Fla.517, 51 So.550.

请求所揭示的内容来看,原告沃克斯有权在法院主张自己的权利。

基于以上的分析,我们法院认定,驳回原告诉讼请求的初审裁决应该予以推翻。

史密斯诉津巴利斯特[1]

加利福尼亚州第二地区上诉法院(1934 年)

本案要旨

被告津巴利斯特是一位国际知名的小提琴演奏家,也是稀有小提琴的收藏家。原告史密斯是一位高龄老人,他收藏了一批小提琴。被告看中了原告藏品中的两把小提琴,双方当时认为这两把小提琴分别是世界著名的斯特拉迪瓦里小提琴和瓜那里小提琴。经过协商,原告同意将这两把小提琴以 8 000 美元卖给被告,被告先行支付 2 000 美元现金,余款每个月支付 1 000 美元,直到全部付清。在被告出具的"收据"以及原告出具的"出售单"上,都表明这两把小提琴是斯特拉迪瓦里小提琴和瓜那里小提琴。但是,事后证明这两把小提琴都是赝品。因为被告拒绝支付余款,原告向法院提起诉讼。法院认定,双方当事人在本案中存在共同错误,原告"出售单"上的陈述构成法律上的保证,判决驳回了原告的诉讼请求。

本案确定的规则是,在由于双方当事人共同错误、导致所出售的物品并非真品的情况下,如果卖方在销售单这样的书面材料中表明他出售的是真品,那么,这样的表述就应该视为是卖方对所出售货物的保证。

豪泽法官[2]代表法院呈递以下判决意见:

初审法院在这一案件的查明事实部分,确认了以下内容:

86 岁高龄的原告史密斯,虽然不是小提琴方面的行家,但也是稀有小提琴的一名收藏者,从事小提琴收藏已经有很多年;"被告津巴利斯特是一位享有盛誉的国际知名小提琴演奏家,他自己也热衷收藏,是过去杰出大师所制作的稀有、古老小提琴的所有者和收藏者";在第三人的引荐下,津巴利斯特拜访了史密斯,当时史密斯并不知道津巴利斯特是带着收藏稀有小提琴的意愿来到

344 他家的。在史密斯的家里,津巴利斯特问史密斯是否可以看看他的小提琴收藏品;在这一次会见和品鉴小提琴的过程中,"史密斯向津巴利斯特展示了他

---

[1] Smith v. Zimbalist., 2 Cal.App.2d 324, 38 P.2d 170.

[2] Houser, Justice.

的一部分藏品";津巴利斯特从藏品中拿起了一把小提琴——津巴利斯特称之为"斯特拉迪瓦里"小提琴①——问史密斯,这一把小提琴卖多少钱;史密斯自己并没有向津巴利斯特说过要将这把小提琴卖给他,或者卖给他任何一把小提琴,但是,由于史密斯已经是高龄,在他再次被问到这把小提琴卖多少钱的时候,他说自己不会像一般的生意人那样唯利是图,他可以以 5 000 美元的价格将这把琴卖给津巴利斯特;随后津巴利斯特又拿起另外一把小提琴——津巴利斯特称之为"瓜那里"小提琴②——问史密斯,这一把小提琴卖多少钱。史密斯回答说,如果津巴利斯特两把都要,可以只付 8 000 美元;津巴利斯特回答,"好的",并随即说起他的付款条件,问史密斯是否同意由他先付 2 000 美元现金,余下的款项每个月付 1 000 美元。接着,津巴利斯特写下了以下的一张收据:

> 我在此确认,收到了从乔治·史密斯这里购买的一把约瑟夫·瓜那里制作的小提琴,一把斯特拉迪瓦里制作的小提琴——它们标明的制作日期是 1717 年,两把小提琴的总价款是 8 000 美元。我已经支付了 2 000 美元,我同意每月支付余款 1 000 美元,在每个月的 15 日支付,直到全部价款付清为止。

除了津巴利斯特写的收据之外,史密斯也写下了一份"出售单",它的文字是以下内容:

> 这一份出售单证明,我在这一天以 8 000 美元的价格向津巴利斯特先生售出一把约瑟夫·瓜那里制作的小提琴,以及一把斯特拉迪瓦里制作的小提琴——它们标明的制作日期是 1717 年,总价款中的 2 000 美元已经支付。余下的 6 000 美元将在今后每月的 15 日支付,每次支付 1 000 美元,直到全部价款付清为止。我在此表示同意,如果津巴利斯特先生愿意,他有权利从我的收藏品中交换任何其他的小提琴。

在这一交易结束的时候,每一方当事人都"完全相信,他们买卖的这两把小提琴,一把是由安东尼斯·斯特拉迪瓦里制作,另外一把是由约瑟夫·瓜那里制作……这两把小提琴是在 18 世纪早期的时候制作的。在津巴利斯特购买小提琴的时候,史密斯并没有有意作出任何欺诈的陈述或者作出保证"。现在有着"优势证据表明,双方当事人买卖的这两把小提琴,并不是斯特拉迪瓦

---

① "斯特拉迪瓦里"小提琴是享誉世界的一款小提琴。斯特拉迪瓦里是 17—18 世纪意大利一个专门制作小提琴的家族,他们制作的小提琴以完美音色为音乐界所公认,成为世界高品质小提琴的代名词。在当今,一把正宗的斯特拉迪瓦里小提琴可以拍卖到数百万美元的价格。——译者注

② "瓜那里"小提琴也是享誉世界的一款古老小提琴,它也是在 17—18 世纪的时候,由意大利的"瓜那里"家族制作,与"斯特拉迪瓦里"小提琴齐名。很多世界顶级小提琴演奏家都使用"瓜那里"小提琴。——译者注

里小提琴或者瓜那里小提琴,它们既不是由安东尼斯·斯特拉迪瓦里制作的,也不是由约瑟夫·瓜那里制作的,而实际上只是两把赝品小提琴,它们的价值不会超过 300 美元"。

这一上诉案件的初审诉讼,是由史密斯针对津巴利斯特提起的,史密斯要求津巴利斯特支付尚未支付的余款。正如初审法院从这些事实中得出法律结论所表明的那样,本案审理所依据的法律原理是:系争交易是"史密斯和津巴利斯特的共同错误①造成的结果",因此,史密斯无权要求津巴利斯特支付购买两把小提琴的余款。于是,初审法院作出了支持被告津巴利斯特的判决,史密斯不服判决,上诉到我们法院。史密斯要求我们法院推翻初审法院的判决,他坚持的理由是,"买者自负"这一原则应该适用到本案中的这样事实;也就是说,根据本案证据以及法院查明事实,初审法院应该认定津巴利斯特自担风险来购买这两把小提琴……

多年以来,纽约州一直将 Chandelor 诉 Lopus② 这一案件作为至上权威而加以膜拜,将这一案件确定的"买者自负"规则适用到与我们手头案件相类似的那些情形当中。在 Chandelor 诉 Lopus 这一案件中,卖方将一块石头当作牛黄石卖出去,实际上这块石头并不是真正的牛黄石。法院最终认定,在这样的情形下,买方要求卖方退款的请求在法律上不能得到支持,除非卖方知道它并不是一块牛黄石,或者他保证过这一块石头的确是牛黄石……

[然而,]在 Hawkins 诉 Pemberton③ 这一案件中……在谈到 Chandelor 诉 Lopus 这一案件的时候,法院说道:"Chandelor 一案确立的法律原则是,仅仅是对

---

① "共同错误"是指双方当事人对于某个民事行为或者结果都有着错误。在这种情况下,当事人无权要求返还财产。这是初审法院判决结论的基础。而卖方史密斯则认为,该案应该适用"买者自负"原则,因此,卖方有权要求买方支付尚未支付的余款。——译者注

② Chandelor v. Lopus (1603) 2 Cr.Rep. 4, 79 English Rep.3(Full Reprint).
这一案件是英国普通法历史上的一个经典案例,它确立了"买者自负"这一重要的法律原则。该案件的被告钱德勒是一个金匠,他拥有一块石头,他向原告洛普斯声称这是一块牛黄石,原告以 100 英镑的价格买下了这一块石头。随后,原告洛普斯发现这一块石头并非真正的牛黄石,于是,向法院起诉,要求被告返还 100 英镑。初审法院判决支持了原告的请求。被告不服提起上诉。上诉法院审理之后认为,被告钱德勒在卖出这一块石头的时候,虽然说到这是一块牛黄石,但是,这只是他自己对所售物品的一种陈述,这种陈述并不是法律上的一种保证,被告并没有对这一块石头的真正品质作出法律上的保证。卖方对自己出售的商品的一种陈述,例如,说自己出售的器具很好,自己造的房子很好,这样的表态、陈述并不是一种保证。终审法院最后推翻了初审法院的判决,驳回了原告的诉讼请求。Chandelor 诉 Lopus 这一案件在法律上区分了两个重要的概念——"陈述"和"保证",并且由此确定了在卖方没有作出法律上保证的情况下,应该由买方自己依靠知识和能力对所购买的物品进行判断,自担风险,这就是著名的"买者自负"原则。——译者注

③ Hawkins v. Pemberton(1872) 51 N.Y.198, 10 Am.Rep.595.

于所出售货物质量的认可或者表述,并不构成法律上的保证;这一法律原则已经被突破很久了,在英国,这一法律原则本身也不再被认为是一个好的法律。"……

现在,在这一问题上适用的法律原则是,在一张"收据"上或者像本案中是在一份"出售单"上对于货物所作的描述,等同于法律上的保证,即这样的货物应该符合"收据"、"出售单"的描述,而且卖方应该受到他对货物所作描述的制约。这一法律原则在我们加利福尼亚州审理的 Flint 诉 Lyon[①] 这一案件中已经得到了运用……

虽然一些法院采取的是与我们州不同的规则,但是,我们加利福尼亚州法院的观点是,严格的"买者自负"原则也许并不适用到我们手头的这一案件,在我们加利福尼亚州法院,"买者自负"这一原则是受到例外原则限制的。这一例外原则就是,对于涉及个人财产买卖的那些交易,如果在识别合同项下的客体方面,买卖双方确实是在本质上诚实地存在着错误或者谬误,那么,相关的当事人是不受系争合同制约的。我们州法院的这一观点,与以后法院的权威观点相符合。此外……从本案当事人之间交换的书面材料[指"收据"和"出售单"]所使用的那些文字来分析,结合当事人在这一交易中总的行为举止,特别是在津巴利斯特在"收据"中明确讲到每一把小提琴是由谁制作的时候,史密斯也默认了这一点;如此来看,本案在法律上就变得非常清楚,史密斯对于出售的两把小提琴作出了法律上的保证,一把是瓜那里制作的,另外一把则是斯特拉迪瓦里制作的。

本案查明的事实毫无疑问地表明,每一方当事人都相信并且认定,他们买卖的两把小提琴中一把是真正的瓜那里小提琴,另外一把是真正的斯特拉迪瓦里小提琴;在津巴利斯特交给史密斯的收据当中,是这样描述两把小提琴的,在史密斯给津巴利斯特的"出售单"中也确认"以 8 000 美元的价格向津巴利斯特先生售出一把约瑟夫·瓜那里所制作的小提琴,以及一把斯特拉迪瓦里制作的小提琴——它们标明的制作日期是 1717 年,总价款中的 2 000 美元已经支付"。

我们可以确信地说,虽然很早时期的判决可能采取的是不同的规则,但是,所有现代的法院权威判决,包括加利福尼亚州法院——该州法院在"买者自负"这一问题上的关注得到了这些权威判决的指导[②]——已经同意,在收据上或者销售单上对于所出售货物的描述等同于卖方作出法律上的保证,即所销售的物品符合书面单据上的描述。

初审法院的判决予以维持。

346

---

① 4 Cal.17 …

② 加利福尼亚州法院受到的影响,除了权威判决之外,还包括现在包含在《民事法典》第 1734 条款(section 1734,Civ.Code)中的规定。

本特利诉斯拉维克①

伊利诺伊州南区地区法院(1987年)

本案要旨

被告斯拉维克张贴了一则布告,想要出售一把1835年的"贝纳德尔小提琴"。原告本特利得知后来到被告家中查看实物,被告向原告出示了一份由鉴定人员签署的品质证书,上面说道:估计这是一把贝纳德尔小提琴。在被告出具的销售单上,再次提到所出售的是一把"贝纳德尔小提琴"。原告在付款之后,取走了这一把小提琴。在支付余款的信件上,原告曾经对于这一把小提琴表示满意。但是,随后原告发现自己买的不是一把真正的"贝纳德尔小提琴",于是向被告要求退还所付的款项,遭到被告的拒绝。原告随即向法院起诉,要求被告退还款项。法院认定,被告的陈述和销售单上的表述构成了法律上的保证,判决支持了原告的诉讼请求。

本案确定的规则是,卖方销售单上对于所出售物品的陈述,构成法律上的保证,而且在双方存在共同错误的情形下,对物品真伪并非无所谓的买方不应该承担共同错误带来的风险。

斯蒂尔法官②代表法院呈递以下判决意见:

本案是我们地区法院在没有陪审团参与的情况下审理的一起案件……在听取并分析了本案的证据和当事人的诉辩意见之后,我们法院作出以下事实认定,并得出本案法律上的结论……

一、查明的事实

……在1984年1月,原告本特利在位于印第安纳大学的一个公告栏中看到了一则布告,这则布告是被告斯拉维克张贴上去的。斯拉维克在这则布告中说道,他拥有一把制作于1835年的"贝纳德尔小提琴"③想要出售,这把小提琴的估价在15 000—20 000美元之间。在看了这一则布告之后,原告本特利通过电话与斯拉维克联系上,咨询这一把小提琴的情况。在电话交谈中,斯拉维克再次说道,他有一把真正的1835年的"贝纳德尔小提琴",估价在15 000—20 000美元之间,并邀请原告到被告位于伊利诺伊州爱德华威尔的家中去实

---

① Bentley v. Slavik, 663 F.Supp. 736.

② Stiehl, District Judge.

③ "贝纳德尔小提琴"是世界驰名的一种小提琴,它是由18世纪法国著名的小提琴制作大师贝纳德尔制作的,故这种小提琴以其名字命名。——译者注

地看一看。

在 1984 年 1 月 28 日这一天,原告来到了被告的家中,看到了这一把小提琴,她试着拉琴并查看了这把琴至少 2 个小时。在原告这一次的来访中,斯拉维克再次告诉原告,这是一把真正的 1835 年的"贝纳德尔小提琴",并进一步向原告展示了蒂伯尔在 1980 年 9 月 21 日出具的一份品质证书。在这份品质证书中,蒂伯尔估计这把小提琴是真正的"贝纳德尔小提琴",价值在15 000—20 000 美元之间。出具这份证书的蒂伯尔现在已经去世,他曾经是伊利诺伊州弗农山①的一位小提琴制作工匠、验证师和评估师。

基于对斯拉维克所作陈述以及他所提供的品质证书的信任,原告从被告斯拉维克这里以 17 500 美元的价格买下了这把小提琴。在购买这把小提琴的时候,原告通过支票向斯拉维克支付了 15 000 美元,并同意到 1984 年 2 月 15 日的时候再支付余下的 2 500 美元。斯拉维克签署的销售单中提到,他出售的是一把"贝纳德尔小提琴"。原告本特利第二次的付款是在印第安纳州通过邮寄支票的方式完成的,这张支票上的落款日期是 1984 年 2 月 13 日。在附上 2 500 美元支票的这封信中,原告本特利表达了对于这把小提琴的满意。从买下这把小提琴开始一直到 1985 年年底,原告平均每天拉琴的时间有 8 个小时。

在 1985 年 4 月的时候,原告逐渐意识到这一把小提琴可能并不是真正由贝纳德尔在 1835 年制作的小提琴。在知道这一点之后,原告要求斯拉维克返还她已经支付的款项,并提出将这把小提琴退给斯拉维克,但是,斯拉维克拒绝了。尽管这样,原告仍然继续使用这把琴,一直持续到 1985 年 12 月。

在原告使用这把小提琴的过程中,它需要进行一次大的修理……这次修理的结果很差……我们法院认定,和原告开始购买的时候相比,这把小提琴现在的状况非常糟糕,差了很远。虽然被告向法庭提交了证据,证明这把小提琴现在的状况已经发生了很大改变,但是,被告的答辩中却并没有具体的解决方案。被告并没有引入证据来证明,对于这把小提琴的损害和修理到底让它的价值贬损了多少。由于被告没有提出最终的解决方案,在客观效果上,被告就是要求让我们法院来选择一个方法,以确定这把小提琴的价值到底贬损了多少,进而让我们法院根据情况临时确定最终的解决方案。然而,我们法院必须拒绝被告这样的要求。

在小提琴真伪这一关键问题上,原告提交了两名专家的证人证言,这两名专家都是判断小提琴真伪和确定小提琴价值方面的专家……这两名专家都是

347

_____

① 弗农山是位于伊利诺伊州的一个城市。——译者注

小提琴和琴弓制作国际协会①的会员,在美国,该协会的会员不超过 25 人……这两名专家对于本案有争议的小提琴进行了鉴定,一致认为它不是真正的"贝纳德尔小提琴"。两名专家对于这一把小提琴的估价在 750—2 000 美元之间。作为对比,被告则向法院提交了佩里教授的证人证言……很清楚的是,佩里教授并不是评估小提琴真伪方面的专家。对于这把小提琴真伪的另外一个证据,是由蒂伯尔签署的一份品质证书,以及这把小提琴在一次联合展示中的介绍。在我们看来,蒂伯尔签署的品质证书并没有很强的说服力;这一证书仅仅是说道,他"估计"这是一把"贝纳德尔小提琴"……

我们法院认为,在决定这把小提琴真伪这一关键问题上,原告提交的证据更加可信,从优势证据的角度看,我们法院判定这把小提琴并不是贝纳德尔本人制作的小提琴,它在售出时的价值不超过 2 000 美元。尽管这样,我们法院也认定,虽然斯拉维克在口头上和在销售单上都将这把小提琴当作"贝纳德尔小提琴",但是,对于这把小提琴的制作者或者真正价值,斯拉维克既非存心也非有意要这样陈述。斯拉维克本人既不是小提琴演奏方面的大师,也不是从事小提琴买卖业务或者这一职业的行家……

³⁴⁸

二、法律上的结论

……在一个跨区管辖的诉讼中,我们应该适用的是联邦地区法院所在州的"法律选择规则"。②在合同法的案件中,伊利诺伊州的规则是,当合同的履行地点超过一个以上的州的时候,应该适用合同签订地的法律。因为原告本特利的第二次付款是在印第安纳州作出的,"合同签订地"规则就应该在本案中适用,因此,我们法院在本案中将适用伊利诺伊州的法律。③ ……

原告声称,被告没有交付真正的"贝纳德尔小提琴",这违反了双方的合同。被告斯拉维克否认原告的这一指控,声称斯拉维克交付了双方交易的那把小提琴,而且原告通过在 1984 年 2 月 13 日写给被告的这封信,已经对这一合同进行了追认。根据伊利诺伊州《统一商法典》第 2-313(1)(b)条款④的规定,如果卖方出售的货物符合对于该货物的任何描述是双方交易的基础,那么,在这一物品出售的时候,这种描述就构成了一个明示的法律上的保证。原

---

① "小提琴和琴弓制作国际协会"是一个制造、修复世界知名、稀有小提琴及弦乐器的国际协会,其会员都是对知名小提琴和稀有小提琴的识别、修理有很深造诣的专家。——译者注

② Klaxon Co. v. Stentor Electric Mfg.Co., 313 U.S.487, 61 S.Ct.1020, 85 L.Ed 1477 (1941).

③ 本案中,原告是在被告位于伊利诺伊州的家中看琴并支付 1 500 美元,被告也是在此签署销售单,因此,应该认定"合同签订地"是在伊利诺伊州。——译者注

④ Illinois Uniform Commercial Code, Ill.Rev.Stat. ch.26(1983).

告实际上声称,蒂伯尔签署的有关这把小提琴真实性的品质证书,以及卖方认为这把小提琴是"贝纳德尔小提琴"的表述——被告既从口头上,也从销售单上,另外还在布告栏上的声明中提到了这一点——都是斯拉维克对于原告作出的明示保证。

在一个50多年前的类似案件中,加利福尼亚州的一家上诉法院认定,卖方在一个销售单上提及自己出售的两把小提琴,一把是"斯特拉迪瓦里"小提琴,另外一把是"瓜那里"小提琴,这构成了卖方对于买方法律上的保证,即保证所出售的小提琴是真正的"斯特拉迪瓦里"小提琴和"瓜那里"小提琴。①要确定某一个法律上的保证根据伊利诺伊州的法律是否成立,我们法院就必须审视当事人在销售单以及这一买卖情形中所表示出来的意愿。②对于这种意愿的认定,一般被认为是一个事实上的问题。③在审视伊利诺伊州《统一商法典》第2-313(1)(b)条款的时候,我们发现,许多法院已经使用"交易的基础"这一测试方法,这一方法就是去审查当事人的描述或者陈述是否已经构成当事人之间交易的基本前提。④

从提交给法院的这些证据来分析,很清楚的是,被告的那些行为,例如,将买卖的小提琴描述为"贝纳德尔小提琴",反复使用"贝纳德尔"这一词语进行叙述,以及出示这一小提琴的品质证书,可以支持这样的结论,即本案中存在着一个基本的假定:双方之间的交易涉及的是1835年"贝纳德尔小提琴"的买卖。我们法院认定,《统一商法典》第2-313(1)(b)条款适用于本案纠纷,根据这一条款,斯拉维克已经作出了法律上的保证。与认定的这一事实相一致,我们法院还认定,斯拉维克并没有将真正的"贝纳德尔小提琴"交付给原告本特利,因此,被告斯拉维克违反了其与原告本特利之间的合同……同时,并没有证据表明,在1984年2月13日本特利写信的时候知道或者已经知道这一把小提琴不是真正的"贝纳德尔小提琴"。因此,原告本特利在1984年2月对这把所谓"贝纳德尔小提琴"表示满意,并没有构成对合同的追认⑤。斯拉维克还提出,本特利应该被禁止反言,不允许撤销这一合同,因为她已经实际使用、查

349

---

① Smith v. Zimbalist, 2 Cal.App.2d 324, 38 P.2d 170(1934).

② Alan Wood Steel Co. v. Capital Equipment Enterprises, Inc., 39 Ill.App.3d 48, 349 N.E.2d 627(1976).

③ Redmac, Inc. v. Computerland of Peoria, 140 Ill. App.3d 741, 95 Ill.Dec.159, 489 N.E.2d 380(1986).

④ *Alan Wood*, [*supra*] at 632.

⑤ "追认"是指某一份合同虽然具有法律上可撤销或者无效的事由,但是,合同的另一方当事人在知道可撤销或者无效事由存在之后,默认了这一事由的存在,并没有及时主张可撤销或者无效,在这样的情况下,这样的合同就可能被认为是得到了"追认"。——译者注

看了这把小提琴 16 个月,延迟了 16 个月之久才提出退还款项⋯⋯然而,并没有证据表明斯拉维克对原告行为产生了信赖或者自己所处的地位已经发生改变。基于这一理由,禁止反言规则在本案中也不应该适用。①

原告认为,被告的违约给自己造成了 20 000 美元的损失⋯⋯我们法院已经认定,被告违反了自己设立的保证责任,构成了违约。根据《统一商法典》第 2-714(2) 条款②的规定,"违反保证责任的损失计算,就是在接受货物的时间和地点上,已经接受的货物价值与得到保证的货物价值这两者之间的差额⋯⋯"我们法院认定,在这一把小提琴出售的时候,其本身的价值为 2 000 美元,实际售出的价格为 17 500 美元——这一价格是假定它是真正"贝纳德尔小提琴"的价格。在本案中,小提琴的买卖已经结束,但是,法律上的保证责任仍然延续着。因此,我们法院认定,原告损失的数额应该是 15 500 美元。

在原告提交证据即将结束之时,原告又向法院补充了诉状,认为在买方与卖方之间存在着共同错误。《合同法重述》(第二次重述)第 152 条款③对于何为共同错误有着界定,共同错误这一法律原则在我们伊利诺伊州已经得到了承认⋯⋯如果双方当事人的共同错误是"达成合同的基础假定,它对于双方同意交换履行有着重大影响,那么,这样的合同就可以由相对方来主张无效⋯⋯"受到影响的一方当事人有权要求返还已经支付的过高价款。在我们看来,原告向法院提出的请求,似乎就是这样的一种法律救济。

从我们已经讨论的上述事实来看,对于被告出售给原告的这把小提琴的制作者,双方当事人似乎确实存在着"错误"。而且,很清楚的是,这把小提琴就是"贝纳德尔小提琴"这一基本假定,影响到了双方商定的价格和履行的交换。然而,在这一问题上,我们法院还必须搞清楚,双方当事人中究竟有没有一方已经自愿承担了《合同法重述》(第二次重述)第 152(1) 条款及第 154 条款的评论 c 都提及的"错误"所带来的风险。我们法院认为,本案中的任何一方当事人都没有想到要承担因为共同错误所带来的风险。

虽然被告斯拉维克不想承担"错误"带来的风险,从事实来看是显而易见的,然而,在我们看来,对原告得出类似的结论更有讨论价值。我们认为,对于《合同法重述》(第二次重述)第 154(b) 条款和评论 c 的分析,表明了原

---

① 根据"禁止反言"规则,一方当事人必须是因为对另一方当事人的陈述产生了信赖,才可以要求禁止反言。斯蒂尔法官认为,本案的被告并没有因为信任原告已经接受了这一把小提琴而产生任何信赖,其所处地位也没有发生什么变化,因此,被告斯拉维克不能以此作为抗辩理由。有关禁止反言规则的要件,具体可以参见第四章"允诺性禁止反言"的相关案例。——译者注

② Ill. Rev. Stat. ch. 26. § 2-714(2) (1983).

③ *Restatement (Second) of Contracts* § 152(1981).

告并不愿意接受所购小提琴非真正的"贝纳德尔小提琴"这样的风险。"评论 c"中是这样界定"自知无知"①这一概念的,它是指在签订合同之前一方当事人知道自己对于某个事实没有相关知识,然而,在合同签订之后,这一事实又成了他主张共同错误的基础。根据"评论 c"的观点,在合同签订之前知道自己对某一个事实并不确定的一方当事人,不能够主张对于这一事实存在共同错误。

长期以来,伊利诺伊州最高法院一直承认,双方对于事实存在共同错误,可以让一个合同变得无效。②伊利诺伊州最高法院进一步说道,共同错误必须是双方在签订合同时对实际情况都不知情,必须是没有一方当事人可以对这些不知情的事实承担风险。对于未知情形自愿承担风险,这才是《合同法重述》(第二次重述)中提到的"自知无知"。我们法院将这种"自知无知"描述为,"自己在当时意识到缺少对于某一事实的了解",然而自己仍然表现出这并不影响合同的签订。另外一家法院[第五巡回上诉法院]则是将此称为一种"无所谓的态度"。③不管使用的是什么名称,第五巡回上诉法院和伊利诺伊州最高法院都要求,必须先要有这样的事实,即不知情的一方当事人是自愿对未知事实承担风险的,然后法院才可以阻止这一方当事人主张对事实存在共同错误。④提交给我们法院的证据,根本没有理由让我们认定原告曾经对外流露过愿意承担所购小提琴不是真正"贝纳德尔小提琴"的风险。本案中的证据表明,如果她[本特利]知道这不是一把真正的"贝纳德尔小提琴",那么她就不会以那样的价格买下它。对于这把小提琴的真伪,原告并不知道自己不清楚,[而是相信她买的就是一把真正"贝纳德尔小提琴",]原告也没有表示过对小提琴真伪无所谓的态度。基于以上这些理由,我们法院认定,原告并不承担《合同法重述》(第二次重述)第 154 条款或者第 152 条款所提到的风险。

因此,我们法院的结论是,在被告斯拉维克与原告本特利之间存在着共同

350

---

① "自知无知"是《合同法重述》(第二次重述)中使用的一个概念。它是指一方当事人知道自己对于某一事实并不知情,但是,他对此不当一回事,仍然要继续交易下去。这意味着他自愿承担由此带来的风险。在本案中,如果原告知道自己不了解所购买的小提琴究竟是不是真正的"贝纳德尔小提琴",但是仍然坚持购买的话,那么,原告就属于"自知无知"这种情形。斯蒂尔法官在下面分析中提到,原告在本案中并没有这样的情形,原告一直认为所购买的是一把真正的"贝纳德尔小提琴"。——译者注

② Harley v. Magnolia Petroleum Co., 378 Ill.19, 37 N.E.2d 760(1941).

③ Southern National Bank of Houston v. Crateo, Inc., 458 F.2d 688, 698(5th Cir. 1972).

④ *Harley*, at 765; *Southern National Bank*, at 693.

错误,原告有权要回因为共同错误而多付的价款。原告多付的价款就是17 500美元的购买价与这把小提琴出售时的价值2 000美元之间的差额。

三、结　语

这一案件让我们对于古典音乐小提琴家与他们的乐器之间建立起来的关系有了更深入的了解。原告提到,小提琴是"有生命的","能够呼吸",有着自己的"灵魂"。斯拉维克说道,他作为这把小提琴的主人,怀着一种骄傲和紧张的心情,小心翼翼地呵护这把小提琴长达33年之久。很清楚,本案的争议涉及的并不仅仅是一次简单的商事交易。被告感觉到他的诚信受到了打击,而原告则感到非常无辜。

虽然我们对这样的情形心怀同情,但是,法律对于消解他们的情绪却是无能为力。我们法院必须以一种超脱的态度来处理这一事情。正是这种超脱的态度给了法律永不过时的公正品质,这一点就像本案当事人所喜欢的音乐一样。法律的客观、冷漠带来了法律适用上的一致性,而这样的一致性反过来又带来了法律的持久生命力。这样的持久品质,正是法律和音乐共享共通之处。正如许多的音乐作品是建立在很简单的旋律基础上一样,本案中的法律是建立在一以贯之的规则之上:即卖方对于某一物品的描述构成了法律上的保证,保证所出售的物品和描述的情形相一致。现在,回到我们先前的副歌①上:小提琴的买卖也许结束了,但是,法律上的保证还在持续着……

本案结果如上所判。

352

第四节　错误

纳尔逊诉赖斯②

亚利桑那州上诉法院第二审判庭(2000年)

本案要旨

玛萨·纳尔逊去世之后,其遗产处理人聘请了两个评估师对遗产进行评估,评估师明确告诉遗产处理人,他们对于艺术品评估不在行,如果要评估艺

---

① 斯蒂尔法官在判决结束时,像演奏一段乐曲一样,为本案的判决加上了一段华彩的乐章。其"结语"用的单词Cadenza本身就是指整个音乐结束时的一段音乐结束曲。斯蒂尔法官所提到的"副歌",是本案在法律上的主要结论——即卖方对于某一物品的描述构成法律上的保证——引申出来的观点,斯蒂尔称之为"副歌"。——译者注

② Nelson v. Rice, 198 Ariz.563, 12 P.3d 238.本案被告是赖斯夫妇两人。

术品,需要另外聘请这方面的评估师。但是,遗产处理人并没有另行聘请。在处理遗产的拍卖会上,被告赖斯看中了两幅油画,标价为 60 美元,他就直接买下来了。后来证明,这两幅油画是美国著名画家赫德的真迹。被告赖斯将这两幅画拍卖出去,获利 90 余万美元。于是,纳尔逊的遗产托管机构向法院起诉,以两幅油画的买卖存在共同错误、买卖合同显失公平为由,要求法院撤销这一买卖合同。法院认为,本案原告是自担风险,案件事实也不构成显失公平,判决驳回了原告的诉讼请求。

本案确定的规则是,如果某一方当事人是"自知无知",放任了错误的产生,那么,就应该由这一方当事人自己承担错误的风险。而对于显失公平来说,仅仅是结果对某一方非常不利,并不能认定为显失公平。

埃斯皮诺萨首席法官①代表法院呈递以下判决意见:

本案原告同时也是上诉人,它是已经去世的玛萨·纳尔逊的遗产托管机构。它通过两名遗产处理人爱德华·佛朗茨以及肯尼斯·纽曼对初审法院作出的支持被上诉人的简易判决不服,提起了上诉。遗产托管机构在初审中要求法院撤销或者变更其卖给被告卡尔·赖斯以及安妮·赖斯②两幅油画的行为,但未获支持。遗产托管机构认为,法院应该给予其法律上的救济,因为这一油画的买卖建立在共同错误③基础之上。同时,遗产托管机构还声称,强制履行这样的合同是"显失公平"的。我们在此维持初审法院的判决。

一、案件事实和程序经过

对于本案的证据和这些证据中所得出的合理推定,我们按照最有利于反对简易判决的一方当事人④的假定来进行审视分析。在玛萨·纳尔逊于 1996 年 2 月去世之后,两名遗产处理人纽曼和佛朗茨聘请了拉尔森对玛萨·纳尔逊的个人财产进行评估,这样做的目的是准备将这些遗产卖出去。拉尔森告诉他们,她对艺术品评估不在行,并说,如果她看到了艺术品,他们需要另外聘请这方面的评估专家。之后拉尔森没有向遗产事务处理人报告发现过任何艺术品,基于拉尔森在这件事上没有再说什么,以及她对于玛萨·纳尔逊遗产的评估,纽曼和佛朗茨两个人将遗产进行了标价并予以出售。

---

① Espinosa, Chief Judge.
② 两被告卡尔·赖斯以及安妮·赖斯是一对夫妇。——译者注
③ 美国合同法中的"共同错误"从含义上类似于我国的"重大误解"。——译者注
④ 在本案中,反对法院作出的简易判决的当事人就是原告。——译者注

卡尔·赖斯看到了报纸上刊登的遗产出售广告,他出席了这一遗产拍卖会,并且支付了标价上的 60 美元,购得了两幅油画。虽然卡尔·赖斯以前也曾经买过一些艺术品,但是,他并不是受过这方面良好教育的一个买主,他从来也没有买过单件价格超过 55 美元的物品,而且他买过的很多东西,后来"被证明是假货、水货,或者是那些并不为公众知道的艺术家所创作的作品"。从这两幅油画低廉的价格以及这一遗产拍卖会并不是由专业人士组织这两点来看,他当时猜想这两幅油画应该不是正品。但是,他被其中一幅油画的内容所吸引,另外一幅油画则是被它的框架所吸引。回到家之后,他打开一本有着艺术家签名的书籍,将油画上的签名与书本上陈列的艺术家签名进行了比较,结果发现油画上的签名与马丁·约翰逊·赫德①的签名"看上去非常相像"。和他们过去所做的一样,赖斯夫妇将两幅油画的照片寄送到纽约的克里斯蒂艺术品拍卖行②,期待这两幅油画是赫德的真迹。克里斯蒂艺术品拍卖行对这两幅油画——"Magnolia Blossoms on Blue Velvet"以及"Cherokee Roses"——进行了鉴定,鉴定结论是它们的确是赫德的真迹,并建议赖斯夫妇委托他们进行拍卖。克里斯蒂艺术品拍卖行随后以 1 072 000 美元的价格将这两幅画拍卖了出去。在扣除买方的保险费和拍卖方的佣金之后,赖斯夫妇从这两幅油画的拍卖中实际获得 911 780 美元。

纽曼和佛朗茨是在 1997 年 2 月知道这两幅油画被拍卖的,随后,他们代表遗产托管机构起诉了当时聘请的评估师拉尔森,认为她应该对遗产的损失承担全部责任。在接下来的 11 月,因为拉尔森没有什么财产来赔偿损失,这起案件的当事人达成了和解协议。在 1997 年,被告赖斯夫妇支付了油画拍卖收益的税收 337 000 美元,他们用这笔钱购买了房子,设立了自己的家庭信托基金,并花费了基金中的部分款项用在家庭的日常消费。

遗产托管机构是在 1998 年的时候起诉赖斯夫妇,声称他们之间的买卖合同应该被撤销或者变更,理由是这一买卖存在着共同错误和显失公平。在随后提出的要求法院作出支持自己的简易判决的动议中,遗产托管机构认为,双方当事人在油画买卖的时候都没有意识到这一交易已经涉及艺术品,相反,当时他们相信卖出去的那些东西"几乎是没有什么价值的,只是放在墙上的装饰物而已"。在赖斯夫妇提出的反对意见及交叉动议中,他们认为遗产托管机构

353

---

① 马丁·约翰逊·赫德(Martin Johnson Heade, 1819—1904)是美国著名画家。——译者注

② 克里斯蒂拍卖行是位于纽约的一家拍卖公司,也是世界著名的艺术品拍卖公司。——译者注

应该承担错误带来的风险，"怠于主张权利"这一法律原则①排除了对合同的变更，而且，显失公平并不是合同可以撤销的基础。初审法院在审理之后认定，虽然双方当事人在这两幅油画的价值上存在着共同错误，但遗产托管机构应该承担共同错误的风险。初审法院认为，这一合同并不是显失公平的，法院认定，被告卡尔·赖斯是对遗产托管机构已经设定好的价格付款，当事人之间并没有对卡尔·赖斯的付款行为进行协商。因此，初审法院否决了遗产托管机构要求法院作出支持自己的简易判决的动议，[相反，]初审法院同意了赖斯夫妇提出的交叉动议。遗产托管机构要求重新审判的动议也被初审法院否决，遗产托管机构对此不服，随即提起了上诉……

二、共 同 错 误

遗产托管机构首先认为，本案中存在着共同错误，足以允许其变更或者撤销将油画卖给赖斯夫妇的行为。②以存在共同错误作为理由要求撤销合同的一方当事人，必须通过非常清楚且有说服力的证据向法院表明，双方达成的协议应该被弃之一边。③在某一个共同错误是"双方当事人达成合同的基本假定"的情况下，这一合同可以基于共同错误被撤销。④进一步而言，当事人的共同错误必须是"对于当事人同意的交换履行有着重要的影响，足以推翻这一合同的主要基础才行"。⑤然而，[构成合同基本假定的]这种共同错误，很显然不是《合同法重述》第154（b）条款中提及的、应该由要求法律救济的一方当事人自己承担风险的错误。⑥

在得出遗产托管机构没有权利要求撤销油画买卖这一结论的时候，初审法院查明，虽然当事人对于两幅油画的价值存在着误解，但是，根据《合同法重述》第154（b）条款的规定，应该由遗产托管机构承担这一错误的风险。

354

---

① "怠于主张权利"法律原则是指一方当事人不合理地迟延主张权利或者提出自己的主张。不合理迟延被认为是"躺在权利上睡觉"，进而会导致当事人事后再主张救济的"大门被关上"。——译者注

② 根据本案的这些事实，"合同变更"并不是本案原告可以获得的一种法律救济手段。"合同变更"是这样的一种救济手段，它被用来纠正书面材料中的错误，因为这一书面材料没有表明双方已经达成的条款，"合同变更并不想要强制执行那些当事人从来也没有达成过的协议条款"。Isaak v. Massachusetts Indem. Life Ins. Co., 127 Ariz. 581, 584, 623 P.2d 11, 14(1981)；see also Ashton Co., Inc., Contractors & Engineers v. State, 9 Ariz. App. 564, 454 P.2d 1004(1969)(这一案件判决认定，在缺少证据表明合同没有表达当事人真正协议的情况下，承包人不能要求变更合同)。此为原判决中的注解。

③ Emmons v. Superior Court, 192 Ariz.509, 968 P.2d 582(App.1998).

④ Renner v. Kehl, 150 Ariz.94, 97, 722 P.2d 262, 265(1986), *quoting Restatement (Second) of Contracts* §152 cmt b(1979).

⑤ *Id.*, *quoting Restatement* §152 cmt.a.

⑥ *Emmons*；*Restatement* §152.

初审法院为此引用了第 154(b)条款的"评论 a"所列举的例子,这一例子这样说道,"当某一方当事人在签订合同的时间和地点上,知道自己对于与错误相关的事实知识非常有限,但是,他仍然认为这些知识已经足够",那么,这一方当事人就应该承担错误带来的风险。在解释这一条款的时候,华盛顿州最高法院说道:"在这样的情形中,并没有错误。相反,当事人对于某种事实的不确定性是意识到的,或者说对于未来的结果,他自己也知道是无法预测的。"①

遗产托管机构坚持认为,本案中的任何一方当事人都不应该承担错误带来的风险,认为《合同法重述》第 154(b)条款及其评论 a 都不适用于本案这样的事实。在评论 a 所列举的例子中,买方发现购买的土地——这一块地是当作农场来出售的,而且是以农场的价格来标价的——下面有着价值不菲的矿藏,这时,错误的风险就是被分配给了卖方。即使我们法院接受原告的辩解意见,认为评论 a 中的例子并不类推适用我们手中的案件,然而,评论 c 显然在本案中还是应该适用的。评论 c 是这样阐述的:

> **"自知无知"**。即使产生错误的一方当事人不愿意承担风险,但是,在签订这一合同的时候,他也许已经意识到自己对于这一错误所涉及事实的知识和了解非常有限。如果他不仅仅是意识到自己这方面的知识非常有限,而且是在有着这样意识的情况下继续进行交易,那么,他就应该承担这一错误带来的风险。在这样的情形下,在一定程度上人们有时会认为,这里并没有"错误",这里有的只是当事人的"自知无知"。②

通过其遗产处理人,遗产托管机构聘请了两个评估师,一个是拉尔森,另一个是印第安艺术品的专家,原告聘请这两个评估师对遗产中的印第安艺术品和手工艺品进行估价。拉尔森曾经特别告诉纽曼,她并不知道如何评估艺术品。在纽曼的证言中,他说道,当时自己对拉尔森并非艺术品评估的行家没有太在意,他相信除了房子和一些印第安艺术品之外,遗产中并没有什么"特别有价值"的东西。尽管知道遗产中除了一些印第安艺术品之外还包含着一些艺术画框,也知道拉尔森对于艺术品评估并不在行,但遗产处理人还是寄希望于由拉尔森来通知他们遗产中是否有着任何艺术品,或者

---

① Bennett v. Shinoda Floral, Inc., 108 Wash.2d 386, 739 P.2d 648, 653—54(1987).

② 《合同法重述》的评论 c 中,对于"自知无知"这个概念作了解释。"自知无知"的主要意思就是,某一方当事人知道自己对于某一事实缺少知识,并不了解(例如,前面几个案件提及的对稀有小提琴真伪如何判断的知识、所购买的土地究竟有没有矿藏的知识,等等),但是,他对此不当回事,仍然要继续交易下去,那么,这种行为就是"自知无知"。在这种情况下,采取听之任之态度的当事人就应该承担"错误"带来的风险。——译者注

是否需要一个艺术品方面的评估师。因为拉尔森没有再和他们说到需要另外的评估师，纽曼和佛朗茨也就没有再聘请任何有资格的艺术品评估师。在我们看来，评估师已经明确承认自己对于艺术品评估不在行，然而遗产处理人仍然信任他们，通过这样的行为，遗产处理人对于遗产中可能包括艺术品实际上就是采取了听之任之的态度，因而也就是自愿承担了错误带来的风险。[1]因此，初审法院认定遗产托管机构应该承担对于两幅油画产生错误的风险，是正确的。

遗产托管机构坚持认为，本案事实与 Renner 一案中的事实相类似，在 Renner 一案中，一个不动产的买方起诉卖方要求撤销一份大面积土地的买卖合同，买方本来想在这块土地上种植霍霍巴树，但是，买了之后才发觉缺少充足的水源来实现其买地种树的目的。亚利桑那州最高法院的结论是，买方可以基于存在共同错误这一理由要求撤销这一合同，因为买方和卖方都相信这块土地有着充足的水源供应，而有着充足的水源供应是形成这一合同的基本前提。双方当事人没有能够彻底调查清楚水源的供应究竟如何，并不能阻止原告要求撤销这一合同，因为"这一错误的风险在当事人之间并没有进行过分配"。[2]在我们法院看来，本案原告将 Renner 一案作为其主张的依据，是徒劳无用的，因为正如我们法院在前面所说的，本案原告是由于自己的"自知无知"而承担了错误的风险。

而且，根据《合同法重述》第 154(c)条款，"在案情决定了法院这样做［指法院分配风险给其中一方当事人］是合理的时候"，法院就可以将错误的风险分配给其中一方当事人。在法院作出这一决定的时候，"将要考虑当事人订立合同的目的，将依靠法官自己对于交易中行为举止的一般知识进行判断"。[3]在本案中，遗产托管机构有着充分的机会去查明正在出售的物品中有些什么东西，然而它们却没有去做。相反，遗产托管机构对于两幅油画价值不菲这一可能性听之任之，只是在赖斯夫妇付出努力之后，在知道了它们的真正价值之后才采取行动。在这样的情形下，遗产托管机构是自己所做荒唐事情的牺牲品，法院决定让它来承担错误的风险是合理的。

---

① Klas v. Van Wagoner, 829 P.2d 135, 141 n.8(Utah App.1992).
在这一案件中，法院认定，不动产的买方没有权利要求撤销合同，因为他们应该自己承担错误所带来的风险。该案中的不动产买方聘请了建筑师、装潢师和电子工程师来检查准备购买的不动产，但是，他们并没有将这一不动产进行评估；买方在签署买卖合同的时候知道他们"对于这一座房子的真正价值'了解有限'"。——译者注
② 150 Ariz. at 97 n.2, 722 P.2d at 265 n.2.
③ *Restatement* § 154 cmt. d.

三、显 失 公 平

遗产托管机构还认为，去强制履行其出售油画的"合同"，是显失公平的一件事情。确定某一份合同是否显失公平，是由初审法院审理的一个法律上的问题。①现在，我们法院从头开始审视"显失公平"这一规则。②"显失公平这一规则既包括了程序上的显失公平，例如，在交易过程中存在着错误，也包括着实体上的错误，例如，合同的条款存在着明显错误。"③

遗产托管机构在审理中引用了 Maxwell 这一案件，坚持认为我们正在审理的是一个在实体上显失公平的案件，它涉及的是合同的实际条款以及当事人义务的相对公平性问题。实体上的显失公平包括了以下几种情形：第一种是"一边倒"的条款——这些条款或者是"欺压"了另外一方无辜的当事人，或者不公平地对另外一方无辜的当事人进行突然袭击；第二种是通过协商确定的权利义务，在总体上失衡；第三种是在成本或者价格问题上存在着重大差异。④需要指出的是，法院是在当事人达成合同的那一个时间节点上，来判定显失公平是否存在。⑤

在拒绝根据显失公平来撤销油画买卖这一点上，初审法院在判决意见中说道："由于这一交易的结果是遗产托管机构在事后认为显失公平，所以，这一合同的条款当然不是显失公平的。"我们法院在此同意初审法院的这一分析。本案涉及的交易与协商无关，遗产托管机构通过对每一幅油画标出价格这一方式，自己单方面确定了合同的条款，而赖斯当时只是支付所要求的价款而已。"某一个合同的结果，对于合同的其中一方或者另外一方来说，也许是最坏的一个结果；对此，我们法院不能让自己显示出一种家长制作风，简单粗暴地让这样的当事人从最坏的结果中解脱出来……而由法院来宣告系争合同是显失公平，那法院就是切切实实地在显示着家长制的作风。"⑥

初审法院的判决予以维持。根据我们的自由裁量，对于赖斯夫妇要求对方承担上诉中的律师费的要求，予以驳回……

---

① Maxwell v. Fidelity Financial Services, Inc., 184 Ariz. 82, 907 P.2d 51(1995).

② Samaritan Health Sys. v. Superior Court, 194 Ariz.284, 981 P.2d 584(App. 1998).

③ Phoenix Baptist Hosp. & Medical Ctr., Inc. v. Aiken, 179 Ariz.289, 293, 877 P.2d 1345, 1349(App.1994), *quoting* Pacific Am. Leasing Corp. v. S.P.E. Bldg. Sys., 152 Ariz. 96, 103, 730 P.2d 273, 280(App.1986).

④ *Maxwell.*

⑤ *Id.*; *cf.* A.R.S. § 47-2302 [UCC § 2-302].

⑥ Pacific Am. Leasing, 152 Ariz. at 103, 730 P.2d at 280, *quoting* Dillman and Assocs., Inc. v. Capitol Leasing Co., 110 Ill. App.3d 335, 66 Ill. Dec. 39, 442 N.E.2d 311, 317(1982).

舍伍德诉沃克①

密歇根州最高法院(1887 年)

本案要旨

原告舍伍德在被告沃克处看中了一头母牛,当时原、被告一致认为这头母牛没有怀上小牛,被告还认为这是一头不能生育繁殖的母牛。通过协商,被告同意将这头母牛以极其便宜的价格卖给原告。但是在交付之前,被告却发现这一头母牛已经怀上了小牛,其实际价值要高出很多,于是被告拒绝交付这一头母牛。原告向法院起诉,要求被告交付这头母牛。法院认定当事人在合同的实质问题上存在共同错误,最终以多数判决支持了被告。

本案确定的规则是,如果某一个共同错误的事实属于合同的实质问题,而非一般的问题,那么这样的合同就是可以被撤销的。

莫尔斯法官②代表法院呈递以下判决意见:

原告舍伍德在本案的诉讼请求是,要求法院判令被告沃克将一头母牛予以返还。这一诉讼是在密歇根州的法院开始进行的,该法院作出了原告舍伍德胜诉的判决。被告不服判决,上诉到韦恩县③巡回法院,巡回法院再次作出了支持原告的裁决和判决。被告仍然不服,认为初审法院判决不当,继续提起上诉,被告列举出了需要我们法院审查的 25 个方面的争议问题。

本案争议的主要问题取决于买卖一头母牛的合同应该如何解释。原告主张,这一头母牛的所有权已经转移到他那里,其诉讼的基础也就是这一主张。被告则坚持认为,这一合同尚在履行之中,根据合同的条款原告尚未获得这一头母牛的所有权。被告[沃克及其儿子]居住在底特律,但是,他们却是在加拿大安大略省的沃克维尔经商,并且在韦恩县的格林菲尔德经营着一个农场,该农场中有着一些纯种的、被认为不会生育繁殖的牲畜。沃克父子是一种"无角安格斯牛"④的进口商和饲养商,他们将这些牛进口过来,然后进行饲养。原告舍伍德是居住在韦恩县普利茅斯的一个银行老板。他打电话给在沃克维尔的

---

① Sherwood v. Walker,66 Mich.568,33 N.W.919.
本案被告有两人,为沃克及其儿子。——译者注
② Morse,J.
③ 韦恩县是美国密歇根州的一个县。——译者注
④ "无角安格斯牛"是一种在美国普遍养殖的牛,主要用于生产牛肉。它原来是英格兰的一个品种,后来被引入美国。这种牛没有牛角。——译者注

被告,想要购买他们的一些牲畜,但是,发现在那里并没有适合他的牲畜。后来,原告见到了被告中的一个,原告被告知,他们在格林菲尔德农场还有一些牲畜。原告被建议到这一农场去看看这些牲畜,被告当时说道,它们很可能是不会生育的牛,无法繁殖。1886 年 5 月,原告来到了格林菲尔德农场,见到了这些牛。几天之后,原告打电话给其中的一个被告,说自己想要买其中的一头母牛,他知道那是一头叫作"玫瑰 2 号"的母牛。在经过深入交谈之后,双方商定,将由被告打电话到舍伍德在普利茅斯的家中,以最终确定这头母牛的价格。在这次谈话的第二天早晨,原告接到了被告的电话,在这次电话交谈中,这一买卖的条款被双方最终商定。原告将按照每磅 5.5 美分的价格购买这一头母牛,按照取走这头母牛时的实际重量计算,允许的误差为 50 磅。原告还被问到,如何将购买的这一头母牛带回家;原告回答道,他可能会用一种叫作"King"的牲畜运输车来装运这头牛。原告要求被告以书面方式将这一买卖确定下来,被告后来确实向原告发出了以下这一封信:

沃克维尔,1886 年 5 月 15 日

舍伍德先生:

我们在此确认,向你出售一头名叫"玫瑰 2 号"的母牛,这一头牛在我们的分类中是 56 号。这一头母牛的价格是每磅 5.5 美分,可以有 50 磅的重量作为误差抵扣。我们在这一封信中附上了给格雷厄姆先生的一份交货通知,由他向你交付这一头母牛。你可以将支票留在格雷厄姆那里,也可以直接邮寄到我们这里,随便哪种方式都可以。

海勒姆·沃克及儿子

信件中所附的寄给格雷厄姆先生的交货通知是这样写的:

沃克维尔,1886 年 5 月 15 日

乔治·格雷厄姆先生:

请你将我们的 56 号母牛"玫瑰 2 号"放在"King"牲畜运输车上,把这一头牛交给普利茅斯的舍伍德先生。请将这一头母牛系上缰绳,并过磅称好分量。

海勒姆·沃克及儿子

在当月的 21 日,原告舍伍德来到了被告在格林菲尔德的农场,向格雷厄姆递交了沃克的信件及交货通知,然而,格雷厄姆告诉原告,被告已经告诉他,让他不要将这一头母牛交给原告。在这之后,原告曾经向海勒姆·沃克交付 80 美元,想要回这一头母牛。但沃克拒绝收下这笔钱,也拒绝将这一头母牛交给原告。于是,原告舍伍德提起了本案诉讼。在原告根据法庭

357

的一份扣押令①占有了这一头母牛之后,通过执行这一扣押令的警察的帮助,原告将这一头母牛进行了称重,称重不是在"King"牲畜运输车上进行的,而是在另外一个地方进行的。这一头母牛称下来的重量是 1 420 磅。

在巡回法院审理的过程中,原告舍伍德向法院提交了上述证据,以说明双方交易的整个过程;被告则向法院提出在案件中应该排除这些证人证言的动议,被告的理由是这些证据与案件没有关联性,并没有证据表明这一头母牛的所有权已经转移到原告那里,它们仅仅表明这一合同尚在履行当中。巡回法院驳回了被告的这一动议,但是,巡回法院对于被告的动议允许了一个例外,[允许被告就这一交易存在错误提交证据。]被告接着向法院提交了相关证据,表明在买卖发生的时候,原告和被告都相信这一头母牛是不会生育的,将来是不能够繁殖的;这一母牛的饲养成本就在 850 美元,如果它是一头能够生育的母牛,那么它的价值就是在 750—1 000 美元之间;在被告寄出上面的那一封信和通知之后,格雷厄姆告诉被告,根据他的判断,"玫瑰 2 号"这一头母牛已经怀上了小牛, 被告得知这一情况后要求格雷厄姆不要将这头母牛再交给原告,而且,在 1886 年 5 月 20 日这一天,被告打电报给原告,告诉他格雷厄姆认为这一头母牛已经怀上了小牛,因此,他们不会再将这一头母牛卖给原告了。这一头母牛在当年的 10 月生下了一头小牛。在 5 月 19 日这一天,原告曾经给格雷厄姆写过以下的一封信:

358

普利茅斯,1886 年 5 月 19 日

格雷厄姆先生:

　　我已经从沃克先生这里买下了"玫瑰"或者是"露西"这一头母牛,我将在星期五早晨的 9 时或者 10 时来取回它。在那一天早晨请不要给它喂水。

舍伍德

原告在法庭进行陈述时,解释了他在这一封信中提到两头母牛的原因,当他写这一封信的时候,被告的信件和通知正好放在家里,他是在急匆匆的情况下写下这一封信的,当时对于所购买母牛的具体名称不太确定,他希望在带走这一头母牛的时候,格雷厄姆不要给这一头母牛喂水。原告认为,在信中提到两头母牛的名称对这一交易并不会有不好的影响,因为在付款单上他会明确表明买的究竟是哪一头母牛。原告向法庭作证道,他曾经向被告提出,要求被告给在格林菲尔德农场余下的牲畜报个价,他的一个朋友也想买下一些。原

---

① "扣押令"是指在案件审理中,法院根据当事人的申请先行对某一物品实施扣押。这一行为类似于我国的诉讼保全或者先予执行。——译者注

告是在 1886 年 5 月 17 日这一天收到被告信件的,在这封信中被告对 5 头母牛进行了报价,其中给"露西"的报价是 90 美元,给"玫瑰 2 号"的报价是 80 美元。当原告收到这一封信的时候,他打电话给被告,问他们为什么将"玫瑰 2 号"放在目录当中,因为他已经买下了"玫瑰 2 号"。被告回答,他们知道原告已经买下了这头"玫瑰 2 号",但是他们认为,如果原告和他的朋友商量好要买走全部牲畜的话,在信件中写上"玫瑰 2 号",并没有什么关系。

以上这些事情形是本案中所有证人证言的核心内容。

……[我们在此省略掉了法院对"玫瑰 2 号"这一头母牛的所有权有没有转移这一问题的讨论。虽然所有权如果转移给了买方,在以前曾经可以控制很多的风险,但是,现在它并不是那么重要了。[①]]

被告拒绝交付这一头母牛,完全是因为这样的事实,在原告打电话给格雷厄姆要求交付["玫瑰 2 号"]这头母牛之前,他们发现了这头母牛并非不会生育,因而这一头母牛要比他们卖给原告的价格有着更高的价值……从庭审记录可以看出,双方当事人当时都假定,"玫瑰 2 号"是一头不会生育繁殖的母牛,它是按照每磅多少钱来出售的,与它作为一头能够生育繁殖的母牛的真正价值相比,如此方法卖得的价款少得可怜。显而易见,对这一头母牛的买卖是建立在把它当作牛肉来买卖的基础上,除非原告已经知道这一头母牛的真实情况,并且对于被告隐瞒了这一情况。在原告取走这一头"玫瑰 2 号"母牛之前,被告得知它是怀着小牛的母牛,价值不菲,于是,被告想通过拒绝交付撤销双方的合同。由此带来的问题是,被告是否有权这样做?下级巡回法院的法官认定,本案的事实并不能认定这一买卖无效, 所要购买的母牛是不是能够生育,对于这一案件来说没有什么影响。我对本案的意见是,巡回法院作出这样的判决是错误的。我知道,这一问题可以说是本案的最终问题,已经判决案件中的界线到底在哪里,并不容易很清楚地找到。但是,以下的规则被认为是一种很成熟的规则,那就是:如果当事人对于某一合同的同意或者某一合同的成立是建立在对主要事实存在错误这一基础上,那么,对于买卖合同作出明确同意的一方当事人,可以拒绝履行,或者在这一合同履行完毕之后要求使它无效。存在错误的"主要事实",包括买卖指向的标的物、价格或者诱导当事人订立协议的一些重要的单方事实;当这样的错误是共同错误时,当事人就可以拒绝履行或者要求法院判定这样的合同无效。[②]

如果当事人是对于交易的实质内容存在着差异或者错误;如果合同项下

359

---

① 可以参见《统一商法典》第 2-401 条款相关规定[该条款对什么情况下所有权发生转移进行了界定]。此为原书中的注解。

② 1 Benj. *Sales*, §§ 605, 606.

交付或者接受的东西在实质上与他们讨价还价想买卖的东西存在差异，那么，当事人就可以行使撤销合同的权利。但是，如果只是在物品的一些属性或者意外事件上存在着小的差异，那么，即使这样的错误也许是引发当事人达成合同的动机，这一合同还是有约束力的。

在每一个案件中，我们法院面临的困难是，应该如何去判断某一个错误或者错误理解对于整个合同来说是不是实质性的问题。如果它们涉及的是实质性的问题，那么它应该是涉及这一交易对象的根本；而如果只是涉及一些点上的小问题，那么，即使是很重要的一个点，对于它的错误并不影响到整个对价的实质。①

已经有法院作出了与我们上面提到的原则相一致的判决，即对于一次买卖马匹的交易，如果这匹马买下来的时候是基于它确实是好马的内心确信，买方和卖方当时都诚实地相信这是一匹好马，那么，[不管这匹马到底是好是坏，]买方都必须信守承诺，支付这一匹马的价款，除非[卖方]对于这匹马的品质存在着法律上的保证。

然而，通过本案的庭审记录，在我看来，本案当事人的错误或者错误理解涉及的是这一协议整体上的实质问题。如果这头母牛是会生育繁殖的母牛，其价值至少是750美元；而如果是一头不会生育繁殖的母牛，其价值就不会超过80美元。如果不存在这样的共识和确信，即所出售的母牛是不会生育的，它作为母牛来说是没有用的，那么，当事人就不会达成这一合同。确实，本案争议的这一头母牛与双方签订合同时所认可的那一头母牛，是同一头；对于系争母牛的身份，双方当事人并不存在认识上的错误。然而，本案中双方当事人的错误并不仅仅在于这头动物的品质到底如何，而是涉及这一交易的根本问题。一头不会生育繁殖的母牛与一头会生育繁殖的母牛之间的差异，属于实质上的不同。两者之间的巨大差异就像一头公牛与母牛之间的差异，母牛能够生仔、产奶，而公牛却不能这样。如果合同上的错误只是简单涉及这头牛在某个季节中是否会怀上小牛，那么双方达成的也许就是一份好的买卖合同。但是，在本案中，合同中的错误却影响到这头母牛长久的特性，涉及这头母牛现在和今后的使用问题。从这一点来说，这头特定的母牛或者这样的一头母牛，并不是被告想要出售给原告，或者原告想要购买的母牛。本案争议的这头母牛，并非一头不会生育的牛，这一事实如果在出售之前就被当事人知晓，那么就不会有这一合同产生。这样的错误，影响的是整个对价的实质问题，因此，尽管当事人实际上已经达成了合同，但是，我们也应该认定当事人没有达

---

① Kennedy v. Panama, etc., Mail Co., L.R.2 Q.B.580, 587.

360 成买卖合同,或者说没有达成一份符合这头母牛实际情况的买卖合同。事实上,当事人想要买进和想要卖出的那一个东西并不存在。系争的母牛是被当作一头生产牛肉的动物来出售的,而实际上它却是一头会生育繁殖的母牛,而且是一头价值不菲的母牛。

初审法院应该这样指导陪审团,如果陪审员认定这一头母牛的出售或者商议好的买卖是基于这头母牛不会生育繁殖,不能用于繁殖小牛这样的共识,而事实上这头母牛却并非不能生育繁殖,而是能够正常生育繁殖,那么,被告就有权撤销这一合同,并拒绝交付这头母牛,陪审团也就应该作出有利于被告的裁决。

下级法院的判决应该予以推翻,由下级法院重新作出一份新的判决……

舍伍德法官[1]对于多数法官的判决提出了反对意见:

对于本案,我并不能同意我的同事们所作的判决……

除非存在着一个可以让合同无效的错误,否则对于本案这一诉讼,原告应该有权利要求被告交付这一头母牛,而在本案中,我并没有发现存在着这样的错误。在本案中,并不存在着欺诈或者隐瞒事实的任何借口,如果提示说当事人中的任何一方有着欺诈或隐瞒,毫无疑问,这比交易过程或者这一案件中的任何其他事情都更加令他们感到意外。

法庭的庭审记录表明,原告是一位银行老板,也是一位农场主,他经营着一个农场,饲养着最好的种畜,居住在韦恩县的普利茅斯这个地方,这里距离底特律23英里。被告居住在底特律,也是一个高等级牲畜的经营者;被告在加拿大的沃克维尔有着一个农场,在韦恩县的格林菲尔德也有着一个农场,被告在这两个农场饲养着他们的牲畜。格林菲尔德的农场距离原告的农场有15英里。在1886年的春天,原告得知被告有一些"无角安格斯牛"出售,急切地想要买一些能够繁殖的这种牛,想在沃克维尔见到被告,于是,原告向他们询问相关情况,被告知在沃克维尔他们没有这样的牛,"但是,在格林菲尔德的农场他们有一些牛留在那里,被告请原告去那里看一看,被告当时说道,它们十有八九是不能生育繁殖的母牛"。响应被告的要求,原告在5月5日这一天出发,查看了被告在格林菲尔德农场的那些牛,他看中了名叫"玫瑰2号"的这一头母牛,想要买下来。双方最终商定了买卖的条款,每磅5.5美分,以当时称的重量为准,允许扣除50磅的重量。这一买卖是以书面形式确定下来的,被告给了原告一个通知,让在格林菲尔德农场负责的格雷厄姆将这一头母牛交给原告。以上这些事情是在5月15日这一天完成的。在5月21日这一天,原告去领回他购买的那一头母牛,而被告却拒绝原告将这一头母牛带走,声称在

---

[1] Sherwood, J.

格林菲尔德农场负责的格雷厄姆认为这一头母牛已经怀上了小牛,而且,如果真是这样的话,他们就不会再以原先商定的价格卖出这头母牛了。庭审记录进一步显示,在卖出这一头母牛的时候,被告相信这一头母牛没有怀上小牛,而且是不会生育繁殖的;从被告告诉原告的那些话来看(因为在本案中,并没有证据表明原告有着其他方面知识或者掌握着其他事实,让他可以就这一头牛究竟如何形成一个意见),原告当时相信这一头母牛是可以产仔的母牛,[虽然现在没有怀上小牛,]但是在将来可以繁殖。对于这一头卖给原告的母牛能否生育繁殖和牛的品质问题,以上就是当事人前后接触和相互协商的全部情况。这一头母牛在当年的 10 月生下了一头小牛。

361

毫无疑问的是,在出售这头母牛的时候,被告是按照他们相信的这头母牛的生育情况和品质进行出售的,买方也是这样理解这一头母牛的。买下这一头母牛的时候,买方相信了卖方对这一头母牛生育情况的陈述,相信这一头母牛有着被告说的所有品质,甚至有着更多的品质。原告相信,这一头母牛将来会繁殖。原告当时确实是当买牛肉那样买下了这一头母牛,这没有什么遮遮掩掩的,庭审记录中也没有任何东西表明,原告只有在认为这一头母牛可以繁殖的情况下才会买下它。上述这些事实,都是包括在庭审记录中有关这一合同的重要事实。在上述这些事实下,我们法院的多数法官认定,因为事后证明原告对于这一头母牛能否生育繁殖的判断比被告更加正确,而且任何一方当事人在当时都不可能主动知道这一点,所以,被告可以根据自己的意愿在任何时候撤销这一合同。据我知道,没有任何法律——多数法官也没有指出任何这方面的法律——可以证明他们的这一判决是正确的。我认为,[下级]巡回法院的法官对于当事人之间合同的解释是正确的。

当事人提出,在主要事实上的共同错误,是在达成买卖合同的时候就存在的错误。在本案中,对于这一头母牛能否生育繁殖这一属性并没有法律上的保证。当某一个错误事实被作为撤销合同的依据时,这样的事实不仅在签订合同的时候必须存在,而且必须是已经为一方当事人或者双方当事人所知道。在当事人没有作出法律上保证的情况下,如果在当时并没有这样的事实存在,或者即便确实存在这样的事实,然而任何一方当事人都不知道或者不可能知道,那么,就没有事实上的错误。我认为,在本案中,正好就是这样的情形。如果某一匹汉布尔顿尼安马①的主人对自己的这一匹马进行了速度测试,发现这一匹马跑出 1 英里需要 3 分钟,于是,因为相信那是这匹马能跑出的最快速

---

① "汉布尔顿尼安马"是 18 世纪末美国的一种著名赛马,以速度奇快闻名于世。——译者注

度，主人就决定以 300 美元的价格将这一匹马卖出去。而当时买方知道这一匹马完全可以跑得更快，就以 300 美元的价格买下了这一匹马。几天之后，在一个更加有利的环境下，这一匹马在 2 分 16 秒内跑完了 1 英里，证明这一匹马价值 20 000 美元。我很难相信，不管是在衡平法上还是在普通法上，法院会判决这一情形下卖方有权撤销这一合同。这样的法律原则同样适用于每一个案件。

在本案中，在买卖这一头母牛的时候，没有一方当事人知道它的真正属性和条件。被告对原告说，或者是曾经对原告说过："他们在格林菲尔德农场还留有一些牲畜，要原告去那里看一看，当时他们说到这些牲畜十有八九是不能生育、也不会繁殖的牛。"于是，原告根据被告的要求确实去了被告的农场，在那里发现了这些母牛，包括他想购买的那一头，这些母牛与一头公牛在一起。当时这一头母牛露阴在外，但是，没有一方当事人知道它当时已经怀上了小牛，或者这一头母牛将来会不会繁殖。被告认为，它将来不会繁殖，但是，原告说，他认为这一头母牛将来可以繁殖，但相信它在当时并没有怀上小牛。按照

362 他们所相信的这一头母牛的情况，被告卖出了这一头母牛，而原告则在被告说出那些话之后，按照他所相信的情况买下了这一头母牛。双方中的任何一方当事人对于合同的条款都没有附加上其他条件。实际上，这一合同是在当时情况下他们所能达到的最好程度的合同，而且我知道，现在没有任何判例说到我们法院对于当事人以书面方式达成的这一合同可以通过添加一个前提条件来作出改变；这一条件就是，如果被告认为这一头母牛不会生育繁殖的确信是错误的，那么，这一头母牛就应该返还给被告，他们的合同将被取消。在我看来，法院这样做就是改变了当事人当初所达成的合同。当某一份合同依法达成之后，在法院被要求强制执行这一合同的时候，法院没有义务去"摧毁"这一份合同。在本案中，当事人中的任何一方都没有重要事实上的错误，可以让卖方有权来撤销这一合同。对于本案双方交易事项的实质内容——一方当事人认为这一头母牛应该是不会生育繁殖的，而另一方当事人认为不是这样的——双方当事人之间没有什么差异，也没有什么错误陈述。至于随后就要交付的这一头母牛的属性，双方当事人有着同样的疏忽，对于买了之后会是什么情况，每一方当事人都可以试试他们的运气。如果法律不是这样的，那么在购买这种牲畜的交易中，就不会有安全感。

我完全同意我的法官同事在本案中这样的表态："如果合同项下交付或者接受的东西在实质上与他们讨价还价想买卖的东西存在着差异，那么，当事人就可以行使撤销合同的权利。但是，如果只是在物品的一些属性或者意外事件上存在着小的差异，那么，即使这样的错误也许是引发当事人达成合同的动

机，这一合同还是有约束力的。"在本案中，被告卖出去的母牛，就是要交付给原告的这一头母牛。在这一头母牛卖出去之后，它会发生什么，或者不发生什么，并不是这一合同的组成部分……

根据庭审记录，不管本案中存在什么样的错误，即使有的话，这样的错误也是在于被告这一方，当时他们是在按照自己的判断行事。然而，"在对于动物的属性究竟是什么这一点上，如果产生错误的一方与另外一方并没有什么共识作为前提，假定产生错误的这一方是由于自己的错误造成了损失，那么，它是不能得到法律上的救济的"[1]，这一点是基本的法律，而且，是非常基本的法律。

……在本案中，如果说到某一方要比另外一方对于这一头母牛属性的了解有着更多的知识，那当然是被告有着这样的优势。我认为，法律已经很好地确定了这样的原则，"如果对于某一事实或者情况掌握更多知识的一方没有从中获得利益——这一事实和情况实际上是在双方当事人的知识范围之内——那么，另一方当事人在这种情况下就没有违反默示的信赖，因为没有一方当事人可以躺在这样的信赖上睡大觉，除非当事人被要求了这样的信赖或者提出了这样的信赖"；一般的买卖对于所购买东西的品质，并不默认有任何法律上的保证，或者说是没有任何的保证；如果卖方向买方说了他自己是怎样相信这一头动物的属性的，而买方又是依赖于自己对这一动物属性的判断买下了它，那么，在这样的情形中就没有法律上的保证。而且，如果一方在日后发现自己的判断已经出现了错误，那么，任何一方当事人都不会对另一方享有法律上的诉因。

被告想让这一合同无效的唯一借口就是，他们在判断这一动物的属性和价值时存在着错误……我认为，下级法院的判决应该予以维持。

怀特诉伯林达·梅萨水务局[2]

363

[加利福尼亚州]第五地区上诉法院（1970 年）

本案要旨

原告之一的怀特是一位建设工程承包商，被告是当地一个水务管理部门。被告为了一个公共工程向社会公开招标。在投标过程中，原告由于自己的疏忽导致了标书在计算工作量时出现了错误，其竞标价格成了所有投标人当中

---

① Leake, *Cont*.338.
② White v. Berenda Mesa Water Dist. 7 Cal. App.3d 894，87 Cal.Rptr.338.
本案有两个原告，除了怀特之外，还有一位叫埃特纳。——译者注

的最低价。然而,实际情况是,根据具有效力的招标说明和报表,原告完成这一工程需要很大的投入,要远超其投标价格。原告马上发现了自己的错误,随即向被告说明了情况,要求撤销这一次竞标,但是,原告的要求遭到了被告的拒绝。原告向法院起诉,要求被告返还保证金。法院认定,原告在本案中的错误只是一般的疏忽,判决支持了原告的诉讼请求。

本案确定的规则是,一般的疏忽不能被认定为违反了法定义务。对于判断上的错误,在必要的时候可以得到法律上的救济。

科克利助理法官[1]代表法院呈递以下判决意见:

本案两个原告在以下判决意见中简称为"怀特"和"埃特纳";被告则简称为"水务局"。

本案是一起涉及确权性救济[2]的诉讼。原告怀特和埃特纳向法院起诉,要求撤销一份建设工程合同,并返还埃特纳代表怀特向被告提交的竞标保证金。被告水务局则提起反诉,要求本案原告赔偿其损失。初审法院在经过审判之后,就原告起诉部分和被告的反诉部分,都作出了支持被告水务局的判决,判决原告怀特和埃特纳败诉。初审法院判定被告水务局的损失为 42 789 美元……

本案的纠纷是这样产生的:被告水务局有一个建设工程项目要进行招投标,这一工程分为四处独立的标段。原告怀特以较低价格竞得了这一工程中的其中一个标段,即一个常规水库的工程建设。为了准备这一竞标,原告怀特通过埃特纳向被告交纳了 42 789 美元的竞标保证金。[3]

就这一标段的工程招标,另外还有 8 家企业进行了投标,其中怀特是以较低价格竞标的人。当标书打开时,标书显示的报价从怀特的较低报价 427 890 美元,到较高的报价 721 851 美元,呈由低到高排列。仅次于怀特报价的次低报价是"埃纳兄弟"的 494 320 美元,比怀特的报价还高出 66 430 美元。被告水务局有一咨询机构"波伊尔工程公司",它就这一标段工程的估价是 512 250 美元,也比原告怀特的报价高出 84 360 美元。看到这样的结果,怀特意识到他

---

① Coakley, Associate Justice.

② "确权性救济"是指一方当事人向法院提起诉讼,要求由法院来确定某个当事人享有合同上的权利或者法律上的权利。法院根据当事人的这种请求作出的判决是"确认性判决",可参见第 46 页注释。——译者注

③ 有一些地区会要求公共合同的竞标人在竞标之前先要交纳一定数额的保证金,如果竞标人撤回竞标,将被没收保证金。此为原编者加的注解。

"公共合同"下的项目,是指为了实现公共目的,以政府公共资金投入的项目。——译者注

可能在报价的时候出现了差错,于是他重新对自己的标书详细地进行了核查,认定自己在计算第13号项目——即挖掘23 000立方码地基物质——所需费用的时候,发生了错误。在发现了自己的错误之后,怀特在被告水务局决定接受或者拒绝这一次竞标之前,以书面形式通知了被告水务局,指出因为计算的错误,"我们在此撤回竞标……并要求返还已经交纳的保证金"。……

[对于怀特决定撤回标书的请求,]公共事务管理委员会①的律师提出的建议是,如果怀特的计算差错是由于"事实上的错误"而引起,那么他的竞标就不能被接受;但是,如果怀特的计算差错是由于其"判断上的错误"②造成,那么他的竞标对于自己就是具有约束力的。公共事务管理委员会认为,尽管怀特已经申请撤回竞标,但是,他们仍然通过投票决定接受怀特的竞标。不久之后,怀特向该委员会以书面方式提出他撤销这一次的竞标。于是,水务局将这一标段的合同授予了"埃纳兄弟",也就是这一标段的次低价竞标者。怀特随即提起了本案诉讼……

在准备这一次竞标之前,怀特研究了招标方案和招标说明,实地参观了工程所在地的现场,对地层作了目测。在怀特参观现场的同时,为了查看与所要挖掘地基相关的土壤报告,他的儿子凯利访问了波伊尔工程公司的办公场所。在那里,凯利查看了土壤报告的插图3和插图4,这两个插图是土壤报告的组成部分, 所有的竞标人都可以查看到这份土壤报告。在查看这一个土壤报告之前,凯利还查看过招标方案和招标说明中的表格10。插图3和插图4中标注了地质工程师所挖掘的不同测试洞孔的具体方位。其中一个洞孔标注为B—51。插图3显示,有一条虚线画在B—51洞孔以东约100英尺的地方。这条虚线表明,这是一个建议的水渠对接区域,并不包括在常规水库的工作范围之内。插图4显示,在B—51洞孔以西的地方,几乎全部是由"风化岩和沙石③"组成,只有一小部分地层横亘在其中。凯利向法庭作证道,根据他对插图3和插图4的查看,他的结论是,需要挖掘坚硬石块的工作量只占整个工程很小的一部分,凯利将这一结论告诉了他的父亲。凯利对坚硬石块占整个区域

364

---

① 美国地方政府中有着公共事务管理委员会这一机构,它的主要职责是决定是否批准那些用公共资金建设的项目。由于本案中系争的工程项目是一个公共项目,因此,需要得到这一委员会的批准。——译者注

② 在这里,法官在判决意见中提到了两个重要的概念:"事实上的错误"和"判断上的错误"。通常情况下,由于"事实上的错误"造成竞标出现错误的,竞标人可以撤回,而由于"判断上的错误"造成竞标出现错误的,则竞标人不可以撤回。这是当事人在本案中争议的焦点,也是法官在下面的判决意见中重点分析的内容。——译者注

③ 风化岩和沙石,都是质地较软的石块,在挖掘时所需工作量较小,因而挖掘成本也较低。——译者注

比例的估计是 7%。紧接着,怀特又访问了波伊尔工程公司,该公司的托马斯先生告诉他,施工过程中只会碰到很少的坚硬石块。在这样的情况下,怀特提交了他的竞标报告,并交纳了保证金。现在的情况表明,在 B—51 洞孔以西地块,90% 及以上是由风化岩和沙石组成,只有余下的部分才是由坚硬石块组成。因此,凯利对 B—51 洞孔以西地块坚硬石块所占比例估计为只有 7%,是比较合理地接近实际情况的。

然而,表格 10、招标方案、招标说明中的内容,与土壤报告中插图 3 和插图 4 有着不同。前面的这些材料很清楚地表明,水渠调整是以 B—51 洞孔以东 400 英尺甚至更远的点作为界限,而不是插图 3 所标明的 100 英尺。在 B—51 洞孔这个点和闸门调整界限以西的这片区域之间,有一个小山丘横在其中,这个小丘地基几乎全部是由坚硬石块组成的。挖掘这个小山丘和它下面的坚硬石块,是这一标书 13 号项目所要求的任务,因此也就是挖掘承包商的职责。

根据 13 号项目的要求,将要挖掘整个区域的工作量是 230 000 立方码,证据表明,将要挖掘的坚硬石块不是 10 000 立方码,而是 110 000 立方码;所要挖掘坚硬石块占全部工程的比例,不是凯利所估计的 7%,而是大约占到 50%,余下的约 50% 才是由风化岩和沙石组成。大家公认的是,挖掘坚硬石块需要的花费,要比风化岩和沙石高出许多。

在准备提交这一标书之前,怀特已经得到了招标说明的复印件。招标说明的第 108 部分规定,被告水务局对于土壤报告的准确性并不承担保证责任。怀特是一个有经验的合同承包商。因此,他知道土壤报告是在详细的招标说明之前让承包商提前准备所使用的材料,只有招标说明而不是土壤报告才具有约束力。因此,怀特在准备标书的时候存在着疏忽,说得更明确些,他没有能够将插图 3 和插图 4——怀特根据其经验知道这些插图并不保证其准确性——与表格 10 和招标说明结合起来查看。

365　上述这些事实的陈述只是表明,怀特在估计所要挖掘坚硬石块的工作量时发生了错误;这一错误对合同来说是非常重大的错误;这一错误属于"判断上的错误"……

在本案中,相关事实并没有什么冲突,争议的是法律上的一个问题,因而我们法院可以就这些并不冲突的事实,自行得出法律上的结论。我们法院得出的结论是,怀特的错误是"事实上的错误"和"判断上的错误"两者的结合。一方面,怀特对于所要挖掘坚硬石块的估计或者计算,属于判断性质,在这一点上他的错误确实是判断上的错误。另一方面,他的估计或者计算,是在对真正事实产生误解基础上得出的,起码部分原因是由于对土壤报告(插图 3 和插图 4)以及托马斯先生陈述的信赖所引起的。我们是在这一认定的基础上,开始对本案法律问题进行分析研究。

法 律 问 题

在我们开始讨论相关法律问题时,需要指出的是,就本案情形所形成的错误,不论是叫"事实上的错误"还是叫"判断上的错误",当事人的律师并没有援引任何加利福尼亚州或者其他地方的判例,我们法院进行的独立研究,也没有找到这样的判例。

M.F.Kemper Const.Co.诉 City of L.A.[1]案是在一个公共项目中撤销竞标的权威判例。它列举了由于事实上的错误而撤销合同的基本要素。在《加利福尼亚州民事法典》官方评论中的眉批 4 当中,对于这些基本要素进行了概括,它们是这样具体表述的:

> 合同在以下几种情形中可以因为存在错误而被撤销:如果某一个错误对于合同来说非常重要,而且这一错误并非行为人对其法定义务疏忽的结果;如果强制履行如此达成的这一合同将是不公平的;如果另一方当事人仍然可以被置于原来的境地;如果要求法律救济的一方当事人将其撤销合同的选择立即通知了对方当事人;如果他将根据合同从另一方获得的每一个有价值的东西予以返还或者提出返还。[2]

被告水务局在法律意见书中也承认,我们审理的这起案件具备 Kemper 判例所要求的所有要素,唯一有异议的就是,本案中原告的错误是"判断上的错误",而非"事实上的错误",原告的错误是对自己法定义务疏忽的结果。然而,正如我们在前面提到的,我们法院认为,原告怀特的错误不仅仅是判断上的错误,而是"判断上的错误"和"事实上的错误"这两者的结合。我们法院在这里首先分析 Kemper 这一判例所提及的"对自己法定义务的疏忽"[3]这一概念,然后再就这一问题提出我们的观点。

"对自己法定义务的疏忽",这一概念出现在《加利福尼亚州民事法典》的第 1577 条款,该条款的相关内容规定:"'事实上的错误'是指造成错误的一方并非违反其法定义务的疏忽所导致的错误,它包括以下内容:……"在解释《加利福尼亚州民事法典》第 1577 条款时,法院在前述 Kemper[4] 一案中是这样说的:"已经被法院多次接受的观点是,并不是当事人所有的不小心,都可以构成这一条款所称的'对自己法定义务的疏忽'。"……

---

① 　37 Cal.2d 696, 235 P.2d 7.
② 　Civil Code, §§1577,1689, 1691, 3406, 3407.
《加利福尼亚民事法典》在这一部分列举了可以撤销合同的若干具体因素。——译者注
③ 　*Kemper*, *supra*.
④ 　*Kemper*, *supra*, 37 Cal.2d 696, 702, 235 P.2d 7,10.

让原告怀特产生了部分信赖的那一份土壤报告，被告水务局并没有保证其准确性，这一报告是由被告水务局的工程师在准备招标说明中使用的一种报告；所有潜在的竞标者都可以获得这一份报告来进行研究；凯利查看了这一份报告，在错误地相信了这一报告中的插图 3 和插图 4 内容之后，告知他的父亲坚硬石块只占总挖掘工作量的 7％；在从儿子凯利这里得到这一信息*之后*，怀特向波伊尔工程公司的托马斯先生问起过这一问题，托马斯先生也告诉怀特，这一个地块中遇到坚硬石块的总量非常之小。然而，现在没有分歧的事实是，这一个地方所要挖掘的坚硬石块，约占这一地方的 50％。因此，我们法院认定，原告怀特在这一问题上的疏忽只是一般的疏忽，并不是严重的疏忽；他的差错"是一个合理、谨慎的商人经常发生的行为"，因而并不构成对自己法定义务的疏忽。①

接下来我们要分析的是"事实上的错误"与"判断上的错误"这两者的含义。在由于事务性的差错造成竞标错误的情况下，例如数学计算时的差错，或者将工作图表中的数字转化到最终标书时的差错，而且在所有要求撤销合同的其他因素②也已经具备的情况下，这些案件会一致认定：这样的错误是"事实上的错误"，并免除竞标人根据投标所应该承担的法律义务。

在一些案件中出现了这样的表述，即衡平法上只是对发生"事实上的错误"这样的情形给予救济，但是对于"判断上的错误"却不会给予救济。这样的评论也出现在 Kemper 这一判例中。③……

我们法院首先注意到，在 Kemper 这一判例中，加利福尼亚州最高法院是这样说的："**一般而言**，对于'判断上的错误'不给予法律上的救济。"我们认为，不要太过刚性、太过匆忙地认定"判断上的错误"绝对不可以获利法律上的救济，是一个谨慎的做法。……

在前述 Kemper 这一判例中，一家承包商对市政府提起了诉讼，要求撤销其就一个公共建设工程已经提交的竞标书，并想要回它的保证金。被告市政府则提起了反诉，要求没收原告提交的保证金，并要求原告赔偿损失。初审法院撤销了这一竞标，判令被告返还保证金，对市政府在反诉中的请求没有给予任何支持。加利福尼亚州最高法院在维持这一判决的时候说道："本案面临的

---

① M. F. Kemper Const. Co. v. City of L. A., *supra*, 37 Cal. 2d 696, 702, 235 P. 2d 7, 11.

② 这里所说的"其他因素"，就是前面提到的《加利福尼亚州民事法典》中所列举的可以撤销合同的基本因素。——译者注

③ *Kemper*, *supra*, at 703, 235 P. 2d at 11.

唯一问题是,这一公司[承包商]是否有权基于单方错误获得法律上的救济。"①
法院在 Kemper 这一判例中所认定的单方错误,是典型的"事实上的错误"。
当时,这一承包商的评估师在将数字转化到最终报表时发生了错误,标书上的
全部数据就来自这一错误的最终报表。一笔金额超过 30 万美元的项目,在转
化到工作报表时被无意地忽略,进而在最终的标书中也被忽略。在这一点上,
Kemper 这一判例和我们案件的情形是相同的。相同点体现在:(1)两个承包
商都是低价中标者;(2)在标书被打开之后不久,都发现了自己的标书出现了差
错;(3)都立即向城市的公共事务管理委员会就这一错误事项进行了解释,并撤
回了竞标;(4)几天之后,竞标人都再次来到了该委员会前面,提交了所发生错误
的相关证据;(5)尽管如此,该委员会还是决定接收先前的竞标;(6)承包商拒绝
按照投标的价格与被告签订合同;(7)在没有重新通知的情况下,该委员会将合
同授予了次低价格的竞标者;(8)被告紧接着要求没收竞标人的保证金;(9)承包
商随即提起诉讼,要求撤销竞标并返还保证金。……

　　Kemper 判例和我们法院正在审理的这起案件,唯一的区别是在投标者错误
的性质上。在前述 Kemper 判例中,当事人是在将数据转换到标书过程中发生的
差错。竞标人在统计报表和标书中无意忽略了重要的数据,这是典型的"事实上
的错误"。而在我们审理的这一起案件中,怀特的差错是由于疏忽所导致,他没
有正确地将插图 3 和插图 4 与招标方案和招标说明书结合起来阅看,由此带来
的结果是,他低估了或者错误地计算了需要搬运的坚硬石块总量。……

　　在我们看来,下级法院的判决在所谓"事实上的错误"和"判断上的错误"
两者之间划了一条太过细致的界线,这样的划分在衡平法上并不能找到相应
的支持。

　　在本案中驳回原告怀特和埃特纳所要求的法律救济,将导致严重的不公
平,而且将会树立一个冷酷而且没有必要的先例。在我们看来,怀特说过他在
判断上出现了错误的事实,以及初审法院认为他应该言而有信,这些都不应该
改变这一案件的结果。法院应该是围绕错误的所有事实,而不是贴上标签的
所谓"事实上的错误"或者"判断上的错误"来决定一个案件的结果。

　　在认定怀特有权撤回他的竞标并要回保证金的同时,我们法院并没有忘
记以下这一点,即公共事务竞标这一制度不能轻易地通过允许竞标者撤回竞
标而遭到破坏,公共事务竞标这一制度是由我们的实践和通常做法而发展起
来的。如果允许竞标者轻易地改变主意,这对其他诚实、坦率的竞标人来说,
是很不公平的,对公共事务来说也会带来破坏。但是,我们相信,我们的政府

---

① 　37 Cal.2d p.699, 235 P.2d p.9.

机关和我们的法院,在相关事实并不能够免除低价中标者法律义务的时候,一定能够阻止竞标人滥用撤销合同的权利,在将来也会阻止这样滥用权利的情形。然而,在本案中,原告并不存在这样的滥用情形。

初审法院的判决予以推翻,初审法院应该作出支持怀特撤回竞标的诉讼请求,并返回怀特和埃特纳交纳的保证金。

369 ■ 第五节 合同变更

霍夫曼诉查普曼①
马里兰州上诉法院(1943 年)

本案要旨

被上诉人(初审原告)查普曼夫妇通过一家不动产经纪公司同意向上诉人(初审被告)霍夫曼夫妇出售部分地块,面积是 96×150 英尺,同时出售的还有上面一处房屋。在对这一地块进行测量之前,被告就已经实际居住到所购买地块上的房屋。由于经纪公司的错误,它在办理权属登记事项时出现了差错,将原告拥有的整个地块,包括另外一处房屋都记载到买方的名下。原告发现错误之后,要求被告将多占的房地产退回,但是遭到了被告的拒绝。于是,原告向法院提起诉讼,要求更正。法院认定,本案中经纪公司代理的是双方,它的错误是当事人的共同错误,而且,这种错误属于一般疏忽,不能以此剥夺当事人获得救济的权利,判决支持了原告的诉讼请求。

本案确定的规则是,在某一个合同或者文本因为错误没有能够真实反映当事人意愿,并产生不公正结果的情形下,受到这一错误影响的当事人可以要求按照当初的意愿予以更正。

德拉普兰法官②代表法院呈递以下判决意见:

米高梅县巡回法院作出一份裁决,对于涉及肯斯顿郊区一个不动产的权属证书进行了变更,这一权属证书上载明的是一个房子和与之相关地块的情况。

---

① Hoffman v. Chapman, 182 Md.208, 34 A.2d 438.
本案是一上诉案件,现在的标题是将上诉人霍夫曼夫妇的名字放在前面,而将被上诉人查普曼夫妇的名字放在后面。在初审过程中,霍夫曼夫妇是被告,查普曼夫妇是原告。——译者注

② Delaplane, Judge.

初审案件的被告霍夫曼和他的妻子对于这一判决不服,向我们法院提起了上诉。

1941 年 8 月 18 日,初审原告查普曼和他的妻子,通过一家不动产经纪公司,同意向被告霍夫曼和他的妻子售出位于爱基伍德路 4 号区域——4 号区域也叫作"Homewood"——的一部分地块,售出部分的面积是 96×150 英尺。这一部分地块上有一个房屋,售价是 3 600 美元。在对这一地块进行测量①之前,上诉人霍夫曼和他的妻子已经实际入住了这一房屋。在这一地块的测量调查结束之后,不动产经纪公司将这一地块的地籍图交给了一家不动产权属服务公司②,这张地籍图上有着明确的不动产权属指示内容和不动产转让的具体安排。在 1941 年 10 月 20 日,当上诉人霍夫曼和他的妻子在不动产权属服务公司支付最后款项的时候,他们很清楚地知道,自己正在接受的只是包括一个房子在内的 4 号地块的一部分。但是,这一不动产权属证书上却标明是转让了整个 4 号地块,还包括了这一地块上的另外一个公寓房。过了一段时间之后,被上诉人查普曼发现了这一错误,要求上诉人霍夫曼和他的妻子将不动产权属证书上没有出售给他们的那一部分面积归还,但是上诉人拒绝这样做。于是,作为土地出让方的查普曼夫妇向法院提起了衡平法上的诉讼,以权属证书存在错误为由,要求法院变更权属证书上记载的事项。

现在,法律上已经确定了一个很好的原则,即当某个案件的证据非常清楚、过硬和有说服力,以至于人们不会合理怀疑在书面文本中确实出现了一个与他们协议相违背的共同错误的时候,那么,衡平法上将变更这一书面文本,让它能够与当事人的真正意愿相符合。③普通法上一般的规则是,不允许引入一个口头证据来改变或者否定书面文本中的条款。④但是,在一方当事人提到书面文本的形成过程中出现了欺诈、意外事故或者错误的情况下,衡平法会拒绝强制适用这一规则,允许引入口头证据来变更书面文本,即使书面文本涉及的情形是在《反欺诈法》⑤的适用范围之内。法官斯托里⑥曾经这样说道:"如果衡平法只能阻止那些积极的欺诈行为,而让当事人无意之间犯下的错误继续造成难以忍受的损害——这样的情况与当事人的意愿是相违背的——那

---

① 在美国进行不动产买卖的时候,当事人会委托地籍测量人员根据合同明确不动产的方位、四至界限等,制作地籍图,作为将来不动产权属证据的依据。——译者注

② "不动产权属服务公司"在美国是一种商业公司,它根据当事人的要求,为当事人不动产权属的转让、登记、确定等提供服务,这种公司也经常提供不动产保险、评估等方面的服务。——译者注

③ Gaver v. Gaver, 119 Md.634, 639, 87 A.396.

④ Markoff v. Kreiner, 180 Md.150, 23 A.2d 19.

⑤ 《反欺诈法》是美国非常特殊的一部法律,可参见第 299 页的注释。——译者注

⑥ Justice Story.

么,衡平法的存在就毫无价值。如果允许那些从错误中获得利益的当事人躲在这一规则的庇护下来对抗正当的主张,我们法院就是让一个在事情起因上完全无辜的行为最终演变成为一个欺诈行为……因此,我们必须像处理欺诈案件那样来处理这些共同错误案件。欺诈案件是排除口头证据这一一般规则的例外情形,这一例外情形和一般规则本身是基于同样的政策。对于共同错误案件,我们应该以'意外事故'或者'错误'这样的理由给予当事人衡平法上的救济,允许当事人引入口头证据,按照书面合同和书面文本应该正确表达的内容来进行改变或者变更。"①

370

衡平法上之所以要变更一个书面文本上的内容,并不是为了让一个带有困苦的或者高压性质的交易能够"解放"出来,而仅仅是为了要去强制履行当事人实际达成的那个协议,以此来阻止不公正的产生——如果法院不去这样做的话,不公正就会随之产生。首席法官阿尔维②曾经作出这样的警告:"法院永远也不应该借着自己是为了对书面文本进行矫正这样的理由,在书面文本中增加当事人没有达成一致的那些条款,虽然这些条款在日后看上去可能非常得当或者正确,应该被包括在那些书面文本中。"③尽管如此,如果某一个不动产权属证书中的描述并不完整,但是当事人当初的买卖合同的确明确了需要转让的土地面积,随后又在勘测人员这里准备了一个地籍图,那么,法院就应该允许引入外部证据以表明当事人的意愿到底是怎样的,法院也就有权力根据"可以通过一定方法来加以确定的事情,是一项确定的事情"④这一法律格言,让权属证书中的描述更加具体明确。⑤在我们手头这一案件中,对于上诉人想要购买的房屋到底是哪一个,没有任何疑问,因为在上诉人支付最后的价款之前,他们在这一房屋里面已经居住了大约 2 个月之久。双方当事人认可并且同意的是,被告购买的这一房屋应该有一块附带的空地。这个地块是在爱基伍德路的北面,长为 96 英尺,宽为 150 英尺。在达成买卖合意之后不久,土

① 1 Story, *Equity Jurisprudence*, 12th Ed., secs. 155, 156 …

② Chief Judge Alvey.

③ Stiles v. Willis, 66 Md.552, 556, 8 A.353, 354.

④ "可以通过一定方法来加以确定的事情,是一项确定的事情"(*Id certum est*, *quod certum reddi potest*,此为拉丁语,在英语中的意思是"That is certain which may be made certain")。此为原判决中的注解。

这一法律谚语的含义是,当事人争议的某个事项可能看上去不清楚、不明确,但是,如果可以通过一定方法使之明确、具体,那么,当事人的争议事项就是确定的事情。

在本案中,权属证书上的记载事项看上去是有争议的,但是,法院可以通过一定方法,例如,查看当事人的合同,询问经纪人、勘测员,听取他们的证言,可以明确当事人当初想要买卖的土地和房屋,到底是什么面积、在什么范围之内。——译者注

⑤ Nolen v. Henry, 190 Ala. 540, 67 So.500, 501, Ann.Cas. 1917B, 792.

地勘测员发现爱基伍德路的一部分穿过了这一地块的西南部分,[占用了这一地块的部分面积,]他建议不动产经纪人可以尝试说服米高梅县的道路管理部门将这一条道路略微作些调整,以便让土地所有人转让出去的地块确实达到150英尺的宽度。但是,当这一位不动产经纪人保证,对于因为这一道路的弯曲带来的面积不足,土地所有人愿意在其他地方再多转让一点土地的时候,这一位勘测员却对地籍图进行了这样的调整,让东边的宽度仍然维持在150英尺,而让西边的宽度增加到161.24英尺。因此,初审法官根据这一调整了的地籍图,允许上诉人实际获得的面积比他们在合同中商定的面积略微大一点,上诉人当然没有什么理由可以抱怨的。

上诉人坚持认为,在权属证书中出现的记载上的错误并不是因为他们的过错造成的,而是由于土地出让人和他们经纪人难辞其咎的过错造成的,而且,因为这样的过错是出让人单方面的过错,所以出让人是不能得到法律上的救济的。大家都认可的公理是,衡平法上应该给予那些谨慎、小心的当事人以法律上的救济,而对那些没有尽到合理谨慎义务的当事人,将不会给予法律上的救济。在 Boyle 诉 Rider① 这一案件中,法官在判决意见中这样说道:人们不能在签订合同时马马虎虎,却寄希望法院在将来会原谅他们的疏忽,特别是在他们的疏忽行为误导了其他人的情况下更是如此。但是,[我们法院也认为,]仅仅是并不违反积极法律义务的一些粗心大意或者疏忽,并不能够阻止当事人要求获得法律上的救济,特别是在被告并没有受到什么损害的情况下更是如此。②因此,对于诉讼中要求变更合同的申请人来说,他们并不需要证明自己在签署书面文本的时候谨慎地查看清楚了文本里面包含的东西。法律上的"错误"这一术语,表达的是过错这样的含意,然而,仅仅是一个书面文本在措辞的表述上存在"错误",这样疏忽还只是一般的疏忽,它并没有严重到如此程度,以至于可以否定申请人要求变更文本的权利;因为,如果真的连这样的一般疏忽都不能获得法律上的救济,那么,在这样的案件中衡平法可能永远也不会给予当事人以法律上的救济。③

在马里兰州,在这一问题上有着法院所认可的一般规则,那就是,在达成协议过程中出现的一个法律上的错误,并不能成为变更合同的理由;而且某一个错误,不管是事实上的错误还是法律上的错误,如果它是单方面的错误,衡平法也不会给予法律上的救济,除非衡平法基于欺诈、胁迫或者其他不公平的

371

---

① 　136 Md. 286,191,100 A. 524.
② 　Benesh v. Traveler's Insurance Co., 14 N.D.39, 103 N.W.405.
③ 　Wilkins v. Dagle, Tex.Civ, App., 265 S.W.918, 924.

行为等理由来撤销协议。①在本案中,当事人的错误并不是单方面的错误。在这里,不动产权属证书的起草人是作为双方当事人的代理人在处理这一不动产买卖事务。他在描述这一不动产时出现的错误,成了所有当事人[包括上诉人]的错误。本法院在 Boulden 诉 Wood② 这一案件中认可了这一点,即在由于律师的错误使得合同中插入了一个条款的情况下,衡平法可以纠正这一合同文本中的错误。在 Archer 诉 McClure 这一案件中,一个权属证书本来是想要落实一个书面协议或者口头协议的约定,但是,由于起草人的错误——不管这样的错误是出于粗心大意、健忘还是缺少技能——它没有能够明确表达当事人非常明白的意思,法院判决,衡平法将纠正这样的错误,让这一权属证书能够表达当事人的意愿。③

因此,毫无疑问的是,本案是在权属证书描述不动产具体情况的过程中出现了共同错误,初审法院法官变更这一权属证书的裁决,应该予以维持。

372

■ 第六节　显失公平和当事人阅看合同的义务

威廉姆斯诉沃克·托马斯家具公司④
美国联邦上诉法院,哥伦比亚特区(1965 年)

本案要旨

被告威廉姆斯抚养着 7 个孩子,靠从政府领取的每月 218 美元救济金维持生活。原告是沃克·托马斯家具公司。在从原告这里购买一台音箱之前,被告还在原告这里购买过其他商品,对于先前购买的商品,被告一直在分期付款。在被告购买这一台音箱时,先前所购商品的欠款只剩下 164 美元。被告购买这台音箱之后,发生了违约,没有能够及时支付分期付款。根据原告与被告的合同,由于被告没有能够及时支付这一音箱的分期款项,购买音箱的欠款将与先前的欠款合并计算,并且原告有权重新收回以前的商品。原告向法院

---

① Boyle v. Maryland State Fair, 150 Md.333, 340, 134 A.124.
② 96 Md. 332, 337, 53 A.911.
③ Archer v. McClure, 166 N.C.140, 81 S.E.1081, Ann.Cas. 1916C, 180.
④ Williams v. Walker-Thomas Furniture Co., 350 F.2d 445, 18 A.L.R.3d 1297.
本案是一起上诉案件,标题将上诉人威廉姆斯列在前面,而将被上诉人沃克·托马斯家具公司列在后面,实际上初审原告是沃克·托马斯家具公司,被告是威廉姆斯。本案是一个有众多消费者参与诉讼的案件,案件的标题只列出了一个上诉人威廉姆斯。——译者注

起诉,要求扣押被告先前购买的所有物品。法院认定,本案中双方谈判地位明显失衡,合同内容显失公平,不能强制执行,驳回了原告的诉讼请求。

本案确定的规则是,在某一个交易中,如果双方当事人谈判实力明显失衡,一方当事人缺少"有实际意义的选择",那么,就可以认定这样的合同显失公平。

斯凯利·赖特巡回法官①代表法院呈递以下判决意见:

本案中,被上诉人沃克·托马斯家具公司在哥伦比亚特区经营着一个家具店。在 1957 年到 1962 年期间,本案中的每一位上诉人都曾经以分期付款的方式,从沃克·托马斯家具公司这里购买过一定数量的家具。购买这些家具的条款包括在一份打印好的合同当中,合同中包括了所购买家具的价格,并且规定了上诉人[买方]每个月租赁这些家具需要支付的款项。该合同接下来还有其他规定,这些规定的实质内容是,家具的财产权利仍然属于被上诉人所有,直到买方将合同中约定的所有分期付款全部付清为止。上诉人[买方]付清全部款项后,才可以取得家具的所有权。如果上诉人[买方]在分期付款中出现了任何一期的违约,那么,被上诉人可以收回这些家具。

本案系争合同中还有着进一步的规定:"根据这一租赁协议,买方应该支付给沃克·托马斯家具公司的每一期款项将被包括在以前应该支付的欠款、账单当中,而且并不排除以前应该支付的欠款、账单;*现在和今后买方应该支付的所有款项,都将按比例计入所有尚未偿还的欠款当中*。"这一看上去相当晦涩难懂的条款,其法律上的效果就是,让买方应该支付的剩余款项与买方已经购买的那些家具挂钩起来,买方必须付清所有款项,才能真正获得这些家具的所有权。这样"挂钩"的结果就是,买方购买每一个家具所欠下的钱,都以先前购买的所有家具作为担保,卖方有权收回这些家具,而且,新购买的每一个家具,也都自动成为先前交易的担保物。

1962 年 5 月 12 日,作为上诉人之一的索恩,从被上诉人这里购买了一套名为"Daveno"的组合家具,包括了 3 张桌子和 2 盏灯,总共价值是 391.10 美元。不久之后,索恩没有能够支付每月应该支付的款项,于是,被上诉人向法院起诉,要求扣押索恩从 1958 年第一次交易开始时购买的所有家具。类似地,上诉人威廉姆斯在 1962 年 4 月 17 日购买了一套立体音响,价值是 514.95 美元②。不久之后,威廉姆斯发生了违约,被上诉人也向法院起诉,要求扣押威

373

---

① J. Skelly Wright, Circuit Judge.

② 在这一次购买立体音响的时候,她的账单显示,因为以前在被告这里购买了东西,她还欠着被告 164 美元尚未付清。在以前几年原告所有购买的东西总额是 1 800 美元。她总共支付的款项是 1 400 美元。此为原判决中的注解。

廉姆斯从 1957 年 12 月开始购买的所有物品。哥伦比亚特区的初审法院作出了支持被上诉人的判决。哥伦比亚特区上诉法院维持了初审法院的判决,随后,我们法院批准了上诉人提出的继续上诉的动议,本案现在由我们法院进行审理。

上诉人威廉姆斯等人的主要观点在初审和上诉过程中都被法院拒绝。上诉人观点的主要内容是,这些合同,或者至少它们中的一部分条款是显失公平的,因此,这些合同在法律上是不能强制执行的。哥伦比亚特区上诉法院在他们的判决意见中解释了为什么不采信上诉人观点的理由:

> 上诉人[威廉姆斯]的第二点辩解意见提出了一个更加严肃的法律问题。庭审记录显示,在上诉人[威廉姆斯]最后一次在被上诉人这里购买东西之前,上诉人已经将她对被上诉人的欠款数额减少到只有 164 美元。上诉人最后一次购买的立体音响,将她应该支付给被上诉人的欠款增加到了 678 美元①。重要的是,在这一次购买音响以及之前购买家具的时候,被上诉人沃克·托马斯家具公司知道上诉人的经济状况非常糟糕。在这一购买立体音响合同的背面,标明了上诉人作为社会工作者的姓名,表明她每月从政府这里领取 218 美元的救济金。尽管被上诉人知道上诉人不得不依靠这微薄的救济金来养家糊口,维持自己及 7 个孩子的生活,但被上诉人还是卖给了上诉人这一套价值 514 美元的立体音响。

> [我们认为,]在这件事上,不能对被上诉人合同中的那些约定太过苛刻。本案中提出的问题是,是否这一交易中有着"不正当的交易"和"不承担责任的交易"②这样的严肃问题。然而,在对哥伦比亚特区有关零售立法进行审视,以及在对我们这一地区最高司法机构的判决进行阅看之后都表明,并没有什么依据让我们法院宣布系争合同违反了公共政策。我们在此指出,马里兰州的《零售业务分期付款法案》③或者在哥伦比亚特区实施的同一法案,才是我们可以给予上诉人以恰当救济的法律依据。我们认为,立法机构应该考虑以恰当的立法来保护社会公众,让他们免受本案中出现的这样带有剥削性质合同的伤害。

---

① 这里提及的"678 美元"欠款,是上诉人过去购买家具尚欠的 164 美元,再加上这次购买立体音响欠下的 514 美元。根据合同中的规定,尽管是发生在不同时间的买卖,但是,这一合同规定把上诉人购买物品的欠款"捆绑"在一起计算。——译者注

② "不正当的交易"是指某个行为看上去在法律规则之内,但实质上却是不道德的交易;"不承担责任的交易"是指在合同中让一方当事人只赚不赔,不承担经济上任何风险的交易。——译者注

③ Maryland Retail Installment Sales Act, Art. 83 §§ 128-153.

我们在此不能同意下级法院的上述观点,即对于那些被认定为显失公平的合同,法院没有拒绝强制实施这种合同的权力。我们认为,法院拥有这样的权力。在其他司法区域,有的法院认定,从普通法上来看,那些显失公平的合同是不能强制执行的。虽然我们法院还没有作出过这样的判决,但是,我们认为,一个显失公平的交易不能得到全部的强制执行,这一观点毫无疑问不是什么新的法律。在 Scott 诉 United States[①]这一案件中,最高法院曾经这样说道:

374

> ……如果某一份合同是不合理的,而且显失公平的合同——但是,这一合同并不属于因为欺诈而无效的合同——那么,普通法的法院将给予那些提起违约诉讼的当事人以赔偿损失的救济,这一损失不是按照合同上的文字来确定的,而只是起诉的一方当事人应该合理得到的救济……

因为我们法院从来也没有适用过这样的规则或者拒绝过这样的规则,所以,本案中提出的这一争议问题对于我们法院来说,确实是第一次面对。

我们的议会最近通过了《统一商法典》,这一法典特别规定,如果法院发现合同在签订之时显失公平,那么法院可以拒绝强制实施这份合同。[②]这一法律在我们哥伦比亚特区的实施——它是在本案系争合同达成之后通过的一部法律——并不意味着哥伦比亚特区的普通法在这一法律通过的时候是另行规定的,这一法律也不排除我们法院在发展哥伦比亚特区普通法的司法实践中可以适用该法律确定的规则。在我们法院缺少先前这方面权威判决的情况下,我们觉得,立法机关通过的《统一商法典》第 2-302 条款可以作为一个比较有说服力的依据,让我们可以跟随《统一商法典》第 2-302 条款明确予以适用的那些案件。[③]因此,我们法院在此认定,如果在某一个合同订立的时候显失公平的因素已经具备,那么,这样的合同是不能得到强制执行的。

人们已经广泛承认,显失公平包括了这样的情形,即如果当事人中的一方

---

① 79 U.S.(12 Wall.) 443, 445, 20 L.Ed. 438(1870).

② 28 D.C.Code §2-302(Supp. Ⅳ 1965).
《统一商法典》第 2-302 条款的标题为"显失公平的合同或者条款",它在第(1)项中这样规定:当法院发现系争合同在签订的时候在法律上是显失公平的,它可以拒绝强制执行这一合同,或者,将显失公平的条款弃之一边,只是去强制执行余下的那些合同条款,或者是限制显失公平条款的适用,以避免它产生显失公平的结果。——译者注

③ 见《统一商法典》(1962)第 2-302 条款的评论。可以将这一评论与弗吉尼亚法律评论(Note, 45 Va.L.Rev. 583, 590(1959))中的观点相比较。在该法律评论中作者预言,有一些合同可能并不是被第 2-302 条款特别覆盖的合同,但是这些合同的案件可能会类推适用第 2-302 条款。*Cf.* 1 State of New York Law Revision Commission, Report and Record of Hearings on the Uniform Commercial Code 108-110(1954)(remarks of Professor Llewellyn).此为原判决中的注解。

缺少"有实际意义的选择"①,同时,这一合同的条款不合理地有利于另外一方当事人,那么,合同条款就是显失公平。在某一特定的案件中,当事人是否存在着"有实际意义的选择",只能是在考虑了这一案件所有的相关情形之后才能作出判断。在许多案件中,"有实际意义的选择"这一特性,可以被双方当事人之间显著不平等的谈判实力所否定。②当事人达成合同的具体方式,在我们法院考虑显失公平的时候,也是一个相关的考虑因素。在本案中,从当事人受教育的程度来看,或者从他们显然缺少足够的教育这一点来看,是否合同的每一个当事人有着合理的机会来明白合同中的那些条款呢? 或者,合同中的重要条款是否被隐藏在那些由小字组成的迷宫当中,被带有欺骗性质的销售行为降低到了最低程度呢? 在一般情况下,对于合同条款并不完全清楚的一方当事人,可能会被认定为应该由他们自己去承担这种"一边倒"合同带来的风险。但是,当某一方当事人只有微乎其微的讨价还价能力,因而没有什么真正选择的情况下,如果他签订了一份在商业上极不合理的合同,他对这一合同的条款又没有什么了解,那么,在我们法院看来,就很难认定他表示出来的同意或者他在外显示出来的客观上的同意,是对所有合同条款的同意。在这样的案件中,协议的条款不应该受到质疑③这一通常的规则就应该被置于一边;法

375

① "有实际意义的选择"是认定合同显失公平时经常会提到的一个概念,它是指合同当事人对于某一合同可以作出实质性的选择,如提出修改、予以拒绝。如果某一合同缺少"有实际意义的选择",则是指某一方当事人对于这一合同实际上是没有实力或者能力拒绝这样的合同。通常情况下,如果一方当事人缺少"有实际意义的选择",那么,这样的合同可能会被认为是显失公平的。——译者注

② 见 Henningsen 诉 Bloomfield Motors, Inc., [32 N.J. 358], 161 A.2d at 86 及该判决意见所引用的权威判决。法院需要调查双方当事人相对的讨价还价能力,但这种调查不是完全脱离显失公平性这一一般问题所进行的调查,因为那种双方实力悬殊、完全是"一边倒"的交易,它本身就是交易双方不平等的证据。在普通法"本质上的欺诈"这一法律原则中,隐约得到承认的事实是,如果某一合同条款存在事实上的极大不公平,那么,法院就可以推定这一合同中存在着欺诈。这一观点可以参见[英国]Hardwicke 勋爵在 Earl of Chesterfield 诉 Janssen 这一案件(28 Eng.Rep. 82, 100(1751))中经常被引用的表述。这一段表述的内容如下:"……有时候从交易本身的客体和交易的内在性质,我们就可以得出这一交易中有着欺诈的存在;例如,如果某个人思维正常,不是处在虚幻状态之中,那么,他就不会同意这样的交易……"

可以比较一下 Hume 诉 United States(132 U.S. at 413, 10 S.Ct.at 137 [1889])这一案件。美国法院将英国法院的案件作了界定,认定它是这样的案件,即"一方利用另一方计算上的疏忽作为有利条件来占另一方的便宜,在这种情况下,合同中显然就存在着欺诈"。此为原判决中的注解。

③ "协议的条款不应该受到质疑"这一规则,从来都不是铁板一块,而是有例外情形的。在有些案件中,仅仅是付钱后没有得到相等的商品,法院就认定,这样的交易是显失公平的,理由就是,"在这样的案件中,法院不能非常草率地认定合同中的对价和承诺是相等的"。

1 Williston, *Contracts* § 115(3d ed.1957).

院就应该考虑,这一合同的条款是否如此地不公平,以至于对这一合同的强制履行应该被搁在一边。①

法院在确定合同的合理性或者公正性的时候,主要关注点必须是合同中的条款,而且是把它放在达成之时的具体情形下进行分析。判断某一合同是否合理或者公正的测试方法,在具体运用的时候不是一件容易的事情,法院不能机械适用。这些合同条款要放在"一般的商业背景以及某种特定交易或者案件的商业需要下进行考虑"。②科宾教授建议,测试方法应该是,这一合同条款是否"如此极端,以至于根据当时当地的商业实践和风俗,它看上去就是显失公平的"。③我们认为,这一公式正确地说出了在达成合同的时候缺少"有实际意义的选择"案件应该采纳的测试方法。

因为初审法院和上诉法院并不认为他们可以拒绝强制履行本案系争合同,因此他们也就没有查明这些案件中是否存在可能的显失公平。鉴于本案庭审记录中的内容尚不足以让我们法院从法律上来认定这一问题,因此,这些案件必须发回初审法院,由他们进行重新审理。

判决如上。

达纳赫巡回法官④提出以下反对意见:

哥伦比亚特区上诉法院对于本案中出现的情形,显然是不乐于见到的,它们的这一态度和我们中的任何人都是一样的。哥伦比亚特区上诉法院在威廉姆斯这一案件中已经表明了自己的观点,我们法院多数法官的判决意见中也引用了这一观点,哥伦比亚特区上诉法院总结道:"我们认为,立法机构应该考虑以恰当的立法来保护社会公众,让他们免受本案中出现的这样带有剥削性质合同的伤害。"

我对于本案的观点,已经被一个能力很强的法院⑤在判决意见中进行了概括,哥伦比亚特区上诉法院认定,在本案中并不存在那种"不正当的交易"。相反,上诉人看上去完全清楚他们在交易时所处的地位。

本案涉及的公共政策有很多方面。对某些人而言的奢侈品,对于其他人来说可能只是生活必需品。是否需要对上诉人从政府得到救济金的具体支出

376

---

① Llewellyn 在其《普通法传统》这一专著[*The Common Law Tradition*,362-371 (1960)]的"格式合同"一章中,对此曾有过总体上的讨论。此为原判决中的注解。

② Comment,Uniform Commercial Code § 2-307 [*sic*][UCC § 2-302]。

③ 1 Corbin,*Contracts* § 128(1963)。

④ Danaher,Circuit Judge。

⑤ 即哥伦比亚特区上诉法院。——译者注

进行社会监管呢？例如,一台洗衣机在吃政府救济的人手里可能会变成一个获取收入的来源。许多吃政府救济的人可能确实需要借贷,为此,某些商业企业决定对于它们售出的物品尝试做一下冒险,试试运气;这些企业在这样做的时候,寄希望于它们的价格政策能够给予自己一定程度的保护,以弥补经营中的风险。也许,在有关"高利贷"法律①的条款当中,这些借钱的当事人可以找到他们所需要的法律救济。

我提及这些问题,只是想要强调我的这一愿望,即希望我们法院对于任何这样的问题应该持一种谨慎的态度,特别是我们的法律在当事人订立自己合同这一点上,一直是允许当事人有着极大的自由度。我敢说,在我们的辖区内,每年必定是有着成千上万的分期付款交易,可能只有一两个人会预测到这些判决所带来的结果。我同意哥伦比亚特区上诉法院对于这一案件的审理结论。

有关 RealNetworks 公司侵犯他人隐私的一起诉讼②
伊利诺伊州北区地区法院(2000 年)

本案要旨

在伊利诺伊州的一些原告向法院提起集体诉讼,指控被告 RealNetworks 公司侵犯他们的隐私权。在法院根据软件使用许可协议中的仲裁条款支持了被告提出的先行仲裁动议之后,一些诉讼参与人向法院提交补充观点,认为仲裁条款显失公平。主要理由是仲裁条款被埋没在众多文字中,自己没有得到公平的通知,也没有合理机会来理解仲裁条款。同时,协议约定的仲裁地点对于当事人来说很遥远,而且没有规定可以集体仲裁,这样的仲裁条款在实体上是显失公平的。法院认定,协议中的条款并不构成程序上的显失公平,也不构成实体上的显失公平,驳回了原告提出的由法院审理的请求。

本案确定的规则是,通过互联网达成的仲裁条款,如果它是以与协议的其他条款一样的字体出现在用户面前,用户有机会阅看,那么,它在程序上就不是显失公平的;即使约定的仲裁地点对于某一方当事人可能非常遥远,又排除了集体仲裁,这样的条款也不能被认定为在实体上显失公平。

---

① D. C. Code § § 26-601 *et seq*.(1961).

② In re RealNetworks, Inc., Privacy Litigation. 2000 WL 631341.

本案中涉及的当事人 RealNetworks, Inc 是美国著名的网络公司,主要产品是音频播放软件,其产品"RealPlayer"在 20 世纪 90 年代中后期曾经在市场上拥有很大的份额。——译者注科克拉斯法官①代表法院呈递以下判决意见：

摆在我们法院面前的，是诉讼参与人②戴维·基尔提交的补充辩论意见，提交这一补充辩论意见的目的，是为了支持原告的观点，即反对将本案提交仲裁。

一、案 件 背 景

本案有 3 个原告，他们是迈克尔·利斯切克、罗伯特·杰克逊、托德·西蒙（以下并称为原告），这些原告既代表着这一集团诉讼中在伊利诺伊州的原告，也代表着他们 3 个人自己。这些原告根据联邦法和普通法，针对被告 RealNetworks 公司提起诉讼。原告声称，被告有着非法侵入他们财产和侵犯隐私的行为，在原告不知情或者没有征得原告同意的情况下，被告允许其软件产品秘密获取并拦截用户的电子往来信息，并储存这些信息。在本案审理之前，我们法院考虑并同意了被告提出的动议，认为根据双方的"最终用户使用许可协议"（以下简称"许可协议"），这一案件应该被提交给仲裁③。随后，我们法院允许了诉讼参与人戴维·基尔向法院提交支持原告观点的补充辩论意见，戴维·基尔之所以提交这一补充辩论意见，是为了补充当初提出仲裁这一问题时没有向法院表明的一些观点。我们法院在本案中要分析、研究的就是诉讼参与人的这些补充观点。

被告为客户提供两款免费的产品"RealPlayer"和"RealJukebox"，客户可以从被告公司的网站上下载。这两款产品可以让用户从互联网上观看、欣赏音乐和视频，而且可以下载、录音和播放音乐。在用户安装这两款软件产品中的任何一款产品之前，他们必须接受屏幕上跳出的被告提供的许可协议。这377一许可协议的第 10 段落中包括了以下条款：

> 你在此同意，不管法律条款会有怎样的冲突，这一许可协议将由华盛顿州的法律来调整，对于我们之间的争议，你同意华盛顿州所在地的州法院和联邦法院都没有管辖权。基于这一许可协议产生的任何纠纷及所有纠纷，都将被提交到华盛顿州进行仲裁。

被告引用这一条款作为其要求将案件交付仲裁的有约束力的依据……诉

---

① Kocoras, J.

② 诉讼参与人是美国民事诉讼法中的一个概念，它是指某一方当事人虽然不是案件直接当事人，但是，法院因为某种原因准许其参与诉讼。准许的原因，或者是因为案件涉及诉讼参与人的权利，也可以是因为法官认定的其他理由。这样的诉讼参与人虽然与在审理中的案件没有直接的实质利益，但是，法院的判决结果对其却有着明确的影响。——译者注

③ Lieschke v. RealNetworks, Inc., No. 99C 7274, 99 C 7380, 2000 WL 198424(N.D. Ill.Feb.11, 2000).

讼参与人［戴维·基尔］坚持认为,这一仲裁条款因为其显失公平,是不能强制执行的。

二、讨论的问题

虽然国家的政策是鼓励通过仲裁来解决纷争,但是,交付仲裁需要当事人协商一致,并不能强制。① 因此,法院不能强迫一方当事人去进行仲裁,除非这一方当事人已经达成了合同上的协议,同意去进行仲裁……然而,在本案中,仲裁条款的模糊性这一问题已经得到解决,法院的结论是当事人明确同意了该案应该交付仲裁……

（三）显失公平

……诉讼参与人［戴维·基尔］提出,这一仲裁协议不仅在程序上显失公平,而且在实体上也是显失公平。程序上的显失公平,体现在形成合同的过程中被告有着不恰当的行为,而实体上的显失公平,则体现在合同中的条款包括了那些"一边倒"的条款或者说是太过严苛的条款。

诉讼参与人［戴维·基尔］认为,这一许可协议在程序上显失公平,是因为就许可协议的内容而言,被告没有给予客户公平的通知,而且,在许可协议实施之前,被告没有让客户有合理的机会来明白协议中的条款。我们认为,诉讼参与人的这两个观点都是不正确的。诉讼参与人提到这一仲裁条款没有向客户进行公平的通知,其理由是这一条款被"埋没"在许可协议的众多文字当中。我们认为,虽然说将重要条款"埋没"在由小字组成的文字迷宫中,可能会被法院认定为显失公平,然而,在本案中,许可协议中的仲裁条款并没有被"埋没"……实际上,许可协议在设置仲裁条款时,使用的是与协议其他条款一样大小的字号。此外,仲裁条款并没有被"埋没"在整个许可协议的中间部分,或者是出现在协议的脚注部分或者附录部分,相反,这一协议包括了提请用户注意这是协议中最后条款的内容。虽然说被告可以在许可协议中以更明确的标题对仲裁条款、法律的选择条款和确定纠纷解决地的条款进行冠名,不是像现在这样采取"大杂烩"的方式冠名,但是,被告现在的冠名方式并不是当然将仲裁条款"埋没"。被告是没有将仲裁条款分开标明,没有主动地提醒用户这一仲裁条款的存在,但是,被告也没有将仲裁条款"埋没"在文字的海洋当中。虽然将仲裁条款"埋没"在文字当中可能会被认定为显失公平,然而,我们法院没有发现,诉讼参与者这一方也没有指出华盛顿州有着任何判例法明确规定,如果仲裁条款没有提醒用户注意,这样的仲裁条款就是不能强制的。

_____

① Mastrobuono v. Shearson Lehman Hutton, Inc., 514 U.S.52, 57, 62, 115 S.Ct. 1212, 1216, 1218, 131 L.Ed.2d 76(1995).

在此之外,诉讼参与人[戴维·基尔]还提出,用户没有被给予合理的机会来理解仲裁条款,因为一方面这一许可协议是出现在一个小的"弹出窗口"①上,让用户看起来很困难,另一方面,许可协议是不能进行打印的。我们法院已经在前面详细地讨论了许可协议打印的可能性问题,因此我们法院在此驳回诉讼参与人有关许可协议不能打印的抗辩理由。我们法院还发现,虽然弹出窗口的字体比计算机桌面的文字要略微小一点,但是,这并不导致许可协议在被客户阅读的时候有什么困难。我们法院认为,诉讼参与人有关许可协议看上去"是以很小的字号出现,要求用户在显示屏上一寸一寸地往前挪动才能够看清这些文字"的说法,显然是在装糊涂。在我们看来,许可协议的字号并不小,也许可以说要比电脑上自己跳出来的那些文字的字号还要大。如果诉讼参与人需要将面孔贴在电脑屏幕上来阅看许可协议,那么他就必须以同样的方式来阅看电脑上的所有东西;在他必须将面孔贴在电脑屏幕上来阅看电脑上其他东西的情况下,要求他以这样的方式来看许可协议,看起来并不是一个过分艰难的要求,或者是一个超出常规的要求。而且,用户可以用一整天的时间在电脑前面阅看许可协议。包括许可协议内容的弹出窗口,在用户开始阅读之后的一段时间之内并不会在电脑屏幕上消失;因此,用户可以在电脑上用鼠标上下搜寻,仔细查看其核心内容。

因为仲裁条款并没有被"埋没"在那些小字中,也因为用户被给予了充分的机会来理解仲裁条款的含义,我们法院在此认定,这一仲裁协议在程序上并非显失公平。

除了认为程序上显失公平之外,诉讼参与人还认为仲裁条款在实体上也是显失公平的,因为它选择了一个在地理上相当遥远的地方②作为纠纷解决的地点,没有能够提供用户可以进行集体仲裁的条款,而且仲裁费用太过昂贵,让用户难以承受。

我们法院在此拒绝接受诉讼参与人提出的选择华盛顿州作为仲裁地点,会让这一仲裁协议在实体上显失公平的抗辩理由。如果一个公司的经营范围遍及全美国,那么公司选择任何一个州作为仲裁地点,对于公司潜在的诉讼当事人来说,都是注定非常遥远的。诉讼参与人实际上是要求我们法院从根本上排除仲裁协议中确定纠纷解决地的条款,以此来阻止将这样的纠纷放到协议中指定的遥远地方去仲裁。我们法院并不想这样去做。那些包括了确定纠

---

① "弹出窗口"是在用户打开一个网页时,根据用户需要或者由信息发布者主动提供的一个附加信息窗口。——译者注

② 协议中约定的仲裁地点是华盛顿州,该州在美国西北部,紧靠太平洋。而原告所在的伊利诺伊州在美国东部,两个州之间在地理位置上相距非常遥远。——译者注

纷解决地的仲裁条款,早已经被法院认可。而且,有一些法院的判决甚至认定,在某一个仲裁属于联邦仲裁法调整的情况下,"不方便法院"这一原则①也是不能适用的。因此,华盛顿州对于一些用户来说,虽然是解决他们纠纷的一个遥远地方,然而,这一点并不导致仲裁条款在实体上显失公平。

379　　　诉讼参与人[戴维·基尔]还提出,如果在仲裁条款中没有明确规定可以集体仲裁的话,当事人就无法进行集体仲裁,因此,被告通过在仲裁条款中不去明确规定集体仲裁的办法,就可以有效地阻止本案当事人去寻求集体仲裁。诉讼参与人进一步认为,因为消费者在这些案件中主张的诉讼金额相对较小,而提起仲裁的费用太过昂贵,这将导致消费者提起仲裁的权利在实际效果上差不多会被昂贵的仲裁费用所抵消。我们法院在先前的判决中已经驳回了这一抗辩理由。第七巡回上诉法院,也包括其他一些地区法院,已经考虑过这一问题,并且认定,那些没有规定集体仲裁的仲裁协议是有效的,甚至认定那些明确规定禁止集体仲裁的协议也是有效的。因此,我们法院在此认定,本案中的许可协议并不因为它没有规定集体仲裁而在实体上显失公平。

　　此外,我们法院也拒绝接受诉讼参与人的这一辩称,即所谓太过昂贵的仲裁成本导致许可协议显失公平。第七巡回法院已经认定,仲裁费用太过昂贵并不能阻止一个有效的仲裁协议的强制实施。同样,当事人还要花费可能的仲裁费用,也不会导致仲裁条款实体上显失公平。

三、结　　论

　　基于上述理由,我们法院拒绝诉讼参与人提出的支持原告反对仲裁的附加辩论意见。

---

　　① "不方便法院原则"是英美普通法上的一个古老原则,是指法院认为某一个纠纷应该由更加合适的机构(例如在有仲裁协议的情况下应该由仲裁机构仲裁)去进行处理,因而拒绝对某一个纠纷进行裁判。在冲突法上,它是指应该由不同国家的某一个法院来管辖,在同一个国家则是指应该由某一个地区的法院来审理。——译者注

美国合同法 案例精解

【下 册】

CASES AND PROBLEMS ON CONTRACTS

[美] 约翰·卡拉马里 约瑟夫·佩里罗 海伦·哈德吉扬那基斯·本德 卡罗琳·布朗 著 王飞 译

第 6 版

上海人民出版社

第八章

合同条件、合同的履行和违约

■ **第一节　明示条件的性质及其后果，以履行的时间节点对合同条件所作的分类**

奥德特诉圣·约瑟夫[①]

马萨诸塞州最高法院（1901 年）

本案要旨

　　已经去世的路易斯·奥德特是被告圣·约瑟夫协会的成员。原告是路易斯·奥德特的遗产管理人，其起诉要求被告按照该协会内部规定给付路易斯·奥德特一定利益。根据该协会的内部规定，若成员生病并获得医生提供的宣誓证词，即可从被告这里得到一定利益。但为路易斯·奥德特治疗的医生却由于宗教原因拒绝为其出具宣誓证词。原告认为，医生由于宗教信仰的原因而拒绝出具宣誓证词，是正常合理的。被告则认为，因为医生未出具宣誓证书，所以，路易斯·奥德特不能从自己这里获得患病期间的任何利益。法院认定，原告从被告这里获得利益的条件没有成就，判决驳回了原告的起诉。

　　本案确定的规则是，即使合同约定的某个前置条件未能实现是基于正当的理由，亦不能视为该合同约定的条件已经成就。

　　本案是由原告马尔维娜·奥德特向被告圣·约瑟夫提起的一起诉讼。马尔维娜·奥德特是已经去世的路易斯·奥德特的遗产管理人。初审法院判决支持了被告，原告对此判决不服，提起了上诉。我们在此维持初审法院的

---

　　① 　Audette v. L'Union St.Joseph, 178 Mass.113, 59 N.E.668.
　　圣·约瑟夫协会具体是什么样的组织，案件中没有介绍，初步判断可能是一个宗教组织。——译者注

判决。

被告圣·约瑟夫的内部章程规定,患病的组织成员在没有获得医生出具的宣誓证书之前,不能获得患病期间的任何利益①。本案中,死者路易斯·奥德特在生前没有立下遗嘱,在他濒临死亡之际,有一位医生曾经替他治疗,但是,这位医生因为本人"真心的不情愿宣誓",拒绝为路易斯·奥德特出具宣誓证书。["真心的不情愿宣誓"是一个专门术语,表明某个人因为宗教信仰原因而认为宣誓是对神的不敬。在一般情况下,程序法和美国宪法都允许一个人以"不经宣誓而作出的证词"来取代宣誓作出的证词。]②

洛林法官③代表法院呈递以下判决意见:

本案正好属于以下规则调整的案件,这一规则就是:在某个人保证一个陌生人从事某种行为时④,他就一定要确保这个陌生人完成那样的行为;如果这位陌生人在没有受到其他人干扰的情况下拒绝实施那样的行为,那么,陌生人的拒绝行为不能成为他免责的借口。我们马萨诸塞州在 Johnson 诉 Insurance Co.⑤一案中,已经适用了这样的规则。在 Johnson 一案中,根据合同要求,一个火灾保险合同的当事人应该在向保险公司交付一份证书之后才能获得理赔。合同要求的这一证书的内容是,相关人员已经查验了损失的相关情况,知道被保险财产的性质和相关情形,并且相信——这种相信不存在欺诈——被保险的财产已经遭受的损失就是证书上所载明的这些数额。这一证书必须由地区司法长官、公证人或者行为验证官员⑥签名并盖章。在 Johnson 一案中法院认定,虽然原告证明了他曾努力向两个司法长官申请这样的证书,而且是尽了最大的努力想要取得这样的证书,原告也提供证据证明了根据相关事实他应该获得这样的证书,但法院认定,原告仍然不能因此而免除获得这一证书的责任……

……因此,本案是一起还没有完全具备起诉条件的案件。但是,原告在获

---

① 也就是说,某一个患病的成员如果要从被告处获得生病期间的财产利益,他在患病期间必须从医生处获得医生的宣誓证词。——译者注

② 这段说明由原编者所加。——译者注

③ Loring, J.

④ 在本案中,路易斯·奥德特在生病期间,他找的医生是他不认识的一个陌生人,路易斯·奥德特就是要求这位陌生的医生为自己病情出具宣誓证词,但遭到了这位医生的拒绝。——译者注

⑤ 112 Mass. 49.

⑥ "行为验证官员"是由州政府任命的负责对宣誓、证言或者承认这样的行为进行证明的官员,官员通常会在证明材料上盖上官方的印章。其职能相当于公证人。在 19 世纪,美国几乎每个州都有这样的官员,现在由于公证员的普及,除了少部分州以外,大多数州已经取消了这样的政府官员。——译者注

得一份新的宣誓证书之后可以向法院申请一个新的令状,向被告主张本案中提出的相关利益,除非有人以现在也许还未披露的理由对原告获得新的宣誓证书提出反对。

支持被告的初审判决予以维持。

英曼诉克莱德·霍尔钻井公司[①]
阿拉斯加州最高法院(1962 年)

本案要旨

原告英曼是被告公司的一名雇员,双方签订的雇佣合同约定,如果原告向被告主张赔偿,必须提前 30 天向被告发出书面通知。原告以被告违反雇佣合同为由起诉,要求被告赔偿损失。被告认为,其并未违约,且原告在本案中的赔偿请求并未按照合同约定提前发出书面通知,故应予驳回。而原告认为合同的该条约定与公共政策相抵触,是无效的。法院认定,这样的前置条件并不与公共政策相抵触,于是驳回了原告的诉讼请求。

本案确定的规则是,"一方主张权利之前必须通知对方"的约定属于前置条件,这样的约定并不违反公共政策。当事人直接向法院提起诉讼,并不能够替代合同中的条件。

戴蒙德法官[②]代表法院呈递以下判决意见:

本案是一起因为雇佣合同争议而要求赔偿损失的纠纷。涉及的主要问题是,该雇佣合同将书面形式提前通知作为原告要求赔偿损失的前置条件[③]的条款,是否与公共政策相抵触呢?

根据双方当事人在 1959 年 11 月 16 日签订的一份雇佣合同,原告英曼在被告克莱德·霍尔钻井公司从事油井的井架工工作。原告英曼的这一份雇佣合同在 1960 年 3 月 24 日终止。1960 年 4 月 5 日,原告向法院提起本案诉讼,认为被告不正当解雇了他,违反了双方的合同,因此他可以因为被告的违约获得赔偿。被告在答辩中否认其违反了雇佣合同,认为自己已经

---

① Inman v. Clyde Hall Drilling Co., 369 P.2d 498.

② Dimond, Justice.

③ 前置条件在美国合同法中是指,在一方履行义务之前,除有正当理由可以被豁免的以外,某一事件必定发生或者某一方必定要实施一定行为,以此作为履行合同的条件。与此相对的另一个概念是后置条件,是指某一事件发生之后,将导致合同权利或者义务的结束。——译者注

付清了欠原告英曼的全部薪水，英曼也就不能再获得任何赔偿。在这之后，被告提出，原告在本案中的诉讼请求没有按照合同的要求提前进行书面通知，这就阻止了英曼根据双方雇佣合同①提起这一诉讼。以合同中的这一约定作为依据，被告向初审法院提出动议，要求初审法院对本案作出支持自己的简易判决。初审法院支持了被告的这一动议，判决被告胜诉。原告不服判决，随即提起了上诉。

雇员必须做到提前 30 天通知公司，合同条款很清楚地表明，这样的要求是"雇员要求任何赔偿的前置条件"。对此，英曼的辩称意见是，这一条款是与公共政策相抵触的，因此是无效的条款。在考虑这第一个问题时，我们法院从合同法最基本的原则开始分析，这一原则就是：法律上适格的当事人可以自由地签订合同，并应该受到他们所签订合同的约束。在没有宪法条款或者法规认定某些合同无效或者不能强制执行的情况下，我们法院确信，允许人们去按照他们的方式安排自己的事情，这是司法机关的一项职能。作为一项司法政策，法院应该维护这样的合同，并去强制执行这样的合同，而不是让当事人从他们已经设定的合同义务中"逃脱"。

我们也承认"合同自由"是一个有限的而不是绝对的权利，而且法院不能僵硬地、机械地适用。已经确定的原则是，法院不能让自己成为不公平和不公正的工具。正如法兰克福特法官②在 United States 诉 Bethlehem Steel Corp. 一案的反对意见中所指出的："对于一方当事人乘对方当事人处于急需和困难之际，滥用其优势地位达成的交易，法院不应该去强制执行。这作为法律的一个基本原则，在几乎不计其数的案件中都已经有过阐述。"③在决定某个合同条款是否应该得到强制执行时，法院必须实事求是地考察当代商业实践模式和商业时代背景下各方当事人的谈判地位。如果我们发现当事人之间处于这样

---

① 我们关注的合同相关部分是这样规定的："你（指雇员因曼）在此同意，对于与本雇佣合同产生的请求或者相关的请求（在赔偿保险损失之外的请求），将在 30 天之内以书面形式向公司提出，列明相关的详细事实和本人主张的基础依据；在提交本合同规定的书面通知之后 6 个月之内，你将不得向任何有管辖权的法院或者仲裁机构依据本合同提起诉讼，或者采取司法行动。在你提交书面通知 1 年之后，你也不得再针对公司提起诉讼或者采取司法行动。对于你提起主张的任何起诉行为或者司法行动，将不包括没有在上述书面通知中提及的项目或者事项。双方同意，在这样的诉讼行为或者司法行动中，你必须证明自己符合这一条款的要求，这是你获得赔偿的前置条件。"以上内容是戴蒙德法官引用的双方雇佣合同中的部分内容。——译者注

② 法兰克福特法官毕业于美国哈佛大学法学院。曾做过律师和哈佛大学教授，在美国"新政"（New Deal）时期，曾经担任过罗斯福总统的顾问。1939 年，法兰克福特法官被罗斯福总统任命为最高法院的法官，一直工作到 1962 年，曾经审理过很多著名案件，撰写过很多著名的判决词。——译者注

③ 315 U.S. 289, 327—28, 62 S.Ct.581, 600(1942).

的地位,即一方当事人肆无忌惮地利用了对方当事人处于经济困境的状况,那么从公平正义的角度来考虑——作为一项公共政策——我们法院将会拒绝强制执行这样的协议。但是,作为司法机关来说,对于某一份合同实施这样的干预,其依据必须是非常清晰才可以这样。法院是否拒绝承认和维持当事人已经达成的协议,是一个需要证据来证明的事实问题。

本案中的案件事实,并不能让我们法院确信这一合同条款是不公平或不合理的。合同中设置这一条款的目的,在合同中并未揭示出来。雇员提出主张之后应该在30天之内给予被告公司书面通知,这样的要求也许是为了排除那些过时的主张;而进一步要求雇员在请求之后6个月内不得提起诉讼,也许是为了让被告有足够的机会来纠正自己不恰当的行为,以达到公正的效果。不管这一条款的真正目的如何,没有任何迹象提示我们法院,合同中规定的这一条款是出于某种不公正的动机,例如为了骗得雇员的报酬,或者是骗得其他应该正当付给雇员的补偿。

从本案事实来看,也没有任何迹象提示我们存在着下列情形:原告英曼没有相关的知识、能力或者机会来阅读这一合同,而且没有明白这一合同;合同的条款是在原告英曼没有真正自由选择的情况下强加于他的;在原告英曼和被告公司之间,双方在谈判地位上存在着实质上的不公平。原告英曼在起诉状中不仅附上了这一合同的复印件——这一事实否定了他不知道这一合同条款的任何说法,而且原告英曼在作证时也承认,他在签订合同时看到过这一份合同,还和被告公司的代表就这一合同进行过讨论,熟悉合同的这一条款。在回答有关提起诉讼前是否给过被告书面通知这一问题时,原告英曼给出的证言表明他对于30天书面通知的这一要求有着特别的了解。原告英曼在法庭上是这样作证的:

〔英曼〕回答:现在,我向法院提起了这一诉讼——我是在30天之内到这里(指法院)开始提出我的请求的。我想,当我第一次到镇上来起诉被告的时候,就是在"通知"被告。

〔被告〕问:你认为,向法院起诉,就是"通知"被告吗?

〔英曼〕回答:是的,我是这样认为的。

在这样的情形下,我们并不觉得对英曼起诉的权利进行限制是有悖公平原则的。如果我们拒绝强制执行本案这样的合同,进而允许一方当事人从他的合同义务中"逃脱",这并不证明我们法院就是正当的。当然,可以想到的问题是,提前30天通知这一要求,可能被一个肆无忌惮的雇主滥用,进而对雇员产生不利后果。〔我们认为,〕如果这样的危险非常严重的话,那么,立法机构

383

可以采取相应行动,通过立法使这样的条款在法律上无效①。但是,我们法院现在也许并不需要去猜测,在我们阿拉斯加州,未来公共政策在这一问题上将来会是什么样的情形。我们法院的职能只是,在案件事实很清楚地表明它涉及现存的公共政策,而且我们法院认定这一公共政策遭到了侵犯的时候,我们法院才会采取行动。然而,这样的情形在本案中并没有出现。

原告英曼提出赔偿损失请求的时间,是在 1960 年 3 月 24 日。他的起诉状于 4 月 14 日送达被告。英曼的观点是,因为起诉状中详细列明了他请求的相关依据,而且是这一起诉状在 30 天之内送达到被告,所以,他现在的做法已经实质性地符合了合同要求。

起诉状送达到被告,也许在客观上确实是让被告知道了原告的诉讼请求。但是,这并不能成为原告没有按照合同要求提前书面通知的借口。英曼在合同中同意"**在提交书面通知**之后的 6 个月之内",将不提起针对被告的诉讼。如果这一段文字的涵义是文字本身所想要表达的意思(我们并没有理由相信不是这样的),很清楚的是,英曼向法院提起诉讼,将起诉状送达给被告,并不是协议中要求通知的有效替代方式。如果我们作出与之相反的认定,将是对合同明示条款显而易见的置之不理,并且是在说合同中的这一条款没有任何意义。本案中并没有证据要求我们法院必须这样去做。

本案系争合同规定,在提起诉讼前给予对方书面通知,这一要求"是(原告英曼)要求获得任何赔偿的前置条件"。英曼对此辩称,合同中的这一规定并不是真正的前置条件——它仅仅是被告贴上的一个前置条件标签而已;如果原告的做法不符合合同中的要求,根据《联邦民事诉讼规则》第 8(c)条②的规定,应该是由被告在答辩的时候就此提出肯定性抗辩③。原告英曼认为,因为被告在答辩中对于这一点是沉默不语的,因此,根据《联邦民事诉讼规则》第

---

① 在俄克拉荷马州,该州宪法的相关条款(art. ⅩⅩⅢ,§9)规定:"合同或者协议的任何条款——不论是明示的条款或者默认的条款——约定了给予通知或者其他法律规定以外的要求,并以这些通知或者要求作为当事人提起主张、提出请求或者承担责任的前置条件的,那么这样的条款应该是无效和没有法律效力的。"见 Brakebill v. Chicago,R.I. & P.Ry.,37 OKL. 140,131 P.540(1913)。此为原判决中法官的注解。

② 此处提到的是《联邦民事诉讼规则》第 8(c)条(其标题是"诉讼主张的一般规则")。该条款内容是,在原告提起主张时,被告应该积极地提出自己免责的理由,如"和解"、"自愿承担风险"、"欺诈"等。——译者注

③ 肯定性抗辩是抗辩的一种形式,在普通法的民事、刑事诉讼中广泛使用。通常是指被告方认为,即使原告或者控方指控的事实存在,被告也应该得到豁免或者被免除责任。例如,刑事诉讼中,被告实施了加害行为,但抗辩自己是"正当防卫"。由于这种抗辩需要被告主动提起,因此被称为"肯定性抗辩"。原告因曼认为,在本案中,如果原告直接向法院起诉的做法不符合合同的要求,被告应该将此作为其"肯定性抗辩",在答辩中主动提出来,而被告在其答辩中对此并没有提及,因此,原告认为被告是放弃了自己的权利。——译者注

12(h)条①的规定,被告就是放弃了以此作为抗辩的权利。

在需要提前通知的情况下,没有能够提前给予通知,通常是当事人应该在答辩中提出来的一个抗辩理由。但是,在本案中,双方当事人已经同意这样的通知是要求赔偿的前置条件。这意味着,被告并不需要在答辩时将没有给予通知作为肯定性抗辩向法院提出来;相反,英曼需要履行这样的前置条件来主张自己的诉讼请求,或者证明这样的履行已经被对方放弃或者有正当理由被免除。我们不应该按照《联邦民事诉讼规则》第12(h)条指控被告放弃了其抗辩理由,被告并没有义务在答辩中这样去做。……

英曼最后的抗辩意见是,初审法院在作出最终判决的时候,出现了错误。他辩称,自己没有给予被告书面通知,但他向法院提起了诉讼,这构成了他履行合同条件的中止。在这种情况下,法院应该做的是在不损害原告权益的情况下取消这一案件。②[让他在符合了合同中约定的书面通知条件之后,再向法院进行起诉。]

在我们看来,原告英曼的这一抗辩理由是没有道理的。当初审法院作出判决的时候,英曼就再也不能通过在提起主张之后30天内书面通知的方式去履行让自己获得救济的前置条件了,因为合同中的这一时间限制已经届满。在这样的情形下,原告从法院获得救济的权利就丧失了,而不仅仅是中止。初审法院最终判决被告胜诉是正确的。

初审法院的判决予以维持。

■ 第二节　明示条件与其他条款之区别

一、合同创设的究竟是一个明示条件、一个承诺, 抑或是两者兼而有之?

纽约青铜粉公司诉本杰明资产收购公司③
马里兰州上诉法院(1998年)

本案要旨

在一项资产收购过程中,原告纽约青铜粉公司持一张支票的复印件要求

---

① 该条款内容主要涉及哪些情形可以认定为当事人放弃了抗辩。——译者注

② 合同中约定原告应该是在提起主张之后30天内书面通知被告,而在初审法院作出判决的时候,已经超过了合同中约定的30天期限,所以,初审法院是在实体上驳回了原告的诉讼请求。原告在这里提出的观点是,他向法院起诉构成了中止,即使法院认为他没有符合合同中约定的书面通知这一条件,也应该是取消这一案件,让他重新书面通知被告,待符合了合同中约定的书面通知条件之后,再让他重新起诉。法院没有接受原告这一观点。——译者注

③ New York Bronze Powder Co. v. Benjamin Acquisition Corp., 351 Md.8, 716 A.2d 230.

被告本杰明资产收购公司兑现,而被告拒绝支付。被告认为,支票上的条款明确约定了一个条件,提交支票的原件才能兑现支票。但原告因为支票抵押在银行而无法提供原件。法院认定,支票上的约定应该优先被解释为一个承诺而非条件,最终判决支持了原告的诉讼请求。

本案确定的规则是,当合同中的某些条款创设的是条件还是承诺并不明确时,应该优先将其当作"承诺"来解释,而不是当作明示条件来解释。

特别任命的马文·史密斯法官①(退休法官)代表法院呈递以下判决意见:

这一案件涉及的法律问题是,合同中的某一个条款究竟是一个条件、一个承诺,抑或是两者兼而有之?马里兰州特别上诉法庭曾经在一起没有报道过的案件中推翻过初审法院的判决,将一个非流通票据/合同中的规定解释为合同履行的"条件",票据中要求,只有交付这一票据之后才可以获得价款。

本案的相关事实可以简述如下:

原告纽约青铜粉公司(以下简称"纽约公司")于 1990 年 3 月 15 日与被告本杰明资产收购公司(以下简称"本杰明公司")之间达成了一份协议,根据该协议,被告本杰明公司同意以 450 万美元的价格购买原告纽约公司的业务资产(这一资产现在被称为"里奇公司"),并承担"里奇公司"的部分债务。协议约定,完成交割的时间是在 1990 年 4 月 30 日。在协议约定的最终完成交割时间到来之前,本杰明公司向纽约公司表达了对所收购的里奇公司资产实际价值的担心,[担心里奇公司资产可能不足 450 万美元,]由于本杰明公司的这一担心,双方于 1990 年 4 月 30 日对购买协议进行了修改(附件一),解决了这一问题。根据附件一的规定,450 万美元中的 35 万美元可以暂缓支付,本杰明公司则签发给纽约公司一张 35 万美元的非流通票据。根据附件一第 3 部分的规定,本杰明公司将自己承担费用,在特别选定的会计师事务所的帮助下对里奇公司的资产进行审计,准备里奇公司的资产负债表;本杰明公司还承诺,会尽最大努力,最晚不迟于 1990 年 6 月 14 日将审计过的资产负债表交付给纽约公司。如果审计下来的资产负债表反映出里奇公司的资产净值不足 450 万美元,那么,本杰明公司有权根据[附件一]第 3 部分的规定从暂缓支付的 35 万美元当中,"按照少一美元扣一美元"的方式进行抵扣。……

在双方当事人按照 1990 年 4 月 30 日修改过的资产购买协议履行过程中,"附件一"中特别指定的会计师事务所却从来没有对里奇公司的资产负债表提出过审计意见,很显然,这一会计所事务所再也不会完成这项审计工作。

① Marvin H. Smith, Judge (retired), Specially Assigned.

对自己签发的这张支票,本杰明公司从来也没有向纽约公司支付过任何现金,或者是提出过支付任何现金。1993 年 10 月,纽约公司在米高梅县巡回法院对本杰明公司提起了本案诉讼,称被告本杰明公司没有支付支票上的款项,违反了修改后的资产购买协议。初审法院在没有陪审团参与审判的情况下,判决原告纽约公司有权获得支票上的这笔 35 万美元款项。

本杰明公司不服判决,上诉到特别上诉法庭①,本杰明公司在上诉中提出了三个问题,但是上诉法庭认定,只有一个问题有法律意义。上诉法庭认定的这一问题是,在支票上第 4.2 部分的内容——即以下以斜体加粗标注出来的这一部分——是否应该被解释为本杰明公司付款的前置条件。支票上第 4.2 部分的相关内容是这样规定的:

> 4.2 *付款。*该支票的出票人根据协议进行的付款,应该通过支票的方式付到美国商业银行,而且,应该在付款期限届满之时或者之前,通过挂号邮寄的方式——要求有回执——将款项汇到持票人在购买协议中设定的账户。如果到期付款日不是工作日,则付款日顺延到下一个工作日。**持票人如果要想得到这笔款项,应该在支票到期时,提交这一张支票……**

> 支票中第 4.4 部分规定:**"该支票中的条款,将由纽约州的法律进行调整,并根据纽约州的法律进行解释。"**②

特别上诉法庭在上诉中认定,根据纽约州的法律,上述加粗斜体文字创设的是一个"前置条件",该"前置条件"并没有成就,因此,应该免除本杰明公司支付 35 万美元的责任。纽约公司不服,提请我们法院对该案进行复审③,获得了我们法院的许可。

本杰明公司在审理中所提观点的事实基础是,支票中要求的"前置条件"并没有成就,这一点从纽约公司财务总监在法庭上所作的证词可以反映出来。当纽约公司试图说明自己提交的**不是支票原件而是支票复印件时,双方当事人在法庭上发生了以下对话:**

> [纽约公司的律师]问:你能够具体说明一下想要提交法庭的第三个

387

---

① 特别上诉法庭是马里兰州的中级法院,并不是马里兰州的最高法院,主要审理该州的上诉案件。对本案进行复审的马里兰州上诉法院(Court of Appeals of Maryland),才是马里兰州的最高法院。——译者注

② 原文中是大写字体。——译者注

③ "复审"是指在某一案件生效之后,败诉的一方当事人认为法院的判决存在错误,要求上级法院继续对该案件进行司法复审,其概念与我国的申诉制度有类似之处,但并不完全相同。上级法院如何同意哪些案件进入复审,有一套完整的规则和要求。通常情况下,只有涉及上级法院认为比较重大的法律问题,案件才会获得上级法院的复查许可。——译者注

证据材料①吗?

[纽约公司的财务总监]答:这是本杰明公司出具的一张 35 万美元的支票,这张支票在 1991 年 6 月 30 日到期。

......

问:本杰明公司兑付过这张支票吗?

答:没有,我们从来没有收到过支票上的款项。

问:这一份复印件和支票的原件相比,准确而真实吗?

答:看上去是的。

[纽约公司的律师]:法官大人,我请求将第三号证据材料作为本案证据提交给法庭。

法庭:有反对意见吗?

[本杰明公司的律师]:法官大人,我方对此反对。**对于原告以这一支票作为依据来起诉,并出示支票的复印件来对抗原件,我们是有一些疑惑的。**我方对这一问题非常关注。

法庭[问纽约公司的财务总监]:你能确定这张支票的原件现在在哪里吗?

......

[纽约公司的律师]问:你有支票的原件吗?

[纽约公司的财务总监]答:我没有。

问:你有没有将支票原件转售给其他人?

答:我没有。

问:有没有其他人在支票上设定过权利,阻碍②支票的兑现? 你们有没有在支票上设定过权利,阻碍过支票的兑现?

答:我只是想说这张支票原件在哪里。

问:它在哪里?

答:因为我对“阻碍”这一法律术语的含义并不确信,我在此只想说出支票原件在哪里。当时 Perpetual Savings Bank 是我们纽约公司的贷款方,他们对于我们纽约公司所有的资产都有着利益。现在,是他们在保管着这张支票的原件。

---

① 当事人向法庭出示的证据一般都会事先进行编号,以便在法庭上能够让双方当事人识别。以下的对话是双方当事人的律师询问原告纽约公司财务总监对于第三号证据材料(票据)的看法。——译者注

② 此处“阻碍”一词,在法律上的含义是指某一财产上设有法定的限制,例如抵押、留置,在当事人行使权利或者处分财产时,相关抵押权人、留置权人可以依法主张权利,阻止其变现或者实现价值。——译者注

问：今天在法庭上出示的复印件是不是准确而真实的？

答：是的。

［纽约公司的律师］：我还是请求法庭将第三号证据材料作为本案的证据。

法庭：还有进一步的反对意见吗？

［本杰明公司的律师］：是的，法官大人，我们还是对此有反对意见。目前的事实情况仍然提出了一个法律上的问题。**原告正在以一张他们并不持有的支票在起诉我们。**

法庭：我在此接受本杰明公司上面的反对意见。本杰明公司已经提出了他们观点的基础依据。……

特别上诉法庭认定，纽约公司并没有权利主张支票上的全部款项，包括部分款项，因为它没有向本杰明公司提交支票的原件。在得出这一结论时，上诉法庭是这样分析的：

> 对于合同（或者）支票上的文字应该作通常含义的理解，纽约州和马里兰州的法律在这一点上是一致的。纽约州法院已经将"前置条件"界定为："在履行合同中承诺的义务之前必定发生的行为或者事件——不包括时间届满这样的情形——除非这一'条件'可以有正当理由予以免除。"……①

特别上诉法庭认为，支票第4.2部分中的文字，很明显地符合前面判例中对于"条件"所作的界定。本案中，持票人纽约公司如果"想要得到这笔付款"，就应该交付这一票据，将票据注销。毫无疑问，这样的要求限制了被告本杰明公司的付款义务。在 Gilpin 诉 Savage 一案中②，法院就将债权人提交可流通票据的行为，解释为付款的前置条件。

---

① Oppenheimer & Co. v. Oppenheim, Appel, Dixon & Co., (86 N.Y.2d 685, 636 N.Y.S.2d 734)660 N.E.2d 415, 418(N.Y.1995).

Oppenheimer 这一判决中的观点，与我们马里兰州的法律是相吻合的。我们法院在相关案件的判决中是这样界定"前置条件"的，即"在承诺立即履行的义务实施之前，必定要发生的某个事实——这一事实并不包括时间的届满这一情形——除非要求发生的这一事实可以有正当理由予以免除"。见 Chirichella v. Erwin, 270 Md.178, 182, 310 A.2d 555, 557(1973)。由于"在创设明示前置条件时并不是一定要用特定的文字形式来表达，所以，像'如果'、'假定'这样的词语或者短语，通常也被用来表明某种履行有着明示的前置条件，上述词语与'当……的时候'、'在……之后'、'一……就'、'受制于……条件'这样的词语或者短语有着一样的效果"（同上，引注略去）。决定合同中的某一条款究竟是否构成了"前置条件"，这是一个合同的解释问题，如何解释，"取决于在他们使用的文字中所寻找到的当事人的意愿；在文字含义模糊不清时，我们可以再借助其他可能的手段来进行解释"。此为原判决中法官的注解。

② 94 N.E.656 (N.Y.1911).

本案中,一个重要的支配因素是,这一支票是非流通票据①。这一票据在形式上是资产购买协议"附件一"的一份证据材料,而且支票上涉及抵扣的条款是为了实现"附件一"中有关审计的条款而服务的。双方达成的这一资产购买协议——其后经过了双方的补充——是一份包括了支票在内的整合过的合同。在这样的情形下,本案争议的主要问题是,支票中第 4.2 部分的最后一段文字,到底应该被解释为纽约公司作出了一个承诺,在它要求本杰明公司付款之时必须交付这一支票——纽约公司的非实质性违约②将不能使本杰明公司免除付款的义务;还是应该被解释为强制本杰明公司履行付款承诺的一个前置条件呢?

纽约州有关如何认定"合同条件"的最近判决,是 Oppenheimer & Co.诉 Oppenheim, Appel, Dixon & Co.这一案件。该案涉及的是一份转租合同。该案中的次承租人向转租人提出,想租用一个地块来建设电话交换的联接工程,转租人的义务是要得到原土地所有人对于这一工程的书面同意,而且,转租人应该在指定的日期将这一书面同意的材料交给次承租人。在指定的日期,转租人电话通知次承租人,告知土地所有人已经同意了这一事项。[在这之后,]次承租人拒绝签署所建议的转租协议。摆在纽约州上诉法院面前的问题是,合同中要求转租人必须得到地块所有人书面同意的条款,是不是只是合同中的承诺? 如果它只是合同中的承诺,转租人没有履行的话,就将受制于实质性履行③规则;还

---

① 本杰明公司并没有坚称本案中的票据是一张可流通票据。本案中的票据并不包含"一个无条件的支付一定金额的承诺或者命令"(见 N.Y.U.C.C.§3-104(1)(b)(McKinney 1991)),而且它对持票人来说,并不是只要有命令就必须"见票即付"。(同上,§3-104(1)(d))。另外在《统一商法典》中是这样说明非流通票据的,"除了可以按照所适用的证券法,或者按照证券法豁免的方式进行流通以外,非流通票据不得流通"。本案系争票据的第 4.1 部分中,继续重复了上述《统一商法典》中的警告,而且增加了这样的条款:"该票据的任何转让,应该按照该支票上规定的条款进行,这些条款包括但不限于与债的在后清偿或者抵销相关的条款。"以上为原判决中的注解。

② "非实质性违约"是指当事人虽然有违约行为,但这种违约只是一般的违约行为,并不是严重违反合同,因而不能导致合同解除或者免除对方责任的后果。"非实质性违约"在这里就是指,如果支票中要求纽约公司提供支票原件的条款是一个承诺的话,那么,相对于整个资产购买协议来说,没有提供支票原件并不是实质性的违约,因而并不能免除本杰明公司的付款义务。——译者注

③ "实质性履行"是指一方当事人的履行行为从实质上看是符合合同要求的,只是在某些不太重要的方面与合同约定有所差异。当事人只要做到了实质性履行,一般不会被认定为是一种根本性违约。在 Oppenheimer 这一案件中,合同中要求转租人提交的是地块所有者的书面同意,转租人从所有人这里得到的是明确的口头同意,转租人也告诉了次承租人,虽然口头告知在形式上不符合合同中的书面要求,但是,应该说在实质上已经符合了合同要求。如果合同中的书面同意约定只是被当作一个承诺来对待,那么,转租人就可能不承担法律上的违约责任。而如果是将书面同意当作"前置条件"来对待,那么,转租人的口头通知就没有符合前置条件的要求,次承租人就有权拒绝签署这一租赁合同。"实质性履行"这一概念,有点类似于我国合同法上的根本性违约。——译者注

是说实质性履行规则在本案中根本就无从适用,因为这一条款本身就是"合同条件"呢?

在 Oppenheimer 案件中,系争合同这样说道,如果转租人"没有在确定的日期得到原土地所有人的书面同意,那么双方的协议和转租都将被认定为'没有法律效力,不能进一步强制实施,也不产生进一步的法律效果',任何一方当事人对于对方都不产生'任何权利或者任何义务'"。① 在这一合同中的另一条款这样说道:"双方当事人'在此同意,除非设定的条件[即合同中要求的书面同意这一条件]得到及时的满足,而且直到设定的条件得到及时满足为止……否则双方将不去实施和交换这一转租协议'。"纽约州上诉法院判决认定,合同中的上述文字创设了一个合同条件。②

审理 Oppenheimer 案件的纽约州上诉法院,就解释一个条款是否构成合同条件,给出了以下的指导意见:

> 在确定某个特定的协议所规定的事件究竟是不是一个"合同条件"的时候,法院在解释存有疑问的那些文字时应该更多的是将其视为合同承诺或者是推定条件③,而不是将其作为明示条件来对待。一旦认定那些文字构成明示条件将会增加债权人丧失权利的风险时,法院就更有必要采取前面提及的优先解释方法。④

Oppenheimer 案判例在判决意见中除了具体说明合同中的文字毫无疑问地创设了一个"条件"以外,它还表明了这样的态度,纽约州上诉法院将按照《合同法重述》(第二次重述)第 227 条款来优先解释那些存在争议的文字,同时,法院也会考虑到《合同法重述》(第二次重述)第 229 条款的规定——第 229 条款涉及的是哪些情况下可以豁免条件的发生。在这里,我们法院可以适用的是《合同法重述》(第二次重述)第 227(2)条款。根据《合同法重述》(第二次重述)第 227(2)条款中的内容,合同要求履行的义务是,本杰明公司应该付清支票上载明的款项,因此本杰明公司是合同中的"债务人",而纽约公司则是"债权人",而所谓"条件"是纽约公司在要求本杰明公司兑付支票时必须提交这一张支票。本杰明公司的观点当然是,正如合同形成的时间一样,提交这一

390

---

① *Oppenheimer*, at 736, 636 N.Y.S.2d 734, 660 N.E.2d at 417.

② *Oppenheimer*, at 737, 636 N.Y.S.2d 734, 660 N.E.2d at 418.

③ "推定条件"是指一个条件并不是合同中明确表明的一个条件,而是由法院根据案件的具体情况推导出来的一个条件,法院自行认定某一事件的发生是当事人履行义务的一个条件。通常,在按照字面解释会导致不公平的情况下,法院为了公平需要会对合同作出解释,认定合同的履行存在着一个条件。它与下面提及的"明示条件"正好是相对应的两个概念,后者是指合同中明确约定了合同履行的某一个条件。——译者注

④ *Restatement (second) of Contracts* § 227 (1).

张支票是在纽约公司控制范围之内①的一个事件。

在上面提及的因素②都具备的情况下,应该是优先采纳《合同法重述》(第二次重述)第 227(2)条款的解释,它是这样规定的:

> 除非合同是只有一方当事人履行义务的情形,否则,当合同条款对于以下[三种]情形存在疑问的时候,如果合同中约定必须发生的某一事件是在债权人③控制范围之内,那么,就应该优先作出第一种解释。
>
> (a)某一条款是不是对债权人设定了必须履行某一行为的义务;或者(b)是不是将那样的行为作为了债务人履行义务的一个条件;或者(c)是否将那样行为的发生,既作为债务人履行义务的一个条件,又是对债权人设定了必须要履行那样行为的一个义务。

《合同法重述》(第二次重述)的评论 d 阐述了给予该条款"优先解释"的理由。它具体是这样分析的:

> 《合同法重述》(第二次重述)第 227(2)条款中提到了"优先解释"这一规则,即应该优先认为债权人只是有义务去实施某一行为,而不是将实施这一行为作为债务人履行义务的一个条件。如果将债权人没有实施某一行为视作"条件"没有成就的话,那么,对债权人来说,就将导致非常严厉的后果,而"优先解释"则避免了这样严厉的后果;根据……履行行为应该与承诺彼此交换④这一规则,法律仍然可以给予债务人以充分的保护。根据履行行为应该与承诺彼此交换规则,如果债权人没有能够履行义务构成了实质性违约的话,它和债务人履行义务的条件没有成就的后果是一样的。除非协议中讲得很清楚,约定的那一个行为的确是一个条件,否则适用"优先解释"这一相对宽松的规则就是公平合理的。在任何案件中,债务人在对方出现违约情形时,都是可以得到

---

① "在债权人控制范围之内"在此处的含义是指,这是债权人(即纽约公司)能够做到的事情,因为本杰明公司已经在达成合同时将支票交付到了纽约公司的手上。下文在引用《合同法重述》的规定中,还会出现这一概念。——译者注

② 即前面提及的"债权人"、"债务人"、"义务"等因素。——译者注

③ 在本案中,是纽约公司要求本杰明公司付款,因此,债权人就是纽约公司,债务人是本杰明公司。——译者注

④ "履行行为应该与承诺彼此交换",是合同法对价、合同履行的理论中经常使用的一种表述。它是指一方当事人履行合同,是用来交换对方当事人所作承诺的。在自己履行了相应行为之后,如果对方没有履行承诺,守约人就可以要求违约的对方承担违约责任。如果一方违约只是轻微的一般违约,守约人可以通过要求继续履行、补充货物数量或者支付价款,让原先的合同继续有效并履行下去;如果一方构成了实质性违约,那么,守约人可以拒绝全部履行,解除合同。在存在着实质性违约的情况下,守约人从法律上可以获得的救济,相当于对方没有按照合同条件履行。——译者注

法律上的救济的。

现在让我们回到支票第4.2部分最后一段文字应该如何解释这一问题上，基于以下提及的理由，我们法院认定，本案当事人在支票中想要创设的是一个合同条件，这一点是"值得怀疑的"。本杰明公司的解释，完全依赖于支票中"为了得到[本杰明公司]的款项……[纽约公司应该提交支票]"这样的文字表述。我们认为，无论是从整个合同的上下文，还是条款本身来看，都没有很清楚地表明当事人在这里创设的是一个"条件"，以至于足以否定这些文字只是合同中一个承诺这样的"优先解释"。

在系争的这张非流通支票中，支票的引言部分包含了本杰明公司承诺支付35万美元的内容，并且明确这样的支付"受到下面["附件一"]第2部分和第3部分的限制"。第2部分是有关本杰明公司将在对所购资产进行审计之后付款的内容，第3部分是有关审计之后如果里奇公司的资产达不到合同中的总价款，就应该在这张支票中的款项进行扣减的内容。如果本杰明公司想让自己的付款承诺受制于第4.2部分中的条件，它只要在制作支票内容时再仔细一点，在支票引言中讲清楚自己的付款承诺也受到第4.2部分的制约就可以了。

支票的第4.2部分，规定的是这笔款项应该何时支付，怎样支付，提到"这笔款项……应该通过邮寄方式付出"。在我们看来，这样的文字，是属于合同承诺性质的表述方式。如果本杰明公司履行合同中的一些方式——指那些并不太重要的方式——不符合[第4.2部分]如何付款以及如何邮寄汇款的约定，我们相信，没有人会一本正经地坚持认为纽约公司可以保留所收到的款项，却不把那些款项计入本杰明公司应该支付的款项当中。我们还认为，支票第4.2部分最后一句文字（"持票人在要求兑付这一张支票时，应该提交这一张支票……"），其在表述方式上也是类似于合同承诺的那种表述。按照本杰明公司的观点，如果将"（纽约公司）为了得到付款"这样的文字当作"合同条件"来理解，那么，就一定会与支票第4.2部分的其他条款产生实质性的差异，这样的话，合同中的同一条款就产生了不同的法律后果。

根据纽约州的判例来看，支票第4.2部分如果要想获得本杰明公司所希望的法律效果，似乎应该有比本杰明公司所使用的文字更加清晰、明确的表述。例如，如果支票的第4.2部分最后一句的关键条款是这样表述的："一旦[纽约公司]没有能够提交这一支票，[本杰明公司付清余款的义务将终止]"或者"被免除"，那么，对它的解释将更加清晰、清楚。然而，实际情况恰恰相反，本杰明公司所使用的文字表述不是我们前面列举的那样表述，而是"[纽约公司]为了要得到[本杰明公司]的付款"这样的表述。"得到"（to receive）作为一个动词，

391

其基本含义是"占有或者收到货物",就像"占有或者收到"一件礼物或者信件那样。①联系支票第4.2部分最后一句的上下文,"得到"这一单词对于纽约公司来说是被动的;而对于本杰明公司来说,则是主动的,它应该主动全额支付余款。我们还可以将支票第4.2部分内容的解释进行一下比较,看看两种解释的效果有什么不同。一种解释是,它表明的是"去交换履行的一个承诺";另一种解释是,它表明,"一旦纽约公司没有交付支票,则纽约公司就将失去通过法律程序采取主动行动、强制被告本杰明公司兑付支票款项的所有权利"。比较下来,可以看出,以上两种解释对于纽约公司权利的影响真是天壤之别。

很显然,支票第4.2部分最后一段文字的目的,是为了防止这一张支票落入第三人之手,进而让本杰明公司可能会面临两次付款的风险。如果将这一段关键文字解释为纽约公司所作的承诺,那么,本杰明公司在理论上还有很多选择来获得违约救济。如果认为纽约公司的行为构成了实质性的违约,那么,本杰明公司就可以认为纽约公司的严重违约免除了自己的付款义务。但是,纽约公司实质性违约这一情形在本案中并不存在。在本案中,本杰明公司也可以要求纽约公司作出令自己满意的保证,即本杰明公司将不会两次被要求支付支票上的款项。本杰明公司还可以要求纽约公司赔偿其违约造成的损失,以及为了保护自己免受两次付款所花费的成本。虽然本案中的支票是一张不产生利息的支票,但是,在纽约公司要求支付从付款到期日到判决日这一期间剩余款项以及逾期款项的利息损失时,本杰明公司还可以以纽约公司违约为由,拒绝支付这样的利息损失。进一步而言,如果本杰明公司已经全额向纽约公司支付了款项,在有第三人向本杰明公司提出兑付这张支票款项的情况下,本杰明公司可能会在与第三人的诉讼中为了阻止第三人的请求、证明支票上金额已经全部支付而花费一定费用,就这些费用,本杰明公司也同样可以要求纽约公司予以赔偿。

在涉及可流通票据的协议中,这样的关键文字有怎样的效果在所不论,起码在本案中涉及的并不是可流通票据,而是非流通票据,所以本杰明公司被立即要求两次付款的可能性微乎其微。如果我们假定本杰明公司在纽约公司没有提交支票的情况下全额支付了35万美元,那么,这张支票的受让人并不能成为善意的支票持有人②。那样的受让人如果持有该支票向本杰明公司主张付款的话,将受到本杰明公司抗辩的制约,本杰明公司可以抗辩说已经将支票

① Webster's Third New International Dictionary 1984 [1976].
马文·史密斯法官在解释"得到"(receive)这一单词时,引用了《韦伯斯特国际词典》的解释,该词典在美国被奉为权威字典,在各个领域广泛引用。——译者注
② 善意持票人是指善意地支付了全部对价之后得到支票的人。——译者注

上的款项付给了纽约公司。

基于上述这些考虑,我们认为,双方当事人不可能是要创设一个"条件",让本杰明公司在不用付清协商对价的情况下就可以扣下资产中的 20 万美元。因此,我们在本案中适用"优先解释",认定支票第 4.2 部分中的最后一段文字中提到的要求纽约公司提交支票,只是为纽约公司创设了一个承诺或者说是合同义务……

初审法院的判决予以推翻。

二、当事人的约定究竟是一个付款时间条款,还是一个明示条件?

索斯·戴尔公司诉毕晓普国际工程公司[①]
美国联邦第六巡回上诉法院(1962 年)

本案要旨

被告之一毕晓普国际工程公司系总包方,原告索斯·戴尔公司系分包方,双方约定,被告在收到业主支付的工程款 5 天之后,将分包工程的款项支付给原告。施工过程中,原告完成了业主增加的工作量,原告要求被告支付增加项目的工程款。后业主因破产而未将增加工程的款项支付被告,被告据此拒绝向原告支付增加工程的款项。法院认定,合同中的约定属于付款时间条款,被告应该在工程结束后的合理时间内付款,支持了原告的诉讼请求。

本案确定的规则是,如果合同约定履行时间取决于某个特定事件,当理解这一条款存在分歧时,应将该条款解释为履行时间的具体约定,而非履行义务的前置条件。

沙克尔福德·米勒首席法官[②]代表法院呈递以下判决意见:

本案的被上诉人索斯·戴尔公司,是一家从事工程分包的公司(以下简称戴尔公司),上诉人毕晓普国际工程公司(以下简称毕晓普公司),则是工程的总承包商。戴尔公司针对上诉人毕晓普公司提起本案诉讼,要求毕晓普公司支付其在工程建设中提供原材料和劳务的费用,总共金额是 134 684.53 美元。本案的另一个上诉人美国保险公司也被戴尔公司列为了被告,作为总承包商

---

① Thos.J.Dyer Co. v. Bishop International Engineering Co., 303 F.2d 655.
本案有两个被告,除了毕晓普国际工程公司之外,还有其担保人美国保险公司。——译者注
② Shackelford Miller, JR., Chief Judge.

的毕晓普公司曾经向该工程的业主出具过一份"业主利益保护证书"①，在这份"业主利益保护证书"上，美国保险公司是毕晓普公司的担保人。

以下是双方当事人都予以认可的案件事实：

被上诉人戴尔公司是一家位于俄亥俄州的公司，专门从事管道施工业务。上诉人毕晓普公司是一家从事工程总承包的企业。在1958年8月19日，毕晓普公司与肯塔基州的业主赛马俱乐部签订了一份书面合同。在该合同的条款中，毕晓普公司同意在赛马俱乐部位于肯塔基州布纳县的一个地块上，为赛马跑道工程提供材料和劳务。在这一合同中，双方将这一施工项目称为"一号标段"。

1959年4月27日，被上诉人戴尔公司与上诉人毕晓普公司签订了一份书面分包合同。在分包合同中，戴尔公司同意为毕晓普公司提供劳务，并安装所需要的管道设备，完成毕晓普公司与赛马俱乐部合同中约定的、本应由毕晓普公司完成的施工任务，毕晓普公司将为分包工程支付给戴尔公司115 000美元。在分包合同的第三部分是这样规定的：

支付给分包商戴尔公司的总价款为美国的法定货币115 000美元。在业主支付了总承包商毕晓普公司工程款5天之后，总承包商应该向分包商戴尔公司支付相应的款项，在此之前，总承包商不用向分包商支付这些款项。然而，对于分包商戴尔公司施工并完成的这些工程，只有在通过业主满意验收的35天之后，总承包商毕晓普公司才会支付分包合同中的上述价款。但是，总承包商付款的金额将不超过合同总价的90%，而且总承包商可以扣留必要的款项，用以全部支付或者清偿这一工程中发生的下列款项，例如，应该优先受偿的留置款项，止付通知书②上的费用，扣押、查封债权或者执行的费用。本条款的任何内容，不能被解释为总承包商在以后的任何时候不用再向分包商支付工程的预付款或者类似的款项。

上诉人毕晓普公司完成了1958年8月19日合同所要求的所有劳务和材料，而且完成了合同中要求它应该做的所有事项，并且已经从业主赛马俱乐部这里获得了2 236 908.95美元的工程款。这一金额就是合同中规定的毕晓普公司完成整个工程的对价。

---

① "业主利益保护证书"是由总承包商向业主出具、由第三人对业主权益予以保护的保证书，通常运用在建筑施工领域。这一保证书是第三人向业主作出保证，一旦出现了总承包商不能支付分包人、材料商、提供劳务方款项的时候，将由第三方承担担保责任。在本案中，毕晓普公司就是总承包商，担保方就是美国保险公司，判决书后面提到的赛马俱乐部是这一工程的业主。——译者注

② "止付通知书"是一个金融术语，其意思为"停止付款通知书"。通常是在支票挂失的情况下由银行出具。——译者注

在 1958 年 8 月 19 日合同的履行过程中,为了完成与赛马跑道项目相关的工程,作为这一项目业主的赛马俱乐部不时要求上诉人毕晓普公司提供劳务、服务和原材料,而有些工作量并不包括在赛马俱乐部发包的"一号标段"项目中。就合同以外增加的劳务和原材料费用,毕晓普公司曾经向赛马俱乐部提出过付款请求,但是毕晓普公司并没有从赛马俱乐部这里得到这些增加工程的任何款项……

被上诉人戴尔公司根据分包合同、工程变更通知单①、施工要求和承诺,提供了所需的全部劳务、服务和原材料,完成了所需的全部工作量。被上诉人戴尔公司在 1959 年 8 月 1 日或者之前,已经完成了所要求的全部工作,其完成的项目也于 1959 年 8 月 28 日经业主验收通过。

然而,毕晓普公司从业主赛马俱乐部这里收到的只是根据 1958 年 8 月 19 日所签最初合同条款下的报酬,而就被上诉人戴尔公司完成的那些增加的工作和原材料,毕晓普公司并没有从赛马俱乐部处获得过任何报酬。

毕晓普公司根据分包合同、变更通知单、施工要求和承诺,已经向被上诉人戴尔公司支付了 119 133.06 美元的款项。在支付了 119 133.06 美元之后,毕晓普公司尚欠被上诉人戴尔公司的工程款总额为 108 519.11 美元。

1958 年 8 月 19 日,本案的另一个上诉人美国保险公司向系争工程的业主赛马俱乐部签署了一份保证书,为总承包商毕晓普公司进行担保,保证书上的担保金额为 2 086 908.75 美元,被保证人为总承包商毕晓普公司。

1959 年 12 月 4 日,业主赛马俱乐部根据《联邦破产法》第十章的规定,向位于肯塔基州的美国西区法院路易斯威尔法庭提交了破产重整申请。目前,这一破产重整案件仍然在审理过程之中。

毕晓普公司在答辩中认为,根据其与被上诉人戴尔公司所签分包合同第三部分的规定,只有在该工程的业主赛马俱乐部根据相关合同向其支付款项 5 天之后,它才应该向分包人戴尔公司支付工程款;就被上诉人戴尔公司完成的那些工作和提供的原材料,赛马俱乐部并未支付全部款项,只是支付给毕晓普公司一部分款项,而毕晓普公司已经将这些款项全部支付给被上诉人戴尔公司了;因为毕晓普公司没有从正在破产程序中进行重整的赛马俱乐部这里获得更多的付

---

① "工程变更通知单"是建设工程管理中的一个术语。在一般情况下,施工单位的工作范围和具体要求应该是在合同中明确了的,但是,在施工过程中,业主往往基于各种原因,要求施工单位对工程进行变更,或者增加工作量或者减少工作量。因为这种变更实际上构成了对原先合同的变更,所以,从规范管理的要求上讲,施工单位会要求由业主出具正式的"变更通知单",以作为以后计算工作量的依据,这也是为了防止以后双方在工程结算的时候产生纠纷。——译者注

款,所以毕晓普公司也就没有义务向被上诉人戴尔公司再支付工程余款。

根据当事人提交给法院的上述相关事实材料,初审地区法院对该案作出了事实和法律上的认定,支持了被上诉人戴尔公司要求简易判决的申请,并判决被上诉人戴尔公司可以得到 108 519.11 美元的工程余款,此外,毕晓普公司还应该支付这笔款项从应付之日起到判决之日这一期间的利息,共计 9 224.2 美元……

双方当事人在法庭上花费了相当多的时间来争论以下问题,即被上诉人分包合同中的第三部分,究竟是不是可以强制执行的条款。上诉人毕晓普公司认为,分包合同中的第三部分是可以强制执行的条款,而被上诉人戴尔公司则认为不是这样。我们法院认为,当事人在该问题上的各执己见,误解了本案中面临的真正法律问题。当事人在合同条款中规定,某一项义务的产生是以某个事件的发生作为条件,或者以某个事件的发生与否来设定一个义务,这样的合同是一个有效的、可以强制执行的合同,这已经是一个很成熟的法律规则……但是,合同条款所创设的究竟是不是这样的附条件义务,或者是不是取决于一定情形而设定的一个义务,仍然是法院要思考的一个问题。在这种情形下,案件所提出来的问题,是合同条款应该如何解释或者理解的问题,而不是合同的效力问题。①

在解释本案系争合同的时候,我们面临的第一个问题是,1959 年 4 月 27 日分包合同的第三部分,是否不仅仅适用于双方最初的分包合同,而且适用于当事人在最初合同以外就新增加出来的工作量所达成的补充协议?

被上诉人戴尔公司坚持认为,应该支持初审法院的判决。它的辩称意见是,1959 年 4 月 27 日分包合同的第三部分,仅仅适用于这一分包合同所提及的劳务和提供的原材料。双方随后就增加工作量所达成的补充协议,既不在最初的总承包合同当中,也不在最初的分包合同中,它们构成了一个单独的合同,当然就不应该再包括最初分包合同中的第三部分内容。被上诉人戴尔公司坚持认为,依据最初分包合同第三部分所作的抗辩,并不适用于根据补充协议所完成的那些工作量。[在我们看来,]被上诉人的这一抗辩看上去是符合一般规则的。②上诉人毕晓普公司在最初分包合同之后发出的施工建议和戴尔公司对这些施工建议的接受,并没有明示提到双方当事人受到最初分包合同中条款的制约,而且,每一次新增加的那些工作量,都包括了构成一份单独的、独立的合同所必需的那些要素。然而,本案中的根本问题是,如何从当事人在

---

① Lewis v. Tipton, 10 Ohio St.88.

② Canister Co. v. Wood & Selick, 73 F.2d 312, 314, C.A.3rd.

合同中所使用的文字、协议指向的客体，以及与本案相关的所有情形，来确定当事人的意愿……

我们认为，从 1959 年 5 月 25 日和 1959 年 6 月 9 日的两个变更通知单中，可以很清楚地看出，这两张变更通知单应该被解释为最初分包合同的一部分，这两张变更通知单对于这一点都作出了特别的说明……

因此，我们现在回到本案中最为关键的问题，即是否如上诉人毕晓普公司所作出的抗辩那样，分包合同中的第三部分应该被解释为其向被上诉人戴尔公司付款的前置条件，只有在该前置条件——在本案中，该前置条件并没有成就——发生之时，它才有义务向戴尔公司付款；还是如被上诉人戴尔公司所辩解的那样，分包合同中的第三部分应该被解释为毕晓普公司无条件付款的一个承诺，只是毕晓普公司的付款时间可以被延长到某一特定事件发生之后，或者在这一特定事件没有发生的情况下，可以给予毕晓普公司合理的时间来支付那些款项。

为了支持各自的观点，本案当事人都援引了不同法院的大量判决。我们认为，当事人援引的这些案件，陈述的只是法律上的基本规则。所援引的这些案件，也只是特定案件的事实下应该如何适用这些基本规则的例子。例如，肯塔基州上诉法院在 Fox 诉 Buckingham[1] 这一案件中认定，该案件中的付款承诺是一个附条件的承诺，只有在前置条件发生的时候才可以强制执行这一付款承诺。Mock 诉 Trustees of First Baptist Church of Newport[2] 案是由肯塔基州上诉法院审理的另外一起案件。该案的原告是一个建筑师，他受聘为被告[教堂]的一所"周日学校大楼"准备施工方案和规划，因为未曾预料到的施工成本和被告的财务限制，这一工程后来被无限期延迟。这位建筑师随后向法院起诉，要求被告支付其费用。作为被告的信托人在审理中辩称，原告曾经同意过暂时不要被告支付这些费用，直到教堂认为建造这一大楼在经济上可行，并且认为建造和完成这一大楼是适当的情况下才需要支付这些费用。审理 Mock 一案的法院认定，这一合同中约定的付款承诺，并不是以大楼的全部完工作为前置条件，而是应该解释为被告同意在合理的时间内支付这些费用……肯塔基州上诉法院在确定这一规则时……引用了《佩奇论合同法》[3]第 2100 部分的观点。这一部分的相关内容如下：

> 合同履行的具体时间，有时候取决于当事人实施一些特定的行为，而不是取决于合同当事人同意去实施某一事情；或者，合同履行的具体时间

396

---

[1]　*Supra*，228 Ky. 176，180—181，14 S.W.2d 421.

[2]　252 Ky. 243，67 S.W.2d 9.

[3]　*Page on Contracts*.

是取决于一些事件的发生,而这些事件并不是合同当事人有意要让其发生的事件。在判断这些内容究竟是合同履行的前置条件,还是合同履行的时间条款这一问题上,法院倾向性的态度是,除非合同里很清楚地表明这样的行为是明示的前置条件,否则,放入合同中作为履行行为参考的某一个条款,应该被认定为旨在确定当事人履行合同的具体时间,而不应该将其作为合同履行的前置条件。如果当事人的意愿确实只是想确定履行合同的具体时间,那么,这样的行为没有实际履行或者这样的事件没有实际发生,并不能免除当事人的合同义务。当事人同意在某一行为得到实施或者某一事件实际发生之后所从事的行为,起码是应该在一定的合理时间之内去履行。这一原则①已经在一些案件中得到了适用,这些情形是,一方承诺需要等待施工方完成了一个教堂和一个大楼的建设之后再付款,或者是必须等到某一个冲突得到解决之后再付款,或者是规定了"农作物一旦可以出售,或者从其他渠道筹集到资金之后"再付款。

正如在基本规则的表述中所指出的那样,在每一个特定的案件中,当事人的意愿才是法院判断这一问题时起决定作用的因素。

对于建筑业来说,不管建筑工程的规模有多大,总承包商们总是期待业主能够全额支付自己投入工程中的劳务和原材料,这是自然而然的事情。如果总承包商们没有这样的意愿,或者这样的意愿不能实现,那么总承包商就无法在建设工程这一行业中生存下去。这也是总承包商们与他人从事建设工程这一业务的基本想法。建设工程的业主出现了破产的情形,是总承包商们必然会面临的一种债务风险。但是,法律上的规定以及合同中的相关条款,例如法律上规定的建设工程中的留置权②和合同中约定的分期付款,就是用来最大限度地减少总承包商这样风险的规定。保护总承包商的这些法律规定和合同条款,证明了双方当事人有着这样的意愿,即使在业主最终破产的情况下,业主还是应该支付总承包商那些工程款。在涉及分包商与总承包商关系的情形中,分包商想要得到优先保护的期待和意愿就更加明显。因此,如果要想将那些通常由总承包商承担的风险转移到分包商这里,那么,总承包商与分包商之间的合同就应该包括明示的前置条件,表明双方当事人之间确实有这样的意愿③。

---

① 这里所指的原则,就是前面提及的原则,即尽管合同中规定了履行取决于某一行为或者事件的发生,但在没有明示的条件下,这样的规定只是旨在确定当事人履行合同的具体时间。——译者注

② 建设工程中的留置权在美国普通法中,是指在他人财产上付出了劳动和提供了材料的人,对于他人财产享有的一种担保利益,这种权益依法可以得到优先清偿。它类似于我国的留置权这一概念,既可以针对不动产,也可以针对动产。——译者注

③ *Page on Contracts*, Section 2100.

本案中,我们并没有看到通常由总承包商承担的业主破产风险应该转移到分包商的理由。我们认为,从本案事实来看,当事人的意愿是很清楚的,那就是应该由总承包商来支付分包商投入工程中的劳务和原材料款项。我们相信,这是对本案当事人之间关系的通常解释。如果这不是当事人的意愿,那么对于业主可能的破产究竟应该如何处理,完全可以通过没有分歧的条款来表达。①本案所涉分包合同中的第三部分,并没有提及业主可能破产时应该如何处理。从另一方面来说,这一条款涉及的是付款的数量、时间和方式等方面的约定,这些内容都是在每一份建筑工程合同中都具备的主要条款,它并没有考虑到业主可能破产这样的情形。在我们看来,分包合同中的第三部分是一个合理的条款,是为了让总承包商可以在整个工程结束之后的合理期限之内延期付款;也就是说总承包商可以在收到业主赛马俱乐部支付的分包商款项之后,再向分包商支付这些工程款。②将分包合同第三部分解释为,在总承包商收到了业主赛马俱乐部支付的工程款——总承包商可能永远也得不到业主支付的工程款——之前,分包商戴尔公司应该无限期地一直等待下去,在我们看来,是对这部分规定作出的不合理的解释,当事人在签订最初的分包合同时并没有这样的意愿……

初审法院的判决予以维持。

沙恩公司诉埃特那公司③

佛罗里达州地区上诉法院,第三地区(1998 年)

本案要旨

原告沙恩公司是分包方,被告之一的雷克奇公司是总包方,双方的合同约

---

① North American Graphite Corp. v. Allan, 87 U.S.App.D.C.154, 184 F.2d 387, 390.
② Stewart v. Herron, 77 Ohio St. 130, 149, 82 N.E.956.
③ J.J.Shane, Inc. v. Aetna Cas.& Surety Co., 723 So.2d 302.
本案有两个被告,除了标题中的埃特那公司之外,还有总承包商雷克奇公司。
本案和前面的 Thos.J.Dyer Co.诉 Bishop International Engineering Co.判例类似,也是分包商起诉总承包商要求支付工程款。不同的是,就分包合同中只有等业主向总承包商付款后才向分包商付款这样的约定,法官在这起案件中没有认定这只是付款时间的条款,而认为这是总承包商付款的前置条件,理由是分包合同中的文字表述很清楚地说明了它就是“合同条件”。这一案件实际上确定了这样的规则,在涉及总包和分包的合同中,对于总包商付给分包商的工程款,可以约定“总承包商的付款以业主的付款为前置条件,一旦业主不能支付,总承包商就不用向分包商支付”,即将业主不能支付的风险约定由分包商承担。这种约定也称为“payment if pay”(简称为“业主支付我才支付”)。比较合同中的付款方式所使用的语言可以发现,本案所使用的语言要比前面 Thos.J.Dyer Co.诉 Bishop International Engineering Co.判例中的语言要明确得多,这也许是本案作出不同判决最重要的原因。——译者注

定,只有在业主支付给总承包商合同款项之后,被告才向原告支付分包工程的款项。原告向法院起诉,要求被告支付工程款。被告认为,根据合同约定,其对原告的付款义务应以业主支付被告工程款为条件。由于业主尚未支付被告工程款,所以被告有权拒绝支付原告相应的分包工程款。法院最终认定,本案中的约定是总包商付款的前置条件,原告现在起诉的条件还没有成就,故判决驳回了原告的起诉。

本案确定的规则是,若分包合同中明确了以业主支付款项作为总承包商向分包商支付款项的条件,那么这样的约定是有效的。

格林法官[①]代表法院呈递以下判决意见:

在这起案件初审过程中,初审法院根据陪审团作出的支持被告总承包商雷克奇公司的裁决,判决由原告分承包商沙恩公司承担本案的律师费和诉讼费。我们在此推翻初审法院的判决,并将该案发回初审法院进行重审,我们对该案的指导意见是,本案的起诉因为未能具备起诉条件而被驳回,但这种驳回并不损害原告在条件成就时主张自己的权益。

上诉人沙恩公司是总承包人雷克奇公司(也是本案的被上诉人)的分包商,本案涉及的工程是位于迈阿密市中心"旅客运送系统"的延伸工程。该建设工程是属于佛罗里达州戴德县[②]政府所建设的一个项目。由于总承包商雷克奇公司就沙恩公司在该工程上的工作未能支付全部工程款,沙恩公司起诉雷克奇公司违反了合同。本案争议的中心问题,涉及应该如何解释当事人在分包合同中有关付款方式的条款。争议的付款方式条款是这样表述的:

第十三条款:付款方式

(a) 分包商沙恩公司的工程款,取决于业主戴德县政府在履行这一工程合同中的经济能力。分包商沙恩公司清楚地知道,其所投入工作的款项将从业主支付给总承包商雷克奇公司的资金当中得到。

雷克奇公司坚持认为,根据该条款,其对原告沙恩公司的付款义务,很明确地是以自己从业主那里得到款项作为条件的。本案中双方没有分歧的事实是,目前雷克奇公司就其所做的工程还没有从业主那里得到款项,雷克奇公司正和业主为支付这笔工程款进行着诉讼。雷克奇公司坚持认为,它向沙恩公司付款的条件还没有成就。而沙恩公司则认为,合同中付款方式的约定是模糊不清的,在这样的情况下,合同中付款方式条款就应该被解释为要求雷克奇

398

---

① Green, Judge.
② 戴德县是位于佛罗里达州东南部的一个县。——译者注

公司将在一个合理的时间内向自己支付工程款。

在绝大多数分包合同中,业主对总承包商的付款通常不是总承包商对分包商付款义务的前置条件,"因为分包商——为了维持它们的业务,分包商必须得到它们所做工程的款项——通常是不愿意去承担业主未能支付总承包商的风险的"。①然而,审理 Peacock 一案的法院也认为,对于我们正在审理的这样的分包协议,可以包括一个有效的付款方式条款,将业主不能向总承包商付款的风险转移给分包商。"但是,如果付款条款要达到将业主不能支付总承包商的风险转移到分包商的法律效果,那么,当事人就必须在合同中明确无误地表达出这样的意愿。"②

在本案中,我们发现,双方当事人争议的付款方式条款规定得非常清晰而且明确,它将业主支付总承包商工程款作为总承包商向分包商付款的前置条件,而不是像分包商所称的那样,只是简单地确定了一个付款的合理时间。因此,在业主尚未向总承包商付款这一节事实没有分歧的情况下,分包商要求被告(总承包商)付款的诉讼请求就是尚未具备条件的一个诉讼。因此,我们在此推翻初审法院有关律师费用及诉讼费用的最终判决,由初审法院在不损害原告权利的情况下驳回原告的诉讼请求。

[编者注解:]如果某一份承包合同/分包合同被解释为"Pay if paid"("在总承包商得到业主付款的情况下才支付分包商款项")③,一些法院将会宣布,这样的一个前置条件是没有法律效力的。④在 Wm. R. Clarke Corporation 诉 Safeco Ins. Co. of America 这一案件中,法院认定,"在总承包商得到业主付款的情况下才支付分包商款项"这样的条款"是没有法律效力的,因为它违反了我们国家不允许当事人放弃可以优先受偿的建设工程留置权这一公共政策⑤。立法者是在深思熟虑之后才提出反对放弃优先受偿的建设工程留置权这一公共政策的,但是,如果允许合同当事人通过'在总承包商得到业主付款的情况下才支付分包商款项'这样的条款——这一条款的效果将使法律禁止放弃优先权的政策根本看不出来——那么,立法者的意图,只能是空中楼阁,几乎不可能实现"。

---

① Peacock Constr. Co., Inc. v. Modern Air Conditioning, Inc., 353 So.2d 840, 842 (Fla.1977).

② Peacock, 353 So.2d at 842—43.

③ 这样的条款在英文中叫作"pay if paid"条款,即总承包商从业主这里获得款项,是总承包商向分包商支付款项的前置条件。

④ E.g., Wm. R. Clarke Corporation v. Safeco Ins. Co. of Amercia, 15 Cal.4th 882, 938 P.2d 372, 64 Cal.Rptr.2d 578 (1997).

⑤ 有关"建设工程留置权"这一概念,可以参见前面的 Thos. J. Dyer Co. 诉 Bishop International Engineering Co. 一案中的注解。——译者注

三、合同成立的条件，还是合同履行的条件？

汤普森诉利西亚公司①

蒙大拿州最高法院（2008 年）

本案要旨

原告科里·汤普森和金伯·汤普森从被告之一利西亚公司处购买汽车，双方签订了一份分期付款合同以及购买订单，原告支付了部分预付款。合同约定，如果银行或者金融公司不同意按照合同中的条件接受原告贷款，则合同对于被告不发生法律效力；因该合同产生的争议交由仲裁机构进行仲裁。之后，被告告知原告，要求其以更高的利率签订新的贷款文件，原告拒绝并退还汽车，但被告拒绝退还预付款。原告诉至法院，但被告以合同中存在仲裁条款为由，向法院提出动议，要求将该争议交由仲裁机构进行处理。法院认定，合同中的约定是合同成立的前置条件，因为条件没有成就，合同也就没有成立，法院判决驳回了被告的动议。

本案确定的规则是，如果合同中约定某个事件没有发生，则合同不发生效力，那它就是有关合同成立的条件；一旦条件没有成就，合同就不具有约束力。

吉姆·赖斯法官②代表法院呈递以下判决意见：

两位原告科里·汤普森和金伯·汤普森（以下统称"汤普森两人"）的诉讼请求涉及发生在 2005 年的一起卡车买卖交易，卡斯卡德县③第八地区法院作出裁定，支持了被告提出的将本案争议交由仲裁机构进行仲裁的动议。汤普森两人对于卡斯卡德县第八地区法院的这一裁决不服，提起了上诉。

我们将上诉过程中当事人的争议问题概括如下：

1. 当一个包含了仲裁条款的合同，因为前置条件没有成就而受到质疑的时候，相关争议究竟是应该由仲裁机构来进行仲裁，还是应该由法院来进行审理？

---

① Thompson v. Lithia Chrysler Jeep Dodge of Great Falls. , 343 Mont. 392，185 P.3d 332.

本案原告有两人，为科里·汤普森和金伯·汤普森。本案的被告除了利西亚公司之外，还有"克莱斯勒金融"和杰弗里·克洛克。利西亚公司在相关文本中，使用"专卖店"来称呼自己，所以，在法院的判决意见中有时也会出现"专卖店"这样的称谓。——译者注

② Justice Jim Rice.

③ 卡斯卡德县是美国蒙大拿州中西部的一个县。——译者注

2. 合同文本中提到以一定条件获得贷款必须要得到银行批准,这样的约定是不是一个合同成立的前置条件?

一、本案的事实和程序背景

2005年1月31日,汤普森两人来到了克莱斯勒公司①设在"Great Falls"的道奇汽车专卖店(以利西亚公司之名从事经营,以下简称利西亚公司),想要购买一辆新汽车。汤普森两人看中了2005款道奇·兰姆汽车(以下简称"道奇汽车"),这款道奇汽车的销售价格是39 224美元。汤普森两人为这辆道奇汽车交付了2 000美元的预付款,并将自己的一辆GMC汽车以旧换新,折抵23 612美元(折抵22 100美元的款项,再加上1 512美元的以旧换新津贴),汤普森两人提出,愿意就这辆汽车的余款进行贷款。

于是,汤普森两人与利西亚公司签署了一份分期付款合同(以下简称"合同")。这一合同表明,汤普森两人购买这辆道奇汽车,他们贷款的年利率为3.9%②。该合同文本的反面还有一些其他合同条款和条件,包括一系列仲裁条款。其中一条仲裁条款这样写道:

> 发生在我们之间或者是与债权人的雇员、代理人、继承人或者受让人之间的任何主张或者争议,将通过一个中立的、有约束力的仲裁机构来解决,而不是通过法院来解决。这里提及的主张或者争议包括了合同争议、侵权争议或者其他争议(合同解释、适用范围、合同及仲裁条款的有效性,或者任何问题的可仲裁性),它们源自贷款申请、合同或者由此产生的交易或者关系(包括与没有签订这一合同的第三人之间所产生的任何关系),或者是与它们相关的争议;仲裁机构可以由我们中的任何一方(或者是第三方)进行选择……

汤普森两人也签署了一份汽车购买的订单(以下简称"订单"),该订单列出了每年3.9%的贷款利率,而且还包括了一些其他条款和条件。这一订单的前面部分包括了一个"买方须知",其中写道:

> 如果这一交易是以分期付款的方式进行销售的,那么订单对于专卖店来说就不是一份有约束力的合同,只有在愿意购买这一分期付款业务

400

---

① 克莱斯勒公司是美国著名的汽车生产厂家,道奇汽车(Dodge Ram)是克莱斯勒公司所推出的一款汽车。——译者注

② 在分期付款合同中,特别是在涉及购买汽车等大件商品的分期付款合同中,往往是买方向某一银行或者金融机构申请贷款,然后由买方向银行或者金融机构还款,并支付一定利息。作为银行或者贷款机构会审核申请人的资信情况,包括利率要求,如果审核下来不满意,也会拒绝向消费者提供贷款。有的大公司,例如本案中的克莱斯勒汽车公司为吸引消费者购买自己公司的汽车,会成立专门的金融公司(即下面提到的"克莱斯勒金融")从事贷款业务,向购买自己公司汽车的用户提供贷款。——译者注

的银行或者金融公司批准了这一贷款之后,专卖店才有义务向买方售出这一辆汽车。如果贷款获得了银行或者金融公司的批准,那么,这一订单就是一份有效的合同。如果是买方汤普森两人自己解决资金问题,则这一订单是在签订的时候就发生法律效力。如果买方汤普森两人已经收到了作为这一交易组成部分的分期付款合同副本,那么,在银行或者金融公司接受这一合同之前,这一分期付款合同对于专卖店来说是没有约束力的。

与合同中的条款相类似,这一购买订单中也提到了仲裁事宜,称:"因为这一订单产生的任何争议或者主张,与这一订单相关或者因为违反这一订单而产生的任何争议或者主张,将通过仲裁予以解决……"

汤普森两人获准将这辆道奇汽车开回了家,他们驾驶了这辆汽车有一个多星期的时间。汤普森两人在法庭中说道,2005年2月8日,被告利西亚公司的财务经理杰弗里·克洛克与他们联系,告诉他们需要以一个更高的年利率(4.9%)来签订一份新的贷款文件。[①]汤普森两人声称,当时他们就明确拒绝接受这一更高的利率,克洛克则告诉他们,如果他们拒绝签署新的贷款文件,那么他们就必须将开回去的这辆道奇汽车返还给专卖店。汤普森两人说,在之后的某一天他们将这一辆道奇汽车送回了汽车专卖店,他们想要取回自己用来以旧换新的那辆GMC汽车,但是,利西亚公司告诉他们,那辆GMC汽车已经被卖出去了,而且利西亚公司拒绝返还汤普森他们交付的2 000美元预付款。汤普森两人说道,利西亚公司当时拒绝接受这辆道奇汽车,但是,他们还是将这辆道奇汽车和车钥匙留在了专卖店那里。

汤普森两人声称,在将这辆道奇汽车退还给了专卖店之后,他们有好几次联系了戴姆勒·克莱斯勒北美服务中心(现在叫作戴姆勒·克莱斯勒金融服务公司,对外以"克莱斯勒金融"之名从事着业务,以下简称"克莱斯勒金融"[②]),以确认这一合同和订单不会被强制执行。汤普森两人声称,"克莱斯勒金融"回答他们,"克莱斯勒金融"这里并没有他们的贷款记录。在这之后,利西亚公司向"克莱斯勒金融"提交了汤普森两人的贷款材料,"克莱斯勒金融"接受了该贷款申请。2006年1月9日,汤普森两人的律师收到了利西亚公司

---

① 汤普森两人所说的很多内容都受到了被告的质疑。因为地区法院同意被告提出的将审判程序暂时放在一边的动议,当事人没有进行任何的证据开示行为,地区法院也没有就这些事实作出任何的认定。此为原判决中的注解。

② 被告利西亚公司将原告汤普森两人要求贷款的材料交给"克莱斯勒金融",希望"克莱斯勒金融"能够按照合同中约定的年3.9%的利率接受汤普森两人的贷款,但是,"克莱斯勒金融"不同意以这样的利率贷款给汤普森他们。所以,利西亚公司的财务经理才会要求原告以4.9%的年利率来申请贷款。——译者注

律师发出的一封信,利西亚公司在这封信中声称,虽然由汤普森两人签署的合同包括了这样的条款,即一旦专卖店没有能够以合同中提及的利率出售这一贷款协议,专卖店有权解除这一合同,但是,利西亚公司还是选择了不去终止双方的这一交易,专卖店愿意去实施一个"购买优惠利率"行动①,将这一交易继续下去。根据利西亚公司的这一封信,当"专卖店代表汤普森两人为这笔贷款支付一定费用,让最初合同中的贷款利率能够维持下来之后","购买优惠利率"就实现了。

汤普森两人于 2006 年 3 月 1 日针对本案所列的这些被告向法院提起诉讼,汤普森两人在诉状中提及了 6 个方面的诉讼理由:(1)欺诈;(2)侵占;(3)恶意造成他人财产损害;(4)疏忽;(5)违反了蒙大拿州的消费者权益保护法;(6)惩罚性赔偿。

[在本案审理过程中,被告向初审的地区法院提出动议,要求法院暂停该案的审理,强制当事人将本案争议交付仲裁,同时,被告还向地区法院提出动议,要求从法院获得一个保护令,在法院考虑被告暂停该案审理这一动议的时候,禁止原告汤普森两人从事任何证据开示行为。]②

[初审的]地区法院在 2006 年 12 月 5 日颁布了一个裁定,支持了被告要求将该案争议强制进行仲裁、暂停本案审理的动议。地区法院之所以得出这一结论,是以美国最高法院在 Buckeye Check Cashing, Inc.诉 Cardegna③ 一案中的判决结论作为依据的,这一结论就是"当事人如果对于某一合同的整体效力进行质疑,而不是对其中特定的仲裁条款进行质疑,那么,这样的争议就应该到仲裁机构进行仲裁"。④地区法院就此认定,因为汤普森两人在本案中质疑的是整个合同,而并非仅仅是其中的仲裁条款,根据 Buckeye 案件的结论……这样的争议应该是交由仲裁机构进行仲裁。原告汤普森两人不服地区法院的这一判决,随即提起了上诉。

---

① "购买优惠利率"是美国金融业经常使用的一个经营手段。是指借款方为了获得一个较低的利率,向出借方支付一定的费用,以换得贷款方以较低的利率进行贷款。——译者注

② 这一部分为原编者所加的说明。

证据开示是美国民事诉讼中的重要程序,其目的是让双方当事人各自出示与案件相关的证据,以便让对方当事人和法院能够确定案件的相关事实,为正式开庭作好答辩的准备。本案中,法院同意了被告不启动开示程序的动议,所以,案件的很多证据并没有得到充分出示。——译者注

③ 546 U.S. 440, 126 S.Ct. 1204, 163 L.Ed.2d 1038 (2006).

④ Buckeye, 546 U.S. at 449, 126 S.Ct. at 1210.

二、审 查 的 标 准

在上诉审理过程中,我们法院是从这一案件的源头①审查地区法院同意的要求强制仲裁的动议。我们通过审查地区法院在法律上所作出的全部结论,来确定地区法院所作的这一裁定是否正确。

三、讨 论 分 析

第一个问题:一份包含着仲裁条款的合同,由于没有能够实现合同成立的前置条件而受到质疑;在这种情况下,究竟应该是由仲裁机构还是法院作为争议的处理机构呢?

《联邦仲裁法》②和美国法典第 9 章第 1-16 条款调整的对象,是包括仲裁条款在内的"与商事交易相关"的合同……

在 Buckeye 案中,当事人是对于一份包含了仲裁条款的合同效力进行质疑,我们认为,美国最高法院是在这样的案件背景下对联邦仲裁法进行审查的。最高法院在该案中概括了《联邦仲裁法》的三个关键原则。第一,"这一个仲裁条款是可以从合同的其他条款中分离出来的"③;第二,"除非当事人的质疑针对的是仲裁条款本身,否则合同效力这一问题应该是由仲裁机构首先来进行考虑",这一点也是与我们手头的这一上诉案件联系最紧密的地方④;第三,美国最高法院重申,"这一仲裁法既在美国的州法院适用,也在美国的联邦法院适用"。⑤美国最高法院总结道,因为 Buckeye 案中的被告是在整体上质疑这一合同的效力,而不是特别质疑其中的某个仲裁条款,所以,这样的争议就应该由仲裁机构进行处理。⑥

汤普森两人……坚持认为,本案的情形与 Buckeye 一案不同,理由是他们(汤普森两人)正在质疑的是包括一个仲裁条款的**合同是否存在的问题**,而不是像 Buckeye 一案那样,只是对**合同效力**进行质疑。汤普森两人辩称……如果系争合同本身就不存在,那么仲裁条款也就当然不存在。汤普森两人坚持认为,该合同以及其中的仲裁条款,由于没有能够满足前置条件——即某一个

---

① "从源头开始审查"(*de novo*,此为拉丁文,相当于英文中的"from the beginning"),在这里是指上级法院对于该案件是从整个案件的开始审查相关法律问题。在一般情况下,上级法院对于上诉案件并不会这样做,只是从下级法院的结论开始进行审查。——译者注

② 《联邦仲裁法》(The Federal Arbitration Act,简称 FAA)。

③ Buckeye, 546 U.S. at 445, 126 S.Ct. at 1209.
这里提及的某一仲裁条款可以从合同的其他条款中分离出来,是指仲裁条款所具有的独立性,即仲裁条款不因主合同的撤销、无效而撤销或者被认定无效。——译者注

④ Buckeye, 546 U.S. at 445—46, 126 S.Ct. at 1209.

⑤ Buckeye, 546 U.S. at 446, 126 S.Ct. at 1209.

⑥ Buckeye, 546 U.S. at 449, 126 S.Ct. at 1210.

银行或者金融公司以 3.9％的年利率批准这一订单及合同,因此,该合同也就从来没有形成过。利西亚公司当时给了他们两个选择,要么以一个更高的利率签署贷款合同,要么退还那辆道奇汽车。而汤普森两人认为,在"克莱斯勒金融"批准贷款之前,他们就已经将道奇汽车交还给利西亚公司了。这样,合同中的前置条件就没有能够成就,合同也就当然没有形成。因此,汤普森两人认为,他们与被告之间没有形成仲裁条款,他们也就没有义务去进行仲裁。被告则辩称,质疑一份合同的存在与否同质疑一个合同的效力,这两者之间没有什么区别,并坚持认为,根据 Buckeye 这一案件,汤普森两人必须将本案的争议提交仲裁机构进行仲裁……

最近,第九巡回上诉法院在它审理的 Sanford 诉 Memberworks, Inc.①案中,分析了这方面的相关问题。Sanford 这一案件中的原告,也是质疑一份包含着仲裁条款的合同是否成立。第九巡回上诉法院在审理之后认定,这是应该由法院来考虑的问题,它有别于 Buckeye 这一案件。在 Sanford 这一案件中,原告认为,她从来也没有同意过一份包括了仲裁条款的"会员协议",因此一份合同成立的基本要求都没有具备。第九巡回上诉法院在根据 Buckeye 这一案件进行分析的时候这样说道:"一份强制要求仲裁的事实合同②是否具有法律效力或者是否可以强制执行,这一问题应该被提交给仲裁机构进行仲裁,但是,**如果当事人质疑的是一份合同在整体上是否存在的问题**,那么,这一问题在提交仲裁之前,就必须先由法院来进行确定。"③

第九巡回上诉法院在判决意见中强调了以下这一事实,即美国最高法院在 Buckeye 一案判决意见的脚注中承认,合同的效力问题与合同是否成立这一问题之间,是有区别的。④……[在我们看来,]美国最高法院将合同无效与合同从来也没有成立作出了区别,从这一点来说,美国最高法院的观点首先是支持了本案中汤普森两人的观点,即合同在总体上的效力问题(例如,某一合同从一开始就是无效合同)与合同是否存在这一问题,这两者之间是有区别的……

我们法院在此同意上面引用的权威观点。在强制某份合同仲裁之前,当某一个当事人以双方从来也没有成立合同为由质疑包括仲裁条款的这一合同时,法院,而非仲裁机构,才是确定一份合同是否存在的恰当机构。如果某一份合同从来没有成立过,那就意味着当事人从来没有同意过进行仲

403

---

① 483 F.3d 956 (9th Cir.2007).
② "事实合同"是指当事人之间通过一定的行为而实际达成的一份合同。——译者注
③ Sanford, 483 F.3d at 962.
④ Sanford, 483 F.3d at 962 n.8.

裁。在这样的情况下,将争议事项交由仲裁机构进行仲裁也就是不恰当的。我们法院认为,这一点正好是 Buckeye 这一案件所确立规则的一个例外情形……

在前面,我们法院已经确定,一旦对某份包括仲裁条款的合同是否存在有着质疑,那么法院就是对此进行评判的一个恰当机构。现在,我们法院必须搞清楚的是,合同中的前置条件没有成就,究竟是不是一个有关合同成立的问题呢? 在判断当事人是否达成了仲裁协议这一问题的时候,法院应该是寻找所在州的法律——这里就是指有关合同成立原则这方面的法律——作为依据……因此,我们法院在此审查的蒙大拿州的法律,就是有关系争合同前置条件和合同成立的法律……

我们认为,将合同成立的前置条件与合同义务履行的前置条件区别开来,是非常重要的。"在合同法中,某一个条件,既可以是与合同的存在相关联,也可以是与立即履行合同的某项义务相关联。因此,某一个条件,可能是与合同成立相关联的条件,也可能是与合同履行相关联的条件。"[1]如果与合同成立相关联的条件都没有成就的话,那么,当事人之间的协议就没有达成一致,这样的合同也就是没有法律约束力的。这一点有别于合同义务履行的前置条件——在提到合同义务履行的前置条件时,往往是认定合同已经成立了。

当事人基于条件没有成就而质疑一份包括仲裁条款在内的合同,这直接涉及的问题是,当事人之间到底有没有成立一份合同? 根据上面提及的权威论述,将这一问题交由法院而不是仲裁机构来进行判断,是恰当的。因此,我们法院在此同意汤普森两人的观点,即初审地区法院在这个关键点上同意被告要求强制仲裁的动议,是错误的。当事人之间的合同到底有没有成立,应该首先是由法院来决定的一个问题。

第二个问题:按照合同文本中的条款获得贷款必须要得到银行批准,究竟是不是当事人之间合同成立的前置条件?

汤普森两人坚持认为,这一合同和订单中的文字清清楚楚地表明,银行或者金融公司同意按照 3.9% 的年利率购买这一合同和订单,是该合同成立的前置条件。只有等上述条件成就,即银行或者金融公司同意按照 3.9% 的年利率购买了这一合同和订单之后,这一合同才变成一个有约束力的合同。该购买订单中这样写道:

---

[1] Samuel Williston & Richard A. Lord, *A Treatise on the Law of Contracts* vol.13, §38:4, 375 (4th ed., West 2000).

如果这一交易是以分期付款的方式进行销售的,那么订单对于专卖店来说就不是一份有约束力的合同。只有在愿意购买这一分期付款业务的银行或者金融公司批准了这一贷款之后,专卖店才有义务向买方售出这一辆汽车。如果贷款获得了银行或者金融公司的批准,那么,这一订单就是一份有效的合同。如果是买方汤普森两人自己解决资金问题,则这一订单是在签订的时候就发生法律效力。如果买方汤普森两人已经收到了作为这一交易组成部分的分期付款合同副本,那么,在银行或者金融公司接受这一合同之前,这一分期付款合同对于专卖店来说是没有约束力的。

404

……我们在这里引用的书面文本中的上述文字,从字面上来看,内容是很清楚、很明确的,并不存在什么模糊不清之处。它可以表明,系争合同的成立取决于汤普森两人根据合同中的条款进行贷款能否获得批准。然而,被告"克莱斯勒金融"针对订单中的文字提到的是,除非贷款得到批准,否则这一合同和购买订单对于**专卖店**都没有约束力,坚持认为这里的前置条件只是适用于**专卖店**本身,而不适用于作为买方的汤普森两人。"克莱斯勒金融"认为:"在销售合同文本中没有任何内容表明,贷款获得批准是**汤普森两人**履行合同的'前置条件',销售合同文本中没有任何内容允许汤普森两人在销售条件没有改变的情况下毁弃这一合同。"

然而,我们法院认为,合同中的明示条款虽然只是提到了一旦贷款没有获得批准,专卖店将不受到约束,但是,在对合同中的文字进行全面的审查之后可以清楚地看到,即使合同中没有明确地提到汤普森两人,但这里的条件也同样是适用于汤普森两人的。系争合同中首先提到,汤普森两人同意按照"有贷款的价格"(以下称为"总的销售价格")购买这辆道奇汽车。该合同将总的销售价格界定为"以贷款方式购买这一辆汽车的总价款,包括买方支付的预付款在内",合同列出的总的销售价格是 44 351.20 美元。该合同进一步解释,这一数额包括了买方总的付款数额(38 539.20 美元),该数额是以买方贷款的34 899.00 美元作为基数,按照"年 3.9％的利率"计算出来的,而这里"年 3.9％的利率"被解释为是这一笔贷款按年计算的成本。该合同还表明,这一贷款总的收费是 3 640.20 美元,或者是"为这一贷款所花费掉的美元"。因此,汤普森两人同意的总的销售价格,就是以年 3.9％的贷款利率作为基础的,贷款的收费也是以年 3.9％的利率作为前提的。利率上的变化,也会相应改变贷款的收费,以及这辆道奇汽车"总的销售价格",除非对合同中的其他条款再进行协商或者调整。虽然合同中设定的一些款项是"估计值",但尽管如此,它们还是以年 3.9％的利率作为计算基础的,这一利率并不是一个"估计值"。

有关系争合同的条款应该如何更改这一点,合同的第9段落这样说道:"这一合同的改变,必须以书面形式进行,并由所有的当事人签署……"汽车购买订单的第2段落规定:如果生产商改变了它给专卖店的价格,那么专卖店也可以改变买方现金付款的价格;然而,在专卖店将买方现金付款的价格提高之后,"如果买方不满意的话,买方可以相应地取消这一订单……"

对于本案合同文本的审查,让我们法院确信,汤普森两人同意以某一特定的价格购买道奇汽车是以年3.9%的贷款利率作为前提的;除非汤普森两人以那样的条件获得了贷款,否则,双方之间的合同就是没有成立的。如果我们法院作出相反的认定,将会潜在地强制汤普森两人以任何可以获得的利率来购买这一款道奇汽车。根据本案系争合同,我们可以得出以下结论:除非以约定的条件获得贷款,否则这一合同对专卖店不发生约束力;与这一结论一样,如果没有以约定的条件获得贷款,对于汤普森两人来说,这一合同同样也是没有约束力的。因此,贷款按照合同中设定的利率获得批准,是这一合同成立的一个前置条件。

汤普森两人进一步认为,当时利西亚公司要求他们要么以更高的利率签署一份新的合同文本,要么是将道奇汽车退还利西亚公司,而他们选择的是拒绝接受更高的利率。因此合同中的前置条件没有成就。"克莱斯勒金融"坚持认为,按照订单及合同中的条件,汤普森两人的贷款已经被接受了,而且认为,并没有书面材料显示"克莱斯勒金融"拒绝了合同中的这些条件。汤普森两人则认为,反映金融机构拒绝了3.9%利率的书面材料实际上是存在的,但是,在这一件事情上,他们没有得到法院的允许来启动开示程序,他们本来是想搞清楚这一个问题的。此外,汤普森两人还指出,2006年1月9日来自利西亚公司的信件表明,利西亚公司实施了一个"购买优惠利率"的行动,想以此来保持合同中约定的最初利率。

很清楚的是,本案中还是有一些事实存在着冲突,需要法院去调查合同中的前置条件是否得到了满足、合同是否成立。在地区法院没有作出进一步事实查明的情况下,这些问题是无法得到回答的。

由于地区法院错误地作出了支持被告提出的将案件进行强制仲裁、暂停法院审理的动议,因此,我们将该案件发回地区法院,由地区法院按照我们在本案中的意见继续审理。在地区法院审理过程中,需要实施一个开示程序,以查明有关融资的条件是否成就。

案件予以推翻并发回重审……

405

■ 第三节　推定条件

斯图尔特诉纽伯里[①]
纽约州上诉法院(1917 年)

本案要旨

　　原告斯图尔特与被告纽伯里通过书信往来达成一份劳务合同,由原告承建被告的一项工程。在工作一段时间之后,原告按照通常的方式向被告提交了一份付款清单,要求被告就已经完成的工程支付款项,被告拒绝。于是,原告停止了工作,诉至法院。法院认定,尽管合同中没有约定,但应该推定原告只有在完成全部工作之后才能主张报酬,于是,法院判决驳回了原告诉讼请求。

　　本案确定的规则是,对于付款方式和付款时间没有达成一致的合同,应该推定当事人在全部完成工作之后才可以主张报酬。

　　克兰法官[②]代表纽约州上诉法院呈递以下判决意见:

　　本案的这些被告,是以"纽伯里制造公司"的名义从事管道装配业务的合伙人。原告斯图尔特则是居住在纽约州塔克西多地区[③]的一名承包人和建筑商。

　　被告在纽约州门罗县[④]建造混凝土厂房,原告想承接一些业务,双方当事人以通信的方式进行了交流。以下是双方当事人信件往来的主要内容:

　　　　亚历山大·斯图尔特,

　　　　承包人和建筑商,

　　　　塔克西多,纽约,1911 年 7 月 18 日,

　　　　致纽约州门罗县纽伯里制造公司:

　　　　敬启者:

　　　　关于你们正在建设的新铸造厂大楼工程,我希望能够承接到一些业务,并已经于今天下午来与你们商谈,但未能如愿。现在向你们报上我的

---

①　Stewart v. Newbury, 220 N.Y.379, 115 N.E.984.
　　本案有多名个人被告,他们是"纽伯里制造公司"的合伙人。——译者注
②　Crane, J.
③　塔克西多是纽约州 Orange 县下的一个小城。——译者注
④　门罗县是位于纽约州西部的一个县。——译者注

价格,相信你们会满意。

完成所需要的全部挖掘工作,价格为每立方码65美分。

从事混凝土浇注工作(只提供劳务和混凝土成形)价格为每立方码2.05美元。

提供加固工程中的劳务,价格为每吨4美元。

407

只提供安装所有门窗的框架、窗框,包括安装配件的劳务,价格为112美元。另外,备选方案是,我完成所有上述全部工作,价格是所有成本再加上10%的费用。我将以一流的技艺为贵公司提供上述服务,保证我完成的工作都是物有所值的。

希望得到你们对此的回复。

[签名]亚历山大·斯图尔特

[以下是被告纽伯里制造公司对亚历山大·斯图尔特前一封信的回复:]

电话联系

门罗县,纽约州,1911年7月22日,

亚历山大·斯图尔特,塔克西多公园,纽约

亚历山大先生:

我们在此确认今天早晨电话交谈中的内容。我们同意由你来完成我们新大楼的混凝土浇注工作,价格按照你在7月18日的信件中的报价执行。我们希望你在下个星期的早些时候到我们这里开始工作。

纽伯里制造公司

[签名]H.A. 纽伯里

在双方往来的书面信件中,对于付款时间和付款方式只字未提。然而,原告声称,在其寄出信件之后、收到被告回复之前,曾经和纽伯里先生通过电话进行过交流,并在电话里告诉纽伯里先生,"我希望你们以通常的方式来支付这一工程的款项",纽伯里先生当时在电话里说道:"好的。这幢楼的工程款,我们已经准备好了。"但是,原告所提及的上述电话交流内容遭到了被告的否认。

原告向法庭陈述时说道,对于他所从事的工作,通常的付款方式是,整个工程85%的费用每隔30天或者在每个月的月底分期支付,余下15%的费用,则留待整个工程结束之后再支付。

6月,原告开始施工。到9月29日,原告已经完成了第一层楼的工程。与此同时,原告将已经完成的工程量制作了一份费用清单并发送给被告。然而,被告拒绝按照该账单来付款,因此原告就停止了施工。

原告声称,是被告拒绝允许他继续完成余下的工作,被告则坚持认为,原告完成的工作与自己的要求不符。而被告在初审过程中辩称,原告是在他们拒绝按照账单支付款项之后,自行停止了工作。

1911 年 10 月 5 日,被告向原告发出一封信,这封信中包括了以下内容:

> 尽管你答应在星期一让我们知道你究竟是愿意完成这一工作,还是想要放弃这一合同,但是,直到现在为止,你还没有告知我们你的意愿到底是什么。……在这样的情形下,我们不得不将你的行为视为放弃合同,视为你放弃在我们大楼所要完成的工作。正如你知道的,你寄送给我们、被我们拒绝支付的账单,不管在项目还是数量上,都不是一份正确的账单;而且,按照我们的理解,根据我们之间的合同,你的款项并没有到应该支付的时候,这一笔款项只有等到你完成我们大楼的全部工作之后才能支付。

对于被告发出的这封信,原告在第二天就作出了回应。在这封回信中,原告并没有提及被告在电话交流中曾经同意过按照"通常的方式付款"这一点——原告在法庭进行陈述时却提到这一点——但是,原告在这一回信中却说到了以下内容:

> 在我们的协议中,没有任何内容说到过我必须等到系争工程完成之后才能得到这些款项,也不能合理地推断出这种付款条件在合同中默认存在。……至于你们信中说我已经告知你们,会在一个确切的日期让你们知道我到底想怎么办这一点,我在此声明,我并没有这样说过;相反,我告诉你们的是,只有在我到了工地之后才会确切地告诉你们我会怎么做,我还答应你们,我会在方便的时候尽早这样去做。但是,直到现在,我还没有再去过工地。

作为被告之一的赫伯特·纽伯里在法庭陈述时说道:"原告一走了之,把所有的活儿都留了下来。"而且被告 F.A.纽伯里也在法庭陈述时作证到,斯图尔特先生手下的人曾经告诉过他,斯图尔特先生准备放弃这里的工作了;于是,他打电话给斯图尔特先生核实这件事。斯图尔特先生回答说,他会在第二天答复他,但是,后来斯图尔特先生并没有给出答复。

在本案诉讼中,原告斯图尔特要求被告赔偿账单上所载明的款项,即按照双方原先商定的价格,再加上被告违反合同造成的损失 95.68 美元。陪审团作出裁决,支持原告所要求的账单上所载明的款项,但是对于原告主张的其他损失,并没有支持,初审法院按照陪审团的裁决作出了支持原告的判决。初审法院的判决得到了纽约州上诉法庭的维持。

在向我们法院提交的上诉状中,被告主要是对初审法官在审理过程中针对陪审团的释明提出反对意见。在初审的过程中,初审法院法官是这样向陪审团进行释明的:

> 原告提到,他没有全部完成合同上的工作是可以免责的,因为被告不合理地拒绝向他支付 8 月和 9 月期间所完成工作的报酬……按月支付原告的报酬,这一点是不是得到了双方当事人的认可呢?如果双方当事人没有认可这一点,那么,被告唯一的义务就是,根据原告所从事工作的特点,在合理的期间内向原告支付正在完成工作的报酬,或者正在完成工作的价值。换句话说,如果双方当事人没有就付款问题达成一致,那么,被告的义务就是在合理的时间内支付原告的报酬。……但是,不管双方当事人是否就付款问题达成过一致,你们可以考虑的是,原告在那个时间点,要求被告支付这些报酬究竟是否合理?

在陪审团要求法院进行释明时,法官进一步说道:

> 我想说的是,在付款方式这一问题上,如果当事人就付款时间没有达成过一致,又没有双方当事人都认可的习惯付款方式,那么,考虑到他们之间已经达成了合同,原告有权在合理的时间内获得报酬。

针对法官的以上释明,被告律师随即提出了以下要求,但是遭到了法院的拒绝:

> 法官大人,我请求你向陪审团作出这样的说明,即如果存在着你最后释明当中的情形,那么在合同履行完毕之前,原告应该是不能够获得报酬的。

法官很直白地告诉陪审团,如果当事人对于付款问题没有达成过一致,那么原告可以就已经完成的工作量,在合理的时间内要求获得报酬;如果原告的付款请求遭到了拒绝,那么原告可以不用再完成合同中的工作,并且可以就已经完成的工作要求被告支付款项。

在我们看来,初审法院向陪审团所作的释明并不符合我们的法律。原告的律师并没有提供支持这一观点的任何权威判例,以提请法院注意,而我们法院对于这一问题的研究也没有发现这样的法律。实际上,事实正好相反,对这一问题,法律上已经确定了很好的规则。本案所争议的合同是一份完整的合同①。

---

① Ming v. Corbin,142 N.Y.334,340,341,37 N.E.105.
完整的合同是指一份合同是不可分的合同。对于一份不可分的合同来说,往往意味着不能在合同的履行过程中就要求支付报酬,而是必须等到全部工作完成才可以要求支付报酬。——译者注

对于当事人就完成一定工作已经达成协议,而就付款方式没有达成一致的情况,法律要求只有等到工作实质性地履行完毕,实施工作的一方当事人才可以要求支付报酬。……

初审法院判决予以推翻,由初审法院重新进行审判。

门罗街置业公司诉卡彭特[①]
美国联邦第九巡回上诉法院(1969 年)

本案要旨

原告门罗街置业公司与被告之一的西部公司达成的买卖合同约定,被告以其公司的股票来购买原告的优先受偿抵押凭证。原告保证所出售的是有法律效力的优先受偿抵押凭证,并且要对该抵押凭证的权属进行保险。在指定日期之前,双方将各自应该交付的凭证放在第三方权属公司。因原告的财产存在法律障碍,原告要求被告先将股票存入合同中指定的第三方账户,以消除原告财产上的法律障碍,被告拒绝这样做。原告认为被告构成违约而诉至法院。法院认定,本案中的情形属于"同时存在的条件",在原告自己没有履行义务的情况下,其主张不能得到法院支持。

本案确定的规则是,若合同中的承诺属于"同时存在的条件",任何一方当事人在自己一方没有准备好履行合同义务之前,没有权利要求对方履行义务。

赫夫斯特德勒巡回法官[②]代表法院呈递以下判决意见:

原告门罗街置业公司在初审中对被告卡彭特提起了违约之诉,被告卡彭特在原告起诉之后,随即要求法院作出支持自己的简易判决,被告的该项请求获得了初审法院的支持。原告对初审法院的判决不服,提起了上诉。被告卡彭特是本案另一被告西部公司的信托人。联邦法院对于这一案件的管辖,是基于美国法律有关跨区诉讼管辖[③]的规定。

原告门罗街置业公司认为,被告西部公司违反了其与原告之间的书面合同约定。在这一书面合同中,西部公司同意购买门罗街置业公司 10 个投保过

---

① Monroe Street Properties, Inc. v. Carpenter, 407 F.2d 379.
本案有两名被告,除了标题上列出的卡彭特之外,还有西部公司。——译者注
② Hufstedler, Circuit Judge.
③ "跨区诉讼管辖"的含义,参见第 264 页注释。——译者注

的优先受偿抵押凭证①，这些优先受偿抵押凭证的账面价值是 1 250 000 美元。西部公司则是以价值 100 万美元的公司普通股股票作为对价交换这些抵押凭证。初审的联邦地区法院认为，从本案并不冲突的事实来看，原告门罗街置业公司这一方并没有履行这一合同，也没有准备好履行这一合同，因此，被告西部公司并不存在违约。于是，初审联邦地区法院作出了支持被告的简易判决。原告门罗街置业公司在审理中提出的抗辩意见是，本案在关键事实上存在着《联邦民事证据规则》第 56 条②所称的"真正的问题"，即门罗街置业公司是否可以在合同期限内将"干净的"③、被保险过的"优先受偿抵押凭证"权属交付到第三方监管的账户中？

双方当事人对于以下的事实不存在分歧：

410　　1962 年 3 月 27 日，被告西部公司向原告门罗街置业公司发出书面要约，想要购买原告的 10 个优先抵押凭证。门罗街置业公司很快就接受了该要约。西部公司的要约明确表明，这一买卖受制于一个条件，即"联合产权公司④确认这 10 个优先抵押凭证……是有效的优先抵押凭证"。该要约中进一步规定，门罗街置业公司将自行为这些优先抵押凭证进行保险，门罗街置业公司对于所购买的西部公司的股票，"只是作为投资股票来对待，而不能对这些股票进行重新处分"；门罗街置业公司就其购买的这些股票，将在三年之内委托西部公司的执行委员会代理投票。西部公司则同意，将这些股票在美国股票交易所予以记载，并且会尽到勤勉之责，完成这些股票在美国证券和交易委员会的登记工作。

---

①　"优先受偿抵押凭证"是美国金融业中的一个特定概念，也可以说是美国金融服务业中的一个项目，主要用于融资目的。所谓"优先受偿抵押凭证"实际上是一张标明特定抵押贷款的凭证，证明自己在某一财产上存在着债权和抵押权。这张抵押凭证上，往往有着书面承诺，答应在一定时间内按照约定的利率支付本金和利息。"优先受偿抵押凭证"在法律上的效果是，在借款人违约时，抵押权人对于被抵押的财产有优先受偿权，其地位是优先受偿人。这种优先受偿的抵押凭证和债券一样，也可以用来投资，也有公司专门购买这种抵押凭证(本案中的被告就是想购买这样的抵押凭证)，当然，在购买时往往会在载明的金额上打折，如载明金额的 90％或者 95％，这种购买通常会通过第三方监管的方式来履行。与优先受偿抵押凭证相对应的是"二手抵押凭证"，因为不能优先受偿，"二手抵押凭证"相对来说风险要大得多。——译者注

②　《联邦民事证据规则》是美国联邦专门调整民事诉讼的证据规则。该证据规则的第 56 条，主要涉及"简易判决"的提起、时间、程序、条件等。该规定中认为，提起"简易判决"的一个重要条件就是，在关键事实上并不存在"真正的问题"。——译者注

③　在这里，"干净的"财产，是指在这一财产上没有影响优先受偿权实现的障碍。——译者注

④　"联合产权公司"在本案中是案外人。这种公司一般是从事产权服务、第三方交易监管服务的机构。——译者注

　　根据系争合同,双方当事人于 1962 年 3 月 30 日在联合产权公司开设了第三方监管账户。第三方监管协议中规定:"在西部公司的股票完成在美国股票交易所的记载,并把它们交付给联合产权公司的这一天或者在这一天之前,协议中的条款和条件都必须得到遵守。"虽然被告在向法院提交的简易判决动议中没有明确说明完成这些股票记载的准确日期,但可以肯定的是,在 1962 年 6 月 29 日之前,西部公司的股票已经在美国股票交易所完成了记载。门罗街置业公司在合同签订之后,从来也没有将 10 个有效的优先抵押凭证或者是抵押财产的保单存入第三方监管账户,西部公司也从来没有将那些股票存入第三方账户。原告门罗街置业公司在第三方监管账户中只是存入了抵押合同文本,但是,被告西部公司在 1962 年 5 月 7 日获得的初步财产权属报告披露,这 10 个抵押凭证并非处于第一顺序的优先受偿,它前面还设定了数额巨大的法律障碍[他项权]。门罗街置业公司在存入那些抵押文本之后,曾经向被告西部公司提出要求,希望被告先存入那些交换的股票。然而,西部公司并没有理睬原告的这一要求。双方当事人此后也就没有再按照合同继续履行下去,于是,门罗街置业公司在 1966 年 10 月提起了本案诉讼。

　　根据门罗街置业公司自己在正式书面陈词中所提供的事实(这些事实和西部公司所陈述的事实并不矛盾),门罗街置业公司可以向被告交付"干净的"优先受偿财产,可以给这些财产投保,但唯一的方法就是用西部公司存入的那些股票进行抵押贷款,以这些贷款来清除抵押凭证上前面设定的那些法律障碍[他项权]。门罗街置业公司自己没有能力或者办法来履行这一合同中的义务,除非西部公司在门罗街置业公司履行之前先行将股票存入第三方监管账户。

　　初审联邦地区法院认定,原告门罗街置业公司从来没有恰当地"准备好履行自己的义务"。在我们看来,门罗街置业公司将被保险过的优先抵押凭证存入第三方监管账户的义务和西部公司将其股票存入第三方账户的义务,是"同时存在的条件"①。在自己没有"准备好履行义务"之前,任何一方都不能认为对方的行为构成了违约。"准备好履行义务"是指,"如果对方当事人*同时*履行义务的话,自己这一方不但已经准备好了履行义务,并且愿意去履行义务——这种履行,应该是在当时就是有着履行能力的,并且通知对方已经作好了这样

---

　　①　Wilhorn Builders, Inc. v. Cortaro Management Co. (1957), 82 Ariz. 48, 308 P.2d 251.

　　"同时存在的条件"主要是指任何双方当事人在同一时间内都要准备好完全履行自己的义务,除非一方已经准备好了全部履行自己的义务,否则它就不能要求对方去履行义务。——译者注

411　的准备"。①门罗街置业公司提出的要求,是将本应"同时存在的条件"下的履行行为,变成要求西部公司首先去履行,这样的要求,在我们看来,说明原告并没有恰当地"准备好履行义务",门罗街置业公司也就不能以此来认定西部公司违反了合同。②

初审法院判决予以维持。

雅各布公司诉肯特③
纽约州上诉法院(1921 年)

本案要旨

原告雅各布公司承建被告肯特的一处乡村住宅工程,合同中特别要求,下水道工程必须使用雷丁公司生产的管道。在实际施工过程中,由于原告分包商的疏忽,在下水道工程中部分使用了其他公司生产的管道,直到被告实际入住近一年之后才发现该疏忽,被告要求原告将所有的管道都替换成指定的管道,但是,原告认为替换费用过高而拒绝。于是,被告拒绝支付余下的工程款。原告向法院起诉,要求被告支付工程余款。法院认定,原告的轻微违约行为不构成实质性违约,不能被认定为违反合同条件,支持了原告的诉讼请求。

本案确定的规则是,如果一方的违约行为只是细小的疏忽,不影响整个合同的实质履行,可将该违约行为视作"非实质性违约",而非违反合同履行条件,进而避免彻底剥夺当事人的权利。

---

①　6 Williston, *Contracts* (3d ed. 1962) § 833, p.105.

②　门罗街置业公司在审理中所引用的判例并不能对它的观点有所帮助。其引用的案例所支持的是这样的原则,即供方在履行义务之前,对作为买卖客体的财产没有权属,并不构成违反合同。门罗街置业公司在本案中的难题,不是避免他人对自己违约的指控,而是去证明西部公司违反了合同。此为原判决中的注解。

③　Jacob & Young, Inc. v. Kent, 230 N.Y.239, 129 N.E.889.

这是美国合同法中的经典判决,主要是因为本案涉及的是合同法中非常重要、又是争议很大的一个问题:实质性履行应该如何理解和认定,责任又应该如何承担。从合同法一般原则来看,大家逐渐接受了合同履行更注重的是实质性履行,只有在对方实质性违反合同时,守约方才可以拒绝履行自己的义务,才可以要求解除合同。本案中被告作为业主,明确要求作为承包人的原告在下水道工程中使用指定品牌的管道,但由于疏忽,原告没有使用指定品牌的管道,而是使用了其他品牌的管道。法院认为,本案原告的违约是细小的疏忽,非有意为之;其他品牌的管道在质量和价值上和指定品牌相差不大,而且重新更换费用巨大。本案承担责任的方法应该是"价值的差额",而不是"重新更换"。最后法院以微弱多数认定本案原告并不构成实质性违反合同,原告可以要求被告支付工程余款。——译者注卡多佐法官①代表法院呈递以下判决意见：

本案原告雅各布公司为被告肯特建造了一处乡村住宅，原告为此投入的费用达到了 77 000 美元之多，现在，原告雅各布公司向法院起诉，要求被告支付尚未支付的余款 3 483.46 美元。这一住宅工程在 1914 年 6 月就已经完工，被告从那时起就开始入住这一住宅。在 1915 年 3 月之前，被告从来也没有抱怨过合同履行中存在着缺陷。在双方所签订合同中，有关该住宅下水道工程的其中一个技术规范是这样规定的：

> 所有的铸铁管必须是雷丁公司生产的镀锌的、焊接好的管道，这些管道在等级上必须是雷丁公司生产的"标准管"。

1915 年 3 月，被告才获知，原告使用的一些管道并不是雷丁公司生产的管道，而是其他公司生产的管道②。于是，被告的建筑师要求原告雅各布公司就下水道工程进行重新施工。而在这时，除了必须暴露在外的一些地方，其他地方的下水管道都已经装配在墙体里面了。如果执行被告的指令，不仅仅是要将其他公司品牌的管道替换下来，还意味着原告要花费巨大的费用来拆除已经完工的大部分工程。原告后来并没有按照被告建筑师的指令对下水道工程进行重新施工，该下水道工程还是原来的样子。随后，原告要求建筑师出具证书，证明整个工程最后付款的期限已经到了，在遭到拒绝后，原告提起了本案诉讼。

本案中的证据支持以下的事实认定，即原告雅各布公司没有安装被告指定的雷丁公司品牌管道，这一行为既不构成欺诈，也不属故意而为之。原告之所以在该工程中安装了其他公司品牌的管道，是原告的分包商自作主张和疏忽大意造成的结果。雷丁公司所生产的管道，与实际使用的 Cohoes 公司的管道以及其他品牌管道之间的区别，只是在管道上每间隔 6—7 英尺所标注的生产商名称有所不同而已。在 Cohoes 公司生产的管道运到施工现场之后，即使被告的建筑师当时也没有察觉到 Cohoes 的管道和原来雷丁公司生产的管道之间有什么差异。原告在审理中努力向法院表明，尽管实际安装的管道是由其他公司生产的，但是，其质量、外观、市场上的价值、成本等方面，与合同中所载明的雷丁公司的品牌是一样的，也就是说，虽然这一住宅工程中实际使用的管道是由其他公司生产的，但实际上它们是同样品质的东西。原告提供的这些证据，被初审法院给排除了，陪审团据此作出了支持被告的裁

---

① Cardozo, J.
这是美国著名法官卡多佐代表纽约州上诉法院作出的经典判决，为美国合同法教科书普遍采用。——译者注

② 从判决书后面可以知道，原告实际使用的是 Cohoes 公司生产的管道。——译者注

决。原告提起上诉之后，纽约州上诉法庭推翻了初审法院的判决，要求初审法院重新审判。①

我们认为，如果本案中原告的证据能够被法庭接受，那这些证据就能够为以下结论补充一些根据。这一结论是，原告没有使用指定品牌管道，确实是履行合同中的缺陷，但是这一缺陷与原告承建的整个工程联系起来看，并不是一个至关重要的问题。法院从来没有说过，达成合同的一方当事人在履行行为没有做到全部履行的情况下，必须让这一当事人原原本本、彻彻底底地弥补未完成的义务。法院只是说道，对于某一方当事人履行合同中出现的细小或无心之过的疏忽，有时将通过赔偿损失的方法来进行弥补，并非总是要将当事人

412 的疏忽认定为对合同条件的违反，因为一旦认定构成对合同条件的违反，将导致这一方当事人彻底丧失合同上的权利。②这两种处理方法上的区别，类似于独立存在的承诺与彼此依赖的承诺两者之间的区别③，或者是承诺与合同条件④两者之间的区别⑤。有一些承诺显而易见是独立存在的承诺，不可能通过合理解释让它们成为另一个承诺的前置条件。⑥另外一些彼此依赖的承诺，则一定是作为前置条件的。另外的这一些承诺，在履行中出现实质性偏差时将被视为彼此依赖的承诺，进而成为合同中的前提条件，但是，当这些承诺在履

---

①　上诉法庭虽然推翻了初审法院判决，但只是要求重审，并没有直接判决原告胜诉。随后，原、被告双方商定，将案件直接交由纽约州上诉法院审理。纽约州上诉法院接受了这一案件。一般情况下，当事人会对因此产生的诉讼费用的负担一并作出约定。——译者注

②　Spence v. Ham，163 N.Y.220，57 N.E.412，51 L.R.A.238.

③　这一段论述是理解本案判决的重要之处。独立存在的承诺和彼此依存的承诺，是美国合同法上对承诺所作的一个区分。在一般情况下，美国合同法中将双方合同中当事人的承诺视为互相依赖的、彼此依存的承诺，即一方的承诺取决于另一方作出相应的承诺。在这种情况下，如果一方没有履行承诺，则另一方也可以拒绝履行承诺。而对于独立存在的承诺，一般是单方合同中比较常见，在没有特别明示的情况下，不能因为另一方没有履行承诺，就拒绝履行自己的义务。

在本案中，如果将原告安装指定雷丁公司生产的管道与被告支付工程款作为彼此依赖的承诺，那么，在原告没有履行使用指定品牌管道的情况下，就可以视为原告违反了付款的前置条件，被告就有权拒绝支付价款；然而，如果将安装指定品牌作为独立存在的承诺，或者是后面提及的"极小的琐事"，在原告没有履行的情况下，被告仍然要履行自己的付款义务。两种认定在法律后果上存在天壤之别。——译者注

④　在合同法上，承诺与条件之间的区别是非常大的。如果某一个当事人违反了一个承诺，只要这种违反不是实质性的，那么应该允许违约方通过赔偿损失、继续履行等方式来予以弥补；然而，如果当事人是违反了一个条件，那么，往往意味着违约方彻底丧失权利。在建设工程合同中，对于施工方来说，违反了合同中的条件，则可能意味着不能主张工程款项。条件与承诺之间的区别，具体可以参见本章中有关"合同创设的究竟是一个明示条件、一个承诺，抑或是两者兼而有之"这部分的案例。——译者注

⑤　*Anson on Contracts*（Corbin's Ed.）§367；2 *Williston on Contracts*，§842.

⑥　Rosenthal Paper Co. v. Nat. Folding Box & Paper Co.，226 N.Y.313，123 N.E.766.

行内容上出现的偏差并不是特别重要的偏差时,这些承诺也会被认为是独立存在的、附带的承诺。①对此,我们一方面需要考虑如何才能实现公正,另一方面又需要考虑当事人的意愿是什么。对于这两方面的考虑,将会告诉我们某一个承诺究竟是应该被归入独立存在的承诺一类,还是应该被归入彼此依赖的承诺一类。救济方式既要简单又要统一,这就要求我们从形形色色和错综复杂的情况中采取不同的救济方式。在一个普通的动产买卖中出现的正常预计范围之内的偏差,与建造一座高楼大厦或者"摩天大楼"合同的履行过程中所发生的偏差,两者肯定有所不同。在某一样东西已经花费了很多劳动,被添附到土地上而无法返还的情况下,如果我们默认存在一个条件,那就显得太过简单粗糙,甚至带有强制的意味了;而当某一合同有缺陷的客体从形式上看可以返还的情况下,我们默认存在一个类似的条件,就是正当合理的。将那些在某种程度上最细枝末节的事情视为并非彼此依赖的承诺,并不会牺牲公正;从这一结论出发,我们得出以下的结论也只是向前跨了一小步而已,即将最细枝末节的事情视为并非彼此依赖的承诺,也没有曲解当事人的意愿。我们认为,只要不存在相反的意愿,可以推定当事人在履行合同时需要考虑到履行行为的合理性及可能性。如果某份合同中还有着其他一些东西需要我们考虑,那么这些东西就不能只是蕴含在合同当中,而应该是明确地表达出来。法律上并没有推定合同有着这样的目的,即在一方当事人出现细小的过失时,应该对其施以严厉的报复。

　　有些人更多的是希望通过法律规则在发展过程中的对等性和逻辑性来实现公正,而不是希望通过实践中的可行性来实现公正结果②,对于这些人来说,他们在给这两者进行分类时将会遇到很多麻烦,因为这样的界限必定是摇摆不定和模糊不清的。毫无疑问,考虑到法律的一致性和确定性,人们确实可以说出一大堆理由支持法律采用更加严格的标准。法院总是设法在一致性和确定性、衡平性和公平性这两者之间找到平衡,然而他们发现,实际上后者更加重要。我们州法院先前作出的判决,已经让我们法院承诺在这一问题上将会采用一种灵活、自由的观点③,现在,这一观点在受到欢迎的那些司法区域正在

---

　　①　*2 Williston on Contracts*,§§841,842;Eastern Forge Co. v. Corbin, 182 Mass. 590,592,66 N.E. 419.

　　②　将"对等性和逻辑性"运用到正在审理的这一案件中就是,本案原告承诺了使用特定品牌的管道,在它没有使用特定品牌管道的时候,从逻辑上讲,原告就应该严格去履行,而不用去考虑实践中的可行性。卡多佐法官在这里特别指出,在追求公正结果时,也要考虑"实践中的可行性"。在本案中,花费巨大费用来替换价值相当、已经固定在建筑中的管道,就是不符合实践中的可行性。——译者注

　　③　卡多佐法官在此提出的所谓"灵活、自由的观点",就是前面提及的更多从实践的可行性考虑的观点,更多考虑衡平性和公平性的观点。这种观点与更多考虑一致性和确定性的观点,正好相反。后者由于要考虑一致性和确定性,通常会采用比较刚性的观点,而不是"灵活、自由的"观点。——译者注

慢慢发展之中。①在重要事项和细枝末节之间,想要通过一个确定的公式来划定一个明确界限,是做不到的。"就案件性质来说,在不同案件之间要划出一个明确界限也是不可能的。"②根据案件的具体情况,同样的疏忽在有的案件中可能是重大的疏忽,而在另外的案件中却可能只是细小的疏忽。让违约方提供与合同要求相等的替代品,对于艺术品领域与单纯日用品领域的重要性,当然不可同日而语。但是,如果当事人是在合同至关重要、实质性的方面出现了重大疏忽或者普遍疏忽,以至于损害了合同的目的,那么这样的疏忽所带来的改变就是不能容忍的。③我们认为,并不是只要施工单位认为材质"一样的好",就允许施工单位在施工过程中随便安装什么材质的材料。④这里的问题是,当事人履行合同偏差的程度到底是怎么样的? 如果在这一问题上存在着疑问,则需要由"事实的发现者"⑤来作出回答⑥;如果答案是确定的,则需要由法官来回答法律上的问题。⑦我们法院在回答上述问题时,必须考虑合同本身的目的、当事人想要满足的愿望、履行中发生偏差的借口、坚持按照原先约定履行合同所带来的严苛性到底如何等各种因素。只有在考虑了上述这些因素之后,我们才能够知道按照合同文字原原本本地履行,究竟是不是法律所默认的合同条件。这并不是说,当事人不可以按照自己的心愿通过恰当的、确定的文字实现其目的,即只有合同中每个条款都得到履行,才是获得报酬的条件。当然,这一问题不是本案所涉及的问题。我们的观点只是说,在当事人合同中的文字"沉默不语"的情况下,一旦违约行为与丧失权利的后果极不相称,那么,我们就不要急于认定当事人有着将合同每个条款的履行都作为合同条件的目的。然而,那些故意违反合同的当事人,则必须接受因其违约行为而受到的惩罚⑧。对于故意违反合同的人而言,他没有理由来减轻合同中默认条件的严厉性;而对于并非故意违约,违约程度又是微不足道的当事人而言,如果他愿意弥补其疏忽,我们认为,他可以要求法院宽恕其违约行为。⑨

　　在本案中,我们认为,赔偿被告损失的方法,不应该让原告去赔偿因为替换合同中约定管道所产生的巨额花费,而应该是让原告赔偿两种不同管道之

413

---

① Dakin & Co. v. Lee, 1916, 1 K.B.566, 579.

② *2 Williston on Contracts*, §841.

③ Crouch v. Gutman, 134 N.Y.45, 51, 31 N.E.271, 30 Am.St.Rep.608.

④ Easthampton L.& C. Co., Ltd., v. Worthington, 186 N.Y.407, 412, 79 N.E.323.

⑤ "事实的发现者"的含义,参见第14页注释。——译者注

⑥ Grouch v. Gutmann, *supra*.

⑦ Easthampton L.& C. Co., Ltd., v. Worthington, *supra*.

⑧ Schultze v. Goodstein, 180 N.Y.248, 251, 73 N.E.21.

⑨ Spence v. Ham, *supra*.

间的价值差额；然而在本案中，两种管道之间的差额是微不足道的，或者根本就是没有差额的。下水管道暴露在外的部分，也许可以通过花费一点费用更换下来。然而，本案被告的要求并不仅仅限于更换暴露在外的那部分管道，而是要求将地下室到屋顶的全部管道作为整体全部予以更换。就本案事实而言，在审理过程中，原告从来也没有达到过这样的阶段，即它必须向法院提供证据，表明究竟应该赔偿被告多少损失。初审法院排除了那些管道的缺陷是非实质性违约的证据，并且基于这一点，裁定原告没有必要继续向法院说明这些证据对于本案非常重要。然而，我们认为，如果法院准许原告向法庭提交证据，应该可以证明实际铺设的那些管道并不构成缺陷，因为它们与指定品牌的管道之间没有差别。确实，在绝大多数案件中，在当事人违约的情况下，替代原先工作所需要的花费，就是我们法院确定违约方应该赔偿的数额。[①]业主有权要求[从违约方处]获得完成全部工程所需要的金钱，除非完成全部工程的成本与所要实现的良好效果之间存在着极大的、不公平的失衡。我们认为，当这种失衡是确定无疑的时候，确定赔偿数额的方法，就是这两者之间在价值上的差额。让我们假定，合同要求工程基础必须采用来自佛蒙特州采掘的花岗石。当整个工程结束的时候，业主发现，由于分包商的严重疏忽，部分基础工程采用了来自新罕布什尔州的花岗石，但是，这些花岗石和佛蒙特州花岗石质量相同。在这种情况下，赔偿业主的方法就不是重新采用佛蒙特州花岗石完成基础工程所需要的全部花费。"有一些疏忽是这样的情形，即如果不把整个大楼拆掉重做基础工程，是不可能在事后准确地按照原先合同的要求来弥补的，而同时，这些疏忽可能并不影响这一大楼日后的使用；或者，即使有影响，它的影响也小到让人难以觉察。"[②]在当事人已经实质性履行了合同义务的案件中，对于当事人细小的或者无足轻重的疏忽所给予的救济，是对于这些疏忽造成的缺陷予以赔偿，而不是重新更换，这一规则已经被一些法院在审判中得到发展，成为法院实现公正的一个手段。在一方违约时给予赔偿的方法，必须符合公正这一目的。

414

上诉法庭作出的推翻初审法院判决的裁决予以维持，根据当事人的约定，本院最终直接判决原告胜诉。

麦克劳林法官[③]对于该案发表了以下反对意见：

本案中，原告没有能够履行合同。它没有履行合同，不管是故意而为之，

---

① Spence v. Ham, *supra*.

② Handy v. Bliss, 204 Mass. 513, 519, 90 N.E.864, 134 Am.St.Rep.673.

③ McLaughlin, J.

还是因为严重疏忽，从本案并不矛盾的事实来看，这两者是同样的事情。在本案中，原告也没有证明，如果答应被告重新更换那些管道的要求，究竟需要花费多少费用。而在本案中，重新更换那些管道，是可以做到的事情。……

我认为，初审法院指导陪审团作出被告胜诉的裁决是正确的。原告同意了在这一住宅工程中应当使用雷丁公司所生产的管道。在整个下水道工程中，从表面来看，只有大约五分之二部分使用的是雷丁公司品牌的管道。如果原告认为使用雷丁公司品牌的管道数量不止这些，那么，原告当然应该承担证明这一事实的举证责任。原告很容易就能做到这一点，因为它知道自己在施工中使用的管道到底是来自哪里。当事人是否真正做到了实质性履行这一问题，只在很小程度上取决于合同当事人在履行中是否善意。如果原告的本意是想按照合同去履行，而且确实是按照合同去履行了，只是在履行过程中由于粗心大意而发生了细微的疏忽，那么，原告也许可以被允许获得合同上的那些价款，只要再减去因为其疏忽给被告造成的损失即可①。但是，在本案中的情况却并非如此。原告在这一工程中，总共安装了 2 000—2 500 英尺的管道，其中只有 1 000 英尺的管道符合合同中的要求。原告没有解释，为什么没有能够使用合同中所要求的雷丁公司的管道，原告也没有努力向法院说明，拆除其他公司的管道、重新安装雷丁公司的管道究竟要花费多少费用。被告有权通过合同来获得他想要的东西，在他支付价款之前，他有权实际获得合同中所约定的那些东西。那种认为安装进去的管道和产自雷丁公司的管道质量同样好，或者这样的管道与产自雷丁公司的管道之间在价值差异上"微不足道或者根本不存在差异"的说法，并不能回答被告有权要求合同中约定的东西这一结论。被告要求安装的，是产自雷丁公司的管道。至于他为什么要求这样的管道，并不重要。重要的是，他需要这样的管道，他有权要求这样的管道。对于被告来说，想要这样的管道也许只是一时兴起，但是，即使是这样，他也有权利要求在工程中使用这样品牌的管道，哪怕根据承包方或者专家的意见，其他品牌管道的质量也是"同样好，更加好，或者同样管用"。被告同意支付这一住宅工程的款项，是以安装雷丁公司生产的管道作为前置条件的，除非这一条件得到满足，否则被告不能被强制要求付款。……因此，实质性履行这一规则在本案中并不能够适用，因为这一规则适用的是由于非实质性疏忽造成损失的情形。……

希斯科克首席法官、霍根法官和克兰法官同意卡多佐法官的判决意见；庞

---

① Woodward v. Fuller, 80 N.Y.312; Nolan v. Whitney, 88 N.Y.648.

德法官和安德鲁斯法官同意麦克劳林法官的反对意见。

上诉法庭的判决予以维持。

415

雅各布公司诉肯特①

纽约州上诉法院(1921 年)

……

被告向法院提出"重新辩论"的动议。②该动议予以驳回。

我们法院并没有对合同中规定的原告所从事的工作发生缺陷时应该予以更换的这一规范视而不见。当工作中的缺陷只是细枝末节而且是很无辜的缺陷时,当事人在合同中同意重新更换管道的承诺,和合同中同意安装管道的承诺一样,不应该被视为合同条件,而应该被视为只是独立存在的承诺,并且是附带的承诺。法律并没有说,这样的承诺是无效的,但是,法律却严格限制了违反承诺造成损失时的救济方法。……

重新辩论的动议予以驳回。

VRT 公司诉达顿公司③

内布拉斯加州最高法院(1995 年)

本案要旨

原告原名山尼塔斯公司。因为山尼塔斯公司告知被告达顿公司,已经委托律师提交了"病人护理设施"专利申请,且很有可能获批,所以被告为了与原告签订合同,同意购买与该产品相关的资产。随后,山尼塔斯公司更名为VRT 公司。但由于律师的疏忽,VRT 公司延迟提交专利申请,导致专利未获得批准。被告因此拒绝向原告支付使用费。原告诉至法院。法院认定,原告

---

① Jacob & Youngg, Inc. v. Kent, 230 N.Y. 656, 130 N.E. 933.
本案着重讨论了被告提出的原告同意更换管道是合同中的前提条件这一抗辩理由。法院认为,合同中的这一约定只是独立存在的承诺。——译者注

② "重新辩论"是美国诉讼法中的一项重要制度,是指一方当事人要求法院对于案件的事实或者法律中的某个重要问题重新进行辩论,发表意见。启动这一动议的目的,通常是当事人认为一些占主导性的法律原则和决定被法院所忽视,或者法院案件重要的事实产生了错误的理解。出于司法效率和程序的要求,法院不会轻易启动这一程序,启动这一程序只是很特殊的情形。通常是在法院认为如果忽视或者错误理解将导致严重不公,自己感觉有必要时才启动这一程序。——译者注

③ VRT, Inc. v. Dutton-Lainson., 247 Neb.845, 530 N.W.2d 619.

的违约是实质性违约,应该被认定为违反了合同中的条件,驳回了原告的诉讼请求。

本案确定的规则是,在主张对方违约的合同诉讼中,原告首先要实质性地履行了合同。否则,原告不能要求被告履行合同。

卡波拉尔法官①代表法院呈递以下判决意见:

本案初审原告 VRT 公司,也是上诉审中的被上诉人,它是系争合同中的卖方。VRT 公司以前的名称是山尼塔斯公司。原告 VRT 公司根据其与被告达顿公司之间买卖合同的一个条款,要求法院宣告其享有对被告主张过去和将来的特许使用费的权利。VRT 公司声称,本案初审被告,同时也是上诉审中的上诉人达顿公司,作为买方没有按照特许使用费条款向 VRT 公司支付特许使用费,违反了双方的合同。

初审地区法院认定,达顿公司不但有义务支付过去已经到期的特许使用费,而且有义务支付将来的特许使用费。我们现在推翻初审地区法院的判决,将这一案件发回初审法院,由初审法院判决驳回原告的起诉。……

山尼塔斯公司是为了生产、推广和销售由詹姆斯·范德海登发明的产品而专门成立的一家公司。这一发明产品可以帮助医院和护理机构改进抬升、移动病人的设施(这一设施以下称为"病人护理设施")。

在聘请律师就"病人护理设施"提交专利申请之后,原告山尼塔斯公司开始寻找生产商。在被专利律师告知"病人护理设施"的专利申请已经提交,而且专利律师保证有很好的理由期待这一产品将会获得专利的情况下,达顿公司和山尼塔斯公司之间签订了一份合同。根据该合同,山尼塔斯公司向被告达顿公司出售与"病人护理设施"相关的那些公司资产……

双方所签合同要求,山尼塔斯公司在合同履行结束时,必须向达顿公司完成"合同中列明资产的移交手续……这些资产是达顿公司应该合理取得的资产"。

合同履行结束时,山尼塔斯公司向达顿公司交付了一份标题为"销售和转让清单"的材料。这一份材料表明,山尼塔斯公司已经向达顿公司转让了所有的"现行发明、设计、绘图、计划、生产规范、程序和保密信息;所有的供货商和销售信息,包括客户名单和其他市场信息;山尼塔斯公司的名称,以及与山尼塔斯公司生产和销售'病人护理设施'相关的其他或者类似的商号名称"。山尼塔斯公司还向达顿公司交付了这一发明专利申请以及这一发明中相关利益

416

---

① Caporale,Justice.

的文本材料。山尼塔斯公司随后将公司名称变更为现在的名称——VRT公司。虽然这一合同中提到了多个专利和专利申请,但是,真正的专利申请只有一个,指向的就是原告想要获得的那个专利。除此之外,这一合同中并没有其他专利。根据双方之间的这一合同,被告达顿公司有权生产"病人护理设施"这一专利产品,并在对这一发明加以修改之后进行销售;这一合同中所说的其他部分发明由于设计不稳定,根本不能投入使用。

之后,当事人才知晓,当山尼塔斯公司的律师表明他已经提交专利申请的时候,实际上他并没有提交专利申请,而是一直等到本案双方当事人签订了这一买卖合同之后才开始提交专利申请。双方当事人都认可的是,正因为律师的迟延申请专利,这一专利最终没有能够获得批准。面对这样的结果,原告VRT公司以这一律师存在职业过失为由对其提起了诉讼,认为该律师存在过失,没有提交专利申请,有意隐瞒其失职行为,而且提供错误信息。VRT公司进一步声称,由于律师的这些过失行为,它不得不支出相当大的诉讼费用来要求达顿公司履行合同,并要求这位律师赔偿10年的特许使用费损失。另外,VRT公司还声称,由于达顿公司不再享有独家生产、销售"病人护理设施"的权利,VRT公司将来可以获得的特许使用费会减少。VRT公司和该律师在这起诉讼中最终以和解方式结案。

想要成功提起一次合同诉讼,原告必须首先证明自己已经实质性地履行了合同项下的义务。要想让自己的行为符合实质性履行合同义务的要求,履行合同过程中发生的偏差必须是相对细小的偏差,而且是不重要的偏差。[1]如果原告履行合同的行为虽然有偏差,但是仍然构成了实质性履行,那么,这一合同诉讼是可以成立的。但是,这一合同诉讼并不影响被告向法庭表明,由于没有接受原告完全、彻底的履行行为,这造成了自己的损失。[2]……

律师与其客户之间的关系是一种代理关系。[3]因而,法律上一般的代理规则适用于律师与其客户之间的关系。

因此,律师出现的疏忽或者差错,应该被认为就是代表其客户的疏忽或者差错,律师的过失也同样应该被认定为其客户的过失。[4]此外,对于委托人来说,他安排代理人享有代表他的权力,声称或者默认代理人是值得信任和依靠的,在这样的情况下,对于代理人明显在委托范围内的那些行为,委托人当然应该受到代理人行为的制约。因此,可以认定,委托人对代理人的疏忽行为是

417

---

① Lange Indus. v. Hallam Grain Co., 244 Neb. 465, 507 N.W.2d 465 (1993).

② Church of the Holy Spirit v. Bevco, Inc., 215 Neb. 299, 338 N.W.2d 601(1983).

③ Spier v. Thomas, 131 Neb. 579, 269 N.W. 61 (1936).

④ In re Marriage of Castor, 249 Mont. 495, 817 P.2d 665 (1991).

应该承担责任的……

本案系争合同表明,双方当事人在这一交易中的核心内容是,让被告达顿公司可以自行生产、推广和销售作为专利申请客体的"病人护理设施"。在这一交易中,达顿公司是要承担一定风险的,但是,这种风险应该是那些超出当事人控制、导致这一专利申请没有获得批准的风险;达顿公司并没有预料到,这一专利没有得到批准竟然是因为本案原告 VRT 公司没有提交专利申请,这与 VRT 公司向它陈述已经提交了专利申请这一事实正好相反。

因此,我们认为,VRT 公司没有能够提交和转让专利申请,相对于它应该履行的义务来说,并不是相对较小而且不重要的偏差。作为在专利申请上错误陈述的结果,VRT 公司对于被告的错误陈述意味着自己在履行合同义务的过程中没有善意地尽到诚实的努力。这一点必然带来以下的结论,即原告 VRT 公司没有实质性地履行自己的义务,它的诉讼请求也就应该被驳回……

初审判决予以推翻并发回重审。

沃克公司诉哈里森[①]
密歇根州最高法院(1957 年)

本案要旨

原告沃克公司为被告哈里森制作了一个广告招牌并由被告租赁使用,原告同意对该广告招牌进行必要的清理和维护,被告按月支付相应的租赁费用。使用后不久,该广告招牌上出现了一些番茄污渍和蜘蛛网,被告马上要求原告进行清洁、维护,但原告在一个星期之后才进行清洁、维护。因此,被告认为原告违约在先,拒绝支付后面的租赁费用。法院认定,原告虽有一般的违约行为,但未构成实质性违约,而被告拒付租赁费用的行为构成了根本性违约,法院判决原告胜诉。

本案确定的规则是,在一方的违约行为尚未构成实质性违约的情况下,另一方当事人不能直接解除合同,否则己方可能会构成实质性违约。

史密斯法官[②]代表法院呈递以下判决意见:

本案是一个基于书面合同引发的诉讼。被告哈里森先生从事干洗经营的生意。原告沃克公司是一家从事出售、出租广告招牌、广告布告业务和服务的

---

① Walker & Co. v. Harrison,347 Mich. 630,81 N.W.2d 352.

② Smith, Justice.

公司。双方当事人签订了一份有关制作广告招牌的协议。这一协议以书面方式签订,名称定为"租赁协议"。这一协议中的相关内容是这样规定的:

出租方①同意自行制造并安装一个18英尺9英寸(高)×8英尺8英寸(宽),带有电子时钟和闪光的塔式霓虹广告招牌……出租方在此同意将上述广告招牌出租给承租方②,由承租方按照这一协议中设定的合同条件使用和租赁广告招牌,承租方则同意支付上述广告招牌的租赁费用……

(a) 广告招牌租赁的期限为36个月……

(b) 在本租赁期限内,承租方每月支付的租赁费用为148.50美元……

(d) 广告招牌的维护。在租赁期限内,出租方同意承担对上述广告招牌进行维护服务的费用,并自行提供和安装上述广告招牌正常工作所需要的设备;出租方的服务包括在必要时对广告招牌进行经常性的清洁,以及用最初的颜色对广告招牌重新涂漆,以便能够让广告招牌保持最好的广告效果,并且对安装的广告招牌和设备进行必要的维修。

在协议的"终止"部分还有以下规定,"这一广告招牌的产权在协议到期后归于承租人"。该条款是在已经印制好的协议上再添加上去的,很显然,添加上这一条款是因为被告对该广告招牌产权归属关切的结果。在这之前,被告曾经表达了"以现金买下这一广告招牌"的愿望,而卖方也曾经就这一广告招牌"给出过报价"。

协议中的广告招牌在1953年7月下旬制作并完成了安装。被告在1953年9月3日支付了第一个月的租金148.50美元。被告支付的这第一笔租金也是他们支付的最后一笔租金。在这一广告招牌安装之后不久,有人将番茄扔到了广告灯上。在广告招牌镀铬的地方可以看到出现了一些锈迹,广告招牌的某个角落里也有了"小小的蜘蛛网"。另外,还有"一些小孩将文字写在了广告招牌上面"。在出现这些情况之后,被告哈里森打电话给原告沃克公司,要求沃克公司对广告招牌进行维护,哈里森认为,根据协议中的(d)项规定,他有权这样做。但是,原告沃克公司并没有马上派人来进行维护。于是,被告一次又一次地打电话给原告沃克公司:"你要知道,我越来越受不了了……有时,在我开始要打电话的时候,我会跑到有番茄扔在上面的广告招牌那里,我会气得要发疯。这时,我就会再打沃克公司的电话。"最后,在1953年10月8日,由

① 这里的出租方就是指原告沃克公司。——译者注
② 这里的承租方就是指被告哈里森先生。——译者注

于原告沃克公司对于自己一再打出的电话没有作出回应,被告哈里森先生向沃克公司发出了以下内容的电报:

> 你们没有对广告招牌进行维护,持续不断地违反了我们之间的租赁协议。你们的这种行为表明我们与你们之间就像不存在协议一样,既然如此,那你们也就不要再指望我们支付将来的租金了。

沃克公司以信件的形式对被告的这一封电报进行了回复。沃克公司首先指出"你的电报没有具体说明我们在哪些方面没有进行维护",之后,沃克公司说道:"我们当然希望你能够告诉我们,到底是在哪些方面没有进行维护的具体信息。"这一封信提到了双方当事人之间先前发生的争论,信件中说道:"我们怀疑,我们没有及时提供服务,是否给了你试图尽快撕毁这一租赁协议的借口。"并且沃克公司在信中作出了以下的总结:

> 我们想在此提请你注意租赁协议中的(g)条款,该条款规定了当事人一旦发生违约时的处理程序。在你威胁不再按照协议支付每个月租金的情况下,我们的意愿是,要通过合适的法律渠道来强制履行协议(g)条款①的协议条件。我们在此提醒你注意,你应该提前到我们的办公室来支付协议项下的租金,按月支付的到期租金应该不晚于当月第10天。你现在拖欠9月的租金已经将近30天。除非我们在10月25日之前收到你支付的9月和10月的租金,否则,我们会将整个事情交由律师处理,由律师按照协议中的(g)条款规定,向你主张所有应该由你支付的

419

---

① (g)违反协议。承租人的下列行为将被视为是对该协议的违反:承租人没有按照规定支付任何一期的租金;放弃该广告招牌或者搬离其所在地;通过破产、指定业务接受人来终止或者转移承租人在经营场所的利益;承租人自愿提起一个破产申请,或者是他人针对承租人提起一个非自愿的破产申请,或者违反本协议中的其他条款或者条件。在发生上述违约的情形下,出租人可以在向承租人发出通知之后——这一通知只要邮寄或者交付到广告招牌所在地点,就足以认定为完成了通知——占有这一广告招牌,并宣布未到期的租金已经到期并应该予以支付。承租人则同意在这样的情形下支付这些租金。出租方可以终止这一租赁协议,在不通知承租人的情况下搬走并重新占有上述广告招牌,并要求承租人赔偿租金损失。就这一协议规定的支付租金条款来说,按时支付租金,在这一协议中有着极其重要的作用。在出租人要求支付协议规定的剩余租金之后,承租人就应该全额支付。在支付到期租金之后,承租人有权在租赁协议的余下期限内,按照协议的条款继续使用这一广告招牌。

任何一方没有履行协议的条款、条件或者义务,将不能成为随后违约或者不能履行同样行为或者其他合同条款或者义务的免责理由。双方当事人都认可并同意,协议中的广告招牌是特别为承租人所定制的,并由承租人于协议期限内,在现在的地点使用;如果不是这样的使用,这一广告招牌对于出租人来说就是没有任何价值的。对于出租人来说,签订这一协议的重要对价就是承租人将在协议规定期限内持续使用这一广告招牌,并支付协议期限内的租金。

这一部分为初审法院的法官在判决中引用的系争协议条款。

租金。

被告哈里森并没有再向沃克公司支付任何租金,于是沃克公司起诉被告哈里森,要求被告哈里森根据协议的规定,支付全部的到期租金,总共是5 197.50美元。被告哈里森提交了答辩,并提出要求原告赔偿损失;被告声称,由于原告没有履行协议中规定的维护和服务义务,构成了对协议实质性的违约,而且是先行违约,因而被告可以拒绝履行协议,原告的违约使得被告有理由要求原告赔偿损失。在没有陪审团参加的情况下,初审法院对该案进行了审判,并作出了支持原告的判决。现在摆在我们法院面前的就是这一起上诉案件。

被告哈里森通过各种不同的形式,一次又一次向法院陈述他的观点,即沃克公司在被告的一再要求之下,一直没有履行对广告招牌进行维护的义务,这样的行为构成了对合同的实质性违反,因此被告有权拒绝履行合同。被告的这一观点在法律上看,毫无疑问是正确的。在合同的另一方实施了实质性违约行为的情况下,对于受害的一方当事人来说,毁弃合同就是一个可以拿起的武器。但是,受害一方当事人认定对方当事人存在着实质性违约因而毁弃合同,是一项充满风险的决定。因为这样的决定并不能确保总是正确的,这样的决定是否正确,会由法院经过深思熟虑后作出判断。毁弃合同的一方当事人将可能构成实质性违约,这样他自己可能变成违约方,而不是一个无辜的当事人。

判断某一方的违约行为是否如此严重以至于应该被划入"实质性违约"这一类,其判断的标准究竟是什么呢? 对于这一问题,在我们看来,并没有单一的判断标准。在这一问题上涉及许多因素需要法院考虑。在《合同法重述》的第275条款①中,对于这些因素作了很好的论述,具体来说是以下内容:

在确定未能履行某个承诺是否构成实质性违约的时候,下列情形是需要考虑的相关因素:

(a) 在对方违约之后,受害一方当事人在将来可以得到的实质性利益到了什么样的程度——这一利益是他本来就可以合理期待的利益?

(b) 在对方没有全部履行合同的情况下,受害一方当事人的损失可以适当得到补偿的程度究竟怎么样?

(c) 对于未能履行合同的一方当事人来说,他已经部分履行义务或者准备履行义务的程度到底怎么样?

---

① *Restatement of the Law of Contracts*,§275.

（d）终止合同给未能履行义务的一方当事人带来的困难程度到底如何？究竟是带来很大的困难，还是只是较小的困难？

420

（e）未能履行义务一方当事人的行为，究竟是有意为之、过失所为，还是只是一个无辜的行为？

（f）未能履行义务的一方当事人继续履行余下合同的不确定性到底如何，究竟是有很大不确定性，还是只有很小的不确定性？

在这里，我们法院不再详细罗列证人提出的需要对广告招牌进行服务的那些证言。即使我们同意沃克公司在满足被告所要求的维护广告招牌方面存在着迟延（在被告哈里森发出解除协议电报一个星期之后，原告沃克公司安排工作人员对广告招牌进行了维护），承认原告的迟延是一件很容易让人生气的事情，但是，我们也必须同意初审法院在这一问题上所得出的结论，即原告没有及时维护广告招牌的行为并没有构成实质性违约，以至于让被告可以正当地解除协议。而且，我们还特别注意到，被告解除协议的决定缺少优势证据的支持。①初审法院在其判决意见中这样说道：

> 按照哈里森先生在法庭上的说法，在广告招牌出现了这些情况之后，他打了很多次电话给原告。他已经记不清打这些电话的具体日期了，但记得第一次打电话的日期是在8月7日。哈里森向原告反映，广告招牌上有着一些番茄的污渍、有一些铁锈，还有着一些蜘蛛网。根据证人证言的说法，番茄污渍是在广告招牌的时钟上面，如果没有梯子或者其他东西帮助，被告是够不着这些番茄污渍的。广告招牌上的蜘蛛网，对于哈里森先生来说是很容易够得着的，广告招牌上的铁锈也是如此。我在此相信比希先生在辩论意见中提出的观点，即对于广告招牌上的那些蜘蛛网来说，原告未能及时清洁并不存在实质性违约；尽管有着那么多的证人语言，我也不能相信，安装了7天的广告招牌会存在着大量的铁锈。这样的结论也就削弱了有关广告招牌上有着番茄污渍的严重性。当然，当有人将番茄扔在你的广告招牌上时，你会感到非常不高兴。哈里森先生说，虽然雨水可能已经冲刷走了一些番茄污渍，但他还是不停地打电话反映广告招牌上的番茄污渍的问题。番茄的污渍还在，原告他们并没有过来进行清洁。我真的很难认定，仅仅是这些情况，就让原告构成了实质性违约，进而可以让被告直接解除协议。我真的不这样认为。

对我们法院来说，也同样不认为原告在这一案件中存在着实质性违约的

---

① Jones v. Eastern Michigan Motorbuses, 287 Mich. 619, 283 N.W.710.

行为。被告并没有充分有效的依据毁弃这一协议。被告随后没有按照协议履行，本身构成了实质性违约，故本案应该判决原告胜诉……

初审法院判决予以维持，上诉人承担本案诉讼费用。

K&G 建筑公司诉哈里斯[①]
马里兰州上诉法院(1960 年)

本案要旨

原告 K&G 建筑公司是承包方，被告哈里斯是分包方。双方合同约定，被告在每个月的 25 日向原告报告上一个月的工作量，原告则在收到工作量报告之后，于每月 10 日之前支付被告阶段性的款项。8 月 9 日，在被告施工过程中，由于推土机操作工的过失，造成了原告的房屋坍塌。被告拒绝赔偿因此造成的损失。原告因此没有支付本来应该在 8 月 10 日支付的阶段性工程款。后被告于 9 月 12 日停止了继续工作。由于被告拒绝赔偿房屋损坏损失，又没有完成余下的工作，原告向法院起诉，要求赔偿这两部分损失。法院认定，被告将原告房屋撞坍塌，构成实质性违约，原告有权暂停付款。被告之后继续停止工作更是构成了实质性违约。法院判决支持了原告的诉讼请求。

本案确定的规则是，当一方当事人违反了彼此依赖的承诺，守约方可以暂时停止其履行行为，违约方仍然有义务继续履行其合同项下的义务。

普雷斯科特法官[②]代表法院呈递以下判决意见：

乔治王子县[③]巡回法院的初审法官，在没有陪审团参与的情况下对本案进行了审理，法官作出了支持分包方哈里斯［初审法院中的本诉被告，反诉原告］的初审判决。作为建筑工程的总承包方 K&G 建筑公司［初审法院中的本诉原告，反诉被告］认为初审法院判决不当，提起了上诉。

本案争议的主要问题是，在分包方哈里斯没有能够按照专业标准[④]完成工作、给总承包方造成损失的情况下，总承包方 K&G 建筑公司对分包方未能

① K&G Constr. Co. v. Harris，223 Md.305，164 A.2d 451.
本案有两个被告，除了标题上列出的哈里斯之外，还有布鲁克斯。——译者注
② Prescott, Judge.
③ 乔治王子县是马里兰州的一个县。——译者注
④ "专业标准"是在美国建筑工程合同或者文本中经常使用的术语，通常是指建筑工程中所需要的、可以接受的工作质量标准和原材料标准。——译者注

赔偿自己的损失不满意,是否就有权利扣留分期支付的款项呢? 根据双方合同条款的规定,除了分包方履行合同存在疏忽可以不用支付分期款项之外,总承包方就应该支付这笔款项。

根据马里兰州法庭规则第 826g 条款的规定,上诉人 K & G 建筑公司在上诉中对本案事实进行了以下陈述。

相关部分的内容如下:

……K & G 建筑公司(以下简称"总承包方")是在巡回法院初审过程中的原告和反诉被告,也是这起上诉案件中的上诉人,它是一个正在建设的分区工程(以下简称"建筑工程")的业主和总承包方。哈里斯和布鲁克斯(以下简称"分包方")是在巡回法院初审过程中的被告和反诉原告,也是这起上诉案件中的被上诉人。分包方和总承包方之间签订了一份合同,由分包方为建筑工程进行开凿和挖土工作。该合同的相关部分内容如下……

第 4 部分(b):分包方在履行合同的过程中应该每个月都得到总承包方支付的阶段性付款。分包方将在每个月的 25 日向总承包方提交一份通知单,告诉总承包方上一个月中完成的工作量。总承包方应该在收到这一通知单之后的每月 10 日支付这些款项,总承包方所扣留的款项不得超过应该支付款项的 10%。

(c):分包方必须按照第 9 部分的要求进行投保,否则总承包方将不用支付阶段性的款项……

第 8 部分 ……分包方所有的工作都必须以专业标准来进行,并且符合最优专业标准的要求。

第 9 部分 分包方同意对于工作过程中造成的财产损失……投保责任险,投保的金额和投保的公司必须要让总承包方满意,并且分包方要向总承包方提供证书,证明这一保单是生效的保单。

在分包方受聘从事工作的过程中,有一台推土机在碾压施工时,由于太靠近总承包方的房屋,导致这一房屋的墙体发生坍塌,并造成了总承包方的其他一些损失,由此给总承包方造成损失的金额是 3 400 美元。分包方已经按照合同第 9 部分的要求投保了财产损失险。分包方将工作过程中造成损失的情况向他们的保险公司进行了报告。分包方和他们的保险公司拒绝对总承包方受损房屋进行修复或者赔偿损失,认为他们对于这一损失并没有责任……

分包方在 1958 年 7 月履行了合同项下的工作,并按照合同要求,于 7 月25 日提交了截至该日的工作量,根据双方的合同条款,总承包方应该在 1958年 8 月 10 日以前支付这些工作量的款项。按照分包方先前提交的每月工作量通知单,总承包方在这个时候就应该支付这些款项。前面提及的推土机损害总承包方房屋的事故发生在1958年8月9日,因为推土机给总承包方房屋造成的损失没有得到修复或者赔偿,总承包方在这个时候就拒绝向分包方支付1958年8月10日到期的工程款项。分包方在工地上继续工作到1958年9月12日。因为总承包方拒绝支付上述工作的款项,分包方在9月12日这一天停止了工作,并以挂号信的方式通知了总承包方,表明他们愿意将所从事的工作返还给总承包方,但条件是总承包方必须付清他们的款项。截至1958年9月12日,分包方在这一工地完成的工作量的价值为1 484.50美元,总承包方对此并没有支付……

总承包方向法院起诉分包方的理由在以下两方面:(1)由于分包方推土机操作工的过失,给总承包方的房屋造成了损失。(2)由于分包方没有完成合同上的工作,总承包方不得不另行聘请他人完成剩余的工程量,由此增加了450美元费用。分包方则提起了反诉,认为总承包方拖欠自己已经完成工作量的款项1 484.50美元,现在要求总承包方支付,同时要求总承包方支付尚未完成工作量的预期利润损失1 340美元。根据双方当事人的协议,总承包方的第一项诉讼主张,即推土机造成房屋的损失,被法院交付给陪审团进行裁决,后来陪审团裁决总承包方可以获得3 400美元赔偿。在陪审团作出上述裁决之后,根据当事人之间的协议,总承包方的第二项诉讼主张和分包方的反诉主张被提交给法院审理,由法院在没有陪审团参加的情况下进行裁决。当事人对于上述提及的所有事实都予以认可,并且把这些事实提交给法院。巡回法院的弗莱彻法官根据他们提交的这些事实作出判决,支持了提起反诉的分包方,判决分包方可以获得2 824.50美元。总承包方对此判决不服,提起了上诉。

初审法院判决确定的应该由分包方支付的推土机造成的房屋损失3 400美元,已经由分包方予以支付。

很明显,我们法院的判决结果将取决于双方当事人根据他们合同确定的各自权利和义务。在系争合同中,分包方同意按照"专业标准,并符合最优要求的专业标准"来完成开凿和挖土工作,并约定"时间作为这一合同的必备要求"①;

---

① "时间作为这一合同的必备要求"是美国合同中经常用到的一句表述,对于合同的履行具有重要意义。如果合同中约定了交付货物或者完成工作的日期,并约定"时间是合同的必备要求",那么,义务人就应该**绝对地**在这一天或者之前完成义务,推迟一天也会被对方拒绝,并被认为是对合同的实质性违约,对方有权行使合同项下的所有权利,并要求赔偿所有损失。在建筑工程中如果确定了一个完工的时间,并加上了这一句话,意味着将来如果不能在这一天完工,义务人所有的理由,例如大雨等自然条件影响施工,政府部门未能批准相关手续,其他人的阻挠,等等,都不会被法院接受。——译者注

总承包方则同意,在分包方完成工作之后的每个月 10 日支付阶段性的款项。分包方坚持认为,由于总承包方没有在 1958 年 8 月 10 日支付到期款项,就是违反了合同,也就免除了分包方继续履行合同的义务。而总承包方则辩称,由于分包方没有能够按照"专业标准"完成工作,构成了实质性违反合同,这使得总承包方拒绝支付 8 月 10 日的款项变成了正当的行为;因为总承包方这一方并没有违约,分包方也就没有理由在 9 月 12 日停止履行合同,分包方拒绝继续在工地上工作,构成了另一个违约行为,对此他们就应该对总承包方承担责任。本案的关键问题,直白地说就是,在本案的情形下,总承包方是否有权拒绝支付 1958 年 8 月 10 日到期的款项?

423

对于上述问题的回答,涉及合同法上一个非常有趣而且非常重要的原则。合同各方当事人所作出的承诺和反承诺,彼此之间有着一定的关联,这些承诺决定了当事人各自的权利和义务。广义地讲,合同当事人的承诺有两种形式:(1)彼此相互独立的承诺,或者(2)彼此相互依赖的承诺,一个承诺的实现依赖着另一个承诺的实现。如果一方当事人的*履行*不是以另外一方当事人的*履行*作为条件,那么,这样的承诺就是彼此独立的承诺。[1]也就是说,双方当事人是以承诺交换承诺,而不是以*履行*来交换*履行*。[2]一方当事人没有能够履行一个独立的承诺,并不能给予对方当事人不履行自身承诺的借口,而是要求各方当事人彼此都要去履行自己的承诺。而且,如果一方当事人没有履行这一承诺,他就要向对方当事人承担责任(当然,如果当事人之间发生了诉讼,抵销或者赔偿的问题就会经常产生)。如果当事人想要让自己的履行以对方的履行作为条件的话,那么,这样的承诺就是彼此依赖、互为条件的承诺。如果它们是互为条件的承诺,那么可能存在三种情形:(a)前置的承诺,也就是在对方当事人的承诺得到履行之前,自己先要履行的承诺;(b)后置的承诺,也就是在对方当事人已经履行了合同的前置承诺之后,自己才需要履行的承诺;(c)同时履行的承诺,也就是说,合同各方当事人必须在同一时间履行的承诺,他们各自受到履行的制约。[3]……

在早期,法律对于前述问题有着很好的规定,即对于当事人在合同中的约定和彼此作出的承诺,在合同中的文字没有明显地表明是彼此依赖的承诺的情况下,法律应该作出这样的解释,将合同中的那些文字作为构成独立承诺的

---

[1] 5 Page, *The Law of Contracts*, ¶ 2971.

[2] 3 Williston, *Contracts*(Rev.Ed), ¶ 813, n.6.

[3] *Page*, *op. cit.*, ¶¶ 2941, 2951, 2961.

初步确凿证据。①1774 年,在 Kingston 诉 Preston② 一案中,曼斯菲尔德勋爵改变了以前法律上的规则,向持续了三个世纪的以前判例说"不",即认定当事人约定的履行行为,可以以另一方先行履行合同作为条件。③现代普遍适用的法律规则是,法院应该认定存在着这样的推定,即在合同中的相互承诺是彼此互为条件的,并且只要有可能,就应该作出这样的解释。④……

考虑到承诺和反承诺彼此相互依赖这一假定,以及本案中当事人陈述的事实,我们法院毫不犹豫地认定本案需要考虑的承诺和反承诺是彼此相互依赖的,也就是说,当事人想要让一方的履行行为以另一方的履行行为作为条件;分包方的承诺在合同中有明明白白的文字说得很清楚,它是以总承包方按月付款的承诺作为条件的……

我们认定,分包方的雇员由于其过失损害了总承包方房屋的墙体,这种行为没有能够做到符合"专业标准,并符合最优专业标准的要求",这一行为已经构成了违约。而且毫无疑问的是,这样的违约构成了实质性违约,分包方造成总承包方的损失金额超过了 8 月 10 日应该支付款项的两倍多。⑤科宾教授在其合同法专著⑥第 708 部分这样说道:"总承包方[在本案中是分包方]未能履行合同构成实质性违约时,业主[在本案中是总承包方]拒绝支付阶段性款项就是正当的……如果对业主[总承包方]而言,拒绝支付分期款项是正当的,那么总承包方[分包方]以业主拒绝支付款项而停止工作就不是正当的。即使他在履行中的缺陷没有触及合同的本质,但他的停工本身就构成了错误的毁弃合同。"⑦科

---

① *Williston*, *op.cit.*, ¶ 816; *Page*, *op.cit.*, ¶¶ 2944, 2945.

② Kingston v. Preston, 2 Doug. 689.

Kingston v. Preston 案是 1774 年由英国当时王座法庭的曼斯菲尔德法官审理的一起涉及推定条件的著名案件。基本事实是,该案被告是一个绸布商人。原告金斯顿与被告普雷斯顿签订一份合同,由原告为被告服务 15 个月,一年报酬是 200 英镑,服务期满后,被告将它的绸布生意以合理价格转让给原告和他的侄子组成的合伙企业。协议还规定原告在交付合伙协议前需要每月支付 250 英镑作为担保。但原告并没有每月支付担保,被告也就拒绝转让资产。于是原告诉到法院要求被告履行合同。在这案件之前,以英国王座法庭 1615 年的 Nichols v. Raynbred 这一判例为代表,这一类合同往往是认为合同中的承诺是各自独立的,被告不能因为原告没有履行合同就不履行自己义务,受害一方可以在履行自己义务之后再要求对方赔偿。在 Kingston 这起案件中,曼斯菲尔德法官改变了 Nichols 确立的规则,将"承诺"分为三种情况,即独立存在的承诺、以对方先履行为条件的承诺及同时履行的承诺。曼斯菲尔德法官认为,该案中的承诺是以对方先行履行义务为条件的承诺,因此在原告没有提供担保的情况下,被告可以拒绝履行交付的义务。——译者注

③ *Page*, *op. cit.*, ¶ 2946; *Williston*, *op. cit.*, ¶ 817.

④ *Page*, *op. cit.*, ¶ 2946; Restatement, Contracts, ¶ 266. Cf. *Williston*, *op.cit.*, ¶ 812…

⑤ Speed v. Bailey, 153 Md. 655, 661, 662, 139 A. 534.

⑥ 3A Corbin, *Contracts* § 708.

⑦ 也见 *Restatement*, *Contracts*, § 274,并可以比较 *Williston*, *op.cit.*, §§ 805, 841 and 842。

宾教授在其专著的第954部分进一步论述道:"总承包方承诺的行为,如果到期没有能够履行,又没有免责的理由,那么这种情形总是构成了违反合同……这样的违约可以说是非常重要的违约,以至于构成了这里所称的'全面'违约……在一方当事人未能履行合同构成'全面'违约的情形下,当事人提起合适的救济诉讼,显而易见是可行的。然而,受害的一方当事人并不是一定要采取诉讼的手段。他可以作出这样的选择,将对方未能履行合同只是视为一种'部分'违约……"在本案中,总承包方允许分包方在8月9日之后继续在工地上施工,显然是将分包方的违约视作"部分"违约。因为双方当事人的承诺是彼此依赖的承诺,分包方的行为又构成了实质性违约,在这种情形下,总承包方拒绝支付8月10日到期的款项就是正当的;因此,本案中的总承包方并没有违约,在这种情况下,分包方在9月12日停止施工,却是构成了再次违约,分包方也就应该对总承包方增加的挖掘成本——在本案中认定总承包方增加的成本是450美元——承担责任(这一点在合同中有明确规定)。

　　……被上诉人还辩称,由于分包方已经按照合同要求对财产损失进行了投保,总承包方就没有权利再拒绝支付8月10日的款项。这样的辩论意见,可以说没有价值或者很少有什么价值。分包方和保险公司已经拒绝对损失承担责任。分包方进行了投保,并不能认为就获得了在履行工作中粗心大意、不按照"专业规范"操作的许可证;总承包方接受了分包方的保险,并没有排除在分包方未按照专业规范履行合同时,直接向其主张赔偿。

425　　我们在此将上诉人败诉的初审判决予以推翻,并判决被上诉人向上诉人支付450美元,诉讼费用由被上诉人负担。

426　■ **第四节　《统一商法典》下的推定条件**

巴特斯诉里卡迪[①]
尤蒂卡市法院(1967年)

本案要旨

　　原告巴特斯是助听器生产商的特许代理商。被告里卡迪向原告订购一款A-660型助听器,并支付了预付款。由于生产厂家已经对A-660型助听器进行了改进,原告向被告交付的是改进后的A-665型助听器。使用该款助听器

---

　　① Bartus v. Riccardi, 55 Misc.2d 3, 284 N.Y.S.2d 222.

一段时间之后,被告觉得头痛,就将新款助听器还给了原告。原告及生产厂家提出,也可以向被告提供 A-660 型助听器。但被告表示拒绝再接受任何助听器。法院认定,根据《统一商法典》的规定,应该允许卖方在合同期满前纠正自己的不当交付行为,于是,法院判决原告胜诉。

本案确定的规则是,根据《统一商法典》,卖方交付的与合同约定不相符货物在遭到买方拒绝后,或者在买方撤销先前的接受之后,卖方可以在通知买方之后再交付与合同相符的货物。

哈罗德·海姆斯[①]法官代表法院呈递以下判决意见:

原告巴特斯是助听器生产厂家"Acousticon"的特许代理商。在 1966 年 1 月 15 日,被告里卡迪与原告签订了一份合同,合同约定,被告从原告这里购买一款 A-660 型的助听器。被告之所以选择 A-660 这一款产品,是因为他先前在听力辅助诊所作过相关测试,医生告诉被告,最适合他的就是 A-660 型这一款助听器。被告在原告处做好了耳朵的模型,原告则从生产厂家"Acousticon"这里订购了 A-660 型助听器。

1966 年 2 月 2 日,在接到原告的电话之后,被告来到了原告的办公室,想取回他先前预订的助听器。到了原告办公室之后被告才得知,A-660 型助听器已经经过改进并进行了完善,改进后的助听器型号叫作 A-665。"Acousticon"为被告送来的就是这一款新型助听器,他们想让被告使用这一款新型产品。被告拒绝接受该款新型产品,认为原告交付的是一款不同型号的助听器。该新款助听器的大小是适合被告的。被告在试用了新款助听器以后,向原告抱怨助听器的声音太嘈杂,但是原告向被告保证,他很快就会适应新款助听器。

在后面的几天里,被告使用了该新款助听器,他实际使用的总时间达到了15 小时。被告返回到听力诊所,在诊所里医生告知他,这一新款助听器并不是医生建议的那一种。1966 年 2 月 8 日,被告返回到原告这里,抱怨该新款助听器在使用中让他感到头疼,而且抱怨该款助听器不是他先前预订的那一种。被告将原告交付给他的那一新款助听器返还给了原告,并由原告出具了收据。这时,原告向被告提出,再给他提供一款 A-660 型助听器,被告对于原告的这一建议既没有表示同意,也没有表示拒绝。双方当事人在这过程中都没有提到取消系争合同,在原告给被告出具的收据中,也没有包括任何原告认为系争合同已经取消或者解除的符号或者提示。

原告立即将被告的投诉通知了助听器的生产厂家"Acousticon"。1966 年

427

---

① Harold H. Hymes, Judge.

2 月 14 日，"Acousticon"直接写信给被告，告知他 A-665 款助听器是 A-660 的改进型产品，如果被告愿意，他们愿重新给被告更换一款新的 A-665，或者是交付被告原先订购的 A-660。该生产厂家还建议被告立即与原告进行联系，这样他们就可以立即进行更换。在收到生产厂家的这封信之后，被告决定不再从原告这里购买任何助听器，而且被告也拒绝了更换助听器的建议，不管是 A-665 助听器还是 A-660 助听器，他都予以拒绝，不想再要了。

于是，原告向法院起诉，要求被告根据合同支付到期的助听器余款。虽然被告已经支付了助听器的首付款 80 美元，但是直到这一案件将要开庭审理时，被告才提出原告返还已经支付的首付款的请求。原告认为，被告的要求是临时起意，对被告的反诉请求不予认可。在本案中没有任何东西可以表明，被告先前就返还助听器首付款已经向原告提出过请求，因此，法院在这一案件中对被告的这一反诉请求将不予考虑。

本案中摆在法院面前的争议问题是，在原告自己承认所交付的助听器型号与合同约定不相符的情况下，是否考虑到原告随后提出将交付符合合同要求的助听器，进而可以让原告获得法律上的救济呢？

被告辩称，由于原告没有能够正确地交付合同项下的货物，根据《统一商法典》第 2-601 条款①和第 2-602(2)(c)条款②的规定，他有权拒绝对方所交付的货物。被告进一步提到，根据《统一商法典》第 2-608(1)(b)条款③的规定，即使他接受了原告的货物，他也可以撤销对货物的接受，因为"他的接受是在卖方作出[他会适应新款助听器]保证的情况下作出的……卖方这样的保证对于他接受新款助听器来说，是一个合理的诱导"。被告依据《统一商法典》第 2-711 条款④的规定，不仅要求原告返还其已经支付的首付款，而且要求原告

① "第 2-601 条款"的正式名称是"不当交付下买方的权利"，其主要内容是，如果交付的货物不符合同要求，买方可以全部拒绝所交付的货物，或者全部接受所交付的货物。这一条款强调的是"严格履行合同"这一原则，所体现的规则就是传统的"完全相符交货"规则。——译者注

② "第 2-602 条款"的正式名称是"正确拒绝不当交付的方式和效果"。"第 2-602(2)(c)"条款的内容是，买方对正确拒绝接受的那些货物没有进一步的义务。——译者注

③ "第 2-608 条款"的正式名称是"全部接受或者部分接受的撤销"，主要是规定了在哪些情况下买方可以撤销先前的接受，以及买方的撤销必须在发现交付货物不相符之后的合理时间内提出。"第 2-608(1)(b)"条款规定，如果先前接受了货物是由于难以发现货物不相符或者受到卖方的保证，买方可以撤销先前对货物的接受。在本案中，被告强调自己对于助听器的接受，是受到了卖方"保证会适应新款助听器"的诱导。——译者注

④ "第 2-711 条款"的正式名称是"买方的一般救济；买方对拒绝受领货物的担保权益"，主要是规定了卖方未按合同交付或者买方正当拒绝或者正当撤销接受之后，买方享有要求卖方赔偿损失的权利；以及在买方正当拒绝受领或者撤销接受之后，买方对占有财产或者控制财产过程中支出的合理费用享有担保权益。——译者注

赔偿相应的损失。

然而，在我们看来，被告却忽略了《统一商法典》第 2-508 条款①的相关规定。该条款对于"合同必须得到严格履行"法律原则作出了新的规定，让这一原则增加了"新的、更大的适用空间"。《统一商法典》第 2-508 条款允许卖方在某些情形下纠正先前的不当履行行为。《统一商法典》第 2-508 条款第 1 项将纽约州法院的一个判例法，通过立法形式变成了正式的成文法。该条款允许卖方**在合同期间届满之前**纠正先前的不当履行行为，方法是告知买方他愿意纠正，而且愿意在合同期限之内重新交付与合同相符的货物。这一规则在纽约州是已经被法院接受的规则。②

428

然而，《统一商法典》在第 2-508 条款的第（2）项规定中走得更远，它其至将卖方重新交付相符货物这一权利的时间作了延长，延长到"**超出合同的期限**"。根据这一条款的规定，即使在合同期限已经届满，买方已经拒绝不符合要求的交付，或者撤销了先前对货物接受的情况下，卖方仍然可以"以一个符合买方要求的交付来进行更换"，只要卖方在当时"有合理的依据相信"那一个不符合要求的交付会被买方接受，而且卖方在随后及时通知了买方，"自己会履行符合要求的交付"。

《统一商法典》这一条款［即第 2-508（2）条款］的规定，从效果来看是延长了合同中设定的履行期限，除非是买方要求严格按照合同中的时间条款履行。

这一条款［即第 2-508（2）条款］放弃了既可以说是历史悠久，也可以说是陈腐僵化的一个观点，这一观点就是，如果想要确保当事人在商事交易中取得预想的实质性结果，就必须要求当事人"严格按照合同履行"。然而，按照《统一商法典》的这一条款，买方如果坚持"严格按照合同履行"这一原则来实施，那么，就必须事先在协议的条款中作出特别的规定，或者卖方知道所从事的商事交易需要严格按照合同来履行。③

《统一商法典》这一条款的目的，是为了避免买方突如其来的拒绝接受货物而导致对卖方产生不公正。④

---

①　"第 2-508 条款"的正式名称是"卖方在不当交付后的纠正；替代方式"。这一部分主要是规定了卖方在不当交付之后可以采取的救济方式，第一种方式是，如果合同期限尚未届满，卖方可以及时通知买方，告知愿意按照合同在期限内交付相符的货物；第二种方式是，如果卖方有合理的理由相信买方会接受，在买方实际上拒绝接收货物之后，应该给予卖方合理时间提出重新交付符合买方要求的货物。这一条款就是法院在本案中支持原告的最主要依据。——译者注

②　Lowinson v. Newman，201 App.Div. 266，194 N.Y.S.253.

③　48 Cornell Law Quarterly 13；29 Albany Law Review 260.

④　Official Comment，McKinney's Cons. Laws of N.Y.，Book 62 1/2，Uniform Commercial Code，Section2-508.

因此,根据《统一商法典》的这一条款,它确实是给买方增加了负担。"从结果上来说,一个买方即使根据《统一商法典》第 2-601 条款和第 2-711 条款的规定拒绝接受交付的货物,或者撤销先前同意过的接受,那么他仍然不得不给予卖方更多的时间,让卖方通过替换相符的货物来满足合同条款中的要求。"①

那么,本案中原告的行为是否符合《统一商法典》第 2-508 条款中设定的条件呢?

和被告原先订购的助听器相比,原告实际交付的是一款更新的、改进了的助听器。当然,即使被告认购的是一款老式的助听器,他也有权得到所认购的这一物品。但是在本案情形之下,原告有合理依据相信被告会接受这一新款的助听器。②

原告在合理时间内通知了被告,他会重新交付与合同相符的那款助听器③。被告并没有在其他地方另行购买助听器。被告所处的地位并没有因为原告最初交付新款助听器是一个与合同不相符的交付而有所改变。

在被告拒绝接受新款助听器之后,原告随即按照《统一商法典》第 2-508(2)条款的要求,恰当地向被告提出了自己会交付符合合同所要求的助听器。

429　本案判决原告胜诉。

帕克诉贝尔·福特公司④

阿拉巴马州最高法院(1983 年)

本案要旨

原告帕克从被告贝尔·福特公司这里购买了一辆福特牌卡车,本案另一被告是这辆福特卡车的生产商。帕克在使用这辆卡车之后不久,发现车辆的

---

① *Bender's U.C.C. Service——Sales and Bulk Transfers*——Vol.3,Section 14-02(1)(a)(ii).

② 法官在此得出这一结论,也许是因为 A-665 型是被告订购货物的改进型,在通常情况下,人们会更加乐意以同样价格接受新款的产品或者说是升级产品,所以原告"有合理的依据相信"被告会接受新款的产品。——译者注

③ 见《统一商法典》第 1-204 条款。

《统一商法典》第 1-204 条款的名称是"时间;合理的时间;'及时'的认定"。该条款主要是规定,除非有着明显不合理,否则当事人可以在协议中约定采取行动的时间;在判断合理的时间这一因素时,主要考虑行为的性质、目的和具体情形;是否及时,是指只要在协议规定的时间内采取行动就可以认为是及时,在没有协议约定的情况下,只要在合理时间内实施就算及时。——译者注

④ A.B.Parker v. Bell Ford, Inc., 425 So.,2d 1101.

本案被告有两个,除了贝尔·福特公司之外,还有福特卡车的生产商。——译者注

轮胎磨损得厉害,于是,帕克向被告进行了投诉。被告安排这辆卡车到某汽车修理商店进行维修。这家修理商店并没有告诉原告维修的内容。在这辆卡车结束修理之后,原告又使用了一段时间,发现轮胎仍然有问题。此后,原告就没有再向被告投诉,而是直接向法院提起了诉讼。法院认定,买方发现物品不符合要求后没有及时通知卖方,判决买方不能得到救济。

本案确定的规则是,根据《统一商法典》,接收货物的买方要及时通知卖方的行为已构成违约,才能让自己获得法律上的救济。这样的通知是买方获得法律救济的前置条件。

需要指出的是,本案是一个买卖合同纠纷,《统一商法典》适用于本案。而如果案件涉及的不是货物买卖合同纠纷,案件结果也许不一样。普通法上的规则并不要求通知违约方,守约方直接向法院起诉可能就会得到支持。

恩布里法官①代表法院呈递以下判决意见:

初审法院陪审团在法官指导下直接作出了支持被告的裁决,法院判决被告贝尔·福特公司和福特汽车公司胜诉。原告帕克不服初审法院的判决提起了上诉。我们法院在此维持初审法院的判决结果。

原告帕克在 1979 年 8 月 6 日从阿拉巴马州亚特摩尔②的贝尔·福特公司购买了一款 1979 年生产的福特 F-100 小型载货卡车,购买价格为 6 155.40 美元。这一辆卡车是由本案另一被告福特汽车公司所生产,福特汽车公司还对原告购买的这辆新车提供了担保。原告帕克在购买了这辆卡车以后,曾经多次向贝尔·福特公司投诉,抱怨车子的轮胎磨损得很厉害。在车辆行驶了大约 4 000 英里之后,原告提出更换轮胎的要求。贝尔·福特公司交给帕克一张修理订单,安排这辆卡车到 Combs & Dailey 这家专门从事车辆定位校准的商店进行轮胎定位。这家汽车修理商店声称,其对帕克的卡车进行了修理,但是没有告诉帕克具体修理了这辆卡车的哪些部分。在这家商店修理完之后,帕克发现车辆的轮胎还是磨损得很厉害,不久之后,原告车辆的第二套轮胎不得不再次进行更换。

帕克此后再也没有将这辆卡车送到贝尔·福特公司进行修理,也没有再到贝尔·福特公司就轮胎磨损问题进行投诉登记,而是直接到法院起诉了贝尔·福特公司和卡车生产商福特汽车公司。在原告提起这一诉讼之后,亚拉巴马州布鲁顿市③皮奇·福特公司的服务经理在检查之后认定,这一辆卡车的

---

①　Embry, Justice.
②　亚特摩尔是位于阿拉巴马州的一个小城市。——译者注
③　布鲁顿市是位于阿拉巴马州的一个城市。——译者注

轮罩存在缺陷，导致轮胎过度磨损。

帕克在 1980 年 7 月 1 日的起诉中包括了四点起诉理由：第一，贝尔·福特公司存在着错误陈述；第二，贝尔·福特公司违反了合同；第三，贝尔·福特公司和福特汽车公司违反了对产品的担保责任；第四，贝尔·福特公司和福特汽车公司违反了对产品适销性①的默认担保。福特汽车公司向法院提出动议，要求驳回涉及适销性担保的第四个理由，这一动议得到了初审法院的支持。帕克随即对诉状作了相应补充。帕克开始提出的诉讼请求是，要求被告赔偿20 000 美元的损失，在补充诉讼请求之后，帕克将要求被告赔偿的金额增加到了 30 000 美元。根据当事人的动议，本案在陪审团进行审理之后，初审法院指导陪审团直接作出了支持被告贝尔·福特公司和福特汽车公司的裁决，判决两个被告在本案中胜诉。

帕克坚持认为，初审法院指导陪审团作出驳回其诉讼请求的裁决是错误的。帕克认为，在本案中还是有少量证据可以支持他的诉讼请求；因此，初审法院应该允许将这一案件交给陪审团来进行完整的审理。

对于原告帕克的这一观点，我们法院并不同意。

《阿拉巴马州法典》(1975 年)的第 7-2-607(3)②条款规定了买方在得知收到的产品存在缺陷之后应该履行的义务：

> 430

> （3）买方接受货物之后，在发现或者应该发现卖方存在违约情形时，应该将交付货物存在着违约或者自己不能获得救济的情况在合理的时间内及时通知卖方……

发生在本案当事人帕克、贝尔·福特公司和福特汽车公司之间的卡车买卖交易，符合《阿拉巴马州法典》第 7-2-607 条款所界定的交易情形。

我们法院已经在好几个案件中，将《阿拉巴马州法典》第 7-2-607 条款的规定界定为买方获得救济的前置条件。③……

对于买方通知卖方所要达到的具体程度，法律要求的是给予卖方正式通知，这一通知起码要达到一个普通侵权人在自己违反义务之后给予对方通知

---

① "产品适销性"是美国《统一商法典》第 2-314 条款所提出的一个概念，是指产品符合买方合理、正常期待的特性。这是一个默认担保条款，它指除非合同中明示确定"按现状出售"（as is）等以外，卖方对其出售的所有产品都应该默认担保符合适销性的要求。——译者注

② 《阿拉巴马州法典》第 7-2-607 条款在美国《统一商法典》中就是第 2-607 条款，美国《统一商法典》在阿拉巴马州获得批准通过后，变成本案所引用的法条。其名称是："接收的效果；违约的通知；接收货物后证明违约的负担；请求或者起诉时对应该予以回答一方的通知"。——译者注

③ Smith v. Pizitz of Bessemer，Inc.，271 Ala. 101，122 So.2d 591(1960).

的程度①。本案初审中的证据表明,原告帕克对于代表贝尔·福特公司的[Combs & Dailey]汽车定位商店的修理并不满意。帕克自己也承认,当时没有时间联系福特汽车公司来投诉轮胎过度磨损的问题,在他从汽车定位商店开走这辆卡车之后,也没有将这一车辆返还给贝尔·福特公司。

……法律要求,买方在发现收到的货物存在违约情形时必须通知卖方,这一要求主要服务于以下两个目的。首先,明示的通知可以为双方当事人开辟通过协商来解决纠纷的渠道……其次,买方发出的恰当通知,可以减少损害卖方利益的可能性,这些减少损害卖方利益的方法就是:给予卖方充分的机会来纠正产品的缺陷,检查交付的货物,核实买方的申请,或者在当事人对于案件事实记忆清晰的情况下,采取任何必要的措施来恰当地保护自己,或者是减少自己的损失。②

就 Combs & Dailey 这家汽车定位商店没有能够解决原告车辆轮胎过度磨损的问题,被告贝尔·福特公司并没有接到原告帕克的任何通知。事实上,贝尔·福特公司是直到 6 个月之后收到起诉它的传票时才得知这一情况的。我们法院在前面提及的 Pizitz of Bessemer 一案中曾经说道,要求买方就违约情形通知卖方的一个理由就是买方向卖方报告,他将要就此正式起诉卖方了,这样就可以给予卖方一个机会来为自己抗辩,或者是通知卖方自己的供货商。我们在此将 Pizitz of Bessemer 一案中的理由再扩张一下,我们认为,要求买方通知卖方,也是为了让卖方可以进行调整或者更换货物,或者给予卖方机会来交付符合合同所要求的货物,最终将买方的损失减少到最小,并且减少卖方对买方的责任。③……

初审法院的判决予以维持。

伊曼纽尔公司诉各州法律研究公司④

纽约州南区地区法院(1995 年)

本案要旨

原告伊曼纽尔公司与被告各州法律研究公司的买卖合同约定,由原告向

---

① 法官在分析买方通知卖方所要达到的程度时,引用了一个侵权法上的例子加以说明,认为应该和侵权人违反义务之后通知受害人的程度一样。——译者注
Page[v. Camper City & Mobile Home Sales，292 Ala.562，297 So.2d 810 (1974)].
② Standard Alliance Industries, Inc. v. Black Clawson Company，587 F.2d 813，826 (6th Cir.1978)，quoting in part from Note, *Notice of Breach and the Uniform Commercial Code*，25 U.Fla.L.Rev.502，522(1973).
③ White and Summers, *Uniform Commercial Code*，§ 11-9 (1972)...
④ Emanuel Law Outlines, Inc. v. Multi-State Legal Studies, Inc. 899 F.Supp. 1081.

被告提供律师考试的资料,其中刑事诉讼法增补本的资料必须在1993年5月1日之前交付。因原告的主要编写者接受了心脏搭桥手术,该材料延迟了1个多月才交付。被告以原告实质性地违反了合同为由,拒不付款。故原告起诉,要求被告赔偿损失,被告则要求原告承担因为迟延交付造成的损失。法院认为,原告行为构成了违约,但由于被告未能书面通知原告的违约行为,也未能证明原告的违约行为给自己造成了实质性损害,法院判决支持了原告的诉讼请求。

本案确定的规则是,如果当事人约定了对于违约行为必须给予通知,那么在一方当事人违约时,另一方当事人就必须按约定给予通知,不能擅自以对方实质性违约为由解除合同。

伯纳德·纽曼高级法官[1]代表法院呈递以下判决意见:

431　　原告伊曼纽尔公司是一家专门帮助法学院学生进行法律研究的出版机构。它针对被告各州法律研究公司提起了这一跨区管辖诉讼,各州法律研究公司是一家帮助人们准备美国各个州律师资格考试复习的公司。原告伊曼纽尔公司以被告违反合同为由,要求被告赔偿损失60 000美元;被告各州法律研究公司则在本案中提起了反诉,声称是原告伊曼纽尔公司违反了合同。根据美国相关法律[2],这一争议属于跨区管辖诉讼的情形,本案在没有陪审团参与的情况下,由我们法院进行了长达一天的审理。根据美国《联邦民事诉讼规则》的相关规定,我们法院得出以下事实和法律上的结论。

一、法 庭 记 录

原告伊曼纽尔公司向法院提供了两份证人证言:一个证人是拉扎尔·伊曼纽尔,他是伊曼纽尔公司的总法律顾问和副总裁;另外一个证人是史蒂文·伊曼纽尔,他是伊曼纽尔公司的总裁。被告各州法律研究公司向法院提交了一份证人证言,这个证人是各州法律研究公司的总裁罗伯特·范伯格。双方当事人向法庭提交了总共16份书面证据材料。

二、双方当事人的诉称和辩称

原告伊曼纽尔公司诉称,它和被告各州法律研究公司之间有一份为期三年的分期付款合同,各州法律研究公司未能支付第二年和第三年的基本费用,违反了双方之间的合同。根据该合同的相关条款,伊曼纽尔公司将向各州法

---

① Bernard Newman, Senior Judge.

② 28 U.S.C. § 1332(a).

律研究公司提供一套刑事诉讼法大纲的增补本（以下简称"增补本"），这一套增补本的供货日期最晚不超过 1993 年 5 月 1 日。虽然这一增补本一直到 1993 年 6 月 3 日才交付给被告，但是，原告伊曼纽尔公司认为它已经履行了合同项下的义务。伊曼纽尔公司认为：(1)各州法律研究公司已经在口头上同意将合同确定的交货截止期限从 5 月 1 日改到了 6 月初；(2)任何所谓它的违约已经根据合同条款得到了纠正；(3)所谓伊曼纽尔公司没有能够在 5 月 1 日截止期限交货的违约行为，并不是实质性的违约；(4)它虽然没有在合同截止期限之前交付，但这并没有实质性地损害整份合同的价值；而且(5)各州法律研究公司在收到了增补本之后没有及时通知伊曼纽尔公司违约，这样的行为就是又恢复了双方之间的合同。

被告各州法律研究公司则辩称，伊曼纽尔公司没有在 1993 年 5 月 1 日之前交付刑事诉讼法增补本，构成了对合同的违反，也就免除了各州法律研究公司合同项下的义务。针对原告的诉称，被告各州法律研究公司特别否认双方对于 1993 年 5 月 1 日这一截止期限有过任何修改，或者自己放弃了这一截止期限的要求。各州法律研究公司进一步认为，它曾经向伊曼纽尔公司发出过两封信，日期分别在 4 月 27 日和 5 月 7 日，这两封信通知伊曼纽尔公司，未能在 1993 年 5 月 1 日交付货物将构成对合同的实质性违反。在伊曼纽尔公司未能在 1993 年 5 月 1 日交付货物的情况下，各州法律研究公司认为伊曼纽尔公司违反了双方合同，也就免除了各州法律研究公司进一步履行合同的义务。各州法律研究公司坚持认为，伊曼纽尔公司没有按照商定的日期交付增补本给自己的业务造成了 20 000 美元的损失。

三、查 明 的 事 实

成立于 1978 年的原告伊曼纽尔公司（一家纽约公司）是帮助法学院学生进行研究的一个权威出版商和销售商。史蒂文是伊曼纽尔公司的主要编辑和撰写者。史蒂文在哈佛大学第一年就开始了这一业务，伊曼纽尔公司现在从事的业务就是史蒂文在大学所从事业务的延续。这一公司在美国法学院学生中享有极高的声誉。除了写作和编辑，史蒂文还代表公司对外进行业务洽谈。拉扎尔是史蒂文的父亲，他是伊曼纽尔公司的总法律顾问和行政总裁。拉扎尔是一位富有经验的律师和商人，他管理着公司事务，负责合同最终拍板，监督所有材料的印刷和生产，收回公司的所有款项。

被告各州法律研究公司（一家加利福尼亚公司）是为法学院毕业生准备律师资格考试复习课程的一家公司，它雇用了大约 15 名员工，提供美国 42 个州的律师资格考试课程，由公司的创立者和总裁范伯格进行经营。范伯格本人通过了好几个州,包括纽约州和加利福尼亚州的律师资格考试。①作为被告公司的总裁,范伯格准备培训课程的材料,负责公司的拓展和业务,并且,他是被告公司在全美国培训课程的主要授课者之一。

1992年8月,范伯格与伊曼纽尔公司进行了接触,提出由双方达成一个协议,由伊曼纽尔公司向在各州法律研究公司这里报名的考生提供复习资料。协商的结果是,双方当事人同意从1992年9月1日起到1995年8月31日期间,达成一个三年期的合同。这一合同要求伊曼纽尔公司在三年期当中的每一年,都要向各州法律研究公司提供加利福尼亚州律师资格考试所考9门课程的精要2卷,供货数量至少是950册。各州法律研究公司同意每年向伊曼纽尔公司支付货款30 000美元,另外再支付这批货物的印刷费和运费……对于宪法和刑事诉讼法之外所有其他科目,伊曼纽尔公司提供的资料必须完全符合它通过"伊曼纽尔法律大纲"为特定科目出版的精要要求,并按照各州法律研究公司的要求进行装帧。对于其中的宪法这一科目,伊曼纽尔公司答应从它进行商业营销的宪法课程有声磁带的综述内容中进行准备、编辑并修订成一个教材大纲。对于刑事诉讼法增补本,将由伊曼纽尔公司从头开始进行收集材料,但是,增补本在形式和细节上应该与原告提供给各州法律研究公司的其他材料相类似。

根据第一年度的合同,伊曼纽尔公司同意制作包括8门法律科目在内的材料各2卷,也同意制作刑事诉讼法的增补本。这些2卷本的材料将不晚于1992年10月10日运到伊曼纽尔公司的仓库,而刑事诉讼法的增补本因为需要更多的时间去准备,运到仓库的时间最晚不超过1993年5月1日。本案中没有冲突的是,就包括8门法律科目的那些2卷本材料,伊曼纽尔公司恰当地履行了合同。

1993年2月,伊曼纽尔公司的史蒂文接受了一次心脏搭桥手术。由于经过了6个星期的康复期,他编辑刑事诉讼法增补本的工作就拖延了下来。在1993年1月的某个时候,各州法律研究公司就已经得到了通知,史蒂文要接受一次手术。伊曼纽尔公司认为,根据史蒂文与范伯格在1993年4月初的电话交谈,各州法律研究公司口头上同意了将这一增补本交付的期限往后推迟。史蒂文在法庭作证时还特别说道,他告诉范伯格,由于自己动了手术,编写增补本的工作拖延了下来,虽然他也可以满足1993年5月1日的截止期限,但是,他希望这一截止期限是"宽松的"。史蒂文还说道,范伯格告诉他,这一工作推迟到"6月初"也是可以接受的,推迟到6月份"并没有什么大不了"。然

433

---

① 纽约州和加利福尼亚州的律师资格考试被一些人认为是全美国最难的律师资格考试。——译者注

而,各州法律研究公司提供的证据与伊曼纽尔公司的主张直接冲突。范伯格在他的证言中断然否定了他曾经同意对1993年5月1日的截止期限作过任何改变。他特别强调,在他"17年的生意经历中,我记得自己从来没有就我同意的事情作出过口头上的放弃"。

在解决这一事实争议的过程中,我们法院发现,并没有足够的证据表明双方对于1993年5月1日这一截止期限进行过更改。首先,伊曼纽尔公司没有提供任何对方放弃这一截止期限的书面确认。考虑到史蒂文和拉扎尔的经验,如果他们对于合同条款有了什么更改,那么,伊曼纽尔公司给各州法律研究公司发出一封确认函的可能性会很大。其次,案件审理过程已经证明,伊曼纽尔公司自己也非常依赖该合同中的信件,它以写给被告的一封信作为证据,证明自己在截止期限12月份之后,马上就向被告提出了支付第2期款项的书面要求。因此,在我们看来,伊曼纽尔公司对于合同条款的变化并不是随随便便、等闲视之的。总而言之,从各州法律研究公司这里并没有出具任何书面材料可以印证伊曼纽尔公司的主张,即1993年5月1日这一截止期限发生了变化。因此,考虑到拉扎尔和史蒂文的经验,考虑到伊曼纽尔公司既没有寄给各州法律研究公司任何书面材料,在伊曼纽尔公司自己的文件里也没有任何书面材料,考虑到伊曼纽尔公司特别注重按照合同条款履行的做法,以及它并没有从各州法律研究公司取得任何书面的材料,我们法院认定,本案中的证据是有利于各州法律研究公司的,而且认定对于1993年5月1日的截止期限并没有通过口头协议得到更改。

然而,本案中还有另外一个事实存在争议,各州法律研究公司认为,它曾经就5月1日截止期限事宜向伊曼纽尔公司发送过两封信件。第一封信件的日期是在1993年4月27日,这一封信是想要告诉伊曼纽尔公司,如果交货不符合5月1日截止期限的要求,将被视为实质性违约。第二封信的日期是在1993年5月7日,这一封信基于伊曼纽尔公司没有能够满足5月1日截止期限的要求,想要免除各州法律研究公司合同项下的义务。然而,伊曼纽尔公司却坚称它并没有收到上述两封信件中的任何一封。

我们法院在此认定,伊曼纽尔公司没有收到上述两封信中的任何一封。作为美国好几个州,包括纽约州的一名律师,作为一名法律讲师,作为一名有经验的商人,作为这一合同的参与谈判者,范伯格一定知道,这一份合同特别要求违约的一方当事人必须收到其已经违约的通知。①除此之外,范伯格本人

---

① 合同中这样规定到:"9.(a)初始期限:任何一方当事人在合同的初始期限之内都不得终止协议,除非另外一方存在着实质性违约,违约方在**收到违约通知**之后,如果在30天内没有弥补违约行为,将构成实质性违约……"此为原判决中的注解。

也承认，自己知道伊曼纽尔公司会以合同中的这一规定来要求他。用范伯格的话来说，伊曼纽尔公司对于协议斤斤计较。范伯格进一步向法庭作证道，通知伊曼纽尔公司实质性违约的两封信件，只是通过普通信件，而不是通过提供回执的挂号方式寄送出去的。我们认为，这一点非常重要，因为认定违约方存在实质性违约的书面通知，是这一合同中的重要因素。最后，如果伊曼纽尔公司收到这两封信，正常情况下伊曼纽尔公司应该对于这两封信会有一些反应。不仅伊曼纽尔公司没有提供该公司作出过书面回应的证据，范伯格也从来没有清楚地证明伊曼纽尔公司对这两封信有过什么口头上的回应。基于本案中提供的这些证据，即使我们法院假定这两封信已经寄送出去了，也没有充分的证据证明伊曼纽尔公司收到了这两封信中的任何一封。

当5月1日交货的最后截止期限过去以后，被告各州法律研究公司通过电话与伊曼纽尔公司进行了联系，声称他们现在需要那些材料，伊曼纽尔公司则回答正在加班加点赶制过程当中，马上就可以完成了。对于这些需要交付的材料，本案中的第三个事实争议出现了。双方当事人认可的是，各州法律研究公司是要将伊曼纽尔公司交付的这些材料用在自己开办的律师资格考试培训课上，以此用来帮助各州法律研究公司开拓公司市场，提高培训材料的质量，给予培训的学生更多用于研究的资料。然而，范伯格进一步声称，他需要这些增补本来帮助准备有关刑事诉讼法的"先行一步"讲座[①]。伊曼纽尔公司对此认为，这些材料并不是用在任何一个课程的讲座上的，也不是给任何一个讲座作为参考用的。

在这一点上，我们法院采信伊曼纽尔公司所说的观点，并且认定这些课程精要的目的是作为各州法律研究公司培训材料的补充，而不是作为讲座的参考资料或者研究工具。各州法律研究公司拥有它自己的课程精要，在长达17年的时间里，它已经对于各州律师资格考试的课程进行了特别的全面梳理，这些课程也包括刑事诉讼法这一门课程。很难想象，以范伯格的经验开一个讲座需要依赖另外一家公司准备的课程精要。实际上，范伯格这一讲座的计划时间，就安排在这些增补本材料到达伊曼纽尔公司仓库之后的第17天，这两个时间的间隔是如此之近，使得任何讲座都不可能在很大程度上依赖于伊曼纽尔公司准备的那些材料……

这些刑诉法增补本直到1993年6月3日才到达伊曼纽尔公司的仓库。这些材料是通过UPS运送出去的，各州法律研究公司收到这些材料的时间是

---

① "先行一步讲座"是被告各州法律研究公司在5月中旬为每个在公司报名律考的学生提前进行的简要复习。而常规的培训课程按照计划是在6月初。此为原判决中的注解。

1993 年 6 月 10 日，它们随即将这些资料分发给了在自己公司报名的学生。各州法律研究公司坚持认为，伊曼纽尔公司的迟延交付给自己的信誉造成了损失。各州法律研究公司强调，"自己业务的关键是口碑"，它辩称，学生们对于课程的满意是至关重要的。虽然范伯格向法庭作证，自己收到了很多学生的抱怨，他们抱怨这些材料来晚了，但是，各州法律研究公司并没有提交任何有关自己公司遭到负面评价的书面证据。①

1993 年 8 月 19 日，根据合同条款，伊曼纽尔公司写了一封信给各州法律研究公司，要求就这一合同第二年的材料印刷和交货事宜给出具体要求。1993 年 8 月 23 日，各州法律研究公司向伊曼纽尔公司发出一份传真，声称由于伊曼纽尔公司没有能够在 5 月 1 日截止期限前交付材料，构成了实质性违约，因而各州法律研究公司被免除了合同项下所有将来的义务。这一传真是双方当事人之间最后的相互接触。

四、讨 论

根据系争合同的条款，本案是由纽约州的法律调整。由于本案涉及的是货物买卖合同，所以，《统一商法典》在纽约州适用的版本是我们法院处理该案件的法律依据。因为我们法院认定并没有充分的证据证明双方对于增补本于 1993 年 5 月 1 日最后交付有任何的修改，所以原告未能在截止期限之前印刷这些增补本构成了违约。然而，虽然交货未能符合截止期限构成了违约，但是我们采信原告伊曼纽尔公司提出的抗辩，认定原告的违约行为根据协议得到了实质性的弥补和纠正，无论如何，原告交付的迟延并没有构成严重违约。所以，被告各州法律研究公司仍然应该受到系争合同的制约。

（一）

被告各州法律研究公司并没有根据合同的要求给予伊曼纽尔公司恰当的违约通知。系争合同明白无误地要求，除非违约方得到了违约的通知，而且该违约行为在收到通知之后的 30 天内没有得到弥补，否则，系争合同将不能被终止。纽约州法律规定："当(a)某一个违约通知引起了当事人的注意；或者(b)该违约通知恰当地交付到了当事人的经营地，就可以认定这一方当事人**收到了**该通知或者已经被告知……"②在本案中，并没有充分的证据证明伊曼纽

---

① 在 1993 年律师资格考试之后，被告各州法律研究公司决定不再继续开设加利福尼亚州律师考试的全方位培训课程。范伯格在提到这一决定的原因时说道："因为我们与另外一家名叫'Barpassers'的公司——这是从事加利福尼亚州律师课程培训的公司——达成了一份许可协议……根据这一许可协议的条款，我们将自己对于某些培训材料的权利转让给'Barpassers'公司，而'Barpassers'公司则将他们提供'考试问题'的权利转让给我们。我们两家公司作出了这样的商业决定。"此为原判决中的注解。

② N.Y.U.C.C § 1-201(26).

尔公司收到了被告4月27日或者5月7日两封信中的任何一封。因此,我们法院认定,伊曼纽尔公司没有收到违约的相关通知。

被告各州法律研究公司声称,纽约州《统一商法典》第2-607条款并没有要求当事人一定要收到违约通知,在我们看来,被告的这一理由在本案中并不成立。虽然各州法律研究公司非常准确地提到了商法典第2-607条款的规定,但是,它却忽视了本案中的这一事实,即本案系争合同中有着特别条款要求对于违约事项给予书面通知。人们普遍认可的是,在《统一商法典》的规定之内,当事人可以通过约定改变商法典当中的条款,决定如何履行商法典所要求的义务,只要这样的改变没有否定善意、审慎、合理性的要求,只要注意义务和标准并不是明显的不合理。①我们法院认为,对于本案合同中所要求的必须给予违约书面通知这一点,并不是不合理的……

₄₃₆由于伊曼纽尔公司在6月3日之前没有收到来自被告的违约通知,我们法院认定,伊曼纽尔公司已经纠正了这一协议中的任何违约行为。因此,各州法律研究公司对于自己没有履行合同的行为,并未能提供有效的基础依据。

(二)

即使我们法院认可伊曼纽尔公司没有纠正自己的违约行为,被告各州法律研究公司想要免除自己的合同义务还需要证明该违约行为对于整份合同造成了实质性的损害。鉴于合同要求的是分批交付货物和分批接受货物,我们认为,系争合同就是纽约州《统一商法典》所界定的分期履行合同。②根据纽约州《统一商法典》第2-612(3)条款的规定,被告各州法律研究公司如果想要解除整份合同,就必须证明该合同受到了实质性的损害。而某一个违约行为是否构成了"实质性损害",是一个案件的事实问题。③……在本案中,并没有证据支持各州法律研究公司的辩论意见,即原告没有能够在5月1日截止期限之前准备好材料实质性地损害了整份合同。

被告各州法律研究公司对于自己的所谓损失,只是提到公司从报名的学生那里听到了抱怨。考虑到被告各州法律研究公司并没有提供任何书面的学生抱怨,也没有提供任何书面抱怨的记录,而且它没有退还任何学费给那些学生,我们法院认为,被告这样的观点是非常牵强的。此外,在被告这里报名的学生事实上及时收到了9门课程中8门课程的概要,随后,又是在律师资格考试之前一个多月的时间收到了刑事诉讼法增补本。最后,被告各州法律研究

① N.Y.U.C.C. §1-102.
② N.Y.U.C.C. §2-612(1).
③ Stinnes Interoil v. Apex Oil Co., 604 F.Supp.978, 981(1985).

公司自己的行为也证明了原告违约性质的轻微。在原告伊曼纽尔公司于6月初发货的时候,被告各州法律研究公司并没有努力要求加快交货的速度。因为货物的运费是由各州法律研究公司自己负担的,所以它可以自行决定发货的办法,包括加急连夜邮寄。然而,各州法律研究公司实际上选择的是通过UPS进行寄送,这一方法要比最快的方法慢上很多。鉴于被告各州法律研究公司的行为并不表明情况非常紧急,我们法院也就很难认定它就是情况紧急的。

被告认为伊曼纽尔公司迟延到6月初交付增补本对于其将来的课程报名存在影响的观点,在我们看来,也是不成立的。在1993年律师考试课程培训之后,被告各州法律研究公司就没有再提供加利福尼亚州律师考试的全方位复习课程。没有争议的事实是,被告各州法律研究公司的这一决定与我们手头的这一案件是没有任何关系的。由于被告各州法律研究公司不再提供全方位服务的培训课程,伊曼纽尔公司的违约就不可能对下一年度的课程报名产生任何影响。

纽约州《统一商法典》要求违约必须产生实质性的损害,其目的是排除一方当事人利用对方当事人微小的过失来取消合同。各州法律研究公司没有证明以下这一点,即由于伊曼纽尔公司未能在1993年5月1日之前交付增补本给自己带来了实质性的损失,或者给自己带来绵延不断的损失。因此,各州法律研究公司并没有法律上的正当理由来拒绝履行合同。

五、结　　论

对于原告伊曼纽尔公司的主张,我们认为,虽然它因交付刑事诉讼法增补本出现迟延而违反了协议,但该违约行为根据合同条款得到了纠正。此外,交付迟延并没有实质性地损害其与被告各州法律研究公司系争合同的价值,因此,各州法律研究公司并没有权利拒绝履行自己的合同义务。在这样的情况下,原告伊曼纽尔公司有权主张60 000美元的款项,再加上按照纽约州的法律确定的从1993年8月23日,即各州法律研究公司终止合同之日起计算的利息。基于以上分析,我们认为,被告各州法律研究公司的反诉请求应在此予以驳回。双方当事人各自承担自己的费用。

本案由法官助理在法官指导下作出相应的判决。①

------

① 根据美国联邦民事诉讼规则,美国法院的法官都会配有法官助理(也有人称之为法院工作人员)。他们会负责安排开庭、通知当事人等事务性工作,也可以在法官指导下制作判决书。本案中法官已经对案件事实和法律上的争议给出了明确结论,法官助理只需给出判决内容即可。——译者注

第五节　违约一方当事人可以获得救济的几种情形：合同的可分性，独立的承诺以及单独合同

清道夫公司诉 GT 软件公司[①]
纽约州最高法院上诉法庭（2000 年）

本案要旨

　　原告清道夫公司与被告 GT 软件公司签订合同约定，由原告设计、制作四款电脑互动游戏，被告负责销售，每款电脑游戏都有各自特定的名称和付款时间；被告同意向原告支付每款游戏 170 万美元，共计 680 万美元。原告向被告发送前面两款游戏产品时，被告支付了部分货款。原告没有按时完成后两款游戏，后因双方就游戏增加功能与延长交货的时间协商未果，被告终止了合同。原告要求被告支付前两款游戏剩余的款项。法院判决支持了原告的诉讼请求。

　　本案确定的规则是，对于可分割的合同，当事人违反其中部分约定的，并不影响其就已经履行的部分主张权利。

---

　　① Scavenger，Inc. v. GT Interactive Software，Inc.273 A.D.2d 60，708 N.Y.S.2d 405.
　　美国对于合同的分类中，有一些合同被称作"整体性"合同，而另外一些合同则被称作"可分割的合同"。如果一方当事人的履行行为被分割成了两个或者更多部分，而另外一方当事人的履行行为也是如此分割，而且另外一方当事人的履行行为是根据前者相应的行为来进行交换，那么，这样的合同就被称作"可分割的合同"。可分割合同的处理结果是，当事人通常就已经完成的部分履行行为可以主张报酬，而整体性合同却必须待当事人完成全部履行行为之后才能主张报酬。比较典型的可分割合同是雇佣合同，比较典型的整体性合同是建设工程合同。某份合同是否可分，涉及当事人的意愿。测试的方法是，一个理性的人是不是想让合同成为可分割合同，而不管随后的实际履行是怎样的。
　　独立的承诺，有时也被称为无条件的承诺，是指履行没有附加什么限制或者只是要求时间届满就必须履行。对于一个独立的承诺来说，它必须得到履行，而另外的当事人是否履行并不重要。例如，甲答应为乙建造一幢房屋，乙同意在房屋建成之后付款。在这种情况下，乙同意付款的承诺就被推定为是附条件的，必须是甲履行了合同自己才付款。在要求乙付款之前，甲必须先建造好房屋。因此，甲的承诺就被称作一个独立的（无条件的）承诺。独立的承诺带来的结果是，如果甲构成了根本性违约，那么乙就可以取消合同，主张违约损失，即使乙当时还未履行合同。
　　单独合同这一概念主要是用来解决当事人在同一时间达成了两个合同时所引出的问题。当事人同时达成两个合同经常带来的问题是，它们是否彼此依存、不可分割。如果两个合同不是这样的，那么，违反其中一份合同对另外一份合同就没有影响，这种情形下的合同就是"单独合同"。——译者注

［原告清道夫公司是一个电脑游戏开发商,它对作为游戏经销商的被告GT 软件公司提起本案诉讼。原告向法院提出一个动议,要求就支付货款这一诉讼请求,由法院作出支持自己的简易判决。纽约县最高法院的科泽尔法官支持了原告的这一动议,判决被告 GT 软件公司支付原告 2 411 114 美元。被告 GT 软件公司不服这一判决,提起了上诉。］

上诉法庭作出了以下简要判决:……根据被告与原告之间的合同,原告应该交付给被告四款 CD-ROM 游戏产品,这四款中的每一款游戏都是独立的产品,有着独立的付款进度。我们认为,这样的合同是一份可分割的合同①。因此,原告就其已经交付的两款 CD-ROM 游戏产品,有权要求被告按照合同中保证的付款条件来付款,这一权利并不因为原告没有交付余下的两款游戏产品而受到影响……

■ 第六节　错误地阻止、阻碍履行以及不予合作

439

坎特雷尔公司诉纪尧姆赛车公司②
阿肯色州上诉法院(1998 年)

本案要旨

被告纪尧姆赛车公司是拥有某处物业的业主,它将自己的物业出租给案外人鲍尔夫妇,鲍尔夫妇在将来可以行使选择权,购买该物业。合同约定,如果案外人在 8 月 1 日之前行使选择权并完成交易,将由被告向原告坎特雷尔公司支付一笔中介费。后案外人按期通知被告要求购买该物业,被告却表示希望将交易延迟到 8 月 1 日之后,并且愿意将中介费用的一半支付给案外人,但是遭到了案外人拒绝。在贷款条件具备后,案外人曾经找到被告,希望确定 7 月的某一天为交易结束的日期,但是被告却表示无法在 8 月 1 日之前完成交易。后来这一交易于 8 月 14 日完成。原告向法院起诉,要求被告赔偿中介费用。初审法院没有支持原告的诉讼请求。但上诉法院认定,被告本可以在 8 月 1 日之前完成交易却故意拖延到 8 月 1 日以后,这属于恶意地阻止条件成就,这样的行为违反了善意及公平的义务,上诉法院推翻了初审法院判决。

本案确定的规则是,若合同设定了前置条件,一方当事人违反善意及公平

---

① Christian v. Christian, 42 N.Y.2d 63, 73, 396 N.Y.S.2d 817, 365 N.E.2d 849.

② Cantrell-Waind & Associates, Inc. v. Guillaume Motorsports, Inc. 62 Ark. App. 66, 968 S.W.2d 72.

交易的义务阻止该条件的成就,那么可以豁免该前置条件。违反善意义务的一方当事人仍然应该履行合同项下的义务。

伯德法官①代表法院呈递以下判决意见:

原告坎特雷尔公司是一家房地产经纪公司(以下简称经纪公司)。它提起本案诉讼,要求被告纪尧姆赛车公司(以下简称业主)赔偿一笔不动产中介佣金。初审法院支持了被告业主提出的作出简易判决动议,驳回了原告经纪公司的诉讼请求,原告经纪公司不服这一判决提起了上诉。因为我们法院同意经纪公司提出的初审法官错误地解读了所适用的法律这一观点,而且本案在事实上存在着真正的争议问题需要法院查清,所以,我们法院在此推翻初审法院的判决,将案件发回重审。

1994年8月1日,被告业主通过其公司总裁和唯一的股东托德·威廉姆斯,同意将位于本托维尔②的一处不动产出租给肯尼思·鲍尔和凯·鲍尔夫妇。这一租赁协议赋予了鲍尔夫妇购买这一不动产的选择权③,并规定被告业主应该按照以下条款向经纪公司支付佣金:

440

> 鲍尔夫妇如果在协议第一个24个月的期间内行使优先购买权,他们每月已付租金的10%将计入购买价款中。随后,计入购买总价的比例将每年下降2%,直到最初租赁协议届满为止。据此,鲍尔夫妇如果在第三年行使选择权,已付租金可以计入购买价款中的比例为8%,第4年为6%,第5年则为4%。该不动产出售的价格为295 000美元。**纪尧姆赛车公司**同意,在鲍尔夫妇根据选择权协议完成系争不动产买卖的时候向**坎特雷尔公司**支付佣金15 200美元,前提是系争不动产的买卖必须在2年的时间内完成,这里提及的"2年"时间,是从这一附带购买权的租赁协议签订之日起计算。

1996年4月23日,鲍尔夫妇的律师杨以书面形式通知威廉姆斯,告知鲍尔夫妇选择了行使购买权,准备买下这一不动产,他们希望交易越快完成越好。杨律师把这封信的副本也抄送给了业主的律师里夫斯先生。在这封信发出之后,威廉姆斯找到了鲍尔先生,提出如果鲍尔先生同意将选择权交易完成的时间推迟到1996年8月1日之后,他们愿意拿出本应支付给上诉人的中介

---

① Bird,Judge.
② 本托维尔是位于美国阿肯色州西北部的一个城市。——译者注
③ "选择权"是美国不动产法律制度中经常出现的一个概念,它是指租赁合同的承租方在合同期限内或者在租赁合同期满之后,享有按照一定条件将所承租的不动产购买下来的权利。——译者注

费用 15 200 美元的一半给他。鲍尔先生拒绝了威廉姆斯的这一提议。

在本托维尔银行工作的信贷员怀特黑德女士在 1996 年 7 月 19 日通知鲍尔先生,告知他的贷款申请已经获得批准,她等着鲍尔先生告知交易结束的具体日期。杨律师在向法庭提供的证言中说道,他曾经试图代表鲍尔先生确定 7 月的某一个日期作为这一交易结束的日期,但是怀特黑德女士、律师里夫斯以及一家产权公司的代表告诉他,威廉姆斯说过在 7 月的晚些时候将会出国一段时间,只能等到 8 月 1 日之后才能结束这一交易。

杨还向法庭说道,他曾经问过里夫斯,威廉姆斯是否愿意授权其律师在 8 月 1 日之前完成交易的相关事项,但是威廉姆斯拒绝授权给自己的律师。在 7 月 22 日到 25 日期间,威廉姆斯实际上并没有出国,而是一直待在本托维尔。后来,这一交易在 1996 年 8 月 14 日这一天结束,原告经纪公司没有收到该交易的中介费用。

1996 年 8 月 12 日,经纪公司以业主违反合同为由,对其提起诉讼。业主则以其没有义务在 8 月 1 日之前完成这一交易为由,向法院提出作出简易判决的动议。为了支持其动议,业主向法院提交了怀特黑德女士及卡罗尔先生的书面证词,他们在向法庭提供的证词中提到,根据他们的了解,买卖双方并没有在 1996 年 8 月 14 日之前结束交易的计划。

……威廉姆斯也向法庭提交了自己作的书面证词,这份证词提到,在 1996 年 8 月 14 日之前,他与鲍尔夫妇并没有确定结束这一交易的具体日期,鲍尔夫妇也没有确定一个更早的结束日期。然而,在书面证词中,威廉姆斯自己也承认:“当时,我确实到过肯尼思·鲍尔先生那里,我向他提出,如果他愿意在 1996 年 8 月 1 日之后结束这一交易,我愿意降低出售价格,然而我的提议并没有被对方接受,双方对此也就没有再达成协议。”威廉姆斯说道,虽然将结束这一交易的日期延迟到 8 月 1 日之后会让他更加省心一些,但他并不认为到 8 月 1 日之后再从事这一交易是一个“有意为之的决定”。

在就法院是否应该作出简易判决的听证过程中,业主的律师辩称,不管是业主纪尧姆赛车公司,还是威廉姆斯本人,都没有义务一定要在 8 月 1 日之前结束这一交易。业主的律师坚持认为,不能因为当事人有意避免支付这笔不动产佣金——这一佣金能否获取与一个特定的日期相挂钩——就推断当事人是在恶意履行。他认为,经纪公司已经同意了合同中的条款,就应该受到合同条款的制约。业主的律师指出,在系争合同中有两个独立的条款,分别涉及这一选择权购买的日期和选择权结束的日期。系争合同提到,如果想要得到购买价格最大的折扣,鲍尔夫妇应该在 1996 年 8 月 1 日之前行使这一选择权。然而,涉及佣金的条款则是,这一选择权交易必须在 1996 年 8 月 1 日之前结

441

束。业主的律师说道："我相信我的委托人在不违反与买方(即鲍尔夫妇)合同的情况下,完全可以在他的权利范围之内自主行事,有权让这一交易结束的日期比8月1日晚一些,这样他就不用向经纪公司支付佣金了。"

经纪公司对业主提出的作出简易判决动议进行了反驳,经纪公司声称,业主(通过威廉姆斯)负有善意履行合同的义务,而威廉姆斯却采取行动阻止这一交易在8月1日之前结束,这样的行为并不是一个善意行为。经纪公司辩称,在该交易中,买方鲍尔夫妇获得贷款的所有机会和要求在1996年7月19日这一天都已经得到满足,鲍尔先生和鲍尔夫人本想在1996年8月1日之前完成这一不动产买卖的交易,但是却被威廉姆斯存心阻挠,他对外谎称自己将要出国,只有到8月1日之后才可以完成这一交易……

在决定作出的简易判决的裁定中,初审法院的法官认为,业主对于经纪公司没有这样的义务,一定要将结束交易的日期提前结束以便让经纪公司有权得到这笔佣金;并认为这一笔不动产佣金对于业主来说,是"明显不应该支付的"……

本案系争合同规定,只有在这一交易于1996年8月1日之前结束的情况下,经纪公司才可以获得这笔佣金,我们认为,合同中的这一规定是一个前置条件。……

《合同法重述》(第二次重述)[1](1981年)第225条款在评论b当中这样分析,有时候,为了让合同项下的义务能够到期履行,法律不再强制要求合同条件发生,在这种情况下,合同义务的条件没有发生,就被说成是得到了豁免:"在一方当事人通过违反善意履行和公平交易义务来阻止条件成就或者妨碍条件成就的时候,这样的前置条件就是可以被豁免的。"《合同法重述》(第二次重述)(1981)第205条款还这样说道:"每一个合同都赋予了任何一方当事人善意履行和公平交易的义务。"这一法律原则也适用于有关支付不动产佣金的合同。[2]从这一规定出发,我们法院在此认定,初审巡回法院的法官没有认识到善意履行和公平交易的义务包括在本案系争合同中,初审法院在这一点上作出了错误的裁决,因此,本案中的业主(被上诉人)就有义务不去刻意避免在1996年8月1日之前结束这一交易。

442

我们法院的上述结论,要求对本案是否存在实质性争议问题进行判断,即被上诉人[业主]的行为是否阻止或者妨碍了前置成就的成就。这一证明责任在于提出简易判决动议的这一方当事人。

---

[1]　*Restatement (Second) of Contracts (1981).*

[2]　McKay and Co. v. Garland, 17 Ark. App. 1, 701 S.W. 2d 392 (1986).

在上诉人经纪公司的法律意见中,它提到了自己有权要求法院作出支持自己的简易判决。然而,我们需要指出的是,经纪公司并没有提出作出简易判决的动议……即使初审法院适用了正确的法律原则,即使经纪公司恰当地提出了简易判决的动议,我们法院也不认可经纪公司一定会得到支持它的简易判决。在威廉姆斯的证言笔录中……他提到,如果鲍尔夫妇来找他的话,他当时是准备好了去履行、有意愿去履行这一交易,他也有能力完成这一交易,而且本来是可以在 8 月 1 日之前完成这一交易的。他也说道,虽然在 7 月 22 日到 25 日期间他待在本托维尔,但是,他是一直到 7 月 25 日下午才知道鲍尔夫妇想要尽快地完成这一交易的。在我们看来,本案中仍然有着重要的事实问题需要法院查明。因此,我们法院在此推翻巡回法院法官作出的支持被上诉人业主的判决,将本案发回原法院重新审判。

案件予以推翻并发回重审,罗宾斯首席法官和罗夫法官同意该判决意见。

洛克诉华纳兄弟公司[①]

加利福尼亚州第二地区上诉法院(1997 年)

本案要旨

原告洛克是一位电影明星,她与被告华纳兄弟公司签订了一份影片开发合同,合同约定,被告同意与原告合作,对原告建议的电影方案是否拍摄成电影予以考虑,但被告对于最终是否拍摄电影可自由裁量。后来原告提交了不少建议方案,却没有被实际拍摄成电影。原告认为被告违约,要求其赔偿损失。被告则以合同赋予其自由裁量权为由,认为不能强制被告一定要采纳原告的建议方案。法院认为,尽管被告对作品是否满意可以自由裁量,但被告必须是善意地得出结论才行。本案中有证据证明被告在作出判决时并非善意,于是,法院支持了原告的诉讼请求。

本案确定的规则是,若合同赋予了一方当事人自由裁量权,如果行使自由裁量权可能影响到对方当事人的权利,则当事人行使自由裁量权就应该尽到善意履行及公平交易的义务。

克莱因法官[②]代表法院呈递以下判决意见:

本案中的原告及上诉人是洛克和一家名为卡里塔斯影业公司的加利福尼亚

---

① Locke v. Warner Bros. Inc., 57 Cal.App.4th 354, 66 Cal.Rptr.2d 921.
本案原告有两个,除了洛克之外,还有卡里塔斯影业公司。——译者注
② Klein, Presiding Justice.

公司(在以下判决意见中,我们有时将这两个原告合并称为"洛克"),这两个原告对于初审法院作出的支持被告华纳兄弟公司的简易判决不服,提起了上诉。

本案中的关键问题是,是否存在着应该通过法院全面审理来查明的事实问题①,因此不能对本案作出简易判决。

我们法院的结论是,对于被告华纳兄弟公司明确拒绝与原告洛克合作是否违反了其与原告签订的"影片开发合同"②,这是一个需要法院全面审理之后才能查明的重要事实问题……因此,初审法院对于原告诉讼理由第 2 项及第 4 项所作的判决内容应该予以推翻,原审的其余判决内容则予以维持。

一、案件的事实和程序背景

(一)洛克与伊斯特伍德之间的冲突

1975 年,原告洛克与克林特·伊斯特伍德③一起参加了电影《逃亡大决斗》④的拍摄。在这部电影的拍摄过程中,原告洛克与伊斯特伍德之间发生了一段私人且浪漫的关系。在接下来的十多年时间当中,他们两人一起居住在伊斯特伍德位于洛杉矶以及加利福尼亚北部的家里。洛克也曾经多次在伊斯特伍德的电影中出演过角色。在 1986 年,洛克在电影《鼠辈》中开始了她自己的导演事业。

1988 年,洛克与伊斯特伍德之间的关系开始恶化。1989 年,伊斯特伍

---

① "需要全面审理的事实问题"是美国诉讼法中的一个概念,它是指法院需要通过完整的庭审过程来查明的事实问题,这一过程通常会有陪审团的参加。与此相对应的是简易审判,在案件主要事实没有争议,只是就法律问题存在争议的情况下,法院可以作出简易判决,对于可以简易判决的案件,法院不需要进行全面的、正式的庭审。初审法院认为本案中的主要事实不存在争议,因而作出了支持被告的简易判决。而恰恰在这一点上,上诉法院持不同意见,认为该案中的重要事实存在着实质性的争议,这样的事实问题需要通过法院的全面审理才能审查清楚。——译者注

② "影片开发合同"在美国主要是指大的电影生产厂家(如本案中的华纳兄弟就是美国著名的电影厂家)与一些小的、独立的电影制作公司或者制作人(在本案中就是原告)之间签订的有关合作开发电影的合同。这样的合同是制片厂拍摄正式电影的第一步。这些小的电影制作公司经常运作生产正式电影的前期准备工作,例如确定剧本、主要演员、寻找导演、寻求经济支持,等等。根据"影片开发合同",小的电影制作公司的创意、方案如果被大的电影厂家选中,像华纳兄弟这样的电影厂家就会支付对方前期制作的成本和费用,最后由华纳兄弟这样的大电影公司拍成电影。但是这一合同赋予华纳兄弟公司这样的电影生产厂家以自由裁量权,其有权自行确定是否采用对方的创意;如果电影厂不采用,对方则需要自行承担前期的费用和成本,这是它们面临的风险。——译者注

③ 伊斯特伍德(Clint Eastwood,克林特·伊斯特伍德),生于 1930 年,是美国著名电影导演与演员,曾先后主演并导演过多部美国经典电影,如判决中提到过的《逃亡大决斗》、《廊桥遗梦》。1992 年,其导演的《杀无赦》获得奥斯卡最佳导演奖。——译者注

④ 《逃亡大决斗》这是反映美国南北战争前后的一部著名西部片,由伊斯特伍德和洛克两人共同主演。——译者注

德终止了双方的同居关系。洛克接着对伊斯特伍德提起了诉讼①,她在诉讼中提出了大量的诉讼理由作为诉讼依据。两人之间的这一诉讼在1990年11月21日通过和解及双方让步的方式最终结案。根据双方的和解协议,伊斯特伍德"考虑到与洛克过去的雇佣关系和洛克的诉讼理由",向洛克额外支付了450 000美元的补偿金,并转让了自己的一处不动产给洛克。

443

(二)洛克与华纳兄弟公司之间的"影片开发合同"

根据洛克的要求,作为洛克放弃对他提起诉讼的交换,伊斯特伍德促成洛克和本案被告华纳兄弟公司之间达成了一份"影片开发合同"。在洛克与伊斯特伍德的和解协议签订的同时,洛克与华纳兄弟公司在1990年11月27日达成了一份书面协议。这一协议就是本案双方当事人争议的"洛克—华纳"协议。

"洛克—华纳"协议有两方面的基本内容:第一个方面的内容是,洛克将根据"非排他性的优先选择权"②,在三年的时间当中,每年从被告华纳兄弟公司这里获得250 000美元。这一协议要求,洛克对于其感兴趣制作的任何影片方案,必须首先交给华纳兄弟公司进行选择,然后才可以交给其他电影制片厂进行选择。华纳兄弟公司有30天的时间来决定到底是否接受原告的电影方案。第二个方面涉及的是聘用洛克担任导演,采用的是"要么付费,要么使用"③合同条款,这一条款的价值是750 000美元。这一条款之所以这样命名,是因为它赋予了电影制片厂[华纳兄弟公司]以选择权:电影制片厂[华纳兄弟公司]可以安排某一个人[在本案中就是洛克]来担任导演,使用其提供的服务,或者,在不安排这个人担任导演的情况下,直接向他或者她支付报酬。

当时瞒着洛克的是,伊斯特伍德已经答应华纳兄弟公司,如果洛克没有成功制作或者策划电影,那么,伊斯特伍德本人将对华纳兄弟公司因为履行与洛克的合同而花费的金钱予以补偿。在这个三年期合同的第二年早些时候,华纳兄弟公司就向伊斯特伍德执导的电影《杀无赦》④要求了975 000美元的补偿。

----

① 洛克的诉讼请求主要是要求伊斯特伍德支付两人同居期间的生活费。——译者注

② "非排他性的优先选择权"是美国电影行业经常使用的一个商业协议条款,它主要是发生在某个公司或者个人与电影制片厂之间。这样的协议条款通常规定电影制片厂对于某个公司或者个人创作的产品享有独家优先选择权,只有在签约的电影制片厂没有选择这一公司或者个人创作的产品的情况下,这一公司或者个人才可以将产品再送给其他电影制片厂选择。——译者注

③ "要么付费,要么使用"是在美国电影业界广泛使用的一种合同条款。这种合同条款的主要目的是为了保护电影明星。某一个明星同意出现在某一个电影当中担任演员,如果制片公司在签订合同之后不实际安排其角色,也应该向他支付报酬。在本案系争合同中,也有着这样的条款,只是洛克是作为一名导演享有这样的权利。——译者注

④ 《杀无赦》是伊斯特伍德导演的著名影片,这一电影在1992年获得奥斯卡最佳影片大奖,伊斯特伍德本人也因为这部影片获得最佳导演。——译者注

华纳兄弟公司根据协议向原告洛克支付了保证的补偿款 1 500 000 美元。华纳兄弟公司根据协议向洛克提供了位于电影制片厂区的一间办公室,并为洛克配备了一个行政助理。然而,华纳兄弟公司并没有实际制作过洛克提议的任何电影项目,也没有聘用洛克导演过任何一部影片。洛克诉称,双方签订的"影片开发合同"完全就是一个幌子,被告华纳兄弟公司从来就不想与她合作制作任何电影,而且华纳兄弟公司与她达成这一协议的唯一动机,就是帮助伊斯特伍德在与洛克的诉讼中达成和解。

(三)洛克对华纳兄弟公司的诉讼

1994 年 3 月 10 日,洛克对华纳兄弟公司提起了本案诉讼,这一诉讼包括了 4 个方面的诉讼理由……

〔原告的第 1 项和第 3 项诉讼理由是被告存在性别歧视,第 4 项诉讼理由是认为对方存在着欺诈行为。编者注〕

原告洛克在第 2 项诉讼理由中声称,被告华纳兄弟公司拒绝考虑洛克提议的电影项目,违反了双方之间的合同,这样就剥夺了洛克根据"洛克—华纳"协议应该享有的利益……

(四)被告华纳兄弟公司要求法院作出简易判决的动议以及原告洛克对此动议的反对意见

1995 年 1 月 6 日,被告华纳兄弟公司向初审法院提出动议,要求初审法院作出支持自己的简易判决。在这份动议中,华纳兄弟公司提出,它并没有违反与洛克之间的协议,因为它确实考虑过了原告洛克提议的那些电影项目;作为一家电影厂,没有将原告建议的那些项目投入实际拍摄,或者没有将自己已经拥有的电影脚本交给原告来导演,这样的行为并没有违反任何明示的规定或者默示的规定。华纳兄弟公司声称,提议的电影项目能够实际投入拍摄的机会是很渺茫的,一个导演能够受雇拍摄电影的机会就更加渺茫。在与原告洛克的协议履行期间,华纳兄弟公司还与大量其他的制作者签订了类似的协议,其他制作者的情况并不比本案原告洛克的情况更好……

在反对作出简易判决动议的答辩中,原告洛克声称,被告华纳兄弟公司不管自己项目的价值究竟如何,它根本就没有接受原告项目的任何意愿,这就是违反了双方之间的协议……

在反对法院作出简易判决的诉讼材料中,洛克引用了证人约瑟夫·特里的证词。在这一证词中,约瑟夫·特里叙述了自己与华纳兄弟公司的行政人员鲍勃·布拉塞尔之间有关洛克电影项目的对话。有一次,约瑟夫·特里对鲍勃·布拉塞尔说:"'鲍勃,这个女的(指洛克。——译者注)和电影厂(指华纳兄弟公司。——译者注)有一份合同。她就是你要与之进行合作的导演。你们和她之间是有协议的……她给我送来了5个她感兴趣的电影项目'……鲍勃·布拉塞尔告诉我,'乔,我们是不会与那个女的合作的,'他接着又说,'那是克林特①的事情。'我当时对鲍勃·布拉塞尔所说的话完全搞不清楚是怎么回事。"

另外一位证人玛丽·惠林斯也作出了类似的陈述:她曾经与原告洛克合作,一起在华纳兄弟公司制作电影项目,但是这些项目一个都没有成功。在与洛克开始合作之后不久,惠林斯向华纳兄弟公司生产部的副总裁杨提供了一个电影脚本。在双方讨论了这一脚本之后,杨告诉惠林斯:"玛丽,我想让你知道的是,我也知道桑德拉②是个很出色的女人,也很有才干。但是,如果你认为我会跑下楼去告诉鲍勃·戴利③,我想和洛克合作一部电影,那鲍勃·戴利肯定会告诉我,忘记这事吧。他们并不想和她在这里合作拍摄电影。"

(五)初审法院的判决理由

1995年2月17日,初审法院支持了被告华纳兄弟公司提出的作出简易判决动议。随后初审法院就支持简易判决的动议,作出了一个内容广泛的裁决。这一裁决这样说道:

> 根据这一合同,就其对价而言,华纳兄弟公司没有义务将原告洛克提交给电影厂的任何项目实际拍成电影,也没有义务将从其他人那里得到的电影脚本交给原告洛克来执导。善意履行和公平交易这样的默示规定,并不能在当事人身上强加一个与当事人原先协商的合同并不相同的新合同。华纳兄弟公司对于洛克递交上来的每一个电影项目都有"打回票"的权利。华纳兄弟公司享有拒绝拍摄洛克提议的电影项目的权利,这并不需要有善意或者"公平"的理由。决定是否拍摄或者制作一部电影,是一个充满创意的决定。当电影厂在进行这样决定的时候,法官或者陪审团不能够,也不应该替代电影厂作出判断。这样的判断是一个高度主观的决定,它充满了艺术性和商业性,不适宜作为司法审查的对象。华纳兄弟公司有法定的商业理由和艺术上的理由拒绝将洛克提交的那些项目拍摄成电影。……

洛克对初审法院的这一判决及时提起了上诉。

445

二、上 诉 理 由

洛克的上诉理由是,初审法院以本案重要事实不存在实质性冲突为由,支持被告华纳兄弟公司提出的简易判决动议,这是一个错误的判决;初审法院在考虑本案证据时,对并没有提出简易判决动议的洛克一方的证据产生怀疑,只是采信了那些有利于华纳兄弟公司的证据推论,然而,华纳兄弟公司提供的那

---

① 这里的克林特就是指伊斯特伍德,他的全名是克林特·伊斯特伍德。——译者注
② 即本案的原告洛克。——译者注
③ 鲍勃·戴利当时是被告华纳兄弟公司董事会的主席和首席执行官。——译者注

些证据同样也可以得出相反的推论;初审法院在没有作出任何认定,也缺乏证据支持的情况下,就采信了华纳兄弟公司有缺陷的那些诉讼理由,这样的错误足以让这一案件发回重审。

三、分 析 讨 论

1. 上诉法院审查的标准[此处略去]。

2. 华纳兄弟公司没有能够对洛克提议的电影项目的价值进行评估,这样的行为是否违反了双方之间的合同,是一个需要经过法院全面审理才能确定的问题。

正如我们法院在前面已经指出的,原告洛克在第 2 项诉讼理由中声称,被告华纳兄弟公司"拒绝考虑洛克准备的那些电影项目,剥夺了原告根据'洛克—华纳'协议所享有的利益",这违反了双方的协议。在就原告这一诉讼请求所作的简易判决中,初审法院认为:"决定是否拍摄或者制作一部电影,是一个充满创意的决定。当电影厂在进行这样决定的时候,法官或者陪审团不能够,也不应该替代电影厂作出判断。这样的判断是一个高度主观的决定,它充满了艺术性和商业性,不适宜作为司法审查的对象。华纳兄弟公司有法定的商业理由和艺术上的理由拒绝将洛克提交的那些项目拍摄成电影。"

在我们看来,初审法院判决意见中的上述理由,并没有准确击中本案争议问题的"靶心"。华纳兄弟公司对于原告洛克提交的项目确实是享有自主判断、自行取舍的权利,这一权利不应该受到合理性的审查,但是,初审法院没有把被告的这一权利与被告对原告提交的项目是不是真正的不满意区分开来。

(一)对于这一问题的一般法律原则

"当某一份合同赋予了一方当事人以自由裁量权,这一权力又是影响着另一方当事人权利的时候,那么他就有义务按照善意履行及公平交易①的方式来行使这样的自由裁量权。"②在法律上已经确立了的观点是,"在每份合同中都有着这样的一个默示条款,即任何事情如果可能破坏或者损害另一方当事人获取合同成果,那么任何一方当事人都不可以做这样的事情"。③

因此,我们法院认为,当合同中规定以对履行结果表示满意作为义务人履行某项义务前提条件的时候,应该适用的主观判断标准就是**"诚实的满意"**,即

---

① "善意履行及公平交易"被认为是任何一份合同中都存在的默示条款。这一默示条款要求合同的当事人在履行合同时必须尽到善意和公平的义务。——译者注

② Perdue v. Crocker National Bank (1985) 38 Cal. 3d 913, 923, 216 Cal. Rptr. 345, 702 P. 2d 503.

③ Kendall v. Ernest Pestana, Inc. (1985) 40 Cal. 3d 488, 500, 200 Cal. Rptr. 818, 709 P. 2d 837.

义务人应该是诚实地表明自己对于对方的履行行为是否满意。①"当某一合同涉及个人的喜好、口味或者判断的时候,作出承诺的那一方是自己究竟满意与否的唯一判断者。如果他**善意地**认为自己对他人的履行行为并不满意,那么,其他人就不能对他的态度进行合理性的调查。传统的例子是雇佣合同……以及描绘一幅肖像,撰写一部文学或者科学作品,进行一次演出或者杂耍表演这样的合同。"②在这样的案件中,"如果作出承诺的当事人认为自己并不满意,只要这一结论是**以善意的态度**作出的,那么,他所作的不满意的结论就可以被认为是一个有效的抗辩"。③

因此,在本案中,对于华纳兄弟公司应该如何处理其与原告洛克之间的影片开发合同,初审法院错误地认定这完全是华纳兄弟公司"充满创意"决定的范围。实际上,如果华纳兄弟公司是恶意地、明确拒绝原告洛克的工作成果,并且不论她建议的电影方案价值究竟如何,都拒绝与她合作,那么,这就已经超出了法律所允许的范围。

(二)洛克提交的证据,已经可以让事实的发现者④合理地推断出这一结论:华纳兄弟公司明确拒绝善意地考虑她的建议,这违反了双方的合同

仅仅因为华纳兄弟公司根据协议向原告洛克支付了所保证的那些补偿金,并不能够说明华纳兄弟公司就是完全履行了合同项下的义务。正如原告洛克所指出的,影片开发合同的客体,并不仅仅是根据协议向原告支付所保证的那些补偿金,而且涉及原告执导电影及制作电影的机会,这些机会可以让原告获得更多利益,而且最重要的是,原告可以在电影业内得到更多上升的机会,在职业上有更多发展的机遇。

毫无疑问,华纳兄弟公司基于其主观判断可以拒绝洛克的工作成果,它基于主观判断所作出的"充满创意"的决定,不应该受制于法院的再次评估。然而,需要记住的是,被告主观上的不满意,必须是诚实的、真正的不满意。本案的证据已经提出一个需要通过法院全面审理才能确定的问题,那就是华纳兄弟公司没有考虑原告所建议电影方案的价值,是否违反了双方之间的协议。

证人约瑟夫·特里的证词……和玛丽·惠林斯的陈述[前文已经引用了]……提出了一个与本案争议问题相关的重要事实,即不管原告洛克建议的

---

① 1 Witkin, *Summary of Cal.Law* (9th ed. 1987) *Contracts*, §729, p.659; *Rest. 2d*, *Contracts*, §228, cmts.a, b.

② 1 Witkin, *Summary of Cal. Law*, *supra*, §730, p.660.

③ Mattei v. Hopper (1958) 51 Cal.2d 119, 123, 330 P.2d 625.着重号为引用时所加。

④ "事实的发现者"的含义,参见第14页注释。——译者注

电影方案如何，华纳兄弟公司都会无条件地拒绝与洛克合作，华纳兄弟公司这样的行为是否违反了双方协议。华纳兄弟公司基于其主观判断对原告的作品不满意，确实是有权利拒绝洛克的建议，但是，本案的证据要求法院去调查华纳兄弟公司是否诚实地或者善意地对洛克建议的电影方案不满意，还是只是表面上同意将会"考虑"洛克建议的项目，实际上却根本不会考虑。

（三）华纳兄弟公司辩称，洛克是试图重新达成一个协议来限制其自由裁量的权力，这样的辩称是没有什么价值的

被告华纳兄弟公司认为，虽然善意履行及公平交易的默示规定存在于每一份合同中，但这里的"善意履行及公平交易"必须与合同的明示条款相符合，法院并不能随意延伸"善意履行及公平交易"条款，为当事人创设一个原先他们并不想要的义务。①

447

被告华纳兄弟公司提出的这一原则，在 Carma Developers(Cal.)，Inc.诉 Marathon Development California，Inc. 这一判例②中有过充分论述。在 Carma 这一判例中，当事人之间达成的是一个不动产租赁协议。该协议规定，如果承租人 Carma 公司找到了一个可能的次承租人，要求房东同意这一转租，那么，房东有权终止与 Carma 公司之间的租赁协议，直接与未来的次承租人协商一个新的租赁协议，并且自行从新达成的租赁协议中获得利润。③Carma 这

---

① Racine & Laramie, Ltd. v. Department of Parks & Recreation (1992) 11 Cal. App. 4th 1026，1032，14 Cal.Rptr.2d 335.

② (1992) 2 Cal.4th 342，351—352，6 Cal.Rptr.2d 467，826 P.2d 710.

③ Carma Developers (Cal.), Inc. v. Marathon Development California, Inc. (1992). 这一案件是华纳兄弟公司想用来支持其理由的一个重要判例，这一判例在美国也是很有影响的一个案件，它主要涉及"善意"(good faith)这样的条款应该如何理解。该案曾经经过初审、上诉，最终又到了加利福尼亚州最高法院。本案的基本事实是，原、被告都是从事不动产业务的公司，双方在 1979 年 11 月达成一份租赁协议，由被告 Marathon 公司将位于旧金山一幢大楼的第 30 层出租给原告 Carma 公司，租金为每年每平方英尺 22 美元，期限为 10 年。协议中规定，承租人有权转租，但是要告知出租人。出租人知道后可以在一定时间内终止其与原告的租赁协议，与有意向的次承租人直接谈判达成新的协议。1983 年 5 月，原告通知被告，其打算将租赁面积的 80％转租给另一家公司，价格为每平方英尺 33.32 美元。然而，被告 Marathon 公司却终止了协议，转而与有意向承租的另一家公司直接谈判（后来，这一谈判没有成功）。由于转租没有成功，原告 Carma 公司起诉被告，要求被告赔偿其转租可以获得的利益。初审、上诉法院都支持了原告的诉讼请求，其中一个重要理由是租赁协议赋予了被告 Marathon 公司随意终止协议的权利，这一规定违反了善意履行和公平交易的原则。初审、上诉法院认为，被告是否可以终止协议，应该受到"合理性"的审查。该案再次上诉到了加利福尼亚州最高法院，加利福尼亚州最高法院推翻了原来的判决，转而支持了被告。终审法院在判决意见中也承认所有的合同都应该有着"善意履行及公平交易"的默示规定，但这一默示规定不能与合同的明示条款相抵触。Carma 这一案件与 Locke 这一案件的区别在于，前者并不涉及喜欢、满意这样自主性很强的判断，而后者恰恰涉及这样的判断。这可能是加利福尼亚最高法院最终支持了出租方 Marathon 公司的重要原因。——译者注

一判例承认,"在一方当事人被授予了可能影响他人权利的自由裁量权的时候,善意履行这一默示规定就特别应该予以适用"。审理 Carma 一案的法院表达了"这样的权力必须被善意地行使的观点"。在表达这一观点的同时,Carma 一案维持了房东根据租赁协议明示条款所享有的权利,即为了让自己获得增加的租金,房东可以自由地行使自由裁量权来终止这一租赁协议,并要求承租人从系争房屋中迁出。

在作出上述分析的时候,Carma 这一判例在判决意见中说道:"我们注意到,在已经报道过的案件中,没有任何一家法院认定善意履行的规定可以被解读为禁止一方当事人去做协议中明确允许的事情。恰恰相反,一般来说,默示约定在任何时候都不应该被用来改变合同中的那些明示条款……这样的观点也是与一般的原则相符合的,即在解释一份合同的时候,'如果合同中有很明确而且直白的文字表明,当事人可以去做与默示约定相反的那些事情,那么,我们就不能推定有着默示约定存在'。[①] ……**对于得到合同明示条款授权的那些行为**,法院不能再以'善意履行及公平交易'作为默示规定来禁止当事人去实施那些得到授权的行为。"

在 Third Story Music, Inc.诉 Waits(1995 年)这一案件中[②],摆在法院面前的争议问题是,"在作出承诺的一方当事人已经支付了实质性对价的情况下,对方当事人所作的承诺——可以自行选择将对方的音乐作品推向市场,或者不推向市场——是否受到'善意履行及公平交易'这一规定的制约"?

在 Third Story Music(以下简称 TSM 公司)这一案件中,第三人 Warner Communication 公司从原告 TSM 公司这里得到了音乐人 Tom Waits 的作品在全球制作、销售、分发和广告宣传的权利。在这一合同中特别规定了 Warner Communication 公司"可以自行选择对上述所有的作品或者任何的作品不对外进行市场营销"。TSM 公司以 Warner Communication 公司违反了

① 3 Corbin,*Contracts*,§564,p.298(1960).

② Third Story Music, Inc. v. Waits(1995),41 Cal.App.4th 798, 801, 48 Cal.Rptr.2d 747.
该案涉及的是一起音乐制作公司(Third Story Music,简称 TSM 公司)与 Waits(美国 20世纪七八十年代著名的音乐人)和第三人 Warner Communication 之间的纠纷。Waits 是独家签约 TSM 的音乐人,20 世纪 70 年代,Waits 授权 TSM 将其唱片交由 Warner Communication 的一家下属公司 Elektra/Asylum 公司进行包装、发行和宣传。根据双方的合同,TSM 公司可以按照一定比例从销售 Waits 的唱片中获得收入,但 Warner Communication 有权选择去发行或者不发行。到 90 年代时,B/S 公司想发行 Waits 以前的作品,Warner Communication 公司提出需要 Waits 的同意,但 Waits 没有同意。于是 TSM 公司起诉了 Waits 和 Warner Communication 公司,要求赔偿损失。法院认定,Warner Communication 公司根据合同有权不去生产唱片,在有明示条款的情况下,善意履行及公平交易的默示规则在该案中并不适用。——译者注

"善意履行及公平交易"的规定为由,认为 Warner Communication 公司故意阻止了 TSM 公司根据合同可以实现的利益,对 Warner Communication 公司提起诉讼,要求赔偿损失。Warner Communication 公司则对 TSM 公司的起诉提出了反对意见,声称合同当中的条款允许其"'自行选择'不去做某个音乐产品的市场营销,这一选择的权利是支配性的,而且排除适用任何的默示规定"。基于这些理由,Warner Communication 公司的反对意见得到了法院的支持。

上级法院维持了初审法院在这一案件上的判决,认定"善意履行及公平交易"这一默示规定并不能够在该案中为原告 TSM 公司所用。因为合同中明确地赋予了 Warner Communication 公司有权不去将音乐人 Waits 的唱片推向市场,所以,"善意履行及公平交易"的默示规定,并不能限制 Warner Communication 公司去行使合同中赋予其的自由裁量权。

华纳兄弟公司在本案中坚持将 The Story Music 这一判例作为其主张的依据,在我们法院看来,它是把这一判例用错了地方。"洛克—华纳"协议并没有赋予华纳兄弟公司明示的权利,可以让它不与洛克进行合作。这一协议非但没有赋予华纳兄弟公司这样的权利,而且要求华纳兄弟公司对洛克建议的电影项目是否拍摄成电影进行自由裁量。"善意履行及公平交易"这一默示条款要求华纳兄弟公司在行使这一自由裁量权的时候,必须是诚实而且是善意的。

总而言之,我们认为,"洛克—华纳"协议包含了善意履行及公平交易的默示规定,它要求任何一方当事人不得妨碍另一方当事人获得合同利益的权利。[1]华纳兄弟公司明确拒绝与洛克合作究竟是否违反了默示规定,违反了合同,这是一个需要由初审法院的事实发现者去查明的问题……

四、判 决

初审判决中有关原告第 2 项和第 4 项诉讼理由的判决内容予以推翻,其他部分予以维持。洛克可以要求获得上诉中支出的费用。

基钦法官和奥尔德里奇法官附和同意本判决意见。

斯沃茨诉罗切斯特战争纪念委员会[2]
纽约州最高法院上诉法庭第四审判庭(1966 年)

本案要旨

原告斯沃茨从被告这里获得专营食品和饮料销售的权利,合同还约定,一旦酒精饮料解禁,销售食品的范围就应该扩大到酒精饮料。合同还约定,被告

---

[1]　Comunale v. Traders & General Ins. Co. (1958), 50 Cal. 2d 654, 658, 328 P. 2d 198.
[2]　Swartz v. War Memorial Commission of Rochester, 25 A.D. 2d 90, 267 N.Y.S. 2d 253.

将从原告经营总收入中按照一定比例收取费用。但在酒精饮料的销售被解禁之后，原告拒绝申请许可，被告随即威胁解除双方合同。原告向法院起诉，要求法院确认其可以继续经营下去，被告不得干预。法院认定，原告有义务去申请啤酒销售许可，原告不去申请许可的行为等于是阻碍被告实现利益，这构成违约，于是，法院驳回了原告诉请。

本案确定的规则是，合同中的任何一方当事人在履行合同的过程中，必须尽到合理、勤勉的努力。拒不与对方合作会阻碍对方实现利益的，应该承担相应的法律责任。

法庭全体法官一致意见：①

原告斯沃茨的诉讼请求被初审法院以缺少实质价值为由予以驳回。原告斯沃茨在诉状中特别表明了以下事实，即根据原告与被告罗切斯特战争纪念委员会（以下简称"委员会"）达成的合同，原告在罗彻斯特战争纪念大楼（这是一个体育场所）拥有一块获得销售许可的场地，有权独家销售食品和点心；1965年11月15日，被告委员会撤销了这里的销售啤酒禁令，销售啤酒得到了允许；原告选择了不销售啤酒饮料；被告在1965年11月30日通知原告，除非他在30天内正式申请销售啤酒的许可，否则他将被要求从现有的经营场地中搬离，不允许其再作为特许经营受让人在上述大楼内继续经营。原告斯沃茨进一步声称，被告对他进行了威胁，要根据合同剥夺他的权利，因此，他要求法院确认他享有的权利，以及双方当事人之间的特许经营关系，裁定被告不得从事任何行为来干预原告作为唯一特许经营受让人在上述大楼内继续经营的权利……

449

双方合同的引言部分这样写道："双方当事人合意确认达成一个合同……特许经营受让人斯沃茨将按照此合同提供服务……此合同允许斯沃茨销售食品、饮料、小玩具、纪念品、烟草、雪茄、糖果和其他物品。"在合同的第6段，进一步作出了以下规定：

在合同禁止销售酒精饮料期间，本合同赋予的特许经营权和销售商品的权利，将不包括销售任何酒精饮料。然而，在合同期间之内，一旦这样的禁令被撤销，本合同所赋予的独家销售权利将延伸到这样的酒精饮料，特许经营受让人斯沃茨销售这些酒精饮料应该支付给委员会的费用，与合同中规定的销售其他食品和饮料的费用相同。

---

① 法庭全体一致意见，是以法院的名义一致对外发表的判决意见。这种情况下通常不具体表明是哪个法官撰写判决。——译者注

　　双方之间的这一合同也承认,销售啤酒需要获得许可,并规定了被告委员会在原告申请许可啤酒销售一事上应该予以合作。虽然合同第 6 段中没有包含明确的条款要求特许经营受让人斯沃茨去申请销售啤酒的许可,但这一合同的第 13 段中这样规定:

　　　　在从事本合同提到的那些经营之前,斯沃茨应该获得所有地方、州和联邦的同意或者许可,并保持这些同意或者许可一直具有法律效力……①

　　在考虑了合同中的所有条款,考虑了从合同中自然引申出来的当事人在订立合同时的意愿和主观想法,以及当事人通过履行合同所要达到的目标之后,我们法院在此认定,原告斯沃茨有义务申请啤酒销售许可,从而让自己有资格来销售啤酒。

　　在双方的合同中,明确表明了双方当事人有着这样的共同意愿,原告斯沃茨应该按照合同的规定提供服务,其中一个服务就是,一旦禁止销售酒精饮料的禁令被撤销,原告就应该销售酒精饮料。在本案中,当事人的意愿、主观想法和通过履行合同所要达到的目标,是非常清楚的。社会公众将因为能够买到合同中规定的食品、饮料和商品而享受到便利。原告斯沃茨获得了合同赋予的独家销售权利,但也同时被设定了义务。如果原告不去销售合同中列明的那些商品,那么任何一方从合同中都得不到收益。原告斯沃茨承诺,按照独家代理总收入中的一定比例,向被告委员会支付费用。这对于原告斯沃茨来说,就是要尽到合理的努力来获得利润和收益。②享有独家销售权利的原告,应该自始至终尽到所有的勤勉之责来销售合同中列明的商品,包括酒精饮料,这对于被告委员会来说,是必不可少的。③原告斯沃茨为获得利润和收益所应该尽到的合理努力和勤勉之责,就是给原告斯沃茨设定了申请销售酒精饮料许可的义务。原告没有这样做,就等同于违反了合同中他所承担的义务。原告斯沃茨在收到被告通知之后的 30 天内,一直没有纠正这样的违约行为,根据相应的条款,双方合同也就可以予以终止。

450

　　初审判决和裁定应该根据本判决意见予以修改,在修改后予以维持。

　　本法院一致意见,对初审判决和裁定在法律和事实上根据本判决意见予以修改,在修改后予以维持,上诉费用由双方当事人各自负担。

---

　　①　此处省略的内容是审理该案件的上诉法院对于初审法院判决的态度。上诉法院认为,原告的诉请是一项正当的争议,简单驳回起诉不妥,还是应该确定各方当事人的权利义务。因此,上诉法院在判决结尾部分作了改判。——译者注

　　②　Wood v. Lucy, Lady Duff-Gordon, 222 N.Y.88, 91, 92, 118 N.E.214, 215.

　　③　Booth v. Cleveland Rolling Mill Co., 74 N.Y.15, 25.

Stop & Shop 公司诉加南①

马萨诸塞州最高法院(1964 年)

本案要旨

原告 Stop & Shop 公司与被告加南签订了一份"按销售比例获取租金"的协议,根据该协议,原告从被告这里承租房屋进行超市经营,基本租金为每年22 000 美元,达到一定营业额之后,被告还可以按照一定比例获取递增租金。原告还在承租房屋附近开设了另外两家商店。协议履行期间,原告决定不再经营原先的超市业务,但愿意缴纳基本租金。被告则要求原告必须继续经营该超市。原告向法院起诉,要求确认它并不一定要经营超市业务。法院认定,协议中的租金是实质意义上的租金,协议中并没有限定原告的经营方式。法院判决支持了原告的诉请。

本案确定的规则是,对于一份固定租金加上递增租金组成的租赁协议,在没有明示约定的情况下,并不能认定当事人默认一定要维持原先的经营业务。

惠特莫尔法官②代表法院呈递以下判决意见:

在这起要求获得确权性救济的诉讼③中,被告加南是一份"按销售比例获取租金"协议④的出租人。初审法院认定,这一租赁协议并没有明示或者默示的规定,要求作为承租人的原告一定要基于特定目的使用所承租的不动产,或者是要求原告必须在这一不动产上继续经营,并从事超市业务。被告加南对初审法院的这一裁决不服,提起了上诉。除了提交的简要证言之外,双方当事人对本案的事实达成以下共识。

系争的租赁协议签订于 1953 年 8 月 24 日,被告将位于黑弗里尔⑤Merrimack 大街的一个地块及大楼出租给本案原告 Stop & Shop 公司(以下

---

① Stop & Shop, Inc. v. Ganem, 347 Mass.697, 200 N.E.2d 248.
Stop & Shop, *Inc*.是美国的一家连锁超市公司。——译者注

② Whittemore, Justice.

③ "确权性救济",主要是当事人要求法院确认某项权利、义务或者责任等,一般不涉及要求当事人实施某个具体的行为,或者具体的赔偿金额。这一诉讼通常是在一方威胁采取诉讼但尚未实际诉讼、当事人认为其权利与其他权利可能存在冲突等情况下发生。法院对于确权诉讼所作的判决是"确权性判决"。在本案中,原告就是要求法院确认其对于所承租的不动产可以用作超市以外的其他用途,被告不得加以阻挠。——译者注

④ "按销售比例获取租金"是承租人按照自己销售收入的一定比例支付租金的协议。在美国,出租人一般是在与大型零售企业签订租赁协议时采用这种协议。——译者注

⑤ 黑弗里尔是位于美国马萨诸塞州的一个小城市。——译者注

简称公司),租赁期限从 1953 年 9 月 1 日起计算,租期总共为 13 年 6 个月。〔系争协议中既规定了最低租金,也规定了递增租金。〕最低(基本)租金是每年22 000 美元,递增租金则是按照"承租人在每 12 个月当中"总销售额的一定比例来缴纳,即对于总销售超过 1 269 230.60 美元的部分,按照 1.25% 来计算。但是,这一协议还规定,被告加南按比例可以获得的递增租金有一个条件,那就是只有在原告所承租的黑弗里尔和劳伦斯①这两处不动产的销售总额超过3 000 000 美元的情况下,被告才可以得到这样的递增租金〔当时原告在劳伦斯这里也承租着一块不动产〕……

这一租赁协议要求承租人参照 1946 年的标准每年支付不动产税收。如果在租赁期间政府的税收增加,承租人应该支付增加的税收;如果实际税收减少,则由出租人将减少了的税收返还给承租人。

这一租赁协议并没有明确表明这一不动产使用的目的。协议中既没有任何条款要求这一不动产必须用于特定的目的,也没有禁止承租人在其他地方开设存在竞争关系的商店。这一租赁协议只是明确要求承租人必须有良好的现金收入登记制度,以此来记录所有的销售情况,并要求承租人保留准确的账册,根据需要制作总销售收入的声明,在每年年末的时候,还必须由登记在册的会计师制作这样的销售收入声明。证人证言显示,在签订这一租赁协议的时候,原告从事的是超市经营业务,出租人是知道这一点的。在 1953 年 8 月24 日租赁协议签订之前,系争的不动产被用于经营一个市场。

451

原告公司在接收这一不动产之后,将其作为一家超市来进行经营,一直经营到 1962 年。原告公司于 1956 年支付了按销售比例提取的递增租金2 288.25美元,在 1957 年则支付了递增租金 377.21 美元,但是在其他年份则没有能够支付这样的递增租金。此外,原告还支付了每年增加出来的税收。在1963 年 1 月 1 日之后不久,原告公司想要停止在所承租的地方继续经营超市,但是愿意向被告加南继续支付最低租金和超过部分的税收,其他内容则还是按照原租赁协议继续履行。就此,被告加南没有同意,并威胁将对原告提起诉讼,强制原告必须继续在这里经营超市,要不然就要原告赔偿损失。

被告加南在本案中提起了反诉,声称原告从 1956 年开始就在黑弗里尔开设了两家有竞争性的百货商店,一家距离所承租的不动产只有半英里,另一家距离所承租的不动产只有一英里。被告反诉的请求是:(1)变更租赁协议,要求原告公司继续在所承租的不动产这里经营超市业务;(2)由于原告公司在黑弗里尔还开设了其他超市,因此,被告要求原告就其在黑弗里尔所经营的全部

---

① 劳伦斯也是位于美国马萨诸塞州的一个小城市。——译者注

超市销售收入缴纳递增租金,标准仍然是对于超过 1 269 230.60 美元的部分,按照 1.25% 的比例缴纳;(3)由法院根据案件具体情况,判决其可以获得的一般救济①。……

本案的其他事实将在判决意见中进行阐述。

在这起确权诉讼中,需要法院解决的争议问题是,在这一租赁协议中,原告是否有着继续经营超市业务的默示义务。②在被告的反诉请求中,需要法院解决的争议问题是,原告是否可以新开设其他有竞争性的商店,不再继续经营原先的商店。我们法院首先考虑这一诉讼中的第一个问题。

在这一类案件中如何处理这样的问题,占支配地位的处理原则已经很好地确立了。在本案系争的书面租赁协议中,并没有对原告是否必须继续经营超市作出特别规定,我们认为,这就是当事人没有就此达成共识的证据。③不能通过认定存在着默认义务而将当事人的约定随意地进行延伸,除非这样的默认义务是非常清楚并且是毫无疑义的。④公正、一般常理和当事人可能的意愿,是我们在解释书面合同时应该遵循的指导原则。⑤"因为在认定默认义务时占主导的原则……是一方当事人对于另外一方当事人某个意愿所作出的正当的推定,所以,合同中每一个立诺人所答应的事情,一定包括他所作出的所有这样的承诺,即处在受诺人位置的任何一个理性人都会正当地认为这些承诺应该包括在内。"⑥

原告坚持认为,尽管让它在这里继续经营下去会给出租人带来利益,因为出租人可以按一定比例从营业收入中得到相应的租金,但是,在缺少明示条款要求原告继续经营下去,在协议中租金超过名义上最低租金的情况下,可以得出这样的结论,即不应该强求原告一定要在这里继续经营下去。

原告所表达的也许是一个太过宽泛的规则。因为即使协议中的租金不是一个名义上的最低租金,还有其他一些情形——例如,协议中所确定的租金严重低于这一财产的公平租金——也可以证明以下结论是正当的,即当事人想

452

---

① "一般救济"是美国民事诉讼法上的一个概念。在有的案件中,当事人可能会向法院提出若干个救济方式,例如赔偿、颁布禁令、支付律师费用,等等,但有时当事人也会在诉讼请求中增加一个"一般救济"的请求,请求法院根据案件具体情况进行自由裁量,由法院来确定其认为合适的救济手段。——译者注

② 原告想要停止经营超市,受到了被告加南的威胁,这一威胁行为发生在协议期满之前好几年。因此,在本案中,我们法院不需要考虑原告继续经营这一默示义务在协议即将终止前是否可以强制执行。此为原判决中的注解。

③ Snider v. Deban, 249 Mass. 59, 65, 144 N.E.69.

④ Smiley v. McLauthlin, 138 Mass. 363, 364—365.

⑤ Clark v. State St. Trust Co., 270 Mass. 140, 153, 169 N.E.897.

⑥ Williston, *Contracts* (Rev.ed.) § 1293, p.3682.

要的是让出租人在整个协议期间获得营业收入的一定比例作为租金。

庭审记录并没有表明系争不动产的公平租金到底是多少。本案系争的协议是一份明显已经完成了的书面协议,最低租金也是有着相当多的金额,因此,在没有证据表明协议中固定的最低租金与公平租金之间存在着价值差额的情况下,我们法院有理由推断出这一结论:即协议中的固定租金以及承租人在经营销售中实现的自我利益,是出租人获得租金收入的唯一保证。本案中的其他情形也可以给出同样的推论。在最低租金并不是实质性租金的那些案件中,承租人继续经营下去,已经被认定是当事人所期望的事情。

在 Smiley 诉 McLauthlin 这一案件①中,涉及的是一块堆砖场地的租赁纠纷。审理该案的法院认定,在租赁协议中没有最低租金条款、租金将按照所堆放的砖块来计算的情况下,并没有默认约定要求承租人一定要继续经营这一堆砖场地。这一判决着重强调了当事人订立这一租赁协议时系争场地的真实情形。

> 本案中承租人租赁的这块场地并不是一个正在经营、各种设施齐全的堆场,而只是一个尚未开发、整理过的堆场。在签订协议的当时,双方当事人并不知道这块场地上黏土的具体数量,也不知道在这一地块上制造砖块是否有利可图……从本案的客体来看,我们可以从本案系争的租赁协议中推断出,当事人只是将这一业务的经营看作试验性质的,而且,双方当事人在合同中对于承租人必须在这一场地上进行经营是有意没有作出规定,他们是有意地省略掉这一点的。

从 Smiley 一案中可以提出来的问题是,当事人是否并不想要达成一份合同,而如果真是这样的话,起码应该努力去经营砖场的默认约定,是不是承租人给予的唯一对价呢?我们可以将这一点与 Wood 诉 Lucy, Lady Duff-Gordon 一案②进行比较。有关产量合同及需求合同③中如何认定默示义务这一点,可以参见 Neofotistos 诉 Harvard Brewing Co.这一案件的判决意见。④

本案系争租赁协议中所确定的最低租金数额是相当高的,它看起来应该

---

① 138 Mass. 363.

② Wood v. Lucy, Lady Duff-Gordon, 222 N.Y.88, 118 N.E.214.

Wood 一案是一起涉及要求当事人尽到合理努力这一默示义务的案件,该案的具体案情可以参见"对价"这一章中该案的判决内容。——译者注

③ "产量合同"和"需求合同"是两类相对应的合同。前者是指买方同意尽可能多地购买卖方所能提供的产品或者服务,而后者则指卖方尽可能多地将产品或者服务提供给买方。由于这两类合同可能都不涉及具体的产品数量,因此这两类合同在履行中都要求双方当事人按照善意的要求去履行合同。——译者注

④ 341 Mass. 684,686—687,171 N.E.2d 865.

是实质性的租金,而非名义上的租金。对于一份将 1946 年不动产税收 3 744.90 美元固定为税收计算基础的协议来说,22 000 美元的金额明显不是一个名义上的租金。1954 年的不动产税收总额是 5 127.71 美元。这就简要地表明了在这一租赁协议达成的时候,系争的不动产税收应该如何计算。

如果固定租金与公平租金的价值之间并不相称,存在巨大反差,那么当然可以认定协议中存在着继续经营这一默认约定,但是,这一举证责任在于出租方。

如果出租人以承租人违反继续经营的默认约定为由,要求承租人赔偿损失,那么,出租人当然应该证明协议中存在着这样的默认约定。承租人提起确权性救济这一诉讼,并不因此导致举证责任转移到承租人这里……

我们认为,在本案中,并没有任何理由表明,在承租人对于租赁来的不动产作出商业判断、决定停止经营的时候,应该对承租人适用继续经营的默认约定。出租人并没有表明,"处在出租人这一位置的理性的人……应该有理由认为他们是想达成这样的规定,因而这是一个默认约定"。[1]

本案系争的"按销售比例获取租金"协议,当然赋予了出租人加南相应的利益,承租人在租赁场地上所经营的超市经营得如何,关乎出租人加南能否得到更多的租金。我们法院在此可以假定——但并不是最终决定——在某些情形发生时,出租人可以通过对承租人的诉讼来维护自己的利益,例如,承租人恶意终止经营,或者有其他不当行为造成出租人的损失。我们列举的这样情形在本案庭审记录中并没有出现,因为本案当事人都没有提及,原告对于所租赁的不动产曾经实施过那样的恶意行为,或者试图实施那样的恶意行为;相反,庭审记录中更多的是反映原告停止在系争场地的经营是一个合理的商业判断,其目的是为了大幅度提高在黑弗里尔地区的零售额。

[随后,针对被告加南的反诉请求,法院认定,被告加南并没有权利要求更新双方之间的租赁协议。编者注]

本案中,被告加南想要将另外两家百货商店的销售额包括在按比例计算递增租金的销售额当中,被告加南这一要求的基础是,"原告公司为了在这一地区获得最大的销售额,没有善意地经营本协议所承租的地方,而是错误地在附近另行开了两家百货商店,以更低的价格销售同样的商品"。被告加南声称,新开两家百货商店带来的效果,就是减少了系争地块商店的销售额……

所谓原告"没有善意履行合同",并没有在我们法院所陈述的案件事实之

453

---

[1]　Williston, *Contracts* [Rev.ed.] § 1293.

外增加任何新的东西。从案件审理的前前后后来看,被告加南只是说原告的行为违反了租赁协议中的默示条款,并没有其他内容。加南也没有再说明他还有其他的理由。

我们认为,因为原告承租人对于是否停止经营这一点可以自行作出商业上的判断,不用考虑这一行为对于出租人的影响,所以,原告承租人也就可以自行在其他地方开设百货商店。我们在此假定——但并不是最终确定——如果原告承租人在同一地方新开了与系争不动产上的商店有竞争关系的百货商店,两家商店是彼此相邻的或者几乎是相邻的,那么,被告加南也许有理由依据"按销售比例获取租金"协议,要求原告承租人在两家百货商店的经营额中考虑出租人的利益。在这样的情形中,原告承租人的所作所为就应该维持它已经承租的这一家商店在经营上的优势地位……

［初审法院判决予以维持。］

市场街有限合伙公司诉弗雷①
美国联邦第七巡回上诉法院(1991 年)

本案要旨

1968 年,案外人彭尼公司与被告之一的通用养老金信托签订了一份销售及回租协议,约定彭尼公司将一处不动产出售给被告,同时被告将该不动产回租给彭尼公司;承租人若需要对协议项下的不动产进行装潢时,可以要求出租方给予资金支持;若协商不成,则承租方可以按照原先售出的价格将这一不动产购回。1987 年,彭尼公司将这一回租协议转让给本案原告市场街有限合伙公司。原告为筹措装潢资金,向被告要求资金支持,被告非常冷漠,也没有查看租赁协议。一个月之后,原告提出按照回租协议要求行使购买权,遭被告拒绝。初审法院认定,原告利用了被告的错误,投机取巧,是一种恶意行为,作出了支持被告的简易判决。上诉法院认为,是否恶意取决于原告当时的意愿,本案也可能是被告严重疏忽大意误导了原告。法院认定,必须通过全面审理查清当事人的意愿,判决将案件发回重审。

本案确定的规则是,在合同履行过程中,当一方当事人出现疏忽时,另外一方当事人不可以有意地利用这样的疏忽来从中获利。但如果另外一方当事人主观上并没有想要存心欺骗,那他的行为也可以被认定为善意。

---

① Market Street Associates Limited Partnership v. Frey, 941 F.2d 588.
本案原告是市场街有限合伙公司及合伙人,被告是通用养老金信托及信托人。——译者注

波斯纳①巡回法官代表法院呈递以下判决意见：

在这一起跨区管辖的诉讼中，中心问题是如何理解合同履行中的"善意"原则②。双方当事人都向初审法院提出作出支持自己的简易判决的动议。结果初审法院作出了支持被告通用养老金信托（以下简称"养老金信托"）及其信托人的简易判决。原告市场街有限合伙公司（以下简称"市场街公司"）及其合伙人不服初审法院判决，提起了上诉。在本案中，应该适用的是威斯康星州的法律——具体说来，本案中应该适用的是威斯康星州的普通法，而不是《统一商法典》，因为本案涉及的是不动产的合同，而不是货物买卖合同。③……

454

我们最后回到导致这一诉讼产生的合同争议上来。1968年，一家叫作J.C.彭尼的零售连锁公司（以下简称彭尼公司），为扩大业务进行融资，与本案被告签订了一份销售及回租协议④。根据这一租赁协议，彭尼公司将其名下的一处不动产出售给了被告，而被告又将这一不动产回租给彭尼公司，租期为25年。该租赁协议中的第34段授权承租人彭尼公司可以"就这些房屋需要进行装潢的费用和开支，要求出租人养老金信托给予资金上的支持"，前提条件是这些装潢费用和开支的数额至少达到了250 000美元。在接到承租人这一请求后，出租人"同意就另行装潢提供资金支持一事，给予合理的考虑，出租人和承租人将以善意来协商装潢施工、资金支持的相关事宜"。该租赁协议的第34段进一步规定，如果协商不成，承租人将有权以当初出售给养老金信托的价格优先回购这些不动产，只要在开始购买之后每年增加6%即可。因此，如果这些不动产平均每年的增值幅度超过6%，那么，一旦双方就装潢事项给予资金支持的协商未能成功，那协议就将授权承租人彭尼公司以低于市场价值的价格回购这些不动产（在此假定，彭尼公司在最初的时候是将这一不动产按照其市值出售给了养老金信托）。

---

①　波斯纳法官，全名为理查德·波斯纳（Richard Posner），是美国第七巡回上诉法院的法官，也是美国著名的法学家，是美国法律经济学的代表性人物。他著作等身，各种专著超过40部，涵盖法理学和法哲学，《法官如何思考》就是其代表著作。他也是当代有影响的法学家之一。——译者注

②　Cf.Robert Summers，*"Good Faith" in General Contract Law and the Sales Provisions of the Uniform Commercial Code*，54 Va.L.Rev.195，232—43(1968).

③　UCC § 2-102；Wis.Stat. § 402.102 ...

该条款是有关《统一商法典》适用范围的规定，这一条款规定其适用范围是货物买卖，因而，不动产买卖及租赁不属于该法调整。——译者注

④　"销售及回租协议"是指卖方将自己的财产出售给买方，但同时又继续长期租赁该财产。这样，原来的产权人就不再对财产享有所有权，但可以继续长期占有、使用。这种交易方式通常是作为一种金融交易，是融资的一个手段。作为租赁的财产一般是固定资产，比较多的是不动产和大型设备，如飞机、房屋等。——译者注

　　这一租赁协议中所涉及的不动产位于密尔沃基①的购物中心。1987年，承租人彭尼公司将这一租赁协议转让给了本案原告。在这一租赁协议转让之后的第一年，有一家药店连锁企业找到了原告，了解是否可以在这一购物中心里开设一家药店，但前提是原告要为它进行装潢（这是一个惯例）。也许是原告对于从被告——它当时仍然是购物中心的出租人——这里获得资金比较悲观，也许是因为其他原因，原告最初是想通过其他渠道为这一装修项目筹措资金。但是，联系下来，其他人并不愿意向原告出借必需的资金，因为原告并不是这一不动产的所有人，而只是承租人，因此它无法就这一购物中心进行抵押贷款。于是，原告尝试从被告手中将购物中心这一不动产买回来。原告的执行合伙人②奥伦斯坦先生尝试着打电话给被告当时负责这一购物中心经营事务的戴维·厄尔布。厄尔布先生并没有回复奥伦斯坦先生的电话，于是奥伦斯坦先生又给厄尔布写了一封信，表示自己有兴趣将购物中心这一不动产购买下来，并让被告"再检查一下你们在这件事情上的相关文件，希望你能打电话给我，这样我们可以进一步讨论这件事情"。在开始的时候，厄尔布先生并没有回复这封信。最终，还是奥伦斯坦先生找到厄尔布先生，这一次厄尔布先生同意查看一下相关文件，回去再和他联系。几天之后，厄尔布先生的一个助理打电话给奥伦斯坦先生，表明可以以300万美元的价格出售这一不动产，但是，奥伦斯坦先生认为这一价格太高。

455　　　1988年7月28日，原告给被告写了一封信，正式请求对方提供200万美元的资金用于购物中心的装潢工程。这一封信并没有提及租金协议第34段的内容，实际上，这一封信根本就没有提到双方的租赁协议。原告在这一封信中要求厄尔布先生打电话给奥伦斯坦先生，让双方继续商议这一事情。厄尔布先生在这时候已经习惯于对原告的要求不予理睬，他并没有再打电话给奥伦斯坦先生。8月16日，奥伦斯坦先生寄出了第二封信——这是一封挂号信，要求收信人有回执——再次要求被告给予资金支持，这一次信中尽管没有提及租赁协议中第34段的内容，但是提及了双方曾经有过的租赁协议。这封信件的中心意思是下面这段话："我们写这封信的目的是再次告诉你们，如果你们愿意根据协议向我们提供资金支持，请立即和我们联系。如果你们愿意，我们打算和你们协商，对原先的基础租赁协议进行恰当的增补。"在这封信发出之后的第二天，原告收到了被告的回信，这一封回信的落款日期为8月10日。被告在回信中拒绝了原告在最初信件中提出的给予资金支持的请求，理由是

---

① 密尔沃基是位于威斯康星州的一个大城市。——译者注
② "执行合伙人"是合伙企业中负责日常事务的合伙人。——译者注

原告的请求"不符合我们现在的投资标准",被告现在对于借款金额少于 700 万美元的项目不感兴趣。在 8 月 22 日,奥伦斯坦先生以信件的方式回复厄尔布先生,信中表明,被告写给他的 8 月 10 日的信以及他在 8 月 16 日写给厄尔布的信,很明显地错开了,没有相互回应,并表明了对被告拒绝提供资金支持的失望,称自己将从其他地方寻求资金支持。这是双方在 9 月 27 日之前的最后一次联系。在 9 月 27 日,奥伦斯坦先生向厄尔布先生发出了一封信,表明在双方就资金支持一事协商不成的情况下,根据协议第 34 段赋予的权利,原告将要对所承租的不动产行使优先购买权。

[在收到原告行使优先购买权的请求之后,]被告拒绝出售这一不动产,于是,原告要求被告按照协议实际履行的本案诉讼随之展开。很显然,根据协议第 34 段中的计算公式,这一不动产的价格只有 100 万美元。这一不动产的市场价值应该更加高一些,否则原告不会坚持要求被告按照协议第 34 段的规定转让这一不动产;对于这一不动产的价值是否高达 300 万美元,庭审记录中并没有说明。

初审地区法院的法官作出了支持被告的简易判决,其理由主要基于两个方面。在我们看来,这两个方面的理由是密切相关的,但地区法官还是认为这是两个各自独立的理由。第一个理由是,因为原告在与被告往来的信件中并没有提及租赁协议第 34 段中的内容,这样的话,原告阻止了双方当事人就是否提供资金支持进行的相互协商,而进行相互协商是协议中规定的可以行使优先购买权的前置条件。第二个理由是,原告的同一行为也违反了善意履行的义务,这一义务在威斯康星州——也包括其他州——被认为是每份合同都应该包括的普通法的规则。为了支持这两个判决理由,初审法院的法官在判决意见中着重强调了奥伦斯坦先生在作证时所作的一段陈述。奥伦斯坦先生所作的这一段陈述表明,他曾经想到厄尔布也许不知道协议第 34 段的内容,虽然他觉得这不太可能,因为厄尔布或者被告的其他工作人员应该会去查阅这一协议文本,发现其中第 34 段的内容,并且应该认识到,如果养老金信托就资金支持一事拒绝进行协商,初告作为彭尼公司的受让人将会愉快地哼着小曲把协议中的这一不动产拿走。初审法院从奥伦斯坦先生的这一段陈述中推定,原告并没有从被告这里寻求资金支持的想法,它所寻求的只是想要以协商过的价格获得购买这一不动产的机会,并寄希望于被告认识不到拒绝给予资金支持的后果。初审法官认为,原告应该提醒被告,它正在按照租赁协议第 34 段的要求寻求资金支持,这样的话,被告就能够知道如果拒绝协商将会遭到惩罚……

被告的抗辩理由就是,不管简单地从合同的解释来看,还是从善意履行这一原则的强制要求来看,租赁协议的条款都要求原告应当提醒被告阅看租赁

456

协议第 34 段的内容。这一抗辩理由得到了初审法官的认可。

在我们法院看来，初审法院的判决只有一个理由而不是两个。有的时候，将某个条款插入合同当中，法院必须有一个理由。被告在本案中提出来的唯一理由是，有必要阻止原告从它的恶意行为中获得回报，被告确信，原告的行为就是一种恶意行为。因此，我们法院必须考虑"善意履行"的合同义务究竟是什么含义。虽然威斯康星州的判例非常强调在合同中存在着"善意履行"的义务，但其真正含义却是隐晦难懂的，因此，我们法院必须将考虑的范围放得更加宽泛一些才行。对于汉德法官①在这一问题上的警示，我们应该铭记于心，这一警示就是，"有一些词汇，例如'欺诈'、'善意'、'冲动'、'任性'、'武断行为'、'法律欺诈'……经常给争议的问题蒙上层层迷雾"。②汉德法官所提及的这些词汇确实有这样的效果。③人们在理解模糊不清、带有道德含义的"善意"一词时，会有着特别的困惑，这一困惑就是，人们相信每一份合同都存在着一种信托关系④。信托关系要求受托人对待委托人，就好像委托人就是他自己一样，因而受托人不可以因为委托人能力的不足、疏忽、缺乏经验甚至天真而从中获利。如果原告是被告的受托人，那么，我们就可以作出以下假定：虽然厄尔布先生不给奥伦斯坦先生回电话的行为，一定让人非常生气，虽然厄尔布先生或者他的助手在拒绝原告的资金请求之前连看也不看那一份租赁协议，一定是非常过分的疏忽大意，但是，原告还是不能利用厄尔布先生明显忽略了协议第 34 段的错误从中获取利益。

但是，要说威斯康星州法院希望在"善意"的名义下，要求每一份合同的签约方都要像"兄弟的看管人"⑤那样来关心、照顾对方的利益，这不太可能，尤其

---

① 汉德法官(Learned Hand，1872—1961 年)是美国历史上的著名法官和法学家，毕业于哈佛大学，先后在纽约南区的联邦法院和美国第二巡回上诉法院任职，并担任过第二巡回上诉法院的首席法官。虽然他从未在美国最高法院任职过，但他的很多判决被美国法院广泛引用，包括美国最高法院。他的判决书文风优美，被认为是一种"法律文学"，受到很多人推崇，其在很多判决中确定的规则和标准，长期被司法界认可。——译者注

② Thompson-Starrett Co. v. La Belle Iron Works，17 F.2d 536，541 (2d Cir.1927).

③ *Summers*，*supra*，at 207—20；2〔E.Allan Farnsworth〕，*Farnsworth On Contracts*，§7.17a〔(1990)〕，at pp.328—32.

④ 信托关系是存在于特定人当中的一种信任关系，在美国通常认为委托人和代理人、律师与客户、银行与客户、医生与病人之间是一种信托关系。信托关系要求占优势的、被信任的一方在双方交往中要有着超过一般商业要求的照顾、忠诚义务。这种关系也被称为"信任关系"。——译者注

⑤ "兄弟的看管人"(brother's keeper)这一短语出自《圣经》中有关凯恩和阿贝尔两兄弟的一个故事。凯恩谋害了阿贝尔之后，上帝问凯恩他的兄弟现在哪里。凯恩回答，"我不知道，我又不是兄弟的看管人"。以后，人们在生活中表示不愿对某些人负责时，经常会用这句话来表述。——译者注

对被告这样资产庞大、老谋深算的企业,更加不可能。被告对于小额交易(即700万美元以下)根本不予考虑,并将这样的"高高在上"作为其高贵身份的一种象征。事实上,法律已经想到了人们在交易中经常会利用合同相对方的疏忽,这样的行为并不导致当事人承担法律上的责任。[①]对于诚实义务、善意义务,即使我们竭尽所能张开想象的翅膀,它们也不应该是将事实像竹筒倒豆子那样直截了当地说出来的义务。[法院在 Laidlaw 诉 Organ 这一案件中认定,]对于某一物品,如果你知道卖方的报价低估了实际价值,但这并不影响你将这一物品买下来。[②]当然,Laidlaw 这一案件涉及的只是合同成立的问题,并不是合同履行的问题。而在本案中,我们法院要考虑的是特定的善意履行问题,这里只涉及后者而不是前者,即只涉及合同履行中的善意问题。但是,即使在合同签订之后,法律也不能强制要求一方当事人成为大公无私的利他主义者[③],在对方当事人履行合同发生困难时"放松"合同中的要求。[④]否则,合同履行过程中的一点点困难,就将成为另一方当事人拒绝履行的借口——实际上,这在法律上并不能成为借口。[⑤]

> 457

这一问题可以从以下两方面进行分析。一方面,我们可以说,你可以利用自己在市场上占优的知识——因为如果你不这样做,你就不能收回获得这些知识的投资成本——或者说,法律不能强求你花费金钱将处于困难中的合同伙伴"保释"出来。但是,另一方面我们又得说,如果你有意利用合同伙伴在涉及其权利事项上的疏忽谋取利益,则是事情的另外一面。在后面一种情形中,你趁机谋利,并不是利用知识上的优势,也不是避免让自己支出那些没有协商过的费用。后面的这种交易,在我们看来,就是一种"狡猾的交易"[⑥]。"狡猾的交易",就像偷窃行为一样,它不会给社会带来任何产品。而且,它像偷窃一样,会导致交易中的当事人付出昂贵的防御性成本,这些防御性成本通常的形式就是精心设计的免责条款,或者对可能的合同伙伴进行可信度的调查。这

---

① *Restatement*, *supra*, § 161, comment d.

② Laidlaw v. Organ, 15 U.S. (2 Wheat.) 178, 181 n.2, 4 L.Ed. 214 (1817); 1 *Farnsworth on Contracts*, *supra*, § 4.11, at pp.406-10; Anthony T. Kronman, *Mistake*, *Disclosure*, *Information*, *and the Law of Contracts*, 7 J.Legal Stud. 1 (1978).

③ "利他主义者"本是哲学上的概念,原意是指牺牲自己的生存或者机会,去换得他人的生存或者机会。此处是指牺牲自己为他人考虑的人。——译者注

④ Kham & Nate's Shoes No.2, Inc. v. First Bank, 908 F.2d 1351, 1357(7th Cir. 1990).

⑤ Northern Indiana Public Service Co. v. Carbon County Coal Co., 799 F.2d 265, 276—78(7th Cir.1986); 2 *Farnsworth on Contracts*, *supra*, § 7.17a, at p.330.

⑥ "狡猾的交易"有着多种意思,有时也指"不道德的交易"、"不公平的交易",等等。——译者注

就像偷窃行为的存在会导致人们在生活中增加锁的成本支出一样。①

我们在此讨论的"狡猾的交易",它在表现形式上可能被当事人以欺诈或者欺骗作为理由提起诉讼,当然也有可能当事人并不能以欺诈或者欺骗为由提起诉讼。这里涉及的是侵权法上的问题,在侵权法上的规则是,如果交易中的信息对于双方当事人来说都是很容易得到的,那么,即使一方当事人知道另外一方当事人是在错误的前提下采取的行动,他没有能够将这样的信息披露给另外一方当事人的行为也是不可以诉讼的。这里引用的所有案件——除了引起争议的 Guyer 诉 Cities Service Oil Co. 一案②以外——涉及的都是当事人在协商过程中没有披露那些导致合同签订的情形,而并非涉及当事人在签订之后没有披露相关情形(Guyer 一案涉及的是在协商阶段没有披露导致合同更新)。正如我们在 Maksym 诉 Loesch 这一案件③中所解释的那样,"没有披露相关情况"究竟发生在合同签订之前还是之后,这两者之间的区别是非常重要的。在合同签订之前,当事人都是带着一种本能的谨慎来面对彼此。任何一方当事人都不会指望对方特别乐于助人,因此,当一方当事人没有披露相关情况时,这并不构成欺诈。然而,在合同签订之后情况却不一样了。在合同签订之后,双方当事人就处于一种合作关系,由于彼此有了信任的存在,交易的成本将会明显减少。因此,每一方当事人都会略微降低一些防御措施,在这个时候,如果当事人对于相关情形仍然保持沉默的话,我们认为,就应该倾向于认定构成欺诈。

此外,本案是一起合同案件而不是一起侵权案件,那些没有上升到侵权法上欺诈程度的行为,可能仍然违反了在与合同伙伴交往中应有的善意履行原则,进而可以让合同伙伴获得合同法上的救济。④善意履行这一义务是——也可以说好像是——介于以下两种义务之间,一种义务是信托义务(这是最高程度的一种善意义务),另外一种义务是"仅仅不主动实施欺诈行为"。尽管善意履行这一义务有着道德上的弦外之音,但是,这一义务不仅仅是简单地将道德准则输入合同法中,它更多的是源自信托这一概念自身的要求。⑤我们认为,通过合同法提高一个国家的商人的道德标准,这对于法官来说将是非常唐突的,

458

---

① Steven J. Burton, *Breach of Contract and the Common law Duty to Perform in Good Faith*, 94 Harv.L.Rev.369, 393(1980).

② 440 F.Supp.630 (E.D.Wis.1977).

③ 937 F.2d 1237, 1242(7th Cir.1991).

④ *Burton*, *supra*, at 372 n.17.

⑤ Tymshare, Inc. v. Covell, 727 F.2d 1145, 1152 (D.C.Cir.1984); *Summers*, *supra*, at 204-07, 265-66.

也是自以为是的。善意履行义务的概念就像信托义务的概念一样,它是一种尝试的方法,在出现了未曾预料到的情形导致争议时,善意履行义务尝试着去确定合同条款——即如果当事人当初能够预见到这些情况,他们可能通过协商达成的条款。当事人总是想方设法使履行的成本实现最低化。善意履行原则设想通过减少防御性支出来减少成本,在一定程度上说,这一原则是实现"成本最低化"这一目标的合理方法,因此,将善意履行原则引入合同中符合当事人的共同目标。

合同的一个重要功能是分配风险,如果法院将那些经过讨价还价、已经分配了的具体风险视作一个不幸事件,认为这一不幸事件需要双方当事人共同分担(就像在一个家庭的内部之间分配家庭负担一样),而不是根据双方协议让其中一方完全承担已经分配了的风险,那么,合同分配风险的功能就是被彻底"打破"了。在我看来,确实如此。但是,合同的功能不仅仅是分配风险。双方当事人之间形成了一份合同,就如同双方当事人之间成立了一个合作企业,这一合同(或者是合同中的一部分)会在这一合作企业当中提出一个动议,要求一方当事人对于另一方当事人的行为能够在某种程度上更加仁慈、宽容一些。"合同的当事人通过订立合同共同组成了一个合作公司,当合作过程中出现了它们没有遇到的困难时,它们之间有着最低限度的合作关系,即使合同中没有这样的明示义务,法律上也有着这样的要求。"①善意履行的原则,就是要去制止当事人的那些投机取巧行为,而在没有善意履行原则制约的情况下,那些相互独立、只是彼此合作的合同关系,会使得当事人之间出现这样的投机取巧行为。"'善意履行'就是对于当事人默示承诺的一个简要概括,这一默示承诺的要求就是,不应该以当事人签订合同时没有预料到的、因而也不可能在合同中明确予以规定的方法来占取便宜,这是一种机会主义性质的便宜。"②由此,善意履行这一合同义务,既不是"福利国家像家父一样的做法"③的新花样④,也不是合同法上利他主义传统的沉淀物,因此,在 19 世纪

---

① AMPAT/Midwest, Inc. v. Illinois Tool Works Inc., 896 F.2d 1035, 1041(7th Cir. 1990).

② Kham & Nate's Shoes No.2, Inc. v. First Bank, *supra*, 908 F.2d at 1357.

③ "福利国家像家父一样的做法"是形容某些福利国家(例如瑞典、挪威等北欧国家)在关心自己国民方面,就像家里的父亲无微不至而又仁慈地关心自己的家庭那样。给予国民更多的福利,在 20 世纪之后先从北欧国家开始,并逐步推广到其他一些国家。福利国家的理论基础是,政府有着社会义务去实施这样的行为。在 19 世纪的合同法中,一个突出的特点是,强调当事人没有这样的社会义务,也不需要更多地考虑他人,即不能要求当事人有无私的利他主义精神。波斯纳法官在这里是想说明,善意义务的基础并不是来自社会义务,在社会义务理论产生之前的 19 世纪的判例中,就已经确立了善意义务的基本制度。——译者注

④ *Pace* Duncan Kennedy, *Form and Substance in Private Law Adjudication*, 89 Harv.L.Rev. 1685, 1721(1976).

众多案例中,我们就能找到当代"善意履行"原则的要素,在我看来,这一点也不奇怪。

在对合同中不同情形下的善意义务——不仅仅包括考虑在**合同履行**中的善意义务,也包括**合同形成**以及合同的**强制实施**当中的善意义务——进行考虑的时候,强调某一行为究竟是合同签订之前还是合同签订之后,可以帮助我们更好地解释合同中的善意义务。①合同的形成或者协商阶段,是合同之前的行为,在这一阶段当中,双方当事人的义务是最小的。在合同形成之后,双方当事人的义务变得非常之大,这一点不仅仅是在履行阶段,而且是在强制实施阶段——强制实施阶段也属于合同之后的行为。"有时候一方当事人先勉强拼凑一个虚假的理由来拒绝履行其合同义务,在这一招数失败之后(这往往会导致另一方当事人付出一定的费用)又试图以其他理由来拒绝履行合同,对于这样的当事人,法院可以有正当理由认定他是一个实施了恶意履行行为的人。"在合同形成的这一时间点上,当事人是在当时所处的现实当中彼此打交道;至于合同的履行,还是未来的事情。当合同的履行开始之后,情形就会发生变化,而且经常是发生难以预见的变化;这时,合同中的明示条款变得越来越难以调整当事人之间的关系,而默示条件②这一角色——与默示条件在一起的,是善意履行这一原则的范围和影响——就可以发挥越来越大的作用了。

没有"善意履行"这一条款,我们当然可以处理案件,甚至没有"善意履行"这一原则,我们也照样可以处理案件。正如刚刚提到的,在履行的将来出现了合同成立之时所没有预见到的那些情况时,我们可以让默示条件这一法律原则出山,让它出来"发声"。③

但是,我们所说的这一观点——即为了更好地理解一个合同,必须推定某一份合同应该包含着这样的默示条件——与另外一个观点,即在实现合同目的必须的情况下,应该要求当事人在履行过程中以"善意"方式去合作,这两者内容差不多是一样的。它们是阐述合同法根本目的时所使用的两种不同表述方法,其目的就是去确定当事人在合同中没有作出约定的那些条款;如果当事人在订立合同的时候就完全知道在将来会发生这样的事情,协

①　Harbor Ins. Co. v. Continental Bank Corp., 922 F.2d 357, 363(7th Cir.1990).

②　默示条件是指当事人虽然在合同中没有作出明确的规定,但从交易的性质和当事人的行为来判断,法律认定合同中应该存在的前置条件。例如,在买卖合同中,默示条件通常是卖方要有权出卖合同项下的商品,商品符合合同中的要求,符合买方声明了的质量和要求。当事人对于默示条件的违反,赋予了无辜的一方当事人要求赔偿损失的权利,而且无辜的一方当事人还可以要求解除双方合同。——译者注

③　Farnsworth, *Good Faith and Commercial Reasonableness under the Commercial Code*, 30 U.Chi.L.Rev.666, 670(1963).

商和增加这些合同条款的成本为零,那么,他们当时就会在合同中明确地作出那些约定。

只有在"善意"这一原则被限定在"事实上的诚实"①时,上述这两种阐述方法才会有不同的含义。《统一商法典》允许对"善意"这一原则作出"事实上的诚实"这样的解释,但它也不强制必须作出这样的解释——更何况我们手中的这一案件并不是由《统一商法典》调整的。因此,在本案中我们不需要考虑适用《统一商法典》中有关"善意"的具体规定。在我们看来,本案中的决定性问题,其实非常简单,就是原告是否存心要去欺骗被告,并且这种欺骗是否成功实施了? 如果原告真的这样做了,那么,原告这样的行为也属于在一个进行中的合同关系当中实施了投机取巧的行为,它违反了合同中的善意履行义务——虽然合同中已经规定了原告的义务。在初审法院雷诺法官的判决结论中,有着大量的常理行为,原告只是做了那些事而已。在雷诺法官的判决意见中,他所看到的本案事实是这样的:原告并不想从被告这得到资金支持(记住,原告一开始是想从其他地方获得资金的),由于原告没有系争不动产的所有权,无法从其他地方得到资金支持,原告才想到将这一不动产购买下来。但是,被告却报出了一个极高的价格,于是,奥伦斯坦先生决定欺骗一下被告。他的欺骗方式是向被告提出给予资金支持的要求,并寄希望被告没有注意到租赁协议中的规定,拒绝给予其资金支持。奥伦斯坦先生与被告最初的接洽,使得原告的这一愿望成为了现实。奥伦斯坦先生采取的方法就是,以一种缓慢、呆板的官僚主义方式来披露这一 20 年前达成的协议。20 年前达成的一个租赁协议的小小细节不太可能还保留在被告脑海里,这些细节对被告来说,是像雷龙②那样久远的记忆,被告也做不到一眼就能够重新找到协议中的相应条款。因此,通过不向被告提及租赁协议的方式来要求被告予以资金支持,原告也许就是事先策划好了,有意想让被告在对协议第 34 段的内容醒悟过来之前拒绝其资金支持的请求。奥伦斯坦先生确实是在第二封信中提到了"根据租赁协议",要求被告给予资金支持,但是,当奥伦斯坦先生第二天收到了被告对第一封信的回复时——这封信表明被告对租赁协议的第 34 段内容确实已经想不起来了——奥伦斯坦先生的反应是给被告写一封措辞平缓的信,其目的是让被告确信这桩事情已经结束了,可以忘记这件事情了。然而,接下来发生

460

---

① "事实上的诚实"是指当事人就交易行为或者实际情况如实进行说明或者披露。《统一商法典》第 1-201 条款对"善意"进行界定时,采用了"事实上的诚实"这一标准。——译者注

② 雷龙据说是生活在 1.5 亿年前侏罗纪的一种恐龙。此处是指某一事情已经是很久之前发生的情形,让人很难一下子想起。——译者注

的事情对于被告来说就像平地起了一声惊雷。一个月之后,原告通知被告,它将要根据租赁协议第 34 段的内容行使优先购买的选择权。只是到了这个时候,被告才意识到这一租赁协议的存在,并发现第 34 段确实存在于这一租赁协议当中。

以上内容,是我们法院对于初审法官雷诺所认定事实的概述,这一事实概述唯一的问题是,它是按照庭审笔录所允许的内容,尽可能对事实作出了有利于被告的解释,然而这样的做法当然不符合作出简易判决的正确标准。[我们认为,]整个案件必须按照庭审笔录所允许的内容,对事实同样作出有利于原告的解释……当我们对案件的整个事实作出有利于原告的解释时,这一案件呈现在我们面前的,将是一个不同的画面。[上诉法院紧接着就案件事实作出了有利于原告的解释,此处略去。此为原编者注释。]

如果对案件事实作出有利于原告的解释,那么,在原告这一方就不存在恶意……整个事情的过错,在于被告犯下了令人难以置信的疏忽大意,这一疏忽大意的过错误导了原告,让它相信被告根本不在乎原告的优先购买权,它没有兴趣就这一装潢工程给予原告资金支持。在通常情况下,一方当事人如果没有能够阅看合同,没有能够明白合同中的内容,是不会得到我们法院原谅的;最后,这一案件的结果就是,作为一个规模巨大的、老谋深算的企业竟然犯了如此简单的错误,它根本没有去阅看那一份租赁协议,单就这一点,起码就可以让人质疑。在另一方面,这样的大型企业也会犯错误,就像我们每个人都会犯错误一样。在合同的履行阶段,有意去利用合同伙伴的错误,是对善意履行义务的一种违反(因为这不是在合同成立阶段,在合同成立阶段我们是可以利用自己的知识优势的)。你原本可以不用花费什么成本就去纠正合同伙伴的错误,但你却决定不去这么做,这就是一种投机取巧的行为。这种行为如果在订立合同时就预见到的话,当事人就会在合同中明确地制止这种行为。系争租赁协议中庞大而冗长的条款增加了当事人犯错误的可能性,但并没有许可任何一方当事人可以利用对方的错误。

初审法院的法官在对事实的各种可能性进行选择时,太过仓促地下了结论。原告在本案中是否善意的关键问题,就是奥伦斯坦先生在事件当时的主观状态,他当时的主观状态究竟如何,对于这一问题的调查通常不能在简易判决中得出结论,当然也不能在本案的简易判决中得出。如果奥伦斯坦先生相信厄尔布先生知道或者当然可以发现租赁协议中的第 34 段,那么,奥伦斯坦先生没能在信件和(极少的)交谈中明确指出协议第 34 段的存在,或者,即使是没有提及这一租赁协议,就不属于不诚实或者是投机取巧的行为,特别是厄尔布先生在与原告的交易过程中表现出无动于衷的冷漠的情况下。要确定奥伦斯坦先生当时相信的到底是什么,他的主观状态到底是什么,就必须对本案进行全面的审理……

初审法院判决予以推翻并发回重审。

■ 第七节　放弃条件、禁止反言以及权利人事后不再追究　

克拉克诉韦斯特[①]
纽约州上诉法院(1908 年)

本案要旨

原告克拉克与被告韦斯特约定,由原告为被告撰写一系列的法律书籍。被告先按照每页 2 美元的标准向原告支付报酬,如果原告在整个合同期间遵守戒酒的约定,被告将另外再支付每页 4 美元的报酬。原告在写作期间,并没有完全遵守戒酒的约定,对此,被告知情,并在此情况下接受了原告交付的书稿。后原告要求另外再支付每页 4 美元的报酬,遭被告拒绝。原告向法院起诉,要求被告支付全部报酬。法院认定,合同中设定的事项属于合同条件,可以由当事人放弃。有证据证明被告放弃了合同中设定的条件,法院判决支持了原告。

本案确定的规则是,在合同中约定的某一个事件构成前置条件时,当事人可以明示予以放弃。但一旦放弃,当事人就不能再予以撤回。

……1900 年 2 月 12 日,原告克拉克和被告韦斯特达成了一份书面合同,根据该合同,原告要为被告写作一系列法律出版物,被告则要根据这一合同向原告支付报酬。在原告完成了三卷本的《Clark & Marshall on Corporations》一书之后,双方当事人之间为报酬问题产生了分歧。原告……提起了本案诉讼,认为被告应该支付到期的报酬。被告对于原告的诉讼请求提出反对意见,理由是原告在诉状中所陈述的事实尚不足以构成一个案件的诉因。[②]初审法院没有认可被告的抗辩意见,但是,在这一案件上诉到上诉法庭之后,初审法院的判决被推翻,上诉法庭认可了被告的反对意见……

[原告再次提起上诉,]这一上诉得到了我们法院的许可,摆在我们法院面

---

①　Clark v. West, 193 N.Y.349, 86, N.E.1.
②　根据美国民事诉讼法律,原告需要在诉状中表明相当充分的事实,证明其足以构成法律上所要求的诉因。——译者注

前的是下列问题:(1)原告在诉状中陈述的那些事实,是否足以构成一个案件的诉因? (2)根据诉状中所称的合同,原告完全戒酒是不是一个可以放弃的前置条件? 在原告仍然饮酒的情况下,如果被告放弃合同中的前置条件,是否导致被告应该根据合同承担支付原告报酬的责任? (3)这一诉状中所称的事实是否构成了对前置条件合法、有效的放弃? ……

沃纳法官[①]代表法院呈递以下判决意见:

摆在我们面前的这份合同,剔除了所有多余的冗长话语,对原告进行了严格的约束,要求原告在受雇进行工作的整个合同期间不得饮酒。涉及原告报酬的合同条款是这样规定的,如果原告没有遵守合同中的前置条件,他将按照每页 2 美元的标准获得写书的报酬;如果原告确实遵守了合同中的前置条件,他将按照每页 6 美元的标准获得写书的报酬。原告根据这一合同写下了大家所知道的《Clark & Marshall on Corporations》一书,被告接受了这一本书,将其出版,该书的销售量很大。原告自己承认,在他为这一本书进行写作的过程中,他并没有完全能够遵守戒酒的约定。就原告所完成的那些工作,他只是得到了每页 2 美元的报酬。原告声称,尽管自己违反了合同中的条件,但他仍然有权利按照每页 6 美元的标准得到全部报酬,因为被告完全知道自己并没有遵守合同中戒酒这一条件,被告已经豁免了原告的违约行为。所以,被告现在不能再坚持严格按照合同中的条件来履行。原告认为,系争合同中的条件已经被被告放弃了,这就提出了一个根本性的问题,对于这一问题的回答就决定了本案争议问题的答案。

简而言之,被告的观点是,原告完全遵守戒酒的约定,是被告支付每页 2 美元和每页 6 美元两者差额的一个对价,因此,除非双方当事人根据一个好的对价达成了一份新的协议,否则这一对价是不能被放弃的[②];原告所称的条件被放弃,并不是一个法律上的放弃,而是对合同对价的一种修改。另一方面,原告坚持认为,有关他应该完全戒酒的这一约定,仅仅是合同中的一个前置条件。这一前置条件的目的是,一旦原告违反条件,被告就可以剥夺原告额外的报酬;这一前置条件可以被放弃,并不需要一个新的对价来达成任何正式的协议。

系争合同的客体,是由原告为被告写书。合同的期限是完成这些书的写作所必需的时间。原告写书这一工作,必须让被告满意,在这一段时间内,原

463

①　Werner, J.
②　根据对价的相关理论,对价是构成一份有效合同的必备因素,是不能放弃的。被告在本案中的基本观点就是,原告遵守戒酒这一约定,是这一合同的对价。因此,即使被告曾经认可过原告的饮酒,也并不代表这一约定可以放弃。有关对价的分析,详见第二章"对价"中的相关案例。——译者注

告将不会写作合同要求以外的任何书籍,除非被告另外有要求。在被告有着另外要求的情况下,原告对于当年另外安排的写书工作将获得特别的报酬。合同中规定的原告工作,其报酬将是每页 6 美元,除非原告在合同存续期间未能戒酒;而一旦原告没有戒酒,那他只能获得每页 2 美元的报酬。我们认为,这些是合同中显而易见的含义,是根据合同制定的目的所得出的解释,而且它也符合合同中文字通常的意思。本案的系争合同,并不是一份为了让原告保持头脑清醒,必须让原告来写这些书的合同;本案的合同恰恰是包含着一个特别约定的合同,这一约定就是,原告他应该保持头脑清醒,以便他可以写出令人满意的书。从这一点出发来观察本案系争的合同,可以很容易地看出,这一特别的约定并不是合同的对价,而仅仅是合同中的一个条件而已,这一条件与合同中的其他条件,例如交付时间、交付方法、校样的修订、案例的注解、版权的分配、再版时应该关注新案例和注解,以及其他细节是一样的;如果被告觉得合适,可以放弃这些条件。在我们看来,合同中的以下条款可以进一步清楚地表明这一约定只是合同中的条件,这一条款就是,"考虑到上述这些承诺",被告同意对原告写作的书籍按照每一页 2 美元的标准支付报酬,如果原告"做到了戒酒,而且履行了合同中的协议,那么被告将按照这里规定的方法另外向原告支付每一页 4 美元的报酬"。在我们看来,原告写作每一页得到的 2 美元报酬(每个月不超过 250 美元),是每一页 6 美元这一总价格的预支款项,余下的三分之二报酬只是暂时扣下不予发放,将来是否发放,取决于原告在合同的整个期间是否完全遵守了戒酒这一约束⋯⋯很清楚,双方当事人都认为原告正常的工作价值,是每一页 6 美元。这是对原告工作所要支付的款项,而不是对他完全遵守戒酒这一约束的报酬。如果原告没有能够遵守完全戒酒这一约束,他就无从获得余下的报酬⋯⋯我们认为,这是对合同所作的公平的解释,由此得出的结论是,原告完全遵守戒酒的约束就是一个不折不扣的前置条件。如果这一结论能够很好地成立,那么,这一条件显然可以被放弃;如果这一条件真的被放弃了,很显然被告就不能再坚持剥夺原告余下的报酬了——被放弃的条件本来是要剥夺原告余下的那些报酬。被告有权剥夺原告余下的报酬,这一点是与合同中的前置条件同进同出的,[前置条件存在,被告的权利就存在;前置条件不存在了,被告的权利也就不存在了。]如果前置条件被放弃了,剥夺原告余下报酬的条款,就不再是合同中的一部分。当然,被告仍然有权利提起反诉,要求原告赔偿损失——这些损失必须是由于原告违约带来的那些后果——但是,被告已经不能再坚持要求对方严格按照合同来履行。①

464

---

① Dunn v. Steubing, 120 N.Y. 232.

可以看出,有关本案争议问题的所有讨论,都是建立在对前置条件明示放弃这一理论基础上的。我们可以推定,不能仅仅从被告接受了原告写作的书,原告在接受每页2美元报酬的时候没有异议,就默认被告是放弃了合同中的条件。在接收了原告交付的工作成果之后,被告在任何情况下都有支付合同报酬的义务。原告必须能够证明被告已经明示放弃了合同中的条件,否则他的诉讼就不能成立。

被告观点所依赖的理论是,即使他已经向原告表明不再坚持合同中原告应该完全戒酒这一条件,他还是可以拒绝按照全部的合同价格支付原告的报酬。当我们认识到本案以下情形的时候,被告的这一观点更加显得不公平;这一情形就是,本案系争合同的时间将持续数年之久,在大部分的合同时间之内,原告只能预先获得每页2美元的报酬,其余的报酬将取决于原告所写的这些书在出版和销售之后的回报。根据被告的这一理论,在原告写作第一本书的过程当中,被告也许已经放弃了合同中的前置条件,而在原告全部的写书工作结束之后,被告仍然可以没收余款,因为原告没有做到完全按照合同来履行。[我们认为,]在放弃的对象正好属于合同对价的那些案件中,被告这样的观点可能是成立的,[①]但是在放弃的对象涉及的是法律上可以放弃的那些事项时,被告这样的观点却是站不住脚的。本案中,正如我们法院已经指出的,被放弃的对象并不是合同的对价或者合同的客体,而是履行过程中出现的某一事件。合同的对价仍然是原来同样的对价。被告已经获得了他经过协商得来的工作成果,而且,被告已经放弃了原告必须完成的众多条件中的其中一个。如果被告当时坚持了严格按照合同字面上的意思来履行合同,那他就可以根据合同扣下原告余下的报酬。然而,如果被告已经放弃了合同中附带的那些条件,那么,被告的行为正好就是创设了放弃条件这一法律原则可以准确适用的情形。

最能形象地说明"放弃条件"这一法律原则的案件,是来自保险合同的诉讼。在这些保险合同诉讼中,被告往往声称由于原告违反了合同中的条件,因此,原告就被剥夺了全部的权利。但是,我们认为,"放弃条件"是一个普遍适用的法律原则,并不仅仅适用于特定种类的案件。"放弃条件"被界定为当事人对自己所享有权利的有意识的放弃。它是权利人有意作出的一种行为,而且它默认当事人作出了放弃某种价值的选择,或者,是作出了放弃一些有利地位的选择——放弃它的一方当事人,本来可以根据自己的选择要求这一有利地位或者坚持这一有利地位。我们这样的认定得到了我们州以及其他州许多

---

① Organ v. Stewart,60 N.Y.413,420.

案件的支持。在最近的 Draper 诉 Oswego Co. Fire R. Assn. 这一案件①中,首席法官卡伦在这一问题上代表法院这样说道:

> 虽然在保险纠纷诉讼中,"放弃条件"与"禁止反言"这两个法律原则经常混淆,但是两者之间还是有着明显区别。所谓"放弃条件",是享有某种权利或者有利地位的一方当事人自愿抛弃或者省略那些条件。正如我的法官同事范恩在 Kiernan 这一案件②中所说的:"放弃条件这一法律原则,看起来应该是一个技术上的原则,法院引入这一原则的目的,是为了避免剥夺他人财产……虽然这一法律原则界定起来并非易事,但它还是很好地确定了以下这一点,即如果法院认定保险公司的言辞及行为可以合理地得出这一结论,保险公司是在完全知道所有事实的情况下,有意抛弃或者不再坚持之后作为依据的那些特定抗辩理由,那么,这些事实就构成了对合同中条件的放弃,而且,一旦放弃条件成立,以后就不能再予以撤回。""禁止反言"这一法律原则是指,由于一方当事人曾经实施过某种行为,将禁止这一方当事人再对另一方当事人主张权利——这一权利的行使可能对另一方当事人产生损害——因为,另一方当事人基于对前者行为的信赖,已经实施了相应的行为……正如我们前面已经说到的,"放弃条件"这一法律原则,是为了阻止对他人财产的剥夺;它既不要求对价的存在,也不要求对另外一方当事人有任何侵害或者损失。

虽然如此,我们法院仍然需要决定,本案原告所陈述的那些事实——如果得到证明的话——是否充分到足以表明原告的那些主张,即在原告违背了合同中的戒酒条件时,被告明示放弃了这些条件。在原告诉状的第 12 段,原告陈述了本案中的具体事实和情形,我们认为,如果这些事实和情形成立,将会证明被告免除了原告按照合同中的约定条件去履行。这些具体事实和情形,发生在原告完成合同项下第一本书手稿之前很长的时间,被告完全知道原告并没有遵守合同中的那些条件,被告在知道这一事实的情况下没有反对,接受了原告完成的手稿,而且

> 一再向原告公开说明并且表明,原告他有权要求并获得合同中所提到的版权报酬(也就是另外的每页 4 美元报酬),而且,原告相信并且信任了被告的这些表态……在原告写作前面提及的公司法专著的时候,以及在上述书籍付印之前的任何时候,原告与被告双方都知道,即使原告饮酒了,他还是有权获得而且将会获得合同项下的那些版税,这也得到了双方

---

① 190 N.Y. 12, 16.
② 150 N.Y. 190.

的同意和认可。

被告在提出的反对意见中,不仅承认原告诉状中所陈述的那些事实的真实性,而且,从被告的反对意见中,我们法院也可以通过合理、公平的正当解释,认定双方默认了这些事实……我们认为,毫无疑问,诉状第12段所陈述的那些内容如果在案件的审理中得到了证明,便足以表明被告对于原告完全未能遵守合同中的条件作出了明示的放弃。

466 本案中提出的三个问题,其答案应该是肯定的,上诉法庭的裁决应该予以推翻……

上诉法庭的裁决予以推翻。

斯坎塔迪钢铁公司诉布鲁诺建筑公司[①]
纽约州最高法院上诉法庭第三审判庭(1974年)

本案要旨

原告斯坎塔迪钢铁公司与被告布鲁诺建筑公司约定,原告应该在指定时间之前为被告提供钢材并安装钢结构,且"及时履行是合同中的必备要求"。结果,原告因遇到困难,没能在合同截止时间之前完成合同义务。被告没有马上取消合同,双方还是继续履行合同。一段时间后,被告提出原告必须提交时间进度安排,遭原告拒绝,被告遂取消了合同。之后,原告提起诉讼,要求被告支付合理报酬,被告则要求原告赔偿损失。法院认定,虽然被告曾经放弃过对原告履行时间上的要求,但被告之后又重新将时间作为合同中的必备要求,由于原告拒绝给出具体完工时间,法院判决驳回了原告的诉请。

本案确定的规则是,在合同中将时间作为条件的情况下,权利人在放弃这一条件之后,可以通过要求提交时间进度重新将时间作为合同中的条件。

雷诺兹法官[②]代表法院呈递以下判决意见:

这是一起上诉案件。初审法院纽约州最高法院于1973年4月30日,在斯坎塔迪县作出了一个支持被告布鲁诺建筑公司(以下简称"承包商")的判决。根据法院的决定,这一案件是在没有陪审团参与的情况下进行审理的。原告斯坎塔迪钢铁公司(以下简称"钢材供应商")对这一判决不服,向我们法院提起了上诉。

---

① Schenectady Steel Co., Inc. v. Bruno Trimpoli General Const. Co., Inc. 43 A.D.2d 234, 350 N.Y.S.2d 920.

② Reynolds, Justice.

　　1968 年 5 月 8 日,作为本案被告的承包商与案外人纽约州政府达成了一份施工合同,由承包商在 1969 年 12 月 31 日之前为纽约州政府在斯坎塔迪县的阿尔普劳斯河上建造一座大桥。承包商先是在 1968 年 5 月 10 日通过口头的方式,随后又以书面的方式与上诉人(原告"钢材供应商")进行联系,要求钢材供应商为上述大桥提供必需的钢结构。双方所签订的合同中明确规定,"及时履行是合同的必备要求"①,"钢材供应商的工作必须在 1968 年完成"。

　　原告钢材供应商最初以为,它可以一次性地从自己的供货商这里获得合同中要求的 125 号钢梁,但是,事后的情况却证明它做不到这一点。钢材供应商不得不通过小批量分批购买的方法获得这一型号的钢梁,然后再将分批买来的这些钢梁拼装在一起。这样的工作方法是一种非正常的流程,很显然,它给钢材供应商带来了更多额外的困难,这些困难就是,在最终接受这些钢梁之前,所有的焊接将不得不通过一种射线的测试。1968 年 8 月,钢材供应商开始进行对接焊接以期加快进度,但是,采用这种方法完成的焊接却通不过射线的测试,尽管钢材供应商声称自己为此付出了各种努力。12 月的天气条件却迫使钢材供应商暂停了自己的努力,一直到 1969 年 2 月,它才得以重新安排设备将焊接工作引入到室内进行。在上述期间内,被告承包商知道钢材供应商面临的这些困难。到了 1969 年 1 月,承包商开始向钢材供应商施加压力,要求它完成自己的合同义务。最后,通过 1969 年 1 月 29 日、1969 年 2 月 11 日的两封信,承包商明确告诉钢材供应商,必须就其如何完成自己的义务提供一个时间进度安排,并威胁,如果钢材供应商不给出一个时间进度安排的话,它将转而从其他人那里获得这些钢材,并将向钢材供应商主张因此增加的费用。钢材供应商通过一封落款日期为 1969 年 2 月 12 日的信,对承包商的信进行了回应,表明自己将"以尽可能快的速度"来履行合同,但是,它并不能够给出一个具体完工的日期。1969 年 3 月 1 日,承包商的总裁访问了钢材供应商的商店,在访问之后,这一位总裁对于钢材供应商的工作进度显然不满意,于是,在 1969 年 3 月 5 日,承包商取消了与钢材供应商的合同,随后从其他人那里订购了所需的钢材。之后,钢材供应商在 1969 年 3 月 11 日的一封信中给出了完成交货的确切日期,但是,这一封信遭到了承包商的拒绝。

467

---

　　① "及时履行是合同的必备要求"是英美合同法中经常使用的一个术语。它是指双方当事人都认为合同应该严格按照约定的时间来履行,任何时间上的迟延都构成违约,并将承担相应的责任。在一般情况下,如果当事人没有这样的约定,将理解为当事人只要在合理时间内完成合同即可。因此,在当事人约定"及时履行是合同的必备要求"的情况下,可以看作合同中的一个前置条件,只有在这条件成就的情况下,当事人才有义务支付合同要求的款项。——译者注

原告钢材供应商随后提起了本案诉讼,要求获得其所提供服务的合理价值,而被告承包商则提起了反诉,认为钢材供应商没有能够履行合同,要求赔偿损失。在经过一个冗长的审判过程之后,初审法院驳回了本诉原告钢材供应商的诉讼请求,对于反诉请求,则判决钢材供应商赔偿承包商的损失8 628.08美元。该判决作出之后,钢材供应商立即提起了上诉。

本案在上诉中必须被解决的问题是,初审法院认定《统一商法典》适用于本案,这一认定究竟是否正确呢?初审法院的观点是,《统一商法典》确实应该适用于本案,在承包商2月11日的信要求钢材供应商给出一个完工进度安排之后,钢材供应商并没有能够给出一个恰当的完工日期保证,导致承包商有正当理由取消该合同。当然,在普通法上,钢材供应商并没有义务提供恰当的完工日期保证。[1]

在我们看来,《统一商法典》在本案中并不适用。《统一商法典》适用的对象是涉及货物的交易,与其前身《统一销售法案》[2]一样,它并不适用于"服务"或者"建筑施工"这样的合同。如果某一交易是"服务"占主导地位,个人财产的转移只是这一交易附带的方面,那么,这一合同就不属于《统一商法典》的适用范围……[3]本案系争的合同,是一份提供服务、工作、劳务和原材料的合同,并非只是买卖钢梁货物的合同。在对合同条款进行审视之后可以发现,原告钢材供应商有义务来"提供并安装钢结构"……承包商通过这一合同想要获得的并不仅仅是钢梁这样的货物,这一合同的实质是要将钢梁安装起来,钢梁的转让只是整个交易中的一个小小部分,是所履行工作和提供劳务的附带部分。

在普通法上,本案争议的核心问题是原告钢材供应商履行这一合同是否及时这一问题。正如我们前面指出的,合同要求原告钢材供应商必须在1968年年底之前完成工作,并规定"及时履行是合同的必备要求"。因此,由于钢材供应商没有能够在1968年12月31日之前完成工作,承包商本可以在这一天及时取消双方的合同。[4]然而,承包商并没有作出这样的选择,取而代之的是同意让这一合同继续履行下去。通过该行为,承包商在当时就放弃了要求对方及时履行合同的权利[5],并将这一合同有效地转化为要求当事人在合理时间内履行完毕的合同,虽然承包商还是保留着要求对方赔偿迟延履行所造成损失

---

[1] 2 Anderson, *Uniform Commercial Code*,(2d ed.),§ 2-609:3.

[2] 《统一销售法案》(Uniform Sales Act)是美国《统一商法典》的前身。——译者注

[3] Perlmutter v. Beth Israel Hosp.,308 N.Y.100,104—105,123 N.E.2d 792,793—794.

[4] Taylor v. Goelet, 208 N.Y.253, 259, 101 N.E.867, 868.

[5] Lawson v. Hogan,[93 N.Y.39, 44].

的权利。①然而，在我们看来，即使承包商先前放弃了自己的权利，承包商通过告知钢材供应商要求在合理时间内履行，又重新将时间确定为合同中的必备要求。②我们发现，承包商在 1 月 29 日和 2 月 11 日的两封信，就是这样要求钢材供应商的。承包商的这两封信重新提出了时间要求，而钢材供应商在先前已经发生履行迟延的情况下，只是保证会"以尽可能快的速度"来履行，并没有给出具体的完工时间，这就不符合承包商在信中提出的必须给出具体时间进度的要求。再加上承包商的总裁于 3 月 1 日视察原告场地之后对于履行进度不满，就可以表明承包商取消这一合同是正当的行为。因此，我们在此同意初审法院作出的驳回钢材供应商诉讼请求的判决……

468

〔上诉法院对于初审法院中有关承包商反诉的损失数额进行了修改，其他判决内容则是予以了维持。编者注。〕

赫利希法官和凯恩法官同意该判决意见……

格林布洛特法官（就本案给出了附和意见）：对于本案基于普通法原则所得出的结论，我并无异议，但是，我认为，初审法院认定该案应该适用《统一商法典》是正确的……

库克法官（部分同意多数法官的意见，部分不同意多数法官的意见）：我对于多数法官的判决意见并不同意，我的意见是该案应该予以推翻。我同意多数法官得出的《统一商法典》不适用于本案系争合同的结论，因为在本案系争合同中，"服务"的特性占据主导地位，有关货物的条件只是合同附带的小小部分……本案系争的合同，要求原告"提供劳务，设备和**安装的**原材料"并且"**安装钢结构**"，这样的合同显然就是一份服务合同或者建筑施工合同，这样的话，它就应该在《统一商法典》的适用范围之外。因此，在决定各方当事人的决定和救济手段的时候，就必须从判例法中寻求依据。

显然，及时履行是本案系争合同的必备要求，在最初的合同中明确地作出了这样的规定，并将 1968 年 12 月 31 日规定为最终完成合同的截止时间。然而，在钢材供应商没有按照截止时间履行的情况下，承包商并没有取消合同，在我看来，这就是放弃了严格要求按照合同中的时间条款去履行。③由此，这一合同就有效地转化为一个只是要求钢材供应商在合理时间内履行完毕的合同④，虽然承包商还是可以基于履行迟延而要求钢材供应商赔偿相应的损失。⑤如果在合理的时间内履行合同是唯一标准，那么，很清楚，在施工方于 1969 年

---

① ③ General Supply & Constr. Co. v. Goelet，〔241 N.Y.28，148 N.E. 778〕.
②   Taylor v. Goelet，*supra*，208 N.Y.at 258，101 N.E. at 868.
④   Lawson v. Hogan，〔93 N.Y.39，39〕.
⑤   Mawhinney v. Millbrook Woolen Mills，234 N.Y.244，137 N.E.318.

3月5日取消合同的时候,这样的合理时间并没有届满。承包商知道迟延发生的原因,那就是钢材供应商没有能力在钢梁的粘连焊接方法上获得州政府的批准,而且可以合理地预见到钢材供应还会进一步迟延。承包商在1月29日的信和2月11日的信中要求钢材供应商确定一个完工的具体日期,虽然这可以被视为在合同中重新将时间作为一个必备要求,但在我看来,承包商又再次放弃了这样的要求。在钢材供应商于2月12日的信中拒绝确定一个具体的完工日期之后,承包商并没有取消双方的合同。事实上,钢材供应商在2月24日或者25日又继续在这一项目上进行工作,承包商总裁在1969年3月1日对供应商地点的视察表明:至少在这一时间,钢材供应商在缺少完工日期约束下的履行行为是得到了承包方许可的。

承包商是在1969年3月5日取消合同的,在这个时间点上,时间仍然不是合同中的必备要求,因此在双方没有规定合同完工合理时间的情况下,承包商终止这一合同就是不恰当的,[①]虽然承包商有权要求对方赔偿迟延交付造成的损失,这一点我们在前面已经提到了……

我更倾向于推翻初审法院判决,由初审法院就钢材供应商的损失数额进行评估……

斯坎塔迪钢铁公司诉布鲁诺建筑公司[②]
纽约州上诉法院(1974年)

[该案在由上诉法庭作出判决之后,原告不服判决,继续提出上诉。纽约州的最高审判机构纽约州上诉法院在审理之后,维持了上诉法庭的判决,但是,它提出的理由却与上诉法庭并不相同。纽约州上诉法院并不认为本案中的承包商可以在放弃合同中的权利之后再次确定"及时履行是合同中的必备要求",而是从另外一个角度进行了分析,认为原告钢材供应商的履行行为并不符合合理时间的要求。虽然最终结果是维持了上诉法庭的判决,但是,理由却完全不同。可以看出在这一问题上不同法院之间的分歧。以下是纽约州上诉法院判决意见的部分内容。][③]

根据我们面前的庭审记录,上诉法庭的裁决应该予以维持。

---

① General Supply & Constr. Co. v. Goelet, *supra*, 241 N.Y. at 36, 37, 148 N.E. at 779.

② Schenectady Steel Co., Inc. v. Bruno Trimpoli General Constr. Co., Inc. 34 N.Y.2d 939, 359 N.Y.S. 2d 560, 316 N.E. 2d 875.

③ 本部分内容为译者根据下文论述需要所加。——译者注

我们同意下级法院多数法官的意见,即一旦合同中"及时履行是合同中的必备要求"这一条款被承包商放弃了,那么,对钢材供应商的要求就是在合理时间内履行合同。然而,我们并不能同意多数法官所作的这样推理,即"时间"这一要求可以由承包商重新确定。但是,从本案证据的任何方面来看,钢材供应商的实际履行时间甚至没有符合合理时间的较低标准,因此,我们没有理由改变这一上诉案件的结果。基于本案事实,我们愿意进一步表明,《统一商法典》的第二款①是否适用本案其实是并不重要的……

上诉法庭的判决予以维持。

■ 第八节　对于剥夺他人财产的法律救济

汉堡王公司诉全家餐饮公司②
宾夕法尼亚州东区地区法院(1977 年)

本案要旨

原告汉堡王公司许可被告全家餐饮公司在一定区域内经营"汉堡王餐厅",被告同意每年都要在上述区域内设立一家餐厅;若被告未能按照协议中的时间进度开设餐厅,原告有权终止合同。履行过程中,被告并未完全按照时间进度开设餐厅,由于原被告之间有很好的私人关系,原告也没太在意。后原告公司结构发生变化,因被告的第九家餐厅没有按照时间进度开设,原告提出终止合同。法院认为,合同中的约定是一个后置条件。从履行过程来看,原告并没有将开设餐厅的进度看得非常重要。与被告违约的行为相比,终止合同将给被告造成巨大损失,两者明显不相称。法院据此驳回了原告的诉讼请求。

本案确定的规则是,在当事人没有履行合同条件时,如果终止合同带来的损失巨大,与违约行为明显不相称,法院可以免除合同中的条件,不让合同终止,以避免剥夺他人财产。

地区法院的汉纳姆法官③代表法院呈递以下判决意见:

---

① 《统一商法典》的第二款就是有关其适用范围的规定。上诉法庭认为该案不应该适用《统一商法典》,而纽约州上诉法院则认为,这一问题并不重要。

② Burger King Corp. v. Family Dining, Inc. 426 F.Supp.485, *aff'd mem.* 566 F.2d 1168(3d Cir.1977).

③ Hannum, District Judge.

现在摆在我们法院面前的是由被告全家餐饮公司向法院提起的一个动议,要求法院强制驳回原告的起诉①。根据《联邦民事诉讼程序规则》第41(b)条的规定,被告在原告汉堡王公司起诉的案件结束之前提出了该动议。本案是由我们法院在没有陪审团的情况下进行审理的。

原告汉堡王公司提起本案诉讼的目的,是想要根据《美国法典》第28部分(司法机关和司法程序)的2201条款以及"确认性判决法令"的规定②,要求法院判决认定双方当事人的合同不再发生法律效力和产生法律后果……

一、案件中确立的事实

原告汉堡王公司是一家佛罗里达州的公司,专门从事著名的"汉堡王连锁餐厅"③的特许经营。1954年,汉堡王连锁餐厅(汉堡王公司的前身)的创始人詹姆斯·麦克拉摩尔在佛罗里达州的迈阿密创建了第一家汉堡王餐厅。1961年,汉堡王餐厅的特许经营规模并不是很大,它在佛罗里达州以外特许经营的数量只有60或者70家。然而,到了1963年的时候,汉堡王公司开始迅速扩张,通过特许经营的方式,它每年开设和经营的汉堡王餐厅数量达到了24家。也正是此时,原告汉堡王公司和本案被告全家餐饮公司开始建立了合作关系。

被告全家餐饮公司是一家宾夕法尼亚州的公司,现在宾夕法尼亚州的巴克斯县④和蒙哥马利县⑤经营着10家餐厅。全家餐饮公司由卡尔·费里斯创设,现在还在由他继续经营。在1963年之前,卡尔·费里斯和汉堡王公司的创始人麦克拉摩尔之间一直有着很亲密的私人友谊。事实上,他们早在20世纪40年代末期的时候,就曾经共同在康奈尔大学求学。看来正是两人之间的同学情谊,最终导致了汉堡王公司与全家餐饮公司进行了商业合作。双方当事人之间的合作,通过1963年5月10日签订的"汉堡王公司特定地域许可经

---

① "强制驳回"是指在原告没有能够正确起诉的情况下,被告可以提出动议,要求法院强制驳回原告的起诉。其法律依据就是指美国《联邦民事诉讼程序规则》(Federal Rules of Civil Procedure)的第41(b)条,即Rule 41(b)。——译者注

② "确认性判决法令"是有关当事人可以在美国联邦法院获得确权判决的法律依据。"确认性判决"是指法院只对当事人的权利、义务和法律关系作出判决,并不就当事人未来进一步的行动作出判决,类似于我国的确权诉讼。——译者注

③ 汉堡王餐厅是于20世纪50年代在美国佛罗里达州成立的从事快餐食品经营的连锁公司,主要从事汉堡包的销售,其经营方式是特许经营。通过特许经营这一方式,汉堡王公司在美国各地以及全球许多国家开设了众多这样的快餐食品店,成为与肯德基、麦当劳齐名的快餐食品店。——译者注

④ 巴克斯县是位于美国宾夕法尼亚州东南部的一个县。——译者注

⑤ 蒙哥马利县也是位于美国宾夕法尼亚州东南部的一个县。——译者注

营协议"(以下简称"经营协议"①)予以确定。

　　根据这一经营协议,汉堡王公司同意全家餐饮公司成为汉堡王餐厅在巴克斯县和蒙哥马利县的唯一被许可人,授予全家餐饮公司以"独家经营权",前提条件是,全家餐饮公司根据其与汉堡王公司的许可协议②经营每一家汉堡王餐厅,并保证汉堡王餐厅的推进速度符合合同中的特定要求。经营协议的条款一和条款二……与本案的争议事项相关联。相关条款的内容如下:

条款一

472

　　从本协议签订之日起的一年时间以内,在协议指定的地域(即指宾夕法尼亚州的巴克斯县和蒙哥马利县,以下称"专属区域")内,汉堡王公司将不会再经营汉堡王餐厅或者许可其他公司经营汉堡王餐厅;条件是被许可人全家餐饮公司根据与汉堡王公司的协议经营这些餐厅,并且履行经营协议中所包含的条款。

　　从该协议签订之日起,这一协议将在90年内一直有效,被许可人全家餐饮公司将在90年内维持对汉堡王餐厅的独家经营,前提条件是,从协议签订之日起的第一年、第二年、第三年、第四年、第五年、第六年、第七年、第八年、第九年、第十年的年末,以及之后长达的80年时间内,被许可人全家餐饮公司将开设出下列数量的汉堡王餐厅进行经营,或者是投入建设:

　　　　在第一年年底开设1家汉堡王餐厅;

　　　　在第二年年底开设2家汉堡王餐厅;

　　　　在第三年年底开设3家汉堡王餐厅;

　　　　在第四年年底开设4家汉堡王餐厅;

　　　　在第五年年底开设5家汉堡王餐厅;

　　　　在第六年年底开设6家汉堡王餐厅;

　　　　在第七年年底开设7家汉堡王餐厅;

　　　　在第八年年底开设8家汉堡王餐厅;

　　　　在第九年年底开设9家汉堡王餐厅;

　　　　在第十年年底开设10家汉堡王餐厅;

---

　　①　"汉堡王公司特定地域许可经营协议"是特许经营商[本案中是汉堡王公司]许可他人[本案中就是全家餐饮公司]加盟经营的一种协议。但是,为了防止不当竞争和造成混乱,这样的协议一般只会同意被许可人在某一特定区域内独家经营,不会允许加盟商店超出规定的地域进行经营。这样的指定地域,往往称为"专属地域"。——译者注

　　②　每一家汉堡王餐厅都是根据一份独立的特许经营协议开设的。此为原判决中的注解。

　　在接下来的 80 年内,维持不少于 10 家的汉堡王餐厅……

条款二

　　从本协议签订之日起算,在第一年、第二年、第三年、第四年、第五年、第六年、第七年、第八年、第九年、第十年,以及余下 80 年的任何时候,如果被许可人全家餐饮公司在"专属区域"所经营餐厅的数量或者投入建设餐厅的数量少于协议所要求的相应数量,那么,这一协议将予以终止,并且不再发生进一步的法律效力和产生进一步的法律效果。在协议终止之后,汉堡王公司可以在许可协议规定的"专属区域"内经营餐厅或者是许可其他人经营餐厅,只要这些餐厅不在本协议被许可人"受保护区域"之内即可。

473　　该协议赋予了被告全家餐饮公司长达 90 年时间的独家经营权,很显然,这样的前景是被告愿意在合同所划定的专属区域内经营汉堡王餐厅的诱因。如果汉堡王餐厅的推进速度真的能够实现协议中那样的效果,那么,全家餐饮公司将成为最成功的汉堡王餐厅连锁经营企业。尽管汉堡王公司认为卡尔·费里斯在经营过程中有时会带来一些麻烦,并且认为他是一个对细节要求非常苛刻的人,但是,卡尔·费里斯还是通过他自己的努力使得双方当事人都得以从协议的安排中获得利益。卡尔·费里斯的这些努力包括获得必要的资金支持、承担主要的风险,而且上述这些努力基本上是他自己付出的,并没有得到过汉堡王公司的帮助。

　　1963 年 8 月 16 日,被告全家餐饮公司开设了第一家汉堡王餐厅①……第二家汉堡王餐厅在 1965 年 7 月 2 日开设②……第三家汉堡王餐厅在 1966 年 10 月 19 日开设③……

　　然而,一直到 1968 年 4 月,被告全家餐饮公司的第四家餐厅还是没有开始经营,也没有开始投入施工。根据其与汉堡王公司的协议,第四家餐厅本应该在 1967 年 5 月 10 日就要投入经营,同时,第五家餐厅显然也不可能按照原先计划在 1968 年 5 月 10 日投入经营。在 1968 年 5 月 1 日的时候,双方当事人就原先的"经营协议"进行了修改(以下简称"修改后的协议")。根据"修改后的协议",汉堡王公司同意就全家餐饮公司未能按照推进速度开设餐厅一事,不再予以追究……在庭审笔录中没有任何内容显示,汉堡王公司在达成这一修改后的协议时获得了任何对价作为补偿。然而,麦克拉摩尔在庭审过程中作证,如果第四家餐厅和第五家餐厅的建设能够基本上符合协议第五年要求的推进速度,那么,他对于第五年具体什么时候完成并不会在意,对于实际

---

①　这比协议约定的时间早了 9 个月。
②　这比协议约定的时间晚了 2 个月。
③　这比协议约定的时间晚了 4 个月。

开设第四家餐厅中的违约行为,也不会在意……[在我们看来,]麦克拉摩尔庭审中的这一表态与他对餐厅推进速度的整体态度是相吻合的,他在作证时说道,对于汉堡王餐厅在推进速度上的要求,是"为了保证汉堡王公司能够有序发展,也是为了让汉堡王公司可以通过销售特许经营权来获得利润,并收取这些餐厅在经营中产生的特许使用费"。……

被告的第四家汉堡王餐厅后来是在 1968 年 7 月 1 日投入经营的①……第五家汉堡王餐厅是在 1968 年 10 月 17 日投入经营的②……

在 1969 年 4 月 18 日,费里斯给麦克拉摩尔写了一封信,这封信的内容是有关餐厅的场地审批出现了迟延,以及麦克拉摩尔先前所作的一个表态——麦克拉摩尔曾经表示,第六家餐厅的开业迟延将不会有什么问题,他不会坚持要求一定要符合协议中的时间进度。费里斯在这一封信中还是对于餐厅的开设时间可能不符合协议要求的推进速度表示了担忧。1969 年 4 月 26 日,汉堡王公司的霍华德·沃克先生对费里斯的这封信给予了回复,同意费里斯将该协议所规定的推进时间推迟一个月。对于这一次同意被告推迟开业时间,麦克拉摩尔在审理时向法院作证道:"我从来就没有想到过追究这一协议上的细枝末节。"

1969 年 10 月 1 日,第六家汉堡王餐厅投入了运营……第七家汉堡王餐厅于 1970 年 2 月 2 日投入了运营,比预定的时间有所提前……

在这个时候,汉堡王公司已经不再只是规模一般的连锁企业,它已经成为由皮尔斯伯里公司全资拥有的一家子公司,并且在事实上发展成为一家综合性的企业集团。麦克拉摩尔在这个时候已经成为汉堡王公司的董事会主席,同时,他仍然保留着汉堡王公司首席执行官的身份,而一个名叫亚瑟·罗斯沃尔的人被任命为汉堡王公司的总裁。在这种情况下,费里斯已经不可能再期望与麦克拉摩尔保持以前与汉堡王公司交易过程中所形成的那一种亲密的、一对一的关系。很清楚,这种变化带来的结果就是,全家餐饮公司在与汉堡王公司的日常合作中开始遇到了各种困难。

在双方合作经营所面临的诸多问题当中,其中一个问题就是汉堡王餐厅的选址问题。在很典型的情况下,当某一个被许可人想要将某一幢大楼作为餐厅经营的地点时,它就要向汉堡王公司的一个下属部门——全国发展委员会——递交申请。该全国发展委员会是由汉堡王公司的若干管理人员组成的。根据费里斯先前在餐厅地点选择上的表现,可以预见到,他选择的餐厅地

474

---

① 这比协议规定的运营时间晚了 14 个月。
② 这比协议约定的运营时间晚了 5 个月。

点获得汉堡王公司的同意不会有什么困难。在麦克拉摩尔看来,费里斯是一个非常优秀的被许可人,他选择餐厅地点的能力也是非常突出的。然而,1970年8月,费里斯选择的一处餐厅地点被全国发展委员会拒绝。拒绝这一餐厅地点的理由并不完全清楚,在很大程度上似乎是全国发展委员会自由裁量决定的结果。以费里斯的专业知识来分析,这一次拒绝看上去唯一站得住脚的理由是,这一餐厅的地点距离全家餐饮公司"专属区域"外的另一家餐厅太近,只有2.7英里。然而,在类似情形下,汉堡王公司批准了另一家被许可的加盟公司在距离全家餐饮公司的汉堡王餐厅只有3英里的地方新开了一家餐厅。

……正是在这一段时间,汉堡王公司的管理层很清楚地认识到,选择汉堡王餐厅的经营地点是一回事,而真正经营好汉堡王餐厅则是另一回事。也就是说,汉堡王公司的地方管理部门对于推广汉堡王餐厅采取了更加严格的措施。也就是在这段时间……汉堡王公司认识到,在"巴克斯县—蒙哥马利县"这一专属区域内,可以容纳的汉堡王餐厅数量要比原先预想的更多。

在众多情形的共同作用下,第八家餐厅在1970年10月7日提前投入运营……在1971年12月,全家餐饮公司打算在宾夕法尼亚州的安布勒①和莱维敦②另行开设两个餐厅,就这两个地点的选择问题,它向汉堡王公司提出了申请,得到了汉堡王公司的批准。

1972年年初,亚瑟·罗斯沃尔成为了汉堡王公司的首席执行官。也就是在这个时候,对于全家餐饮公司来说,很明显已经不可能在1972年5月10日之前新开设或者是建造第九家餐厅了。1972年4月27日,在与麦克拉摩尔的电话交谈中,费里斯再次向汉堡王公司表达了不能按照协议的要求及时开设餐厅的担忧……麦克拉摩尔在电话中向费里斯表明,鉴于他当时正在同时建设四个餐厅的过程中,汉堡王公司将会认为他是基本上满足了协议中的推进要求。麦克拉摩尔向法庭作证,当时他脑海里想的是第九家汉堡王餐厅投入运营的时间可能会推迟3—6个月。

1973年4月,汉堡王公司批准了全家餐饮公司建议的宾夕法尼亚州沃敏斯特③这一餐厅经营地点。然而,到了1973年5月10日,第九家或者第十家餐厅都没能够投入经营,或者是投入建设。

[汉堡王公司有一个下设的特许经营文件管理部,]1973年5月23日,特许经营文件管理部的海伦·唐纳森向费里斯先生发出了一封信。这一封信的主要内容如下:

---

① 安布勒是位于蒙哥马利县境内的一个地方。——译者注
② 莱维敦是位于巴克斯县境内的一个地方。——译者注
③ 沃敏斯特是位于巴克斯县境内的一个地方。——译者注

亲爱的费里斯先生：

在对"经营协议"的例行检查中，我们注意到，根据汉堡王餐厅的推进计划，截至 1973 年 5 月 10 日，你们必须有 10 家餐厅进行开业或者是投入建设，但是，你们的推进速度没有能够符合协议中的要求。我们的文件记录显示，你们在巴克斯县和蒙哥马利县一共开设了 8 家汉堡王餐厅，另有一家汉堡王餐厅的经营地址已经获得批准，但还没有投入实际经营。

根据"经营协议"中的相关条款，你们没有根据协议要求的数量开设汉堡王餐厅或者是投入施工，将构成对协议的违约。

如果你们有着可以解释的具体理由，而这些具体理由又是我们没有注意到的，那么，我们将很乐意在最短的时间内听到你们的解释意见。

在我们看来，要认定唐纳森的这一封信就是想要明确告诉费里斯先生双方的"经营协议"已经终止，是非常值得怀疑的。莱斯利·帕斯扎特是汉堡王公司的一个行政人员，在处理全家餐饮公司延迟开设餐厅这件事上，帕斯扎特与亚瑟·罗斯沃尔有着密切的接触。从帕斯扎特与亚瑟·罗斯沃尔两人向法庭所作的证言来看，汉堡王公司在当时并没有确定他们在这件事情上的最终态度……

从这段时间来看，汉堡王公司似乎已经将全家餐饮公司不能及时开设餐厅的事情当作了一个"烫手的山芋"，这从他们让费里斯与汉堡王公司不同部门的人员进行接触商谈就可以看得出……最终，帕斯扎特被汉堡王公司要求来负责处理全家餐饮公司不能及时开设餐厅的事宜。1973 年 11 月 6 日，在帕斯扎特写给费里斯的信中，他第一次清楚地谈到，汉堡王公司认为双方的"经营协议"已经终止。此时，汉堡王公司的公司结构已经变得非常复杂，以至于终止协议这一决定到底是由谁最终决定的，什么时候决定的，在哪里决定的，都已经无从回答。虽然汉堡王公司是以一种唐突生硬的方式向全家餐饮公司表达终止协议这一决定的，但是，从本案的情形来看，它终止协议的决定并不是直截了当地提出来的。

从 1973 年 11 月到 1975 年的早期，本案的双方当事人试图通过谈判来解决他们的分歧，但是这样的谈判并没有成功。双方没有能够谈判成功的原因是可以理解的，因为汉堡王公司从一开始就坚持认为，全家餐饮公司不应再享有餐厅的专营权，这一点是不容协商的……

在本案这一诉讼开始之前的几个月，全家餐饮公司通知汉堡王公司，它们打算将第九家餐厅开设在宾夕法尼亚州沃敏斯特的大街路上，实际投入经营的时间将是在 1975 年 5 月 15 日前后……

1975 年 5 月，汉堡王公司向法院提交了诉状，这是本案诉讼的开始。在诉状中，汉堡王公司要求法院阻止全家餐饮公司在沃敏斯特的这家餐厅使用"汉堡王"商标……1975 年 5 月 13 日,双方当事人达成和解协议,被告全家餐饮公司可以在沃敏斯特的餐厅使用"汉堡王"的商标。[同时,汉堡王公司也同意被告在第十家餐厅使用原告的"汉堡王"商标,第十家餐厅已经在 1975 年 3 月 28 日开始建设。编者注。]根据该和解协议,汉堡王公司向法院提交了补充诉状,要求立即从法院这里获得确权性救济①,[确认双方协议终止,被告不再对汉堡王餐厅享有特许经营权]……

二、问题的讨论

被告全家餐饮公司根据美国《联邦民事诉讼程序规则》第 41(b)条的规定②,从好几方面提出了自己的抗辩意见。被告全家餐饮公司提出的主要抗辩意见是,合同中的终止条款应该被认定为不再发生法律效力,因为如果认定终止条款发生法律效力,这将导致对全家餐饮公司的财产剥夺。基于双方当事人在本案中所作的陈述已经非常清楚,我们法院认为,全家餐饮公司的辩论意见不但从法律依据上,而且从衡平法的依据上都是更加具有说服力的,因此,我们法院在此认定,不能宣布双方当事人的"经营协议"终止……

在提起这一诉讼时,汉堡王公司坚持认为系争的"经营协议"是一份可分割的合同③,即被告全家餐饮公司承诺在前十年的每一年开设一家新的餐厅或者将一家新的餐厅投入建设,以此换得汉堡王公司承诺给予被告下一年的特许经营权。照此理解,全家餐饮公司如果要获得另外 80 年的特许经营权,就要让前面的 10 家汉堡王餐厅及时投入经营。为了支持自己的上述说法,汉堡王公司将"经营协议"条款一中的文字作为依据,这些文字说得很直白。协议中的文字是这样表述的:"从本协议期限签订之日起的一年时间以内,汉堡王公司将不会再经营汉堡王餐厅,或者许可其他人经营汉堡王餐厅……"汉堡王公司以该条款的文字内容作为自己的主张的依据,认为由于全家餐饮公司显

---

① 即要求法院确认双方的特许经营协议终止,认定全家餐饮公司在专属区域内不再享有独家经营汉堡王餐厅的权利。——译者注

② 很明显,如果本案继续走下去,允许被告全家餐饮公司提交证据,那么,全家餐饮公司会努力去证明双方当事人在 1968 年对经营协议所进行的修改,已经改变了协议中对于餐厅推进速度的要求,或者会努力证明汉堡王公司对于协议中要求的餐厅推进速度作出了有效的放弃,已经不再坚持协议中的推进速度。基于这些理由,法院在这一问题上并没有得出这一结论。此为判决中的注解。

③ "可分割的合同",是指某一份合同可以分割成若干份单独的合同。例如,有学者将雇佣合同视为可分割的合同。如果雇用一个人一年的时间,工资每月发放一次,这一份一年期的合同可以视为 12 份"做一个月,付一个月报酬"的合同。本案原告汉堡王公司提出系争合同是可分割合同,主要是想说明前面 9 家店的特许经营,每一家都是可以单独履行的,因而并不会产生剥夺被告全家餐饮公司财产的效果,而被告认为,本案系争合同是整体合同,终止合同将导致被告先前的投入无法收回。——译者注

而易见没能履行协议中按时开设餐厅的承诺,根据协议中很明确的文字规定,法院就必须宣告系争合同终止。汉堡王公司进一步辩称道,因为在协议的第九年之后全家餐饮公司还没有能够获得特许经营权,所以一旦该合同终止,并不会剥夺全家餐饮公司已经拥有的利益。

我们法院的观点与汉堡王公司所作的上述分析正好相反。我们法院认为,合同中有关被告汉堡王餐厅推进速度的要求,是阻止全家餐饮公司独家经营的一个后置条件①,而并非解除全家餐饮公司独家经营的一个承诺。如果合同中的文字内容并没有增加受诺人②义务,只是改变或者是限制了受诺人要求强制履行承诺的权利,那么,这样的文字就应该被认定为是"合同条件"。合同中的文字内容究竟是一个条件还是一个承诺,这是当事人的意愿问题,需要考虑案件中的具体情形,对这些文字作出合理的解释。③很清楚,这一"经营协议"的真正目的,是以长期的独家许可经营作为诱饵,让全家餐饮公司在一定时间内,在巴克斯县和蒙哥马利县这两个区域内开设若干汉堡王餐厅。在对"经营协议"进行仔细阅读之后可以看出,被告有关餐厅推进速度的承诺,对于被告并没有增加什么义务。协议条款一和条款二的相关部分内容规定:"如果在这一协议签订之日起的第一年、第二年[开设餐厅]……那么,这一协议将在90年的时间内一直具有法律效力,被许可人可以独家经营。"[我们认为,]全家餐饮公司如果没有能够按照协议要求的推进速度来开设餐厅,就意味着汉堡王公司同意给予全家餐饮公司独家经营这一承诺的责任被取消了。汉堡王公司同意被告独家经营的这一责任,或者说,至少是被告要求汉堡王公司履行独家经营承诺的这一权利,从合同订立之时就已经产生了。汉堡王公司基于餐厅推进的速度要求获得确认性救济的事实,以及汉堡王公司要求全家餐饮公司履行特定行为这样的事实,似乎将事情的真正性质搞得有点模糊不清。尽管这样,以我们法院的观点来看,协议里有关餐厅推进速度的要求,就是系争合同中的一个后置条件。

此外,系争合同中要求被告全家餐饮公司分期履行的事实,并不当然意味着系争合同就是一份可分割的合同。我们想再次表明的是,某一份合同究竟是不是一份可分割的合同,这是当事人的意愿问题,是需要对合同中使用的文

①　"后置条件"是美国合同法上有关合同条件的一个概念。它是指某一事件的发生或者不发生将导致合同的解除或者不再继续有效,或者是某一权利义务的取消。与此相对应的概念是,"前置条件"是指只有某一事件的发生或者不发生,才导致的合同的有效成立,或者某一权利义务的产生。——译者注

②　在本案中,受诺人即被告全家餐饮公司。——译者注

③　Feinberg v. Automobile Banking Corporation, 353 F. Supp. 508, 512(E. D. Pa. 1973); Williston, *Contracts*, §§665, 666.

字进行合理解释之后才能够得出的结论。①鉴于合同中只有一个独家经营期限长达 90 年的承诺，假定出现了以下情况——即全家餐饮公司按照协议要求的推进速度将餐厅投入运营，导致合同中的后置条件没有发生——那么，我们法院相信，这一合同是更想要成为一份整体性的合同而不是一份可分割的合同，这一观点与我们先前在判决中表达的观点是一致的。

在合同第一个 10 年期的绝大多数时间内，汉堡王公司并没有要求全家餐饮公司的履行行为完完全全地符合餐厅推进速度的要求。这一事实的存在，是否已经阻止了汉堡王公司再去声称全家餐饮公司没有按时开设餐厅，就成为了一个问题。在合同中，没有比作出承诺的当事人在作出承诺的同时设定一个条件更加平常的事情了。通常情况下，当事人有权要求这一合同严格按照设定的条件去实际执行。然而，在这样做之前，法院要做的不仅仅是看看书面合同中的要求，而且还要考虑当事人在执行合同过程中的各种所作所为。正如克拉夫特法官在 Dempsey 诉 Stauffer② 一案的判决意见中所指出的那样，一旦一方当事人通过行为表明其不再需要完完全全按照合同中的条件履行，那么他就不能在没有通知和给予合理期限的情况下要求对方完完全全地严格履行合同条件。

在系争合同早期履行的过程中，原告汉堡王公司并没有严格要求全家餐饮公司准确无误地按照汉堡王餐厅的推进计划来履行合同。汉堡王公司没有提供任何证据表明，它在这件事情态度上的转变已经转达给了全家餐饮公司。在汉堡王公司的唐纳森写出那一封信的时间点上〔1973 年 5 月 23 日〕，全家餐饮公司开设第九家餐厅已经出现了迟延，这一次迟延的程度与第四家和第五家餐厅的迟延程度相比，并没有更加糟糕。这一封信本身，是由汉堡王公司的资料管理部门发出，并不是由汉堡王公司的某个高管所发出，这一点在我们看来恰恰表明了这一"经营协议"并不会终止。现在假定费里斯先生是在〔1973 年〕5 月到 11 月这一段时间，甚至是在唐纳森写出那一封信的时间节点③认识到了汉堡王公司正在要求自己完完全全地履行合同中的条件，那么，考虑到本

478

---

① Continental Supermarket Food Service, Inc. v. Soboski, 210 Pa.Super. 304, 232 A. 2d 216, 217(1967).

② 182 F.Supp.806, 810(E.D.Pa.1960).

③ 从前面的事实陈述部分我们知道，汉堡王公司的唐纳森是在 1973 年 5 月发出信件的，这一封信并没有提及要终止协议的事宜。其后就这件事，汉堡王公司的高管相互推诿，直到 1973 年 11 月，才由帕斯扎特第一次明确提出要终止合同。法官在这里的分析是想要表明，就这一协议来说，即使全家餐饮公司是在 1973 年 5 月的时候知道了对方要求严格履行协议中的条件，但在这么短的时间内就终止协议仍然是不合理的，更何况信件中并没有明确提出要求完完全全地按照协议的推进速度来履行。——译者注

案是经营连锁餐厅这种情形，汉堡王公司在通知全家餐饮公司必须严格按照合同中的条件履行之后（如果不是同时提出这一要求的话）很短时间之内就终止双方的合同，就是不合理的。

从 1973 年 11 月开始到［1975 年 5 月］原告起诉之前这一段时间内，双方当事人还是花了相当多的时间进行谈判，虽然由于汉堡王公司在独家经营这一问题上固执己见，导致双方的谈判实际上徒劳无用。此外，正像全家餐饮公司试图将第九家餐厅投入经营时，汉堡王公司是通过诉讼来阻止其经营一样，可以预见到的是，汉堡王公司本来也可以通过起诉阻止全家餐饮公司在这一冗长时间内进一步发展［但是，汉堡王公司并没有这样做］。因此，从 1973 年 11 月到第九家和第十家餐厅投入建设这一期间，汉堡王餐厅的推进计划发生中断、没有能够及时投入经营这一结果，并不能够完全归责于全家餐饮公司。

基于以上分析，我们法院的结论是，汉堡王公司并没有权利以全家餐饮公司在履行合同过程中不符合后置条件为由，要求法院确保合同中的承诺得到严格履行。

除了上述理由之外，更加重要的是，尽管有关确认性救济的诉讼从分类来说不是法律上的诉讼，而是衡平法上的诉讼，但是，由于本案中终止合同的条款涉及阻止全家餐饮公司今后独家经营的权利，在我们法院看来，这一严厉后果就等同于剥夺全家餐饮公司的财产，因此，我们法院不会将终止合同是否公平这一问题置之一边，不理不睬。同时，我们法院还相信，根据衡平法的原则，我们也应该调整这一案件的最终结果。①

《合同法重述》第 302 条款是这样规定的：

合同的条件可以在没有其他原因的情况下予以免除，只要(a)这一条件将涉及对他人财产非常严厉的剥夺或者涉及对他人财产非常严厉的惩罚，以及(b)该条件的存在或者发生，并没有成为立诺人履行行为所要交换内容的关键部分。②

让我们先来考虑《合同法重述》规定中所提及的后面一种情形。从本案系

---

① Barraclough v. Atlantic Refining，230 Pa. Super. 276，326 A.2d 477(1974).

② 将《合同法重述》这一部分的规定应用到本案中，"立诺人的履行行为"就是汉堡王公司同意全家餐饮公司在专属区域内独家经营汉堡王餐厅，这一履行行为交换的"合同条件"是全家餐饮公司按照协议中的推进要求开设餐厅。按照《合同法重述》的观点，如果所谓交换的"合同条件"，即按照推进要求开设餐厅，并不是汉堡王公司所要求的关键部分，那么餐厅推进没有符合合同要求的进度，就可以免除责任。本案的审理法官在以下就作出了这样的分析，即认为从合同的履行过程来看，汉堡王公司更加注重的是总体上开设餐厅，而不是完完全全地符合推进要求，合同中所设定的条件并不是合同的关键内容。——译者注

争合同早期的履行情况来看，可以很清楚地看出，汉堡王公司更加在意的是，专属区域内的餐厅数量能够在总体上得到推进，并没有要求餐厅的开设进度完全符合合同中的推进计划。汉堡王公司并没有提供证据表明，它认为合同中的推进计划条款是非常关键的内容。事实上，本案证据所显示出来的情况正好相反。尽管麦克拉摩尔在庭审中作证，他从来没有打算将第九家和第十家餐厅投入经营的时间予以推迟，但是，在第四家餐厅和第五家餐厅的经营发生了大约 19 个月迟延的时候，他仍然感觉这样的情况也是基本符合推进计划的。将麦克拉摩尔先前的行为和他在本案中的证言结合在一起分析，我们法院认为，从整体上来看，他在第九家和第十家餐厅推进时间上所表达的观点，是站不住脚的。

很清楚，汉堡王公司对于餐厅推进计划的态度在这之后发生了变化。很有意思的是，汉堡王公司的态度之所以发生这样的变化，是在它认识到巴克斯县和蒙哥马利县可以开设更多的汉堡王餐厅之后，而在合同签订的最初时候，它只想到在那里可以开设 10 家汉堡王餐厅。汉堡王公司的态度发生转变，也是在罗斯沃尔取代麦克拉摩尔成为汉堡王公司首席执行官之后的事情。

479

汉堡王公司坚持认为，费里斯的行为表明他知道汉堡王公司是坚持要求严格遵守餐厅的推进计划的。汉堡王公司的这一观点，是基于费里斯曾经好几次表达了对于不能遵守餐厅推进计划的担忧。然而，在汉堡王公司向法院提交证据的过程中，汉堡王公司也向法院表明了费里斯是一个对于细节过于敏感的人，这一独特的个性导致汉堡王公司的官员们对于费里斯在很多方面的所作所为置之不理。我们法院认为，考虑到费里斯的独特个性以及汉堡王公司对于他的态度，费里斯先前对于汉堡王餐厅推进计划迟延的担忧，并不能被赋予特别重要的意义。简而言之，本案中的证据，既没有能够证明汉堡王公司认为餐厅的推进计划是非常关键的因素，也没有能够证明全家餐饮公司认为餐厅的推进计划是非常关键的因素。如果汉堡王餐厅的推进计划真的变得非常重要，那么，汉堡王公司就不会一直等到第一个十年临近后期的时候才提出终止合同的要求，当然，它也不应该以此来损害全家餐饮公司的利益。

正如在前面所指出的，我们法院相信，如果全家餐饮公司对于餐厅的独家经营权由于本合同的终止而被取消，那么这将构成对全家餐饮公司财产的剥夺。汉堡王公司辩称，终止合同将不会导致全家餐饮公司失去已经赚得的任何金钱，我们认为，这一观点忽视了全家餐饮公司可能面临的风险和它为了在专属经营区内获得成功已经付出的那些努力——那些努力基本上是在没有汉堡王公司的帮助下所付出的。虽然全家餐饮公司对于自己的投资确实获得了回报，但这些回报当中的一部分还要寄希望于餐厅在未来能够独家经营的远景回报。此外,在本案中,汉堡王公司从双方的合作关系中并非一无所获。

之所以同意全家餐饮公司独家经营,是因为汉堡王公司想以此来诱使全家餐饮公司在专属经营区内经营好这些餐厅。本案中并没有证据表明,全家餐饮公司的开店进度没有符合时间要求,是基于全家餐饮公司的故意所为或者疏忽行为导致的。在目前的情况下,被告正在经营着 10 家餐厅,这正是合同诱因想要达到的目的。假定所有 10 家餐厅都能够及时投入经营,那么汉堡王公司就可以期待获得确定的收益,而这些收益的一定比例,会由于被告投入经营的迟延而遭受损失。然而,在本案的审判过程中,汉堡王公司并没有试图要求全家餐饮公司赔偿因为迟延开业而造成的损失。

在任何情况下,如果全家餐饮公司被强制剥夺独家经营餐厅的权利,那么其损失的价值将是难以估量的,这些价值包括它在这一地区已经投入的时间和金钱、可能面临的重大风险,以及根据经营协议尚存的 76 年独家经营的权利。这些难以估量的损失,与被告的违约行为相比,是明显不相称的,因为全家餐饮公司开设餐厅迟延给汉堡王公司所造成的损失相对不大,而且这些损失是局限在一定范围之内的。因此,终止经营协议将导致对全家餐饮公司非常严厉的财产剥夺。

根据以上论述,我们法院认定,根据法律规定以及本案查明的事实,汉堡王公司没有权利宣布经营协议终止。因此全家餐饮公司根据《联邦民事诉讼程序规则》第 41(b)条的规定提出的强制驳回原告起诉的请求应该予以支持。

［法院判决驳回原告的诉讼请求。］

康涅狄格州 R & R 公司诉施蒂格勒①

480

康涅狄格州上诉法院(1985 年)

本案要旨

原告康涅狄格州 R & R 公司承租了被告施蒂格勒的一处不动产,约定原告可在租赁合同期满之前的 12 个月行使续租权。同时约定,原告还有优先购买权。之后,由于原告的律师死亡,原告迟延 37 日才提出续租,遭到被告拒绝。在合同期内,被告曾经与案外人签订了一份附条件的租赁合同,约定被告将该房屋以远高于实际价值的价格出售给案外人。在被告通知原告有案外人想购买这一不动产之后,原告也没有行使优先购买权。之后,原告向法院起

---

① R & R of Connecticut, Inc. v. Stiegler, 4 Conn. App. 240, 493 A.2d 293.

诉,要求法院禁止被告终止双方租赁合同。上诉法院认定,如果承租人是由于重大过失导致不能续租,则承租人不能获得救济。上诉法院还认为,如果在承租人应该给予通知到实际给予通知期间出租人地位发生变化,承租人也不能获得救济。由于初审法院没有查清相关事实,上诉法院将案件发回重审。

本案确定的规则是,对于一份附有续租选择权的长期不动产租赁合同来说,如果承租人是由于重大疏忽导致了续约迟延,则承租人将不能获得法律上的救济。另外,如果出租人已经有了损失,例如出租人的地位已经发生了重大变化,承租人亦不能获得法律上的救济。

赫尔法官①代表上诉法院呈递以下判决意见:

本案所涉及的法律问题只是局限在一个很窄的范围之内,即承租人本想要继续租赁一处商业不动产,却在通知续约这一事情上出现了迟延,在这种情况下,法院是否可以基于公平原则对承租人迟延通知的行为不予追究。本案中的原告(承租人)起诉至法院,要求法院颁发禁令,禁止被告(出租人)终止双方的租赁合同。被告则在反诉请求中要求法院作出确认性判决,确认由于原告没有能够及时行使选择权来延长租赁合同,租赁合同已经在 1984 年 12 月 31 日终止。初审法院的阿伦森法官在判决中认定,原告承租人已经正确地将这一租赁合同的选择权予以延长。被告出租人对于这一判决不服,提起了上诉。我们法院经审理认为,初审法院的判决存在错误。

原告是位于哈特福德②华盛顿大街 172 号不动产的承租人,它正在这一处不动产上面经营着一家超市。1979 年 6 月 13 日,被告先是将这一处不动产租赁给了佩德罗·奥尔蒂斯。1981 年 1 月 27 日,奥尔蒂斯又将这一租赁合同转让给了本案的原告。该租赁合同的期限是 5 年 6 个月,从 1979 年 6 月 15 日起算,一直延续到 1984 年 12 月 31 日终止。这一租赁合同的第 6 段,规定了承租人对于这一租赁合同享有续租选择权,根据这一选择权,承租人可以将这一租赁合同再延长 5 年时间,但是这一选择权的行使有一个前提条件,即承租人至少要在租赁合同终止日期——1984 年 12 月 31 日——之前的 12 个月内,以书面方式通知出租人。租赁合同的第 28 段当中还包含了一个承租人享有优先购买权的条款,即如果出租人收到了其他人想要购买这一不动产的要约,那么,承租人有权首先购买这一不动产。

1984 年 1 月 26 日,被告以书面方式通知原告,由于原告没有行使将租赁

---

① Hull, Judge.

② 哈特福德是美国康涅狄格州的州府。——译者注

合同予以续租的选择权,该租赁合同将在 1984 年 12 月 31 日到期终止。1984 年 2 月 6 日,原告现在的律师写信告诉被告的代理人,曾经是原告律师的阿诺德·拜尔已经于 1983 年 12 月 14 日去世。原告现在的律师还在信中这样说道:"我相信,将客户[承租人]根据租赁合同继续承租这一不动产的意愿告知被告,很可能是拜尔律师生前想要去做的事情。"律师在这封信中提到,原告还是想要行使续租的选择权,并要求被告重新考虑终止合同的事宜。1983 年 3 月 23 日,被告已经与案外人麦当劳公司签订了一份合同,将本案系争的不动产以 425 000 美元的价格卖给了麦当劳公司,用于开设麦当劳餐厅。被告的估价师在庭审中作证,该不动产正常的市场价值只有 225 000 美元。被告与麦当劳公司的合同要求被告"了结掉这一不动产上的所有租赁关系,清退占有这一不动产的所有当事人"。这一购买不动产合同没有包括具体履行期限的条款,它的履行取决于一定条件,即当买方从另外一方那里完成购买相邻不动产,获得必要的规划批准以及其他的政府许可,卖方能够完成权属转移手续的时候,合同就开始履行。本案原告于 1984 年 2 月 24 日得到通知,在这时原告才知道存在着被告与麦当劳公司的这一份合同,但是,原告并没有对这一不动产行使优先购买权。

初审法院认定,麦当劳公司的要约虽然一眼看上去是个要约,但是它在实际上只是一个购买不动产的选择权,这一选择权是以给予许可人一定利益作为条件的①。初审法院据此认定,被告出租人的损失还只是理论上的一种推测。初审法院进一步认定,原告承租人已经在这一不动产上投资了 40 000 美元,并且还从小企业管理部门借贷了 39 000 美元为经营的超市添加设备。搬离超市中的设备和冷冻装置所造成的损失以及营业损失,总计达 50 000 美元之多。此外,原告在这一地区也没有合适的地点可以让原告在相邻的地方重新找到一处地方来经营超市。

初审法院在判决中很简明地提出了本案所争议的问题,即原告承租人认为,自己的律师本来是会及时地为自己行使续租选择权的,但是由于这位律师的不幸死亡,自己才未能及时行使。原告认为,如果对本案进行公平的考虑,就应该阻止被告出租人剥夺承租人的财产。初审法院的结论是,在考虑到原

481

---

① 这一段对初审法院判决的理由作了概括。初审法院认为,案外人麦当劳公司尽管向本案系争不动产的出租人发出了购买的要约,但从合同内容来看,它并不是一份完全的买卖合同。麦当劳公司通过这一合同取得的实际上是一个选择权。这一交易最终是否能够购买成功,还取决于合同中设定的一些条件能否成就。初审法院强调麦当劳公司只是获得了一个选择权,是想说明被告(出租人)并没有真正将这一不动产出售,出租人的利益只是一种理论上推测的利益,而不是实际的利益。——译者注

告的律师拜尔不幸死亡、不能续租将会给原告带来大量的金钱损失、出租人面临的损失只是一种理论上推测，以及不能在原址经营带来的相邻社区客源损失等诸多因素之后，应该让原告承租人获得衡平法上的救济。

在康涅狄格州，本案所涉问题在法律上已经得到了很好的解决。在 F.B. Fountain Co.诉 Stein① 一案中，系争合同约定，原告承租人如果想要延长与被告出租人的租赁合同，通知期是 30 天，结果，原告的通知迟延了 4 天。这一租赁合同的期限是 5 年，原告承租人享有续租 5 年的权利，他享有四次续租的特别权利。在原告承租人这一次没有能够及时通知续租之前，他已经实际占有这一不动产长达 20 年之久。原告承租人和它的次承租人在这一地点上已经建造了房屋，并进行了装修。康涅狄格州最高法院认定，初审法院因为对原告在这一地点经营所获得的商业信誉价值方面的证据不予认可，进而没有给予原告以衡平法上的救济是错误的。在认定初审法院存在错误的时候，最高法院对这一类问题的规则作了如下表述："我们认为，对于这一问题比较好的规则是，在当事人［承租人］是有意而为或者是因为重大疏忽导致没有能够实现租赁合同中前置条件②的情况下，他就永远也不能获得衡平法上的救济。但是，如果承租人只是由于一般的疏忽而导致没有能够实现租赁合同中的前置条件——该前置条件不属于某一'意外事件'或者'错误'③——那么，在出现以下情形时，衡平法应该给予承租人以救济：即迟延的错误性质非常轻微，对出租人造成的损失非常之小，而且，如果不给予承租人以救济，将导致承租人陷于特别的困境，以至于严格按照合同中的条件去履行变得极端过分。"④

Xanthakey 诉 Hayes⑤ 这一案件的判决很坚决地重申了 F.B. Fountain Co.这一判例所确定的法律原则。该案维持了初审法院作出的裁决，即出租人应该允许承租人延长租赁合同，尽管承租人的续租通知存在着一定的迟延。在 Xanthakey 这一案中，合同的租赁期限是 10 年，承租人可以续租再延长 5 年，只要承租人在合同终止前提前 60 天通知即可。该案中，及时通知续租的

---

① 97 Conn.619，118 A.47(1922).

② 这里的前置条件就是"按照租赁合同规定的时间要求，提前通知出租人延长租赁合同"。——译者注

③ 美国合同法中，将合同中的"条件"作了不同的分类，有各种不同类型的"条件"。"意外事件"、"错误"，就是在给条件进行分类时的两种不同情形。如果合同中约定了某一"意外事件"、某一"错误"作为合同终止的条件，那么在这一"意外事件"、"错误"出现的情况下，合同就将终止。——译者注

④ 97 Conn.626—27，118 A.47.

⑤ 107 Conn.459，140 A.808(1928).

正确时间应该是 1926 年 12 月 31 日。承租人实际上是在 1927 年 1 月 3 日这一天作出续租通知的。这一疏忽通知的第一天是一个法定假日①，第二天是星期日，紧接着后面的一天就是星期一，承租人的续租通知就是在星期一送给出租人的。初审法院查明了下列事实：如果不能让这一租赁合同的期限可以延长，承租人将会损失 4 000 美元的装修费用，并造成承租人商业信誉上的实质性损失；承租人没有能够及时通知，仅仅是由于一时遗忘而已；由于这三天的通知迟延，并没有给出租人造成损失。初审法院进而得出这样的结论，这一案件是"引入衡平法来避免造成原告极度困境结果的一个独特案件"。②

在 Galvin 诉 Simons③ 这一案件中，最高法院作出了支持承租人的判决，认定承租人可以要求出租人延长租赁合同。在 Galvin 这一案件中，租赁合同的期限是从 1938 年 10 月 10 日开始，到 1941 年 4 月 30 日为止，合同赋予了承租人将租赁期限延长 1 年的权利，只要承租人在合同终止前 90 天通知出租人即可。出租人曾经告诉承租人，她会将这一租赁合同提交相关部门备案，但是，她实际上并没有这样做。承租人将这一租赁合同的文本弄丢了，在承租人的印象中，续租的权利可以在租赁合同期满之前 60 天提出。当时，承租人已经花费了 500 美元对所租赁的不动产进行了装修，如果要搬出这一处不动产，那么她还得再花费 100 美元。审理该案的最高法院认为，初审法院在得出承租人给予了充分通知这一结论时，并没有滥用法官的自由裁量权。最高法院作出这样的认定是基于以下因素：(1)没有迹象表明，让承租人再租赁 1 年会给出租人造成损失；(2)在切希尔镇④并不能找到适合承租人居住的闲置不动产；以及(3)承租人迟延通知的时间只有 13 天，与所需要的通知时间相比，只占较小的比例。

本案的被告出租人辩称，F.B.Fountain Co.诉 Stein 案这一判例确立的规则被限定在以下三种案件类型：(1)F.B.Fountain Co.诉 Stein 案这一类型。在这一类案件中，没收承租人所建造的房屋、收回承租人投入的装修，对于出租人来说构成了不公正地获得利益。(2)Xanthakey 诉 Hayes 案这一类型。在这一类案件中，承租人迟延通知的情节是非常轻微的；以及(3)Galvin 诉 Simons 案这一类型。在这一类案件中，出租人错误地表明她会将这一租赁合同提交有关部门备案，然而她却没有这样做。原告承租人则认为，本案中的这

482

---

① 1926 年 12 月 31 日之后的第一天就是 1927 年 1 月 1 日，这一天是元旦，在美国属于法定节假日。——译者注

② 107 Conn.459，476，140 A.808.

③ 128 Conn.616，25 A.2d 64(1942).

④ 切希尔镇为康涅狄格州中南部的一个小镇。——译者注

些事实使得这一案件正好归入上述那些案件所确定的规则之内。

原告承租人在审理中提出了以下主张:(1)其通知续约的迟延程度,是非常轻微的。原告指出,在 F.B.Fountain Co. 这一案件中,租赁合同规定的续租通知期是 30 天,承租人通知迟延的天数是 37 天①;在 Galvin 这一案件中,合同规定的续租通知期是 90 天,通知迟延的天数是 13 天。②(2)原告的通知迟延并不是有意为之。因为初审法院认定,原告承租人也许是由于疏忽或者遗忘而出现了通知迟延,但是,由于拜尔律师的去世,这样的疏忽可以不予追究;以及(3)如果租赁合同不能续约,原告承租人将会面临严重的困境。

[我们认为,]如果对于本案这样的案件要给予承租人以衡平法上的救济,那么 F.B.Fountain Co. 这一判例所确定的那些标准就必须符合。通过对这些标准的分析,我们认为,初审法院的判决是错误的。

(1) 承租人未能通知仅仅是一般疏忽,还是重大的或者是有意为之的过错。"作为一般的规则来说,如果一方当事人的错误是由自身的疏忽大意造成的,那么他是不能获得法律上的救济的……但是,这一规则并非没有一点弹性,在许多案件中,法院还是会给予那些犯了错误的当事人以法律上的救济,虽然当事人的错误并不是没有掺杂一丁点儿疏忽的因素,特别是在另一方当事人没有受到丝毫损失的情况下,法院更是会视情况给予当事人以法律上的救济。"③初审法院只是发现原告承租人在通知续租这一点上"可能存在着遗忘或者疏忽",就认定拜尔律师的死亡可以成为法院对这一案件进行衡平法上干预的理由。

483　　初审法院查明的事实,并没有提及原告未能及时通知续租,究竟是等同于有意为之的过错或者重大的过错,还是仅仅只是一般过错。根据 F. B. Fountain Co. 判例的原则,如果是前者,就不能给予原告以衡平法上的救济;而如果是后者,就可以给予原告以衡平法上的救济。本案原告律师在法庭上的陈述是,他**相信**④,向被告发出一封续约的信件,**可能**是拜尔律师在生前的**想**

---

① 原文如此,似乎是法官的笔误。从前面判决表述的内容来看,在 F.B.Fountain Co. 这一案件中,承租人通知实际迟延的天数是 4 天。在本案中承租人迟延的天数才是 37 天。——译者注

② 原告提出的这一段理由是想说明,与 F.B.Fountain Co. 及 Galvin 两案的迟延天数相比,自己通知的迟延天数也是非常轻微的。因为,在本案中合同期限是 5 年 6 个月,提前通知的期限是 12 个月,实际发生迟延的天数只有 37 天(从 1984 年 1 月 1 日到 1984 年 2 月 6 日)。——译者注

③ F.B.Fountain Co. v. Stein, supra, 626, quoting 21 Corpus Juris, Euity, § 64, p.88.

④ 此处黑体的"相信"以及后面的"可能",是法官在判决意见中所加。赫尔法官在这里主要是想要强调,原告律师在法庭上的说辞只是一种推测而已("相信"以及后面的"可能",就是一种推测的表达),并没有任何证据支撑。——译者注

法,在我们法院看来,原告律师这种带有推测性的陈述完全起不到证据上的作用。一旦法院接受这样的陈述作为"证据",将会导致大量这样的陈述进入法院,那些对此有兴趣的律师会据此引入对于其客户有利,然而却缺少事实基础的说辞。

(2) 迟延通知的情形在程度上是否属于非常轻微。 初审法院在这一点上没有作出特别明确的认定,但是,从初审法院在判决中是以 F.B.Fountain Co. 这一判例作为依据给予原告以法律救济来分析,说明初审法院认定了本案中迟延通知的情形在程度上是非常轻微的。将本案中的迟延情形与 F.B. Fountain Co.这一判例(30 天的通知期,迟延了 4 天)、Xanthakey 这一判例(60 天的通知期,迟延了 3 天)以及 Galvin 这一判例(60 天的通知期,迟延了 13 天,该案采纳了迟延天数与通知期天数相比占多少比例这一考虑因素)相比较,我们法院得出的结论是,本案中的迟延情形在程度上是非常轻微的。①

(3) 是否只是给出租人造成了很小的损失。 法院在审理中应该考虑迟延通知可能给出租人更加有利地使用财产带来的损失,这样做的恰当性不管是在初审法院还是上诉法院都没有受到质疑。初审法院认为出租人与麦当劳公司的合同相关的证据只是"推测性的",因而拒绝这一证据是错误的,鉴于这方面的证据对于本案涉及的问题并不重要,我们对这样的错误不再予以考虑。我们法院认为,在任何情况下,初审法院这样考虑证据都是错误的。F.B. Fountain Co.这一判例所确定的规则要求,出租人由于自己所处位置在一段时间——即应该给予通知到实际给予通知期间——发生变化而受到了损害②。也就是说,迟延通知本身一定是已经导致了出租人的损失。"对于一份包含着

---

① 康涅狄格州上诉法院认定本案中承租人的通知迟延属于情节轻微,是因为在本案中的通知期是 12 个月,承租人的通知迟延的天数只有 37 天,相比较前面的那些判例,就可以得出本案的迟延通知情节轻微这一结论。——译者注

② 法官在这里主要是阐述了 F.B.Fountain Co.这一判例要求的第三点因素,即"是否只是给出租人造成了很小损失"。赫尔法官认为,根据 F.B.Fountain Co.这一判例,出租人是否有损失,应该看约定的通知日期到实际通知这一期间出租人的地位是否发生了变化。初审法院以出租人与麦当劳公司的合同只是附条件的选择权协议、出租人的损失只是"推理性"损失为由对于这一协议的证据不予认可,是错误的。因为在本案中,承租人已经与麦当劳公司签订了将这一不动产出售的合同,在出租人告知了与麦当劳公司的合同之后,承租人也没有行使优先购买权。在这样的情况下,只要条件成就,出租人就可以根据合同将不动产出售给麦当劳公司,并获得自己的利益(与麦当劳公司协议中的出售价格要高于市场的价值,这一利益要高于该不动产的正常价值),因此,在约定的续约日期到实际通知这一期间当中,出租人的地位已经发生了变化。所以,赫尔法官认定,初审法院以出租人的损失只是"推理性"为由而拒绝认可这一合同是错误的。只是初审法院的这一错误与本案所涉及的问题——承租人的迟延通知是否仅仅为一般过失——相比,并不十分重要,赫尔法官才没有对此进一步分析。——译者注

选择权条款的租赁合同或者其他涉及不动产的合同而言,一些衡平法院在近几年越来越倾向于不去认定选择权的要约在选择权期限届满时即为自动过期,在长期租赁合同的续租情形就是如此。当然,法院这样的认定也有着一定前提,即如果将行使选择权的要约视为自动过期将会实质性地剥夺被许可人[承租人]的财产,而且出租人对于被许可人[承租人]未能在指定时间内行使选择权产生信赖后,其自身的地位并没有实质性的改变。"①

因为该案需要进行重新审判来查明 F.B.Fountain Co.一案的标准中所遗漏的因素,即原告没有能够给予及时通知,这一疏忽在程度上究竟如何,所以,如果在重新审判后原告不能被给予续租的权利,那么我们就不用去涉及可能的显失公平这一最终问题。如果初审法院在重审之后认为必须给予原告救济,接下来,初审法院就要再决定本案所涉及的最终衡平法上的问题。

初审法院的判决存在错误,由初审法院按照上诉法院的观点重新进行审理。

上诉法院的其他法官也同意本法官的判决意见。

484

C & J 化肥厂诉联合互助保险公司②

艾奥瓦州最高法院(1975 年)

本案要旨

原告 C & J 化肥厂向被告保险公司购买两份防盗窃保险,协商时被告的保险代理人提出,如果原告想要主张被告保险公司理赔,必须有证据证明确实发生了盗窃事故,对于"监守自盗"的损失,被告不予赔偿。但在实际提交的保单中却要求,如果原告要求理赔,必须在大楼的外部留下犯罪分子采用物理破坏的方法实施盗窃的痕迹。后原告的仓库发生盗窃,虽然在大楼里面有明显的犯罪遗留下的痕迹,大楼的外面并没有留下物理破坏的痕迹,因此,被告拒绝理赔。原告起诉要求被告赔偿。法院认定,保单中对于"盗窃"的界定,违反了投保人的合理期待,违反了保单应有的默示担保,而且显失公平。于是,判决支

---

① 1 Williston, *Contracts*(3d Ed.Jaeger) §76, pp.248—49 n.4.

法官在此引用的这一段文字是想说明,在美国的衡平法上,对于像本案这样的长期不动产租赁合同,特别是包括了当事人享有续约选择权的合同,如果发生了通知期届满而没有及时通知续约的情形,法院往往不再当然地认为这样的租赁合同已经终止,而是让承租人仍然可以行使选择权,前提条件是,一旦将原先的租赁合同视为自动终止,将会导致实质性地剥夺承租人财产,而且,出租人在这一段期间的地位没有什么改变。——译者注

② C & J Fertilizer, Inc. v. Allied Mutual Ins. Co., 227 N.W.2d 169.

本案的判决意见还是有相当争议,只是以微弱多数通过。——译者注

持了原告的诉讼请求。

本案确定的规则是，一份保单中包含着帮助投保人实现投保目的的"适用性"默示担保，必须符合投保人的合理期待，而且对于显失公平的条款，法院可以直接宣告无效。

雷诺森法官①代表法院呈递以下判决意见：

本案原告[C＆J化肥厂，以下简称化肥厂]根据两份独立保单，要求被告保险公司赔偿其因为遭遇盗窃所造成的财产损失。初审法院经审理之后得出的结论是，原告化肥厂并没有能够证明保单中所界定的盗窃行为存在。原告化肥厂对于初审法院支持被告的判决不服，提起了上诉。我们法院现在将本案予以推翻，发回初审法院重审。

初审法院在本案中认定了一些可以支持其判决结论的案件事实。原告是艾奥瓦州奥尔兹②的一家化肥厂。在损失发生的时候，原告正好在被告保险公司进行过投保，其所购两份保单的名称分别是"**仓库综合保险单**"和"**防止商品盗窃和抢劫保险单**"。每一份保单中都对"盗窃"这一概念作了以下的界定：

> ……[本保单中的"盗窃"是指，]一个人通过现实的强制和暴力，非法进入保单所指房屋的范围之内，将所投保的财产非法拿走的行为。这里所指的"强制和暴力"，需要在投保场所的外部留下窃贼通过工具、炸药、电力或者通过化学损害、外力进行破坏的痕迹，这些痕迹应该是人们能够看得见的痕迹……

1970年4月18日星期六，当原告化肥厂的员工们结束了一天的工作离开工作场所的时候，大楼所有外面的门都是锁着的。第二天4月19日是星期天，原告的一个雇员正在工厂里，他看到所有的门是锁着的，而且是保险着的。1970年4月20日是星期一，原告的员工们来到单位上班的时候，工作场所外面的门虽然是锁着的，但大楼前面办公室的门却是开着的。

从办公室有机玻璃门的入口到仓库之间，有一条车道。在泥地的车道上，可以看见有卡车轮胎碾压过的痕迹。现在已经证明了的是，这一间办公室的门可以用力打开而不留下任何看得见的记号，或者是外力破坏过的痕迹。

在大楼的外部入口处并没有使用工具、炸药、电力、化学品进行破坏所留下的痕迹，大楼的外部也没有被物理破坏的痕迹，用以证明窃贼是通过强制和暴力强行进入原告的这幢大楼的。

---

① Reynoldson，Justice.
② 奥尔兹是艾奥瓦州亨利县的一个小镇。——译者注

原告的化学品储存在仓库的里间。到达这一储存间的门本来是被锁着的,但现在已经被外力破坏了,而且在门上还留下了通过工具进行破坏的痕迹。被盗化学品的净损失达到了 9 582 美元。大楼内被盗走的办公及商店设备,价值也达到 400.30 美元。

初审法院认定,保单中所界定的"盗窃",其含义是清晰明确的。本案庭审记录中并没有任何证据表明,"原告经营场地的门是被窃贼以暴力和强制的方式非法强制进入的",因此,根据保单中对"盗窃"所作的文字界定,初审法院作出了支持被告保险公司的初审判决。

由于初审法院坚持认为本案中所适用的法律要求法院强制适用保单中的"盗窃"条款,因而,庭审笔录中有一些事实显然被初审法院认为与本案并不相关。但是,因为我们法院在这起上诉案件中的结论是应该适用与初审法院不同的法律规则,所以,我们法院在本案中还是会考虑那些被初审法院认定为不相关的案件事实。

"仓库综合保险单"是在 1969 年 4 月 14 日由被告签署的;"**防止商品盗窃和抢劫保险单**"则是在 1970 年 4 月 14 日由被告签署的。这两份保单都是本案的证据。很显然,原告化肥厂最早是在 1968 年的时候购买了前一份保单。被告的保险代理人——该保险代理人有权力来确定保单覆盖的责任范围——被告知,原告将要在这里储存农用化学品。在视察了原告当时用来储存化学品的大楼之后,这位保险代理人就安全问题提出了一些建议。在这次视察之后,被告的保险代理人和原告进行了一次交谈,在交谈中,被告的保险代理人提出,[如果原告将来要获得理赔,]必须有看得见的盗窃证据才行。没有任何证言证明,在这一次谈话的当时或者谈话之后,原告曾经被告知,交付的正式保单中要求的盗窃必须是这样的界定,即"需要留下窃贼通过工具、炸药、电力或者通过化学损害、外力破坏房屋外部入口的痕迹,这些痕迹应该是人们看得见的痕迹"……

原告与保险代理人在系争保险项目被出售时的谈话内容究竟是什么含义,可以通过保险代理人在被告保险公司拒绝理赔之后的反应得到最好的确认。在得知被告拒绝给予原告理赔时,这一位保险代理人也是直截了当地表示非常意外。从这位保险代理人所看到的盗窃迹象(现场有卡车轮胎的痕迹、大楼的里间有遭到破坏的痕迹),以及他与保险调查员的接触来看,"……我[指保险代理人]当时根本就没有想到,原告大楼中这样的盗窃事件竟然不属于保险的理赔范围……"从当事人在初审中所提供的证言来看,很明显,当时双方对于本保险项目唯一的理解是,应该有第三人实施盗窃的确凿证据,原告的损失不应该是由于原告内部人员"监守自盗"导致的。而在本案中,原告内部人员"监守自盗"这一情形已经被有效地排除在外,因为窃贼需要破坏内屋的门锁才能盗走原告储存的化学品。

这位保险代理人在法庭上证实,原告化肥厂购买了这一保险,"保单后来也交付了"。原告化肥厂的总裁是一个受过高等教育的 37 岁的农场主,他看过这一份规定了保险项目的保单,保险项目包括了盗窃险损失、保险金额,以及"保险地点及描述"。但是,他回忆不出在保单第 3 页上曾经看到过用小字界定的"盗窃"的内容。

[我们认为,]初审法院"查明的案件事实",必须按照我们法院所适用的法律规则来进行检验。在通常情况下,对于由初审法院审理的一起案件来说,初审法院所查明的有充分证据支持的事实不应该被上级法院置之不理,除非这些事实是由错误的法律规则所引导出来的。由此可见,即使我们认可初审法院查明的案件事实,但是这并不排除我们法院去查明初审法院是否适用了错误的法律规则——这些错误的法律规则将实质性地影响案件的最终判决。①

有一些外部证据②能够很清楚地解释当事人的基本情况、先前进行过的协商、随后的演变情形以及他们想要努力实现的目标;这样的外部证据在确定这一协议的实际意义和正确的法律含义时,理所当然地应该被认为是与案件相关的证据。③

合同的**文义解释**——也就是根据合同中的文字解释所得出来的含义——是一个应该由法院来决定的问题,除非这样的文义解释必须取决于外部证据;当外部证据可以得出好几个合理推论的情况下,这样的文义解释取决于如何从这些推论中作出一个选择。合同的**法律解释**问题,则是确定合同在法律上应该如何运作,即确定这一合同在法院审理案件中的效果。④"某一份合同在法律上应该如何解释,永远是应该由法院来确定的事情"⑤,"在对标准合同进行法律解释和适用法律的过程中,法院应该努力实现人们尤其是接受标准合同

486

---

① Beneficial Finance Company of Waterloo v. Lamos,179 N. W. 2d 573,578(Iowa 1970)and citations.

② "外部证据"是美国诉讼法上的一个概念,它主要是指并非来自书面文本自身的那些证据。书面文本的证据主要有书面合同、授权书、书面遗嘱等,而外部证据一般是指书面文本之外的其他证据,例如,口头证言、当事人的行为,等等。在当事人形成了最后的书面合同的情况下,与书面证据相抵触的那些"外部证据"一般不会得到法院的认可,但是也有例外的情形。——译者注

③ Hamilton v. Wosepka,261 Iowa 299,306,154 N. W. 2d 164,168(1967);3 *Corbin on Contracts*,1971 pocket part § 543AA,pp.91—95.

④ Porter v. Iowa Power and Light Company,217 N. W. 2d 221,228(Iowa 1974);3 *Corbin on Contracts* § 534,pp.7—9;4 *Williston on Contracts* § 602,p.320.

⑤ 3 *Corbin on Contracts* § 554,p.227.

的一般社会成员的合理期待①"。② ……

虽然初审法院已经对保单作出了法律解释——保单如何解释,这属于由法院来确定的事情——但是,我们法院在上诉审理中并不受到初审法院判决结论的限制。而且,如果初审法院所适用的法律规则是错误的话,那么我们法院也不受到初审法院所确立的法律规则的限制——在本案中,初审法院是按照保单中很小字号的"盗窃"概念界定其适用的法律规则的。③

初审法院在判决中认定了"在保单被投保的时候,双方当事人之间并没有就保单条款进行过讨论……"这一认定有着很好的事实来支持:即并没有证据表明原告事先知道保单中包含着对盗窃所作的那种界定,原告直到盗窃事件发生之后才知道保单中对盗窃所作的那种界定。但是,双方当事人也都承认,就保险的类型和被投保的财产,他们事先进行过交谈。就这一次交谈究竟发生在系争保单签发之前还是之后,原告总裁所作的证言存在着矛盾;而被告保险代理人对此很确信,这一次交谈发生在两份保单被交付之前。

在初审法院认定的那些事实当中,并没有任何事实可以排除我们法院就系争保险合同的法律效果作出正确的认定,或者排除我们法院考虑这一提起上诉的判决是否源自对法律的错误适用。如果被告保单中对于"盗窃"所作的界定在本案中是不能强制执行的,那么,初审法院所作的认定——即并没有窃贼对大楼外面的门采取了强行进入的证据——在本案的处理中就起不到什么重要作用。

原告要求被告保险公司赔偿损失的诉讼理论是以"合理期待"、默示担保义务和显失公平作为基础,我们认为,对于原告的这些诉讼理论必须从合同法领域的快速演变来进行观察。

一、有关合同关系形成理论的重大变革

解决书面合同争议的许多法律规则形成于较早的时期,在这个时期,双方当事人有着平等的力量,他们是通过将要约、承诺转化为书面形式这样的传统方式来形成合同。当时,从法律上认定双方当事人都同意了最后形成的合同

---

① *Restatement*(*second*)*of Contracts*,[§ 211, cmt.e]...
　　这一判决在制作时,《合同法重述》(第二次重述)还只是草案,所以在引用时也是草案中的条款。在编辑时已经由编者改成了正式的《合同法重述》中的条款。——译者注
② 本案争议的一个问题是如何理解保单上的"盗窃",雷诺森法官在这里提出,合同的法律解释永远是一个由法院来解释的问题。同时,由于保险合同是一份典型的标准合同,他引用了《合同法重述》(第二次重述)中的观点,在对合同进行法律解释时,法院应该努力实现人们的"合理期待",法院的解释不能导致接受这一标准合同的一般民众无法实现"合理期待"。在这一判决的后面,法官对"合理期待"作了进一步的论述。——译者注
③ Beneficial Finance Company of Waterloo v. Lamos, *supra*.

文本,是有着坚实的事实基础的。

只是到了近代,合同文本在形成方式上发生了彻底的变化,这一点也得到了社会广泛的认同:

标准形式的合同①可能占到了现在所订立合同总数的99%。绝大多数人只记得曾经通过标准格式与他人达成过合同,然而,他们很难回忆起那些合同形成的最后时间;除了通常的口头协议之外,他们可能永远也不会记起合同最后形成的时间。但是,如果他们精力充沛的话,可能会在一天的时间内多次形成各种标准样式的合同。例如,停车场的收据和影剧院的票子,包裹收据,百货商店的收费条,以及购买加油站油卡的小票等,这些都是标准形式的合同……

……法官和法学院老师们所设想的订立合同的典型过程是,双方当事人都能够参与到整个合同的订立过程,选择合同中使用的文字,然而,除了还具备历史上的重要性之外,这样的订立合同过程在现实中已经没有更多的重要意义了。②

对于那些想要购买保险的人来说,有学者已经注意到他们所处的境地:

就所建议的保险合同的任何实质性条款来说,投保人与保险公司对此进行成功谈判的机会几乎为零。每当保险公司推出一个保险时,它采取的态度是"要么接受,要么离开"……

……被劝说收下保单的人当中,很少有人会明白保险客体是什么,也不会明白调整彼此协商的法律规则究竟是什么,而且他们在确定保险合同条款的过程中是没有什么话语权的。他们只清楚保险代理人承诺会予以保护的那两点或者三点事项,而对于其他的事情,他们就只能在已经准备好的申请书上签名,接受已经准备好了的保单,而这样的保单是保险公司仔细设计好、用来保护保险公司利益的……因此,保单中的保险客体,是非常独特的一个内容,它不同于发生在人与人之间的那些普通合同;那些设计出来专门用以调整普通合同形成的法律规则,不能简单、机械地适用到保险合同当中。③

---

① "标准形式的合同"在论述时有时会与"格式合同"、"附和合同"混用。——译者注

② W. Slawson, *Standard Form Contracts and Democratic Control of Lawmaking Power*, 84 Harv.L.Rev.529(1971).

③ 7 *Williston on Contracts* §§ 900,pp.29—30(3d Ed.1963).
雷诺森法官引用的威利斯顿论著中的这段内容是想说明:一、在保险合同中,投保人很难和保险公司就保险合同的实质性条款进行协商;二、投保人在保险合同中是没有话语权的;三、保险客体是保险公司预先设计好对众多不特定人的,因而是非常特别的。而现在的法律规则主要是调整两个人私下达成的普通合同,这样的规则不能机械地适用到保险合同这样的标准形式合同中。——译者注

现在得到普遍承认的是,投保人将不会去阅读那些非常详细、相互参照、标准化制作、批量生产的保险合同文本,即使投保人去看的话,他们也搞不明白那些保险合同文本的具体含义。威利斯顿在其《合同法》专著中曾经提及:"……但是,如果提供给他的文本是一个保险合同,多数人认可的规则是,这种情形下并不要求投保人去了解保险合同中的内容。"①科宾在其《合同法》专著中提及:"那些申请获得保单的人……甚至可能没有看到过保单,没有看过保单中究竟有多少条款,没有看过那些会让他失望的印刷精美的文字。"②有学者在论文中提出:"也许可以很有把握地得出这一结论:对于绝大多数标准合同来说,那些签署合同的当事人是从来不会去阅读的。在这样的情况下,提出标准合同的一方当事人就可以自由地确定最有利于他们的合同条款。"③

488　　公民应该遵守由他们的代表所制定的公共事务法律,然而这一理念并不推翻一个有关公平的基本常理:即当事人对于协商的事情必须是发自内心的"同意",这一要素必须渗透在合同订立的整个过程之中。④强制执行这些格式合同——像本案中这样,这些格式合同通常是在交易之后提供,而且它们包含着对方当事人从来也没有同意过的条款——带来的不可避免的结果就是,法院在面对基本的不公平的时候,放弃了自己的司法责任;而且,强制执行这些合同,将承认人们的正当权利会在没有得到本人同意的情况下——不论是明示同意或者默示同意——被私人立法者⑤所控制。由此,也提出了以下这样的问题:法院是否可以在宪法上允许这样的权力⑥存在于私人手中呢?宪法将这样的权力放在相关政府部门手中行使时采取了恰当的防范措施,这种防范措

---

① 7 *Williston on Contracts* § 906B,p.300.

② 3 *Corbin on Contracts* § 559,pp.265—66.

③ Note, *Unconscionable Contracts*:*The Uniform Commercial Code*,45 Iowa L.Rev.843,844(1960).

④ 雷诺森法官在这里将公共事务法律与格式条款进行了比较。一份"公平"的合同,包括格式合同,必须得到当事人全过程的同意。在现代社会中,公共事务法律的制定并不都是每个公民全过程参与制定的,在很多情况下,公共事务的法律是由公民的代表们(议员)制定的。雷诺森法官认为,公民应该遵守其代表所制定的公共事务法律,并不违背公平的基本要求。雷诺森法官是想强调,公共事务可以不必经过公民的全过程同意,这一例子并不能说明格式合同也可以这样。——译者注

⑤ 在本案中的被告保险公司就可以被看作这样的"私人立法者"(private lawmakers)。——译者注

⑥ 此处的"权力"即是指没有经过人们的同意去限制他人的权利。这种限制他人权利的"权力",在美国应该是由立法机关、政府依法来行使,而且在行使的时候要受到法院的司法审查。雷诺森法官实际上在此对私人有没有权力去限制他人的权利提出了怀疑,如果这是不受到审查的权力,就更加应该受到质疑。——译者注

施包括有重大意义的司法审查制度。①……

商事交易纷繁复杂，涉及的交易对象人数众多，这些复杂交易的爆发式增长必然导致了批量生产、样板式"标准合同"的问世。这些"标准合同"的存在，使得法院会面临这样的境地：在试图适用传统的合同解释方法来实现公正结果时，通常会遇到一些障碍。早在 15 年前，卢埃林教授②在他的专著《普通法传统——决定上诉》③一书中就这样写道：

> 到目前为止，这一故事首先表明的是，学者们顽固不化地坚持其傲慢态度，而法官们花费了几乎一个多世纪的时间，尝试以各种虽不规则然而却是执着的方式来进行探索。他们这样探索的目的，就是为了避免一再发生的失衡所带来的尴尬，之所以会出现失衡，就是因为法院所依赖的是一份看上去有着完美外表的协议，而这样的协议其实并不是一份真正意义上的协议。④……

> [如何解决这样的难题呢？]我建议的答案是这样的：不必再去考虑当事人已经"同意"了那些格式条款，取而代之的应该是认可这一观点，即就当事人的"同意"必须是针对特定具体事项来说，其实当事人根本就没有"同意"那些格式条款。在我看来，当事人事实上所同意的事项，具体来说就是以下几项内容：少数经过磋商达成一致的条款、广义上的这一桩交易，但是，还同意了"另外一件事情"。这里提到的"另外一件事情"，就是指对于卖方格式合同中那些并非不合理或者并非不恰当的条款予以概括同意⑤（这并不是对具体条款的同意），只要这些条款并没有改变或者废止那些经过磋商达成条款中的合理含义。根据经过磋商达成一致的那些条款——它们构成了占主导的、也是唯一真正表达了的协商内容——当事人没有阅读过的用小字写成的内容，没有权利去砍掉我前面提到的"另外一些事情"，但是，大多数小写字体内容通常是想要这样去做的。⑥……

---

① *W. Slawson*, *supra*, at 553.

② 卢埃林教授(Llewellyn，1893—1962)是美国著名的法学家，毕业于耶鲁大学法学院，先后在美国哥伦比亚大学和芝加哥大学法学院任教，是当时美国《统一商法典》的主要参与起草者。——译者注

③ *The Common Law Tradition—Deciding Appeals*, pp.362—71.

④ *The Common Law Tradition—Deciding Appeals*, pp.367—68.

⑤ 卢埃林教授在这里提出了处理格式合同的一个重要概念——"概括同意"。他认为，当事人对格式合同中真正同意的只有那些经过讨价还价的条款，以及广义上的交易(在本案中就是同意投保)。对格式合同中的其他条款的同意，只是一种"概括同意"，而非"特定同意"。"概括同意"的那些条款不能是不合理的，也不能是不恰当的。如果它们是不合理或者是不恰当的条款，则不能被视为对方已经同意。——译者注

⑥ *The Common Law Tradition—Deciding Appeals*, p.370.

原告化肥厂声称,根据合理期待、默示担保义务和显失公平这些法律原则,它应该可以获得法律上的救济。原告的这一主张能否获得支持,应该在上述背景下予以考虑。

二、合 理 期 待

在 Rodman 诉 State Farm Mutual Ins. Co.① 这一判例中,我们法院采纳了"合理期待"这一法律规则。审理 Rodman 这一案件的法院,在其判决意见中认可了对于"合理期待"概念作出的以下表述:

489

> 有关保险合同条款的相关申请人和可能受益人,其客观的合理期待必须得到尊重,即使在对保单进行仔细研究后可能会否认那些合理期待,我们也应该尊重这样的合理期待。②

上述观点也可参见 Gray 诉 Zurich Insurance Company③ 这一案件的判决意见;参见《合同法重述》(第二次重述)中的相关观点及评论④。科宾在其《合同法》专著⑤中提到:"那些被划归到合同法以及被认定为属于合同法的法律领域,应该努力去实现人们的合理期待——这些合理期待是受到那些承诺的诱导而产生的。"威利斯顿在其《合同法》专著⑥中提到:"有一些法院认为,只有非常少的投保人会努力去阅读和搞明白保单或者申请书中的内容。这些法院在判决中宣布,投保人有正当的理由推定,交付给他们的保单已经完全做好了防范投保人已提出的风险的准备……很显然,这样的司法态度是对古老的'**买家自负**'⑦这一格言发出的一声遥远的呐喊——不!"

在《合同法重述》(第二次重述)第 211 条款的评论 f 中,我们看到了对"合理期待"原则所作的分析:

> 虽然顾客通常是在并不知道标准合同具体细节的情况下附和[同意]了标准合同,他们要受到这些标准合同的制约,但是,一旦他们并不知情的那些条款超出了他们的合理期待,那么他们就不应该受到这些条款的制约。一个债务人向他的债权人签发支票,在签发支票时让上面的数额

---

① 208 N.W.2d 903,905—908(Iowa 1973).

② 208 N.W.2d at 906.

③ 65 Cal.2d 263,54 Cal.Rptr.104,107—108,419 P.2d 168,171—172(1966).

④ *Restatement(Second) of Contracts*,[§211,cmts.e and f].

⑤ 1 *Corbin on Contracts* §1,p.2.

⑥ 7 *Williston on Contracts* §900,pp.33—34.

⑦ "买家自负"本来是有关货物买卖法律中的一个规则,它是指由买方自己对所购买货物质量、性能承担责任。如果将"买家自负"这一规则引用到保险合同中,那么意味着投保人就必须接受保单中的所有条款,包括那些明显不公平的条款。在这里,威利斯顿教授认为,对于购买保单这样的法律关系,不应该适用"买家自负"这样的规则,这样做是为了实现法律上的公平。——译者注

空着,没有填写具体金额,这并不等于授权债权人可以在支票上随意填写一个无穷大的金额。与签发支票的情形相类似,附和[同意]格式条款的这一方当事人,将会被认定为并没有同意那样的特定条款,只要制作格式合同的那一方当事人有理由相信,附和[同意]的这一方当事人如果知道包含着这样特定的条款就不会接受整个合同。这样的一种"相信"或者"假定",可以从双方当事人先前的协商过程中看出来,也可以从相关具体情形中推断出来。制作格式合同的一方当事人应该相信[对方当事人不会接受那些特定条款]的理由,可以从一些案件事实当中推断出来,这些事实就是:合同中的那些特定条款是离奇的或者压制性的条款,那些特定条款改变了当事人明示同意的非格式条款的核心内容,或者合同中的特定条款推翻了双方交易的主要目的。如果附和[同意]的一方当事人从来没有机会阅读这些特定条款,或者这样的条款难以辨认、隐藏在正常视线之外,那么以上的推断将会变得更有说服力。这一规则与制止显失公平条款的政策,以及对格式条款应该作不利于起草方解释的规则,是紧密联系在一起的。

我们认为,不能因为原告已经知道保单中包含着它现在抱怨的那些条款,就断言"合理期待"原则不能适用于本案,而且,也不能只是听说原告已经合理预料到它知道的内容不在保单中。查看本案庭审记录,并不能发现原告知道这些条款。

正如前面提到的,本案中的证据确实显示,双方当事人就这些化学品和设施的承保范围进行过协商。双方进行过磋商的内容,在保单的"保险协议"这一部分中有过如实的表述:保险公司承诺,"在所承保的场所处于非开门营业的情况下,由于窃贼实施盗窃,或者抢劫承保场所范围内的货物、家具、设备和设施所造成的损失,保险公司将会予以赔偿……"

490

除此之外,原告和保险代理人的谈话内容当中还包括了这样的表态,即原告应该知道,如果盗窃是由于其内部人员"监守自盗"而产生的,那么被告支付赔款的义务将不会产生。因此,保险公司在保单中确定的下列免除责任条款应该是可以被合理预见到的:

免除责任

该保单不适用于下列情形

……

(b) 由投保人,包括它的合伙人或者高管、雇员、经理、受托人或者授权的代表所实施的任何欺骗行为、不诚实行为或者犯罪行为所造成的损失……

但是,在原告与被告代理人之间,除了上面协商的那些内容之外,并没有进行过任何其他协商——其他的协商是指足以导致原告合理预见到被告在界定"盗窃"这一概念的时候会插入另外一个免除责任的情形。现在,保单中插入的另外一种免除责任情形是,不管有多么充分的证据证明盗窃事故是由第三人引起的,只要在承保场所的外部没有遗留下痕迹,那么,这样的盗窃就不在被告保险公司的承保范围之内。这一让承保人免除赔偿责任的条款,在本案中是由盗窃者的技能所引发的(有一个对该案进行调查的司法官员,显然非常熟悉最新的犯罪手法,他在倚靠着树脂玻璃门顶部的同时,打开了里面锁门的把手,得以顺利进入一幢钢结构大楼,整个过程没有留下任何痕迹)。这一免除责任的条款,被告保险公司从来没有向原告的员工宣读过或者由原告的员工宣读过,其实质内容也从来没有经由被告的保险代理人作出过解释。

另外,保单中对"盗窃"概念所作的界定,是"蹑手蹑脚"地出现在保单当中的,它既不符合一个法律门外汉可能知道的对"盗窃"犯罪的理解,也不符合法律上对"盗窃"这一概念所作的解释。原告最有可能合理预料到的是,保单要求的保险事故必须有着看得见的证据(在本案中,这方面的证据是非常充分的),这些看得见的证据必须表明,这一盗窃事故是"外面的人实施的",而不是"原告内部的人监守自盗实施的"。本案中引起争议的免责情形,以保单中所作的界定作为掩饰自己的面具,使得保险公司支付理赔款的义务取决于盗窃犯罪分子的盗窃技能,而不是取决于双方当事人先前协商的事件;双方先前协商的事件是,必须确实是由于第三人实施的盗窃行为导致了原告化学品和设施的损失。

……[合理期待这一法律原则]要求我们法院必须推翻初审法院的判决,作出支持原告的判决。

三、默示担保义务

由于被告保险公司违反了默示担保义务,所以,在"默示担保"这一争议问题上,原告化肥厂的诉讼理由也是占有优势的。本案中,被告保险公司的默示担保义务就是,必须要让后来交付给原告的那一份保单合理地符合它所要实现的目的,即以书面形式确定各方当事人的义务。但是,在书面确定各方当事人义务的时候,被告必须做到以下几点:(1)不改变或者不损害投保人在单独阅看这一份保单时所提出的那些保护条件,即这些保护条件的公平性不得被突破;(2)这一保单中的条款既不能是特定意义上的不合理、不公平,也不能是广义上的不合理、不公平。①

---

① K.Llewellyn, *The Common Law Tradition—Deciding Appeals*, p.371.

早在 75 年以前,在没有成文法支持的情况下,我们法院就认可了在有形财产的买卖合同中存在着法律上的默示担保义务,要求卖方销售的商品必须"合理地符合当事人所要实现的目的"。①"默示担保义务"这一涉及基本公平的新兴概念,通过法院连续不断的判决和立法,在今天已经形成了保护动产购买者、使其免予遭受不公平待遇的一个保护网。

491

保险合同与其他普通的、经过协商而达成的合同相比较,其最终的、可能也是最重要的特点就是,社会公众越来越倾向于不仅仅将保单视作为一份合同,而且将保单视作为一种特殊的有形财产。就那些典型投保人而言,其所购买保险中的那些"保障",就像他购买的百货商品一样。②

如果我们法院不能客观地了解到现在的保险公司已经是在借助铺天盖地的广告来销售它们的"保障"的话,那么我们法院在履行实现正义的职责上就是玩忽职守。在保险公司滔滔不绝地保证这些保单将会给投保人提供完全"保障"的情况下,投保人不太可能会小心谨慎到在保单中仔细查看"如果盗窃犯是在里面而不是在外面打开门的话,那么投保人将无法得到保障"这一条款的。

[现在看来,保单中提供的"保障"已经是商品化了,]如果我们法院剥夺购买了商品化"保障"的那些人获得法律救济的权利——长期以来,商品的购买人一直享有这样的法律救济权利——那么,就毫无正义可言。

虽然实现合同目的的"适用性"③默示担保,在传统上只适合于有形财产的销售,但是,并没有什么理由可以说"适用性"默示担保并不适合于"承诺的销售"④。某一个财产不论其是有形的还是无形的,其创制者通常是有理由知道想要使用这一财产的买方为什么要购买这一财产,而且,买方通常也会依赖财产的创制者在提供这一财产时的技能或者判断。例如,一个理性的客户,通常会依赖于保险代理人或者保险公司,相信卖给他的保单会实现他所想要实现的目的。这一点在很大程度上就像一个客

---

① Alpha Check-Rower Co. v. Bradley, 105 Iowa 537, 547, 75 N.W.369, 372(1898).

② 7 *Williston on Contracts* §900, p.34.

③ "适用性"默示担保在《统一商法典》中是第 2-315 条款。其内容主要是指,在合同签订或者交易的时候,卖方如果知道买方购买这一商品是用于某一特定的目的,知道买方依赖于卖方的专业技能或者判断来挑选合适的商品,那么,除非按照《统一商法典》的要求作了修改或者排除,否则在这样的合同或者交易中,卖方销售的商品必须符合买方的特定目的。——译者注

④ "承诺的销售"是一个与"货物的销售"相对的概念。"货物的销售"指的是某一个有形的、具体物品的销售,例如,汽车、冰箱、电脑等;而"承诺的销售"不是指某一个有形的、具体的商品,而是特指某一个"承诺",保单中答应给予投保人的"保障",就是一种典型的承诺,即保险公司答应给投保人以保障。——译者注

户相信电视机的销售员和电视机的生产厂家。在任何情形下,客户都不可能被要求自己来判断所购产品的"适用性";不论是在有形产品还是无形产品中,客户都必须依赖于常识以及产品创制者的广告和促销来进行判断。①

以上观点,也参见卢埃林所著《普通法传统——决定上诉》②一书中的相关内容。

对保险公司设定有效的默示担保义务,将会鼓励保险公司主动向保险的购买人公开当时情形下用来限制保险公司默示担保义务的那些条款。让保险公司主动公开那些限制自己默示担保义务的条款之后,那些免责情形就会成为双方最初协商谈判的组成部分。根据《统一商法典》的要求,在商品销售过程中,免除默示担保义务的条款必须是以"足够引起注意的"方式告知买方③;在销售"保障"的过程中,那些限制默示担保义务的免责情形,也必须由保险公司采取"足够引起注意的"方式提交给投保人。[在我们看来,]要求保险公司采取"足够引起注意的"方式将那些免责情形提交给投保人,让投保人知晓,并不会比他们宣传自己产品拥有良好性能更加困难。④从公共政策来考虑,这样的要求(其目的是为了执行那些真正的免责情形)也许会促进保险公司展开有意义的竞争,让保险公司不要只是想着动一些歪脑筋在保单条款中搞一些技巧,以此来排除原先协商好了的"保障"。这样做最终的好处是,就保单中的各种保险范围,保险购买人有机会在知情的情况下作出自己的选择……

早在10年之前,我们法院就抛弃了古老的、曾经作为商事交易指导原则的**"买家自负"**原则。⑤在Mease诉Fox⑥这一案件中,我们法院成为率先接受以下观点的少数法院之一。这一观点就是,默示担保法律救济,并不是有关动产买卖法律抓过来的"俘房",而是可以用来解决房屋租赁法律中长期存在的不公平的武器。[我们认为,]现在是给予那些购买"保障"的人以同样保护的时候了,我们过去曾经将这样的保护给予了购买个人财产的人和房屋的承租人。

在本案中,原告化肥厂购买保单当然有着其想要实现的目的,然而,被告提供的保单却违反了其实现这一目的的"适用性"默示担保义务。这一保单改

490

① W.*Slawson*, *supra*, at 546—47.
② K.Llewellyn, *The Common Law Tradition—Deciding Appeals*, pp.370—71.
③ 这一部分在《艾奥瓦州法典》中是第554.2316条款。此为原判决中的注解。
④ Henningsen v. Bloomfield Motors, Inc., 32 N.J.358, 400, 161 A.2d 69, 93(1960).
⑤ Syester v. Banta, 257 Iowa 613, 616, 133 N.W.2d 666, 668(1965).
⑥ 200 N.W.2d 791(Iowa 1972).

变并且损害了双方交易的公正含义,这一公正含义就是要为本案原告提供"保障"。默示担保这一法律理论,进一步要求我们法院推翻初审法院的判决。

四、显 失 公 平

〔我们认为,〕因为从本案情形来看,系争保单中对于"盗窃"这一概念进行界定的条款是显失公平的,所以,基于"显失公平"这一法律原则,原告化肥厂也有权要求推翻初审法院的判决。

我们已经注意到,在原告购买保单中的"保障"时,系争保单甚至还没有出现在协商的双方当事人面前。从本案证人证言中可以公平得出的推论是,当时双方当事人达成的共识是,如果原告想要获得保险理赔,那么就必须存在着真正盗窃的直观证据,这些直观证据必须可以排除内部人员"监守自盗"的风险。

本案系争保单中使用的小字,是一个大家非常了解的典型字号(它以6点式的小字打印,而在保单"**仓库综合保险单**"和"**商品防止盗窃和抢劫保险单**"的封面正文上,则是以24点式的大字打印出来的①)——对于这些小字的内容,〔当事人在收到保单时是不会去看的〕,"只有在事件发生之后,当事人才会注意去看"。当这样的小字内容,不是按照正常逻辑出现在保单的"免责情形"部分,而是出现在深奥难懂、对"盗窃"进行界定的这一部分时,被告保险公司的行为就更加显得可疑。在我们法院过去审理的一个类似的合同纠纷中,系争合同中出现了当事人先前从来没有提及过、也没有讨论过的条件,当事人将这些条件打印到了正式的合同文本中。我们法院在这一合同案件的判决中作出了下列评论:

> 在这个时候,本案的情形足以让我们法院说,如果它〔指本案中引起争议的那些条件〕也是合同内容的话,那么,这样的合同内容简直就像耶稣的门徒对人类的身体所表达的观点,"它是上帝可怕的杰作,也是伟大的杰作"。而且,这一合同的法律解释和法律效果究竟如何,取决于一个精明能干、富有经验的律师花费好多天时间进行仔细研究后的结果,即使如此,这样的研究也不能彻底穷尽各种可能性。②

我们认为,摆在我们面前的案件情形,让我们法院可以适用显失公平这一

493

---

① 这里提到的"6点"、"24点"字体,是美国文字打印时表示字号大小的单位。最大的打印字号可以达到"72点",即1英寸大小。雷诺森法官在这里想表明,作出限制规定的小号字只有"6点",而封面正文的字号却达到了"24点",相比较而言,如此小的字号根本不是"足以引起他人注意的方式"。——译者注

② New Prague Flouring Mill Co. v. Spears, 194 Iowa 417, 438—39, 189 N.W.815, 824(1922).

原则来处理手头的这一案件。

标准合同,例如保单,是由那些强力的商业大鳄所起草,这样的保单摆在一个个单独的个体面前,让这些单独的个体"要么接受,要么什么也得不到"。这样的合同当然应该受到法院的仔细审查,这样审查的目的,是为了避免去执行那些"显失公平"的条款。①

这一规则——让法院有选择地排除那些"显失公平"条款——在《合同法重述》(第二次重述)②中有着明确规定……相关部分的内容是这样规定的:

第208条款 显失公平的合同或者合同条款

如果某一个合同或者合同条款在合同形成之初就是显失公平的,那么法院可以拒绝强制执行这样的合同,或者是只去执行显失公平条款之外的其他条款,或者是限制那些显失公平条款的适用,以此来避免显失公平的后果。

下面这一段话出现在《合同法重述》(第二次重述)"*a.范围*"这一部分的评论当中:

特别是在案件涉及标准合同的情况下,《合同法重述》(第二次重述)这一部分的法律规则允许法院直接将那些显失公平的合同或者合同条款置之一边,而不必通过合同解释的方法来避免显失公平的后果。

《合同法重述》(第二次重述)"*d.磋商过程中的弱势地位*"这一部分的评论中还融入了以下的观点:

双方当事人在磋商能力上的巨大落差——再加上合同条款对强势一方当事人有利,而且这是一种明显不合理的有利——可以进一步表明,双方当事人的这一交易可能涉嫌欺骗或者强制交易,或者表明处于弱势地位的这一方当事人不存在有实际意义的选择权利,不存在真正的其他替代方案,或者,这一方当事人在事实上并没有真正同意或者看上去同意那些不公平的合同条款。

在不能适用"不利于提供者"③这一原则的情况下,避免显失公平条款后果的法律手段并没有就此穷尽,法院仍然有其他的手段:"即使在这样的案件中,法院还是可以直接拒绝强制执行一个显失公平的条款,并且可以根据公平正

---

① 6A *Corbin on Contracts* §1376, p.21.

② *Restatement*(*Second*)*of Contracts*, [§208].

③ "不利于提供者"原则(*contra proferentem rule*,此为拉丁文,英文中的含义为"against the offeror"),是指在某个文本或者合同的含义出现模糊不清的情形时,应该作出不利于文本或者合同提供者的解释。这一规则是法院拒绝适用显失公平原则的常用方法,特别是在格式合同中更是如此。我国合同法中对于格式合同也有这样的规则。——译者注

义的需要来给予当事人以这样的救济……如果提供合同的一方当事人想通过使用复杂的、打印好了的格式合同来让自己获得最大的利益而让对方得到最少的利益,那么,到最后它只会是搬起石头砸自己的脚。"①

下面引用的这段文字出现在格里斯莫尔的专著②当中,它曾经被审理Henningsen 案件的法院以及《艾奥瓦州法典》第 554.2302 条款[统一商法典中是第 2-302 条款]作为参考加以引用:

在对一些案件进行了深入的讨论之后,法院很坦率地采纳了这一观点,即在我们手头这一案件中出现的免责声明,"它对于社会公共利益是如此有害,以至于法院必须强行宣告它的无效"。我们法院曾经说过,这样认定意味着法院是以直接宣告合同无效的方法来替代通过文义解释或者法律解释实现公正效果。这一走在时代前沿的判决,可以帮助、指导其他法院促进显失公平这一原则的进一步发展——在过去,显失公平这一原则是通过传统的、就每个具体案件进行裁判的方法来实现其所必需的确定性。

《统一商法典》当中的条款已经允许法院依据"显失公平"来对合同进行监管③,因此"显失公平"就是在法律上得到明确的一个理由,这一法律上的理由增加了法院在将来拒绝强制执行压迫性合同或者条款的可能性……《统一商法典》的这一条款,是对法院可以直接拒绝强制执行显失公平合同这一基本原则的承认。虽然《统一商法典》从技术上来说只适用于货物买卖这样的合同,但是在其他商事交易中,《统一商法典》的影响力尽管不能直接派上用场,但是我们却同样可以感受到它的影响力。因此,绝大多数法院在拒绝强制执行那些严苛合同的时候,在判决意见中说出了《统一商法典》相关条款中的含义。有人以这样的做法存在不稳定性、不确定性、属于"司法立法"④为由,阻碍"显失公平"这一概念进一步发展,他们一定会被归入对普通法和法律解释的本质属性存在错误理解的这群人当中。

---

① 3 *Corbin on Contracts* § 559, pp.270—71. 见 Campbell Soup Co. v. Wentz, 172 F. 2d 80(3 Cir.1948); Henningsen v. Bloodfield Motors, Inc., *supra*; § 554. 2302, The Code [UCC § 2-302]。

② *Grismore*, *supra*, § 294, pp.508—509.

③ 《统一商法典》中有关"显失公平"合同或者条款的内容是第 2-302 条款。——译者注

④ "司法立法"(judicial lawmaking)也有称"法官立法",是美国法律上的一个重要概念,主要是指法院在审判案件中通过判决来制订法律和公共政策。根据美国三权分立的政治体制,立法属于立法机构(议会)的职能,而法院虽然可以宣告某一法律无效或者违宪,进行违宪审查(有着严格程序,也不是所有法院都可以这样做),但是法院的职能是按照立法机关通过的法律来解决纷争,法院应该避免在判决中直接制订法律和公共政策。作者在此想表明,其对"显失公平"概念的发展,并不是属于司法立法。——译者注

在 Sate Farm Mut. Auto. Ins. Co. 诉 Anderson—Weber, Inc. 案件中, 艾奥瓦州法院广泛地引用了 Henningsen① 判例的内容, 并采纳了其合理的推理分析。

如果保单仅仅是依靠传统的法律解释技巧来努力避免显失公平条款的效果, 那么, 最终将会使问题变得更加复杂:

> 首先, 由于它们[传统的法律解释技巧]在目的上和内容上都认可引起争议的那些格式条款, 因此, 它们不是否定那些格式条款, 而是"邀请"那些格式条款的起草者重新去制订那些条款。如果给他[起草者]以更多的时间, 他制订出的条款就会符合要求。第二, 因为它们[传统的法律解释技巧]并不面对具体的实际问题, 所以, 它们就无法在公正所需要的方向积累经验或者形成权威。在这里, "所需要的方向"就是指, 对于那些特定类型的交易, 要能够搞清楚什么才是公平正义所需要的**最低要求**, 而这样的**最低要求**正是法院坚持认为某一特定交易可以强制执行的关键因素, 或者是那些特定交易内在的、本质的因素。第三, 因为它们声称要去解释合同, 但并没有真正去解释合同, 也不想去真正解释合同……所以, 它们对于自己在获得那些完全正当的条款——这些条款要求的是按照其含义来认定, 而并非回避其效果——②真正含义过程中所付出的努力一定会感到真正的尴尬。

同样的分析也出现在科宾所著《合同法》③这一专著中:

> [我认为,]在处理格式合同的时候, 通过法院直接宣告格式合同显失公平的方法, 要比通过法律解释的方法更好地实现公平——法院完完全全地知道自己实现公平的程序。法律解释恪守的是很有韧性的传统法律规则和原则, 它们通过避免适用格式条款来实现凭直觉隐约感受到的正义, 这其中伴随着使用对中世纪神学才有价值的延伸注解方法。应该引起注意的是, 正像本案这样, 由于初审法院在那些很有韧性的传统规则面前就此止步, 这导致了较低程度的公平在本案中也没有得到实现。

有评论人士认为, 法院在考虑有关显失公平的诉请时, 应该考虑下列因素: 即对方是否同意、突如其来的意外条款是否不公平、是否通知了对方、双方的协商能力是否不对等, 以及这样的条款是否在实质上不公平。④我们已经在

495

---

① Henningsen 这一判例是美国新泽西州法院的判决。——译者注
② Llewellyn, *Book Review*, 52 Harv. L. Rev. 700, 703(1939).
见 *Note*, *supra*, 45 Iowa L. Rev. at 845—46(1960)。
③ 3 *Corbin on Contracts* § 561, p.279.
④ W. *Slawson*, *supra*, at 564 and citations, n.79.

本判决前面的事实讨论部分涉及了这些因素。另外，当合同条款是否显失公平成为当事人之间显而易见的争议问题时，我们认为，在每一次的初审过程中，赋予任何一方当事人以《艾奥瓦州法典》①所规定的那些权利，看来是合适的。《艾奥瓦州法典》的相关条款〔在《统一商法典》中相对应的是第 2-302（2）条款〕是这样规定的：

> 在当事人向法院提出主张，或者是法院在审理中发现争议的合同或者任何条款可能是显失公平的时候，当事人应当获得合理的机会来向法院提供有关商事交易的背景、目的和效果等方面的证据，以此来帮助法院作出判断。

我们认为，在我们手头审理的这一案件中，原告提交的证据证明了保单中对于"盗窃"这一概念的界定是显失公平的。而被告在本案中没有提供任何这方面的证据，更不用说提供那些可以支持其结论的证据；被告的结论就是，从这一交易的背景情形来看，本案争议的条款对于它所提供的保障来说是一种合理的限制，或者原告应该合理地预料到这一条款的存在。

因为上述条款从各方面情形——包括当事人之间最初的协商——来看都是显失公平的，所以，初审法院的判决必须予以推翻。

我们决定将该案发回初审法院，由初审法院根据我们法院的意见重新作出判决。

哈里斯法官和麦科米克法官②同意本判决意见。

梅森和罗林斯法官③同意本判决意见第一、二、四部分的分析，以及本判决的结论意见。

罗格朗法官、穆尔首席法官、里斯法官、乌伦霍普法官④不同意多数法官的判决意见。

罗格朗法官呈递的反对意见如下：

我之所以不同意多数法官所形成的判决结果，是因为这一判决对于我们法院以前判决类似案件所形成的规则置之不理，并且让原告的保险范围**有了事后的溯及力**⑤。原告不仅是没有购买这样的保单，而且它也**知道**自己并没有购买那样的保单……

---

① 《艾奥瓦州法典》的相应条款是第 554. 2302（2）条款。

② Harris and McCormick, JJ.

③ Mason and Rawlings, JJ.

④ LeGrand, J., Moore, C.J., and Rees and Uhlenhopp.

⑤ 罗格朗法官在此想说明的是，多数法官作出的判决结果实际上是让原告在事后再确定保险的范围，而原告自己当时知道，保单中并不是这样的保险范围。——译者注

虽然我们可以用很冠冕堂皇的概念来讨论保险公司用了"铺天盖地"的广告和"滔滔不绝"的保证来误导那些粗心大意的投保人，特别是保险公司采用的是以那些"小字"条款来误导投保人，但是，我认为，这样的讨论在某种程度上应该是结合我们正在审理的案件来进行。毕竟我们法院的首要任务是根据本案的庭审记录来解决本案当事人之间的特定争议。

对于多数法官所诟病的保险公司令人不快的那些行为，在多数法官形成的判决意见中是沉默不语的，[多数法官对此并没有进行分析；]原告本人也没有提及自己是受到了这些令人不快行为的欺骗，才导致它相信自己可以获得比实际的保障更多的利益。

496　　本案的庭审笔录更是有力地说明了多数法官有关"小字"条款的意见是不正确的——在所有的保险案件中，对"小字"的指控是投保人惯用的一种手段，它是投保人拿来意欲对保险公司起到致命一击的武器。在本案中，除了在保单首页的封面上使用的是大字和黑体字（黑体字并不是大字）来表明内容间隔和标题之外，整个保单使用的是同一个印刷字体和大小规格。在我看来，将保单首页封面上的字号与保单主体内容的那些字号进行对比，就像将一本书的**封面**与它的叙事内容进行对比；采用黑体字打印或者其他强调的方法将文件的一部分内容与其他部分区别开来，是一个大家都认可的文字编辑方法，它起到的是**帮助**阅读的作用，而不是为了**隐藏**什么内容。事实上，我们法院很多的判决，包括多数法官在本案中呈递的判决意见，也是借助了这样的文字编辑方法。

在我看来，根据任何客观的标准来检验本案争议的合同条款，它所使用的字体和字号都不能被认为是以"小字"印刷的。多数法官对于消费者①困境的描述，不管是对是错，通常情况下不应该成为解决我们面前这一案件的基础。

正像其他的上诉案件一样，我们法院正在审理的这起案件应该根据庭审笔录所提示出来的内容进行判决——案件中的这些事实多数法官虽然也承认，但马上又置之不理了。

在这起上诉案件中，作出正确判决的决定性因素，是如何认定在每个保单中对于"盗窃"这一概念所进行的界定。在这一引起争议的条款中，它将"盗窃"界定为"某人通过现实的强制和暴力，非法进入保单所指房屋的范围之内，将投保的财产非法拿走的行为……所采取的'强制和暴力'，需要在投保场所的外部留下窃贼通过工具、炸药、电力或者通过化学损害、外力进行破坏的痕迹，这些痕迹应该是人们能够看得见的痕迹……"有关这一界定的任何考虑，首先应该是确定保单中的这一界定是否模糊不清。然而，本案多数法官在判

---

① 在本案中就是投保人，投保人某种程度上也是一个消费者。——译者注

决意见中甚至连提都没有提系争条款是否"模糊不清"这一问题。

这一争议条款的目的,当然是为了想表明保险范围中不包括内部人员的"监守自盗",或者投保人有欺诈或者共谋的情形。权威判决意见认定,这样的条款不仅从目的上来说是合法的,而且在法律适用上也是清楚的。

我认为,一旦上述并不冲突的案件事实得到承认,原告的辩解意见实际上就已经轰然倒塌,无法成立。如果那些合同的条款清晰明了地表明了其含义,那么我们不可以或者至少不应该仅仅因为我们不喜欢合同条款中那样的含义,就拿任何合同解释的标准来干预,即使是在保险案件中也不应该这样去做。

我认为,"合理期待"原则在本案中不能适用。我们法院确实是在 Rodman 诉 State Farm Mutual Automobile Insurance Company① 这一案件中采用了"合理期待"这一法律原则。然而,我们法院也拒绝了将这一法律原则适用于该案件,对此,我们法院在 Rodman 案件的判决意见中是这样表述的:

> 这里的真正问题是,合理期待这一原则是否应该延伸适用到以下这两种案件:第一种是,一个普通的外行人在阅读了保单之后将不会对保险范围产生误解;第二种是,案件中并没有可以归责于保险公司增进投保人保险期待的情形。本案原告并没有提到他当时误解了这一保单。他当时并没有阅看过这一保单。现在,他在回忆这件事的时候认为,如果他当时阅读了这一保单,他也不能明白这一争议条款的含义。他并没有说会受到保险公司所作所为或者表述的误解。他只是简单地要求初审法院重新确定保单内容以便可以覆盖他的损失,因为如果他从其他保险公司购买了汽车保险,他的损失就会包括在保险范围之内,他并不知道现在购买保单的保险范围中不包括他想要的那些损失;如果他知道了所购保单中不包括这样的损失,那么他就会去购买其他类型的保单。初审法院拒绝按照原告的这一要求去做。我们认为,初审法院根据这些情形拒绝延伸合理期待原则判令保险公司承担责任,是正确的。

然而,本案的多数法官将"合理期待"这一法律原则作了延伸,这一延伸实在是太远了,延伸到我们在 Rodman 案件中拒绝适用的那些领域。在本案中,我们得到了原告高管和经理提供的肯定和明确的证言。这些证言表明,原告知道有争议的合同条款就存在于保单之中,因为"它就像给我家里农场所购买的保单一样"。

我不能同意原告现在提出的其可以从保单当中得到它合理预见到的东西这一观点,原告当时知道这一保单中并没有其现在声称的那些东西。

———————————

① 208 N.W.2d 903,906,907(Iowa 1973).

这些相同的意见也应该可以用来排除原告所声称的保险公司违反了默示担保义务这一主张。默示担保义务这一理论只是附带适用于没有权威判例的情形。很显然,本案中的多数法官试图将保险合同引入调整**货物买卖**的《统一商法典》的适用范围。我确信,《统一商法典》自身对适用范围的界定,排除了本法院多数法官的观点。我认为,《统一商法典》有其自身的适用范围,这一点就**应该**将本案中多数法官的观点画上句号——多数法官他们认为,购买保险"保障"与购买日常**百货商品**是一样的情形。在我看来,多数法官的判决意见完全缺少其他司法区域相关判例的支持,这也说明多数法官的判决理由是站不住脚的。在相关判决中,至少有一些法院以前曾经尝试从其他法院的判例中寻求支持。[1]

被本案多数法官认定保单无效的另一个依据是"显失公平"理论。我认为,绝大多数法院已经认定,考虑"显失公平"的时候,通常应该是和公共政策方面的考虑联系起来。

基于以上理由,最主要的是由于初审法院认定的事实有足够的证据支持,我认为应该维持初审法院的判决⋯⋯

498 ■ **第九节　以当事人满意作为条件**

俄勒冈西部公司诉 Pfau[2]

俄勒冈州最高法院(1973 年)

本案要旨

原告俄勒冈西部公司挂牌出售一处不动产,被告 Pfau 等提出购买,双方签订了协议,合同规定该交易以被告从市政府获得令其满意的开发规划作为条件。市政府对于被告提交的开发规划作出了积极反应,后由于开发中需要被告自己提供下水道系统,出于经济价值考虑,被告放弃了让政府批准开发规划的努力。原告起诉,要求被告继续履行。法院认定,达成协议时被告知道需要自行建造下水道系统,被告对政府规划的不满意并非出于善意,判决支持了原告的诉讼请求。

本案确定的规则是,如果合同中规定某一方当事人的义务以其是否满意

---

[1]　Drabbels v. Skelly Oil Company, 155 Neb.17, 50 N.W.2d 229, 231(Neb.1951).

[2]　Western Hills, Oregon, Ltd. V. Pfau, 265 Or. 137, 508 P.2d 201.

作为条件，则该当事人就是判断是否满意的唯一决定者。但是，该当事人在判断是否满意时，必须是出于善意。

麦卡利斯特法官[1]代表法院呈递以下判决意见：

这是一起要求被告 Pfau 及其他个人被告实际履行购买不动产协议的诉讼。原告俄勒冈西部公司[以下简称西部公司]是一家有限合伙企业，它是一块不动产的所有人。本案的这些个人被告，是一合资企业的众多成员，这一合资企业成立的目的就是从原告这里购买这块不动产，然后再进行开发。初审法院判决认定，原告西部公司有权要求被告实际履行双方的土地买卖协议，据此作出了支持原告的判决。被告对此判决不服，提起了上诉，声称由于包括在系争协议中的条件没有成就，他们可以得到豁免，不用履行系争协议；被告还认为，由于这一协议内容过于模糊，法院不应该判决被告实际履行。

原告西部公司在亚姆希尔县[2]拥有一块面积大约为 286 英亩的土地，它将这块土地在塞勒姆不动产经纪公司进行了挂牌，准备出售。本案被告之一的 Pfau 也是一家不动产经纪公司，它在 1970 年的早期就听说了原告将系争地块挂牌出售的情况。于是，Pfau 联系了本案的其他个人被告，联合起来向原告递交了一份购买原告不动产的建议。在最初的时候，被告的购买建议并没有被接受，但是被告与原告的谈判还是继续进行了下去。大约在 1970 年 3 月 6日，原告与被告的谈判走向终点，双方就本案争议地块的买卖签署了一份书面协议。这一书面协议包含了一个名为"交换协议"的填充式格式文本，再加上几个附录的其他书面文本。概括起来，这一协议的内容是，为了获得原告位于亚姆希尔的不动产，被告同意向原告支付 15 000 美元的现金，并向原告转让 4块不动产——这 4 块不动产必须经由原告进行评估和接受，而且，被告必须根据协议中列明的条款向原告支付余款 173 600 美元。除了其他对于上诉并不重要的条款之外，这一协议还特别规定了以下内容：

> 本协议所称交易的结果，将取决于购买人是否能在协议签订之日起 90 天内与麦克明维尔市政府进行协商、获得让第一方和第二方当事人都满意的土地开发规划。如果必要的话，这一期限可以合理延长，但是延长期限将不超过 6 个月。

被告随后向麦克明维尔市的规划委员会递交了所购地块开发规划的初步建议，但是，尽管规划委员会对被告初步建议的开发规划反应是积极的，被告

----

① McAllister，Justice.
② 亚姆希尔县是位于美国俄勒冈州西北部的一个县。——译者注

还是放弃了将这一开发规划获得市政府批准的努力。1970 年 9 月,在这一不动产交易中代表其他众多个人被告的 Pfau,与原告西部公司的一些合伙人进行了会面,并通知原告,被告对于这一起不动产的买卖将不会再继续下去。原告西部公司拒绝被告从这一协议中脱身而去。于是,这一诉讼随之产生。

被告辩称,他们购买系争不动产的义务从来不是绝对的义务,因为前面引用的合同条件从来没有成就。从证据来看,被告并没有将他们向规划委员会的申请继续下去以便获得批准,因为被告认为这一土地的开发费用过于昂贵,特别是城市的下水道工程在好几年之内无法为这一块土地提供服务。如果被告想立即开发这块土地,市政府规划委员会将要求开发商自行提供下水道的处理和排放系统。

证据也表明,在原、被告签订土地买卖协议的时候,被告已经知道该城市的下水道设施在一定时间之内无法为这一地块提供服务。被告购买这一地块的最初要约中包括了这样的规划建议,即土地交易是否结束将取决于被告对下水道设施的满意与否,但是这一条款在最终的协议中被删除了。根据原告的证言,当时之所以删除这一条款是因为当事人知道这一地块将不会有可供使用的下水道设施。被告 Pfau 的证言是,他们之所以同意删除这一条款,是因为被误导了,以为协议中有关开发规划获得政府批准的条款,同样可以实现他们的目的。

本案争议的问题是,这些被告是否因为从来没有从市政府处获批"满意的"开发规划,进而可以得到豁免,不用再履行这一土地买卖协议了呢? 当时有证据显示,如果由被告自己来提供替代的下水道系统的话,将使这块不动产的开发在经济价值上不再有什么吸引力,因此,被告就放弃了向市政府申请获批原先的开发规划。在 Anaheim Co.诉 Holcombe[1] 这一案件中,我们法院审理的是一起涉及保证金协议的案件。在系争的保证金协议中包括了这样的条款,它规定,买方的要约是否实施将取决于其能否获得 25 000 美元的贷款。我们法院在这一案件的判决意见中认为,当某一个协议中包括了这样的条款时,它就是赋予了买方一个默示的条件,即买方必须要付出合理的努力来获得这笔贷款。[2]在我们手头审理的这一起案件中,被告也有类似的义务,他们必须要付出合理的努力来让市政府批准其土地开发规划,这一义务并非协议中明示规定的义务,而是一种默示产生的义务。正如本判决意见在前面所提到的,尽管市规划委员会对被告最初建议的反应是积极的,但是被告还是放弃了让自己的开发规划获得市规划委员会批准的努力。并没有任何证据显示,被告的

---

[1] 246 Or.541,426 P.2d 743(1967).

[2] 246 Or.at 547,426 P.2d 743;也见 Aldrich v. Forbes,237 Or. 559,570,385 P.2d 618,391 P.2d 748(1964)。

建议方案可能会遭到市规划委员会的拒绝。

然而合同中要求的条件,不仅仅是要让这一开发规划获得市政府的批准,而且这一开发规划还要让当事人"满意"。当某一份合同规定一方当事人的履行义务是以其个人是否满意作为条件时,法院将会赋予这一条件以当事人想要的效果。①我们法院在讨论这一类合同时,曾经在Johnson诉School District No.12,②这一案件的判决意见中有过以下的论述:

……这样的合同通常可以分为两类:

(1)涉及个人的口味、嗜好或者个人判断的情形。其中经典的例子是答应让某个人去绘制一幅肖像。在这样的情形中,立诺人是将来肖像质量的唯一判断者。如果他是出于善意对这一幅肖像不满意,那么,他拒绝接受这一幅肖像的权利就是绝对的,法院或者陪审团就不能对他拒绝接受的权利进行审查。

(2)涉及物品的效用如何、适合与否、价值如何。这些因素可以或多或少通过客观标准来进行衡量。在这样的情形中,虽然会存在一些冲突的情况,但是我们认为,更好的观点是,只要这一物品是令人"合理满意",那么作出承诺的人就应该履行合同;如果立诺人拒绝自愿履行合同,那么他这一决定的正确性和依据的恰当性,就应该受到审查。

我们在本案中所关注的情形,恰当地说,应该是属于上述两种情形中的第一种情形,因为它要求的是让被告自行对这一土地开发规划满意与否进行判断。对法院或者陪审团来说,他们并没有一种客观的测试方法可以判断某个特定的开发规划对于身处被告这一位置的"理性的人"来说,究竟是不是"令其满意"。类似的条件出现在Mattei诉Hopper③这一起案件中。在Mattei一案中,土地买卖合同规定,买方的义务"受制于Coldwell Banker & Company公司能否获得让买方满意的租赁合同"。在由买方提起的要求卖方强制履行合同的这一诉讼中,卖方辩称,因为"满意"这一条款的存在,这一合同就没有义务的相互性④。但是,审理该案的法院仍然认定这是一份有效的合同。在讨论到这两种"满意"情形的条款时,审理Mattei一案的法院这样说道:

501

---

① *Generally*, 3A *Corbin on Contracts*, 78—109, §§644—648; 5 *Williston on Contracts*(3d ed.1961) 189—218, §§675A, 675B; *Restatement of Contracts* §265.

② 210 Or.585, 590—591, 312 P.2d 591, 593(1957).

③ 51 Cal.2d 119, 330 P.2d 625(1958).

④ "义务的相互性"这是美国合同法中的一个重要概念,主要是指合同的双方当事人必须都受制于合同条款的约束,否则这一合同就是无效的。因为合同中规定了履行与否取决于某一方是否满意约定的条件,在有的人看来,这样的条件明显是赋予了一方以很大的权利,甚至滥用权利的可能,这样的合同就缺少"义务的相互性"。——译者注

……然而，确定一个租赁协议是否让出租人满意，各种考虑因素是如此不胜枚举而又各不相同，因此，应该允许我们法院适用这一类案件所设想的判断标准，即"理性的人"这一标准……

如果评估某一个租赁协议条款时必须考虑的因素是多种多样的，那么这种情况就表明，这一案件可能更多地应该归入处理"满意"条款的权威判决所界定的第二种类型，它涉及的是个人的口味、嗜好或者个人判断。[我们认为，]当争议的某一问题涉及个人判断的时候，立诺人不满意的结论只要是善意作出的，就会被法院认定为是针对合同诉讼提出的一个有效抗辩。①

本案中，系争合同中设定的条件与 Mattei 这一案件所设定的条件是相类似的，在案件的其他事实方面也是类似的。Mattei 这一案件与本案一样，其所涉及的"令人满意"与否的判断，涉及的并不是另外一方当事人履行行为的质量如何。尽管这样，审理 Mattei 这一案件的法院在判决意见中认定，一般的规则仍然是适用的：

……即使上述判例中所讨论的"令人满意"条款涉及的履行行为是将要被接受的那些行为——这些行为是作为双方同意交换的组成部分——但是，我们认为，本案中决定原告是否满意的租赁协议并不是对方履行行为②的组成部分这一事实，并不是非常重要的。我们认为，评估原告满意与否的标准，即善意与否的标准，同样可以很好地适用于这一类条件③……

正如与 Mattei 这一案件一样，我们手头这起案件中涉及的这一"满意"条款，它要求的是当事人自行行使对某一事情的判断，这一判断并不是另一方当事人所同意的履行行为的组成部分。正如我们在前面判决意见中已经指出的，满意与否的测试方法是立诺人必须是真正的不满意，而不是假装的不

① 330 P.2d at 627.
② 其履行行为是出售这一不动产。——译者注
③ 330 P.2d at 627.
审理 Mattei 这一案件的法官，在这里对"令人满意"条款作了区分，一种"满意"条款需要判断的行为，是双方当事人同意交换内容的组成部分。例如，在涉及服务合同中，一方提供服务，另外一方提供报酬。让提供报酬的一方判断满意与否的服务行为，本身就是合同的组成部分，这种服务行为是双方经过协商用来交换报酬的。另外一种"满意"条款需要判断的行为，并不是双方当事人同意交换的合同组成部分。例如，在 Mattei 这一案件中，这一合同本身是房屋买卖合同。但是，在这一房屋买卖合同中，买方判断是否满意的事项并不是房屋质量如何，而是买方与承租的一方是否能够达成一份令其满意的租赁合同。这样的租赁合同，本身并不是房屋买卖合同的组成部分。在 Mattei 这一案件中，法官认为，不仅前一种情形可以适用"善意与否"这一标准，在后面一种情形中，尽管租赁合同并不是买卖合同的组成部分，也同样可以适用"善意与否"这一标准。——译者注

满意。①

然而,从权威判决中可以很清楚地看出,这里的"不满意"不仅仅必须是真实的、善意的,而且必须是与条件中的特定事项相关。仅仅是对所涉及交易很笼统的不满意,是远远不够的。

> ……不管某一个承诺是明示还是默示以自己的满意作为条件,他都必须对那一事情进行公平的考虑……如果他拒绝检查这一事情的……履行情况,或者放弃去履行,而且这种拒绝或者放弃不是真实地建立在自己不满意的现实基础上,只是建立在虚幻的基础上或者根本就是没有任何基础的,那么这种拒绝或者放弃就等于是阻止条件的履行,而且等于是豁免了合同中的条件。②

正如科宾教授所指出的,虽然说如果立诺人确实是善意地对对方提供的履行行为不满意,他就没有相应的合同义务,但是,

> ……在有的情况下——虽然不是很普遍——对方当事人还是可以证明被告事实上是对履行行为满意的,可以证明自己所做的工作完全符合他的具体指标,可以证明他不满意的原因,或者是由于对自己先前的具体指标不满意,或者仅仅是由于他将不得不支付这笔费用,实际上他已经更倾向于使用其他产品……③

立诺人的"不满意",必须是真实的,而且是善意的,这是内在的必然要求。立诺人在签订合同时已经知道的情形、或者是已经预料到的情形,不允许再用来作为自己不满意的依据④。在我们手头这一案件中,被告在达成协议时完全知道城市的下水道设施不能立即使用,他们如果坚持开发这一块不动产,就不得不自行建造一个下水道排放系统。Brydon 案正好也是这种情形,该案的判决分析也是很有说服力的。虽然被告根据合同有权对市政府可能批准的开发规划作出自己满意与否的判断,但是,他们不应该被允许依赖"满意"条款,以签订合同时已经知道和预料到将要发生的费用作为理由放弃履行合同。因

502

---

①   Johnson v. School District, *supra*, 210 Or.at 591, 312 P.2d 591.

②   5 *Williston*, *op.cit*. 203—204.

③   3A *Corbin*, *op.cit*. 92.

④   Baltimore & Ohio R.Co. v. Brydon, 65 Md.198, 3A. 306, 9A.126(1886)这一判例在判决中这样写道:

"……[合同要求提供的那些煤炭质量]必须让他们任命的管理人员满意。但是,合同的这一条款并没有给予他们一个随心所欲或者任意妄为的裁量权来拒绝接受这批煤炭……当然,如果他们认为这批煤炭不符合合同设定的要求,他们就没有义务一定要接受这批煤炭;*然而,在另一方面,在合同签订的时候,当事人如果知道这批煤炭不具有那样的质量,那么它再以这批煤炭不符合质量为由来拒绝,就不是恰当的了*……"65 Md.At 22,3A.At 309,9A. 126.此为法官在判决中的注解。

此，我们法院在此认定，由于在签订合同时被告已经知道他们不得不自行提供该下水道系统作为开发规划的一部分，被告仅仅因为提供一个下水道系统的费用而放弃获得市政府对开发规划批准的努力，是不恰当的。因为没有履行尽到合理努力来让开发规划获得市政府批准的义务，被告也就不能依赖于合同中设定的条件没有发生这一点来拒绝履行合同。[①]……

初审法院的判决予以维持。

英杜诉德怀尔[②]
新泽西州高等法院（1980 年）

本案要旨

被告德怀尔夫人与原告英杜夫妇通过房屋经纪人的介绍签订了一份房屋买卖合同，由被告向原告购买一套房屋，合同还规定双方当事人可以在一定时间内由律师决定是否批准该合同。后因原告告知地毯不包括在房屋的价款之中，被告不满，随即与自己的律师商议，被告律师表示不批准该合同。原告起诉，要求被告履行合同。法院认定，根据合同，被告拥有这样的权利。律师批准条款应该适用主观标准，只要善意就是正当的。法院判决驳回了原告的诉讼请求。

本案确定的规则是，当事人关于某一合同"是否有效、是否履行"将取决于律师批准的约定是有效的。律师的批准只要不是违反善意的要求，就不应该受到审查。

盖纳法官[③]代表法院呈递以下判决意见：

本案的双方当事人都向法院提出了作出简易判决的交叉动议，要求法院作出支持自己的判决。这两个动议涉及的首要问题是，本案系争购买不动产合同中的"律师批准条款"[④]，其适用范围和法律效果到底应该是怎样的？涉及的次要问题是，这一购买不动产合同只是由被告妻子一个人签订的，而涉及丈夫利益的唯一证据是合同规定权利证书中必须有夫妻两个人的名字。在这种

---

① Anaheim Co. v. Holcombe. *supra* ...

② Indoe v. Dwyer, 176 N.J.Super. 594，424 A.2d 456，15 A.L.R.4th 752. 本案原、被告均为夫妇两人。——译者注

③ Gaynor，J.S.C.

④ "律师批准条款"，是指当事人约定合同的有效或者履行取决于各自律师对于合同是否满意的条款，即只有在指定期限之内得到律师批准或者认可的情况下，该合同才有效。也就是说，当事人将律师对合同的满意作为合同生效、履行的条件。——译者注

情况下,该购买不动产的合同对于作为被告的丈夫来说是否有法律约束力?①
本案涉及的首要问题,是一眼就能看出来的明显问题。在我们看来,这一首要
问题必须通过对合同的文义解释来予以解决。我们法院对于这一问题的解释
是,应该允许合同中的"律师批准条款"不加限制地予以适用。

本案的事实并没有什么冲突。1976 年 8 月,原告英杜夫妇将他们位于伯
纳兹维尔②的一套家庭住宅以 235 000 美元的价格挂牌出售。这套房屋当时
并没有卖出去,于是原告在 1977 年以同样的价格重新挂牌出售。1977 年 8
月,在原告英杜夫妇不在现场的情况下,房屋经纪人带了本案被告克里斯蒂
娜·德怀尔夫人查看了该套房屋。在接下来的周末,被告德怀尔夫人与其丈
夫约翰·德怀尔对这套房屋作进一步查看。由于两位被告当时商量下来对于
购买该套房屋不感兴趣,他们也就没有再发出购买原告房屋的要约。

第二年 2 月,德怀尔夫人咨询先前的经纪人,了解系争房屋是否还可以购
买。该经纪人告诉德怀尔夫人,现在还可以购买,但是也有其他人发出了购买
的要约,原告正在考虑中。于是,德怀尔夫人与正在出差的丈夫进行了联系。
丈夫德怀尔先生同意先提交一个购买该房屋的报价。随即,德怀尔夫人口头
向经纪人作出了 225 000 美元的购买要约。就在作出要约这一天的晚些时候,
经纪人准备好了打印的买卖不动产合同,并把它交给了德怀尔夫人签名。由
于德怀尔夫人当时相信这一合同文本只是一个"报价"而已,并且德怀尔夫人
认为如果原告真的接受这一"报价",自己今后还会有律师帮助准备正式购买
合同,而且这一合同还要得到其丈夫和律师的接受,于是,德怀尔夫人就签订
了这一合同。当天晚上,这一合同就由经纪人交给了本案原告英杜夫妇,并由
原告在合同上签了字。

这一天晚些时候,当双方当事人完全签好字的合同返还给德怀尔夫人时,
她被告知,原告英杜夫妇在这起房屋买卖中不想将整个房屋中铺设的地毯包
括在售房总价款之内。原告的这一想法正好与被告的想法相反。于是,被告
德怀尔夫人打电话给自己的律师反映这一情况,律师要求她在第二天早晨将
合同的副本交给他。两三天之后,德怀尔先生出差回来,与他们的律师就这一
合同进行了商议。在这次商议之后,被告律师通知原告和经纪人,根据合同中
规定的条款,作为被告的律师,他决定不批准这一合同,因此被告也就不会将

---

① 这里提出的问题是,作为购买不动产这样的重大民事行为,如果是家庭购买,是否
需要夫妻两个人在合同上共同签字,或者实际签字一方必须获得另一方的授权?一旦夫妻
一方签字,没有得到另一方的同意,其效力又如何?这样的合同是否对未签字的一方有约束
力? ——译者注

② 伯纳兹维尔是新泽西州中北部的一个镇。——译者注

这一房屋买卖交易继续下去。案件审理中查明,被告的律师之所以不批准这一合同,既不是基于价格原因,也不是基于贷款条款的原因。本案的庭前开示程序①查明,被告律师之所以通知原告不批准这一房屋买卖交易,是基于以下原因:所售房屋中的地毯不包括在出售的房屋当中,并且这一合同中并没有详细列明房屋中的哪些东西是原告的个人财产;这一房屋的游泳池与厨房之间的距离太近;对房屋用水的流动性和感染病毒性如何进行系统测试的条款,在合同中并没有作出规定;给予被告获得满意抵押贷款的时间期限太短;德怀尔先生不是该合同的签字人。除此之外还有其他一些模糊的考虑。

504　　　正如系争合同已经表明出来的那样,本案中经纪人使用的合同是新泽西州经纪人协会所采纳的一种文本,这一文本是新泽西州经纪人使用的用于不动产买卖合同的标准文本。对于系争房屋的基本情况,该合同文本是按照双方当事人在市税务部门所提供的资料作为参考,在合同中进行相应描述的,而这一房屋的购买价格、押金和抵押贷款的数量则是以手写的方式填入合同相应条款当中去的。将要交付的权属证书在合同中被称为"C. vs. Grantor",购买方获得抵押贷款的利率在合同中被表述为"主导利率"。协议中还包括打印了的"前提条件条款"②,即这一协议的履行要取决于被告能否在 20 天的时间内获得约定的 75 000 美元抵押贷款,并且在 7 天内查看房屋中有没有白蚁。这一房屋买卖合同中,除了打印的格式条款提到了煤气和电力设施之外,并没有包括任何个人物品如何处理的条款。被告德怀尔夫妇认为法院不应该支持原告提出的被告构成违约进而作出支持原告简易判决的动议;被告德怀尔夫妇认为,法院应该支持其提出的驳回原告诉讼请求的动议。作为被告德怀尔夫妇动议的依据,是合同中的以下条款,它们是以打印方式出现在合同中:

　　　　除了价格和贷款条款以外(如果有的话),该合同[的生效]取决于合同签订之日起 3 天之内买方和卖方各自的律师对于该合同的批准。如果某一方当事人的律师不批准该合同,则应该在 3 天之内以书面形式对合同提出反对、补充、添加意见,或者以其他明示的方式表达出来,而且这些

---

　　① "庭前开示程序"是美国民事诉讼中在案件正式由法官审理前的一个程序,也有译为"发现程序"。在该程序中,当事人可以获得对方的诉请和主要答辩意见,获得相关证据材料的副本,要求对方就有些证据进行承认或者是配合进行询问笔录。这一程序的目的主要是为了固定争议焦点和证据,节约诉讼时间,防止当事人在诉讼中搞突然袭击,使诉讼程序更加富有效率。——译者注

　　② "前提条件条款"是指合同中规定的买方实际购买合同项下的财产必须满足的前提条件。其具体的内容会因为交易不同而有所不同。在不动产交易中,设定的"前提条件条款"通常是获得让买方满意的贷款,以及在检查不动产之后表示满意。——译者注

书面材料应该交付给经纪人。在当事人的律师彼此知道的情况下,也可以交付给对方律师;否则,就应该推定当事人的律师已经就该合同作出了批准,合同中"律师满意"这一条件已经得到了满足或者被对方当事人放弃了。

我们法院已经有相关判例作出认定,如果与争议问题相关的主要案件事实并不存在任何冲突,那么,法院在简易程序中来决定当事人提出的动议就是一个恰当的做法。①

原告坚称,被告[德怀尔夫妇]怠于按照合同完成购买房屋的行为,构成了违约;被告律师通知不批准这一合同,并不足以免除被告履行合同的义务。原告认为,合同中的"律师批准条款",不允许律师在没有特定理由的情况下就不予批准,也不允许被告以其回答原告书面质询②中提出的那些理由不批准该合同。原告还坚持认为,因为合同中有明确的文字排除了律师基于价格和贷款条款这两项理由来反对合同生效,在这种情况下,如果再允许被告以其他理由来拒绝批准合同,那就是不合理的。此外,原告还认为,对"律师批准条款"的合理解释将不会支持当事人这样的主张,即在当事人已经达成了一份在表面上看来具有法律约束力的合同之后,当事人还想全权委托③律师行使对这一合同不批准的权利。原告认为,对于这一问题更加合理的逻辑结论应该是,当事人的真实想法应该只是在合同存在着法律缺陷的情况下才允许律师拒绝批准这一合同,这才是律师作为一个特定专家职责范围内的事情。

与原告观点正好相反,被告在答辩时提到,因为合同中包括了系争条款,该系争条款使得合同的效力取决于合同任何一方当事人律师的批准,因此自己拒绝履行合同的行为并没有违约;而且由于自己在这过程中并不存在恶意,因此在合同没有得到律师批准的情形下,这一合同是不能强制执行的。被告还提出,摆在他们面前的合同是由不动产经纪人或者销售人员提供的,在这种情况下,作为房屋财产的买方和卖方,他们的合理期待是,"律师批准条款"可以赋予他们从自己的律师这里得到不受约束的批准或者不批准的权利。

对于本案合同中的系争批准条款应该如何认定,现在还没有判例从司法上作出过解释或者适用过这样的批准条款。专家和其他涉及不动产领域的

505

---

①　R.4:46-2; Judson v. Peoples Bank & Trust Co. of Westfield, 17 N.J.67, 110 A.2d 24(1954).

②　"书面质询"是美国民事诉讼中的一个制度。在通常情况下,一方当事人会在审理之前以书面方式要求对方当事人对于某些问题进行回答,这种形式叫作"书面质询"。收到书面质询的这一方当事人必须如实回答上面的问题。——译者注

③　"全权委托",原文 *carte blanche* 为法语,意为"空白的纸",后来逐渐演变为"全权委托"的含意。——译者注

人士对于这样的条款似乎存在着不同解释。有一些人将这一条款解释为，"律师批准的权利"应该被限定在以下情形：就某一标准条款究竟应该是包括在合同当中还是排除在合同之外，进行协商；或者是对合同中所包括的条款进行修改。相反，另一些人则认为，"律师批准的权利"是不受限制的，因而应该允许律师基于任何理由不批准这一合同。在后一种观点的支配下，律师如果拒绝批准合同，并不要求律师的决定是合理的，甚至不需要律师告知另一方当事人拒绝批准合同的理由。认定拒绝批准合同的权利不受限制，由此产生的法律效果就是让双方当事人回到他们本来所处的情形。而当事人本来所处的情形就是，在他们签订合同之前，他们可以就这一合同去咨询自己的律师。①

虽然说对于不动产购买合同中一般的"律师批准条款"的法律效果，还没有判例从司法上作出过宣判，但是类似的争议问题已经在有关案件中反映出来了。在有关案件中，引起争议的合同条款要求系争财产的权属必须让律师满意。从相关判决来看，对于律师行使表示满意或者不满意权利应该适用什么样的标准，也存在着分歧。一种观点认为，认定律师对财产权属的不满意，应该按照"客观标准"进行测试。这一测试方法就是所购买财产的权属是否符合适销性②的标准，或者律师对权属的不满意是否符合合理这一标准。③另一种观点则正好相反〔它可以称作"主观标准"〕，该观点认为这样的合同条款表明，律师是认定财产权属满意与否的唯一判断者，这一权利只应该受到这样的限制，即律师得出的结论必须是善意的，而不是武断的或者任意的。④

对争议问题持"客观标准"的人——也就是认为律师的不满意应该按照房屋适销性的标准进行测试的这些人——进一步作出以下分析：在不动产购买合同当中有一个默示的条件，即系争的不动产应该具有完好的权属，它应该具有适销性；条款中规定系争财产的权属应该以律师满意作为条件，实际上就是将合同中的这一默示条件明示地表达了出来。因此，在不动产权属事实上具备了适销性的情况下，购买方就应该对该不动产的权属表示满意。当事人任何不满意的主张，都必须根据认定不动产是否具备适销性的法律规定来进行判断，而不能只是简单地表示不满意就将不动产权属的实际情况置于一边；当

---

① Horn, *Residential Real Estate Law and Practice in New Jersey*，§1.1.

② 适销性本来是《统一商法典》使用的一个概念，它是指某一货物应该适用于在市场上流通，让买方正常使用。在这里，是指系争房屋在法律权属上没有障碍，在市场上能够正常使用、流转。如果某一房屋上面设定了抵押、担保，会被认为在法律权属上存在障碍，就不符合适销性的要求。——译者注

③ Beardslee v. Underhill, 37 N.J.L.309(Sup.Ct.1875).

④ Janger v. Slayden, 26 S.W.847(Tex.Civ.App.1894).

事人的这些不满意,必须是基于财产权属不充分这一法律理由。

另一种观点可以称为"主观标准"。那些适用"主观标准"的案件认为,通过在合同中规定由律师来认可财产的权属是否满意,合同当事人已经就财产的权属应该符合什么样的标准商量了更高的要求,这一要求超过了完好的权属或者适销性,也就是说,必须是自己的律师认为这一财产的权属是令人满意的才行。因为当事人有权利在合同中作出这样的规定,所以,只要律师不批准这一合同的决定是善意地作出的,那他的决定就是结论性的,虽然在其他人看来,包括在法院看来,系争财产的权属从法律上讲可能并没有什么问题。这样的解释与当事人外在的意愿是相符合的,即就财产权属是否可以接受这一点,当事人是想让律师成为这一财产权属唯一的、也是最终的裁决者。在这一点上,如果法院得出其他结论,将否认当事人所享有的依靠律师来对财产权属的充分性进行判断的权利。这一观点的合理性在 Sanger 诉 Slayden 这一判例中曾经有过阐述。该判决意见中的相关论点如下:

> 当这样的合同①是当事人有意想要设定的情况下,它是可以允许的,也是合法的,应该得到强制实施。合同中有明确的规定,当 Sanger 对财产权属不满意的情况下,他有权力不批准这一合同。如果要求他(指 Sanger)的"不满意"必须是对财产权属作出有效的、合理的反对,只允许他在这样的情况下才不批准合同,那么就在实际上否认了他行使合同中赋予他的特权,否认了他在这件事上行使判断的权利,并且使得他的特权落空、变成了依赖于其他人就这一财产所作的价值判断。在这样的情况下,他(指 Sanger)所作的判断,就是其他人在进行判断,而不是他自己在进行判断。其他人也许会对该财产的权属非常满意,并认为一个有着普通注意和审慎态度的人也会对权属非常满意,他(指 Sanger)对权属不满意的合理基础并不存在。但是,在另一方面,只要 Sanger 是善意的,他就可以基于让他不满意的理由拒绝批准这一合同。而且,他(指 Sanger)可以认为,一个有着普通注意和审慎态度的人也会有理由不满意。从判决的理由和权威性来说,我们认为,这一类合同法律解释的规则应该是,如果买方对于财产权属不满意,他就可以不批准这一合同;买方不满意的那些理由和依据,不可以由其他人来进行评判或者调查。

虽然 Sanger 判例所确定的规则对于本案不具有支配作用,但是,如果我们案件中的合同允许任何一方当事人的律师可以就这一合同在总体上的充分

---

① 此处所指的合同,就是指由律师对财产权属是否可以接受进行最终判断的合同。——译者注

性或者可接受性——而不仅仅是财产权属的状态①——拒绝批准，那么，就更加有理由认为以下结论是更加客观、公正的：即当事人通过这一条款所获得的由律师进行最后批准的权利，应该只受到该律师是否善意的检测，而不应该要求律师的决定必须受到一些标准以及其他人观点的检测，以此来限制或者否认律师的这一权利。律师批准条款的目的，就是给买方或者卖方提供一个法律咨询的机会，这一条款的价值，体现在以下这一点，即在得到这样的法律咨询之后，当事人可以取消这一合同。不动产交易的当事人有权从所信任的律师作出的判断当中受益；在合同中规定让律师来决定最终是否批准合同，就是为了让当事人从律师那里获得咨询的权利也能够适用到另一种情形——即当事人基于一些理由，可能是先签订好一份买卖合同，然后才能与律师就相关问题进行审查。

507 　　将这些观点适用到本案当中，要求我们法院必须得出这样的结论：被告德怀尔夫妇的律师对合同没有批准，这就有效地终止了双方之间的合同。系争条款明确地表明，除了价格和贷款条款以外，这一合同是否履行将取决于律师的批准，因而就该合同的效力问题，约束双方当事人应该遵从律师的意见；它只受到一个要求的限制，即律师所作的决定必须是善意的。被告律师拒绝批准这一合同，是在行使他自己的判断，他拒绝的理由也就不应该受到法院的审查或者对方当事人的反驳。合同不可能重新订立，不可能通过限定"律师批准条款"只适用于某些特定情形——即当事人拒绝批准的理由必须符合一些标准，或者必须得到原告或者原告律师的认可——的方法来让协议中的文字变得清晰而明确。被告德怀尔夫妇有权获得其在协商过程中得到的成果。在本案中，并没有依据表明被告或者被告律师在行使"前提条件条款"的过程中是恶意的或者任性的；如果被告或者被告的律师在这一过程中是恶意或者任性的，那么将会导致律师的拒绝批准无效。

　　我们法院也注意到，该买卖房屋的合同决定了双方当事人在整个交易中的权利和义务；要求律师对合同进行准备，或者至少是进行初步的审查，就显得非常重要。某教科书的作者描述了不动产买卖合同的重要性，他是以这样的文字表述的：

　　　　买卖合同是不动产交易的关键所在。它是固定当事人从签订合同开始到权属过户结束这一期间——甚至更远——基本权利和义务的关键文本。②

　　合同法以及不动产的复杂性，要求由一个受过教育、富有经验的人来决定不动产买卖合同的法律效力，就合同中产生的权利和义务给予那些可能的卖

---

① 在 Sanger 这一判例中，让律师最终批准的事项仅仅涉及财产权属的状态，而在本案中，涉及的不仅仅是财产权属状态，更涉及了一份合同在整体上是否可以接受。——译者注

② Horn, *Residential Real Estate Law and Practice in New Jersey*，§1.1.

方或者买方以建议。律师就不动产买卖的可行性或者必要性所给出的客观忠告,也是避免当事人冲动行为所必需的,当事人的冲动行为可能使得这一交易在法律上、经济上或者社交活动上对当事人不利。

我们法院在此得出的结论也与立法者在相关法规中所表达的公共政策是一致的。在最近有关零售业分期销售、家庭住宅维修的融资以及土地分区处置的法规中,都包括了当事人终止合同的权利。①

我们法院认定,在被告律师按照"律师批准条款"拒绝批准系争合同之后,系争合同就已经终止,这就使得我们法院没有必要再考虑本案争议的次要问题,即有关被告约翰·德怀尔的责任问题。

因此,原告要求作出有关赔偿损失的简易判决的动议予以驳回,被告要求驳回对其诉请的简易判决予以支持。

508

■ 第十节　可能的不履行行为和通过毁弃构成违约

霍克斯特诉德拉图尔②
英国王座法庭(1853 年)

本案要旨

被告德拉图尔准备雇用原告霍克斯特,从 6 月 1 日到 8 月底,由原告为被告在欧洲旅游提供服务,被告每月支付原告 10 英镑的报酬。但是,被告在合同到期之前的 5 月 11 日就向原告表明不想履行该合同。之后,原告与其他人签订了一份雇佣合同,从当年的 7 月开始为其他人服务。随后,原告在 5 月 22 日向法院起诉,要求被告赔偿损失。法院认定,虽然合同的履行期限未到,但被告的言词已经表明其不会履行合同,可以认定被告违约,于是,判决原告胜诉。

本案确定的规则是,一方当事人在以自己的言词表明不会再履行合同的情况下,另外一方当事人可以立即起诉对方违约而不必等到履行开始的时候。

[原告霍克斯特在 1852 年 5 月 22 日以被告德拉图尔违反了双方的合同为由提起本案诉讼。根据这一合同,被告德拉图尔承诺从 1852 年 6 月 1 日开始,雇用原告作为其在欧洲旅行途中的服务员,在 3 个月的时间内陪伴在被告身边,

---

① 　N.J.S.A. 17:16C-61.5; N.J.S.A. 17:16C-99; N.J.S.A.45:15—16.12(d).

② 　Hochster v. De La Tour, 2 Ellis & Bl. 678, 118 Eng.Rep. 922.
　　本案是英国法院审理的一起案件。——译者注

为被告提供服务。为此,被告德拉图尔同意支付给原告的服务报酬是每月 10 英镑。原告在达成这一合同之后已经安排就绪,准备按照约定从 6 月 1 日开始为被告提供服务。但是,被告在 5 月 11 日错误地解雇了原告,解除了双方之间的合同。在接到被告的解雇通知之后,原告霍克斯特从(案外人)阿什伯顿勋爵这里获得了类似的工作,但是阿什伯顿勋爵这里的工作要到 7 月的时候才开始。]①

被告律师对原告的起诉提出了反对意见,认为在 6 月 1 日之前不存在被告违约的问题。法官与被告律师的观点相反,但是,就被告的这一反对意见,法官还是作出了一个有条件驳回原告起诉的判决。②本案的其他问题则由法官留给了陪审团进行裁决,陪审团对其他问题作出了支持原告的裁决。

同时,被告的律师休·希尔③从法院得到了一个中间裁决④,要求原告向法院进一步说明理由,否则就将驳回原告起诉,或者停止作出生效判决。在夏季期间⑤的最后一天,原告的律师汉嫩向我们法院陈述了应该支持原告诉讼请求的理由:

……对于在将来才会履行的某份合同来说,如果一方当事人通知另一方当事人拒绝将达成的交易继续下去,以便让另一方当事人根据这一拒绝行为采取相应行动,例如,让自己不能再去履行这份合同,而另一方当事人又确实是采取了相应行动,那么,前者作出的拒绝履行就不能被撤销。因此,在 Cort. 诉 Ambergate & c.R. Co.⑥一案中,法院在对案件进行分析之后认定,虽然原

---

① 这一部分内容为原编者对原告诉讼请求所作的概括,包括了案件的主要事实。——译者注

② "有条件驳回原告起诉"是普通法院早期判决的一种形式。它不是绝对地驳回原告起诉,而是附有一定条件。允许当事人继续向法院提供证据或者法律依据,如果当事人不能提供有说服力的依据,这一判决就会生效。——译者注

③ "休·希尔"在本案中是代理被告的律师。——译者注

④ "中间裁决"是普通法院在对某个案件作出最终判决前使用的一种裁决方法。作出这样的"中间裁决",往往是给予一方当事人一定时间,让他就某一法律问题到庭予以特别说明;如果当事人不到庭予以说明,则这样的"中间裁决"就发生法律效力。本案中,法院就是先作出了驳回原告起诉的中间裁决,如果原告律师不到庭就其诉讼请求作出进一步的解释,或者不能提出法律上的依据,那么这一中间裁决就会发生法律效力。本案中,原告的律师汉嫩随即向法院说明了在本案中应该支持原告的理由。——译者注

⑤ "夏季期间"是古代英国和威尔士法院审理案件的期间。那时英国法院一年只有四个时间段审理案件,其中一段时间是每年的 5 月 22 日到 6 月 12 日。因为这段时间是夏天,也就被称为"夏季期间",英国的一些著名大学的学期有时也采用这样的表达方法。——译者注

⑥ Cort. v. Ambergate & c.R. Co.(17 Q.B.127).
Cort 一案的基本案情是,被告铁路公司向原告购买一批钢椅,在原告交付货物之前,被告通知原告不再需要这批货物了。法官认为,原告可以放弃原先合同,用不着将货物交给被告,而且原告可以要求被告赔偿损失。Cort 一案与本案最大的区别是,原告是在合同履行期限到了之后向法院起诉的。——译者注

509

告已经不再处于准备履行合同的状况之下，但原告还是可以要求被告赔偿损失。Cort 这一案件涉及的是一份购买和提供钢椅的合同，它是以蜡封①的方式确认的一份合同。买方表示不再需要卖方再生产这些钢椅了；在这样的情况下，法院认定，卖方是可以起诉买方的。虽然，我们也知道，在 Cort 这一案件中，卖方确实是在那些椅子应该交货的日期届满之后才提出起诉的。在现在这起案件中，如果原告的起诉是在 6 月 2 日这一天提出的，Cort 这一判例中的那些理由，很明显就是完全符合我们这一案件的。因此，在我们看来，本案争议的问题就是，这一诉讼是在 6 月 1 日之前提起的，它与 6 月 1 日之后提起究竟有什么区别？ 如果帕克法官在 Phillpotts 诉 Evans② 这一案件中所表达的观点应该作为普遍适用的观点来接受的话，那么本案原告在 6 月 1 日之前起诉还是 6 月 1 日之后起诉，两者之间当然会有区别。但是，[我们认为，]帕克法官的观点不应该被认为是普遍适用的。法院在 Short 诉 Stone 这一案件中认定，对于当事人决定在将来某一个具体日期结婚的合同来说，如果男方在确定结婚日子的前一天事实上与其他人结了婚，那么该男子的行为就是构成了违约。③Short 一案的判决理由就是，男方实际上与其他女子结婚，就是对先前合同的最终拒绝。如果说是被告与其他女子结婚导致被告无法再去履行原先合同，在我看来，这并没有讲在要点上。因为，被告的第一个妻子可能在预定的结婚日期之前死去，在 Short 案件中，被告也曾经试图以此来抗辩，但是被告的这一抗辩并没有为法院所采纳。同样地，在 Lovelock 诉 Franklyn 这一涉及转让财产合同的案件中，虽然被告转让财产的行为应该是在数年之后的某一天，但是，被告将这些财产提前转让给了另外一个陌生人，这一行为在法

---

① "蜡封达成的合同"，在古代英国，在合同上加盖封印（通常是蜡封）是为了表示双方郑重签订合同，这种合同与一般合同相比，通常不需要有合同对价。在现代，合同是否进行蜡封，在法律效果上已经没有什么区别。——译者注

② Phillpotts 一案的基本事实是：买方向卖方购买一批小麦，后因小麦价格下跌，买方通知卖方不要这批小麦了。但这批小麦已经在运往伯明翰的途中。于是，卖方起诉买方违约。法院认为，买方提前通知不要货物，并不等于解除合同。——译者注

本案被告律师休·希尔就是以 Phillpotts 这一案例作为依据。而原告律师汉嫩认为，Phillpotts 一案并不能普遍适用。——译者注

③ Short v. Stone, 8 Q.B. 358.

Short 诉 Stone 一案的基本事实是，原、被告双方有婚约，男方承诺在女方提出结婚请求之后，在合理时间内与女方结婚。但是，在女方提出结婚请求之前，该男子却和另一女子结婚了。法官认为，根据婚约，双方都有一个默示承诺，即在婚期确定之前保持独身，但是，被告（男子）与他人结婚的行为使得他丧失了履行合同的能力，也免除了女方提出请求的必要。在该案中，被告提出，原告（即原先缔结婚约的女方）可能在结婚前死去，因此，原告应该先提出结婚请求。但是，这一观点并没有为法官采纳。需要说明的是，在当时，结婚被认为是一份民事合同。——译者注

院看来就足以被认定构成了对合同的违反。①[首席法官坎贝尔勋爵②在此提出这一问题：如果被告一方是以某种行为让自己无法再履行原先的合同，这就构成了违约，关于这一点应该没有什么分歧。但是，本案被告在5月只是以言词表示拒绝履行合同，这种表示又怎么能够阻止被告在6月去欧洲旅行呢？从时间上说，被告在6月履行原先的合同还是可能的。③]是的，被告的确是有可能在6月的时候履行原先的合同；但是，对于本案的原告来说，只要被告的这单业务还在，他就必须约束自己不得接受其他人的雇佣，而且必须做好从6月1日起陪伴被告旅行的各种准备。他从被告这里得到了解除合同的通知，被告将不会再履行这一合同，原告就可以根据这一解除通知采取相应的行动；接下来，本案原告就有权与他人重新签订雇佣合同。实际上，本案原告也就是这样做的。在另外一起Planche诉Colburn④的案件中，原告[作者]与被告签订了一份合同，由原告[作者]为被告"少年读物图书馆"撰写一本书。在该案的判决意见中，法院认定，在被告决定不再继续出版这本书的情况下，原告[作

---

① Lovelock v. Franklyn，8 Q.B.371.

Lovelock一案的基本情况是，被告是一个不动产的出租人，他承诺在合同签订之日起7年之内，将合同项下的不动产转让给原告，由原告以140英镑的价格购买下来。但是，被告在7年还没有届满的时候，就将这些不动产转卖给了其他人。于是，原告立即向法院起诉要求被告赔偿损失。法院认定，被告转让系争财产给陌生人的行为，导致其不能再履行与原告之间的合同，是一种预期违约，原告就不必再等到原先合同约定的7年期间届满之后再起诉。在Lovelock这一案件中，被告也是在合同履行期限期满之前违约，原告因此将它作为支持自己诉讼的一个依据。然而，Lovelock这一案件中，被告的违约是将财产重新出租给其他人，这是一个行为，与本案中只是口头告知解除合同有所不同。因此，坎贝尔勋爵法官提出了这一问题。——译者注

② 坎贝尔勋爵首席法官(Lord Campbell，C.J.，1779—1861)是英国历史上著名的政治家、大法官。他是当时王座法院的首席法官，也是代表王座法庭呈递法院判决意见的法官。——译者注

③ 这一段内容是坎贝尔首席法官在原告律师向法院说明理由的过程中所提出的问题。在普通法的诉讼中，当事人在陈述过程中，法官有时会针对当事人陈述的理由提出一些问题、作出一些评判。通常情况下，当事人必须对法官的问题予以回答。这里坎贝尔法官提出，原告引用的判例都是一方当事人实施了一定行为(如与其他人结婚、将合同项下的财产转让给他人)导致其无法再履行合同，但本案中，被告只是口头通知原告，而且是在5月通知的，如果被告想在6月履行合同，从时间上看似乎还是可以的。原告律师随即对坎贝尔勋爵法官的这一问题作了回答。——译者注

④ Planche v. Colburn(8 Bing.14).

Planche一案是1831年英国法院作出的一个判决。原告是一名作家，被告是一家出版社。双方签订合同，由原告为被告写作一本书，报酬是100英镑。在原告只完成了部分写作的情况下，被告提出解除合同，不愿意再为原告出版那本书。于是，原告向法院起诉要求赔偿。法院根据原告已经完成的工作，判令被告赔偿50英镑。在Planche一案中，原告也不是等到写作书的期限届满之后再起诉的，而是立即起诉被告。坎贝尔勋爵随后指出，在该案件中，让原告完成全书的写作之后再起诉，未免太过分了。——译者注

者]有权要求被告赔偿损失；虽然在原告向法院起诉的时候，这一合同的履行时间，也就是这一本书正式出版的时间还没有到来，因为这一本书正式出版的时间应该是在原告作者已经完成这本书之后的一段合理时间。在 Planche 一案中，原告[作者]从来也没有完成过合同所约定的这本书的写作。[首席法官坎贝尔勋爵：在原告知道自己写的书不可能出版的情况下，强制原告一定要完成这本书的写作，以此作为其要求赔偿的前置条件，那显然是太过分了。克朗普顿法官①：当一方当事人明确表明了他拒绝履行合同的意愿时，另一方当事人就可以将他所说的话当真，并且撤销原先的合同。"撤销"一词，意味着双方当事人已经同意原先的合同走向结束，就像该合同从来也没有过一样。但是，我倾向于认为，当事人也可以这样来表达："既然你说了不想再将原来的合同继续下去，那么我也同意原来的合同从现在开始就结束；但是，我要求你赔偿本人因此遭受的损失，而且我将在力所能及的范围内，尽量将损失减少到最少。"有一些案件涉及的是如何计算被错误解雇的仆人的损失，这些案件对此进行了讨论，讨论下来就是确立了这样的原则，即合同从现在开始就结束，但雇主必须赔偿仆人的损失。在 Elderton 诉 Emmens② 一案中对这些问题都有过考虑。首席法官坎贝尔勋爵：律师如果支持这一规则，想把它运用到自己的案件中，就必须提出很有说服力的辩论意见③。]

被告的律师休·希尔和戴顿则提出了相反的意见：

在 Cort.诉 Ambergate & c.R. Co.一案中，原告是在履行合同的时间届满之后才向法院提交的起诉状。Cort 一案的情形与本案被告的观点是一致的，即只有被告让自己从法律上不能再履行合同的情况下，被告才构成违约。因为合同中有着这样的默示约定：合同当事人应该在法律上让自己处于能够履行合同的状态。然而，当事人（本案被告）声明到时不会履行合同，在我们看来，这种声明仅仅是一个想要撤销合同的要约而已。在这一声明被撤销之前，它只是一个证据，一个免除另一方当事人作好履行合同准备和履行意愿的证据；而且，如果不履行合同的声明并没有被撤销，那么当履行合同的时间真正

510

---

① Crompton, J.

② Elderton v. Emmens(6 C.B.160)这一案件中，雇主雇用一名仆人为其提供服务，后来雇主在合同期满之前解雇了这一位仆人，于是这位仆人起诉雇主，要求赔偿损失。法院认为，双方当事人之间存在着一个默示约定，即雇主应该在期满之前允许仆人提供服务，以便仆人能够按照合同约定获得相应的报酬，而不仅仅是在合同结束时获得报酬；雇主可以不让仆人实际从事劳动，但除非在仆人有不当行为、雇主行使解除合同权利的情况下，否则雇主还是必须维持与仆人的关系。该案中的一个重要观点是，在雇佣关系期限届满之前，除非存在着可以解除的情况，否则应该认定双方必须维持雇佣关系。在雇主提前解除合同之后，仆人可以立即要求雇主赔偿。但是，如果仆人有机会获得其他雇佣，法院可能并不会判定雇主赔偿原先议定好的报酬。——译者注

③ 这一段内容是首席法官坎贝尔勋爵和克朗普顿法官对于原告所引用判例作出的评论。——译者注

到来的时候,不履行合同的声明就是当事人持续拒绝履行合同的证据。但是,我们认为,即使到了应该履行合同的时候,不履行合同的声明还是可以被撤销的。这一规则是 Phillpotts 诉 Evans① 和 Ripley 诉 McClure② 这两个案件曾经确定的规则。[克朗普顿法官:我在此提出以下问题,在被告通知原告不会再继续雇用原告的情况下,原告是不是不可以寻找机会受雇于其他人,以此来减少损失呢?]如果原告采纳了被告的通知——被告的这一通知在法律效果上是一个可撤销的要约——那么,原告就必须全部接受它,不能受雇于其他人。[首席法官坎贝尔勋爵:因此,你的观点是说,本案的原告为了保留获得救济的权利,就必须无所事事地什么也不干,只能干等着吗? 埃勒法官③:(被告律师,)你可以再进一步地作些说明吗? 假定在本案原告与阿什伯顿勋爵签订协议之后,被告撤回了先前拒绝履行合同的表示,要求原告在 6 月 1 日开始继续陪他旅行,而原告拒绝这样做,还是坚持和阿什伯顿勋爵在一起,在此情况下你认为本案的被告可以起诉原告违反合同吗?]在此情形下,这应该是由陪审团来确定的一个事实问题,即由陪审团来确定是否并不存在免除原告履行责任的情况。在 Phillpotts 诉 Evans 一案中,法院认定,确定原告损失的方法,是合同到期应该履行时的市场价格。试想一下,如果被告在履行合同之前的表态拒绝就构成违约的话,那么,原告的损失又如何确定呢?[科尔里奇法官④:毫无疑问,在本案中,原告确实有可能在 6 月 1 日之前就去世了,在这种情况下,如果合同继续存在的话,那么原告就什么也得不到。首席法官坎贝尔勋爵:陪审团在确定损失数额的时候,应该会考虑到各种可能性。克朗普顿法官:被告律师提出的损失难以确定的反对意见,同样可以适用于仆人在合同期满之前遭到解雇导致其无法获得报酬的诉讼。然而,仆人如果在自己期满之前就遭到错误解雇,他还是可以在遭到解雇之后立即提起诉讼,而不必等到整个雇佣合同期满之后。]⑤很可能发生的事情是,在本案中是原告自己不想再将

511

---

① 5 M. & W.475.
② 4 Exch.345.
③ Erle, J.
④ Coleridge, J.
⑤ 克朗普顿法官在这里提到,可以参看 Cutter v. Powell(6 T.R.320)这一案件。Cutter 一案也是英国法院审理的一起涉及雇佣合同的经典案件。在这一案件中,卡特先生同意从 1793 年的 7 月开始受雇于被告,和被告一起从牙买加航行回到英国利物浦,被告同意在航程结束之后支付原告报酬。但卡特先生在轮船快到利物浦之前不幸去世了。被告拒绝向卡特夫人支付报酬,于是卡特夫人起诉被告,要求被告按照卡特先生实际的工作量来支付报酬。法院最后没有支持原告,法院认定,这是一个附条件的合同,原告完成全部的航程是其获得报酬的前置条件,现在卡特先生在整个航程结束之前去世,并没有符合取得报酬的前置条件,因此不能获得报酬。分析 Cutter 这一案件与其他雇佣案件可以看出,同样是雇佣合同,约定按月支付报酬还是在全部劳动提供之后获得报酬有很大区别。如果是前者,法院通常会认定当事人可以就其实际完成的工作要求支付报酬,而后者可能就不会得到法院支持。——译者注

这一合同继续下去了；没有人能够知道原告的真正想法是什么。[首席法官坎贝尔勋爵：被告同意原告另行寻找工作的想法，可以通过一定事实来证明，即他在记事簿中所作的备忘录就是那样的效果；当然，我们也知道没有一个诉讼可以建立在这样的备忘录基础之上。但是，问题是，被告在与另外一方（即原告）就这件事情接触之后导致原告可能知道了被告有着那样的想法，并且由此采取了行动①。]

法院没有当庭立即判决，而是在听取了律师的意见后作出了以下判决。

首席法官坎贝尔勋爵代表法院呈递了以下判决意见：

在这一要求停止作出生效判决的动议中，产生的问题是：在 A 与 B 之间存在着一份协议，B 同意从将来的某一天开始，在一定时间内雇用 A，由 A 作为服务员陪伴 B 在外国旅游，并且 A 将在特定的一天开始以服务员的身份陪伴着 B；在 A 提供服务的这段期间，A 将每月得到相应的报酬。如果 B 在约定开始履行的那一天到来之前拒绝履行合同，违反并放弃了合同，是否就允许 A 在那一天到来之前起诉 B，以 B 违反合同为由要求 B 赔偿损失呢？本案中，在 B 违反合同并放弃合同之前，A 已经作好了准备，并愿意履行该合同。被告的律师坚决认为，如果原告想让双方合同继续发生效力，并且不想放弃合同项下可以获得的法律救济，那么原告就必须在那一天——即他作为服务员为被告提供服务的日期——到来之前无所事事地等着，并且还要愿意继续履行合同；被告认为，在履行的那一天实际到来之前，并不存在被告违反合同的情况，因此，原告也就无权进行起诉。但是，我们法院认为，虽然说在合同要求当事人将来某一天去实施一定行为的情况下，当事人在这一日期到来之前是不能提起违约之诉的，但是，不能认定这是一个普遍适用的规则。如果某一个男人承诺在将来的某一天与一个女人结婚，而他却在那一天到来之前与另一个女人结婚了，那么，对于女方起诉这个男人违反结婚承诺的诉讼来说，这个男人就应该立即承担责任。②如果一方当事人同意在将来的某一天与另一方当事人签订一份租赁合同，并且在一定时间内将房屋出租给另一方，而他在约定的那一天到来之前却又与其他人签订了同样期限的租赁合同，那么，出租方可能会被立即起诉违反了双方的合同。③如果一方同意在将来的某一天出售并交付某一特定货物，而他在这一天到来之前将这批货物出售给了其他人，那么，对于第一个买方所提起的诉讼，卖方就应该立即承担责任。④支持当事人在履行日期

---

① 此处原告采取的行动就是另外寻找了一份工作。——译者注

② Short v. Stone(8 Q.B.358).

③ Ford v. Tiley(6 B. & C.325).

④ Bowdell v. Parsons(10 East，359).

到来之前提前诉讼的一个理由是,在履行的那一天到来之前,被告已经让自己不可能在约定的那一天再去履行合同了。但是,这一点并不当然成立,因为,在确定要实施某一行为的日期到来之前,第一个妻子可能已经死亡了;已经签订的租赁合同可能被放弃了,进而原先的承租方可以重新获得租赁合同;被告也可以重新购买货物,并将这些货物出售、交付给原告。支持原告立即起诉的另外一个理由也许是,对于在将来某一天才履行的合同,双方当事人在签订合同的这一段期间已经形成了一个特定关系,他们双方之间形成了默示的承诺,即在这段期间,任何一方都不应该去做与那样的特定关系不相符合、有损于另一方当事人的事情。例如,一对男女说好了将来结婚,那么,在他们说好这件事到正式举办婚礼的期间,彼此之间就存在着一个婚约,任何一方不得做有损这一婚约的行为。[①]

在这起涉及旅行者和旅行服务员关系的独特案件中,从决定雇用的那一天到实际开始服务的那一天之间,旅行者和服务员之间存在着相互承诺的关系;如果任何一方放弃这一相互关系,似乎就是对默示合同的违反。我们这样的分析与财务法院[②]在 Elderton 诉 Emmens[③] 一案中所作的一致判决是符合的。我们法院在 Elderton 一案以后的相关案件中,都跟随了 Elderton 一案的判决。该案原告在主张被告违约的时候,提到了很多方面的情况,表明被告在当时解除合同并不只是一种可能在将来后悔的刹那间的想法——这种想法只能通过证据来证明——而是被告已经完全放弃了合同,或者被告已经从事了某些事情导致被告不可能再去履行合同。

如果坚持认为原告必须将双方的合同当作生效合同对待,只能等到 1852 年 6 月 1 日这一天才能起诉,否则就不能以被告违反合同为由获得法律救济,那么,就必然会得出以下结论:即一直到 6 月 1 日之前,原告都不能与其他人签订雇佣合同——如果原告与其他人签订雇佣合同,肯定将阻碍他在那一个日期(6 月 1 日)开始与被告一道旅行;作为一个服务员,原告必须为 3 个月的欧洲大陆之行作好各方面的准备。但是,我们法院认为,以下的观点一定是更加合情合理的,而且是对双方当事人更加有利的,那就是在被告撤销合同之后,原告应该有权利认定自己被免除了未来的履行义务。这样的话,原告就不

---

① 即在订婚到正式结婚这一段时间,订婚的双方有一默示承诺,不得做有损婚约的事,特别是不得与他人结婚。——译者注

② "财务法院"这是英国在 1873 年司法改革之前,英国民事诉讼的一个上诉法院,该法院主要审理对王座法庭判决不服的上诉案件。——译者注

③ 6 C.B.160.

用无所事事地干等着,也用不着花费金钱去作那些无用的准备,而是有权在其他雇主那里找到工作,这样的话就可以减少被告的损失——否则,原告是有权因为被告的违约行为获得这些赔偿的。在被告放弃了合同,毅然决然地声称他再也不会按照这一合同履行之后,如果我们还允许被告对其他人因为他所说过的话产生信任而提出异议,允许被告对没有留给他改变主意的机会而提出异议,那就是非常荒唐的事情。如果原告一旦与其他人达成了协议——这一协议让原告不能从 6 月 1 日开始为被告服务——就不能获得任何法律救济,原告就因为相信被告所说的话而受到了损害,而且认定被告一旦声称他彻底放弃合同就不能再说自己没有违反合同,也与法律的基本原则更加一致。

假定被告在放弃本案系争合同的时候,已经着手准备去澳大利亚的行程,这将导致被告客观上不可能在 1852 年的 6 月、7 月、8 月三个月中再雇用原告作为服务员为其欧洲大陆之行进行服务,那么,根据我们已经判决过的案件,这样的诉讼可以在 6 月 1 日之前进行①;但是,合同的放弃也可以是建立在其他事实——在有证据证明的情况下——的基础上,这些其他事实同样可以认定被告无法履行这一合同。某个人曾经有心想要达成合同,可随即又错误地放弃了这一合同,在这种情况下,如果被其错误行为造成伤害的另一方当事人立即起诉要求赔偿损失,那么放弃合同的人是不能抱怨这有什么不公平的;而且,以下的做法是合理的,即我们仍然将系争合同认定为在将来有约束力的合同,好让受害人行使选取权。他可以立即起诉,或者是等到将来需要做某一事情的时候再起诉。这样的话,可能对无辜的一方当事人更加有利,而且对错误解除合同的一方当事人也不会产生什么损害。那些反对本案在 6 月 1 日之前起诉的理由是,在这种情况下,计算原告的损失将会非常困难。但是,在我们看来,如果当事人是在 3 个月届满之后的 9 月 1 日之前起诉的话,原告损失难以计算这一反对意见,同样还是非常有力的。在上述两种情形下,陪审团会确定当事人的具体损失,陪审团将会合理地考察所有发生的事实,或者可能发生的事实,进而增加或者减少直到起诉这一天原告所发生的损失。我们并没有发现我们在这一案件中的观点与先前的判例有什么抵触……

综上所述,我们法院认为,原告在本案诉状中所称的理由是充分的……在此,我们必须作出原告胜诉的判决。

---

① 这里列举的被告决定去澳大利亚旅行的例子,属于被告以行为表示不会再履行原先的合同。根据以往的判例,原告不必等到履行日期开始之后起诉,而是可以立即起诉。在本案中,被告是以言词来表示不会履行原先的合同。坎贝尔首席法官在以下分析指出,以言词方式表示解除合同也会产生同样的效果。——译者注

德雷克诉威克怀尔①

阿拉斯加州最高法院(1990 年)

本案要旨

    被告威克怀尔是原告德雷克委托的律师。原告曾经委托中介出售一处地产,在中介居间下买卖双方签订了定金协议,约定在一定时间内完成交易。原告因为要支付前妻费用,希望在 4 月 11 日前完成交易。中介表示,买方要等到 5 月才能筹到钱,但买方又暗示是具备支付能力的。被告威克怀尔律师却建议原告德雷克终止合同,随后原告将该处地产转售他人。另案中,中介要求原告支付佣金的诉请得到支持。于是,原告以被告失职为由,要求赔偿损失。法院认为,被告在判断买方是否构成毁弃合同上存在过错,判决原告胜诉。

    本案确定的规则是,若合同一方当事人所作的违反合同意思表示模糊不清,另外一方不能够认定对方构成毁弃合同,但是可以要求对方提供履行的担保。

    马修斯首席法官②代表法院呈递以下判决意见:

    这是一起客户起诉律师失职,要求律师赔偿损失的案件。原告德雷克认为,被告威克怀尔律师误导了他,让他违反了与买方所签订的一份定金协议。在另一起德雷克与霍斯利③的案件中[该案涉及的是中介方霍斯利起诉德雷克,要求德雷克支付佣金],我们法院曾经对于本案的基本事实作出过认定。我们现在就引用德雷克与霍斯利这一案件所确定的以下事实。

    1984 年 3 月 5 日,保罗·德雷克与一家不动产经纪公司"查尔斯·霍斯利"(以下简称霍斯利)签署了一份独家委托销售不动产的协议。这一协议授权霍斯利在 1984 年 3 月 30 日之前,代理销售德雷克所拥有的一个地块,这一地块位于阿拉斯加州的北极市④。该协议规定,在委托销售期间,如果霍斯利做到了以下两点中的任何一点,就可以获得 10% 的佣金:(1)霍斯利为卖方德雷克确定了一个买方,这一买方愿意并且能够按照卖方的条件购买这些地块;或者(2)在卖方德雷克要求的期间之内,卖

---

    ① Drake v. Wickwire, 795 P.2d 195.

    ② Matthews, Chief Justice.

    ③ Drake v. Hosley, 713 P.2d 1203(Alaska 1986).

    ④ 北极市是美国阿拉斯加州中东部的一个小城,它并不是地理意义上的北极,该市距离真正地理意义上的北极还有约 2 700 千米。——译者注

方与买方达成了一份"有约束力"的协议。

霍斯利找到了由罗伯特、德韦恩和戴维这三个人组成的联合购买方（以下简称买方），他们三个人对于德雷克准备出售的这个地块很感兴趣。1984年3月23日，德雷克与这三个人组成的买方签署了一份名为"定金支付协议"①的土地买卖协议。根据该买卖协议，原告德雷克同意将这一地块按照特定的价格和条件出售给买方。买方也在这一协议上签了字。该买卖协议规定，双方将在"该地块的权属没有任何法律负担之后10天内"，结束这一地块的买卖交易，而且结束交易的时间是"越快越好"［该买卖协议规定，时间是这一买卖协议的必备要求②］。这一土地买卖协议还有着一份附属协议，在附属协议中，德雷克同意将买方支付价格的10％作为佣金，支付给霍斯利。德雷克和霍斯利都在这一涉及佣金的附属协议上签了字。

514

1984年4月3日，霍斯利收到了投保这块不动产权属保险所需要的初步权属调查报告③。该权属调查报告表明，法院曾经作出过一个判决，要求德雷克支付前妻一定费用，并将德雷克先生的前妻作为这一地块上唯一享有留置权的人。第二天，霍斯利打电话给德雷克先生的律师［即本案的被告威克怀尔］，询问这一判决中的相关情况。威克怀尔律师在电话中回答霍斯利，判决上确定应该支付给前妻的费用，将在产权过户时支付给德雷克先生的前妻。

两三天后，威克怀尔律师打电话给霍斯利，说他的客户（即德雷克先生）希望这一地块的交易能够在4月11日这一天结束，完成过户手续。对此，威克怀尔律师是这样向霍斯利解释的，德雷克已经与前妻进行了协商，同意对应该支付的费用采取打折的方法予以和解，但这笔费用必须在4月11日之前支付给前妻。威克怀尔律师声称，霍斯利当时同意了在4月11日结束交易。对此，霍斯利予以否认，声称他只是说愿意尽快结束

---

① "定金支付协议"是指买方和卖方签订的由一方支付给另一方一定数额金钱作为履行合同定金的协议，在美国的不动产买卖中广为使用。——译者注

② "时间是合同的必备要求"，这一术语是美国合同法中的重要概念，意思是指一方当事人必须在合同规定的时间内履行完成自己的义务，否则就不能要求另一方履行义务或者主张权利。没有在约定的时间内履行行为或者完成工作，将被视为对合同的实质性违反。——译者注

③ 在美国的不动产交易过程中，不动产权利人在交易过程中会向保险公司购买一种保险——权属保险，以便能够在不动产有缺陷的情况下减少损失。保险公司在收到保险申请之后，会就交易的不动产向相关政府机构了解设定在这一不动产上的相关法律障碍，这些法律障碍包括了抵押、留置、判决、破产、税收，等等。保险公司会在"权属情况报告"中告知所调查了解的情况。——译者注

这一土地买卖交易。

当霍斯利知道买方可能无法在4月11日结束交易的时候,他马上打电话给德雷克先生前妻的律师,得知法院确定的这笔费用,支付截止期限已经从4月11日延长到了4月底。4月11日,威克怀尔律师打电话给霍斯利,准备办理结束这一土地买卖交易的相关事宜。霍斯利告诉威克怀尔律师,买方[表示]不能在这一天结束交易,因为他们现在没有钱来支付款项,而且,他们在5月1日之前也不会有钱来支付这笔款项。威克怀尔律师当即表示,由于买方拒绝履行这一合同,他将建议德雷克先生解除系争地块的买卖。威克怀尔律师给霍斯利寄去了一封落款日期为4月11日的信。信中说道,德雷克先生出售这一地块的要约现在已经撤回,霍斯利大约是在4月18日收到威克怀尔的这封信。4月12日,德雷克先生通过另一个中介人将他拥有的地块出售给了其他的买方。也是在4月12日这一天[1],霍斯利来到了威克怀尔律师的办公室,想要办理结束这一地块交易的手续,并带来了买方33 000美元的支票作为定金。威克怀尔律师当即拒绝接受这一支票,表示已经有另外的买方购买了这一地块。[2]

在前面提及的德雷克与霍斯利一案中,是霍斯利起诉德雷克先生,要求德雷克先生支付他的不动产代理佣金。审理该案的一审法院作出了支持霍斯利的简易判决。在该案的上诉审理中,我们法院认定,在这一不动产买卖中,霍斯利是卖方德雷克先生的代理人,而不是买方的代理人,因而霍斯利也就无权将结束这一土地买卖交易的截止时间按照德雷克先生所要求的那样,从4月12日或者13日改为4月11日。[据此,我们法院维持了初审判决]……

在本案诉讼中,德雷克认为,威克怀尔当时建议他可以在4月11日将不动产出售给其他人,在这一点上,威克怀尔是存在过错的。威克怀尔则向法院提出动议,要求法院作出支持自己的简易判决。威克怀尔坚持认为,他相信,当中介方霍斯利告诉他,买方在5月1日之前将没有钱来支付款项的时候,买方就是构成了对协议的预期违约,而且,威克怀尔坚持认为,他的这一判断"并没有低于可以接受的注意[义务]标准"。威克怀尔向法院提供了两位律师的宣誓证言,以此来支持他的观点。德雷克先生则向法院提交了一份意见书,对威克怀尔所提出的进行简易判决的动议表示反对,但是,德雷克先生并没有提供律师认为威克怀尔的行为构成过错的口头证言或者宣誓证言。

初审法院以书面判决的方式作出了支持威克怀尔动议的判决,初审法院

515

---

① 根据合同约定,结束这一土地买卖交易的截止日期是4月12日或者13日,所以买方通过中介方霍斯利,在4月12日这一天交付了定金。——译者注

② Drake v. Hosley. at 1204-05.

在该判决中采纳了这样的规则,即在认定律师是否违反注意义务这一点上,必须有专家证据来证明律师违反了其注意义务;而在非专业情形中,当某一疏忽对于非专业人士来说也是很明显的,或者被告的疏忽是如此清晰,以至于从法律上就是构成了过失,则不需要专家证言。在采纳了这一规则之后,初审法院将它适用到本案的事实中。初审法院认定,本案中威克怀尔的疏忽——如果有的话——既不是如此显而易见,以至于从法律上就可以予以认定;也不是非专业的事项,以至于威克怀尔的疏忽对于非专业的人来说也是很明显的。初审法院因此认定,从德雷克这方面来说,需要有专家证言来支持其观点。由于德雷克并没有提供任何这方面的专家证言,于是,初审法院就作出了支持被告的简易判决……

在上诉审理过程中,德雷克并没有对于初审法院所采纳的法律规则提出不同意见。相反,德雷克辩称,本案涉及的是威克怀尔律师明显地违反了义务,而且,在此基础上,他要求我们法院"认定被告威克怀尔的行为在法律上就构成了过失……①"

我们法院认可初审法院在本案中所采纳的法律规则……我们的观点是,威克怀尔律师的行为从法律上就构成了过失。在德雷克与霍斯利一案中,德雷克先生向法庭提交的法律意见是由威克怀尔律师撰写的。在这一法律意见中,记载了发生在中介方霍斯利和威克怀尔律师之间的关键对话,这一对话涉及争议的毁弃合同能否认定的问题:

> 4月11日早晨,威克怀尔律师打电话给中介方霍斯利,想要选择一个特定的时间和地点来完成双方的这一交易。但是,霍斯利的回答是,买方表示做不到在这一天结束交易,因为他们没有钱,他们需要等到5月1日之后才可以筹集到这笔钱。威克怀尔律师接着又问霍斯利,买方的困难是不是没有时间从银行将钱取出来,还是他们付不出首付款。霍斯利对此回答,买方事实上是有钱的,但是,他们就是想要"顶住来自德雷克先生[要求他们尽快结束这一交易的]压力"。

有关毁弃合同的法律是在《合同法重述》(第二次重述)②第253、250、251

---

① 在此处省略的内容中,原告德雷克认为,在先前中介方霍斯利起诉自己的案件中,法院已经认定,德雷克虽然不是一个专业人士,然而作为一个理性的人,在判断买方是否构成毁弃合同这一点上是有疏忽的。也就是说,已经有案件认定,德雷克在判断买方是否构成违约这一点上是有疏忽的。德雷克认为,更加有理由将这样的标准适用到威克怀尔身上,因为威克怀尔本人就是一位律师,是专业人士。威克怀尔则认为,判断买方是否构成毁弃合同,并不像做加法那样简单,这是一个专业性很强的问题,因此,在判断自己是否有过错这一点上,应该适用专业的评判标准,而不是适用针对外行的评判标准。——译者注

② *Restatement*(*Second*) *of Contracts*(1981).

条款。《合同法重述》(第二次重述)第253(1)条款这样规定的:

> 如果义务人在通过不履行的方式实施违约之前毁弃合同,而且是在义务人已经收到所有同意了的交换行为之前毁弃合同,那么单单是义务人毁弃合同这样的行为就可以让权利人以对方完全违约为由提出赔偿请求。

《合同法重述》(第二次重述)第250条款对毁弃合同这一概念作出了以下解释:"毁弃合同是:(a)义务人向权利人作出的一种表示,明确表示义务人将会违反合同,这一违反合同行为本身就可以让权利人就损失提起主张……"

《合同法重述》(第二次重述)以上内容的相关评论解释道,义务人所作的解除合同的表示,如果想要产生毁弃合同的法律效果,必须是"合理清晰"的:

> 如果要构成毁弃合同,一方当事人在表述时所使用的语言必须是足够合理地被解释为这一方当事人将不会去履行合同或者不能履行合同。当事人仅仅是在语言中对其履行意愿或者履行能力表示不确定,这并不足以被认定构成毁弃合同,虽然这样的表示可能会让权利人有合理依据相信义务人将会实施严重违约行为,并且根据《合同法重述》(第二次重述)第251条款所提及的规则,义务人最终的确是构成了毁弃合同。然而,如果当事人所使用语言在进行合理解读之后的含义是"除非按照合同之外的那些条件去履行,否则我就不会去履行合同",那么,这样的语言就构成了毁弃合同的表示。[①]

在我们法院看来,威克怀尔律师在将中介人霍斯利电话中所说的那些言语视为买方毁弃合同这一点上,并没有能够采取合理的行动。根据威克怀尔律师引用的谈话内容,霍斯利当时在电话中的陈述内容是模糊不清的。霍斯利在开始时说,买方需要等到5月1日这一天才能够筹到钱。而在这之后,霍斯利紧接着又说到,买方其实是有钱的,但是,他们"就是想顶住来自德雷克先生[要求他们尽快结束这一交易的]压力"。霍斯利后面所作的那一段陈述,在我们法院看来,其内容本身就是模糊不清的;认定这一段陈述模糊不清,是指买方当时究竟是会顶住来自德雷克先生的压力——即德雷克先生要求买方在4月11日这一天结束交易,还是会按照合同的要求在4月12日或者13日这一天结束这一交易,并不清楚。

如果中介人霍斯利想要表达的是前面一句话的意思,那么就并不存在买

[①] *Restatement* § 250, cmt. b.
《合同法重述》(第二次重述)的评论中对"毁弃合同"提出了一个重要条件,就是解除合同的意思表示必须是"合理清晰"。如果解除合同的表示是模糊不清的,并不导致"毁弃合同"的后果。马修斯法官在判决意见中就主要采纳《合同法重述》(第二次重述)中的观点。——译者注

方毁弃合同的情况,因为买方并没有合同上的义务一定要在 4 月 11 日之前结束双方的交易。如果霍斯利想要表达的是后面一句话的意思,那么威克怀尔律师最多是有合理依据相信买方将会违反合同。这两句表述中任何一句话的意思,都不会导致将霍斯利的陈述视为买方毁弃合同。取而代之的是,威克怀尔律师可以根据《合同法重述》(第二次重述)第 251 条款的规则,寻求买方对合同履行作出担保。对此,《合同法重述》(第二次重述)第 251 条款的规则是这样规定的:

(1) 当权利人有合理依据相信义务人将通过不履行合同的行为——这种不履行本身就可以让权利人以对方完全违约为由提出赔偿请求——违约的情况下……权利人可以要求义务人提供到期履行合同的适当担保,而且在合理的情形下,权利人可以因为没有接收到同意了的交换对价,在接到义务人的担保之前延期履行合同。

(2) 对于义务人没有能够在合理时间内提供到期履行担保的,权利人可以将此视为一种毁弃合同,而在特殊案件中也可以将这样的担保视为适当的。

威克怀尔律师在本案中的疏忽是,在霍斯利的陈述明显是模糊不清,不足以表明买方将会违反合同的情况下,建议原告实施了终止合同的行为。

初审判决予以推翻,本案发回重审,由初审法院根据本判决意见重新作出判决。

拉比诺维茨法官①对本判决持反对意见:从法律上说,我不认为威克怀尔律师的行为构成失职。……②

科恩诉克兰兹③
纽约州上诉法院(1963 年)

本案要旨

原告科恩购买被告克兰兹的一处房产,并预付了部分款项。在交易结束之前,原告通知被告,因该房屋权属存在缺陷(但没有具体指明),要求被告返还已付款项,遭到了被告拒绝。后原告向法院起诉,要求被告返还已经支付的

---

① Rabinowitz, Justice.
② 拉比诺维茨法官认为,被告威克怀尔在本案中并不构成疏忽,而且,中介方霍斯利在与威克怀尔的交谈中传达的信息,应该足以被认定为买方毁弃了合同,并不是像多数法官所认为的是模糊不清的。——译者注
③ Cohen v. Kranz, 12 N.Y.2d 242, 238 N.Y.S.2d 928, 189 N.E.2d 473.

款项;被告则提出反诉,要求原告赔偿因为房屋转售他人带来的损失。法院认为,买方在发现交付物品存在缺陷,而缺陷属于可整改缺陷时,应该向卖方提出整改要求。买方没有提出这样的要求,直接想要回预付款,构成毁弃合同,于是,法院判决驳回了原告本诉请求,支持了被告反诉请求。

本案确定的规则是,若卖方财产的缺陷属于"可以整改的"缺陷,那么买方应该先向卖方提出整改的要求,在卖方没有整改的情况下,买方才可以要回自己的预付款项。

伯克法官[1]代表法院呈递以下判决意见:

1959 年 9 月 22 日,原告科恩与被告克兰兹签订了一份合同,原告同意以 40 000 美元的价格购买被告位于拿骚县[2]的一处私人住宅。在签订这一合同的同时,原告向被告支付了 4 000 美元的预付款。根据合同,在这一房屋权属转移的时候,原告还需要再向被告支付 24 500 美元的现金,余款 11 500 美元则是由原告以该房屋进行第一手抵押得来的款项进行支付。该合同约定,这一房屋的买卖将在 11 月 15 日结束交易[3]。后来,原告试图将结束这一房屋交易的日期延长到 12 月 15 日,但是原告并没有向被告作出自己将会拒绝认可这一房屋权属现状的任何表示。11 月 30 日,原告律师向被告律师发出一封信,该信中说道:"我们所做的一项调查已经显示,被告这一房屋的现行结构是不合法的,这样的话,该房屋的产权就是没有什么市场价值的。除非萨拉·科恩(即本案原告)在 5 天之内收到以莱斯特·科恩(事实上就是原告的律师)为收款人的付款支票,否则,我们将不得不对你的客户提起诉讼。"

在法定的延长交易时间之内,原告律师来到被告律师的办公室,要求被告返还原告已经交付的 4 000 美元款项,但是,这一要求遭到了被告律师的拒绝。在接下来的日子,原告与被告的任何一方都没有按照合同的规定去履行合同,也没有任何一方当事人通知对方履行合同。后来,原告科恩向法院提起诉讼,要求被告克兰兹返还自己支付的预付款,并赔偿因为调查房屋产权所支出的费用;而被告克兰兹则提起反诉,要求原告赔偿因为违约给自己造成的损失。

初审的拿骚县法院作出了支持原告科恩的判决。拿骚县法院认定,拿骚

---

[1] Burke Judge.

[2] 拿骚县位于美国纽约的长岛地区,濒临大西洋。它以风景秀丽、环境宜人著称。——译者注

[3] 在美国不动产交易中,"结束交易"通常是指卖方将合同项下的不动产权属转移到买方名下,只有到这时才可以说一个不动产完成了交易。——译者注

县不动产登记办公室①在该房屋上记载有"保护规定"②,这一房屋应该受到"保护规定"的制约,并且法院认定,合同中的"可保险条款"③是无法实施的。初审拿骚县法院作出上述认定,是因为该房屋中的游泳池虽然在当初建造时获得了政府批准,但没有得到奥耶斯特贝④建筑控制委员会颁发的占有许可证。另外,这幢房屋有一个分岔围栏超越了这一房屋前面的规划界线。拿骚县法院还进一步作出认定,原告科恩在 12 月 15 日结束交易之前,已经通知被告房屋中存在着上述缺陷,而且被告克兰兹并没有采取相应措施对房屋中的这些缺陷进行整改,也不能证明上述缺陷只是对于合同很细小的违反。于是,初审拿骚县法院判决,由于被告出售房屋的权属存在着缺陷,就免除了原告再继续支付余款的义务,并且判决被告返还原告已经支付的款项。

纽约州上诉法庭⑤以全体一致同意的方式,从法律和事实上推翻了初审拿骚县法院的判决,改判原告科恩支付被告克兰兹的损失 1 500 美元。原告科恩对此判决不服,继续向我们法院提起了上诉。

在推翻初审法院所认定事实的时候,上诉法庭在判决意见中很明确地认定,原告科恩在 11 月 30 日的信件中只是提到拒不认可系争房屋产权现状,并要求被告返回已付款项,并没有具体提及上述房屋究竟是在哪里存在着违法之处。特别针对这一房屋权属的具体异议,原告是一直到 1960 年 1 月 25 日才提出的。[我们认为,]原告 11 月 30 日这一封信的内容本身,就很清楚地说明了本案的事实情况,上诉法庭作出的事实认定显然是正确的。原告对上诉法庭认定直到 1960 年 1 月 25 日原告才第一次向被告提出房屋权属异议表示反对。我们法院认为,这样的反对意见是徒劳的,因为有证据证明,原告最早向被告提出针对房屋权属的异议,是在 12 月 31 日原告开始这一诉讼之后,这

---

① 拿骚县不动产登记办公室是该县专门从事记载发生在该县不动产交易的部门,所有该县境内不动产的抵押、过户等情况都会在此记载。所有这些信息可以供公众查询,对某一房产感兴趣的人可以通过查询知道相关房屋的权属情况,进而可以保护自己。——译者注

② "保护规定"是美国不动产登记中的一项制度。在美国的不动产登记部门会对于某些特定的房屋或者不动产在使用上进行限制,如禁止进行改建、开发、重新调整结构,而且这种限制将一直存在,不论这一房屋将来卖给谁。例如,对于一个景区的住房,为了保持风景的存在就会限制该房屋改造。这些保护规定有时不一定会在规划法上见到,因此作为买方来说,为了保护自己的权利,通常要关注房屋的登记上的这些"保护规定"。——译者注

③ "可保险条款"是保险合同中的一个专业术语,它是指在保单生效的时候,被投保的对象必须仍然健在,或者说在法律上是可以投保的。例如,如果是人身保险,被投保的人必须仍然健在。对于被投保对象是物品的,这一物品在法律上必须是合法、正当的。——译者注

④ 奥耶斯特贝是美国拿骚县的一个镇。——译者注

⑤ 纽约州上诉法庭是审理该案的上诉法院,它并不是纽约州的最高审判机构。纽约州的最高审判机构是"纽约州上诉法院"。——译者注

已经是在法定的交易结束日期过去半个多月之久。与初审拿骚县法院所作出的认定正好相反,上诉法庭认定,对房屋权属中的那些问题,只要原告科恩当初恰当并且及时地提出来,这些问题是可以迎刃而解的。我们法院在平衡了本案证据之后也认可上诉法庭的这一结论。被告当初建造系争房屋中的游泳池,是得到过政府批准的,它当初仅仅是缺少一个使用证书而已(事实上在该系争房屋出售给第三人之前,被告就已经获得了这一证书)。系争房屋前面的围栏,与游泳池的情况类似,可以很清楚地被认定为容易得到整改的缺陷。上述这两个缺陷,是这一房屋中仅有的两个缺陷——即这一房屋可能违反了拿骚县不动产登记办公室记载的"保护规定"的,也可能会导致该房屋权属的保险人会提出反对意见。

上诉法庭还查明,在交易过程中,被告并没有免除原告必须向自己提出整改房屋缺陷要求的权利;同时还查明,原告提前对系争房屋的权属拒不认可,是一种违约行为,这一违约行为使得原告不能再获得已经支付的预付款项。本案中没有争议的事实是,被告没有提出过由自己来整改房屋中的缺陷,因此上诉法庭支持被告要求赔偿损失的诉讼请求就默认了以下这一点,即并不必然要求被告自己提出整改房屋中的缺陷。在此,我们法院同意上诉法庭的这一观点。

在卖方的房屋存在着无法整改缺陷的情形下,买方可以要求在法定日期违约的卖方返还自己根据合同已经支付的那些款项;买方提出这样的要求,并不需要向卖方提出整改要求,甚至不需要提出自己有着履行合同的意愿和能力。[①]然而,尽管卖方的房屋权属存在缺陷,但在卖方可以在合理时间内不费力气就能够整改的情形下,如果要认定卖方违约的话,就需要买方向卖方提出整改这些缺陷的要求和主张。[②]在有的案件中,一些法院的观点甚至更进一步,认定卖方可以在合理时间——这一合理时间要超过法定的时间——对自己所出售财产的权属进行整改,使这一财产拥有完好的权属。[③]因此,非常清楚的是,本案原告提前拒不认可系争房屋的权属,并要求被告立即返还预付的款项,是不正当的行为,这样的行为构成了预期违约。上述这一观点自始至终都拒绝将被告房屋权属存在缺陷这一事实,简单等同于违约行为。因此,在卖方的房屋权属缺陷是可以整改的、在法定的日期之内卖方也从来没有被要求履行整改行为的情况下,原告是不能要求被告返还预付款项的。[④]Ansorge 诉 Belfer[⑤]

---

① Greene v. Barrett, Nephews & Co., 238 N.Y.207, 144 N.E.503.

② Higgins v. Eagleton, 155 N.Y.466, 50 N.E.287.

③ Ballen v. Potter, 251 N.Y.224, 167 N.E.424.

④ Higgins v. Eagleton, *supra*.

⑤ Ansorge v. Belfer, 248 N.Y.145, 150, 161 N.E.450, 452.

一案的判决结果,与这一观点并非截然相反。Ansorge 一案只是认定,在卖方明显违约的情况下,尽管买方不合理地拒绝延长法定的截止期限,但买方还是可以要求卖方返还已经支付的预付款项。Ansorge 这一案件并没有否认这一法律原则,即如果系争财产权属的缺陷是可以整改的,那么卖方并不能被自动认定为违约,但是,在买方提出履行要求以及保证权属完好要求之后卖方仍然没有整改的,卖方必须被认定为构成违约。在 Ansorge 一案中,卖方就是在买方提出整改要求之后仍未整改的情况下,才被法院认定为违约的。[在 Harris 诉 Shorall 一案中,]卖方本来可以通过整改房屋缺陷,提供完好的权属来改变其违约地位,但是,卖方并没有作出这方面的任何努力。① 确实,对于本案中的被告来说,他们从来也没有提出过会让自己的房屋权属能够变得完好,并履行这一合同;但是,绝不能因为要求系争房屋有完好的权属,被告他们从一开始就应该被认定为构成违约。所以,[在我们看来,]Ansorge 一案适用的只是那些权属缺陷可以整改的情况,而 Greene 一案② 适用的是权属缺陷无法整改的情况。也就是说,在卖方违约的情况下,买方仍然可以要求返还预付款,即使买方自己违约也是如此,例如,买方没有表明自己已经履行了前置条件,或者其不履行合同没有免责事由(Greene 这一案件就是这样的情形);或者买方不正当地拒绝延长最后的截止日期(Ansorge 一案就是这样的情形)。这两种情形的区别就是,如果系争财产的权属缺陷是无法整改③ 的,那么,卖方会被认定为自动构成违约;而如果系争财产的权属缺陷是可以整改的,那么,买方必须提出整改要求之后才可以认定卖方违约,而在本案中,买方并没有提出这样的整改要求。

本案被告提出了反诉请求,认为自己在将房屋出售给他人时遭受了损失——下级法院认定,被告转售房屋的价格是一个公平的市场价格——这一损失应该由原告承担。被告的反诉请求在上诉法庭这里获得了支持。[我们认为,]被告因为房屋转售而获得的赔偿,与被告要求扣留原告预付款的权利,是基于不同的基础。正如安德鲁斯法官在前述 Greene 案件④ 中分析买方主张的时候所指出的那样,虽然说买方要求从违约的卖方处返还已经支付款项的权利,只要卖方存在违约行为就可以成立;然而,买方以卖方违反合同为由要

519

---

① Harris v. Shorall,230 N.Y.343,130 N.E.572.

② Greene v. Barrett,Nephews & Co.,*supra*.

③ 我们使用"无法整改"一词是指,在合理时间内,这种缺陷不在卖方能够给予补救的能力范围内(见前述 Greene v. Barrett,Nephews & Co.,238 N.Y.pp.211—212,144 N.E.pp.504—504)。此为原判决中的注解。

④ Greene v. Barrett,Nephews & Co.,*supra*;*Restatment*,*Contracts*,§306.

求**赔偿损失**的诉讼,则要求买方进一步表明自己(在 Greene 一案中是买方)已经履行了所有的前置条件和同时履行的条件——除非原告的这些行为是可以被豁免的。根据安德鲁斯法官的观点,在购买不动产的案件中,因为不动产有着无法整改的缺陷,就要求买方向卖方表明或者提出整改要求,如果不是必须这样做的话,买方至少也要表明这样的姿态,接下来,至少还要表明,如果卖方愿意并且能够履行自己的行为,那么原告买方还是作好了履行合同的准备。[①]类似地,像本案被告这样的卖方,即使不必向买方提出自己会实际整改缺陷,但也必须向买方表明自己有着履行合同的基本能力。然而,虽然说不能否认的是,在法律截止日期,本案被告出售的房屋权属不符合合同要求,但是,上述规则得出的推论却可以豁免被告未能履行前置条件或者同时履行条件的行为,因为被告未能履行是由于另一方当事人已经提前通知他将不会继续履行合同而引起的。[②]在本案中,原告试图不恰当地解除合同,并且想在法定的延长日期届满之前收回预付款项,这就使得被告试图在法定日期之前整改房屋中的微小缺陷不仅变得没有必要,也变得没有意义。不仅如此,原告没有向被告表明房屋中具体的缺陷,使得被告不可能再去整改房屋中的缺陷。上诉法庭查明,房屋中的那些缺陷是可以整改的,我们认为,这一结论是有证据支持的。上诉法庭查明的这一事实表明,被告基本上是可以履行合同的,而且在法定的截止日期之前,这一房屋的缺陷在技术上不能得到整改是由原告引起的。既然原告没有提出整改房屋缺陷的正式请求,被告完全可以免除自己的责任。

上诉法庭的判决予以维持。

[①]　Greene v. Barrett, Nephews & Co., *supra*; *Restatemnet*, *Contracts*, §306.

[②]　Clarke v. Crandall, 27 Barb.73; *Restatement*, *Contracts*, §§270, 284, 306.

第九章

合同的履行不能、履行困难和合同目的落空

第一节　合同的履行不能、履行困难

帕拉丁诉简①

英国王座法庭（1647 年）

本案要旨

原告帕拉丁将一块土地出租给被告简使用，被告同意支付相应租金。在使用了一段时间后，由于英国发生了内战，被告承租的土地被德国鲁珀特王子②率领的军队占用，这些军队将被告从土地上赶走，导致被告在一定时间内无法使用这一块土地。内战结束之后，原告帕拉丁起诉被告简，要求被告支付拖欠的租金。被告在诉讼中抗辩，由于外国军队强占了这一块土地，导致自己无法实际使用这块土地，无法从土地租赁中获取利益，因此，要求法院驳回原告的请求。法院认定，本案中的权利义务是当事人通过合同方式约定的，被告应该履行，而且这是被告应该承担的风险，判决支持了原告的诉讼请求。

本案确定的规则是，如果当事人在合同中为自己设定了义务，该当事人就应该履行其义务，即使出现了重大的客观原因导致其无法正常履行合同。也就是说，当事人对于自己通过协商所设定的义务，不能以履行不能作为抗辩理由。

---

① Paradine v. Jane（Aleyn，26，82 Eng.Rep.897.）.
这是英国法院在 1647 年审理的一起古老的案件。——译者注
② 原编者在说明中将鲁珀特王子称为"德国王子"。——译者注

[这一案件发生在英国议会派(英国"长期议会"①的支持者)与保皇派(查理一世的支持者)内战的第一阶段。鲁珀特虽然是一个德国王子,但他也是查理一世的外甥(查理一世姐姐伊丽莎白的儿子,时年 23 岁),而且是保皇军的司令官。在这一判决意见制作的时候,英国国王是议会的囚犯,鲁珀特王子已经被驱逐出英格兰,因此,他被贴上了"敌人"的标签。]②

原告帕拉丁声称,其与被告简签订了一份租赁合同,约定由原告将一块土地租赁给被告使用,被告则在 4 个宗教节日期间向原告支付租金。原告向法院起诉,要求被告支付后面 3 年的租金——租金截止期限是 1646 年天使报喜节③这一天。被告简辩称,一个在外国出生,名叫鲁珀特④的德国王子带着一些敌军——他们是国王和英国的敌人——侵占了王国的领土;同样,也是这些军队占领了被告承租的土地,并将被告从这一块承租的土地上赶走。这些军队占领这块土地的时间是从 1642 年 7 月 18 日开始,一直持续到 1646 年的天使报喜节。在这段时间之内,被告无法从承租的这块土地中获取任何利益;原告对被告的抗辩提出了反对。我们认为,被告的抗辩意见是不充分的……⑤

3. 我们认定,被告的抗辩理由是不充分的。因为,即使所有这些军队都是来自外国的敌人,被告仍然应该支付原告的租金。法律已经将两种义务的不同情形作了区分[一种是由法律创设的义务,一种是当事人之间通过合同创设的义务]。如果是由法律创设的义务,或者法律要求人们履行责任,在当事人不能履行法律义务且自身没有任何过错,又不能得到法律救济的情况下,法律将免除当事人的责任。例如,在一个出租房屋没有能够使用的

---

① "长期议会"(Long Parliament)是英国历史上的一个特定的名词,它是相对于"短期议会"(Short Parliament)而言的。1640 年 4 月 13 日的时候,时任英国国王查理一世为了筹措军费镇压英格兰起义,召开了新的议会,但是,查理一世的要求遭到了议会拒绝,查理一世就在 5 月 5 日解散了议会,史称"短期议会"。之后,由于军情紧迫,查理一世于 1640 年 11 月重新召开议会,这一次议会一直存续到 1653 年 4 月,史称"长期议会"。——译者注

② 此为原编者对本案背景所作的介绍。——译者注

③ 天使报喜节(Feast of Annunciation)是天主教中的一个重要节日。天主派遣天使在这一天(3 月 25 日)向玛利亚报告,她将生下基督耶稣。——译者注

④ 鲁珀特当时的身份是一个德国王子,但是,他同时也是当时英国国王查理一世的外甥。在当时英国国王与议会的斗争期间(史称英国内战,English Civil War),他不但不是这一判决意见中所说的"国王的敌人",而且是国王查理一世的坚定支持者,他还被国王任命为国王军队的司令。后来英国内战结束,以议会胜利、国王失败而告终,以至于内战后的英国法院将鲁珀特王子定性为"国王和英国的敌人"。——译者注

⑤ 此处略去了判决的前两点理由,一是被告缴纳的租金很少,二是被告并没有断定占有其承租土地的都是外国军队。法官认为,被告可以向占用其土地的外国军队要求赔偿损失。原判决中对这两点理由并没有过多阐述,也比较难以理解,这可能和当时的法律有关。第三部分的阐述相对全面些。——译者注

案件中,如果该房屋是被暴风雨摧毁,或者是被敌人毁坏而不能使用,那么,承租人应该是被免除责任的。①……又如,对"承租人两年期间不交付租金即可收回土地"这一法令②,在战争期间,法官可以根据情况暂缓执行。但是,在当事人通过合同为自己创设了某一义务或者确定了某个责任的情况下,如果合同可以履行,那么,他就有义务严格信守,即使发生了意想不到的事故也要履行,因为他本来可以通过合同中作出事先约定来避免出现这样的情况。因此,如果一个承租人同意了对房屋进行修缮,那么,即使这一房屋是因为火灾被烧毁,或者是被敌人毁坏,他还是要承担修缮这一房屋的责任。③在本案中的租金,是基于承租人占有不动产,由双方通过协商为承租人创设的一个义务,如果承租人答应了要支付这笔租金,那么,毫无疑问,承租人就应该信守承诺,哪怕承租人对土地的占有被敌人的侵占所打断,他也要支付这笔租金,因为对于协议之外的那些东西法律是不会保护他的,对于他的保护,不会超过前面提及的房屋修缮案件中的承租人。被告占有了原告的不动产,双方就构成了一个法律上的约定,在此之后,一旦当事人基于这一约定提起诉讼,那么这一诉讼就能够成立,就如同当事人之间有着一个真正的约定一样。另外一个补充的理由是,因为承租人将从这一不动产上获取利益,因此,他就必须承担租赁这一不动产可能带来损失这样的风险,而不是将所有风险的负担压在出租人身上;我们引用 Dyer④ 这一判例就是为了说明,虽然某一块土地被海水从四周包围了,或者被海水淹没了,或者被野火烧成了不毛之地,出租人也应该获得全部的租金。我们法院判决原告胜诉。[这一案件的另一报告⑤还提及了判决原告胜诉的另外一个理由,即被告可以对非法进入者提起诉讼。]⑥

522

泰勒诉考德威尔⑦
英国王座法庭(1863 年)

本案要旨

　　原告泰勒与被告考德威尔签订了一份合同,被告同意在特定的某几天将

---

①　Dyer,33.a.Inst.53.d.283.a.12 H.4.6.

②　"承租人在 2 年期间不交付租金就可以由出租人收回不动产",这是英国古代的一个法令。——译者注

③　Dyer 33.a.40 E.3.6.h.

④　Dyer 56.6.

⑤　这一案件有两个报告,本书中引用的是 Aleyn 的报告,还有另外一个报告是 Style 的报告。——译者注

⑥　此为原编者的说明。

⑦　Taylor v. Caldwell(3. B. & S.826,122 Eng.Rep.309.).
这是英国王座法庭在 19 世纪审理的一起经典案件。——译者注

其音乐厅和花园交付给原告使用,供原告举办音乐会和招待宴会。但就在举办第一场音乐会之前,音乐厅被大火烧毁,对于这一场意外事故,原告与被告都没有责任。原告向法院起诉,要求被告赔偿筹办音乐会的费用等损失。法院认定,系争合同的履行有一个默示前提,即音乐厅必须存在,现在音乐厅由于并非被告的过错不复存在,也就免除了被告的责任,于是,判决驳回了原告的诉讼请求。

本案确定的规则是,在某一份合同的履行取决于当事人生命的存在或者物品的存在时,可以认定合同中有一个默认条件,即当事人的生命或者物品必须是持续存在的;如果当事人死亡或者这一物品毁损,那么可以免除当事人履行合同的责任。

布莱克本法官[1]代表法院呈递以下判决意见:

在这起案件中,原告和被告于 1861 年 5 月 27 日签订了一份合同。根据该合同,被告同意让原告在将来的四个特定日子里使用其"雪利花园"和音乐厅。原告选择的这四个日子分别是 6 月 17 日、7 月 15 日、8 月 5 日和 8 月 19日,原告使用它们的目的,是想在此举行四场盛大的系列音乐会,并在白天和晚上分别在花园和音乐厅举办招待宴会;原告同意在那四天时间里占用这一花园和音乐厅,为此,原告将每天支付给被告 100 英镑。

当事人在这一合同中使用的措词并不是非常准确,他们将这一合同叫作"出租协议",将原告所要支付的费用叫作"租金",但是,整个协议表明,被告在这四天时间中会占用这一音乐厅和花园,因此,在原、被告之间的协议并不涉及音乐厅和花园的转让事宜;这一协议只是让原告在那几天里使用这个地方而已。然而,在我们看来,整个协议并不取决于此。这一协议还进一步对当事人如何为这些音乐会和娱乐提供安排,以及他们如何提供服务的具体方式,作出了各种规定。整个协议所要求的效果是,位于"雪利花园"的这一音乐厅应该处于适合使用的状态,这一点对于合同的履行是非常关键的——如果没有这一音乐厅的存在,当事人在他们协议中所想要实现的娱乐效果就无法实现。

523   在这一协议达成之后,第一场音乐会举办之前,该音乐厅因为一场大火而付之一炬。从证据来看,对于这场大火的发生,双方当事人都没有过错。这场火灾带来的破坏非常彻底,导致原告想要举办的音乐会根本无法按照预想的计划来进行。法院必须确定的本案争议问题是,在这样的特定情况下,原告的损失是否应该由被告来承担。在达成这一协议的时候,当事人头脑中根本没

---

①   Blackburn, J.

有想到会有这样的灾难发生,协议中也没有明确的条款提到如果发生这样的灾难应该怎么处理。因此,如何认定本案争议的问题,必须取决于法律的一般原则如何适用于我们手头的这一合同。

毫无疑问的是,如果有一份合同要求当事人必须无条件去做某件事情,只要合同本身不是非法的,那么,当事人就必须履行这一合同,或者在没有履行合同的情况下赔偿对方的损失,即使是由于无法预料事件的发生导致了履行合同变得出乎意料地艰难,甚至是不可能履行……但是,只有在这是一个无条件的、绝对的合同,而且这一合同不受到任何明示或者默示条件制约的情况下,这一规则才可以适用。如同我们认为的那样,已经有权威判例确立了这样的原则,即如果从某一合同的性质来看,当事人似乎从一开始就已经知道,在合同履行时间到来之时,某些特定的情形必须持续存在,否则这一合同就无法履行,那么,我们就可以认定,在当事人达成这一合同的时候,他们一定已经预先想到了那些特定情形的持续存在,就是他们将来履行一定行为的基础。在这种情况下,这样的合同就不应该被解释为一份无条件履行的合同,而是应该被解释为当事人的履行受制于一个默示的前提条件。这一默示前提条件就是:在当事人违约之前,如果并非由于当事人过错导致物品毁坏而使得合同无法履行,那么,合同当事人就应该被免于追究法律责任。

毋庸置疑,我们上面这一推论的含义,是为了帮助实现这样一个目的,即通过法律解释去实现当事人签订合同时的意愿。因为在筹备这一音乐会的过程中,签订这一合同的当事人如果将这一目的带到他们的头脑中,通常会说他们在签订这一合同的时候确实存在着这样的默示条件。

在罗马法中,这样的例外情形是默认存在的,而且是默认存在于每一类"特定物之债"当中……这一类情形的典型例子,是涉及标的物为奴隶的合同,罗马法时期的律师们用来举例说明的客体通常就是奴隶,这一点就像我们普通法上倾向于拿一匹马来作为例子说明一样。毫无疑问,在某一份合同涉及一个活着的动物的时候,不管这一动物是人还是牲畜,默认条件的恰当性——人们也许会说,这是默认条件的必要性——就变得更加明显、更加会得到人们认可。然而,在合同客体仅仅涉及没有生命的物体(如本案中涉及的音乐厅)的情况下,由于没有生命物体的存在,并不像活着的动物那样有着明显的不确定性,所以默示条件的恰当性就不如活着的动物那样明显。但是,"特定物之债"这一法律原则,在罗马法中是适用于每一个合同客体是确定物品的那些义务的。波蒂埃①将这一原则适用到一般客体中,他在所著的《债法总论》中指

① 波蒂埃是罗马法大家,著有《债法总论》。——译者注

524　　出,适用这一法律原则的结果就是,对于履行特定物之债的债务人来说,当合同项下的物品在他违约之前就已经毁损——这一毁损并非由于其行为造成,也并非由于其过错造成——的情况下,这一债务人是免于承担法律责任的,除非通过约定,这一债务人已经为自己先行设定了风险,愿意承担之后发生的不幸事件。

虽然罗马法本身对于我们英国法院并没有什么法律约束力,但它可以为我们分析研究普通法所依据的原则提供极大帮助。在我们法院看来,根据英国法,普通法的权威判例也确认了在我们正在审理的这一案件中,标的物的持续存在同样是该合同的默认条件。

有这么一类合同,某个人同意约束自己必须去履行某一件事情,并且这件事情必须由他亲自履行。例如,当事人同意与某人结婚,同意为他人提供一定时间的服务,对于这样的承诺,在实践中从来不会要求在合同中必须明示将一方当事人的死亡作为一个例外情形。因此,在这样的案件中,如果作出承诺的人在履行合同之前死亡了,那么,这一合同事实上就是被"打破"了。在很早的时候,就有法院作出判决,如果某个履行行为是需要合同当事人亲自履行的,那么,在合同当事人死亡之后,他的遗嘱执行人对该合同并不承担责任。[①]在一篇论著中[②],作者曾经举过一个非常形象生动的例子进行了说明。睿智的作者这样说道:"如果有一个作者同意完成一件作品,但是他在完成这一作品之前去世了,那么,他的遗嘱执行人对于该合同就应该是免责的,因为完成作品这一义务,从性质上来说纯粹是个人性质的事务,在合同当事人突然死亡之后,当事人已经不可能再去履行写作的义务了。"在谈到这一点时,作者还引用了林德赫斯特勋爵[③]在 Marshall 诉 Broadhurst[④] 这一案件中的格言,以及帕特森法官[⑤]在 Wentworth 诉 Cook[⑥] 这一判决中提及过的案例。在 Hall 诉 Wright[⑦] 这一案件中,克朗普顿法官[⑧]在他的判决意见中提及了另外一个例子:"在某一份合同依赖于一方当事人特定技能的情况下,如果不可抗力导致了当事人不可能履行,例如,受雇完成一幅画作的画家眼睛被打瞎了,那么,这位当事人就可以免于履行合同。"

---

① Hyde v. The Dean of Windsor(Cro.Eliz. 552, 553).
② 2 Wms.Exors. 1560, 5th ed.
③ Lord Lyndhurst.
④ 1 Tyr. 348, 349.
⑤ Patteson J.
⑥ 10 A.& E.42, 45—46.
⑦ E.B.& E.746, 749.
⑧ Crompton J.

在前面提及的那些案件中,当事人或者他们的遗嘱执行人之所以能够免于承担违约责任,其唯一的依据是,从合同的性质来看,合同中存在着一个默示条件,即合同当事人的生命必须是一直持续存在的;在画家完成画作的情形中,默示条件则是该画家的视力必须是持续存在的。在刚才提及的这些例子中,所涉及的人自己就是订立合同的当事人,其生命的持续存在对于合同的实现是必不可少的。但是这并不表明,当事人本人生命的持续存在,是适用这一法律原则必不可少的要素①。我们下面所举的例子就可以说明这一点。例如,在通常的学徒契约中,学徒会以未加限制的绝对条款来约束自己,学徒会"承诺在将来为师傅提供服务,直到七年学徒期间全部届满为止"。在这期间,学徒必须忠诚地为师傅服务,而学徒的父亲同样以未加限制的绝对条款约束自己,承诺履行儿子在这一学徒合同中所有的责任。②如果某个学徒在这七年学徒期间死亡了,那么,毫无疑问,学徒父亲作出的有关他将服务七年的承诺就没有实现,在这种情况下,学徒的师傅就一定不可以对这位学徒的父亲提起诉讼吗?如果认为学徒的师傅不可以起诉学徒的父亲,那么,唯一理由就是,学徒的死亡免除了其父亲履行合同的责任。

以上这些案例涉及的默示条件是,某一个人必须是健在的。但是,还有其他的一些默示条件涉及的则是某一事物必须持续地存在。例如,当事人之间达成了一份立即转让一批特定动产的买卖合同,卖方应该在将来的某一天交付这一批动产。如果这些动产在这一期间发生了灭失,这种灭失又并非由于卖方的过失造成的,那么,买方就必须支付价款,而卖方可以不用按照合同要求重新交付这些动产,因为这种交付对于卖方来说已经不可能完成了……

我们认为,可以有把握的说,英国的法律是这样的:在所有涉及财产借用或者财产保管的合同中,如果借用方或者保管方由于物品已经灭失而不可能返还原物,那么,这种履行不能(它不是由于借用方或者保管方的过错造成,也不属于他自愿承担的风险)就免除了借用方或者保管方交付财产的承诺。……

在所有这些案件中,当事人都不是以文字作出一个承诺,而是答应了无条件去做某件事情,这些案件中也没有明确约定一方当事人的死亡或者事物的损毁可以免除当事人的履行义务;但是,[我们认为,]这种情形下免除当事人

525

---

① 布莱克本法官在这一案件说明的是,尽管前面列举的例子都是当事人本人的生命不复存在的情形,而且这些当事人本身就是签订合同的人,但是这并不意味着只有在当事人本人发生死亡的情形下才可以免责,有时非合同当事人死亡也可以让合同当事人免责。——译者注

② 参见 the form,2 *Chitty on Pleading*,370,7th ed. By Greening。

的责任就是法律上默认的,因为从合同的性质来看,很明显,当事人订立合同是以特定的人或者特定的财产必须持续存在作为基础的。对于我们正在审理的这一案件,在对整个合同进行考虑之后,我们认为,当事人订立该合同的基础是,在音乐会开始举办的时候,该音乐厅还是能够持续存在;该音乐厅的存在对于当事人的履行行为来说是至关重要的。

因此,我们认为,由于该音乐厅不复存在,而这种不复存在并非由任何一方当事人的过错所造成的,因此双方当事人都可以免除履行合同的责任。原告可以不用再接受使用"雪利花园"、不用再支付相关的金钱,而被告则可以不用履行交付音乐厅和"雪利花园"以及其他一些东西的义务。鉴于此,我们法院作出被告胜诉的裁决。

裁决立即生效。①

CNA 国际再保险公司诉菲尼克斯②

佛罗里达州地区上诉法院,第一地区(1996 年)

本案要旨

一位名叫菲尼克斯的演员在生前与电影公司签订了一份雇佣合同,同意在电影公司准备拍摄的两部电影中担任角色。然而,在这两部电影拍摄结束之前,他由于过量服用违禁药品而死亡,导致其中的一部电影被迫放弃拍摄,另外一部电影不得不更换电影演员。原告 CNA 国际再保险公司承保了这两部电影的拍摄。在对电影公司赔偿损失之后,CNA 国际再保险公司获得了代位追偿权,向菲尼克斯的继承人提起诉讼,要求承担赔偿责任。法院认定,电影公司与演员的合同是有人身属性的合同,尽管演员是服用过量违禁药品导致死亡,但不能因此拒绝适用履行不能的一般规则。法院判决驳回了原告的诉讼请求。

本案确定的规则是,对于具有人身关系性质的合同,在没有合同约定的情况下,一方当事人即使由于自身的过错导致了自己死亡,也应该认定合同是不能履行的,该当事人可以不承担责任。

---

① 裁决立即生效是普通法上的一个概念。它是指法院作出的一个裁决或者命令立即发生效力。与此相对应的一个概念是"中间裁决",这种中间裁决并不立即发生效力,当事人可以到法院来具体说明理由,如果当事人不来说明理由,或者法院认为所说理由站不住脚,原判决则发生效力。通常法官对于很有把握的案件会作出"裁决立即生效"这样的判决,而如果不是很有把握,则会作出一个"中间裁决"。——译者注

② CNA International Reinsurance Co., Ltd. v. Phoenix, 678 So.2d 378.

乔那斯法官①代表法院呈递以下判决意见：

……该案是由于一个最初来自佛罗里达州盖恩斯韦尔②的年轻演员的死亡而引发。这一位演员名叫菲尼克斯，他答应了参加"Dark Blood"和"Interview with the Vampire"这两部电影的拍摄，但在两部电影的摄制完成之前，他因过量服用非法药物而死亡。由于菲尼克斯的死亡，"Dark Blood"这一部电影的拍摄被迫完全取消；"Interview with the Vampire"这部电影则是在拍摄方寻找了其他演员替代之后，才完成了拍摄。……CNA 国际再保险公司（以下简称 CNA 公司）为这两部电影的制片方提供了一揽子保险，这一保单覆盖了这两部电影的各个方面。在向保单持有人作出理赔之后，CNA 公司从投保人处获得了对菲尼克斯遗产继承人主张权利的代位追偿权……

［原告 CNA 公司对于菲尼克斯违约的指控，是基于合同中要求菲尼克斯"有着不去从事任何损害合同当事人利益事情的一般义务"。此外，原告还声称："菲尼克斯有意服用了大量非法药品，他的服用量超过了足以杀死一个人的剂量，使得合同当事人不能获得他所提供的服务，违反了他的合同义务。"］③

菲尼克斯的继承人向法院提出驳回原告的诉讼请求……声称原告在本案中并不存在一个法律上的诉因，因为这是一个具有人身性质的合同，所以，在菲尼克斯去世之后，这一合同就无法再继续履行……初审法院在经过听证之后，支持了被告提出的动议，驳回了原告的诉讼请求，并且不得再起诉。④

在上诉审理过程中，CNA 公司坚持认为，履行不能这一法律原则不应该适用到本案当中，因为履行不能这一法律原则要求导致合同不能履行的情形必须是偶发的、不能避免的，并且，导致不能履行的那些情形，不是由于任何一方当事人的过错所导致的。原告坚持认为，菲尼克斯的死亡是由于他自己有意、过量服用违法药品所致，所以，本案的情形就不属于任何一方当事人都没有过错的情形。初审法院在判决意见中非常明确地认定，即使菲尼克斯的死亡是自杀造成的（在本案庭审记录中，并没有任何内容表明菲尼克斯的死亡原因属于自杀），或者是有意的自残行为，但履行不能这一理论仍然适用于本案。

在审理中，CNA 公司也坦率地承认，并不存在权威判例可以支持他们所

---

① Joanos，Judge.

② 盖恩斯韦尔是佛罗里达州北部的一个城市。——译者注

③ 此为原编者加的注解。——译者注

④ "驳回原告的诉讼请求，并且不得再起诉"是美国诉讼法中的一个特定概念，是指法院驳回当事人诉请的裁决是永久性的，不允许原告再变更诉讼理由另行起诉。与此相对应的是"允许原告另行起诉的驳回"，其含义正好相反，允许原告在败诉之后变更诉讼理由另行起诉，它往往适用于当事人选择诉因不当的案件。——译者注

持的观点,即在因为当事人死亡而导致履行不能的案件中,必须是当事人没有过错。CNA 公司要求法院从《合同法重述》(第二次重述)①第 261 条款和第 262 条款的相关文字中寻找到依据,支持他们所持的理论。

　　《合同法重述》(第二次重述)第 261 条款:在合同达成之后,如果一方当事人的履行不能是在他没有过错的情况下由于某一事件的发生所导致的,而这一事件的不发生是这一合同达成的基本前提条件,那么,该当事人的履行义务就可以被免除,除非有文字或者其他具体情形所指示的情况正好相反。

　　《合同法重述》(第二次重述)第 262 条款:如果某一个特定个人的存在对于其义务的履行是必不可少的,那么他的死亡或者丧失能力导致的履行不能,就是属于"这样的事件——它的不发生是这一合同达成的基本前提"。

　　CNA 公司在审理中坚持认为,《合同法重述》(第二次重述)表明,由于当事人对自己健康进行损害而导致的履行不能,并不是《合同法重述》(第二次重述)认定的可以免除当事人履行义务的那些行为,CNA 公司在提出这一观点时引用了 Handicapped Children's Education Board 诉 Lukaszewski② 这一判例;而且 CNA 公司认为,同样的理由应该适用到当事人造成自己死亡的情形。CNA 公司还向法院提供了应该作出支持他们判决的政策基础,他们认为,在一个非法滥用药物带来大量问题的社会中,这样滥用药物的行为不应该免除当事人对合同的履行行为。

　　在这一案件的口头辩论中,双方各自发表了观点。通过法庭辩论变得越来越清楚的是,在当事人死亡的案件或者类似案件中——其死亡也许涉及烟草或者酒精的使用——如果我们尝试去确定当事人在这当中有什么过失,那就会形成另一个根据个案情况具体适用的法律规则,而且是很难解释的法律规则。由于我们注意到这样的具体情形实在是太多了,所以本案的这些事实或者当事人提供的那些理由,并不能说服我们从非常清晰和明确的法律规则中转身离开;这一法律规则就是,一个当事人的死亡将会导致具有人身性质的服务合同无法履行。③在具有人身性质的这些合同当中,"有着一个默示条件,即当事人的死亡将解除这一合同"。④我们内心谨记着这样的默示条件,我们相信,这一合同的当事人本来是可以就当事人万一服用非法药物导致损失作出规定的,就像他们在合同中对万一出现其他危险事项或者威胁生命的事项作

---

①　*Restatement of Contracts 2d.*
②　112 Wis.2d 197, 332 N.W.2d 774 (Wis.1983).
③④　17 A *Am. Jur.*2d "*Contracts*" § 688(1991).

出具体规定那样。①因此,我们法院在此维持初审法院的判决,认定履行不能这一法律原则同样适用于本案。

克拉克诉华莱士县粮库②

堪萨斯州上诉法院(1999 年)

本案要旨

原告克拉克是堪萨斯州的一个农场主,他与被告华莱士县粮库达成了一份买卖玉米的合同,由原告向被告出售一定数量的玉米。由于恶劣天气的影响,原告收获的玉米数量很少,导致其没有能够交付合同中约定的全部玉米。被告扣下了没有交付玉米的相应款项。原告向法院起诉,要求被告返还这些款项。法院认为,这一合同并没有明确种植玉米的具体地块,这些玉米并非特定物,因此,恶劣天气不能成为认定履行不能的理由。法院最终驳回了原告的诉讼请求。

法官在本案中确定的规则是,在买卖合同没有将货物特定化的情况下,如果一方当事人可以从其他渠道获得合同项下的货物,那么,恶劣天气这样的意外事件并不构成法律上的履行不能。

......

刘易斯法官③代表法院呈递以下判决意见:

原告克拉克是一个农场主。被告华莱士县粮库(以下简称"粮库")在从事其他业务之外,还是一个从事谷物买卖的粮库。1995 年 1 月,克拉克与粮库达成一份书面合同,克拉克同意向粮库出售 4 000 蒲式耳玉米,这批玉米将在谷物收割之后交付给被告。在这一合同订立的时候,这些玉米已经在堪萨斯州

---

① 在聘用菲尼克斯担任"Interview with the Vampire"这部电影的演员的合同中,有这样的规定:

在电影计划开拍之前的 2 个星期到雇员(菲尼克斯)完成所有的参拍之前,除了他作为一个旅客搭乘计划中的美国国内航班,或者搭乘那些有着正常航行计划的主要国际航空公司的航班,该雇员(菲尼克斯)将不得搭乘任何航空器;或者,在未获得制片方书面同意的情况下,从事任何极端危险的活动。

在这一部电影的保单中也包含了演员不得从事的一些具体行为,这些行为与雇用演员合同中限制的活动类似。

此为原判决中的注解。

② Clark v. Wallace County Cooperative Equity Exchange, 26 Kan. App. 2d 463, 986 P. 2d 391.

③ Lewis P. J.

的某个地方种植了,但是,它距离成熟还有很长时间。1995年9月,这一地区出现了一股寒潮,严重损害了玉米的正常生长。寒潮带来的结果就是,原告克拉克仅仅收获了2 207.41蒲式耳的玉米,他将这些玉米交付给了粮库。随后原告提出,由于寒潮的影响,他可以得到豁免,不用再交付余下的1 392.59蒲式耳玉米(扣除了10%的误差)。被告粮库则坚持认为,原告克拉克并不能够被免责,于是被告从原告出售的货物中扣除了少交货物的款项。本案诉讼是由克拉克提起的,他要求被告支付1 622.97美元,这些是被告从他已经出售的玉米中扣下的款项。

首先,我们必须指出,本案系争合同是在谷物买卖交易中普遍使用的合同。涉及这一合同的任何当事人都认识到,这类交易中比较大的风险是,农场主也许不能收获到足够多的谷物来完成所需要的交付数量。原告克拉克希望我们法院能够免除他交付剩余谷物的义务,是因为他所种植的谷物是由于恶劣天气原因而大幅减产。我们担心的是,如果采纳克拉克的理由,我们会把整个堪萨斯州以这种方式进行的谷物交易画上句号。因为,如此一来将会造成这样的效果,即将所有的风险从农场主这里转移出去,却将造成损失的所有风险置于粮库这里,而且,在实际中很可能会造成这样的情形,万一有大面积的谷物损失,粮库可能会因此破产。

原告克拉克首先辩称,根据《统一商法典》在堪萨斯州实施的法案第84-2-613条款①,应该免除他的履行义务。《统一商法典》中的相关条款是这样规定的:

> 一旦合同要求的履行行为是**交付合同达成之时就已经特定化的货物**,而这批货物由于并非任何一方当事人的过错,在风险转移给买方之前已经遭受了损害……
>
> [那么,对此的处理方法是:]
>
> (b)如果这样的损失只是部分损失……那么买方可以……按照合同中的价格接受这批数量减少或者不足的货物,但是,买方在接受这批货物之后就不再对卖方享有其他权利。②

我们法院对这一条款的结论是,这一特定的法律条款并不能免除原告克

---

① K.S.A. 84-2-613[在《统一商法典》中相对应的是第2-613条款]。

② 在列举的这一部分规定中,省略掉了另外一种情形,就是买方还可以将原先的合同视为终止。
原告克拉克认为,根据该条款的规定,交付货物出现短缺并非他的过错造成,对于买方粮库来说,遭受的损失只是部分损失。因此,如果买方接受了这些发生短缺的货物,买方就不能再扣下短缺货物相应的款项。——译者注

拉克在系争合同项下的义务,因为在双方合同达成的时候,这些货物[即合同中要求的那些玉米]并不是已经特定化的货物。

在 Milling Co.诉 Edwards[①] 这一案件中,堪萨斯州最高法院在判决意见中说道,如果某一份合同所指货物要构成特定商品买卖的合同,进而在这一特定商品遭到损坏的情况下可以免于交付的责任,那么,在这一合同当中就必须明确这一特定商品具体是种植在哪一块土地上。

在 Edwards 一案判决作出之后,《统一商法典》在堪萨斯州得到了实施。但据我们所知,在《统一商法典》实施之后堪萨斯州没有受理过涉及这一问题的相关案件。尽管如此,我们仍然可以关注一下华盛顿州法院所作的一个判决。在 Colley 诉 Bi-State, Inc.[②]这一判决中,卖方科利未能在合同规定的交付期内交付剩余小麦。由于当年遭遇到了一个酷热、干燥的夏天,科利种植的小麦大幅减产,没有收获到足够多的小麦来交货。科利坚持认为,由于这一酷热、干燥夏天的影响,根据华盛顿州《统一商法典》第 2-613 条款的规定,可以免除他交付剩余小麦的义务。华盛顿州法院认定,这一合同并没有明确要求交付的小麦必须是科利本人亲自种植,或者是在某个特定地域内种植小麦,合同仅仅是要求他必须交付 25 000 蒲式耳的小麦给粮库。在这样的特定情形下,华盛顿州法院认定,《统一商法典》并不能够免除农场主科利的履行义务。华盛顿州法院在判决中也表明,不管卖方是否能够成功收获那么多的谷物,这一类协议中的当事人都是想要受到这一协议的制约的。[③]

我们相信,华盛顿州法院的判决是合理地推导出来的,应该可以成为在我们州适用的法律。

克拉克认为,初审法院应该查明合同订立之时当事人的意愿到底是什么[④]。然而,在克拉克提出这一抗辩意见的时候,他又提出这一合同是一个完整的、清晰的,而且它并非内容不确定的合同。一份合同的条款是否模糊不清,是应该由法院来决定的法律问题。如果一份合同被认定为是内容清晰的,那么,法院在解释这一合同的时候,只会在合同本身的范围内进行解释,不允许引入外部证据来解释合同。[⑤]就克拉克在本案中特定的诉讼请求来说,在上

529

---

① 108 Kan.616,618,197 P.1113(1921).

② 21 Wash. App. 769,586 P.2d 908(1978).

③ *Id*. at 773—74,586 P.2d 908.

④ 原告克拉克认为,根据当地的交易习惯,在订立合同的时候,当事人的意愿是,仅仅就他种植的特定地块的玉米交付给被告。克拉克希望法院能够认定这一点。然而,克拉克的这一主张并没有得到法院的认可。法院认为,本案系争合同本身是一份完整的、清晰的合同,并不需要引入外部证据(交易习惯)来解释这一合同。——译者注

⑤ U.S. v. Mintz,935 F.Supp. 1178,1179(D.Kan. 1996).

诉庭审的记录中并没有证据表明,克拉克曾经尝试向法院提交有关当事人意愿的交易习惯,或者初审法院曾经拒绝同意引入这样的证据……我们法院认定,在合同没有明确谷物是具体种植在哪一块土地上的情况下,堪萨斯州的《统一商法典》并不免除这一性质协议所确定的卖方的交付义务。

克拉克接着又辩称,堪萨斯州《统一商法典》的第 84-2-615 条款让他可以从中获得法律救济。然而,我们还是不能认同克拉克的这一辩论意见。堪萨斯州《统一商法典》的第 84-2-615 条款是这样规定的:

> 除非卖方已经被赋予承担更大的义务,而且卖方受制于前面的"替代履行"①条款,
>
> (a) **如果双方协商的履行行为是由于意外事件的发生导致无法实施,而这一事件的不发生是这一合同订立时的基本前提**,那么,在意外事件发生后,卖方根据本条款(b)和(c)的要求出现的迟延交付,全部或者部分没有交付,将不构成对买卖合同的违反。②

要适用上面引用的《统一商法典》条款,首先必须确定的要素是,合同中要求的履行行为是很难实施的。在 Sunflower Electric Coop., Inc.诉 Tomlinson Oil Co.③这一案件中,我们法院强调了合同中的"履行困难"存在着主观上履行困难与客观上履行困难的区别。这两者之间的区别,可以通过一个人所说的两句不同的话来进行说明:一句表述是,"我不能去做这件事";另外一句表述是,"这个事情我做不了"。只有属于客观上的履行困难,才可以免除当事人的合同义务。④在本案中,由于合同中要交付的玉米并不要求是在某一个具体地块上的特定物,所以,它并不属于客观上的履行困难。原告克拉克在本案中必须要做的事情是,向被告粮库交付 4 000 蒲式耳的玉米。我们认为,克拉克是可以做到交付这些数量的玉米的,这一点可以通过以下事实得到证明,即被告粮库从其他渠道获得了合同项下剩余的那部分玉米。事实是,克拉克并不愿意交付这些谷物,但是,他有能力通过购买谷物来补足自己没有收获到的那些谷物。

堪萨斯州《统一商法典》第 84-2-615 条款的评论这样说道:

> 如果属于下列情形之一:(1)偶发事件的没有发生,是卖方的过错;

---

① 《统一商法典》的第 2-614 条款部分,规定了当事人在不能按照合同履行的情况下,可以采取的"替代履行"方式。——译者注

② 第 2-615 条款的(b)和(c)部分允许卖方在只有部分履行能力的情况下,在其客户之间进行分配,也可以以任何公平、合理的方式进行分配。当然,卖方必须通知买方。——译者注

③ 7 Kan. App. 2d 131,638 P.2d 963(1981).

④ *Id*. at 139,638 P.2d 963.

(2)卖方有理由知道合同履行困难(也就是说,意外事件的发生是可以预料到的);或者(3)卖方自愿承担意外事件带来的风险,那么,卖方……并不能根据这一部分条款免除自己的履行义务。

我们认为得出以下结论并不困难,即堪萨斯州的农场主可以预见到9月末的寒潮将会导致他们的玉米收成减产。寒潮情形已经发生了很多次了。如果我们免除克拉克根据合同交付玉米的义务,我们就是允许了某个农场主在一块没有明确下来的地块上达成一份谷物买卖远期合同①,农场主可以就这块土地到底能够有多少收成去赌一把,因为农场主知道,他完全用不着种植足够多的谷物,而万一谷物收成不够,他将免于被追究责任,不会受到任何惩罚。

此外,堪萨斯州《统一商法典》第84-2-615条款的官方评论(5)和(9)部分都提到了这一概念——确定所出售谷物的供应来源。正如我们在判决意见前面所指出的,我们面前的这一合同并没有确定出售谷物的特定供应来源,或者这些谷物所生长的特定地区。

我们判决,克拉克不能根据堪萨斯州《统一商法典》第84-2-615条款免除自己在谷物买卖合同项下的履行义务。

初审法院判决予以维持。

跨大西洋金融公司诉美国政府②
哥伦比亚特区上诉法院(1966年)

本案要旨

1956年7月,埃及对苏伊士运河实行国有化,为此引发了一场国际危机。在危机期间,原告跨大西洋金融公司与被告美国政府达成了一份合同,由原告为被告承运一批货物,从美国运送到伊朗的一个港口。合同中约定了运费及原告可以获得的报酬,但并没有明确航程的具体线路。之后,由于中东战争爆发,埃及政府关闭了苏伊士运河。原告不得不绕道非洲南端的好望角,将货物送到了伊朗的港口,这大大增加了航程。原告向法院起诉,以苏伊士运河关闭构成了履行不能为由,要求根据"据实结算"的原则,由被告美国政府承担增加航程的这些成本。法院认定,本案当事人没有对运河关闭的风险进行分配,增加的运输成本不能成为履行不能的理由。于是法院判决驳回了原告的诉讼

---

① 远期合同是指买卖双方达成一份合同,同意在将来某个时间点上、以某个特定的价格购买商品。这样的一种交易,实际上是一种投资保值合同,对于买卖双方都有一定的风险,在大宗商品交易中已经普遍适用。——译者注

② Transatlantic Financing Corp. v. United States., 363 F.2d 312.

请求。

本案确定的规则是,在当事人未曾预料到的意外事件发生之后,如果存在着替代的履行方案,而这一替代方案仅仅是增加履行成本的话,并不能构成"履行不能"。

斯凯利·赖特①巡回法官代表法院呈递以下判决意见:

这起上诉案件涉及的是一份租船合同,合同的当事人是原告跨大西洋金融公司(判决中有时称"上诉人",以下简称"大西洋公司")——它经营着一艘名叫 SS CHRISTOS 的货船——与被告美国政府。合同的内容是由大西洋公司负责将美国政府的一船小麦从美国的海湾港运送到伊朗的一个安全港口。大西洋公司认为,由于苏伊士运河的关闭,导致了货船被迫从正常海洋航线上改道,增加了成本,现在要求美国政府承担这一笔费用。初审的地区法院驳回了大西洋公司提出的由美国政府承担这些成本的主张。

1956 年 7 月 26 日这一天,埃及政府对苏伊士运河公司实行了国有化,并接管了苏伊士运河的经营。在埃及政府接管苏伊士运河导致的国际危机期间,上诉人大西洋公司与被告美国政府的代表在 1956 年 10 月 2 日签订了租船合同。这一租船合同约定了航程的目的地,但并没有规定货船航行的具体线路。1956 年 10 月 27 日,SS CHRISTOS 货船从加尔文斯顿港口驶向伊朗的沙普尔港口,它原本计划的航线是通过直布罗陀海峡和苏伊士运河。1956 年 10 月 29 日,以色列军队进入埃及。10 月 31 日,英国和法国军队进入了苏伊士运河地区。1956 年 11 月 2 日,埃及政府用沉船阻断了苏伊士运河,而且封闭了苏伊士运河的交通。

1956 年 11 月 7 日,大西洋公司的代表贝克曼与美国政府农业部一位名叫波多斯基的雇员——上诉人大西洋公司承认这一位雇员没有获得代表美国政府的授权——进行了接洽,要求对这一船货物如何处置给予指示,并且提出双方要达成一个新的协议,由美国政府支付绕道好望角所产生的额外费用。波多斯基向贝克曼表明,他们还是期待大西洋公司根据租船合同的条款来履行,他并不相信大西洋公司有权就绕道好望角这一点主张额外补偿。但是,波多斯基也说道,大西洋公司可以自由地提出这样的主张。在这次讨论之后,SS CHRISTOS 货船改变航线,绕道了好望角,并最终在 12 月 30 日这一天到达了伊朗的沙普尔港口。

大西洋公司在本案中的诉讼请求,是基于以下一系列的抗辩理由。这一

531

---

① J.Skelly Wright,Circuit Judge.

租船合同是一份将货物从海湾港运送到伊朗的合同。大西洋公司认为,海事法的原则和实践,特别是基于"偏离航道"这一法律规则的理论和实践,要求法院认定双方的合同中默认加入了这样一个条款,即这一货船是以"通常的和习惯的"航线来履行租船合同的。在系争合同订立的时候,从得克萨斯到伊朗"通常的和习惯的"航线,是要通过苏伊士运河的,因此,这一合同的航线就是从得克萨斯通过苏伊士运河最终到达伊朗的航线。当苏伊士运河被关闭之后,这一合同就变得无法履行。在此基础上,大西洋公司继续辩称道,当大西洋公司绕道好望角将货物交付之后——这样的绕道行为是在主张自己权利的情况下,根据美国政府的要求作出的——它就对美国政府享有了相应的利益,因此,美国政府应该按照"据实结算"[①]的原则支付绕道产生的费用。

在早期,"履行不能"这一法律原则的测试方法,是"在合同中加入一个默认条款"[②]以及"当事人当初订立合同的意愿"[③]。现在,"履行不能"这一法律原则已经从早期这种虚构的、并不真实的测试方法中摆脱出来了。[④]目前,人们认可的是,"当某一个事情在实践中是无法实施的情况下,这样的事情从法律的本意上说,就是'履行不能';然而,当某一个事情只有花费过度的、不合理的成本才能做成的情况下,它只是'履行困难'"。[⑤]"履行不能"这一原则最终体现在法院所画出的一个持续变化的曲线上——法院希望这一曲线能够及时反映不断变化的商业实践和商业道德——当合同所要求的履行行为在商业上已经毫无意义,超过了严格按照合同条款履行给社会带来的利益时,就构成了"履

---

① "据实结算"原则来源于罗马法。根据这一法律原则,当事人有权根据自己实际付出的劳动或者提供的服务主张相应的费用或者报酬。它与当事人根据合同的约定主张相应费用或者报酬有所不同,后者是有合同作为主张的依据的。"据实结算"原则比较多地运用在无因管理或者合同被宣布无效的情形。——译者注

② 认定合同中存在着一个"默认条款",是早期法院适用"履行不能"这一法律原则时经常采用的一个方法。也就是说,法院会从案件的具体事实中认定合同中存在着一个默认条件,在这一默认条件消失或者不再存在之后,当事人就可以根据履行不能这一法律原则免予承担责任。——译者注

③ "当事人当初订立合同的意愿"是 19 世纪英国法院在"泰勒诉考德威尔"(Taylor v. Caldwell)这一案件中确立的判断是否构成履行不能的一种测试方法。在"泰勒诉考德威尔"这一案件中,履行合同所必须的一个音乐厅被大火烧毁。根据法院的判决意见,当意外发生的某个事件违背了当事人当初订立合同的意愿时,法院可以认定这一意外事件导致了履行不能。该案件中,音乐厅的持续存在,就是"当事人当初订立合同的意愿"。——译者注

④ Page, *The Development of the Doctrine of Impossibility of Performance*, 18 Mich.L.Rev. 589, 596(1920).参见 *Generally* 6 Corbin, *Contracts* §§1320—1372(rev.ed. 1962); 6 Williston, *Contracts* §§1931—1979(rev.ed. 1938)。

⑤ Mineral Park Land Co. v. Howard, 172 Cal.289, 293, 156 P.458, 460, L.R.A. 1916F, 1(1916). *Accord*, *Restatement*, *Contracts* §454(1932); Uniform Commercial Code §2-615, cmt3.

行不能"。①当"履行不能"这一问题提出来的时候,这一法律规则就要求法院根据变化了的具体情形解释当事人履行合同的前提条件,这一过程至少涉及三个需要合理确定的步骤。首先,必定有一个意外事件已经实际发生,这一意外事件的发生是当事人没有预料到的。第二,未曾预料到的意外事件的风险,并没有通过协议或者习惯的方式在当事人之间进行过分配。最后,意外事件的发生一定是已经导致实际履行在商业上变成"履行困难"。②除非法院认定的这三个要求都得到了满足,否则,当事人有关履行不能的诉讼请求是不能得到法院支持的。

532　　　　[我们认为,]前面提到的第一个要求在本案中是得到满足的。在合同中没有提到具体航行线路的情况下,认定当事人所期待的是根据通常的、习惯的线路来履行这一合同,在我们看来是合情合理的。③由于在合同订立的时候,从得克萨斯州到伊朗之间通常的、习惯的航线是要经过苏伊士运河,所以,苏伊

---

①　虽然说在一方当事人因为选择了替代履行而要求对方当事人支付相应成本的诉讼中,像本案当事人这样提出"履行不能"是比较少见的(compare Annot., 84 A.R.L.2d 12, 19 (1962)),然而,当事人就实际采纳的履行方法主张商业上的"履行困难",并没有什么不可以;商业上"履行困难"这一概念,它假定的履行行为在实际中是可以得到实施的。此外,设定一个前提条件让当事人不履行合同,这样的规则将不公正地增加当事人对于期待的挫折感。此为原判决中的注解。

②　请比较《统一商法典》第2-615(a)条款。该条款规定,在当事人并没有给自己设定更大责任的情况下,如果由于意外事件的发生——这一意外事件的不发生,是"合同当初达成时的基本前提"——导致"履行困难",那么,卖方的迟延交付或者没有交付并不构成违约。在一定程度上,《统一商法典》的这一条款将当事人的法律救济限定在"未曾预料"的那些情形(见以下讨论的《统一商法典》的评论一,并比较《统一商法典》第2-614(1)条款)。但是,有一些方面是当事人的协议所不能触及的(见《统一商法典》第2-615条款,评论八),[即使当事人达成了这样的协议,法律也是不予认可,]这些方面应该主要是以下几种情况:合同义务是"显然不合理的"(第1-102(3)条款[修订后是第1-302条款]),合同是"以恶意方式达成的"(第1-203条款)[修订后是第1-304条款],或者是"显失公平的"(第2-302条款)。就统一商法典中这些条款的具体适用,可以参见弗兰德利法官在 United States v. Wegematic Corporation, 360 F.2d 674(2d Cir. 1966)这一案件中的判决意见。此为斯凯利·赖特法官在判决中的注解。

③　《统一商法典》第2-614条款(该条款是有关替代履行的内容)的评论一这样说道:"根据本条款,在缺少特别协议的情况下,那些通常的或者习惯性的东西,可以通过案件的具体情形、交易习惯,或者前期履行过程等方式,引入双方的协议当中。"只要这样的推定(将通常的、习惯的路线引入到合同当中)并不必然导致解释为履行合同的前提条件,那么,对于通常的或者习惯的路线是否就是"默认的条件"进行争论就是没有意义的。是否构成"履行困难"这一问题,最终还是会遇到,无法回避。有一个英国法院曾经在判决中拒绝将苏伊士航线作为合同中的一条默认航线,但是,它接着又认定这一合同的目的已经"落空"。见 Carapanayoti & Co. Ltd. v. E.T. Green Ltd.,(1959) 1 Q.B. 131。这一判决理由在之后被英国下议院所否定。见 Tsakiroglou & Co. Ltd. v. Noblee Thorl G.M.b.H.,(1960) 2 Q.B. 348。此为原判决中的注解。

士运河的关闭就导致了当事人期待的履行方法实际上变成不可能。但是,这一未曾预料到的事态发展(苏伊士运河最终被关闭)提出的不仅仅是"履行不能"这一问题,而且另外又提出了意外事件发生的风险是否在当事人之间进行过分配这一问题;如果没有对风险进行分配的话,是否通过替代的航行线路来履行合同可以被认定为构成了商业上的"履行困难"。

有关当事人对意外事件发生的风险已经进行分配的证据,可以从好几个方面找到,它可以在协议中明白表达出来的文字中看到,或者是从协议中推定其默认存在,也可以在案件的具体情形中找到,这些具体情形包括了交易习惯和惯例。①本案中的合同并没有明示规定,这一履行行为必须以轮船通过苏伊士运河作为前提条件。它也没有在合同中特别规定,轮船将要"通过苏伊士运河"航行,或者,在另外一方面,特别规定"通过苏伊士运河,或者通过好望角航行"。在合同中也没有条款可以让我们法院恰当地推定,默认苏伊士运河持续处于可以使用的状态,是履行合同的前提条件。②在交易习惯或者惯例中,或者在本案的具体情形中,也没有任何理由可以在总体上支持我们法院作出这样的解释,认定这一合同的履行有一个前提条件。有大量涉及苏伊士运河关闭的案件在判决中要求,在苏伊士运河一旦关闭的时候,当事人必须绕道好望角来履行合同;这些案件的判决意见③指出,绕道好望角航线,通常被认为是一个

---

① 参见 6 Corbin, *supra*, 1339, at 394—397; 6 *Williston*, *supra*, § 1948, at 5457—5458。

② 租船合同中规定,这一艘轮船必须是"在各个方面都适用于这一次航行",而且,"P.&.I变更航程条款[这是租船合同中经常出现的一个条款,它允许当事人为了加油临时偏离合同中要求的航线,这样的偏离航线行为将不构成对合同的违反]"中提到了"合同航程"以及"直接的以及/或者习惯的线路"。上诉人大西洋公司辩称,这些条款要求法院默示推定合同中的航程,是一条直接的、习惯的线路。事实上,这些条款只是证明了我们法院想要接受的东西,即当事人期待的是一条通常的、习惯的线路。无论如何,合同中的这些条款没有将苏伊士运河关闭这一意外事件的不发生,作为这一合同履行的前提条件……此为斯凯利·赖特法官在原判决中的注解。

③ 见 *e.g.*, Ocean Tramp Tankers Corp. v. V/O Sovfracht(*The Eugenia* 案件),(1964) 2 Q.B. 226,以及该案件所引用的相关案例。

The Eugenia 案件是英国合同法中有关如何理解合同目的落空这一理论的经典案件,这一案件也涉及苏伊士运河关闭带来的法律问题。该案是由英国著名大法官丹宁勋爵(Lord Denning MR)撰写的判决意见。该案的基本事实是,被告承运方是一艘名叫"Eugenia"的轮船的所有人,他答应为原告运输一批货物,合同中要求被告必须避开有战争风险的地区。然而,被告自认为可以及时通过苏伊士运河,结果,由于苏伊士运河关闭,这艘轮船被困,被告也就没有能够履行合同。被告辩称,苏伊士运河关闭导致了合同目的落空,要求免于承担责任。丹宁勋爵在判决意见中认为,苏伊士运河关闭并不一定构成合同目的落空,在苏伊士运河关闭的情况下,绕道好望角航线就是一个替代的履行方案。从一定意义上说,英国合同法上的合同目的落空,有点类似于我国经常使用的"情势变更"这一概念。我国不少学者在介绍"情势变更"这一原则时,也经常会使用到合同目的落空这一概念,经常提到 The Eugenia 这一案件。——译者注

替代的履行手段。因此,航行线路将通过苏伊士运河到达目的地的默认期待,很难说是苏伊士运河封闭的风险应该转让给受诺人[在本案中受诺人就是美国政府]的恰当证据。在一些案件中,即使是一个明示的期待也不并等同于履行的前提条件。①[海事法上的]"偏离航道"理论可以支持我们法院作出这样的推定,即当事人在一般情况下是希望通过通常的、习惯的航线来履行租船合同,但是,除此之外,"偏离航道"理论根本不能起到证据作用,不能据此认定当事人的这一期待就是在当事人之间进行了风险分配。②

[我们认为,]与这一合同相关的事实恰恰表明,苏伊士运河关闭的风险可以被推定为分配给了大西洋公司。我们知道,或者说可以有把握地推定,本案当事人在签订合同的时候已经意识到了苏伊士运河可能变成一个危险的地区,本案当事人和那些利益可能受到苏伊士运河局势影响的绝大多数商人一

---

① 《统一商法典》第 2-614(1)条款规定:"在任何一方当事人都没有过错的情况下……即使当事人商定的交付方式……在商业上已经变成'履行困难',但是,只要商业上合理的替代履行仍然是可以采取的话,那么,负有履行义务的当事人就必须作出这样的替代履行,对方当事人则必须接受这样的替代履行。"在此,我们可以比较霍姆斯法官在这一问题上的相关观点:"你可以给你得出的任何结论披上一件合乎逻辑的外衣。你总是能够在一份合同中推定默认存在着一个前提条件。但是,为什么你要默认这样的前提条件呢?这是因为对于社会或者某一类人的具体实践,你是有着一些确信的;或者,是因为对于一些政策,你是有着自己的观点的……"Holmes, *The Path of the Law*, 10 Harv. L. Rev. 457, 466(1897). 此为原判决中的注解。

② "偏离航道"理论主要来源于海事保险法律的实践,它默认所有商业文件中所提到的"航线的目的地",是那些不同地点之间通常的和习惯的路线。1 Arnould, *Marine Insurance and Average* § 376, at 522(10th ed. 1921)。当一艘轮船通过一些方式不合理地"偏离"了这一正常路线的时候,例如,这艘轮船延长了通常的航程,或者将它停放在一个非正规的港口,保险公司将会取消保险,而且,船主将失去期待条款的保护,这些期待条款本来可以保护他,让他不用对这批货物承担普通法上保险人的责任。见 Gilmore & Black, *supra* note 8, § 2—6, at 59—60。这样的做法,如果恰当地实施,在实践中是非常有意义的,因为保险费率是以默认的通常航线作为计算的基础。对于通常航线的偏离,将增加预想的风险,这就使得保险公司对于保险费率的计算变得毫无意义。Arnould, *supra*, § 14, at 26。因此,就保险合同所涉及的线路来说,不管它是明示确定的还是默示推定的,都是非常关键的。但是,即使在这一起案件中,默示通常航线的条款也不是僵化的,而是有一定的灵活性。合理的偏离航线并不导致当事人失去保险,至少到现在为止,实践中是有着这样的做法的。见 Carriage of Goods by Sea Act § 4(4), 49 Stat. 1210, 46 U.S.C. § 1304(4); and discussion of "held covered" clauses in Gilmore & Black, *supra*, § 3—41, at 161。有一些航线的"偏离",是情势需要所致。*E.g.*, Hirsch Lumber Co. v. Weyerhaeuser Steamship Co., 2 Cir., 223 F.2d 791, *cert denied*, 352 U.S. 880, 77 S.Ct. 102, 1 L.Ed.2d 80(1956)。因此,"偏离航道"理论在本案中唯一的关联性是,它为我们法院愿意作出的推定结论提供了另外的支持,即,同意了两个特定地点之间的航线的商人,它期待在实际航行的时候采纳的是一个通常的、习惯的航线。但是,"偏离航道"这一理论并不能证明,当事人在无法利用预期航线的情况下对于相关的风险作出了分配。此为原判决中的注解。

样,他们是意识到这一点的。①毫无疑问,苏伊士运河的紧张局势会影响到航行的运费价格,也可以说苏伊士运河关闭的风险已经成为双方协商条款的一部分。②然而,我们并不推定苏伊士运河关闭的风险已经作了这样的分配。苏伊士运河关闭事件的可以预见,甚至当事人承认关闭风险的存在,并不当然证明合同中对于风险究竟应该由谁负担进行了分配。③当事人并不总是能够就他们知道的所有可能性都在合同中作出规定,有的时候,是因为他们之间达不成一致意见,在很多情况下,只是因为他们太忙以至于没有时间对此作出规定。此外,那些异常风险曾经被当事人想到过,这一点虽说有着一定的证据作用,但是,这并不能当然认定当事人就事后发生意外事件的风险进行了分配。例如,在本案中,埃及政府对苏伊士运河公司实行国有化,以及[英法等 15 国]成立苏伊士运河使用者联盟④,并不当然表明苏伊士运河将被阻断运行,即使是因为这些情形导致了相关各方发生冲突。⑤然而,本案的相关情形的确表明,大西洋公司有着承担那些异常风险的意愿,这一事实使得我们在判断因为替代行为所引起的"履行困难"的时候,理所当然地要采取比那些因为未曾预见到的意外事件引起的"履行困难"更加严格的条件。

534

我们法院现在来讨论以下这一问题,即根据本案的具体事件,意外事件的发生是否导致合同变成了"履行困难"呢? 运输的这批货物如果走路途更远、气候较冷的南线(即绕道非洲南端的好望角),并不导致货物受损。这艘轮船和船员也是适合绕道好望角航行的。⑥大西洋公司可以自行购买保险,与被告美国政府相比,大西洋公司并不缺少购买保险的能力,以应对意外事件的发

---

① 见 The Eugenia 这一案例,*supra*。

② 见《统一商法典》第 2-615 条款,评论八。

③ 见 *The Fetish of Impossibility in the Law of Contracts*, 53 Colum.L.Rev. 94, 98 n.23(1953)的相关注解。该注解中建议,"可预见性"在恰当的情形下,可以作为"履行不能风险这一推定的一个证据性因素"。此为原判决中的注解。

④ Suez Users Group.

⑤ 当事人向法院提交了法律意见书,这些意见书引用的消息来源表明,在 10 月 1 日这一天成立了苏伊士运河使用者联盟(英国及法国等 15 国成立的一个联盟,旨在维护这些国家的利益),在某些方面看来,它隐含着武装冲突的威胁。纽约《时代》杂志(1956 年 10 月 2 日)在当事人签订这一租船合同的当天指出:"英国已经宣布,如果和平手段不能解决问题的话,它有权使用武装力量作为最后的手段来解决问题。"然而,杜勒斯国务卿却将这一声明视为运河使用者联盟"想公正及和平地解决危机"。见 *The Suez Problem* 369—370(Department of State Pub. 1956)。

⑥ "履行困难"这一问题,毫无疑问应该是"对承诺能否合理履行所作的一种客观判断,而不是对立诺人按照协议履行能力所作的主观上的调查。"Symposium, *The Uniform Commercial Code and Contract Law: Some Selected Problems*, 105 U.Pa.L.Rev. 836, 880, 887(1957).交易中的当事人不能够因为自己缺少正常的能力而被免责。但是,如果双方当事人都意识到其中一个当事人确实是能力有限的话,在没有对这样的事实进行考虑的情况下,"履行困难"的客观判断是不能完成的。此为原判决中的注解。

生。如果真的是这样,那么,期待由船东(本案中船东就是原告大西洋公司)来对战争风险进行投保就更加合理。船东对于通过替代线路来履行的成本到底是多少,能够更好地进行估算(因此,也就能够更好地评估需要购买的保险数量),而且,无疑船东也对那些特别影响服务需求数量和服务成本的国际纷争更加敏感。在本案中,对大西洋公司有利的唯一因素,是因为延长航线给它增加的经济成本,原先它预想的航程为10 000英里,现在实际的航程延长了大约3 000英里。上诉人大西洋公司声称,延长航程的成本要比合同的价款305 842.92美元高出43 972.00美元。虽然说增加的经济成本和履行过程中的难度永远也不会构成"履行困难",有点言过其实,但是,在我们看来,如果要证明自己构成"履行困难"进而可以获得法律救济的话,仅仅有着大西洋公司所期待的履行成本和替代履行成本之间的差异,还是远远不够的,大西洋公司还必须有着比本案更多的不同点才行。在本案中,立诺人[即大西洋公司]可以被正当地推定已经接受了一定程度的异常风险,它提出的"履行困难"的理由,只是建立在绕道好望角增加了经济成本这一个因素上面。①

因此,我们认定,正像其他绝大多数法院在面对苏伊士运河关闭所产生的相关问题时所考虑的那样②,按照替代线路来履行合同并不构成法律上的履行不能。即使我们同意大西洋公司的观点,它主张的救济理论看起来也是站不住脚的。当合同的履行被认定为履行不能时,这一合同就是无效的。就租船合同中运送货物的承运人来说,在履行不能的情况下,轮船可以返回一个合适的港口,并卸载下货物,当然,承运人具体如何做,还是受到减少损失这一要求的制约。③

535

---

① 见《统一商法典》第2-615的评论4:"仅仅只是增加了交易成本,并不能够免除当事人的履行义务,除非这样的增加成本是由于未曾预料到的意外事件所导致,而且这样的意外事件已经改变了履行行为的基本性质。"也见6 *Corbin*, *supra*, §1333;6 *Williston*, *supra*, §1952, at 5468。

② 大西洋公司在本案中想努力表明,支持我们观点的英国法院的案件与自己的案件有所不同,想将两者区分开来,[但大西洋公司没有能说服法院]……两者之间的区别,当然不像上诉人主张的那样,英国法院的依据是"合同落空",而美国法院的依据是"履行不能"。英国法院对于"合同落空"的观点在实质上与我们美国法院所采纳的"履行不能"这一概念是相同的。此为原判决中的注解。

③ The Malcolm Baxter, Jr., 277 U.S.323, 48 S.Ct. 516, 72 L.Ed.901(1928).
这一案件是美国法院于1928年审理的一起租船合同纠纷案件。在这一起案件中,原告与被告在1917年(第一次世界大战期间)的时候达成一份租船合同,由被告将一批货物从美国奥尔良运往法国的波尔多。被告在出发之前对轮船进行了检查,没有发现什么问题。在航行之后,被告发现轮船出现了漏水,于是,被告转道哈瓦那对轮船进行修理。在修理期间,美国政府颁布法令,对目的地实行禁运(欧洲当时处于一战期间),这样,被告就不能再将货物运往波尔多。被告后来将轮船开回了美国纽约。于是,原告向法院起诉,要求被告赔偿损失。法院最终认定,被告的偏离航线(改道)是一种"并非自愿的偏离航线",为了船只和人员的安全,应该允许被告这样做。在美国政府颁布贸易禁运法令的情况下,被告就不得再继续履行合同(实际上认定这样的情形构成了履行不能)。因此,原告要求被告赔偿损失的诉讼请求没有获得支持。——译者注

如果承运人已经付出的履行行为是有价值的,那么根据"据实结算"的法律原则,承运人要求就全部的履行行为支付款项就是恰当的。但是,在本案中,大西洋公司已经获得了合同的价款;它现在寻求的是,按照"据实结算"的原则由被告来支付绕道好望角额外增加的费用。如果系争合同是无效的,那么,大西洋公司的救济理论应该是就整个航程的费用主张"据实结算",而不是仅仅针对额外增加的那些费用。在本案中,大西洋公司试图先获得合同中自己的利润,再强迫被告美国政府承担增加航程的成本。当没有一方当事人有过错,但是"履行困难"实际发生的时候,法律寻求的是一种衡平的解决方案①,"据实结算"就是实现这一目标的有力手段之一。将所有的商业灾难负担置于一方当事人的身上,以此来保护另一方的利润,这样做是根本行不通的。很显然,本案中合同规定的价款足以阻止大西洋公司对于其损失所持的观点——这一观点与其有关法律责任的理论是一致的。我们法院认为,在任何情况下,对于大西洋公司来说,它没有获得法律救济的基础。

初审法院的判决予以维持。

东方航空有限公司诉麦道公司②
美国联邦第五巡回上诉法院(1976 年)

本案要旨

原告东方航空有限公司于 1965 年年初向飞机制造商麦道公司订购了一批飞机。后来,因为越南战争大规模升级,美国需要大量的军用飞机用于这场战争。美国政府采取了非正式的"生产请求"方式向被告麦道公司采购大量的飞机,要求麦道公司优先生产。麦道公司因此未能及时向原告交货。于是,原告起诉麦道公司,要求赔偿由于迟延交付所造成的损失。法院认定,对于政府以非正式方式作出的生产请求,被告也必须接受,这构成了履行困难。被告的迟延交付可以免责,判决驳回了原告的诉讼请求。

本案确定的规则是,在买卖合同中约定了由于政府行为导致卖方交付迟延可以免责的情况下,即使政府的"生产请求"是以非正式方式作出的,也可以被认定为构成了《统一商法典》上的履行困难,卖方可以免除自己的责任。

[初审法院的陪审团认定,被告麦道公司向原告东方航空有限公司迟延交付了近 100 架飞机,违反了双方所签订的一系列合同,判决被告麦道公司应该

---

① 参见 6 *Corbin*,*supra*,1321。
② Eastern Air lines, Inc. v. McDonnell Douglas Corp. 532 F.2d 957.

赔偿原告损失 24 500 000 美元。本案系争合同开始谈判的时间,是在 1965 年的早期,在这一时期,越南战争"对于美国经济还没有显示出有什么重要影响",约翰逊总统预计下一年度的军事预算将会削减。从 1965 年 1 月到 1966 年 12 月 31 日期间,部署在越南的美国军队人数急剧上升,从 23 000 人增加到 455 000 人。随之而来的是,(美国军队)对军用飞机的需求大量增加。根据美国的《国防生产法案》①,美国政府官员可以向生产商发出指令,要求生产商优先保证军用产品的生产。然而,证据表明,美国政府很少正式签署这样的政府指令。取而代之的是,政府部门更愿意采取"生产请求"②这样的方式。这样的"生产请求"通常是以非正式的方式作出的,由美国政府的官员打电话告诉企业的行政主管,要求企业优先生产军用产品。政府的这些"生产请求",其潜台词就是一种威胁,如果这些请求得不到执行,政府将会签发正式的指令。

被告麦道公司将它迟延交付的原因归咎于政府提出的这些"生产请求",由于政府提出了"生产请求",导致它不得不将民用产品的生产暂时放在一边,以优先保证军用产品的生产。类似的"生产请求"还导致了飞机起落架等相关零部件的供货迟延。初审法官认定,政府部门采取的"生产请求"这方面的证据是不能被法院接受的。]③

[被告麦道公司不服判决,提起上诉。]巡回法官安斯沃思④代表上诉法院呈递以下判决意见……

四、越南战争作为迟延交货的免责理由⑤

536

[被告麦道公司在初审中将自己的交付迟延归咎于越南战争的升级,认为根据双方的合同、《国防生产法案》和《统一商法典》,自己可以被免除交付迟延的责任。为了证明这一点,被告在庭审中提供了证人证言,证明它的供货商和分包商为了满足政府的军方优先命令所受到的巨大压力。麦道公司认为,初审法官对于陪审团作出了错误的释明。初审法官所作的释明是,被告麦道公司迟延交付的免责

---

① 《国防生产法案》是 1950 年 9 月由美国国会通过的法案,它是美国为了应对朝鲜战争的产物。它授权美国总统要求国内的企业为了国防需要签订合同或者进行生产,建立相应机制来分配国内重要的生产原料、服务来促进国防,控制国内民用经济来为国防服务。——译者注

② "生产请求"是美国政府对生产商发出的一种非正式指令,通常是由政府首脑或者官员向生产企业发出要求生产或者供货的呼吁,如果企业不执行这种"生产请求",可能会面临政府以正式的规章来进行约束。这样的"生产请求",不是《国防生产法案》上正式列明的方式。从本案事实来看,政府对于麦道公司提供军用飞机的"生产请求",是以电话通知的方式进行。——译者注

③ 以上为原编者对本案基本背景所作的概括介绍。——译者注

④ Ainsworth, Circuit Judge.

⑤ 本案涉及大量问题和背景,原编者为了更有针对性地分析"履行不能"这一主题,略去了一些不太相关的问题,直接从"延迟交货的免责理由"开始。——译者注

理由只能是《国防生产法案》中所提及的政府的正式指令。同时,初审法官还认为,《统一商法典》不适用于本案,而且,被告迟延交付的免责理由必须是合同签订当时无法预见到的那些原因。安斯沃思法官在下面着重对原审法官向陪审团释明的几个问题进行了分析。最后认定初审法官对陪审团所作的释明是错误的。]①

……

(二)"可以免责的迟延"条款②

上诉人麦道公司坚持认为,初审法官对于陪审团所作的释明,剥夺了自己根据合同中"可以免责的迟延"这一条款所能够获得的抗辩。在系争合同的相关部分,"可以免责的迟延"这一条款是这样规定的:

在由于超出了卖方[即麦道公司]控制,而且卖方对此并无过错或者疏忽的原因而导致履行迟延的时候……卖方对此将不承担责任,也不应该被认定为违约……这些原因包括但不限于任何政府行为、政府的优先安排,以及那些影响原材料、设备、装置或者完成飞机的有关配额的规章或者指令……供应商(由于与本条款类似的原因)未能履行他们的合同……只要这样的原因的确是超出了卖方的控制。

1."类推适用"规则③以及《统一商法典》第2-615条款的适用

上诉人麦道公司对此首先辩称,初审地区法院的法官在对陪审团进行释

---

① 这一部分在原书中是略去的,为更好地说明当事人双方的诉辩理由,译者作了概括。麦道公司在这一部分强调,由于越南战争的升级,美国军方向其发出优先供应军方飞机的"生产请求",这导致它无法正常供应本案原告所需要的飞机。麦道公司提出了迟延交付的各种抗辩理由,主要是:合同中有着免除交付迟延责任的条款,这一条款既包括了具体列出来的原因,也包括了一般的条款;《统一商法典》应该可以适用到本案;自己可以根据《统一商法典》的"履行困难"条款(第2-615条款)被免除责任,在适用第2-615条款时,不应该加入"无法预料"这样的要求;政府要求优先保证军用订单生产的指令,可以是以非正式的方式作出。——译者注

② 初审法院没有认可合同中的"可以免责的迟延"这一条款,因此,上诉法院重点对此进行了分析。原编者略去了其他一些并不直接相关的分析。——译者注

③ "类推适用"规则,是美国在解释法律或者合同时经常会使用到的一个规则。某个法规或者合同在表述某个概念的时候,可能会列举一些特定的人或物来加以说明。根据该规则,这一概念在适用的时候,只能是指向与所列举的人或物属于同一种类的那些人或物。例如,某一法规在提及交通工具时列举了拖拉机、汽车、卡车、摩托车以及其他在陆地行驶的交通工具,那么,通常会认为这里的交通工具就不包括飞机,因为法规中所列举的交通工具都是在陆地上行使的,而飞机是在天上飞行的交通工具,两者不属于同一种类,因此也就可以认定,"飞机"不属于这一法规调整。

在本案中,初审法官认为,可以让被告免责的事由,只能是与合同中所列举的那些原因相类似的原因,也就是说,免责事由必须是与政府"正式的命令"相类似。麦道公司认为这样的理解是错误的,"可以免责的迟延"这一条款中还包括了那些"超出卖方控制、卖方对此并没有过错或者疏忽的原因"。上诉法院的法官认为,"类推适用"规则的适用必须是在当事人意愿不清楚的情况下才可以适用,而本案中当事人的意愿是清楚的。上诉法院最终没有接受初审法官适用"类推规则"的做法。——译者注

明的时候,不恰当地缩小了"可以免责的迟延"这一条款的适用范围。地区法院法官在释明时说,可以让麦道公司免责的迟延交付,必须是"该合同条款所列举的事件之一或者几个事件……或者是超出被告控制的类似原因"所造成的结果。在上诉人麦道公司看来,初审法院法官所作的上述释明,事实上是将合同中特别列举出来的自己可以被免责的原因作了限制解释,限制了其中一般性条款的适用——该一般性条款免除了由于超出麦道公司控制以及麦道公司没有过错的原因所导致的交付迟延。因此,麦道公司感觉到,它在初审过程中所作的肯定性抗辩①,被初审法官不公正地限定在必须与合同中特别列举的那些原因相类似的事件上。事实上,系争合同对于麦道公司没有过错的所有交货迟延行为都是免予追究责任的。

此外,初审法官对于"可以免责的迟延"这一条款的解释,使得麦道公司可以免责的事由与其根据当代"履行不能"法律原则可以获得的免责事由相比,也变得更加狭窄了——当代"履行不能"这一法律原则的观点,已经通过立法规定在《统一商法典》第 2-615 条款②当中。简单地说,《统一商法典》第 2-615 条款中的基本观点是,在当事人商定的履行行为由于意外事件介入而导致商业上"履行困难"时——在当事人订立合同的时候,双方当事人都没有预料到这一意外事件的发生——《统一商法典》将免除当事人迟延交付的责任或者没有交付的责任。③

根据《统一商法典》第 2-615 条款的规定,卖方是可以主张"履行不能"这一抗辩理由的,但是,这一抗辩理由有一个前提条件,即与这一条款给卖方设定的责任相比,卖方没有给自己"设定更多的义务"。在初审过程中,下级法院认定,正是由于卖方在系争条款中给自己设定了更多合同义务,所以,《统一商法典》第 2-615 条款不应该在本案中予以适用。④虽然初审法官在判

---

① "肯定性抗辩"是指被告认为原告(在刑事案件中是控方)所称的事实即使客观存在,自己也不应该承担法律责任的抗辩。在刑事案件中,被告人可能会提出即使控方指控的加害行为存在,但由于自己是正当防卫,也不应该承担责任。在本案中,麦道公司认为,"肯定性抗辩"是指,即使迟延交货的行为客观存在,自己也不应该承担法律责任。——译者注

② 《统一商法典》第 2-615 条款的标题是"预设条件未能实现时的免责"。该条款的主要内容是,除非卖方已经自愿承担更大义务的情形,如果迟延交付或者未能交付的行为是由于意外事件的发生导致了"履行困难"——这一意外事件的不发生,是当初合同订立的基本前提——那么,卖方将不构成违约。——译者注

③ 见《统一商法典》第 2-615 条款[《加利福尼亚州商法典》第 2615 部分]的评论 1 和评论 8;也见《合同法重述》第 454、457 部分(1932 年);6 A.Corbin, *Contracts* §§ 1321,1339(1962)。

④ 《统一商法典》第 2-615 条款提到了"除非卖方已经给自己设定了更大的义务……否则合同由于某些情况发生而无法履行时,可以不认定为违约"。也就是说,适用《统一商法典》第 2-615 条款有一个前提,就是卖方没有给自己设定更大的义务。初审法院认为,系争合同中卖方(麦道公司)给自己设定了"更大的义务"(即仅仅将免责事由限定在列举的那几个事由),所以,本案中不能适用《统一商法典》第 2-615 条款来免除麦道公司迟延交货的责任。——译者注

决意见中没有能够对他作出的这一认定给出进一步的解释,但是,在我们看来,初审法官所作的这一认定,一定是对"可以免责的迟延"这一条款进行了限缩解释而得出的。非常可能的是,在初审法官看来,《统一商法典》第2-615条款对迟延履行进行的保护,被推定为已经由当事人放弃了,因为在对麦道公司提出的"履行不能"这一抗辩理由进行解释时,初审法官将迟延交付的事由仅仅限定在特定的事件,即与"可以免责的迟延"这一条款特别列举的那些原因相类似的事件。

为了支持初审法院的这一观点,原告东方航空有限公司认为,初审法院正确地适用了"类推规则"——"类推规则"作为司法解释的一个规则,它的目的是限制一般性条款的适用,使得类似的某一特定的人或物,能够与合同中特别列举的那些事项保持一致。然而,[在我们看来,]"类推规则"这一法律原则"只是在相关文字的含义不确定的时候,用来帮助人们获得文字正确含义的一个手段"。①本案系争合同在列举免责原因之前还有这么一句话:"包括但不限于"。很显然,如果"类推规则"可以在本案中适用,那么,将会使"包括但不限于"这一句话变得多此一举,而这句话的含义本来是清晰、明确的。很清楚的是,通过免除那些既不在麦道公司控制的范围,也不是由麦道公司的疏忽——"包括但不限于"政府行为、政府优先安排或者政府命令——所造成的交付迟延,当事人想要达到的法律效果是:免除所有属于一般性描述②范围之内的交货迟延,不管它们与所列举的免责事由是不是相类似。因此,我们认为,初审法官作出的以下两个结论都是没有基础的。一个结论是麦道公司已经放弃了《统一商法典》第2-615条款的保护;另一个结论是麦道公司在合同项下的免责情形要比根据商业上的"履行困难"这一原则可以获得的免责情形更加狭窄。

2. 可预见性问题

上诉人麦道公司对于初审法官向陪审团所作的另一个释明也提出了质疑,初审法官在另一个释明中,将麦道公司交付迟延的免责事由限定在合同签订时不能"合理预见"到的那些事件。在我们看来,通过在"可以免责的迟延"这一条款中加入可预见性这一要求,初审地区法院似乎将合同解释为,不能将《统一商法典》有关商业上"履行困难"这一法律规则适用于系争合同中特别列

---

① 参见 Gooch v. United States,297 U.S.124,128,56 S.Ct.395,397,80 L.Ed. 522,526(1936)。

② 此处的"一般性描述"就是指前面提及的"并不是麦道公司所控制的原因,也不是由麦道公司的疏忽造成的迟延"。——译者注

举的那些事由。①

虽然说对于《统一商法典》是否允许当事人协商确定比第 2-615 条款更宽泛的免责理由存在一些质疑,但是,有学者认为,这样的质疑完全没有根据。②有的法院在判决中指出,《统一商法典》第 2-615 条款的评论 8 很清楚地表明,当事人可以"扩大第 2-615 条款中的内容,或者以其他内容取代"第 2-615 条款中的内容。③

然而,法院对于这些协议④所作的司法上的解释,还是招致了一些批评。对此,《统一商法典》第 2—615 条款的评论 8 是这样表述的:

> 一般而言,对于通过扩大第 2-615 这一条款中的内容,或者是以其他内容取代这一条款的方法来免除自身责任的明示协议,应该根据商业上的判断和理由来进行解读,因为第 2-615 这一条款所创设的商业标准,是以通常的、合理的解释来确立的一个标准,而且,它规定的是当事人协议不能违反的最低限度要求。

虽然第 2-615 这一条款本可以在起草的时候表达得更加直白一些,减少一点模糊,但我们还是可以推定,第 2-615 条款的评论 8 是将"商业上的判断和理由"作为解释扩大了第 2-615 条款免责保护内容的协议的一般标准。按照我们对于评论 8 的理解,在对当事人的意愿存在怀疑的情况下,合同中免除当事人责任的那些条款,就不应该被解释为放宽了《统一商法典》"履行困难"这一规则下可以获得的免责事由。如果将这一标准⑤适用到本案中"可以免责的迟延"条款,在缺少相反证据的情况下,我们就不能认定麦道公司对于任何超出其控制的原因而导致的迟延——不管其是否属于可预见——都被免除了责任。长期以来,那些只是以一般性条款来表达的免责条款,一直被解释为只是免除那些导致了合同履行困难的没有预见到的事件。因此,法院过去经常判决,如果一个立诺人想要让自己根据免责规则获得的保护更加宽泛一些,那么,他在合同中就必须以特定的文字,而非一般性的文字来明确那些可以让自己免责的意外事件。

当然,我们知道,上述这样的解释规则是在《统一商法典》出来之前的时代

---

① 初审法院的法官在这一问题上对于陪审团所作的释明意见如下:

被告[麦道公司]在根据这一理由——即交付迟延是由超出自己控制,并不是由于自己过错或者疏忽的原因所导致——寻求对迟延履行免除责任的时候,它有义务证明,其作为免责依据的任何事件或者情形,必须是在签订合同的当时无法预见的。此为原判决中的注解。

② 见霍克兰著《能源危机和〈统一商法典〉第 2-615 条款》(Hawkland, *The Energy Crisis and Section 2-615 of the Uniform Commercial Code*, 79 Com.L.J. 75(1974))。

③ United States v. Wegematic Corp. 2 Cir., 1966, 360 F.2d 674, 677(Friendly, J.)。

④ 这里是指扩大卖方免责事由的协议。——译者注

⑤ 即前面提及的"商业上的判断和理由"。——译者注

发展形成的,在当时的时代,合同履行困难、合同目的无法实现这些规则的具体适用范围并不清晰,而且,这些规则在不同司法区域适用的时候,也各不相同。正是因为有关免除责任的法律有着不确定性,所以当事人有着很好的理由希望借助于一般性条款来免除那些"超出自己控制"的原因所导致的违约责任。虽然《统一商法典》在表面上看来已经不再需要这样的一般性条款了,但是,很多律师出于警惕或习惯的力量,仍然继续把这样的一般性条款写到合同中去。①因此,即使我们在本案的解释让"可以免责的迟延"这一条款中的一般性表述只是重复第 2-615 条款的内容,但是,我们还是会坚持已经确立的解释规则,因为这一规则现在仍然在商业实践中占据着主导地位。

然而,我们再次重申,我们正在适用的只是总体反映了商业上合理性标准的合同解释原则。我们并不认同霍克兰教授的观点,他认为,《统一商法典》第 2-615 条款设定了一个有关免责条款如何解释的固定标准。②我们认为,《统一商法典》并没有绝对要求那些旨在扩大第 2-615 条款适用范围的协议必须是以直白和特定的语言来表述。即使是在文字没有详细表述的情况下,与某一特定协议相关的商业惯例以及具体情形仍然可以表明,当事人想要给予卖方的免责事由,要比《统一商法典》中可以获得的免责事由更加多一些。③

虽然我们认为"可以免责的迟延"这一条款——该条款对于超出麦道公司所控制的事件导致的交付迟延,免除麦道公司责任——应该与《统一商法典》中商业上"履行困难"这一法律规则结合起来解释,但是,我们也不能同意初审法官在"可预见性"这一问题上向陪审团所作的释明,因为他的释明默认了"可以免责的迟延"这一条款所明确列举出来的事件必须是在签订协议时无法预见到的。"履行困难"这一法律规则适用的基础是,导致违约的那些情形使得合同的履行与当事人最初所设想的情形存在着天壤之别,以至于从合理性上

539

---

① 参见 *generally* Squillante & Congalton, *Force Majeure*, 80 Com. L. J. 4, 8—9 (1975)。

② *Hawkland*, *supra*, at 79.

③ 然而,正如《统一商法典》评论八所指出的,有一点是任何这样的协议都不可以突破的。霍克兰教授提出,第 2-615 条款所确立的"最低要求"包括了卖方在他的众多客户中分配交货的义务,以及通知买方任何迟延交付或者不交付的义务[在《统一商法典》第 2-615 条款的(b)、(c)项中有这样的要求——译者注]。*Hawkland*, *supra*, at 79.虽然也有一个评论者似乎愿意将评论八解释为,卖方在第 2-615 条款下得到的保护可以进行限制,但应该限制在一定的程度之内。Note, UCC §2-615: *Sharp Inflationary Increases in Cost as Excuse from Performance of Contract*, 50 Notre Dame Law. 297, 300—301(1974).在任何情况下,免责条款都是受到一定的限制的,这些限制包括受到了《统一商法典》中所禁止的"明显不合理"[第 1-102(3)条款]、恶意[第 1-203 条款]以及显失公平[第 2—302 条款]的限制。参见 Transatlantic Financing Corp. v. United States, 1966, 124 U. S. App. D. C. 183, 363 F. 2d 312, 315 n.3. 此为原判决中的注解。

来说,这样的合同不应该再继续约束当事人。①然而,因为合同的目的是将履行的合理风险放在立诺人这里,所以,在没有相反证据的情况下,立诺人应该被推定为同意承担合同签订时可以预见的事件所带来的任何损失。这一推定的基础是基于这样的观点,即立诺人可以通过在协议中订立明示条款的方法避免那些可以预见的事件所带来的风险,以此来保护自己。

因此,当立诺人通过在合同中特别约定的方法,已经预先设定了某一特定事件可以免责的情况下,在这样的特定事件实际发生时,立诺人都可以被免除责任,不管这样的特定事件是不是可以预见的。②正如加利福尼亚州最高法院特雷纳法官③在一起案情虽有不同,但又是类似的案件中所指出的那样:

> 对于某一个风险是不是可预见这一问题,与当事人是不是预想到了这一个风险,是截然不同的两个问题……在当事人已经预想到某一个风险,而且该当事人自愿承担这一风险的情况下……"可预见性"就不再成为一个问题,双方当事人将会被认定为必须遵守他们的约定。④

在这起案件中,很清楚,原告东方航空有限公司明确"预想到,而且是自愿承担了"因为政府行为、优先行为、政府规章或者命令所导致的交货迟延的风险。除此之外,东方航空有限公司提供给我们的唯一一起案件 United States 诉 Brooks-Callaway Co.⑤——这起案件涉及的是如何解释类似条款——与本案有所不同。在本案中,"可以免责的迟延"这一条款中的措辞,并没有表明麦道公司的抗辩理由仅仅被限定在无法预见的事件所导致的违约。因此,我们法院必须得出这样的结论,初审法官在指导陪审团时对于这一问题所作的释明,即麦道公司在主张免除迟延交付的责任时,"可以免责的迟延"这一条款中所列举的特别事件必须是在合同签订时无法预见的,是错误的。

3."政府行为"以非正式方式提出时是否能够优先的问题

现在我们讨论下一个问题,美国政府以非正式方式要求麦道公司优先保证军事供应的政策,是否在"可以免责的迟延"这一条款的适用范围之内? 在本判决的四—A部分⑥,我们已经知道,麦道公司和它的供货商们,通过优先保证军事供应,是在积极配合美国政府已经确立,并且是公开宣布的政府采购

540

---

① 6 S. Williston, *Contracts* § 1963 at 5511(rev.ed. 1938).

② Edward Maurer Co. v. Tubeless Tire Co., 6 Cir., 1922, 285 F.713, 714—15.

③ Justice Traynor.

④ Glenn R. Sewell Sheet Metal, Inc. v. Loverde, 1969, 70 Cal.2d 666, 451 P.2d 721, 728 n.13.

⑤ 参见 318 U.S.120, 63 S.Ct.474, 87 L.Ed.653(1943)。

⑥ 第四—A部分在本书中并未编入,其主要内容是麦道公司表明其优先保证军用飞机生产,符合美国政府的政策。——译者注

政策。然而,东方航空有限公司却认为,本案中美国政府采取的是非正式通知的方式["生产请求"],这样的一种方式并不在合同条款特别免除麦道公司责任的范围之内,合同中列明的事项只是"政府行为、政府优先、影响原材料供应的政府配额规章或指令"。东方航空有限公司坚持认为,《国防生产法案》授权美国政府,如果想要以某些指令优先获得生产任务,只有通过正式的、生效的政府规章来实施。东方航空有限公司的结论是,美国政府采取的任何其他方法,即使不是违宪的,也是非法的,因而也就不能被推定为属于政府的行为。基于以下理由,我们不能同意东方航空有限公司的这一抗辩意见。

《国防生产法案》通过"全面转授权力的方式",赋予了美国总统广泛的权力,美国总统可以要求与国防相关的合同优先生产,而让那些并不重要的订单暂时搁在一边。[1]美国国会并没有具体说明总统行使这一权力的具体方法,只是规定"总统可以发布他认为必须的或者恰当的规定、规章和命令",[2]而且,不管是在《国防生产法案》的立法历史上,还是在这一法案本身的措辞上,都没有任何东西表明,美国政府不可以通过非正式的手段来实现其军事订单优先的政策。因此,我们法院可以合理地得出这样的结论,即在应对经常是难以预料的国防紧急状态事件方面,国会想要给予行政部门非常大的宽松。

我们的上述结论可以通过以下这一事实得到进一步的印证,即在 1950 年《国防生产法案》颁布之时,政府部门就已经确立了自己法律上的权力,即一直以来,政府都是将先前的政府采购法案解释为,政府可以采取非正式的和间接的方法来保证军事订单的优先供应,这样做是符合美国政府的国防优先政策的。人们普遍承认的是,基于实际需要的各种理由,那些紧急情况下所要求的政府命令,不得不"通过非强制的政府指令来实现——这些指令最终是基于政府法定的权力——而不是根据法规强制要求的做法来进行"。[3]在确定必需的军需物资供应时,政府需要的是快速和灵活,这就要求排除那些冗长的、官僚主义的程序。因此,即使第一次世界大战时的《国家防卫法案》[4]特别规定,总统或者政府部门的首脑必须颁布保证军需产品优先供应的政府命令,但是,仍然有好几个法院的判决认定,这种命令并不一定要以文字形式作出。……

在第二次世界大战中,类似的观点,即政府指令可以不必拘泥于一定形式的观点,也被政府的采购部门所接受……

因此,[在我们看来,]《国防生产法案》赋予政府部门采取非正式的"劝说

---

① D.P.A. § 101(a), 50 App.U.S.C. § 2071(a).

② D.P.A. § 704, 50 App.U.S.C. § 2154.

③ Dodd, *Impossibility of Performance of Contracts Due to War-Time Regulations*, 32 Harv.L.Rev.789, 798(1919).

④ World War I National Defense Act, 39 Stat.213(June 3, 1916).

方式"——不管是书面的还是口头的方式——是符合军事订单优先政策的要求的,这根本不会成为什么大的问题。基于这样的理由,被东方航空公司拿来作为依据的很多判决意见,在本案中是不能得到适用的。

541

除此之外,我们还认为,我们正在审理的这起案件恰恰符合了很多法院已经作出的判决,这些判决意见都拒绝承认[东方航空公司]这样的辩解意见,即只有通过政府正式的或者是技术上的行为,才能免除那些违约责任。不管是基于合同中的条款,还是简单地根据普通法"履行不能"的抗辩理由,这些判决都以最清晰的文字表明了这样的态度:只要某一个行为在本质上属于政府的强制行为,那么,不管政府采取的是什么样的形式,都可以构成立诺人的免责事由。因此,如果导致立诺人[本案中的立诺人就是麦道公司]违约的政府命令只是存在技术上的一些瑕疵,那么,立诺人对违约行为是可以不承担责任的。①立诺人不应该为了给自己找到免责理由,而被强求去抵抗政府的指令。②正如审理 Claveresk 一案的法院所指出的那样:"如果一部法律要求……立诺人必须抵制政府非正式的命令——他本来就有义务服从政府的命令——直到'政府的权力之手放在他身上'为止,那么,这样的法律将会是'一部太过奇怪'的法律。"③除此之外,美国最高法院在 Kronprinzessin Cecilie 这一案件中也免除了立诺人的违约责任——在该案中,立诺人在对政府行为进行了预估之后,违反了原先的合同。④霍姆斯法官在代表美国最高法院撰写 Kronprinzessin

① Texas Co. v. Hogarth Shipping Corp., 256 U.S.619, 41 S.Ct. 612, 65 L.Ed.1123(1921).
② *Claveresk*, 2 Cir., 1920, 264 F.276.
Claveresk 一案的基本案情是,原告通过租船合同租用了被告的 Claveresk 这艘船。在第一次世界大战期间,英国政府征用了 Claveresk 这艘船,同时征用的还有其他 20 多艘船。很明显,英国政府征用这些船只是没有期限的。美国第二巡回法院认定,英国政府征用这些船只的行为,构成了合同目的不能实现,双方的租船合同即行终止。——译者注
③ *Claveresk*, 2 Cir., 1920, 264 F. at 280—81.
④ The Kronprinzessin Cecilie, 244 U.S.12, 37 S.Ct.490, 61 L.Ed. 960(1917).
该案的基本案情是,Kronprinzessin Cecilie 是一艘轮船的名字,被告是该轮船的船东,是一家德国公司。被告主要以这艘轮船在大西洋从事运输业。1917 年,原告租用该轮船,要求被告从纽约将黄金等货物运送到英国普利茅斯和伦敦,最终到达德国。1914 年 7 月 28 日,该轮船从纽约出发。7 月 31 日,该轮船的船长得知奥匈帝国已经向塞尔维亚宣战。船长从各种信息判断,全面战争可能爆发,他担心该轮船到达英国后会被扣留(当时扣留敌方船只的情况非常普遍,在一战中交战双方都这样做过),于是船长在这一天决定返回美国(美国当时还只是中立国)。德国在这一天宣布进入战争状态,随即与俄国、法国开战,并在 8 月 4 日与英国开战。当时如果被告继续坚持航行,可能在指定的日期(8 月 2 日或者 3 日)交付货物。于是,原告在美国向被告提起了诉讼。本案的争议问题是,在当时的情况下,被告将轮船返回美国的行为是不是构成履行不能? 具体而言,Kronprinzessin Cecilie 号轮船决定返航的时候,战争还没有实际爆发,被告只是预感到可能会爆发,这一点是不是可以成为返航的理由。美国最高法院的霍姆斯法官认为,这可以成为理由,不能苛求被告一定等到战争实际宣布之后再返航。——译者注

Cecilie 这一案件的判决意见中认定，"履行不能"的法律规则适用于该案。在该案中，船东在第一次世界大战实际爆发之前，就预料到了这一战争有可能爆发，为了避免轮船被政府扣留，船东将轮船开回了美国的港口：

> 船东已经提前 24 小时，前瞻性地，而且是正确地预料到了……第一次世界大战的爆发，这样，就很难让船东承担责任。我们完全不能接受以下的抗辩意见：即虽然船东可以在战争宣布之后放弃这次航行来避免轮船被扣留，但是船东永远也不可以自行预计战争何时爆发。①

因此，"仅仅是出于对政府采取限制措施——这要比实际上的政府强制行为弱了许多——的担心，就足以免除立诺人合同上的义务"。②

因此，对于实质上属于超出麦道公司控制的行为，我们将不允许以军事优先政策的形式来掩饰。"可以免责的迟延"这一条款，不能被用作"正式的政府行为"与"非正式的政府行为"之间的区别。长期以来，这两者之间的区别都被认为是人为设定的，而且是不真实的。正如霍姆斯法官在一个非常类似的案件情形中所提及的，"商业合同必须按照商业常识来进行解释，因为，他们很自然地容易被业内的专业人士所理解"。③

除此之外，我们的这一观点与《统一商法典》的要求也是相符合的。《统一商法典》第二章的起草人在《统一商法典》第 615 条款的评论 10 部分曾经这样说道：

> 现在的基本政策是，应该使用商业上"履行困难"作为判断哪些情形下可以免除当事人违约责任的测试标准；从这一政策出发，《统一商法典》第 2-615 条款……摒弃了"法律"、"规章"、"指令"与类似概念之间的技术区别。在卖方提起诉讼的这些案件中，案件的最终结果并不取决于司法机关对特定政府行为的合法性所作出的最终司法判断。卖方对于政府规章效力善意的信任，就是《统一商法典》第二章所确定的标准；善意的最好证据就是，业内对于这样的规章在商业上通常都会予以接受。

本案中，麦道公司在遵守政府优先安排的国防生产任务这一点上，毫无疑问是善意的；而且整个航空业都接受这样的政策，这一点在证据上并不矛盾。因此，我们法院必须从法律上认定，麦道公司对于因政府部门非正式采购而导致的交货迟延，并不承担法律上的责任。……

初审法院的判决予以推翻，由初审法院作出一个新的判决。

542

---

① 244 U.S. at 24, 37 S.Ct. at 492, 61 L.Ed. at 966.
② The Claveresk, 264 F. at 282.
③ The Kronprinzessin Cecilie, 244 U.S. at 24, 37 S.Ct. at 492, 61 L.Ed. at 966.

奥尔布里大理石公司诉约翰·鲍恩公司①

马萨诸塞州最高法院(1959 年)

本案要旨

被告约翰·鲍恩公司与政府达成了一份总承包合同,由被告总承包波士顿的一家医院大楼。被告为此与原告奥尔布里大理石公司达成了两份分包合同,由原告向被告提供大理石和地砖。该合同中有一个特别条款,即原告必须完成被告要求的大理石的样品、制图等工作,并获得被告批准。大理石和地砖的实际铺设工作必须等到大楼工程的后期才会实施。原告实际上也没有真正完成铺设大理石和地砖的工作。不久之后,被告的总承包合同被法院认定为无效。原告向法院起诉,要求被告赔偿自己前期付出劳动的合理价值。法院认为,虽然说在履行不能的情况下,原告没有"融合"到大楼的工作一般是不能得到支持的,但由于原告已经付出劳动、双方对履行不能都没有过错,加之本案中的其他具体情形,原告可以获得完成大理石样品、制图等工作的合理价值。

本案确定的规则是,在合同被认定为履行不能、合同双方都没有过错的情况下,一方当事人对于自己按照对方的要求所完成的那些工作,可以要求对方支付合理的报酬。

斯波尔丁法官②代表法院呈递以下判决意见:

……原告奥尔布里大理石公司(以下简称奥尔布里公司)向法院起诉,要求被告约翰·鲍恩公司赔偿损失。原告奥尔布里公司声称,被告约翰·鲍恩公司违反了与原告达成的两份分包合同,这两份分包合同要求原告向被告提供劳务和原材料。被告当时是位于波士顿的一家慢性病医院大楼的总承包商。[被告提出的抗辩理由是,在被告与政府机构③的总承包合同被法院宣告无效④之后,其与原告的分包合同实际上就成为"履行不能"。]……此外,原告还以"据实结算"⑤这一法律原则作为依据,要求就被告请求自己所从事工作和

---

① Albre Marble and Tile Co., Inc. v. John Bowen Co., Inc., 338 Mass, 394, 155 N.E. 2d 437.

② Spalding, Justice.

③ 这是波士顿主管公共卫生的一个政府机构,它负责发包波士顿这家慢性病医院的大楼工程。——译者注

④ 这一总承包合同是由法院在 Gifford v. Commissioner of Public Health, 328 Mass. 608, 105 N.E.2d 476.这一案件中被认定为无效的。——译者注

⑤ "据实结算"是指当事人要求根据实际付出的劳动或者提供的服务支付报酬。在合同被认定无效或者在没有合同的情况下,当事人经常会以此作为法律依据来主张自己的权利,其目的是不让当事人没有依据地获得利益而让他人遭受损失。——译者注

劳动的价值,支付相应的报酬;［就原告提出的这一诉讼请求,被告也提出了好几个抗辩理由。］……针对原告提出的所有诉讼理由,被告向法院提出了一个动议,要求法院作出支持自己的判决。被告的这一动议获得了法院的支持;原告对初审法院的判决不服,提出了反对意见,并随即提起了上诉。

本案争议的第一个问题是,原告奥尔布里公司的诉讼主张和提供的证人宣誓证书,是否表明本案当中存在着……被告违反合同的真正事实问题。……导致法院宣告被告与政府机构总承包合同无效的那些事实和具体情形,已经在被告与政府机构一案的判决中提到,在这里就不再重复。①原告在本案中提供了证人的宣誓证言,这些证人基于一些信息和自己的内心确信,坚持认为,被告在提交标书时没有让分包商履行分包合同的保证金包括在标书当中,这样做是在有意违背法律;被告是以欺诈方式获得总承包合同;被告在明知总承包合同存在问题的情况下,仍然诱导原告来签订分包合同。因此,原告认为,总承包合同的无效是由于被告的错误行为所引起,试图以此否认被告所主张的履行不能这一理由。［上诉法院认定,原告证人在宣誓证言中所陈述的那些事实,是基于"一些信息和内心确信",原告并没有要求法院延长证据开示时间,以进一步补充针对被告的证据;原告证人的宣誓证言没有能够符合法律的要求——法律的要求是,原告应该向法院表明,被告的违约行为是有实质性的事实存在的。因此,上诉法院基于履行不能这一法律原则维持了初审法院在"履行不能"这一问题上所作的认定。②］

我们现在转向……原告提出的另外一个法律原则"据实结算"。原告根据"据实结算"这一法律原则,要求获得总承包合同被终止之前的经济补偿,这些经济补偿是原告为被告付出工作和劳动的合理价值。原告要求被告……"就与大理石和地砖有关的那些工作,向自己支付报酬,原告付出的这些工作包括了样品、制图、测试等方面的准备工作。"……

被告约翰·鲍恩公司向法庭提供了证人证言,这些宣誓证言认为,原告需要完成的铺设大理石和地砖的工作,必须等到建设工程的后期才会真正开始,在建设工程的前期是不需要原告去做这些工作的;在本案中,并没有任何大理石和地砖实际被安装在这一幢大楼的结构当中;在总承包合同被法院宣告无效之前,原告所产生的支出,只包括为了准备履行这一合同而付出的那些成

543

---

① 参见 Gifford v. Commissioner of Public Health, 328 Mass. 36, 133 N.E.2d 476; M. Ahern Co. v. John Bowen Co. Inc., 334 Mass. 36, 133 N.E.2d 484; Boston Plate & Window Glass Co. v. John Bowen Co. Inc., 335 Mass. 697, 141 N.E.2d。

② 以上是原编者对于原判决书部分内容的概括,上诉法院认定,本案情形构成了履行不能。——译者注

本。被告以 Young 诉 Chicopee① 这一判例作为依据,坚持认为,一旦某份建筑合同被认定为履行不能,作为原告来说,他是不能就其准备履行合同所付出的那些成本来主张法律上的救济的,原告只能就已经"融合"到大楼结构中的那些劳动和原材料主张法律上的救济。因此,被告认为,原告在本案中什么费用也不应该得到。

原告以分包合同当中存在的一个条款作为其诉讼主张的依据,这一条款在两份分包合同当中都存在。这一条款的相关部分是这样规定的:"双方经协商同意,你[原告]将根据[被告的]命令或者具体要求,完成并且提交所有必需的或者要求的样品、制图、测试等,这些东西需要获得[被告的]批准……"在本案中,原告事实上也承认,自己并没有什么劳动和原材料实际融合进了这一大楼的结构中。但是,原告坚持认为,上面引用的这一合同条款实际上让它所做的那些准备工作置于被告的监督之下。这是本案中的特殊情形,也使本案与以前那些采纳"融合"原则的案件区别开来……

当一份建筑合同由于双方当事人都没有过错的意外事件的发生而导致履行不能的时候,如何分配当事人之间的损失,确实是一个伤脑筋的问题。在一方当事人部分履行的内容超过了另外一方当事人履行内容的情形下,现在的趋势是,允许一方当事人就其在合同实际履行中所付出工作量的价值,要求对方支付公平合理的款项,而对当事人基于信任这一合同或者在准备履行这一合同过程中所付出的那些成本,则不予认可。对于这一原则,人们有时以"利益"或者"利益丧失"这样的概念来进行表述。换句话说,一方当事人可以要求对方支付的款项,只能是一些特定的成本支出,即如果没有意外事件的发生,这些成本根据合同的预想将会转化为被告的利益。在我们看来,在建筑合同中所采用的"融合"原则,只是"利益"这一原则的一个变种。长期以来,人们承认的是,如果"利益"这一概念只能按照其字面上的含义来理解的话,这一原则是不能发挥什么作用的。在 M. Ahern Co. 诉 John Bowen Co. Inc.② 这一案件中,我们获准引用了威利斯顿教授③的一段论述:"当被告从部分履行中已经实际获得了某些东西的情况下——他已经同意,在合同履行完毕之后支付这些东西的价款——这就足以让我们适用'利益'这一原则了。"④

在履行不能的情形中,对于因为信赖合同而支出的成本不予承认这一问

① 186 Mass. 518，72 N.E. 63.

② 334 Mass. 36，41，133 N.E.2d 484，487.

③ 威利斯顿是美国著名的合同法权威,著有多部合同法专著,其观点经常被法官在判决中所引用。——译者注

④ *Williston on Contracts*（Rev.ed）§1976.

题,虽然说在判决意见中只进行过很少的讨论,然而,这一问题还是成为了学者们批评的对象。①在英国,最近有关合同目的落空的诉讼案件表明,对于当事人由于依赖这一合同,或者是在准备履行合同过程中而付出的那些成本,法院可以判决支持,只要法院"**在这样做的时候,已经考虑了这一案件的所有情形**",认为可以这样做就行了。②

我们法院的观点是,本案原告可以根据上面引用的合同条款,对于自己按照被告具体要求所从事工作的成本,要求被告支付价款。将本案中的一些特定因素结合起来考虑,可以让我们法院更加名正言顺地得出以下一个结论——我们得出这一结论并不需要制定更加宽泛的规则——即在每一个案件中,在进一步履行合同已经成为不可能的情况下(任何一方当事人对此后果都没有过错),当事人可以就合同中所确定的报酬,或者是就准备合同履行过程中合理产生的那些义务,主张自己的报酬。

让我们法院作出这一认定的那些特定因素,主要是以下几项:首先,本案并不仅仅是由于一个意外事件而导致的履行不能。我们法院在 M. Ahern Co. 诉 John Bowen Co. Inc. 这一案件的判决意见中指出,在导致履行不能的责任当中,被告总承包商的责任要比分包商的责任更加大一些。有关被告在 M. Ahern Co. 这一案件中所作所为的具体事实,法院在该案的判决意见中有过表述,在此不再重复。虽然说被告的过错责任还没有大到足以导致其对原告违约承担责任③,但是,对原告所遭受的损失来说,被告的所作所为仍然是一个贡献因素;原告的这些损失是由原告与被告共同造成的,被告也就应该分担因为得到其允许而给原告带来的那些损失。

我们觉得,合同中的这一条款具有重要的意义,这一条款是由被告自己准备,它特别要求原告应该向被告提交样品、制图、测试等东西。本案的情形是,原告(分包商)为了履行所作的准备工作是由总承包商来掌握和控制的,这一点使得它不同于为了履行所做的准备工作只是由分包商自行掌握和控制的那些情形……

此外,本案中被告要求原告实施的那些行为,从其性质来说,是不可能"融合"到大楼中去的。在 Angus 诉 Scully④ 这一案件中,虽然说这一房屋在搬运

---

① 参见 Fuller and Perdue, *The Reliance Interest in Contract Damages*, 46 Yale L. J. 52, 373, 379—383。

② 6 & 7 George VI, c.40.

③ Boston Plate & Window Glass Co. v. John Bowen Co. Inc., 335 Mass. 697, 141 N. E.2d 715.

④ 176 Mass. 357, 57 N.E.674, 49 A.L.R. 562.

过程中遭到了毁损,[房屋搬运者的劳动没有"融合"到房屋中去,]但是,房屋搬运者提供服务的价值还是得到了法院的认可……

我们在此判决,本案中需要确定的损失数额,是原告所做工作的合理价值,这些工作是包括在合同当中并根据被告特定要求所从事的那些工作。在这一合同投标之前所发生的费用,例如原告准备投标所产生的费用,是不应该得到考虑的。

……本案发回初审法院,由初审法院按照我们法院在此的判决意见重新作出判决……

■ 第二节 合同目的落空

克雷尔诉亨利①
英国上诉法院(1903 年)

本案要旨

1902 年,英国国王爱德华七世决定在 6 月 26 日和 27 日这两天举行加冕典礼和庆祝游行,并事先向社会公告了游行线路。原告克雷尔先生在帕尔梅尔大街上拥有一套房屋,这里正好是游行线路的必经之地。被告亨利与原告通过两封信达成了在那两天的白天使用这套房屋的合同。被告预付了 25 英镑,并同意在 6 月 24 日支付 50 英镑的余款。后来由于国王患病,加冕典礼和庆祝游行都被取消,被告拒绝支付余下的 50 英镑。于是,原告起诉到法院,要求被告支付余款。被告亨利则提起反诉,要求原告返还已经支付的预付款。法院认为,庆祝游行的如期举行是这一合同的基础,在这一游行被取消之后,当事人达成合同的目的就无法实现了。于是,法院判决被告胜诉。

本案确定的规则是,如果某份合同在订立的时候有着一定的基础,那么,一旦在履行过程中某一个意外事件打破了这一基础,这样的合同对于当事人来说就构成了合同目的落空,当事人可以被免除追究合同上的责任。

原告保罗·克雷尔对被告亨利提起诉讼,要求被告亨利支付其 50 英镑。原告克雷尔要求的这笔 50 英镑,是被告同意支付 75 英镑租金中尚未支付的款项。被告亨利为了能够观看即将举行的国王陛下[爱德华七世]的加冕典

---

① Krell v. Henry,[1903]2 K.B. 740.

礼,在 26 日和 27 日这两天租用原告位于帕尔梅尔大街①56A 的一套公寓。被告亨利不但否认他应该支付这笔 50 英镑的费用,而且向法院提起了反诉,要求原告克雷尔返还其已经支付的 25 英镑。这笔 25 英镑的款项,是作为预订这一公寓的预付款而支付给原告克雷尔的。被告亨利提起反诉的依据是,由于国王患病,预计的加冕庆祝游行并没有进行,对于被告亨利来说,当初订立合同的对价完全没有实现。

本案的事实并不存在什么冲突,具体情况如下:

原告克雷尔在 1902 年 3 月离开英国之前,对他的律师提出,希望将位于帕尔梅尔大街 56A 的一套公寓房租出去,只要律师认为合同的条款、期限合适(时间不越过 6 个月)就可以。在 1902 年 6 月 17 日这一天,被告亨利在原告这一套公寓的窗户上看到一则告示,告示上面的内容表明,这里有一套能够看见加冕游行队伍的房屋还空着,可以对外出租。于是,被告与原告的看房人就在这一公寓房中观看游行队伍的情况进行了沟通。这位看房人说道,在这一公寓里可以有很好的视角看到游行队伍。被告亨利最终与原告的看房人协商同意,在国王举行加冕游行的那两天里以 75 英镑的价格租赁这一公寓房。

在 6 月 20 日这一天,被告亨利向原告的律师发出了以下这一封信:

我收到了你本月 18 日的信件,信件中附上了有关我同意在本月 26 日和 27 日以 75 英镑使用帕尔梅尔大街 56A 三楼公寓的最终协议文本。基于我已经告诉你的理由,我不能签署这个协议。但是正如我在电话里说过的,我在此附上 25 英镑的支票作为支付这一套公寓房的预付款,希望你能够确保我在本月的 26 日和 27 日这两天的白天当中(不包括晚上)可以完全使用这些房间。你可以放心,我们将会对你的房屋和房屋中的每件物品备加小心,〔不会损坏这些物品。〕在本月的 24 日,我将支付剩下的费用 50 英镑,完成全部 75 英镑的付款义务。

547

在同一天,被告亨利收到了原告律师的回信。回信的内容如下:

我收到了你落款日期为今天的信件,以及信件中所附上的 25 英镑的支票,这一费用是作为你愿意在 6 月 26 日及 27 日这两天使用克雷尔先生位于帕尔梅尔大街 56A 三楼公寓的预付款。我在此确认这一协议,你在这两天的白天时间(不包括晚上)可以完全使用这一套公寓的所有房间,余款 50 英镑将在下个星期二,即本月 24 日这一天全部付清。

庆祝国王加冕典礼的游行,〔由于国王患病,〕并没有按照最初的安排在 6 月 26 日和 27 日这两天如期进行,于是,被告亨利拒绝支付余下的 50 英镑。

---

① 帕尔梅尔是位于伦敦威斯敏斯特地区的一条重要街道。——译者注

根据双方的合同——这一合同是基于 6 月 20 日原告与被告双方往来的两封信——余下的 50 英镑到了应该支付的时间。于是,该案诉讼随之发生。

1902 年 8 月 11 日,依据 Taylor 诉 Caldwell① 及 Moorcock② 这两个判例,初审法院的达林法官③认定,在本案系争合同当中存在着一个默示条件,这一默示条件就是,国王加冕的庆祝游行是一定会如期举行的。于是,初审法院判决支持了被告亨利的答辩理由以及反诉请求。

原告克雷尔不服这一判决,提起了上诉。……

沃恩·威廉姆斯法官④代表上诉法院呈递以下判决意见:

阅看下级法院的书面判决,可以发现本案中争议的真正问题是:英国法应该在多大程度上适用罗马法中的法律原则? 罗马法的这一法律原则,已经在很多英国判决中适用并实施,这方面最著名的案件是 Taylor 诉 Caldwell 这一判例。在 Taylor 诉 Caldwell 这一判例中,法院至少在以下方面表达的是非常清楚的:

> 如果从某一合同的性质来看,当事人似乎从一开始就已经知道,在合同履行时间到来之时,某些特定的情形必须持续存在,否则这一合同就无法履行,那么,我们就可以认定,在当事人达成这一合同的时候,他们一定已经预先想到了那些特定情形的持续存在,就是他们将来履行一定行为的基础。在这种情况下,这样的合同就不应该被解释为一份无条件履行的合同,而是应该被解释为当事人的履行受制于一个默示的前提条件。这一默示前提条件就是:在当事人违约之前,如果并非由于当事人过错导致物品毁坏而使得合同无法履行,那么,合同当事人就应该被免于追究法律责任。

由此可以看出,很清楚的是,到目前为止,罗马法的原则已经被引入到英

---

① 泰勒诉考德威尔(*Taylor v. Caldwell*)是 1863 年英国王座法院判决的一起有关履行不能的案件。该案具体案情和判决理由可以参见本章中前面的判决意见。——译者注

② 摩尔科克(*Moorcock*)这一案件是 1889 年英国法院审理的一起涉及默示担保的经典判例。案件的基本情况是,摩尔科克是一艘轮船的名字,原告是该轮船的所有人,被告是一个码头的所有人。原告与被告之间达成一份合同,由原告使用被告的码头卸载该轮船上的货物。有一次,在轮船进入船坞时,由于潮汐的作用使得轮船受到了损害,这给原告造成了损失。原告认为被告应该对这一损失负责。而被告则辩称,在合同中并没有明确条款说一定要保证原告轮船的安全,他们也无法预料到这一损失的发生。法院面临的争议问题是,该案中是否存在着默示的安全担保。最后法院经审理后认定,该案中存在着这样的默示担保,被告应该对原告的损失承担责任。法院认为,合同中是否有默示担保,应该根据当事人的意愿来确定,并根据"商业效用"原则来对默示担保进行解读。法院认为,对于这一合同的履行风险问题,码头的所有人知道轮船进入船坞时存在着损害的风险,轮船所有人处于判断轮船风险的更有利位置,因此码头人应该保证轮船在进入码头时是安全的。——译者注

③ Darling, J.

④ Vaughan Williams, L.J.

国法当中。在我们手头的这起案件中,所产生的疑问是:罗马法的这一法律原则究竟可以延伸到多远? ……

我并不认为引入到英国法当中的罗马法原则仅仅限定在以下这样的案件,即由于合同客体、合同条件或者明示作为合同条件的事物状态发生了毁损、灭失而导致履行不能的案件。我认为,在面对一个具体案件的时候,你首先要做的是对系争合同的实质进行分析判断;这种分析判断,并不当然来自合同中的条款,在需要的时候,这种分析判断还可以来自案件中必然得出的那些推论——这些推论是从双方当事人都承认的相关情形中推断出来的。在对合同的实质进行分析判断之后,紧接着你要提出的问题是:是否系争合同需要以某一事物特定状态的持续存在作为其基础? 如果对此问题的回答为"是",那么就应该限制合同中一般性词语①的使用效力。在本案中,如果被双方当事人视作这一合同基础的事件(即在 26 日、27 日那两天里举行庆祝国王加冕的游行)不复存在了,那么,这一合同就是一个受到限制的合同,双方当事人的行为就不构成违约。

那么,本案中的事实到底是怎么样的呢? 本案系争的合同内容包含在 6 月 20 日被告亨利和原告的代理人塞西尔·彼斯古德先生的两封信当中。在这两封信中,双方并没有提到庆祝国王加冕典礼的游行这件事情,仅仅提到了被告亨利将在 26 日和 27 日这两天的白天时间占用原告克雷尔先生的公寓,或者更准确地说,是使用克雷尔先生的公寓。被告亨利使用这一公寓的价格是 75 英镑,被告在寄出信的当时已经支付了 25 英镑,余下的 50 英镑将在 24 日这一天支付。但是,当事人在陈述这一案件的事实时,提到了这一协议是如何达成的。当事人提供的这些证言表明,原告克雷尔在位于帕尔梅尔大街 56A 三楼他的公寓房外面贴出了一个告示,告示上说,这里有一个可以看见庆祝游行队伍的房间对外出租,被告亨利受到了这一告示的吸引,和该房屋的看房人进行了联系。这位看房人说,这一房屋的主人愿意在 26 日和 27 日这两天的白天,而不是在夜里,将这一房屋用于出租,让承租人来观看皇家的庆祝游行队伍。在我看来,原告的这些房间被用来出租和使用,是基于观看加冕典礼的庆祝游行队伍这一特定的目的。双方达成的这一协议,不是一个房间转

---

① 合同的"一般性词语"是指合同中不作限制地要求一方当事人实施一定行为或者承担一定责任的规定。本案中当事人在信件中使用的那些词语,例如,被告亨利应该在 24 日付清余下的 50 英镑,就属于"一般性词语"。由于这样的表述没有加上任何的限定条件,所以被称为"一般性词语"。沃恩·威廉姆斯法官在此指出,如果合同的存在是以某一事物的特定状态作为基础的,那么就不能简单地根据合同中的一般性词语来要求双方当事人,而是必须在合同的基础上进行分析判断,如果合同中有一定的限制条件,就要根据限制条件来解释这样的"一般性词语"。——译者注

让的协议,甚至不是一个出租房间和占用房间的协议。这一协议是基于一个特定目的,同意被告使用这些房间的一个许可协议;被告亨利使用这些房间,没有任何其他的目的。而且,在我看来,这一事件的发生——即王室所宣布的、在那两天举行的庆祝游行将会通过帕尔梅尔大街56A这里——在双方当事人眼里就是这一合同的基础。我认为,在签订合同的时候,双方当事人不应该被合理地推定能够预见到加冕典礼的庆祝游行在宣布的那两天里不再举行,或者是庆祝游行的队伍不再经过所宣布的线路。而且,我认为,合同中约定被告有义务在规定的两天里接受这些房间并且支付费用的文字,虽然看上去是一般性的而且是无条件的义务,但它并不是在发生特别意外事件时而使用的,虽然这样的特别意外事件后来确实发生了。

549   在本案的辩论过程中原告克雷尔先生提出以下抗辩意见:如果在宣布的那两天里实际举行加冕典礼和庆祝游行是本案这一合同的基础,如果合同中的一般性词语因此受到限制或者是有条件的,以至于在加冕典礼和沿着宣布线路的庆祝游行没有实际发生的情况下将免除双方当事人进一步履行合同的责任,那么,从这样的结论出发,将会得出以下的结论:如果在赛马日①这一天,某一个出租车司机受雇于某个乘客,以10英镑的高价来运送这位乘客去爱普森观看赛马会,但该赛马会后来由于各种原因不可能再举行了,那么,双方当事人(指出租车司机和雇用该司机的乘客)的合同义务也应该被免除。但是,我并不认为原告提及的雇用出租车司机看赛马会的例子应该成立,因为在这个例子中,赛马会的正常进行不是双方合同的基础。毫无疑问的是,乘客之所以雇用这位司机,其目的是去观看赛马,他支付的价格是相当高;但是对于出租车司机来说,他并没有从乘客这里得到什么特别的条件,使得他作出这样的选择,专门送这位乘客去赛马场。任何其他的出租车司机也可以很好地完成这一任务。另外,我还认为,根据出租车合同,即使赛马会被取消,雇用出租车的乘客还是可以对这位司机说:"带我到爱普森;我会付给你说好的10英镑;至于我为什么租用这一出租车,和你没有任何关系。"在这种情况下,如果出租车司机拒绝运送这位乘客,那么,该司机就会构成违约,因为没有任何事情限制这位司机在那一个特定的日子将乘客送到爱普森。

而就观看加冕典礼这一案件而言,不仅仅只有被告去看加冕游行队伍这一目的,还有着加冕典礼的游行队伍将会经过这里,以及相应的房间位置这两个因素,这些才是该合同的基础。我认为,如果在合同签订之后,在加冕典礼

---

①   "赛马日"是指英国的大赛马会举行的日子。大赛马会是由英国伯爵德比在1786年所创设,每年6月的第一个星期三在爱普森举行,大赛马会的这一天就称为"Derby Day"。——译者注

举行的前一天发生了国王死亡的事件,那么预订房间的人可能就不会坚持在那两天里使用这些房间。在前面提到的出租车司机案件中,观看赛马会这一目的,并不能像本案中许可使用房间这样,可以合理地被认定为是合同成立的基础。在我们手头审理的这一案件中,如果这些房间是由于处于观看加冕典礼游行的上佳位置而拿出来用于出租,那么,观看加冕典礼游行当然就是这一合同的基础,这一点与雇用出租车的乘客所要实现去观看赛马的目的有着很大的不同。每一个案件必须根据其自身的具体情形来进行判断。在每一个这样的案件中,人们必须问自己以下这些问题:首先,在考虑了案件的所有情形之后,什么才是这一合同的基础? 其次,是否该合同的履行受到了阻碍? 第三,阻止合同履行的事件,是否是当事人在合同达成的那一天所不能预料到的? 如果所有这些问题的回答都是肯定的(我认为,在本案中,所有这些问题的回答应该都是肯定的),那么,双方当事人都可以免除进一步履行合同的义务。我认为,庆祝加冕游行的正常举行,是这一合同的基础,而加冕游行没有能够正常举行,就阻止了这一合同的履行;其次,借用詹姆斯·汉嫩①在 Baily v. De Crespigny② 一案中所作的表述,加冕游行不能如期举行,可以被看作是这样的一个事件:

这一事件具有这样的特点,即在合同达成的时候,这样的事件不能被合理地推定为在当事人预想的范围之内,而且,当事人他们不应该被合同中的一般性词语所约束。这些一般性词语虽然足够宽泛来约束当事人,但是,合同中规定的这些一般性词语,[其适用是有一定条件的,]不是在后来实际发生了特别意外事件的情况下适用的。

550

这里涉及的测试标准似乎是:导致履行不能的这个事件是不是被当事人预料到的事件或者是当事人可以预料到,进而可以事先预防的事件? 在双方当事人都预料到某一事件③会发生的案件当中——预料这样的事件会发生是合同的基础——我们很难说,合同的任何一方当事人必须被认定为已经预料

---

① 詹姆斯·汉嫩是英国的一位著名法官。他生于 1821 年,逝于 1894 年。汉嫩法官毕业于著名的海德堡大学法学院。于 1868 年被任命为英国王座法院的法官,后来又成为英国高等法院的法官,他以在案件中坚持自己观点而著称。——译者注

② Baily v. De Crespigny(1869).这也是英国有关合同履行不能的著名判例。原告租赁了被告的一块土地,要求被告保留的相邻一块地不能用来建造其他建筑。在合同签订之后,由于政府通过了一个法令,铁路公司获得了被告保留的那一块相邻的土地,并在这块土地上建造了铁路。于是,原告向法院起诉被告违反合同。法院审理后认为,双方的合同是由于政府法令实施这一原因而变成无法履行,因此,被告不应该承担责任。——译者注

③ 在本案中这样的"事件"就是指英国国王加冕典礼的举行和庆祝游行队伍经过原告的公寓房这里。——译者注

到了阻止合同履行的意外事件发生，而且应该是已经预先防范了这样意外事件的发生……

我的观点很清楚，在这一案件中，我们必须问自己这样的问题：由于宣布的加冕典礼和庆祝游行在那两天里不再举行，是否导致了合同目的的落空？本案中被法院认可的口头证据[①]表明，这一合同的客体是观看庆祝游行队伍的那个公寓房屋，这一点对于双方当事人来说都是知道的。这一结论一旦成立，我觉得本案在审理中就没有什么困难了。合同的直接客体在合同履行的那一天发生了灭失或者不复存在，并不是适用 Taylor 诉 Caldwell 这一判例的关键。如果合同中有明确表示、对合同履行又是至关重要的某一事物的状态或者条件在实际履行的时候发生灭失或者不复存在，就已经足够认定合同目的落空。虽然在我们手头审理的这一案件中，最终没有能够实现、而且阻止了合同履行的那个条件——该条件在双方当事人考虑这一合同时，就是这一合同的基础——在合同中既没有作为合同的条件明确提及，也没有作为合同的目的明确提及，但是，基于我前面提及的那些理由，Taylor 诉 Caldwell 这一判例的原则应该在本案中予以适用。这样就解决了原告克雷尔主张的尚未支付的 50 英镑的问题。被告亨利提出了反诉请求，要求原告克雷尔返还合同签订的那一天所支付的 25 英镑预付款。因为被告亨利的这一请求现在已经撤回了，我们法院就不需要对此再发表什么意见了……

西部地产公司诉南犹他航空公司[②]
犹他州上诉法院（1989 年）

本案要旨

原告西部地产公司向犹他州的锡达市政府租赁了一块土地。随后，原告将其中的部分土地转租给了被告南犹他航空公司等。但是，这一租赁合同附带了一个约定，被告同意在这块土地上建造一幢维护大楼，在租赁期限届满之后，这一维护大楼将归原告所有。然而，这一地块的开发方案没有获得锡达市政府的批准，后来被告就不再向原告支付租金，并不再履行这一合同。于是，原告将被告诉至法院，除了要求被告支付租金及赔偿剩余期限内的期限租金

---

① 这里提及的口头证据是指被告亨利和原告的看房人之间就在这一房屋中观看游行队伍所进行的对话。这些对话没有写在合同里，因此在案件中只能作为口头证据。——译者注

② Western Properties v. Southern Utah Aviation, Inc. 776 P.2d 656.
本案中除了南犹他航空公司以外，还有其他个人被告。——译者注

外,还要求被告赔偿相当于维护大楼价值的损失。法院认为,双方当事人都没有预料到政府不会批准这一方案,而且当事人对此都没有过错,因此,被告租赁这一土地的目的就落空了。法院判决驳回了原告这方面的诉讼请求。

本案中确定的规则是,当合同的履行由于某个意外事件的发生,导致打破了合同成立的基础时,可以认定这一合同的目的落空,进而免除合同当事人的责任。

康德法官①代表法院呈递以下判决意见:

初审法院对于这一起案件的争议先是作出了部分的简易判决,判决原告西部地产公司可以从南犹他航空公司等被告处获得租金,租金的截止期限是到 1986 年 6 月 27 日为止。南犹他航空公司等对这一简易判决不服,提出上诉。初审法院最终判决驳回了原告要求被告支付剩余期限租金,以及认定被告在建造维护大楼这一点上违反了租赁合同这两个诉讼请求,原告西部地产公司对此最终判决不服,提起了上诉。我们在此维持初审法院所作的部分简易判决,以及初审法院所作的最终判决。

原告西部地产公司从犹他州锡达市②政府这里租赁了锡达市机场的一块空地。西部地产公司又将这块空地的一部分转租给了本案的被告,租赁期限从 1985 年 3 月 6 日起计算,时间跨度为 15 年。在将这块土地转租给被告时,双方约定,被告"将在这块土地上建造一幢维护大楼",这一维护大楼将在转租合同到期的时候,成为原告西部地产公司的财产。在 1985 年 7 月,锡达市政府在这一转租合同的附件上批准了这一转租合同。

随后,被告向锡达市政府申请批准维护大楼位置的方案,但是,直到初审法院审理这一案件的时候,被告也没有从锡达市政府获得批准。对于该机场的总体计划,锡达市政府总的来说也没有予以批准。后来,在没有按照合同要求向原告支付租金,并且没有建造维护大楼的情况下,被告于 1986 年 6 月 27 日这一天废止了双方之间达成的土地转租合同。

于是,原告西部地产公司向法院起诉被告,要求被告付清尚未支付的租金,并且还要被告赔偿在 15 年的租赁期限届满之后,西部地产公司本应该获得的维护大楼的价值。初审法院作出了部分的简易判决,判决原告可以获得截止到被告废止合同这一天(1986 年 6 月 27 日)的租金,但是,对于原告西部地产公司主张的进一步损失,原审法院暂时没有处理。随后,初审法院继续进

551

---

① Dean E. Conder, Judge.

② 锡达市是美国犹他州南部的一个城市,在犹他州的州府盐湖城以南约 400 公里。——译者注

行了审理,最终驳回了原告西部地产公司要求支付剩余期限租金,以及相当于维护大楼价值的赔偿请求。初审法院作出判决之后,原告西部地产公司提出了上诉。被告则对已经作出的部分简易判决先行提起了交叉上诉,认为被告当中的一名个人被告是否愿意受到这一转租协议的制约,是一个有争议的事实问题;这一争议事实的存在,应该排除法院适用简易判决。[初审法院审理后认定,这一名个人被告的签名表明,他是愿意受到这一转租协议制约的,"不管他是否阅看过或者明白自己签名的全部材料文本"。①]……

履行不能和合同目的落空

初审法院在"庭审之后"所作的判决②,是基于合同法中履行不能这一法律原则而得出的。根据合同法中履行不能这一抗辩理由,在合同成立之后,如果当事人未曾预料到的某个事件导致了履行合同义务变成不可能,或者是极度困难,而负有义务的一方当事人对此意外事件的发生又是没有过错的,那么,当事人的义务就被推定为应该被解除。这一规则的原理,是建立在当事人同意和基本的衡平这一原则基础之上的。在当事人将他们的协议具体明确下来时,我们通常会认为当事人之间就这一协议是作了一些假定的,这些假定构成了他们同意这一协议的基础,以及他们到底是在多大程度上同意这一协议。履行不能的抗辩,就是在这些假定——这些假定也是当事人的同意内容——被证明是错误的情况下,用来阻止合同的履行的。

在本案中,看来双方当事人是想当然地假定了锡达市政府在开发这块租赁土地的时候将会予以合作。这一土地租赁合同并没有就锡达市政府万一不批准开发这块土地的后果作出专门规定。在合同中对锡达市政府万一不合作、由此产生的风险如何分配缺少明确规定的情况下,市政府最终没有批准这一土地的开发方案,就足以被认定为是一起双方没有预见到的意外事件③,可

---

① 此为原编者所注。——译者注

② "庭审之后"的判决是美国诉讼法中的一个特别制度。它是指在初审庭审结束之后,当事人认为法院确有错误时,可以向法院提出将原先的判决置之一边,要求法院"重新审判"或者是对陪审团的裁决不予理睬,由法官直接作出一个判决。这种"庭审之后"的动议只可以向初审的法院提出,不可以向上诉法院提出。——译者注

③ 我们承认,以我们现在的观点来看,市政府不批准这一开发方案应该说是很容易预料到的事情。然而,关键的事实是,不是这一事件是否可以预料得到,而是双方当事人是否确实没有预料到,进而没有在他们的合同中作出相应的规定。在犹他州有关履行不能的一个判决意见中[Holmgren v. Utah-Idaho Sugar Co., 582 P.2d at 861(Utah 1978)],法官使用了"无法预见到的"这一单词;但是,更好的、也是更为广泛接受的规则,不是去看当事人是否可以或者应该预见到该事件,而是作为"同意"这一事实,他们是否确实预见到了这一事件。见《合同法重述》(第二次重述)第261条款及评论 b(1981)。此为法官在本案判决中作出的注解。

以适用合同履行不能的抗辩。

在初审过程中，要求在本案中适用履行不能抗辩的其他事实已经足够充分了。初审法院审理之后发现，锡达市政府从来没有批准过被告提交的开发方案，而被告"在市政府不批准的情况下，是无法建造维护大楼的"。在本案中，并没有事实基础可以表明，被告方面是导致市政府没有批准这一开发方案的原因。在本案中，这些被告看来是尽到了可以合理要求的各种努力来劝说市政府批准这一建设方案。在没有事实表明被告方面存在过错或者未尽勤勉责任的情况下，我们认可初审法院所作的认定，即被告建造维护大楼的义务，的确是无法实施的；市政府没有批准建设方案，也并非是被告方面的过错所造成的。因此，我们认为，被告建造维护大楼的义务，从他们的义务不可能履行的那一刻起就被免除了。

目前情况下，被告再去建造所承诺的维护大楼，已经是不可能的事了。但是，被告按照租赁合同占有这块土地，并没有因为建造大楼这一点上无能为力而被排除。然而，在本案中被告占有的这块土地是完全没有开发的土地。没有一种有效的方法来让被告很好地使用这块土地，这一租赁合同的目的实际上就是落空了。合同目的落空与履行不能抗辩的区别仅仅在于，合同目的落空使得当事人原先承诺的履行变得毫无意义，而不在于无法履行或者难以履行。①一旦这块土地的开发变得不可能，这一土地租赁合同也就没有任何意义了。从 1986 年 6 月 27 日开始，合同约定的被告再继续支付租金的义务也就被免除了。

初审法院的判决予以维持。

---

① 康德法官在这里提出了合同目的落空原则与履行不能抗辩之间的区别。在前面一种情况下，合同实际履行仍然是有可能的，但是，却是毫无意义的；在后面一种情况下，是合同履行没有可能或者履行起来极度困难。本案中，市政府虽然没有批准开发方案，被告仍可以占用这块土地，但是在这块土地完全没有开发的情况下，被告占用这块土地就是没有任何意义的，因而这一合同构成合同目的落空。——译者注

第十章

法律救济的适用[①]

■ **第一节　赔偿损失**

一、法律救济的一般原则和限制

霍金斯诉麦吉[②]

新罕布什尔州最高法院(1929 年)

护卫者保险服务公司诉美国 USF & G 公司[③]

美国联邦第十巡回上诉法院(1998 年)

本案要旨

原告护卫者保险服务公司与被告 USF & G 公司签订了保险代理服务合同,合同约定双方应该尽善意的努力延续合同。在合同履行期间,由于被告未尽到善意的努力延续合同而构成违约,原告不得不将公司业务以较低的价格售予他人。原告向法院起诉,要求被告赔偿自己的损失。初审法院既支持了

---

① 一方当事人违反合同之后必然带来如何让另一方当事人在法律上获得救济的问题。本章主要介绍了当事人获得救济的三种方式:赔偿损失、返还利益和实际履行。这三种救济方式,各有其适用的前提条件。——译者注

② Hawkins v. McGee. 146 A. 641, 84 N.H. 114.

本案是新罕布什尔州最高法院于 1929 年审理的一起涉及医疗服务合同纠纷案件。在判决意见中,对于如何确定损失的范围有着全面的分析。本案事实可以参见第一章的这一案例。——译者注

③ Protectors Insurance Service, Inc. v. United States Fidelity & Guaranty Company. 132 F.3d 612.

原告出售公司的损失,又支持了原告将来的利润损失。上诉法院推翻了初审判决,认定本案中应该按照出售公司的损失来计算原告可以获得的赔偿。

本案确定的规则是,在某一个公司业务因为对方当事人的违约行为而被迫出售的情况下,损失数额可以根据公司业务的价值确定,也可以根据公司在将来损失的利润确定。但在一般情况下,不能让当事人同时获得两方面的救济。

韦斯利·布朗法官[1]代表上诉法院呈递以下判决意见:

初审法院的陪审团作出了支持原告护卫者保险服务公司(以下简称"护卫者公司")的裁决,原告护卫者公司因此可以获得总额为 844 650 美元的赔偿。本案被告 USF & G 公司[2]对于初审法院的判决不服,提起上诉。陪审团在裁决中认定,被告 USF & G 公司违反了与原告的合同,被告的违约导致原告损失了未来可以获得的利润 809 650 美元,并且导致原告以低于市场公平价值35 000 美元的价格,将护卫者公司的经营业务出售给了其他人。在上诉审理过程中,被告 USF & G 公司虽然承认自己违约,但辩称初审法院认定的利润损失赔偿不应该获得支持,因为如果支持这样的利润损失赔偿,实际上就是允许了当事人获得两次救济……双方当事人都同意按照科罗拉多州法律来调整本案中的合同争议。

一、事 实 概 要

原告护卫者公司是于 1979 年成立的一家科罗拉多州的公司,它从事的是保险代理方面的业务。原告护卫者公司只有一名股东,名叫厄尔·科尔格莱齐尔。原告护卫者公司是被告的保险代理人,双方签订有书面合同,该合同授权原告为被告的保险业务招揽客户和递交投保材料。如果某个客户的投保申请被被告公司所接受,被告将向原告护卫者公司支付一定的佣金。虽然原告是一家独立的保险代理公司[3],但它也只是与两家保险公司签订了这样的保险代理合同;这样,从 1979 年到 1992 年期间,原告所代理的保险业务,80% 都是来自被告的保险业务。在原告与被告代理合同的终止条款中,有着以下表述:双方当事人"同意,将尽到善意的努力来延续本合同,并避免终止本合同"。

1992 年 3 月,被告通知科尔格莱齐尔,出于利润方面的考虑,它正在为原

555

---

① Wesley E. Brown, District Judge.

② USF & G 公司的全称是 United States Fidelity & Guaranty Company,资料显示,这家公司成立于 1896 年,曾是美国的一家著名保险公司,于 1998 年被 Saint Paul Companies公司所收购。——译者注

③ 独立的保险代理公司是指不只做一家保险公司的代理人,还可以同时兼做其他保险公司的代理人。与此相对应的是只做一家保险公司业务的保险代理公司。——译者注

告制定一份正式的更新方案。该方案设定了一个目标,要求原告 1992 年的个人保险业务和商业保险业务的"赔付率"(这是衡量保险代理人的业务对于保险公司来说是否盈利的一个指标)必须达到方案所要求的目标。1992 年 10 月,被告通知科尔格莱齐尔,如果到 1992 年年底为止,更新方案所设定的目标不能实现的话,它将在 180 天内终止原告的个人保险代理业务。被告在给原告的这封信件中提到,1993 年 5 月 1 日之后,被告将不再接受原告任何新的个人保险业务,而且也不再重新设置目前的业务。在收到被告的信件之后,作为回应,科尔格莱齐尔写信告知被告,他拥有的出售个人保险业务的账户和出售商业保险业务的账户是混同在一起的;自己从事的个人保险业务,虽然只占其代理销售保险总量的 20%,但是,如果被告终止其个人保险业务,将让他的业务难以为继。面临这样的形势,科尔格莱齐尔决定出售原告护卫者公司所有的资产,包括公司的权利、财产权属和收益。1993 年 1 月 1 日,科尔格莱齐尔将原告护卫者公司的这些资产出售给了一家名叫 Centennial Agency 的保险代理公司。根据购买协议,原告得到了 148 000 多美元的现金。

原告护卫者公司随后提起了本案诉讼,认为被告在延续双方原先的合同方面,没有尽到合理的努力来避免双方的合同终止,被告的这一行为违反了双方的合同。在我们看来,只要初审的陪审团可以从本案的证据中合理认定被告没有对原告的赔付率作出恰当的评估,没有合理地改变更新方案中所确定的目标和标准,并且在本案中被告还有其他恣意妄为的行为违反了双方之间的合同,那么,就已经足够认定被告违约。

对于自己的损失部分,原告提交了专家证人约翰·帕特南的证言。帕特南是评估保险代理业务方面的一位专家。帕特南在作证时说道,原告在当时是以"非常痛苦的"价格将所从事的保险代理业务出售给其他人,这是因为原告这一业务出售时所处的具体情形,包括急于出售的时间压力以及被告提到了想要终止原告所从事的私人保险业务。帕特南作证称,如果不是由于那些"迫不得已"的压力,原告的保险代理业务的实际价值应该在 175 000 美元左右。帕特南对于自己评估的这一价值,总共采用了三种不同的方法:多重价格法、价格/收入比例法和收入资本化法[①]。除了专家证人所作的证言之外,科尔格莱齐尔在作证时还说道,如果被告不通知他终止双方的合同,他将会一直经营这一保险代理公司,经营时间至少为 10 年。对于该保险代理公司在出售之前数年间的净利润到底是多少这一问题,原告向法院提交了相当混乱的证据。

---

① 收入资本化法是指按照一家企业正常、持续获得收益的方法对于一家正常经常的企业进行估值。——译者注

根据科尔格莱齐尔提供的证言,"护卫者保险服务公司"是与一个叫作"护卫者管理服务公司"的企业共同经营的,这家护卫者管理服务公司从事的是"办公室保险①、薪水管理、工资表制作的业务,并且以原告'护卫者保险服务公司'的名义支付'护卫者管理服务公司'每个员工的报酬"。原告护卫者保险服务公司的收益情况表明,在这一公司被出售之前的几年间,原告报告的净收入最低为36 000美元,最高达到84 000美元,平均的净收入为59 000美元。原告辩称,其名下这两个公司的收益情况表明,原告在1991年的收益低于20 000美元,而在1992年亏损达到17 000美元以上。

初审的地区法院就原告在本案中究竟可以得到多少赔偿这一问题,向陪审团作了如下释明:

> 对于有证据证明的实际损失,你们应该裁决支持,有多少损失就支持多少:
>
> 1. 如果被告没有违反合同,原告……本来可以赚得的净收入;以及
>
> 2. 如果被告没有违反合同,原告可以按照合理价值出售公司业务的收入与原告实际出售公司业务所获得收入这两者之间的差额……

被告对于法官向陪审团作出的以上释明提出了反对意见,认为这样的释明是让原告获得了两次救济,因为原告公司的合理价值是根据该公司赚取未来利润的能力而得出的,因此,如果原告在获得最高出售价值的情况下还可以获得利润损失赔偿,这就等于让原告获得了两次补偿。初审的地区法院拒绝了被告的这一反对意见,认定这两个赔偿项目之间是有区别的,因为在1992年出售这一公司的价格是一个"仓促出手的价格",它并没有包括原告未来可以获得的利润。正如前文所提及的,初审陪审团作出了一个特别的裁决,认定原告未来的利润损失是809 650美元,公司的合理价值与实际出售价格之间的差额是35 000美元。

二、问 题 讨 论

被告首先提出,对于如何认定损失这一问题,初审法院向陪审团作出的释明是错误的,因为初审法院的释明让原告可以得到两次救济。对于被告的这一抗辩意见,我们法院予以认可。在一个涉及合同的诉讼中,赔偿损失的目的,是将受害的一方当事人置于特定的位置,即如果没有违约的发生,受害方本来应该处于的地位②。然而,对于一个单一的违约行为而言,两次救济或者

---

① "办公室保险"是指主要以在办公室(写字楼)内经营的小企业设立的一种保险业务,这一险种包括公共责任险、雇主责任险、意外事故赔偿等。——译者注

② McDonald's Corp. v. Brentwood Center, 942 P.2d 1308, 1310(Colo.App.1997).

重复救济,是无效的①。原告坚持认为,在本案中并不存在两次救济的问题,因为"本案的庭审记录没有任何事实基础让人们相信,原告把公司业务降价卖掉所造成的损失,是基于未来损失的利润而得出的,或者是包括了未来损失的利润"。我们认为,原告的这一观点既与庭审记录相抵触,也与人们的常识相违背。原告的专家证人帕特南的证言表明,他对于该公司合理售价的认定,主要是基于——也许不是全部——该公司在将来的盈利能力。专家证人在证词中说的很清楚,对于买方而言,公司的价值取决于它将来源源不断获得盈利的潜在能力。帕特南也承认,他在决定该公司价值时所使用的全部计算方法,都考虑了该公司将来的盈利能力。当被问到如果没有本案被告所带来的那些"迫不得已"的因素,该公司业务的合理价值应该是多少的时候,帕特南是这样回答的:

557

> 正如你们所知道的,在公司业务被出售的时候,公司业务的合理价值取决于它的收益情况,因为在很大程度上,收益情况取决于我们——也是我——正在讨论的佣金收入、公司得到的收入、出售公司业务所支出的费用等因素。在我看来,如果该公司不是在"迫不得已"的情况下或者是面临压力的情况下出售的话,原告公司在被出售时的价值大约是在 175 000 美元。

……很多法院都持这样的观点:"当某一方当事人业务收入的减少是由于另一方当事人的错误行为所导致时,其损失数额可以由以下两个替代方法中的任何一个来确定:(1)该业务正常经营的价值;或者(2)该业务在未来将会损失的利润。"②某个业务正常经营的价值,是指在一个自由的市场上买方愿意支付、卖方愿意接受的这一业务的价格③。在 Malley-Duff 这一判例中,法院认可的赔偿数额,是业务正常经营的价值与原告将业务卖出去实际所得金额这两者之间的差额。这一计算损失的方法,很显然就是本案中原告的专家证人所提出的计算方法,该计算方法恰好能够支持陪审团随后所确定的 35 000 美元的赔偿数额。然而,初审法院在 35 000 美元金额以外,又支持了原告在将来的利润损失赔偿,在我们看来,这样的判决显然是不正确的两次救济。

但是,原告坚持认为,在 Atlas Building Products Co. 诉 Diamond Block &. Gravel Co.④这一判例中,法院支持了以下观点:即受害的原告在获得业务"价

---

① Westric Battery Co. v. Standard Elec. Co., 482 F.2d 1307, 1317(10th Cir.1973).

② Malley-Duff &. Assoc. v. Crown Life Ins. Co., 734 F.2d 133, 148(3rd Cir.1984). 在这一判例中,法院允许原告获得的赔偿数额,要么是未来可以赚得金钱的现行价值,要么是损失业务的现行市场价值,但是不能两者都获得赔偿。——译者注

③ Malley-Duff, 734 F.2d at 148.

④ 269 F.2d 950 (10th. Cir. 1959).

值减少"的赔偿金的同时,还可以得到未来利润损失的赔偿。我们认为,Atlas案件的判决是有其特殊性的,与当前我们正在审理的这个案件存在区别。因为在 Atlas 案件中,原告尽管受到了损失,但原告当时仍然继续经营着自己的业务。Atlas 案件中的原告,如果只是得到未来利润的损失赔偿,那么它也许就不能得到全部的赔偿,因为原告经营业务所涉及的资产(如商业信誉这样的无形资产)与自己被损害之前的资产价值相比较,可能有所降低。对于该业务的所有人来说,这样的损失只有通过将该业务出售才能实现赔偿。但是,我们认为,如果所经营的业务已经根据企业正常经营的价值出售给了其他人,那么这一企业所有人从这一出售中就获得了公平的市场价值,这一企业并没有受到损害。因此就应该认定该企业的所有人已经获得了足额的赔偿,因为这一业务出售的价值考虑到了未来可能损失的利润,也考虑到了这一企业所有资产的价值——其资产价值并未因此降低……

总而言之,我们认定,初审法院的判决必须部分予以推翻,因为它让原告获得了不应该得到的两次救济。

并不令人感到奇怪的是,双方当事人在上诉中对于初审判决中的两次救济应该如何处理各执己见。原告当然认为,只有原告因为被迫降价出售所获得的 35 000 美元赔偿这部分内容无效,而初审判决中所认定的利润损失,还是应该予以维持;被告的观点则恰恰相反。正如我们在上面提到的,虽然说"企业正常经营的价值"和"利润损失"这两个赔偿损失的方法,通常是可以相互替代的救济手段,但在本案中,我们认为,初审法院有关"利润损失"部分判决应该是无效的。在本案中,"作为持续经营的原告业务,其价值在庭审记录中有着很清晰的证据,其价值一定已经考虑到了未来可能的利润损失"。[1]事实上,在本案中,原告的专家证人只是就业务持续经营的价值提供了证言,而没有对它未来的利润损失作出评估。在没有其他可信赖的方法评估该业务的情况下,"未来利润损失"可以作为确定损失数额的方法,但是,在本案中,并不是没有评估业务损失的其他方法。通过得到公平的市场价值,原告可以得到全额的赔偿;原告"没有权利在出售了自己经营的公司业务,获得了全部的补偿之后,仍然获得将来损失的利润,这样的利润甚至超过了该业务在合理经营期间可以期待的利润"。……除此之外,我们还注意到,原告在本案中期待获得的"利润损失",即使在 35 000 美元赔偿被取消的情况下,也是重复计算的,因为这一"利润损失"没有考虑到原告从中获得的额外赔偿金额(这笔金额已经超过了 148 000 美元)。因此,原告有权获得利润损失的观点不能成立。

558

---

[1]   Albrecht v. The Herald Co., 452 F.2d 124, 129 (8th Cir.1971).

在这样的情况下,我们认定本案恰当的做法应该是将初审判决中支持原告 809 650 美元利润损失的这一部分内容予以取消。初审判决认定原告可以获得因为低于市场价值出售而产生的损失 35 000 美元,是恰当的,这一部分判决予以维持。该案件发回初审法院,由初审法院按照本判决的意见重新审理。

哈德利诉巴克森代尔①
英国财务法院②(1854 年)

本案要旨

原告哈德利等拥有的面粉厂发生了蒸汽机曲轴折断,需要将该曲轴送到生产厂家处,换回新的曲轴用于生产。原告请被告巴克森代尔经营的一家企业进行运送,但并未告知被告其面粉厂急需新的曲轴用于生产。由于被告的疏忽,曲轴发生运送迟延,影响了原告的生产。原告向法院起诉,要求被告赔偿损失,其中包括由于面粉厂被迫推迟生产所造成的利润损失。法院认为,原告没有告知本案的特殊情形,被告也事实上不知道,所以,法院判决对于原告的利润损失不予支持。

本案确定的规则是,一方当事人因为违约给他人造成损失的,应该限定在其能够合理预料的范围之内,超出这一范围的损失不应该予以赔偿。

克朗普顿法官③在格洛斯特最后巡回审判④的过程当中,经审理查明以下事实:本案两位原告在格洛斯特经营着一家面粉厂,他们从事着大规模的面粉生产;5 月 11 日,由于正在工作的一个机器曲轴发生了折断,他们的面粉厂被迫停止生产。原告生产面粉所使用的蒸汽机,是由位于格林威治的一家名为 Joyce & Co.的机械工厂所生产,在面粉厂被迫停产后,原告必须将折断的曲轴作为模型送到格林威治的这家工厂,以换取一个新的曲轴用于生产。这一个断裂的曲轴是在 5 月 12 日被发现的,原告在 13 日就安排了他的一名雇员来

---

① Hadley v. Baxendale, 9 Ex.341, 156 Eng.Rep.145.
本案原告与被告都是两个人。——译者注
② 英国财务法院是英国早期普通法中民事诉讼的上诉法院。在 1875 年英国司法改革之后,这一法院被其他法院所替代。——译者注
③ Crompton, J.
④ 格洛斯特是在英国西南部的一个城市。巡回审判制度在英国有悠久的历史,是由英国国王向各地派出巡回法官审理各类纠纷,这些法官主要是按照当地风俗习惯审理案件,一般每个季度审理一次。——译者注

到本案被告这里,他们经营着一家从事货物运送的知名企业,以 Pickford & Co.的名称对外从事货物运送业务。原告雇员到被告这里的目的,就是想让被告将折断的曲轴尽快送到格林威治的生产厂家。原告的这名雇员告诉被告的工作人员,面粉厂已经停工,这一曲轴必须立即送出去。在回答曲轴何时可以交到生产厂家手里这一问题时,被告员工的回答是,如果这一曲轴是在当天的12 点之前送出去,那么,第二天就可以将曲轴送到格林威治。在第二天的中午之前,被告拿到了原告想要送到格林威治的那个折断的曲轴,原告为此向被告支付了 2 英镑 4 先令作为全程的运费。与此同时,被告的员工还被告知,如果需要的话,这一曲轴应该走特别通道以加快送货的进程。但是,因为被告的疏忽,这一曲轴在格林威治却被耽搁下来,没有能够及时交付。由此带来的后果是,原告本来应该提早几天收到的曲轴,实际上是在好几天以后才收到,面粉厂的开工也因此被迫推迟,而且,这导致原告损失了本来应该得到的利润。

被告不同意原告的诉请,为此提出了反对意见。被告认为,原告所主张的利润损失,太过遥远①;被告对于这些太过遥远的损失,不应该承担责任。法官将原告到底应该获得多少赔偿这一问题交给了陪审团裁决,陪审团作出了由被告赔偿原告 25 英镑的裁决,这一赔偿数额比被告交到法院的赔偿费用高。

559

在米迦勒审理周期②的最后时间,[被告的代理人]惠特利律师③以法官对陪审团所作释明存在错误为由,要求法院重新审理,并最终从法院得到了一个重新审理该案的中间裁决。④

奥尔德森法官⑤代表法院呈递以下判决意见:

我们认为,本案需要重新进行审判。但是,在作出这一判决的时候,我们认为有必要清楚地说明本案应该适用的规则,在该案重新审理的时候,法官必须向陪审团说明确定损害赔偿数额应该适用这一规则。

向陪审团说明损害赔偿所适用的规则,是我们法院应该做的最重要事情。

---

① 损失的过于遥远性是英美合同法和侵权法上的一个重要概念,主要是用来限制当事人损失的数额,使得赔偿数额不至于过高。根据这一规则,受害人的损失应该只限于当事人在合同签订时或者过错行为发生时所能够合理预料的范围,超出这一范围的损失不应该由当事人承担。在实践中,主要有两个方法来确定损失是否过于遥远,一种方法是通过认定没有因果关系来进行限制,另外一种方法是认定不属于合理预见来进行限制。——译者注

② 米迦勒审理周期(Michaelmas Term),在早期的英国,法官在一年中审理案件的时间分成四个周期,米迦勒审理周期(每年的 10 月到 12 月)是这四个周期中的第一个周期。其他的审理周期也有相应的名称。——译者注

③ 惠特利律师在本案中是被告的律师。——译者注

④ 中间裁决是法院作出的一个并非最终生效的裁决。它给予当事人一个机会来向法院说明理由,如果当事人不能来说明理由,这一裁决就将发生效力。——译者注

⑤ Alderson,B.

因为如果没有明确的规则指导陪审团，让陪审团自行决定赔偿的具体数额，那么对于我们正在审理的这类案件，很显然会导致最大的不公正。在很多情形下，法院已经是在这样做了。在 Blake 诉 Midland Railway Company[①] 案中，上级法院要求下级法院对案件重新进行审理，理由就是该案的法官在巡回审理的一起民事诉讼中，没有向陪审团清晰地说明案件所适用的规则。

在 Alder 诉 Keighley[②] 这一案件中，我们法院说过："根据陪审团应该查明的事实，就赔偿的问题已经确定了一些规则。"我们法院在这一案件中还补充说道："在本案中有一个清晰的规则，这就是，应该以合同得以履行时当事人本可以获得的金钱数额来计算合同未能履行所造成的损失。"

对于本案这样的诉讼，我们法院认为，应该适用的恰当规则是：在双方当事人达成了一份合同，而其中一方当事人违反合同的情况下，另一方当事人因为该违约行为而应该得到的赔偿数额，是在公平、合理的情况下所认定的损失。这样的损失，或者是由于违反合同自然而然产生的损失，也就是说，是根据事物发展的通常情形所产生的损失；或者是在当事人达成合同时，可以合理地推定属于当事人已经预料到的损失。如果某一份合同中存在着特殊情形，这些特殊情形已经由原告通知了被告，双方当事人都明确知晓，那么，违反该合同所导致的损失——该损失是当事人可以合理预见到的——就应该是在双方已经知晓的特殊情形之下通常会产生的那些损失。但是，另一方面，如果违反合同的一方当事人对于这些特殊情形毫不知情，那么，他最多也只是在能够预料到的范围之内，赔偿因其违约行为通常会产生的损失。然而，在大量的案件中，赔偿数额通常不会受到任何特殊情形的影响。因为，如果当事人知道有特殊情形，他们就可以在此情况下设定特殊条款，对违约所造成的损失作出特别的约定。当事人本来有着作出特别约定的有利条件，如果我们剥夺当事人作出特别约定的机会，这对他们来说非常不公平。我们认为，前面提及的有关确定赔偿数额的原则，就是在因为违反合同造成损失的案件中，陪审团在确定损失时应该从法官这里得到指导、释明的法律原则。有人提出，其他违反合同案件，例如没有支付金钱，或者没有交付完好的土地权属，应该被视为是上述原则的例外，对于它们应该适用通常的规则[③]。但是，在这些例外情形的案件中，因为双方当事人一定被推定为已经肯定知晓那一广为人知的规则，所以，我们认为，将这类案件归入上面提及的当事人已经知晓了特殊情形的案件类型，应该说

560

---

① Blake v. Midland Railway Company (18 Q.B.93)。

② Alder v. Keighley (15 M. & W.117)。

③ 通常的规则是违约行为给当事人造成了多少损失就应该赔偿多少损失。——译者注

更加恰当,因为这些当事人可以被合理地推定为已经预料到将会根据通常的规则来确定损失的数额。

对于我们正在审理的这一案件,如果适用前面已经宣布的赔偿原则,可以发现,在双方达成合同的时候,原告向被告作出说明的只有一个情况,那就是需要送出去的货物是一家面粉厂所使用的曲轴,原告是这家面粉厂的厂主。但是,仅凭原告叙说的这一情况,是否能够合理地表明如果被告在将折断的曲轴交付第三方的过程中发生迟延就一定会导致面粉厂的利润损失呢?也许可以这样假定,当时原告的手上可能还有另外的曲轴可供使用,他们只是希望将折断的曲轴送给制造商修理;很清楚的是,这样的假定与原告所说的上述情形也非常符合。在这一假定成立的情况下,被告在交货过程中发生的不合理迟延,对于面粉厂的利润就不会有什么影响。我们还可以再作出以下假定,如果送货方在交货的时候,面粉厂的机器出现了其他方面的缺陷,可能同样会导致工厂停工、利润损失的后果。在本案中,原告确实是要将曲轴当作样品换回一个新的曲轴用于生产,缺少一个新的曲轴确实是面粉厂停工的唯一原因,利润的损失确实是由于新的曲轴未能及时送到,新的曲轴未能送到确实是由于折断曲轴以旧换新过程中发生了迟延,以上都是本案中的事实。但是,很清楚的是,在面粉厂通过送货方将折断的曲轴交付给第三方的绝大多数情形中,像本案这样的损害后果,十有八九不会发生。对于本案中的特殊情形,原告从来没有告知过被告。因此,原告的利润损失不能被合理地认为是被告的违约行为所造成的后果,这样的后果并不在当事人达成合同时可以公平地、合理地预料的范围之内。本案中原告的损失,在通常情形下,在绝大多数此类案件中都不会产生,它不是由于被告违约自然而然产生的损害后果。就被告已经知晓或者了解的特殊情形来看,这样的损害后果也不是违反合同所导致的合理的、自然而然的结果。基于摆在他们面前的事实,法官应该告诉陪审团,在确定损失数额时无需考虑原告的利润损失。因此,对于本案必须进行一次新的审判。

本判决立即生效。[①]

注解:

有关损害赔偿的著名教科书曾经这样评论哈德利案件的判决意见:"这一案件的判决,减少了商业企业的经营风险,而且这一判决结果很好地契合了维多利亚时代自由贸易的经济理念……[②]"可以将这一评论与霍顿在另一著作中

561

---

① 立即生效是指法院作出的裁决立即发生效力。它是与中间裁决相对应的一个法律术语。在中间裁决中,裁决不立即发生效力,法院会让当事人到法院就某些情况予以说明,如果不说明,则裁决发生效力。——译者注

② *McCormick on Damages*, p.567(1935).

的评论①进行比较:"[在维多利亚时代,]商业阶层主要担心的就是因为生意的失败所面临的严重后果。在经济繁荣走向经济萧条,又没有所谓有限责任进行限制的时候,那些商业巨头和公共投资商往往会被企业破产以及不能到期付款可能被判入狱②的幽灵所缠绕。据说,这一结果带来的身体和精神压力巨大,以至于他们不得不'在事业的中段就偃旗息鼓,他们会身心疲惫、心灰意冷,会减少仓促行动或者是避免年老糊涂'。"

马德诉斯蒂芬森③

怀俄明州最高法院(1976 年)

本案要旨

本案中,被告斯蒂芬森因为没有向原告马德夫妇返还 1 000 美元而被原告诉至法院。原告在诉讼请求中除了要求返还这 1 000 美元及利息外,还提出要求被告赔偿律师费、差旅费和其他诉讼成本等费用。法院认定,原告提出的合同价款以外为了诉讼而支出的费用,没有法律规定和合同约定作为依据,不予支持。

本案确定的规则是,在没有法律规定或者合同约定的情况下,合同中受害人的损失不应该包括律师费和差旅费,以及其他诉讼成本。

法院一致意见,判决如下:

初审法院判决,被告(被上诉人)斯蒂芬森应该支付原告(上诉人)马德夫妇 1 000 美元,外加自 1973 年 10 月 11 日合同签订之日起应该支付的利息 143.86 美元,合计赔偿损失 1 143.86 美元。

我们在此引用上诉人马德夫妇自己的文字描述其在上诉中的请求事项:"我方对于初审法院判决的第二项内容——驳回我方要求赔偿的诉讼请求——不服,提起上诉④。"……原告在其法律意见书中坚持认为,他们有权要求被告赔偿下列项目的损失,其中 500 美元是为了起诉这一案件而支付给律

---

① Walter E. Houghton, *The Victorian Frame of Mind*, 1830—1870 p.61(1957).

② 债务人因不能清偿债务而被判入狱在古代欧洲曾经较为普遍,也有的做法是让债务人成为奴隶。英国直到 19 世纪中期以后才取消这一制度。1869 年《债务人法案》取消了债务人因为不能清偿债务而被判监禁的传统。——译者注

③ Mader v. Stephenson, 552 P.2d 1114.
本案原告为马德夫妇两人。——译者注

④ 原判决第二项认为虽然被告未能及时支付 1 000 美元是错误的,但是被告的行为还不至于达到要支付惩罚性赔偿金的程度。可见,原告在初审中除了提出一般的赔偿请求外,还要求被告支付惩罚性赔偿。初审法院未予支持后,原告对此不服,提起了上诉。在本判决中,怀俄明州最高法院再次驳回了原告(上诉人)的请求。——译者注

师的费用,212 美元是为了参加庭审从肯塔基州返回的机票费用,还有 500 美元是花费在行程上的时间成本、电话费用,以及他们认为是"为了实现正义"而发生的各种成本费用。……

我们认为,在没有法律规定或者协议约定的情况下,一方当事人的律师费用以及与该诉讼相关的差旅费是不能得到赔偿的。对于当事人的差旅费或者为了准备诉讼所花费的时间成本,法律并未规定当事人可以得到赔偿。所有有关损失成本的法律救济,完全应该是法定的……

初审法院的判决予以维持。

罗金厄姆县政府诉路登桥梁公司[①]
美国联邦第四巡回上诉法院(1929 年)

本案要旨

原告路登桥梁公司与被告罗金厄姆县政府签订了一份造桥合同,由原告为被告建造桥梁,但由于被告的监事委员会发生改变,被告取消了原来的造桥方案。被告随即要求原告不要再施工,但原告仍继续完成了桥梁建造。于是,原告起诉被告,要求被告支付造桥合同的全部价款。法院认为,原告在接到被告取消合同的通知后,就应该立即停止施工。法院判决,原告无权就扩大的损失要求赔偿。

本案确定的规则是,一方违约时,另一方有权获得的赔偿范围应是已经投入的劳动和原材料成本,以及这一合同履行时其可得的利润。守约一方负有减少损失的义务,如继续施工放任损失扩大,则无权就扩大的损失要求赔偿。

帕克巡回法官[②]代表法院呈递以下判决意见:

本案是一起普通法上的诉讼,是由原告路登桥梁公司(以下简称桥梁公司)在下级法院提起,原告要求被告北卡罗来纳州罗金厄姆县政府[③]根据双方达成的造桥合同赔偿应该到期支付的各种费用,但是,被告罗金厄姆县政府认为,在这一桥梁建造完工之前,其已经将取消桥梁建设的决定通知了原告桥梁公司,因此,罗金厄姆县政府应该只对桥梁公司如果在当时就停止施工所造成

---

① Rockingham County v. Luten Bridge Co., 35 F.2d 301, 66 A.L.R.735.
本案是一起上诉案件,标题将上诉人罗金厄姆县政府放在前面,而将被上诉人路登桥梁公司放在后面。——译者注
② Parker, Circuit Judge.
③ 罗金厄姆县是美国北卡罗来纳州的一个县。——译者注

的损失承担赔偿责任……

562   1924 年 1 月 7 日,罗金厄姆县政府的监事委员会①通过表决的方式[以三比二这一非常接近的票数通过了表决],同意将系争的桥梁建造合同给予本案的原告桥梁公司……

[罗金厄姆县监事委员会组成人员发生变动之后,]在该监事委员会于 2 月 21 日召开的一次例行会议上,监事委员会以全体一致通过的方式达成了一项决议,宣布这一桥梁建造合同为非法和无效,并指示该监事委员会的工作人员通知原告,罗金厄姆县政府拒绝承认该合同为有效合同,且原告不得采取任何后续行动。监事委员会在方案中还取消了先前通过的建造一条硬地道路的方案,本案系争的桥梁就是和这一硬地道路相连的唯一桥梁……尽管罗金厄姆县政府已经预先告知了原告自己将违反合同,但是原告桥梁公司并没有停止桥梁的建造,还是继续施工……

被告罗金厄姆县政府承认自己签订过系争合同以及该合同的效力,也承认自己违反了合同,因此,在本案中最终的争议问题是如何确定原告桥梁公司的损失……

对于如何确定原告的损失这一问题,我们认为,被告罗金厄姆县政府通知原告解除合同时,该合同仍然在执行过程中,被告在这时通知解除,就是表明了被告不想再建造这一大桥,不想再为这座大桥支付款项。在被告罗金厄姆县政府已经通知原告解除合同的情况下,我们不认为原告桥梁公司还可以继续建造大桥,并要求对方支付合同上的价款。确实,被告罗金厄姆县政府没有权利终止合同,向原告发出通知等同于其承认自己违反了合同。但是,在原告接到了被告违约的通知后,原告就有义务不再采取任何行动增加自己的损失。如果 A 与 B 达成一份合同,由 A 为 B 建造一幢房屋,B 当然无权在未获得 A 同意的情况下终止合同。但是,如果在该幢房屋建成之前,他(指 B)已经决定不想建造这幢房屋,并且为此通知了 A,那么,A 就没有权利再继续建造房屋,由此增加 B 的损失。在这种情况下,A 可以获得的救济途径就是,在收到 B 的通知时,将双方合同视为已经解除,进而要求 B 赔偿自己的损失;从这样的违约中,A 可以要求赔偿的损失还包括了一旦该合同得以履行他本来可以获得的利润,以及该违约行为给他带来的其他损失。在我们正在审理的案件中,桥梁是待修建道路的组成部分,被告罗金厄姆县政府决定不再建造这一道路,也不再建造这座大桥了。这座大桥位于森林地区的中部,在道路不再建设的情

① 监事委员会是美国县这一级的政府机构。其委员全部由选举产生,很多委员是兼职的,委员会由 5 人或者 7 人组成。它的主要职责是为本县居民的福利、管理进行服务。——译者注

况下,这座桥梁对于罗金厄姆县政府来说就没有任何价值。因此,当罗金厄姆县政府通知原告不想再继续这一工程时,原告就应该停止施工。原告桥梁公司无权继续建造这座没有价值的桥梁,从而增加被告的损失。

当然,也有与此相反的观点,科伯恩勋爵①在 Frost 诉 Knight② 案中曾经表达过与此相反的观点。但是,正如威利斯顿教授在其《合同法》③专著中所指出的,科伯恩勋爵在上述案件判决中的观点与该国很多法院的判决不相一致。美国就该问题所适用的规则和所坚持的理由,在威利斯顿教授的专著中有很好的论述,这些论述的内容如下:

> 上溯至 1845 年之后,法院已经在一系列案件中作出以下认定,在一方当事人毁弃合同或者拒绝履行合同的情况下,另一方当事人就不能再继续履行合同了,不能再基于其全部履行合同而要求对方赔偿损失。这项规则只是损害赔偿一般规则的特殊适用,即原告不应该让被告对于本来不应该发生的损害后果进行赔偿;或者,正如我们经常提到的,原告必须在不给自己造成损害的情况下尽其所能,努力减少被告错误行为所导致的损害后果。这项规则适用于我们现在所争议的问题,这一点是显而易见的。现在,我们假定这样的情形,某个人同意完成某项工作,随后这个人在工作开始之前或者只是部分完成的情况下毁弃了合同。在这种假定情况下,如果让后者(指从事工作的一方)坚持完成合同,就会在原告没有利益的情况下,加重被告的损失。一方面,对于被告来说,这项工作已经没有意义,而他还不得不支付整个合同的价款;另一方面,原告也只是对于根据合同可以获得的利润感兴趣。如果原告能够得到这些损失利润的话,对他来说,这与花费自己的时间完成工作所得到的利益是相同的。

在美国,关于该问题的主导性判例是纽约州法院审理过的一起案件——Clark 诉 Marsiglia④。在这一案件中,被告聘请原告为他绘制一幅画作,但是,在这幅画作完成之前,被告取消了这一合同,不再要求原告绘画。然而,原告仍然继续绘制这幅画,直到全部完成了画作。原告随后起诉了被告,要求被告支付合同的全部价款。作出判决的终审法院推翻了支持原告的初审判决,终审法院在判决意见中说道:

563

---

① 科伯恩勋爵(Lord Cockburn, 1779—1854)是苏格兰的著名法官和律师,后来曾担任过苏格兰政府首席律师。——译者注
② L.R. 7 Ex. 111.
③ *Williston on Contracts*, vol.3, p.2347.
④ Clark v. Marsiglia, 1 Denio (N.Y.)317, 43 Am.Dec.670.

在本案中,原告被允许获得的赔偿,是假定被告没有取消绘画要求的情况下可以获得的赔偿;在这一点上初审法院的认定是错误的。被告要求原告停止绘画,违反了双方的合同,因而被告应该赔偿原告为此遭受的损失。该损失包括了原告已经付出的劳动、所使用的原料材料[成本],以及根据法律原则可以认定是由于违约而导致的其他进一步损失。但是,原告并没有权利固执己见,坚持将绘画工作做完,让被告为此承担惩罚性赔偿,这一赔偿额甚至超过了原告当时就停止绘画被告应该承担的赔偿额。

在美国有大量的权威论著已经确立了这一项规则,该规则集中体现在一本专著的相关论述中①。北卡罗来纳州最高法院在最近的 Novelty Advertising Co. 诉 Farmers' Mut Tobacco Warehouse Co.②案中引用了这些论述,并且批准了这一规则的适用:

> 对于一份正在履行中的合同,一方当事人有权通过明确的指示要求另外一方当事人停止履行行为,通知停止履行的这一方当事人必须为此赔偿另一方当事人的损失,该项赔偿要足以弥补另一方当事人在当时被迫停止履行所导致的损失。被要求停止履行的一方当事人,不得再继续履行合同,增加损失,进而要求另一方当事人赔偿损失。任何一方当事人在一定条件下违反合同、放弃合同、解除合同的法律权利,是得到法院普遍承认的。当然,这一方当事人必须按照通常的补偿条款对于法律所承认或者认可的另外一方当事人的损失进行赔偿——赔偿损失有时也受到限制,衡平法上对于合适的案件,不是判决赔偿损失,而是要求违约的这一方当事人继续履行合同。

这一规则与北卡罗来纳州在 Heiser 诉 Mears③ 案中的判决意见相一致。在 Heiser 案件中,买方向卖方订购了一批货物,在合同仍然处于实施的过程中,买方在这批货物全部完成之前取消了订购。买方取消订购货物,就是在通知卖方,他选择解除合同并同意给予卖方以法律上的赔偿,因此,在这一案件中卖方就不应该再完成这批货物的生产,而且,不能再获得合同上的价款。

> ……我们认为,初审法院作出的原告桥梁公司可以就全部合同金额获得赔偿的裁决,是错误的。在被告罗金厄姆县政府及时通知原告不要再继续建造桥梁的情况下,原告损失的金额应该是在解除合同之前原告在履行合同过程中所付出的劳动和投入的原材料价值,再加上这一合同如果得到履行的情

① 6 R.C.L.1029.
② 186 N.C. 197,119 S.E. 196,198.
③ 120 N.C. 443,27 S.E. 117.

564

况下它本来可以获得的利润。

……初审判决予以推翻,并发回初审法院重新审判。

格鲁伯诉 S—M 公司[①]
纽约州南区地区法院(1954 年)

本案要旨

原告格鲁伯等与被告 S—M 公司达成独家销售圣诞贺卡的合同,合同要求被告必须尽到合理的努力来促销这些圣诞贺卡,但是被告消极的销售行为造成了大量圣诞贺卡滞销,原告后来不得不以极低的价格处理。于是,原告向法院起诉,要求被告赔偿自己的损失。法院认为,在被告违约时,原告有权要求被告支付自己履行合同所花费的成本,但必须减去被告即使全部履行时原告仍然会有的那些损失。由于被告未能举证这方面的损失,法院判决被告支付原告实际支出的成本。

本案确定的规则是,在一方当事人违约的情况下,守约的当事人既可以要求违约方赔偿合同全部履行可得的利润损失,也可以在利润损失不确定时,要求赔偿因为信赖对方承诺而支出的成本损失。但如果被告即使全部履行,原告仍有损失的话,该损失应由原告自己承担,这方面的举证责任在于被告。

地区法院的墨菲法官[②]代表法院呈递以下判决意见:

本案原告以当事人来自美国不同州为由,要求我们联邦地区法院对于该案进行管辖。原告认为,被告违反了合同,应该赔偿因为违反合同给自己造成的损失。

原告在其诉状的第一个理由中(原告已经撤回了诉状中的另外两个诉讼理由)声称,他们与被告之间存在着一份合同,该合同是于 1945 年 9 月 10 日在其主要营业地纽约签订的。根据这一合同,为了迎接即将到来的圣诞节,原告承诺,将按照被告批准的样品制造 90 000 套圣诞贺卡,每一套贺卡有 12 张;原告要将每一套贺卡装入被告设计好的一个盒子当中,并做好准备,按照被告提供的名册,最迟不超过 10 月的第 2 个星期,将这些贺卡送到被告的批发商这里;原告还授权被告独家销售和配送这些圣诞贺卡。根据原告在诉状中的

---

① Gruber v. S—M News Co., 126 F.Supp. 442.
本案原告有两人,除了标题上列出的格鲁伯之外,还有一位名叫马丁,两位原告共同经营业务。——译者注

② Murphy, District Judge.

陈述,作为原告作出上述承诺的对价,被告必须尽到合理的努力销售所有这些贺卡,并且运用他们科学的促销资源、国内广告资源、报亭资源和销售机构等资源销售这些贺卡。原告认为,被告在合同中还进一步同意,将按照原告发送到各个批发点的离岸价,就已经实际销售出去的贺卡——销售量按照被告的例行检查来确定——每销售一套支付给原告 84 美分。对所有未销售出去的贺卡,被告将退还给原告。原告在诉状中进一步提到,他们按照合同的要求生产了这些圣诞贺卡并包装完毕,而且在 1945 年 10 月 2 日将该情况通知了被告,然而被告却拒绝按照合同中的承诺履行自己的义务。本案中,原告要求被告赔偿的损失金额是 101 800 美元……

565 ……[经审理查明,]被告在 9 月时只是将这些圣诞贺卡分销给了 4 家零售点和批发商——而被告有超过 700 家的零售点和批发商,它们可以提供的书报亭数量超过了 90 000 家。鉴于该生效合同要求原告在 10 月的第 2 个星期完成多达 90 000 套贺卡的生产任务,[我们认为,]被告这样的做法显然是没有"尽到合理的努力"销售这些圣诞贺卡。因此,被告关于自己已经履行了合同的抗辩是远远不够的,它必须对于自己违反合同的行为承担责任……

对于被告实施的违反独家销售合同的行为,原告有权获得赔偿,这样的赔偿是按照原告从销售贺卡中实际获得的利润与被告如果尽到合理努力销售贺卡时可以获得的利润这两者之间的差额来计算的。对于这一点,原告有义务证明该计算方法具有合理的确定性和明确的事实依据。从有关这一问题的证据来看,本案中的事实基础在很大程度上还只是推测性的结论,不足以凭借这些推测性结论给出确定赔偿的数额。被告过去的经营业务中,有很大的业务比例是从事拼图游戏、地图及洗涤液的配送,因此,很难以被告过去在这方面的经历预言圣诞贺卡销售会有怎样的结果。仅仅因单个的零售商提到过他一个人就可以处理 50 套圣诞贺卡,并没有依据推算出 90 000 套圣诞贺卡的销售情况。因此,对于本案系争合同被违反之后给自己带来的期待利益损失,原告并未能充分证明。

然而,作为对期待利益损失的替代主张,原告在初审程序结束之前向法院提出,他们至少可以要求被告赔偿为了该合同履行所付出的实际花费。原告主张的实际花费损失的基础,并不是其期待的利润损失,而是他们基于对被告承诺的"实质信赖"①而付出的各种花费。被告方面则坚持认为,原告根据"实质信赖"理论不应该获得赔偿,因为被告即使完全履行了合同中承诺的配送行

---

① "实质信赖"损失,是指一方当事人基于对另外一方当事人承诺的信赖而产生的合理费用。——译者注

为,原告仍然会有损失。

这里涉及两个损失之间的关系,一个是被告一旦完全履行合同时原告可以获得的预期利润损失,另一个是由于原告信赖被告未履行的承诺而支出的实际花费。纽约州在这方面的相关案件数量不多,在处理这两者之间关系时,法院的做法显然不完全一致。有一些案件当中并不存在这两者之间的关系,这时原告可以要求被告赔偿由于信赖其承诺而支出的实际花费,不用考虑被告完全履行合同时给原来带来的利润,这一点和返还利益的诉讼以及基于欺诈提出的诉讼是一样的。《合同法重述》中已经建议,如果在被告完全履行合同的情况下原告仍然会有损失,那么这一损失就必须从原告的实际花费中予以扣除……"在立诺人履行合同的行为并不能够覆盖受诺人成本支出的情况下,这样的结果(即让受诺人获得所有成本的赔偿),就是把受诺人合同项下的风险都放到了立诺人这里①。我们不能认同以下这一点,即立诺人履行合同中的违约行为,就让他在违约这一幌子之下成了受诺人风险的保险公司……"②

在本案中,我们接受这样的规则,即原告要求赔偿的实际成本,应该减去被告全部履行合同的情况下原告也会产生的那些损失。本案中,被告并未证明存在这种损失的可能性,以此来说服我们法院。的确,原告在1949年处理未能售出的40 000套圣诞贺卡时,每套只能获得6美分的利润,而在1945年时,原告根据其与被告的协议每套可获得承诺的84美分的利润。但是,这些圣诞贺卡本身有着与众不同的新颖之处,当初设计这套圣诞贺卡的目的,是为了利用1945年新成立的联合国中12个不同国家的题材。在联合国成立之后的几年里,随着世界形势的日趋恶化,圣诞贺卡上那些漫画的诱惑力已经是大为减弱了。

证明即使恰当地履行合同原告也会有损失的举证责任,在于被告。正是由于被告的错误才产生了原告究竟享有什么样的权利这一问题。但是,在本案中,我们法院并不认为被告的举证已经符合了这样的要求。

本案中,原告在合同履行过程中或者在准备过程中所支出的合理成本,是可以得到赔偿的。该赔偿数额不包括原告所要求的贺卡在印刷时制作铅板的

---

① 这段文字中提到的立诺人,在本案中相当于被告的角色,受诺人相当于原告的角色。这一段文字想表达的意思是,原告的一些损失可能并不是被告的违约行为必然导致的,对于这些损失,原告不能要求赔偿。如果对于这些损失也要让被告赔偿的话,就是将原告应该承担的合同风险转嫁给了被告。这段论述随后还提到,立诺人不能因为自己违约就成为受诺人风险的保险公司。——译者注

② L. Albert & Son v. Armstrong Rubber Co., 2 Cir., 178 F.2d 182, 189. 也见Fuller, *Reliance Interest in Contract Damages*, 46 Yale L.J.52, 75-80(1936)。

成本,因为该成本是在与被告签订合同之前已经发生的成本①。原告由于对被告的承诺实质信赖而产生的合理劳动投入和原材料成本是 19 934.44 美元。在这些成本中,必须减去原告按照每套 6 美分的利润销售 40 000 套贺卡的净利润 2 080 美元。因此,本案中原告有权获得的赔偿金额是 17 854.44 美元。

安格利亚电视公司诉里德②
英国上议院③(1971 年)

本案要旨

原告安格利亚电视公司准备拍摄一部电视剧,已为此投入了相当的成本。被告里德先是同意了在该电视剧中出演男主角,但后来又因故不能参加演出并解除了合同。于是,原告起诉,要求被告赔偿合同成立之前以及之后的成本损失。法院认为,被告应该能合理预料到自己的违约会让原告前期的成本遭受损失,在原告无法证明自己的利润损失时,被告应该赔偿这些成本损失。

本案确立的规则是,一方不能证明对方违约给自己造成的利润损失时,不仅可以要求对方赔偿合同成立之后发生的成本损失,也可以要求赔偿合同成立之前发生的成本损失,只要该成本损失是在当事人可以合理预见的范围内。

丹宁勋爵[大法官]④代表英国上议院呈递以下判决意见:

原告安格利亚电视公司在 1968 年时经过构思,准备拍摄一部电视剧,剧名定为"The Man of the Wood"。这部电视剧描写了一个美国男人和一个英国女人结婚的故事。在该剧中,这个美国人在英国丛林里发生了一段奇遇。这部电视剧的时长为 90 分钟。为了拍摄这部电视剧,原告安格利亚电视公司提前做了很多安排。他们安排好场地,用于这部电视剧的拍摄。他们还雇用了一名导演、一名设计师和一名舞台管理员等。他们为这部电视剧的制作投入了相当多的费用。所有这些工作,都是在原告安格利亚电视公司寻找这部

---

① 原告制作铅板所花费的费用是在这一合同签订之前就已经发生的,不是被告的履行行为所导致的费用,因此法院在计算原告的损失时予以扣除。这一点也证明了前面的观点,有一些费用(或者说是风险)不是由被告的履行行为引起的,这些费用当然不应该由被告来承担。——译者注

② Anglia Television v. Reed,[1971]3 All E.R. 690.

③ 英国上议院(House of Lords)曾经是英国最高司法机构,但在 2009 年 10 月之后,英国成立了自己的最高法院。——译者注

④ 大法官(Master of Rolls)是英国法院的一个法官头衔,仅次于首席法官。——译者注

电视剧男主角之前就已经做好的,他们需要一名能够共同拍好这部电视剧的强力男主角。这名男主角将一直出现在荧屏上。安格利亚电视公司最终找到了扮演男主角的演员,他就是本案被告罗伯特·里德先生,一位有着很高声誉的美国男演员。1968 年的 8 月 30 日,经过电话联系,里德先生通过他的经纪人同意了原告的邀请,答应到英国拍戏,并在 9 月 9 日至 10 月 11 日期间,在这部电视剧中进行试拍和演出。为此,他可以获得演出费用 1 050 英镑、每周 100 英镑的生活费、往返美国的头等舱机票等费用。里德先生来英国出演这部电视剧的事宜,还须获得英国劳工部的许可。英国劳工部在 1968 年 9 月 2 日及时批准了里德先生来英国拍戏。此时,双方合同就完全达成了。但遗憾的是,被告里德先生在工作安排上出现了一些混乱。里德的经纪人实际上已经在美国为里德先生安排了其他的演出任务。于是,1968 年 9 月 3 日,被告里德先生的代理人告诉原告安格利亚电视公司,里德先生将不能来英国参加这部电视剧的拍摄。里德先生毁弃了该合同。原告安格利亚电视公司也曾努力尝试寻找替代演员,但是没有成功。因此,9 月 11 日,原告接受了里德先生解除合同的请求。他们放弃了计划拍摄的电视剧,也及时将停拍决定通知了已经参与电视剧拍摄的相关人员。

567

于是,安格利亚电视公司起诉里德先生,要求赔偿损失。里德先生并未否认他在这起事件中的责任,但却提出了他究竟应该赔偿多少损失的问题。在本案中,安格利亚电视公司并没有要求被告赔偿他们制作电视剧的利润损失。安格利亚电视公司并不能具体说明如果里德先生参加该部电视剧演出的话,该合同究竟会给他们带来多少利润。于是,安格利亚电视公司没有从赔偿利润损失这一方面进行主张,而是要求被告赔偿其付出的实际成本。原告已经为此支付了导演、设计师、舞台管理员和助理的费用等。这些费用总共是 2 750 英镑。安利亚电视公司认为,正是由于里德未能履行合同,导致了这些费用损失。

被告里德先生的律师在本案中提出了一个法律上的争议问题。里德先生的律师认为,对于与里德先生的合同最终达成*之前*所发生的费用,原告安格利亚电视公司不能要求赔偿,原告只能要求赔偿该合同最终达成*之后*所发生的费用。里德先生的律师提出,原告在合同达成*之后*的费用只有 854.65 英镑,因此,原告安格利亚电视公司只能就这些费用要求赔偿。初审法院的法官并没有接受被告律师的该项抗辩,法官认定,安格利亚电视公司可以要求对方赔偿全部的损失 2 750 英镑。现在,里德先生将该案上诉到我们这里。里德先生的律师提醒我们注意最近未被报道过的一起案件 Perestrello & Companhia Limitada 诉 United Paint Co. Ltd.,在该案件中,塞西杰法官引用了廷德尔爵

士的一段论述,这一段论述出现在 Hodges 诉 Earl of Litchfield 这一案件的判决意见中:

> 为了准备合同而花费的费用,是不能得到法律认可的。当事人是在合同能否达成尚不确定的情形下,为了他自己的利益而支出这些费用的。

塞西杰法官在判决中引用了上述文字,他提出:"在我看来,合同成立之前的费用,虽然是打了水漂,但却不能获得赔偿……"

我不能接受他们的上述这些观点。……我认为,如果原告他没有遭受任何利润上的损失——或者他不能证明利润到底是多少——那么,他可以转而要求赔偿由于违约导致白白付出的损失,也就是他被浪费了的那些成本。……

如果原告主张的是被浪费掉的那些成本,那么他主张的损失范围就不仅仅限于合同成立*之后*所发生的成本损失。他还可以主张合同成立*之前*发生的成本损失,只要这些损失在当事人应该合理预见的范围之内,也就是说,当事人应该合理预见到,如果自己发生了违约,对方的这些成本就将会被白白浪费掉。将这一原则适用到当前的这一案件中,很清楚的是,里德先生与原告达成了这一合同,对于这部电视剧已经发生的导演费用以及其他费用,他一定是非常了解的。里德先生一定预料到了——或者,在很大程度上,可以合理地推断出其一定预料得到——如果他违反合同,安格利亚电视公司的所有成本将会付之东流,不论这些成本是发生在合同成立之前或者之后。里德先生必须对安格利亚电视公司所有被浪费掉的成本进行赔偿……

我认为,初审法官的判决是非常正确的,上诉人的上诉予以驳回。

二、 货物买卖合同和不动产合同

赫斯勒诉水晶湖公司①

伊利诺伊州(第二区)上诉法院(2003 年)

本案要旨

原告赫斯勒想成为第一个购买普劳勒概念车的人,为此,他与本案被告汽车经销商水晶湖公司达成合同,并预付了部分款项。但是,被告却未能履行该合同,被告将其得到的第一辆普劳勒汽车售予了他人。后原告以比合同价格

---

① Hessler v. Crystal Lake Chrysler-Plymouth, Inc., 338 Ill. App. 3d 1010, 273 Ill. Dec. 96, 788 N.E.2d, 405.

高出近 30 000 美元的价格,从其他经销商处购买了另外一辆普劳勒汽车。随后,原告向法院起诉,要求被告赔偿这笔近 30 000 美元的损失。法院认定,在卖方毁弃合同的情况下,原告从其他地方购得汽车并无不当。于是,判决支持了原告的诉讼请求。

本案确定的规则是,在卖方违反合同的情况下,如果买方善意地实施了补货行为,那么,买方获得的赔偿应该是补货的成本与合同价格之间的差额。

卡勒姆法官①代表法院呈递以下判决意见:

原告赫斯勒向初审法院起诉被告水晶湖公司[这是一家汽车经销商]违反合同。在经过由法官进行的庭审之后,初审法院作出了支持原告的判决,判定原告可以获得的赔偿金额是 29 853 美元。被告不服判决,提起了上诉,认为初审法院……在计算原告损失数额方面存在错误。我们法院在此维持初审法院的判决。

一、案 件 背 景

1997 年 2 月,克莱斯勒汽车公司推出了一款新概念汽车,这款汽车叫作普利茅斯·普劳勒(以下简称"普劳勒汽车")。然而,克莱斯勒汽车公司当时并未披露其将来是否会生产这样的汽车。原告赫斯勒知道有该款汽车推出,也知道该款汽车的产量还不确定。在 1997 年 2 月 4 日,原告与好几家汽车经销商进行联系,了解是否可以购买这款普劳勒汽车。1997 年 2 月 5 日,原告与一个名叫罗森伯格的人进行了接触——罗森伯格是被告水晶湖公司的共同所有人——并且,双方签了一份"汽车订单"(以下简称"协议")。该协议由罗森伯格填写完成[并且以他名字的第一个字母作了标记],它表明原告赫斯勒订购的是一辆 1997 年版的 V6、双门、紫色的普劳勒汽车。除此之外,协议中还提到:

客户[赫斯勒]先行支付 5 000 美元作为生产厂商牌价②的预付款。如果在 1997 年 12 月 30 日之前这辆汽车仍不能交付,这笔 5 000 美元预付款将退还给客户。经销商[水晶湖公司]保留这一车辆的时间为 2 个星期。

……该协议还指出,原告赫斯勒已经通过支票方式在被告这里存入了 5 000 美元。协议中有一个方框,方框上标注着"车辆将于……[时间]交付"。方框里面写着英文缩写"ASAP"……["ASAP"这一符号]是由被告的

---

① Justice Callum.

② 牌价在这里是指生产商建议的零售价。但牌价并不必然就是销售商与客户的合同价格,合同价格可能会高于牌价。——译者注

销售人员在完成这一交易的过程中写在上面的。罗森伯格本人并没有指示销售人员写上"ASAP"这一符号，但是，他按照常规流程，指示被告的雇员处理客户的支票并出具了收据。罗森伯格声称，"ASAP"这一符号在他的业务中是"用来替代订货号码的。只是要求雇员按照先后次序对订单进行编排。这一符号的意思是，一旦能够编排订单了，那么，马上就要去做"。罗森伯格在作证时也说道，"从字面意思上看"，"ASAP"这一符号代表的是尽快交付货物……①

罗森伯格在庭审作证时说道，原告赫斯勒是第一个对这款普劳勒汽车下订单的人。罗森伯格本人还进一步说道，他相当"确信"，原告的订单是他收到预付款的第一份订单……原告与被告都认可，他们接收到的信息是，生产厂家[克莱斯勒汽车公司]给出的普劳勒汽车牌价是 39 000 美元……

1997 年 5 月 23 日，案外人普兰德利与被告达成了一份购买普劳勒汽车的合同。普兰德利的合同显示的购买价格是"50 000 美元＋税＋……"，并且普兰德利在被告这里存入了 10 000 美元的预付款。普兰德利的合同中进一步提及，普兰德利将"获得这一家汽车经销商的第一辆普劳勒汽车"。②普兰德利作证声称，他在达成合同的同一天签发了一张支票，在被告处存入这笔预付款。然而，普兰德利向法庭陈述，他最初与罗森伯格谈到普劳勒汽车，发生在合同签订日期之前的 1—3 个月……

570

原告赫斯勒……向法庭作证说道，9 月 19 日他在"大美国"车展上参加了克莱斯勒汽车组织的一次消费者答谢会，他向克莱斯勒汽车公司的代表询问了普劳勒汽车的相关事宜。2 天之后，这位代表向他发送了一份传真，这份传真上包括了即将接受普劳勒汽车的经销商名单。被告水晶湖公司就在这张名单之列……原告赫斯勒向法庭说道，他在 9 月 22 日这一天打电话给罗森伯格，告诉他，即将获得普劳勒汽车的经销商名单中有水晶湖公司……罗森伯格在电话中告诉原告，他将不会向原告出售普劳勒汽车，因为原告背着他和克莱斯勒汽车公司进行联系，原告这样的行为将给罗森伯格带来诸多麻烦。罗森伯格在电话中还说道，原告并不是他接洽、同意销售普劳勒汽车的第一个人……罗森伯格向法庭作证时说道，他在这一次交谈中与原告就"大美国"车展的情况进行了讨论，他告诉原告，自己相当确信，就他的公司来说，至少会获

---

① 在文字形式上，"ASAP"是"as soon as possible"这四个英文单词的缩写。——译者注

② 原告赫斯勒的合同中并没有明确说到原告将获得被告的第一辆普劳勒汽车，这是两个合同之间的区别。原告坚持认为，ASAP 这一符号代表的就是他可以获得被告售出的第一辆普劳勒汽车。——译者注

得一辆普劳勒汽车。当原告赫斯勒请求罗森伯格向他确认自己将会买到这一辆普劳勒汽车的时候,罗森伯格明确告诉原告,其已经"答应"将这辆车卖给其他人了。

从 1997 年 9 月 23 日开始,原告赫斯勒联系了 38 家普劳勒汽车的经销商,咨询购买普劳勒汽车的事宜,但是,他连一辆普劳勒汽车也没有买到。对于罗森伯格是否会在将来向其交付一辆普劳勒汽车,原告赫斯勒已经"严重怀疑"。

1997 年 10 月 24 日,原告出席了在"Hard Rock"咖啡馆召开的普劳勒汽车与公众的首次见面会,并且在停车展示区见到了一辆紫色的普劳勒汽车,这辆汽车的窗子上有一个标记,上面写着被告水晶湖公司的名字。10 月 25 日,原告来到被告的汽车展厅,看到一辆普劳勒汽车就停在那里。原告找到了罗森伯格本人,告诉他自己来这里是要提走这辆普劳勒汽车的。罗森伯格说,他不打算将这辆车卖给原告,不想再与原告进行这一交易。当日晚些的时候,原告以 77 706 美元的价格从另外一家汽车经销商处购买了一辆普劳勒汽车。

1997 年 10 月 27 日,被告将其当年得到的唯一一辆普劳勒汽车卖给了普兰德利,售价为 54 859 美元,该价格包括了普兰德利支付的 10 000 美元预付款。

1997 年 11 月,原告赫斯勒指示他的律师向被告发出了一封信函,要求购买一辆普劳勒汽车。原告向法庭作证时说道,他还是准备从被告这里购买一辆普劳勒汽车,尽管他已经从其他地方买到了一辆这样的汽车。原告同时还在继续了解普劳勒汽车的价格,直到 1998 年 1 月,他都没有看到比他购买普劳勒汽车的价格 77 706 美元更低的价格。1998 年 1 月 7 日,原告从被告这里得到了退回的 5 000 美元预付款。

1998 年 4 月 23 日,原告赫斯勒向法院起诉被告违反了合同。被告则向法院提出了一个动议,要求法院驳回原告的起诉,该动议获得了法院的准许。原告赫斯勒不服判决,提起了上诉,我们法院推翻了初审法院的判决,将案件发回重审,要求初审法院通过对证据的听证来决定这一合同的含义。我们法院在发回重审时认定,这一合同的含义是模糊不清的,并且进一步认定原告可以通过一系列事实表明被告确实违反了合同。

[案件被发回重审之后,]经过由法官进行的审理,初审法院作出了支持原告的判决,判决原告可以获得 29 853 美元的赔偿。初审法院认定,被告毁弃并且违反了双方的协议,原告以高出合同 29 853 美元的价格购买另外一辆普劳

571

勒汽车,是实施了补货的行为。①此外,初审法院还认定,"ASAP"条款……的含义是,"如果这一辆汽车可以交付,而且当这一辆汽车可以交付的时候","只要是可以去做的事情,就应该马上去做"。……初审法院分析得出的结论是,被告应该将这一辆普劳勒汽车尽快交付给原告……同时,初审法院认定,原告赫斯勒"已经做好了履行合同的准备、将要履行并且能够履行这一合同"。初审法院还认定,原告在另外一家汽车经销店支付的购车价格,是罗森伯格拒绝出售那辆普劳勒汽车之后,原告能够获得的最好价格。

二、案件分析

……这一车辆买卖的交易涉及的是货物销售,因而应该由《统一商法典》中的"买卖"这一章②来调整。

[在"案件分析"的(一)和(二)部分,上诉法院分析了合同的形成、口头证据规则,以及《统一商法典》中合同的解释等问题,维持了初审法院所作的结论。本案争议的中心问题是,在书面协议中的"ASAP"条款,是否约束被告必须将其得到的第一辆普劳勒汽车卖给原告。根据先前所作的认定——依据判例法原则,先前的认定将约束法院——上诉法院认为,双方达成的协议是整合过的协议,"ASAP"条款是协议的组成部分,但是,其含义是模糊不清的。上诉法院在判决中强调,法院应该是从整个交易的开始解释合同③,指出《统一商法典》中的口头证据规则(第 2-202 条款)并不禁止引入外部证据来解释一个合同条款,同时上诉法院指出,在解释一个整合过的书面文本条款时,伊利诺伊州的《统一商法典》并不要求将合同条款模糊不清作为解释的前提条件。]④

……以上所有的证据都确认了这一点,即得到人们广泛认可的"ASAP"条款的含义,即尽快交付货物,是当事人在这一合同中想要达到的目的……因此,我们在此认定,初审法院在解释"ASAP"条款时并不存在什么错误。

三、法院判决原告胜诉

……在一个由法官进行审理的案件中,如果相关证言是相互冲突的,那

---

① "补货"是在卖方违约的情况下,《统一商法典》(第 2-712 条款)赋予买方的一种救济手段。——译者注

② UCC, 810 ILCS 5/2—101 *et seq.* (West 2000).

③ "从整个交易的开始解释合同"(interpretation *de novo*)是一种合同解释方法,也称"从头开始解释合同"。通常是在某个书面合同条款含义不清的时候,法官会引入合同成立开始的各种因素、背景,包括当事人的口头证据等,其目的是为了让合同中模糊不清的条款变得明晰。本案中由于"ASAP"条款模糊不清,法官强调必须采用"从整个交易的开始解释合同"这一方法。——译者注

④ 以上为原编者对于法官在(一)和(二)的内容所作的概括。——译者注

么，除非初审法院所作的认定与证据外在显示出来的内容相矛盾，否则，初审法官查明的事实是不会被上诉法院推翻的。①

1. 被告毁弃合同

……《统一商法典》第 2-610 条款的评论 1 在相关部分这样说道："预先毁弃合同这一概念，关注的是当事人是否公开传递了不可能履行合同的意愿或者行为，或者表明当事人作出了一个清晰的决定，不会再继续履行原先的合同。"……我们法院认为，初审法院认定被告的所作所为可以合理地推定其向原告表明，自己将不会再根据协议向原告交付那辆普劳勒汽车，这样的认定并没有错误。正如我们法院在前面所判定的，被告已经同意了尽快向原告交付普劳勒汽车。初审法院认定，被告一再告诉原告，不会将自己获得的第一辆普劳勒汽车交付给他，这就构成了毁弃合同，这一点与本案证据并不存在明显矛盾……

被告水晶湖公司随后辩称，原告赫斯勒所作的其将购买第二辆普劳勒汽车的证言表明，他有着根据合同去履行的意愿。这样，当事人的行为表明了双方都有着履行合同的意愿，也就不可能存在毁弃合同。对于被告的这一辩解，我们法院不能同意。正如我们在前面所讨论的，被告的所作所为只是向原告表明，被告将**不会**再根据协议履行自己的义务。对于原告的行为，《统一商法典》第 2-610(b)条款规定，受害的一方当事人"对于违反合同的行为，可以寻求任何可能的救济措施"，"即使他已经通知了毁弃合同的一方当事人将等待后者的履行行为"。受害一方当事人的救济措施之一，就是"补货"（《统一商法典》第 2-711(1)(a)规定，在卖方毁弃合同的情况下，买方可以实施补货行为，不管买方是否取消了合同）。这一条款表达得很清楚，买方愿意继续履行合同，并不能豁免卖方毁弃合同的行为。因此，我们法院认为，被告在这一问题上的辩解是不能成立的……[被告水晶湖公司接下来又辩称，即便自己构成了毁弃合同，原告在本案中也没有采取任何措施表明他认为被告构成了预期合同。原告没有采取诸如终止合同、阻止汽车的出售、推迟履行义务等行动来进行自我保护。对于被告的这一抗辩，我们法院同样不予认可。]②《统一商法典》并不要求受害一方当事人必须采取一些保证措施作为其获得救济的前提条件。

基于以上理由，我们认为，初审法院认定被告构成毁弃合同，与本案的证据并不存在明显矛盾。

2. 违反合同

[上诉法院认定，本案中被告的义务并不局限在锁定合同中的价格，合同

---

① Neibert v. Schwenn Agri-Production Corp.，219 Ill. App. 3d 188，190-91，161 Ill Dec. 841，579 N.E. 2d 389 (1991).

② 此处增加的内容为译者根据原判决内容进行的概括。——译者注

还要求被告将其得到的第一辆普劳勒汽车卖给原告。]①初审法院认定,当被告将其在1997年获得的第一辆普劳勒汽车卖给案外人普兰德利的时候,被告就违反了双方之间的协议……这一认定与本案中的证据并不存在明显矛盾。

3. 损失数额的计算

被告随后又坚称,初审法院在计算原告损失的时候存在错误。被告认为,假定法院认定其违约,那么计算毁弃合同所造成损失的恰当方法,就应该是《统一商法典》第2-713条款的规定,即原告赫斯勒知道被告违约之时[普劳勒汽车]的市场价格与合同价格这两者之间的差额。因此,被告赔偿给原告的损失数额应该是5000美元,这一数额相当于普兰德利购买普劳勒汽车的价格与本案系争协议价格两者之间的差额。

《统一商法典》第2-711条款的相关部分有着以下规定:

第2-711条款:买方一般的法律救济;买方对于被拒绝交付货物的担保利益。

(1) 在卖方未能交付货物、毁弃合同,或者买方正当地拒绝接收货物、有正当理由撤销接收货物的情况下,对于所涉及的货物,当违约涉及整个合同时则是对于全部货物(第2-612条款),买方可以取消合同,而且,不论买方是否取消合同,除了可以要求卖方返还已经支付的价款之外,买方还可以:

(a) "补货",以及根据下一款的规定,就所有受到影响的货物——无论这些货物是否已被确认在合同项下——获得赔偿;或者

(b) 要求卖方根据本章第2-713条款的规定,承担未履行交付义务的赔偿责任。

《统一商法典》第2-712条款("补货";买方购买替代货物)在相关部分是这样规定的:

(1) 在前一条款所界定的违约行为发生之后,买方可以"补货",即以善意且无不合理迟延的方式,合理地购买或者通过订立合同购买本应由卖方到期交付的那些货物。

(2) 买方可以从卖方处得到的赔偿数额,是买方补货的成本与合同价格之间的差额,再加上后面条款所定义的任何附带损失或者间接损失(见第2-715条款),减去因为卖方违约给买方所节省的费用。

《统一商法典》第2-713条款(卖方没有交付货物或者毁弃合同时买方的损失)规定:

① 这一段内容是原编者对法官判决所作的概括。——译者注

(1) 在遵守本章涉及"市场价格的证明"①相关条款的条件下,卖方未交付货物或者毁弃合同时损害赔偿的计算方法为:买方知晓违约行为时的市场价格与合同价格之间的差额,再加上任何附带损失或者间接损失(见第 2-715 条款),减去因为卖方违约给买方所节省的费用。

(2) 货物的市场价格为交付地点的市场价格;或者,在货物到达后被买方拒绝接收或撤销接收的情况下,则为货物到达地的市场价格。

《统一商法典》第 2-713 条款的评论 5 是这样评析的:"**这一条款提供了前面第 2-712 条款**②**所规定的救济措施的替代手段,它仅仅适用于买方没有补货的情形。**"

我们法院在此拒绝接受被告的这一抗辩,即《统一商法典》第 2-713 条款是在一方当事人毁弃合同、受害方当事人已经补货的情况下计算损失的正确公式。正如第 2-713 条款的评论 5 所指出的,该条款只是适用于受害方没有有效补货的情形。相反,在当事人已经补货的情况下,第 2-712(2)条款规定了恰当的计算损失的方式,即补货所支出的费用与合同价格这两者之间的差额。

初审法院运用了第 2-712(2)条款中的公式来计算原告应该获得的赔偿数额,我们法院对于该计算公式是认可的,并不持异议。

574

4. 原告补货的恰当性

被告最后的辩解意见是,初审法院在计算原告损失的时候存在错误,因为原告实施的补货行为,并不是一个恰当的行为。被告坚持认为,原告赫斯勒在1997 年 9 月曾经给出售普劳勒汽车的 38 家汽车经销商打过电话、咨询过,但之后原告就没有重新联系它们。相反,原告在罗森伯格拒绝将普劳勒汽车卖给他的同一天,就直接到另外一家汽车经销商处,以高出牌价近 40 000 美元的价格购买了一辆普劳勒汽车。《统一商法典》第 2-712 条款的评论 2 在相关部分指出:"判断补货的救济措施是否正确的测试方法是,在被告补货的这一时间和地点,受害人的行为究竟是否属于善意,是否属于一种合理的方式。那些在事后证明补货并不是最廉价和最有效的判断,是一种'事后诸葛亮'式的判断,并不影响该条款的适用。"

原告向法庭作证说道,其在 9 月 22 日打电话给罗森伯格,告知他水晶湖公司在将要获得普劳勒汽车的经销商名单当中,罗森伯格对此的回复是,他不会将普劳勒汽车卖给原告,而且原告不是他接洽的第一个客户。罗森伯格向

---

① 有关"市场价格的证明"这一条款是《统一商法典》第 2-723 条款。
② 即第 2-712 条款规定的"补货"这一救济手段。——译者注

法庭作证声称,他在这一天(9月22日)通知了原告,那一辆普劳勒汽车已经"答应卖给其他人了"。初审法院听取了原告的证人证言,即在9月22日与罗森伯格通过电话之后,原告已经"严重怀疑"被告是否还会向他出售那一辆普劳勒汽车,他开始与那38家汽车经销商进行联系,咨询是否可以在他们那里买到普劳勒汽车,但是,他连一辆汽车也没有办法买到。在10月25日被告拒绝将普劳勒汽车出售给原告之后,原告于当天就来到另外一家汽车经销商处,并且以高出他本来应该付给被告的价格近30 000美元的代价,购得了同款普劳勒汽车。初审法院认定,原告最终购买普劳勒汽车的价格,是被告拒绝出售汽车之后他所能够获得的"最好价格"。我们同意初审法院在这一问题上的结论。初审法院听取了双方当事人所作的证言,这些证言表明,原告在购买这辆汽车日期之前的一个月,努力想获得这款普劳勒汽车。我们法院的结论是,初审法院认定原告实施了恰当的补货行为,这与本案中的证据并不存在明显矛盾。

基于以上事实和理由,麦克亨利县巡回法院的判决意见予以维持。

全美控制装置公司诉科莫多商业机械公司①

加利福尼亚州第一地区上诉法院,第三审判庭(1985年)

本案要旨

原告全美控制装置公司与被告科莫多公司签订了电子秤供货合同,由被告向原告购买电子秤,但后来被告违约,只愿意购买部分电子秤,而原告这时已经生产了合同约定数量的电子秤,后原告只好将剩余电子秤转售他人。原告向法院起诉要求被告赔偿利润损失,被告则认为,应该扣除原告转卖所获得的收益。法院认定,原告有充足的生产能力,是"失去成交量的卖方",判决支持了原告的诉讼请求。

本案确定的规则是,如果卖方有着充足的生产能力,那么,在买方违约的情况下,卖方将合同项下的货物转卖之后仍然有权要求买方赔偿自己的利润损失,并且不需要扣除转卖货物所获得的收益。

斯科特助理法官②代表上诉法院呈递以下判决意见:

本案的被上诉人全美控制装置公司(初审原告,以下简称"控制装置公

---

① National Controls, Inc. v. Commodore Business Machines, Inc., 163 Cal. App. 3d 688, 209 Cal. Rptr. 636.

② Scott, Associate Justice.

司")以上诉人科莫多商业机械公司(初审被告,以下简称"科莫多公司")违约为由,向初审法院提起诉讼。初审法院在审理之后,判决原告控制装置公司可以获得超过 28 000 美元的赔偿,被告科莫多公司不服判决,提起上诉。

——

575

原告控制装置公司是一家专门生产电子计重和计量工具的企业。在其众多产品中,有一款名为"3221"电子秤的产品(以下简称"3221 产品"),它运用了电子微处理器技术,可以和结账柜台的现金出纳机相连接。控制装置公司将这款"3221 产品"出售给那些生产现金出纳机的厂家,这些厂家也被称作"O.E.M."(即 original equipment manufactures,是指那些生产现金出纳机的最初设备制造商)客户。控制装置公司虽然生产电子秤,但是它自己并不存储这些电子秤,它只是根据某个"O.E.M."客户的特别订单来生产电子秤。"3221 产品"是一个标准产品,控制装置公司可以根据每一个"O.E.M."客户对于现金出纳机兼容性、涂料、标识等方面的特定要求,对其生产的标准"3221 产品"进行相应的修改。

1980 年 11 月,被告科莫多公司与原告控制装置公司就科莫多公司成为原告"O.E.M."客户的问题进行了最初的协商。通过电话联系,科莫多公司购买了控制装置公司的一台"3221 产品",控制装置公司将这一台"3221 产品"寄到了科莫多公司位于得克萨斯州的生产厂,并附上了这款"3221 产品"的技术参数和标准报价。1980 年 12 月,科莫多公司订购了另外 4 台电子秤,并支付了货款。这一次交易仍然是通过电话联系的。控制装置公司并没有从科莫多公司收到过购买订单;相反,科莫多公司只是通过电话告诉控制装置公司购买订单的代码,控制装置公司将这一代码写在自己准备的销售订单上,并发送给科莫多公司。

1981 年 3 月,科莫多公司的特里·罗杰斯先生又订购了另外 30 台电子秤。这次订购是通过电话进行的,科莫多公司还是没有向控制装置公司发出购买订单。相反,罗杰斯先生是通过电话给了控制装置公司的员工威金斯一个购买订单代码。这一订单代码由威金斯记录在公司的销售订单上。

1981 年 3 月 31 日,在与威金斯的一次电话交谈中,罗杰斯提出订购 900 台电子秤的确定订单①:要求 5 月交货 50 台,6 月交货 150 台,7 月交货 300 台,8 月交货 400 台。威金斯和罗杰斯在这批货物的数量、价格和交货计划上达成了一致。与先前的交易一样,罗杰斯还是通过电话给了威金斯一个购买

---

① 确定订单是指在一定期限届满之前,不会取消订货的一种订单。如果订单中没有确定的期限,则通常推定在要约作出之后 30 天内自动届满。——译者注

订单代码,威金斯接着准备控制装置公司的销售订单,他在销售订单上面标注了科莫多公司的购买订单代码,并将自己的销售订单复印件邮寄给了科莫多公司。控制装置公司还将其销售订单的复印件发送给了自己设在佛罗里达州的生产基地,由这一基地生产订单上的产品。

......①

原告控制装置公司生产的第一批 200 台电子秤,交付给了被告科莫多公司,还有 300 台电子秤已经准备在 1981 年 6 月进行交付,余下的 400 台电子秤也已经接近完成。然而,科莫多公司只接受了第一批电子秤当中的 50 台,拒不接受余下的 850 台电子秤,或者是为余下的 850 台电子秤付款。之后,控制装置公司将这剩下的 850 台电子秤转售给了自己的另一个"O. E. M."客户——National Semiconductor。控制装置公司的副总裁和负责佛罗里达州生产基地的总经理在庭审中证实,在 1980 年和 1981 年这两年,工厂拥有的生产能力高于"3221 产品"实际产量的两倍。

基于查明的事实和结论,初审法院认定,当事人的合同条款就是 1981 年 3 月 31 日这一天以及之前双方通过电话所达成的那些内容,该合同还包括了 1980 年 11 月原告控制装置公司寄给科莫多公司信件中附带提及的价格。原告出售给被告的这批货物的价格,也是原告先前销售给其他客户的产品价格……初审法院还认定,原告控制装置公司是一个"失去成交量的卖方"②,原告有权要求被告科莫多公司赔偿出售那 850 台电子秤可以获得的利润损失,尽管原告在之后将这 850 台电子秤转售给了其他的客户。

[法官在判决意见的第二部分讨论了合同的条款问题,在此省略。]

———————————

① 在省略的这部分判决意见中,法院查明,与以往交易不同的是,科莫多公司就这次订购的 900 台电子秤交易寄来了购买订单,其中在订单的第 19 段的背面有限制责任条款,对自己一旦违约的责任进行了限制,还特别声明免除自己对附带损失的责任。法官在本判决的第二部分(选编时略去了)根据《统一商法典》第 2-207 条款,没有认定这一限制责任条款是合同的组成部分。由于这一点并不属于本章主要说明的损害赔偿问题,故编者在此省略了这一事实和相关法律分析。——译者注

② "失去成交量的卖方"是美国合同法上的一个法律术语,也是本案涉及的一个重要概念。它是指合同的卖方有足够能力来满足所有客户的需求,由于买方的违约,卖方失去了相应的产量。卖方想要证明自己是"失去成交量的卖方",主要是为了说明,在买方违约的情况下,尽管其将产品又转卖出去了,但由于自己有足够的产量,这一失去的交易,还是给自己造成了损失。例如,买方向卖方购买 10 件家具,价格为 10 000 元。后来买方违约拒不接受这 10 件家具,卖方只好将这 10 件家具卖出,转卖价格仍然是 10 000 元。按照一般的确定赔偿数额的规则,卖方又将这 10 件家具卖出去了,因而并没有损失。但是,如果卖方证明自己是"失去成交量的卖方",就可以要求违约的买方赔偿这 10 件家具的利润,因为其当时有足够的生产能力供应这些家具,买方的违约导致卖方丧失了本来可以获得的利润。——译者注

二

被告科莫多公司还辩称,初审法院以《统一商法典》第 2-708(2)条款作为依据,支持了原告控制装置公司的诉请,将原告失去的利润作为损失,是错误的。在一次相关的辩论中,被告科莫多公司还坚持认为,如果将失去的利润作为确定控制装置公司损失的正确方法,那么,根据《统一商法典》第 2-708 条款当中的明确文字,科莫多公司有权要求从赔偿的利润损失中扣除控制装置公司将合同项下的商品给转售给 National Semiconductor 所得到的利益。

对于买卖合同中因买方的违约或者解除合同给卖方造成的损失,通常按照卖方将货物重新卖出去的价格与合同价格两者之间的差额来确定,《统一商法典》第 2-706 条款①就是这样规定的。当货物重新卖出去的价格与合同价格这两者之间的差额作为卖方损失并不恰当的时候(例如,合同中的货物未能以合理的商业方式重新卖出去),确定卖方损失的方法就是《统一商法典》第 2-708(1)条款所规定的市场价格与合同价格这两者之间的差额。通常情况下,根据第 2-708(1)条款这一方法所获得的赔偿数额,与卖方要求的损失价值是相当的。然而,在某些情况下,《统一商法典》第 2-708(1)条款所确定的计算赔偿数额方法,也不是判定其损失价值的恰当方法,此时,卖方就可以依照《统一商法典》第 2-708(2)条款的规定,要求买方赔偿其根据合同所期待的利润损失。②

《统一商法典》第 2-708 条款规定如下:

> (1) 在受到本条款第(2)项以及有关证明市场价格条款③制约的情况下,买方拒不接受货物或者擅自解除合同的损失,就是交付货物这一时间、地点上的市场价格与未支付的合同价格两者之间的差额,再加上第 2-710 条款④规定的任何附带损失,但是,应该扣除由于买方违约给卖方所节省的费用。

---

① 《统一商法典》第 2-706 条款的标题是"卖方的重新出售,包括同意出售",该条款主要是指在买方违约的情况下,卖方可以以善意和合理的商业方式出售合同中的货物,卖方可以以合同价格与重新出售价格之间的差额作为自己的损失,并可以要求买方赔偿附带损失,但是,要减去因买方违约而让卖方减少的成本。——译者注

② 3 Hawkland, *Uniform Commercial Code Series* (1982—1984) §§ 2-708-2-708:04.

③ "证明市场价格"条款在《统一商法典》中为第 2-723 条款:卖方在依据该条款要求买方赔偿损失时,需要证明其货物的市场价格。《统一商法典》第 2-723 条款规定了卖方应该如何证明自己货物的市场价格。市场价格主要是受害的卖方在得知对方解除合同时的市场主导价格;如果当时没有证据证明这一主导价格的存在,那么可以将合理时间内,或者其他地方的价格,或者交易习惯下的价格,作为合理的替代价格。——译者注

④ 《统一商法典》第 2-710 条款规定的是如何确定卖方的附带损失,主要包括买方违约之后卖方为停止交付、运输货物、看管货物等所发生的任何商业上合理的费用、支出,或者佣金。——译者注

（2）如果本条款第（1）项中规定的计算损失方法并不能够将卖方置于合同如果履行时其应该处于的有利地位，那么，可以将买方如果完全履行合同时卖方可以获得的利润（包括合理的开销）作为卖方的损失，再加上第 2-710 条款所规定的任何附带损失，但是，应该扣除卖方到期可以合理产生的回报，以及货物重新出售时卖方可以获得的收益。

577　　　当买方违反了一个有固定价格的买卖合同时，其他司法区域中有好几个法院已经作出这样的解释，即《统一商法典》第 2-708（2）条款或者州法律中的相关条款允许卖方获得合同项下损失的利润，只要卖方证明自己是一个"失去成交量的卖方"——"失去成交量的卖方"，是指那些证明即使成功将货物重新转卖，但是如果没有买方的违约行为，货物也可以正常地卖给第三方的人。①"失去成交量的卖方"必须向法院证明，如果违约的买方履行了合同，作为卖方的他本可以从两次买卖中都获得相应的利润。②

　　　在 Neri 诉 Retail Marine Corporation③ 一案中，卖方同意向买方出售一艘新的轮船，卖方已经从供货商处订购并收到了这艘船。但是，买方随后解除了这一合同。之后，卖方将这艘船以同样的价格出售给另一个买方。上诉法

---

①　Neri v. Retail Marine Corporation(1972) 30 N.Y.2d 393，334 N.Y.S.2d 165，168，285 N.E.2d 311，314.

②　Goetz & Scott, *Measuring Seller's Damages：The Lost-Profits Puzzle* (1979) 31 Stan.L.Rev.323，326.

③　Neri v. Retail Marine Corporation, *supra*，285 N.E.2d 311.

Neri 这一案件经常被用来说明如何按照《统一商法典》第 2-708（2）条款确定卖方的赔偿数额。该案的主要案情是，原告尼里与被告销售公司签订了一份合同，由原告向被告购买一艘轮船，价款为 12 600 美元，原告当时预付了 4 250 美元。随后，原告生病了，决定不要这艘船了，他告知被告自己的决定，但是这艘船已经制造完毕，并准备交付给被告。几个月之后，卖方将这艘船以同样的价格卖给了其他人，但附带产生了 674 美元的仓储和维护费用。卖方向法院证明，如果与买方的这笔交易能够完成，他将获得 2 579 美元的利润。原告尼里向法院起诉，要求被告返还预付的款项，被告则提起反诉，要求赔偿自己的利润损失和相关的附带费用。初审法院支持了原告（买方）的请求，根据《统一商法典》第 2-718（2）（b）条款的规定，判决被告在扣除 500 美元费用之后，返还其余的预付款。被告不服判决，提起了上诉。上诉法院认为，初审法院的观点不能让被告（卖方）处于合同履行时它应该处于的有利地位，被告的损失应该按《统一商法典》第 2-708（2）条款予以确定，即原告尼里应该赔偿被告的利润损失。上诉法院认定，本案的被告是一个有充分供应能力的销售商，因而它是《统一商法典》所界定的"失去成交量的卖方"，原告违反合同实际上剥夺了被告获得这一交易中利润的机会。同时，上诉法院还认为，被告转卖这一艘轮船的收益不能被抵销。法院认为，《统一商法典》中的"扣除卖方重新出售货物的收益"是针对物品被当作无用商品时的残值而言的（例如，该商品是专门为买方提供或者定作的，如果买方违约，就将导致这一货物没有任何用途，卖方只能将该货物当废品一样卖掉。这种情况下，卖方获得的残值应该从买方赔偿的利润损失中予以扣除），但是，这并不适用于"失去成交量的卖方"。于是，上诉法院对初审法院的判决进行了改判，被告有权在扣除自己应得的利润和相关费用后，再将余下的款项返还给原告尼里。——译者注

院依据《统一商法典》第 2-708(2)条款的规定,认定卖方可以获得合同项下的利润损失。上诉法院这样判决的理由是,庭审记录表明,按照市场价格确定卖方的损失,不足以将卖方置于合同得以履行时其应该处于的有利地位。审理该案的法院在判决中作了一个很形象的说明,它以一个有着源源不断供货能力的汽车销售商作了类比。假定买方以标准的价格购买一辆汽车,如果买方在合同签订之后违反了合同,那么,即使该汽车经销商可以以相同的价格再次将这一辆汽车卖出,买方也让该汽车经销商丧失了一次交易机会。也就是说,如果买方履行了原先的合同,卖方可以卖出的将是两辆汽车,而不仅仅是一辆汽车。①

虽然在 Neri 一案中,卖方只是一个船舶的零售商,然而"失去成交量的卖方"规则也同样适用于生产商。②在 Nederlandse 案件中,卖方[原告]是一个钢绞线的生产商,买方[被告]同意向其购买大约 1 180 吨的钢绞线,卖方以买方违约为由,提起违约之诉。在整个交易过程中,买方只接受了大约 221 吨的钢绞线,但是拒绝接受余下的 958 吨钢绞线。这余下的 958 吨钢绞线中,卖方已经实际生产出了 317 吨。对于已经生产的 317 吨钢绞线,卖方重新卖给了第三方买家。审理 Nederlandse 案件的法院认定,卖方有权根据《统一商法典》第 2-708(2)条款的规定,要求买方赔偿自己的利润损失,而且,不允许以重新卖给第三方获得的利润来抵销卖方的损失。该案中的证据表明卖方有着充足的生产能力,卖方不仅仅可以供应合同中所要求的 1 180 吨货物,而且可以向第三方供应 317 吨货物。在决定《统一商法典》第 2-708 条款是否适用的时候,卖方的身份究竟是生产商还是零售商,其生产的商品是按照订单进行的还是用于维持库存的,并不重要。

被告科莫多公司很确切地指出,"失去成交量的卖方"这一规则已经被一些评论者批评为太过简单化。③尽管如此,那些考虑到这些问题的法院依然认定,《统一商法典》第 2-708 条款允许"失去成交量的卖方"获得损失的利润,对于该规则所作的批评并没有转化为对该条款任何立法上的修改。

被告科莫多公司还辩称,如果原告控制装置公司从自己这里得到了合同项下的利润损失作为赔偿,那么,就应该允许科莫多公司得到其转卖这批货物所得到的收益。从《统一商法典》第 2-708(2)条款的字面表述来看,它似乎确实可以为科莫多公司的这一辩解意见提供一些支撑:

578

---

① Neri v. Retail Marine Corporation; at pp. 312—315.

② Nederlandse, etc. v. Grand Pre-Stressed Corp., [(E.D.N.Y.1979)466 F.Supp.846, *affd*. (2nd Cir.) 614 F.2d 1289].

③ Goetz & Scott, *supra*, 31 Stan.L.Rev. 323, 330—354.

如果本条款第(1)项中规定的计算损失的方法并不能够将卖方置于合同如果履行时其应该处于的有利地位,那么,可以将买方如果完全履行合同时卖方可以获得的利润(包括合理的开销)作为卖方的损失,**并……扣除卖方到期可以合理产生的回报,以及货物重新出售可以获得的收益。**

然而,其他地方的很多法院一致认定,上述黑体加斜体文字,并不适用于一个"失去成交量的卖方"。

正如法院在 Snyder 诉 Herbert Greenbaum & Assoc., Inc.[①]这一判例中所解释的那样,

从逻辑上说,"失去成交量的卖方"这一身份所享有的权利(该身份赋予卖方享有的是适用《统一商法典》第 2-708(2)条款中的救济权利,而非第 2-708(1)条款中的救济权利)与扣除重新出售货物所得收益的做法,是相互矛盾的。"失去成交量的卖方"身份的全部意义是,如果没有买方违约的情况发生,那么,将货物重新出售给他人的这一交易,本来是可以与其他货物的买卖交易一起进行的。从实质上说,最初的销售和第二次的销售是各自独立的事件,只是因为在买方违约之后,最初销售的货物成了第二次销售的货物,两次买卖才联系起来。让买方得到货物重新卖出去的收益,就将否认这一重新买卖行为的实质因素——合同项下买卖行为与货物转卖行为是相互独立的两个买卖,正是这一实质因素赋予了"失去成交量的卖方"所享有的《统一商法典》第 2-708(2)条款项下的权利。

从实践中看,如果"扣除重新出售货物的收益"条款适用于"失去成交量的卖方",那么,卖方得到的赔偿将与第 2-708(1)条款项下所获得的救济并无区别。在第 2-708(1)条款下,卖方获得的救济是合同价格与市场价格之间的差额,加上他重新出售货物所获得的利润。如果"扣除收益"条款适用的话,那么,卖方只能获得货物重新出售时的利润,加上重新出售的价格与合同价格之间的差额,这一做法就与第 2-708(1)条款的赔偿方法几乎一模一样。如果"扣除收益"条款适用于"失去成交量的卖方",那么确定"扣除收益"的赔偿数额就变得毫无价值,卖方也就不能被置于合同得到履行时其应该处于的地位。

在我们审理的这一起案件中,证据之间并不冲突。1980 年和 1981 年,原告控制装置公司的生产工厂只开工了约 40% 的生产能力。900 台电子秤的产量并没有超过其生产能力,原告的工厂在当时可以生产的"3221 产品",要比实际生产的"3221 产品"的两倍数量还多,900 台电子秤仍然在原告的生产能力

---

① *Supra*, 380 A.2d 618, 625.

范围之内。本案的证据足以支持法院的以下认定,即控制装置公司完全有能力同时供货给科莫多公司和 National Semiconductor;如果科莫多公司没有违约,控制装置公司本来可以从最初的合同以及后来重新出售货物的合同中都获得利益。因此,初审法院恰当地认定了控制装置公司是一个"失去成交量的卖方"。第 2-708(1)条款中所确定的、也是通常使用的"合同价格减去市场价格"赔偿规则,尚不足以将控制装置公司置于合同一旦得到履行其应该处于的地位;控制装置公司有权获得其与科莫多公司所签合同的利润,并不需要抵销其将货物转卖给 National Semiconductor 时所获得的利润。

579

初审法院的判决予以维持。

霍顿诉奥罗克[①]

佛罗里达州(第二区)上诉法院(1975 年)

本案要旨

原告奥罗克等四名个人购房者从被告霍顿拥有的一家建筑公司购买了住房,住房造好之后,四名购房者搬到了所购的房屋,并对房屋进行了装修。然而,建筑公司却告诉购房者,房屋上设定的留置权无法去除。随后,成为这些房屋产权人的 Overlord Investment 公司向法院起诉,要求这些购房者搬离房屋。这些购房者则对 Overlord Investment 公司和霍顿向法院提起诉讼,要求霍顿实际履行合同。法院认定,由于霍顿等在履行中没有恶意,购房者只能要求霍顿返还房款及利息,并赔偿装修费用。

本案确定的规则是,在不动产买卖中,在没有恶意的情况下,如果卖方不能办理出权属证书,不应该适用一般合同的赔偿计算方法。卖方只需赔偿买方购买款项及利息,加上调查费用。如果买方因为信赖而投入装修费用的,装修费用也可以由卖方赔偿给买方。

麦克纳尔蒂首席法官[②]代表法院呈递以下判决意见:

霍顿是 H & H 建筑公司[③]的所有人,他对于初审法院的判决不服,提起了上诉。初审法院以 H & H 建筑公司未能办理不动产权属、违反了土地买卖

---

① Horton v. O'Rourke, 321 So.2d 612.
本案初审中的原告是奥罗克等 4 人,被告是霍顿及 Overlord Investment 公司。上诉中,上诉人是霍顿,被上诉人是 Overlord Investment 公司及奥罗克等 4 人。——译者注
② McNulty, Chief Judge.
③ H & H 建筑公司是一家没有按照公司法成立的公司(an Unincorporated Company),因此,案件中是以其所有人霍顿作为当事人。——译者注

合同为由,判决霍顿赔偿购房者奥罗克等四个人的损失。我们在此推翻初审法院的判决。

本案中起作用的事实可以很简略地表达如下。1972年3月3日到5月3日期间,本案的四个被上诉人家庭与 H & H 建筑公司签订了一份书面合同,由被上诉人购买 H & H 建筑公司所建造的住房,这些住房是建在另外一个被上诉人 Overlord Investment 公司所拥有的一个地块上。1972年夏天,这些住房完工,在住房的法律手续还没有全部完成的情况下,本案的被上诉人,也就是这些个人根据双方的租赁协议,先行搬进了住房,这一租赁协议确定的租金为每月90—135美元不等。这些住房法律手续的最终完成,有一定前提条件,即尚未解决的住房权属缺陷的全部消除。

在搬进了这些住房之后,购房者/承租人收到了上诉人的一个通知,得知政府在这些住房上设定了联邦税收的留置权,留置的税收总额超过了94 000美元。在上诉人保证设定的留置税款将很快被消除之后,购房者/承租人对这些住房进行了装修,并且将租赁协议又延长了22个月。但是,在1974年3月15日这一天,上诉人以书面方式通知购房者,已经不可能清除住房权属上的法律障碍。上诉人向购房者提出的解决方案是,要么退还购房者已经支付的定金,要么双方以更高的价格签订一份新的租赁协议。

之后,1974年4月15日,被上诉人 Overlord Investment 公司作为这一块土地上记载的权属所有人,针对本案中的每一个购房者提出了搬离这块不动产的诉讼,要求购房者从这里离开。在作出答辩之后,每一个购房人/被上诉人各自对 Overlord Investment 公司和上诉人霍顿另行提起了本案诉讼(购房人声称,H & H 建筑公司与 Overlord Investment 公司之间是委托人和代理人的关系,要求它们实际履行原先的合同)。引起上诉的,就是这一起案件。

在没有陪审团参与的情况下,初审法院对这四个案件进行了合并审理,初审法官作出了最后的判决,驳回了购房人要求 H & H 建筑公司履行原合同的诉讼请求,并且认定 Overlord Investment 公司对于购买人/被上诉人没有任何法律上的义务,判决上诉人应该赔偿这些购房人/被上诉人金钱上的损失。在确定赔偿金的时候,初审法院适用的是计算合同损失的标准计算方法,即让购房人获得通常情况下他应该得到的交易中的利益。在本案中,法官计算的这一利益就是这块土地应该交付时的价值减去合同价格(这一价款到现在仍然没有支付)之后的数额。

580　　　　在上诉过程中,上诉人提出了一个有价值的上诉理由,即在没有证据表明自己存在恶意的情况下,初审法院适用了标准的计算损失的方法,让**不动产买卖合同**的这一方当事人获得交易中的利益,这是一个错误的判决。对于上诉人的这一项抗辩理由，我们法院是认可的。在佛罗里达州以及其他许多司法区域，美国很多法院都遵循英国法院在 Flureau 诉 Thornhill 这一案件中所确定的赔偿规则，即在没有恶意的情况下，一旦卖方违约、未能转移不动产权属，买方可以得到的赔偿金应该是买方已经支付的款项，再加上利息及调查房屋权属的费用。为了避免让卖方获得不当利益，根据本案中的事实，我们法院在 Flureau 案例所确定规则的基础上，判决卖方还要再赔偿买方在期待产权证书过程中进行对房屋装修的费用，买方的装修行为得到了卖方明示的或者默认的认可，这些利益也已经实际转移到了卖方这里。

被上诉人想依据 A.J.Richey Corp. 诉 Garvey 作为权威判例来得出相反的结论，我们认为，他们在某些方面是被这一案件误导了，作出了错误的判断。在 Garvey 案件中，当事人的行为很明显地缺乏善意。然而，在本案中，没有人提到上诉人在这一交易中存在着恶意。实际上，庭审记录显示，上诉人在处理这一件事情的时候非常坦荡，尽到了各种努力，并且已经花费了相当多的费用来去除房屋产权上的缺陷，想努力完整地履行这一合同……

因此，初审法院的判决予以推翻；由初审法院按照我们法院在此的意见予以重新审理……

三、 雇佣合同与服务合同

581

帕克诉二十世纪福克斯电影公司[1]

加利福尼亚州最高法院，全体法官共同审理[2]（1970 年）

本案要旨

原告帕克是一位著名女演员，被告二十世纪福克斯公司准备拍摄一部音乐电影，聘用了原告作为女主角，双方签订了雇佣合同。但是不久之后被告取消了这部电影的拍摄。被告向原告提供了一个替代的工作要约，准备雇用原告在另外一部西部风格的电影中担任女主角。原告最终拒绝了替代的工作要约，随后起诉被告要求赔偿损失。法院认为，被告提供的替代工作要约，显然

---

[1]　Parker v. Twentieth Century-Fox Film Corp. 3 Cal.3d 176，474 P.2d 689，89 Cal. Rptr. 737.

[2]　本案是由加利福尼亚州最高法院以全体法官参与的方式进行审理。美国法院对于特别重大的案件或者法律上有很大争议的案件，往往采取全体法官参与审理的方式。本案采取全体法官参与审理的方式，可见这一案件在加利福尼亚州是争议较大的一起案件，起码该法院认为这是一起法律上争议很大的案件。——译者注

是一个较低档次的工作,原告并不需要为了减少被告的损失来接受这一替代工作。法院最终支持了原告的诉请。

本案确定的规则是,被错误解雇的雇员并没有义务为了减少损失而去接受不同种类的工作或者较低档次的工作。

伯克法官①代表法院呈递以下判决意见:

被告二十世纪福克斯电影公司(以下简称被告)对于初审法院所作的判决不服,提起了上诉。初审法院作出了一个支持原告的简易判决,判定原告帕克可以获得被告与其所签订的书面合同项下的报酬。在这份书面合同当中,原告帕克作为一位女演员,同意在被告拍摄的一部电影中担任角色。我们在此认定,初审法院正确地支持了原告的诉讼请求,初审法院的判决应该予以维持。

原告帕克是一位知名的女演员,在原告与被告达成的工作合同当中,有时甚至将原告帕克称为一位"艺术家"。根据 1965 年 8 月 6 日的工作合同,原告将在被告准备投入拍摄的一部名叫"Bloomer Girl"的电影中担任女主角。这一份合同规定,被告将每个星期向原告支付最低的"保底报酬"53 571.42 美元,总共 14 个星期,从 1966 年 5 月 23 日开始计算,原告帕克可以获得的报酬总额是 750 000 美元。在 1966 年 5 月之前,被告决定不再拍摄"Bloomer Girl"这部电影,通过一封落款日期为 1966 年 4 月 4 日的信件,被告将不再拍摄这部电影的决定告诉了原告,而且,被告表明将不再"履行书面合同项下对于你[帕克]的义务"。

在这一封信件中,被告提到要"避免你[帕克]因此受到的损失",为此,被告向原告提出了一个替代的工作要约,准备雇用原告在另外一部由被告准备拍摄的电影"Big Country, Big Man"(以下简称"Big Country")中担任女主角。被告在新的工作要约中提供给原告的片酬,与前一部电影的片酬是相同的,有关原告片酬的条款,规定在最初合同中的第 31 条(合同有着 34 个条款)。②然而,与"Bloomer Girl"这部音乐剧不同,"Big Country"是一部戏剧化的"西部风格"电影③。

582

① Burke, Justice.

② 在前后两个合同的同一条款当中都有着以下内容(这一条款在最初合同第 2 条中的最后一段):"我们(被告)将没有义务在这部电影中一定要使用你的(原告)服务,我们唯一的义务——该义务受到协议中的条款和条件的制约——是向你支付本条款所规定的基本报酬。"此为原判决中的注解。

③ "西部风格"的电影是美国电影历史中的一个常见题材,一般总是与野性、牛仔、大自然、打斗以及情感戏联系在一起,多是以戏剧化的冲突见长。尽管这类题材也诞生了一些相当经典的电影,但是,西部风格的电影也逐渐落入了俗套,似乎成为老套的代名词。本案中的多数法官就认为,被告二十世纪福克斯电影公司提供的第二个工作要约,由于涉及的是西部风格的电影,因此与第一部电影(音乐剧)是不同种类的工作,或者说是要比第一部电影较低档次的工作。——译者注

"Bloomer Girl"这部电影本来计划在加利福尼亚州进行拍摄,而"Big Country"则要在澳大利亚进行制作。而且,被告二十世纪福克斯电影公司建议的后一份替代合同当中,有一些条款对最初合同中的条款进行了修改。①原告帕克被给予一个星期的时间来考虑是不是接受"Big Country"电影中的角色。最终,原告帕克没有接受这一工作要约,该要约也随即届满。原告帕克紧接着提起了本案诉讼,要求被告赔偿原先合同中约定的基本报酬。

原告帕克在诉状中列出了两个诉因。第一个诉因是,被告根据合同同意支付的报酬已经到期,现在应该予以支付;第二个诉因则基于和第一个诉因同样的理由,要求被告赔偿违反合同给自己造成的损失。被告在答辩中承认了以下事项:双方之间存在合同,以及该合同的效力;原告的行为符合该合同中所有的条件、承诺和约定,而且原告已经在准备履行该合同;被告违反了合同,而且是"预先毁弃"了合同。然而,被告认为,不管是根据合同,还是作为自己违反合同的结果,它都不应该向原告支付这些款项,而且,被告坚称,原告帕克不合理地拒绝了在"Big Country"这部电影中出任角色,因此原告是有意不去减少自己的损失。被告以此作为理由对原告的两个诉因都提出了肯定性的抗辩②。

---

① 最初合同的第 29 条明确规定,原告帕克批准了被告二十世纪福克斯电影公司已经为"Bloomer Girl"所挑选的导演,而且,一旦这位导演未能继续执导,对于候补的任何其他导演,原告帕克都享有批准的权利。合同的第 31 条规定,原告帕克有权批准"Bloomer Girl"的舞蹈导演,第 32 条赋予了原告批准电影剧本的权利。在落款日期为 4 月 4 日、由被告写给原告的信件中——这封信件包含了被告通知原告自己将会违反"Bloomer Girl"的合同并提出由原告担任"Big Country"的女主角——取消了或者削弱了原告享有的上述权利。这封信件的部分内容是这样表述的:"我方新要约的条款和条件与'Bloomer Girl'合同中的条款和条件相同,除了在以下几方面存在着差别:1. 最初协议的第 31 条将不包括在'Big Country'的任何聘用合同当中,因为'Big Country'并不是一部音乐剧,因而不需要一个舞蹈方面的导演。2. 在'Bloomer Girl'相关协议中的第 29 条到第 32 条,你被赋予了批准导演和电影剧本的权利,而且已经预先批准了一些事项。因为已经没有充分的时间来与你协商选择导演和电影剧本的事宜,而且你已经表达了出演'Big Country'角色的兴趣,我们必须在'Big Country'这一要约中排除你在先前协议的第 29 条到第 32 条所享有的任何批准权利;然而,对于导演的选择,我们还是会听取你的意见,并且就电影剧本的事宜,以及其修改、改变,听取你的意见。如果我们未能协商一致……(二十世纪福克斯电影公司)有关导演的选择和电影剧本修改、改变方面的决定,对于本协议的当事人是具有约束力的。"此为原判决中的注解。

从该注解中可以看出,被告二十世纪福克斯电影公司在替代工作要约中明显排除了原告帕克在第一份工作合同中所享有的对导演和电影剧本的批准权。——译者注

② "肯定性的抗辩"是美国民事诉讼法中的一个概念。它是指被告一方认为,即使原告指控的事实存在,被告也不应该承担法律责任。比较常见的"肯定性的抗辩"理由是超过诉讼时效、被告没有行为能力,而原告没有尽到合理努力减少损失也是被告经常会使用的一个抗辩理由。本案中,被告二十世纪福克斯电影公司就是认为,即使自己像原告所称的那样构成了违约,但是,由于原告未能接受新的工作要约以减少损失,所以自己不用承担赔偿损失的责任。——译者注

原告帕克向初审法院提出了作出支持自己简易判决的动议……初审法院支持了这一动议，判定原告胜诉，判决被告赔偿原告750 000美元及利息。被告不服判决，提起了上诉……

雇佣合同中如何赔偿损失，有着一般规则：对于一个被错误解除的雇员来说，雇员损失的计算方法是：在合同期内雇主同意支付该雇员的报酬，减去这位雇员从其他雇主那里已经挣得的报酬，或者通过合理努力可以挣得的报酬，这一点必须由雇主主动证明。[1]然而，在雇主将被解除的雇员从其他工作机会——被解雇的雇员并没有接受这样的工作机会——那里可以挣得的收入进行扣减之前，雇主必须表明其他工作机会与这位雇员被解除之前的工作是相匹配的，或者是实质性相似的。如果雇员拒绝或者不去寻找属于不同种类的那些工作，或者较低档次的那些工作，那么，就不能以此为由扣减雇员的损失。[2]

在本案中，被告并没有提出原告"**努力**获得其他工作**的合理性**"[3]这一问题。本案中争议的唯一问题是，原告对于被告提出的"Big Country"这一替代要约的拒绝，是否可以用来减少原告损失。如果"Big Country"的工作要约与原先"Bloomer Girl"的工作要约是两个不同种类的工作，或者是较低档次的工作，那么原告是不是合理地拒绝了被告的替代要约就不会成为一个问题。尽管被告对此的抗辩意见正好相反，但是，被告引用的案件以及我们对此的研究都没有表明：对于一个被错误解除的雇员来说，为了避免自己的收入在计算损失时被扣减，他在拒绝或者没有接受一个不同种类的工作或者较低档次工作的时候，必须考虑"合理性"这一因素。[4]

将上述规则适用到当前这一案件中，我们认为，即使作有利于反对简易判决的一方当事人（在本案中是被告）的解释，很清楚，初审法院判定不能以原告没有接受被告的替代工作为由减少原告的损失，是一个正确的判决，因为"Big Country"的工作要约与原先的"Bloomer Girl"工作要约相比，既是不同种类的

583

---

[1] W.F.Boardman Co. v. Petch (1921) 186 Cal.476, 484, 199 P.1047.

[2] Gonzales v. Internat. Assn. of Machinists (1963) 213 Cal.App.2d 817, 822—824, 29 Cal.Rptr. 190.

[3] "努力获得其他工作的合理性"在涉及雇员被错误解除、要求赔偿损失的案件中，是指原告（雇员）在被解雇后应该付出合理努力，在被告（雇主）以外的其他人那里寻找工作机会，以减少自己的损失。法律并不要求雇员不加区分地接受所有的工作，只要求雇员付出"合理的"努力就行。——译者注

[4] 实际上情况恰恰相反，在每一个案件中，所提及的"合理性"是指雇员努力得到其他并非不同种类的工作或者较低档次工作时应该付出的**努力**；雇员拒绝那些不同种类的工作或者较低档次工作的权利，被宣布为一个不受限制的法律规则，[不需要考虑合理性]……此为原判决中的注解。

工作，也是较低档次的工作。而且，初审法院还正确判定，在该问题上并没有任何事实上的冲突。"Bloomer Girl"这部电影是通过音乐剧的方式，对原告既作为一位舞蹈家、又作为一位女演员的才能进行一次审视，而且，这部电影将在美国洛杉矶进行摄制；而"Big Country"的故事则发生在澳大利亚的一个猫眼石矿，是"西部题材"电影中一个简单的戏剧化角色。我们认为，仅仅就这一点来说，就足以证明前后两份工作是不同种类的工作。作为一部西部题材电影中的女主角，无论人们怎么发挥想象力，都不可能与一部歌舞电影中的女主角相当，或者构成实质性的类似。

此外，替代的"Big Country"这一工作要约提出要去除或者削弱原告对于电影导演和电影剧本的选择权，而最初的"Bloomer Girl"工作合同中赋予了原告这两项特别的权利，因此，在我们看来，"Big Country"工作要约构成了一个较低档次的工作。剥夺或者侵犯雇员在最初合同项下享有的权利，就是将这位雇员可以得到的"其他工作"——雇主就是想以该工作为依据减少原告的损失——转化成了较低档次的工作。对于这样的较低档次的工作，雇员并不需要主动寻找或者是接受。我们认为，得出这一结论，并不需要任何专家结论，也不需要通过司法认知①来作出判断。

本案被告向法庭提交了书面宣誓证言，反对原告要求简易判决的动议，这 584 些宣誓证言内容表达出来的效果是：后面的"Big Country"工作要约与前面的"Bloomer Girl"工作要约并没什么不同，也不是较低层次的工作。在我们看来，这些宣誓证言中的陈述，只是重复被告对于原告诉状的答辩意见，这样的陈述构成了对于无争议事实的武断结论，它并没有提出一个需要法院进行审理的事实问题，可以据此否定原告提出的简易判决动议。

鉴于我们认定本案被告对于其所作的唯一抗辩——即原告帕克拒绝了替代的工作要约，未能减少自己的损失——未能提供任何事实表明其抗辩中的事实问题的确存在，我们就不用再考虑原告在本案中进一步提出的观点，即基于各种理由，包括我们在判决注释1当中引用的最初合同条款，原告可以被免除减少损失的责任。

---

① "司法认知"是美国证据法中的一个概念。它是指法院允许当事人向法庭引入某些事实作为证据。当然这些事实必须是众所周知的才行。

在本案中，多数法官认为，被告在第二个工作要约中去除了原告在第一份合同中所享有的对导演和剧本的批准权，从其本身的内容来看，就足以认定第二个工作是较低档次的工作。在这一点上，并不需要通过"司法认知"来判定。而在本案中持异议的沙利文法官恰恰并不同意多数法官的这一观点，沙利文法官认为，系争合同中的一些概念，如电影、导演、电影剧本等，需要通过司法认知的程序来进行判断。——译者注初审法院的判决予以维持。

沙利文首席法官①提出了反对意见：

本案中争议的基本问题是，原告帕克拒绝被告的替代工作要约是否合理。对于这一问题的回答，取决于后面的工作要约（在"Big Country"这一电影中担任角色）与原告前面的工作要约（在"Bloomer Girl"这一电影中担任角色）是否实质性地相类似，抑或后面的工作要约是否属于不同种类的工作或较低档次的工作。在我看来，这是一个有争议的事实问题，不应该由初审法院在一个简易判决中作出判断。本案中的多数法官不仅仅在重复这样的错误，而且他们是通过一种错误的方式适用了在雇主与雇员关系中雇员应该努力减少损失这一规则，从而使得这样的错误变得更加严重。因此，我不能同意多数法官对于本案提出的判决意见。

在一个侵权诉讼或者合同诉讼中，要求原告努力减少损失，这一规则广为人们所知，它蕴含了公平公正以及一个人的行为必须符合社会责任的理念；这样的理念是我们国家法律的基础。从更广泛意义上说，这一规则［即减少损失规则］排除了通过当事人正当的谨慎行为本来可以避免的那些损失。因而，在实质上，这是要求当事人在商业交往中的行为必须合情合理的一个规则。这一总的原则调整的是被错误解除或者错误终止合同之后的雇员应该承担的义务。法律不允许雇员在被解除之后的合同剩余期限内无所事事，相反，法律要求雇员作出合理的努力来获得其他工作。②然而，法律也不能强迫被解除的雇员主动寻找或者接受任何工作以及所有类型的工作。只有属于同一领域、而且属于同一档次的工作，才是雇员必须接受的工作。③

---

① Sullivan, Acting Chief Judge.

② 对于该问题所涉及的雇员负有减少损失的义务，人们已经广泛进行了讨论。雇员负有减少损失的义务，这样的实践已经存在相当长的时间了。尽管卡多佐法官观察到了这一实践中很难发现的不合理之处，但他还是没有理由改变这样的做法。"雇员可以根据自己未经审查的喜好，随心所欲地接受工作，或者拒绝工作。雇员在法律上被假定的义务只是：如果他（雇员）不合理地拒绝后面的工作，那么他被解雇之后的薪水损失将不会被认定为先前解雇所造成的法律上的损失。他（雇员）不合理的拒绝行为，已经打破了因果关系的链条，而且，之后给他（雇员）带来的损失也是他自作自受。"（McClelland v. Climax Hosiery Mills（1930）252 N.Y.347，359，169 N.E.605，609，Concurring opinion.）此为原判决中的注解。

③ 有关候选工作条件的要求，似乎反映了简单的、也是人道的态度，即让一名雇员努力接受一个他从来也没有接受过训练或者经验的工作，显然太过严苛了。很多古老的案例认定，一个人并不需要接受一个较低档次或者较低职位的工作，也不需要接受卑微的或者辛苦的差事。这表明，该规则在中产阶级中也许有其渊源，他们害怕自己身价下跌，淹没在较低阶层的人群中。此为原判决中的注解。

在过去的年代，对于被错误解除之后雇员有义务接受的工作种类，一些法院引入了各种不同的术语来进行界定。单单在加利福尼亚州，法院就已经引入了"实质性相似"、"相匹配的工作"、"与原先的工作处于同一水平线上的工作"、"与先前地位相等同的工作"、"类似能力的工作"、"并非不同种类，或者较低档次的工作"等术语……

本案中的多数法官基于他们并未给出解释的理由，引用了好几个其他案件来帮助分析当前的这一案件——在多数法官引用的这几个案件中，它们在众多不同的司法术语中引用的是"并非不同种类，或者较低档次的工作"这一表述。我在研究之后发现，并没有任何历史上的理由或者学理上的理由可以让法院采纳这样的术语作为唯一的评判标准。这一术语只是上述案件中正面标准的一个反面表述而已。实际上，该专用术语的出现，是法律对于一些事情拿捏不准这一现象的一个例子，它并不是对理性的司法选择或者变化中的社会条件所作的回应，而是对于判决意见中的文字或者法律论著中没有获得普遍承认的变化所作的回应。尽管这样，该专用术语仍然是一个可以使用的表述，我关注的不是它作为一个术语使用的标准，而是它在使用中被曲解。

相关判决中的说法是，雇员在被错误解除后，其可以拒绝的只是那些"**不同种类的工作**"。然而，以下观点从来就不是一项法律，即在同一领域两个工作之间存在的差异，从法律上就足以充分地免除一个被错误解除的员工为了减少损失而接受另外一份工作的义务。如果这一观点真的成立的话，将会有效免除雇员在被解雇之后努力减少损失的任何义务。雇员被要求接受的唯一替代工作要约，就只能是先前雇主提供的先前工作。

虽然多数法官似乎认定，提供给原告的"Bloomer Girl"这一工作，与"Big Country"这一工作在"工作种类"上存在着差异，但是，仔细审视多数法官的判决意见，可以让我们对他们的观点看得如水晶般清晰，即多数法官指出的差异，仅仅是两部**电影**存在的差异（这是显而易见的差异），然后多数法官马上武断地认为，这种差异就构成了**工作种类上的差异**。多数法官的理由归根结底就是以下观点：本案中**唯一的具体情形**——即"Bloomer Girl"将是一部音乐剧，而"Big Country"是一部简单老套的西部题材电影——就足以"证明两个工作在种类上存在差异"，因为在一部西部题材影片中的女主角与一部音乐剧中的女主角是"不相等同的，或者不是实质性类似的"。多数法官在判决中这样表述，仅仅是通过不断重复来证明自己的观点。在我看来，多数法官的观点只是表明了展示电影明星才能的平台是不同的，但是，他们并没有证明在这一平台上原告作为一个电影明星,她所做的工作在**种类**上必然是不同的,他们并没有证明其中一种工作是低档的,而另外一种工作是高档的。

586　　　我相信,多数法官在判决意见中所采纳的观点(只是在表面上列举了两者的差异,而没有试图探究其实质)可能会颠覆一个有价值的法律原则。①对于类似本案这样案件的探究,不应该是两个工作之间的差别是否存在(两个工作之间总是有差别存在),而应该是工作差别是否足够重大,以至于构成了**不同种类工作**这样的差别,或者,这样的工作差别导致替代的工作构成了一个**较低档次的工作**。

　　在我看来,**这样的探究**所涉及的问题,是一个事实上的判断——最起码在当前这一案件中是如此——在一个有关简易判决的动议中,法院作出事实判断是不恰当的。要解决这一问题,即某一个工作是否与另外一个工作实质性地相似,或者,从另一个角度,某一个工作是否属于不同种类的工作或者较低档次的工作,经常要求我们法院根据这些差异对于雇员的重要性、对于两个工作之间的相似度或者差异度进行一个严格的评估(像本案一样)。这就使得法院判断证据孰轻孰重这一工作必不可少,而在一个简易判决中恰恰禁止这样做。

　　当然,这并不是说,在雇主提出雇员未能减少损失抗辩的案件中,永远也不能适用简易判决。然而,我本人还从未看到对于一个雇员是否有义务接受其他工作的案件是通过简易判决作出的。尽管如此,也许还是有不少案件所涉及的替代工作显而易见属于不同种类的工作,或者属于较低档次的工作,而且,原告(雇员)主张的内容非常彻底,而被告(雇主)主张的内容非常武断和不恰当,以至于案件中没有需要法院完整审理的事实问题存在。然而,我们手头的案件却并非如此。

　　有人说,一部戏剧化电影中的女主角与一部音乐喜剧中的女主角之间存在着天壤之别,但是,在我看来,这两者之间的差别最起码不是如此直观、一下子就能看得出来。同样,在我看来,第一份合同中包含的有限制导演批准权及剧本批准权在娱乐业中总体上非常重要,或者对于本案这样特定的原告非常重要这一点,也并非显而易见。确定无疑的是,本案中原告帕克为了法院支持

---

　　① 减少损失这一法律原则的价值,在此的意义是将合同失败时不必要的个人成本和社会成本(例如,劳动力的非生产性使用、进行诉讼)最小化。如果一个被错误解除的员工能够——通过自己的行动,而且在这过程中不会遭受经济上的损失或者心理上的伤痛——减少对方违反合同之后自己的损失,最明智的政策是要求雇员采取这样的行动。我担心多数法官的观点,恰恰是在鼓励被解除的雇员走向反面。此为原判决中的注解。

她的动议所作的陈述,并没有能将以上问题阐述得非常清楚。原告帕克的陈述也没有解释为什么她拒绝在"Big Country"电影中担任角色。然而,初审法院还是作出了简易判决,声称这些批准权是"非常关键的",被告对于批准权的取消,就是改变了"原先雇佣合同中的本质属性"。

初审法院试图表明自己在简易判决中的结论是正当的,然而,原告帕克所作的陈述,对于初审法院得出的结论并无帮助。相反,原告帕克所作的陈述要求初审法院依赖"电影"、"剧本"和"导演"这些概念的司法认知来得出结论,接下来,需要再依赖电影业实践中的司法认知——这些概念在电影业实践中据称是一种"常识"——得出自己的结论。在我看来,像初审法院那样使用司法认知,是错误的……

我不能接受以下这一种观点,即取消*任何*合同项下雇员权利的一个要约——不管该权利重要与否——从法律上来说,就一定是一个较低档次工作的要约。这样一种绝对的规则,在我看来要比多数法官先前提出的观点——仅仅是两个工作之间的差异就足以让两个工作构成不同种类的工作——更加的不理智。在此类案件中适用多数法官所采取的这种***"事物本身足以认定"规则***①,将严重损害雇佣关系中减轻损失义务原则的适用。

我仍然确信,在此类案件中的相关问题是,是否某一特定的合同条款如此重要,以至于它的缺失会导致某一个工作成为较低档次的工作。这一问题当然与我考虑的最终问题是密切相关的:即某个雇员在被解除之后的行为是否合情合理。总体而言,这一问题一般会涉及一个事实调查,需要对该特定合同条款重要性进行评判,同时,它又涉及一个程序问题,需要将某一条款的缺失与另一个工作带来的弥补优势进行衡量、比较。在一个典型的案件中,这样的情形就意味着法院不应该采取简易判决的方式。

在当前这一案件中,并没有任何事实恰当地摆在法院面前,让法院可以对原告批准权的重要性进行审查,更不用说对原告批准权的重要性进行评估了。在此情况下,初审法院为了作出简易判决,错误地使用了司法认知的概念。为了维持初审法院简易判决,多数法官在本案的判决意见是以***"事物本身足以认定"规则作为依据***,而这一规则扭曲了确定一个雇员是否有义务接受某一个特定工作来减少损失的正当程序。

我相信,初审法院的判决应该被推翻,以便让"Big Country"主角的工作是

---

① "事物本身足以认定"规则,是指不用考虑具体情形,事物本身就能说明问题。多数法官认为,后面的工作要约取消了雇员原先享有的权利,就一定是低档次的工作,这是显而易见的结论,不用考虑其他情形。——译者注

否与"Bloomer Girl"主角的工作相匹配这一问题可以在初审法院作出认定。

有关乔丹向世界通信公司申请债权案[①]

纽约南区破产法院(2007年)

本案要旨

著名运动员乔丹曾经与世界通信公司达成一份代言合同,后世界通信公司破产,乔丹要求世界通信公司根据合同支付报酬,但遭到了拒绝。随后,乔丹向破产法院申报债权,要求分得报酬,但世界通信公司只同意支付部分报酬,理由是乔丹没有尽到合理的努力来减少损失。乔丹则认为其地位是一个"失去成交量的卖方",不应承担减少损失的义务。法院认为,有证据证明乔丹并不想签订其他代言合同,因而不能成为"失去成交量的卖方"。

本案确定的规则是,主张自己为"失去成交量的卖方"的当事人,除了证明自己有着履行其他合同的能力之外,还须证明自己有履行其他合同、达成其他交易的主观愿望。

亚瑟·冈萨雷斯破产法官[②]代表法院呈递以下判决意见:

一、当 事 人

本案中提起简易判决动议的当事人分别是迈克尔·乔丹(以下简称"乔丹")和世界通信公司(以下称"世界通信公司"或者"债务人")。

二、案 件 背 景

1995年7月10日左右,乔丹与债务人世界通信公司达成了一份代言合同(以下简称"合同")。在签订这一合同的时候,乔丹被认为是世界上最著名的运动员。该合同赋予了世界通信公司长达10年的权利,同意世界通信公司使用乔丹的姓名、形象、"其他特有象征"以及个人服务,为世界通信公司的电信产品和服务进行广告和宣传。该代言合同的期限是从1995年9月到2005年8月。根据合同,虽然乔丹不能再为与世界通信公司相同的产品或者服务进行

---

① In Re WorldCom, Inc., 361 B.R.675.
美国世界通信公司(WorldCom, Inc.)曾经是美国历史上的一家著名通信公司,在短期内由一家小企业急剧扩张成为一家超大规模的通信公司。因为财务造假和欺诈,公司于2002年不得不向法院申请破产,成为当时美国历史上最大的一起破产案。其首席执行官也被判刑。后来,世界通信公司于2005年被Verizon公司收购。——译者注
② Arthur J. Gonzalez, Bankruptcy Judge.

588

代言,但是,该合同并不阻止乔丹为大多数其他的产品或者服务代言。除了500万美元的签约费之外,合同还赋予了乔丹每年最基本的报酬200万美元。该合同规定,在合同中,乔丹将被视为一个独立的承包人,世界通信公司不能为了扣税的目的,扣留乔丹的任何报酬。合同还要求,在每一个合同年度之内,乔丹必须给自己留出4天的时间——每天不超过4个小时——参加世界通信公司的电视商业宣传、平面广告制作和促销推广。双方当事人还同意,广告和宣传材料应该在向社会公众发布之前的14天交给乔丹本人,并由乔丹本人审查同意,乔丹不能不合理地推迟这样的审查。从1995年到2000年期间,乔丹曾经多次出现在世界通信公司的几个电视广告以及大量的平面广告当中。

2002年7月1日,世界通信公司根据《破产法》第11章的规定在我们法院提起了破产申请。2003年1月16日,根据他们之间的代言合同,乔丹向债务人提出了第11414号主张,要求债务人支付200万美元报酬,再加上债务人根据合同到期应该支付但尚未支付的款项。2003年的7月18日,债务人根据《破产法》第365(a)条款的相关规定,拒绝按照合同支付款项。在债务人拒绝按照合同履行之后,乔丹向法院正式提出了36077号主张(以下简称"乔丹的主张")。乔丹主张的金额超过了800万美元,这800万美元就是世界通信公司答应在2002年、2003年、2004年、2005年向乔丹支付的报酬。对于乔丹根据合同要求支付的2002年和2003年的400万美元报酬,世界通信公司并没有提出反对。在2003年7月世界通信公司拒绝履行支付乔丹报酬的时候,该合同还有两年的时间。[但是,对于乔丹要求的2004年和2005年的报酬,世界通信公司拒绝支付]。

三、双方当事人的诉辩称意见

世界通信公司坚持认为,法院不应该支持乔丹的主张……世界通信公司认为,乔丹有义务减少自己的损失,但是,他却没有这样做。[世界通信公司为此提出了两项抗辩意见,另外一项抗辩意见在此略去。]世界通信公司认为……其有权要求法院作出一个简易判决,支持其拒绝乔丹的主张,而且,世界通信公司坚持认为……乔丹的主张应该减少到400万美元。世界通信公司辩称,它没有义务支付乔丹在2004年和2005年这两年的报酬。

乔丹要求法院作出简易判决,支持自己全部的主张,驳回世界通信公司对于其主张的反对意见……对于世界通信公司有关乔丹应该减少损失的抗辩意见,乔丹认为,应该予以拒绝并驳回。乔丹的观点主要基于以下三个独立的理由:(1)乔丹是一个"失去成交量的卖方"①,因此减少损失这一规则不应该适用在他的身上。(2)并没有证据表明乔丹可以与其他人达成一份"实质性类似"的代言合同。(3)在世界通信公司拒绝支付报酬之后,乔丹决定不去努力寻找其他代言合同,其行为是合情合理的。

589

四、问 题 讨 论

......②

(三)减少损失的义务

"可以避免的损害后果"这一法律原理——有时也被称为减少损失的义务——禁止非违约方主张那些通过他的合理努力本可以避免的损失,当然,非违约方的这一努力不用冒着遭受重大损失或者重大伤害的风险。③法律上认为,证明损失可以避免或者减少的举证责任,在于实施违约行为的那一方当事人。在Norris 诉 Green④ 这一案件中,法官在判决意见中说道:"原告未能减少自己的损失,是实施违约行为的被告可以向法院提出的一种肯定性抗辩⑤,被告有责任向法院表明,原告没有尽到合理的努力来减少自己的损失。"避免损失或者减少损失的努力,并不要求在结果上一定获得成功,只要这些努力是合乎情理的就可以。

---

① "失去成交量的卖方"本来是《统一商法典》中使用的一个概念,它是指某一个卖方在一定时间之内有充分的生产能力或者供应能力。对于"失去成交量的卖方"来说,如果买方违约、拒绝接受合同项下的货物,那么,卖方在将这些货物转售出去之后,除了可以主张这些货物的出售价格与合同价格之间的差额之外,还可以主张合同项下这些货物的利润作为损失。因为,"失去成交量的卖方"可以进行两次独立的买卖。对于"失去成交量的卖方"应该如何赔偿,具体可以参见本章中的"全美控制装置公司诉科莫多商业机械公司"这一案例。

本案中,世界通信公司认为,在自己违约、拒绝付给乔丹报酬之后,乔丹应该努力寻找其他的代言机会来减少自己的损失,而乔丹则认为,自己有充分的能力可以接受多个代言合同,自己的身份类似于"失去成交量的卖方",因此,不应该对他适用减少损失这一规则。——译者注

② 在略去的第(一)、(二)部分,法院主要分析了适用简易判决的标准,驳回了当事人要求法院作出简易判决的动议,同时,法院认定,乔丹不是世界通信公司雇员,只是独立承包人,双方间的代言合同也不是雇佣合同。法院在这一问题上支持了乔丹的观点,因为根据破产法,雇员在破产程序中可以获得的补偿有一定的时间限制。本案中世界通信公司认为乔丹的地位相当于"雇员"。——译者注

③ Edward M. Crough, Inc. v. Dep't of Gen.Sevs. of D.C., 572 A.2d 457, 466 (D.C. 1990).

④ 656 A.2d 282, 287 (D.C.1995).

⑤ "肯定性抗辩"是美国民事诉讼法中的一个概念,与一般的否定性抗辩否认指控不同,提起"肯定性抗辩"的被告认为,即使原告指控的那些事实存在,也不应该追究被告的责任。通常情况下,超过诉讼时效、行为人没有行为能力等,都是肯定性抗辩的内容。本案中,世界通信公司提出的乔丹未能履行减少损失义务,也是一种肯定性抗辩,也就是说,世界通信公司认为,即使自己根据合同违约了,但是,由于乔丹没有能够减少损失,被告也不应该承担责任。——译者注

乔丹辩称，自己是一个"失去成交量的卖方"，他没有义务来减少损失……然而，世界通信公司的观点正好相反，坚持认为，乔丹并不是一个"失去成交量的卖方"，而且，世界通信公司已经向法院表明，乔丹没有采取合理的行动来减少自己的损失。

1. 乔丹是不是一个"失去成交量的卖方"？

乔丹认为，世界通信公司提出自己应该减少损失的抗辩，在本案中并不适用，因为自己的身份类似于一个"失去成交量的卖方"。乔丹向法庭提供的证言证明，即使世界通信公司没有拒绝履行这一合同，他也可以达成其他的代言合同。因此，乔丹认为，任何其他的代言合同都不会成为本案系争合同的一个替代，而且不会减少世界通信公司应该承担的赔偿责任。

"'失去成交量的卖方'是指这样的一种人，他有能力履行被违反的合同，而且，除了履行被违反的合同之外，由于他有着不受限制的资源或者生产能力，他还能够履行其他可能的合同。"①对于"失去成交量的卖方"来说，通过达成其他合同的方式并不能减少自己的损失，因为即使第一份合同被违反了，他仍然能够从两份合同中都获得利益。"失去成交量的卖方"有着两个方面的期待，第一个期待是从被违反的合同中能够获得的利润，第二个期待是他能够从另外一份合同或者更多合同中获得的利润，他可以同时履行这些合同，就像履行被违反的合同一样。"'失去成交量的卖方'这一概念的核心是，尽管买方存在违约行为，但是，卖方照样可以进行第二个这样的交易"，而且，"由此得出的结论是，'失去成交量的卖方'可能做不到去减少损失"。②

"失去成交量的卖方"这一理论，在《合同法重述》(第二次重述)中得到了承认。③"失去成交量的卖方"这一理论既适用于提供服务这样的交易，也适用

---

① Precision Pine & Timber, Inc. v. United States, 72 Fed.Cl. 460, 490(Fed.Cl.2006).

② D. Matthews, *Should the Doctrine of Lost Volume Seller Be Retained? A Response to Professor Breen*, 51 U. Miami L.Rev. 1195, 1214(July 1997).

③ *Restatement(2d) of Contracts*, §§347, 350(1981).
对于合同法重述(第二次重述)第347条款，评论 f 的部分内容如下：
"失去成交量"。是否随后达成的一个交易是先前被违反合同的一种替代，有时会产生非常困难的事实问题。如果即使原先的合同没有被违反，受到损害的一方当事人仍然可以、而且能够达成随后的合同，可以从前后两个合同中都得到利益，那么，他可以被认为是已经"失去成交量"的卖方，随后达成的交易也不是先前被违反合同的替代。在这种情况下，受到损害一方当事人的损失，是以失去的这一交易所损失的净利润作为依据的。
对于第350条款，评论 d 这样说道：
"失去成交量"。仅仅是这样的事实，即受到损害的卖方对将要提供给买方的货物进行处理、另行作出安排，并不当然意味着这样做就是避免损失了。如果没有这一违约，他本来也可以达成两个交易，那么违约的结果就是他已经"失去成交量"。见第347条款的评论 f。在这样的情形下，第二个交易就不是第一个交易的"替代"。见示例9和示例10。
以上为原判决中的注解。

于提供货物这样的交易……①

本案的案情与典型的"失去成交量的卖方"情形有所不同,它提供的是有别于"失去成交量的卖方"典型情形的一种新型样式。在法院所认可的典型情形中,没有违约的卖方有着几乎用之不竭的库存供应量。在典型的情形中,当一个买方违反了购买商品合同或者服务合同的时候,合同项下的货物被退还给卖方,接下来,"失去成交量的卖方"可以通过自己的努力继续出售货物和提供服务。然而,在买方违约之后发生的交易,并不当然是违约行为的结果,而主要是卖方付出努力、继续向市场推销其货物和服务的结果。正是卖方的持续努力,再加上几乎不受限制的供应,才保证了卖方成为"失去成交量的卖方",可以对要求其减少损失的主张说"不",让它成为减损原则的例外情形。正如上面所说到的,在违约之后可能发生的交易,对于"失去成交量的卖方"来说,即使没有买方的违约行为,仍然会发生。[我们认为,]在本案中,乔丹缺少这种几乎不受限制的供应能力,而且,乔丹本人并没有将它作为一个产品市场代言人的服务继续在市场上推广的意愿。②

虽然没有一个华盛顿特区法院③对举证问题进行过特别强调,但是,根据绝大多数案件的判决可以认定,本案中的乔丹有责任证明他是一个"失去成交量的卖方"。想要主张自己是一个"失去成交量的卖方"这一身份,乔丹必须向法院证明,如果世界通信公司没有拒绝履行这一合同,他从最初的合同以及之后的合同中都能够获得利益。虽然对于未违约的一方当事人必须向法院证明的具体事实应该到什么程度还没有一个根本性的规定,但是,许多案件在判决意见中遵循的似乎是《合同法重述》(第二次重述)第 347 条款中的相关规定,即未违约的一方当事人必须证明"其可以达成、而且将要达成以后的协议"。④这一点具体可以参见 Green Tree Fin. Corp. 这一案件。法官在 Green Tree

---

① *Restatement*(*2d*),§347,ill. 16;也见…Gianetti v. Norwalk Hosp.,64 Conn. App. 218,779 A.2d 847,853 (2001).[在这一案件中法院将"失去成交量的卖方"理论适用到了提供医疗服务中,]*aff'd in part*,*rev'd in part*,266 Conn.544,833 A.2d 891 (2003).

② 一方面,"失去成交量的卖方"这一例外情形似乎不会出现在一个产品代言中,因为代言人不希望通过过度曝光来稀释商业宣传的效果,这是合乎情理的一种关切。然而,在另一方面,如果某个代言人并没有达到代言的限量,那么,在宣传效果被稀释之前,他应该继续付出努力以获得更多的代言机会,这一点就类似于传统的"失去成交量的卖方"。在这种情况下,"失去成交量的卖方"这一抗辩也就是可行的。正如我们将要讨论的,本案中乔丹面临的情形,根据任何一种分析都不能表明他是一个"失去成交量的卖方"。此为原判决中的注解。

③ 在乔丹与世界通信公司达成的代言合同中,约定纠纷的解决选择适用华盛顿特区的法律,所以,当事人在本案中提交的是华盛顿特区的相关判例。——译者注

④ …Green Tree Fin. Corp. v. ALLTEL Info. Sevs.,Inc.,No. Civ. 02-627 JRTFLN,2002 WL 31163072,at * 9 [D,Minn. Sept. 26,2002].

Fin. Corp.一案的判决意见中说道:"如果要想根据'失去成交量的卖方'理论来获得利润损失,没有违约的一方当事人必须证明以下三项内容:(1)服务的提供方有能力同时履行两份合同;(2)第二份合同也是一份有利可图的合同;以及(3)如果第一份合同被终止,服务的提供方仍然会达成第二份合同。"

在乔丹的抗辩意见中,他着重表明的是自己达成随后代言合同的*能力*,他认为,即使少掉了曾经答应过世界通信公司的每年 16 小时的时间,也几乎不会影响他履行其他代言合同的能力。仅仅就这一点而言,在提供代言服务方面,乔丹似乎应该被认为是一个"失去成交量的卖方",因为他有着充分的时间来提供其他更多的代言服务。虽然在乔丹身上并没有某一些案件讨论到的"无穷无尽的供应能力",一个服务的提供者并不需要不受限制的能力,但是,他必须具备在同一时间履行多个合同所需要的能力及意愿。[1][这方面可以参见 Gianetti 案件。]在 Gianetti 案件的判决意见中,法官说道:"如果能够认定一位整形医生拥有这样的能力,以及具有同时在 3—4 家医院工作、获取利润的意愿,那么,这位整形手术医生就可以被认为是一个'失去成交量的卖方'。"

与乔丹所作的分析正好相反,法院并不仅仅关注卖方履行合同的能力。声称自己属于失去成交量地位的卖方,还必须证明*他会在日后达成随后的合同*。乔丹并没有表明他在日后可以达成,而且将会达成随后的合同。相反,有证据表明,乔丹并没有达成其他产品代言合同的"主观意愿"。从乔丹的代理人这里获得的证言表明,虽然乔丹广受欢迎的热度可以让他在 2003 年获得其他的产品代言合同,但是,乔丹当时有缩减其代言规模的意愿。乔丹的财务和商务顾问柯蒂斯·波尔克在审理中向法庭作证时说道,在世界通信公司拒绝履行系争合同的时候,乔丹的意望是"不要再费心让他去做新的代言人或者宣传人"。柯蒂斯·波尔克还向法庭说道,如果乔丹想要在 2003 年被拒绝之后获得其他的代言合同,那么,他就可以得到这样的机会。乔丹的代理人戴维·福尔克向法庭作证时声称,"当时,也许有 20 多家公司在理论上想要签约乔丹[让乔丹成为他们的代言人]",但是,乔丹和他的代理人并不想过多签约,以避免稀释乔丹的形象。乔丹在要求法院作出简易判决的理由中说道,在系争合同中的报酬被世界通信公司拒绝的时候,乔丹已经实施了一项战略,决定不再接受新的代言合同,因为乔丹确信,新的代言合同将会损害他成为一个 NBA 球队所有人[2]这一首要目标的能力……

---

[1]　*Gianetti*, 266 Conn. at 561-62, 833 A.2d 891.
[2]　乔丹在 NBA 作为球员退役之后,走向了经营 NBA 球队的业务,当时,他是夏洛特山猫队的老板。——译者注

有关"失去成交量的卖方"的经典案例,是 Neri 诉 Retail Marine Corp.[①]这一案件。法官在该案的判决意见中有这样的论述:

> [假定]一个个人当事人同意以2 000美元的价格向买方出售一辆汽车。在买方违约之后,如果卖方能够以2 000美元的价格将这辆汽车卖给另外一个买方,那么,买方的违约将不会给卖方带来什么损失(除了附带的一些损失之外,例如,后面新的交易所发生的成本)。但是,对于一个有着不受限制的供货量或者不受限制的标准价格货物的交易商来说,买方违约所导致的结果将不一样。因而,如果某一个汽车交易商同意以标准价格2 000美元将一辆汽车卖给一个买方,那么,即使这一汽车交易商能够以2 000美元将汽车出售给另外一个买方,原先违约的买方还是给汽车交易商带来了损失。如果这一汽车交易商有着无穷无尽的汽车供货能力,那么,将原先的汽车出售给取代先前违约买方的新的买主,就是让汽车交易商丧失了一次交易机会,因为如果违约的买方履行了合同的话,汽车交易商将会有两次交易而不是一次交易。在这样的案件中,买方的违约在一定程度上将汽车交易商的销售减少到只有一次,在这种情况下,计算损失的方法应该是这一汽车交易商在一次交易中可以获得的利润。

如果该汽车交易商的业务量正在萎缩,它同意将拥有的最后一辆汽车出售给一个买方,那么,以上这一例子肯定会有一个不同结果。如果买方随后违反了合同、不再购买这一辆汽车,假定该汽车交易商在买方违约之后将这辆汽车放在一个废弃的汽车停车场上,根本没有努力将这辆汽车卖出去,并且将专卖店关门了之,那么,该汽车交易商不能期待由买方来赔偿失去的利润损失。因为乔丹本人想撤回在代言市场上提供服务,我们假定的汽车交易商的那些行为,就类似于乔丹在本案中的情形,因此"失去成交量的卖方"这一理论当然就不能适用于乔丹。

乔丹声称,根据"失去成交量"理论推测他**在当时将会做什么**,是一个转移注意力的"题外话",明显跑题,因为

> 那样做是对"失去成交量"这一原则的核心视而不见:假定乔丹已经接受了另外一个实质性类似的代言机会——这一机会与世界通信公司要求乔丹为了减少损失而要寻找的代言机会相同——那么,世界通信公司本来应该承担的那部分损失将不会减少一个便士,因为"失去成交量"原则将允许乔丹保留本案系争合同中的利益以及假定的其他代言合同中的利益。

---

① 30 N.Y.2d 393,399-400,334 N.Y.S.2d 165,169-70,285 N.E.2d 311(N.Y.1972).

在我们看来,首先,乔丹的这一观点忽略了"失去成交量的卖方"理论中的重要一点,即"最初的买卖和第二次买卖,实质上是两个独立的事件"①,因为失去成交量的卖方达成新合同的意愿,在买方违约之前和违约之后是一样的。对于失去成交量的卖方来说,卖出更多货物或者提供更多服务的意愿,实质上不会受到单个交易的影响或者单个合同的影响。

其次,即使乔丹通过达成随后的代言合同减少了损失,但是,如果没有其他的具体情形,仅仅凭这一点,并不意味着乔丹就一定是一个"失去成交量的卖方"。对于"失去成交量的卖方"来说,尽管一次交易中出现了买方违约情形,但是卖方还是要有售出更多货物的意愿和能力。

最后,如果乔丹随后达成了另外一份代言合同或者更多的代言合同,而且,如果他已经表明了自己既有达成随后交易的能力、又有达成随后交易的愿望,那么,这些情形也许能够帮助乔丹确立"失去成交量的卖方"的地位,一般情况下,将会免除乔丹减轻损失的义务。这一假设的情形并没有什么新奇之处,但是,它却忽略了一个事实,那就是本案中的乔丹实际上并没有那样做。[这一点可以参见 Chicago Title Ins. Corp. 诉 Magnuson 案件②]。在 Magnuson 这一案件中,法官在判决意见中说道,该案庭审记录中并没有证据证明原告"在剩下的合同期内拒绝了那些业务或者将会拒绝那些业务",而且,"在该问题上的唯一证据支持原告能够从事这一业务、而且将会完成这一业务的结论",因此,法院在随后向陪审团所作的释明——即本案原告是一个"失去成交量的卖方",因而没有义务减少损失——就没有错误。

593

除此之外,因为本案中的证据表明乔丹将不会达成随后的代言合同,因此,乔丹并未能证明自己是一个"失去成交量的卖方"。"失去成交量的卖方"理论并不能免除乔丹在本案中减少自己损失的义务。

2. 乔丹是否已经尽到了合理的努力来减少损失?

乔丹最后辩称,世界通信公司必须向法院证明乔丹本来可以达成一份"实质性类似"的代言合同来减少损失。然而,"减少损失"这项法律或者"可以避免的损害后果"这一理论,并不是这样的。"实质性类似"这一表述来自联邦法院涉及拖欠报酬和减少损失的雇佣纠纷案例,而我们的案件虽然在很多方面与之相似,但它却不是雇佣案件。[这一点可以参见 Ford Motor Co. 诉 E.E.O.C.③这一

---

① Snyder v. Herbert Greenbaum & Assocs., 38 Md. App. 144, 380 A.2d 618, 625 (1977).

② No.2:03-CV-368, 2005 WL 2373430, at *23 (S.D.Ohio Sept. 26, 2005).

③ E.g., Ford Motor Co. v. E.E.O.C., 458 U.S.219, 231-32, 102 S.Ct.3057, 3065-66, 73 L.Ed.2d 721 (1982).

案例。]在 Ford Motor Co.案件的判决意见中,法官认为,减少损失这一义务,"根植于古老的法律原则,它要求主张赔偿的一方当事人必须尽到合理的努力来寻找其他适合的替代工作。虽然……主张赔偿的一方当事人不需要从事另一不同种类的工作,不需要接受低等级的工作,或者接受一个没有意义的岗位,但是,如果他拒绝了一个与他被解雇的工作实质性相似的工作,那么,他就没有权利主张拖欠的报酬"。

在雇佣法律中采用"实质性相似或者等同"这样的标准,除了让非违约方对于违约方造成的损失获得全部补偿这一理由之外,还有好几个其他的正当理由。这些正当理由表明了为什么在本案中对于乔丹提出的"实质性等同"的机会不必太过在意,因为乔丹并不是世界通信公司的一个雇员①。首先,"实质性相似或者等同"这一标准的存在,部分目的是为了保证[被解除的]雇员在将来的发展,在法律上采用的方法就是在司法实践中保证雇员发展的机会和将来的工作地位必须与其先前地位实质性相同。因为乔丹从来就不是世界通信公司的一名雇员,因此,乔丹提出的这一理由与本案不相关。其次,要求雇员接受较低级别的工作,可能意味着"被歧视的那名雇员为了减少自己损失,不得不忍辱负重,接受难以忍受的歧视"。②很显然,这一点在本案中也不适用。最后,雇员有义务付出合理努力来寻找实质性相似的工作,这一点"既是基于减少自己[雇员]损失这一义务,也是基于提高产量和促进就业的政策考虑"。③……

更准确地说,在本案中,世界通信公司必须向法院表明,乔丹没有尽到合理的努力来避免损害后果的发生,或者没有将自己的损失减少到最低程度。有的专家在合同法专著中提到,"避免损害后果这一法律原则,仅仅要求受害方尽到合理的努力来减少损失"。④……世界通信公司承担着这样的举证责任,它必须证明乔丹没有采取积极行动来减少损失。乔丹在他向法庭提交的法律意见书中承认,在世界通信公司拒绝履行代言合同的时候,"乔丹已经开始实施他的一项新的战略,不再接受新的代言合同"。……基于上述理由,即使将所有可以接受的事实推定都作有利于乔丹的解释,我们法院也将认定,世界通信公司已经向法庭证明,乔丹并没有采取积极行动来减少损失。……

594

---

① 判决书在前面的事实部分已经表明,代言合同将乔丹的身份定为独立承包人,而并非雇员。——译者注

② Williams v. Albemarle City Bd. of Ed., 508 F.2d 1242, 1244 (4th Cir.1974).

③ N.L.R.B. v. Miami CoCa-Cola Bottling Co., 360 F.2d 569, 575 (5th Cir.1966) ...

④ ... Joseph M. Perillo, *Calamari & Perillo on Contracts*, §14.15, at 584 (5th Ed. 2003).

3. 乔丹确信另外的代言合同将稀释他作为一个代言人的影响力或者损害他的名誉,是否可以成为他没有减少损失的一个合理抗辩理由?

乔丹引用了一些案例,表明达成其他代言合同可能稀释他作为一个[著名]代言人的影响力,或者损害他的名誉,或者损害他的商业利益……世界通信公司对于乔丹的这一说法给出了有力的回应,认为乔丹增加一份代言合同来替代一份失去的代言合同,仅仅是维持了乔丹原来的地位,并不会对乔丹的影响力造成稀释……虽然我们法院也承认,乔丹的影响力在此是真正有价值的东西,过度的曝光将会稀释乔丹的商业价值,但是,世界通信公司已经向法院表明,以另外一份代言合同来替代原先的代言合同,并不产生让乔丹的影响力被稀释的风险。……

根据乔丹提出的"给受害人的名誉带来风险"这一理论,受到损害的一方当事人不会被允许从过错方那里获得这样的赔偿——即受到损害的一方当事人"在没有风险、负担或者屈辱的情况下本可以避免的那些损害"。[①]我们认为,乔丹提出的接受其他代言合同会损害其名誉的抗辩,是有缺陷的,因为进行其他代言,对于乔丹名誉的损害并没有严重到判例法中所认定的那种程度。乔丹引用的那些案例,表明对于当事人名誉的伤害将免除当事人减少损失的义务。在 Eastman Kodak Co. 诉 Westway Motor Freight,Inc.[②]这一案件中,[原告]柯达公司[③]在被告经营的一辆卡车上装运了大量感光胶片原材料。在运输过程中,由于被告的野蛮操作,装运的大多数原材料受到了损害。第十巡回上诉法院在判决意见中认定,柯达公司不应该被要求出售这些受到损害的胶片原材料来减少损失,法院在判决中指出,庭审记录显示,"如果柯达公司被要求为了减少损失而必须出售那些已经毁坏的原材料",那么,柯达公司在发展中投入大量资源建立起来的商业信誉,"可能毁于一旦"。……

4. 将主要精力放在如何做好一个 NBA 球队的所有人,对于乔丹来说是不是一个合理的决定?

……乔丹向法院引用了一些案件,这些案件表明,当非违约的一方当事人试图减少违约方造成损失的时候,法院并不会苛刻地批评非违约方作出的决定。[我们认为,]乔丹所引用的这些案件,与本案中乔丹所处的情形有所不

---

① *Restatement*(*2d*),§350(1).

② 949 F.2d 317(10th Cir.1991).

③ 柯达公司当时是美国著名的摄影器材公司,曾经以生产胶卷闻名于世。在以下的案例中,法院认定柯达公司作为一家著名的胶卷公司,不应该强求其为了减少自己的损失,将受到损坏的产品降价出售,因为那样做只会损害柯达公司多年积累起来的企业信誉。——译者注

同,因为乔丹想把主要精力放在做好一个 NBA 球队的所有人身上,这一决定是一个独立于世界通信公司拒绝付款的事件,而且,这一决定并不是想要减少世界通信公司拒绝行为所造成的损害。乔丹的这一决定,与其减少损失——这样的损失来自其拒绝担任代言人——的义务是没有关联的。简而言之,乔丹只是更多地强调他努力成为一个 NBA 球队老板是一个合乎情理的抗辩。[但是,在我们看来,]这一抗辩却是一个转移注意力的话题。在乔丹未来总体愿景中,将自己的注意力放在成为一个 NBA 球队的老板,对于乔丹来说也许合乎情理,但是,这并不意味着法院可以支持这样一个认定,即在世界通信公司拒绝履行合同之后,乔丹它就被免除了减少损失的义务。……

595

五、结　　论

……我们法院[从法律上]认定乔丹没有能减少损失,但是,还需要召开一个有关本案证据的听证会,以决定如果乔丹付出了合理的努力来减少损失的话,乔丹可以获得什么,这一决定的结果当然会影响到乔丹在本案中的主张。

债务人世界通信公司可以通过一个与本法院判决意见相符的分配方案。

596

四、　建设工程合同

雅各布公司诉肯特[①]
纽约州上诉法院(1921 年)

皮威豪斯诉加兰煤炭开采公司[②]
俄克拉荷马州最高法院(1963 年)

本案要旨

原告威利·皮威豪斯及露西尔·皮威豪斯与被告加兰煤炭开采公司签订一份合同,由被告租赁原告的农场开采煤炭,合同约定租赁期满后被告须修复矿井。合同到期后,被告未能完成对矿井的修复。原告遂向法院起诉要求被

[①]　本案的具体内容可以参见第八章"推定条件"部分的这一案例,第八章中主要是分析了这一案件涉及的推定条件认定问题。同时,这一案件也分析了建设工程合同中出现违约时应该如何计算损失的问题,因此,原编者也在此收入了这一案件。——译者注

[②]　Peevyhouse v. Garland Coal & Mining Company. 382 P.2d 109.
本案原告有威利·皮威豪斯以及露西尔·皮威豪斯两人。——译者注

告赔偿损失,原告主张的损失计算方法是完成修复工作所需的费用,被告则认为应按农场价值减少的数额进行计算。多数法官认为,由于实际履行的成本超过履行之后给原告带来的价值,因此法院判决被告只需要按照农场价值减少的数额进行赔偿。

本案确定的规则是,在确定违约造成的损失时,如果实际履行的成本明显超过履行之后可以给当事人带来的价值,那么,就应该以减少的财产价值作为确定赔偿数额的计算方法。

杰克逊法官①代表法院呈递以下判决意见:

在初审法院审理过程中,原告威利·皮威豪斯及露西尔·皮威豪斯以被告加兰煤炭开采公司违反合同为由,提起诉讼,要求被告赔偿损失。初审法院判决支持两个原告可以获得一定赔偿,但判决的赔偿金额明显低于两个原告起诉所主张的金额。原告不服该判决提起了上诉,同时被告也不服判决,提起了交叉上诉。

在向上诉法院提交的法律意见书中,双方当事人就好几个法律问题提出了他们的辩论意见和观点。然而,所有这些辩论意见都来自一个基本问题,即初审法院在向陪审团解释如何确定赔偿数额的时候,是否做到了正确释明?

简而言之,本案的基本事实是这样的:

本案的两个原告[即威利·皮威豪斯及露西尔·皮威豪斯]拥有一个储存着煤炭矿床的农场。1954年11月,两个原告将这一农场出租给本案的被告进行煤炭开采,租赁期限为5年。在签订合同的时候,双方当事人设想的是采用"露天开采法"来开采农场地下的煤炭,这样,煤炭就可以从地层表面的矿井中运出,而不用通过地下的升降井运送出来。在这一煤炭开采租赁合同当中,除了通常可以见到的条款之外,被告还特别同意,在租赁合同期满的时候,将会对这一地块进行修补和复原。在此,我们没有必要详细列出被告所要完成的具体工作,只是想说明,被告的修复工作需要搬走数千立方码的矿渣。根据专家证人的证词,清除这些矿渣所需的花费估计在29 000美元。然而,本案原告起诉只要求被告赔偿25 000美元。

在初审法院审理过程中,双方当事人都认可的是,除了上面提及的善后修复工作以外,租赁合同中的其他所有条款都得到了双方的切实履行。被告自己也承认,上述修复工作并没有完成。

---

① Jackson,Justice.

就被告需要完成修复工作的总量、性质以及估计的花费,两个原告向法庭引入了相关的专家证人进行说明。被告也想引入自己的专家证人,尽管两个原告对此提出了反对意见,但是,初审法院最终还是允许了被告在随后也引入自己的专家证人就相关问题进行说明。被告的专家证人对于被告未能履行合同中承诺的修复工作到底会使让原告农场贬值多少,提供了意见。此处提及的"贬值金额"(即农场减少的价值),就是该农场现在的价值与被告如果履行了承诺之后农场应该具有的价值这两者之间的差额。

在初审法院审理程序结束的时候,法官向陪审团进行了释明,告知陪审团必须作出支持原告的裁决①,并将原告在本案中具体可以得到多少赔偿这一问题交给陪审团来作出决定。就确定赔偿数额应该采纳的方法,初审法官告诉陪审团,被告承诺完成工作所需要的花费,可以在确定原告赔偿数额的时候予以考虑,"并且可以考虑任何一方当事人所提交的证据"。由此看来,根据法官的释明,陪审团在决定原告可以获得的赔偿数额时,既可以自由考虑原告农场"减少的价值",也可以考虑"修复工作"所需要的花费。

陪审团作出了原告可以获得 5 000 美元赔偿的裁决。这一赔偿金额只是"履行修复工作所需要费用"的一小部分,但是与**修复工作即使完成之后给农场增加的价值相比,陪审团裁决的费用还是高出了很多**。

在本案上诉审理过程中,双方当事人对于本案争议问题的观点针锋相对。原告认为,在本案中确定损害赔偿数额的恰当方法,是原告完成未履行的修复工作——该项工作是由于被告的违约而未能完成的工作——所需要花去的费用。被告则辩称,履行合同的花费作为确定损害赔偿数额的方法,是受到一定限制的,"只是限定在履行行为实施之前与实施之后的市场价值差额这一范围之内"。

在我们看来,对于这一针对性很强的问题,以前还从未被提交到我们法院进行考虑。在 Ardizonne 诉 Archer② 这一案件中,涉及的是一份钻探油井的合同,我们法院在该案中认定,确定违反合同损失数额的方法,应该是钻探油井所需要的合理费用。但是,我们现在审理的这起案件和 Ardizonne 案件相比,两者在事实上还是存在着一些细微的区别。钻探一个油井将会得出有价值的地质信息,即使钻探后没有发现石油或者天然气,这样的钻探工作也是有价值的。当然,如果这一油井可以产油,那么这一地块还会得到增值。在我们

---

① 当案件中负有举证义务一方提供的证据不会让一个理性的陪审团作出相反决定的时候,法官可以要求陪审团作出支持某一方的裁决。本案中法官认为被告违约应该赔偿原告损失,这一点没有任何问题,故指导陪审团作出了支持原告的裁决。——译者注

② 72 Okl.70,178 P.263.

现在审理的这一案件中,被告以一些有力的事实提出其抗辩理由,认为被告同意的修复工作对于原告的农场来说,最多只能增加几百美元的价值而已,因此,原告的损失数额就应该限定在这几百美元的数额之内,因为该数额也就是原告农场所减少的价值。

原告以 Groves 诉 John Wunder Co.①这一案件作为支持自己论点的依据。Groves 案件和当前这一案件有着实质性的类似,明尼苏达州法院在 Groves 案件中采纳了与"价值规则"②相对立的另一规则——即"履行成本规则"③。Groves 案件的审理结果是,由法官授权陪审团对赔偿数额作出裁决,陪审团最终裁决原告可以获得 60 000 美元的赔偿,而合同中约定的工作即使全部完成,所涉及的不动产价值也只有区区 12 160 美元。

需要指出的是,引起我们注意的 Groves 案件,是当事人在违约以后的实际履行成本大大超过减少的财产价值时,唯一采纳"履行成本规则"的案件。此外,这一案件只是由法院中相对多数的法官作出的裁决,而不是由法院中过半数的多数法官作出的裁决。④

本案被告则主要以 Sandy Valley & E.R.Co. 诉 Hughes⑤、Bigham 诉 Wabash-Pittsburg Terminal Ry.Co.⑥、Sweeney 诉 Lewis Const, Co.⑦这三个案件作为自己观点的依据。这三个案件情形相似,审理这些案件的上诉法院在确定损害赔偿数额时,采纳的都是"价值规则",而非"履行成本规则"。本案原告则指出,在这三个案件中,判决最早的 Bigham 案件,是将宾夕法尼亚州在侵权纠纷中计算损害赔偿的方法作为赔偿依据,而另外两个案件只是跟随了最早的 Bigham 案件的规则而已,并没有具体解释为什么通常只是在侵权案件中采纳的计算损害赔偿的方法应该适用在合同案件中。尽管这样,具有重要

598

---

① 205 Minn. 163,286 N.W.235,123 A.L.R.502.

② "价值规则"也就是本案被告认为应该采用的赔偿规则。该项规则认为,确定一方违约时的损害赔偿数额标准,是对方在其违约时所减少的财产价值。——译者注

③ "履行成本规则"也就是本案原告认为应该采用的赔偿规则。这一规则认为,确定一方违约时的损害赔偿方法,是履行未完成的行为所必须花费的成本或者费用。——译者注

④ 在美国法院的判决中,有时在一个案件中会有几种观点不相上下,任何一个观点都没有超过半数。在这种情况下,法院会以人数最多的观点作为判决的意见,这种多数往往称作"简单多数",其判决称为"简单多数判决";如果有超过一半以上的法官同意一种观点,这种多数往往称为"绝对多数",这样的判决称为"绝对多数判决"。杰克逊法官在这里之所以指出 Groves 案件的判决意见只是以"简单多数"通过,是想说明在这一问题上的分歧很大,该判决的拘束力也是有限的。——译者注

⑤ 175 Ky. 320,194 S.W. 344.

⑥ 223 Pa.106,72 A.318.

⑦ 66 Wash.490,119 P.1108.

意义的是,对于像本案这样履行成本大大超过"减少的价值"的情形,超过四分之三的上诉法院采纳的是"价值规则"来确定损害赔偿的数额。

至于为什么会在合同案件中采纳侵权案件中的规则,[在我们看来,]这些案件给出的解释也许在于这样的事实,那就是,这些合同案件中提出的所谓损失,只是人为想象出来的而已。某个财产所有人同意实际花费 29 000 美元(或者等值的东西)对他的财产进行"装修",只是让他的财产增加 300 美元价值,这几乎是不可能的事情。由此带来结果就是,要求我们法院将从理论上说是建立在理性和现实基础之上的那些法律原则,适用到基本上不合理、而且不现实的具体情形当中。

在前面提及的 Groves 诉 John Wunder Co.一案中,明尼苏达州法院在得出其判决结论的时候,很明显是考虑到了系争合同是与建筑和施工合同相类似的合同这一因素,而且法院引用了以下权威的观点,即在一个起诉对方违反建筑合同的诉讼中,履行合同的成本或者完成所承诺的建筑工程所需要的成本,通常是这些诉讼中确定损害赔偿数额的方法。

在明尼苏达州这一案件之后,曾经有学者在《美国法律报道》①杂志中对该案进行了评论。本案被告拿来支持自己观点的三个案件(即前面提及的 Sandy Valley、Bigham、Sweeney 这三个案件),被这位学者归入"平整及挖掘合同"的类别中。②

我们并不认为上述两类案例中的任何一种情形,可以准确适用到我们正在审理的这一案件。本案原告和被告之间的租赁合同,其主要目的既不是"建筑和施工",也不是"平整及挖掘"。本案系争合同的主要目的,只是从这一块土地上获得经济补偿,以及把这块土地上开采出来的煤炭在市场上推销出去,让双方当事人都从中受益。租赁合同中有关修复工作的特别条款,对于合同涉及的主要目的来说,只是次要的方面。

即使对于那些毫无疑问的建筑和施工合同来说,在决定究竟是适用"履行成本规则"还是"价值规则"这一点上,权威学者之间并没有达成一致意见。美国法律学会通过的《合同法重述》第 346 条款(1)(a)(i)和(ii)提出了自己的观点,认为"如果履行合同是可行的,而且并不涉及**不合理的经济浪费**",那么,履行合同的成本就是确定损害赔偿的恰当方法;[然而,]"如果按照合同进行施

---

① 123 A.L.R.(American Law Reports)515.
② 杰克逊法官在此想说明的是,Groves 案件尽管采用的是"履行成本规则",但从合同种类上来说,它是属于"建筑和施工合同";而被告引用的适用"价值规则"的那三个判例,却属于"平整及挖掘类合同"。——译者注

工、完成工程将涉及**不合理的经济浪费**"①,那么,由于违约行为所导致的价值减少,就是确定损害赔偿的恰当方法。在紧随着《合同法重述》条文所推出的解释性评论中,对于什么是"经济浪费"这一概念讲得很清楚:所谓"经济浪费"是指破坏一个已经实质上完工的大楼或者其他工程。很显然,对于我们正在审理的案件,并不存在对工程造成破坏这样的情形。

另一方面,在麦考密克有关损害赔偿的论著第 168 部分②中提到,对于建筑和工程合同"……如果工程的缺陷在**不需要过度花费金钱**的情况下就可以修理或者修复",那么,"履行成本规则"是确定损害赔偿的恰当方法,但是,"……如果对于原材料或者工程中的缺陷,不花费一定的成本——这些成**本与最终得到的结果之间极其不相称**——就无法弥补的话",那么,就应该采纳"价值规则"作为确定损害赔偿的方法。同样的观点在 Jacob & Youngs, Inc. 诉 Kent③ 一案中有过如下表述:

> [在施工方违约的情况下,]业主有权要求[从违约方处]获得完成整个工程所需要的金钱,除非完成整个工程的成本与所要实现的良好效果之间存在极大的、不公平的失衡。我们认为,当这一失衡是确定无疑的时候,确定赔偿数额的方法,就是这两者之间在价值上的差额。

在我们看来,《合同法重述》中考虑的首要因素是"经济上的浪费"。在麦考密克有关损害赔偿的论著,以及前面提及的 Jacob & Youngs, Inc. 诉 Kent 案当中,考虑的是履行所需要的费用与"原告最终得到的东西"这两者之间的关系,也就是说,是"相对的经济利益"。

考虑到在本案中让被告花费大量金钱修复原告农场不切实际这一事实,并考虑到我们法院在后面提及到的俄克拉荷马州的相关法律,我们对于本案的观点是,在确定损害赔偿的规则时,"相对的经济利益"是一个恰当的考虑因素。我们的这一决定也与最近的 Mann 诉 Clowser④ 这一案件的判决结果相符,在 Mann 案件中,法院正是采纳了"履行成本规则"。审理这一案件的弗吉尼亚州法院特别指出:"……从实际情况来看,本案工程中的缺陷,是可以修复的,而且**修复所需要的成本与所要达到的最终结果之间并不是极大地**

---

① 杰克逊法官在此进行特别的强调,是为了说明"履行成本规则"适用是有一定的前提条件的,那就是履行行为不会造成"不合理的经济浪费"。——译者注

② McCormick, *Damages*, Section 168.

③ 230 N.Y.239, 129 N.E.889, 23 A.L.R.1429. Jacob & Youngs, Inc. 诉 Kent 这一案件是由著名的卡多佐法官呈递判决意见的一起建筑合同纠纷案件,也是合同法中的一个著名判决。具体可以参见本书第八章的判决意见。——译者注

④ 190 Va. 887, 59 S.E.2d 78.

失衡。"

俄克拉荷马州的法律(23 O.S.1961)①在第 96 条款和第 97 条款当中有着以下的规定：

第 96 条款……无论本章中的其他条款如何表述，受害人因为对方违反义务而得到的赔偿金额，不能超过双方当事人完全履行义务的情况下他所能够得到的金额……

第 97 条款……在所有的案件中，受害人得到的赔偿必须是合理的。任何类型的义务也同时给当事人设定了一个权利，这就是拒绝那些显失公平、过度压迫性的损失。一个显失公平、过度压迫性的损失，与当事人只能获得合理赔偿这一实质公正的要求相悖。

虽然说上述法律条款的确是最经常使用在侵权类型的案件中，但是，从这些条款本身来看，它们也适用于由于违约而导致的损害赔偿诉讼，而这也正是我们法院的结论。在我们看来，上述条款特别适用于我们当前审理的案件，即如果适用"履行成本"这一赔偿规则，原告可以得到的赔偿数额将是他们农场总价值的 9 倍之多。对于被告而言，这样的结果就是前面法律条款中所提到的"与实质公正相悖的显失公平、过度压迫性的损失"。而且，很难否认的是，本案的原告如果被允许按照"履行成本规则"获得赔偿，那么，他们获得的赔偿金额就将远远超过被告全部履行合同时所获得的金额，这也是与俄克拉荷马州法律中的第 96 条款相违背的。

600　从前面引用的条款［即第 96 条款和第 97 条款］与我们州法典［15 O.S. 1961］第 214 条款和第 215 条款②当中，我们可以类推得出这样的结论，即这些法律条款倾向于认为，除了无法确定实际损失或者确定损失极端困难的情形之外，合同中规定一旦违约就必须给予固定数量赔偿金的条款是没有法律效力的。虽然说当事人之间有协议，但是，法律上还是认为这样的协议是无效的。法律上之所以这样认定，有着明显的、普遍认可的合理性，因为协议约定的赔偿金额超过了当事人实际遭受的损失，预先确定的赔偿金额等于是对另一方当事人进行了惩罚或者剥夺，这是法律所不赞成的。

俄克拉荷马州相关法律的第 96 条款和第 97 条款，对于我们当前的这一案件有着相同的效果。**尽管当事人之间有协议**，但是，这两项法律条款还是限制了当事人可以获得的赔偿数额，赔偿数额应该只限定在不"违背实质公正"原则的合理范围之内。这两项法律条款阻止原告"因为对方违约而获得更大

---

① 第 23 部分是俄克拉荷马州法典中有关赔偿损失的规定。——译者注
② 这里提及的两个条款来自于俄克拉荷马州法典的"合同"部分。——译者注

数额的赔偿",避免让原告获得的赔偿数额超过"对方全部履行时他(原告)所能获得的回报"。

因此,对于本案中的争议问题,我们在此作出以下认定:在一个租赁场地用于开采煤炭的合同中,承租人同意在租赁期限届满时在所承租的地块上从事修复工作,随后双方履行了除修复工作以外的其他工作;在这样的情况下,如果出租人以承租人违约为由提起诉讼,确定损害赔偿的方法通常是完成修复工作所需的费用。然而,如果被违反的合同条款只是附属于主要目的的次要条款,完全履行工作给出租人所带来的经济利益与实际履行修复工作的成本明显失衡的话,那么,出租人可以要求的损失金额应该限定在由于未能履行所导致的不动产价值减少的数额之内。

我们相信,上述认定与立法机关表述在法律条款中的立法本意相符合,并且与其他辖区法院审理的案件也是一致的。其他辖区的法院对于类似的事实也进行了考虑,并在判决时作了很好的说理分析。应该指出的是,我们在此提及的确定损害赔偿的规则,并不损害业主"按照自己的意愿处理财产"的权利①,也不损害他对财产进行"装修"的权利——如果他选择这样做的话,也许在实际上会使其财产价值有所减少②。在"按照自己意愿处理财产"和对财产进行"装修"这样的结果实际上就是当事人预先设想的结果,而且就是当事人达成交易的主要目的时,确定损害赔偿的方法通常就应该是合同履行的费用。

我们在前面所作的认定,回答了双方当事人在上诉中提出的所有辩论意见。即使以最宽松的观点来看待本案的证据,由于被告未完成的修复工作给原告农场减少的价值,只有区区300美元。在仔细阅看了本案的庭审记录之后,我们并没有发现原告农场减少的财产价值还存在更高的数字,而且,原告在他们的法律意见书中也没有提到自己的农场遭受了更高价值的损失。因此,在我们看来,初审法院判决给原告的赔偿数额,明显过高。本

---

① Chamberlain v. Parker, 45 N.Y. 569.

② 这里讲到的"'装修'也许在实际上使得其财产价值有所减少",是指当事人可能花费较高的费用对财产进行装修、改进,但带来的价值增值可能很少。杰克逊法官在前面分析时提到,本案原告要求被告履行修复,等于是原告要求被告花费29 000美元来对原告的农场进行"装修",而给原告农场增加的价值只有300美元。杰克逊法官是从这个角度上认为"装修"可能会带来财产上的减少。前面提及的"按照自己的意愿处理财产",也是指当事人可能将很有价值的财产按照较低的价值进行使用,甚至废弃。这也是当事人处理自己财产的权利。在这两种情形下,履行合同的费用也很可能超过财产实际的价值,但法官认为,它们与本案中的情形不一样,因为这些列举的情形,是当事人签订合同时就已经知道的,而且它是合同的主要目的。然而,在本案中合同的主要目的是"开采煤炭","修复"工作并不是合同的主要目的,而只是附带的次要工作。——译者注

案中原告应该获得的赔偿数额在庭审记录中有所记载,这是一个明确的、也是令人满意的数额。本案中的每一方当事人依据各自的理论,都要求我们法院对于初审法院判决的赔偿数额进行修改,我们也认为自己有权去做这样的修改。

我们的判决意见是,初审法院给予原告的赔偿数额应该予以修改,赔偿金额减少到 300 美元。

韦尔奇法官、戴维森法官、哈利法官和约翰逊法官同意本判决意见。

威廉姆斯首席法官、布莱克伯德法官和欧文法官、贝里法官不同意多数法官所作出的判决意见。

欧文法官[①]呈递以下反对意见:

在本案系争的煤炭开采及租赁合同当中,通过特定的条款,被告同意履行以下义务:

> 7b 对于在不动产分界线上挖掘的矿井,承租人(即本案被告)同意将其填平。填平矿井的时候,应该以围栏围住矿井周围,使得想进入这一地块的人必须从矿井的相反方向过去。

> 7c 承租人同意清除上述地点上的废土堆。

> 7d 承租人同意在满足以下条件的情况下让小河流经上述地区,即不得妨碍 7b 条款中所提及的将要设立的安全区……

> 7f 承租人进一步同意,不在上述矿井的壁面上留下页岩或者污物……

在租赁期限届满之后,两个原告要求被告履行系争合同,而且,要求被告履行包含在合同中特别约定的行为。

被告承认自己没有履行租赁合同中所承诺的义务,在庭审笔录中也没有任何记载显示被告不能履行其义务。因此,在我看来,被告的违约是有意而为之,并非善意。

虽然说合同是以自身的条款告诉人们,什么是合同的内容,但是,在本案系争合同签署之前,原告与被告曾经进行过好几次谈判。被告在诉讼中也承认,在谈判的时候,原告坚持上述条款一定要包括在合同当中,而且,如果上述条款不能包括在合同当中,原告就不会同意签订煤炭开采租赁合同。

作为该租赁合同的对价,原告将会从该农场生产和销售出去的煤炭中获得一定数量的使用费,此外,原告的土地将按照合同的规定得以恢复原状。

作为该租赁合同的对价,被告则可以按照一定比例得到所生产和销售的

---

① Irwin, J.

煤炭,此外,被告还获得推进采矿过程中*使用原告土地的权利*。

在系争合同进行协商和签署的时候,履行该合同的费用可以大致估算出来,而且,目前存在的现状,并不是双方当事人当初签订合同时无法预计的情况。因此,当被告说服原告签署租赁合同的时候,被告本人应当知晓履行修复工作的费用与原告从该履行中获得的利益或者价值相比,可能是失衡的。

602

被告已经获得了该合同项下的利益,然而现在被告却主张——其实质是——因为自己未能履行合同,原告损失的计算方法必须是履行合同带给原告的经济价值,而不是履行该合同的花费。

如果在本案中存在着一系列独特的事实,需要法院采用前述的"价值规则"作为确定损害赔偿的方法(在我看来本案中并不存在着这样的独特事实),那么,在适用"价值规则"之前,坚持认为应该适用这一规则的当事人对于他们所获得的利益或者谈判得来的利益,必须给予对方以一定的对价作为补偿。

不征得两个原告的同意,被告没有权利对原告农场中的煤炭进行挖掘,或者使用原告的财产进行采煤作业。被告知道它根据合同可以获得的利益,以及履行合同需要的大概费用。有被告明知这样的事实,我们就一定可以假定被告认为与原告达成这一合同在经济上是有利可图的,他将从该合同中获得收益,否则,被告是不会签订这一合同的。

因此,我认为,在确定由于违约造成的损失时,如果履行合同的价值应该予以考虑的话,那么,违反合同的一方根据合同所获得利益的价值,也应该一并予以考虑。然而,在我看来,在本案中给予任何一方当事人以(新的)对价,将会把我们面前的合同彻底废弃,将会把合同的严肃性置之一边。如果我们法院真的这样去处理,那就是在替当事人重新制订一个新的合同。

在 Goble 诉 Bell Oil & Gas Co.①这一案件的判决意见中,我们法院有着以下的认定:

> 即使合同中包含着一些苛刻而沉重的条款,法院对这样的条款可能也不是在所有方面都能认同,但是,这些条款就是当事人对于法律上的内容、在他们的权限范围内给自己设定的权利和义务,而法院要做的,就是根据表述的条款赋予其合同上的法律效果,除非有充分的证据证明当事人签署的书面协议是欺诈、错误或者意外事件的结果。

在 Cities Service Oil Co. 诉 Geolograph Co. Inc.②一案中,我们这样说道:

---

① 97 Okl.261,223 P.371.

② 208 Okl.179,254 P.2d 775.

"在不同意系争书面合同是一个苛刻合同的同时,我们还认为,对于这一问题的简要答案是,对于当事人订立的合同,愚蠢也好,聪明也罢,并不是由我们法院来宣告的。"在 Great Western Oil & Gas Company 诉 Mitchell[①] 一案中,我们曾经这样认定:"当事人自己认为合适才会去订立一个合同,与当事人自己订立的合同相比,法院并不能为当事人订立一个更好的合同,或者是为了让其中一方当事人有利、另一方不利而改变他们签订的合同。法院的司法功能,只是按照合同上的内容去强制执行。"

603　　俄克拉荷马州的法律[23 O.S.1961]第 96 条款规定,任何人由于对方违反义务而得到的赔偿数额,不能超过双方全部履行义务时所能得到的利益。我认为,这一条款是将那些不适用该法律条款的案件排除在外的。然而,在我看来,上述法律条款并不适用于我们当前的这一案件。我们在这一案件中应该适用 Groves 诉 John Wunder Company[②] 这一判例,本案中的被告在审理过程中也承认,"很明显,Groves 判例的具体情形与本案的事实非常类似",审理 Groves 案件的明尼苏达州最高法院在判决意见中是这样认定的:

　　　　在确定业主或者雇主因为这种违约(例如,假设其违反了合同中的第 2 要点)所造成的损失时,不应该考虑到土地增加的价值,而应该考虑到工程施工方承诺了将会履行,但是在离开时根本没有履行的工作的合理费用。

　　这里提到的"假设其违反合同"是说,一旦工程施工方是有意违反合同,也就是说属于恶意违反合同的情况下,他无权根据实质性履行这一衡平原则[③]得到利益。

　　在我们当前审理的这一案件中,被告甚至没有尝试实际履行这一合同。本案的合同并非不道德的合同,并非由于欺诈而导致的合同,并非由于错误或者意外事件而达成的合同,而且,也不是与公共政策相抵触的合同。本案系争的合同,是一份内容非常清楚、也非常明晰的合同,双方当事人都明白该合同意味着什么,至于履行合同中的义务所需要的大致费用,也是当事人可以合理预见到的。现在面临需要花费相当大的金钱来对农场进行修复这一情形,并不是当事人在协商和订立合同时所不能合理预见的。被告如果愿意,完全可以履行这一合同。被告从该合同中已经接受并获得了利益,而现在却辩称合

----

① 　Okl.，326 P.2d 794.

② 　205 Minn. 163，286 N.W. 235，123 A.L.R. 502.

③ 　实质性履行原则是指施工方已经完成了合同项下的主要工作量,只是在一些细小的地方没有完全符合要求。在这样的情况下,施工方仍然可以根据合同向发包方主张报酬和费用。——译者注

同项下原告的利益应该予以否定。[在我看来,]如果原告的利益被否定,那么这样的情形也同样适用于被告获得的直接利益。

因此,我的意见是,本案的两个原告有权要求被告按照合同实际履行,而因为被告没有能够履行,所以,确定原告损失数额的恰当方法就应该是履行这些行为所需要的费用。其他任何确定损失的方法,都将导致合同的明示条款形同虚设;将会导致原告合同项下的利益被悄悄拿走,放到没有履行合同义务的被告口袋里;将使被告在没有履行合同义务的情况下获得利益;而且,是通过为双方当事人制订一份全新的合同,完完全全地将严肃的合同义务弃之不顾,最终让被告从中得利,而让原告从中受损。

因此,我对多数同事所作的判决持反对意见……

五、 惩罚性赔偿、惩罚性、有效率的违约、约定的赔偿金以及对赔偿责任的限制

604

巴顿诉中州系统公司①

美国联邦第七巡回上诉法院(1988 年)

本案要旨

被告中州系统公司与原告巴顿等签订了一份特许经营协议,在一定区域内独家授权原告经营的停车场使用被告的信用卡进行加油等服务。在合同履

---

① Patton v. Mid-Continent Systems, Inc., 841 F.2d 742.

本案原告除巴顿之外,还有一个个人及他们共同经营的公司。

本案是美国联邦第七巡回上诉法院在 1988 年审理的一起合同纠纷,涉及如何在违约案件中适用惩罚性赔偿的问题。本案的基本案情是,原告等经营着一家卡车停车场,被告与原告签订了特许经营协议,在一定区域内独家授权原告使用被告的信用卡进行加油等服务。起初,由于合同中的专属地域比较模糊,被告许可了其他停车场特许经营,在原告向被告提出后,被告仍然没有改正。于是原告向法院起诉要求被告赔偿损失,并要求被告支付惩罚性赔偿。原审法院的陪审团在判决被告赔偿原告实际损失之外,还判决被告支付惩罚性赔偿 2 250 000 美元,后来法官调整到 100 000 美元。被告不服,提起了上诉。

联邦第七巡回上诉法院认为,即使是有意违约,也不一定是当然应该受到谴责的。如果被告的违约是"有效率的违约"(efficient breach),那么这样的违约行为对社会有好处,因为社会总体上会从这一有效率的违约中得利。联邦第七巡回上诉法院分析了印第安纳州(这一案件适用的法律是印第安纳州的法律)的法律和相关判例,认为该州适用惩罚性赔偿的主要是"机会主义违约"行为,即利用实际赔偿法律制度上的缺陷,有选择地违约,让自己从违约行为中获利。联邦第七巡回上诉法院认为,本案中被告的违约行为并不属于"机会主义违约"。被告的行为可能构成有意违约,但从被告的行为几乎没有给原告造成损失的情况来看,它很可能就是"有效率的违约"。基于以上观点,联邦第七巡回上诉法院驳回了初审法院判决的惩罚性赔偿,要求初审法院仅仅就原告的实际损失进行一次新的审理。——译者注

行过程中，被告在原告的特许地域内许可了其他停车场使用被告的信用卡，原告遂向法院起诉要求被告赔偿损失，并要求被告支付惩罚性赔偿。法院认为，被告的行为是有效率的违约，并不属于恶意违约，因而不应该承担惩罚性赔偿。

本案确定的规则是，对于一个违约行为，如果当事人的违约行为属于"有效率的违约"，即使当事人是有意而违约，只要不是恶意、欺诈等重大违约，也不应该适用惩罚性赔偿。

波斯纳法官①代表法院呈递以下判决意见：

［原告等人经营着一家停车场，专门为卡车提供各种服务，这家停车场位于印第安纳州和密歇根州的I-94号公路上。被告中州系统公司是一家从事信用卡服务的公司，其与原告达成了一份特许经营协议，该协议给原告划定了一个独家经营的区域，被告答应在这一区域内独家授权原告接受被告的信用卡进行加油以及其他服务，不会有其他停车场可以接受被告的信用卡。陪审团认定，在原告的独家经营区域内，从许可 Truck-O-Mat 这家企业进行特许经营开始，被告实际上许可了其他停车场也使用其信用卡进行服务，这样的行为违反了原、被告之间的合同。陪审团裁决，原告可以获得其因此遭受的实际损失，另外陪审团还裁决被告应该支付原告惩罚性赔偿 2 250 000 美元。陪审团确定的这一惩罚性赔偿数额，后来被初审法院的法官减少到 100 000 美元。这一案件涉及一系列法律问题，包括当事人默认选择适用印第安纳州的法律。联邦第七巡回上诉法院的波斯纳法官在认定初审法院认定的实际赔偿数额过高以后，又对惩罚性赔偿在本案的适用问题进行了以下的分析。］②

605　　对于违反合同的诉讼，印第安纳州是允许法院判令违约方支付惩罚性赔偿金的，如果这一违约行为"与欺诈、恶意、重大过失或者强制对方这些因素结合在一起③"。……在尝试对这些概念（特别是"强制对方"这一概念）进行具体解释的时候，我们对合同责任的一些基本原则必须牢记于心，这一点非常重要。首先，违反合同的责任从表面上看就是一种严格责任。也就是说，如果立诺人没有按照承诺的内容去履行合同，那么，即使该违约是超过他能力所及，

---

①　波斯纳法官是美国当代著名法官，也是著名的法律学家，曾担任芝加哥大学法学院教授。他的法律经济分析观点对美国当代法律及司法有着重大而深刻的影响。他的《法律的经济分析》(*Economical Analysis of Law*)、《法官如何思考》(*How Judge Thinks*)等论著是他法律思想的集中体现。1993 年后，他开始担任美国联邦第七巡回法院的首席法官。——译者注

②　这一部分为案件的基本事实和审理过程，为原编者所加。——译者注

③　Travelers Indemnity Co. v. Armstrong, 442 N.E.2d 349 at 359(Ind.1982).

是他无法阻止的结果,该立诺人仍然构成了违反合同。采用严格责任的理由就是,合同中经常包含着履行保障的成分在内。立诺人实际上是作出了这样的承诺,他要么履行合同,要么就自己没有履约的行为赔偿受诺人的损失;而且,根据合同自愿承担风险的一方当事人,将不能从风险的结果中获得救济,如果这一风险真的成为现实的话。

即使违约是有意而为之,也不是理所当然地应该受到谴责。立诺人也许只是恰好发现,原来他的履约行为对于其他人来说有着更大的价值。如果是这样的话,允许立诺人违反原先的承诺就会提高效率,只要他对受诺人的实际损失作出赔偿就可以。如果立诺人被迫支付比受诺人实际损失更多数额的金钱赔偿,那么,有效率的违约将会受到阻碍而无法实现,然而,法律并不想要达到这样的效果。①假定本案被告中州系统公司通过在原告的专属区域内许可 Truck-O-Mat 这家企业进行特许经营,让自己增加了 150 000 美元的利润,而给原告带来了 75 000 美元的损失。在我们看来,被告的违约就是一个有效率的违约。但是,如果被告知道除了赔偿原告的实际损失之外还要再赔偿原告 100 000 美元的惩罚性赔偿,那么,他的违约就是得不偿失的,效率这一点也就无从谈起,因为被告 150 000 美元的利润与原告 75 000 美元的损失这两者之间的差额(当然是在赔偿原告损失之后),代表的是社会净增加的财富。②

并不是所有违反合同的行为都是非自愿的,或者都是有效率的。有一些违反合同的行为,是当事人有选择地实施,这样的违约行为可以说是一种机会主义的违约。这些立诺人原本要承担履行合同的费用,现在却想在不承担这些费用的情况下从交易中受益,而且想利用单纯的实际赔偿并不充分这一缺陷,从违约中获利(单纯实际赔偿的不充分主要体现在,判决前后的利率通常是低于当事人考虑拒不支付费用时的市场利率水平,而且,打赢官司的一方当事人不能就其律师费用要求违约方赔偿)。这一因素似乎是

---

① J. Yanan & Associates, Inc. v. Integrity Ins. Co., 771 F.2d 1025, 1034 (7th Cir. 1985).

② "社会净增加的财富"是"有效率的违约"这一理论的重要支撑。以波斯纳法官为代表的学者坚持"有效率的违约"可以成立的重要理由就是,尽管立诺人违约了,但其违约行为给社会带来的价值仍然是"正数",因而是有效率的。以波斯纳法官在这里列举的例子来说明,被告的违约给自己带来了 150 000 美元的利润,给原告带来了 75 000 美元的损失,被告的利润扣除掉赔偿给原告的损失之外,仍然赢余 75 000 美元。在波斯纳法官看来,这 75 000 美元就是"社会净增加的财富"。而如果再让被告承担 100 000 美元的惩罚性赔偿,被告增加的利润将不足以支付,社会就没有净增加的财富,那么被告的违约也就不再是有效率的违约了。——译者注

印第安纳州绝大多数同意给予违约人惩罚性赔偿的案件所共同具备的因素。有关这一问题的讨论意见，可以参见 Travelers Indemnity Co. 诉 Armstrong① 这一案件。确实，这些印第安纳州案件中有着这些因素，但是，这并不是我们确定惩罚性赔偿的法律测试方法；"重大过失"这一类特别案件，似乎和机会主义的违约没有什么关系。我们也许捕捉到了印第安纳州法律规则的核心部分，但是，我们却忽视了这一规则的边际范围到底在哪里。不管印第安纳州规则的准确范围是怎样的，很清楚的是，我们正在审理的这一案件是在它的适用范围之外。

606　　本案中，并没有证据表明，被告中州系统公司在原告的专属区域内许可 Truck-O-Mat 这家企业特许经营是机会主义的违约，或者是有意而为。从庭审记录当中可以看出来的是，被告中州系统公司的违约是一种诚实的违约，其违约是由于与原告特许经营协议中模糊不清的地域描述所导致的。然而，在原告提请被告注意之后——甚至是在被告承认自己违约之后——被告中州系统公司年复一年、仍然没有纠正违约行为，这样的事实就让被告的无心违约转化为有意违约。但是，在本案中并没有清晰的、有说服力的证据表明被告的违约可以被界定为恶意、欺诈、压迫性的违约，或者是重大过失的违约。② 正如我们在讨论原告遭受的实际损失这一问题时所说的，被告的违约行为给任何一个原告带来的损失很少，也许根本就没有损失。因此，从违约行为给被告增加的利润远远高于给任何人带来的损失这一点来看，被告的违约很有可能就是一种"有效率的违约"。如果真的是这样，被告拒绝纠正违约的行为——虽然被告是有意的——也不应该被判决承担惩罚性赔偿。当然，被告没有按照承诺去纠正违约行为，可能会被视作一种欺骗伎俩，意在阻止原告寻求法律救济，然而，这样的说法在本案中仅仅是一种猜测而已，而仅仅是一种猜测的说法，应该被排除在适用惩罚性赔偿的情形之外，因为要适用惩罚性赔偿，必须是有着清晰的、有说服力的证据才行……

　　下级法院认定被告应该给予惩罚性赔偿的判决无效。认定被告违约的判决予以维持，该案发回初审法院仅仅就原告的实际损失数额进行新的审理。

---

　　①　Supra，442 N.E.2d at 359.
　　②　"恶意、欺诈、压迫性，或者是重大过失"是印第安纳州法律规定可以予以惩罚性赔偿的要件。波斯纳法官在这里认为，被告的违约只是"有意而为"，尚不到法律规定的予以惩罚性赔偿的几个要件的标准。——译者注

"有效率的违约"之谬误①

丹尼尔·弗里德曼

对于一个有法律约束力的承诺来说,它唯一的普遍性后果是:一旦立诺人②作出承诺的事情没有实现,那么,法律将会让立诺人赔偿对方的损失。在每一个案件中,让立诺人承担赔偿损失这一后果,使得立诺人在合同履行的时间届满之前可以自主作出安排、不受他人干扰,因而如果立诺人选择违反合同的话,他可以自行这样去做。③

——奥利弗·W.霍姆斯

霍姆斯是在其专著《普通法》讨论意义深远的合同救济这一问题时写下以

---

① Daniel Friedmann, *The Efficient Breach Fallacy*, 18 J.Legal Studies 1 (1989). 本书选编的内容只是该文的节引。

以波斯纳为代表不少法学家提出的法律经济分析理论,在世界范围内产生了很大的影响,他们的代表理论"有效率的违约"也被一些立法和司法实践所接受。但是,这一理论并未被普遍接受,也有许多学者指出其存在的很多问题,包括在法律理论上和司法实践中会带来的负面影响。

丹尼尔·弗里德曼(Daniel Friedmann)在这篇文章中指出了"有效率的违约"理论带来的诸多问题。其基本内容是,将违约作为当事人的一种权利,认为只要赔偿损失就足够充分,是纵容当事人侵犯他人权利和违反法律。"有效率的违约"将道德上不太光彩的"机会主义的违约"从其中剔除出来,实际上宣告了这一理论站不住脚,因为,按照"有效率的违约"理论,"机会主义的违约"也同样能够保证让对方获得充分的赔偿、让社会净收益得到增加。作者提出了这一问题,难道这是因为"机会主义的违约"在道德上更加应该受到谴责吗?

丹尼尔·弗里德曼针对"有效率的违约"理论的核心依据——实现社会资源的最大化,也提出了反对意见。他认为,允许违约实际上会导致当事人增加另外一种成本,即诉讼成本。这样的成本虽然不属于典型的交易成本,但是,它类似于那种旷日持久的商业谈判,也会让当事人付出代价。"有效率的违约"理论,让救济措施太过宽松,将会让当事人缺少对合同的信任,转而采取更加可靠、却更加费钱的方式,以确保自己的目的能够实现,这实际上也是增加了交易成本。

客观地分析,丹尼尔·弗里德曼在本文中的观点,也是相当深刻,对于我们更好地理解、看待"有效率的违约"理论不无裨益。——译者注

② 立诺人在合同法上是指作出承诺的一方当事人。与之相对的概念是"受诺人",指接受承诺的一方当事人。——译者注

③ O.W. Holmes, Jr., *The Path of the Law*, in *Collected Legal Papers* 167, 175 (1920); and O.W. Holmes, Jr., *The Common Law*, 300—301 (1881).

以上这一段论述,其核心内容是,将违反合同的救济主要放在赔偿对方损失上,认为违约方只要赔偿对方损失就足够充分了。由此带来的结论就是这一表述中提到的,当事人有"权利"违反合同。以上这段论述来自美国著名的法学大家霍姆斯,体现了霍姆斯在合同救济问题上的主要观点。丹尼尔·弗里德曼在下面提到,"有效率的违约"这一理论只不过是霍姆斯观点的现代翻版。——译者注

上文字的。他所表达的这一观点,虽然引起过广泛的讨论,但是并没有作为合同救济问题的标准解释(正如以下谈到的,这也不是一个积极的解释)被社会普遍接受。霍姆斯建议的这一方法,其缺点体现在他所得出的结论当中。这一短板用一段话来表述就是:当救济措施的目的实际上是去证明当事人的违约权利正当,而不是去取代违约权利时,救济措施就为当事人的违约权利提供了一个完美的替代。在我看来,霍姆斯所作的上述分析,将当事人享有的救济措施错误地转化成为对犯错一方当事人的放纵,即犯错的一方当事人总是被单方面赋予了"购买损失"的权利。正如任何"一刀切"的理想那样,霍姆斯的主张很难将合同案件限定在它最初想要适用的那些案件。为什么不将霍姆斯的观点作一般化解释,以便任何一个人都有权选择侵犯另一个人的权利、有权去违反法律,只要这个人愿意承担赔偿损失的后果? 在我看来,这是因为,果真如此的话,法律制度可能被看作仅仅是创设了一套价格表,其中一些是高价,一些是低价;这样的一套价格表,在实践中将成为诱使当事人采取法律行动的唯一约束条件。[价格高、经济上划算的,当事人可能就去行动;而价格低、经济上不划算的,当事人可能就不去行动。]

当代"有效率的违约"这一理论,是霍姆斯对于合同救济观点的一种改头换面和系统化的延伸。这一理论提供了一旦出现违约当事人所期待的赔偿计算方法,正是因为这一优势,这一理论才承担了那样的角色。这一理论的优势就是:立诺人被允许随意违约,只要在违约之后他让受诺人获得的利益与合同得到履行时其可以获得的利益一样良好即可,虽然违反合同的人从违约行为中得到了其他额外的利益……

一、当事人拥有的权利与经济效率

"有效率的违约"理论的倡导者,已经全盘接收了霍姆斯的观点,并且借用了经济学的外衣和术语作为其依据。在他们看来,如果立诺人从违约中获得的利润超过了给受诺人带来的损失,那么,这样的违约就是被允许的,甚至是应该受到鼓励的。其依据是,这样的违约使资源实现了最大化。[1]根据"有效率的违约"这一理论,立诺人被赋予一种选择权,只要他准备好支付原告所期待的赔偿金——这笔赔偿金足以让原告在履行合同与获得赔偿金之间持一种无所谓的态度——他就可以选择不去履行合同。"有效率的违约"这一理论认为,只有从违约中获得的收益大于违约方所支付的金钱时,被告才可以选择违约。这一披着光鲜外衣的理论默认了以下这一点:即在被告违约之后,虽然被告的境况变得比以前更好了,但是,原告所处的境况与被告违约之前相比,并无区别。如果能够做到这样,那么,期待赔偿——如果能够切实得到实施——

---

① 2. Richard A. Posner, *Economic Analysis of Law* 107 (3d ed. 1986).

不仅仅满足假定赔偿的"卡尔多—希克斯"标准①,而且也能够满足更加严格的帕累托效率标准②:它不仅仅是让合同当事人获得了社会净增的利益,而且在违约行为发生之后,与之前相比,没有一方当事人的境况变得更加糟糕。因此,从效率观点的任何一方面来看,最理想的赔偿水平是,被告只赔偿原告遭受的损失,而除此之外,被告不应该再进行其他的赔偿。

最初的时候,"有效率的违约"这一理论得到非常认真的宣扬,而且几乎没有任何的条件限制。"有效率的违约"理论的现代版——它集大成于波斯纳最新的《法律的经济分析》③这一专著中——表明,该理论已经从极端的观点上略微后退了一步。在"机会主义的违约"④与其他违反合同行为之间划出了一条界线,进行了区分。后一类的违约行为[即"机会主义违约"之外的其他违约行为],仍然可以享受到这一理论的甜头,而且,如果这一类违约行为被认为是有效率的话,它们仍然是可以受到称赞的行为。但是,"机会主义的违约"则失去了"有效率的违约"理论的垂青和眷顾,相反,它受到了严厉的批判。在我看来,作出这样的区分并不能令人满意⑤,而且,它在事实上已经相当程度地削弱

608

---

① "卡尔多—希克斯"标准("Kaldor-Hicks"standard)是美国著名经济学家卡尔多在1939 年提出的一个有关效率的理论。该理论的核心内容是,即使某一政策导致一些人受益、另外一些人受损,但只要总体上收益大于损失,社会总财富就是增加了,这样的政策就是有效率的,应该得到肯定。该理论的基础是,*假定*的收益完全可以补偿损失。实际上,不少学者对此是有异议的,认为这仅仅是一种假定而已,实践中并非真的能补偿损失。——译者注

② 帕累托效率标准(Pareto standards of efficiency)是与"卡尔多—希克斯"标准相对的一个效率标准,也是一个更加严格的标准。它要求某一政策的实施能够让每个人都从中受益,或者,让部分人受益而其他人利益不受损,只有符合这一要求的政策才是一个有效率的政策。可见,"帕累托效率标准"要比前面的"卡尔多—希克斯"标准更加严格,所以也有人称之为最优标准,因为它不允许有人在政策调整中利益受损。很多人认为,现实中任何一项政策都很难符合帕累托效率标准。实际上,如果某个政策能够符合"卡尔多—希克斯"标准,就已经相当不错了。——译者注

③ Posner, *Economic Analysis of Law*, 1986 edition.

④ 按照波斯纳的解释,"机会主义的违约"是一种利用现行法律制度的漏洞所实施的一种违约行为。例如,在履行合同时的利率实际发生了变化,或者,合同案件中一般是不支付律师费的,等等。这方面可以参见本书前文"巴顿诉中州系统公司"一案。波斯纳在这一案件中代表法院呈递了判决意见,对于"机会主义的违约"作了深入的分析。——译者注

⑤ "机会主义的违约"意味着利用受诺人的特性占得便宜,获取有利地位。波斯纳将"容易受到损失"这一特性的产生,主要归结于履行行为的先后顺序这一特点。因此,在波斯纳看来,如果 A 先行支付了 B 货款或者服务费用——根据合同,B 是在将来提供货物或者服务——那么,在 B 履行合同之前,A 就是一个"容易受到损失的人"……然而,履行行为的先后顺序,只是其中一个相关的因素而已。我们现在假定,在 B 尚未履行的时候,A 提前支付了部分的费用。虽然说 A 已经部分履行了合同,但是,如果 B 接受 A 剩余付款的需求要比 A 获得 B 所承诺的履行这一需求更加急迫的话,那么,B 也许是一个容易受到损失的人。实际上,"容易受到损失"是一个程度的问题。对另外一方履行行为越是急迫,获得替代品越是困难,"容易受到损失"就更加严重。此为原文中的注解。

了"有效率的违约"理论。实际上，波斯纳说道，实施"机会主义的违约"的当事人，应该"将从违约中获得的所有收益都交给受诺方"。将违约方的所得利益全部予以没收，这一点与"有效率的违约"理论正好完全相反（"有效率的违约"理论实质是，只要立诺人的所得利益能够超过受诺人的损失，那么立诺人就应该被允许、甚至被鼓励违约）。这一理论非常清楚地假定，立诺人应该被允许保留其所得到的利益，因为，若非如此，他将失去违约行为所能够获得的利益，而这样的利益正是他本来就打好如意算盘想要获得的。为什么机会主义的违约即使是有效率的也不应该受到鼓励呢？对于这一点，"有效率的违约"这一理论并没有给出解释。是道德原因要比效率原因更加重要吗？还是因为"机会主义的违约"从根本上动摇了合同制度呢？

（一）与已经存在的财产相关的合同

"有效率的违约"，其理论实质是"效率"。所谓违反合同的"权利"，不是基于合同权利的性质，不是基于合同权利相对的"短板"，也不是因为它仅仅适用于"对人享有的权利"[①]，而不适用于更加刚性的"对物的权利"[②]。相反，所谓违反合同的"权利"，是建立在它认为违约行为能够让资源更好地得到利用这一基础之上的。因此，该理论在原则上同样是适用于财产权利的，由此带来了适用"有效率的据为己有"或者"有效率的转化"[③]理论的适用问题……

在转化和违约这两种情形中，真正的问题是：在 C 愿意支付更高的价格来购买 B 拥有的财产（这属于"财产转化"的情形）或者购买其他人同意出售给 B 的财产（这属于"违约"的情形）的情况下，究竟应该让谁从中受益呢？[④]原则上，在上述两个情形中，都应该只有一次交易。在我看来，这一交易应

---

① "对人享有的权利"（*in personam*）源自拉丁语，它是指某人享有的权利只是针对特定人，一般是指债权，例如，借款合同、买卖合同、租赁合同等。这些合同的权利人只能向特定的对方主张权利，义务人也只是向特定的对方履行义务。合同当事人以外的其他人与这一债权债务无任何关系。通常认为，"有效率的违约"理论只是适用于"对人享有的权利"，即债权，而不适用于"对物的权利"（*in rem*）。——译者注

② "对物的权利"（*in rem*）也源自拉丁语，它是指权利人对自己财产享有绝对处理的权利，任何其他人都负有不得干预、妨碍的义务，这一权利也称"对世权"。与前面提及的"对人享有的权利"而比较，"对物的权利"更加刚性、绝对，而"对人的权利"则显得相对柔性一些。——译者注

③ "有效率的据为己有"或者"有效率的转化"是与"有效率的违约"相近似的理论，主要适用于财产法（如不动产法律）。——译者注

④ 在这里，作者假定了以下两种交易情形：一种是 A 接受 B 的委托，保管 B 的财产（这时，B 是财产所有人，如果 C 愿意以更高的价格从 A 这里购买这一财产，就属于作者提到的"财产转化"情形），第二种是 A 同意将某一财产出售给 B（这时，B 是受诺人，如果 C 愿意以更高的价格从 A 这里购买下来，就属于作者提到的"违约"情形）。作者接下来分析道，如果 C 愿意以更高的价格购买这一财产，那么，应该鼓励哪两个人之间的交易呢？按照"有效率的违约"理论，似乎应该是直接让 A 和 C 进行交易，只要 C 愿意付给 B 损失就可以了。然而，在本文作者丹尼尔·弗里德曼看来，应该让 C 和 B 进行交易。作者认为，如果让 A 和 C 交易，会产生由赔偿损失的问题，而赔偿损失也应该看作当事人之间增加的交易成本。——译者注

该是发生在 C 和 B 之间(B 在这里的身份是财产所有人或者受诺人)。如果 A 同意以 10 000 美元的价格将财产出售给 B,而 C 愿意以 18 000 美元的价格来获得这一财产,那么,C 应该通过协商从 B 这里购得这一财产。显而易见,A 并没有被赋予将已经同意交付或者转让给 B(受诺人)的财产直接出售给 C 的权利。类似地,在有着财产委托保管的情形下,C 应该是和 B(财产所有人)协商谈判,而不是和受托人协商谈判。这样的话,就不会产生额外的交易费用……

此外,"有效率的违约"规则即使从其自己引用的术语来分析,也不是有效率的。"有效率的违约"或者类似的"有效率的转化"规则,都没有将交易数量最小化的期待效果,或者更加决定性的,没有将交易成本最小化的期待效果。事实上,这些规则可能经常会导致增加当事人总的交易成本。在以上列举的合同案件中,违约行为的结果很可能是要求当事人实施两个交易行为,而不是一个交易行为。如果 A 与 B 按约履行合同的话,这时,只有一项增加出来的费用,即增加了 B 和 C 之间的交易费用。然而,如果 A 被"允许"违反与 B 之间的合同,那么,将会有两个交易:一个是 A 和 C 之间就出售给 B 的财产所进行的交易,而另外一个冲突则是发生在 A 和 B 之间有关赔偿损失的纠纷。在波斯纳的分析中默认的推定是,A 支付给 B 的损失并不涉及交易成本问题。然而,在我看来,这完全是不切实际的说法。支付损失,与当事人从事的正常交易有所不同,它从来就不是标准的交易类型,而更像一场旷日持久的谈判,甚至像涉及复杂事实和法律问题的一场诉讼……

合同救济的太过宽松,首先就是给当事人达成一个双方互利合同的意愿带来了损害。如果法律制度对于实际履行施加严格的限制〔不管这种限制是基于违反合同的权利这一理论,还是基于现代的"有效率的违约"这一理论("有效率的违约"理论是"违反合同权利"理论的子理论)〕,那么它就会削弱当事人获得谈判成果的确信,其带来的后果必然是效率丧失和资源浪费。①如果有着与其他人签约需要的那些当事人不能依赖所签订的合同来保证合同的实际履行,那么,他可能就会去寻找另外一个更加费钱而且更加低效的手段来获得更大的履约保证(例如,成为一个自给自足、自力更生的人,或者与他的供货商进行纵向的融合),以此来获得自己所需要的东西……

① 见阿兰·施瓦茨所著《实际履行的案件》〔Alan Schwartz, *The Case for Specific Performance*, 89 Yale L.J. 271 (1979)〕。在这一文章中,作者指出,实际履行的价值与赔偿损失这一救济方法相比,并不会产生更大的交易成本……而是在实践中会产生有效率的收益。——译者注

<h1 style="text-align:center">瓦塞纳诉帕努斯①</h1>

威斯康星州最高法院（1983 年）

本案要旨

　　原告瓦塞纳曾经是被告帕努斯所经营的一家酒店的经理,双方雇佣合同中有一个约定赔偿金条款,如果被告错误地解雇原告,将支付原告雇佣合同剩余期限内的薪水作为损失赔偿。后被告无正当理由提前解除了雇佣合同。原告在此之后的两个半月处于失业状态,后来虽然找到了另一份工作,但只是担任普通职位。原告遂起诉到法院,要求被告按照约定赔偿损失。法院认定,本案中原告因为被告的错误解雇造成其他一些附带损失,认定约定赔偿金条款是合理的。于是,判决支持了原告的诉讼请求。

　　本案确定的规则是,在雇佣合同中,当事人可以预先确定赔偿金的计算方式,但是在适用时,法院要结合案件事实,确定该条款是否具有合理性。而一旦法院认定其具有合理性,雇员随后获得的收入就不得从赔偿金额中予以扣除。

　　亚伯拉罕森法官②代表法院呈递以下判决意见:

　　……初审巡回法院支持了雇员瓦塞纳针对他的前雇主帕努斯——他经营着一家名为托尼酒店的企业——提起的诉讼,判决雇佣合同中的约定赔偿金条款应该得到强制执行,并且维持了陪审团作出的雇主帕努斯应该赔偿原告瓦塞纳 24 640 美元的裁决。该巡回法院将合同中的约定赔偿金条款解释为,一旦雇主帕努斯错误地解雇了雇员瓦塞纳,那么,雇员瓦塞纳得到的赔偿金数额将相当于合同未履行期间他应该得到的薪水。在被告雇主对初审判决提起上诉之后,上诉法院推翻了初审巡回法院的判决,认定约定赔偿金条款具有惩罚性质,不应该强制执行。上诉法院决定将该案发回初审巡回法院,仅仅要求初审巡回法院就赔偿金问题重新进行审判。[原告瓦塞纳对上诉法院的这一判决不服,再次上诉到威斯康星州最高法院]……

　　原告瓦塞纳曾经受聘在被告帕努斯开设的托尼酒店中担任经理职务,帕努斯在 1978 年 3 月 31 日终止了与雇员瓦塞纳的雇佣合同,解雇日期比双方雇佣合同的届满日期提早了 21 个月。从 1978 年 4 月 1 日开始到 6 月 14 日期

---

①　Wassenaar v. Panos, 111 Wis.2d 518, 331 N.W.2d 357, 40 A.L.R.4th 266.
②　Abrahamson, Justice.

间,瓦塞纳一直处于无业的状态。从 1978 年 6 月 14 日起,雇员瓦塞纳在密尔沃基地区的一家酒店找到了一份工作,他在密尔沃基这家酒店一直工作到初审巡回法院对该案件进行审理的时间,即 1981 年 5 月……

经初审法院审理……陪审团认定,雇主帕努斯属于无正当理由解雇了原告瓦塞纳。在雇员瓦塞纳提出反对的情况下,初审巡回法院仍然向陪审团提交了以下问题,即多少数额的赔偿金才能赔偿雇员因为雇主违约所遭受的损失。陪审团裁决的具体赔偿金数额是 24 640 美元,这笔数额就是雇员瓦塞纳根据雇佣合同中的约定赔偿金条款为基础计算出来的金额,也就是原告在合同期余下的 21 个月所应该得到的薪水总额。

上诉审理中的争议问题是,一个约定赔偿金条款,是否因为不合理地事先固定了数额巨大的赔偿金而具有了惩罚性,进而应该被认定该条款没有法律效力。上诉法院将这一争议问题界定为一个可以由进行审查的法院独立确定的法律问题。上诉法院接下来审查了雇佣合同中的约定赔偿金条款,认定这一条款由于具有了惩罚性,应该被认定为无效条款。上诉法院得出这一结论时所作的分析、研判是这样的:雇主违反雇佣合同究竟应该让雇员获得多少赔偿金,这一数额在法院审理过程中很容易确定,也很容易得到证明;而本案合同中的赔偿金计算公式是将原告未工作期间的全部薪水作为了赔偿金,没有考虑到原告需要多长时间才能找到新的工作,也没有考虑到原告从其他替代工作中可能得到的薪水,所以,这样的条款从表面上看就是不合理的。我们认为,上诉法院的以上分析意见,只是注意到了雇佣合同中纸面上的那些文字,并没有考虑到合同文字之外的案件事实本身①,也没有考虑与计算违反雇佣合同损失相关的那些众所周知的法律规定。

我们同意上诉法院的以下观点,即约定赔偿金条款的有效与否,是一个由初审法院来审查的法律问题,而不是一个由陪审团来确定的事实与法律交织在一起的问题。约定赔偿金条款的有效与否,是一个涉及公共政策的问题。正如其他合同纠纷案件中效力问题涉及公共政策的时候一样,本案中这一涉及公共政策的问题应该由初审法院的法官首先确定。但是,我们并不同意上诉法院的以下观点,即某一个问题一旦具备了"法律问题"这一标签,就自动免

610

---

① 亚伯拉罕森法官在这里表达的意思是,上诉法院只是看到系争合同中规定了雇员如果被解除劳动合同,雇主就将赔偿余下劳动合同期间的薪水。仅仅从文字的内容本身来看,合同并没有考虑到雇员可能在其他地方找到工作、获得报酬的可能性,似乎带有惩罚性质。但是,亚伯拉罕森法官认为,上诉法院对于本案中其他的案件事实(如该雇员确实遭受了一些附带损失,这一点在以下的分析中会提到)并没有考虑,因而上诉法院的结论是不恰当的。——译者注

除了初审法院考虑案件证据的义务,或者,就是给予了上诉法院自由的缰绳,让上诉法院在审查初审法院结论的时候可以不受限制地随意发挥。

即使初审法院有关约定赔偿金条款有效与否的结论是一个法律上的结论——这是一个政策判断——但是,这一法律上的结论,也通常是从相互冲突的事实或者事实的推理当中得出的。应该是由初审法院的法官,而不是陪审团来决定上述事实或者事实的推理。在确定一个约定赔偿金条款是否有效的时候,初审法院的法官应该调查与案件相关的所有情形,包括预期损失是否存在、预期损失的程度和给非违约方造成的实际损失。

初审法院作出的条款有效与否的结论,涉及对案件事实和法律的判断,而且,上诉法院同样也要对事实和法律问题进行审查……通常情况下,上诉法院并不需要遵从初审法院在法律问题上所作出的结论。尽管如此,因为初审法院在约定赔偿金条款是否合理这一问题上的法律结论,与支持该结论的案件事实紧密联系、相互交织在一起,所以,上诉法院就应该对初审法院的结论予以特别的关注,尽管初审法院的决定并不具有约束力……

在本案中,因为是雇主要求将双方商定的约定赔偿金条款认定无效,因此就应该由雇主来证明本案中存在着这样的事实,即能够证明初审法院认定该条款不能强制执行没有道理的那些事实……

现在,我们转向初审法院(以及上诉法院)在确定约定赔偿金条款有效与否应该采用的测试方法上。有关约定赔偿金条款有效与否的测试方法是,将这一条款放在案件情形中来分析、研判,看这一条款是否合理[这一测试方法,在以下称作"合理性的测试"]。①

611　　这一"合理性的测试"方法,是法院在有关约定赔偿金条款的不同观点之间所作的一种妥协。在这一问题上,有着两种相互对立的观点,一种观点赞成法院应该强制执行这样的约定赔偿金条款,而另一种观点则不认可这样的条款。

认为应该强制执行约定赔偿金条款的人,其所坚持的理由是这样的条款可以服务于好几个目的。通过提前设定违约时具体的赔偿数额,可以让当事人控制自己的风险。它们避免了损失的不确定性、损失的迟延,以及启动司法程序来确定实际损失的费用。它们允许当事人在一个存在竞争的市场上,确定一个与经济效率相符合的救济手段,而且,它们允许当事人在看到司法救济不充分的实际情况下,通过协商一致所达成的赔偿公式,自行纠正不充分的司法救济。这样的赔偿金计算公式,可以包括那些不确定的因素或者是过于遥远的因素,而在法院适用损害赔偿规则时,这些不确定因素或者过于遥远的因

---

①　参见 Sec. 356 (1), *Restatement (second) of Contracts* (1979), and UCC §2-718(1)。

素是无法得到司法救济的。①支持约定赔偿金条款的理由,除了上述列举的具体政策考量之外,还有司法效率和合同自由的考量,它们也是支持强制执行约定赔偿金条款的理由。

与上述观点相对立的政策考量,则认为不应该在法律上支持约定赔偿金条款,因此,法院并不愿意在未进行仔细审查的情况下,就盲目地强制执行约定赔偿金条款。在通常情况下,应该是由公法,而不是私法来确定当事人的救济措施。但是,我们认为,约定赔偿金是这一规则的例外。约定赔偿金允许私人当事人在对方违约的情况下,行使司法机关的职能——给当事人提供救济——也就是说,对非违约方进行经济赔偿,而法院则必须保证这一私法上的救济不至于过度偏离实际赔偿的法律原则。如果约定赔偿的金额大大超过了当事人遭受的实际损失,就可以证明当事人在协商中存在不公平这一推定是有道理的,或者证明以下认定也是有道理的:即双方当事人达成的协议是一个令人讨厌的"恐吓性协议",其目的是为了阻止对方当事人违反合同、保障协议履行,而一旦阻止行为未起到作用,那么,当事人将会以该条款来惩罚违约方。

"合理性的测试"方法,保证了法院既能尊重当事人的意思自治,又能阻止当事人滥用权利,是在两个对立的政策考量之间实现了平衡。②随着时间的推移,在决定某一特定的约定赔偿金条款是否合理的时候,法院的判例和法学评论家们逐渐确定了必须考虑的下列因素:(1)当事人想要达成的约定违约金条款,其目的到底是什么?该条款究竟是想要确定赔偿金的数额,还是为了惩罚违约行为?(2)在签订合同时,违约一方造成的损失是否很难准确估量或者无法准确估量?(3)约定的损害赔偿是不是违约行为可以合理预测到的结果?

最近,有关"合理性测试"方法的讨论逐渐抛弃了上述因素中的第一个因素,即与当事人的主观意愿相关的因素,因为对于约定赔偿金条款在客观上是否合理这一问题,当事人的主观意愿并不能起到什么作用。当事人贴在这一条款上的标签["约定赔偿金"],可能会表明他们的主观意愿,具有一定的证据价值,但是这样的标签对于合理性的认定并不是结论性的。③

---

① 这里提及的损害的"不确定性"、"过于遥远"是美国合同法中讨论损害赔偿问题时经常会使用到的概念。在损害赔偿的案件中,主张赔偿损失的一方当事人通常要证明自己的损失是"确定的"、"并不遥远"。这样的证明要求对于受害一方当事人来说,有时有一定难度。这也就是法官在这里提及的司法救济存在的缺陷,它导致当事人获得的赔偿损失经常是不充分的。而约定赔偿金条款,则通过当事人自行协商的方式,解决了赔偿不充分的问题,这也成为支持约定赔偿金条款的一个理由,因为相对来说它比较经济,也比司法救济更加全面、充分。——译者注

② Macneil, *Power of Contract and Agreed Remedies*, 47 Cornell L.Q.495 (1962).

③ Seeman v. Biemann, 108 Wis. 365, 374, 84 N.W.490 (1900).

第二个因素有时也被称为"确定损失的难度"。在评估约定赔偿金条款的合理性时，这一因素一般会被认为是很有帮助的一个测试方法。评估损失或者证明损失的难度越大，约定赔偿金条款似乎就越具有合理性……

第三个因素，则涉及约定赔偿金条款是否是对将来实际损失所作的一种合理预测。法院会对预测损失的合理性进行测试，这一测试与"确定损失的难度"所进行的测试一样，既从合同达成时间进行审视，也从违约时间（或者是法院进行初审的时间）进行审视。

第二个因素和第三个因素相互交织在一起，而且，在对这两个因素进行测试时，法院是综合运用了"向前看—向后看"这样的分析方法。[①]虽然法院通常认为，约定赔偿金条款的合理性这一问题，必须回到合同形成的那一时间节点"向前看"进行判断（这一方法就是"向前看"的方法），而且当事人在违约或者法院审理时的损失数额或者存在的实际损失与判断赔偿金条款的合理性并不相关——它们只是在法院判断缔约时究竟什么才是合理的（这是"向后看"的方法）时候有帮助——但是，不少案件的结论还是表明，初审法院审理案件时所查明的那些事实，在法院认定约定赔偿金条款合理与否的时候，仍然可以产生极大的影响……

将"合理性的测试"方法以及作为该方法基础的政策牢记于心，我们现在来分析本案中初审巡回法院所作出的结论，即系争的约定赔偿金条款是合理的。雇主帕努斯认为，系争约定赔偿金条款具有惩罚性质，因而是无效的，因为在合同形成的时候，雇员因为违约将会受到的损害可以估计得到，在法院审理的时候也是比较容易得到证明的。雇主帕努斯进一步辩称道，将雇佣合同剩余期间的所有薪水作为计算雇员损失的依据，并不能合理预测违约行为所导致的实际损失，因为这样的计算方法实际上是让雇员得到了一笔"意外横财"[②]……

---

① 在这里所提及的"向前看—向后看"的方法，是法院在考虑第二个因素和第三个因素（即"如何确定损失的难度"和"对损失的合理预测"）的时候，所采纳的一种测试方法。"向前看"是指要回到当事人开始形成合同的时点向前看，看当事人在当时确定未来损失的难度是不是很大，约定的赔偿金是否能够合理预测到将来的实际损失；"向后看"是指从当事人违约的时点或者案件在法院审理的时点向后看，看以上提及的因素是否合理。——译者注

② "意外横财"是指当事人没有预料到的、意外的收入或者利益。普通法的合同法有一个基本理论，一方受到的损失必须是合理的实际损失，受害一方当事人不能因为对方的违约而从中获得其他利益，因此普通法一般不认可这种"意外横财"。本案中的雇主认为，如果让雇员从其处得到剩余雇佣期间的全部薪水，而雇员同时又可以在其他雇主那里获得薪水，就等于是让雇员在同一时间内获得两笔薪水，这样，雇员得到的利益就超过了他遭受的实际损失，这种报酬或者利益就相当于"意外横财"。

亚伯拉罕森法官随后对被告雇主提出的"意外横财"观点进行了分析，认为本案没有证据证明原告雇员获得"意外横财"，并且认为如果"约定赔偿金条款"是合理的，"意外横财"的辩解观点就不能够适用。——译者注

当雇佣合同中的当事人在估计雇主违约可能给自己造成的损害结果时，他们并不知道，雇主如果真的违约，自己是否能找到和先前工作相当的工作。而如果雇员发现确有合适的工作，工作地点又会在哪里，或者，作为雇员，自己将要承受怎样的工作强度。可是，正如上诉法院在其判决书中也提到的，标准的计算损失方法①却提供了一个简单易行的计算公式，它可以相对容易地计算出当事人所遭受的损失。根据众所周知的法律规定，当一个雇员被错误解雇的时候，该雇员遭受的损失就是他在剩余雇佣期限内可以得到的薪水，加上他寻找其他工作机会所花费的费用，再减去剩余的合同期限内他已经挣得的薪水或者将要挣得的薪水，或者是他尽到合理努力之后可以挣得的薪水。这些损失在法院审理的时候通常很容易计算的。

然而，在违约之后按照标准的计算赔偿公式所得出的具体赔偿数额，可能并不能真正反映受害一方因为违约所遭受的实际损失。除了根据众所周知的公式所计算出来的赔偿之外，雇员还可能遭受其他的附带损失②，这些附带损失包括了对雇员职业声誉的永久性损害、职业发展机会的损失，以及精神上的损害。在计算错误解雇给雇员造成的损失时，法院会严格适用可预见性规则、减损规则和确定性规则，而很少会支持当事人的这些附带损失。例如，对伤害雇员职业声誉所造成的损失，通常会被认为过于遥远、不在当事人可以预见的范围之内，因而得不到法院支持。因此，在一起违反合同的法律诉讼中，当事人遭受的实际损害与他可以获得的赔偿之间，两者在数额上可能并不相同。但是，通过在合同中明确约定赔偿金的数额，合同的当事人可以预先考虑到在法律上通常不会得到支持的那些损失。通常情况下，反对支持当事人附带损失的那些意见，其主要理由就是这样的附带损失难以预见，无法通过法院来确定其金钱上的具体数额。然而，当合同当事人可以预见到这些附带损失，并且同意按照确定的数额进行赔偿的时候，前面提及的反对意见就站不住脚了……

在分析、研判了本案系争的约定赔偿金条款和本案的庭审笔录之后，我们法院的结论是：当我们将附带损失作为赔偿的考虑因素时，当事人在合同形成时对于可能发生损失作出的预先估计，就是合理的。在当事人缔约或者违约的时候，附带损失可能是难以估量的，而且在法院审理时也难以证明。合同中约定将违约以后合同期限内的全部报酬作为计算赔偿金的公式，在我们看来，

613

---

① 本案中的约定赔偿金条款，就是一个标准的计算损失的方法。——译者注
② "附带损失"，是一个与"间接损失"有一定关联的概念，有时也可以作为与"直接损失"相对应的一个概念。"附带损失"是指并非某一违约行为直接造成的损失，但却是这一违约行为造成的结果。当事人如果要求对方赔偿"附带损失"，法律也会要求这样的损失是可以预见的、或者是确定的。——译者注

似乎是一个简单而公平的计算损失方法……

在本案中,我们发现很难支持雇主提出的雇员并没有因为被解雇而遭受损失的观点,因为庭审笔录中有切实的证据表明,这位雇员确实受到了伤害,他在被解雇之后大约有 2 个半月的时间处于失业的状态。在这段期间之后,这位雇员虽然在另一家酒店获得了工作,但是并没有证据表明,他获得的这一工作与他先前担任托尼酒店经理的工作具有可比性,另外一家酒店在薪水、发展机会等方面都不如托尼酒店,两份工作不可同日而语。本案中也没有证据表明,雇员从新工作中得到的补偿相当于或者超过了雇员根据被违反的合同可以获得的薪水,而且,庭审笔录中并没有揭示这位雇员是否遭受了附带损失。我们所知道的全部情况是,[由于雇主解除合同,]这位雇员看来确实遭受了一些附带损失。因此,我们正在审理的这一案件与本案雇主作为支持自己观点的案件——Fields Foundation, Ltd. 诉 Christensen① 案——还是有区别的。在 Fields Foundation 这一案件中,法院认定,当庭审笔录确定非违约方没有遭受附带损失时,约定赔偿金条款不能强制执行。

因为阅看本案的庭审笔录之后就可以得出雇员遭受了一些附带损失的结论,所以,本案留下的争议问题就是,这一约定赔偿金的数额是否比雇员实际遭受的损失要高出许多,以至于约定赔偿金确定的数额构成了一个惩罚性的赔偿呢?

本案中的雇主反复强调,约定赔偿金条款具有惩罚性质,因为它并没有考虑雇员在余下的合同期限内还可以挣得的报酬。雇主认为,如果允许雇员在本案中获得约定赔偿金,那就等于就是让雇员得到了一笔“意外横财”,因为他既获得了合同中协商确定的薪水,在余下的期限内又因为出售自己的服务,从其他地方获得了报酬:这位雇员将从被告雇主这里获得 21 个月的薪水,而从新雇主这里可以获得 18 个月的薪水。对于涉及约定赔偿金条款的这类案件,初审的巡回法院在评估这一条款总体合理性的时候,通常会使用雇员实际获得的薪水或者可能获得的薪水这方面的证据,因为雇员随后获得的薪水与违约给雇员造成的实际损失这一问题相关。在本案中,正如我们下面将进一步讨论的,在庭审笔录中并没有证据表明雇员随后获得的薪水,因此,本案中并没有证据支持雇主提出的该雇员将会因为强制执行约定赔偿金条款而获得“意外横财”这一观点。

……简而言之,雇主在本案中就约定赔偿金条款是否合理所提出的种种抗辩,并没有满足不合理性的证明要求。因为我们认定庭审笔录表明了本案中的雇员确实遭受了一些实际损失,庭审笔录也没有表明这样的实际损失与约定的赔偿金之间存在着极度的失衡,所以,我们在这里维持初审巡回法院所

614

---

① 103 Wis.2d 465, 476, 309 N.W.2d 125 (Ct.App.1981).

作的认定,即系争的约定赔偿金条款是合理的,而且可以强制执行。

在审理过程中,我们曾经要求当事人就本案涉及的次要问题,即雇员的减少损失义务这一问题提出分析意见。一直以来,在并不涉及约定赔偿金条款的违约案件中,我们法院一以贯之地认定,被解雇的雇员有义务尽到通常的注意和审慎的努力来寻找合适的工作。在计算雇主对雇员承担的损失时,雇员通过工作得到的薪水,或者可能得到的薪水,应该从总的赔偿数额中予以扣除……

……我们法院在此认定,一旦某个约定赔偿金条款被法院认定为合理,那么,初审法院在审理时就不能将该条款确定的赔偿金减去雇员实际获得的薪水或者可以获得的薪水。在计算雇主应该支付的约定赔偿金时,如果法院再减去雇员已经获得的薪水或者可以获得的薪水,在我们看来,是与支持约定赔偿金条款的公共政策相抵触的……

初审巡回法院的判决予以维持。

卡瓦塞诉默里①
堪萨斯州上诉法院(1991 年)

本案要旨

原告卡瓦塞与被告默里的公司签订一份买卖合同,约定由原告向被告销售果仁蜜饼,如果被告不接受货物,将按照每箱 5 美元的标准赔偿原告的损失。后来被告违约,原告向法院起诉要求被告按照合同中的违约金条款赔偿损失。初审法院将原告前一年的收入与违约金数额进行比较,认为违约金条款不合理,驳回了原告的诉请。上诉法院认为,根据《统一商法典》,判断违约条款是否合理应该是和原告的预计损失或者实际损失进行比较。于是,上诉法院推翻了初审法院判决。

本案确定的规则是,对于货物买卖纠纷案件,应该按照《统一商法典》的规则来判断违约金条款是否合理,其中重要的参考因素是原告遭受的预计损失或者实际损失(当然,除此之外,还有证明损失的难度、获得恰当救济的难度这两个因素)。

地区法院法官理查德·沃克代表法院呈递以下判决意见:

本案原告卡瓦塞,经营着一家"卡瓦塞异国风情食品"公司。原告对于初审

---

① Kvassay v. Murray, 15 Kan. App. 2d 426, 808 P.2d 896.
本案被告有两名,除了默里之外,还有默里经营的一家"美国食品公司"。法院在判决中认定,两个被告实际上是同一主体。——译者注

法院所作的判决不服,提起了上诉。初审法院在判决中认定,系争合同中的违约金条款不能强制执行,原告主张的利润损失也不能得到救济。卡瓦塞坚持认为,当被告美国食品有限公司(以下简称"美国食品公司")违反了他们之间有关购买果仁蜜饼①合同的时候,自己遭受了损失……[上诉法院维持了初审法院所作的以下认定,即被告美国食品公司与本案被告默里是同一个主体。②]

1984 年的 2 月 22 日,曾经是一名独立保险理算员的卡瓦塞,与美国食品公司签订了一份合同,按照每箱 19 美元的价格向后者出售 24 000 箱果仁蜜饼。根据双方的合同,这次销售持续的时间跨度超过 1 年,在这段时间内,美国食品公司将会是原告卡瓦塞的唯一客户。双方销售合同中包括了以下的条款:"如果买方[美国食品公司]拒绝接收货物,或者拒绝卖方交付货物的行为,那么,卖方将有权就合同中余下的货物要求买方赔偿,赔偿金额按照每箱 5 美元的标准计算。"

由于存款不足,美国食品公司签发的支票曾经被银行拒绝承兑过,这样的情况早早地给原、被告双方的合同关系带来了麻烦。通常情况下,被告默里会签发一张私人支票来支付到期应该支付给原告的款项。在原告大约生产了 3 000 箱果仁蜜饼之后,由于默里拒绝购买更多的果仁蜜饼,原告卡瓦塞停止了果仁蜜饼的生产……

1985 年 4 月,由于制作果仁蜜饼的生意失败,原告卡瓦塞向法院提起诉讼,要求被告默里赔偿损失……初审法院就双方争议的违约金条款的效力问题,通过法官审理的方式③进行了听证……初审法院经过审理之后认为,原告不能获得合同中的违约金……④

---

① 果仁蜜饼(baklava)是希腊、土耳其出产的一种著名风味点心,是以油酥面为面皮,里面包着果仁、蜂蜜。——译者注

② 在这起案件中,默里是美国食品有限公司的负责人。初审法院认定,根据默里在美国食品公司经营中的行为,可以揭开美国食品有限公司的法人面纱,认定其与默里是同一主体,默里应该对美国食品有限公司的债务承担法律责任。美国食品有限公司对此认定不服,提起了上诉。上诉法院维持了初审法院的这一认定。由于这一争议焦点与本案损害赔偿数额如何确定这一法律问题并不相关,编者在此略去了这部分分析内容。——译者注

③ "法官审理的方式"是指在没有陪审团参加的情况下,由法官进行审判,审判内容通常只是法律上的问题,而不是事实问题。——译者注

④ 此处省略部分的主要内容是,初审法院的法官认为,原告卡瓦塞提出的利润损失是"猜测的"、"推定的",因而不能获得救济。原告当即对法官的这一认定提出了反对,认为法官的结论为时过早。初审法院虽然认为原告可以在陪审团审理的时候主张自己的利润损失,但还是驳回了原告的动议。在原告提交有关利润损失的证据之前,法官认定利润损失不能获得救济,并且不让原告再提交这方面的证据。因此,在初审过程中,由于法官认定利润损失是不能获得救济的,原告也就没有能够进一步提交自己在利润损失方面的证据。而上诉法院审理后认为,根据堪萨斯州《统一商法典》的相关规定,原告由于被告违约导致的实际利润损失,是判断违约金条款是否合理的一个重要因素,应该在初审过程中予以考虑。这也是上诉法院将该案发回初审法院重新审理的重要原因。——译者注

初审法院认定,原告卡瓦塞所主张的违约金数额是不合理的,因而合同中的违约金条款不能强制执行。在上诉法院审理本案的过程中,原告卡瓦塞首先就初审法院的这项认定提出了反对意见。原告卡瓦塞根据违约金条款主张的赔偿金额是 105 000 美元,这笔金额是以原告未能继续送货的大约 21 000 箱果仁蜜饼作为基础,按照每箱 5 美元的价格计算得出的。初审法院认定,原告卡瓦塞以期待的利润来确定违约金,是不恰当的,因为原告从事果仁蜜饼生意的业务没有经营期限,不是持久经营,也没有得到市场的承认。[①]接下来,初审法院将原告卡瓦塞上一年的收入(大约为 20 000 美元)与他主张的 105 000 美元的预设违约金进行了对比,认定"这两者之间的差额过大,使得违约金条款不能强制执行"。

我们认为,由于系争合同涉及的争议是发生在两个商人之间[②]的货物买卖,所以,本案应该适用美国《统一商法典》。[③]"《统一商法典》并没有改变先前的规则,即违约金条款究竟是否恰当,这是一个应该由法院来决定的法律问题。"[④]因此,我们法院对于初审法院所作结论的审理范围,就是不受限制的。[⑤]

本案买卖合同中的违约金条款,是由《统一商法典》在堪萨斯实施的版本(K.S.A.84-2-718)[⑥]调整的,相关条款是这样规定的:

(1) 任何一方当事人对于违约的损失都可以在协议中通过违约金来设定,但是,所设定的数额必须是合理的。是否合理,应该根据违约造成

---

① 从初审法院的判决可以看出,初审法院之所以没有支持原告将利润作为损失的请求,主要是初审法官认为,根据《统一商法典》,对于尚未生产交付的 21 000 箱果仁蜜饼,原告不能主张未来的利润损失。对于这一点,上诉法院的法官在后面的分析中认为,《统一商法典》的相关规定允许原告主张利润损失。初审法院认为不能支持原告利润损失的另一个理由是,原告经营果仁蜜饼生意时间不长。上诉法院的法官分析认为,《统一商法典》有关条款也没有关于企业经营必须要达到一定时间的要求。——译者注

② 根据《统一商法典》的规定,"商人"是指以从事某种交易作为职业,对这一领域的交易具有一定知识或者技能的人,"发生在两个商人之间",是指交易的双方当事人都是有着一定知识或者技能的商人。《统一商法典》调整的是货物买卖,不动产交易、雇佣合同、服务合同等都不属于其调整范围。本案系争合同的双方当事人都是《统一商法典》所界定的"商人",涉及的"果仁蜜饼"买卖也是货物买卖,所以,本案应该由《统一商法典》来调整。——译者注

③ K.S.A. 84-2-102,在《统一商法典》中是第 2-102 条款。

④ 4 Anderson, *Uniform Commercial Code* § 2-718:6, p.572 (3d ed. 1983).

⑤ Hutchinson Nat'l Bank & Tr. Co. v. Brown, 12 Kan.App.2d 673, 674, 753 P.2d 1299, *rev. denied* 243 Kan. 778 (1988).
通常情况下,如果涉及事实问题,上级法院审理初审法院问题的范围是要受到限制的,许多情况下要以初审法院的结论为准。——译者注

⑥ 这一法律是堪萨斯州立法机构通过的《统一商法典》版本,在《统一商法典》中是第 2-718 条款。——译者注

的预计损失或者实际损失、证明损失的难度或者是获得其他恰当救济的不方便或者不现实等因素进行判断。如果某一条款规定了不合理的大额违约金，那么，因为该条款具有惩罚性，它就是无效的。

到现在为止，我们作为上诉法院还没有机会就类似本案这样的事实，对《统一商法典》的违约金条款的进行过专门的解释。在就这一问题进行分析的时候，初审法院依据的是 U.S.D.No.315 诉 DeWerff[1] 这一案件中确定的有关违约金的法律规则。然而，在我们看来，DeWerff 案件涉及的是一个教师违反了雇佣合同的情形，这一案件不属于《统一商法典》调整。因此，在我们看来，如果在 DeWerff 案件中表述的规则与堪萨斯州《统一商法典》第 2-718 条款中的规则有所不同的话，那么，DeWerff 的规则对于我们当前审理的这一案件就起不到任何作用。

在 DeWerff 案件中，我们法院曾经这样认定："如果违约金条款所设定的数额是合理的，赔偿的数额也是难以确定的，那么当事人就未来可能发生的违约行为设定的违约金条款就是具有法律效力的。"[2]显而易见，DeWerff 判例中采纳的规则，是一个由两个步骤组成的测试方法，即违约金条款必须是合理的，而且它们的赔偿数额必须是难以确定的。然而，根据《统一商法典》的规定，合理性是测试违约金条款的唯一方法。堪萨斯州《统一商法典》第 2-718 这一条款规定了三个标准来判断违约金条款是否合理：(1)由于违约行为所造成的预计损失或者实际损失是多少；(2)当事人证明损失具体数额的难度；(3)当事人得到恰当法律救济的难度。

在初审法院所作的判决中，认定违约金条款不合理，是根据原告卡瓦塞在与美国食品公司达成生产合同之前的收入来判断的。原告根据先前的雇佣合同所得的收入与本案没有关系，初审法院将原告的这一收入与原告根据一份生产合同所主张的违约金进行比较，在我们看来，在堪萨斯州《统一商法典》第 2-718 这一条款中并没有任何基础。事实上，对于买方违反生产合同的这些案件，法律上的传统方法是将卖方置于这样的地位，即"在买方如果履行了合同的情况下卖方应该处于的地位"。[3]因此，在本案中，合同项下的违约金必须是按照堪萨斯州《统一商法典》第 2-718 这一条款的要求，与原告卡瓦塞因为这一果仁蜜饼合同造成的预计损失或者实际损失进行比较。初审法院将卡瓦塞前一年的收入作为比较的参照，显然是一个错误的做法。虽然初审法院使用了一个不正确的测试方法，其认定违约金条款无效也是错误的，但是，初审法

---

[1]　6 Kan.App.2d 77，626 P.2d 1206 (1981).

[2]　6 Kan.App.2d at 78，626 P.2d 1206.

[3]　Outcault Adv. Co. v. Citizens Nat'l Bank, 118 Kan.328，330—31，234 P.988(1925).

院所得出的判决结论是否仍然是正确的呢？如果初审法院得出的判决结论是正确的，我们上诉法院也必须维持这一判决，即使初审法院遵循的是一个错误的依据，或者援引的是一个错误的理由。①要回答这一问题，我们法院就必须近距离地考察堪萨斯州《统一商法典》第 2-718 这一条款中有关合理性的第一个标准——由于违约给原告卡瓦塞造成的预计损失或者实际损失到底是多少。

原告卡瓦塞在初审法官进行审理的时候，提出了有关自己预计损失的一些证据，这些证据表明，在原告卡瓦塞与美国食品公司签订系争合同之前，卡瓦塞的会计曾经计算过果仁蜜饼产品的生产成本。计算的结果表明，如果每一箱果仁蜜饼以 19 美元的价格售出的话，卡瓦塞在支付了自己的时间和劳务成本之后，每箱尚有 3.55 美元的利润。如果不支付自己的时间和劳务成本，那么每箱果仁蜜饼的利润将会是 4.29 美元。尽管这样，当事人在合同中约定的赔偿金数额还是每箱 5 美元。将卡瓦塞预计的净利润损失 3.55 美元与每箱 5 美元的约定赔偿金进行比较，很显然，如果美国食品公司违反合同，卡瓦塞每箱将多获得 1.45 美元的利润，这一金额要比预期利润高出 41％。如果使用 4.29 美元这一数字来进行比较，那么一旦美国食品公司如果违反合同，则违约金条款将会让原告卡瓦塞每箱获得 71 美分的利润，这一金额比原告计划的利润高出 16.5％。②

以上是我们就合同签订之前原告预计的利润与违约金数额进行的比较，单单就这些比较进行分析，就可以很容易地得出以下结论，即违约金条款中规定的每箱 5 美元的赔偿金额是不合理的，因为强制执行这一条款将会让原告卡瓦塞得到一笔"意外横财"，导致该项赔偿金额对美国食品公司而言成为惩罚性赔偿。根据堪萨斯州《统一商法典》第 2-718 这一条款，不合理地确定了很大数额的违约金条款，就是没有法律效力的。

在本案中，我们认为，如果将违约给原告造成的实际利润损失与违约金条款中规定的每箱 5 美元的赔偿方法进行比较，是判断违约金条款法律效力的更好测试方法。然而，在初审法院的法官进行审理时，[由于法官没有认可，]卡瓦塞也就没有试图证明自己产品的实际损失或者实际成本。这样，初审法

617

---

① Sutter Bros. Constr. Co. v. City of Leavenworth, 238 Kan. 85，93，708 P.2d 190 (1985).

② 沃克法官在这一段落中，对原告提交的预计利润进行了分析。沃克法官认为，将原告预想的利润与合同中的违约金条款进行比较可以看出，原告如果能够按照违约金条款得到赔偿，他将会得到较高的赔偿额，而且高出的比例很大。沃克法官在下一段落的分析中提出，强制执行这样的违约金条款将会让原告得到"意外横财"，这样的条款就具有了惩罚性，因而是无效的。但是，沃克法官随后指出，如果将原告的**实际损失**与违约金条款进行比较，会是法条所允许的一种比较方法。——译者注

院就无法将合同违约金条款中的 5 美元与违约造成的实际利润损失进行对比。只有到陪审团进行审理的时候,原告卡瓦塞才能试图证明实际利润损失是其全部损失的一部分。在初审法院认定原告的利润损失不能获得救济,而且原告不能向陪审团说明利润损失的情况下,初审法院是否会在法官审理的过程认可原告提交的有关利润损失的证据,是很成问题的。①

初审法院在认定违约金条款的法律效力时,采用了一个并没有得到普遍认可的因素进行考虑和分析,没有能直接考虑和分析法律规定的正确因素。因为这一点,我们上诉法院在此推翻初审法院的判决,将该案发回初审法院重新审理,让初审法院就预设违约金条款的合理性问题,根据堪萨斯州《统一商法典》第 2-718 这一法律条款作进一步的分析……

温德诉忠诚安全系统公司②
宾夕法尼亚州高等法院(1973 年)

本案要旨

原告温德与被告忠诚安全系统公司签订了一份合同,由被告为原告提供防盗报警装置服务。合同约定,如因被告疏忽造成损失,赔偿数额为原告交纳的一年服务费。合同履行过程中,在一次盗窃事故中,由于被告的疏忽,未能对启动的报警装置采取应对措施,导致原告遭受重大损失。于是,原告向法院起诉,要求被告赔偿损失。上诉法院最终认定,合同中约定的条款是限制赔偿的条款,并不是违约金条款,不必受到合理性审查,于是,判决原告只能获得一年的服务费作为赔偿。

本案确定的规则是,合同中限制违约方赔偿责任的条款,并不是预设违约金条款,平等的商事主体可以在合同中对于损害后果的数额进行限制,而不需要像违约金条款那样接受合理性审查。

沃特金斯法官③代表法院呈递以下判决意见:

---

① 沃克法官在前面提出,如果将预计利润与违约金条款相比较,由于原告卡瓦塞得到的收益数额很大,可以认定违约金条款具有惩罚性而无效。但是,沃克法官在这一段落中提出,将原告由于违约造成的实际利润损失与违约金条款相比,可能是更好的一个判断方法(在堪萨斯州的相关法律中,判断的因素除了预计利润外,还有实际利润这一判断标准)。但由于初审法院早早地认定原告的利润损失不能获得救济,因此原告在法官审理过程中也就未能就其遭受的实际利润损失进行举证。——译者注

② Wedner v. Fidelity Security Systems, Inc., 228 Pa. Super. 67, 307 A.2d 429.

③ Watkins, Judge.

　　这是一起由初审原告温德提起的上诉案件。初审的阿勒格尼县法院在没有陪审团参与的情况下，对一起涉及防盗报警装置的合同纠纷案件进行了审理，随后作出了支持被告忠诚安全系统公司的判决，认定初审被告只需要赔偿原告温德——他经营着一家"温德皮毛商店"——312美元的损失。初审原告温德对此判决不服，提起了上诉。

　　这一起诉讼，涉及的是一份防盗报警装置的合同。上诉人温德的商店发生了一起偷盗事件，造成其价值46 180美元的损失。该案首先由初审法院的西尔韦斯特里法官在没有陪审团参与的情况下进行了审理，西尔韦斯特里法官作出了驳回原告诉讼的判决。这一驳回原告诉请的判决后来被法院撤销，法院裁定对该案重新进行审理。接下来，该案由麦克莱恩法官[①]在没有陪审团参与的情况下重新进行审理，虽然麦克莱恩法官认定被告在这起事件中存在着过失，违反了双方的合同，但他还是依据合同中的违约金条款，判决原告温德只能获得合同中约定的312美元赔偿。原告温德对于该案判决提出了反对意见，后来，初审法院全体法官以多数表决的方式驳回了原告的反对意见。原告温德不服这一判决，向我们法院提起了上诉。

　　由于被上诉人忠诚安全系统公司犯下错误，未能履行防盗报警服务合同，上诉人温德因此实际遭受了价值46 180美元的损失，但是由于合同中争议条款的存在，上诉人温德只获得了312美元的赔偿。该争议条款规定，被上诉人，也就是忠诚安全系统公司，对于上诉人物品的任何损失或者损害不承担赔偿责任，接下来该条款还规定：

　　　　尽管有着上述条款的规定，如果忠诚安全系统公司因为该协议在任何时候产生了任何责任，那么，不管这样的责任是由于疏忽或者其他原因产生，忠诚安全系统公司对此承担的责任，只是限定而且应该限定在其每年收取的服务费数额之内——客户应该支付该服务费，在忠诚安全系统公司给客户造成损失时，该服务费作为违约金可以由客户获得。

　　上诉人温德坚持认为，对于被上诉人因为违约而可能给自己造成的损失，条款中预先估计的数额是不合理的。

　　下级法院将本案系争的事项界定为一个违约金条款，它在判决意见中是这样表述的：

　　　　初审法官在判决意见中指出，处理本案争议问题有一个很好的一般原则，即对于合同中的惩罚性赔偿条款，法院将不会赋予其法律效力，但是，如果系争条款被认定为违约金条款，那么，法院将会认可其法律效力。

618

---

①　Judge McLean.

对于上述原则,双方当事人也是予以认可的。初审法官进一步指出,要确定什么样的条款是惩罚性赔偿,什么样的条款是违约金赔偿,是一件很困难的事情。在宾夕法尼亚州缺少判例对该防盗报警服务合同进行判断的情况下,初审法官认定,本案系争条款属于违约金条款,而不是惩罚性赔偿条款……

然而,虽然初审法院的法官以违约金理论作为依据,很好地支持了他们所作的判决,但是他们并没有单独就该理论的前提条件——即系争的合同条款究竟是不是一个违约金条款——作出分析。

上诉人温德的上诉理由,很大程度上是以《合同法重述》的第 339 条款①的规定作为依据的,但是,上诉人温德却对《合同法重述》这一条款的评论[g]未予理会。该条款的评论[g]是这样规定的:

如果某一协议对于违约时可以获得的赔偿金数额进行了限制,那么,这样的协议既不是支付违约金的协议,也不是支付惩罚性赔偿金的协议。除了提供公共服务合同的情形之外,缔约当事人可以在签订主要合同的同时或者之后,通过协议的方式限制赔偿数额,将其限定在一个特定的数额以内。这样的合同,或者随后达成的合同条款,既不是对于违约可能造成损失的预先估计,也不是为了实现警告对方、促使对方履行合同的这一目的。

对于合同中的表述,即"[忠诚安全系统公司的]责任,只是限定而且应该限定在"其收取的服务费用 312 美元之内,很难说它不是限制赔偿责任的条款,我们认为,这一条款并不是真正的违约金条款。确定无疑的是,如果忠诚安全系统公司对客户造成的损失是 150 美元,那么,当事人共同认可的是,受害方可以获得的赔偿金额是 150 美元,而不是 312 美元。

本案当事人在合同中使用的确实是"违约金"这样的表述,但在我们看来,这对于系争条款的真正性质只有微乎其微的影响。我们法院已经很好地解决了这一问题,即对于当事人要求按照违约金条款或者惩罚性赔偿特别条款要求赔偿损失的,法院在确定相关条款性质的时候,当事人对合同条款所设定的名称"只有很细微的作用,占主导性的因素应该是当事人的意愿,以及每个案

---

① 《合同法重述》第 339(1)条款的主要内容为:"协议如果提前约定了违约金数额,那么该协议不能强制执行,而且不影响当事人主张赔偿实际损失,除非(a)其确定的数额是对违约造成损失数额的合理预判和正当补偿;(b)对于违约造成的损失是无法进行估量或者很难进行估量。"上诉人温德认为,系争条款中提前预设了违约金,而且该违约金条款不属于第 339(1)条款的例外情形,因此,系争的违约金条款无效。但是,法官在下面的分析中指出,《合同法重述》的评论(g)对该条款作了说明,认为除非涉及的是公共事业的合同,否则当事人可以自行对赔偿数额进行协商,包括进行限制。——译者注

件的特殊情形"。① 同样的原则也适用于我们当前审理的这一案件。不能说一旦当事人使用了"违约金"这样的文字,就当然地造成了合同含义的模糊不清,就必须作出不利于被上诉人——作为合同文本的起草方——的解释。在我们看来,本案中这些文字所表达的含义是非常清楚的——被上诉人确定的责任限额就是 312 美元。因此,我们在本案中需要处理的并不是有关违约金的问题。

619

本案争议的真正问题是,对赔偿责任进行限制是不是存在着什么理由?毫无疑问,对于通常发生在商人之间的限制赔偿责任条款**具有法律效力**。"如果合同所涉及的内容完全是当事人之间的私人事务,那么,排除一方由于疏忽造成的赔偿责任的条款,其法律效力问题已经得到了很好解决[法律承认此类条款的法律效力]。"②⋯⋯

与上述观点③相一致的表述,出现在《合同法重述》第 574 及 575 条款中。根据《统一商法典》第 2-719(3)条款的规定,对于货物买卖合同,适用的也是这样的规则。《统一商法典》的相关条款是这样规定的:

> 当事人对于间接损失可以进行限制或者排除,除非这样的限制或者排除是显失公平的。供个人消费的商品在使用过程中可能会造成人身伤害,如果当事人对这种人身伤害的间接损失④进行限制,那就是一种显而易见的显失公平。但是,如果当事人之间只是对商业损失进行限制,则并非显失公平。

普通法允许当事人对于损失后果进行限制这一原则也有例外,这一例外是针对公共事业部门而言的⑤。现在,通过 Thomas 诉 First Nat. Bank of Scranton⑥ 这一案件,例外情形适用的领域在某种程度上进一步得到了拓宽。⑦法院在 Thomas 案件中是这样认定的:

---

① Laughlin v. Baltalden, Inc., 191 Pa. Super. 611, 617, 159 A.2d 26, 29 (1960).

② Dilks v. Flohr Chevrolet, 411 Pa. 425, 433, 192 A.2d 682, 687 (1963).

③ 即前面述及的"毫无疑问,对于通常发生在商人之间的限制赔偿条款具有法律效力"这一观点。——译者注

④ "间接损失"是指并非由某一合同或者行为直接造成的损失,而是由此带来的相关损失。从该条款可以看出,《统一商法典》对于涉及消费者权益的消费类商品造成的人身伤害,不允许限定赔偿数额,但是对于商业性损失,却允许当事人进行限制。这可能和消费者权益保护的保护立法具有一定公法性质有关,如果允许商家对人身伤害的赔偿数额进行限制,则有失公平,侵害消费者权益。而商业性损失却没有这些特性,它完全可以由当事人自行协商确定。——译者注

⑤ Turek v. Pennsylvania R.R. Co., 361 Pa. 512, 64 A.2d 779 (1949).

⑥ 376 Pa.181, 185—186, 101 A.2d 910, 912 (1954).

⑦ 根据这一判例,例外的范围从公用事业单位拓展到银行这一领域。——译者注

正如公共乘运人①、公用事业单位等一样,银行也为社会提供重要的公共服务。美国联邦政府和州地方政府就它们各自辖区内的银行应该如何成立和运作,分别都有规定。所有的银行都由美国联邦政府或者州的官员进行特别仔细的检查和监管。美国联邦政府要求银行拥有的存款必须达到限定的数量。如果有人想要在银行存款,那么他就必须将这部分钱委托给美国联邦政府或者州政府批准的规范银行机构②。银行储户所面临的这一情形,与一名乘客在公共乘运人处的境遇非常类似——选择公共乘运人的乘客,被要求必须接受乘坐该交通工具的有关规定,并要购买具有合同性质的车票。我们法院一贯认定,允许公共乘运人限制其因过失所造成的赔偿责任,这样的做法是违反公共政策的。

然而,在本案中,涉及的事项是发生在两家公司之间所作的私下约定,这种情形并不像银行和公用事业单位那样,有着州的法规进行规范。对于如何保护自己的财产安全,上诉人可以进行其他选择,可以选择是否去投保。虽然防止偷盗来保护财产日益重要,但我们仍然相信,其重要性还未达到可以与银行和其他公共服务业相提并论的程度。

620　　假定可以引用货物买卖所适用的主导规则来判断某个条款是否显失公平,我们也不认为本案争议的条款是一个显失公平的条款。即使按照先前提及的《统一商法典》中的条款,从本案事实来看,系争条款确定的限制赔偿责任,很显然并无不当。而且,初审法院在判决中指出了下列重要事实:"在这起案件中,原告和被告双方当事人都是富有经验,在业内长期经营的商人。此外,在签订争议合同之前的 20 天,原告曾经接受过被告竞争对手类似的防盗保护服务,被告竞争对手的合同中也有着与本案类似的限制赔偿责任条款。"

因此,从这一点来说,当前的案件与 K & C, Inc. 诉 Westinghouse Elec. Corp.③这一案件相类似,在 K & C 案件中,法院在判决意见中认定,"显而易见,本案中免除自身赔偿责任的条款并非显失公平,在我们看来,买方并不是一群绵羊,同其打交道的对手,也不是一群豺狼一样的公司。而买方如果要否

---

① "公共乘运人"是指履行着一定公共运输职能的企业,如公交公司、地铁公司、铁路公司、航空公司,等等。——译者注

② 这实际上就是银行的存款准备金制度。该制度要求各商业银行的存款准备金必须达到其存款总量的一定比例。现在更多的是作为中央调控货币政策的工具,最初主要是为了保证储户的存款安全而设定的。美国在 1933 年就通过立法,授权联邦保险公司(Federal Insurance Company,简称 FDIC)履行这一职能。自 FDIC 设立以来,有效地保证了美国储户的资金安全。——译者注

③ 437 Pa. 303, 308, 263 A.2d 390, 393 (1970).

定这样的条款,他就应该让我们相信这一交易是一群绵羊与一群豺狼之间的交易"。①

因此,我愿意在此维持初审法院的判决。

塞尔康法官②认为应该推翻初审法院的判决。他呈递的反对意见如下:

初审法院的法官作为案件事实的发现者,他查明的案件事实如下:

原告温德是一个从事皮毛零售生意的商人,他与被告忠诚安全系统公司达成了一份合同,由被告向原告的商店提供一个防盗报警系统。这一合同是一份充分、有效的合同,而且双方已经持续履行了好几年,后来原告的商店发生了一起偷盗案,偷盗行为发生的时候启动了被告公司总部的报警设施,然而,被告未能采取相应措施。原告以被告未能履行对原告商店发生偷盗行为的注意义务,存在过失、放任以及放纵为由,要求被告赔偿由于这次偷盗事故所造成的损失。在法院进行审理之后,初审法院法官查明——正如在其判决意见中所表述的——"在原告财产失窃这件事上,被告存在着疏忽,未能履行合同中的义务,在被告公司总部处的设施接收到原告商店的失窃报警之后,被告并未能提供合同所要求的服务,导致的结果就是:盗窃犯得以带着价值 38 862 美元的商品从容地离开了犯罪现场。货物的被盗,让原告不得不停下这家商店的皮毛生意,直到补充了存货之后,原告才得以继续开展生意,这又另外给原告造成了 7 318 美元的损失。"初审法院的法官支持了原告要求赔偿损失的请求,但是又对这一赔偿进行了限定,限定原告只能获得 312 美元(加上自损失发生之后这笔费用产生的利息)。初审法院之所以作出 312 美元赔偿的判决,是基于初审法院的法官认定这笔数额是合同中规定的违约金。初审法院的法官所依据的合同条款是这样规定的:"尽管有着上述条款的规定,如果忠诚安全系统公司因为该协议在任何时候产生了任何责任,那么,不管该责任是由于疏忽或者其他原因产生,忠诚安全系统公司对此承担的责任,只是限定而且应该限定在其每年收取的服务费数额之内——客户应该支付该服务费,在忠诚安全系统公司造成客户损失时,该服务费作为违约金可以由客户获得。"

原告对于初审法院法官的上述认定和结论提出了反对意见,初审法院的

---

① 法官在这里借羊和豺狼的关系,说明当事人之间并不是实力悬殊、一方占据着明显优势的情形。如果双方的缔约能力真的像羊和豺狼的关系,那么法官对于当事人达成的条款也许会得出显失公平的结论。但是,如果双方是平等的、缔约能力相当的当事人,他们自行约定的限制赔偿责任的条款,就是他们的真实意愿,当事人不能在事后随意主张显失公平。——译者注

② Cercone, Judge.

全体法官对该案进行了听证审查①,全体法官中只有一名法官对初审法官的判决提出了异议,据此,初审法院驳回了原告的反对意见。原告对此不服,提起了上诉。

621　　在我们上诉法院就该案进行口头辩论之前,下级法院和本案的任何一方当事人都没有认为系争的条款有其他不同含义,很清楚,当事人在合同中表达出来的文字就是"违约金"。然而,与初审法院和当事人将系争条款视为"违约金"不同的是,维持初审法院结果的上诉法院却没有作出这样的认定。很明显,在本案中,我们上诉法院多数法官的维持意见将系争条款看作比"违约金"条款更有约束力的一个条款——即"限制赔偿责任"条款。对于多数法官的这一判决意见,我不能同意。如果因为合同中确定的违约金数额与导致的实际损失之间存在不合理的失衡(过高或者是过低),当事人就可以免除合同违约金条款中的责任,那么,由此就可以提出以下问题:为什么同样的合理性测试②不可以适用于合同中的限制赔偿责任条款呢? 在我看来,并没有任何逻辑上的理由可以阻止法院采纳判断违约金条款有效与否的合理性测试方法。因此,我更愿意认定,合同中的限定赔偿责任条款与合同中的违约金条款在以下两种情形下同样无效:第一种情形是,限定赔偿责任的条款不合理,第二种情形是,被告未履行合同义务与原告的损失结果之间并无关系。本案中,对被告赔偿责任的限制是,被告只需要赔偿"相当于其从原告这里收取的1年服务费用"。根据这样的条款,原告的损失结果与被告违反合同条款之间并无任何关系,这样的约定明显不合理,而且非常武断。在我看来,不管这一条款是违约金条款还是限制赔偿责任条款,都不能强制执行。

　　有关货物买卖的《统一商法典》第 2-718 条款,其标题为"违约金损失或者限定赔偿损失",该条款在提到违约金赔偿时,也提到了限定赔偿。《统一商法典》第 2-718 条款的第(1)项是这样规定的:"任何一方当事人对于违约的损失都可以在协议中预先设定,但是,所设定的损失数额必须是合理的。是否合理,则根据违约造成的预计损失或者实际损失、证明损失的难度或者获得其他恰当救济的不方便或者不现实等因素进行判断。如果某一条款规定了不合理

---

①　这里提及的"全体法官对案件进行听证审查"是指对于某个特别重要的案件,或者是有着重大社会影响的案件,由法院的全体法官对该案进行听证审查,然后由全体法官进行语言表决。这一审判方式与一般的案件有所不同,一般案件中只是由合议庭法官进行表决。——译者注

②　"合理性测试"是判断违约金条款是否有效的一个测试方法。如果合同中确定的赔偿数额与实际损失之间存在着明显的失衡,那么这样的违约金条款很可能被法院认定为无效。——译者注

的大额预设违约金,那么因为其具有惩罚性,它将是无效的。"《统一商法典》中这一条款的评论是:"如果某一条款不合理地确定了大额违约金,那么,该条款将因为其具有惩罚性而归于无效。**一个不合理的过小数额赔偿条款,也会受到类似的批评,会被认为是显失公平合同或者显失公平条款而受到抨击**。"

《统一商法典》第2-719条款,其标题为"合同对救济措施的修改或者限制",该条款的第(1)项是这样规定的:"除了遵照前面有关赔偿的条款和**限定赔偿的条款**之外,(a)在本章(即货物买卖这一章)之下,当事人……可以通过协议对其获得救济的损失进行修改或者限制……"对于这一条款的官方评论如下:

1. 根据这一条款的规定,当事人可以根据其特别要求,自行确定所需的救济手段。对于当事人**限制**或者修改救济手段的**合理协议**,应该赋予其法律效力。

然而,买卖合同中至关重要的是,当事人应该可以获得最低限度的适当救济。如果当事人试图在本章的范围之内缔结合同,那么,他们就必须接受这样的法律效果:即在一方当事人违反合同约定的义务或者责任时,另一方当事人至少应该有一定的公平数量的法律救济。**因此,任何旨在以显失公平的方式来修改或者限制本章下的救济条款的规定,都应该被剔除**。在这样的情况发生时,本章规定下的救济措施就可以适用,就像被剔除的条款从未存在一样。类似地,根据本条款第(2)项的规定,一个貌似公平合理的条款,如果因为案件的具体情形没有实现公平合理的目的,或者是剥夺了任何一方当事人进行谈判的实质性权利,那么就应该让本章规定的一般救济条款发挥作用。

本案系争的条款(不管是将其当作违约金条款,还是当作限制赔偿责任的条款)不合理地将原告获得赔偿的数额限定在返还已经交付的服务费用,而且剥夺了原告就赔偿数额进行谈判的权利。正如维持初审法院的判决意见中所解释的那样,这一条款实际上起到的是解除合同的效果,在被告未能恰当履行合同的时候,这一条款完全免除了被告的义务,只是要求被告将合同中的服务费返还原告。如此一来,该合同实际上就成为了一个虚幻的东西,被告可以不受制约地履行合同,而原告也无权得到被告的履行内容。通过限制被告的违约后果,只是让被告返还所获得的服务费,被告就得以解除合同项下的义务,这将导致原告得不到原先通过协商谈判所获得的履行内容,也得不到被告违约的任何合理赔偿。

因此,我的观点是,系争的合同条款不合理而且显失公平,不应该得到强制执行。

因此,我尊重维持初审法院的法官的判决意见,但也强烈地表示反对。

623　■ **第二节　返还利益**①

一、对于受害一方当事人

美国政府诉阿尔杰农·布莱尔公司②
美国联邦第四巡回上诉法院（1973 年）

本案要旨

被告布莱尔公司是美国政府投资的一项工程的总承包商,科斯塔公司为分包商。后由于总承包商的违约,分包商不得不终止了履行合同。科斯塔公司[代表美国政府]向法院起诉,要求被告布莱尔公司赔偿自己已经付出的劳动和设备的费用。初审法院认定,如果科斯塔公司履行完合同的话,其遭受的损失将会超过其主张的金额,初审法院据此驳回了科斯塔公司的诉请。上诉法院推翻了初审判定,最终认定,当事人根据合同不能获得救济,并不能阻止当事人主张已经付出的劳动和设备费用。

本案确定的规则是,在总承包商违约的情况下,分包商可以放弃根据合同来主张权利,转而根据"据实结算"这一原则要求对方返还自己已经付出劳动的价值。

克雷文巡回法官③代表法院呈递以下判决意见:

一个分包商由于总承包商的违约而正当地停下了分包合同项下的工作,由此引出本案争议的主要问题:对于自己已经付出的劳动和设备价值,这一分包商是否可以根据"据实结算"这一法律原则④向总承包商提出主张,而不管这

---

① "返还利益"这一救济方式在实践中主要是要求返还已经付出的劳动或提供服务的价值。——译者注

② United States v. Algernon Blair, Inc., 479 F.2d 638.
本案原告在形式上是美国政府,实际上是工程的分包商科斯塔公司。根据美国法律的规定,科斯塔公司可以以美国政府的名义起诉。本案有两个被告,除了阿尔杰农·布莱尔公司之外,还有一家担保公司。——译者注

③ Craven, Circuit Judge.

④ "据实结算"是普通法中的一个重要原则,主要是指付出劳动的一方,要求对方支付这些劳动的合理价值。这通常是在没有合同关系的情况下,提供劳动一方主张权利的依据。在要求返还已经付出的劳动(价值)这一救济中,当事人经常会以这一法律原则作为依据。它的目的主要是为了防止当事人获得不当利益。——译者注

一分包商在合同诉讼中是否有权获得救济呢？我们上诉法院对这一问题的回答是可以，而且，基于以下理由，我们认为，初审地区法院的判决应该予以推翻。

分包商科斯塔钢结构安装公司(以下简称"科斯塔公司")根据米勒法案[①]中的相关条款，以美国政府的名义针对总承包商阿尔杰农·布莱尔公司(以下简称"布莱尔公司")及其担保人——美国信保公司——提起了本案诉讼。布莱尔公司与美国政府签订了一份工程施工合同，由布莱尔公司为美国政府在南卡罗来纳州查尔斯顿县建设一个海军医院。接着，布莱尔公司与科斯塔公司达成分包合同，由科斯塔公司进行钢结构安装，并为布莱尔公司与美国政府间的总包合同提供一些设备。之后，科斯塔公司履行了它的合同义务，使用自己的起重机来起吊和安装钢结构。然而，布莱尔公司拒绝支付租赁起重机的费用，坚持认为，根据合同它没有义务去这样做。因为布莱尔公司没有能够支付租赁起重机的费用，在完成了分包工程大约 28% 的工程量之后，科斯塔公司终止了履行合同。布莱尔公司后来找到了一个新的分包商完成了余下的工作。科斯塔公司随即向初审的地区法院提起本案诉讼，要求获得自己所付出劳动和设备的价值。

初审地区法院认定，分包合同要求布莱尔公司支付起重机的费用，而布莱尔公司拒绝这样做，这构成一个重大违约，这一重大违约足以表明科斯塔公司可以正当地终止履行双方的分包合同。地区法院的这一认定在上诉审理中并没有受到双方的质疑。地区法院接下来认定，根据分包合同，被告布莱尔公司到期应该支付给科斯塔公司的款项减去被告当时实际已经支付了的款项，数额大约是 37 000 美元。此外，地区法院还作出这样的认定，如果科斯塔公司全部履行完它的工作，它将会有很大的损失，这些损失的总额将超过 37 000 美元。由于认定到期付给科斯塔公司的那些款项必须减去它完全履行合同之后所遭受的损失，地区法院驳回了科斯塔公司诉讼请求。虽然初审地区法院正确地说出了"合同赔偿所适用的通常规则"[②]，但是，我们上诉法院认为，科斯塔公司还是有权根据"据实结算"这一原则获得法律上的救济。

在 United States for Use of Susi Contracting Co. 诉 Zara Contracting Co.[③]这

---

① "米勒法案"(Miller Act，40 U.S.C.A. §270a *et seq.*,)是一部调整美国政府投资建设工程的法律。它根据工程投资金额的大小，要求承包商必须提供一定金额的担保或者保证，以确保工程的质量和工期。本案中总承包商出现了违约，根据米勒法案的规定，允许分包商以业主(美国政府)的名义提起诉讼，主张自己的权利。——译者注

② Fuller & Perdue，*The Reliance Interest in Contract Damages*，46 Yale L. J. 52 (1936)；*Restatement of Contracts* §333(1932).

③ 146 F.2d 606(2d Cir. 1944).

一案件中(这也是一起涉及米勒法案的案件),法院面临的是与本案相类似的情形,即在分包商履行了部分合同之后,总承包商不恰当地违反了分包合同。审理该案的法院在判决意见中这样说道:

> 在对方违约之后,受诺人有权选择放弃基于合同的任何诉讼,而只去主张自己实际履行的那些工作的价值。这是一个已经被人们所接受的合同法原则,它经常适用在建筑合同纠纷的案件当中。

第十巡回上诉法院曾经在判决意见中说道,在一个涉及米勒法案的案件中,当事人基于"据实结算"这一原则主张法律救济的权利,显而易见是存在的。正如在本案中一样,"据实结算"这一原则并不限定在一个针对总承包商的诉讼中,而且也可以针对那些根据米勒法案作出保证的当事人。第十巡回上诉法院进一步认定,如果诉状中原告主张法律救济的理论不是很清楚,这并不排除原告根据"据实结算"这一原则来获得法律救济。①原告可以将要求据实结算的主张与要求违约赔偿的主张结合在一起向法院提出。

625   在我们手头这一起案件中,科斯塔公司自己花费金钱,向布莱尔公司提供了劳动和设备。违反分包合同的布莱尔公司在没有完全支付这些金钱的情况下,已经获得了它们的价值。基于这些事实,科斯塔公司有权根据"据实结算"这一原则要求布莱尔公司支付自己已经付出的那些劳动和设备的价值。

"应该予以返还的利益",如果涉及"不当减少他人财产"和"不当让自己获利"这两方面因素的结合②,那么它就提供了应该给予当事人以法律救济的最强烈的情形。如果我们承袭[古希腊哲学家]亚里士多德的主张,将正义的目的看作在社会成员之间维持对物品占有的一种均衡,那么,对于"应予返还的利益"进行司法干预(即责令对方返还这些利益)就更有必要性,这要比对"信赖利益"进行司法干预的必要性强上一倍。之所以这样认定的原因是,如果 A 的违约不仅让 B 失去了一项利益,而且将那一项利益拿过去,放到自己身上,那么在 A 和 B 之间出现的失衡就不是一项利益,而是两项利益。③

"据实结算"这一原则的作用,是允许受诺人向对方主张自己实际提供服

---

①　Narragansett Improvement Co. v. United States,290 F.2d 577(1st Cir. 1961).

②　这里提及了两个概念"不当减少他人的财产"和"不当让自己获利",这两个事项可以说是"返还已经支付的利益(价值)"这一救济措施时通常见到的两种情形。法官在这里分析道,本案中的情形,不是仅仅涉及其中一种情形,而是两个情形都涉及了。因此,在法官看来,原告提出的返还已经付出劳动(价值)的主张,更加有充分的理由。——译者注

③　Fuller & Perdue, *The Reliance Interest in Contract Damages*,46 Yale L.J. 52,56(1936).

务的那些价值,而不管受诺人根据合同是否将会失去这笔金钱,进而在合同诉讼中无法获得法律上的救济。①据实结算这一救济措施的计算方法,是当事人履行行为的合理价值②。当事人全部履行合同之后可能会有损失,然而,"据实结算"这样的救济方法,不会再减去将来可能的损失。③虽然说合同价格是所提供服务的合理价值,但是,合同价格并不能衡量当事人履行行为的价值,也不能限制当事人的法律救济。④更准确地说,衡量原告所提供服务合理价值的标准,是在提供这一服务的时点上,被告从处于原告这一位置的其他人这里购买该服务的价值到底是多少。

由于地区法院没有正确地判定科斯塔公司提供给布莱尔公司劳动和设备的合理价值,所以,这一案件必须发回初审法院重审来查明这些案件事实。当这些合理价值的数额得到确定之后,应该判决科斯塔公司可以得到这些数额的费用,再减去根据合同已经支付给科斯塔公司的费用。综上,其于上面提及的理由,地区法院的判决予以推翻,由地区法院根据我们的指导意见重新进行审理。

奥利弗诉坎贝尔⑤
加利福尼亚州最高法院,全体法官共同审理(1954 年)

本案要旨

原告奥利弗是已经去世的坎贝尔生前所聘用的律师,坎贝尔生前曾聘用原告代理自己与妻子的诉讼案件。在原告完成全部工作、最后诉讼结果出来之前,坎贝尔因为对原告的工作不满而解雇了原告。后坎贝尔去世。原告向法院起诉,要求被告的遗产继承人支付自己已经提供服务的合理价值。法院认定,由于原告已经履行了全部合同义务,他就不能再主张合同价款以外的其他东西,只能主张尚未支付的余款。

本案确定的规则是,对于有固定报酬和服务范围的合同来说,在一方当事人已经履行了自己的全部义务之后,即使合同被对方当事人错误解除,已经履

①　Scaduto v. Orlando，381 F.2d 587，595 (2d Cir.1967).
②　*Restatement of Contracts* § 347(1932).
③　12 *Williston on Contracts* § 1485，at 312(3d ed.1970).
④　……然而,应该指出的是,在那些主张返还已经付出劳动(价值)的诉讼中,有很多案件允许原告拿回已经转移到被告那里利益的价值,即使这一价值要超过被告已经承诺返还的那些行为的价值。在这些案件中,毫无疑问,人们认为,由于被告的违约行为,应该剥夺被告保留自己利益的权利。*Fuller & Perdue，supra* at 77.此为原判决中的注释。
⑤　Oliver v. Campbell，43 Cal.2d 298，273 P.2d 15.

行了合同义务的一方当事人也只能主张尚未支付的余款。

卡特法官①代表法院呈递以下判决意见：

原告奥利弗向已故的坎贝尔的遗产继承人提起诉讼，要求继承人支付坎贝尔生前所欠的律师费，初审法院作出了支持被告的判决，原告不服判决，提起了上诉。

626　　　原告奥利弗在本案中以普通法上"返还金钱债务"②这一诉因提起诉讼，原告声称，坎贝尔生前还欠其 10 000 美元的律师费用没有支付，这笔 10 000 美元的费用是原告奥利弗作为坎贝尔生前的律师提供法律服务的合理价值；坎贝尔生前已支付 450 美元，余下的费用并未支付。在原告奥利弗提供了法律服务之后，坎贝尔就离开了人世。原告奥利弗曾经向坎贝尔的遗产继承人主张过这笔费用，但是遭到了坎贝尔的遗产继承人的拒绝。被告［即坎贝尔的遗产继承人］在答辩中对于原告奥利弗的诉请进行了反驳，并提出进一步抗辩，认为原告与被告曾经达成一份"明确的书面合同"，由坎贝尔以 750 美元的价格聘用原告奥利弗作为其律师，根据双方之间的合同，原告奥利弗所提及的所有工作都已经完成了。

根据初审法院查明的事实，原告奥利弗的诉讼请求是以其为坎贝尔提供法律服务的合理价值作为诉讼依据。原告为坎贝尔先生提供法律服务的是两起案件，一起是坎贝尔的妻子要求［坎贝尔］支付分居期间生活费③的案件，另一起是坎贝尔本人对妻子提起反诉，要求离婚的案件，在这两起案件中，原告奥利弗都是坎贝尔先生的诉讼代理人。当坎贝尔的妻子起诉坎贝尔的诉状刚刚提交到法院的时候，原告奥利弗还不是坎贝尔的代理律师。1949 年 12 月 16 日，也就是在坎贝尔夫人的案件在法院进行审理之前，原告奥利弗才成为了该案的代理律师。奥利弗与坎贝尔在这一天达成了一份书面合同，奥利弗同意在案件中代理坎贝尔进行诉讼。在双方的合同中提到，原告同意在初审法院已经安排审理的分居生活费案件和离婚案件中代理坎贝尔进行诉讼，总费用是 750 美元，此外再加上其他附带费用 100 美元，两项合计为 850 美元。这些费用将在法院对本案的初审程序结束之后予以支付。原告奥利弗代理坎贝

---

① Carter, J.

② "返还金钱债务"是普通法上的一个诉因，一般是原告履行了一定行为之后，要求被告支付相应的价款。普通法上认为这是一种债的主张。——译者注

③ 分居生活费在美国是指夫妻双方分居期间（尚未离婚），一方要求另一方支付的生活费，包括子女的抚育费及本人正常的生活费用。当事人通常会在分居之前签订分居协议，对此费用予以明确。——译者注

尔在初审法院参加了案件审理,总计工作时间达到了 29 天,原告的代理一直持续到 1950 年 5 月(被告坎贝尔夫人要求支付分居期间生活费的案件被合并到离婚案件中一并进行审理)。在法院初审程序结束之后,初审法院表明了会判决坎贝尔夫人离婚的意愿。但是,正当原告和法院考虑坎贝尔夫人针对本案提出的事实时,坎贝尔自己"跑到了前台",取代原告奥利弗进行诉讼,因而原告奥利弗作为坎贝尔代理人的资格不得不被"终止"。坎贝尔离婚诉讼中有关案件事实的认定,法院是在 1951 年 5 月的时候送交给当事人的。原告奥利弗根据合同应该提供的服务已经完成。这些法律服务的合理价值是 5 000 美元。坎贝尔只支付过 450 美元,再加上 100 美元的诉讼费用。

初审法院认定,原告奥利弗不能从坎贝尔的遗产继承人这里能到得到任何报酬,因为不管他针对坎贝尔的遗产继承人的主张,还是他在本案中提起的诉讼,都不是基于合同这一诉因提出的,而是基于"据实结算"这一法律原则提出的。由于原告奥利弗提供法律服务应该获得的报酬已经包括在双方明示的合同中,所以,原告对于其提供的法律服务的合理价值就不能得到任何法律上的救济。

根据原告奥利弗前后并不矛盾的证词,在离婚案件中的被告坎贝尔夫人向法院提交了有关该案事实的意见书之后,坎贝尔告诉奥利弗,对于他作为律师的表现不满意,将要解雇他,并询问奥利弗是否可以签署一份更换律师的文书,以便坎贝尔能够代表自己参与诉讼。[1]原告奥利弗对坎贝尔的要求是这样答复的,他承认坎贝尔有权解雇他,但是他本来已经准备好将代理这一案件直至最终结束;他期望能得到自己所提供服务的合理价值,这一价值应该可以与被告坎贝尔夫人的律师所得到的 9 000 美元报酬相当。坎贝尔对此的回答是,他不愿意"再支付一个子儿"的报酬(在坎贝尔说这句话的时候,他已经实际支付了 450 美元)。随后,奥利弗签署了更换律师的法律文书(这一法律文书落款的日期是 1951 年 1 月 25 日),而坎贝尔则带走了原告奥利弗在离婚诉讼中的案件材料。

在我们看来,这一雇佣[聘用]律师合同所要达到的效果是,原告律师将要一直为其客户提供诉讼服务和代理活动,这一服务和代理至少可以延续到并包括了离婚案件的最终判决阶段。[2]因此,本案原告奥利弗看起来是在其全部完成合同中的服务之前就被坎贝尔解雇了,而这样的解雇阻止了奥利弗继续

627

---

① 从庭审笔录来看,坎贝尔对奥利弗不满意的主要原因是,他认为自己的妻子不应该得到生活费,而奥利弗认为,他们夫妇已经结婚长达 28 年,从坎贝尔的经济能力来看,他判断法院会判决坎贝尔至少每月支付妻子 250 美元的生活费。同时,坎贝尔要求奥利弗在准备的事实认定中指出对方律师收买了证人,而奥利弗认为这种指控并没有证据,不同意在事实意见书作出这样的认定。——译者注

② Neblett v. Getty, 20 Cal. App. 2d 65, 66 P.2d 473.

完成服务(这一问题随后还会进行分析)。

初审法院所适用正是被告极力主张适用的规则。该规则是这样的:如果一个雇佣合同有着明确的期限、有着确定的报酬,那么雇员就不能获得其提供服务的合理价值,即使雇主在期满之前解雇了该雇员、毁弃了双方合同也是如此;在这种情况下,该雇员唯一可以获得的救济,是在合同诉讼中要求对方赔偿合同中所约定的报酬,或者要求对方赔偿因违反合同所造成的损失。初审法院接受了这一理论,并作出了支持被告的判决。初审法院这样判决的主要理由是,原告奥利弗没有基于合同提起本案诉讼,也没有基于坎贝尔的违约主张赔偿损失;原告奥利弗所主张的是在其被解雇之前所提供服务的合理价值。因此,在本案中,对于坎贝尔是否错误地解雇了原告,是否由于坎贝尔的违约使得原告撤销了双方的合同,是否在坎贝尔解雇的时候,原告已经实质性地履行了合同,法院都没有作出明确的认定。

我们认为,初审法院所采纳的规则,与一般的合同法,与适用于雇佣合同或者客户聘用律师的法律并不一致。合同法的一般规则是这样表述的:"……由于对方违反合同受到损失的一方当事人,有权在三种救济方式中选择任何一种:'第一,他可以视原先的合同已经被废止,对于已经履行的内容,要求对方根据自己实际履行的价值支付报酬;或者,第二,为了双方当事人的利益,他可以视合同为继续有效,让自己在任何时候都处于准备履行合同并且能够履行合同的状态;或者,第三,他可以将违约方毁弃合同的行为视为履行合同的结束,接下来起诉违约的一方当事人,要求对方赔偿自己本来应该可以实现的利润——如果他没有被违约方阻止履行的话,他本来是可以实现这些利润的。'"①在涉及代理的案件或者服务合同案件中,也是如此。……

应该进一步指出的是,根据上面提到的在这一问题上的唯一证据,在原告奥利弗被坎贝尔解雇时,原告说他将会签署更换律师的文件,但要求坎贝尔支付自己所提供服务的合理价值,在这个时候,原告实际上就是立即通知了坎贝尔双方的合同将予以废止。对于奥利弗将坎贝尔已经支付的那部分报酬予以返还或者提出返还的必要性问题,法院适用的规则是:如果在任何情况下原告都有权要求获得这一部分款项,那么,这样的返还就没有任何必要……显而易见,在本案中,不管是根据双方的合同,还是根据奥利弗提供服务的合理价值,原告奥利弗都有权获得坎贝尔已经支付的 450 美元。

然而,上述规则如何适用到我们当前这一案件,仍然是一个问题。在原告奥利弗被解雇的时候,他已经实际上提供了受聘担任律师应该完成的全部工

628

---

① Alder v. Drudis, 30 Cal. 2d 372, 381, 182 P.2d 195; see *Rest. Contracts*, §347.

作。当时，该案初审法院的程序已经结束。初审法院已经表达了将判决坎贝尔败诉的意思，剩下的所有工作只是签署法院查明的事实和判决。因为初审的审判程序已经结束，所以，合同中约定的原告报酬就到了应该支付的时候。在这样的具体情况下，原告奥利弗已经实际上完成了他的义务，这时，法院就应该适用以下这一规则：

> 如果被告同意用来交换原告履行行为的对价是构成确定债务的一笔金钱——被告尚未支付这笔金钱——那么，已经完全履行了合同中自己义务的原告就不能选择要求被告返还已经付出劳动的价值（金钱）。但是，如果被告应该予以返还的利益不是一笔确定的金钱，而是其他对价的话，那么，履行了全部义务的原告就可以主张返还利益这一救济方式。①

在这些论著引用的案件中，当事人他得到的是合同中约定的全部价款，但除此之外，他就什么利益也得不到。然而，正如我们已经看到的其他案件一样，就涉及的诉讼请求而言，本案诉讼可以以普通法上的"返还金钱债务"而不是以特别的合同作为诉因。在本案中，原告奥利弗主张的是，他为坎贝尔提供了价值 10 000 美元的服务，而坎贝尔只付了 450 美元，因此坎贝尔对原告存在未清偿的金钱债务。虽然对于原告来说，更加恰当的做法也许是声称，其提供服务的价值就是合同上的数字，但是，原告所诉请的差额被被告答辩中所提及的诉因这一因素剔除了。这样，原告的诉讼可以被认为是一个传统的**违反承诺所导致的债务诉讼**，由于当事人对于合同中设定的金钱数额[750 美元]并没有任何异议，当事人应该提供的服务已经实际上得到了全部履行，所以，法院应该判决原告可以得到合同中确定价款的余款，即 300 美元。

初审法院的判决予以推翻，初审法院应该作出原告可以得到 300 美元的判决。

肖尔法官提出反对意见②：

---

① *Rest. Contracts*，§350；Locke v. Duchesnay，84 Cal. App. 448，258 P.418；*Williston on Contracts*（rev. ed），§1459；*Corbin on Contracts*，§1110；Civ. Code，§3302.

② 肖尔法官对多数法官的判决意见提出了反对，认为被告应该支付原告奥利弗提供服务的合理价值 5 000 美元。其主要理由是，从奥利弗的证言来看，只能证明坎贝尔解除了双方的雇佣关系，双方的合同被废止了，除此之外，奥利弗的证言并不能证明其他事实。根据双方合同，奥利弗的代理诉讼行为应该是到最终判决出来为止，而不仅仅是到初审程序结束。奥利弗曾说过，初审法院的判决在上诉中可能会被推翻，奥利弗的这一句话，也印证了双方对于奥利弗提供的服务范围并没有作出限制。肖尔法官的逻辑是，既然奥利弗服务的截止期限没有作出过明确限制，在坎贝尔解除合同的情况下，他就有权要求就自己劳动的合理价值要求对方支付报酬。肖尔法官与呈递多数意见的卡特法官的分歧在于，卡特法官认为这是一个有着固定报酬而且服务范围也特定的合同，奥利弗的服务只是在初审过程中，尽管坎贝尔没有让奥利弗工作到最终判决出来，但从实际效果来看，奥利弗已经完成了其全部工作，因此，他就不能按照提供服务的合理价值主张报酬。而肖尔法官认为，从奥利弗的证言来看，双方对于奥利弗的服务范围并没有作出明确限制。——译者注

我对多数法官的判决意见表示反对。我同意多数法官在讨论中的很多观点，甚至对他们引用的、与调整本案的法律规则相关的很多权威判决意见，在很大程度上也是同意的，但我认为，我们法院错误地适用了所引用的法律规则。

具体而言，我认为我们法院得出的这一结论，即"由于当事人对于合同中设定的金钱数额[750美元]并没有任何异议，当事人应该提供的服务已经实际上得到了全部履行，所以，法院应该判决原告可以得到合同中确定价款的余款，即300美元"，是错误的。法院的上述结论，既没有庭审笔录中的事实作支撑，引用的判例在法律上也无法得出这一结论。[肖尔法官同意地区上诉法院瓦利法官在判决中的意见:]

629

我的判决意见是，初审法院的判决应该予以推翻，由初审法院判决原告可以得到5 000美元。初审法院认定了原告所提供服务的合理价值是5 000美元。有关他被坎贝尔博士解雇这件事情，原告奥利弗是唯一的证人。我们法院[多数法官]的判决意见未能将与奥利弗被解雇有关的所有证言都一一予以列明。我在此将奥利弗所作的证言完整列出①。我认为，从奥利弗的证言中，除了能够得出他的被解雇等同于合同从整体上被毁弃或废止之外，并不能得出其他合理的结论，而合同被毁弃或者被废止正好赋予了原告要求获得其提供服务合理价值的权利。**原告与坎贝尔博士达成的合同并没有限制其服务只能是在案件的初审程序之中。**②根据这一合同，原告同意代理坎贝尔博士进行诉讼，直到最终的判决，而且他告诉坎贝尔博士，"他认为这一案件在上诉中将会被推翻"……

---

① 庭审过程中，双方律师对于奥利弗被解雇前后其与坎贝尔的谈话过程进行了询问。肖尔法官为了更好地说明自己的观点，在此将询问的整个笔录全部进行了引用(译者将其略去，在此只介绍询问笔录的主要内容)。询问笔录的主要内容是，在坎贝尔夫人诉坎贝尔先生的案件中，在法官提出将考虑坎贝尔夫人主张的生活费之后，坎贝尔曾经和奥利弗有过一段对话。坎贝尔说，对方不应该得到任何的生活费。奥利弗说，你们双方结婚时间长达28年，从坎贝尔的财产状况和赚钱能力来看，估计法院会让坎贝尔每月支付至少250美元的生活费。坎贝尔还提出，奥利弗准备的事实认定意见书中，应该指出对方律师收买了证人，作出了有利于坎贝尔夫人的证言。奥利弗说，他没有证据，不能这样说。于是，坎贝尔提出，如果奥利弗不这样做的话，他就准备解雇他，并要求奥利弗签署更换律师的文件。奥利弗提出，他知道坎贝尔有权解雇他，但他应该得到自己所提供服务的合理价值。他还提到，他认为这一案件在上诉时会被推翻。就坎贝尔应该支付多少合理价值的问题，奥利弗说，应该相当于坎贝尔夫人律师所得的报酬(9 000美元)。坎贝尔的回答是，他再也不会支付奥利弗任何报酬。肖尔法官认为，如果仔细查看清楚奥利弗的证词，只能得出双方撤销了聘用合同的结论，并不能得出其他结论。——译者注

② 在原判决中，肖尔法官引用了聘用合同的全文，认为从合同来看，并没有限制奥利弗的代理权只是在初审程序中，而是可以直到最终的判决。奥利弗提出，该案件在上诉中可能被推翻，也印证了这一点。——译者注

二、 对于违约一方当事人的救济

马丁诉舍恩博格①
宾夕法尼亚州最高法院(1845 年)

本案要旨

本案被告舍恩博格是一个运输商。原告马丁答应被告舍恩博格,会将自己需要运输某地的货物都交由被告舍恩博格运输,不会交给其他人。被告则答应会付给原告佣金,并保证不少于 3 000 美元的佣金。但在合同履行过程中,原告将大量应该交由被告承运的业务给了其他人。后原告以自己只收到 600 美元佣金为由,要求被告支付保证过的佣金。法院认为,原告没有全部履行自己的义务,不能获得法律上的救济,最终驳回了原告的诉讼请求。

本案确定的规则是,没有全部履行自己义务的当事人无权获得法律上的救济。

……对于一个没有全部履行自己合同的人来说,如果允许他针对自己已经履行的那一部分行为获得法律上的救济,或者是允许他对于自己已经履行的那一部分协议获得法律上的救济,将会让整个国家的道德水准受到重挫。如果法律如此规定,一个人将会只是按照自己怎样方便、怎样得利来履行合同;所有的相互信任和公平交易将走向尽头,人和人之间的内心信任将被彻底打破。……

兰斯洛蒂诉托马斯②
宾夕法尼亚州高等法院(1985 年)

本案要旨

原告兰斯洛蒂与被告托马斯达成协议,由兰斯洛蒂向托马斯购买其经营的快餐业务并租下托马斯的经营场地。原告为此向被告支付了 25 000 美元预

---

① Martin v. Schoenberger, 8 W. & c. § 367.
这是 1845 年宾夕法尼亚州最高法院在判决中的一段陈述,非常有代表性地反映了当时人们对于违约方"要求获得已经付出劳动(价值)"这一救济手段的观点。法官不允许违约的一方当事人获得法律救济,即使违约一方已经付出了巨大的代价,且该代价已经让对方实际获取。在宾夕法尼亚州,这一普通法规则,直到 20 世纪 80 年代之后才被推翻。具体可以参见下面的兰斯洛蒂诉托马斯(Lancellotti v. Thomas)一案的判决。——译者注
② Lancellotti v. Thomas, 341 Pa. Super. 1, 491 A. 2d 117.

付款。签约之后经双方协商,原告同意自行建造一座附楼并以此作为租赁协议的前提条件。后来,原告兰斯洛蒂未能根据协议自己经营快餐业务,也未建造附楼。兰斯洛蒂向法院起诉,要求托马斯返还自己已经付出的 25 000 美元及利息。法院认定,传统的普通法规则,即违约方不能要求返还已经付出的价值,应该予以放弃。法院判决,违约方可以就超过守约方损失的那些价值要求返还。

本案确定的规则是,对于违约方已经付出的、超过对方因为违约所造成损失的价值,违约方有权要求返还;同时,如果根据违约造成的预期损失或者实际损失,或者证明损失的难度,违约方履行行为的价值作为违约金是合理的,那么,违约方无权要求返还已经付出的那部分价值。

斯佩思法官[①]代表法院呈递以下判决意见:

这起上诉案件提出了这样一个法律上的问题:想要购买一项业务的买方[②]——他与卖方达成了相关的租赁合同——在自己违约的情况下,是否可以要回他在违约之前已经支付给卖方的款项呢?普通法上的规则不会让违约的买方要回已经支付出去的款项。今天,我们法院在此决定抛弃普通法的这一规则,在我们看来,普通法的这一规则构成了对违约方已经付出款项的一种剥夺,让非违约方获得了不当利益。我们法院转而适用《合同法重述》(第二次重述)第 374 条款[③]——该条款允许当事人对于自己已经付出的劳动(价值)获得有限的救济。因此,我们决定将这一案件发回初审法院重新审理,让原审法院适用《合同法重述》(第二次重述)中所确定的规则。

一

1973 年 7 月 25 日,本案中的双方当事人达成了一份协议,根据这一协议,上诉人[兰斯洛蒂,初审原告]同意购买被上诉人[托马斯,初审被告]拥有的一项快餐业务,并租下被上诉人从事这一业务的经营场所。上诉人[兰斯洛蒂]同意购买的是这一快餐业务的商号、商誉以及设备;这一快餐业务的库存物品及不动产,并不包括在购买协议当中。被上诉人[托马斯]同意按照以下的对价来出售自己的快餐业务:协议签订之后,被上诉人获得上诉人当即支付的 25 000 美元;上诉人承诺,将由他自己拥有和经营这一快餐业务;上诉人还承诺,为已经存在的大楼[经营场所]建造一个附楼,这一附楼的面积将是 16 英尺×

---

① Spaeth, President Judge.
② 本案中的买方是兰斯洛蒂,他是初审案件中的原告,也是上诉案件中的上诉人。本案中的卖方是托马斯,是初审案件中的被告,也是上诉案件中的被上诉人。——译者注
③ *Restatement*(*Second*)*Contracts*(1979).

16 英尺,预计投入的费用至少为 15 000 美元,到 1973 年 5 月 1 日的时候,附楼应该至少完成 75％的工程。①

双方当事人之间还另外商定,被上诉人[托马斯]将把快餐业务所在地的不动产出租给上诉人,用于开展快餐业务,租赁期限为 5 年。租赁期满之后,上诉人[兰斯洛蒂]可以选择再延长 5 年的租赁期。每年的租金是 8 000 美元,租赁期限是从 1973 年 9 月 1 日开始到 1978 年的 8 月 31 日为止。在签订购买快餐业务这一协议的同一天,双方当事人就这一租赁事项签订了一份单独的租赁协议。该租赁协议明确规定,上诉人[兰斯洛蒂]同意为已经存在的主楼建造附楼,是这一租赁协议的前提条件。作为上诉人同意建造附楼的交换,在 1973 年 8 月 31 日这一天之前,被上诉人[托马斯]将不会要求上诉人[兰斯洛蒂]支付租金。该租赁协议还进一步规定,如果附楼没有按照协商的条件建成,则该租赁协议将自动终止。双方当事人在 1973 年 8 月 14 日签订了一份补充协议,对这一租赁协议进行了修改,该补充协议规定:"如果[兰斯洛蒂]没有按照协议中的要求建造附楼,那么买方[兰斯洛蒂]将就其从 1973 年 7 月 25 日一直到当年夏季这一期间使用卖方[托马斯]的财产,向卖方支付 6 665 美元的租金……"该补充协议还规定,一旦兰斯洛蒂在建造附楼这件事上违约,那么所有的设备将转归被告托马斯所有。

上诉人[兰斯洛蒂]根据协议支付了 25 000 美元,然后就开始了自己的经营。然而,到了 1973 年营业季节的末期,在建造附楼这一点上双方之间出现了一些麻烦。上诉人[兰斯洛蒂]声称,建造附楼所必需的许可被政府否决了。被上诉人[托马斯]则声称,他们得到了建造附楼所必需的政府许可,并把这一许可交给了上诉人,但上诉人拒绝开工建设。此外,被上诉人还声称,上诉人当时同意,如果由被上诉人自己来建造附楼的话,上诉人同意予以补偿。在花费了将近 11 000 美元之后,被上诉人托马斯真的自己建造了一个 20 英尺×40 英尺的附楼。1974 年的春天,托马斯发现,兰斯洛蒂对于经营这一业务已经不再有兴趣。在庭审笔录中并没有兰斯洛蒂支付了从 1973 年 9 月 1 日开始的租金的证据,因为根据协议,直到 1974 年 5 月 15 日才是兰斯洛蒂第一次应该支付租金的日子。后来被上诉人托马斯收回了原来的业务,在 1974 年夏天开业的时候,被上诉人发现经营场所中原告的一些设备已经找不到了。

上诉人兰斯洛蒂在本案中提起的诉因是债务纠纷,兰斯洛蒂在诉状中要求被上诉人托马斯返还已经支付的 25 000 美元,加上相应的利息。……

① 双方当事人都认可的是,合同中的这一日期是错误的,双方当事人想要确定的日期是 1974 年 5 月 1 日。此为原判决中的注解。

二

曾经有一段时间,禁止合同违约方获得法律救济,是一个被多数人认可的规则。①然而,很清楚的是,从 Britton 诉 Turner 这一案件开始,有一些案件逐渐脱离了普通法规则的桎梏。普通法这一规则的价值,在于其旗帜鲜明地认定,违约的一方当事人不应该被"允许从自己的错误中占得便宜"。②正如佩里罗教授所指出的,允许违约方获得救济,就是在"邀请当事人违反合同,对道德上无法接受的行为予以褒奖"。③然而,传统普通法上这一规则的不足之处,也是显而易见的,这一不足之处在于,它未能承认守约方不应该从对方的违约行为中获得一笔意外的"飞来横财"。对于已经几乎履行了全部行为之后才违约的当事人来说,他所受到的惩罚不应该比那些根本没有履行合同或者只是刚开始履行合同的当事人更加严厉。根据普通法的这一规则,如果违约一方当事人在违约之前履行的内容越多,则受到伤害的一方当事人可以得到的利益就越多。因此,有学者说道:"允许受到伤害的一方当事人不用把自己所获得的任何价值返还给违约方,就是在对违约的一方当事人执行一种惩罚,或者是对违约的一方当事人进行财产剥夺。"④

对于这一普通法规则的批评早已有之,且已经持续超过 50 年时间,这些批评一直力主这一普通法规则应该退出历史舞台。⑤作为对这些批评的回应,《合同法重述》中采纳了一个替代的规则,[这一替代的规则在原则上允许违约的一方当事人要求对方返还已经履行的那部分行为的价值,如果]"原告的违约或者没有履行并不是有意而为之,而且并不是故意作出的……"

1979 年,这一替代的规则放开了限制。《合同法重述》(第二次重述)第 374(1979)条款是这样规定的:

第 374 条款　违约一方当事人有权要求返还已经付出利益

(1) 在受到本条款第(2)项制约的前提下,如果一方当事人因为对方的违约行为,正当地拒绝履行合同,进而免除了自己履行余下合同的义务,那么,违约的一方当事人有权要求守约方返还一定的利益,即由于违约方的部分履行或者信赖已经转移给守约方、超过了因为违约给守约方

---

① J. Calamari and J.Perillo, *The Law of Contracts* §§11-26, at 427 (2d ed. 1977).

② Corbin, *The Right of a Defaulting Vendee to the Restitution of Installments Paid*, 40 Yale L.J. 1013, 1014(1931).

③ *Restitution in the Second "Restatement of Contracts,"* 81 Colum. L. Rev. 37, 50 (1981).

④ Corbin, *supra*, at 1013.

⑤ Calamari and Perillo, *supra*, at §11-26; 5A *Corbin On Contracts* §§1122-1135 (1964); 12 S. Williston, *A Treatise on the Law of Contracts* §§1473-78 (3d ed. 1970).

造成损失的那部分利益。

(2)在当事人同意,一旦一方违约,其履行行为的价值将会被"保留"下来时,如果根据违约行为造成的预计损失或实际损失以及证明损失的难度,将履行行为的价值作为违约金来认定是合理的,那么,违约的一方当事人将无权要求返还已经履行的那部分价值。

这样,《合同法重述》中不让有意违约的购买方获得救济的规定,在《合同法重述》(第二次重述)当中就被排除了,很显然,《合同法重述》(第二次重述)之所以这样做,部分是由于《统一商法典》中允许一个有意违约的买方获得救济所带来的影响。①佩里罗教授指出,即使没有普通法上的规则,受到损害的一方当事人仍然有着充分的法律保护。②佩里罗教授认为,自己选择的是"一个合理的路径",因此他抛弃了普通法在这一问题上的规则,他给出的解释是,时代已经发生了变化,今非昔比。"在某一个时代的人眼中看上去是合理的东西,在另一个时代的人眼中可能是完全两样的。"③威利斯顿教授在其合同法专著中曾经指出:"某一个特定时空的风俗习惯,经常会决定到底应该采纳什么样的政策。"④

633

---

① 在宾夕法尼亚州的法律(13 Pa. C.S. §2718)中是这样规定的:

第 2718 条款 违约金或者对损失的限制;预付款

(a)**通过协议确定的违约金**——任何一方的违约损失都可以通过协议预先确定,但是,这样的违约金数额必须是在考虑了以下因素之后是合理的情况下才可以适用:违约所造成的预期损失数额或者实际损失数额,证明损失数额的难度,以及如果不设定违约金的话,当事人获得恰当救济是否存在不方便或者不切实际。如果当事人确定的是一个不合理的大额违约金,违约金条款将会因其具有惩罚性而不具备法律效力。

(b)**买方要求返还已经付出价值的权利**——当卖方因为买方的违约行为可以正当地拒绝交付货物的情况下,买方有权利就自己已经付出的款项,要求卖方予以返还,当然,卖方返还的是超过:

(1)卖方根据本条款(a)从违约金条款中获得的赔偿;或者

(2)在缺少违约金条款的情况下,卖方根据合同有义务履行的全部行为的 20%的价值;或者,在根据这一方法得出价值少于 500 美元的情况下,这一数额按 500 美元确定。

······

② 佩里罗教授指出了受损害一方当事人可以得到的四种保护类型:"第一,违约一方当事人获得法律救济的权利是受到一定制约的,这一制约就是,非违约一方当事人有权'抵扣'违约给其造成的损失。第二,对于已经转移出去的利益的计算,也是受到一定限制的,只是限定在实际让对方获利的范围之内,不能超过根据合同价格可以评估的获利数额。第三,如果合同中有一个有效的违约金条款的话,那么违约一方当事人要求返还的价值,在某种程度上将会被否定。第四,如果非违约一方当事人的诉讼请求是实际履行,并且他有权要求实际履行的话,那么违约一方当事人要求返还已经付出的价值这一诉讼请求将会被驳回。"——译者注

③ Perillo, *supra*, at 50.

④ 12S. Williston, *supra*, §1473, at 222.

现在,已经有很多司法区域抛弃了普通法的规则,转而允许违约的一方当事人获得救济……这一发展被认为是一种现代的趋势。威利斯顿教授指出,现在,允许违约方获得救济已经是权威观点。①科宾教授指出,普通法上的规则只是一个笼统的说法而已,并没有什么实际的判决予以支持。②允许违约的一方当事人获得救济的司法区域不断增加,这也许是受到美国很多州已经采纳了《统一商法典》第 2-708 条款的影响。在 Maxey 诉 Glindmeyer③ 这一案件中,法院采纳了《统一商法典》第 2-708 条款在该州实施的相应条款,在一个涉及土地买卖的合同纠纷中,就超过卖方实际损失的那部分利益,该案的判决意见是允许违约的买方获得法律上的救济。实际上,即使对于土地买卖合同来说,普通法的规则也不再是一成不变的规则了。④

在宾夕法尼亚州,普通法的规则一直以来都是被适用于买卖不动产的合同的。⑤然而,在这些引用的案件中,卖方针对违约的买方有着好几种占主导地位法律救济的手段,包括在一些恰当的案件中,卖方有权要求买方实际履行,或者要求买方按照合同支付价款。⑥只要卖方仍然准备着履行合同、有能力履行合同,而且愿意履行不动产买卖合同,那么,违约的一方当事人就无权要求返还违约之前自己已经支付的款项。⑦

在宾夕法尼亚州,普通法的规则也已经被适用到货物买卖合同当中。⑧但是,自从通过了《统一商法典》之后,对于货物买卖来说,宾夕法尼亚州通过本州所实施的法律⑨——这一法律允许违约的一方当事人主张自己已经付出的劳动(价值)——已经改变了原先普通法的规则。

634 　　允许剥夺违约一方当事人的财产,在普通法中被认为具有正当性,然而,

---

　　① 　12S. *Williston*, *supra*, §1473, at 222; Quillen v. Kelley, 216 Md. 396, 140 A.2d 517(1958).

　　② 　5A *Corbin on Contracts*, *supra*, §1122, at 3.但是,也有学者指出,对于一个违约的买方什么时候可以获得救济,并没有一个有效的一般性的规定。参见 1 G.Palmer, *The Law of Restitution* 568(1978)。

　　③ 　379 So.2d 297(Miss. 1980).

　　④ 　1 G. Palmer, *supra*, at 596 n.15.(可以参见这里引用的相关案件)。

　　⑤ 　Kaufman Hotel & Restaurant Co. v. Thomas, 411 Pa. 87, 190 A.2d 434(1963); Luria v. Robbins, 223 Pa. Super, 456, 302 A.2d 361(1973).

　　⑥ 　Trachtenburg v. Sibarco Stations, Inc., 477 Pa. 517, 384 A.2d 1209(1978).也见 5A *Corbin on Contracts*, *supra*, §1145。

　　⑦ 　5A *Corbin on Contracts*, *supra*, at §1130。

　　⑧ 　Atlantic City Tire and Rubber Corp. v. Southwark Foundry & Machine Co., 289 Pa. 569, 137 A.807(1927).

　　⑨ 　13 Pa.C.S. §2718(b).

这一点在宾夕法尼亚州的其他法律那里也已经受到了削弱。在 Estate of Cahen①这一案件中,宾夕法尼亚州最高法院的判决认定,假定一个违约的受托人可以通过不当得利的理由获得救济的话,那么,这一受托人提起该主张的基础将是《合同法重述》第357条款(1932年),该条款允许一个违约的当事人就超过对方当事人损失的那部分利益获得法律上的救济,要求对方当事人返还这部分利益。

三

对于我们当前的这一案件而言,《合同法重述》(第二次重述)第 374 条款提供了一个比普通法规则更加开明的解决方案。"合同法的规则,不是用来惩罚违约方的规则;合同的违约方也不是一个穷凶极恶的歹徒。"②实施了违约行为的一方当事人,应该有权"就超过因为自己违约所造成的损失部分",获得法律上的救济。③

这样的结论可以引导出更深一步的结论,即我们应该将这一案件发回初审法院重新审理。初审法院是将其判决结论建立在普通法规则的基础之上的……因此,初审法院根本就没有想过上诉人是否有权利要求返还自己已经付出的款项④,也没有想过,如果上诉人没有要求返还自己已经付出款项的权利,那么,"根据由于违约所造成的预期损失或者实际损失,以及证明损失的难度"这些因素,被上诉人保留上诉人已经支付的这 25 000 美元是否合理?

本案发回初审法院,由初审法院根据我们在此给出的意见重新进行审理。

塔米利亚法官⑤对于该案多数法官的判决提出了反对意见:

我对于多数法官给出的判决意见表示强烈的反对。在初审程序中,多数法官并没有引用、也不可能引用*任何*宾夕法尼亚州的权威判决来支持他们的判决,在宾夕法尼亚州并没有任何权威的判决采纳《合同法重述》(第二次重述)第 374 条款所确定的规则。虽然多数法官将这一案件发回重审所宣称的理由是初审法院对于一个日趋落伍法律的依赖,但是,被多数法官作为依据的这一新的观点[《合同法重述》(第二次重述)第 374 条款]太过新颖,以至于它在我们这一司法区域中几乎不为人知。在本案系争问题上,持续至今的宾夕法尼亚州的法律一直是这样的:如果一个有约束力的合同存在,而且没有人宣称这一合同本身是无效的,那么,一个违约的当事人无权就自己已经付出的价

---

① 483 Pa.157,168 n.10,394 A.2d 958,964 n.10 (1978).

② Perillo, *supra*, at 50.

③④ *Restatement*(*Second*)*of Contracts* § 374(1).

⑤ Tamilia, Judge.

值要求对方返还。①虽然说我们州的最高法院可以在宾夕法尼亚州废止这一剥夺他人财产的普通法规则,但是,我们州的最高法院到现在还没有觉得这样做就是合适的,我们法院并不能越位去行使州最高法院的权力,特别是在案件审理的结果将会不公平的情况下,更是如此……

■ 第三节　实际履行

一、　实际履行的实质基础

桑达克斯住宅公司诉博格②
新泽西州高等法院(1974 年)

本案要旨

　　被告博格夫妇与原告桑达克斯住宅公司签订了一份公寓买卖合同,总价为 73 700 美元。在签订合同之前,被告向原告支付了 525 美元预付款,并在签订合同之后向原告签发了一张金额为 6 870 美元的支票。不久之后,被告因故决定不再购买该公寓,并指令银行不再支付支票款项。原告随即向法院起诉,要求被告实际履行合同,或者支付 6 870 美元的违约金。法院认为,实际履行的救济方式必须是其他救济方式不充分时才适用,本案系争合同项下的公寓并不具有唯一性,采取赔偿损失的方法足以让原告获得救济,同时,违约金条款不能适用到被告停付的 6 870 美元,因此法院驳回了原告的诉讼请求。

　　本案确定的规则是,对于一份购买公寓住宅的合同来说,虽然公寓是不动产,但由于公寓住宅不具有唯一性,因此,如果买方违反了公寓住宅买卖合同,卖方只能要求赔偿损失的救济方式,而不能要求买方实际履行。

　　格尔曼法官③代表法院呈递以下判决意见:

　　桑达克斯住宅公司(以下简称桑达克斯公司)在新泽西州的克利夫赛德公

---

① 　Luria v. Robbins，223 Pa. Super. 456，302 A. 2d 361(1973).
② 　Centex Homes Corp. v. Boag，128 N.J. Super. 385，320 A. 2d 194.
本案被告为博格夫妇两人。——译者注
③ 　Gelman，J.S.C.，(Temporarily Assigned).

园镇和福特李镇①进行一个不动产项目的开发和建设,这是一个豪华的高层住宅项目。这一住宅项目开发结束之后,将包括 6 幢 31 层的建筑,拥有超过 3 600 套住宅单元。除此之外,这一项目还包括了休闲娱乐的建筑和设施、停车场和其他与居民生活相关的公共设施。作为这一开发项目的发起人,桑达克斯公司将这些公寓住宅向社会公众进行出售,并且就这些公寓住宅的出售,向新泽西州和纽约州有资质的房地产经纪机构提交了销售计划书。

1972 年 9 月 13 日,被告博格夫妇与原告之间签订了一份购房合同,由被告向原告桑达克斯公司购买正在建设中的"云斯顿大厦 200"中的 2019 单元。这一单元的合同价格为 73 700 美元。在签订这一合同之前,被告已经在桑达克斯公司处先行存入了 525 美元。就在双方的合同签订之时或者是在签订之后很短的时间内,被告向桑达克斯公司签发了一张金额为 6 870 美元的支票,这张支票上记载的金额加上被告先前存入的款项,占到了被告所购买单元总价的大约 10%。然而,不久之后,作为被告的博格先生得到其雇主的通知,他将被调到伊利诺伊州的芝加哥地区工作。1972 年 9 月 27 日,博格先生通知桑达克斯公司,他不能再履行原先的购房合同了,并且停止支付先前签发的6 870 美元的支票。在收到博格先生不会再履行购房合同通知之后大约 2 个星期,桑达克斯公司还是去银行兑现被告所签发的支票,但是遭到了银行的拒付。1973 年 8 月 8 日,桑达克斯公司在我们法院的衡平法庭启动了这一诉讼,要求被告博格夫妇根据购房合同实际履行合同,或者作为替代,由被告赔偿合同中的违约金,总额为 6 870 美元。桑达公司向法院提出动议,要求法院作出支持自己的简易判决,摆在我们法院面前的问题是,如何处理桑达克斯公司提出的这一动议?

在本案中,双方当事人都承认,我们法院自己的研究也证实以下这一点:不管在新泽西的州法院还是在联邦法院,在已经报道过的案件中,对于衡平法救济中的实际履行是否适用于住宅公寓销售这样的合同,到现在为止,还没有法院没有作出过相关判决。在相关问题上最接近的判决是 Silverman 诉 Alcoa Plaza Associates② 这一案件。在 Silverman 这一案件中,涉及的是一份购买公寓大楼的股份以及产权租赁契约③的合同,该合同中的买方发生了违

636

---

① 克利夫赛德公园镇和福特李镇,都是位于新泽西州东部的镇,与纽约州相邻。——译者注

② 37 A.D.2d 166, 323 N.Y.S.2d 39 (App.Div.1971).

③ "产权租赁契约"是美国的一种独特房屋租赁制度。其主要内容是指购买方从一家公司(通常是一个房地产项目的开发商)处购买该公司的股份,并获得其所开发公寓的承租权。在租赁期限内,该承租人享受所购买股份的回报。这些租户通常会享受比一般承租人更多的优惠,比如,可以享受只有产权人才能享受到的一些服务设施。这种产权租赁的再转让,比通常的租赁合同转让要复杂一些,根据各个州的法律和合同的限制,有的再转让必须由原先的开发商回购,或者得到开发商公司的代表或者承租人委员会的同意。——译者注

约。这一合同中的卖方,也就是该公寓大楼的开发商,扣留了买方交付的预付款,并将公寓大楼的股份和租赁契约以相同的价格转卖给了第三方。于是,最初合同中的买方随后提起了诉讼,要求卖方返还他已经交付的预付款。在上诉中,法院判决认定,一个合作开发公寓中的股份买卖,即使与产权租赁契约相关联,也只是一份动产买卖的合同,而并非一份不动产利益的买卖合同①。因此,转卖股份的这一方当事人无权扣留合同中的预付款作为违约金。②

[Silverman 案件涉及的是一起与产权的合作方案相关的纠纷,而我们正在审理的案件涉及的是公寓住宅。]与 Silverman 案件涉及的产权合作方案有所区别的是,在公寓住宅这样的方案之下,每一个公寓住宅中的单元,都单独构成了一处独立的不动产;这样的公寓住宅单元,可以按照与其他任何不动产相同的方式来进行处理。在不动产权属的交易结束之后,每个住宅单元的所有人都可以获得登记过的权属证书——这一权属证书赋予其与传统不动产案件的当事人同样的权利,也让其承受同样的义务——这一点与传统不动产所有权的案件没有太多区别。两者之间唯一的区别是,公寓住宅中有着一些公共因素,这些公共因素与每个住宅单元产权人的利益密切相关,彼此不可分割。与这些公共因素相关的利益,是要分配给那些公寓住宅单元的每个产权人的,公寓住宅单元的产权人[除了拥有自己正常的利益之外],还另外可以获得这些分配给他的利益。③

桑达克斯公司坚持认为,由于这一购房合同的客体是转让不动产中的绝对权利,所以根据新泽西州衡平法上的原则——该原则在新泽西州是有效实施的原则——它有权适用实际履行的救济方式,要求被告博格夫妇实际履行双方所签订的购房合同。

构成实际履行救济方式基础的原则是,在法律规定的赔偿损失这一救济方式并不充分的情况下,法院可以行使衡平法上的司法权力,给予当事人适当的救济。法学教科书的作者们一般都认可,衡平法上的这一司法权力是在英

---

① 法院在这一案件中适用的是《统一商法典》第 2-718 条款。这一条款允许违约的买方要求卖方返还首付款。此为原编者的注解。

需要指出的是,《统一商法典》的适用范围是不包括不动产的,审理该案的法官适用《统一商法典》,也说明他并不将本案作为不动产纠纷案件对待。——译者注

② 根据纽约州的法律,如果系争合同被推定为不动产买卖的合同,卖方可以将买方的存款留置下来作为赔偿金。此为格尔曼法官的注解。

③ The Condominium Act, N. J. S. A. 46:8 B-1 *et seq.*; *Note*, 77 Harv. L. Rev. 777 (1964).

美国有一些州专门就公寓住宅中单个单元产权人享有的权利和义务通过立法作了规定,例如这里引用的《住宅公寓法案》(the Condominium Act),其中的许多规定类似于大陆法系国家的建筑物区分所有权的内容。——译者注

格兰逐步形成的。在当时那个时代，人们假定土地具备唯一性。土地的这种唯一性，以及其对于社会秩序的重要性，使得人们得出了这样的结论，即法律上赔偿损失的救济方法，永远也不可能弥补违反转让土地利益合同所造成的损失。因此，实际履行就成为了这一类交易中固定的救济方式①。对于这一问题的司法态度，长期以来，没有发生什么实质性的变化。……

虽然说赔偿损失这一救济方法的不充分性足以解释不动产的买方有权利在衡平法上获得实际履行这一救济方法的起源，但是，对实际履行这一救济方法什么情况下才是切实可行的这一问题，该解释并没有提供理性的分析。除了案件中显示出的非同寻常的特殊情形，或者卖方的地位发生了变化——例如买方已经实际占有了该不动产——这两种情况之外，卖方的损失通常是可以计算出来的，卖方在法律上可以获得的救济也是充分的，并没有动用司法权力给予卖方衡平法救济的基础。②早期的英国判例提到，在不动产的卖方提起诉讼的案件当中，适用实际履行这一救济方式的可行性，是从衡平法"相互性"③这一概念发展出来的产物。也就是说，衡平法上相互性这一概念认为，除非实际履行这一救济方式对于双方当事人都是可行的，否则，衡平法将不会强制执行一个协议。……

637

---

① 11 *Williston on Contracts* (3d ed. 1968) §1418A；5A *Corbin on Contracts* §1143 (1964).

② 不同观点见 *Restatement*, *Contracts* §360, comment c。
《合同法重述》的分析推理，从表述在第360条款的评论c的观点来看，实际上是与我们观点不一致的。第360条款的评论c中的分析推理是，(1)因为不动产的卖方也许没有遭受任何可以在法律上进行诉讼的损失，所以，应该让卖方获得实际履行这一救济方式，(2)如果不让卖方获得实际履行这一救济方式，卖方在买卖过程中就会损失掉利息收入。
然而，卖方的利息损失是很容易计算出来的，而且在一个法律上的诉讼中，这样的损失是可以得到赔偿的；就卖方没有经济损失这一点而言，并没有什么有说服力的理由让衡平法来赋予卖方实际履行这一极端的救济措施。在第360条款的评论c的结尾处，作者提到，因为救济方式应该是相互的，所以卖方也应该有权采用实际履行的救济方式。然而，救济的"相互性"这一概念已经在《合同法重述》第372条款和第373条款中被实质性地抛弃了，已经不再作为这两个条款的基础。以上为格尔曼法官所作的注解。
格尔曼对《合同法重述》第360条款评论c的不同观点作了解读，实际上，他认为《合同法重述》中的观点是不成立的。

③ "相互性"是衡平法上的一个重要概念，通常是指合同的双方当事人在权利义务上应该是相互的，不能只让一方享有某种权利或者只承担某种义务。在这里，"相互性"是对救济方式而言的，是指双方当事人享有的救济方式也应该是相互的，不能只允许某一方当事人享有某种救济方式，如这里讨论的实际履行方式。格尔曼法官在这里分析道，早期的英国判例正是基于普通法上的"相互性"这一理论，认定既然买方可以适用实际履行这一救济方式，那么卖方也应该享有这样的权利。格尔曼法官在后面就此问题作了分析，他在相关注解中提到了，"相互性"理论已经被现代法律所抛弃。由于卖方的损失是可以计算的，在诉讼中也可以得到赔偿，因此，他认为不应该让本案中的卖方采用实际履行的救济方式。——译者注

在 Hopper 诉 Hopper① 这一案件之后，我们法院的判决再也没有就此问题作过其他的**理性分析**，一直以来，法院总是例行公事地将实际履行的救济方式给予不动产的卖方，并没有对衡平法上的司法权力这一根本性问题进行讨论、分析。

然而，现在我们州的最高法院已经直截了当地认定，救济的"相互性"并不是适用实际履行或者否认实际履行这一救济方式的恰当基础。②决定是否适用实际履行这一救济的测试方法，是合同中的义务是否是相互的，而不是一旦出现了违约，任何一方的当事人都有权获得完全一样的法律救济方式。……

现在，救济的"相互性"这一理论在法律上已经被弃之不用，这一事实表明，实际履行的救济方式对于不动产的卖方而言，不再是自然而然就一定能够采用的，而是被限定在特定的情形中。这些特定的情形就是：由于在法律上获得的赔偿不充分，卖方将在经济上遭受损失，或者，案件中有其他衡平法上的考虑，必须给予卖方以实际履行的救济方式。③正如弗罗姆大法官④在 King 诉 Morford 这一判例中所指出的，一份合同是否特别要强制执行，应该由法院来合理裁量，而且

> ……在裁定要强制实际履行某份协议的时候，法院需要相当的谨慎，而且……法院必须是看到强制实际履行协议是能够实现它所期望的完全正义，这才是法院行使衡平法上司法权力的基础。⑤

[在我们看来，]本案中不动产交易的客体——一个住宅公寓的单元——并不具备唯一性，它只是开发商正在向社会公众进行销售的数百个住宅单元中的一个。这数百个住宅单元是以统一的样品方式——在本案中就是一个个住宅单元的销售——向社会公众进行销售的，这样的销售模式与市场上销售动产的模式是相同的。这些住宅单元的销售价格，按照桑达克斯公司向房地产经纪公司提交的销售计划书中的价格确定，同一个楼层平面图中的公寓住宅(共有 6 个可用的楼宇平面图)之间，唯一的区别就是楼层水平或者是大楼在这一项目中的位置不同。因此，这些住宅公寓单元，尽管在形式上有着不动产的标签，但实际上却有着和动产一样的特质。

---

① 16 N.J.Eq.147(Ch.1863).

② Fleischer v. James Drug Stores, 1 N.J. 138, 62 A. 2d 383 (1948)；也见 *Restatement*, *Contracts* § 372；11 Williston, *Contracts* (3d ed. 1968), § 1433.

③ *Cf*. Dover Shopping Center, Inc. v. Cushman's Sons, Inc., 63 N.J.Super. 384, 394, 164 A.2d 785 (App.Div.1960).

④ 弗罗姆大法官(Chancellor Vroom, 1791—1873)曾经担任过新泽西州的大法官。——译者注

⑤ 1 N.J. Eq.274, 281—282(Ch.Div.1831).

从上述分析中,人们必定会得出这样的结论:一个住宅的开发商因为销售协议中买方违约所遭受的损失,是比较容易就能计算出来的。作为一个住宅开发商,让它在法律上获得赔偿,作为一种救济方式来说是完全充分的。桑达克斯公司并没有提供在本案中让法院适用实际履行救济方式的充分理由,因此,我们对于桑达克斯公司的第一个诉讼请求予以驳回。

桑达克斯公司根据其与被告合同中的违约金条款,要求被告赔偿经济损失。在我们看来,仅仅从系争合同条款中的那些文字(这一合同是由原告桑达克斯公司起草的)就足以看出,违约金只是限定在被告违约行为发生之时已经交付的款项。由于本案中被告的违约包括了停止支付预付款余款的行为,所以,桑达克斯公司可以得到的违约金的时间应该限定在被告博格夫妇实施违约行为这一天之前"已经交付"的那些款项,或者说,就是被告博格夫妇最初交付的那525美元。因此,原告要求被告赔偿损失的第二个诉讼请求也予以驳回。

拉克雷德燃气公司诉阿莫科石油公司[①]
美国联邦第八巡回上诉法院(1975年)

本案要旨

原告拉克雷德燃气公司与被告阿莫科石油公司签订合同,由被告按照原告要求,向其供应丙烷。后被告违反了合同,不愿继续再履行。在被告明确表示不再履行后,原告向法院提起诉讼,要求法院颁布禁令禁止被告违约,并要求被告实际履行合同。法院认定,本案中,一般的赔偿损失对于原告的救济并不充分,合同的履行时间长、监管上的困难、缺少救济的相互性,并不当然阻止适用实际履行这一救济方式。因此,虽然系争合同是动产合同,法院也同意给予实际履行这一救济方式。

本案确定的规则是,对于一份动产买卖合同,只要赔偿损失的救济方式并不充分,也可以强制实际履行。

罗斯巡回法官[②]代表法院呈递以下判决意见:

拉克雷德燃气公司(以下简称"拉克雷德公司")是一家密苏里州的公司,

---

① Laclede Gas Co. v. Amoco Oil Co., 522 F.2d 33.
② Ross, Circuit Judge.

它对特拉华州的阿莫科石油公司(以下简称"阿莫科公司")提起了这一跨区诉讼,认为阿莫科公司违反了双方所签订的合同。拉克雷德公司向法院申请强制性禁令,要求法院禁止阿莫科公司继续违反合同,或者,作为强制性禁令的一种替代救济方法,判决阿莫科公司赔偿自己的损失。就双方当事人之间是否存在着一份有效的、具有约束力的合同,以及如果确实存在着一份有效的合同,阿莫科公司是否应该被禁止违反合同这一争议问题,初审法院的法官在没有陪审团参与的情况下,对此案进行了审理。初审法院经过审理之后认为,"系争合同由于缺少相互性,因而是无效的"[①],并且,初审法院拒绝了原告拉克雷德公司要求颁发禁令的诉讼请求。对于原告拉克雷德公司主张赔偿损失的请求,初审法院并没有作出判决。原告拉克雷德公司不服这一判决,随即提起了上诉。我们法院在此推翻初审法院的判决,将这一案件发回初审法院重新审理。

一

……从本案实际情况来看……根据双方的补充协议,拉克雷德公司将从阿莫科公司这里购买所需的全部丙烷……在对系争合同进行分析之后可以发现,很清楚,本案系争合同就是一份"需求合同"[②]。对于这样的合同,法院通常会强制执行,只要其符合以下两个条件:购买方的需求可以合理预料,合同的履行时间有着合理限制。在本案中,系争合同符合这两个条件。

我们的结论是,在协议的条款当中存在着对价的相互性,而且,我们认定,双方当事人针对每一个住宅开发地区供应丙烷的补充协议是一份有效的、有约束力的合同。……

二

由于初审法院认定本案双方当事人之间并不存在有约束力的合同,所以初审法院的法官对于是否应该同意申请人拉克雷德公司要求的禁令这一问题没有进行分析。初审法官仅仅因为双方之间并不存在合同,就简单地驳回了原告拉克雷德公司提出的这一诉讼请求。

---

① 合同中约定,拉克雷德公司只要在每年年底的 30 天前提出,就可以随时终止合同。但是,被告阿莫科公司却没有这样的权利。这就是初审法官认为双方合同缺少"相互性"的重要理由,也是初审法官认定合同无效的重要理由。在普通法中,一份合同要成为具有法律效力的合同,需要具备主体合格、意思表示真实等条件。除赠与等特殊合同外,合同有效还需要具有"相互性"这一条件,主要是指权利义务要对等。——译者注

② "需求合同"是指买方对自己所需要的产品,全部向某一卖方购买的合同。与此相对应的是"供应合同"是指卖方将自己能够生产的所有产品,全部向某一买方供货的合同。——译者注

一般而言,是否要强制实际履行某一合同,属于初审法院法官合理裁量权的范围。①然而,初审法官的合理裁量权,实际上非常有限;而且有的法院判决中认为,当衡平法的规则得到了满足,而且系争合同是一份公平而且清晰的合同时,"要求违约方实际履行合同,就成为当事人的一项权利"。②

从这些法理和规则出发,我们仔细阅看了上诉中的所有庭审记录,我们在此认定,初审法院应该同意申请人拉克雷德公司主张的禁令。我们确信,当前这一案件属于当事人有权要求强制实际履行的案件类型。③

被告阿莫科公司辩称,在本案中,实际履行这一救济方式所要求的四个方面要求并没有得到满足。阿莫科公司提出的这四个方面要求是:(1)在系争合同中并不存在救济的相互性;(2)由于法院无法做到经常的、长期的监管,实际履行的救济方式客观上难以实施;(3)系争合同的期限不确定,而且合同的内容也不确定;(4)法律赋予拉克雷德公司的救济手段是充分的。在我们看来,阿莫科公司提到的前三项抗辩意见,在本案中价值很小或者说没有任何价值,并不需要我们法院花费太多时间详细分析。

法律上并没有要求,如果一方当事人有权行使法院赋予的实际履行的救济方式,那必须是双方当事人根据合同都有权行使这一救济方式。④

虽然说,由于实际履行的裁定需要经常性、长期性的监管,法院可能会拒绝同意实际履行,但是,该因素只是法官在作出决定时可以自由裁量的一个因素而已。当社会公共利益需要法官这样做的时候,法官经常会对这一因素置之不理。

在本案中,原告拉克雷德公司向经营零售的客户提供丙烷⑤,这其中的公共利益显而易见,而且,本案中实际履行合同所需要的监管还远远谈不上是什么麻烦事情。

《合同法重述》(1932)第 370 条款规定如下:

---

① Landau v. St. Louis Public Service Co., 364 Mo. 1134, 273 S.W.2d 255, 259 (1954).

② Miller v. Coffeen, 365 Mo.204, 280 S.W.2d 100, 102 (1955), quoting, Berberet v. Myers, 240 Mo. 58, 77, 144 S.W.824, 830 (1912).

③ Miller v. Coffeen, *supra*, 280 S.W.2d at 102.

④ 第八巡回上诉法院罗斯法官在此归纳的观点是,无需将双方当事人都有权行使实际履行的救济方式作为前提条件。这一观点与前面的一个案件"桑达克斯公司诉博格"(Centex Homes Corp. v. Boag)中法官所持的观点是一样的。——译者注

⑤ 丙烷在销售中一般被称为液化石油汽,是家庭取暖经常用的原料。原告购买这些丙烷的目的,是为了向经营零售的客户提供丙烷,再由这些客户提供给各个家庭用户,所以法官在这里说,原告向客户提供丙烷具有公共利益,因为这是为普通消费者服务的,不是出于单纯的商业目的。——译者注

　　　　法院将不会强制作出实际履行的裁定,除非合同中的条款十分清晰,使得法院对每一方当事人的义务,以及到期履行这些义务的条件可以作出合理的确定。

　　我们认为,《合同法重述》中阐述的标准,在本案中已经切实得到了满足。正如我们在本判决意见的第一部分中所讨论的,从双方已经签字的补充协议内容来看,被告阿莫科公司将要向拉克雷德公司提供所有合理需求的丙烷,而原告拉克雷德公司要从阿莫科公司这里购买其所需要的全部丙烷,并按照合同的价格支付货款。虽然说双方当事人对协议中提及的"乌德河地区丙烷牌价"①的含义存在分歧,但是,联邦地区法院可以通过这一条款来确定当事人真正想要实现的合理内容,如果需要的话,联邦地区法院还可以对所要作出的实际履行裁决相应地作适当调整。类似地,虽然协议中并没有规定确切的合同期限,但是这一点对于本案来说并不是什么致命的缺陷,因为本案的证据表明,原告最后一家分厂将在 10—15 年之后转化到使用天然气,不再使用丙烷。这一证据确立了系争合同将要履行的合理时间限度,联邦地区法院可以,而且应该相应地作出体现这一证据的最终裁决。

　　当声称对方违约的这一方当事人可以从法律上得到充分救济的时候,他不能采用衡平法上实际履行的救济方式,这一点是众所周知的一个公理。如果合同涉及的客体是与不动产相区别的动产,这一点更加确定无疑。

　　然而,在密苏里州,与美国的其他州一样,即使某一个合同涉及的客体是动产,在"合适的情形下",实际履行这一救济方式也可以适用。②可以"打败"实际履行的法律上充分的救济手段,"必须是确定的、迅速的、完全的,而且是能够有效地带来公正的结果,这样的公正结果与赋予实际履行这一救济措施所带来的结果是相同的"。

　　……本案中的证据表明,在现行阶段,丙烷在公开的市场上的确是比较容易获得。然而,这一分析忽略了系争合同是一份向原告的分厂长期供应丙烷的合同。……另外,本案中的专家证言也反映,在目前世界范围的能源供应并不确定的情况下,原告拉克雷德公司并不能找到愿意像阿莫科公司这样签订长期供应丙烷合同的其他公司,这一专家证言并没有遭到当事人反对。而且,即使拉克雷德公司可以通过目前的合同或者是通过新谈判的合同来获得丙烷的供应,在将这些丙烷分发给其分厂的时候,仍然会面临着很多难以提前预估

---

　　① "乌德河地区丙烷牌价"是双方约定的确定丙烷的一种价格参数。在美国,对于某一类商品的价格有着类似交易所的牌价,它标明全国或者某一地区该类商品当时的价格。当事人有时会约定以这类价格作为合同价格。——译者注

　　② Mo.Rev.Stat. § 400. 2-716（1）；*Restatement of Contracts*，*supra*. 361.

的大额支出和麻烦。

在本案情形下,实际履行是恰当的救济方式,初审法院应该支持原告拉克雷德公司提出的这一请求。

［本案发回初审法院重审,］由初审法院作出一个恰当的禁令,要求被告实际履行合同。

适用实际履行救济措施的案件①

阿兰·施瓦茨

合同上救济措施的目的,是让一个未能实现合同目的的受诺人②处于这样的地位:即如果立诺人按约履行合同,受诺人本可以获得的良好处境。［合同法的这一目的,可以称作"全面弥补当事人"的目标。］合同法上有两种方法实现这样的目标:第一种方法是,要求违约的立诺人赔偿受诺人的损失,这一笔赔偿数额或者是足以让受诺人购买一个替代的履行,或者能够取代受诺人的净收益,如果承诺过的行为得以履行,本来就会产生这些净收益。第二种方法是,要求违约的立诺人实际履行合同。虽然根据现在的法律,一个未能实现合同目的的受诺人总是可以采用赔偿损失这一救济措施,但是,实际履行这一救济措施却并不总是可以适用的。此外,法院很少强制违约的立诺人去履行一个合同中的条款,除非这一合同条款明确无误地规定,一旦违约必须实际履行。……

根据现行法律,涉及特定货物的案件是适用实际履行的典型案件。以分析这些案件作为我们研究的开始,在我看来,是非常有帮助的。当立诺人违约,而受诺人可以通过一个其他的交易来替代立诺人没有完成的履行行为的时候,如果受诺人得到的金钱足以购买这样的替代履行行为以及支付第二次交易所需的成本,那么,这样的受诺人就能够得到"全面弥补"。然而,在一些案件中,例如,如果交易涉及的货物是一个艺术品,法院就无法确定受诺人究竟会将哪一个交易作为替代,因为这样的信息经常是受诺人独家拥有的。此外,对于法院来说,也很难确定受诺人主张的准确性。例如,如果某一个立诺人违反了一份出售稀有绿宝石的合同,受诺人可能会主张只有"希望之星"③这

---

① Alan Schwartz, *The Case for Specific Performance*, 89 Yale L.J. 271(1979).本文是节选。

② "受诺人"在合同法中是指接受对方承诺的一方;与此相对,作出承诺的人被称作"立诺人"。在本文中,立诺人是指违约的一方当事人,而受诺人是受害的一方当事人。——译者注

③ "希望之星"(Hope Diamond)钻石是一颗蓝色的钻石,据称是世界上最昂贵的钻石,现在收藏在美国的一家历史博物馆。——译者注

颗钻石才能够让他感到同等满意,因而他起诉要求违约方赔偿合同项下的绿宝石与"希望之星"钻石之间的价格差额。对于法院来说,很难知道受诺人这一主张究竟是否真实。如果法院寻求的是给予当事人以金钱赔偿,那么,法院有着三个选择:第一,让受诺人获得两种货物价格之间的差额,这一差额可能会让受诺人获得过多的"弥补";第二,让法院对于受诺人被迫放弃的"满意"进行价值上的评估,由违约的立诺人给予受诺人以金钱上的补偿,这一补偿的金额可能让受诺人获得过多的"弥补",也可能让受诺人获得的"弥补"不足;或者,第三,让受诺人要回已经付出的款项,该款项可能不足以"弥补"受诺人的损失。对于受诺人来说,如果实际履行的救济措施可以获得,那么,受诺人的损失将会得到完全的弥补,而不用承担过多"弥补"或者"弥补"不足的风险。根据损失必须是可以预见的、确定的这一法律原则,应该鼓励使用实际履行这一救济措施。

如果实际履行是一个合适的救济措施,那么有着三个方面的理由可以说明为什么在通常情况下这一救济措施应该是可以适用的。第一个理由是,在很多案件中,赔偿实际上不能充分弥补受害人的损失。虽然受诺人有权获得间接损失的赔偿,但是,这样的赔偿数额很难以金钱来具体量化。受诺人的间接损失,主要是由寻找和实现第二次交易的成本组成,这些成本一般涉及的是时间支出而非金钱支出;赋予这样的机会成本以金钱上的价值,是非常困难的。违约行为还可能会导致受害人心情沮丧和愤怒,特别是在涉及消费者的纠纷当中更是如此,但是,心情沮丧和愤怒的成本,也不能获得救济。

642 在很多情况下,替代性赔偿——由法院判决受诺人获得替代货物所需的金钱——是不够准确的,虽然说这种不准确性不至于像上面假定的绿宝石的例子那样令人吃惊。我们说替代性赔偿不够准确,在很大程度上是因为产品的差异化战略和产品的提早更新换代。因为产品的差异化战略现在已经非常普遍,能够准确替换立诺人履行内容的产品已经越来越少。例如,即使在新款达特桑汽车①敞开供应的时期,配置镁制车轮、立体声和空调的双门、双声道的达特桑汽车,在一些地方的市场上也是稀罕之物。此外,产品的提早更新换代,只会给受诺人很短的时间进行替代的购买。例如,如果立诺人在某一个车型推出的年份发生违约、交付迟延,那么,对于受诺人来说,他想要再购买所要的那一款车型也许就非常困难了。基于这些理由,让受诺人获得购买"另外一辆汽车"的金钱,可能就是赔偿不足的。

此外,预判这一点上的难题,经常是很难让受诺人处于当初实际履行合同

---

① 达特桑汽车是日本公司早期推出的一款汽车。——译者注

时所处的境地。如果一个施工方的违约将会实质性地迟延或者阻止某个建设工程的按期完工,而这一建设工程与其他工程有重要区别——例如,这一工程是在不同地点上建造的一家百货商店,与先前的百货商店有所不同——那么,法院可能并不会对违约行为造成的利润损失进行"推测",让受诺人获得这种"推测"得来的利润损失。

第二,在损失后果看上去能够得到"全面弥补"的情况下,受诺人有着经济上的动机要求违约的立诺人赔偿自己的损失。一个已经违约的立诺人是不愿意再继续履行合同的,而且他可能对受诺人充满了敌意。这就导致在履行行为非常复杂的那些案件中,实际履行并不是一个有吸引力的救济措施,因为在被迫履行合同的情况下,立诺人很可能会提供有缺陷的履行行为,而这些缺陷在法院这里经常很难判定。进一步而言,当立诺人的履行行为必须延期进行的时候,例如,在一份建筑工程合同或者"需求合同"当中,让受诺人去监管一个并不情愿的立诺人的行为,是相当费时费力的。如果损害赔偿的救济措施足以弥补自己的损失,那么,受诺人将会更加愿意采取损害赔偿的方法,而不愿意去花费监管成本。最后,假定时间充裕、完全可以通过诉讼来解决纷争,那么,受诺人通常会立即采取替代交易的补救方式,随后再提起损害赔偿的诉讼,而不愿意在等待衡平法救济的时候,将其争议简单地搁置一边。因此,受诺人要求实际履行这一事实,实际上就是默认损害赔偿是一个并不充分的救济措施。[①]

法院为什么应该允许受诺人将实际履行作为一个常态的救济措施的第三点理由,是因为受诺人要比法院拥有更多的信息,这不仅仅是体现在损害赔偿的准确性方面,也体现在强制当事人实际履行的难度上。受诺人要比法院更加清楚,法院可能适用的损害赔偿究竟是否恰如其分,因为受诺人更加清楚违约行为给自己带来的成本损失。此外,受诺人一般要比法院更加知道立诺人的人品、诚信到底如何。因而,在实际履行的裁定是否会导致立诺人提供一个令人满意的履行这一点上,受诺人应该是处在一个更好的评估位置。

的确,损害赔偿的方法通常足以弥补受害人,但是,在我看来,以此作为立论的基础,对实际履行这一救济措施进行限制,并不能表明这样的限制就一定是正当的。相反,"全面弥补"当事人损失这一目标,实际上就是默认以下这一点:实际履行应该是正常情况下当事人可以得到的一种救济措施。这是因为,

---

① 非经济动机经常也会促使受诺人寻求实际履行的救济措施。然而,德国的经验在这一点上提供了一些确定的结论。虽然与美国相比,实际履行的救济措施在德国更加广泛地适用,但是,受诺人寻求损害赔偿这一救济措施,"在案件中仍然占有相当高的比例"。此为原作者的注解。

在更多的案件中——与通常所作的假定相比——让当事人获得赔偿,实际上并不能让当事人得到全面补偿;请求实际履行这一事实,本身就是损害赔偿不恰当的一个很好的证据;对于受诺人,法院应该作出最好能够满足"全面弥补"这一目标的裁定。进一步而言,扩大实际履行这一救济措施的适用范围,并不会导致对立诺人更大的剥夺。在决定什么时候应该给予实际履行的救济措施这一点上,因为一个很强烈的理由的存在,受诺人很少会在选择实际履行这一点上滥用权利,这一理由就是,在损害赔偿更加能够弥补自身损失的时候,受诺人会选择赔偿损失这一救济措施。

644

二、雇员不得与雇主进行竞争的协议

卡宾斯基诉英格拉西[①]

纽约州上诉法院(1971 年)

本案要旨

原告卡宾斯基是一位从事口腔手术的医生,他决定在异地开设一家诊所。经协商,被告英格拉西同意作为原告的雇员在该诊所从事口腔手术业务,双方的合同中有一项竞业限制的约定,被告同意在合同的有效期内以及以后,永远不在一定地域范围内从事口腔手术以及开展牙医业务。合同期满之后不久,被告就在该市开设了自己的诊所,原告遂以被告违约为由,向法院起诉,要求法院颁发禁令,禁止被告从事牙医及口腔业务。法院认定,这一限制竞争协议并不因为没有时间限制而无效,但被告的业务限制范围应仅为原告所从事的口腔手术范围,被告有权从事牙医业务。

本案确定的规则是,对于一份竞业限制协议而言,其限定的地域、时间、范围必须是合理的。是否合理,必须从案件的具体情况来判断,主要看是否与原告形成直接的竞争关系。对于限制范围不合理的内容,法院可以依职权进行调整。

富尔德首席法官[②]代表法院呈递以下判决意见:

这是一起上诉案件,要求我们法院对于以下问题作出法律上的评判:一名专业人士与其雇主达成的限制竞争协议是否可以强制执行? 如果是可以强制执行的话,这样的协议又是在多大程度上可以强制执行?

---

① Karpinski v. Ingrasci, 28 N.Y. 2d 45, 320 N.Y.S. 2d 1, 268 N.E. 2d 751.
② Fuld, Chief Justice.

原告卡宾斯基是一位从事口腔手术的医生,他已经在卡尤加县①一个叫作奥本的地方执业多年。1953 年,卡宾斯基决定扩大业务,因为每一名口腔手术医生的业务几乎都来自其他医生的转诊介绍。于是,他着手实施一个计划,在四个相邻的县——汤普金斯县、塞尼卡县、科特兰县和奥塔里奥县②——的牙医当中"培养相互合作、彼此介绍的关系"。卡宾斯基的这一拓展计划获得了成功,到 1962 年为止,其业务量中 20% 的病人来自这四个相邻县牙医们的推荐。也是在 1962 年这一年,一些牙医告诉他,有一些病人提出从自己家到奥本路途太远,随后原告卡宾斯基决定在伊萨卡市③的中心区域设立第二个诊所,以满足当地病人的要求。为此,卡宾斯基开始寻找一名助手,在寻找过程中,他找到了本案被告英格拉西医生,英格拉西医生当时正好刚结束在布法罗医院口腔科的实习,他想要进入一家私人诊所从事牙医工作。英格拉西向卡宾斯基表达了想要成为其助手的意愿,在双方经过多次讨论之后,他们之间达成了共识;被告英格拉西将待在伊萨卡市,英格拉西的家原本不在伊萨卡市,他将作为原告卡宾斯基的雇员在这一城市工作。

1962 年 6 月,被告英格拉西和原告卡宾斯基签署了一份合同,这份合同反映了双方就此事所作的协商。这份合同期限为三年,在这份合同签署之后不久,被告英格拉西开始在由原告出资租赁并购置设备的诊所内工作。我们在本案中关注的合同条款是被告与原告之间达成的一个竞业限制条款。具体而言,该条款规定,被告英格拉西

> 同意并承诺,在这一协议有效期间以及以后,永远不在卡尤加、科特兰、塞尼卡、汤普金斯或者奥塔里奥县从事牙医以及/或者口腔手术业务,除非发生了以下两种情形:(a)英格拉西与原告卡宾斯基合作执业,或者(b)卡宾斯基终止该协议,雇用了另外的口腔手术医生。

除了以上内容之外,"考虑到雇佣合同的条款和[与卡宾斯基共同工作中]获得的经验",被告英格拉西还同意签发一张金额为 40 000 美元的期票给原告,如果被告离开原告而且在以上列举的 5 个县中从事"牙医职业以及/或者口腔手术",原告可以立即兑现这张期票。④

---

① 卡尤加县是纽约州的一个县,这一个县是以历史上印第安人的部落名称来命名的,县府所在地为奥本。——译者注
② 汤普金斯县、塞尼卡县、科特兰县、奥塔里奥县都是纽约州下辖的农业县。——译者注
③ 伊萨卡市是纽约州汤普金斯县的县府所在地。——译者注
④ 在合同的 3 年期中,任何一方当事人都有权利在给予 60 天的通知期之后终止本协议,而且,如果原告卡宾斯基终止本协议的话,该合同规定,被告将不再受到竞业限制条款的限制,所签发的支票也不能再兑现。此为原判决中的注解。

当双方的雇佣合同终止之后,当事人对于他们今后究竟是作为雇主与雇员的方式进行合作,还是作为合伙人进行合作,进行了深入的探讨。由于双方无法达成一致,被告英格拉西在 1968 年 2 月离开了原告的诊所,一个星期之后,被告英格拉西就在伊萨卡市开设了自己的口腔诊所并开始执业。于是,这一地区的牙医们开始更多地推荐病人到被告处而非原告处就诊。两个月之后,卡宾斯基在伊萨卡市的业务量急剧减少,几乎到了完全消失的程度,于是,卡宾斯基关闭了在伊萨卡的诊所。从事实来看,庭审笔录显示,被告英格拉西目前业务量的 90% 来自竞业限制条款中所列举的 5 个县牙医们的推荐——在被告受雇于原告在伊萨卡市工作期间,正是这些医生推荐病人到原告卡宾斯基位于伊萨卡市的诊所就诊的。①

原告卡宾斯基认为,被告英格拉西违反了竞业限制的约定,原告在起诉时不仅要求法院颁发禁令,强制被告履行竞业限制协议,而且要求法院判决自己可以立即兑现那张 40 000 美元的支票。作为初审法院的卡尤加县法院,在经过没有陪审团参加的审理之后,作出了支持原告的判决。初审法院不仅支持了原告要求颁发禁令的请求,而且支持了原告要求被告赔偿损失的主张。然而,该案件在经过上诉审理后,上诉法庭推翻了初审判决,驳回了原告的诉讼请求。上诉法庭在判决意见中认为,由于对被告英格拉西的竞业限制既不让其从事牙医职业,又不让其从事口腔手术,这一限制构成了无法接受的“过于宽泛”,因此这样的竞业限制条款是无效的,不能强制执行。

本案中没有疑问的是,当被告英格拉西在伊萨卡市另行开设自己的牙医诊所时,他违反了协议中的竞业限制条款。但是,仅仅有被告英格拉西违约这一事实本身,并不能顺利解决当前案件,因为对于竞业限制这样的案件,还有着“强烈的公共政策方面的考虑,法律不能让一个人的生计因为竞业限制而被剥夺”,对于雇员与雇主达成的竞业限制协议,法院将会把它限制在“不超过‘合理限度’的范围之内”。……

当然,每个案件具体应该如何处理,很大程度上取决于案件的事实本身。在有一些情形中,要求雇员不得在 2 个县,甚至 1 个县的范围之内执业或者从事某项业务,可能就是超过了允许的限度。但是,在我们审理的这一案件中,就该案涉及的相关县的特点和规模来看,协议中的地域限制范围显然是合理的。这一竞业协议中包括的地域,是 5 个很小的农业县,该地域是原告获得其病人来源的主要区域,被告英格拉西如果在此执业将会和原告形成直接的竞

---

① 在伊萨卡市,除了原告和被告两人以外,还有另外两名牙医。此为原判决中的注解。

争。因此,这一竞业限制协议的覆盖范围与"原告执业所延伸的范围"保持了一致,而且是很准确地保持一致。在我们看来,这样 5 个县的地域限制是恰当的,也是允许的。简而言之,原告有其吸引病人来源的特定地区,原告并没有试图将其影响力延伸到这些地区以外,被告在上述 5 个县之外,可以自行选择其他地区从事牙医业务。

我们认为,也不能因为系争协议中没有对时间进行限制——协议中要求被告英格拉西永久不得与原告在列出的特定区域进行竞争——就宣布这一合同无效。不能因为"竞业限制协议没有时间限制条款,或者明确规定限制竞争没有时间限制",就让竞业限制协议归于无效,对于这一点,法律上已经予以解决……在我们审理的这一案件中,被告英格拉西在离开雇主之后仅仅一个星期,就在伊萨卡市开设了一个诊所,与原告开展竞争。从案件查明的事实来看,我们完全同意初审法院法官在这一问题上的观点,即显而易见,被告英格拉西所有的业务量几乎都直接来自与他先前雇主之间的合作关系,被告在将来的业务也会如此。

[被告英格拉西的业务几乎全部来自先前在原告那里工作所获得的关系,]这一点把我们带到竞业限制条款中最难以处理的部分。根据合同条款的规定,被告英格拉西同意不与原告在"牙医以及/或者口腔手术"业务开展竞争。由于原告从事的仅仅是"口腔手术"业务,而原告卡宾斯基当初雇用被告英格拉西,只是让被告从事限定的"牙医"工作,所以上诉法庭①认为,原告从被告这里获得的他(被告)不得从事任何"牙医"工作的承诺,无论如何都超过了法院可以接受的范围。合同中表述的竞业限制条款,正如上诉法庭**归纳总结**的,显得"太过宽泛"了。一个人被排斥从事某一职业,而该职业又是他经过多年训练以后才获得的,如果允许这样的限制堂而皇之地存在,就是不合理的。

在上诉审理中,原告卡宾斯基努力想证明竞业限制条款的"宽度"是正当的。原告认为,如果仅仅是限制被告从事口腔手术业务、而允许被告从事牙医业务——根据教育法的相关规定②,被告应该被允许从事一个口腔医生可以进行的所有工作——那就意味着将原告从牙医行业扫地出门了。我们对原告的这一抗辩意见并不能同意。我们认为,原告并无权利阻止被告从事牙医业务,"牙医"业务与原告的业务并不构成竞争关系。如果竞业限制协议对被告业务的限制仅仅局限在口腔手术的范围,那么,原告将会得到他所需要的所有法律保护。我们的这一观点又引出了本案中的另一个问题,即法院是否有权力将

---

① 在本案中,上诉法庭(Appellate Division)是对该案进行二审的审判机构,并不是纽约州的最高法院。——译者注

② Education Law (§ 6601, subd. 3).

一个法律上不可接受的内容从一份有效的合同中"调整"出去,维持那些合理的限制条款呢?

虽然我们在纽约州没有找到这一问题上的直接判例,但是有其他案件可以证明法院应该拥有这样的权力。除此之外,在纽约州以外其他州的一些判例也明确表示,为了维持合同的合理性,必须承认法院拥有"调整"某些合同条款的权力,这些判例有着权威法律教科书和法学评论员的支持。布莱克教授在其专著中①指出:"在平衡、判断竞业限制条款是否公平的过程中,如果法院认定他[雇员]的行为是在合理禁止的范围之内,那么,使用'调整'这一工具,将不合理的限制削减到合适的程度,并强制执行这样的协议,对法院来说就是恰当的做法。"简要地说,在华盛顿州最高法院审理的 Wood 诉 May② 这一案件中,我们可以发现以下表述同样适用于本案,"我们认为,只要合同合乎情理,通过与实现合同基本目的相匹配的禁令来保护上诉人(雇主),是公正的也是公平的"。因此,由于本案中原告从事的行业只是口腔手术,如果法院的禁令只是限制被告从事的口腔手术,那么原告就有权就这一部分内容获得所有的禁令保护。

然而,本案中还有一个问题随之产生,即协议中规定,如果被告违反了竞业限制协议,他先前签发的 40 000 美元的支票将可以兑现,该规定是否就排除了适用禁令这一救济措施呢? 我们对此的回答是不会。合同中包括了一个约定赔偿的条款,并不能自动地阻止法院颁发禁令。正如我们法院在 Diamond Match Co.③ 这一案件中所指出:"这一问题实际上是当事人的意愿问题,这样的意愿应该从全部的文本和案件的具体情形中推断出来。如果推断出的结论表明当事人想要实际履行合同,而不仅仅只是在违约的情形下支付赔偿金,那么,该合同还是应该强制实际履行。"在本案中,我们要考虑的合同,并不能够合理地解读为,[如果发生违约,]当事人只是将"约定赔偿金条款作为唯一的救济方式"。④另一方面,我们认为,在同意颁发禁令之外,再另外让原告获得全部的赔偿(40 000 美元)——对于这一赔偿金,当事人显然只是想在全部违反合同的情况下才支付——这对于被告来说明显是不公平的,因为所颁布的禁令已经足以阻止被告再进一步地违反合同。对此,我们可以从 Wirth⑤ 案件的

---

① 73 Harv. L.Rev., at pp.674—675.

② Wood v. May, 73 Wash. 2d 307, 314, 438 P. 2d 587, 591.

③ 106 N.Y. 473, at 486, 13 N.E. 419.

④ Rubinstein v. Rubinstein, 23 N.Y. 2d 293, 298, 296 N.Y.S. 2d 354, 358, 244 N.E. 2d 49, 51 …

⑤ Wirth & Hamid Fair Booking v. Wirth, 265 N.Y. 214, 192 N.E. 297.

判决中找到恰当的解决方法。审理 Wirth 案件的法院面临的是和我们同样的情形,该法院根据当事人的要求颁发了禁令,但并未支持合同中约定的赔偿金,而是将案件发回下级法院,让下级法院决定当事人在违约期间所造成的**实际损失**。

原告卡宾斯基经过自己多年的努力才积累起有价值的口腔手术业务,考虑到原告有正当的权益来保护自己的业务,我们对被告英格拉西施加的禁令措施是他自己必须承受的结果。当然,被告英格拉西有权在伊萨卡市从事一般的"牙医"业务,或者在上述 5 个小的农村县以外的其他地区从事"口腔手术"业务。这一竞业限制的约定作为合同的组成部分,是经过双方仔细协商而形成的,并无证据表明这一协商存在欺诈或者对任何一方有过度的压制,必须按照其条款以合理的和有效的方式得到履行。总之,我们认为,原告有权从法院获得一项禁令,阻止被告在列举的 5 个县的范围内从事口腔手术业务,并赔偿其离开原告之后这一段时间在伊萨卡市从事口腔手术业务给原告带来的实际损失。

被提起上诉的裁决予以推翻,本案发回初审的卡尤加县法院,并按照我们对此的意见进行重新审理。

霍华德·舒尔茨公司诉布罗尼克[①]

648

乔治亚州最高法院(1977 年)

本案要旨

被告布罗尼克与奥比兹签订了一份帮助进行审计的协议,该协议中有一限制竞争条款,规定被告在合同终止之后 2 年内不得在限定地域内从事与奥比兹及其委托人霍华德公司有竞争关系的工作,并规定被告不得泄露在工作中接触到的保密信息。后来这一合同几经转让,到了本案原告这里。合同到期终止后,由于被告违反了合同,原告向法院起诉,要求法院颁发禁令禁止被告实施违反合同的行为。法院认定,原告与被告之间是雇佣关系,本案中的竞业限制条款在时间、地域、范围上太过宽泛,不能强制执行,而且法院也不应该对这些不合理条款进行调整。

本案确定的规则是,竞业限制条款对于雇员的限制必须是在严格的时间、业务和地域范围内,限制的内容对于雇主需要保护的利益和雇员来说必须是合理的。同时,如果相关的限制条款是不合理的,法院将不会对不合理的条款

---

① Howard Schultz & Associates v. Broniec,239 Ga. 181,236 S.E. 2d 265.

进行调整、修改。

希尔法官①代表法院呈递以下判决意见：

这一案件涉及两个合同条款，一个是竞业限制的合同条款，另一个是禁止披露保密信息的合同条款。在 Rita Personnel Service 诉 Kot② 这一案件中，我们法院曾经被要求回答以下这一问题：对于竞业限制条款，究竟是采纳还是抛弃"蓝色铅笔理论"③？ 在决定这一问题时，法院被要求回答一个竞业限制条款是不是应该得到支持，而法院的回答是不应该支持。Rita Personnel 判例作为涉及"蓝色铅笔理论"的典型案件，在乔治亚州地区，在某种程度上是一个标志性案件，甚至被认为是一个具有转折意义的案件。在我们正在审理的这一案件中，在认定竞业限制合同过于宽泛的情况下，我们法院再次被要求推翻 Rita Personnel 案件所确定的原则。

由于本案系争合同明确表示它在双方当事人之间建立的是独立承包人④的关系，而并不是"主人与仆人"的雇佣关系，因此，在本案的开始，我们必须决定系争合同是否应该被当作一份雇佣合同来看待。前面提及的 Rita Personnel 案

---

① Hill, Justice.

② Rita Personnel Services v. Kot，229 Ga. 314，191 S.E. 2d 79 (1972).
这一案件是乔治亚州最高法院于 1972 年判决的一起涉及竞业限制的合同。合同名为特许经营合同，但法院在对合同内容进行分析之后还是认定该合同属于雇佣合同。被告 Kot 是一名被许可人，他与原告 Rita 签订了一个特许经营合同，合同规定被告 Kot 在协议终止 2 年之内不得在乔治亚州的 Fulton, Cobb 和 DeKalb 县，以及原告许可其他人从事许可经营的地区开展业务。后来原告以被告违反竞业限制条款为由，起诉被告，要求初审法院颁发禁令，禁止被告从事相关经营。初审法院没有支持被告的请求。乔治亚州最高法院通过审理认为，系争竞业限制条款中有关地域限制过于宽泛，因而是无效的，不能由法院来强制执行。虽然原告请求法院采纳"蓝色铅笔理论"，将竞业限制条款中不合理的部分予以删除，但乔治亚州最高法院还是没有接受原告的请求，拒绝对竞业限制条款进行调整。乔治亚州最高法院最终维持了初审法院的判决。——译者注

③ "蓝色铅笔理论"(blue-pencil theory of severability)是普通法中有关合同可分性的一个特有理论，是指法院在发现合同中有一部分条款有效，其他部分无效时，可以要求当事人履行有效的那部分条款，而不用去履行无效部分。"蓝色铅笔"这一称谓的来源，是由于过去对于写好了的文本往往是用蓝色的铅笔去修改，"蓝色铅笔理论"由此得名。它实际上是指法官可以依职权主动对合同中不合理或者无效的条款进行调整，使合同条款变得合理，进而可以强制执行。——译者注

④ "独立承包人"是指以自己的技艺或者能力独立完成委托方工作的人。在受托方完成工作期间，他是自己决定如何完成工作，与委托方并不形成雇佣关系上的从属、管理关系，因而与雇佣关系有所不同。相对而言，雇佣关系中对于受雇人的保护更加充分，例如，对雇员有很多劳动法上的特别保护、强制保护，而独立承包人却并不能得到这种保护，一般只能通过合同来得到保护。如何看待某一合同的性质究竟是独立承包人的关系还是雇佣关系，并不在于使用什么名称，而主要是看双方当事人的权利义务关系更加接近哪一类合同的特征。——译者注

件,涉及的是一份加盟许可协议,但这一加盟协议却被法院最终认定为一份雇佣协议。我们认定,本案中的系争合同,应该和 Rita Personnel 案件中的协议同样对待,也被视作雇佣合同。在我们作出这样的认定之后,对于本案中的当事人,我们在以下的判决书中可以使用传统上称呼这类合同当事人时所使用的名称——"雇主"和"雇员"。

本案中的雇主要求从法院获得一个禁令,强制执行包含在雇佣合同中的一个竞业限制条款,并限制前雇员布罗尼克泄露其在受雇期间所获得的机密信息。初审法院经过对证据和辩论意见的听证后,驳回了雇主的请求。雇主不服初审法院的判决,提起了上诉。

1972 年 11 月 20 日,布罗尼克(本案中的雇员)与奥比兹达成了一份协议,根据该协议,布罗尼克将负责为奥比兹及其委托人霍华德公司的客户账户进行审计,以此来判断客户是否已经对外多付了款项,因为客户对于自己可以获得的特别折扣或者佣金并不知晓。这一协议还包括了一个限制竞争条款,规定雇员布罗尼克

> 在该协议终止之日起 2 年之内,在委托人霍华德公司或者奥比兹各自有业务活动的地区,不得在与委托人霍华德公司或者奥比兹有竞争关系的业务、活动、审计行为或者其他相关的活动中,以任何理由直接或者间接地担任委托人、代理人、雇主或者雇员,或者以其他任何方式从事这方面的工作。……

该协议还包括了以下一段文字内容,它涉及有关保密信息的问题。这一段文字表述如下:雇员布罗尼克

649

> 将会获得委托人及奥比兹的客户、顾客以及其他收入来源的信息和情况,并且获得有关审计技巧、形式、标准以及委托人和奥比兹在履行服务中从事其他行为的信息和情况,所有上述情况和信息都应该予以保密……布罗尼克同意对这些情况和信息予以保密,并不得将这些保密内容泄露给任何其他人。……

[希尔法官的分析意见如下:]①

1. 根据我们州的宪法和立法机关的法律条款,乔治亚州禁止在合同或者协议中对于交易进行一般性的限制。②一直以来,乔治亚州的法院认定,宪法和立法机关法律条款中的禁止性规定,并不是对每一种类型的限制交易协议都绝对地予以禁止。附属于雇佣合同的竞业限制条款,是可以强制执行的,但只

---

① 以下四点是希尔法官对于自己维持初审法院的判决所给出的理由及分析。——译者注

② Const. 1976,Art. Ⅲ,Sec. Ⅷ,Par. Ⅷ,Code Ann. § 2-1409;Code Ann. § 20-504.

能是在下列情形中：即它被严格限定在一定时间和地域范围之内；如果协议中没有进行这样的时间和地域限定，则必须是在对雇主寻求保护的业务上的利益以及以其给雇员带来的效果进行考虑之后，仍然认为这一竞业限制条款是合理的。

就地域限制的程度而言，竞业限制条款中有一些限制所涉及的地域，是雇员先前受雇进行工作的地域；其他的一些限制，涉及的则是雇主开展业务的地域。前一种情形下的地域限制，一般是可以得到强制执行的；而后一种情形下的地域限制，如果某个雇主寻求保护的业务上的合法利益并不存在，一般不会得到强制执行……这两种情形区别对待的正当性，似乎在于以下这一点：对于雇员的竞业限制条款只是限定在其受雇进行工作的地域范围，法院会将这样的条款视作一份初步有效的合同，它是为了保护与客户关系和自身商誉的一个合法手段。因此，对于雇主与雇员达成的这种协议，即禁止雇员"掠夺"其在受雇期间由雇主以直接或者间接的费用所服务的那些顾客的协议，法院是会强制执行的。与此相反的是，对于竞业限制条款将限制地域放在雇主从事经营的范围，法院不会将这样的条款视作一份初步有效的合同，在这种情况下，对雇主来说，想要证明其合理的唯一正当理由，就是为了避免雇员在这一领域与自己开展竞争。

本案中，"从雇佣合同终止之日起，雇员将被禁止在委托人或者奥比兹各自从事业务活动的任何地区从事竞争活动"。上述限制地区，仅仅就雇主从事经营、开展业务的地域来说，将包括阿拉巴马州、佛罗里达州、北卡罗来纳州、南卡罗来纳州和田纳西州，更不用说委托人从事经营的地域了。在本案中，雇主并未证明竞业限制条款中的地域限制是正当的。因此，作为雇主来说，想要以这样的条款来阻止雇员布罗尼克从事竞争性经营的努力是徒劳的，这一条款也不能得到强制执行。

650　　2. 该竞业限制条款之所以不能得到强制执行，还有其他两个原因。我们法院已经在好几个案件中认定，竞业限制条款中雇员同意不以"任何方式"受雇于雇主的竞争者，此类规定对雇员施加了极其严苛的限制，超过了保护雇主所必需的限度，因此不能强制执行。

对于竞业限制条款来说，如果对某个雇员被禁止从事业务活动的性质没有进行特别说明，这样的协议也是不能予以强制执行的。在案件审理过程中，这些未能确定性质的业务活动通常要参照雇主所从事的业务来加以明确的，也就是说，雇员应该是同意不去从事或者受雇从事"与雇主的业务相类似的工作。"

本案中的限制条款，禁止雇员"在与委托人霍华德公司或者奥比兹有竞争关系的业务、活动、审计行为或者其他相关的活动中,以任何理由直接或者间接地担任委托人、代理人、雇主或者雇员,或者以其他任何方式从事这方面的工作"。我们认为,这样的限制条款不能予以强制执行,因为,如果严格照此条款执行,雇员布罗尼克将会被禁止以任何方式为原雇主的竞争者工作。该竞业限制条款也未特别说明,与雇主现在或者今后将构成竞争关系的究竟是什么性质和什么种类的业务,也就是说,该条款没有特别列明雇员布罗尼克被禁止从事的具体是哪些活动。

3. 本案中的雇主建议我们法院推翻前面提到的 Rita Personnel 判例,并采纳法院可以主动调整当事人权利义务的"蓝色铅笔理论。"在 Rita Personnel 案件中,我们法院拒绝采纳这一理论。一直以来,我们法院也是跟随着 Rita Personnel 案件的规则[并没有采纳"蓝色铅笔理论"]⋯⋯

雇主在本案中辩称,《合同法重述》的第 518 条款①认可了"蓝色铅笔理论"。然而,由美国法律协会批准的《合同法重述》(第二次重述)[草案]②却因为这一理论与当时权威的判决相反而拒绝采纳这一理论。我们州的 Rita Personnel 案件曾经作为美国法律协会认可的一个重要判例而被引用过。⋯⋯

根据我们面前的系争合同,雇员布罗尼克同意在 2 年的时间内,在阿拉巴马州、佛罗里达州、北卡罗来纳州、南卡罗来纳州和田纳西州,或者是在雇主的委托人可能经营的其他地方,不会在与雇主有竞争关系的业务活动、审计行为或者其他相关活动中直接或者间接地从事委托人、代理人、雇主、雇员或者以其他任何方式从事这方面的工作。本案中的雇主要求我们法院自行限定雇员布罗尼克开展业务的地域,删除雇佣合同中令人生厌的词语"以任何方式",由我们法院加上认为恰当的限定词语,以此来具体明确雇员布罗尼克应该受到限制的活动。

本案雇主超出常规的这一请求,正是我们法院拒绝对雇员布罗尼克的竞业限制条款进行"调整"的理由。雇主在合同中获得了超过必要限度的保障,希望其雇员将会被排除出竞争行列,而一旦雇员真的与自己展开了竞争,雇主又想借法院之手来重新确定合同的内容,进而让竞业限制条款可以强制执行。当法院确实依职权对竞业限制条款进行调整之后,雇员的竞争可能会被禁止得更多,甚至要超过现在过宽的限制竞争条款。我们在此选择维持 Rita Personnel 案件中确定的做法,不对竞业限制条款主动进行调整。

651

4. 下一步我们必须对初审法院的以下做法是否存在明显错误进行分析,

---

① *Restatement of Contracts*,§518.

② Draft No. 12 of *Restatement of Law*,*Second*,*Contracts*,§326,pp. 95—96 (March 1,1977)[now §184].

即雇主在初审中向法院申请禁令,禁止雇员布罗尼克对保密信息进行泄露,而初审法院并没有签发这样的禁令。在 Durham 诉 Stand-By Labor，Inc.这一案件中,我们法院说得很清楚,雇佣合同中规定的不得泄露应予保密信息的条款,可以从一个竞业限制条款中单独分离出来予以强制执行。这一观点也参见 Aladdin 诉 Krasnoff① 案。

同样重要的是,我们必须在一开始的时候就指出来,像雇主的"商业秘密"那样的东西在没有合同约定时也可以从法律上得到保护,然而,在本案中并不存在这样的一个"商业秘密"。"商业秘密作为可以通过禁令来保护的权利,是一个计划、程序、工具、技巧或者是上述这些内容的混合体,这些内容只为其所有人和他的雇员所知晓,为了让这些雇员掌握并使用,雇主必须有意地将它们泄露给自己的雇员。"……

初审法院判决予以维持。

---

① 214 Ga. 519，105 S.E.2d 730 (1958).

第十一章

第三方受益人

■ 第一节　有意的受益人、附带的受益人、债权人受益人以及受赠人受益人

劳伦斯诉福克斯[①]

纽约州上诉法院(1859 年)

本案要旨

　　案外人霍利将 300 美元借给被告福克斯,出借时他明确表示,自己还欠原告劳伦斯 300 美元,一天后就要归还,因此霍利要求被告在第二天将这 300 美元还给原告劳伦斯,被告表示同意。但是,被告并没有履行承诺,因此原告劳伦斯诉至法院,要求被告福克斯归还 300 美元。法院认定,原告有权以自己的名义起诉,判决被告返还这笔款项。

　　本案确定的规则是,如果某份合同为第三方设定了利益,那么第三方受益人并不因为缺少合同的相互性而无法起诉。

　　本案被告福克斯不服布法罗市高等法院的判决,提起了上诉。在初审中,本案由马斯滕法官审理。马斯滕法官在初审中查明以下事实:有旁观者证人提供的证言表明,1857 年 11 月,一个名叫霍利的人在本案被告福克斯的请求下,借给了福克斯 300 美元。霍利在借出这笔钱的时候跟被告福克斯说得很清楚,当时他自己正欠着本案原告劳伦斯 300 美元,而且本来已经答应了劳伦斯第二天就将这 300 美元还给劳伦斯。考虑到这一点,在接收霍利这 300 美元的时候,被告福克斯答应第二天就将这笔钱还给本案的原告劳伦斯。

---

　　① Lawrence v. Fox, 20 N.Y.268.

根据这位旁观者证人所陈述的上述事实,被告福克斯向法院提出了驳回原告劳伦斯起诉的动议。被告福克斯要求驳回原告起诉,主要是基于以下三点理由,即,1.没有证据证明[案外人]霍利欠着原告劳伦斯这笔300美元的债务;2.被告福克斯与[案外人]霍利达成的由被告归还原告劳伦斯300美元借款的协议,由于缺少对价,应该被认定为无效;3.在本案的原告与被告之间并不存在着合同上的"相互性"①。初审法院驳回了被告福克斯提出的驳回原告起诉的动议,对此,被告的律师提出了反对意见。于是,法院将这一问题提交给了陪审团进行裁决,陪审团经过审议,作出了被告福克斯应该支付原告这笔款项及相应利息的裁决,被告福克斯总计应该向原告劳伦斯支付344.66美元。后来,初审法院的法官根据陪审团的裁决作出了支持原告劳伦斯的判决。被告福克斯对此判决不服,上诉到了布法罗市高等法院,高等法院维持了初审法院的判决,被告福克斯仍然不服,又向我们法院②提起了上诉。在上诉过程中,被告福克斯以书面方式提交了上诉理由。

格雷法官③代表法院呈递了以下判决意见:

被告福克斯在初审法院审理过程中提出的第一个反对意见是,在初审过程中出现的那个旁观者——在霍利将300美元交付给被告时,这一位旁观者就在旁边,他当时听到了霍利指示被告应该如何偿付这笔钱——所作的证言,只是一个传来证据,因而是不适格的证据。[我们认为,]如果原告劳伦斯直接起诉案外人霍利要求返还这笔钱款的话,那么没有人会想到竟然有人对这一证据的适格性提出反对意见;如果被告福克斯履行了自己的承诺,将霍利借给他的300美元还给了本案原告劳伦斯,霍利随后又起诉被告福克斯要求返还这笔借款,而被告福克斯提供了这位旁观者在本案中的证言,那么,毫无疑问,这一证据将会被法院接受而不会遭到任何方面的反对。被告福克斯在本案中有权要求对方提供的所有东西,就是足以认定霍利和原告劳伦斯之间是债务人和债权人关系的证据。我们认为,从这一目的来看,本案中作为证人的旁观者所提供的那些证言,很显然就是适格的证据,它符合证据适格的所有理由,并且这些证据保证了陪审团所作裁决的正当性。

但是,被告福克斯还是提出,即使被告的承诺有适格的证据可以支持,可是由于被告的承诺缺少相应的对价,被告这样的承诺仍然是无效的。我们认

654

---

① "相互性"是指提起合同之诉的当事人,必须具有合同关系。本案原、被告之间是否具有"相互性"是本案争议的法律问题,纽约州上诉法院的法官在这一判决中着重对原告起诉被告是否需要"相互性"进行了阐述和分析。——译者注
② 即纽约州上诉法院(Court of Appeals of New York)。——译者注
③ Gray, J.

为,被告提出的这一问题已由纽约州最高法院解决了。早在四分之一世纪前,纽约州最高法院就认定了一份类似合同的法律效力,这一类似合同在所有实质性方面都与本案事实相类似[见 Farley 诉 Cleaveland 这一案件①]。Farley 诉 Cleaveland 这一案件由纽约州最高法院的萨维奇首席法官进行审理,他在一篇极富才华又费尽心力的判决意见中认定,类似这样的承诺是具有法律效力的。这一判决的根据经过了法官全面和细致的分析。萨维奇首席法官在这一判决中的分析意见,后来又得到了纽约州纠错法院②的一致维持。③该案的基本事实是这样的:一个叫穆恩的人欠着原告法利一笔钱,穆恩将一批饲草出售给了被告克里夫兰,对价就是克里夫兰从穆恩这里接受了这批饲草之后,将会向法利付清穆恩所欠的那些款项。法院判决支持了原告法利要求被告克里夫兰支付这笔欠款的诉请,法院给出的理由就是,克里夫兰从穆恩这里获得的这批饲草,就是克里夫兰应该支付法利这笔款项的有效对价。而且,穆恩仍然有着向法利支付欠款的义务,这并不能阻止法利要求克里夫兰支付这笔款项。在本案中,案外人霍利向被告福克斯借出的这笔钱是为期一天的借款,这笔借款在交付之后变成了被告福克斯的个人财产,这样的事实似乎让被告的律师形成了以下的观点,即因为被告福克斯答应归还的这笔钱款,并不是由原告劳伦斯自己交到被告手中的信托财产④,所以,被告福克斯的这一承诺虽然是为了原告的利益而作出的,但是,法律并不能保证原告的利益一定会实现。如果被告福克斯答应归还的是一种信托财产,而原告对于这一信托财产享有权利,那么情况就会不一样,被告福克斯就应该将这一物品出售的钱款,或者将收回债务所得的钱款返还给原告。在 Farley 诉 Cleaveland 这一案件中,就被告克里夫兰从案外人穆恩这里接收⑤的饲草,被告并不需要付款给原告法利,但是克里夫兰对于其购买饲草所产生的债务,是应该偿付的债务,该债务就像本案被告福克斯因为借款所产生的债务一样。Farley 这一案件在我们州的判决中经常被提及并引用,它所确定的原则具有不折不扣的法律上的权威,

---

① Farley v. Cleaveland, *4 Cow., 432.在格雷制作的这一判决意见中,他对"克里夫兰"的拼写是"Cleaveland",而在出版发行的 Farley v. Cleveland 案件的报告中使用的拼写却是"Cleveland"。此为原编者所作的说明。

② 纽约州纠错法院是纽约州历史上存在过的最高法院。1846 年,根据纽约州的宪法,"纽约州纠错法院"被"纽约州上诉法院"所取代。——译者注

③ Farley v. Cleaveland, *4 Cow., 432; *same case in error*, 9 *id.*, 639.

④ "信托财产"与现代意义上的信托基金、信托资金不完全一样,在这里应作广义解释。从后面法官的判决意见中可以看出,一方委托另一方出售物品获得的钱款,或者收回债务的钱款,也被看作信托财产。——译者注

⑤ 原文为"交给"(delivered to),系明显的笔误,应该为收到[received from]。此为原编者所作的说明。

从来就没有被怀疑过。①Farley 这一案件也说明,那种认为本案被告福克斯的承诺由于缺少对价因而无效的理由,是不能成立的。

有关 Farley 这一案件的报告②表明,被告克里夫兰的承诺并不仅仅是对案外人穆恩作出的,也是对原告法利作出的。在我们审理的这一案件中,被告福克斯的承诺只是对案外人霍利作出的,并没有明示地对原告劳伦斯作出过。两个案件在这一点上存在差别,这就提出了一个问题,原告和被告之间是否需要合同的相互性? 被告福克斯在其反对意见中认为,本案的原告和被告之间缺少合同的相互性。[法院接着讨论了从 1806 年开始在纽约州判决过的一些案件,这些案件判定,"当一方当事人为了第三方的利益而对另外一方当事人作出承诺的时候,该第三人可以以此作为依据向法院提起诉讼"③,而且,当被告向债务人承诺将会向债权人还清款项的情况下,法律将会默认这一承诺也是向债权人作出的。]④但是,被告福克斯坚持认为,由于自己在任何意义上都不是为了原告的利益而对霍利的财产进行管理的受托人,所以,法律就不应该默认自己和原告之间有着一个承诺。我也承认,许多认定原告与被告之间存在着默认承诺的案件,是为了立诺人的利益而创设信托关系的情形。Felton 诉 Dickinson⑤ 这一案件以及经常被引用的其他案件,都属于这样的信托案件。但是,虽然我们也承认它们是信托类型的案件,这些案件中并没有显示有任何东西可以阻止本案也适用这样的规则。根据信托关系中的条款,受托人有着向信托受益人支付财产收益的义务,这一义务默认受托人答应了向后者(即信托受益人)支付相关的收益。在本案中,被告福克斯——根据他从霍利这里获得的充分对价——答应了霍利,会向原告劳伦斯付清他的欠款。被告福克斯获得的对价以及福克斯对霍利作出的承诺,使得福克斯显然有义务付清这笔钱款,这一点就与原告劳伦斯当时是为了那样的目的直接将钱款借给被告福克斯完全一样,而且,这样的承诺还默认了被告会去还款,这就如同一个受托人在信托财产转化成现金之后将会把现金支付给信托人一样。虽然说当事人违反义务的行为,在其中一个案件所带来的后果可能要比另一案件中的后果更为严重,但是,我们认为,这一事实无论如何不能证明被告在两个案

① Barker v. Bucklin, 2 Denio, 45; Hudson Canal Company v. The Westchester Bank, 4 *id*., 97.

② 美国法院有时会对某个判决的背景、涉及的法律问题、判决的理由出具一个报告(report),这样的报告将有助于对法院判决的理解。——译者注

③ Schemerhorn v. Vanderheyden (1 Johns. 139, 140).

④ 这一段内容为原编者所加。

⑤ 10 Mass., 189, 190.

件中都有付款义务。以下的这一段表述,经常被用来说明我们在这一问题上的原则(它很准确地说明了本案应该如何处理),这段话是这样表述的:"如果立诺人对某个人所作出的承诺是为了另外一方当事人利益而作出的,那么,在立诺人违约的时候,这一承诺的受益人是可以提起诉讼的。"这一表述所确定的原则适用于信托案件,并不是因为这一原则只是特别适用于那些信托案件,而是因为它是一个法律原则而适用于那些信托案件。

被告福克斯还坚持认为,虽然在订立借款合同的时候霍利和自己是想让原告劳伦斯作为受益人,但是霍利还是可能会在将来免除被告的义务,不再要求被告履行原先的承诺,因此,原告劳伦斯没有权利提起这一他本人并不能掌控的诉讼来获得救济……假定本案被告福克斯就他收到霍利的 300 美元出具了一份书面材料——这一份材料表明,被告答应由自己来向原告付清 300 美元款项,而原告接受了这一承诺,同时保留着霍利仍然必须返还借款的责任。显而易见,在这一假定的情况下,霍利并不能免除被告福克斯的这一承诺,虽然免除被告的承诺本来是他完全享有的权利。没有人能够怀疑,当被告福克斯拿走这笔钱的时候已经欠着这一笔钱,必须归还,或者,根据被告的承诺,应该是被告有义务向原告付清这笔款项。同样不应该怀疑的是,不管其他地方有什么不同观点,很早之前,我们纽约州法院根据经验所作出的判决已经确立了被告在这种情形下应该承担还款的责任。因此,即使能够表明,如果我们法院更严格、更有技巧地准确适用所采纳的规则,将会导致一个不同的结果(我决不认为会有不同的结果),但是,在显而易见的公正清晰地摆在我们面前的时候,并不需要我们法院煞费苦心地那样去做。

初审法院的判决应该予以维持。

656

约翰逊首席法官、迪奈欧法官、艾伦法官、斯特朗法官附和同意本案的判决结果。约翰逊首席法官和迪奈欧法官的观点是,本案系争的承诺应该看作通过原告劳伦斯的代理人霍利①向原告作出的。虽然原告和被告之间没有合同的相互性,但是,当原告知道其代理人作出的指示以后,可以对代理人的行为予以追认。

科姆斯托克法官②对本案的结果提出了反对意见:

---

① 约翰逊法官等人在这里附和同意了格雷法官的判决意见,只是角度和理由有所不同。约翰逊法官等人所指的"代理人"在本案中就是指霍利。约翰逊法官等人认为,本案系争承诺虽然没有相互性,但是可以将霍利看作原告劳伦斯的代理人,原告可以对霍利的意思表示(指示被告福克斯将款项返还给原告)进行追认。从此观点出发,也会得出支持原告诉讼请求的结果。可见约翰逊法官等与格雷法官所持的观点还是有所不同的。——译者注

② Comstock, J.

本案的原告劳伦斯与其提起诉讼所涉及的承诺之间没有任何关系。被告福克斯作出的承诺，并不是向原告本人作出的，对价也不是由原告支付的。如果在这样的情形下原告还能够提起诉讼，那一定是因为在这一问题上出现了一个独特的情形，使得这一案件可以走上法律的轨道。在一般情况下，本案这样的情形如果可以起诉，必须存在合同的"相互性"。以某一个承诺作为依据而起诉的当事人，必须是承诺中的受诺人，或者他必须在这一事项中有着一些法律上的利益。在本案中，确实是霍利将钱借给了被告福克斯，系争的承诺也是被告福克斯向霍利作出的，然而，显而易见的是，霍利可以在任何时候要求福克斯将这笔款项还给他本人。的确，霍利是将钱借给了被告福克斯，同时指示被告福克斯将这笔钱归还给原告劳伦斯。然而，对于这一指示，霍利本人是可以撤销的，而如果霍利一旦这样做了，很显然，被告福克斯按照霍利的指示来付款的承诺将不复存在。霍利与被告之间就还款所作的约定如果得到完全的履行，原告将会从中受益，但是这一约定本身是其他当事人之间的约定，而且是在他们的绝对控制之下的约定。如果被告福克斯已经将钱款还给了霍利，那么被告的债务也就自然了结了。因此，本案中有着这样的可能性：霍利也许会不再要求被告将钱款还给原告，或者要求被告将这笔钱款转让给其他人，或者当事人又取消了本案系争的承诺，指定被告将这笔钱支付给霍利的其他债权人。在我列举的这些情形下，第三人[本案中的原告]永远也不会有权利依据法律的合理原则来主张强制执行这一承诺。我们应该查清的是，是否有肯定的权威判例支持我们建立这样的规则……

有一些涉及信托的案件，也经常被当作与本案所争议的法律原则相关的依据来引用，但是，在我看来，这些涉及信托的案件实际上并不支持本案中的情形。如果 A 将一笔金钱或者某个财产交付给了 B——B 是依据信托协议，为了 C 的利益而接受 A 的金钱或者财产——那么，C 可以为了这一目的，通过一个恰当的诉讼来强制执行这一信托协议。[①]如果信托财产是一笔金钱，我认为受益人可以同意接受这笔金钱，并会提起诉讼要求占有并获取这笔金钱。如果信托财产是金钱以外的其他物品，受托人一定要根据信托协议的条款和衡平的原则，对信托财产予以说明。的确，是有一些权威判例说道，那些建立在"信托财产的占有"[②]这一基础上的明示承诺，受益人也可以以自己的名义在法律上通过诉讼来强制执行，尽管受托人的这一承诺是对于信托的创设人作出的……但是，如果我们要想不违反法律的基本规则的话，那么，我们在这一

---

① Berly v. Taylor, 5 Hill, 577.

② "信托财产的占有"是信托中的一种类型，指让受益人在一定期限内占有、使用该信托财产。——译者注

问题上就只能到此为止,不能再继续向前走了。本案中,并没有任何信托或者代理的性质。被告福克斯从霍利这里借到了300美元,而且被告福克斯是因为自己借钱接受这300美元的。原告劳伦斯对这笔300美元借款并没有权利,不管是在法律上还是在衡平法上,他都没有权利……

格罗弗法官也对多数法官的判决持反对意见。

初审法院的判决予以维持。

657

西弗诉兰塞姆[①]
纽约州上诉法院(1918年)

本案要旨

比曼法官与夫人生前没有子女。比曼夫人希望将纽约的一处房产留给自己的侄女西弗,也就是本案的原告,但这一点未写入比曼法官为她拟定的遗嘱中。由于比曼夫人行将离世,无法等到新遗嘱拟定完成,比曼法官对妻子表示,他会在自己的遗嘱中为侄女西弗留下相当于这一处房产价值的遗产,于是比曼夫人在丈夫拟定的遗嘱上签了字。然而,比曼法官去世后,其遗嘱中没有包含为原告留下财产的条款。原告据此对比曼法官的遗产管理人提起诉讼,以比曼法官违反承诺为由,要求遗产管理人支付相当于这一房产的价值。法院认定,原告是合同中有意设定的第三方受益人,原告可以以合同作为依据,要求违约方承担责任。

本案确定的规则是,合同中设定的第三方受益人可以以作出承诺的一方当事人违约为由,要求其承担违约责任。

庞德法官[②]代表法院的多数法官呈递以下判决意见:

比曼法官和他的夫人都已经是年迈的老人。比曼夫人即将去世,当时她在[纽约州的]马隆镇[③]有一处不动产,包括了一处房产和一块土地,此外,她在其他地方也有着一处小的不动产。根据夫人的要求,比曼法官为她起草了一份遗嘱。在这份由丈夫起草的遗嘱中,比曼夫人同意,将会在自己去世之后留给本案原告西弗1 000美元,留给她的姐姐,也就是原告的母亲500美元,留给她的另一个姐姐和姐姐的儿子各100美元。比曼夫人同意让她的丈夫终身使用在马隆镇的这处房产,在丈夫使用完这处房产之后,这一房产将捐赠给美国

---

① Seaver v. Ransom., 224 N.Y. 233, 120 N.E. 639.
② Pound, J.
③ 马隆镇是纽约州富兰克林县的一个镇。——译者注

禁止虐待动物协会。她任命丈夫作为其剩余财产的继承人和遗嘱执行人。本案的原告西弗是比曼夫人的侄女,当时 34 岁,身体欠佳,原告西弗有时作为比曼的家庭成员待在他们家里。当比曼法官向夫人宣读这一份遗嘱的时候,比曼夫人对丈夫说,这份起草的遗嘱内容并不是她本人的意愿,她想将这一处房产留给本案的原告西弗。比曼夫人对该遗嘱的其他内容并没有反对意见。当时她已经极度虚弱,虽然比曼法官提出可以另行起草遗嘱,但是她说自己恐怕不能坚持那么长的时间,无法在新的遗嘱上签字了。于是,比曼法官对她说,如果她愿意在这份已经拟好的遗嘱上签字,他将来会在自己的遗嘱中给原告西弗留下足够的财产来弥补差额。比曼法官举起了自己的右手,非常严肃地说出上述这番话,于是比曼夫人就在已经拟好的遗嘱上签了字。但是,当比曼法官去世的时候,他的遗嘱中并没有为原告西弗留下遗产的条款。

原告西弗因此提起了本案诉讼,她的请求在初审法院得到了支持。初审法院判决支持原告是基于以下理由:1.比曼法官从他的妻子这里得到了财产,通过答应妻子会付给原告西弗 6 000 美元——该房产的价值就相当于 6 000 美元,诱导妻子在他准备好的遗嘱上签了名;2.由于比曼法官的行为,衡平法就在比曼法官所获得的财产上打上了信托①的印记,表明这是其夫人信托过的财产。初审法院认为,一旦某一个继承人向立遗嘱人作出承诺,会将自己得到的遗产用于特别的目的,那么他们之间就产生了一种信托关系。根据妻子的遗嘱,比曼法官除了可以终身使用马隆镇的房产之外,没有从他的妻子的遗嘱这里得到任何东西。衡平法要求,继承人对于所得到的财产必须按照立遗嘱人设定的目的去使用,但是,衡平法对于通过承诺获得的那些财产,并不能强制打上信托的印记。比曼法官本人应该受到他所作承诺的制约,但是并没有什么财产受到他所作承诺的制约。[我们认为,]在本案中,并不能够认定存在着支持原告利益的信托关系。

基于合同而要求赔偿损失与要求遗嘱执行人作为受托人来实际履行遗嘱相比,两者的依据并不相同。②在我们看来,纽约州上诉法庭③正确地回答了本案中涉及的问题,即根据比曼法官对妻子作出的以原告西弗作为唯一受益人的承诺——这一承诺有着有效的对价——初审法院的判决是否能够成立。纽约州上诉法庭在这一问题上转而适用了一个伟大的判例——即 Law-

①   在这里"信托"有着委托处理的含义,即比曼夫人是委托丈夫处理自己的那一处房产。根据法律,受托人有义务按照委托人的要求处理相关事务。——译者注
②   Farmers' Loan & Trust Co. v. Mortimer, 219 N.Y. 290, 294, 295.
③   上诉法庭是纽约州负责上诉案件审理的一个法院。——译者注

rence 诉 Fox① 一案——所确定的一般原则,维持了初审法院的判决。②

658

为第三人利益而设定的合同,已经成为司法研究和学术讨论的丰富源泉。③无论在法律上还是在衡平法④上,一般原则是,原告与被告之间的相互性对于一个合同诉讼而言,是必不可少的。合同中的对价,一定是由承诺指向的那一方当事人提供的。某一份合同是不能针对第三人实际执行的,因此,这一合同也不能由第三人作为依据来要求实际执行。[但是,]在另一方面,第三方受益人依照一个明示让其受益的合同进行起诉的权利,已经在美国的许多司法区域得到了普遍承认。现在,第三方受益人的这种权利,或者是通过司法判决的形式得到了确认,或者是通过立法的形式得到了确认,而且这一原则已经被认为是"在我们国家占主导地位的一个法律规则"⑤。有学者认为:"允许第三方受益人依照合同起诉,这一规则的确立是逐渐形成的;它的确立,是实际效用主义对理论学说主义的胜利,是实质公平对技巧至上做法的胜利。"⑥这一观点的理由是,允许合同中设定的第三方受益人要求强制履行合同,让本来就有义务付款的当事人支付款项,不仅是公平公正的,也是切实可行的。当然,美国还有其他一些司法区域仍然坚持着现在英国的规则,即合同不能由非合同的一方当事人要求强制执行,也不能针对非合同当事人要求强制执行。

在纽约州,第三方受益人依照为自己设定利益的合同而进行起诉的权利,并没有得到很清晰或者是很简单的确定。目前,我们州的判决对于第三方受益人起诉的情形作了不同的分类。**第一种情形**是受诺人对于第三方受益人存在着金钱给付义务的那些案件⑦……**第二种情形**是为了合同一方当事人的妻子⑧、

---

① Lawrence 诉 Fox(20 N.Y. 268)这一案件确定的原则是,第三方受益人可以以自己名义要求作出承诺的人履行承诺。具体案情可见前面的判决意见。——译者注

② 从这一段分析可以看出,在本案中,原告西弗是基于合同而提出了赔偿诉讼,初审法院虽然支持了原告,但理由是由于比曼法官向夫人承诺会在他的遗嘱中给予原告相当于马隆镇房产价值的补偿,这一房产就成了信托财产,比曼法官作为受托人就有义务支付这些价值。上诉法庭支持原告的理由与初审法院有所不同。上诉法庭是依据 Lawrence 诉 Fox 这一判例确定的原则,从受益的第三人可以起诉被告这一角度支持了原告西弗的起诉。纽约州上诉法院认定,本案可以适用 Lawrence 诉 Fox 一案所确定的原则,进而维持了上诉法庭的判决。——译者注

③ Williston, *Contracts for the Benefit of a Third Person*, 15 Harvard Law Review, 767; Corbin, *Contracts for the Benefit of Third Persons*, 27 Yale Law Review, 1008.

④ 相关判例见 Phalen v. U.S. Trust Co., 186 N.Y. 178, 186。

⑤ Hendrick v. Lindsay, 93 U.S. 143.

⑥ *Brantly on Contracts*(2d ed.), p.253.

⑦ Farley v. Cleveland, 4 Cow. 432; Lawrence v. Fox, *supra*, Vrooman v. Turner, 69 N.Y. 280.

⑧ Buchanan v. Tilden, 158 N.Y. 109.

未婚妻①或者子女②设定利益的那些案件。当事人之间有着紧密关系的案件，可以追溯到早期英国王座法庭（1677年）审理过的一起案件，即Dutton诉Poole③案。很早之前，有紧密关系的当事人提起诉讼的权利在英国一直没有得到认可。［第二种情形中的这些案件认定，］丈夫或者父母对于妻子或者子女在未来应该尽到的自然的义务和道德的义务，使得妻子或者子女可以依据丈夫或父母为他们设定的利益而提起诉讼……

第三种情形是涉及公共服务合同的那些案件。这一类合同往往是市政当局试图通过承诺让居民受益，以此来保护居民的权益。现在，在这一种情形下第三方受益人提起诉讼的权利也已经得到了认可。第四种情形是，在合同一方当事人的请求下，这一承诺是直接对着第三方受益人作出的，虽然该第三方受益人没有提供合同的对价。在我看来，以下的说法应该是比较可靠的，那就是，让第三方受益人获得救济这个一般原则，是包括在上面提及的这几类案件当中的。但是，有一些案件，不论是在种类上还是在原则上，都不包括在上面几种类型当中。

在本案中，没有自己子女的姑姑（指比曼夫人）在自己行将辞世的时候，想为她挚爱的侄女西弗留下一些财产，这一想法与父母为自己的子女立下遗嘱、留下财产的道德义务相比，在法律上或者衡平法上的差别非常细微，也很难识别。比曼夫人与比曼法官之间的合同，是为了原告西弗的利益而订立的。由于比曼法官的违约，只有原告西弗的利益受到了实质性的损害。对于特别强制执行比曼法官的承诺，比曼夫人的继承人并没有什么特别利益。法院在Buchanan诉Tilden④这一案件的判决意见中曾经这样说道：普通法对于丈夫

659

---

① De Cicco v. Schweizer，221 N.Y. 431.

② Todd v. Weber，95 N.Y. 181.

③ Dutton v. Poole（2 Lev. 210；s.c.，1 Ventris，318，332）。

该案的原告与被告之间是姐弟关系。被告答应他的父亲，如果父亲不将某一财产卖出去，他将付给其姐姐1000英镑。后来被告并没有履行这一承诺，于是姐姐就起诉要求被告支付1000英镑。被告的抗辩是，原告在他的承诺中并没有相互性，然而，英国王座法庭认定，因为受诺人与受益人之间（即父亲与女儿之间）特别紧密的关系，虽然原告在这一合同中没有相互性，但原告仍然可以起诉被告要求支付1000英镑。——译者注

④ Buchanan v. Tilden（158 N.Y. 109，52 N.E. 724（1899））。

该案的基本案情是，原告布坎南是Y. Tilden的养女，J. Tilden是Y. Tilden的兄弟，而被告则是J. Tilden法律上的继承人和最近的亲属。J. Tilden死亡后，本案被告曾经向遗产管理人提起诉讼，要求分得遗产，但是，启动和维持这一诉讼需要一大笔钱。于是，被告向原告的丈夫借钱，并向原告的丈夫承诺，如果将来遗产官司胜诉将会支付原告50000美元。原告的丈夫想方设法将钱借给了被告，但被告胜诉后只支付了部分款项，并未按照承诺全额支付。于是，原告向法院提起诉讼，要求被告支付余款。初审法院支持了原告，上诉法庭认为被告的承诺是向原告的丈夫作出的，而不是向原告本人作出的，因此，对原告的起诉没有支持。原告不服判决，继续上诉到纽约州上诉法院。纽约州上诉法院审理后认为，在普通法上丈夫有着道德义务维持妻子的生活，这种义务正如父母对孩子的抚养义务一样，最终改判了上诉法庭的判决，支持原告依据合同进行的起诉。——译者注

和父母设定了道德上和法律上的责任,这种道德上和法律上的责任,并不是以妻子或者子女的生活必需来进行衡量的。然而,在 Buchanan 这一判例所引用的那些案件中,正是爱和情感,或者说是丈夫和父母的道德感让他们承担了这样的责任,而不是普通法上丈夫和父母对于妻子和子女的义务让他们承担这样的责任。如果本案原告是比曼夫人的子女,那么并没有法律上的义务要求比曼夫人必须为子女设定一个遗嘱条款。然而,如果比曼夫人作出过留下财产给子女的承诺——类似本案中比曼法官所作的承诺——那么,她的子女就可以要求强制执行这样的承诺。①道德良知的强制力,并不仅仅是由亲戚关系的程度远近来决定的。在本案中,侄女[原告西弗]可能完全依靠姑姑比曼夫人生活,也可能西弗对姑姑比曼夫人非常忠诚,而比曼夫人的儿子可能是一个富足的或者是道德卑劣的纨绔子弟。在这种情况下,原告西弗与比曼夫人的儿子相比,她对比曼法官的承诺就有着更加强烈的主张。任何理智的道德义务都不会武断地对西弗的请求予以拒绝,而对比曼夫人儿子作出退让。对于这两种情形下当事人的主张,我们要么都予以拒绝,要么都予以承认,两者必须保持一致。但是,如果在 Buchanan 诉 Tilden 这一案件中法院基于近亲关系所产生的道德责任作出了支持妻子的判决,而在本案中却因为双方之间的姑侄关系从衡平法来看太过遥远驳回侄女西弗的诉讼请求,在我看来,这两个案件无论如何是难以协调一致的……

凯洛格法官②是撰写下级法院判决意见的法官,他在判决意见中对于本案争议问题有着很好的表述,他是这样说的:"Lawrence 诉 Fox 一案中确定的原则,是一个顺应时代进步的原则,而不是一个逆潮流而为的原则。在它之后的法院判决,总的趋势是扩大 Lawrence 这一案件的效果,而不是限制这一案件的效果。"在 Lawrence 这一纲领性的案件中,法院试图采纳一般的原则,即任何第三人,只要他是合同中想要让其受益的这一方,那么,他就可以依据合同提起诉讼……[但是,]前面提及的 Vrooman 诉 Turner 案件却将这个一般原则的适用只是限定在自己认定的那些案件事实当中。审理该案的艾伦法官在判决意见中这样说到,"在每一个支持这样诉讼的案件中,受诺人对于根据承诺提起诉讼的原告都存在着一个债务或者义务。"……

根据一般的原则,我们在本案中可以得出一个合理的结论。如果比曼夫人在将房子留给她丈夫时设定了一个条件,即比曼先生必须支付给原告西弗6 000美元,而比曼先生也接受了这一条件,那么,就应该由比曼先生本人来支付这一笔遗赠。而且,在针对比曼先生的法律诉讼中,原告西弗也是可以获得

---

① De Cicco v. Schweizer, *supra*.
② Kellogg, P.J.

救济的,不管这一房子的价值是多少。原告西弗之所以可以提起合同诉讼,是因为立遗嘱的比曼夫人已经实质性地将比曼先生的承诺传达给了原告西弗,而不是因为他们之间存在的亲属关系或者道德责任。这里有两种承诺,一种是继承人向立遗嘱人默认承诺会支付给第三人遗产;另一种是无条件的承诺,继承人是以很有价值的对价答应在将来的遗嘱中为第三人设定一个条款。这两种承诺之间的区别,是可以找出来的,但也不是特别明显。美国司法界的趋势是,在所有这样的案件中都会维持被告对于第三人作出的赠与表示,允许受赠的第三人依据合同获得救济。在本案中,不管这一案件被认为是一个基于合同要求赔偿损失的诉讼,还是被认为是一个要求实际履行的诉讼——即原告可以将被告视作为了原告利益(这一利益来自系争的合同)而接受财产的受托人,因而,原告有权要求被告实际履行合同——原告西弗都享有衡平法上的权利。

支持原告的判决应该予以维持。

[对于这一判决,纽约上诉法院 7 名法官中有 3 名持反对意见,但他们没有在这份判决中写下反对意见。]

₆₆₀

莫克公司诉伦塞勒供水公司[①]
纽约州上诉法院(1928 年)

本案要旨

被告伦塞勒供水公司与案外人伦塞勒市政府签订过一份供水合同,由被告为城市中的消防水龙头供水。在合同期内,紧靠原告莫克公司仓库的一幢大楼发生了火灾,原告立即致电被告要求供应足够的水,但被告因疏忽没有及时供水,导致原告的仓库及仓库内的物品被烧毁。原告向法院起诉,要求被告赔偿损失。法院认定,被告的供水义务不应该被延伸到本案原告这样的个体,于是,判决驳回了原告的诉讼请求。

本案确定的规则是,对于一份提供公共服务的合同,原告是否有权利起诉被告,这取决于被告与城市政府的合同当中是否有着让城市住户个体受益的意愿,而且,这种受益必须是"主要的"、"直接的"利益,而不能是"间接的"、"附带的"利益。

卡多佐首席法官[②]代表法院呈递以下判决意见:

---

① H.R.Moch Co. v. Rensselaer Water Co., 247 N.Y. 160, 159 N.E. 896.
② 卡多佐法官(Cardozo, J.)曾是美国纽约州上诉法院的首席法官,他所作的很多判决在美国司法的历史上有着重要影响,被公认为是美国 20 世纪最伟大的法官之一。——译者注

本案被告伦塞勒供水公司是根据纽约州法律设立的一家专门为当地供水的公司,它与案外人伦塞勒市政府签订了一份合同,约定在一定年限内为伦塞勒市提供用水服务。根据双方的合同,被告将在以下几方面为这一城市提供用水:为伦塞勒市的下水道冲刷和街道喷水提供用水;为学校和公共建筑的服务提供用水;为城市的消防水龙头供水。其中为消防水龙头供水的费用,是每年每个水龙头 42.50 美元。[除此之外,]被告还答应为这个城市的私人用水提供服务,以不超过规定的合理价格向辖区内的家庭、工厂和其他单位供水。在这一合同的有效履行期内,有一幢大楼发生了火灾。当时,火势蔓延到了附近原告莫克公司的仓库,导致原告仓库和其中存放的物品都被烧毁。原告诉称:"发生火灾之后,原告立即通知被告要求提供足够的用水,而且必须有足够的水压,以便在大火蔓延到原告仓库之前就可以被限制、阻止或者被扑灭。但是,被告在接到原告的通知后,却存在怠慢和疏忽的情况。"原告认为,正是由于被告"未能履行它与伦塞勒市政府之间供水合同的条款",自己才遭受了这些损失,因此法院应该作出支持自己的判决。被告对原告的诉讼请求提出了反对意见,要求法院驳回原告的诉讼请求,但是被告的这一动议在初审法院被驳回。该案在上诉之后,上诉法庭以多数意见推翻了初审法院的判决。[现在莫克公司不服上诉法庭的判决,继续上诉到纽约州上诉法院。]

原告莫克公司在诉称中认为,被告应该承担责任是基于以下三点依据:第一个依据是 Lawrence 诉 Fox[①] 案件所确定的违反合同这一诉因;第二个依据是 MacPherson 诉 Buick Motor Company[②] 一案所确定的侵权诉因;第三个依据是违反法定义务这一诉因。我们在此对原告提出的以上三点意见逐一进行

[①]　20 N.Y. 268. Lawrence v. Fox 一案的判决意见参见本章前面的案例。

[②]　MacPherson v. Buick Motor Company,217 N.Y. 382.

MacPherson 这一案件是纽约州上诉法院于 1916 年审理的一起侵权案件。有意思的是,MacPherson 这一案件当年也是由审理本案的卡多佐法官作出的判决。MacPherson 这一案件的原告是一个石匠,被告则是著名汽车公司巨头别克汽车公司。原告是从一个汽车经销商这里购买了被告生产的车辆。原告在使用汽车过程中,由于汽车轮胎的爆胎,导致原告受伤。这一轮胎并非被告自己生产,但是这一轮胎却是由被告组装到车辆上去的。在审理中,法院认定这一轮胎的缺陷是能够检测出来的。被告提出的抗辩理由是,原告并非直接从自己这里购买的车辆,与自己没有直接的相对性,因此不能对自己提起诉讼。但是,卡多佐法官认为,生产商知道自己的产品具有危险性,汽车存在的危险性就是警示生产商,有缺陷的汽车可能给他人造成损害;而且汽车生产商也知道,自己的产品在卖给销售商之后,销售商最终还是要卖给客户的,因此,被告别克汽车公司不能以自己与原告之间没有合同的相对性为由否定原告的起诉。MacPherson v. Buick Motor Company 这一案件也是突破了侵权案件中要求具有相对性的传统,开创了产品责任的先河。在 H.R.Moch Co. v. Rensselaer Water Co.一案中,原告以 MacPherson 这一判例为依据,认为被告在侵权法上也应该承担责任。然而,在该案中,卡多佐法官并没有支持原告从侵权角度进行的起诉。——译者注

分析。

(1) 我们认为,本案不能基于合同这一诉因进行起诉。

一个城市的政府并没有法律上的义务保护它的居民免于火灾的侵害。[①]正因为如此,对于向市政府的消防水龙头供水的被告,社会公众中的单个个体是不可以根据 Lawrence 诉 Fox 一案中的原则对被告提起诉讼的,除非在这一合同中立诺人(被告)明确表示,一旦自己未能履行承诺将会对公众中的单个个体承担赔偿责任,就像它给城市(政府)造成损失时将会承担责任一样。然而,在本案被告与伦塞勒市政府的合同中,却找不到当事人有着这样的意愿。相反,本案系争的合同非常清楚地分成了两个部分:第一个部分是被告对伦塞勒市政府所作的承诺,其中一个内容是让城市的管理能力可以从中受益,这就包括了为城市的消防水龙头提供水源。第二个部分是被告对伦塞勒市政府所作的另一个承诺,即让伦塞勒市的私人用户从中受益,包括为他们的家庭和工厂提供用水。从更广泛的意义上说,每一个城市的公共服务合同——如果它们不是目光短浅的或者好大喜功的合同——都是为了公共利益而制订的。然而,如果想要让并非合同正式当事人的公众个体也可以正当提起诉讼的话,那就不能仅仅看到这一类合同中的公共利益一面。正如有的学者指出的那样,这里的"利益"不能仅仅是附带产生的利益或者间接的利益。这里的利益,必须是特定含义上的利益,即必须是"主要的"而且是"直接的"利益。而且,这样的利益,在一定程度上是当事人预先对自己设定了这样的义务:即如果这一"利益"没有实现,那么立诺人[②]有义务向社会公众中的单个个体直接进行赔偿。在我们看来,如果"主要的利益"或者"直接的利益"之外的其他利益也可以作为被告承担责任的条件,那么被告义务的范围将会被扩大到超过合理的限度。假定立诺人所从事的是向某个公共大楼提供燃油、为这一幢公共大楼加热,某一个来到该大楼的访客发现这一大楼由于没有燃油而不能供热,使得自己患上了感冒,那么,立诺人是不应该对这位访客的感冒承担赔偿责任的。类似这样的举例说明还可以进行无限的延伸。例如,与政府签订有递送邮件合同的运行商,对于自己投递过程中的疏忽、迟延,是不会对商人的交易损失承担赔偿责任的。一个家庭住户是无法从消防水管和消防车的生产商这里得到救济的,虽然这些生产商立即履行合同义务将会阻止火灾造成的损失。"法律并不会将它所能够给予的保护扩散到太过遥远的地方。"[③]

本案也正是这样的情形。大量占主导地位的权威判决表明,一个城市政

[①] Springfield Fire Ins. Co. v. Village of Keeseville, 148 N.Y. 46.
[②] 在本案中,立诺人就是被告供水公司。——译者注
[③] Robins Dry Dock & Repair Co. v. Flint, 275 U.S.303.

府与一家供水公司之间签订的为消防水龙头供水的合同,被认为是让社会公众受益的合同。在我看来,这里提及的"受益",更多的是一种附带的利益、而非直接的利益;这一合同是推定被告应当对城市政府承担的一种义务,而非被告对城市中的单个住户所承担的义务。在 German Alliance Ins. Co.诉 Home Water Supply Co.①这一案件中,美国最高法院也是这样认定的。虽然说对于供水公司是否应该向住户承担责任这一问题在我们法院仍然是一个开放的问题,尚未最后确定,但是在我们州已经有判例作出了这样的认定。在其他司法区域,除少数州的法院外,大多数州的法院也作出了这样的认定。在本案中,非常敬业的律师总共收集了 26 个州的判例,这些判例得出的结果就是这样……只有为数不多的州法院作出了相反的认定。②每当想到将被告的义务被无限延伸到这一地区的每一个住户将会给被告带来巨大的负担,我们就觉得,给被告设定这一义务的想法更加不合时宜。将被告义务无限延伸所带来的后果,与法律上对于不作为——与前面情形差异不大——所确定的后果进行比较,明显存在不合理的失衡。〔前者的法律后果非常严重,而后者的法律后果非常有限。〕假定一个当事人由于疏忽导致了某幢大楼着火,这个当事人只是应该对起初发生大火时这一幢大楼主人的损失承担责任,而不是对大火蔓延造成的其他人的损失承担责任。③现在,我们纽约州确定的规则就是这样的效果,不管这样的规则是明智还是不明智,它在我们纽约州就是一个已经得到确立的规则。如果本案原告在这一问题上能够胜诉的话,那么即使整个城市地势本身很低,但只要被告由于疏忽未能提供足够水压来扑灭火灾——这一火灾是由其他人引起——被告就有义务赔偿火灾造成的损失。〔在我看来,〕任何一个立诺人,在自己只能得到微不足道报酬的情况下,都不应该被推定为心甘情愿地承担这样巨大的风险。

已经有一些案件将 Lawrence 诉 Fox 这一案件的规则适用到城市政府签订的那些旨在让社会公众受益的合同,在我们看来,这些案件的判决与我们在本案中的结论并不矛盾。那些适用 Lawrence 诉 Fox 规则的案件中,都有着一个统一的原则,即在那些案件中,被告都存在着这样的意愿,被告一旦违约,他将会对社会公众中的单个个体予以赔偿。例如,在 Pond 诉 New Rochelle

662

---

① 226 U.S. 220.

② Page, *Contracts*,§2401.

③ 在美国合同法中,其他人如果要向这里列举的其他大楼的主人承担责任,也许还需要受到因果关系、损失的可预见性等因素的制约,因此,卡多佐法官认为过失的当事人可能并不对大火蔓延造成的其他损失承担责任。——译者注

Water Co.①这一案件中,被告在与某个城市政府签订的合同当中确定了被告供水的价格表,这一价格表并非具体针对政府的某幢公共大楼,而是特别针对私人用户的家庭日常用水。在 International Railway Co.诉 Rann② 这一案件中,所涉及的合同是被告答应按照确定的费用,通过城市铁路来运送旅客。在 Smyth 诉 City of N.Y.③以及 Rigney 诉 N.Y.C. & H.R.R.R. Co.④这两个案件中,当事人就城市的公共建设工程达成了合同,合同的内容不仅仅涉及被告如何赔偿某个城市政府,而且约定了被告愿意对城市中的单个个体承担赔偿责任。这些案件以及类似的其他案件,属于 Seaver 诉 Ransom 这一案件的判决意见中所提及的第三种类型。⑤在这些合同中,市政当局代表它的居民来签订合同,其意图是希望在合同中设定的情形出现时,住户中的任何一个个体都可以分别向法院提起诉讼,要求强制执行这些合同。

(2) 我们认为本案作为一个普通法上的侵权案件也是不能得到支持的。……

(3) 我们认为本案以违反法定义务为由提起诉讼,也是不能得到支持的。……

上诉法庭的判决予以维持。

西部防水公司诉斯普林菲尔德住房管理局⑥

伊利诺伊州中区地区法院(1987 年)

本案要旨

被告斯普林菲尔德住房管理局将一个政府工程发包给一家总承包商,双方合同中一个条款的标题提到了"履行担保和付款担保",但条款的内容却只有总承包商提供履行担保而没有付款担保。作为工程分包商的本案原告西部防水公司与总承包商之间有着合同关系,由于原告在完工后没有收

---

① 183 N.Y. 330.

② 224 N.Y. 83,85.

③ 203 N.Y. 106.

④ 217 N.Y. 31.

⑤ 庞德法官在 Seaver 诉 Ransom(224 N.Y.233,238)这一案件的判决中,就第三方受益人可以向被告提起诉讼的情形进行了分析,他提出了四种第三方受益人可以起诉的情形,其中第三种情形就是涉及公共服务合同的那些案件,这些合同的目的是为了让城市的住户受益。——译者注

⑥ Western Waterproofing Co. v. Springfield Housing Authority., 669 F.Supp. 901.

本案有两个原告,除了标题中列出的西部防水公司之外,还有一家名为中州修复公司的企业。——译者注

到总承包商支付的工程款,原告诉至法院要求总承包商支付这笔款项。胜诉后,原告也没能从总承包商处实际获得这笔款项。于是,原告转而起诉本案被告,认为被告未能让总承包商提供付款担保,构成违约。法院认定,法律规定了业主应当要求总承包人为分包商获得报酬提供付款担保而总承包商没有做到,这时分包商可以被认定为合同的第三方受益人,有权要求被告业主承担责任。

本案确定的规则是,在法律规定了某一类合同中应该为第三方设定利益,而合同当事人没有这么做时,只要这种利益是直接的利益,那么,第三方就可以作为直接受益人提起合同之诉。

米尔斯法官①代表法院呈递以下判决意见:

正如我们法院和当事人都能觉察到的那样,本案提出了在伊利诺伊州法律下面临的一个非常新颖的问题。

本案中的原告西部防水公司是未能从总包商这里得到工程款的分包商,被告是一家政府公共机构②,本案涉及的最根本的问题是,原告是否能以被告没有按照伊利诺伊州公共建筑担保法③(以下简称"担保法案")的规定要求总承包商提供付款担保作为理由,对这一政府公共机构提起合同之诉?

本案中,双方当事人都向法院提起了交叉动议,要求我们法院作出支持他们的简易判决。原告西部防水公司根据诉状中的第三点诉讼理由,要求法院判决被告斯普林菲尔德住房管理局(以下简称"房管局")支付工程款 129 000 美元。另一位原告中州修复公司则根据诉状中的第六点诉讼理由,要求法院判决被告房管局支付工程款 22 456 美元。被告房管局则要求我们法院驳回两个原告诉状中的第三点诉讼理由和第六点诉讼理由……

本案的相关事实并没有什么冲突之处。被告房管局有着一个由联邦政府投入资金建设的工程项目,而两个原告都是这一工程建设项目的分包商。1985 年 1 月,被告房管局与[案外人]比尔多克公司签订了一份总承包合同,由比尔多克公司为总共 5 幢高层建筑安装防水设备和室温调节设备。比尔多克

---

① Mills, District Judge.

② 此处的"公共机构",在本案中是指被告斯普林菲尔德住房管理局。——译者注

③ 公共建筑担保法是伊利诺伊州的一部法律,主要是有关政府公共建筑项目中如何让总承包商提供担保的一部法律。它的主要内容是要求承接政府工程的主承包商必须获得履行保函以及对于分包商、材料供应商会及时全额付款的保函。在美国建筑业,获得这样的担保是承接工程的重要条件,没有保函可以说根本无法承接工程。这种付款保函通常是由保险公司或者专门的担保机构出具的,承诺保证会支付工程款或者材料款。它对于保证工程的顺利施工,控制风险,减少发生对工程款的拖欠很有益处。——译者注

公司作为这一建设项目的总承包商,又与不同的分包商签订了分包合同,其中就包括了本案的两个原告西部防水公司和中州修复公司。对于这一已经完成的工程,两个原告都投入了劳动力和原材料。两个原告都应该在工程完工之后的第 63 天收到总承包商支付的工程款。现在,整个工程建设都已经结束,被告房管局也于 1985 年 12 月 13 日这一天,在扣留了 12 481.16 美元的保证金之后,将整个工程的最后款项支付给了总承包商比尔多克公司。

根据原告西部防水公司与总包商比尔多克公司的合同,比尔多克公司还需要支付西部防水公司 129 000 美元。根据原告中州修复公司与总包商比尔多克公司的合同,比尔多克公司还需要支付中州修复公司 22 456 美元。本案的两个原告就它们完成的工程,都没有从总承包商处得到应该的报酬。

两个原告在 1986 年 5 月 2 日向法院提起诉讼,要求总包商比尔多克公司支付工程款。基于两个原告在诉状中的第一点诉讼理由和第六点诉讼理由,法院于 1986 年 7 月 11 日作出了缺席判决,支持了两个原告的诉请。该判决没有得到执行,两个原告并没有从总包商比尔多克公司这里获得判决中的赔偿金额。紧接着,两个原告在 1987 年 2 月针对被告房管局启动了本案诉讼程序。在这一诉讼中,被告房管局向法官提出了取消原告诉状中的第二点和第五点诉讼理由的动议,两个原告对于被告房管局的这一动议也予以认可。这样,原告诉状中剩下的就是第三点和第六点诉讼理由——这两点诉讼理由认为,原告是被告房管局与总承包商比尔多克公司的第三方受益人——而且,这两点理由是双方当事人所提出的简易判决动议的客体。

一

两个原告都认为,自己是被告房管局与比尔多克公司总承包合同的第三方受益人,它们这一观点的基础来自总承包合同中的以下条款:

履行担保和付款担保

[总承包商比尔多克公司]应该就该合同向房管局提供履行担保,这一履行担保的金额应该相当于合同总金额中安装窗户的费用,这一担保金额将作为一项单独的费用,被计入合同的总价款当中。在完成第一批窗户的工作量、房管局支付了相应款项之后,总承包商比尔多克公司应该就现场所有的原材料款项向房管局提供放弃留置担保的声明①。

但是,**被告房管局既没有按照合同要求让总承包商比尔多克公司提供"履**

---

① "放弃留置担保"是美国建筑业相关法律中经常使用的一个概念,是指建筑工程中的总承包人、分包人或者材料供应商作出一个声明,表明自己已经收到了工程款,从而放弃未来对承建工程的留置权等权利。这一声明的目的主要是为了让工程得以转移产权,或者以此作为让发包商付款的条件。——译者注

行担保",也没有让总承包商提供"付款担保"。本案中双方当事人都承认的是,如果本案两个原告——也就是分包商——得到了付款担保,那么根据这样的担保,原告本应该得到的工程款就会得到清偿。双方当事人进一步承认,本案中的两位分包商并不享有"履行担保"中的权利。因此,本案争议的源头问题是,合同要求的究竟是一种什么样的担保? 如果合同只是要求履行担保——正如在合同中的正文部分中提到的那样——那么,原告西部防水公司和中州修复公司作为分包商,将没有权利要求被告房管局来支付自己的工程款。然而,如果像合同中的标题所要求的那样,被告房管局应该要求总承包商提供"付款担保",那么,看来原告就可以提出本案中的诉讼请求。

本案中涉及的担保的性质可以分析如下:一般而言,作为业主(在本案中就是房管局)和总承包商(在本案中就是比尔多克公司)建筑合同所设定的一个条件,业主应该要求总承包商提供相应的担保。这里的担保有两种,一种是"履行担保",另一种是"付款担保"。"履行担保"只是要求有人来保证总承包商能够按照合同的要求完成整个工程……而另一方面,"付款担保"则是要求在业主向总承包商付清最后的工程款之前,总承包商应该保证付清所有分包商和材料商的款项。①因此,虽然两个担保可以并入一个总的担保当中,但实际上履行担保和付款担保分别服务于各自的目的,它们想要实现的目的并不相同。②

被告房管局的抗辩意见是,虽然引用的总承包合同中的条款名称是"履行担保和付款担保",但是合同中的实际内容只是要求总承包商提供履行担保,并没有任何内容要求总承包商比尔多克公司根据合同提供付款担保。我们法院对于被告房管局的这一辩解意见不能认可,主要是基于以下两点理由:首先根据伊利诺伊州的"担保法案":

> 所有[伊利诺伊]州的政府官员、政府机构、政府委员会或者[伊利诺伊]州的代理机构,或者[伊利诺伊]州政府性质的机构,在为了[伊利诺伊]州政府或者政府性质机构的公共工程签订合同时,**应该要求**每个承接政府工程的承包商根据工程的具体情况,向[伊利诺伊]州政府或者这些政府性质的机构提供并交付良好且足够的担保。提供担保的金额,应该由政府官员、政府机构、政府委员会或者[伊利诺伊]州的代理机构予以确定。除了其他条件之外,这样的担保应该作为完成整个合同、支付工程中

664

---

① Taylor Woodrow Blitman Const. Corp. v. Southfield Gardens Co., 534 F. Supp. 340, 344(D. Mass. 1982).也见 J. Calamari & J. Perillo, *The Law of Contracts* 621(2d ed. 1977)。

② J.Calamari & J. Perillo, *The Law of Contracts*。

的原材料、支付工程中劳动报酬的条件,**不管这些工程是由分包商完成还是由其他人完成**。

伊利诺伊州的这一法案当中包含了强制性的文字,这段文字要求通过设定"付款担保"来保护工程的材料商和分包商[获得相应款项的权利]。①

根据伊利诺伊州的法律,"法条中的条款在合同当中应该予以适用……法条中的条款被推定为系争合同的组成部分,而且必须与系争合同联系起来进行解释"。②……相类似的是,同样的规则也应该适用涉及政府公共工程的"担保法案",因为我们州已经有判例认定,"担保法案第29章的第15节和第16节是一种补救性的条款,正是由于材料商和分包商对于政府公共工程不能主张工程上的优先受偿权③,所以,第15节和第16节条款想以此来保护这些材料商和分包商的利益"。④因为在一般工程上可以获得的优先受偿权并不适用于政府公共工程,也正因为担保法案条款本身的目的就是为了让这些条款在政府公共工程中起到弥补作用,希望这一条款能够弥补优先受偿不能适用政府公共工程的不足,所以,在我们看来,顺理成章的结论就是,伊利诺伊州的"担保法案"应该被解读为适用于本案被告房管局和总承包商比尔多克公司的合同;按照"担保法案"的规定,被告应该在与总包商的合同当中设定付款担保。

我们认定,本案系争合同不仅仅要求被告应该设定履行担保,而且要求被告应该设定付款担保。得出这一结论的主要理由是,对于合同中模棱两可文字的解释,应该是作出不利于合同起草方的解释。⑤本案中的系争合同,很明显是由被告房管局起草的,当然就应该作出不利于被告房管局的解释。根据这一法律解释的原则,付款担保也应该在系争合同中进行规定。我们认为,除了系争合同中的文字本身就应该作出这样的解释之外,还应该注意到的是,本案被告房管局的行政主管在他的证言中有过以下陈述:"在合同中设定履行担保

665

---

① Fodge v. Board of Educ. of the Village of Oak Park, Dist. 97, 309 Ill. App. 109, 124, 32 N.E. 2d 650(1941).

② DC Electronics, Inc. v. Employers Modern Life Co., 90 Ill. App. 3d 342, 348, 45 Ill. Dec. 690, 413 N.E. 2d 23 (1st Dist. 1980).

③ 工程上的优先受偿权主要是指建筑工程中的施工单位或者提供劳务的单位在对方不能支付价款时,可以对所施工的建筑工程享有优先受偿权利。从本判决中可以看出,根据伊利诺伊州有关政府公共工程的担保法律,分包商和材料商是不能对政府工程享有优先受偿权的,所以才会在法律中要求总承包商提供履行担保和付款担保。——译者注

④ Board of Educ., *ex rel*. Palumbo v. Pacific Nat'l Fire Ins. Co., 19 Ill. App. 2d 290, 299, 153 N.E. 2d 498 (1st Dist. 1958).

⑤ Duldulao v. St. Mary of Nazareth Hosp. Center, 115 Ill. 2d 482, 106 Ill. Dec. 8, 505 N.E. 2d 314 (1987).

和付款担保,是我们房管局的既定政策。我也不清楚合同中的那些条款怎么会变成现在的样子。就没有让总包商比尔多克公司提供履行担保和付款担保这一点而言,我们的负责人并没有履行他们的职责和义务。"

二

在认定了被告房管局应该在系争合同中设定付款担保和履行担保之后,我们法院仍然必须判定:本案的原告是否就是系争合同的第三方受益人,因而可以主张担保条款的权利呢? 我们法院对此问题的结论是,两个原告是本案系争合同的第三方受益人,它们可以主张担保条款的权利。

如果系争合同中设定了付款担保,那么原告无疑将会是这一合同项下的第三方受益人。然而,以下问题又随之出现了:在系争合同中根本没有设定付款担保的情况下,原告还是不是合同中的第三方受益人呢? 我们法院对此的结论是,在伊利诺伊州,本案原告看来仍然是系争合同的第三方受益人。

在伊利诺伊州,有关第三方受益人诉讼的一般原则得到了很好的确立。如果系争合同是为了让并非合同当事人的第三方直接受益,那么这样的第三方可以提起违约之诉。在这一问题上的测试方法是,要看系争合同中对于第三方设定的利益究竟是直接的利益还是间接的利益。如果是直接的利益,第三人就可以依据合同提起诉讼;而如果是间接的利益,第三人将没有权利依据这一合同获得救济。[①]

……在 Avco[②] 这一案件中,涉及的建筑合同中有着这样一个条款,该条款规定了只有在总承包商向业主正式声明已经付清了所有款项之后,业主才向总承包商返还那些保证金。审理该案的法院认定,分包商是这一系争合同的第三方受益人。从该案的判决推理出发,我们认为,以下的结论必定是符合逻辑的,那就是:如果承包合同中设定了付款担保条款,那么分包商就将是这一担保条款的第三方受益人,因为从付款担保的定义来看,它的目的是为了保护分包商的利益。[③]事实上,第七巡回上诉法院在 Avco 这一案件的判决意见中这样表述道:

> 对于一个总承包商所作出的承诺,即总承包商将会对及时付清所有[材料商]劳动报酬和材料款项提供担保,材料商将会是总包商这一承诺的第三方受益人。而且,对于一个涉及政府工程的合同而言,对于那些没有按照总承包合同的承诺提供付款担保的总承包商,未能获得应付款项

---

① Carson Pirie Scott & Co. v. Parrett, 346 Ill. 252, 257, 178 N.E. 498 (1931).

② Avco Delta Corp. Canada Ltd. v. United States, 484 F.2d 692 (7th Cir. 1973).

③ Ill. Rev. Stat. ch. 29, ¶ 15 (1985).

的材料分包商是可以提起诉讼的……

666　　　因此,基于以上理由,我们法院支持原告提出的简易判决的动议……[相反,]对于被告房管局提出的简易判决动议予以驳回。

卢卡斯诉哈姆①

加利福尼亚州最高法院,全体法官共同审理②(1961 年)

本案要旨

　　被告哈姆律师受案外人委托拟定遗嘱,委托人要求在遗嘱中让本案原告卢卡斯等人获得部分遗产。被告在起草这份遗嘱时违反了加利福尼亚州民事法典有关遗嘱中不得限制受赠人处分财产的规定,导致原告无法获得遗嘱中本应得到的财产。因此原告诉至法院,要求被告承担赔偿责任。被告以原、被告之间不存在合同相互性以及合同并未明确让原告获得利益为由提出抗辩。法院认定,遗嘱中的受益人可以作为第三方受益人要求律师承担赔偿责任。但由于本案涉及的是法律中特别复杂的问题,被告律师在起草过程中没有过错,法院还是驳回了原告的诉请。

　　本案确定的规则是,即使合同中没有明示规定谁是受益人,但只要律师确实知道遗嘱是让第三人受益,第三人就可以对律师进行起诉。

　　吉布森首席法官③代表法院呈递以下判决意见:

　　原告卢卡斯等人是已经去世的埃米克所立遗嘱中的受益人,他们对于曾经帮助埃米克起草遗嘱的律师哈姆提起了本案诉讼,要求被告哈姆赔偿损失。在初审过程中,被告哈姆对于原告诉状中的第二点诉讼理由提出了反对意见,初审法院审理后作出裁决,支持了被告的反对意见,并且不允许原告对此进行补充,随后初审法院作出了驳回原告诉请的判决。原告不服这一判决,提起了上诉。

　　原告在诉状中提出的第一点和第二点诉讼理由可以概括如下:被告哈姆律师在获得一定对价的情况下,同意为立遗嘱人埃米克准备一份遗嘱及相关

---

　　①　Lucas v. Hamm., 56 Cal. 2d 583, 15 Cal. Rptr. 821, 364 P.2d 685.
本案原告除了标题上的卢卡斯之外,还有其他人。——译者注

　　②　全体法官(In Bank)是指一个法院的全体法官参与审判案件。这种全体法官参与审判的方式相对来说是比较少见的,主要是针对比较重大的案件,或者是涉及是否推翻先前生效判例时才会使用这种审判方式。本案中加利福尼亚州最高法院在这一判决中推翻了自己先前的判例 Buckley 诉 Gray 案。——译者注

　　③　Gibson, Chief Justice.

文件。立遗嘱人埃米克想在这份遗嘱的第 8 段中指定本案的原告作为受托财产的受益人,并且在遗嘱的这一部分明确让这些原告获得剩余遗产总额的15％。然而,被告哈姆律师违背了立遗嘱人埃米克的上述指示,违反了他们之间的合同,被告在准备这份遗嘱时发生了疏忽,使得遗嘱中出现了违反法律规定的表述。遗嘱中的这些表述之所以无效,是因为它们违反了加利福尼亚州民事法典第 715.2 条款以及先前的第 715.1 及 716 条款的规定,这些条款涉及的内容是,禁止在遗嘱中以限制继承人转让财产作为条件来处分遗产①,禁止在遗嘱中让遗产长期悬而未决②。……在立遗嘱人埃米克去世之后,这一遗嘱文本被提交给法庭进行认证。[但是,这一遗嘱并没有得到法庭的认可。]随后,作为遗嘱起草人和遗嘱执行人的被告,以书面方式告知本案原告,遗嘱中有关他们可以获得埃米克剩余财产的条款是没有法律效力的。如果遗嘱中的这一条款被法院认定为无效,原告他们本来可以获得的财产将会被全部剥夺,除非他们和立遗嘱人的那些亲属——这些亲属和立遗嘱人埃米克有着血缘关系——达成和解,愿意少获得一些财产。正是由于被告哈姆律师的疏忽和准备遗嘱过程中的违约,也因为被告的上述书面建议,直接带来了以下的后果:本案的原告不得不与立遗嘱人埃米克的那些血缘亲属达成了和解,原告他们实际得到的金额只相当于 75 000 美元。如果被告在遗嘱起草时能够符合立遗嘱人的意愿,那么原告他们本来可以获得更多的财产,而现在他们实际得到的遗产要比他们本来可以获得的财产少了许多……

我们法院在 Buckley 诉 Gray③ 这一案件中曾经认定,在起草遗嘱过程中出现错误的律师,对于因为自己的疏忽或者违约而被剥夺遗产的那些人是不承担责任的。我们法院在这一判决中说道,只是在被起诉其履行职业行为中存在过失的[侵权]案件中,律师才对他的客户承担赔偿责任。Buckley 一案的判决意见中还分析道,由于在被告律师和受到损害的原告之间没有合同的相互性或者类似的因素,受到损害的一方原告是不能仅仅以被告律师存在疏忽

---

① "限制遗产的转让"指立遗嘱人(被继承人)在遗嘱中要求获得遗产的人在相当一段时间之内或者是永远不得将遗产再行转让或者处分。由于这种做法往往是限制了继承人处分财产的权利,通常被认为违反了公共政策,因而美国的民事法典中认定遗嘱中这样的条款是无效的。例如,有的立遗嘱人要求继承人永远不得将某一不动产转让给家族以外的其他人,这种条款就会被认定为是无效的。——译者注

② "禁止让遗产长期悬而未决"是普通法中的一个很独特的规则。这一规则禁止立遗嘱人让继承人长期不能获得这些遗产,这一时间要求通常是超过 21 年或者立遗嘱人的终生加上 21 年。——译者注

③ Buckley v. Gray, 110 Cal.339, 42 P. 900, 31 L.R.A. 862.

667 为由获得合同法上的救济的。①审理 Buckley 一案的法院进一步认定,受到损害的一方当事人不能基于为了第三人利益这一合同理论来获得救济,因为立遗嘱的人与律师之间的合同并不明确表示就是为了原告的利益而签订的,而且,立遗嘱的人只是很间接地想让原告从合同的后果中受益。②基于以下的这些理由,我们法院在此推翻 Buckley 一案的判决。……

我们不能同意 Buckley 这一判例中所作的结论,即由于起草遗嘱中的错误而受到损害的受益人,不能依据他们是立遗嘱人和起草人(律师)之间合同的第三方受益人这一理论而获得救济。很明显,立遗嘱人与律师(遗嘱起草人)之间所签合同的目的,就是为了在将来能够让不动产从立遗嘱人这里转移到遗嘱中的受益人名下,因此,我们认为,法院认定——按照 Buckley 一案中的观点——立遗嘱人只是想"间接地"让第三人受益,是不恰当的。确实,根据让第三方受益合同的要求,合同的履行通常是应该直接针对受益人本人作出的,但是,在我们看来,这一要求在案件中并不是必须的。③例如,现在已经有法院判决认定,如果某一个寿险保单由于银行未能履行协议将保费从保险人的账户支付给保险公司,那么,在被保险人死亡之后,受益人可以以第三方受益人的身份从银行这里获得救济。还有法院判决认定,那些同意设定责任保险来保护受诺人,但实际上并未设定责任保险的当事人(被告),也应该对受到伤害的原告——这些受到伤害的原告本来可以被保单所覆盖,获得理赔——承担责任。作出这一认定的法院在判决意见中这样说道:所有可能受到伤害的那些当事人,都是设定保险这一合同的第三方受益人。因为在与我们列举例子相类似的那些情形以及 Buckley 这一判例中,立遗嘱人与律师达成合同的主要目的就是让遗嘱中提到的第三方受益人获得利益,而且在律师违约的情况下,立遗嘱人的这一目的只能通过赋予第三方受益人起诉的权利才可以实现,所以,我们应该承认,从政策上考虑,他们作为受益的第三人应该是有权利获得法律上的救济的。④

加利福尼亚州民事法典第 1559 条款规定,某一合同如果"明示"让第三人受益的,该第三人可以要求强制执行这一合同。在我们看来,该法典的这一条款并不排除我们在前面得出的结论。加利福尼亚州民事法典第 1559 条款的作用,是要阻止那些只是间接受益人或者附带受益人所提出的强制履行合同

---

① Buckley v. Gray, 110 Cal.at pages 342—343, 42 P.900.

② Buckley v. Gray, 110 Cal. at pages 346—347, 42 P.900.

③ *Rest.*, *Contracts*,§133, cmt.d; 2 *Williston on Contracts* (3rd ed. 1959) 829.

④ 2 *Williston on Contracts* (3rd ed. 1959) pp.843—844; *Corbin on Contracts* (1951) pp.8, 20.

要求。正如我们已经指出的那样，本案中立遗嘱人聘请律师起草遗嘱的这一合同，非常清晰、明确地表明了立遗嘱人想要让自己遗嘱中提到的人获得利益的意愿，作为律师的被告一定是明白这一点的。

本案被告哈姆在答辩中以 Smith 诉 Anglo-California Trust Co.[①] 和 Fruitvale Canning Co.诉 Cotton[②] 这两个判决中的文字表述作为自己不应该承担责任的依据。这些文字提到，如果要允许第三人提起合同之诉，必须是立诺人在合同中"有着明确的让第三人获得利益的意愿"。我们认为，上述文字表述——这些文字表述对于这两个案例中的任何一个来说都不是必需的——是令人遗憾的，本不必出现。确实，在决定第三方是否有权依据一份合同提起诉讼的时候，合同中有着让第三方受益的意愿非常重要，但是，如果立诺人在签订合同的时候已经肯定知道受诺人有着那样的意愿，就已经足够了。[③]我们认为，并不需要立诺人将自己意欲让第三方受益的意愿具体表达出来。被告哈姆拿来作为依据的判例和我们在这里表达的观点并不相符，因此，我们对于他的这一观点也就不予认可。

668

我们法院在此认定，作为遗嘱中有意的第三方受益人来说，如果因为起草遗嘱的律师未能履行与立遗嘱人之间的合同所确定的义务，那么该当事人可以作为第三方受益人获得合同上的救济。

然而，[在我们看来，]如果某个律师只是犯下了本案中第一点和第二点诉讼理由所提及的这一类过失，那么，他对于遗嘱中的第三方受益人是不用承担责任的。

对于一个律师未能正确履行其与客户的合同是否应该承担赔偿责任，有着一般的规则。这一规则就是，一旦某个律师同意了向客户提供劳动——给予客户以法律建议或者提供法律服务——那么，他就是默认同意了利用自己的技能、审慎和勤勉来为当事人进行服务。这里提及的"技能、审慎和勤勉"，也就是那些拥有一般技能和能力的律师在履行职责时通常所行使的"技能、审慎和勤勉"。一名律师并不是要对他在执业中的每一个过失都要承担责任。在缺少明示协议的情况下，不能让律师保证自己所提供的法律意见或者所参与制作的法律文本都是完美无缺的；而且，对于在那些疑难法律问题上出现的失误——这些疑难法律问题即使是对于那些见多识广的律师来说也是没有把握的——律师也是不用承担责任的。不管原告的主张是基于侵权提出还是基

---

①   Smith v. Anglo-California Trust Co., 205 Cal. 496, 502, 271 P.898.

②   Fruitvale Canning Co. v. Cotton, 115 Cal. App. 2d 622, 625, 252 P.2d 953.

③   *Cf. Rest., Contracts*，§133, subds. 1(a) and 1(b); 4 *Corbin on Contracts* (1951) pp.16—18; 2 *Williston on Contracts* (3rd ed. 1959) pp.836—839.

于合同提出，这些法律原则同样是适用的。

正如我们已经注意到的那样，本案原告在诉状中声称，被告在所起草的遗嘱中设定的信托是无效的，因为它违反了法律的禁止性规定，即在遗嘱中对于接受遗产的人不得限制处分和禁止让遗产长期悬而未决。在我们看来，类似这样的法律问题，是一个非常疑难复杂的问题，长期以来，它一直困扰着法院和律师界。在这一领域的顶尖权威格雷教授曾经有过以下的论述：

> 在这一问题中，看来有一些东西更容易让律师们产生失误。也许是因为这一问题的推理方式与律师们最熟悉的那些推理方式有所不同……对于那些学界泰斗们所提出的众多问题，人们经常会犯下错误，人们所犯下的那些已经得到印证的错误，也许可以列出一个长长的错误清单，有时候，这些错误甚至就是那些学界泰斗们自己首先承认的。对于那些并不经常起草遗嘱以及和解协议的律师们来说，他们要么是陷入这一规则①所张开的大网当中被深深套住——对于那些粗心大意的律师来说，这一规则就像是一张大网——要么是在事后会感到非常的后怕，当想到他们非常侥幸，得以从几乎密不透风的网眼中逃离出来的时候，他们甚至会紧张得忍不住连连发抖。②

有人曾经这样说道，对于绝大多数律师来说，没有什么领域会像有关禁止在遗嘱中限制处分和禁止让遗产长期悬而未决的法律这样，充满着如此之多的模糊不清之处或者是隐藏着如此之多的陷阱；律师协会的成员、遗嘱法庭以及产权保险公司在这些事项上也经常会犯下错误；与普通法相比，加利福尼亚州民事法典第 1872 条款造成了更加糟糕的情形；现在规定在加利福尼亚州民事法典第 1951 条款中的内容（本案中涉及的遗嘱就是根据这一条款起草出来的），尽管有着最好的动机，但是却进一步增加了其复杂性。③

鉴于有关禁止在遗嘱中限制处分和禁止让遗产长期悬而未决规则的现状以及原告在诉状中提及的被告在准备遗嘱文本中所犯过失的性质——即使被告有过失的话——我们法院认为，认定本案被告没有能够运用那些拥有一般技巧和能力的律师通常使用的技能、审慎和勤勉来起草遗嘱文本，是不恰

---

① 即前面提到的禁止在遗嘱中限制继承人转让不动产以及禁止让遗产长期悬而未决的规则。——译者注

② Gray，*The Rule Against Perpetuities*（4th ed. 1942）. p.xi；也见 Leach，*Perpetuities Legislation*（1954）67 Harv.L.Rev. 1349。在这篇文章中，作者利奇将这一规则描述成"一个由繁文缛节构成的法律梦魇"，而且"在律师界绝大多数成员的手中，它是一个烫手的山芋"。——译者注

③ 参见 38 Cal. Jur. 2d 443；Coil，*Perpetuities and Restraints*；*A Needed Reform*（1955）30 State Bar J.87，88—90。

当的。

初审判决予以维持。

■ 第二节　抗辩理由、特别利益①和相关权利

埃里克森诉龙德公司②

俄勒冈州最高法院（1939 年）

本案要旨

原告埃里克森是被告之一龙德公司的债权人，另一被告斯托达特公司向龙德公司表示想收购龙德公司资产，并愿意付清龙德公司对外所欠债务。后来斯托达特公司并没有为龙德公司付清债务，其中就包括了对原告埃里克森所欠的债务。原告向法院提起诉讼，将龙德公司和斯托达特公司都列为被告，要求它们承担还款责任。两被告辩称，在原告知道斯托达特公司同意支付龙德公司的债务之后，作为债权人的原告就不能向两个被告都主张权利，而必须在两个被告中作出选择。初审法院支持了原告的诉讼请求，判决两被告对原告的债务承担连带返还责任。两被告不服，提出重新审理的要求。法院认为，原告作为第三方受益人可以向两个被告同时提起主张，最终驳回了被告重新审理的要求。

本案确定的规则是，在立诺人和受诺人都没有履行合同的情况下，作为第三方的受益人可以同时向立诺人和受诺人起诉，要求他们连带履行还款义务，但这笔债务在实践中只能得到一次清偿。

罗斯曼法官③代表法院呈递以下判决意见：

〔初审法院判决，本案的两被告都应该对原告埃里克森承担付款责任，两被告不服这一判决，向法院提出重新审理的要求。这一案件涉及的是一起资产买卖交易，被告之一的斯托达特公司同意购买另一被告龙德公司的资产，斯

---

① "特别利益"是美国财产法中经常会遇到的一个概念，它在不同的法律领域会有不同的解释。一般是指在某个财产上设定了一个权利，尽管某个人现在还不拥有这一财产，但是它不能被任何第三人夺走。——译者注

② Erickson v. Grande Ronde Lumber Co., 162 Or. 556, 94 P.2d 139.
本案有两个被告，除了标题上的龙德公司之外，还有一个被告斯托达特公司。——译者注

③ Rossman, J.

托达特公司表示自愿承担龙德公司的债务,龙德公司的债务中包括了对本案原告所欠的审计费用。]①

斯托达特公司向龙德公司发出了一份购买后者所有资产的要约,龙德公司也收到了这份要约。这一要约的部分内容如下:

斯托达特公司在此发出这一要约,我们想以 3 600 股本公司股份的对价,买下你公司(龙德公司)的所有资产。

我们在此明确,除了向你公司转让我公司的股份之外,我们还自愿承担龙德公司的所有债务,但是 1929 年 1 月 1 日当日及此前的收入税不包括在这些债务之中。……

……本案中的两被告辩称,在斯托达特公司同意清偿龙德公司的债务之后,作为龙德公司债权人的原告[埃里克森],没有权利向两家被告公司都主张权利。两被告坚持认为,作为债权人的原告只能针对两个被告的其中之一获得救济,原告有义务在两被告中就谁来承担清偿责任作出自己的选择。两被告抗辩道:"虽然在这起诉讼开始的时候,原告有权向两个被告主张自己的权利,但当案件最终将要判决的时候,他显然不能再向两个被告都主张权利了。"两被告认为,既然原告已经从法院这里得到了龙德公司承担责任的判决,这就意味着原告就是作出了自己的选择,因此原告就不能再从斯托达特公司这里获得救济。为了支持自己的观点,两被告引用了 Wood 诉 Moriarty②、Bohanan 诉 Pope③ 这两个判例。

……被告所引用的这两个判例,确实是可以支持它们的观点,但是,这两个判例都认为,这两个案件中被告所作的新的承诺,是对原先债务的一个变更;而且,这样的变更理所当然意味着对于原先已经存在的义务来说,一个新的权利已经取而代之。威利斯顿教授在《论合同法》④一书的第 393 部分提到过这两个判决,在其他内容之外,他在这一专著中特别提到:"那些认为最初的合同从效果上实际是对债权人发出了债务更新要约的法院,很自然地会作出这样的认定,如果债权人将立诺人作为自己的债务人,那么他就免除了最初债务人的义务。另一方面,如果这一债权人选择了起诉最初的债务人,那么他也因此拒绝了先前自愿作出的选择,不能在之后再起诉新的立诺人。"在威利斯顿教授这一专著的第 353 部分,有着以下的表述,我们在此引用出来:"然而,

---

① 这一段内容为原编者对于初审法院判决的部分概括。——译者注
② Wood v. Moriarty, 15 R.I. 518, 9 A. 427.
③ Bohanan v. Pope, 42 Me. 93.
④ *Williston on Contracts*, Rev. Ed., §393.

672

在美国的有一些州,它们在执行债权人受益人①这种第三人合同的时候,错误地引用了默示变更理论。"在威利斯顿教授提及的"错误地引用了默示变更理论"的那些判决中,就提到了 Bohanan 和 Wood 这两个案件。在上述引用的文字之后,威利斯顿教授在《论合同法》一书中的第 393 部分继续表达了以下观点:

> 然而,在认可债权人受益人对于立诺人直接享有权利的那些司法区域,权威判决都支持这一结论,即债权人受益人既对立诺人享有要求还款的权利,也对受诺人享有要求还款的权利,而不仅仅是在两者中选择其一的权利;当然,债权人受益人在被赋予了这样的权利之后,他只能得到一次清偿。而且,在美国的有一些州,允许债权人受益人在同一个案件中将两者作为共同被告。在这种情况下,债权人受益人就必须这样去做。

《合同法重述》中的第 141 条款对此有一些论述,我们在此引用如下:

> (1) 有权对受诺人主张权利的债权人受益人,既可以从法院得到判令受诺人承担责任的判决,也可以得到判令立诺人承担责任的判决,或者是根据他们各自义务,判令他们中的每一个人承担相应责任的判决。对于这些义务或者判决所确定的款项,当事人所作的整体清偿或者部分清偿,也就表明其他人的义务或者针对其他人的判决在相应程度上得到了清偿。

蕴含在《合同法重述》中的这一原则,也代表了我们俄勒冈州的法律。我们在此可以引用霍华德教授为《合同法重述》中的第 141(1)条款认真准备的那些注释②,这些注释是这样表述的:"俄勒冈州的判决是与《合同法重述》这一部分内容相吻合的,并且,俄勒冈州法院的判决一致认定,尽管立诺人和受诺人都应该对债权人承担责任,但是,只能有一个债务得到清偿⋯⋯"我们在此认定,原告有权利针对本案的立诺人(斯托达特公司)提起诉讼,也可以针对最初的债务人(龙德公司)提起诉讼。原告他有权利要求法院针对两个被告作出判决,虽然他只能从其中一个被告这里得到全部的清偿。

[两被告还辩称,它们不应该在同一个诉讼中被起诉,因为它们之间是主债务人与保证人的关系。]③在 Feldman 诉 McGuire④ 这一案件中,沃尔弗顿

---

① 债权人受益人是本章中经常会涉及的一个概念。它是指第三方受益人处于债权人的地位。本案中原告埃里克森就处于债权人地位。本章中还有一个相近的概念是受赠人受益人,是指第三方受益人处于受赠人的地位。——译者注

② 12 Oregon law Review 283.

③ 这一抗辩是,如果两个被告之间真的是主债务人与保证人的关系,原告就应该首先向主债务人主张,在主债务人不能清偿债务的情况下才可以向保证人主张。法院在这里没有认可被告的这一抗辩意见。——译者注

④ 34 Or. 309, 55 P.872, 873 (1899).

首席法官在判决中驳回了类似的抗辩意见,他在判决中这样说道:

……这一系争的合同并不是保证合同,而是发生在债务人和立诺人之间的一个独立交易——它有着自己的充分对价——这一交易就是为了让债权人受益。作出承诺的这一方当事人从交易的客体这里获得了一些利益或者优势,他是在这样的对价下面作出承诺的;人们认为,这一点就将这一交易变成了一个独立的交易。而且,这一承诺是向债权人作出的,并不是向债务人作出的,是承诺通过向债权人付款或承担责任的方式向债权人支付到期款项,或者支付协商过的对价。法律默认立诺人与债权人之间有着合同,因为它是附带地为了债权人的利益,因而赋予了债权人起诉的权利。

我们认为,被告坚称的这一观点是没有价值的。

被告要求重新审理的请求予以驳回。

673
底特律银行和信托公司诉芝加哥淬火公司①
印第安纳州北区地区法院(1982 年)

本案要旨

被告芝加哥淬火公司的股东们通过了一个决议,同意在公司某个股东去世之后对股东的遗孀进行经济补助。股东马文·斯科特的夫人罗克珊在知道该决议后没有表示接受,也未采取相关行动。几年后公司撤销了这项决议。之后,马文·斯科特去世,罗克珊在精神和身体上都出现了严重疾病,由本案的原告底特律银行和信托公司进行监护。原告提起诉讼,要求被告履行此前的遗孀补助金协议。法院认定,由于罗克珊没有在知道这一决议后接受它,或者采纳它,或者采取相应行动,被告有权撤销先前作出的决议。

本案确定的规则是,涉及第三人利益的合同,是可以撤销的,但这一撤销必须发生在第三人接受、采纳该合同,或者根据该合同采取行动之前。

地区法院的法官李②代表法院呈递以下判决意见……
一、查明的事实

……1956 年,被告芝加哥淬火公司(以下简称芝加哥公司)在印第安纳州的东芝加哥成立,该公司由住所地在密歇根州的马文·斯科特,住所地在印第

---

① Detroit Bank and Trust Co. v. Chicago Flame Hardening Co., 541 F. Supp.1278.
② Lee, District Judge.

安纳州的盖诺·斯科特和基勒三人组成。

马文·斯科特虽然一直居住在密歇根州,但作为芝加哥公司的总裁,他还是会定期地来到公司,利用自己在火焰淬火行业的专业技能,在印第安纳州的东芝加哥地区开拓业务,并以这一业务作为他的兄弟盖诺·斯科特和妻弟基勒的投资渠道和赚钱手段。

1964年7月29日,拥有芝加哥公司全部股份的所有股东——他们是马文·斯科特、盖诺·斯科特和基勒——通过公司决议的方式,一致达成了以下协议,即在公司明确列明的这些股东(马文·斯科特、盖诺·斯科特和基勒)当中,如果某一位股东去世,而他的妻子仍然在世的话,那么公司将从其丈夫去世之时起,在15年的时间之内向已故股东的妻子每月支付一笔补助金,这一补助的总额将达到150 300美元。如果在支付期限届满之前这位妻子已经去世的话,这笔费用就不再支付。①1964年公司决议的这些签字人并没有明示保留改变这一决议或者补充这一决议的权利……

在公司决议通过之后的合理时间内,马文·斯科特的妻子罗克珊知道了公司决议中的受益人条款将来可能适用到她的身上。然而,在这之后,罗克珊"就将整件事情给忘记了"。

芝加哥公司在1964年有关股东遗孀有权获得补助金的决议条款,在1967年7月的时候就已开始实施。当时,公司的股东基勒在1967年7月8日去世,之后基勒的遗孀玛乔丽签署了一份必要的声明,同意遵守公司决议中的对价要求。在这以后,玛乔丽根据1964年协议中明确列出的条款,从被告这里每月领取补助金。只是在1971年到1972年的18个月期间,在玛乔丽自己也承认被告的财务状况正在恶化的情况下,她自愿同意延期领取这些补助金。除此之外的其他时间,玛乔丽一直从被告这里每月领取补助金。

1971年2月15日,马文·斯科特与被告公司其他的股东盖诺·斯科特、

674

---

① 在芝加哥公司给予股东妻子补助金的方案中,特别回避了签署者(股东)妻子的姓名,它相关部分的规定如下:

在芝加哥公司的任何一个股东死亡之后,他健在的妻子将会被要求签署一份声明,同意担任公司的顾问,在所有合理的时机能够被叫随到,为公司提供咨询服务;并且将她的丈夫生前披露给她的所有专业知识,包括所有"专有技术",在需要的时候告知公司;并且进一步同意,在她丈夫逝世之后的15年之内,她不会以任何方式与公司进行直接的或者间接的竞争,也不得有意用她丈夫的姓名、知识或者荣誉来与公司进行竞争……芝加哥公司同意,从她丈夫去世这一天开始,在第一个五年之内,公司每年支付给她1 250美元的补助金;在第二个五年之内,公司每年支付她835美元的补助金;在第三个五年之内,公司每年支付她420美元的补助金。然而,双方同意并且认可的是,上述补助金协议只有在丈夫去世但妻子仍然健在的情况下才会生效,一旦妻子在15年中的任何时间去世,公司将终止这一补助金方案。此为原判决中的注解。

玛乔丽共同参加了被告的公司股东会,在这一次股东会议上批准通过了第二个公司决议。这一随后达成的公司决议,取消了马文·斯科特的妻子每月获取补助金的权利,而先前通过的 1964 年公司决议本来是允许她可以按月获得补助金的。马文·斯科特之所以决定通过第二个公司决议,其动机是为了维持公司未来资金的完整。

经过漫长的治疗期之后,马文·斯科特于 1971 年 10 月 31 日去世,原告现在的被监护人罗克珊正是马文·斯科特健在的遗孀。

虽然证人的证言之间有一些冲突,但是我们法院认定的事实是,罗克珊夫人在提起这一诉讼之前也许确实没有见到过 1971 年 2 月 15 日取消遗孀补助的决议文本,但是,在她丈夫去世之后和提起诉讼这一段时间内,她知道丈夫在公司决议中取消了遗孀可以获得利益的条款。……

二、法 律 适 用

1977 年 9 月 19 日,原告底特律银行和信托公司提交诉状向我们法院提起本案诉讼。在诉状中,原告为了被监护人罗克珊夫人的利益,要求法院强制执行 1964 年被告公司通过的给予股东遗孀补助金的决议。原告的这一请求主要是基于以下几点理由:(1)被告芝加哥公司 1964 年通过的决议中没有明示保留撤销该决议的权利;(2)罗克珊夫人可以被推定为被告公司决议中的受赠人①受益人;(3)罗克珊夫人的疾病状况阻止了她更早地"接受"公司决议,主张她的权利;(4)1964 年的芝加哥公司决议赋予了其被监护人[即罗克珊夫人]一种特别利益,这一利益不能够通过 1971 年的撤销决议而被废止。……

老的《合同法重述》规定,立诺人和受诺人之间就赠与第三方受益人利益而作出的承诺,是不能改变的,除非他们在承诺中保留了这样撤销的权利。②对于作为债权人的第三方受益人而言,如果这一位受益人基于对立诺人和受诺人所作承诺的信任,已经改变了原先的地位,那么立诺人和受诺人也不得改变他们作出的承诺。③然而,法律发生了循序渐进的变化,现在的法律已经改变了最初《合同法重述》中所提及的观点。已经被美国各州采用并通过的《合同法

675

---

① "受赠人受益人"是指接受赠与的这一方受益人。该受益人的地位属于受赠人。——译者注

② *Restatement of Contracts* §142 at 168(1932).

最初《合同法重述》确立的这一观点,即使在它通过的最初时间里,也没有被美国绝大多数的州所跟随。必须明示保留[撤销权利]的要求,在随后的《合同法重述》(第二次重述)草案和最终文本中还是被摒弃了;见 2 Williston, *Contracts* §§396—97(3d Ed. 1959).

③ *Id*;参 见 Page, *The Power of Contracting Parties to Alter a Contract for Rendering Performance to a Third Person*, 12 Wis.L.Rev. 141, 149—50(1937).

重述》(第二次重述),取消了受赠人受益人和债权人受益人这两者之间的差别,并且认为立诺人和受诺人对于承诺所作的修改,只有在协议本身规定了对协议的修改无效的情况下,才是无效的,除非第三方受益人由于信赖这一承诺其所处地位发生了改变,或者第三方受益人已经"接受"、采纳了这一承诺或者按照这一承诺实施了一定行为。①……

我们印第安纳州在这一问题上的态度是,明确地采纳美国绝大多数州法院所采纳的观点——这一观点后来表述在《合同法重述》(第二次重述)当中。……

在达成涉及第三方利益的合同中②,印第安纳州法院跟随的是绝大多数州法院现在所遵循的规则。这一规则就是,让第三方受益合同的当事人,可以在第三方受益人"接受"、采纳该合同或者根据该合同采取行动之前的任何时候,依照他们自己的意愿来撤销、改变或者取消这一合同,这一行为不需要第三方受益人的批准。③这里所说的撤销合同行为,如果发生在第三方受益人的地位改变④之前,也就剥夺了该第三方受益人在合同项下的任何权利或者是根据合同所享有的任何权利。

在本案中,1964 年的协议是由被告以公司决议的方式通过的。被告公司的所有高管和股东都批准了这一最初的决议。1971 年 2 月 15 日,这些公司的官员和股东又共同撤销了 1964 年 7 月 29 日的公司决议。在我们印第安纳州承认绝大多数州所采纳观点的情况下,对于前一协议的撤销是有效的,并不需要被告在协议中明确保留其撤销该协议的权利,只要第三方受益人罗克珊夫

---

① *Restatement (Second) of Contracts* §[311](1979).

② 一般的普通法也好,其他司法区域的成文法也好,都没有对各种不同类型的第三方受益人作出区分,没有对合同的放弃与解除作出区分,没有对单方合同和双方合同作出区分,或者是对已经部分履行的合同与已经完全履行的合同作出区分,正因为如此,我们法院在此也就不再作出这样的区分。见 2 Williston, *Contracts*, §§396—398(3d Ed. 1959);也见 Holbrook v. Pitt, 643 F.2d 1261, 1271(7th Cir. 1981)(在这一案例中,法院对普通法中将第三方受益人划分成三类[普通法中分作三类:受赠人受益人,债权人受益人和附带的受益人]的做法并不认同,而更愿意采纳《合同法重述》(第二次重述)中的二分法分类[即分成"有意的第三方受益人"和"附带的第三方受益人"])。在《合同法重述》(第二次重述)中,是允许法院对当事人的意愿进行审查的,除此之外,两者之间不再有其他的区别。此为原判决中的注解。

③ *In Re* Estate of Fanning, 263 Ind.414, 333 N.E.2d 80, 84.

④ 这里所说的"第三方受益人的地位发生改变",就是前面提及的第三方受益人已经"接受"、采纳了这一合同,或者是根据这一合同采取了相应行动。如果第三方受益人采取了这些行动,则可以认为第三方受益人的地位已经发生了改变。法律认为,在这种情况下,由于第三方受益人对于立诺人和受诺人之间的合同产生了信赖,合同的当事人(立诺人和受诺人)就不能再撤销原先的合同了。——译者注

人没有"接受"、采纳最初的遗孀补助金方案,或者没有根据最初的支付遗孀补助金方案采取过行动,被告就有权撤销先前的决议。因此,对于取消一个第三方受益人合同来说,并不需要在合同当中明示保留撤销这一权利,它并不是取消这一合同的必备条件。

原告接下来的一个抗辩理由是,由于罗克珊夫人已经知道了被告公司1964年的最初协议,因此就应该推定罗克珊夫人已经"接受"了这一受益合同。为了支持这一观点,原告提交了三个很好的案例,这三个案例都承认可以推定当事人"接受"了协议的存在。

但是,我们认为,原告提交的这些案件与我们手头正在审理的这一案件是有着明显区别的。两者之间最主要和最实质性的区别是,对于原告引用的这些推定"接受"的例子中,这些"有意的第三方受益人"①在所涉及的交易达成的这一时间节点,都是未成年人。在这样的情形中,为了保护这些未成年人的利益,法律推定,第三方受益人"接受"这些利益是必然的选择。然而,本案中的罗克珊夫人在1964年公司最初协议达成的时候,却是一个成年人,她完全有能力及时主张自己的权利,在这样的情形下,她不能获得与未成年人同样的保护。而且,本案原告所提交的、意欲证明"接受"可以被推定存在的这些司法判决,恰恰为相反的一个观点提供了更有力的抗辩理由,即对于一个完全的成年人来说,不能通过消极的不作为来获得法律保护……

原告接下来的抗辩集中在,如果不是受累于罗克珊夫人日益恶化的健康状况,她本可以在更早的时候提起这一诉讼。原告的被监护人[罗克珊夫人]现在有着精神上和身体上的重大疾病,这一点大家都是认可的,原告试图利用这一事实为自己没有能够在这一协议被撤销之前及时提起诉讼进行开脱,而且原告试图以此来证明为什么保护罗克珊夫人利益的诉讼没有能够及时进行。原告这一观点的目的是,它试图将开始于1977年的本案诉讼转化为一个迟到的"接受"——这起诉讼是"接受"被告决议的一个替代手段——想以此表明,在被告撤销公司决议之前,罗克珊夫人已经"接受"了被告的决议。

虽然我们法院承认第三方受益人提起诉讼的行为可以被认为是第三方受益人的"接受"行为②,但是我们却不能认定罗克珊夫人的健康状况在这一问题面前是一个决定性因素。如果罗克珊夫人在1971年协议被撤销之前是

---

① "有意的第三方受益人"是根据是不是直接让某人受益而对第三方受益人所作的划分,它是从立诺人和受诺人有特定的意愿让第三人受益这一角度讲的。一般的"受赠人受益人"和"债权人受益人"都可以被认为是"有意的第三方受益人"。与"有意的第三方受益人"相对的概念是"附带(非有意)的第三方受益人"。——译者注

② Zimmerman v. Zehender, 164 Ind. 466, 73 N.E.920(1905).

676

完全没有行为能力的话,那么,从公平正义的需要来看,也许她应该被推定为已经"接受"了被告的协议。然而,原告自己提供的证据也很清楚地表明,被告在 1971 年 2 月 15 日决定撤销遗孀补助金的决议,发生在罗克珊夫人身体衰弱和脑力下降之前,而且发生在为保护罗克珊夫人的利益指定监护人之前……

以上的分析表明,我们法院并不能推定出第三方受益人对于被告协议已经接受,而且,这一为第三方设定利益的合同,只有在被撤销之前已经由第三方受益人"接受"、采纳或者采取了相应行动的情况下,才可以由法院强制执行。因为被告芝加哥公司先前有关遗孀补助金的决议中并没有对何为"接受"作出恰当的界定,因此我们法院必须认真审查某种程度上比较模糊的这一术语——"接受",努力去搞清楚在罗克珊夫人身上是否发生过某种形式的同意①,是否可以认定 1971 年被告芝加哥公司对于原先决议的撤销是无效的,搞清楚罗克珊夫人的派生权利是否仍然保留着。

"接受"可以是一个公开的行为,也可以是对某个利益的一种受领。它涉及的是当事人的意愿问题,因而也是一个事实判断问题。②尽管如此,本案中,原告并没有明确提供自己公开"接受"被告公司决议的证据,也没有提供自己地位已经发生变化的证据,对于这样的情形,我们法院必须记住的是:"当第三方受益人以立诺人或者受诺人要求的方式同意了这一承诺的时候,立诺人和受诺人撤销合同的权利将会被终止。"③在我们看来,通过承认第三人可以以难以证明或者无法证明来抗辩,这一规则实际上就是类推适用了合同中有关要约和承诺的法律。

对我们法院来说,很幸运的是,此刻摆在我们法院面前的问题很狭窄,本案中并没有提供可以界定为无法证明的情形。就罗克珊夫人是否有着接受 1964 年公司决议的意愿这一事实问题,她自己的证词对此的回答是否定的。我们法院的这一认定反过来也说明本案不存在无法证明这一点的正确性。在法院审理进行交叉询问④时,罗克珊夫人被明确地问到,在得知被告公司有着遗孀补助金方案之后,她是否作出过长远的计划,或者是对这一遗孀补助金计

677

---

① 这里的"同意",是指对被告公司 1964 年决议的同意,一旦这种同意存在,可能就构成了合同法上的"承诺"。——译者注

② Corbin, supra, §§782—793; Jones, *Legal Protection of Third Party Beneficiaries: On Opening Courthouse Doors*, 46 Cinn. L. Rev. 313(1977).

③ 《合同法重述》(第二次重述)[*Restatement*(*Second*)*on Contracts*], supra, §311, 评论(h)。

④ "交叉询问"是英美诉讼程序中经常使用的对证人进行质证的一种手段,目的是为了让法院更加清楚地了解当事人所作证言的真伪及可信度。——译者注

划产生过依赖？她对此的回答是："没有,我完全忘记了这一件事情。"除了这一证言之外,我们法院没有找到任何其他证据可以认定罗克珊夫人"接受"过被告公司的决议,或者由于信赖这一公司决议,她的地位已经发生了改变。[①]而且,我们法院认定,罗克珊夫人没有证明自己"接受"公司决议,并不只是从罗克珊夫人否定性的回答中得出的,在我们法院对整个庭审记录进行仔细审查之后,仍然可以支持这一结论。因此,我们法院的结论是,罗克珊夫人并没有在1971年公司决议撤销之前"接受"、采纳过1964年的协议,或者是按照1964年的协议采取过相应行动。综上,我们法院理所当然地认定,由于罗克珊夫人没有能够依据1964年的最初方案采取过行动或者是产生过依赖,这就剥夺了她本来可以根据1964年协议获得的任何利益。……

本法院在此判决被告芝加哥公司胜诉。

劳斯诉美国房屋管理署[②]
哥伦比亚特区巡回上诉法院(1954年)

本案要旨

案外人温斯顿在聘请施工单位对自家房屋的加热工程进行施工后,欠下施工单位一笔工程款,温斯顿向该施工单位签发了一张支票,答应将会付清这笔款项。温斯顿后来将这一房屋出售给了本案被告劳斯,房屋出售合同中,被告劳斯同意付清这笔工程款。由于案外人温斯顿没有兑付这一支票,本案原告美国联邦房屋管理署在付清这笔款项之后受让了这笔债权。原告现在要求被告偿付这笔工程款。被告劳斯提出了两点抗辩意见,一个抗辩理由是,在出售房屋时,温斯顿对于该供热系统的具体情况存在着虚假陈述;另一个抗辩理由是,施工单位的加热工程存在缺陷。初审法院对于被告的这两点抗辩理由都未予采信。被告不服提起上诉。法院认定,被告的第一个抗辩理由成立,但第二个抗辩理由不成立。于是,上诉法院将案件发回重审。

本案确定的规则是,在第三方受益人(本案中是原告美国房屋管理署)向

---

① 见 *generally* Note, *The Requirements of Promissory Estoppel as Applied to Third Party Beneficiaries*, 30 U. Pitt.L.Rev. 174(1968)。

印第安纳地区法院李法官在此引用的这一文章是有关禁止反言原则适用到第三方受益人时的要求。在本案中,罗克珊夫人在法院交叉询问中承认了自己在得知被告有着遗孀补助金决议后并没有采取长远的计划,在她作出这一陈述之后,如果没有其他特别的证据,她就不可以否定自己在交叉询问中已经作出的这一陈述。——译者注

② Rouse v. United States,, 215 F.2d 872, 94 U.S.App.D.C. 386.

本案初审时原告是美国房屋管理署,被告是劳斯。——译者注

立诺人(本案中是劳斯)起诉时,立诺人可以向受诺人(案外人温斯顿)提出的抗辩,同样可以对抗第三方受益人。但是,在受诺人表明自己对第三方受益人存在债务的情况下,受诺人是否真的欠着债务或者究竟欠着多少债务,不能作为立诺人的抗辩理由。

埃杰顿巡回法官①代表法院呈递以下判决意见:

为了支付自家房屋加热设施的工程款,案外人温斯顿向施工单位联合承包公司签发了一张1 008.37美元的支票,据此,她每月需要向联合承包公司支付28.01美元。本案原告美国联邦房屋管理署担保这一支票将会得到兑现,收票人联合承包公司后来将这一张支票背书转让给了借款银行联合信托公司。

随后,温斯顿将她的房屋出售给了本案被告劳斯。在这一出售房屋的合同中,劳斯同意承担信托契约上所设定的担保债务,而且"愿意承担加热设施的工程款,总额为850美元,以后每月支付28美元"。对于温斯顿已经签发的这一票据如何处理,双方在合同中并没有提及。

温斯顿后来并没有能够履行这一票据上的付款义务。美国联邦房屋管理署向相关银行付清了这笔款项,并受让了这一票据上的权利。现在,美国联邦房屋管理署向法院起诉,要求被告劳斯支付850美元工程款及其利息。

被告劳斯在审理中提出了以下两点抗辩意见:(1)温斯顿向自己出售这一房屋时,对于房屋供热系统的具体条件存在着虚假陈述;(2)施工单位联合承包公司对这一房屋的供热系统的安装,不能够令人满意。初审的地区法院并没有理会被告劳斯的这两个抗辩意见,作出了支持原告美国房屋管理署的简易判决。被告劳斯不服该判决,提起了上诉。

我们认为,劳斯对于本案的原告美国房屋管理署并不承担责任,除非他与案外人温斯顿的合同当中明确要求他对此承担责任。虽然劳斯与温斯顿之间的合同中的确是说到了合同当事人对于并不包含在合同中的"条款、条件、声明、担保或者陈述,不论它们是口头的或者书面的",都不承担责任,但是,这一表述仅仅意味着该书面合同包含了双方全部的协议。这并不意味着在一个合同诉讼中当事人不能以存在欺诈作为抗辩的理由。②只有在劳斯应该对温斯顿承担责任时,劳斯所作的"自愿承担房屋加热工程的"工程款850美元这一承诺,才会让劳斯对施工单位联合承包公司产生责任。立诺人如果答应了向受诺人的债权人付款,那么立诺人对于受诺人的任何抗辩,都可以作为立诺人以

678

---

① Edgerton, Circuit Judge.
② 3 Williston, Contracts §811A(Rev. Ed. 1936).

后拒绝向该债权人付款的抗辩理由。①因此,本案被告劳斯如果被联合承包公司起诉的话,他将有权在法庭上表明温斯顿这一方将房屋出售给自己时存在着欺诈行为。本案原告是从联合承包公司这里受让权利的当事人,在原告提起的这一诉讼中,劳斯同样也有权利作出这样的抗辩,即有权利在法庭上表明温斯顿这一方存在着欺诈行为。由此可以得出,初审法院将被告的第一点抗辩理由置之不理的做法是错误的。我们对于所谓温斯顿的欺诈行为——如果这一行为得到了证明——是不是一个完全的抗辩或者部分的抗辩,在此不予考虑,因为在本案中并没有产生这一问题,而且也许不会产生这一问题。

我们认为,初审法院对被告的第二点抗辩理由不予认可是正确的。

[一方面,]如果立诺人②与受诺人的协议将被解释为免除受诺人③任何责任的一个承诺,那么,立诺人一定会被允许向法院表明这一受诺人并不存在被强制履行的责任。……在另一方面,如果这一承诺意味着立诺人同意向[第三人]A 支付款项,受诺人当时向立诺人表明他是欠着 A 一笔款项,那么,受诺人究竟是不是确实对 A 欠着那样数量的钱款或者根本就不存在欠款这一点,就并不重要……在立诺人的承诺是付清某一特定债务的情形下……这样的解释一般被认为是正确的解释。④

初审判决予以推翻,案件发回下级法院,由下级法院对被告的第一点抗辩理由重新审理。

---

① 这一段是本案中法官分析的关键理由。假定 A(立诺人,在本案中劳斯是立诺人)对 B(受诺人,在本案中温斯顿是受诺人)作出承诺,会向 B 的债权人 C(在本案中,施工单位联合承包公司及原告美国房屋管理署可以说是第三方受益人)付清款项。根据这一章开始时提及的劳伦斯诉福克斯这一判例,此时,A 就有义务向 C 付清款项,但是,如果 A 针对 B 有着合法、正当的抗辩理由,例如超过诉讼时效、存在债的抵销等,这些正当的抗辩理由也可以作为 A 拒绝向 C 付款的理由。——译者注
② 在本案中,被告劳斯就是立诺人。——译者注
③ 在本案中,案外人温斯顿就是受诺人。——译者注
④ 2 *id.* §399.

第十二章
合同转让和授权他人代为履行

■ 第一节 合同转让的性质和后果

赫佐格诉艾拉斯[1]
缅因州最高法院（1991 年）

本案要旨

案外人琼斯在摩托车事故中受伤，聘请艾拉斯和劳理两位律师担任人身伤害案中的代理人。不久后琼斯在与摩托车事故不相干的另一事故中肩部受伤，需要手术治疗。因无力支付手术费用，琼斯签署转让声明，表示会将在摩托车事故中的赔偿金直接支付给医生赫佐格。医生将该声明通知了两位律师。在得知赔偿金足以支付肩部手术费用后，医生完成了对琼斯的治疗。琼斯在获得赔偿金后却指示律师不要向医生付款。没有收到治疗费用的赫佐格医生将两位律师作为被告诉至法院，要求履行此前的"利益转让"。法院认定，本案中的转让是一个有效的转让，被告有义务将款项支付给原告。于是，判决支持了原告的诉讼请求。

本案确定的规则是，对未来收益的权利进行转让，只要是明确表示出来的，且不保留控制的，那就是有效的转让。义务人在收到转让的通知之后，既不能向出让人，也不能向出让人的其他债权人支付转让的款项，否则受让人可以直接对义务人起诉，要求其实际履行。

布罗迪法官[2]代表法院呈递以下判决意见：

---

[1] Herzog v. Irace, 594 A.2d 1106.
本案有两位被告，除了标题上的艾拉斯之外，还有另一被告劳理。——译者注
[2] Brody, Justice.

原告赫佐格认为,本案被告艾拉斯和劳理——两被告都是律师,他们在案外人琼斯的人身伤害赔偿案件中是代理人——没能将琼斯在人身伤害赔偿案件中获得的赔偿款转让给原告,因而向法院提起了本案诉讼。初审地区法院的法官作出了支持原告赫佐格的判决。高等法院的法官维持了初审法院的裁决。两被告艾拉斯和劳理对判决仍然不服,以法院错误认定本案中的转让有效而且可以执行作为理由,继续向我们缅因州最高法院提起了上诉。艾拉斯和劳理还认为,强制执行这一转让,侵犯了他们对自己客户所负有的道德义务。我们认为,这一转让并没有什么错误之处,因此,决定维持初审法院的判决。

本案的事实并不存在什么分歧。案外人琼斯在一起摩托车事故中受伤,他聘请了艾拉斯和劳理两位律师在这一人身伤害案件中担任代理律师。在这之后不久,琼斯又发生了其他的事故——这一事故与前面的摩托车事故并不相干——造成自己的肩膀两次脱臼。赫佐格医生检查了琼斯的肩膀,认为琼斯需要进行手术。然而,当时琼斯无力支付手术费。考虑到自己需要医生进行这一手术,他在一张印着赫佐格医生抬头的信纸上签署了一张声明,这一声明的落款日期是1988年6月14日。这一声明的相关内容如下:

681

> 本人,琼斯,要求将正在处理的一起[摩托车]事故中的赔偿金——这
> 起摩托车事故与本人肩膀脱臼的事故并不相干——直接支付给赫佐格医
> 生,作为治疗本人肩膀受伤手术的费用。

赫佐格医生随后通知了艾拉斯和劳理,告诉他们琼斯已经签署一个转让声明,将其在摩托车事故人身伤害诉讼中的利益转让给自己,用以支付他治疗肩膀的手术费用。艾拉斯和劳理的一位雇员告诉赫佐格医生,到琼斯的人身伤害案件审理结束的时候,琼斯转让的赔偿金足以让律师事务所向赫佐格医生支付手术费。赫佐格医生完成了对琼斯肩膀的手术,并且在这之后继续对琼斯进行治疗,时间持续了大约一年。

1989年5月,琼斯在摩托车事故的人身伤害案件中获得了20 000美元的和解赔偿金。这时,琼斯指示本案两被告艾拉斯和劳理,不要交给赫佐格医生任何款项,琼斯说他自己将来会支付肩膀手术的费用。被告艾拉斯和劳理随即将这一情况通知了赫佐格医生,告知琼斯已经撤销了原先的许可,不让他们再直接支付手术费,并表示他们将会按照琼斯的意见去做。被告艾拉斯和劳理签署了一张金额为10 027美元的支票给琼斯,并将余下的赔偿金付给了琼斯的其他债权人。之后,琼斯本人确实向赫佐格医生签发了一张支票,但是这一张支票因为存款不足而被银行退票,琼斯再也没有支付手术费用给赫佐格医生。

赫佐格医生在地区法院针对被告艾拉斯和劳理提起了本案诉讼,要求被告实际履行 1988 年 6 月 14 日的"利益转让"。以双方共同认可的事实作为基础,这一诉讼在地区法院进行了审理。地区法院判决支持了原告赫佐格医生的诉讼请求,认定琼斯在 1988 年 6 月 14 日的声明构成了对赔偿金利益的有效转让,这一转让可以针对被告艾拉斯和劳理,故法院判决艾拉斯和劳理实际履行。在高等法院上诉失败之后,艾拉斯和劳理就这一案件继续上诉到我们法院。因为高等法院行使的是中间上诉法院的职能,所以我们在此对初审地区法院的判决直接进行审查……

一、转让的有效性

所谓转让,是指某一权利的所有人("出让人")表明自己有着将这一权利转移给其他人("受让人")意愿的一种行为或者表现形式。[①]如果出让人要想让某个转让对于出让人的债务人("义务人")具有法律效力而且可以执行,那么,出让人必须将其权利让渡给受让人的意愿非常清楚地表达出来,并且对于被让渡的权利不再保留任何的控制,或者,不再保留任何撤销让渡的权力。转让是通过出让人与受让人之间的行为来产生法律效力,对于义务人来说,并不需要通过接受转让来使其发生法律效力。[②]一旦义务人得到了转让的通知,相应的款项"就从通知的这一时刻起设定了一个信托[③];这笔款项……就只是暂时被放置在义务人的手里,义务人不是为了最初的债权人——即出让人——来掌管这笔款项,而是为了替代的债权人——即受让人——来掌管这笔款项"。[④]在收到转让的通知之后,义务人在法律上既不能向出让人,也不能向出让人的其他债权人支付转让的款项;如果义务人真的这样付出了那些款项,那么他是自己心甘情愿承担这种风险的,因为受让人可以直接对义务人起诉,要求其实际履行。[⑤]

……在我们缅因州,将对未来**收益的权利**从一个诉讼中转移到其他人那里,已经被法院认定为是一个有效的、可以强制执行的正当转让。[⑥]一个正当的转让并不需要让渡全部的将来权利,相反,部分将来权利的让渡也是可行的。[⑦]这是已经确定、非常之好的原则,我们法院将在此继续维持这些原则。

682

---

① Shiro v. Drew, 174 F.Supp. 495, 497(D.Me.1959).

② Palmer v. Palmer, 112 Me. 149, 153, 91 A.281, 282(1914).

③ 这里的设定"信托",是指赋予了相应的款项以特别的用处,不得作其他用处。——译者注

④ Palmer v. Palmer, at 152, 91 A.281, 282(1914).

⑤ Id. at 153, 91 A.281.

⑥ McLellan v. Walker, 26 Me. 114, 117—18(1846).

⑦ Palmer, 112 Me. at 152, 153, 91 A.281.

……被告艾拉斯和劳理辩称,琼斯在 1988 年 6 月 14 日所作的声明,作为一个转让来说,是无效的,是不能要求他们实际履行的,因为这一声明没有证明琼斯对于想要转让的这笔款项永久性地取消了所有控制的权利,它只是"要求"[被告艾拉斯和劳理]从一个特别的赔偿金中支付原告的手术费,除此之外,再没有任何其他内容。在我们看来,1988 年 6 月 14 日的声明,并没有表明琼斯对支付给赫佐格医生的款项还想保留任何的控制。从整个事件的前前后后联系起来看,声明中使用的"要求"[被告艾拉斯和劳理付款]的措辞,并没有给予法院任何理由来质疑琼斯想要完成转让的意愿。虽然琼斯所作的这一声明中没有提到具体金额,但是双方当事人没有歧义的是,赫佐格医生提供的手术服务和治疗肩伤收取的手术费是合理的,对 1988 年 6 月 14 日的声明中提及的肩伤进行手术也是必需的。被告艾拉斯和劳理拥有足够的赔偿金来支付琼斯对所有债权人欠下的债务,这其中就包括了对赫佐格医生所欠的债务,被告还可以将余下的赔偿金返还给琼斯本人。……基于被告艾拉斯和劳理对于他们从赫佐格医生这里得到了足够充分的通知这一点没有异议,我们法院认定本案中的转让有效,是有证据充分支持的,在上诉中也没有什么新的情况改变我们法院的这一结论。

二、道 德 义 务

接下来,被告艾拉斯和劳理辩称,如果要求他们实际履行系争的转让,将会侵犯他们作为律师的道德义务,这一道德义务就是律师在如何支付款项这一点上应该遵照客户的指示进行。我们法院对于被告的这一抗辩理由同样不能支持。

……缅因州的律师执业规则……要求律师"根据客户的要求,向客户立即支付或者交付那些由律师占有、属于客户有权获得的相关款项、证券或者其他财产"。[①]然而,对于客户将一起诉讼中的权利转让给第三人的权力,律师执行规则中并没有任何的规定。在我们看来,因为客户有权力将他享有的由其律师掌控款项的权利转让出去,[②]由此可以得出的结论是,律师在代表客户处理款项的时候,一定要遵守有效的转让,按照有效转让的要求去做。根据缅因州律师执业规则中的相关条款,本案中的系争转让并不会产生什么冲突,因为客户已经将款项转让给第三人,律师便没有权利再获得这些款项……被告艾拉斯和劳理在这一点上并不存在什么道德义务,本案的庭审记录并没有表明他们负有一种道德义务,必须去遵照他们客户的指令,将一个有效的转让弃之不

---

①　M.Bar R.3.6(f)(2)(iv).
②　McLellan v. Walker, 26 Me. at 117—18.

顾。地区法院认定转让有效、原告有权要求被告艾拉斯和劳理实际履行这一转让,是正确的。

初审法院的判决予以维持。

■ 第二节　权利是否可以转让? 行为是否可以由他人代为履行?

一、一 般 原 则

马克公司诉盖瑟斯堡比萨公司[①]
马里兰州上诉法院(1970 年)

本案要旨

被告盖瑟斯堡比萨公司等与案外人弗吉尼亚咖啡服务公司签订合同,由弗吉尼亚咖啡服务公司为被告提供冷饮售货机服务。合同中并没有禁止合同转让的条款。后来弗吉尼亚咖啡服务公司被本案原告马克公司收购,弗吉尼亚咖啡服务公司与被告之间的合同也相应被转让给了原告,然而被告对此表示拒绝。原告以被告违约为由诉至法院,要其赔偿损失。初审法院认为被告基于对弗吉尼亚咖啡服务公司的信任签订了涉案合同,合同不能转让,驳回了原告的诉讼请求,原告不服提起上诉。法院最终认定,本案系争合同中没有专属服务性质,合同可以被转让给原告,合同项下的义务可以由原告代为履行。

本案确定的规则是,除非当事人另有约定,否则当事人可以转让合同,合同中约定的行为可以由受让人代为履行,但合同中确定的义务内容具有专属服务性质的除外。

辛格利法官[②]代表法院呈递以下判决意见:

本案的被上诉人是盖瑟斯堡比萨公司(以下简称"盖瑟斯堡公司")[③]等四家公司,这四家公司由西德尼、托马斯、尤金等人共有。这三人同时又作为"比

---

① Macke Co. v. Pizza of Gaithersburg, Inc., 259 Md. 479, 270 A.2d 645.
本案被告有四家公司,除了标题中的盖瑟斯堡比萨公司之外,还有三家公司。——译者注

② Singley, Judge.

③ 被上诉人也是初审中的被告。

萨商店"的合伙人和所有人,在马里兰州的蒙哥马利县和普林斯县等六处地方经营比萨食品。在经营"比萨商店"期间,被上诉人盖瑟斯堡公司等安排由弗吉尼亚咖啡服务公司(以下简称"弗吉尼亚公司")在他们的经营场所内安装冷饮自动售货机,[出售饮料;]1966 年 12 月 30 日,被上诉人与弗吉尼亚公司签订了一份为期一年的合同。根据合同条款,如果一方当事人未提前 30 天通知终止,这一合同就将自动延续。通过这样一份合同,被上诉人五处经营场所的冷饮自动售货服务实现了统一管理经营。被上诉人盖瑟斯堡公司等经营的第六家商店,也在 1967 年 7 月 25 日与弗吉尼亚公司签订了类似的合同。

1967 年 12 月 30 日,弗吉尼亚公司的资产被本案原告马克公司所收购,上面提及的六份合同都被弗吉尼亚公司转让给了马克公司。在 1968 年 1 月,五家"比萨商店"试图将到 12 月才满周年的五份合同予以终止,同年 2 月,又试图将另一份应该到 7 月才满周年的合同予以终止。

马克公司针对每一家"比萨商店",向蒙哥马利县巡回法院提起诉讼,要求这些被告赔偿违约损失。初审法院判决支持了被告,原告马克公司对此判决不服,提起了上诉。

684   初审法院基于以下两点理由作出支持被告的判决:首先,在这些"比萨商店"和弗吉尼亚公司签署协议的时候,它们是基于对弗吉尼亚公司的服务技能、判断能力和商业信誉的信任;双方签订合同时存在的这一基础前提,决定了弗吉尼亚公司不可以再将这些合同义务授权原告马克公司代为履行……

[我们认为,]在双方合同中缺少相反规定的情况下——在本案系争合同中并没有这样的相反规定——一份可以履行的双方合同项下的权利和义务,是可以被转让、可以让他人代为履行的。但是这一合同法原则受到一种例外情形的限制,即如果这些合同项下的义务是提供专属服务①,那么这样的义务是不能授权他人代为履行的;如果合同中规定了提供服务的一方有权"选择服务对象"②——这一约定是双方交易的组成部分——那么,这样的权利也是不能授权他人代为履行的。③在 Crane Ice Cream Co. 诉 Terminal Freezing &

---

①   "专属服务"在合同法中是指某人提供的独特的、与众不同的或者唯一的服务,其他人是不能提供相同的服务的。这种服务通常是艺术家、作家、画家等职业人士等提供的服务。——译者注

②   "选择服务对象",即"对人(对象)选择"的权利。在特别讲究成员之间彼此信任的那些企业中,例如合伙企业或者一些家族企业,往往会在相关公司章程中规定原先的股东对于新进股东有着"对人选择"的权利,没有得到原先股东中每一个人的同意,新的人员不得成为公司股东。在这里,它是指提供服务的一方有权选择提供服务的对象,接受服务的一方当事人不得将自己接受服务的权利擅自授权他人代为履行。——译者注

③   *4 Corbin on Contracts* §865(1951) at 434.

Heating Co.[1]这一案件中,法院认定,合同原先的个人根据合同享有的购买冰块的权利反映了卖方对这一个人需求的了解以及对他信用和责任的信赖,因此,这一个人的权利是不能被转让给收购其业务的公司的。在Eastern Advertising Co.诉McGaw & Co.[2]这一案件中,我们法院的前辈认定,广告代理公司是不能让他人代为履行自己合同项下的义务的,因为这一合同之所以能够达成,是基于广告主对这家广告代理公司制作技能、判断能力和艺术品味的信任。……

我们并不认为本案系争的协议是提供专属服务性质的合同。本案系争的协议,其性质要么是被上诉人对于弗吉尼亚公司经营冷饮售货服务的一种许可或者授权,要么是弗吉尼亚公司对被上诉人经营场地的一种租赁,[与此相对应的是,]在弗吉尼亚公司这方面,则同意向被上诉人支付一定比例的销售收入作为许可费或者场地租金。在我们看来,这种性质的合同是可以由弗吉尼亚公司转让的,除非合同中对弗吉尼亚公司确定了专属服务的义务或者独一无二的特性,导致这一合同不能由他人代为履行。……

被上诉人盖瑟斯堡公司等坚持认为,他们之前曾经与原告马克公司进行过接触,但是,他们最终还是选择了弗吉尼亚公司作为合作伙伴,这是因为他们更加喜欢弗吉尼亚公司经营业务的方式。被上诉人特别提到,弗吉尼亚公司的服务对他们来说更加个性化,因为弗吉尼亚公司的总裁总是能够使商店内的冷饮售货机处于完好的状态;弗吉尼亚公司应该支付的款项总是以现金支付;弗吉尼亚公司还允许被上诉人保留冷饮售货机的钥匙,这样他们可以在需要的时候随时对冷饮售货机进行补充、调整。我们认为,假定被上诉人提到的这些情形都是真实的,但是,他们与弗吉尼亚公司的协议中对于冷饮售货机运行的细节却并未加以说明,这一协议中仅仅包含了这样的条款,要求弗吉尼亚公司"负责安装……上面所列设备,而且……维持这些设备处于完好状态,并且要保证有足够的冷饮储存在售货机中"。我们认为,早在一个世纪前,加利福尼亚州最高法院就曾对如何界定专属服务这一难题进行了正确的认定,对于一份涉及将旧金山市的街道路面进行平整的合同,加利福尼亚州最高法院认定了授权他人代为履行这一合同的有效性。

不是所有的画家都创作得出雷诺兹[3]那样的作品,不是所有的画家都

---

[1]　147 Md. 588,128 A.280(1925).
[2]　89 Md. 72,42 A.923(1899).
[3]　雷诺兹是英国18世纪著名的画家,尤其擅长肖像画,曾担任英国皇家美术院的院长。——译者注

画得出克劳德①那样的作品,也不是所有的作家都能写出莎士比亚那样的戏剧,或者狄更斯②那样的小说。那些个人罕见的天赋和杰出技能是不能转移给他人的,雇用这些拥有罕见天赋和杰出技能的人进行创作的合同,当然是专属服务性质的合同,这样的合同也就不能转让。但是,对于像挖倒一座沙丘,或者将一块洼地填平到指定的水平面这样的工作,需要的只是一种熟练的技能,罕见天赋和杰出技能并不是不可或缺的。这些只需熟练技能的合同,并不是专属服务性质的合同,因而是可以转让的。③

此外,本案中"比萨商店"从弗吉尼亚公司这里得到的实际服务——这些实际服务内容超过了合同中的约定——与他们预计从马克公司这里得到的服务相比,两者之间虽然有一些区别,但这一差别对于协议项下应该提供的服务来说并没有达到实质性改变,并不导致被上诉人有正当理由来拒绝承认这一合同的转让。④

为了证明系争协议是专属服务性质的协议,因而不可转让这一论点,"比萨商店"引用了最高法院的三个判例作为自己的依据,这三个案件分别是Burck 诉 Taylor⑤、Delaware County Comm'rs 诉 Diebold Safe & Lock Co.⑥以及 Arkansas Valley Smelting Co.诉 Belden Mining Co.⑦。对于上述三个案件,我们法院的前辈在 Tarr 诉 Veasey⑧ 这一案件中都予以了认可,并在判决中进行了引用。我们认为,被上诉人引用的这三个判例对于本案而言都没有说服力。在 Burck 这一案件中,承包商负责承建位于得克萨斯的州国会大厦,合同条款规定,禁止承包商在未得到州政府同意的情况下将这一合同转让,[但是这一承包商后来还是进行了转让,]法院判决认定,这一承包商不能将其获得施工收入四分之三收益的权利进行有效的转让。在 Delaware County 这一案件中,Diebold Safe & Lock 这一家公司是为特拉华县监狱进行施工的一个分包商,总承包商将建筑合同中的部分工程转让给了它,但这样的转让从来也没有得到特拉华县监狱的同意。Diebold Safe & Lock 公司依据部分转让这

685

---

① 克劳德是 17 世纪法国的著名风景画家。——译者注

② 狄更斯是 19 世纪英国著名批判现实主义的小说家,曾经创作出《大卫·科波菲尔》、《双城记》、《老古玩店》等世界名作。——译者注

③ Taylor v. Palmer, 31 Cal. 240 at 247—248(1866).

④ Crane Ice Cream Co. v. Terminal Freezing & Heating Co., *supra*, 147 Md. 588, 128 A. 280.

⑤ 152 U.S. 634, 14 S.Ct. 696, 38 L.Ed. 578(1894).

⑥ 133 U.S. 473, 10 S.Ct. 399, 33 L.Ed. 674(1890).

⑦ 127 U.S. 379, 8 S.Ct. 1308, 32 L.Ed. 246(1888).

⑧ 125 Md. 199, 207, 93 A. 428(1915).

一理论,向特拉华县政府主张报酬,但法院判决认定,这一分包商不能向特拉华县政府就其所完成的工程主张报酬。[在我们看来,]Delaware County 这一案件的结论必须限定在以下的事实,即该案只是限定分包商根据转让协议要求支付报酬的权利,而不是限定总承包商让他人代为履行合同的权利。在 Arkansas Valley 这一案件中法院认定,当事人转让购买矿石合同的行为是无效的;很显然,Arkansas Valley 这一案件与我们手头的案件也是有区别的,因为该案系争合同中有着这样一个条款,规定只有在这些矿石交付之后才可以付款,而交付的基础是在合同中列明的每一个买方都必须对矿石进行检测。法院在判决中总结道,这一条款对于每一个买方的信用及责任都赋予了一种信任,因而买方基于这一合同产生的权利是不能被转让给其他人的。Tarr 诉 Veasey 案中将合同项下的权利和义务分别转让给了两个人,对此,我们法院的前辈认定,因为当事人在合同中所作出的意愿——即合同义务和合同权利是相互依存的——所以,这样的合同也是不能被转让的。

我们法院还找到了本案当事人没有引用的另外两个相反的判例。在 The British Waggon Co. & The Parkgate Waggon Co. 诉 Lea & Co.①这一案件中,Parkgate Waggon 公司是一个铁道车厢的出租人,它答应承租人[Lea & Co.]会让这些车厢"处于良好的工作状态和工作秩序,"后来,出租人将自己的合同转让给了 British Waggon 公司。当 British Waggon 公司起诉要求承租人[Lea & Co.]支付租金时,承租人辩称,原先的租赁协议[由于 Parkgate Waggon 公司的擅自转让]已经终止。法院认定,这一租赁协议对当事人双方继续有约束力,因为合同中并没有条款让出租人维修车厢的义务变成对承租人或者其雇员进行专属服务的义务。

686

对于 Boston Ice Co. 诉 Potter②这一案件,"比萨商店"也许能够从这一案件的事实中找到些许支持和安慰,只是该案件的判决结果曾经受到学者的严厉批评。③在 Boston Ice Co. 这一案件中,被告 Potter 曾经与原告 Boston 公司进行过业务往来,Potter 发现 Boston 公司的服务不能令自己满意,于是 Potter 炒掉了 Boston 公司,改由另一家叫做 Citizens' Ice Company 的公司提供服务。后来,Citizens' 这家公司又被出售给了 Boston 公司,并且实际上是由 Boston 公司为 Potter 提供了长达一整年的服务,而被告 Potter 对此并不知情。当 Boston 公司向 Potter 起诉主张提供冰块的费用时,马萨诸塞州法院支持了 Potter 拒绝付款的抗辩意见,其判决依据是,因为被告 Potter 有权选择它

---

① 5 Q.B.D. 149(1880).

② 123 Mass. 28(1877).

③ 参见 *Corbin*，*supra*，at 448—49。

愿意交易的对象,不能让其他供应者利用被告 Potter 的这种信赖,所以原、被告之间没有合同的相互性。然而,现代的司法权威并不支持 Boston Ice Co. 这一案件中的结论,而是认为在没有合同条款支持的情况下,合同义务是可以由他人代为履行的——这有别于可以转让的权利;而且认为,如果履行质量是实质性相同的话,受诺人是不能解除原先的合同的。

《合同法重述》的相关部分①这样规定:

> 一个被授权履行义务的人从事的履行行为或者履行要约,与合同中所确定的本人所从事的履行行为或者履行要约有着相同的法律效果,除非其履行行为实质性地改变或者将要实质性地改变合同中所确定的本人的履行行为,而且当事人……对于这种由他人代为履行行为并没有达成一致……

在涉及货物销售的案件中,《合同法重述》中有关义务可以由他人代为履行的规则,已经在《统一商法典》②第 2-210-(5) 条款中作了进一步规定,它允许受诺人要求将合同项下义务交由他人代为履行的人作出相应的保证。

我们在本案中看到的是,弗吉尼亚公司的义务由马克公司代为履行,根据协议中的条款,此做法完全应该得到允许。我们法院作出这样的认定,与前述 Eastern Advertising Co. 诉 McGaw③ 这一案件的结论并不矛盾,因为在 Eastern Advertising Co. 一案中,广告主与广告代理人的协议中包含着这样一个条款,即"广告卡片的'风格和内容需要得到广告主 Eastern Advertising Company 的批准'",法院据此认定,这一条款的规定就表明了广告主对于广告代理人的技能、判断能力和艺术品味赋予了信任。……

〔原判决予以推翻并发回重审。〕

萨莉公司诉耐克斯公司④

美国联邦第七巡回上诉法院(1986 年)

本案要旨

被告耐克斯公司与案外人贝斯特公司达成经销护发产品的合同,由贝斯特公司在得克萨斯州独家销售被告的护发产品。后来,贝斯特公司被本案原

---

① *Restatement*, *Contracts* § 160(3)(1932).

② Uniform Commercial Code,也见《统一商法典》的马里兰州版本〔Maryland Code (1957, 1964 Repl. Vol.)〕Art. 95B § 2-210(5).

③ *Supra*, 89 Md. 72, 42 A. 923.

④ Sally Beauty Co. v. Nexxus Products Co. 801 F.2d 1001.

告萨莉公司收购,而萨莉公司的母公司也从事护发产品的生产,是被告的竞争对手。尽管原告表示会公正无私、不偏不倚地履行原合同,但是被告还是解除了该合同。原告以被告违约为由,向法院起诉。法院多数法官认为,案外人公司被原告收购之后,由于原告是被告竞争对手的子公司,被告有理由担心原告不会尽到最大努力来履行原先的合同。于是,法院驳回了原告的诉讼请求。

本案确定的规则是,对于独家经销的合同而言,如果一方当事人希望将合同项下的义务授权给另一方当事人的竞争对手或竞争对手的全资子公司代为履行,必须得到合同另一方的同意。这一规则实际上就是《统一商法典》中确定的规则,即合同义务可以由他人代为履行,但这种履行会导致权利人不满的除外。

卡达希巡回法官①代表法院呈递以下判决意见:

本案被告耐克斯公司与案外人贝斯特护发产品供应公司(以下简称"贝斯特公司")签署了一份经销合同,根据这一合同,贝斯特公司成为耐克斯护发产品的独家经销商,在几乎整个得克萨斯州地区,将由贝斯特公司向理发师和发型设计师们提供耐克斯护发产品。当贝斯特公司被本案原告萨莉公司并购之后,耐克斯公司随即取消了与贝斯特公司的合同。原告萨莉公司是阿尔伯托公司的全资子公司,而阿尔伯托公司也是一家护发产品生产商,是耐克斯公司的竞争对手。原告萨莉公司向法院提出,耐克斯公司取消合同的做法违反了合同约定。而被告耐克斯公司则辩称,原先的合同是不能转让的,或者说是不能转让给萨莉公司的。初审法院支持了耐克斯公司提出的由法院作出支持自己的简易判决的动议,认定本案系争合同是一份具有专属服务性质的合同②,因而是不能转让的。我们在此以另外一个理论维持初审法院所作的判决,这一理论就是,根据《统一商法典》第 2-210 条款的规定,这一合同不能被转让给耐克斯公司直接竞争对手的全资子公司。

一

在本案中,只有案件的基本事实是并不矛盾的,这些基本事实如下:

在与原告萨莉公司进行合并之前,案外人贝斯特公司是一家得克萨斯州的公司,从事着将美容护发产品销售给得克萨斯州零售商、理发店和美容

---

① Cudahy, Circuit Judge.

② "专属服务性质"在合同法中是指某人提供的独特的、与众不同的或者唯一的服务。一般情况下其他人是不能提供相同的服务的。那些由艺术家、作家、画家等职业人士等提供的服务,通常会被认为是一种专属服务。具有专属服务性质的合同被认为是不能转让的。——译者注

院的业务。被告耐克斯公司是一家成立于 1979 年的加利福尼亚公司,专门从事护发产品的经营和销售,在 1979 年的 3 月到 7 月间,贝斯特公司的总裁雷切克与耐克斯公司的副总裁雷丁就两家公司之间可能的经销事宜进行了协商。耐克斯公司并不愿意通过市场直接向零售商店销售他们的产品,而更愿意将他们的产品销售给独立的经销商,再由这些独立的经销商将产品销售给理发店和美容院。1979 年 8 月 2 日,耐克斯公司与贝斯特公司之间达成了一份经销合同,这一合同是以 1979 年 7 月 24 日雷切克写给雷丁信件的方式达成的,这一协议中雷切克代表了贝斯特公司,雷丁则是代表了耐克斯公司。……

1981 年 7 月,原告萨莉公司通过购买股份这一交易方式收购了贝斯特公司,贝斯特公司因此被萨莉公司并购,萨莉公司承继了贝斯特公司所有合同中的权利和利益。萨莉公司是一家特拉华州的公司,其主要经营地在得克萨斯州,是由阿尔伯托公司控股的全资子公司。与贝斯特公司一样,萨莉公司也是从事将护发产品销售给零售商店和美容院的经销商。阿尔伯托公司则是一家护发产品的主要生产商,因此,阿尔伯托公司在护发产品市场上就是耐克斯公司的直接竞争对手。

在贝斯特公司与萨莉公司合并后不久,耐克斯公司的雷丁与萨莉公司的总裁伦祖利进行了会晤,双方讨论了耐克斯公司的产品经销合同事宜。在这次会晤之后,雷丁致信伦祖利,表明耐克斯公司不会允许直接竞争对手控制的全资子公司萨莉公司来销售耐克斯公司的产品。[这封信的相关内容如下:]

正如我们在新奥尔良①会见时所讨论到的那样,要允许一家在实质上是竞争对手的公司来销售我们耐克斯的产品,我们是有着很大的保留意见的。对于你提到的将会在经营中严格自律的说法,我们表示欣赏,但这并未改变你们是由阿尔伯托公司完全控制的事实。

因为我们现在没有想到能有什么办法来解决这一冲突,所以我们不会允许让萨莉公司来经销我们的产品。……

二

萨莉公司认为被告违反了合同,在这一诉讼请求中萨莉公司声称,通过收购贝斯特公司,自己已经承继了贝斯特公司根据经销协议所享有的全部权利和利益。萨莉公司还进一步认为,耐克斯公司没有在终止经销协议之前给予萨莉公司提前 120 天的通知,而是在合同达成一周年的时候就直接解除了合同,这违反了双方的合同。在要求法院作出支持自己的简易判决的动议中,耐克斯公

① 新奥尔良是美国南部路易斯安那州的一个港口城市。——译者注

司认为,它与贝斯特公司达成的经销合同是一份具有专属服务性质的合同,是以雷切克家庭与雷丁家庭之间的私人信任和信用关系作为基础的。因此,对于这样的合同,在未经耐克斯公司同意的情况下,是不能被转让给萨莉公司的。

萨莉公司对耐克斯公司提出的简易判决动议表示了反对,它认为,本案系争合同是一份完全可以转让的合同,因为:(1)它是两家公司之间达成的合同,而不是在两个个人之间达成的合同;(2)让萨莉公司来替代贝斯特公司履行合同,并不改变合同的特性。萨莉公司还辩称:"本案系争的合同只是一个简单的、非独家代理的货物销售合同而已,对这一合同的成功履行,并不依赖于任何特殊的个性化服务、个人技能或者相互信任关系。"

在作出支持被告耐克斯公司动议的判决中,初审的地区法院将本案的争议焦点概括为:"耐克斯公司与贝斯特公司之间达成的系争经销合同,是否就是一份专属服务性质的合同,进而在没有获得耐克斯公司同意的情况下,这一合同是不能被转让给他人的?"……

我们认为,按照初审地区法院所给出的那些理由,我们法院并不能维持地区法院的这一简易判决……①虽然本案中可以"合理地得出这一结论"——即贝斯特公司与耐克斯公司是将它们的这一协议建立在"私人相互信任和依赖"的基础之上,而且,贝斯特公司总裁雷切克的参与对于贝斯特公司履行这一协议至关重要——但是,这应该是法院通过审理查明的案件事实。因为当事人在这一问题上提交了相互冲突的证言,所以,地区法院将耐克斯公司的观点当作没有冲突的事实依据,以此作出简易判决,是错误的。

然而,从本案的庭审记录中,我们找到了另一个不同的理由来维持初审法院作出的简易判决……我们同意萨莉公司的以下辩称意见,即《统一商法典》的相关条款是调整本案系争合同的法律条文。而且基于这一理由,我们认为,根据《统一商法典》第2-201(1)条款有关由他人代为履行合同的规则,贝斯特公司将这一合同转让给萨莉公司应该被禁止。……

三

《统一商法典》将那些适用于"货物交易"的合同法律变成了法典。②在决定某一系争的合同或者交易是否由《统一商法典》调整的时候,得克萨斯州采用

---

① 在此处略去的内容中,卡达希法官就该案系争合同的性质进行了分析,他认为系争合同并不是一种具有专属服务性质的合同。卡达希法官的观点与初审法院法官的结论有所不同。——译者注

② 《统一商法典》第2-102条款。第2-102条款是有关统一商法典适用范围的规定,而且这一条款对于哪些交易不属于《统一商法典》调整作出了明确说明。这一部分规定道,"除非另有要求,这一法条适用于货物交易"。本案涉及的是护发产品的经销协议,由于护发产品是一种货物,因此,在法官看来,这样的交易当然属于《统一商法典》调整的范围。——译者注

的是"占优势的因素"这一测试方法,即在合同形成过程中的实质性因素或者占优势的因素,究竟是属于货物销售的条款还是属于服务合同的条款?……

689　在得克萨斯州,目前还没有判例专门谈及一份经销协议究竟是不是一份货物销售合同,但是,在美国绝大多数司法区域内的规则是,经销协议(包括独家经营的经销协议和非独家经营的经销协议)被认为是《统一商法典》下的货物销售合同。……

四

我们认为,本案系争合同被视为货物销售合同而并非服务合同这一事实,并不能够像萨莉公司所提出的那样,就意味着这一合同在任何情况下都是可以转让的。销售合同中由他人代为履行合同的行为,是由《统一商法典》第 2-210(1)这一条款所调整的。……《统一商法典》承认,在很多情形中,合同义务人会发现,将自己从合同项下的义务中解脱出来,对自己更加方便,甚至是必须的。①因此,《统一商法典》允许由他人代为履行合同,除非让他人代为履行将会导致权利人的不满。具体来说,《统一商法典》第 2-210(1)条款是这样规定的:"除非合同中另有约定,或者其他当事人通过最初立诺人来履行或者控制合同中所要求的行为可以得到实质性的利益,否则,这样的合同就可以由他人来代为履行。"……《统一商法典》的这一条款之所以这样规定,是考虑到平衡两个政策之间的关系,一方面既要保护商业合同可以自由转让,另一方面又要保护合同中的权利人,避免让权利人被迫接受自己并未参与协商的交易。

我们在本案中关注的是贝斯特公司根据经销合同所要履行的那些义务是否能由他人代为履行这一问题,耐克斯公司之所以要终止这一合同,是因为它并不希望接受由萨莉公司来替代贝斯特公司履行义务。现在,我们只有一个得克萨斯州的判例 McKinnie 诉 Milford②,它涉及的是尚未履行完毕的合同是否可以由他人代为履行这一问题,该判例对《统一商法典》第 2-210(1)条款进行了解释……在 McKinnie 这一判例中,得克萨斯法院承认并且适用了《统一商法典》中的规则,即如果非转让方有理由认为由他人代为履行会与他先前协商得到的结果存在重大差异,那么就应该禁止由他人来代为履行合同中的义务。

在我们面前的这一份独家经销合同当中,耐克斯公司要求贝斯特公司在

---

①　这一观点可参见《统一商法典》第 2-210 条款的官方评论 1。
官方评论 1 的内容是"[第 2-210 条款]这一条款将授权他人代为履行合同以及合同转让,都看作是货物销售合同中正常的、也是应该得到允许的合同要素"。

②　McKinnie v. Milford, 597 S.W.2d 953(Tex.Civ.App. 1980. writ ref'd, n.r.e.).

促进耐克斯护发产品在得克萨斯州的销售上尽到"最大的努力"①。正是基于这一合同条款,耐克斯公司拒绝让原告萨莉公司履行原先的合同。

在支持耐克斯公司的判决中,初审地区法院这样分析道:"与贝斯特公司不同的是,萨莉公司是耐克斯公司竞争对手的一个子公司。这是很重要的一点区别;在法院看来,这一区别提出了一个很重要的问题,即萨莉公司是否有能力以与贝斯特公司同样的方式来履行原先的经销合同?"在 Berliner Foods Corp.诉 Pillsbury Co.②这一案件中,法院对于类似的事实同样给出了保留意见。Berliner 在被出售给案外人 Breyer's 的时候,是哈根达斯冰淇淋的独家经销商,而案外人 Breyer's 本身是一家冰淇淋的生产商。随后,Pillsbury Co.作为哈根达斯冰淇淋的生产商,终止了与 Berliner 双方的独家代理协议,Berliner 因此提起了本案诉讼。审理该案的法院评估了所有支持以及不支持颁发禁令的各种因素,最后在判决意见中指出:"要求一个生产商将自己的产品经销渠道转移到自己的竞争对手或者潜在竞争对手所控制的经销商那里,这显然是违背常理的。"③我们同意初审法院在这一问题上所表达的观点,认定萨莉公司作为阿尔伯托公司控制的全资子公司,这一身份足以阻止其来替代履行贝斯特公司的合同义务。

我们并不相信,我们作出的这一判决会像上诉人预料的那样,对国家的经济带来极大的负面影响。我们的判决只是认定,对于一个独家经销协议下的合同义务,是不可以由市场上的竞争对手来替代履行的。我们相信,这一判决所确定的规则是与《统一商法典》第 2-210 条款背后的政策——这一政策关注的是保留权利人通过努力所获得的交易成果,而不是让这一交易成果付之东流——相符合的。当原告萨莉公司应该尽到的"最大的努力"受到竞争对手阿尔伯托公司限制的时候,我们不能要求被告耐克斯公司必须接受萨莉公司这样的"最大的努力"。对于被告耐克斯公司来说,认定由萨莉公司来履行合同义务与自己原先所期望实现的交易并不是一回事,这一点完全是合乎情理的。

690

———————

① 见《统一商法典》第 2-306(2)条款。第 2-306(2)条款是有关独家经营业务在法律上的规定。根据这一条款的规定,它要求不论是独家销售还是独家购买,当事人都要尽到"最大的努力"来履行合同。对于销售者来说,必须尽到"最大的努力"来供应货物,而对于购买者来说,则必须尽到"最大的努力"来促进货物的销售。——译者注

② 633 F.Supp. 557(D.Md.1986).

③ *Id*. at 559—60.
在我看来,持异议法官(在本案中是波斯纳法官)仅仅因为审理 Berliner 一案的法院推定经销协议是一个具有专属服务性质的合同,就想把 Berliner 一案与我们手头的这一案件区别开来,是站不住脚的。审理 Berliner 一案的法院在判决中特别强调,将经销协议出售给供应商的竞争对手本身,就是让当事人终止双方之间合同的充分理由。此为卡达希法官在该判决中的注解。

在口头辩论中,萨莉公司辩称,这一案件应该发回到初审法院进行审判,让它有机会证明自己可以而且将会与贝斯特公司一样公正无私地履行原先的合同。萨莉公司强调自己是一个"进货渠道多元化"的经销商,它经销着很多不同品牌的护发产品,而不仅仅是阿尔伯托公司产品的销售渠道。但是,我们并不认为,萨莉公司提及的上述情形对于本案产生了事实上的重要问题。[①]当一个涉及专属服务性质的义务由他人代为履行的时候,初审法院需要做的仅仅是决定系争合同究竟是不是一份专属服务性质的合同。如果答案是肯定的,那么合同义务就不可以由他人代为履行。在这种情况下,并不需要进一步调查代为履行的这一方当事人是否和最初的立诺人一样有着同样的技巧,是否同样值得信任,因为这一替代履行的人并不是权利人最初进行协商的那个对象,权利人有理由对这种代为履行说"不"。在本案中,同样也是如此。没有争议的事实是,萨莉公司是阿尔伯托公司拥有的全资子公司,这意味着萨莉公司所谓"公正无私"的销售政策,最起码是要得到阿尔伯托公司勉强同意。但是,一旦当阿尔伯托公司需要的时候,它就可以改变这种"公正无私"的政策。萨莉公司对于自己作为一个经销商将会做到"公正无私"也许是诚心诚意的,但是,一旦需要萨莉公司在母公司阿尔伯托公司的利益与耐克斯公司的竞争需求之间进行选择时,谁又能保证一定会有公正的结果呢? 耐克斯公司可能面临它不想见到的风险,这一实际的风险不是法律可以强制耐克斯公司接受的。对于不想看到由萨莉公司来代为履行原先的合同,耐克斯公司有着自己实质性的利益,根据《统一商法典》第 2-210 条款,这一利益足以阻止他人来代为履行合同义务。因为耐克斯公司不应该被强制接受由萨莉公司来履行经销合同,所以我们认定这一合同在未得到耐克斯公司同意的情况下,是不能转让的。

691

我们在此判决,地区法院的初审判决予以维持。

波斯纳法官[②]提出反对意见:

对于商人们如何判断某一问题是否合理这一问题,我的法官同事只是依赖于自己的司法直觉,而不是建立在更好的基础之上。他们认为,如果某个经销商直接或者间接地被竞争对手所收购,那么《统一商法典》就赋予了供应商绝对的

---

① 初审法院对于该案做出的是简易判决,而作出简易判决的前提是案件事实没有"实质性的争议问题"。如果上级法院在审理中发现案件在事实上有实质性的争议需要考虑,那么通常会将案件发回重审。卡达希法官在这里认为,即使萨莉公司提及的那些情形是事实,也不构成一个事实上的"实质性争议"。——译者注

② 波斯纳法官是美国当代著名的法学家,也是美国联邦第七巡回上诉法院的法官,他撰写过很多经典的判决。然而,在这一案件中,他却是一个持反对意见的少数派。但是,仔细看过他的反对意见之后,我们仍能感受到他对这一问题思考的深入和独到,让人很受启迪。——译者注

权利来取消独家经营合同。我对《统一商法典》的解释与我的同事并不一样。

被告耐克斯公司生产护发产品，并通过经销商将这些产品销售给美容院和理发店。耐克斯公司给予了贝斯特公司在得克萨斯州独家经销其护发产品的合同，这一合同可以在每年合同届满之前的 120 天予以解除。两年之后，贝斯特公司被收购，并入了原告萨莉公司，而萨莉公司是由阿尔伯托公司拥有的一家全资子公司。阿尔伯托公司也同样生产"护发产品"，虽然阿尔伯托公司的产品在价格上低于耐克斯公司的产品，但是，阿尔伯托公司主要是通过杂货店和药店向社会公众出售自己的产品。我的法官同事的结论是，因为在耐克斯公司和阿尔伯托公司之间存在着最起码的竞争关系，哪怕这是一种松散的竞争关系，萨莉公司肯定不能够——这种"不能够"是从法律上来说的，因为初审法院并没有就这一问题进行过事实上的审理——在经销耐克斯公司产品的时候尽到"最大的努力"。因为贝斯特公司作出的尽到"最大的努力"来销售耐克斯公司产品的承诺，被我的同事解读为适用到《统一商法典》第 2-306（2）条款下的每一份独家经营合同，因而本案系争合同就是被违反了，因此耐克斯公司就可以毁弃这一合同。换句话说，因为耐克斯公司"通过最初立诺人①履行或者控制合同中所要求的行为可以得到实质性的利益"，所以，根据《统一商法典》第 2-210 条款，立诺人（贝斯特公司）的义务如果转而由萨莉公司代为履行的话，就是不恰当的。

……我的法官同事只是引用了一个案例来支持他们的结论，这就是马里兰州的一个地区法院审理的 Berliner Foods Corp. 诉 Pillsbury Co. 这一案件。然而，由于这一案件将系争的合同视作是一份具有专属服务性质的合同②，因此，这一案件对于我们正在审理的案件来说是帮不上什么忙的。……

我的法官同事将手头这一案件视作一个再简单不过的案件，就像一个律师代理了与自己客户相对立的另一方当事人那样简单。但是，在我看来，在法律上存在利益冲突和在商业上存在利益冲突，两者并不是一回事。法官如果将律师在法律服务行业不得有利益冲突的要求适用到整个经济的话，那他们就是误入歧途了。在美国，［经济的］法律化③尚没有达到这样的程度。原告萨莉公司虽然是阿尔伯托公司的一家子公司，但是它经销着许多不同公司的护发产品，这些公司看上去和耐克斯公司一样，也与阿尔伯托公司存在着激烈的竞

692

---

① 在本案中最初的立诺人就是案外人贝斯特公司。——译者注

② 见前述 Berliner 这一案件，at 559。（我的法官同事拒绝承认耐克斯公司与贝斯特公司之间的合同是一份具有专属服务性质的合同，在我看来，这一观点是正确的。）

③ "法律化"（lawyerization）是指某一事情用法律或者法律文本来进行表示或者予以规范。在这里是指美国的经济并没有到达都可以用法律上的概念来确定的程度。——译者注

争。很多钢铁公司既生产预制钢结构,同时也向有竞争关系的钢结构厂家销售自己生产的原钢。通用汽车公司也销售竞争对手五十铃公司的汽车。在法律上被认为构成根本利益冲突的,是那些平常的和正当的行为中所产生的利益冲突。律师是其客户的受托人①;而贝斯特公司并不是耐克斯公司的受托人。……②

贝斯特公司被他人收购,由此给耐克斯公司带来伤害的可能性究竟有多大呢? 我认为,这种伤害的可能性并不大。我们假定阿尔伯托公司要求萨莉公司在推进耐克斯公司产品的销售方面有意放慢脚步,以此来提升阿尔伯托公司产品的销售。即使阿尔伯托公司真的这样做了,但由于护发产品市场本身是一个竞争性的市场,阿尔伯托公司并不当然就能从中获取垄断利润。阿尔伯托公司拿什么来保证客户一定是从耐克斯那里分流到自己这里,而不是分流到与耐克斯相近价格和质量的其他产品那里去呢? 在任何情况下,阿尔伯托公司通过不当行为所得到的微薄利润,将会被萨莉公司丧失商业信誉的行为所抵消;萨莉公司为此付出的成本,也就是它的母公司阿尔伯托公司所付出的成本。我们需要记住的是,萨莉公司也同时经营着阿尔伯托公司其他竞争对手的美发产品;贝斯特公司[也]经营着露华浓、伊卡璐、百时美和欧莱雅公司的"护发产品",这些公司同样是阿尔伯托公司的竞争对手。如果萨莉公司表现出对阿尔伯托公司产品更多的"偏爱",那些强有力的竞争对手们还会继续通过萨莉公司来经销他们的产品吗? 这样的"偏爱"对于萨莉公司来说难道不是商业上的灾难,进而也就是它的母公司阿尔伯托公司的灾难吗? 阿尔伯托公司真的会牺牲萨莉公司,冒着违反《谢尔曼法》第 2 条③的风险试图垄断

----

① "受托人"是美国合同法中的一个重要概念,当事人之间的关系一旦被认定是信托关系,那么受托人就对委托人有着特别的义务和责任,如保密、最大诚信等。在这种信托关系下,一方当事人不得随意将自己的义务交由其他人代理。律师与客户、银行与储户、医生与患者等,通常被认为是存在着信托关系。波斯纳法官认为,本案中的当事人之间并不存在着信托关系,因而从这一点上说,不应该禁止由他人代为履行合同义务。——译者注

② 波斯纳法官在这一略去的部分中提到,向竞争对手销售产品或者供应货物,根据反垄断法,可能会产生一些麻烦,但这只有在供货方或者经销方具有垄断地位或者市场力,并且利用这种垄断地位或者市场力来限制竞争对手进入市场的时候,才会产生问题。在本案中,并没有证据表明阿尔伯托公司在护发产品市场上有着垄断地位,或者萨莉公司在经销市场上具有垄断地位,或者阿尔伯托公司曾经要求萨莉公司停止销售耐克斯公司的产品。——译者注

③ 《谢尔曼法》就是美国的反垄断法,它是 1890 年由美国国会通过的,被称为维持美国市场经济竞争活力的基石。由于这一法案的主要作者是参议员谢尔曼,因而这一法案也就以他的名字命名。《谢尔曼法》第 2 条如下:"Every person who shall monopolize, or attempt to monopolize, or combine or conspire with any other person or persons, to monopolize any part of the trade or commerce among the several States, or with foreign nations, shall be deemed guilty of a felony."《谢尔曼法》第 2 条的主要内容是,任何人垄断或者试图垄断贸易,将会被认定为构成重罪。——译者注

"护发产品"市场吗？阿尔伯托公司从萨莉公司这里获得的利润与其从护发产品生产商这里获得的利润相比，两者之间的得失比例，难道不是阿尔伯托公司起码应该考虑的因素吗？

另外一个相关的考虑因素是，耐克斯公司与贝斯特公司之间的合同是一份短期的合同。假定萨莉公司没有尽到最大努力来推进耐克斯公司产品的销售，阿尔伯托公司真的就能够在一年的时间之内，在得克萨斯州将耐克斯公司置于死地吗？万一阿尔伯托公司真的这样做了，那么它就是违反了经销合同中尽到"最大的努力"这一默示条款，应该对耐克斯公司承担违约赔偿责任。最后，很清楚的是，萨莉公司在经销护发产品的过程中，并不具有"咽喉要道"这样的重要地位，并不是"少了它就不行"，以至于只要萨莉公司拒绝使出全力推进耐克斯公司产品的销售，就可以在得克萨斯州"扼杀"那些护发产品的销售[1]；因为耐克斯公司现在已经找到了它所中意的替代经销商，否则当贝斯特公司被萨莉公司收购之后，它是不会解除与贝斯特公司的合同的。

并不是所有的商人都是言行一致的，也不是所有的商人都是知道如何实现利润最大化的，因此，阿尔伯托公司指示萨莉公司不要那么卖力地在得克萨斯州推销耐科斯公司的产品，这一可能性并不是为零。然而，从本案的庭审笔录来看，我认为，这种可能性是微乎其微的。如果某一事件——该事件只会在很小程度上减少交易者尽到最大努力履行合同的可能性——一旦出现就赋予供应方取消合同的权利，我认为，现在并没有这样的法律原则。假定没有贝斯特公司被兼并事项的发生，但是贝斯特公司总裁唯一的孩子跑到阿尔伯托公司那里去做了一名药剂师。在这种情况下，耐克斯公司可以因为担心贝斯特公司会更加偏爱阿尔伯托公司的产品而不是耐科斯公司的产品，进而取消双方的合同吗？如果耐克斯公司以此来作为取消合同的理由，肯定会被认为是荒唐无比的，而这恰恰是耐克斯公司取消原先合同的真正理由所在。从庭审笔录来看，在贝斯特公司被萨莉公司兼并之后，耐克斯公司最多是有理由对于萨莉公司能否尽到"最大的努力"来促进耐克斯公司产品的销售表示"不放心"，但是，如果它是真的对萨莉公司"不放心"，那么它的救济手段就不是直接取消合同，而是可以要求萨莉公司对正当履行合同作出保证。[2]耐克斯公司并

---

① 波斯纳法官在这里想要表达的是，萨莉公司在护发产品经销这一行业并不具有不可或缺的独特地位，并不是少了萨莉公司，耐克斯公司的护发产品就无法在得克萨斯州销售。在这种情况下，即使萨莉公司没有尽到全力来销售耐克斯公司的护发产品，耐克斯公司的产品还是可以在这一市场上找到其他的经销商。——译者注

② 《统一商法典》第 2-609 条款；以及《统一商法典》第 2-306 条款的官方评论 5。此为原判决中的注解。

《统一商法典》第 2-609(1) 条款中具体规定了买卖合同的一方当事人在合同履行中出现了让人"不放心"的事由时，可以书面要求对方对正当履行合同作出保证。——译者注

没有向萨莉公司要求作出会正当履行合同的保证。如果要在法律上认定某一行为构成毁弃合同①,那么就必定要求这样的行为已经导致了毁弃合同的一方无法再履行原先的合同。②而在我看来,贝斯特公司被兼并,并没有导致原先的合同无法履行。至少是没有证据表明原先的合同已经无法履行。所以,我认为初审法院的判决应该予以推翻,这一案件应该被发回初审法院重新进行审判,以查明贝斯特公司被兼并是不是导致了原先合同的履行条件发生了变化,以至于耐克斯公司有权宣布原先的合同已经被违反。

694

二、 合同中禁止转让的条款

有关考夫曼是否有权转让合同这一问题的回答③
俄克拉荷马州最高法院(2001 年)

本案要旨

考夫曼曾与一家公司达成和解协议,由该公司每月向考夫曼支付一定数额的赔偿金。该公司通过合同安排另外一家公司为考夫曼购买年金,用以支付和解协议中的款项。和解协议以及随后的年金合同中都有"不得转让条款"。考夫曼随后与温特沃斯公司达成购买年金协议,由温特沃斯公司一次性支付给考夫曼一定数额的款项,购买其长达 5 年的年金收益权。不久后考夫曼因无力偿债向破产法院申请破产。考夫曼提出,根据和解协议中的"不得转让条款",他不能转让年金受益权,因而购买年金的协议是无效的。法院认为,"不得转让条款"是有效的,但在年金被转让之后,出让人不得以此作为抗辩理由。

本案确定的规则是,当事人之间可以通过协议来限制某一权利转让。即使有着不得转让的限制,但出让人将权利转让出去之后,就不能以不得转让为由对受让人进行抗辩。

---

① 毁弃合同是指某一方当事人的行为表明,其已经不会再继续履行原先的合同。在这种情况下,另一方就可以不再履行自己的合同义务。波斯纳法官在这里引用了"毁弃合同"的理论来说明自己的观点,被告耐克斯公司在贝斯特公司被并购之后,没有按照提前通知的要求,直接就解除了合同。这种直接解除合同的做法一般是在对方(贝斯特公司)存在"毁弃合同"行为的情况下,才可以实施。波斯纳法官认为,贝斯特公司被兼并,并没有表明它无法履行原先的合同,因而不属于合同法上的"毁弃合同",因此耐克斯公司不可以在未通知的情况下直接解除合同。——译者注

② Farnsworth, *Contracts* 636(1982).

③ In Re Kaufman, 37 P.3d 845.

考格尔法官①代表法院呈递以下判决意见：

根据俄克拉荷马州西区破产法院的请求，我们俄克拉荷马州最高法院需要回答以下两个问题：

1. 规定不得转让合同权利的条款是否具有法律效力？这一"不得转让条款"对于一个年金②受益人的权力进行了限制，规定年金受益人不得通过转让或者类似的手段出售、抵押、设定负担或者提前使用年金。

2. 如果某个年金受益人受到一个"不得转让条款"——该条款禁止年金受益人通过转让或者类似的手段出售、抵押、设定负担或者提前使用这些年金——的限制，而该年金受益人（出让方）还是和第三方（受让方）达成了购买协议，同意第三方以一次性付款作为对价购买将来的年金收益，那么，这样的购买协议是否可以强制执行？……

一、案件事实

1996 年 4 月，债务人考夫曼③在一起错误致人死亡的案件④中与 Love's Country Stores, Inc. 以及 USF & G 公司⑤之间达成了和解。根据考夫曼本人的要求，考夫曼签署了一份和解协议，规定该协议将根据俄克拉荷马州的法律进行解释。这一和解协议让考夫曼获得了一次性赔偿，在考夫曼的有生之年，对方每月将要向考夫曼支付 2 008.75 美元，并且给予至少 20 年付款的保证。⑥该和解协议还特别规定，考夫曼没有权力"通过转让或者类似的手段来出售、抵押、设定负担或者提前使用这些款项"。

---

① Kauger, J.

② 年金主要应用在企业中，是雇主为雇员投保的一种养老保险，一般要等到雇员退休之后才可以领取。年金通常被认为是企业给予员工的一种福利。年金有时也用在保险合同中，是指保险公司与投保人达成一份保险合同，由保险公司每年向投保人支付一定的金额。在我们国家，经常将这种保险称为"分红保险"、"返利保险"。——译者注

③ 本案中，考夫曼是一个侵权案件的受害方，他与侵权案件的被告达成了本案中的和解协议，被告同意向考夫曼定期支付赔偿金，被告后来通过合同，安排另外一家公司为考夫曼购买了年金，以确保考夫曼获得和解协议中确定的赔偿金。因此，考夫曼在本案的判决意见中被称为是年金受益人。之后，考夫曼又与温特沃斯公司签订了一份购买年金的协议，根据该协议，考夫曼将未来获取年金的权利一次性作价出售给了温特沃斯公司，因此，考夫曼又被称作债务人，而且是出让人。——译者注

④ 错误致人死亡的案件是指侵权人因过失导致他人死亡，死者的继承人向过错方要求赔偿的案件。这里的过失，是指民事上的过失，这样的案件是侵权案件。在考夫曼提起的错误致人死亡的案件中，应该是 Love's Country Stores, Inc. 由于过失导致了考夫曼家人的死亡。——译者注

⑤ USF & G 公司是一家保险公司。——译者注

⑥ 实质上，这一和解协议是一个"分期付款和解方案"。作为一个"分期付款的和解方案"，它将侵权人的责任进行了调整，由侵权人在今后的时间内分期支付款项，而不是一次性支付款项……此为原判决中的注解。

根据和解协议的要求,保险公司与一家名叫 SAFECO 的公司达成了一份符合和解协议要求的合同,由 SAFECO 公司自愿承担对考夫曼按期支付赔偿金的责任。根据和解协议的要求,SAFECO 公司……为考夫曼购买了一份年金①,保证考夫曼每月可以获得协议中约定的那些款项。②

695　　本案中的[受让人]温特沃斯公司③是专门从事购买"分期付款和解方案"的一家公司。在看到温特沃斯公司的电视广告宣传之后,考夫曼打电话给了温特沃斯公司,要求获得温特沃斯公司必要的文件,他准备将自己享有年金收益权利的和解方案,出售给温特沃斯公司。通过双方在 1999 年 6 月 9 日达成的购买协议,考夫曼将为期 60 个月,每个月获得 2 008.75 美元款项的权利(60 个月款项的总价值为 120 525.00 美元)出售给温特沃斯公司,售价为 80 507.26 美元。这一购买协议规定,温特沃斯公司有权获得 1999 年 7 月至 2004 年 6 月期间和解协议项下的年金。但是,债权人温特沃斯公司从 2000 年 5 月之后再没有领取到上述款项。

考夫曼把根据购买协议从温特沃斯公司这里拿到的款项投入挖沟业务的经营中。这一业务失败后,债务人考夫曼于 2000 年 9 月 22 日依据破产法第 13 章的规定,向破产法院提起了自愿破产申请。在破产申请中,债务人考夫曼将自己与债权人温特沃斯公司达成的购买协议,作为未设定抵押的权利向法院进行了申报,而且提议将这些年金作为破产法第 13 章中的清偿资金,用以偿债。2001 年 11 月 27 日,温特沃斯公司向审理破产案件的法院提交了一个动议,要求法院解除对考夫曼年金的冻结④,允许自己继续获得考夫曼的年金。这就是我们手头这一案件的由来。考夫曼坚持认为,其与温特沃斯公司的购

---

①　年金合同的运作,实际上与被保险人在死后获得理赔的寿险合同正好相反。作为与一次性全额领取费用的交换,保险公司典型的做法是,在年金合同中向受益人作出承诺,让受益人在将来定期(例如,每个月)获得一定款项,一直到受益人死亡时为止。受益人可以获得的一次性款项,是根据保险公司对受益人将来存活年限的估计而决定的,保险公司"赌"的是,受益人实际死亡的日期将比原先预计死亡的时间要早。Variable Annuity Life Ins. v. Clarke, 998 F.2d 1295, 1301(5th Cir.1993) (*Rev'd on other grounds*, 513 U.S.251, 115 S.Ct. 810, 130 L.Ed.2d 740(1995)).此为原判决中的注解。

②　……与和解协议一样,在[SAFECO 公司购买的]年金合同中,也包含这样的条款,限制考夫曼出售年金利益、将年金利益作为一种担保或者转让年金利益……此为原判决中的注解。

③　温特沃斯公司是一家保理公司,也就是以一次性付款的方式来购买其他人将来债权的公司。L. Andrada, *Structured Settlements: The Assignability Problem*, 9 S. Cal. Inter. L.J. 465(2000). 温特沃斯公司的业务是购买许可使用费、分期付款方案以及奖券权利。*In re* Berghman, 235 B.R. 683, 688(Bkrtcy. M.D. Fla.1999).

④　根据美国破产法的规定,某个债务人自愿提出破产申请后,所有债务人名下的款项都将被法院自动冻结,不得再支付给其他人。——译者注

买协议是无效的,因为在和解协议中有明确的文字禁止考夫曼将年金转让他人。破产法院随后将这一问题提交给我们法院,要求由我们法院对这一问题进行回答……

(一)如果"不得转让条款"通过清晰明确的文字,限制年金受让人通过转让或者类似的手段出售、抵押、设定负担或者提前使用年金,那么,它对于转让所设定的限制就是有效的

考夫曼坚持认为,在分期付款和解方案中有着很明确的"不得转让条款",这一条款中的文字要求这一和解协议必须得到切实的履行。而温特沃斯公司则认为,因为合同中的文字没有明确规定任何试图转让年金的行为都是无效的,因此这一"不得转让条款"是无效的。①

所谓"转让",是一方当事人表达出来的将自己所拥有的某个权利转移给另外一个人的意愿。"转让"是对合同中各方当事人的权利义务进行重整。一个有效的"转让"一旦发生,它就转移了出让人的权利,这些权利就归债权人所有,而出让人不再享有合同中的任何利益。在俄克拉荷马州,合同权利被推定为是可以被转让的。尽管这样,当事人也可以作出相反的规定。这里争议的

696

---

① 〔温特沃斯公司辩称,《统一商法典》第9章支持不得转让条款无效这一结论。〕在我看来,温特沃斯公司的这一辩称意见是不能令人信服的……

温特沃斯公司还将《合同法重述》(第二次重述)中的两个条款作为支持自己观点的依据。其中的第317(2)条款是这样规定的:

合同权利是可以转让的,除非是以下几种情形:

(a)将出让人的权利转由受让人来替代,将会实质性地改变义务人应该承担的义务,或者给义务人带来极大的负担或者风险,或者极大地减少义务人从对方履行行为中获得回报的机会,或者极大地减少对方履行带给义务人的价值;

(b)转让遭到法律的禁止,或者基于公共政策的原因,如果不禁止转让将导致这样的法律无法实施;

(c)当事人通过合同有效地排除了转让。

《合同法重述》(第二次重述)第322条款的相关部分是这样规定的:

……(2)除非案件事实表明了当事人有着不同的意愿,否则,一个禁止转让合同权利的条款

(a)并不禁止出让人转让其享有的对于违反整个合同要求赔偿损失的权利,或者转让自己在履行了整个合同的到期义务之后所享有的那些权利;

(b)将赋予义务人要求出让人赔偿损失的权利——即违反不得转让条款造成损失的权利——但是,并不导致转让行为本身无效;

(c)是为了义务人的利益而设定的,它并不阻止受让人要求获得那些针对出让人的权利,或者,并不阻止义务人放弃他自己的义务,就像没有这样的禁止转让条款一样……

我们认定,本案中的系争条款清晰、明确地排除了转让,这一点正好归入《合同法重述》(第二次重述)规定的可以强制执行"不得转让条款"的两种例外情形。这两种情形分别是《合同法重述》(第二次重述)第317(c)条款设定的情形(合同中的文字明确排除了转让),以及《合同法重述》(第二次重述)第322条款设定的情形(允许当事人在合同中表达禁止合同转让的不同意愿)。此为原判决中的注解。

问题是,本案系争和解协议中使用的那些文字——这些文字排除了考夫曼"通过转让或者类似的手段来出售、抵押、设定负担或者提前使用这些年金的权力"——是否足以支持以下这一判断:即获得年金的权利是不能让与他人的。我们法院在此认定,本案中考夫曼获得年金的权利的确是不能让与他人的。

在缺少清晰、明确的文字规定的情况下,绝大多数法院一般不会支持对自由转让的权利进行限制的做法。有些地区的法院要求非常严格,必须是在合同中的文字明确写明任何转让均是无效的或者是可撤销的,才会认定"不得转让条款"是有效的。这些法院将"不得转让条款"视作当事人之间的个人约定,这样的约定本身并不会让一个恰当的转让成为无效;这些法院认定,除非合同条款既排除了当事人转让的权力,又排除了转让的权利,否则,转让所产生的结果就是违约赔偿,但是并不会导致转让行为本身变为无效。

然而,对于与我们手头案件相类似的"不得转让条款",即明确剥夺了出让人转让**权力**的那些条款,还是有相当多的法院认可其效力,判决应该强制执行这样的条款。有些法院将强制执行这样的"不得转让条款"作为一般的原则,还有些法院在这一问题上比较宽松,不太坚持一定要使用那些特定的措辞,只要这些条款使用的禁止性文字是非常清晰而明确的,就可以强制执行。那些包含着限制转让权力文字的"不得转让条款",其效力得到了一些法院的认可,这样的判决被认为是符合当今时代趋势的,这一趋势就是承认合同的可转让性。

我们可以将本案中争议的问题说得再具体、准确一些,即一个分期付款和解方案中的"不得转让条款"——该条款禁止年金受让人将年金政策赋予他在未来获取年金的权利转让给其他人——究竟在法律上是否有效? 需要回答这一问题的法院,在这一点上各执己见,形成了不同的判决结果,但是,并没有形成明显多数意见。相反,判决的意见总是旗鼓相当,不相上下。

697   在实践中,对于"不得转让条款"不予认可的司法地区找到了各种理由来支持他们的观点。有的认为,仅仅转让付款,并不会对那些只是履行合同付款义务的人带来伤害;有的认为,合同条款中缺少明确文字限制侵权中的受害人转让[赔偿金];有的认为,因为"不得转让条款"中限制的只是转让的权利,而不是转让的权力。那些认为应该强制执行分期付款和解协议中"不得转让条款"的法院,则将判决的基础建立在以下几个方面:一个基本前提,即这样的条款包括了保险公司的利益,这些利益不能由年金的受让人放弃;政策辩论的结果,是支持法院强制执行这样的条款;或者,合同条款中有明确的文字,这些文字将这样的条款从一般的转让规则中给剔除出来了。

在俄克拉荷马州,合同解释最重要的规则,是确定并体现出当事人的意愿。在考虑合同权利是否可以被转让这一点上,我们通过协议中使用的那些文字来考察、分析当事人的意愿。在本案中,分期付款和解方案中明确规定,考夫曼没有权力"通过转让或者类似的手段来出售、抵押、设定负担或者提前使用这些年金"。这一"不得转让条款",是双方当事人经过协商达成协议的前提条件。我们认为,在禁止考夫曼通过转让或者类似的手段来让渡年金权利这一点上,这样的文字是清晰而明确的。我们在此认定,当"不得转让条款"很清晰、很明确地限制了年金受让人通过转让或者类似的手段来出售、抵押、设定负担或者提前使用这些年金权利的情况下,限制年金转让就是具有法律效力的。以下三个方面的理由可以支持我们法院这样的认定,即:1.俄克拉荷马州有关合同解释的基本原则;2.来自其他司法地区的判决——这些判决对于限制出让人转让条款的法律效力也是予以维持的;3.一般的公共政策考虑支持对受害人给予长期保障和税收优待——而这些因素构成了分期付款和解方案的基础。

(二) 虽然本案系争的"不得转让条款"是有效的,但是俄克拉荷马州确立的法律原则禁止出让人[考夫曼]以这一条款来针对受让人进行抗辩

考夫曼辩称,如果法院认定系争的"不得转让条款"是有效的,那么这就要求法院宣告其与温特沃斯公司之间的购买协议是无效的,是不能强制执行的。温特沃斯公司则坚持认为,尽管和解协议中有着"不得转让条款",但是考夫曼作为一个债务人/出让人,他不可以将不得转让这一原则当作自己的"护身符",将合同踩在脚下,以此来对抗其债权人/受让人。

考夫曼坚持认为,根据保护侵权纠纷受害者这个一般的公共政策,法院应该认定本案中的购买协议是无效的。但是,我们法院拒绝作出这样的认定……

如果我们基于公共政策上的考虑①接受考夫曼的辩论意见,认定本案系争的购买合同无效,那么,我们不得不将早在 1939 年就已经确立的俄克拉荷马州法律原则置之一边。在 1939 年俄克拉荷马州法院审理的 Harris 诉 Tipton② 这一案件中,我们法院在判决意见中有着以下的表述:

> 出让人不得针对受让人提出某个款项或者权利不可转让这一抗辩,而且,不允许出让人这样做是正确和公平的,之所以必须这样认定,没有比禁止反言规则这一法律原则更加完美的分析了。出让人不得利用合同禁止转

698

---

① 在本案中,"公共政策上的考虑"是指,考夫曼作为一个侵权案件的受害人(家属),应该让他可以在有生之年稳定地获得赔偿金,这样他将来就可以得到持续的保障。而如果允许其为了某种原因转让这种赔偿金,获得一次性的金钱,那么他将来就可能失去这种持续性的保障,给他的生活带来困难。——译者注

② 1939 OK 256, ¶17, 185 Okla. 146, 90 P.2d 932.

让这一规则来对受让人进行抗辩,在我们俄克拉荷马州,是一个已经得到很好确立的规则。

在 Harris 案件中,出让人希望法院认定自己的转让行为无效。出让人原先认为自己的某个侵权主张可能无法得到强制执行,于是将其被侵权之后索赔的权利转让给了他先前的合伙人/受让人。当这个合伙人/受让人在之后针对州政府主张侵权赔偿的时候,这个出让人又向法院起诉要求获得法律救济,他认为应该由自己来得到这笔赔偿金。

在俄克拉荷马州,出让人不得针对其受让人提出某份合同不得转让的抗辩,以避免让出让人获得不公平的[优势]地位。根据已经确立的这一法律原则,我们认定,一个有效的禁止转让条款的出让人,他是不得援引这一条款来针对受让人进行抗辩的。

二、结 论

我们认为,支持自由转让自己权利的政策并不是铁板一块,以至于这一政策可以推翻那些明确禁止转让的合同条款。如果我们法院不是这样做,将是要求我们对于那些有效签订、自由达成的禁止转让条款视而不见,这样的做法和俄克拉荷马州已经很好确立的合同法原则——即允许当事人在他们的协商谈判中包括这样的条款——相抵触。我们法院不会这样草率行事。相反,我们法院对于每个独立个体所拥有的权力——即通过讨价还价获得合同条款,或者去除某个条款的权力——予以充分的尊重,而且,我们仍然坚持以下观点,即重新调整合同来迎合当事人说变就变的想法,并不是我们法院的职责范围。虽然我们法院承认,合同当事人享有通过协商达成"不得转让条款"的权利,但是,我们也必须指出,俄克拉荷马州已经确立的法律原则禁止出让人以某一合同不得转让来对受让人进行抗辩。

破产法院声称,其提出的问题根据俄克拉荷马州的法律还没有答案。但是,我们必须指出,我们给出的答案是建立在很好基础之上的,这些基础就是俄克拉荷马州所确立的合同法解释原则,以及与出让人和受让人关系相关的那些法律。

在此,我们对破产法院所提出的问题回答如下:

1. 如果"不得转让条款"以清晰、明确的文字限制了年金受让人通过转让或其他手段来出售、抵押、设定负担或者提前使用这些年金的权力,那么,这样的条款对于转让所设定的限制就是有效的。

699
2. 虽然本案系争的"不得转让条款"是有效的,但是,俄克拉荷马州已经确立的法律原则禁止出让人以这一条款来针对受让人进行抗辩。

……

三、 不当转让或者不当授权代为履行——放弃追究的后果

西尔诉贝茨[①]
科罗拉多州最高法院(1961 年)

本案要旨

原告西尔等人曾经与被告贝茨舞蹈学校签订培训合同,由被告为原告教授舞蹈课程,原告也支付了相应学费。在履行过程中,被告将合同转让给了戴尔舞蹈学校,当时原告并没有对此提出反对意见,而是实际接受了这一转让。此后原告对戴尔舞蹈学校的教学条件和课程等不满,没有继续参加培训课程,转而向法院起诉,要求被告贝茨舞蹈学校履行原来的合同,并退还他们交付的培训费。初审法院驳回了原告的诉讼请求。在上诉法院维持了初审法院判决之后,原告又继续向科罗拉多州最高法院申请复核。法院最终判决,系争合同具有专属服务性质,被告转让不当。但由于原告事后没有追究,实际接受了这样的转让,原告就不能再否定转让效力。于是,法院驳回了原告诉请。

本案确定的规则是,具有专属服务性质的合同被转让后,如果权利人没有及时提出反对,则视为其放弃了解除合同的权力,接受了合同的转让。

多伊尔法官[②]代表法院呈递以下判决意见:

在我们法院的判决意见中,提起复核的原告将按照他们在初审法院时的称谓进行表述,这些原告分别针对约翰·贝茨、贝茨舞蹈学校和丹佛舞蹈学校提起了诉讼。原告西尔夫妇要求被告贝茨舞蹈学校返还学费 2 040 美元,这笔学费是他们交付给被告的舞蹈指导课费用,总共课时是 300 小时。原告汉斯科姆则是要求被告贝茨舞蹈学校返还学费 4 131.34 美元,这是他向贝茨舞蹈学校支付的舞蹈指导课费用,总共课时是 612 小时。从原告的诉状中可以看出,他们与被告贝茨舞蹈学校之间的培训合同已经被转让给了另一个被告丹佛舞蹈学校——它以戴尔舞蹈学校的名义从事着舞蹈教学业务。原告坚持认为,本案的被告拒绝履行系争合同项下的义务和责任。

1956 年 6 月,西尔夫妇开始在戴尔舞蹈学校学习舞蹈课程。西尔夫妇报

---

① Seale v. Bates. 145 Colo. 430, 359 P.2d 356.
本案原告除了标题中的西尔之外,还有其他参加舞蹈培训的学员,而被告除了贝茨个人外,还有贝茨舞蹈学校及丹佛舞蹈学校。——译者注
② Doyle, Justice.

名参加了一系列的舞蹈课程,总费用超过 200 美元。但是,在很短时间内,他们就对戴尔舞蹈学校的教学安排产生了不满。在被允许转到贝茨舞蹈学校继续完成余下课程的基础上,西尔夫妇取消了他们与戴尔舞蹈学校之间的合同。在完成了第一阶段教学课程之后,西尔夫妇与贝茨舞蹈学校签订了一份新的培训合同,根据这份合同,他们将接受总共近 600 个课时(每个课时是一个半小时)的舞蹈课程。后来,由于西尔夫妇的家人身患疾病,这些培训课程被耽搁下来,对于余下的那些舞蹈课程,西尔夫妇被告知,他们将会在戴尔舞蹈学校继续学完。于是,西尔夫妇来到戴尔舞蹈学校,讨论余下的舞蹈课程事宜。贝茨舞蹈学校的一名前员工——当时他已经是戴尔舞蹈学校的员工——告诉西尔夫妇,戴尔舞蹈学校已经承继了贝茨舞蹈学校的所有义务。[①]西尔夫妇还被告知,"贝茨舞蹈学校的学员、指导老师和所有的组织机构,都被转移给了戴尔舞蹈学校。我们有着和贝茨舞蹈学校同样的指导老师、同样的舞蹈课程,这些指导老师会把在贝茨舞蹈学校开始的那些课程继续教完"。于是,西尔夫妇在戴尔舞蹈学校继续学习他们的舞蹈培训课程,但是,在经过了 30 个课时(每个课时是一个半小时)的培训之后,他们对于戴尔舞蹈学校的授课条件越来越感到不满。原告的不满来自以下这些事实:培训教室的空间太过狭小和拥挤,其他教室播放的音乐会干扰他们正在进行的课程。西尔夫妇两人都没有自己的指导老师,西尔先生不得不在教学过程中接受男性老师的指导;在预约指导老师方面,他们也经常面临难题,有时尽管他们预约了指导老师,但又发生了不能实际安排的情形。西尔先生和西尔夫人对戴尔舞蹈学校的管理提出过抱怨,但在抱怨之后,培训的条件并没有得到改善。在戴尔舞蹈学校完成了两到三个舞蹈课培训之后,西尔先生向戴尔舞蹈学校提出要求,希望由原先的指导老师瓦丽小姐来指导自己。虽然戴尔舞蹈学校曾经向西尔先生保证可以做到这一点,他也再三向学校提出这样的请求,但是这一要求从来没有实现过,瓦丽小姐再也没有担任自己的指导老师。这一结果让西尔夫妇非常不满,最终导致西尔夫妇在 1957 年 5 月停止了在戴尔舞蹈学校的舞蹈课程。当年 8 月,西尔夫妇向贝茨舞蹈学校的约翰·贝茨先生提出,要求由贝茨舞蹈学校返还他们的学费,或者是对如何履行他们的合同作出恰当的安排。但是,约翰·贝

---

① 判决意见中对[戴尔舞蹈学校与贝茨舞蹈学校]"转让合同"作了以下的表述:

它要求戴尔舞蹈学校完成所有正在进行中的合同。根据这一"转让合同",戴尔舞蹈学校将得到所有学员未支付的培训费,而且有权在培训费到期交付时收取这些费用。对于那些已经全部付款的合同,戴尔舞蹈学校同意由它来继续履行。因而,根据这一"转让合同",贝茨舞蹈学校可以保留原告已经付出的那些培训费,戴尔舞蹈学校则要求去履行"转让合同",其履行合同的对价,则是合同中规定的其他利益。此为原编者的注解。

茨先生告知他们,贝茨舞蹈学校在当时已经关闭,没有钱向他们返还这些费用。1957 年 8 月,约翰·贝茨参加了由先前贝茨舞蹈学校的学员——人数大概有 13 人或者 14 人——参加的一次会议,这一会议的目的是讨论合同转让后产生的各种问题。约翰·贝茨向与会的学员们保证,他会向戴尔舞蹈学校的经理反映他们提出的这些问题,贝茨后来也确实这样做了。在初审法院审理过程中,当被问到为何他还在戴尔舞蹈学校继续那些舞蹈课程这一问题时,西尔先生是这样解释的:"我一直希望有人能够将这一事情处理好,这样我们就可以按照以前说好的内容,继续完成那些舞蹈课程。"

原告汉斯科姆的诉讼请求与西尔夫妇基本相同……

这一案件的诉因在初审法院进行了审理,在原告的证言,包括对贝茨的交叉询问结束之后,初审法院驳回了原告的诉讼请求,并给出了非正式的事实认定和结论。初审法院的主要理由如下:

法院驳回原告针对贝茨先生个人的诉讼请求,是基于以下的理由:贝茨舞蹈学校才是系争合同的当事人,贝茨个人不是合同的当事人。贝茨舞蹈学校和戴尔舞蹈学校之间所作安排①的基础是,原告同意由戴尔舞蹈学校来承继合同项下的那些义务;从原告在这一过程中的行为来看,它接受了戴尔舞蹈学校是显而易见的。初审法院还进一步认定,戴尔舞蹈学校和贝茨舞蹈学校都没有违反系争合同;这一合同并没有要求舞蹈学校必须为学员配备一个确定的指导老师,或者这样的舞蹈指导必须在指定的时间内进行。法院还指出,并没有证据表明,被告方面拒绝给予合同中保证的那些课程的数量。法院没有认可原告的以下论点,即原告同意原先的合同转让是以一定条件作为基础的,而且,原告主要的不满并不是来自转让,而是与被告的履行行为相关联。……

701

原告签署的两个合同条款中还进一步约定了以下内容,这些内容与本案相关。这一条款是这样表述的:

> 对于以下事项我是完全知晓的:**这一协议是*不能被取消的***;一旦我[指学员]未能来上课,我因此承担的责任将不会免除;在我违约之后,你们[贝茨舞蹈学校]在重新安排课程中发生的任何迟延,将不会被认定为对权利的放弃。这一协议中的内容表达了我们双方的全部共识和协商内容,对于没有规定在这一合同中的任何陈述、表态或者理解,不论是你们还是我自己,都不会受到约束。

……原告辩称,本案系争合同是专属服务性质的合同,因而没有他们的同意,是不能转让的②。我们认为,原告的这一辩称是能够成立的。对于专属服

---

① 即由戴尔舞蹈学校接受贝茨舞蹈学校的学员。——译者注
② 有关"专属服务合同"的性质以及不能转让的理由,可参见前一案件中的相关注解。——译者注

务性质合同的转让，并不会导致出让人①法律责任的免除。②但是，我们认为，原告的这一抗辩理由并不能够成为他们要求被告返还学费的理由。相反，本案中的证据足以支持初审法院以下的事实认定和结论，即原告接受了这一培训合同的转让；当原告意识到合同已经被转让给了戴尔舞蹈学校时，他们并没有选择解除合同。本案中的证据并不存在冲突，这些证据表明，原告接受了这一合同的转让，并且在戴尔舞蹈学校继续着他们的培训课程。原告在本案审理中所持的观点——即他们一直反对这一合同的转让——与他们的实际行为不符。假如原告当时就拒绝接受戴尔舞蹈学校的培训指导，坚持合同是与贝茨舞蹈学校而不是其他人签署的，那么，他们现在在法庭上的抗辩理由——即被告没有经得他们的同意转让合同的行为，赋予了他们解除合同的权利——才是有实质意义的。

我们现在转向以下问题，即原告指责被告的那些事实——这些事实有着证据支持——对于他们正当解除系争合同是否有着实质性的意义呢？需要指出的是，合同中并未特别列明原告所指控的这些事项属于被告的义务。也就是说，培训合同中并没有相关条款就舞蹈培训教室的大小、参与人数的多少或者指导老师必须由异性担任作出特别约定。虽然我们对于西尔更加希望是由瓦丽小姐而不是里奇先生担任指导老师这一点表示理解，但是，我们并不认为被告没有做到这一点就是对合同默认承诺的一种违反。很显然，里奇先生是被舞蹈学校分配给西尔先生和西尔夫人作为指导老师的。也许西尔夫人是愿意由里奇先生作为示范老师的。因此，对我们来说，解决这一难题的正确救济方法，显然应该是在合同中明确学校必须配备异性的指导老师。

本案的情形实际上是要求我们法院明确以下问题，即是否从系争合同的性质出发，法院必须默认系争合同中包含着原告所称的条款，并且本案的被告违反了这样的默认条款呢？从本案前前后后的事实情况来看，我们认为，原告在这一问题上的观点[即认为本案中存在这样的默认条款]，是站不住脚的。**首先**，即使通过必须的默认推定，也不能得出被告对于教学条件作出过保证这一结论——原告当然是希望我们法院从系争合同中得出这样的结论。**其次**，所谓被告的这些违约行为，对于认定原告有权正当解除合同这一点并没有实质性的作用。**再次**，本案诉状中并没有戴尔舞蹈学校方面拒绝提供这些舞蹈课程的实质性证据。所有证据都支持着这样的事实认定，即戴尔舞蹈学校愿意继续履行原告的那些舞蹈课程。

---

① 这里的"出让人"就是指贝茨舞蹈学校。——译者注
② 4 Corbin, *Contracts*, 476(1951); 1 *Restatement*, *Contracts*, §160(4) (1932).

我们在上面提及的那些因素和考虑,必须根据合同中的明示条款来进行衡量——合同中明确约定这一合同是不可取消的,学费是不能返还的。合同中这一明示条款的存在,对于反驳原告有关被告违反了合同中默认条款这一说法,无疑增加了一些砝码。根据这一明示条款,原告不能够将被告在舞蹈教学过程中所做的细微改变作为合同解除的理由。除非案件的事实本身有着这样的要求,否则,是不能默认推定合同中存在这些约定的⋯⋯

Barngrover 诉 Maack① 案进一步阐述了这一法律原则应该如何适用。在 Barngrover 案件中,一个学校的所有人在他的教学计划中,通过公告的方式,答应了学生们将会讲授某些特定的课程。密苏里州上诉法院认定,该所有人已经在列出的地区讲授那些课程,同时,法院也认定了由于学校的授课老师不会用英语表达专业词汇,因而无法与学生们进行沟通。法院认定,有充分的证据表明,将这一案件交由陪审团,由陪审团就学校是否恰当地履行了合同中的义务进行裁决,是正确的②。类似观点也可参见 Kentucky Military Institute 诉 Cohen③ 案。在 Cohen 案件中,法院认定,由于学校错误地对待一名学生,该学生在这种情况下离开学校是正当的。因而该学生要求学校返还学费并要求学校赔偿间接损失的请求,在法律上可以得到救济。Cohen 案件的判决意见再次阐明,因为违反默认义务而要求解除合同的,必须是涉及重要的或者实质性的履行行为。可以将我们手头审理的这一案件与 Timmerman 诉 Stanley④ 这一案件进行比较,在 Timmerman 诉 Stanley 这一案件中,学校

---

① Barngrover v. Maack,46 Mo. App. 407.

这是密苏里州上诉法院审理的一起上诉案件。该案被告是一所学校的所有人,他在教学计划表中,列明了所要教授的课程和学时。但在教学过程中,学生们却发现教室太过拥挤,学校没有能够完全按照教学计划上的内容进行授课,有一门课的老师甚至不能用英语向学生解释专业的技术词汇。学生们的家长以这些瑕疵为由,起诉被告,要求返还学费。初审法院认为被告违反了合同中的默认义务,在没有经过陪审团审理的情况下,判决支持了学生的诉讼请求。在密苏里州上诉法院审理过程中,上诉法院认为,初审法院错误地为学校设定了默认义务。上诉法院认定,在没有特别约定的情况下,学校可以根据情形对课程的安排进行适当调整,学校是否恰当地履行了合同义务,应该由陪审团作出认定。

Barngrover 这一案件确立的原则就是,一所学校答应向学生传授某一课程,在没有合同特别约定的情况下,并不等于是保证学校一定要用最好的教学方法和条件来教学生,只是要求学校运用合理的技巧和谨慎来教学生就可以了,学校可以在合理范围内对教学课程进行适当的调整。——译者注

② 法院最后认定,学校在"合理限度"之内,可以按照自己的要求,自行调整课程时间。美国法院在处理学生以学校未能按照课程授课要求返还学费的案件中,尽管会认为教学计划是合同附件或者有效文件,但通常会赋予学校一定的自由度,让学校可以根据实际需要调整自己的教学安排。——译者注

③ 131 Ark. 121, 198 S.W. 874, L.R.A. 1918B, 709.

④ 123 Ga. 850, 51 S.E. 760, L.R.A., N.S. 379.

是在学生付款之后解除合同并且停止教学的。

在对本案庭审笔录进行仔细阅看后,我们发现,只有在将合同转让给戴尔舞蹈学校这一点上,被告是显而易见地实质性地违反了合同。假定本案原告当时拒绝接受这样的转让,他们有权通过解除合同来获得救济,或者是在违约诉讼中,就自己没有使用过的那些对价获得法律上的救济。因此,初审法院所作的事实认定和结论——即由于被告转让合同而让原告本来可以获得的那些权利,已经被原告自己放弃——应该予以维持。原告自己接受了合同转让给戴尔舞蹈学校的行为,这在客观上构成了对被告违约行为放弃追究,本案的证据表明,原告对于合同转让这一点是无条件同意的,在这一点上证据并没有什么冲突之处。

703

初审法院判决予以维持……

■ 第三节　有关合同转让和授权代为履行的其他难题

西部石油销售公司诉布利斯和韦瑟比[①]

得克萨斯州上诉委员会[②](1927 年)

本案要旨

一合伙组织与初审被告西部石油销售公司签订石油销售合同,约定该合同对任何一方当事人的受让人都具有约束力。此后西部石油公司将合同转让给了美国石油公司,并将相关事宜通知了合伙组织。合伙组织要求西部石油公司仍然承担未来合同项下的责任,但这一条件遭到了西部石油公司的拒绝。于是该合伙组织将合同视为解除,并在随后将油田租赁合同转让给了初审原告布利斯和韦瑟比,同时也转让了向西部石油公司索赔的权利。初审原告布

[①]　Western Oil Sales Corp. v. Bliss & Wetherbee. 299 S.W. 637.
本案诉讼程序较为复杂。案件经过了初审、上诉审,再最终到了得克萨斯州上诉委员会复核。标题中的西部石油公司在初审中是被告,布利斯和韦瑟比是原告。在复核程序中,初审原告成为"复核中的被告",而初审被告成为"复核中的原告"。——译者注

[②]　得克萨斯州上诉委员会是在得克萨斯历史上非常独特的一个机构。德克萨斯州议会在 1879 年曾经通过立法对于在州最高法院悬而未决的案件,只要当事人同意,可以由州上诉委员会审理。该委员会由州长任命的三位律师组成。后来,该上诉委员会被取消。在 1918 年,由于最高法院案件太多,该上诉委员会再次恢复设立。上诉委员会作出的裁决,州民事上诉法院必须接受。到 1945 年后,在州最高法院法官扩大至 9 名之后,州上诉委员会会被取消。——译者注

利斯和韦瑟比随后向被告西部石油公司要求赔偿损失。初审被告败诉后提起上诉。法院认定,这一合同虽然是可转让的合同,但由于这一合伙组织坚持要求出让人承担合同项下的责任,那么出让人就仍然要承担合同项下的责任。

本案确定的规则是,对于一份可转让的合同,尽管可以授权他人来代为履行合同义务,但是除非合同的相对方同意,否则转让合同义务的一方当事人仍然应该对合同义务的履行承担责任。

哈维法官①代表法院呈递以下判决意见:

麦卡米、希林和杜马这三个人组成了一个合伙企业(以下简称为"卖方")。根据一个油田租赁合同②,这一合伙企业拥有一大块土地,当时这一油田上正在产出石油。1923年3月7日,卖方与西部石油销售公司(以下简称"西部石油公司",它是这一复核案件中的原告)签订了以下合同。

1923年3月7日,麦卡米、希林和杜马三个合伙人作为合同的甲方,与作为合同乙方的西部石油公司,达成并签署了以下合同:

基于乙方同意实施本合同中所规定的前提条件和承诺,甲方同意向乙方出售并交付所有产自其油井的原油。这一销售将通过储油罐的方式在油井交付。这里所提到的油井,是甲方位于得克萨斯州伊斯特兰县③先锋地区的"先锋油井"。这一"先锋油井"由四个油井租赁合同组成,其中一个阿姆斯特朗油井租赁合同涉及20英亩左右的土地,另一个阿姆斯特朗油井租赁合同涉及60英亩左右的土地;其中一个莫尔油井租赁合同涉及30英亩左右的土地,另一个莫尔油井租赁合同涉及10英亩左右的土地。

甲方同意将6个月内上述租赁油田范围内所生产的石油出售并交付给乙方,从乙方连接油井和开始接运石油之日起算;甲方将按照本合同所附"利益分成方案"④的条款和条件获得收益。双方当事人均同意,对于这一合同以及"利益分成方案"产生的任何分歧,都应该按照这一合同条款

---

① Harvey, P.J.

② 油田租赁合同是美国在开发石油过程经常使用的一种合同,通常是出租方(也是土地所有人)将某一地块在一定期限内出租给承租方(例如石油公司)进行开发,由承租方向出租方交付一定使用费。承租方在取得了油田租赁合同后就可以将开发出的石油进行销售,当然承租方也要承担万一承租地块可能产不出石油的风险。美国在西部开发时期曾经大量采用这种方法。——译者注

③ 伊斯特兰县是得克萨斯州中西部的一个县。——译者注

④ "利益分成方案"是美国矿业、石油业经常使用的一个术语。石油公司或者矿产公司在进行石油开发或者矿产开发的时候,通常是在他人的土地上或者有权利的土地上(如这里提及的石油租赁合同)进行的,在合作开发前,开发公司和土地上的权利人通常会达成这样的"利益分成方案",以确定土地权利人在日后可以获得的收益比例。——译者注

来进行调整。

基于甲方所作的上述承诺,乙方在此同意铺设输油管线,与甲方的储油罐相连,并且在那里对开采出的石油进行处理;乙方同意对于所接收的石油,按照接收石油当天"普列里管线公司"①所标出的原油市场价,再加上每桶25美分额外费用,作为支付给甲方的款项。

本协议的效力将延伸到双方当事人的继承人、遗嘱执行人、承继人和受让人,并对他们具有约束力。

为证明上述合同已经达成,双方于合同上落款的日期处和协议的文本上签字、盖章,予以确认。

经过合同双方当事人的同意,这一合同并没有附上文中所提及的"利益分成方案",双方当事人也就在没有"利益分成方案"的情况下开始履行这一合同。双方当事人共同履行这一合同中的条款,时间持续了大约3个月。在这之后,西部石油公司将系争合同转让给了另外一家公司,即美国石油公司;美国石油公司自愿承担西部石油公司在这一合同项下的全部义务,同时也相应获得了这一合同项下的所有权利。于是,西部石油公司将这一合同已经转让出去的事宜,通知了卖方,要求卖方今后向美国石油公司主张所销售石油的款项;西部石油公司还告知卖方,他们对于卖方在将来根据合同交付的所有石油款项,将不再承担付款的责任。美国石油公司声称,他们已经承继了西部石油公司在销售合同项下的所有义务,同时也承继了该公司的所有权利,要求卖方继续根据合同向美国石油公司交付石油;合同中提及的美国石油公司在当时是有偿付款项的能力的。美国石油公司的这一要求遭到了卖方的拒绝,卖方提出的条件是,除非西部石油公司认可其在这一合同项下的责任,否则自己不会同意这一合同转让。但西部石油公司拒绝接受卖方提出的这一条件,坚持认为它被免除了合同项下的所有责任。西部石油公司的这一态度,是基于这样的理由,从合同条款来看,它已经涉及了当事人的转让,向美国石油公司转让合同的行为,产生了这样的法律效果,即将西部石油公司在合同项下的义务转移给了美国石油公司,自己被免除了合同项下的责任。西部石油公司在上诉中仍然坚持这一观点。由于西部石油公司拒绝承担合同项下的付款责任,于是,卖方将系争的销售合同视作终止。在1923年7月13日这一天,卖方将他们的油田租赁合同转让给了复核中的被告②布利斯和韦瑟比,并且向他们转

①　在石油、矿产行业,经常会将某一公司,通常是行业内比较权威的公司所发布的某一产品的价格作为将来具体结算时的价格。——译者注

②　此处的"被告"布利斯和韦瑟比,是在得克萨斯州上诉法院审理的这一复核案件中的被告。在原先的初审过程中,布利斯和韦瑟比是原告。——译者注

让了在系争合同下产生的所有针对西部石油公司的权利和主张。于是,布利斯和韦瑟比对西部石油公司提起诉讼,要求西部石油公司赔偿由于拒不履行前述合同所产生的损失。初审法院认定了以下事实,即卖方和他们的受让人在减少上述违约造成的损失方面已经尽到了谨慎注意义务,于是,初审法院作出了支持布利斯和韦瑟比要求西部石油公司赔偿 4 420.25 美元损失的诉讼请求。该案上诉后,上诉审法院维持了这一判决。

本案系争的销售合同在签订时完全是一份待履行的合同。一方面,这一合同包含了卖方的承诺,即他们或者他们的受让人将向西部石油公司或者他们的受让人销售和交付上述油田 6 个月内生产的所有石油。另一方面,这一合同也705包含了西部石油公司所作的承诺,即它或者它的受让人将按照合同的规定向对方支付所销售的石油款。在我们法院看来,当事人的上述义务是各自独立的义务,合同中并没有特别条款规定,通过其他人来替代履行自己的承诺就是免除了立诺人的法律责任。合同中的确是说到这一协议将延伸到当事人的受让人,并且对受让人具有约束力,但是,这一条款并不能被解释为合同一旦转让,就是同意免除出让人的法律责任。

仅仅有这样的事实,即通过双方当事人同意或者其他类似的方法赋予某一合同具有可转让性,并不就意味着合同的任何一方当事人通过合同的转让就免除了自己合同项下的法律责任。当某一个合同具有可转让性的时候,合同的当事人可以将合同中的利益转让给其他人,并可以让它的受让人来代为履行合同项下的义务。但是,该出让人仍需对正确履行那些合同义务承担法律责任,除非合同的另一方当事人也同意合同的转让免除了出让方的责任。[①]

西部石油公司将这一合同转让给美国石油公司,并没有免除自己在这一合同中的责任。这一合同尚未履行的部分,与合同已经开始履行的那部分一样,仍然包含着合同双方当事人的相互承诺。因此,当西部石油公司明确表示对于未来交付的石油不再付款时,它的这一行为在法律上已经构成了毁弃合同,卖方当然有权利将这一合同视为已经解除。

在这样的情况下,本案系争合同就此予以解除,卖方根据该合同交付未来生产的石油这一义务也就相应地不复存在了;而且本案中的卖方没有这样的义务,即必须将美国石油公司所作的承诺替代已经被西部石油公司违反的承诺。出于减少自身损失的考虑,卖方没有义务对西部石油公司的违约放弃追究,也没有义务继续按照合同的要求交付石油。从法律上来看,本案的证据也没有表明在西部石油公司的违约行为发生之后,卖方或者复核中的被告没有

---

① 见 5 *C.J.* § 45,p.878,以及其引用的相关权威判例。

尽到谨慎的注意义务来减少损失。

我们认为民事上诉法院维持初审法院判决的裁决应该予以维持。

706 ■ **第四节　转让案件中的抗辩理由、反诉和隐性权益**①

联合贷款公司诉沃克②

新墨西哥州最高法院(1966 年)

本案要旨

　　被告沃克夫妇与案外人帕廷签订分期付款购买软化水设备的合同。此前双方口头约定,如果试用后该设备确实能够增加牛奶产量,沃克夫妇才会支付货款。此后帕廷将该合同转让给了原告联合贷款公司。被告从来没有向原告支付过任何款项,因此原告以其是买卖合同受让人的名义提起诉讼,要求沃克夫妇支付剩余款项。被告辩称,他们与帕廷口头约定的前置条件没有达成,无需付款。法院认定,被告与案外人约定了付款的条件,在这一条件没有成就的情况下,被告有权拒绝付款;这一抗辩可以针对受让人。于是,法院判决原告败诉。

　　本案确定的规则是,受让人依据转让合同取得的权利,不得超过出让人所享有的范围。付款义务人针对出让人提出的抗辩理由,同样可以针对受让人提出。

　　斯皮斯法官③代表法院呈递本案的判决意见:

　　上诉人联合贷款公司(以下简称"联合公司")依据被告沃克夫妇签署的一份书面合同,对被告沃克及其妻子提起了本案诉讼。这份合同涉及的是软化水设备的买卖事宜。在本案中,上诉人将被称为联合公司,被上诉人将被称为沃克夫妇。

　　沃克夫妇是一家牛奶场的主人,他们在罗斯福县④经营着一家牛奶场。案外人帕廷是一个从事软化水装置销售生意的人,他以林德塞软化水公司的商

---

　　①　"隐性权益"是指在相关合同中虽然没有明示规定,但转让关系中的当事人可以当然作为抗辩的理由。——译者注

　　②　Associates Loan Co. v. Walker, 76 N.M.520 416 P.2d 529.
本案被告为沃克夫妇两人。——译者注

　　③　Spiess, Judge, Court of Appeals.

　　④　罗斯福县是位于新墨西哥州东部的一个县。——译者注

号经营着这方面的业务。大约在 1962 年 5 月 1 日,帕廷鼓动沃克夫妇购买这种软化水设备,称这一设备有助于提高奶牛的饮用水质。帕廷向沃克夫妇表示,通过使用这种软化水设备,他们的牛奶产量将会得到提高,增加的牛奶产量足以支付购买这一软化水装置的费用。

在听到帕廷的介绍后,沃克夫妇表示,如果这一设备真的能够提高牛奶的实际产量,他们就有兴趣购买这一软化水设备。随后,帕廷与沃克夫妇口头上达成协议,作为试用,同意由帕廷在沃克夫妇的牛奶场安装一部软化水设备。如果通过安装这一设备,牛奶的产量确实得到提高,沃克夫妇将会买下这一设备。如果这一前提条件没有发生,这一软化水装置没有像帕廷说的那样能够帮助提高牛奶产量,那么沃克夫妇将没有义务购买这一设备,到时将由帕廷负责将这一设备从沃克夫妇的农场拆走。

在双方达成口头协议的同时,或者是在达成口头协议之后,在帕廷的要求下,买卖双方签署了“分期付款货物销售合同”,这也就是本案系争的合同。这一合同表明,沃克夫妇同意以一定数额的款项购买软化水设备,合同中有沃克夫妇必须分期付款的条款。整个软化水设备的总货款将从 1962 年 6 月 6 日开始,通过分期付款的方式予以支付。

这一系争合同除了包含一旦发生违约所产生的通常救济条款之外,还规定了在货款全部付清之前,软化水设备的所有权仍然属于销售方。帕廷在口头上同意,不会把该合同转让或转移给他人。但在等到沃克夫妇签署这一书面合同之后,帕廷最终还是将这一合同转让给了本案的上诉人联合公司。在这一设备安装并试用后,沃克夫妇和帕廷都认定,这一设备并没有实际增加牛奶的产量。

对于这一被转让给联合公司的系争合同,沃克夫妇并没有向联合公司支付过软化水设备的款项。然而,帕廷和另一个叫做里弗斯的人——里弗斯买下了帕廷的业务,并愿意向联合公司支付这一特定合同中的款项——曾经向联合公司支付过一些款项;对于这一付款义务,帕廷和里弗斯都将其视为本来是帕廷名下的义务。这一软化水设备最终是由里弗斯从沃克夫妇的牛奶场中拆走的。……

被告沃克夫妇在本案中提出的抗辩,其实质就是,帕廷和沃克夫妇已经同意,除非这一软化水设备在试用之后被证明确实能够提高沃克夫妇牛奶场的产量,否则他们不会买下这一软化水设备,而且这一合同也不会发生法律效力。这一口头协议是在双方签订书面合同的同时,或者是在签订书面合同之前就已经达成的。沃克夫妇坚持认为,双方的口头协议为这一书面合同设定了一个前置条件,只有条件成就,其在这一书面合同项下的义务才成为一个有效的法律义务。

沃克夫妇进一步辩称，由于前置条件并没有成就，所以这一合同并没有生效。

初审法院在双方当事人有没有达成有效合同这一争议问题上，作出了支持被告沃克夫妇的认定，判决联合公司败诉。联合公司不服这一判决，提起了上诉。……①

708　　我们认为，有关转让的基本法律原则，并没有被《统一商法典》所规定的条款所改变，其基本原则依然是：某个系争物的受让人通过转让获得这些权利，该受让人所获得的权利不能超过出让人所拥有权利的范围。应该付款的义务人②可以针对出让人③提出的衡平法上的理由以及抗辩理由，同样可以拿来针对受让人。④

这一法律原则已经得到社会的广泛承认，并且在实践中得到很好的实施，并不需要权威的依据来支持。在我们看来……如果在帕廷手中的合同是受制于一个前置条件合同的话——这一条件就是它只有在某一特定事件发生之后才会发生法律效力——那么，在这一合同被转让之后，接受这一合同的受让人同样也受到这一前置条件的制约。初审法院认定沃克夫妇提出的抗辩理由同样适用于受让人联合公司，是正确的。……

我们认定初审法院的判决并没有错误，因此我们在此维持初审法院的判决。

---

① 在以下省略的判决意见中，法官主要列举了联合公司的上诉理由。联合公司在上诉中提出，本案的交易属于《统一商法典》调整，《统一商法典》有关转让部分的规定中，并不包括沃克夫妇在本案中提出的"为交易设定了前提条件"这一理由，因此，联合公司认为法院应该驳回沃克夫妇的抗辩。——译者注
② 在本案中，应该付款的义务人就是沃克夫妇。——译者注
③ 在本案中，出让人就是出售软化水设备的帕廷。——译者注
④ 在本案中，受让人就是原告联合公司。——译者注

第十三章
反欺诈法

■ 第一节　一年期条款

科勒文公司诉旗舰置业公司①
康涅狄格州最高法院(1991 年)

本案要旨

　　被告旗舰置业公司在承接一个投资总额达 1.2 亿美元的大型工程项目后，与原告科勒文公司达成了一份口头合同，由原告担任该项目的施工管理单位，双方谈及了管理费用的计算，但并没有签订正式书面合同。项目开始之后，被告不满原告的工作，又找到了新的施工管理单位，不再让原告继续从事施工管理工作。于是，原告在联邦地区法院起诉被告，要求被告承担违约损失。被告则抗辩，这一合同的实际履行期限将肯定超过一年期限，由于反欺诈法要求这样的合同必须以书面形式订立，因而它是不能强制执行的。法院认定，这一口头合同本身并没有确立履行的期限，即使实际履行期限肯定超过一年，它也不在反欺诈法一年期条款的适用范围之内，因此，这是一个可以强制执行的合同。

　　本案确定的规则是，对于一份口头合同而言，在判断它是否在反欺诈法一年期条款的适用范围内时，应该作狭义、文义上的解释，只要合同中没有明示规定履行期限超过一年，它就不在反欺诈法一年期的适用范围内，即，不管当事人对于它的实际履行期限是怎么考虑的，也不管它的实际履行期限是多少，哪怕是超过一年，这样的口头合同也是在反欺诈法的适用范围之外的，是可以强制执行的合同。

---

　　①　C.R. Klewin, Inc. v. Flagship Properties, Inc. 220 Conn. 569, 600 A.2d 772.
本案有两个被告，除了标题中的旗舰置业公司之外，还有一家 DKM 公司。——译者注彼得斯首席法官①代表法院呈递以下判决意见：

联邦第二巡回上诉法院请求我们康涅狄格州最高法院就一类案件的法律问题进行回答。②在这一案件中，摆在我们法院面前的问题是：如果当事人达成的一份口头合同看上去不可能在一年之内履行完毕，那么，反欺诈法中的相关条款③——它要求"自签订之日起，履行期限超过一年的协议"必须以书面形式签订——是否会导致这一口头合同不能强制履行呢？这一案件之所以由我们康涅狄格州最高法院来审理，是由于美国联邦第二巡回上诉法院根据我们州的相关法律向我们法院提出了这一问题。……

联邦第二巡回上诉法院向我们法院提供了以下案件事实：原告科勒文公司是一家设立在康涅狄格州的公司，从事建筑工程承包和建设管理服务业务。两个被告旗舰置业公司和 DKM 置业公司（以下统称"旗舰公司"）是从事不动产开发业务的公司；虽然两个被告的住所地都在康涅狄格州之外的其他地方，但是它们都在康涅狄格州进行经营，并且是以"康涅—科技"的名义从事着业务活动。

旗舰公司成为了一个大型项目的开发商（这一项目以下称作"康涅—科技"项目），这一项目位于康涅狄格大学中心校区附近的曼斯菲尔德地区。在业主的开发计划中，这一项目包括了建造 20 幢商务楼宇，一幢拥有 280 个客房的酒店和一家会议中心，以及一个容纳 592 个研究生和教授的住宅楼。这一工程的总造价，估计为 1.2 亿美元。

710

1986 年 3 月，被告旗舰公司的代表举行了一个晚宴，他们与原告科勒文公司的代表在这一晚宴上进行了会面。旗舰公司当时正在考虑是否要聘请科勒文公司作为"康涅—科技"这一项目的施工管理单位。在这一晚宴的交谈过程中，科勒文公司的代表提出，它要求的[监理]费用将是工程总造价的 4％，另外再加上 4％作为其管理费用和利润。然而，科勒文公司也提出，这些费用将来可能会发生改变，具体改变多少，将取决于这一项目的各个不同工程在什么时候建设完毕。在这一会见结束的时候，旗舰公司的代表握住科勒文公司代表

---

① Peters, Chief Judge.

② "请求就一类案件的法律问题进行回答"，是英美法系国家的一项独特制度。由于英美法系国家在历史上有两个法律系统，即普通法和衡平法，因此，如果某个法院在审理过程中就其他法院系统中的法律问题有什么疑问时，可以向相关法院提出，要求它们给予回答，这样的问题叫"certified question"。后来这样的制度在美国扩展到联邦法院与州的法院之间。本案是由美国联系第二巡回上诉法院在审理案件过程中，就康涅狄格州的法律问题向该州最高法院提出请求，要求回答反欺诈法中一年期条款如何适用的问题。——译者注

③ 第 52-550(a)(5)条款是康涅狄格州反欺诈法中的一年期条款。该条款在判决意见的以下部分被称作"一年期条款"。——译者注

的手说道:"这活儿就你们来干了。我们就这样说定了。"在法院审判过程中,没有发现双方当事人就合同的内容最终还有其他的特定条款或者特定条件。之后,原告与被告双方对外宣布,彼此之间已经达成合同,为此双方当事人还专门举行了一场新闻发布会,并就这一新闻发布会进行了录像。除此之外,双方当事人还举行了一个隆重的签约仪式,在这一签约仪式上,他们签署了美国建筑师协会制作的"业主和监理方之间的标准合同",但是他们并没有在这一标准合同的空白地方填上任何内容。

"康涅—科技"项目的第一期工程叫作"赛尔龙广场"。第一期工程于1987年5月4日正式开始建设。双方当事人就这一部分项目的工程达成了一份书面协议。到了1987年10月中旬,工程的建设全部完成。在这个时候,因为旗舰公司已经对科勒文公司的监理工作产生了不满,它开始就"康涅—科技"项目下一阶段的施工管理工作与其他公司进行了商谈。在1988年3月,旗舰公司与另外一家公司就"赛尔龙广场"二期工程——它是"康涅—科技"项目的下一阶段工程——的现场施工管理事宜进行了商谈,并最终签署了合同。

在自己作为施工管理单位的角色被他人取代之后,科勒文公司在美国联邦地区法院提起了诉讼①,其诉讼请求是以下事项:(1)被告违背了在这一工程的所有项目都让原告作为施工管理单位的口头合同;(2)假定这一工程未来可以预见的项目让原告提供施工管理服务,原告可以从中获得的报酬;(3)信赖利益损失:这些损失是原告基于对旗舰公司承诺的信赖,在开展施工管理之前已经支付出去的相关费用。旗舰公司则向法院提出了简易判决的动议——在其他理由之外——它提出,根据反欺诈法,本案系争合同是超过一年期的口头合同,这样的合同是被法律所禁止的。初审的联邦地区法院在审理之后作出了简易判决,支持了被告提出的动议。联邦地区法院在判决中给出的理由是:(1)"这一合同并不是一份履行期限不确定的合同或者是结束日期并不明确的合同",因为在"康涅—科技"项目的所有工程全部完工之后,这一合同也就履行完毕了;(2)"从法律上来分析",系争合同是不可能在一年时间之内履行完毕的。在得出第二点结论时,联邦地区法院侧重分析的是这一工程项目的范围,以及原告科勒文公司自己在审理中也承认的事实,即整个工程项目预计将在三年到十年之内完成。

科勒文公司不服联邦地区法院的初审判决,上诉到美国联邦第二巡回上诉法院。上诉法院认定,"本案提出的争议问题,涉及法律上的一个重要问题,

---

① 在美国,当事人不在同一个州的民事案件,通常是在联邦法院进行审理的。——译者注

这一问题到现在为止,在康涅狄格州最高法院还没有很明确的判例"……于是,第二巡回上诉法院向我们法院提出了以下两个问题①,要求我们法院予以解答:

711　　　　A. 根据康涅狄格州的反欺诈法②,没有明确规定履行期限的口头合同,是一份"履行期限不确定"的合同——"履行期限不确定"这一术语已经在康涅狄格州法院的判例中使用过——这样的合同是不是在反欺诈法的适用范围之外?

　　　　B. 根据法院采纳的计算方法,合同履行期限将会超过一年,而合同本身并没有明示否定该合同在一年时间之内履行完毕的可能性。在这样的情况下,这样的一份口头合同是否就是不能强制执行?

　　我们对于第一个问题的回答是"是",而对第二个问题的回答则是"否"。

一

　　康涅狄格州的反欺诈法,来源于英国在 1677 年通过的一项法律,英国的这一法律叫做《防止欺诈和伪证的法案》③。英国这一法律的出炉,是为了适应普通法的发展而产生的,起因是当时在英国出现了"违反承诺之诉"④这样的案件。这样的一种诉讼,改变了普通法中的一般规则——即在国王的法庭这里是不会去强制实施一个口头承诺的。此后,伪证和唆使他人作伪证的问题,在英国成为越来越普遍和严重的问题。而且,因为当时的陪审团在案件事实的认定上,是按照他们自己的个人知识来决定案件,而并非按照审判中提出的相关证据来决定案件,于是,这一项法律要求,在一些特定的交易中,必须要有当事人"书面达成的一些记录或者备忘录,并且这些书面材料要由被指控的当事人在上面签字",以此来限制无法控制的陪审团的自由裁量权。⑤虽然英国议会

---

　　① 联邦巡回上诉法院向我们提出的问题中,并没有涉及系争的口头合同是否因为太过模糊而不能强制执行这一问题,但案件事实本身提出了这一问题。这是原判决中法官的注解。

　　② Conn.Gen.Stat. §52-550(a)(5).

　　③ 6 W. Holdsworth, *A History of English Law*(1927) pp.379—384.

　　④ "违反承诺之诉"是普通法上一项古老制度,它允许受害的一方当事人以对方违反承诺为由,要求对方赔偿损失。在古代英国普通法上,由于法院是代表国王行使权力,并不是所有的当事人的纠纷都可以到法院起诉、获得"令状"的。只有特定的行为而且诉状符合相关要求的这些请求,才可以从法院这里获得"令状"。"违反承诺之诉"就是这些令状中的一种。它是现代英国合同法的基石。——译者注

　　⑤ 2 A. Corbin, *Contracts*(1950) §275, pp. 2—3;6 W. *Holdsworth*, *supra*, pp.387—89;An Act for Prevention of Fraud and Perjuries, 29 Car. 2, c.3, §4(1677),引自 Perillo, *The Statute of Frauds in the Light of the Functions and Dysfunctions of Form*, 43 Fordham L.Rev. 39, 39 n.2(1974).

在 1954 年废除了这一法律当中的绝大多数条款,包括其中的一年期合同条款①,然而,在美国的各个地方,事实上仍然保留着这一法律。②

反欺诈法一直延续至今,仍然没有被废止,现代的学术评论对此已经有了很多批评的声音。人们已经发现,这一法律存在着诸多不足之处,因为它不能很好地实现原本想要实现的目的③,也因为这一法律是要求当事人或者说是强制当事人去实施那些在经济上完全多此一举的行为④。然而,在本案中引起争议的一年期条款,才是那些学术观点中引起最大困惑的内容。正如法恩斯沃思教授⑤指出的那样:"在反欺诈法的所有条款当中,一年期条款的规定是最难找到其合理性的。"法恩斯沃思的观点是这样表达的:

> 如果说制定[反欺诈法中的]一年期条款的原因是基于人们的记忆力和证据会随着时间的流逝而逐渐淡忘或者无从证明,那么,这样的说法是站不住脚的。因为反欺诈法中所提及的一年期限,并不是从合同成立到证明合同成立的这段时间,而是从合同成立开始到合同履行完毕的这段时间。假定一份不能在一年之内履行完毕的口头合同在达成之后的第二天就被违反了,那么,反欺诈法中的一年期条款对于这样的口头合同仍然是适用的,即使这一口头合同条款在当事人的头脑中是清清楚楚的。但是,假定一份能够在一年之内履行完毕的口头合同被违反,而这一口头合同是在被违反之后将近 6 年的时间才提起诉讼(合同纠纷的诉讼时效通常是 6 年),那么,反欺诈法中的一年期条款对于这一口头合同仍然是不适用的,即使这一口头合同条款在当事人的头脑中已经不再清晰。

712

> 如果说一年期条款订立的目的,是为了将长期的重要合同与短期的并不重要的合同区分开来,在我看来,这样的说法同样是站不住脚的——即使我们假定长期的重要合同需要以书面形式来订立,短期合同不需要以书面形式来订立——因为这里的"一年期",不是从开始履行计算到合同全部履行结束,而是从合同成立开始计算到合同全部履行结束。如果某一份口头合同的内容是从现在开始的 13 个月之后从事一天的工作,这

---

① The Law Reform(Enforcement of Contracts) Act, 2 & 3 Eliz. 2, c. 34(1954)。

② "有关一年期合同条款的规定,已经在北卡罗来纳州和宾夕法尼亚州被删去。"见 2 E. Farnsworth, *Contracts*(2d Ed. 1990) § 6.4, p.110 n.5。

③ Perillo, *supra*.

④ M. Braunstein, *Remedy, Reason, and the Statute of Frauds: A Critical Economic Analysis*, 1989 Utah L.Rev. 383.

⑤ 法恩斯沃思教授(Professor Farnsworth, 1928—2005)是美国著名的合同法权威之一,是《合同法重述》(第二次重述)(1981)的主要报告人,长期在美国哥伦比亚大学教授合同法。其所著的合同法专著,被美国法院广泛引用,也是美国合同法的权威著作。——译者注

一口头合同一旦被违反的话,反欺诈法还是适用的,即使它的履行期限只有短短一天的时间。但是,如果一份口头合同的内容是从今天开始从事为期一年的工作,这样的合同一旦被违反,反欺诈法是不适用的,尽管这一合同的履行期限是完完整整的一年时间。[①]

历史学家们在解释反欺诈法一年期条款的最初含义时,也面临着困难。在这一法律生效后的若干年,有一位英国法官曾经这样说道:"反欺诈法之所以这样规定,是因为这一法律不相信证人的记忆力会超过一年时间。"[②]然而,英国法官的这一解释是没有什么说服力的,因为正如法恩斯沃思教授所指出的那样,这一法律的文字并没有明确说明它的制定就是为了这样的目的。有一位著名的历史学家曾经提到,因为这样的合同是一种延续性的合同,要找出这些合同形成的证据,也许是非常困难的——这是由于当时的证据规则禁止诉讼当事人本人或者在这一诉讼中有一定利益关系的其他任何人提出证言。[③]然而,在我们看来,这位历史学家的辩解意见显得太过泛泛而谈了,因为这样的观点同样可以适用于所有的口头合同,不管它们的履行期限是长还是短。最近有专家对于英国合同法进行了最深入细致的研究,这一研究的成果对于反欺诈法当中的其他条款都提供了看似合理的解释,但是这一研究成果也承认,一年期的条款是"非常奇特的"[④]。最近,有人提出,这一条款"也许是为了在那些针对消费者的'违反承诺之诉'当中——这些消费者已经忘记了他们购物过程中的具体细节——防止出现口头上的伪证,侵害这些消费者的利益"。[⑤]

713　　　总之,反欺诈法中的一年期条款似乎总是不能够很好地服务于它的立法目的。而在今天,它留下来的唯一效果,便是非常武断地阻止法院去处理那些理由非常充分的诉讼请求。基于这样的原因,多年以来,法院一直是以一种颇为反感的态度来对待反欺诈法中的这一条款,而且,法院总是努力寻找能够限

---

① 2 E. Farnsworth, *Contracts* (2d Ed. 1990) § 6.4, pp.110—11; 1 *Restatement* (*Second*), *Contracts* (1979) § 130, cmt a; J. Calamari & J. Perillo, *Contracts* (3d Ed. 1987) § 19-18, p.807.

② Smith v. Westall, 1 Ld. Raym. 316, 317, 91 Eng. Rep. 1106, 1107(1697).
从这一注解可以看出,这一案件是在1697年作出的判决,也就是在英国的反欺诈法于1677年生效之后的20年作出的判决,与现在学者或者法官的分析相比,当时的法官似乎应该更加了解这一法律的立法本意。但是,审理本案的法官同样认为,英国法官这样的说法是没有说服力的。——译者注

③ 6 W. *Holdsworth*, *supra*, 392.

④ A. Simpson, *A History of the Common Law of Contract* (1975) p.612.

⑤ P. Hamburger, *The Conveyancing Purposes of the Statute of Frauds*, 27 Am. J. Leg. Hist. 354, 376 n. 85(1983).

制这一条款适用的法律解释。法院的这一态度在以下不同的案件中都曾经有所体现。例如，Landes Construction Co.诉 Royal Bank of Canada[①]（这一案件表明，加利福尼亚州法院对于反欺诈法的政策是，"严格限制反欺诈法的适用，将其严格限定在法律条款的文字所包括的情形之中"）；Cunningham 诉 Healthco, Inc.[②]（这一案件表明，法院的态度是，如果合同可以"令人信服"地在一年时间内履行完毕的话，那么反欺诈法中的一年期条款是不适用的）；Hodge 诉 Evans Financial Corporation[③]（在这一案件中，法院指出，反欺诈法"在长期以来都是作狭义上的解释和文义上的解释"）；Goldstick 诉 ICM Realty[④]（在这一案件中，法院指出："法院对于反欺诈法中'合同可以在一年时间之内履行完毕'，是作文意上的解释的……因为他们发现，反欺诈法中一年期条款的那些限制，实在是一个令人讨厌的规定。"）。

二

正如其他司法区域的判例法一样，我们康涅狄格州对于反欺诈法中的一年期条款，采取的也是狭义解释——这一观点现在就体现在我们州通过立法所形成的第 52-550(a)(5)条款当中。在 Russell 诉 Slade[⑤] 这一判例中，我们法院这样认定："法院已经反复地作出这样的判决，*除非合同本身表明*它不会在一年期内履行完毕，否则，反欺诈法的一年期条款就不会适用……反欺诈法清清楚楚地表明，那些不会在一年时间之内履行完毕的协议，才是它的适用范围，而且，是当事人自己*明示*而且*特别*这样约定的。如果合同的履行期限存在着*或然性*的话——即合同可能在一年期内履行完毕，也可能不在一年期内履行完毕——那么，这样的合同就不在反欺诈法的适用范围之内；也没有任何案例的判决是*取决于履行期限的或然性的*。反欺诈法的一年期条款*并不*将它的适用范围延伸到*可能*会在一年期内履行完毕的那些合同。"……

我们州更新的判例是 Finley 诉 Aetna Life & Casualty Co.[⑥]这一案件。在 Finley 这一案件中，我们法院这样说道："'按照占主导地位的法律解释，某一份合同能否根据一年期条款得到强制执行，并不取决于随后事件的实际进程，也不取决于当事人对于以后履行时间可能的预期。对于履行期限不确定

---

① 833 F.2d 1365，1370(9th Cir.1987).
② 824 F.2d 1448，1455(5th Cir.1987).
③ 823 F.2d 559，561(D.C.Cir.1987).
④ 788 F.2d 456，464(7th Cir.1986).
⑤ 12 Conn. 455，460(1838).
⑥ 202 Conn.190，197，520 A.2d 208(1987).

的合同,很简单,它是被排除在反欺诈法之外的。反欺诈法中的一年期条款,**仅仅**适用于在一年期内履行完毕**没有可能性**的那些合同'。"①

根据权威判决一以贯之的做法,康涅狄格州立法机构决定在重新立法时使用与 1677 年[英国]法律本质上相同的那些文字,这一点表明,康涅狄格州的立法机构认可了我们法院对于一年期条款所作的限制性解释。"[康涅狄格州]议会在就反欺诈法再次进行立法时的行动,包括在争议的一年期条款上的行动……可以推定出,它们是依据法院的那些判决来这样行动的。"②

三

现在,我们将有关反欺诈法的历史演变印刻在脑海里,去分析联邦法院在本案中向我们法院提出的问题。就哪些合同被排除在反欺诈法之外这一问题,我们州的判例对于"不确定期限的合同或者不定期合同"与"没有包括明确履行期限条款的合同"并没有作出区分。因此,联邦法院虽然是向我们法院提出了两个问题,但实际上只是提出了一个实质性的问题。这一实质性问题可以概括为以下内容:即反欺诈法排除适用的是"不可能在一年期限之内履行完毕"③的那些合同,这里使用的"**可能**"这一术语应该作何解释? 一种解释是,它仅仅包括这样一种合同,即如果这一合同在一年时间之内履行完毕的话,那么将与合同中的明示条款不相一致。另外一种替代解释是,它还包括了本案中所涉及的这种合同,即合同中虽然没有明示条款表明合同履行的期限,但是,在现实中它是不可能在一年时间之内履行完毕的(联邦地区法院查明的本案事实就是这样)。我们在此认定,反欺诈法中提及的"可能",应该是前一种解释才是正确的,而并非后一种解释。"在这一问题上,起决定作用的测试方法是……从协议的'条款本身'来进行判断,看它是否明确要求在一年时间之内履行完毕",因此,反欺诈法将不适用于"没有直接或者间接规定履行时间条款的合同"。④"与其他州的法律一样,我们康涅狄格州的法律是,除非**合同条款本身表明**它在一年时间之内履行完毕不存在任何可能性,否则,这样的合同不在反欺诈法的这一条款的适用范围之内。"⑤

被告旗舰公司所持观点正好相反。它认为,法院在 Burkle 这一案件中所提及的在一年时间之内将合同履行完毕的"可能性",必定是指"合情合理的可

① 1 *Restatement*(*Second*), *Contracts*, *supra*.

② Turner v. Scanlon, 146 Conn. 149, 156, 148 A.2d 334(1959).

③ Finley v. Aetna Life & Casualty Co., *supra*, 202 Conn. at 197, 520 A.2d 208.

④ Freedman v. Chemical Construction Corporation, 43 N.Y.2d 260, 265, 372 N.E.2d 12, 401 N.Y.S.2d 176(1977).

⑤ Burkle v. Superflow Mfg. Co., 137 Conn. 488 at 492, 78 A.2d 698 1951.

能性",而并非"理论上的可能性"。的确,在 Burkle 这一案件中①,我们法院没有采纳当事人提出的以下抗辩理由,即"因为存在着所有的合伙组织成员[这些合伙成员都是系争合同的当事人]在一年时间之内全部死亡的可能性,所以,这一合同不在反欺诈法的调整范围之内"。我们法院在 Burkle 这一案件中是这样分析的:"[对于具有专属服务性质合同来说,法律上的规则是,如果某个个人可能在一年之内死亡,那么,这样的口头合同就不在反欺诈法的适用范围之内;]但是,并没有什么案例提醒我们,这一规则在实践中已经延伸到超过一个以上人员死亡的情形。"②在 Burkle 这一案件中,我们法院只是拒绝将原先的规则进行延伸,因为反欺诈法已经对于延伸的效果作了限制性的规定。我们认为,Burkle 这一案件并没有试图改变已经建立起来的很好的规则,那就是,我们对反欺诈法中的一年期条款进行的是狭义的解释。

在对反欺诈法的一年期条款应该如何理解这一点上,绝大多数司法地区采纳的是与我们康涅狄格州同样的规则,要求必须有明示的合同条款特别表明合同的履行期限将超过一年的时间,只有在这种情况下才能适用反欺诈法。只有"很少的司法地区,与大多数的州的做法相反……这些少数的司法地区在认定某一份协议是否适用反欺诈法时,可以将当事人的意愿予以考虑"。③美国最高法院曾经就到当时为止"有关反欺诈法这一条款的经典判例"作过一次深入的调查研究。美国最高法院在研究之后认定:

> ……在美国《独立宣言》颁布之前,英国对于如何解释反欺诈法中的这一条款,看起来已经得到了解决。英国给出的解释就是:一份口头协议,如果从它订立之时起的履行期限是在一年时间之内的——当事人想在多长时间内履行这一合同的意愿,**是按照合同本身的条款来确定的**——那么,这样的口头协议就不在反欺诈法的适用范围之内。即使出现了以下情形,例如,合同的实际履行期限是不确定的,履行期限可能会

715

----

① Burkle 这一案件的基本事实是,原告是一个合伙组织,它由数个合伙人组成,这一合伙组织主要从事管件的代理和中介业务。被告则是一家销售管件的商店。原告与被告达成一份口头协议,由原告在一个不确定的时间内向被告销售管件。被告在拿到原告的订单后,在一定期限内发货。被告需要按照一定比例向原告支付佣金。这一口头协议并没有确定的履行期限。后来由于被告违约,原告向法院起诉,要求被告承担违约责任。初审法院认定,这是一份有效的口头合同。该案上诉之后,康涅狄格州最高法院经审理认为,这一合同不可能在一年之内履行完毕,因而是在反欺诈法的适用范围之内。

在 Burkle 这一案件中,原告曾经提出这样的抗辩意见,即由于这一合伙组织中的所有成员都可能在一年的时间内死亡,因此,这一口头合同不属于反欺诈法调整范围。然而,康涅狄格州最高法院并没有认可原告的这一观点。——译者注

② 参见 Burkle 一案,at 494,78 A.2d 698。

③ 3 S.Williston, *Contracts*(3d Ed. W. Jaeger 1960) §495, pp.584—85。

被延长,而且也确实是在延长之后超过了一年的时间,它仍然不在反欺诈法的适用范围之内。"美国的一些州,使用的是反欺诈法中的最初文字作为法律条款,这些州一定是采纳了众所周知而且是已经确立了的法律解释,因为在这些州进行这样的立法之前,他们已经接受了英国的司法判决。"①

在 Warner 这一案件中,争议的是这样一份协议:一家锯木厂同意向一家铁路公司提供铁路枕木,而铁路公司则同意建设一条铁轨和一条铁路支线,而且只要这家锯木厂有送货的需要,铁路公司就将一直经营这一条铁路支线。虽然周边相邻地区拥有的木料足够这家锯木厂开采 30 年,这家锯木厂也已经实际使用这一铁路支线长达 13 年时间,但是,审理该案的法院还是认定,本案中争议的合同并不在反欺诈法的适用范围之内。该案的判决意见这样说道:

> 在本案中,双方当事人也许确实预料到了这一合同持续有效的时间在一年以上;如果这一合同的履行期限不是超过一年以上的时间,也许对双方当事人来说是很不恰当的一件事情;这一合同在实际上也确实是持续了相当长的时间,这一时间要远远超过一年。但是,合同当事人并没有通过一定条款或者是合理的推定,要求合同实际履行时间超过一年。本案中的问题,并不是系争合同可能的、期待的或者实际的履行期限是多长时间;本案争议的问题是,**根据合同自身条款的合理解释**,是否要求这一合同不应该在一年期限内履行完毕。②

因为反欺诈法中的一年期条款"在现代生活中,已经不合时宜……所以,我们法院并不倾向于放大这一条款的破坏力"。③当一份合同就它的履行时间没有约定明示条款的情况下,并没有很合理的政策建议我们法院进行单方面的调查,让法院主动去查明合同签订时刻它在一年之内履行完毕的现实可能性到底有多少。法院如果去做这样的单方面调查,不仅仅会放大反欺诈法的"破坏力"——这种"破坏力"的放大,是通过延伸反欺诈法的适用范围来实现的,也就是延伸适用到履行期限条款并非一目了然的那些合同——而且,这样的单方面调查对于所争议问题的解决,将会不可避免地浪费司法资源,因为它对于案件法律上的意义或者正义结果的实现是毫无价值的。④

---

① Warner v. Texas & Pacific R. Co., 164 U.S.418, 422—23, 17 S.Ct. 147, 149—50, 41 L.Ed. 495(1896).

② *Id.*, at 434, 17 S.Ct. at 153—54.

③ Farmer v. Arabian American Oil Co., 277 F.2d 46, 51(2d Cir.1960).

④ 2 A. Corbin, *supra*, § 275, p.14.

因此,我们法院在此认定,如果一个口头合同没有以明示的方式说出合同的履行期限将肯定地超过一年,那么,就反欺诈法而言,这样的合同从法律上来说,其性质上就等同于不定期合同。与不定期合同一样,这样的合同是可以得到强制执行的,因为不管这样的合同实际履行期限有多长,它也是在反欺诈法的适用范围之外的。

联邦第二巡回上诉法院提出的第一个问题,其答案是"是",第二个问题的答案是"否"。

任何一方当事人都不用就这一案件缴纳诉讼费用。

我们法院的其他法官对这一结论也予以同意。

从书面形式的功能与障碍看反欺诈法①

没有人知道,为什么那些不是在一年期之内履行的合同被选择放到了反欺诈法的调整范围之内。人们一般猜测,之所以这样选择,其动机是基于诉讼时效这一政策的考虑,也就是说,如果从承诺达成开始到法院证明合同存在之间的间隔时间太长,那么,证明承诺存在的种种困难就要求有着比证言更加有说服力的证据②提交到法庭,也就是顺理成章的事情。如果这就是反欺诈法如此规定的理由,在我看来,反欺诈法并不能实现这样的目的,可以说它的作用微乎其微。[在这一部分的脚注中,这篇文章说道:"然而,看上去非常有可能的是,正如涉及反欺诈法其他条款的案件所说的那样,起草者们在他们的头脑中有着一个先入为主的交易类型:雇佣合同或者类似的关系,例如学徒合同以及聘用合同。"普通法上的规则是,一般的雇佣被推定为不超过一年的时间。③但是,长期的学徒关系、聘用关系等,还是普遍存在的。]

埃利希诉迪格斯④
美国纽约州东区地区法院(2001 年)

本案要旨

原告埃利希是一位加利福尼亚州的居民,他与一个乐队达成口头协议,

716

---

① J.M. Perillo, *The Statute of Frauds in the Light of the Functions and Dysfunctions of Form*, 43 Fordham L.Rev. 39, 77(1974).

这一部分选编的内容,是提供了反欺诈法一年期条款的另外一个视角。——译者注

② 书面材料当然是比证人证言更加有说服力的证据。——译者注

③ 1 W.Blackstone *Commentaries* * 425.

④ Ehrlich v. Diggs. 169 F.Supp.2d 124.

由原告担任这一乐队的经理人,并有权获得这一乐队及其成员所有娱乐演出收入的一定比例作为报酬。该协议还约定,任何一方当事人都可以随时终止该协议。被告迪格斯是这一乐队的成员,他是一位纽约州的居民。后来被告在继续成为这一乐队成员的同时,自己又成为一个单飞的艺人,还成为另一乐队的成员。此后被告对于自己单飞录制的唱片等收入不向原告支付报酬,于是,原告向法院起诉,要求被告按照协议支付相应报酬。法院认定,本案适用加利福尼亚州的法律,根据加利福尼亚州的法律,任何一方可以随时终止的口头协议不在反欺诈法的适用范围之内,最终支持了原告的诉讼请求。

本案确定的规则是,如果一份口头协议规定任何一方都有权随时终止合同,那么对于这样的合同是否在反欺诈法的适用范围之内,要视某个州对反欺诈法的解释而定。

迪里法官①代表法院呈递以下判决意见:

原告埃利希是一个名为"Gravediggaz"说唱乐组合的经理人,被告迪格斯则是这一乐队的成员之一,同时,迪格斯也是一个单飞的艺人。原告埃利希在本案中起诉被告迪格斯,要求获得被告迪格斯演艺活动收入的一定比例作为自己的报酬。被告迪格斯则提出了驳回原告起诉的动议,或者作为替代,要求法院作出支持自己的简易判决。本案中提出的关键问题是,原告与Gravediggaz乐队达成的口头合同是否能够强制执行?我们法院对于这一问题如何回答,以及驳回原告起诉或者是作出支持原告的简易判决是否恰当,将取决于我们在本案中选择适用哪一个州的法律[究竟是加利福尼亚州的法律还是纽约州的法律]。

一、案件背景

原告埃利希是Gravediggaz乐队的经理人,同时也是一名律师。他现在以DME管理公司的名义开展自己的业务,在这之前,他曾经以DuKane管理公司的名义开展过业务。原告埃利希是一位加利福尼亚州的居民,同时他获准在纽约州进行律师执业。被告迪格斯是一位纽约州的居民,也是一位流行的说唱乐艺人,在业内他被称为RZA和Prince Rakim。虽然被告迪格斯仍然是他最初的Gravediggaz乐队中的一员,但是,他已经发展成为一名单飞的唱片艺人、音乐制作人,同时又是另一乐队"Wu Tang Clan"的成员,他在两个乐队中都获得了极大成功。

717

---

① Dearie, District Judge.

在 1993 年 7 月 1 日,原告埃利希和 Gravediggaz 乐队达成了一份书面合同(以下称作"Shopping/Finders Agreement"),由 Gravediggaz 乐队聘请原告作为独家代理人,与一家主要的唱片公司协商双方的合同事宜。按照原告的说法,在他的努力之下,1993 年 7 月 2 日,Gravediggaz 乐队与 Gee Street 唱片公司达成了一份书面合同(以下称作"Gravediggaz/Gee Street Contract")。这一合同中包含了这样一个条款,Gee Street 唱片公司享有选择权,它可以为被告迪格斯作为一个单飞艺人提供录制唱片的服务。

1993 年 8 月,通过一个口头协议(以下简称"经理人协议"),原告被聘为 Gravediggaz 乐队的经理人。对于这一经理人协议,原告与 Gravediggaz 乐队从来没有将其付诸书面文字。原告提出,根据这一口头的经理人协议,在他担任这一乐队的经理人期间,他将获得 Gravediggaz 乐队以及该乐队每个成员所有活动毛收入的 15%,这些活动包括"所有与娱乐内容相关的雇佣、出场或者是达成的相关协议"。除此之外,双方还约定,这一经理人协议可以在任何时候由原告或者是 Gravediggaz 乐队予以终止。这样的一个口头协议是否可以强制执行,是本案最主要的争议焦点。原告认为,在该口头协议达成的时候,作为乐队的经理人,原告的义务包括了向 Gravediggaz 乐队的每一位成员提供建议和担任顾问,这一点在唱片录制行业是广为人知的,也是被该乐队——包括被告本人——认可的共识。此外,根据原告的说法,乐队的经理人有权从每个成员与娱乐演出相关工作的收入中得到一定佣金,不管是其个人演出,还是作为乐队成员的演出,这是标准的行业惯例。

1996 年 12 月 20 日,被告迪格斯作为一个单飞的唱片录制艺人,与 Gee Street 唱片公司达成了一份书面合同(以下简称"Gee Street/Diggs Contract")。被告迪格斯辩称,这一合同独立于早期原告与被告之间的关系,是被告自己承接下来的业务。原告则对此予以否认,认为原告与被告曾经就被告作为一个单飞艺人进行唱片录制的可能性进行过讨论,Gravediggaz/Gee Street Contract 的第 22 条款让 Gee Street 唱片公司可以选择为被告个人提供录制唱片服务,这在很大程度上是原告与被告协商下来的结果,是在被告的特别要求下,由原告与唱片公司去进行谈判的结果。因为被告作为一个单飞艺人最终与 Gee Street 唱片公司达成了合同,所以,按照原告的说法,1993 年的 Gravediggaz/Gee Street Contract 就与 1996 年的 Gee Street/Diggs Contract "不可分割地联系在一起"。

原告在诉状中一共提出了五项诉讼请求,这五项主张是基于以下这一时间段之内各方当事人达成的书面及口头合同而提出的,这一段时间就是指被告迪格斯是 Gravediggaz 乐队的成员之一,随后又作为一个单飞艺人进行演出

718

和发行唱片,同时又是 Wu Tang Clan 乐队成员之一的这段时间。原告的第一个诉讼请求认为,被告迪格斯作为单飞艺人,也作为唱片制作人获取了报酬,现在原告要求这一部分报酬的佣金。原告的第二个诉讼请求认为,被告作为 Gravediggaz 乐队的成员获得了一定的"补贴",原告现在要求这一"补贴"的相应份额。原告的第三个诉讼请求认为,被告在发行两张 Gravediggaz 乐队制作的唱片,以及指导 Gravediggaz 发行音乐录像工作中获得了收入,现在原告要求这一部分收入的佣金。原告的第四个诉讼请求,是要求就被告获得的所有收入进行审计,并就那些通过原告的努力才获得的收入,责令被告支付相应的佣金。最后,在第五个诉讼请求中,原告提出,由于被告迟延参加或者取消 Gravediggaz 乐队的巡回演出、音乐会、录音和录像制作,导致了大量成本超支和唱片销售收入下降,原告要求被告也要赔偿这些损失。

被告迪格斯则辩称,原告的这些主张应该予以驳回,因为反欺诈法禁止强制执行这样的[口头]经理人协议。

尽管被告迪格斯的抗辩意见中详细论述了原告基于 Shopping/Finders Agreement 的主张应该予以驳回,但是,我们认为,原告在诉状中的起诉理由,是被告迪格斯违反了双方口头的经理人协议,因此,在本案中,就被告有关 Shopping/Finders Agreement 的辩称意见,我们法院将不会予以回应和分析。本案中剩下来需要法院分析的问题就是,反欺诈法是否阻止强制执行双方的口头经理人协议? 这一口头经理人协议是否因为太过模糊、不确定而无法强制执行? 基于以下理由,我们法院认定,反欺诈法并不阻止系争口头协议的强制执行,这一口头协议也没有因为不确定性而无效。因此,被告迪格斯的动议应该予以否决。

二、问 题 讨 论

(一) 加利福尼亚州和纽约州的反欺诈法

被告迪格斯辩称,在本案中应该适用纽约州的法律,纽约州的反欺诈法禁止强制执行本案争议的口头经理人协议。原告所持观点正好相反,认为本案中应该适用加利福尼亚州的法律。根据加利福尼亚州反欺诈法的规定,这一口头经理人协议是可以强制执行的。要解决本案中的争议焦点,我们法院必须适用纽约州的"法律选择"规则,以确定本案中究竟应该适用哪一个州的法律。

纽约州和加利福尼亚州的相关法律条款几乎如出一辙。纽约州的反欺诈法条款是这样规定的:

> 如果一个协议、承诺或者允诺自订立之时起将不会在一年之内履行完毕……那么,除非这样的协议或者相关记录、备忘是以书面形式达成,并且由被指责违约的当事人或者其代理人在上面签名,否则这样的协议、

承诺或者允诺是无效的。①

与纽约州条款的表述相类似,加利福尼亚州的反欺诈法是这样规定的:

719

> 如果从条款自身来看,某一合同不可能自订立之时起一年之内履行完毕,那么这样的合同就是无效的,除非这些合同或者记录、备忘录是以书面形式达成,并且由被指责违约的当事人或者其代理人在上面签名。②

然而,正如我们在后面会更加完整阐述的那样,反欺诈法这一法律在这两个州是有着不同解释的。加利福尼亚州的反欺诈法对于这一条款是作文义解释和狭义解释的。在 Rosenthal 诉 Fonda③ 这一案件中,加利福尼亚州法院认定,对于任何一方当事人都可以随时解除的雇佣合同,是在反欺诈法禁止范围之外的。与此相反,按照纽约州反欺诈法的解释,反欺诈法是禁止强制执行一份要求支付佣金的[口头]雇佣合同的,除非是在原告履行了合同之后,"被告能够单方面终止这一合同,免除他对于原告所作的所有承诺,包括免除支付佣金这一承诺"。

(二) 加利福尼亚州的法律

按照加利福尼亚州的法律,一份口头合同只有在它明确表明履行期限将不会在一年时间之内,或者其条款自身表明了不可能在一年时间之内履行完毕的情形下,它才是一份不能强制执行的合同。加利福尼亚州对于反欺诈法的以上解释,将任何一方当事人可以随时终止的合同排除在反欺诈法的适用范围之外。正如法院在 Plumlee 诉 Poag 一案中所指出的:

> 虽然美国大多数其他司法区域的观点是,一方当事人在一年之内有权选择将一份合同予以结束,并不能够将这一合同排除在反欺诈法的适用范围之外——这一观点的理由是,当事人被免除合同责任,并不是在"履行"合同——但是,加利福尼亚州在这一问题上的观点正好与其他地区相反:[加利福尼亚州法院认为]……如果一方当事人(或者至少是在被告这一方)可以在一年时间之内正当地终止合同,那么,这一合同将被排除在反欺诈法的适用范围之外。④

正是因为根据条款可以被任何一方当事人随时终止的合同能够在一年期限内"履行"完毕,所以,这样的合同是可以得到强制执行的。⑤在 Jenkins 诉

---

① N.Y.Gen.Oblig.Law § 5-701(a)(1).

② Cal.Civ.Code § 1624(a)(1).

③ 862 F.2d 1398,1401(9th Cir.1988).

④ 150 Cal.App.3d 541 at 550,198 Cal.Rptr.66.

⑤ White Lighting Co.v.Wolfson,68 Cal.2d 336 at 344,66 Cal.Rptr.697,438 P.2d 345(Cal.1968).

Family Health Program① 这一案件中,法院认定,如果原告雇员可以随时终止合同,而被告雇主可以在一定情形下终止合同,那么,这样的合同也是可以强制执行的合同。另外,对于规定只有在雇佣关系终止之后才可以支付报酬的雇佣合同,或者规定只有在一年之后才可以确定津贴的雇佣合同,反欺诈法也是不会禁止的。②

据此,按照加利福尼亚州法律,本案争议的口头经理人协议,正如原告所认为的那样,并不为反欺诈法所禁止。法官在 Rosenthal 诉 Fonda③ 一案中的这一观点,虽然不是特别针对 Rosenthal 这一案件提出的,但也可以支持我们法院在本案中的结论。在 Rosenthal 这一案件中,被告简·方达是一位女演员,原告认为,被告简·方达与其达成了一份口头合同,由原告为被告提供各种各样的服务,以此作为交换,被告简·方达同意在其开始演艺生涯后,从其各种活动所获取的收入中拿出一定比例支付给原告。虽然审理该案的法院最终适用的是纽约州的法律,但该法院在这一判决意见中也表达了以下观点,即由于任何一方当事人都可以随时终止这一口头合同,因而这一口头合同是在加利福尼亚州反欺诈法的适用范围之外的,因为该口头合同是能够在一年期限内履行完毕的。④

（三）纽约州的法律

纽约州法院对于反欺诈法作出的却是不同于加利福尼亚州法院的解释。纽约州法院在判断反欺诈法是否适用这一问题上,关键要看被告是否能够单方面终止合同,免除自己先前作过的所有承诺。⑤如果某一合同的履行取决于第三方当事人的意愿,而不仅仅是合同当事人的意愿,那么,这样的合同就是在反欺诈法的适用范围之内的。纽约州法院在 Zupan 诉 Blumberg 这一案件中认定,如果雇员的销售提成收入将延长到这一位雇员被终止雇佣关系之后的时间,那么,这样的合同是被反欺诈法所禁止的。⑥在 Zupan 这一案件中,协议约定,雇员可以得到任何一个客户货款的 25% 作为自己的提成收入,只要这一客户是有效的客户;纽约州法院认定,这样的协议是反欺诈法所禁止的

---

① Jenkins v. Family Health Program, 214 Cal. App. 3d 440, 445—46, 262 Cal. Rptr. 798(Cal. Dist. Ct. App. 1989).

② White Lighting, 68 Cal. 2d at 344, 66 Cal. Rptr. 697, 438 P. 2d 345.

③ 862 F. 2d 1398(9th Cir. 1988).

④ Rosenthal, 862 F. 2d at 1401.

⑤ North Shore Bottling Co. v. C. Schmidt & Sons, Inc., 22 N. Y. 2d 171, 176—77, 239 N. E. 2d 189, 292 N. Y. S. 2d 86(N. Y. 1968).

⑥ E.g., Zupan v. Blumberg, 2 N. Y. 2d 547, 141 N. E. 2d 819, 161 N. Y. S. 2d 428(N. Y. 1957).

协议。

正如原告所主张的那样,本案中的被告个人并没有单方面终止经理人协议的权利。在原告担任 Gravediggaz 乐队的经理人期间,被告个人有义务"上交所有与娱乐活动有关的雇佣协议、出场演出或者是其达成协议"的毛收入的15%。被告的这些收入——原告是有利益在其中的——是可以不定期地延期下去的,因为被告出售给第三方的唱片和其他音乐作品,在很远的将来还是会源源不断得到收入的。这样,被告就有着持续不断的义务向原告支付相应比例的报酬,这一义务是被告一方不能单方面终止的。这一协议中的利益,其结束日期是开放式的、不确定的;对于结束日期是开放式的、不确定的利益,完全是在纽约州反欺诈法的适用范围之内。在 Grossberg 诉 Double H. Licensing Corp.① 这一案件中,法院认定,约定唱片制作一方可以获得所有唱片许可使用费的口头协议,是反欺诈法所禁止的。"只要任何一个单独的唱片……被出售给世界上的任何一个地方,被告就得支付许可使用费,依照此约定,被告承担责任的期限太过漫长。"在 Kantor 诉 Watson② 这一案件中,原告与被告达成一份口头协议,由原告将被告[在古巴导弹危机期间的]童年故事改编成剧本,进行开发、加工和市场运作③,法院认定这样的口头协议是反欺诈法所禁止的。"按照这一口头协议,原告想要得到的报酬很明显是不会在一年内履行完毕的,因为被告童年生活的剧本在今后的市场运作中,原告将会分享到任何他应该得到的补偿。"④

[法院认定,在本案中,由于原、被告双方交易的"重心"是在加利福尼亚州,加利福尼亚州在本案诉讼中有着最大的利益,因此应该是加利福尼亚州法

---

① *E.g.*, Grossberg v. Double H. Licensing Corp., 86 A.D. 2d 565, 446 N.Y.S. 2d 296 (1982).

② Kantor v. Watson, 167 A.D. 2d 297, 298, 562 N.Y.S. 2d 39(N.Y. App. Div. 1990).

③ 后来被告将其在古巴导弹危机中的故事转让给了案外的第三人,因此,原告提起了本案诉讼。被告提出的抗辩理由就是,这一口头协议违反了反欺诈法。——译者注

④ 迪里法官在这里加入了以下注解,就纽约州法院在 Cron v. Hargro Fabrics, Inc., 91 N.Y. 2d 362, 694 N.E. 2d 56, 670 N.Y.S. 2d 973(N.Y. 1998)案件中为什么将津贴计算超过一年的情形放在反欺诈法适用范围之外作了说明:

在 Cron v. Hargro Fabrics, Inc. 这一案件中,被告口头同意向原告支付津贴,津贴是按照被告公司每年税前利润的一定比例计算,但公司每年的税前利润将在第二年开始之后的60天才能得出并支付,因此被告认为这样超过一年期的合同是反欺诈法所禁止的。但纽约州上诉法院认定,这样的口头协议是可以得到强制执行的。迪里法官认为,纽约州上诉法院在这一案件中的观点,并没有改变法院对本案这样的佣金提成协议的态度。法院在该案中的认定只是表明,法院"对先前判例法在文字上作了细微的修改,先前的判例法要求所有当事人的款项都必须在一年内付清,才能满足反欺诈法的要求"。*Id.* at 370, 670 N.Y.S. 2d 973, 694 N.E. 2d 56.

律适用于本案。法院接下来还认定这一合同内容是足够明确的,可以强制执行。]①

721

三、结 论

基于以上理由,我们法院在此认定加利福尼亚州法律适用于本案系争的合同,系争的口头经理人协议并不为加利福尼亚州反欺诈法所禁止。而且,我们法院还认定,这一口头合同的内容是足够明确的,可以强制执行。因此,对于被告驳回原告诉请的动议,以及做出简易判决的请求,我们法院予以驳回……除此之外,对于被告要求驳回原告第五项主张的动议,即驳回原告认为由于被告迟延或者取消演出而提出的赔偿损失的主张,我们也不予支持。

722

■ 第二节 备忘录

克拉布特里诉伊丽莎白·阿登销售公司②
纽约州上诉法院(1953 年)

本案要旨

原告克拉布特里想要在被告伊丽莎白·阿登销售公司这里谋求一个销售经理的职位,在面试中,原告提出了薪水方面的要求。被告的总裁则在原告的薪水问题上进行了调整,让其秘书在一张便条(备忘录)上记下了双方谈话的内容,确定合同期限为两年,但这张便条上并没有被告公司人员的签名。原告到被告处工作后,他的工资单上有被告副总裁的签名。在原告履行了一年的雇佣合同之后,被告并没有按照原先的承诺给原告增加工资,当时被告的主管会计制作了另外一张工资单,准备给原告增加工资,并附上说明,表明这是按照被告总裁同意的方案进行的。但这一新的工资单并没有得到总裁的批准,原告在交涉无果后,提起了本案诉讼,要求被告赔偿其损失。法院认定,虽然工资单上没有原告雇佣期限的规定,但前面总裁秘书的便条上却有两年的内容,可以作为雇佣的期限。最终法院支持了原告的诉请。

本案确定的规则是,一份书面的备忘录如果要具备法律上的效力,必须是以书面形式达成,而且要有被指向的人在这一书面材料上签字。但是,在没有

---

① 此段内容为原编者注。
② Crabtree v. Elizabeth Arden Sales Corp. 305 N.Y. 48, 110 N.E.2d 551.

被指向的人签字的情形下,如果有其他书面材料或者口头证据可以证明合同的内容,或者被指向的人同意了这一未签字的书面材料,就可以认定这样的备忘录是符合反欺诈法的要求的。

富尔德法官①代表法院呈递以下判决意见:

1947年9月,原告克拉布特里与一家化妆品生产和销售公司,即被告伊丽莎白·阿登销售公司,进行了初步洽谈,克拉布特里想要受聘成为被告的一名销售经理。在9月26日,面试之前,被告的执行副总裁、同时又是销售经理的罗伯特·琼斯已经通知原告考虑一下可能的开场白应该如何表达。在这一次面试中,原告要求有一个为期三年的雇佣合同,每年的薪水为25 000美元。克拉布特里对此的解释是,他为了到被告这里工作,放弃了一份待遇丰厚的工作,他现在尝试的是一个需要努力的全新领域,他相信这一领域需要好几年的时间来适应,因此,他坚持要有一份确定雇佣期限的协议。而且,克拉布特里向公司总裁伊丽莎白·阿登小姐再次表示想得到一个三年期合同的愿望。阿登小姐最终向原告表明,她准备给原告一份为期两年的合同,前6个月按照每年薪水20 000美元来支付报酬,后6个月按照每年薪水25 000美元来支付报酬,第二年则按照年薪30 000美元来支付报酬,外加每年5 000美元的业务经费。原告克拉布特里对伊丽莎白·阿登小姐这一方案的回复是,"这个方案很有趣"。伊丽莎白·阿登小姐随即让她的私人秘书在手边一个电话订单的空白处记下了备忘录,内容如下:

与克拉布特里的雇佣协议

姓名:克拉布特里   日期:1947年9月26日

第五大道681号;下午6时

······

开始的6个月	20 000美元/年
后6个月	25 000美元/年
在这之后	30 000美元/年
业务经费	5 000美元/年

[看2年的表现来决定]

对克拉布特里先生的以上安排,是由伊丽莎白·阿登小姐作出的。

参与面试的有阿登小姐、琼斯先生、克拉布特里先生和奥莱丽小姐。

几天以后,原告克拉布特里打电话给琼斯先生,并发电报给阿登小姐;他

---

① Fuld, Justice.

接受了"加盟阿登公司的邀请",阿登小姐回复他,"欢迎到来"。当原告来被告这里报到时,他的"工资单"已经做好,这张工资单上有着琼斯名字的英文字母缩写,这一张"工资单"接着转送给了被告的工资支付部门。这一张"工资单"表明,它是在 1947 年 9 月 30 日制作的,将在 10 月 22 日这一天生效,这一张"工资单"还特别列明了当事人的姓名、克拉布特里的"工作种类",除此之外,它还包括了一段加上去的标注,其内容是"该雇员将按照以下条件付款":

雇佣期间的前 6 个月	20 000 美元/年
之后的 6 个月	25 000 美元/年
一年以后	30 000 美元/年

经由 RPJ[批准人姓名的缩写]批准

在受雇 6 个月之后,原告克拉布特里的薪水从 20 000 美元/年增加到了 25 000 美元/年,但是,在受雇满一年之后,原告期望增加的工资却没有如期而至。琼斯先生和公司的主管会计卡斯藤斯都告诉克拉布特里,他们会将这一情况直接向伊丽莎白·阿登小姐汇报,并在之后予以纠正。在这样的情形下,主管会计准备了另外一张"工资单",在这一张"工资单"上有他的签名,表明原告的工资应该是从每年 25 000 美元增加到每年 30 000 美元,"这一增加是按照阿登小姐同意的安排作出的"。然而,阿登小姐却拒绝批准给原告增加工资,在双方协商无果后,原告离开了被告公司。随后,原告以被告违反合同为由提起了本案诉讼。

在随后的法院审理过程中,被告否认双方曾经达成过雇佣原告两年的协议,而且被告进一步认为,即使存在着这一协议,反欺诈法也是禁止强制执行这样的协议。初审法院在这两个问题上都没有支持被告的抗辩意见,判决原告可以获得 14 000 美元的损失赔偿,纽约州上诉法庭[①]对于初审判决予以了维持——但是,有两个法官持反对意见。在本案中,由于所争议的合同是不会在一年之内履行完毕的,所以,判决中最主要的争议问题是,被告在电话订单上制作的这一备忘录是否符合反欺诈法的相关规定?[②]

本案中有两张"工资单",一张是由被告总经理以自己名字的缩写在上面签名,另一张是由被告财务主管在上面签名,我们认为两张"工资单"中的任何一张,都毫无疑问地构成了反欺诈法上所认可的"备忘录"。被告所作的抗

---

① 这里的"上诉法庭"是初审法院的上诉审法院(相当于我国的中级法院),而审理本案的纽约州上诉法院才是纽约州的最高一级法院。可见,该案是在经过"上诉法庭"审理后,当事人仍然不服,进而到纽约州上诉法院审理的。——译者注

② Personal Property Law, §31[now McKinney's N. Y. Gen'l Obl. L. §5-701(a)(1), ed.].

辩——即这两张"工资单"的制作或者签署并不表明双方有着达成合同的意愿,或者这两张"工资单"是在它们实际执行之后才出台的——是没有什么价值的。①在我们看来,这两张"工资单"的签署,是想要确认先前双方谈话中商量的相关信息,这些信息确确实实构成了这一雇佣合同的组成条款,它们足以满足反欺诈法的要求。②这两个书面材料包括了一份合同中所有的重要条款,例如合同当事人的名称,原告所希望的工作岗位,他希望获得的薪水;只有一个条款是没有包括其中的,这就是原告的具体受雇期限。因此,我们必须考虑的是,这一没有包括进去的条款,即这一合同的时间期限,是否可以参照更早时候那张没有被告工作人员签字的备忘录作为补充呢? 如果答案是可以的话,那么,备忘录上的标注"看两年的表现来决定"是否足以表明这一雇佣合同的期限呢?

724

反欺诈法并不要求"备忘录……必须只是写在一份书面文本上。备忘录可以是由分开的书面文件组合起来构成,也可以通过另外的明示材料,或者是通过有关事项和情形的内在证据联系起来"。③如果分开来的书面材料上都有被指向的一方在上面签了字,那么我们在判定这一问题的时候就几乎没有什么困难了。④然而,对于其中有一些书面材料上面有着当事人的签名,而其他一些书面文本上面并没有当事人签名的情形——我们手头处理的案件,就是这样的情况——究竟是怎样才能构成"充分的联系",观点却是各不相同;有了"充分的联系"才能将未签名的书面材料视作法定备忘录的组成部分。有一些地区的法院坚持认为,在已经签名的书面文本与那些没有签名的书面文本之间,必须有一些东西作为参照物——这些参照物各有其特性并因案而异。如果没有这样的参照物存在,这些法院在分析某一备忘录是否符合反欺诈法的要求时,将不会去考虑没有当事人签名的书面文本。这样的结论是基于对反欺诈法以下的解释,即反欺诈法要求在已经签字的书面文本材料和被告承认没有签署的书面材料之间存在着某种联系,这种联系必须是单独审查这些文字就可以看得出的,并不需要其他口头证据的帮助。而另外一种观点则认为——这一观点在近些年来得到越来越多法院的支持——同一事项或者同一交易的两个书面文本之间存在着某种关联,这就构成了前面所提及的"充分的

---

① Marks v. Cowdin, 226 N.Y.138, 145, 123 N.E.139, 141;也见 *Restatement*, *Contracts*, §§209, 210, 214。

② 见... 2 *Corbin on Contracts*(1951), pp.732—733, 763—764; 2 *Williston on Contracts*(Rev.ed., 1936), pp.1682—1683。

③ Marks v. Cowdin, *supra*, 226 N.Y.138, 145, 123 N.E.139, 141;也见 2 *Williston*, p.1671; *Restatement*, *Contracts*, §208, subd[a]。

④ Marks v. Cowdin, *supra*, 226 N.Y.138, 144—145, 123 N.E.139, 141。

联系"。我们认为,反欺诈法并不是一定要将"口头的和僵硬的逻辑结论引向极端"[1],应该允许引入口头证词来表明书面文本中存在着那样的"联系",以此来推定被指责违约的当事人对于未签名的文本内容其实是默认同意了的。

在我看来,上面一段文字中最后的观点更加合情合理。的确,我们法院以前审理的一些案件,走的是另外一条道路,但我们法院也在相当多的案件中采纳过这一更加合情合理的规则。今天,我们在此明确采纳这一更加合情合理的规则,即如果当事人已经签名的和没有签名的书面文本很明显地指向同一事项或者同一交易,那么,应该允许法院将这两个书面文本联系起来一并解读。

反欺诈法中所使用的文字表述是:"任何一份协议……除非……其记录或者备忘录是以书面形式表达,而且由被指向的一方当事人在它们上面签了名,否则就是无效的。"[2]它不强求当事人承认这一合同的签名必须单独出现在书面材料上,并不排斥通过口头证言来帮助查明当事人是否认可了这一合同。采纳口头证言可能带来的欺诈和伪证的风险——在允许口头证据的情形下经常会伴随着这样的风险——在我们手头这样的案件中,是微乎其微的。在这一合同中,没有任何一个条款是通过口头证据来提供的,所有这些合同条款在提交给法院的书面材料中都出现过,最起码在确定双方当事人合同关系的书面文本中,有着被指责违约的一方当事人[被告工作人员]的签名;同时,从书面材料的表面上来看,没有签名的书面文本与已经签名的文本所指向的就是同一件事情。本案有关描述备忘录形成经过的口头证言,仅仅起到了以下两方面的作用,一是将两个独立的书面材料联系起来,二是表明被指向的当事人对于未签名书面材料的内容是同意了的。如果这些口头证言并不能令人信服地将两个书面材料联系起来,或者并不表明当事人对于未签名书面材料曾经同意过,那么,从法律上来说,认定这样的书面备忘录没有满足反欺诈法的要求,就是法官权限范围内的事情。的确,通过欺诈或者伪证的手段,那些在事实上从来没有达成的协议被法院强制执行的可能性有时还是存在的。然而,我们认为,相比于仅仅因为签名的文本上没有特别提到未签名的书面材料就拒绝强制执行所有这样的协议,冒这样的风险会更好一些。美国最高法院曾经允许引入口头证据,在已经签字的书面材料和未签字的书面材料之间建立"联系",最高法院是这样表述的:

> 对于来自口头证据的那些重要事项置之不理,就是对理性和常理的

---

①　Marks v. Cowdin, *supra*, 226 N.Y.138,144,123 N.E.139, 141.

②　Personal Property Law, §31.

违背。如果在这件事情上的任何怀疑都是有依据的,那么,"没有签名的书面备忘录不能强制执行"作为一般的规则①,就应该得到遵守。但是,一旦没有任何怀疑的依据,采纳一般的规则就将是帮助欺诈行为,而不是阻止欺诈行为。②

现在我们来看看手头这一案件所涉及的书面材料,本案的这些书面材料就是以下三份:没有被告签名、写在一张电话订单上的备忘录,被告总经理琼斯签下了自己名字缩写的"工资单",以及一份被告主管会计签名并重新制作的"工资单"。很清楚也很明白的是,从这三份书面材料的表面来看,它们所指向的就是同一事情。它们所涉及的当事人、原告所要求的职位、原告所主张的薪水,在这些书面材料中完全是相同的。如此详细、完整的信息,不太可能指向的是另外的一份协议或者不同的一份协议。尤其是,有着主管会计卡斯藤斯签字的"工资单"表明,这一工资单是"按照阿登小姐同意的安排作出的"。这一工资单上记载的内容,很明确地变成了一个有一定依据的整体"方案",而且当事人的口头证言也认可了我们这样的解释。

在本案中,被告对于未签名的备忘录已经同意的证据,同样是有说服力的。这一没有被告签名的备忘录是由被告的代理人——阿登小姐的私人秘书——记录下来的。在我们看来,这一备忘录是在被欺诈的情况下制作而成,或者被告并不同意这一备忘录的内容,其可能性微乎其微。这一没有签字备忘录制作时各方当事人行为的证据,有力地证明了被告对它上面的条款是同意了的。在这样的情况下,下级法院认定这三份书面材料构成了反欺诈法所称的"备忘录",具有充分的说服力。

对于这一备忘录包含了合同中所有的关键条款,也是没有疑问的。这一备忘录中只有一个条款,即雇佣时间究竟是多长,是存在分歧的。9 月 26 日备忘录中包含了这样的标注——"看两年的表现来决定"。在我们看来,如果说这一段文字标注除了表示合同时间这一点以外还有其他的什么目的,简直是难以想象。如果没有这一添加的标注,原、被告之间就是任何一方都有权随时解除的雇佣关系③,而且,这一标注的内容不可能被视作没有意义,或者是没有目的。正如下级法院所认定的那样,本案中非常清楚的是,"备忘录"中的这一短句表明,双方当事人同意了一个肯定而明确的条款,即雇佣合同的期限为两年,如果原告"表现并不好",他将会被解除雇佣关系。而且,这一备忘录的其

726

---

① 这里提及的"一般的规则"认为,没有当事人签名的书面备忘文件,是在反欺诈法的适用范围之内的,是不能强制执行的。——译者注

② Beckwith v. Talbot, 95 U.S. 289, 292, 24 L.Ed. 496.

③ Martin v. New York Life Ins. Co., 148 N.Y.117, 121, 42 N.E.416, 417.

他部分内容也支持我们这样的解释。从书面材料的通篇内容来看,它在里面规定了原告在不同时间获得的报酬是有一定等级的,原告的薪水将是周期性增长。这样的一种薪水增长机制与本案中任何一方当事人可以随时解除雇佣关系的假定,很难说是一致的。来自被告的观点最多只是说,"看两年的表现来决定"这一表述,是一个很难理解而又模糊的表述。但是,在本案中,是可以引入口头证言来解释这一表述的含义的。如果我们记住本案当事人之间的关系,双方协商的过程,以及原告坚持让这一雇佣关系变得稳固这些因素,这一短句的目的——或者说在查明的事实中可以确定的目的——就是给予原告他所想要的雇佣期限。

初审法院的判决予以维持。

■ 第三节　部分履行或者完全履行、合同的撤销及修改的后果以及它们与一年期条款的关系

727

麦金托什诉墨菲[①]

夏威夷州最高法院(1970 年)

本案要旨

原告麦金托什原先一直生活在加利福尼亚州。被告墨菲为了招聘其在夏威夷州汽车专卖店的销售经理,与原告进行接触。在双方达成意向的当月月底,原告告知被告,自己会在 4 月 26 日(这一天是星期日)到达夏威夷州的州府火努鲁鲁。被告在 4 月 25 日(这一天是星期六)却打电话要求原告在 4 月 27 日到被告处担任销售经理助理,期限为一年。尽管原告对先前说好的职位发生变化感到突然,但原告还是确定会在 4 月 26 日到达。原告自 4 月 27 日起在被告处工作两个多月之后,被告解雇了原告。于是,原告以被告违反口头合同为由,起诉被告,要求被告赔偿损失。法院认定,原告因为对被告口头承诺的信赖,已经乘飞机到了夏威夷,并做好了相应的准备,这说明原告所处的地位已经发生了变化。根据禁止反言原则,这时就应该执行这样的口头合同。于是,法院判决支持了原告的诉请。

本案确定的规则是,尽管有着反欺诈法的规定,如果一个当事人因为信任对方的口头承诺而改变了自己的地位——这一改变是对方当事人应该合理预

① McIntosh v. Murphy, 52 Haw.29, 469 P.2d 177.

见到的——那么,当只有强制执行这一口头合同才能避免不公正的时候,法院就应该强制执行这样的口头合同。

莱文森法官[①]代表夏威夷州最高法院呈递以下判决意见:

本案涉及的是一份口头雇佣合同的争议,被告墨菲认为这一口头雇佣合同违反了反欺诈法中的一年期条款,该一年期条款要求,"凡是自订立之时起履行期限超过一年的协议",如果想要得到强制执行,就必须是以书面形式达成。[②]在本案诉讼中,作为原告的雇员麦金托什以被告墨菲违反双方达成的一年期雇佣合同为理由,要求从他的雇主墨菲和墨菲汽车公司这里获得赔偿。

尽管就本案事实而言,双方分歧很大,但有一些事实还是很明确的。1964年3月期间,被告墨菲正待在加利福尼亚州的南部,他的这次加州之行是为他在夏威夷的雪佛莱汽车专卖店物色一位合适的销售经理。在这段时间,墨菲与原告麦金托什会面过两次。双方就这一专卖店销售经理的职位进行了充分的讨论,但是,双方并没有达成任何合同。1964年4月,原告麦金托什接到了墨菲汽车公司总经理的一个电话,这一位总经理在电话中通知麦金托什,如果他还有意应聘的话,可以在30天内获得被告的聘用。原告麦金托什在电话中表明,他对这一职位的兴趣并没有改变,并告知这一位总经理,他仍然有意担任销售经理这一职位。在4月末的时候,原告麦金托什向墨菲发出一封电报,表明他将在1964年4月26日,也就是星期日这天到达火努鲁鲁[③]。随后,墨菲在4月25日,这一天是星期六,回电给麦金托什,通知他销售经理助理这一职位已经对他敞开大门,他的工作将在1964年4月27日,也就是在星期一这一天正式开始。在电话中,麦金托什对于其工作职位从销售经理变成销售经理助理感到非常意外,但他还是确定了这一事实,他将会在随后的一天,也就是星期日到达火努鲁鲁。麦金托什在1964年4月26日(星期日)到达了火努鲁鲁,并在1964年4月27日(星期一)这一天开始了在被告处的工作。

在决定为被告墨菲进行工作之后,原告麦金托什采取了一些相应的行动,例如,他将个人的一些物品从美国大陆带到了夏威夷,卖掉了其他的个人物品,并在火努鲁鲁租赁了一套公寓房,而且,很显然,他为了被告这里的工作,还放弃了其他一些受雇佣的机会。总之,一个人要将永久居住地从洛杉矶改到2 200英里之外的火努鲁鲁,其中必然要伴随着处理一些事情,对于原告麦金托什来说,所有必须要做的事情他都做了。原告麦金托什为被告墨菲实际

728

---

① Levinson, Justice.

② HRS §656-1(5).

③ 火努鲁鲁是夏威夷州的州府所在地。——译者注

工作了大约两个到两个半月的时间,在 1964 年 7 月 16 日,被告墨菲以原告麦金托什不能与潜在的顾客建立深入联系,并且不能培训销售人员为由,将原告麦金托什解雇。

在庭审结束的时候,被告墨菲以双方不存在书面备忘录或者书面材料,这样的口头雇佣合同违反了反欺诈法为由,向初审法院提出动议,要求初审法院指导陪审团作出支持自己的裁决①。初审法院在判决中认定,从法律上来说,这一口头雇佣合同并不在反欺诈法的适用范围之内。初审法院作出这样认定的理由是,墨菲要求麦金托什以实际开始工作的行为,作为对这一雇佣合同的接受,因此,只有等到麦金托什于 1964 年 4 月 27 日这一天(这一天是星期一)开始工作之后才表明麦金托什接受了这一合同的约束,然而在这之前,麦金托什是不受这一合同约束的。因此,假定双方商定的是一年期的雇佣合同,那么,从那一天(4 月 27 日)起算,这一合同是可以在一年期限内履行完毕的,因而这一合同是不需要以书面形式达成就可以强制执行的。作为替代性的分析理由,初审法院认为,如果系争协议是双方当事人通过电话在 4 月 25 日这一天最终达成的,那么,在计算一年期限的时候,余下来的周末时间不应该被计算在一年的时间之内,这样的话,系争合同仍然是在反欺诈法的适用范围之外的。初审法院的法官在作出初审判决时是非常坦率的,他的愿望就是要避免机械适用和不公平地适用反欺诈法,这也是他作出这一判决的内在动力。②

在这一案件中,初审法院的法官将下列问题提交给了陪审团:(1)本案系争的合同是不是一年期合同,或者从一审法院查明的事实看,它是不是任何一方当事人都可以随时终止的合同?(2)原告麦金托什被解除合同是不是基于正当理由?(3)如果麦金托什被解雇不是基于正当理由,那么麦金托什应该获得什么样的赔偿?初审法院的陪审团作出了支持原告诉讼请求的裁决,原告

---

① 指导性裁决是美国诉讼法中的一个重要制度,它运用在有陪审团参加审判的案件中。在这样的案件中,当法官认为一方当事人并没有达到起码的举证要求,任何理性的陪审团都不会得出相反的结论时,就会向陪审团作出明确的指令,要求陪审团作出支持某一方的裁判。这样的指导性裁决在审判中很少使用,但有时也会发生。通常是一方当事人向法官提出动议,要求法官这样做。——译者注

② 初审法院这样表述道:你们(指被告)的观点让这一法律看上去滑稽可笑,因为在口头合同达成之后,有一个日子正好是星期日,而人们在星期日是不工作的;另外一天是星期六,原告在这一天的时候,正乘着飞机在弗雷斯诺(加利福尼亚州中部的一个城市)的上空,他不可能从飞机上下来为被告工作。他到达火努鲁鲁这儿已经是星期日晚上,而且星期一就要报到工作。对我来说,这是一个一年期之内的合同。我要说,条款先生(指反欺诈法中的一年期条款,在这里法官采用的是一种诙谐的表达方法),我并不想让这一部法律看上去滑稽可笑,因为原告麦金托什正式工作已经是合同达成的一天以后,一天的时间已经足够长了,何况这一天是星期日,是非工作日。此为原判决中的注解。

获得了 12 103.40 美元的赔偿金。被告墨菲基于四点主要理由,向我们法院提起了上诉,其中的三点上诉理由在我们法院看来是没有什么价值的。其中有价值的一点上诉理由是,既然反欺诈法对于不能在一年期内履行完毕的口头合同是禁止强制执行的,那么,原告麦金托什是否能够依据一份口头雇佣合同提起本案诉讼?

一、系争雇佣合同中原告作出承诺的确切时间

被告墨菲在上诉审理中认为,初审法院应该向陪审团释明,如果本案系争的雇佣协议是在原告麦金托什开始实际履行之前的一天已经达成的话,那么原告就无法获得救济;初审法院拒绝这样释明是错误的。被告墨菲就这一观点给出的理由是,如果一份合同自它成立之时起不能在一年时间之内履行完毕的话,那么它就是不能强制执行的,除非这一合同是以书面形式达成的。[①]

被告墨菲在他们的辩论意见中提出,对要约作出承诺的具体时间是由陪审团来认定的一个事实问题。我们认为,被告的这一观点是正确的。但是,初审法院进一步认定,即使原告麦金托什是在实际履行合同之前的星期六这一天接受要约的,其后的星期日这一整天的时间和星期六当天余下的部分时间,不应该被计算在反欺诈法所称的一年时间之内。初审法官在判决意见中认定,星期日是非工作日,而且星期六只剩下一部分时间,这一时间是不应该被计算在内的。我们认为,不管怎样,在本案中并没有必要来讨论初审法院每一个判决理由的法律意义到底如何,因为在本案的上诉审理中,我们法院是基于禁止反言这一法律原则作出判决的。双方当事人在上诉审理中对于禁止反言这一原则都作出了恰当的概括,而且在我们法院审理过程中作了很好的辩论,虽然这一法律原则在初审法院审理过程中并没有展开。

二、因信赖口头合同而产生的行为,是否可以强制执行?

在判断反欺诈法的规则究竟是不是要适用到某一份口头合同,是不是要认定这一口头合同确实违反了反欺诈法的时候,我们必须将反欺诈法自身的规定与反欺诈法的历史功能和当代功能结合起来进行审视。……

729

[①] 被告在此处提出的理由概括起来就是,原、被告之间的口头合同在星期六这一天通过电话就已经达成,而根据合同原告要在星期一这一天才正式开始履行合同(双方商定的是一年期的合同),这样从合同的形成到合同的履行结束,就会超过一年的时间(一年再加上一天多的时间);根据反欺诈法的规定,这样的合同只有通过书面形式达成才是可以强制执行的。被告认为,法官应该将这一点告诉陪审团。但是,在初审过程中,法院拒绝向陪审团作出这样的释明,因此被告在上诉审理过程中坚持认为初审法院在这一点上没有向陪审团进行释明是错误的。——译者注

第一部英国的反欺诈法大约是在三百年之前通过的,这部法律的通过是为了阻止"那些欺诈的行为,这些欺诈行为通常是通过伪证或者唆使伪证的方式进行"。①当然,反欺诈法在英国通过的那个时代,有着压倒性的理由通过这样的法律。在英国通过这一法律的时候,陪审团制度还是难以让人信任的,当时的证据规则很少,进行指控的一方当事人是不能作为自己的证人的,他不能在直接询问②中为自己作证,更加重要的是,他在交叉询问中也不能为自己作证。③现在,对于司法公正体系结构上的制约和证据上的制约,已经不复存在了。

尽管如此,当今时代保留反欺诈法,至少在以下三个方面被认为还是有道理的:(1)反欺诈法仍然起着证据上的作用,它的实施可以减少伪证的风险;(2)要求以书面形式达成合同可以起到警示效果,这会让当事人对于书面协议的重要性进行更深入的考虑;(3)书面文本是将可以强制执行的合同与那些不可以强制执行的合同区分开来的便捷方法,这样就可以引导某些交易以书面形式达成。

尽管反欺诈法在当今时代仍然有着上述职能作用,但是,司法机构通过对这部法律中"年"这一时间概念的解释,将它的适用范围进行了极大的限制。司法机构这样做的目的,就是为了减少机械适用反欺诈法所带来的苛刻使用情况。④此外,还有著名学者进一步指责这一法律是一部"鼓励欺诈的法律",是

---

① 29 Car.2, c.3(1677).

② 直接询问与交叉询问是英美法律传统中的重要诉讼制度。"直接询问"是指证人应该接受要求其到庭的一方当事人的询问,而"交叉询问"则是指证人应该接受对方当事人的询问。——译者注

③ Summers, *The Doctrine of Estoppel and the Statute of Frauds*, 79 U.Pa.L.Rev. 440, 441(1931).

④ 以下注释内容就是法官所举的例子,以此说明在实践中为了减少法律的苛刻性,法官通常会对法律作出限制性解释:

对于某个人同意付清其他人债务的承诺,通常会被法院解释为只是对于债权人本人所作的承诺,这一承诺并不是要让立诺人从中受益。参见《合同法重述》第 184 条款(1932);3 Williston, *Contracts* §452(Jaeger ed. 1960);以婚姻作为对价的承诺,已经被解释为对价并不包括双方的结婚承诺(前述《合同法重述》第 192 条款;3 Williston, *Contracts* §485);不会在一年期内履行完毕,则被解释为是在一年期内不可能履行完毕的承诺(见《合同法重述》,第 198 条款;3 Williston, *Contracts*, §495);如果有一方当事人已经部分履行了合同,那么,不会在一年期内履行完毕的合同,将会被排除在反欺诈法的适用范围之外(见前述《合同法重述》第 198 条款;3 Williston, *Contracts*, §504);而且如果相关承诺已经全部履行完毕,反欺诈法就不会再适用(前述《合同法重述》,第 219 条款;3 Williston, *Contracts*, §528)。以上为原判决中的注解。

法官在这里列举了对于承诺进行限制解释的一些例子,主要是为了给自己对反欺诈法的解释提供支撑。——译者注

一个"法律的时代错误"。①

对反欺诈法进行司法规避的另一个方法,是由法院来行使衡平法上的权力。由司法机关对某一法律来施加限制或者排除适用,这涉及衡平法院在传统上所拥有的实施法律的一种权力,即衡平法院拥有减少法律规则"苛刻性"的权力。当一个法院置反欺诈法的规定于不顾,去强制执行一份口头合同的时候,衡平法院的法官就是使用了"部分履行"或者"衡平法上禁止反言"这两个法律原则,通过这两个法律原则给予当事人以法律上的救济。"部分履行"或者"衡平法上禁止反言"这两个法律原则,被认为是以禁止反言这一概念为基础的,而禁止反言这一概念的目的,就是为了避免对当事人造成显失公平的损害。②

在夏威夷州,对于涉及土地利益转让的口头协议,"部分履行"一直是得到法律认可的一个法律原则,基于这一原则,当事人可以要求实际履行转让土地利益的口头协议,只要当事人已经对这一口头协议产生了实质性的信赖。对于自成立之时起不能在一年时间之内履行完毕因而根据反欺诈法一年期条款不能强制执行的口头合同(包括雇佣合同),其他一些法院已经判决强制执行。一旦一方当事人实施的行为[通常是部分履行行为]产生了禁止反言、禁止另外一方当事人以反欺诈法进行抗辩的情况,这些法院就会作出上面的判决。

在过去,法院有很多判决会强制执行那些违反了反欺诈法的合同,这些判决往往会以一些概念上的外衣遮掩判决背后真正的政策考虑,我们认为,作为当代法院来说,将这些概念上的外衣摒弃在一边,是恰当的做法。当有着更好的解释拿来使用的时候,法院当然没有必要再求助于那些法律规程或者是过于琐碎的法律公式。强制执行那些违反了反欺诈法的口头协议,其背后的政策考虑是为了避免给当事人带来显失公平的损害,这一点在加利福尼亚州最高法院的判决意见中已经有了非常透彻的分析。在加利福尼亚州法院审理的 Monarco 诉 Lo Greco③ 这一案件中,涉及的是受诺人[原告]要求强制执行有关一个土地转让的口头合同,受诺人[原告]提起这一诉讼的依据是,自己履行这一口头合同已经长达 20 年。法院在这一案件的判决意见中这样说道:

---

① Burdick, *A Statute for Promoting Fraud*, 16 Colum. L. Rev. 273(1916); Willis, *The Statute of Frauds——A Legal Anachronism*, 3 Ind.L.J.427, 528(1928).

② 3 *Williston*, §553A at 791; Summers, *supra* at 443—49; Monarco v. Lo Greco, 35 Cal.2d 621, 220 P.2d 737(1950)(Traynor, J.).

③ 35 Cal.2d 621, 623, 220 P.2d 737, 739(1950).

这一原则——即一方当事人部分履行口头合同后,应该禁止另一方当事人主张适用反欺诈法——通过我们法院的判决意见,在我们加利福尼亚州已经很顺畅地得到了协调一致的适用;在某些情形下,如果法院拒绝强制执行这样的口头合同,欺诈就会发生,这一原则的目的,就是为了阻止这样的欺诈发生。在一方当事人受到另一方当事人的诱导,基于对口头合同的信任,已经极大地改变了自身所处地位的情况下,如果法院仍然拒绝强制执行这样的口头合同,将会给当事人造成显失公平的损害;而这样的欺诈,正是造成这种显失公平损害的内在原因……

如果适用以上原则,就需要一个行之有效的测试方法,这一测试方法应该足够灵活、适应各种各样的情形,而且,这一原则要能够提供一些可以审查的标准。在寻找这一测试方法过程中,我们法院发现《合同法重述》(第二次重述)的第 217A 条款①,就是一个非常有说服力的测试方法。当事人对于那些属于反欺诈法适用范围的口头合同产生信赖时应该如何处理,《合同法重述》(第二次重述)的第 217A 条款明确地作出了以下规定:

(1) 对于自己所作的承诺,如果立诺人应该合理预料到它将会诱导受诺人或者第三人主动采取某个行动或者是限制自己实施某种行为,该受诺人或者第三人随后又确实采取了主动行动或者是限制了自己的行为,那么,尽管有反欺诈法的规定,但如果只有强制执行这样的承诺才能避免不公正的话,这样的承诺就是可以强制执行的。

731

(2) 在确定某一承诺是否只有通过强制执行才能避免不公正这一点上,下列因素是非常重要的考虑内容:(a)其他救济措施的可行性和恰当性,特别是取消承诺和恢复原状这两个救济措施的可行性和恰当性到底如何;(b)就受诺人所寻求的救济而言,其受到诱导而采取的主动行动或者限制行为明确的、主要的特点是什么? (c)受诺人受到诱导而做出的主动行动或者限制行为,在多大程度上印证了双方的承诺已经达成,或者承诺的条款已经达成,或者,在多大程度上,有其他清晰而确定的证据证明,双方的这一承诺或者承诺的条款已经达成;(d)受诺人所采取的主动行动或者限制行为的合理性;(e)受诺人采取的这一主动行动或者限制行为,在多大程度上是能够被立诺人所预见到的?

我们认为,从《合同法重述》(第二次重述)当中找到的解决之道,是一个恰当的方法,它给了初审法院必要的行动自由来让当事人免受反欺诈法苛刻规定的困扰和束缚。其他法院在处理雇员对于雇主产生了相当信赖的口头合同

---

① 现在是第 139 条款。此为原编者的注解。

纠纷时,也采取了类似的方法。①将某一合同从反欺诈法的适用范围中剥离出来,相比俯身听命于反欺诈法的做法,这是一个更优的选择。在我们手头的这一案件中,初审法院明智地承认了这一趋势,并且在判决时很直率地遵循了这一趋势。

在本案中,没有争议的事实是,原告麦金托什从洛杉矶飞越 2 200 英里来到火努鲁鲁的行为,对于被告墨菲来说,这是他应该预见到的。事实上,这一口头合同要求原告麦金托什来火努鲁鲁履行他的义务。只有通过强制履行这一口头合同,赋予原告麦金托什以金钱赔偿,才能避免不公正的结果。在本案中,没有什么其他救济方法是恰当的。原告麦金托什现在的处境是,虽然他居住在夏威夷,但是,他却没有工作可做。

同样清楚的是,在本案中的确存在着一份合同。原告履行这一合同的时间为两个到两个半月,收到了 3 484.60 美元的报酬。这一合同的准确期限是多少,究竟是像被告所称的那样是可以随时解除的合同,还是自原告工作之时计算,是一份一年期的合同?我们认为,这是一个应该由陪审团来决定的问题。

总之,初审法院也许认为,由于原告对被告所作承诺的信赖,就应该强制执行这一合同。理所当然的是,每一个案件如何处理,要按照这一案件本身的事实来作出决定。反欺诈法背后的真正政策考虑,是阻止欺诈行为或者其他任何的显失公平,对于一个法院来说,它在实施这一政策时,是有相当的自由裁量权的。因此,对于初审法院认定原告对于这一合同产生了信赖,只有通过强制执行这一合同才能避免不公正的判决,我们法院是认可的,我们在此予以维持。

初审判决予以维持。

阿贝法官②对于多数法官的判决提出了反对意见:

……对于我们法院在此认定的判决理由,即我们应该通过行使衡平法上的权力来规避适用反欺诈法,我是不能同意的。因为反欺诈法是一个成文法,作为司法机关来说,其唯一职能就是解释这一成文法,司法机关在解释成文法时不能越权,不能进入立法机关的权限内。因此,如果反欺诈法真的像我们法院所认定的那样过于苛刻,而且确实是带来了不公正,那么,应该是由立法机

732

---

① Alaska Airlines, Inc. v. Stephenson, 217 F.2d 295(9th Cir.1954); Seymour v. Oelrichs, 156 Cal.782, 106 P.88(1909).

② Abe, Justice.

关来修订或者推翻这一法律,而不是由法院来进行立法。

■ 第四节　反欺诈法和货物买卖合同

阿泽维多诉米尼斯特[①]
内华达州最高法院(1970 年)

本案要旨

被告阿泽维多从原告米尼斯特处购买饲草,双方通过电话就饲草的价格等达成了一致,但是就购买的具体数量存在分歧。原告认为约定的数量是 1 500 吨,被告则认为双方没有说到具体的数量。被告按照原告的要求,在指定账户存入了 20 000 美元后,开始从原告处拉走饲草。一段时间后,原告将被告拉走饲草的相关信息制作成核算报表,寄送给被告,并告知余下的资金已经不足。当被告再次要拉走饲草时,原告以账户中金额不足为由,不让被告拉走更多的饲草。被告于是停止了购买饲草。原告向法院起诉,以双方存在口头合同为由,要求被告赔偿损失。法院认为,本案中的核算报表可以认定为符合《统一商法典》要求,法院最终判决支持了原告的诉讼请求。

本案确定的规则是,对于反欺诈法的书面形式要求,应该限定在确实存在欺诈可能的案件中。在货物买卖口头合同达成之后,一方当事人在合理时间内发送给另一方的确认性备忘录,如果内容合理、对方有理由知道而没有及时提出反对的,就可以证明口头合同的存在。

莫布雷法官[②]代表法院呈递以下判决意见:

本案争议的中心问题是,当事人之间购买 1 500 吨饲草的口头协议是否能够强制执行？摆在我们面前、需要由我们决定的争议焦点是,卖方[即被上诉人米尼斯特]就这批饲草制作并发送给买方的周期核算报表[③],是否构成了内

733

---

① Azevedo v. Minister. 86 Nev. 576，471 P.2d 661.
本案是一起上诉案件,米尼斯特是初审的原告,上诉审中的被上诉人,阿泽维多是初审被告,上诉审中的上诉人。——译者注

② Mowbray，Justice.

③ "周期核算报表"是由一方当事人单方面制作的一个报表,主要用来记录一定时间内双方账目和货物往来的情况,其中的内容可能会涉及交易的过程和交易的相对方。在本案中,卖方米尼斯特将这样的周期核算报表也寄给了买方阿泽维多。由于这是单方面制作的,本案中争议的一个问题就是,它是否符合反欺诈法的要求。——译者注

华达州相关法律[这一法律的编号是 NRS 104.2201(2)条款]①所提及的"确认性备忘录"②? 如果是的话,卖方米尼斯特是否按照《统一商法典》的要求,在合理的时间内将这一周期核算报表发送给了买方[即上诉人阿泽维多]? 按照反欺诈法的规定,只有卖方米尼斯特这样做了,这一口头协议才不会被反欺诈法所禁止。初审地区法院认定,我们州相关法律的要求在本案之中已经得到了满足,并认定了这一协议是有法律效力的。我们法院对初审法院的判决结论予以同意,对初审法院的判决予以维持。

一、案 件 事 实

本案的上诉人阿泽维多是一个购买和销售饲草的农场主……被上诉人米尼斯特则是在内华达州的耶林顿③经营着一家农场,从事饲草种植和饲草的批发销售。

在 1967 年 11 月早期的时候,阿泽维多为了购买饲草的事宜找到米尼斯特,双方就相关条款进行了讨论。几天之后,双方又通过电话达成了一份协议。原告和被告都承认,阿泽维多同意了从米尼斯特这里购买饲草,其中第一茬和第二茬饲草按照每吨 26.50 美元的价格计算,第三茬饲草按照每吨 28 美元的价格计算;按照米尼斯特的要求,双方还同意在耶林顿一家银行开设一个托管账户,阿泽维多同意在这个账户中存入足够多的资金,用以支付他从米尼斯特农场拉走的饲草。双方当事人对于阿泽维多同意购买饲草的数量究竟是多少,有着分歧。米尼斯特认为,阿泽维多答应购买饲草的数量是 1 500 吨,而阿泽维多则坚持认为,他们之间从来没有就具体购买饲草的数量有过协议。在这一次电话交谈之后,阿泽维多在指定的托管账户存入了 20 000 美元,然后开始从米尼斯特农场拉运饲草。自 1967 年 12 月 4 日起,每次当阿泽维多拉运饲草的时候,米尼斯特都会向他提供明确的"周期核算报表",这份报表会记录下阿泽维多拉运饲草的日期、卡车的名称、拉走饲草的包数和重量。双方当事人对于这样的安排一直是满意的,这样的安排一直持续到 1968 年 3 月末,在这一次拉运饲草的时候,阿泽维多派来了 4 辆车装运,但米尼斯特只让他装运了 2 辆车饲草的价款,原因是当时托管账户中存入资金已经不足以支付装满 4 辆车饲草的价款。随后,阿泽维多拒绝再从米尼斯特这里购买更多的饲

---

① NRS 104.2201(2).这是美国《统一商法典》在内华达州实施的法律。该条款在《统一商法典》中的对应条款是第 2-201 条款,下同。——译者注

② "确认性备忘录"是《统一商法典》中使用的一个名称,是指在口头合同达成后,一方当事人向对方当事人发出某个书面材料,要求对方就先前达成的口头合同予以确认。——译者注

③ 耶林顿是美国内华达州西部的一个小城市。——译者注

草,于是,米尼斯特在地区法院提起了本案诉讼。

二、反 欺 诈 法

本案中提出来需要我们法院考虑的法律问题应该如何处理,取决于我们法院如何解释《统一商法典》在我们州的相关法律规定。自《统一商法典》在我们内华达州颁布实施以后,有关商事交易的法律已经发生了彻底变化。……①

正如所有的成文法典一样,《统一商法典》当中的规定不可能覆盖到每一个预想的事实情形。《统一商法典》的起草者们深知成文法的这一局限性,因此,他们在《统一商法典》条款当中的文字和相关评论中,大多是以比较宽泛的一般性概念来进行表述,而将很多问题留给法官在将来的诉讼中予以解决。

734　　　　违反承诺之诉②在 14 世纪初得到了发展,这使得口头承诺在法院也可以得到强制执行。虽然在这样的诉讼中案件当事人本人不能作为证人,但是,原告所主张的承诺还是可以通过其他人强有力的口头证言得到证实,然后在法院得到强制执行。正因为在实践中允许他人提供证言来证明一个合同的存在,一方当事人可以很容易地唆使其他人作伪证,这样,另一方当事人可能会被迫强制履行他们根本没有作出过的承诺,这就会给无辜的另一方当事人带来明显的不公正。反欺诈法的颁布实施,就是为了防止唆使他人伪证这样的做法。然而,反欺诈法的通过,非但没有解决这样的问题,相反,就反欺诈法的真正价值到底如何,在社会上引发了一场论战。支持这一法律的人坚持认为,这一法律通过禁止引入伪证,阻止了诉讼中的欺诈行为。他们还认为,这一法律可以防止那些草率行为的发生,因为合同必须以书面形式达成这一要求,将会让一个人在对自己行为的性质还没有完全了解的情况下,不要急于去履行义务。此外,持这一观点的人还认为,由于商业习惯与反欺诈法的强制要求几乎是完全一致的,所以,取消这一法律将会给这些商业习惯带来极大的混乱。

---

①　此处省略的部分是 NRS 104.2201 这一法律条款的主要内容。这一条款主要包括以下内容:(1)某一个交易的金额如果在 500 美元或者 500 美元以上(《统一商法典》后来将金额调整为 5 000 美元及以上),除非有充分的书面材料表明已经达成了一份合同,否则这样的合同是不能强制执行的;(2)如果某一交易发生在"商人"之间,一旦这一书面材料在合理的时间内寄送给了对方,对方有理由知道这一书面材料的内容,那么就可以认定他们之间有着一份合同,这样的[口头]合同可以被认为是满足了本条款前一项的要求的,这样的合同是可以强制执行的。这一条款在《统一商法典》中对应的是第 2-201 条款。——译者注

②　"违反承诺之诉"是英国普通法早期的重要制度,被认为是现代英美合同法的重要渊源。——译者注

另一方面,在英国,反欺诈法已经被废止。英国之所以废止反欺诈法,其理由是,允许当事人主张反欺诈法上的那些技术抗辩①,将会怂恿当事人去违反合同,并且会对那些提出有价值抗辩的当事人造成无法估量的损害。

英国观点的倡导者们还进一步提出,支持反欺诈法必要性的那些理由,现在已经不复存在,因为在当今时代,参与诉讼的当事人可以作为证人在法庭上进行作证,而且可以很容易地对伪证进行反驳。②

然而,美国《统一商法典》中的做法是试图在以上两种不同观念之间寻找到一种平衡,其采取的方法是,将反欺诈法的抗辩事由(即书面形式的要求)仅仅限定在明确有着欺诈可能的案件当中。

我们是在反欺诈法的以上历史背景之下,考虑本案中当事人之间的口头协议是否为反欺诈法所禁止这一问题的。

毫无疑问的是,阿泽维多和米尼斯特之间的协议是一份口头协议,它在法律上是否可以强制执行,是由内华达州 NRS 104.2201(2)这一法律条款所调整的。我们认为,饲草的销售,就是内华达州的 NRS 104.2105(2)和 NRS 104.2107(2)这两个法律条款所界定的货物买卖;当这两个条款联系起来一并解读时,其含义就是,当某一"栽培植物"③的销售是"买方或者卖方为了一定目的而进行种植"的情况下,它就构成了《统一商法典》所界定的货物买卖。在本案中,双方当事人也认可,他们都是《统一商法典》相关条款所界定的"商人"。④

同样可以肯定的是,反欺诈法是不能对抗已经履行了的口头合同的,根据内华达州 NRS 104.2201(3)(c)这一法律条款的规定,"对于……货物已经被对

735

---

① "技术抗辩"是指当事人仅仅就法律形式要求而提出的抗辩理由,它并不是实质理由上的抗辩。例如,被告强调,因为反欺诈法要求自合同成立起履行期限在一年以上的,必须签订书面合同,而本案中履行期限在一年以上,双方又没有达成书面合同,因而这样的口头合同是不符合反欺诈法的要求。这样的抗辩,就是一种技术抗辩,它纯粹是形式上的抗辩。这样的抗辩往往被认为是一种消极的抗辩。与此相对的是"肯定性抗辩",它是指被告认为即使某一行为存在,但自己也不承担责任或者无罪。例如,行为人没有行为能力,或者自己的行为构成正当防卫,等等。——译者注

② L. Vold, Sales §14, at 88(2d ed. 1959)."有关货物买卖的法案"[The Sales Act,这是英国议会通过的法律,最早在 1893 年通过,后来在 1979 年修订。——译者注]的倡导者们已经先行提出了这样的观点,他们认为,对于一个书面文本的技术保护措施,在美国的重要性要超过英国,因为在美国,诉讼当事人享有要求陪审团进行审理这一基本权利。而在英国,当事人是否有权要求陪审团进行审理,是由法官自由裁量的。这样,在绝大多数案件中,在英国是由法院而不是陪审团来最终决定一份合同究竟是否存在。见 Harv. L. Rev. 383,384(1954)。

③ 在本案中的标的物饲草就是这样的"栽培植物"。——译者注

④ 在《统一商法典》中,"商人"是有特定含义的一个术语(在《统一商法典》的第 2-104 条款中有规定),它是指某一领域以从事某种货物交易为职业,被认定为具有相关交易的知识或者技能的人。——译者注

方收到和接收"的口头合同,是可以强制执行的。

这样,本案中争议的法律问题就是以下两点:(1)米尼斯特制作的周期核算报表是否可以构成 NRS 104.2201(2)这一法律所称的"确认性备忘录"?(2)米尼斯特是否按照反欺诈法的要求,在合理的时间内将这一份周期核算报表发送给了阿泽维多?

三、确认性备忘录

(一)1968 年 1 月 21 日的核算报表

米尼斯特在 1 月 21 日这一天制作了一份周期性核算报表,这一报表上除了以前提到的阿泽维多拉运饲草的时间、货车的名称、饲草的包数和重量这些信息之外,米尼斯特还在上面添加了以下的说明:

> 你最初存在账户中的金额是 20 000 美元,现在这笔钱还剩下 1 819.76 美元。**截止到现在为止,你所购买的饲草大约还有 16 600 包等着拉走**,其中 9 200 包是第一茬饲草,7 400 包是第二茬饲草。
>
> 如果你能及时作出安排,**将余下的那些饲草运走**,我们将会很高兴。也请你在账户中存入足够的款项来支付你即将拉走的饲草。截止到现在为止,**如果以账户中的余额来购买剩余的那些饲草,价格只相当于每吨 2.25 美元**,而我们是不允许账户中的款项比我们商定的饲草价格更低的情况出现的,我们是不会在此情况下仍然考虑将饲草出售给你的。

阿泽维多对于米尼斯特 1 月 21 日这一天的核算报表并没有提出什么质疑,也没有作出什么答复,而是直接在委托的账户中另外又存入了 3 000 美元,然后继续从米尼斯特这儿拉运饲草。

(二)1968 年 2 月 22 日的核算报表

在 2 月 22 日寄出去的常规核算报表中,米尼斯特在上面添加了以下说明:

> 账户资金余额为 1 635.26 美元,大约还有 14 000 包饲草等着你拉走。

阿泽维多对于 2 月 22 日的常规核算报表同样没有提出质疑,也没有作出答复。

初审的地区法院认定米尼斯特寄出的这两份周期核算报表构成了 NRS 104.2201(2)这一法律条款所称的"确认性备忘录"。对于这一法律条款所使用的"确认性备忘录"的含义,并没有什么权威的表述。《统一商法典》第 2-201 条款(1968 年版)的官方评论对它的含义是这样论述的:

> 根据《统一商法典》的这一条款,对于确认性备忘录,只有三个明确的、不变的要求。第一,它必须证明一份货物买卖合同的存在;第二,这样

的备忘录必须是能够提供清晰的信息,这些信息足以将被指向的一方当事人识别出来;第三,它必须明确表明货物的数量。

本案中的双方当事人都承认,系争备忘材料(即核算报表上的文字材料)所提供的信息,是符合这一法律的要求的,但是,上诉人阿泽维多坚持认为,这两份备忘录中的任何一份都不能确认双方达成过口头合同。

虽然《统一商法典》第 2-201(2) 条款在商法领域是一个全新的法律规定,但它唯一的效果就是排除当事人以反欺诈法作为自己的抗辩理由。主张合同成立的一方当事人仍然有义务证明,在书面确认寄出*之前*,双方当事人已经达成了一份口头合同。《统一商法典》这一条款的目的是为了纠正在商法领域出现的滥用权利的行为。这方面的习惯产生在从事商务活动的人士之间,他们通过寄送确认函件来证明口头合同。这些发出去的信件对于寄送的一方当事人来说,是一个有约束力的备忘录,而对于收到信件的一方当事人而言,它并不是一个有约束力的备忘录,因为收到信件的一方当事人并没有在上面签字。[①]这里可能产生的滥用权利是,由于收到信件的一方当事人不受这一备忘录的约束,它可以按照自己的意愿或者市场情形来任意决定履行合同或者不履行合同,而卖方却不得不按照备忘录来履行。[②]很显然,在这样的情况下,发送任何"确认性备忘录"是一个危险的举动。《统一商法典》的第 2-201(2) 条款正是为了防止收到备忘录一方当事人滥用权利,规定除非收到备忘录的一方当事人在收到之后的 10 天之内提出反对意见,否则,它将受这一备忘录的约束。

上诉人阿泽维多辩称,1 月和 2 月的周期性核算报表并不满足《统一商法典》第 2-201(2) 条款所提出的标准,因为在这两份备忘录当中没有任何一个核算报表提到双方之间曾经有过口头合同。然而,我们认为,在对这一备忘录进行客观公正的解读之后,所得出的结论恰恰与上诉人的辩称相反。1 月的备忘录这样表述道:"截止到现在为止,你所购买的饲草大约还有 16 600 包等着拉走。"而且备忘录中还进一步说道:"如果你能及时作出安排,将余下的那些饲草运走,我们[米尼斯特]将会很高兴。"虽然 1 月和 2 月的备忘录都没有提到上一年的 11 月双方通过电话达成的协议,但是备忘录中的文字表明,双方当事人所指向的协议,并不是一个"针对未来"的安排,而是针对米尼斯特和阿泽

---

① 以手头的这一案件为例,签署这一备忘录(即周期核算报表)的是米尼斯特,因此米尼斯特将会被认定为应按照备忘录上的条款向阿泽维多交付剩余的饲草。此为原判决的注解。

② 本案庭审笔录显示,饲草在当年 3 月的价格要比上一年的 11 月当事人商定的每吨饲草的价格要来得低。此为原判决的注解。

维多过去已经存在的协议而言的。这一点与法院在 Harry Rubin & Sons, Inc.诉 Consolidated Pipe Co.①案件的判决意见所作的认定一样。法院在分析这起涉及《统一商法典》第 2-201(2)条款的案件时这样说道：

> 按照修订后的反欺诈法，"[对法院审理来说，]需要查清的所有事项就是这一书面材料提供了让人们相信口头协议存在的基础，即让人们相信这些口头证据确实是来自于真实交易"。

初审地区法院认定，在本案中的书面材料确实做到了上面判决中提及的这一点，即让人们相信口头证据是来自真实交易，庭审笔录也支持初审地区法院这样的认定。

四、"合理时间"的因素

内华达州 NRS 104.2201(2)这一法律条款规定，"确认性备忘录"必须在口头合同签订之后的合理时间内寄送出去。上诉人阿泽维多辩称，米尼斯特制作的确认性备忘录是在口头合同达成之后长达 10 星期的时间（从 11 月 9 日到 1 月 21 日）才寄送出去，这样的迟延从法律上来说，已经不是在合理的时间内了。对于上诉人的这一观点，我们并不能同意。至于什么才是合理的时间，必须由案件事实的发现者②根据案件所有需要考虑的情形作出具体的判断。内华达州 NRS 104.1204(2)对于"什么是合理的时间"是这样规定的："对于所要采取的行动而言，什么是合理时间取决于这一行动的性质、目的和各种具体情形。"

在本案中，双方当事人几乎是在口头协议达成之后的 11 月的早期就立即开始履行了。阿泽维多先是在指定的委托账户中存入了 20 000 美元，然后就开始拉运饲草。米尼斯特在 12 月 4 日就开始向阿泽维多发送其周期性核算报告。的确，包含"确认性备忘录"的核算报表是直到 1 月 21 日才发送给阿泽维多的。只是到了 1 月 21 日这个时间点上，阿泽维多存入指定账户的资金才接近用完的程度。这时候米尼斯特才通过 1 月的备忘录，将此情形通知了阿泽维多。阿泽维多通过再存入资金的方式对这一备忘录作出了回应，他并没有对这一备忘录的内容提出什么反对意见，而且继续从米尼斯特这儿拉运饲草，一直持续到 3 月下旬。从这一案件的"性质、目的和各种具体情形"来看，我们同意地区法院法官的观点，米尼斯特迟延发送这一备忘录，并非不合理。

我们在此判决，对地区法院的判决予以维持。

---

① 396 Pa.506，153 A.2d 472，476(1959)。
② "事实的发现者"的含义参见第 14 页注释。——译者注

科恩诉费希尔①

新泽西州高等法院(1972 年)

本案要旨

原告科恩发布广告出售一艘帆船,被告费希尔看到这一广告后表示想要购买。双方口头上谈妥了成交价格为 4 650 美元,被告答应以交付支票的形式先付一半货款,余款在周末支付,并由原告完成帆船的权属变更手续。在这张支票上,被告注明这是用于购买原告的帆船,并写明了全部货款的数额,原告也接受了这一张支票。但后来被告并未交付余款。原告于是重新发布广告,将该帆船出售给了他人。现在原告要求被告赔偿原先价格与实际最终售出价格之间的差额和必要的成本损失。法院认定,对于货物买卖而言,只要支票(或其他书面材料)有着合同主要条款,能够证明存在着真实的交易,就可以认定口头合同有效。于是,法院判决支持了原告的诉请。

本案确定的规则是,如果当事人之间只是达成口头合同,但是只要有包含主要条款的书面材料能够证明双方存在过真实交易,那么就可以认定这一口头合同有效,对方当事人不能以违反反欺诈法来进行抗辩。

罗森堡法官②代表法院呈递以下判决意见:

原告科恩要求法院作出支持自己的简易判决,判令被告费希尔承担责任。本案涉及的问题是,被告费希尔是否违反了其与原告科恩之间购买一艘帆船的口头合同?

1968 年 5 月 19 日,这一天是星期日,被告费希尔在《纽约时代》上看到了一条广告。在这一广告当中,原告科恩表示,他准备出售一艘长达 30 英尺的机动单桅帆船。在得知这一帆船的具体地点之后,费希尔去了一家船厂,查看了准备出售的这一艘帆船。在看了这艘船之后,费希尔打电话给科恩,提出准备以 4 650 美元的价格买下这一艘帆船,科恩在电话中接受了这一价格。双方同意第二天在位于帕特森市③的科恩办公室见面。5 月 20 日(星期一)双方见面过程中,费希尔交给科恩一张金额为 2 325 美元的支票,在这一张支票上费希尔注明了以下文字内容:"D'Arc Wind 机动单桅帆船的预付款,全款为

---

① Cohn v. Fisher,118 N.J.Super.286,287 A.2d 222.
② Rosenberg Justice.
③ 帕特森市是新泽西州北部帕塞克县的一个城市。——译者注

4 650 美元。"双方当事人都同意在 5 月 25 日(星期六)再次见面,由费希尔付清余下的一半款项,科恩则负责将这一帆船的权属过户给费希尔。

几天之后,费希尔通知科恩,表示他不准备在这一周末完成这一艘帆船的买卖了,因为他想对这一艘帆船的具体情况再作进一步的调查和了解,而这些工作不可能在这个周末就完成。科恩则告诉费希尔,他认为费希尔应该在这个星期六按照原先的协议付清购买帆船的剩余款项。在这一点上双方产生了分歧,导致关系破裂。费希尔拒绝支付支票上载明的款项,在约定的星期六这一天,费希尔也没有去和科恩完成这一帆船的买卖。

在这样的情况下,为了将这一艘帆船卖出去,科恩重新为这一艘帆船作了广告,将这一帆船出售给了报价最高的人,最高的报价为 3 000 美元。在科恩提起的这起违约诉讼中,科恩要求被告费希尔赔偿自己的损失 1 679.50 美元,这一数额是他与被告费希尔之间的合同价格与帆船最终另外成交价之间的差额,再加上他重新出售这一帆船所发生的实际成本。……①

对于一份合同成立的基本要素,按照新泽西州《统一商法典》第 2-201 条款②的要求,凡是交易的标的额在 500 美元及以上的买卖合同,如果想要在法律上得到强制执行,它就必须符合反欺诈法的相关规定。……

在我们手头这一起案件中,如果具备以下三种情形,双方的口头合同就是可以得到强制执行的:

(1) 根据《统一商法典》第 2-201(1)这一条款,支票可以构成一个充分的书面备忘录;

(2) 根据《统一商法典》第 2-201(3)(b)这一条款,被告在对方询问程序中的证言和在"要求承认"③这一程序中的回答,可以构成对合同的认可;

(3) 根据《统一商法典》第 2-201(3)(c)条款,支付款项和接受支票,可

---

① 在此处省略的部分中,法官着重对法院在什么情况下可以许可简易判决动议进行了分析。法院认为,提出动议的一方必须证明案件不存在实质性的事实争议。被告费希尔提出,他并没有违约,因为当时他想购买这一帆船时,是设定了条件的,即必须在对这一帆船的情况进行调查了解之后才最后决定是否购买。法院提出,一份合同是否成立,取决于当事人合意、对价、当事人的行为能力、标的合法性、形式要件,等等。法院认为,在本案中就是否存在着有效的合同,只有两个争议,即当事人的合意和形式要件这两方面。法院认定,费希尔在交易的当时对于其购买帆船时一定要在调查了解之后最终决定这一点,并没有任何外在的意思表示,而其内心的意思保留是不能发生法律效力的。——译者注
② 《统一商法典》在新泽西州实施的法律是 N.J.S.A.12A:2-201。
③ "要求承认"是美国民事诉讼"发现程序"中的一个环节,它通常是由一方当事人提出若干问题,要求对方当事人予以正式回应。当事人所作的回应往往会被认定为是一种自认。——译者注

738

以被认定为构成了对合同的部分履行。①

一份口头合同在什么情况下可以得到强制执行,这是我们新泽西州于1963年1月1日通过《统一商法典》之后产生的一个问题。这一问题对于新泽西州的法院来说,也是未曾遇到过的一个新问题。基于这样的理由,在判断某一口头合同是否可以强制执行时,我们法院将对上面提及的三种情形逐一进行分析。《统一商法典》最后的定稿者们所提供的一些注解,以及其他州在这一问题上的判决意见,为我们法院解决这些问题提供了充分的权威依据。

对于第一种情形,即一张支票是否满足了反欺诈法对于书面备忘录的要求这一问题,按照《统一商法典》第2-201(1)条款,书面备忘录必须满足以下三个要素:(1)必须有书面文字表明双方存在着一份买卖合同;(2)这一书面备忘录必须由被指向的一方当事人在上面签过名;(3)货物的数量条款必须是明白地表达出来的。本案系争的这一张支票,在背面加入了以下一段文字说明:"D'Arc Wind机动单桅帆船的预付款,全款为4 650美元。"由此可以看出,仅仅从这一张支票的表面来看,它也是满足了第一点要求,即这一书面材料显示出双方之间有着一份买卖合同,它表明了买卖合同的标的物(D'Arc Wind机动单桅帆船),合同的价格(4 650美元),部分付款条件(先预付50%的货款,金额为2 325美元),从这一张支票中还可以推定出这一交易的卖方(科恩,收款人)和买方(费希尔,付款人);这一支票是由被要求强制履行的一方当事人(费希尔)所签署;它明确列出了买卖合同的数量条款(一艘D'Arc Wind帆船)。由此看来,本案系争的这一张支票虽然不是一份买卖合同,但根据《统一商法典》第2-201(1)条款的规定,它符合了新泽西州反欺诈法对于书面备忘录的要求。

然而,我们在这里得出的结论,却是与新泽西州的判例法相抵触的。正如《新泽西研究评论》对《统一商法典》第2-201(1)条款②所指出的那样,先前的《统一买卖法案》③和现在实施的《统一商法典》都规定,没有以书面形式达成的买卖合同并非不能强制执行,只要书面备忘录上有着被指向的一方当事人或

---

① 对于口头合同,一旦一方当事人基于信赖开始了部分履行,另一方当事人就不能再以书面材料违反了反欺诈法为由,要求认定这一口头合同不能执行。——译者注

② New Jersey Study Comment,par.3.

③ 《统一买卖法案》(Uniform Sales Act)可以说是《统一商法典》(Uniform Commercial Code)的前身,在《统一商法典》实施之前,美国很多州实施的是《统一买卖法案》,以这一部法律来调整有关货物买卖合同。在20世纪60年代的时候,美国绝大多数州采纳了现在的《统一商法典》。——译者注

者代理人签字即可。虽然对于需要具备什么样的条件才算是满足了书面备忘录的要求,新泽西州以前的《统一买卖法案》并没有表明自己的态度,但是,新泽西州的法院已经就"书面备忘录"作了限制性的解释。新泽西州法院给出的解释是,"书面备忘录"必须**包含合同的全部条款**。①然而《统一商法典》第 2-201(1)条款没有这样的要求,它提到,除数量条款之外,"不能因为书面备忘录中省略了先前达成的口头条款,或者对先前达成的口头条款表述上有错误,就认定这一书面备忘录是不充分的",可以说,《统一商法典》的这一条款就是改变了新泽西州以前的法律;具体地说,就是改变了反欺诈法有关书面备忘录的要求,不再要求"书面备忘录"必须包括合同的全部条款。正如《统一商法典》第 2-201(1)条款的评论所表述的那样,这样的一种变化,正是第 2-201(1)条款想有意实现的一个效果:

> [第 2-201(1)条款]所要求的书面材料,并不需要包括合同中所有的主要条款,而且,这些主要条款也不需要在书面材料中非常准确地作出叙述。所有它所需要的东西,就是这一书面材料提供了这样的基础,让人们相信口头证据确实是来自一个真实交易……货物的价格、时间和地点或者货物的交付、货物的一般质量,或者特别的担保等条款,都可以在这一书面材料中被省略……

> 对于书面备忘录而言,只有三个明确的、不变的要求。第一,它必须能够证明一份货物买卖合同的存在;第二,这样的书面备忘录必须有着确定的信息足以将被指向的一方当事人识别出来;第三,它必须明确表明货物的数量。

在我们现在审理的这起案件当中,我们法院认定,系争的支票充分满足了《统一商法典》第 2-201(1)条款的要求,构成了协议的书面备忘录;我们法院的这一认定,并不是没有权威判例支持的。在 Herzog 诉 Tidaback② 这一案件中,我们法院已经在这一个方向上向前迈出了半步。在 Herzog 这一案件中,不动产的买方向卖方的代理人交付了一张支票,这一张支票上有着文字备注表明,买方是按照挂牌协议③的要求存入了这一笔预付款;而卖方的代理人接受了这一张支票,进行了背书,并且兑现了这一张支票。法院认定,这一张支

---

① Bauer v. Victory Catering Co., 101 N.J.L.364,370,128 A.262(E. & A.1925).

② 67 N.J.Super.14,169 A.2d 726(Ch.Div.1961).

Herzog 这一案件是在 1961 年的时候审理的,当时《统一商法典》还没有在新泽西州实施(这一判决中说明了《统一商法典》是 1963 年在新泽西州实施的)。——译者注

③ "挂牌协议"是美国不动产交易中经常使用的一个术语,它是指不动产的卖方和不动产经纪人之间达成的协议。这样的协议通常会包括不动产挂牌的时间、不动产出售的价格和佣金等内容。——译者注

票上标注的文字内容,加上卖方授权的代理人将支票背书的行为,足以满足反欺诈法对于书面备忘录的要求。由此可见,对于一张支票如何满足反欺诈法中的书面备忘录这一例外情形,Herzog 这一案件要求有一个外部的协议①可以引进来作为参考。但是,在我们看来,这一区别产生的原因,是由于在 Herzog 这一案件中涉及的是一起不动产交易,而并非本案中的货物交易。一份不动产买卖合同与货物买卖合同之间的区别已经是明确的,在不动产买卖合同中,如果一张支票想要构成反欺诈法上提及的书面备忘录,就必须以一份书面协议作为参照,然而在货物买卖的合同中,对于一张支票而言并不需要引入这样的书面协议作为参照。②根据《统一商法典》的规定,涉及货物买卖合同的相关法院的判决都确立了这样的规则,即支票本身就足以构成反欺诈法上所要求的书面备忘录。……

由此,我们法院认定,《统一商法典》在新泽西州通过之后,有关如何认定书面备忘录足够充分的判例法已经发生了改变。因此,我们法院也就认定,本案中的支票是满足了《统一商法典》第 2-201(1)条款对于书面备忘录的要求,这样,根据反欺诈法,双方的口头合同是可以强制执行的。

在我们看来,即使这一张支票没有能够满足《统一商法典》第 2-201(1)条款的要求,但这一张支票本身,结合被告在宣誓证言和"要求承认"这一程序中认可有过口头合同存在这一事实,也已经满足了《统一商法典》第 2-201(3)(b)条款的要求。这一条款实际上表明,如果《统一商法典》第 2-201(1)条款的要求没有得到满足,但是,只要被指向的一方当事人承认双方达成过口头合同的话,那么,法院同样可以认定双方当事人之间存在着一份可以强制执行的有效合同。对于这样的合同,强制执行的只是当事人本人承认的那些货物数量。

740

《新泽西研究评论》对《统一商法典》第 2-201(1)条款分析道:"对于当事人在法院承认双方有过口头合同的法律后果这一问题,其他州的案件与我们州的观点并不一致。"美国其他州对于第 2-201(3)(b)条款持不同看法,其背后的理论依据似乎是……"如果被告一旦承认双方达成过口头合同就会被剥夺按照反欺诈法来进行抗辩的权利的话,那么,被告应该被赋予这样的特权,可以不承认达成过口头合同"。③

在这一问题上,我们法院的观点是,如果一方当事人承认存在着一份口头合同,那他就应该受到这一口头合同的制约。反欺诈法不是用来保护达成过

---

① 此处提及的"外部的协议"是指本案中卖方和不动产经纪人之间的"挂牌协议",由于它不是卖方和买方之间的协议,故被称作"外部的协议"。——译者注

② 20 A.L.R.363;153 A.L.R.1112.

③ Hawkland, *Sales and Bulk Sales*, 31(1958).

口头合同的一方当事人的,而是用来帮助未达成过合同的一方当事人的,虽然另一方当事人认为与他达成了一份口头合同。因此,我们法院在此认定,本案中的支票加上被告自己承认存在着一份口头合同这样的事实,按照《统一商法典》第 2-201(3)(b)条款也足以认定构成了一份可以强制执行的合同。

最后,根据《统一商法典》第 2-201(3)(c)条款,交付支票这一行为也可以构成部分履行,因为这一张支票是用来交付货款的,而且买方已经接受了这一张支票;在这样的情况下,根据反欺诈法的规定,这一合同也可以被认定为能够强制执行的合同。《统一商法典》第 2-201(3)(c)条款规定,即使第 2-201(1)条款的条件没有得到满足,我们也同样会认定存在一份可以强制执行的有效合同。当然,这里有效合同所针对的货物只能是:(1)已经支付和接受款项相对应的那些货物,(2)当事人已经实际接受的**货物数量**。

正如《新泽西研究评论》对《统一商法典》第 2-201(1)条款所分析的那样,现行的这一条款部分地改变了新泽西州的判例法。以前的判例法认定,部分支付款项,或者实际接受了部分货物,对整个合同而言都满足了反欺诈法的要求。但是,根据《统一商法典》,口头合同仅仅是针对已经付款的货物或者已经接受的货物部分可以强制执行。这样,部分付款或者部分接受货物,就是满足了反欺诈法的要求,但这并不是整个合同满足了反欺诈法的要求,而仅仅是对于已经接受的货物数量或者是已经付款的货物数量而言满足了反欺诈法的要求。

在我们手头的这一案件中,由于支票本身就很清楚地表明了货物数量的条款,即"D'Arc Wind 机动单桅帆船",因此,通过表明这一付款行为已经作出并被原告科恩接受,这一支票就构成了部分履行,根据《统一商法典》第 2-201(3)(c)条款,这样的合同就是可以强制执行的。法院认定这一合同可以强制执行是针对整个合同而言,只是因为整个合同也只涉及一艘帆船的买卖。……

741 总而言之,按照《统一商法典》中的三个相关法律条款来看,本案完全符合了反欺诈法的要求,我们在此维持地区法院认定这一合同可以强制执行的判决。

波特诉哈特农场①
俄勒冈州上诉法院(1982 年)

本案要旨

原告波特经营着一家火鸡孵化场,被告则是一家经营火鸡的农场。双方在 1979 年 1 月达成了一份火鸡幼禽买卖的口头协议,除了火鸡幼禽的运输方

---

① Potter v. Hatter Farms, Inc. 56 Or. App. 254, 641 P.2d 628.

式这一条款没有确定之外,双方对交易的其他条款都达成了一致。这一交易的总金额将超过 15 万美元。之后,原告拒绝了其他人想要购买这批火鸡幼禽的要约,并在随后与被告代表的交谈中将这一信息告诉了对方,但是被告的代表对此并没有作出什么回应。过了一段时间,被告表示拒绝购买这批火鸡幼禽。于是,原告向法院提起诉讼。法院认定,原告因信赖被告的口头合同,自身地位已经发生了变化。根据禁止反言规则,这一口头合同必须得到强制执行。于是,法院判决支持了原告的诉请。

本案确定的规则是,禁止反言这一法律原则可以作为《统一商法典》中反欺诈法条款的例外,当然当事人必须证明它符合禁止反言这一法律原则的要件。

吉勒特审判长①代表法院呈递以下判决意见:

在这一起涉及口头合同的诉讼当中,初审法院的陪审团作出了支持原告波特的裁决,被告哈特农场不服这一裁决,向我们法院提起上诉。被告哈特农场在上诉中提出了以下辩论意见:(1)本案中,在原告与被告之间并没有合同存在的实质性证据;(2)即使双方曾经达成过口头合同,但由于这样的口头合同违反了《统一商法典》中的反欺诈法条款,因而是不能强制执行的;(3)原告不能以禁止反言这一原则来阻止被告援引反欺诈法进行抗辩。我们在此维持初审法院的判决。

原告波特在俄勒冈州经营着一家火鸡孵化场。孵化场主要是对火鸡蛋进行孵化,等到它们变成小火鸡后再出售给火鸡的养殖者。被告哈特农场是俄克拉荷马州的一家火鸡养殖企业;它从事火鸡的饲养,并将这些火鸡出售给食品加工企业。

……原告波特在向法庭提供的证言中说道,在 1978 年的 11 月或者是 12 月的时候,被告哈特农场的生产经理肯特首先通过电话与他进行了联系,肯特在电话中表明,他有兴趣从波特这里购买一批火鸡幼禽。紧接着,在 1979 年 1 月,两人在俄克拉荷马州的图尔萨机场见了面。根据波特的说法,在这一次见面中他和肯特达成了一份口头合同。波特在作证时说道,他同意向被告出售一批火鸡幼禽,而肯特也同意向原告购买。这批火鸡幼禽总量为 192 000 只,每只火鸡幼禽的价格为 80 美分。此外,这一价格包括了为防止火鸡蛋感染而进行消炎、检测和给火鸡戴上脚套的费用。……[之后,双方当事人经协商同意"尽可能找到快捷、价廉的运输方式"(因为这些火鸡幼禽在运输途中既不能喂食也不能饮水),但是,双方并没有在运输的具体细节上达成一致。1979 年

① Gillette, Presiding Judge.

6月,两人又进行了一次会晤,在这次会晤中,原告确认了被告仍然需要这批火鸡幼禽,随后,原告拒绝了其他客户想要购买这批火鸡幼禽的要约。]

1979年8月,肯特通知波特,被告他们不再需要这批火鸡幼禽了,于是原告波特提起了本案诉讼……[上诉法院认定,尽管双方当事人没有就确切的运输方式达成一致,但是仍然有充分的证据足以支持陪审团所作的这一认定,即在本案当事人之间存在着一份口头合同。上诉法院认定,尚未最终确定的运输方式条款,是经得起《统一商法典》第 2-204(3)①条款的测试的。]至于运输方式条款没有确定这一点,对于一份协议来说,并不是致命的缺陷,因为原告波特在作证时已经说道,这一协议并不是以找到合适的运输方式作为前提条件的。本案的证据显示,采取恰当的运输火鸡幼禽方式[如空运到芝加哥,接着用卡车运到俄克拉荷马州],虽然其成本是比较高的,但在运输淡季里,这样的价格并非高得不合理。

被告哈特农场接下来抗辩,依据俄勒冈州的法律②,本案中的口头合同违反了《统一商法典》中的反欺诈法条款,是不能得到强制执行的,所以,初审法院没有支持被告提出的动议——这些动议包括本案应该作出简易判决、由法官指导陪审团作出裁决,或者是将陪审团的裁决置之一边、由法院另行作出判决——显然是错误的。原告波特对于被告这一抗辩理由的回应是,根据禁止反言的原则,应该禁止被告将反欺诈法作为本案中的抗辩理由。

742

在传统上,禁止反言这一主张是用来弥补合同对价的不足的,因为如果以对价不足为由拒绝强制执行一个承诺的话,将会对信赖这一承诺的一方当事人产生不公正。③然而,在 Stevens 诉 Good Samaritan Hosp.④这一案件中,俄勒冈州最高法院认定,禁止反言这一原则可以被用来阻止俄勒冈州反欺诈法的适用。

在本案中的争议问题是,禁止反言这一原则是否被允许作为《统一商法典》中反欺诈法适用的例外情形呢?⑤ ……

---

① 《统一商法典》第 2-204(3)条款主要规定的是在当事人对于合同中的某一条款没有达成一致时的解决办法。该条款规定,即使某一条款不明确,但是只要当事人有着达成合同的意愿,而不明确的条款又是有着救济方法的,那么,这一合同就不会因为这一条款的不明确变得无效。——译者注

② ORS.72.2010.

③ Calamari & Perillo, *The Law of Contracts*,§§99—105(1970).

④ 264 Or.200, 504 P.2d 749(1972).

⑤ 《统一商法典》中的反欺诈法条款在俄勒冈州的对应条款是 ORS.72.2010。其主要内容是对于一定金额(以前是 500 美元,现在是 5 000 美元)以上的交易,除非当事人之间有书面备忘录等情形,否则,当事人之间的口头合同是不能强制执行的。——译者注

　　禁止反言这一原则是在《统一商法典》的第 1-103 条款①中作出规定的,这一条款这样表述道:

　　　　除非被《统一商法典》中的特别条款所取代,否则,法律和衡平法上的基本原则——包括商事法②以及与缔约能力、委托人和代理人、**禁止反言**、欺诈、错误陈述、胁迫、错误、破产,或者其他有关合同有效或者无效事由等法律——可以作为《统一商法典》条款的补充条款。

　　我们对上述两个条款③进行分析之后的结论是,禁止反言这一原则是可以被用于对抗《统一商法典》中的反欺诈法条款的。在这里,我们要研究的中心问题是,禁止反言这一原则是否被《统一商法典》中的第 2-201 条款[即反欺诈法条款]④所取代了呢?因为在《统一商法典》对于这一问题并没有明确给出答案,所以,如果认定禁止反言这一原则已经被《统一商法典》中的条款取代,唯一可以拿出来辩论的理由就是,立法机关对这一问题是“沉默不语”的。我们法院并不相信立法机关这样的“沉默不语”,就一定表明反欺诈法条款将禁止反言这一法律原则排斥在《统一商法典》之外了。根据《统一商法典》的第 1-103 条款,我们认定,立法机关如果不想让禁止反言这一原则适用于反欺诈法的话,那么它就一定会在这一法律条款中非常明确地说出这一点。

　　我们之所以得出这样的结论,也是受到了《统一商法典》第 1-203 条款的启发和影响。这一条款是这样规定的:

　　　　对于《统一商法典》范围之内的每一个合同或者义务,当事人在履行或者实施的过程中,都应该做到善意。

　　我们认为,允许禁止反言这一法律原则作为反欺诈法的例外情形,是符合当事人应该善意履行义务这一要求的。相反,如果我们将禁止反言这一原则从《统一商法典》的这一条款中排除出去、不予适用,导致的结果就是允许一方当事人先去达成一份口头合同,诱导另一方当事人对此产生信赖,然后自己从合同责任中毫发无损地出逃,将责任推脱得一干二净。我们并不认为立法机

---

①　《统一商法典》第 1-103 条款的标题是“对《统一商法典》的解释要能够促进该法典目的和政策的实现;法律原则的补充适用”。该条款的目的,实际上就是要求法官在解释《统一商法典》时,应该尽量符合《统一商法典》的原则,并且可以将这些法律原则作为《统一商法典》的补充,运用到具体的案件中。——译者注

②　此处的“商事法”是指欧洲中世纪在商人之间所形成和使用的法律制度,主要来自商人之间的习惯和实践,它主要强调合同自由和财产的可自由转让。法院在审理时往往会将这些商事法在商人之间的纠纷中予以强制适用。——译者注

③　即俄勒冈州《统一商法典》中的反欺诈法条款 ORS.72.2010,以及《统一商法典》中的第 1-103 条款。——译者注

④　《统一商法典》第 2-201 条款的名称是“Formal Requirements;Statute of Frauds”。这一条款是货物买卖交易中如何适用反欺诈法的具体要求。——译者注

关在通过这一法典时想要追求的是这样的效果。①

被告哈特农场辩称,如果允许以禁止反言这一原则来对抗反欺诈法,那将导致反欺诈法毫无意义。确实,如果在书面文本之外允许增加例外情形,那就相当于增加了当事人通过伪证来实施欺诈的可能性。②我们认为,尽管存在这样的可能性,[美国]最高法院还是创设了禁止反言和部分履行这两个情形作为反欺诈法的例外,而且,《统一商法典》的条款中本身就包含了一些例外的情形。③……很显然,我们俄勒冈州的法院并不相信,俄勒冈州的立法机关也不相信,创设这样的例外情形会导致反欺诈法这一部法律成为无用的废物。正如法院在 Stevens 诉 Good Samaritan Hosp. 这一案件的判决意见中很清楚地表达的那样,通过阻止当事人将反欺诈法作为欺诈的一个工具,禁止反言这一例外实质上是强化了反欺诈法的作用。我们同样不相信,将禁止反言这一原则作为反欺诈法的例外情形就会导致商人们以书面协议记录下交易内容的动机荡然无存。那些遵从反欺诈法、以避免他们的协议不能强制执行的人们,将同样会遵从法律、以避免他们在庭审中证明禁止反言的要件时所面临的各种不确定性和困难。

如果一个当事人想要通过禁止反言这一法律原则对抗反欺诈法,那么他就必须证明以下事项:(1)自己对于一个承诺产生了实际上的信赖;(2)对方当事人所作的承诺已经导致自己的地位发生了确定的、实质性的变化;(3)作出承诺的立诺人④——作为一个理性的人——对于自己的承诺可能导致这样的行为发生,是可以预见到的。⑤当事人想要满足这一证明标准会存在相当的困难,这一困难的存在,既会鼓励商人们将他们的协议以书面文本的形式确定下来,也会减少那些主张合同存在的当事人通过伪证来证明合同存在的可能性。

有人提出,如果允许将产生信赖作为反欺诈法适用的例外情形,将导致一方当事人仅仅是依靠双方的交谈、讨论——实际上这样的交谈、讨论并没有真

---

① J. White and R. Summers, *Uniform Commercial Code*，§2—6 at 69—70(2d ed. 1980).

② 反欺诈法条款要求一定金额以上的合同必须以书面文本形式进行签订;如果法官允许有例外情形(例如本案中的禁止反言规则)否定书面形式要求的话,就存在着当事人作伪证、以此来证明合同存在的可能。因此,本案中的被告坚持认为,应该不允许将禁止反言原则引入到反欺诈法中来。——译者注

③ 例如,《统一商法典》中就允许将书面备忘录作为反欺诈法适用的例外情形。——译者注

④ 通常是案件中的被告。——译者注

⑤ Schafer *et al*. v. Fraser *et ux*., 206 Or.446，472，290 P.2d 190(1955).

正形成一份协议——就可能单方面创设一份可以强制执行的合同。然而,在我们看来,更加不可能出现的应该是以下的情形:即一个商人会指望一份并不存在的协议来弥补自己的损失,寄希望于他能够说服事实的发现者①,让他们相信自己已经实际达成了一份协议,并且禁止反言的所有要件都已经得到满足。

被告哈特农场还辩称,将禁止反言这一原则作为反欺诈法的例外,将阻止《统一商法典》的一致性和可预见性的实现,而《统一商法典》本身就是想要将一致性和可预见性带到商事交易中去的。正如上述《统一商法典》中有关适用善意履行和禁止反言条款所表明的那样,我们认为,立法机关并不想以牺牲衡平原则作为代价来实现《统一商法典》的一致性和可预见性这两个目的。《统一商法典》中的反欺诈法条款,为商人们在交易过程中提供了一个保证交易确定性的手段;而禁止反言这一原则作为一个例外情形,则是在商人不能让自己得到反欺诈法的保护时,保证善意履行的要求并没有离他们远去。我们认为,在法律的可预见性和善意履行两者之间进行这样的平衡,是符合立法机关的意图的。

最后,我们必须确定的是,在本案中究竟是否存在着实质性的证据可以满足禁止反言这一原则的要求呢?正如我们在上面提到的,原告波特的证言提供了这样的实质性证据,表明被告哈特农场的代表[肯特]作出了准备购买火鸡幼禽这样的承诺。原告波特基于对被告这一承诺的信任,在之后回绝了将这些火鸡幼禽出售给加利福尼亚州客户的要约,原告的这一证言符合了反欺诈法要求原告对于承诺产生了实质信赖和本人的地位发生了实质性改变这两方面的要求。原告的证言提到了他与被告的代表肯特在 1979 年 1 月达成了口头协议,同年 6 月原告又告知被告,他收到了其他客户想要购买这批火鸡幼禽的要约,而被告哈特农场并没有告诉自己,他们对于这批火鸡幼禽已经没有兴趣;这样的一种情形就非常合理地满足了反欺诈法所要求的可预见性。

在本案的原告与被告之间,有着实质性的证据表明双方存在着一份口头合同。虽然这样的合同因为违反了反欺诈法可能是不能强制执行的,但是,由于本案中有着禁止反言方面的实质性证据,也就阻止了被告以反欺诈法来作为自己的抗辩理由。

初审法院的判决予以维持。

744

---

① "事实的发现者"的含义,参见第 14 页注释。——译者注

好市多批发销售公司诉环球首饰销售公司①
华盛顿州上诉法院 第一审判庭(1995 年)

本案要旨

被告环球首饰销售公司通过代理人向原告好市多批发销售公司出售自己的首饰产品,双方达成了一份合同,由被告向原告出售 5 个包装箱的首饰。这批首饰交付之后,原告并不满意。被告得知后派代理人与原告沟通,表示如果原告同意另外再购买 3 个包装箱的首饰,被告可以对价格打折。被告称,代理人回来之后表示,原告已经同意购买 3 个包装箱的首饰。然而,代理人却认为被告只是叫他去谈价格打折的事情,并没有谈到叫原告购买更多首饰。之后,原告同意了对这些首饰的价格打折,但并没有订购那 3 个包装箱的首饰。于是,被告拒绝给予价格打折。原告起诉,要求被告支付打折的款项。初审法院支持了原告。上诉法院最终认定,只要最初的合同符合反欺诈法,对合同的修改就是符合反欺诈法的,但是原告必须证明合同已经修改。由于初审法院未能查明代理人是否有代理权限来决定打折,上诉法院将本案发回重审。

本案确定的规则是,如果最初的合同符合反欺诈法的要求,那么对于最初合同的修改就可以被推定为符合反欺诈法的要求。但是,当事人仍然必须证明合同修改这一事实的存在。

韦伯斯特法官②代表法院呈递以下判决意见:

本案涉及的是一份首饰买卖合同修改的问题。原告好市多批发销售公司(以下简称"好市多公司")坚持认为,当被告环球首饰销售公司(以下简称"环球首饰公司")的代理人以书面方式同意对自己购买首饰的价格予以打折时,原告同意付给被告的价格就已经被修改过了。环球首饰公司则声称,好市多公司通过答应从自己这里购买更多的首饰,已经在口头上同意修改双方的合同。本案中的每一方当事人都坚持认为,对方当事人所声称的合同修改,是为反欺诈法所禁止的——反欺诈法要求某些特定的合同③必须是以书面方式达

---

① Costco Wholesale Corp. v. Worldwide Licensing Corp., 78 Wash. App. 637, 898 P.2d 347.

② Webster, Judge.

③ 首饰买卖属于货物买卖,根据《统一商法典》的规定,交易的标的额在 500 美元以上的[后来《统一商法典》将交易的标的额调整到 5 000 美元以上],必须以书面方式达成合同。——译者注

成。我们法院在此认定,本案中当事人最初的合同符合了反欺诈法的要求,这一特性是可以"传导"到合同的修改上的,但是,这一被修改过的合同,最多只能就合同中已经提及的那些数量去强制执行。因此,在本案中,反欺诈法应该禁止强制执行的是购买更多首饰这一口头承诺,而不是就首饰价格打折的主张。然而,虽然好市多公司的价格打折主张并不为反欺诈法所禁止,但是,好市多公司仍然必须证明系争合同确实进行了修改。因为在本案中对于被告代理人的表见代理权限——也就是说代理人有没有表见代理权同意给予打折——这一主要事实存在着争议,我们法院在此推翻初审法院所作的支持好市多公司的简易判决,将案件发回初审法院重新审理。

一、案 件 事 实

被告环球首饰公司专门向进行批发式销售的买家出售自己生产的首饰。环球首饰公司的产品销售,是由独立的销售代理人——他们往往被称为中介——与买方具体进行洽谈的。当环球首饰公司决定联系好市多公司,劝说好市多公司来购买其产品的时候,它先是接洽了一个名叫科尔曼的销售代理人。多斯是环球首饰公司的一个部门经理,他到西雅图会见了科尔曼。科尔曼和多斯又共同会见了好市多公司的一个部门经理哈勒夫。在这一次会见中,科尔曼向哈勒夫提供了环球首饰公司的产品,包括产品的包装。好市多公司同意购买5个包装箱的首饰,每个包装箱有416包,这批货物的总价为74 880美元,并且好市多公司同意用支票来付款。在交谈中,好市多公司的哈勒夫将这次交易比作一次"市场检测",并表达了这一批货物将会很快售完的观点;之后,参与会见的当事人讨论了随后再订购这些产品的可能性。多斯告诉哈勒夫,重新订购产品将需要8个星期的时间。在这次会见的现场之外,在哈勒夫听不到的情况下,科尔曼劝说多斯在原告已经订购的5个包装箱之外再生产更多的产品。虽然说这些首饰是一种特殊款式,不容易市场化,但是多斯还是勉强同意再生产另外3个包装箱的产品。

好市多公司认为,它收到的这些首饰包装很差,产品质量不如预期的那样好。在货物送到之后,这些首饰的销售并不像好市多公司希望的那样快速。科尔曼向环球首饰公司告知了好市多公司的不满。虽然环球首饰公司对于自己的产品充满信心,但让它感到担心的是已经投入生产、准备销售给好市多公司的另外3个包装箱的首饰。多斯告诉科尔曼,他可以去"找一下好市多公司,洽谈一下对产品打折的事情;*如果好市多公司同意购买余下的3个包装箱的首饰*,环球首饰公司同意给予好市多公司每盒8美元的价格折扣"。根据多斯的说法,科尔曼在与好市多公司接触之后向自己"表明",好市多公司"已经同意了增加订货"。与多斯的说法恰恰相反,科尔曼在个人声明中坚持认为,

745

多斯只是授权让他和好市多公司去洽谈每盒产品给予 8 美元的折扣这一事情,但是多斯根本没有提到过要求好市多公司再订购更多的首饰,或者告诉科尔曼,这一折扣必须以好市多公司购买其他 3 个包装箱的产品作为前提条件。好市多公司同意了科尔曼提出的折扣数额,并且向科尔曼寄送了一张折扣表格。科尔曼在这张折扣表格上面签了字,把它传真给了环球首饰公司。环球首饰公司将这一折扣计入了它的财务系统,这一折扣需等待多斯批准后生效。在好市多公司没有订购另外 3 个包装箱首饰的情况下,环球首饰公司拒绝兑现那些折扣。然而,当环球首饰公司向科尔曼支付销售佣金的时候,它是按照折扣后的价格作为基础进行计算的。

好市多公司向法院起诉了环球首饰公司,要求对方支付总共 16 640 美元的打折款项(总共 2 080 盒,每盒按照 8 美元计算)。环球首饰公司则否认双方存在着折扣协议,并且将反欺诈法作为其抗辩的理由。初审法院作出了支持原告好市多公司的判决。

二、法律问题的讨论

……本案中,原告好市多公司提出的唯一诉因,是被告违反了给予 16 640 美元折扣的承诺。被告环球首饰公司在本案中提出了三点可以替代的抗辩理由。第一,环球首饰公司认为,对首饰价格予以打折这一承诺是不能强制执行的,因为它并不符合《统一商法典》中反欺诈法条款的要求。①第二,环球首饰公司认为,系争合同的修改是双方当事人所作承诺的相互交换——环球首饰公司同意给予价格折扣,而好市多公司同意购买另外 3 个包装箱的首饰。因为好市多公司没有履行自己购买更多首饰的承诺,它也就没有权利要求价格打折。第三,环球首饰公司认为,如果科尔曼在好市多公司没有同意另行购买首饰的情况下同意打折,那么,科尔曼就是超越了其代理权限,这样的合同修改对于环球首饰公司来说是没有约束力的。

746

(一)反欺诈法

这一案件涉及《统一商法典》下的反欺诈法和合同修改的相互作用问题。对于一份货物买卖合同来说,在交易的标的额超过 500 美元的时候,如果没有书面材料证明存在着协议,那么,反欺诈法是拒绝强制执行这样的合同的。②当

---

① RCW 62A.2-201(1)[《统一商法典》第 2-201(1)条款]规定:

除非本条款另有规定,一个标的额在 500 美元以上的货物买卖合同是不能通过诉讼或者抗辩的方式进行强制执行的,除非有一些书面材料足够充分表明当事人之间已经达成了一份合同,并且,这一书面材料是由被指向的当事人或者他的代理人或者中介人在上面签名。一份书面材料并不会因为它省略了双方协商的条款或者不恰当地表述了一个协商的条款而被认为不充分,但是对于超出书面材料所标明的那些数量的货物,是不能强制执行的。此为原判决中的注解。

② RCW 62A.2-201(1)[《统一商法典》第 2-201(1)条款]。

某份合同被修改的时候，如果"这一份修改的合同"属于反欺诈法条款的适用范围，《统一商法典》第 2-209(3)条款要求，合同的修改必须符合反欺诈法。①好市多公司与环球首饰公司的合同在进行修改的时候，涉及的金额超过了 500 美元，这样的修改就是属于反欺诈法的调整范围。因此，本案争议的唯一问题是，反欺诈法的要求是否得到了满足呢？

本案中最初的合同②是满足了反欺诈法的要求的。《统一商法典》第 2-209(3)条款中的文字对此讲得明明白白，它只是要求，如果"被修改的合同"是在反欺诈法的调整范围之内，那么它就必须满足反欺诈法的条件；它并**没有要求**修改这一行为本身必须满足反欺诈法的条件。我们在此认定，如果某一个合同在最初的时候满足了反欺诈法的要求，那么这种"满足"就会传导到被修改的合同。③因此，对于在开始的时候已经满足了反欺诈法的合同所作的修改，并不需要一份新的书面备忘录。④这样的解释，反映了反欺诈法中讲得明明

---

① RCW 62A.2-209(3)[《统一商法典》第 2-209(3)条款]是这样规定的：

"如果一份被修改的合同属于反欺诈法条款调整，那么反欺诈法条款[RCW 62A.2-201(1)]中所规定的条件就必须得到满足。"虽然这一合同在修改的时候，包括了最初合同中的一些条款，以及一些修改过的条款，但是，在适用反欺诈法的时候，"这一新的合同被视为一份整体上的合同"。见 *Restatement of Contracts* § 149, cmt.a(1979)。以下的例子可以帮助我们搞清楚，合同的修改在什么时候应该由反欺诈法来进行调整。假定有这样一份合同，当事人最初是想购买一台 400 美元的电视机，后来当事人想要修改这一合同，在这一合同中增加第二台 400 美元的电视机。在这一合同进行修改的时候，它就是属于反欺诈法调整的合同了，因为在这个时候，合同的总价款超过了 500 美元。另外一种情形是，当事人达成了一份购买 1 000 美元录音机的合同，随后当事人想进行修改。他们想在这一合同中只包括一个 200 美元的调音器，不再包括录音机的其他配件。这样的合同修改，就是在反欺诈法的适用范围之外的，因为合同的价格在修改之后要低于 500 美元这一起点要求。此为原判决中的注解。

② 这里所提及的"最初的合同"，就是双方达成了购买 5 个包装箱首饰、总额为 74 888.00美元的合同。——译者注

③ 2A. Corbin, *Contracts* § 304(1950)；U.C.C. § 2-209, cmt.3；Eisler, *Modification of Sales Contracts Under the Uniform Commercial Code*：*Section 2-209 Reconsidered*，57 Tenn.L.Rev.401，430(1990).

这里提及的"传导到修改的合同"，是指只要最初的合同是符合反欺诈法的要求的，这一效力就可以依次传递到修改的合同，后面合同的修改就可以推定为是符合反欺诈法的。按照这一理论，如果本案中最初购买 5 个包装箱首饰的合同符合反欺诈法的要求，那么，之后发生的价格折扣，就可以被认定为符合反欺诈法，也就不需要另行订立书面合同。——译者注

④ 有的法院判决要求每一次的合同修改都必须以书面方式达成，我们并不同意这样的观点。"在《统一商法典》第 2-209(3)条款的起草历史过程中，没有一丁点的东西支持以下的观点：设计《统一商法典》第 2-209(3)这一条款的目的是想要求那些未经证实的修改必须有一个形式上的证明材料，而且这一条款是要求所有的合同修改都必须要符合《统一商法典》第 2-201 条款的要求。"Murray, *The Modification Mystery*：*Section 2-209 of the Uniform Commercial Code*，32 Vill.L.Rev.1，15(1987)；也可参见 J.White & R.Summers，*Uniform Commercial Code* § 1-6(3d ed. 1988)。此为原判决中的注释。

白白的文字意思,而且也代表了口头合同修改通常的商业实践。①

我们现在假定,本案中合同的修改包括了价格折扣(这是一种价格修改)以及购买另外的首饰(这是一种货物数量的修改)这两个内容;在这样的假定下,由于最初的合同满足了反欺诈法的要求,它所带来的传导效力就能够让合同的修改也具备了可以强制执行的特性。修改原先的价格条款、给予原告价格折扣,并不要求有另外的书面材料来满足反欺诈法的要求。**但是**,根据反欺诈法,一份合同只能就书面文本所标明的那些货物数量要求强制执行。②在没有书面文本显示存在着另外 3 个包装箱首饰订单的情况下,合同中货物数量的修改,是不能通过诉讼或者抗辩的形式要求强制执行的,尽管最初的合同符合反欺诈法可以传导到之后的合同修改。③因此在本案中,环球首饰公司不能以好市多公司违反了购买更多首饰这一口头承诺为由阻止初审法院在价格折扣这一主张上作出支持好市多公司的简易判决。

总而言之,我们在此认定,在系争合同想修改价格条款、给予原告以价格折扣的时候,它是满足反欺诈法的要求的。但是,所谓购买更多首饰的这一承诺,却是为反欺诈法所禁止的。就环球首饰公司所作的肯定性抗辩④来说,初审法院作出的简易判决是一个恰当的简易判决。

然而,我们法院同时认为,被告不能以反欺诈法进行抗辩,并不能够就此证明或反驳一个合同条款或合同条款的存在;被告不能以反欺诈法进行抗辩,也不能改变原告以下的责任,即证明合同的存在、被告的违约及损失这些方面的举证责任。⑤因为任何购买更多首饰的承诺,其实际执行都是遭到反欺诈法禁止的,所以,本案的庭审记录就没有包括当事人在合同修改问题上的冲突。在本案的庭审记录中,如果有着对合同的修改,就是一种价格上的修改,即由环球首饰公司给予好市多公司 16 640 美元的价格折扣。然而,本案中仍然存在着一个争议事实的问题,即**合同的修改到底是否存在**?我们法院因

---

① RCW 62A.2-209(3),62A.1-102(2)(a)—(b);Hillman, *A Study of Uniform Commercial Code Methodology:Contract Modification Under Article Two*,59 N.C.L.Rev. 335,360(1981).

② RCW 62A.2-201(1),(3),Alaska Independent Fishermen's Marketing Ass'n v. New England Fish Co.,15 Wash.App.154,157,548 P.2d 348(1976).

③ Ⅱ E.A. Farnsworth, *Contracts* §§6.7 n.44,6.2 n.22—24(1990);RCW 62A. 2-201(1);也见 RCW 62A.2-201(3)(b);《统一商法典》第 2-209 条款评论 3(在《统一商法典》第 2-209 条款的评论 3 中指出,一个经过证明属实的"书面备忘录,其效力仅仅局限在书面文本中所提到的货物数量")。

④ "肯定性抗辩"的含义,参见第 706 页注释。——译者注

⑤ 《统一商法典》第 2-201 条款评论 3,Perdue Farms, Inc. v. Motts, Inc. of Miss., 459 F.Supp.7,16(N.D.Miss. 1978).

此转向环球首饰公司提出的另外一个抗辩观点,即有关价格的修改(折扣)并不能约束环球首饰公司,因为代理人科尔曼在行动的时候超越了他的代理权限。

(二)代理

……本案中的庭审记录表明,在环球首饰公司与科尔曼之间建立的是一个委托代理关系,其中环球首饰公司是委托人,科尔曼只是代理人。如果将本案的事实作最有利于环球首饰公司的认定,那么,因为科尔曼只是在本案的特定交易中代理环球首饰公司,所以科尔曼就是一个有着特定权限的代理人。只有在科尔曼有着实际的代理权限或者表见代理权限的情况下,科尔曼实施的行为对于环球首饰公司才具有约束力。如果将案件事实做最有利于环球首饰公司的推定,那么,科尔曼就没有同意打折的实际权限,因为环球首饰公司的多斯仅仅授权科尔曼以价格打折来交换好市多公司的另外一个承诺——同意购买另外 3 个包装箱的首饰。至于科尔曼本人在这一过程中是否有表见代理权限这一点,本案的现有证据并非决定性的……本案的庭审记录并不能够从法律上支持这样的认定,即科尔曼拥有表见代理权限来对这批首饰的价格予以部分打折。

利用好市多公司声称的承诺来创设一个重要的事实问题①,看起来似乎与我们在反欺诈法上的认定相抵触。但是,我们认为,反欺诈法只是宣布不得通过诉讼或者抗辩的方式强制实施声称的承诺。②就这一点来说,环球首饰公司并不是宣称好市多公司作出了承诺,想要努力去**实际执行好市多公司的承诺**。相反,环球首饰公司是想表明本案中缺少*任何*有效的合同修改。环球首饰公司可以在不违背反欺诈法相关规定的情况下,利用自己生产了这 3 个包装箱首饰的相关证据来证明本案中并没有一个有效的合同修改。

总而言之,我们认为,对于本案中是否存在着合同的修改,在主要事实上存在着争议,因为对于环球首饰公司来说,如果科尔曼实际有着代理权限或者有着表见代理权限的情况下,合同的修改才对它有制约。因此,初审法院在本案中作出简易判决是不恰当的。我们驳回环球首饰公司有关违背反欺诈法的抗辩理由,将初审法院简易判决予以推翻,要求初审法院根据我们法院在此的意见重新审理。初审法院的判决予以推翻,并将案件发回重审……

748

---

① 根据美国民事诉讼法的规定,如果案件存在着重要的事实争议,那么法院就不能作出简易判决。——译者注

② RCW 62A.2-201(1).

■ 第五节　保证与反欺诈法

劳伦斯诉安德森①
佛蒙特州最高法院（1936 年）

本案要旨

原告劳伦斯是一位医生，他在接到一个求救电话后，赶赴交通事故的现场抢救伤者。在现场，本案的被告，也就是伤者的女儿恳求原告尽全力抢救她的父亲，并称她会支付抢救费用。后来，伤者因受伤严重还是去世了。原告在实施治疗服务之后，曾经向伤者本人主张过治疗费用，在伤者去世之后，原告又向他的继承人和遗孀主张过治疗费用，但都没有能够成功。于是，原告向法院起诉，要求本案被告承担这一笔治疗费用。法院认为，在被告作出愿意承担医疗费用的承诺之后，原告仍然选择了将最初的伤者作为债务人，这时原告如果想要让被告承担责任，就必须有被告的书面承诺。据此，法院驳回了原告的诉讼请求。

本案确定的规则是，在被告保证愿意承担第三人的债务之后，如果债权人仍然选择由第三人来承担债务，那么必须是在被告以书面形式表示愿意承担债务的情况下，债权人才可以再向被告主张。

鲍尔斯首席法官②代表法院呈递以下判决意见：

本案原告劳伦斯是一位在册的执业医师，他在接到一个来源不明的紧急求救电话之后，为一个名叫约翰·安德森的人实施了治疗。当时为 1933 年 10 月 1 日，约翰·安德森在伯灵顿市③外的威利斯顿公路某处遭遇了车祸，严重受伤。当原告劳伦斯赶至事故发生地时，他发现了本案的被告，也就是受伤男子约翰·安德森的女儿待在那里。原告介绍了他自己，根据原告在法院的证词，当时约翰·安德森的女儿对他说了以下的话："求求你，采用一切方法救救他。"于是，原告叫来了一辆救护车，将受伤的约翰·安德森送到了医院，原告在医院里对约翰·安德森进行了治疗，这次治疗一直持续到次日的早晨。在被告与她的父亲商量之后，被告将原告解雇，不再让原告劳伦斯继续为被告的父亲治疗。几天之后，受伤的约翰·安德森由于伤情严重还是去世了。原告

---

①　Lawrence v. Anderson. 108 Vt.176，184 A.689.
②　Powers, Chief Justice.
③　伯灵顿市是佛蒙特州的最大城市。——译者注

曾经就他提供的医疗服务向约翰·安德森先生主张报酬，并将他提供服务费用的账单寄给了约翰·安德森先生的继承人。原告还曾经聘请了一个来自伯灵顿市的律师，就其应该收取的服务费用向安德森的继承人提出主张，为此付出了相当的努力，但是原告的这些努力都没有取得成功，钱还是没有要到。在这一事件发生一年之后，原告开始向安德森的遗孀寄送他医疗服务的账单，但是同样没有效果。最终，在这一事件发生大约一年半之后，原告向法院提起了本案诉讼。这一案件被移送到契特登①法院，在该法院经过了陪审团的审理。在原告的证据提交完毕之后，根据被告的申请，陪审团作出了支持被告的裁决。原告不服这一裁决，提起了上诉。

很显然，单单凭上面提到的这些事实，并不足以让陪审团来审理这一案件；而且，如果没有更多的案件事实提交法院，初审法院的判决将会予以维持。显而易见的是，被告与其父亲的关系是这样的，虽然他们之间是父女关系，但是，对于父亲从原告这里接受的救治服务，被告并不承担付款的法律责任，除非由于她所说的话或者所做的事情有理由让她来承担这种法律责任。在这方面，我们已经确立了很好的规则，即如果某个人仅仅是打电话要求医生给另外一个人提供治疗服务，在没有明示协议的情况下，打电话的这个人对于医生的治疗服务费用是不承担责任的，除非他在法律上受到这一服务的制约，或者，除非从证据中可以公平地推定双方当事人都有着这样的意愿，应该由他来支付治疗服务的费用。在本案中，根据上面提及的这些事实，原告劳伦斯所提供的医疗服务，从法律意义上来说并不是让被告受益的，因此被告不应该对原告提供服务的费用承担付款责任。②

但是，在上述提及的那些事实以外，有一个叫布朗的人还向法院提供了其他的证言。当原告赶到事故现场的时候，这个名叫布朗的人正好也在事故现场。布朗在法庭上作证说道，被告当着他的面对原告说了以下的话："我想把我的父亲救过来，请你尽最大努力救救他，不管费用有多少……我都会付的。"

在通常情况下，对于原告来说，被告上面说的那些话将会让这一案件变得完全不同。被告所说的这些话表明，她不仅仅是在请求原告为她的父亲提供这些治疗服务，而且她对原告作出了将会由她向原告支付治疗费用的承诺，这是一种直接的承诺。这样的一种承诺，并不是附带的承诺或者间接的承诺，而是一种基本的承诺和最初的承诺……对于这种因直接的承诺而形成的合同，

---

① 契特登是佛蒙特州的一个县。——译者注
② Smith v. Watson, 14 Vt.322, 337.

反欺诈法并不适用，理由很简单，即这样的一种承诺不是去支付另外一个人的债务，而是去支付立诺人本人的债务——立诺人心甘情愿地强制为自己设定了这样的债务。

750　　　但是，在将这一规则适用于我们手头的这一案件之前，我们必须仔细考虑一下原告的所作所为对于本案的处理所带来的影响。

　　当本案被告向原告作出了布朗所提及的由她来付款的承诺之后，作为原告劳伦斯来说，他可以自行决定接受被告的这一承诺，信赖被告的这一承诺。但是，原告并没有法律上的义务一定要接受被告的这一承诺。如果原告劳伦斯愿意的话，他也可以选择将受伤的约翰·安德森作为自己的债务人。但是，原告不能选择既让被告作为自己的债务人，又让受伤的安德森本人作为自己的债务人。如果原告选择了将约翰·安德森作为债务人，那么原告就不能再让被告来承担治疗费用，虽然被告在形式上提出过由她来付款。在没有被告同意的情况下，原告劳伦斯不能将被告单方面的义务变成被告和其父亲约翰·安德森共同的义务。如果原告选择由约翰·安德森来付款，那么他就是选择了将被告同意付费的表示作为约翰·安德森付费的一种担保。当然，只有在原告起诉所依据的承诺是主要的承诺，而且是直接的承诺的情况下，我们正在讨论的问题才会产生。①但是，在这样的案件中，如果将债务延伸到相关第三人的话，那么就需要由立诺人作出一个书面的承诺。②

　　正如我们在本案中所看到的，本案原告最初是向受伤的约翰·安德森去收取治疗服务费用的。对于谁应该被认定为最初债务人，这样的事实并不总是一个决定性的证据。某一方当事人是否为最初的债务人，的确取决于原告对此所作的解释③，但是，如果要驳回本案中约翰·安德森是最初债务人的推定——这一推定来自原告最初是向伤者约翰·安德森主张治疗费用这一事实——那么原告的证据必须相当过硬才行。④正如我们法院在 Enos 诉 Owens Slate Co.⑤这一案件中所说的，一般情况下，通过查清楚被告作出口头承诺之后第三人是否还要继续承担责任就可以认定被告所作承诺的性质究竟是什么。在 Enos 这一案件中，原告最初是针对第三人主张服务费用这一点并不明显，而且原告解释了他为什么要向案件中的被告主张服务费用的理由。然而在我们手头的这一案件中，原告并没有作出这样的解释或者试图作出

---

①　27 *C.J.* p.42.

②　Blodgett v. Town of Lowell, 33 Vt.174, 175, 176.

③　Greene[*sic*] v. Burton & Sowles, 59 Vt.423, 425, 10 A.575.

④　Hardman v. Bradley, 85 Ill. 162.

⑤　104 Vt.329, 333, 160 A.185.

这样的解释。就其为什么向受伤的约翰·安德森主张治疗费用这一点，原告并没有向法院作出解释。所以我们法院必须认定，原告之所以没有向法院作出解释，是因为原告自己认为应该是由受伤的约翰·安德森对这些治疗费用负责。[1]由于原告已经将自己当作受伤的约翰·安德森的债权人，原告也就不能再从本案被告这里获得治疗费用。初审法院根据被告申请作出的指导性裁决并没有错误，在上诉中我们法院并不需要对原告其他的反对意见进行考虑。

初审判决予以维持。

亚布罗诉麦金尼斯设备公司[2]

亚利桑那州最高法院，全体法官共同审理[3]（1966 年）

本案要旨

被告之一的亚布罗想从原告麦金尼斯设备公司这里购买一台拖拉机，但由于原告内部的信贷政策规定，亚布罗不能与原告签订分期付款合同。于是，被告亚布罗叫另一被告拉塞尔与原告签订了一份合同，由拉塞尔向原告购买一台拖拉机，在 23 个月内付清款项。在这一合同的履行过程中，由于被告拉塞尔多次未能及时还款，原告曾经想按照合同收回出售的拖拉机，但都被亚布罗制止，亚布罗表示自己会支付欠下的款项。其间，被告亚布罗曾经多次使用这一台拖拉机。在被告最终未能支付款项之后，原告收回这一台拖拉机并将它拍卖。原告向法院起诉，要求两被告返还合同中的价款与拍卖所得款项之间的差额。法院认定，被告作出的还款保证，主要目的实际上是为了自己的利益，这样的保证不在反欺诈法的适用范围之内，不需要以书面方式达成，最终支持了原告的诉请。

本案确定的规则，实际上就是"主要目的"这一规则，即如果一个人所作口头保证承诺的"主要目的"是为了自己的利益，而非为了第三人的利益，那么这样的口头承诺就不在反欺诈法的适用范围之内。

---

[1] Lomax v. McKinney, 61 Ind.374.

[2] Yarbro v. Neil B.McGinnis Equipment Co.101 Ariz.378，420 P.2d 163.
这一案件的原告是麦金尼斯设备公司，在上诉程序中是被上诉人，亚布罗是被告之一，是上诉程序中的上诉人。——译者注

[3] 这一案件是由亚利桑那州最高法院全体法官共同参与审理。在美国，通常只有在面对很重要的案件时，例如涉及某一重要法律条款的解释，或者涉及某一规则的确立，或者涉及改变、推翻原先已经确立的规则，才由全体法官共同对某一案件进行审理。——译者注

副首席法官伯恩斯坦①代表法院呈递以下判决意见：

我们手头的这一案件，来自当事人对于马里科帕县②法院所作判决的上诉。被上诉人麦金尼斯设备公司(初审原告，以下简称"麦金尼斯公司")根据一份出售二手拖拉机(型号为 Allis-Chalmers Model HD-5G)的附条件买卖合同，要求上诉人亚布罗(初审被告之一)支付到期款项。系争合同是在1957年8月通过协商达成的，要求买方在23个月内分期付款，每个月的付款金额为574美元。合同中的买方名叫拉塞尔(初审中的另一个被告)，他在第一个月就没有能够支付款项，拉塞尔当时建议麦金尼斯公司去找一个叫亚布罗的人，也就是本案的上诉人，问问亚布罗是否能够帮助支付这笔款项。在麦金尼斯公司与亚布罗会面之后，亚布罗同意支付拉塞尔的款项，并且确实支付了这笔应该于9月到期的款项。

在这之后的几个月，拉塞尔又连续几次没有能够支付每月应该支付的款项。在1957年后的几个月以及1958年开始的几个月，麦金尼斯公司与拉塞尔、亚布罗之间就这几个月应该支付的款项进行过多次协商，在这段时间内，被告亚布罗好几次口头同意为拉塞尔支付这些款项。在1957年12月的月末，被告亚布罗向麦金尼斯公司交付了一张支票，用来支付拉塞尔拖欠的款项，但是由于存款不足，这一张支票被退回。在1958年3月，亚布罗同意以支票的方式给拉塞尔的账户存入资金2378美元。然而，这一张支票因为存款不足再次被银行退票。

1958年5月，当麦金尼斯公司明确告知这一台拖拉机将很快由自己收回的情况下，亚布罗再次向麦金尼斯公司保证，[由于自己的两个不动产账户正在交易之中，暂时不能付款，]待不动产交易完成之后，自己就会支付这些拖拉机的款项。但是，亚布罗答应的付款还是没有实现。同年7月，亚布罗又以其在新墨西哥州即将收获的燕麦收成作为保证，作出了类似的承诺，但是，这一次还是没有支付。1958年7月底，麦金尼斯公司下了最后通牒，最终在1958年8月采取措施，准备重新控制所出售的这台拖拉机。

但是亚布罗农场的那些人阻止原告麦金尼斯公司对拖拉机的控制，这导致双方进一步进行谈判，但是谈判并没有成果。这一拖拉机最终在1959年1月的时候被麦金尼斯公司所控制。随后，麦金尼斯公司根据这一附条件买卖合同，将拉塞尔和亚布罗列为被告，要求他们支付到期的款项。初审法院作出了被告拉塞尔违约的判决。我们法院所涉及的唯一问题是，被告亚布罗是否

① Bernstein, Vice Chief Justice.
② 马里科帕县是美国亚利桑那州中南部的一个县。——译者注

应该对这笔款项承担还款责任。初审法院认定亚布罗应该对这一附条件买卖合同的所有未支付款项承担责任,金额为 8 751.95 美元。

被告亚布罗在上诉中提出初审法院判决存在错误,这些错误主要体现在三个方面。首先,亚布罗认为,他作出的愿意为拉塞尔支付款项的承诺,是以口头方式作出的,根据反欺诈法的规定①,这样的口头承诺是不能强制执行的。其次,亚布罗认为,即使以其他理由认定他所作的承诺是可以强制执行的,也缺少充分的对价来支持这样的承诺。第三,亚布罗认为,如果法院认为反欺诈法不适用于本案,初审法院判决确定其承担的还款金额也是过高的。被告亚布罗提出的第三点上诉理由,是基于他只是口头上承诺了支付总共四期未付款项,而不是全部未付的款项。下面我们将对被告亚布罗的这三点辩解理由分别进行阐述。

虽然被告亚布罗所作的承诺很显然是反欺诈法有关保证的规定所涉及的类型,但是,原告坚持认为,我们法院在 Steward 诉 Sirrine② 这一案件中所确立的例外原则是适用于本案的。这一例外规则就是"主要客体"或者"主要目的"③规则。简而言之,这一规则的内容就是,如果某一方当事人保证支付债务人款项这一承诺的"主要目的"实际上是为了保护他自己的利益,那么这样的承诺就是一个有效的承诺,是有充分对价支持的承诺,即使这样的承诺是以口头方式作出的。尽管这一规则背后的理由在表述上经常各不相同,但是这一规则已经被很多州的法院所接受,却是不争的事实。反欺诈法的这一例外原则,不管它是如何表述的,都是基于这样一个基本事实,即反欺诈法并不适用于以下这种承诺,即由受诺人请求、为了受诺人自己的利益而设定债务的承诺(这样的承诺,也被称作最初的承诺),而仅仅适用于另一方当事人不能履行债务时才可以向其主张的承诺(这样的承诺,也被称作附带的承诺)。虽然某一个第三人④是最初的债务人,但是,如果立诺人⑤在相关交易中有着自身的利益、直接的利益和金钱上的利益,立诺人自己能够从这一承诺的履行中获得好处的话,那么,法律上直接要求立诺人承担责任的情形就出现了。在这样的案件中,适用上述反欺诈法的理由就不复存在,法院也就会赋予这样的口头承诺

752

---

① § 44-101,subsec.2.

② 34 Ariz.49,267 P.598.

③ "主要客体"或者"主要目的"规则,在分析时经常同时使用,含义基本一样。

④ 本案中的另一个被告拉塞尔就相当于这里提及的第三人,拉塞尔同时是系争合同中的直接债务人,也可以被看作最初的债务人。——译者注

⑤ 本案中的被告亚布罗就相当于这里提及的作出保证的立诺人。而原告麦金尼斯公司则相当于这里提及的受诺人。——译者注

以法律效力。①

虽然法院承认"主要目的"这一规则对于反欺诈法来说是一个理由很充分的例外,但是,在本案中还是有问题需要我们法院来考虑和研究。这一问题就是,我们手头这一案件中的事实是否能够让"主要目的"这一规则适用?在这一问题上,并没有很简单、很精确指导的原则可以提供给我们法院进行判断。要确定争议的某一承诺究竟是什么性质,当事人设定责任的性质的真实意图是什么,就必须考虑到当事人作出这一承诺的形式、当事人所处的地位以及各个案件的所有具体情形。隐藏在"主要目的"这一规则背后的假定前提是,审理案件的法院能够从案件的具体情形中推定出立诺人的主要目的,法院能够搞清楚立诺人究竟是为了给另一个债务人提供保证,还是为了让自己从中获得经济上的有利条件,进而在实际上是在为自己设定债务。立诺人作出承诺的主要目的,可以从该承诺想要交换的内容来进行推断。因此,既不是单单的一个"对价"(因为必须要有对价才可以让一个承诺,包括提供保证这样的承诺,在法律上可以强制执行),也不是单单的一个"利益"(因为在绝大多数涉及保证的案件当中,至少有一些利益将会转移到"立诺人/保证人"这里)就可以使得为其他人支付债务的承诺强制执行,而是必须既有"对价"存在,又有"利益"存在才可以强制执行这样的承诺。**而且**,这一"利益"必须是立诺人做出承诺的主要目的,这一点使得它与那些仅仅是附带的、间接的利益或者太过遥远的利益区分开来。只有当立诺人作出承诺的主要目的并**不是成为另一方的保证人或者担保人**——即使可能在实际中会有这样的效果——而只是为了他自己的目的或者利益的情况下,这一口头承诺才是可以强制执行的……②

我们手头这一案件的事实表明,在麦金尼斯公司与拉塞尔的这一交易之前,亚布罗曾经试图自己出面来购买这一台拖拉机,但是,由于麦金尼斯公司有关这类交易的融资规定不允许接受亚布罗的信贷借款,亚布罗才没有能够成功购买这台拖拉机。在这样的情况下,亚布罗曾经说道,他想让拉塞尔来购买这一拖拉机。亚布罗在这一台拖拉机上有着自己的利益,这些证据来自以下的事实:在这一台拖拉机被拉塞尔购买下来之后,亚布罗曾经有好几次向拉塞尔借用这一台拖拉机。在亚布罗支付了第一期款项之后不久,这一台拖拉机进行了维修,麦金尼斯公司的维修人员发现这辆拖拉机是在被告亚布罗的

753

---

① Schumm, by Whyner v. Berg, 37 Cal. 2d 174, 231 P. 2d 39, 21 A. L. R. 2d 1051; *Restatement of Contracts*, §184.

② Schumm, by Whyner v. Berg, *supra*.

农场里。亚布罗自己也承认，为了自己农场的工作需要，他有好几次使用了这一台拖拉机，而且有目击证人在初审法院审理过程中证实，亚布罗曾经有好几次请求麦金尼斯公司不要收回这一台拖拉机，因为他需要这一台拖拉机进行耕作。亚布罗的这些请求通常都伴随着这样的承诺，即他会支付这台拖拉机上所欠的款项。

我们法院一直说道，当初审法院的事实认定和判决有充分证据予以支持的情况下，我们上级法院是不会去"搅乱"初审法院所作的认定和判决的，而且我们上级法院在看待初审法院的证据和认定时，必须作最有利于被上诉人的解释。在分析了手头的这一案件之后，我们发现，本案中有充分的证据来支持初审法院的结论，即亚布罗在向麦金尼斯公司作出承诺时，他的主要目的并不是成为拉塞尔的保证人，而是为了他自己的利益。

亚布罗进一步辩称，如果其口头承诺并不为反欺诈法所禁止，那么这一承诺也由于缺少对价而不能强制执行。我们法院当然知道，某一个承诺如果要在法律上能够强制执行，必须有对价或者对价的替代来支持。但是，我们认为，在手头这一案件中，对价的要求是得到了满足的。在 Cavanagh 诉 Kelly①这一案件中，我们法院认定，立诺人获得的利益，或者受诺人受到的损失或者限制，都是从法律上支持一个承诺的很好对价。在我们手头的这一案件中，麦金尼斯公司在法律上有权利收回附条件买卖合同的标的物[即这台拖拉机]，但是，现在的证据表明，麦金尼斯公司当时进行了自我限制，它没有行使自己收回拖拉机的权利。而麦金尼斯公司之所以没有这样做，正是因为亚布罗向它承诺，将来会支付拉塞尔所欠的款项。这样的自我限制对于麦金尼斯公司来说，不仅仅是法律上的"不利后果"，而且正如我们法院在前面提到的，它对于亚布罗来说是一个实质性的利益。债权人进行自我限制，不去占有债务人的财产，或者不去强制对这一财产行使留置权，一直以来都被认为是一个充分的对价，足以支持一个口头承诺，特别是这样的自我限制能够让立诺人从中获得利益或者好处的情况下，更是可以被认定为一个充分的对价……

因此，当立诺人作出承诺的主要目的并不是为了支付其他人的债务，而是为了让自己从这一承诺中获得利益——他也确实得到了承诺的对价——的情况下，那么，立诺人的承诺不仅仅是一个有效的口头承诺，而且是有着很好的、充分的对价所支持的承诺。

被告亚布罗还辩称，即使他的承诺不在反欺诈法所预想的调整范围之内，

① 80 Ariz.361，297 P.2d 1102.

初审法院最终确定的金额对他来说也是过高的，超过了他应该承担的责任。对于被告亚布罗的这一点辩论意见，我们法院是同意的。

初审法院判决被告应该承担的还款总额是 8 751.95 美元，这一数额是合同上的总价款减去原告拍卖收回的拖拉机所得的 5 000 美元得出的。如果要认定被告亚布罗必须对整个合同的价款承担付款责任，就必须有证据表明他的承诺不仅仅是针对已经发生拖欠的那些款项，而且是对合同项下的所有余款承担责任。然而，本案的证据并没有证明这一点。

从债权人［即麦金尼斯公司］代理人的证言中可以很清楚地知道，每一次他们与亚布罗和拉塞尔会面的时候，只是要求两被告支付过去已经到期的那些款项。从这一证言中同样可以很清楚地知道的是，被告亚布罗并没有同意对于未来的分期付款承担责任。有关被告同意支付未来所有款项的唯一证据，出现在亚布罗在交叉询问①中所作的证言当中。这些证言的内容如下：

　　　　［麦金尼斯公司的律师］问：对于有关……拉塞尔的还款义务，你当时是怎么说的？

　　　　［亚布罗］答：我告诉他们……如果他们再给我一些时间，我可以将合同上的价款全部付清，由我来获得这台拖拉机。

债权人麦金尼斯公司并没有按照亚布罗在回答中提出的设想，给予亚布罗更多的时间。在这样的情形下，亚布罗的上述陈述并不能够被认为产生了足够"力量"，可以要求亚布罗对未来所有的分期付款承担责任。当某个人同意对另一个债务人的部分债务承担责任时，并不必然表明他对整个债务都同意承担责任。

庭审记录表明，在拖拉机被收回之前，麦金尼斯公司最后一次与亚布罗接触是在 1958 年 7 月应该支付的款项到期之后不久。就是在双方这一次的见面中，亚布罗提出以自己将来的燕麦收益作为担保，承诺付清过去所有的款项。在这之后，被告亚布罗再也没有作出其他的承诺。因此，我们认为亚布罗只是对 1957 年 10 月到 1958 年 7 月的款项承担责任。初审法院判决原告可以得到的金额因此相应地予以减少。

初审法院的判决予以维持，并相应地进行部分改判。

---

　　① "交叉询问"是美国诉讼法中的重要制度。它是让当事人对于证人或者对方当事人分别就案件事实进行询问，通过这样的询问可以让事实更加清楚，从中还可以发现当事人陈述的矛盾，从而有利于法官对案件事实进行准确的判断。——译者注

第六节　反欺诈法和婚姻关系

迪恩斯特诉迪恩斯特①
密歇根州最高法院(1913年)

本案要旨

　　原、被告是一对再婚的夫妻,原告是妻子,被告是丈夫。原告以被告存在严重的家庭暴力为由,要求与被告离婚。被告则提出反诉,称在双方结婚之前,原告曾经口头承诺,会在结婚之后签订一份遗嘱,一旦原告在被告之前去世,原告会把个人的所有财产留给被告。但在双方结婚之后,原告并没有签订这一遗嘱。被告在反诉中要求原告签订这一遗嘱,如果原告拒不签署,则由法院的裁决替代这样的遗嘱。法院认定,系争的协议是以婚姻关系作为对价的,由于这一协议没有以书面方式达成,是违背反欺诈法的,因而不能强制执行。据此,法院驳回了被告的反诉请求。

　　本案确定的规则是,如果一个协议、承诺是以婚姻关系作为对价的,那么,除非这样的协议、承诺是以书面方式达成并由当事人签署,否则就是不能强制执行的。

　　麦卡尔瓦法官②代表法院呈递以下判决意见:
　　[原告与被告是夫妻。]原告(妻子)向法院提交了针对被告(丈夫)的诉状,认为被告存在令人难以忍受的家庭暴力,要求法院判决他们离婚。被告到庭参加诉讼,针对原告的起诉状提交了答辩状,并同时向法院提起了一个反诉。被告在反诉中提出,他曾经与原告达成一份婚前的口头合同,原告同意在他们结婚之后签署一份遗嘱,一旦原告在被告之前去世,原告就将所有的财产留给被告。被告在反诉状中要求法院支持的救济措施是以下几方面:责令原告制作并提交这样的遗嘱,这一遗嘱本来就应该在他们结婚之后制作完成;法院应该宣布,双方当事人对于财产权利的这一处分是具有法律约束力的;如果原告制作过这样的遗嘱,这一遗嘱已经被原告毁损的话,那么法院就应该判令原告再制作一份这样的遗嘱,并签署一份遗嘱副本;如果原告在法院裁决之后的5天之内没有这样做,那么法院的裁决应该取代这一遗嘱,并有最终法律效力;

----

　　①　Dienst v. Dienst，175 Mich.724，141 N.W.591.
　　②　McAlvay，Justice.

法院应该宣布,被告在上述财产中的权利和利益已经确定,具有法律效力,并且这些权利和利益归属于被告;原告除了按照所提出的婚前协议来处理财产之外,应该被禁止以其他方式处分她的任何财产。被告并没有要求法院作出离婚的裁决。原告在针对被告答辩提出的反驳意见中,一并提出了本案中争议的问题。

针对被告的反诉请求,原告则是从总体上进行了反驳,其反驳的依据是,被告的反诉请求在好几个方面都缺乏衡平法上所必须具备的公正性,其中主要的抗辩理由是,被告所主张的婚前合同是在反欺诈法的适用范围之内,根据反欺诈法,这样的口头合同是不能强制执行的。反欺诈法的相关条款是这样规定的:

> 任何一个以婚姻作为对价——不包括同意结婚的承诺——的协议、承诺或者允诺都是无效的,除非这样的协议、合同或者承诺、备忘、记录是以书面方式达成,并且由被指向的当事人在上面签字。①

对于本案当事人之间婚姻关系的由来,我们法院作出以下的概括。大约在 1908 年 11 月,本案双方当事人之间开始进行书面联系,最初的信件是由原告发出的。本案中的双方当事人都是婚姻介绍杂志《鸿雁传情》的用户,原告在这一杂志上发现了对被告的介绍,觉得很有吸引力。原告当时是 62 岁,被告当时是 66 岁。双方先前都有过婚姻,各自的配偶也已经去世。当时,原告在自己的名下拥有相当的财产,包括动产和不动产,价值大约在 6 万—7 万美元之间。被告则一无所有。双方当事人之间随后开始了火热的书信往来。提供给我们法院的,只有原告拿出的一些书信,这些书信是作为针对被告反诉请求的书证(被告没有提供他在这方面的有关书信)。在双方进行了几个月的通信之后,原、被告之间的关系以双方订婚达到了一个顶点,随后原、被告双方很快结婚。不久,双方之间要求解除婚姻关系的诉讼就产生了。

很显然,被告的律师赞同并认可,对于一份以婚姻作为对价、想要得到强制执行的协议,根据反欺诈法,如果它不是以书面形式达成的,那么这样的协议就是无效的。然而,被告的律师认为,让被告产生信赖的这一口头协议"不是以婚姻作为对价的";这一协议的对价是,如果被告放弃他自己拥有的家庭、工作,放弃他未来的政治倾向,到卡拉马祖②与原告结婚,与原告共同生活,不回到堪萨斯州,那么原告不仅会扶养被告,而且会立下前面提及的遗嘱。然而,在我们看来,本案的情况看起来却是这样的:被告在其反诉中提出的由原

---

① Section 9515,subd. 3,C.L.1897.
② 卡拉马祖是密歇根州西南部的一个城市。——译者注

告作出的协议、同时也是被告产生信赖的唯一协议,就是被告在反诉状所提及的这一协议;这一协议的效果就是,**"基于让订婚仪式更加完美的考虑,原告在当时承诺并同意会在他们结婚之后立即作出被告所提及的这一遗嘱,即如果原告先于被告死亡的话,被告就将占有并获得原告的全部个人财产"**。从被告的陈述看,原告的这一承诺是让他产生信赖的诱因。被告在陈述中是这样表述的:"就在原告表明会在结婚之后立下遗嘱不久,基于对原告所说的那些话、所作承诺和协议的信任,而且就是以这些内容作为对价,被告放弃了当时拥有的工作、职位和未来的前途……立即提出与原告结婚。"被告的结婚建议也立即得到了原告的同意。在我们看来,以上这些事实很清楚地说明,双方当事人的这一口头协议是以婚姻作为对价的,是在反欺诈法禁止的范围之内的,因而,它是没有法律效力的,是不能强制执行的。

双方当事人在法律意见中提出的其他问题,并不需要我们法院在此考虑。

初审法院支持原告提出反对意见的裁决予以维持,被告的反诉予以驳回……

■ 第七节　反欺诈法与不动产

757

肖内西诉艾兹莫[①]
明尼苏达州最高法院(1946 年)

本案要旨

原告肖内西夫妇与被告艾兹莫达成一份口头租赁合同,由原告向被告租赁一套房屋,在租赁期限届满之后,原告享有选择权,可以选择将所租赁的这一房屋购买下来。双方还约定了将来这一房屋的购买价格和分期付款事项。一年租赁期届满之后,原告提出了行使选择权,要将所租赁房屋买下来,但被告一直以没有时间为由,拒绝与原告签订书面的分期付款合同。这样,原告又在该房屋中居住了一年,在这一年期间,原告继续支付费用。后来,被告明确拒绝将该房屋出售给原告,于是,原告向法院起诉要求被告实际履行原先的口头合同。法院认定,原告实际上继续居住在这一房屋中,构成了部分履行。这样的情况下,反欺诈法就不再适用。于是,判决支持了原告的诉

---

① Shaughnessy v. Eidsmo. 222 Minn. 141, 23 N.W.2d 362, 166 A.L.R. 435. 原告为肖内西夫妇两人。——译者注

讼请求。

本案确定的规则是,对于不动产买卖的口头合同而言,当事人如果有部分履行行为,例如,占有房屋或者部分付款,那么,就足以去强制执行这样的口头合同,而不需要当事人去证明自己受到欺诈或是遭受了无法弥补的损害。

马特森法官①代表法院呈递以下判决意见:

这是一起要求被告实际履行合同的诉讼,初审法院作出裁决,驳回了被告提出的对该案重新进行审判的动议。被告对这样的裁决不服,向我们法院提起了上诉。

原告是一对姓肖内西的夫妻,1943 年 4 月 15 日,他们通过与被告艾兹莫达成的一份口头协议,从被告处租赁了一套公寓房和一小块地……租赁期限从 1943 年 5 月 1 日开始,期限为 1 年,租金为每月 47.50 美元;作为上述租赁合同的对价,被告同意在租赁协议期满的时候给予原告一个选择权,原告可以选择与被告签订一份分期付款的合同来购买这一公寓,购买的价格在 4 750—5 000 美元之间。同时,将来的分期付款协议会受到其中一个但书条款的限制,即这一但书条款允许两原告将他们已经支付给被告的租金,加上以后每个月分期支付的 32.50 美元——这里面包括了没有支付的税款和未付款项每年 5% 的利息——作为整个公寓房价款的组成部分。被告还同意,以 119.50 美元的价格向两原告出售一个烘房,原告为此每月向被告支付 4 美元,这 4 美元不计算利息。两原告于 1943 年 5 月 1 日进入所租赁的公寓房,从这一天起,一直到 1944 年 4 月 30 日这一年的租赁期限内,他们都持续占有着这一套公寓房,并且在整个租赁期间总共向被告支付了公寓房的全年租金总计 570 美元,按照所出售烘房的价格支付了价款总计 48 美元。在租赁期限行将届满和已经届满的时候,两原告曾经通知过被告,他们想根据合同中的条款行使选择权,而且原告在好几个场合都曾经要求被告提供其答应的分期付款买卖合同。每次在这样的情况下,被告总是告诉原告,他没有时间起草这一合同,但是,被告每次说的话还是很漂亮,这让两原告觉得根本不必担心合同签订的问题。两原告完全履行了选择权协议要求他们做的各种事项,并且一直处于准备购买这一公寓房的状态,他们愿意并且能够签署这样的分期付款买卖合同。自从这一租赁合同期满之后,两原告也持续居住在这一公寓房中。自 1944 年 5 月 1 日到 1945 年 5 月 1 日期间,就他们想要购买的上述公寓房和烘房,两原告又另外向被告支付了 570 美元。当选择权协议和这一公寓房的租赁协议达

758

---

① Matson, Justice.

成的时候,该公寓房上有着 4 200 美元的抵押,就这一点,被告没有向两原告提起过,双方也没有达成过任何协议要求两原告承担这一笔抵押款项,或者在接受这一公寓房时由原告将该抵押款项一并承担下来……

初审法院作出裁决,两原告在本案涉及的不动产中享有买受人的权利,他们有权利从被告处获得一份分期付款买卖合同,其中的价格设定为 5 000 美元;付款方式为,原告所有已经支付的租金和价款可以作为总价款的一部分,余下的价款每月支付 32.50 美元,包括税款和每年 5% 的利息……

我们认为,在本案中,两原告通知被告,他们选择将这一公寓房购买下来,这样的行为就是在行使他们所享有的选择权。在他们将这一意愿通知被告之后,一份新的合同——一份购买和出售该公寓房的口头合同——就在他们之间成立了。很清楚,这样的口头合同是在反欺诈法①的适用范围之内的,除非当事人已经部分履行这一口头合同。②根据《合同法重述》中的观点③,就此问题所适用的相关规则如下:

> 对于一份转移不动产利益的口头合同,如果买方在卖方的同意下已经实施了以下行为……(b)占有双方协商时已经存在的这一不动产,或者是已经居住在这一不动产中,并且已经支付了部分或者全部购买的价格,那么,买方或者卖方有权要求对方实际履行这一[口头]合同。

《合同法重述》中的这一规则,用其他文字来表述就是:买方按照口头合同或者是基于信赖这一口头合同而实施的占有不动产的行为和支付部分款项的行为,如果是明确地参照"买方和卖方"的关系,而非任何其他的关系来实施的,那么,占有不动产和支付部分款项的行为,就足以将这一口头合同从反欺诈法中剔除出去。以上规则被称作"部分履行"规则,我们法院在 Wentworth 诉 Wentworth④、Gill 诉 Newell⑤、Bresnahan 诉 Bresnahan⑥ 这些案件中,采纳的都是"部分履行"这一规则。然而,在 Brown 诉 Hoag⑦ 这一案件中,我们法院明确抛弃了早期案件所坚持的"明确参照"这一理论,转而采纳了"欺诈理论"。根据"欺诈理论",原告必须向法院表明,他基于对口头合同的信赖所实施的行为或者部分履行行为,已经改变了他所处的地位,以至于如果允许被告以反欺诈法来进行抗辩的话,将会对原告造成不公正和无法弥补的伤害。我

---

① § 513.04(§ 8459).
② § 513.06(§ 8461).
③ *Restatement*, *Contracts*, § 197.
④ 2 Minn.277, 2 Gil. 238, 72, Am.Dec. 97.
⑤ 13 Minn.462, 13 Gil. 430.
⑥ 71 Minn.1, 73 N.W. 515.
⑦ 35 Minn.373, 375, 29 N.W. 135, 137.

759　　们法院在 Brown 诉 Hoag 这一案件中的判决,虽然很明显是将前面的 Bresnahan 诉 Bresnahan 案件所确立的"部分履行"规则抛在了一边,但在随后的案件中,我们法院还是追随了 Brown 诉 Hoag 这一案件中的判决。现在,通过正在审理的这一案件,我们法院特别明确,就这一类问题应该采纳《合同法重述》所确立的规则——即"部分履行"规则;这一规则的内容就是:基于对双方之间是明确买卖关系的信赖而实施的占有不动产的行为以及部分付款的行为,足以让案件避免适用反欺诈法,而且,并不需要当事人证明自己因为受到欺诈而遭受了无法弥补的损害。Brown 诉 Hoag 一案以及其后案件所依据的理论(即"欺诈理论"),要求当事人除了必须证明自己在部分履行了口头合同之外,还要证明自己遭受了无法弥补的损害或者是极大的艰难。今天,通过我们手头正在审理的这一案件,我们法院将 Brown 诉 Hoag 一案所依据的理论明确予以推翻。将某个案件从反欺诈法的适用范围当中"抽"出来,需要在法律上有着理论根据。在确定这一理论根据的过程中,美国的其他司法区域——与我们明尼苏达州一样——在将历史上的先例置之一边的时候,也曾经产生过相当的困惑。

　　　　一份买卖土地的口头合同如果想要实际履行,其适用的法律原则就是"部分履行";而"部分履行"这一原则的起源,可以上溯到衡平法上的规则,这一规则比英国反欺诈法的历史还要早。这一规则要求,对于涉及土地的口头合同,如果想要在法律上强制执行就必须具备一定的先决条件,即原告必须证明这一合同已经部分履行。**或者,他由于信赖这一口头协议,自身的地位已经发生了改变。如果拒绝强制执行这样的合同,就等同于对他实施了欺诈行为。**①

　　哈佛法学院的庞德院长②在《法律的演进》③一书中很清楚地解释了在美国很多司法区域产生这一困惑的原因:

　　　　……[在我看来,]坚持以下这一点是非常重要的:即将一些案件从反欺诈法中剔除出来,在历史上是一个反常现象,只有在搞清楚了 17 世纪和 18 世纪的法律学术机构和衡平法院思维方式的基础上,这一反常现象才能被生活在当今的人们所理解。正如所有历史上的反常现象一样,它总是与那些逻辑上合情合理的分析和讨论相抵触的。

---

①　49 Am.Jur., *Statute of Frauds*, §420.
本段落中的黑体字为法官在引用时所强调。——译者注
②　庞德是美国著名的法律学家和法律教育家,曾在 1916 年到 1936 年间担任哈佛大学法学院的院长,时间长达 20 年。著有《法理学》、《普通法的精神》等名著。——译者注
③　*The Progress of the Law*, 33 Harv. L. Rev. 929, 937.

司法机关在实践中又是如何处理的呢？为了实现法院的公正目标，将一些案件从反欺诈法的范围中剔除出去的方法无非是以下两种：或者是认定当事人之间存在欺诈行为，**或者是认定当事人之间存在着部分履行的行为**。最近的趋势是，将以上两个方法合二为一，这一趋势在很大程度上是受到波默罗伊①的"衡平法上的欺诈"②这一观点的影响。但是，这两个方法有着独立的起源，并且是沿着各自独立的路径在演变、发展。因此，对于这两个方法首先需要的是独立的分析和思考。

同时，庞德院长在其论著中还指出：

在反欺诈法实施之后十年不到的时间，英国的衡平法院③就开始将买受方已经实际占有财产的这一类案件，从反欺诈法的适用范围中剔除出来了。在很早之前，萨格登④就提醒人们，要去关注判决结果受到"占有物的交付"⑤这一观点影响的古老案件。**买受方实际占有某一财产，被当作普通法上物的交付的实质性要件**。源自"占有物的交付"这一观点的法律规则，随后在英国和美国的绝大多数司法区域都得到了确立。但是，这一最初的法律基础很快就被人们忽略了，法学家们和法院试图对此作出理性的解释，他们转而借助了"欺诈"这一观点以便让合乎逻辑的"部分履行"规则建立在衡平法官排除适用反欺诈法案件的基础之上。法学家们和法院有关"欺诈"的观点，在实践中得到了不同的发展，这就导致这一原则在实践中有了很多变化。因此，当今的案件被剔除出反欺诈法的情形各式各样。有的案件，仅仅是根据当事人是否占有不动产；有的案件除了

① 波默罗伊是19世纪美国著名法学家和律师，曾经担任过美国纽约大学法学院院长。——译者注

② "衡平法上的欺诈"是美国有关欺诈这一概念上的一种类型，它主要是指一方当事人利用对方当事人的缺乏能力、疏忽、弱势等，从中获得不公平或者是不正当的优势。这种欺诈的构成，主要是从双方当事人之间的特殊关系来考虑的，所以，有的法官在评论这一概念时，会将其解释为"显失公平的交易"。

欺诈的另一类型是"法律上的欺诈"，它主要是指一方当事人有意通过言词或者行为，进行误导或者欺骗，隐瞒应该告知的事项等，导致对方当事人作出错误意思表示的行为。从程度上来说，"法律上的欺诈"在情节上要比"衡平法上的欺诈"更加严重。——译者注

③ 英国的衡平法院，在历史上主要审理涉及衡平法的案件，是与传统普通法相平行的一个法院。在1875年英国进行司法改革后，衡平法院被撤销，其职能转移到英国高等法院以下的若干法庭中。——译者注

④ 萨格登是19世纪英国的著名律师、法官，也是保守的政治家。这里引用的瑟顿的观点，来自其专著 *Vendor and Purchaser*，(14 ed) 152，note p。——译者注

⑤ "占有物的交付"是英国封建时期一个古老的法律仪式，主要用于一定财产的交付。通常是在有证人在场的情况下，由卖方将转让物的某个象征，如一小块土、钥匙等，亲手交给买方。——译者注

要求当事人占有不动产之外,还要求再加上其他一些事由——例如,司法判决或者法律强制的一些规定;有的案件是要求当事人占有不动产的同时,还要结合给买方产生了极大困境这样的因素;有的案件则是根据当事人是否已经部分履行,而并不是根据是否占有不动产,因为有一些占有不动产的行为仅仅是表明双方之间对于土地存在着一份合同,或者仅仅是表明先前的占有不动产行为发生了一些变化而已;有的案件当事人不可能实际去占有某一不动产,但是法院基于欺诈的理论或者是基于造成了买方不可弥补的损失这一理论——不再以其他理论作为依据——赋予买方以法律上的救济权利。

指导《合同法重述》第 197 条款起草的威利斯顿教授,在 1928 年 2 月 23 日的《合同法重述评论》[1]这一论著中指出:

> ……衡平法院在早期所采用的原则是,如果买方在卖方的同意下占有不动产、对不动产进行装修,或者有类似的其他行为,那么,即使没有书面的备忘录,这些行为也就将导致一份口头合同可以强制执行。采用这一原则主要是基于以下两点理由:(1)反欺诈法的规则是一个证据上的规则,任何清晰、完整地反映合同存在的那些行为,在衡平法上都是符合反欺诈法的目的的;(2)如果卖方依照反欺诈法作为抗辩将导致对买方的显失公平,那么,衡平法将给予买方以法律救济,以阻止反欺诈法的实施。

威利斯顿教授在其论著中所给出的以上两点理由,恰恰是呼应了庞德院长所说的"将案件排除在反欺诈法适用范围之外只有两个方法:认定当事人之间存在欺诈行为,**或者是认定当事人之间存在部分履行的行为**"。很显然,通过适当的部分履行行为,就足以符合反欺诈法证据上的目的,而不再需要当事人证明存在着无法弥补的损害。

至于部分履行的行为是否明确地表明了当事人的确是按照口头合同下的买卖关系来履行,我们认为,在本案中,这是一个应该由事实发现者[2]来查明的事实问题。

在我们审理的这一案件中,占有不动产和部分付款这两个重要因素是明显存在的。然而,本案被告还是坚持认为,原告占有公寓房的行为,并不明确地表明他们之间是买方与卖方的关系,原告占有公寓房的行为,同样可以表明

---

① No. 4, pp. 14, 15.
② "事实发现者"在有陪审团审理的案件中,就是指陪审团;在没有陪审团审理的案件中,则是法官。明尼苏达州最高法院认定原审法院查明了本案的原、被告是按照买方和卖方的关系来部分履行合同的。——译者注

双方之间是房东与房客的租赁关系。但是,整个法院的庭审记录中有着太多的事实可以充分表明,自从这一交易开始之时当事人占主导的意愿到底是什么。在本案中,当事人主要的意愿是,在这一租赁期限届满之后,双方当事人之间应该确立的就是买方与卖方之间的买卖关系。原告购买烘房的行为也表明,原告有着以下的基本认识,即原告想要永久地占有这一公寓房。在原告行使了购买这一房屋的选择权、这一口头买卖合同随之成立之后,被告的行为和所说的话只能说明双方当事人存在以下共识:原告占有这一房屋,将不再是基于一个承租人占有,而是作为一份明确的口头合同下的买受人来占有。当原告多次向被告提出请求,要求被告提供准备好的分期付款买卖合同时,被告非但没有拒绝与原告建立买方与卖方的关系,相反,被告总是表明"他没有时间起草这一合同。他说的话还是很漂亮的;他让原告肖内西对于拿到这一买卖合同不用担心"。事实上,被告最终曾向原告提交了一个书面的备忘录,以此作为将来起草分期付款合同的基础。当事人的这一行为表明,对于彼此交易的性质和关系,当事人之间并不存在什么分歧和误解。对于所购买房屋的价格和付款条款,双方当事人确实是存在着分歧,但是,对于这一点,初审法院认定的事实是有着证据支持的。对于原告付款的行为,只是按照口头买卖合同来付款这一点,我们认为,同样有着证据支持初审法院的这一认定。

761

初审法院驳回被告重新审理的裁决,予以维持。

第十四章

合同的解除

哥德巴德诉帝国人寿公司①

纽约州最高法院上诉法庭(1958 年)

本案要旨

原告哥德巴德在被告帝国人寿公司处投保了一份意外事故健康险。后来,原告的手受到感染,要求被告按照保单进行赔偿。双方对伤情产生争议,被告提出,可以向原告支付 800 美元,但原告必须放弃保单,且不得续保,这个要求遭到了原告的拒绝。随后原告在电话里提出他愿意接受这 800 美元,但并没有说明其是否放弃续保。被告写了一封信给原告,让原告到保险公司交出保单,签署一份放弃续保的声明,就可以领取 800 美元。原告随即向法院起诉,要求被告按照保单支付其 2 800 美元。被告则抗辩,双方之间已经达成了和解协议,原告只能按照和解协议确定的 800 美元来主张权利。法院认为,当事人之间进行的是一种非正式谈话,并未涉及最终的协议,没有证据证明原告同意了被告的要求,因此,当事人之间的协商并没有取代原先的保单。于是,法院判决支持了原告的诉请。

本案确定的规则是,双方当事人在争议发生之后达成的和解,如果是变更或者替代了原先的合同义务,那么这样的和解协议就是可以强制执行的,否则就只是"待执行的和解协议",而"待执行的和解协议"是不能强制执行的。至于和解协议的性质,主要是看当事人的意愿,这应该根据案件的具体情况作出判断。

---

① Goldbard v. Empire State Mutual Life Ins. Co. 5 A.D.2d 230, 171 N.Y.S.2d 194. 本案诉讼程序有一些复杂。初审是在纽约市法院(相当于我国的基层法院),先是被告对初审判决不服,将案件上诉到纽约州上诉法庭(Appellate Term),法院改判支持了被告。原告仍然不服,继续上诉到纽约州最高法院上诉法庭。——译者注

布赖特尔法官①代表法院呈递以下判决意见：

初审的纽约市法院在没有陪审团参加审理的情况下，判决支持了原告哥德巴德的诉讼请求，而纽约州上诉法庭对初审法院的判决作出改判——有一个法官表示反对——将原告可以从被告保险公司处获得的保险理赔金额从2 800美元减少到800美元。原告不服上诉法庭的这一判决，继续提出上诉，这一上诉申请得到了我们法院的同意。

原告是一份保单的投保人。这一保单是一份有关意外事故和健康的保单，它让原告在发生保险事故的情况下，可以每月从被告这里获得保险赔偿金。被告则是一家专门的保险公司……

导致上诉法庭判决出现分歧②的争议问题是，在这一诉讼之前，作为原告的投保人与作为被告的保险公司是否就原告的理赔要求达成了最终的和解协议，导致原告的理赔金额只能限制在800美元这一数额？初审法院审理之后认定，投保人并不受到这一和解协议的限制，但是，上诉法庭对初审法院的这一结论并不认同。

我们法院在此认定，发生在投保人和保险公司[原告与被告]之间的协商，既没有构成一份"替代的协议"，也没有形成一份具有强制力的"待执行的和解协议"，因此，原告与被告之间进行过的协商并不能阻止投保人坚持自己最初的主张……

本案中的投保人[原告]是一个从事美发经营的商人。在生病之前，投保人经营着一家自己个人投资的理发店。1951年12月，本案中的被告保险公司向投保人签署了一份保单。保单每年都可以重新续保，投保人按照保单的要求一直在支付保费。1955年，投保人的手受到了真菌感染，这让投保人不胜其苦。投保人声称，这一疾病导致他无法继续从事理发职业，基于此，投保人向被告保险公司提出了保险理赔申请。如果投保人所说的上述情形是真实的，那么他就有权根据这一保单每月从保险公司得到固定的保险理赔金。在投保人提出理赔申请之后，保险公司向原告提出支付给原告一定款项，作为双方争议的最终解决方案；而投保人则拒绝接受保险公司的这一方案，认为保险公司想支付的款项远远低于自己应该获得的理赔金额。保险公司严重怀疑投保人的疾病和丧失劳动能力的程度，双方当事人就这样僵持着，各执己见。1955年初秋，投保人向纽约州的保险监管部门进行了投诉，投保人的这一投诉行为导

763

---

① Breitel，J.
② "判决出现分歧"是指法院作出的判决并不是一致通过，而是以多数意见通过。——译者注

致双方当事人之间发生了以下一系列行为,也导致了本案主要争议问题的产生。

在各执己见的双方当事人都在保险监管部门的工作人员面前的时候,保险公司提出支付给投保人 800 美元来了结这桩事情,条件是投保人必须终止这一保单,并且随后也不再对该保单进行续保。投保人当场拒绝了保险公司的这个建议。投保人表示,自己愿意接受这 800 美元的理赔,但不愿放弃这一可以续保的保单。然而,在双方这次会面之后的一天,投保人打电话给保险监管部门的一位工作人员,请这位工作人员告诉保险公司,他将接受这 800 美元,但是没有要求保单必须续保。保险监管部门的这位工作人员随后向保险公司转达了投保人的电话内容。保险公司于是写了一封信给投保人,要求他到保险公司将保单交出来,并告诉他,只要签署一份放弃主张的协议,他就可以得到这笔 800 美元。但是,投保人并没有按照保险公司在这封信中的要求去做,而是在法律规定的时间之内提起了本案诉讼。

被告保险公司坚持认为,从本案的相关事实来看,就投保人的诉求,双方已经达成了"和解及妥协"协议,这一"和解及妥协"协议限制了投保人要求获得理赔的权利。而投保人的观点正好相反,他认为保险公司在本案中只是提出了一个新的要约,而这一要约并没有被自己接受,或者,他们之间最多只是有一份"待执行的和解协议"而已。按照《动产法》第 33-a 条款①的规定,由于这样的"待执行的和解协议"没有以书面形式签署,因此不能得到强制执行。

在判断某个有争议的主张是否被最终解除,即不能再依照原先的主张起诉,而只能依照随后达成的协议进行起诉的时候,我们认为,"和解"或者"妥协"这样的词语并没有魔术一般的神奇效果。从事实上来说,"和解"或者"妥协"这样的词语在描述以下两类协议时经常是可以互换使用的。这两类协议中,第一类协议是随后达成的协议,它解除了原先协议,也就是说,随后达成的协议是"替代的协议"或者是"更新的协议"②;第二类协议则是"待执行的和解协议",它并不能解除原先的协议。③为了解决这一领域的难题,当事人也许会采取两种做法:一种做法是,给自己的方案贴上其中一个标签;另外一种做法是,通过对双方讨论的初步判断,认定双方的协商已经达成或者没有达成一个

---

① "动产法"(Personal Property Law)。现在的法案是 §15-501 of McKinney's N.Y. Gen'l Obl.L。见 *Calamari & Perillo on Contracts* §21.4.此为原编者的注解。

② Morehouse v. Second Nat. Bank,98 N.Y. 503.

③ Larscy v. Hogan & Sons,239 N.Y. 298.

"和解"或者"妥协"。①但是,这两种方法并不能预先就解决问题。

总是摆在我们法院面前的问题是,双方当事人随后达成的协议——不管它是什么性质,也不管它是什么形式,这样的协议都是有关当事人的意愿,它或者是明示的意愿,或者是默示的意愿——是不是对原先协议或者争议的一种更新或者替代,或者仅仅是一方同意接受另一方在将来履行一定行为,当这一行为在将来得到履行的时候才能免除原先协议或者争议的协议。有关这一问题的著作大量存在。②从法律上来说,并没有一个简单的规则可以让我们在所有具体情形中都能够很清楚地判断当事人随后达成的协议是否废止了原先的协议。

尽管这样,在当事人为和解而进行的协商最终达成了一份协议的情况下,还是有一些原则可以帮助我们判断当事人的意愿究竟是什么。《合同法重述》将这些原则说成是产生了法律上的推定。③纽约州法律修订委员会④采取的是同样的观点。⑤我们州的法院最近在相关案件中也跟随这一观点,作出了类似的分析。⑥ 764

然而,司法实践中已经产生了这样一类案件,这一类案件使得以下观点看上去更加可信:即有一些和解协议从法律上来说就是免除了原先义务的"替代的协议"或者"更新的协议",这样的协议并不涉及对当事人意愿的判断。但对于究竟靠什么来保证法院一定可以得出这样的结论,这些法院在判决意见中却只字未提。在我们看来,其实每一个这样的案件中都有着各种各样的具体情形——至少是默示的情形——可以作为依据,让法院能够认定当事人之间有着以一份新的合同更新原先合同的意愿。在这一问题上持续至今,一直为我们法院所适用的原则,就是要确定当事人的意愿,而且,法院是要根据客观

---

①   6 Corbin, *Contracts*, §1268.

②   *Restatement*, *Contracts*, §§417—419; 6 Williston, *Contracts*, Rev. ed., §1838. *et seq.*, *but esp.*, §§1841, 1846, 1847; 6 Corbin, *Contracts*, *supra*, §1268, *et seq.*, esp., §1293, at pp.148—149; 1937 Report N.Y. Law Rev.Comm., p. 210 *et seq.*

③   *Restatement*, *Contracts*, §419, comment a.

④   纽约州法律修订委员会(The New York Law Revision Commission)是在 1934 年根据纽约州的法律成立的一个专门机构,它的主要职能是审查普通法、成文法规和司法判决,如果发现其中有缺陷和不合时宜的地方,就会及时提出修改建议;接受一些专门机构,例如美国法律学会、律师协会等提出的对法律修改的建议,对这些建议进行分析研究;对法官、律师、政府机构官员、社会公众指出的法律上的缺陷或者不合时宜的地方,提出修改的建议,进行分析研究;在必要时向立法机关提出建议,对有缺陷的法律或者不合时宜的法律进行修改,使得这些法律能够符合当代的情形。——译者注

⑤   1937 Report, p. 213.

⑥   Blair & Co. v. Otto V., 5 A.D.2d 276.

的外在表现来确定当事人的意愿。①

　　当然,有些时候,在书面文本可以推断出当事人意愿的情况下,法院可以仅仅根据书面文本的内容来确定当事人的意愿。②在其他情况下,法院在确定当事人意愿的时候,除了要考虑书面文本的内容之外,还要考虑当事人之间进行的对话、相关的具体情形,或者是其他的外部证据。这一问题是一个案件的事实问题,它是由事实的发现者——法院或者陪审团——来进行判定的。③

　　将当事人之间的对话、相关的具体情形和书面文本这几个因素综合在一起进行分析,就为法院推定当事人的意愿提供了基础。经验和逻辑这两者表明,在认定当事人意愿的时候,有一些反复发生的事实,要远比其他东西更加能够说明当事人的意愿是什么,更加容易让法院作出判断。这些反复发生的事实就产生了我们在前面提及的法律上的推定。因此,在双方当事人为和解而进行的协商最终达成了一个正式文本,文本表达得清清楚楚的情况下(前面提及的 Blair & Co. 诉 Otto V.一案就是这种情形),或者在诉讼尚未结束的时候,当事人在法院达成了一个正式的或者专门制作的书面记录的情况下,法院通常会迫不及待地认定当事人有着这样的意愿,即当事人是想要以一个"更新的协议"或者"替代的协议"去解除原先的协议。当然,我们在这里提及的两种情形④,并不是推定当事人意愿的唯一情形或者唯一的基础;这两种情形也并不表明,法院在寻找证据、进行推定时没有受到各种政策考虑的影响。

　　然而,一旦法院认定了以下事实,即当事人之间为了和解而进行协商导致的只是达成了一方愿意接受对方在将来履行一定行为,以换得在将来免除对方原先义务的协议⑤——哪怕当事人当时是立即作出了这样的承诺——那么,法律上的另一个原则就会引入这样的案件中。这一点在我们纽约州尤其是如此。在纽约州,在《动产法》第33-a条款正式实施之前,一份没有全部履行完毕的"待执行的和解协议"是不能强制执行的,它甚至不能作为一个法律上的抗辩理由。这是普通法上的一个基本规则。⑥自从《动产法》第33-a条款正式实施之后,如果一份"待执行的和解协议"是以书面形式达成,并且由应该履行义

765

---

① Reilly v. Barrett, 220 N.Y. 170, 115 N.E. 453.

② *E.g.*, Moers v. Moers, 229 N.Y.294, 301,128 N.E.202, 204.

③ *E.g.*, Katz v. Bernstein, 236 App. Div. 456; 6 Corbin, *Contracts*, *supra*, §1293, pp. 148—149.

④ 即前面提到的"最终达成了一个正式文本,文本表达得清清楚楚"的情形,以及"在法院达成了一份正式的或者专门制作的书面记录"的情形。——译者注

⑤ 这样的协议也就是"待执行的和解协议"。——译者注

⑥ 1937 Report of N.Y. Law Rev. Comm., pp. 211—217; *Restatement*, *Contracts*, §417, N.Y. Annotations.

务的当事人在上面签过字,那么,它就是可以强制执行的协议。如果这样的"待执行的和解协议"尚未履行,受诺人就可以选择根据该协议起诉,或者是根据对方最初的义务进行起诉。

根据以上分析,除非当事人一开始就发现随后的协议并不是取代或者更新了原先合同的协议,马上取消了协议,否则,当事人就没有符合《动产法》第33-a条款中所规定的书面要求。取代或更新原先合同的后一协议,当然不需要以书面形式达成,除非一些单独的法规——例如反欺诈法——要求这样的协议必须以书面形式达成。但是,如果认定当事人的意愿——意愿以行为或者言词来体现——是随后的协议仅仅是以将来的履行行为免除另一方当事人的原先义务(尽管是当事人在当场就作出了承诺),那么,《动产法》第33-a条款在这时就会发挥作用,随后的协议也就不能得到强制执行,除非它以书面形式达成并且由当事人在上面签署过。

将这些原则适用到本案,本案中的争议问题就是:双方当事人之间是不是存在着一份"替代的协议"、一份"待执行的和解协议",还是当事人之间根本就不存在着合同?

首先,我们发现,本案中的当事人就相关事宜进行的一系列交谈,很明显是一种非正式的谈话。对于应该达成什么样的和解协议,交易的双方(即本案的投保人和保险公司)和中间调停人(即保险监管部门的工作人员)从来没有在同一个场合、同一个地点达成过一致意见。相反,在本案中,投保人、保险公司和保险监管部门人员之间是通过三角传递的方式相互转告消息,原告与被告之间想要达成的最终条款,从来没有在当事人都在同一现场的情况下表达过。

其次,本案中当事人的这些谈话和接触并没有任何一点涉及最终要达成协议的具体条款、时间或者地点。这些事实导致了初审法院认定双方之间根本就没有合同。

第三点,也是至关重要的一点,在本案的庭审记录中,并没有任何内容推定投保人(原告)曾经想到过接受保险公司的承诺——即保险公司在将来只要支付800美元(这有别于当即支付800美元),就可以换得投保人立即免除保险公司的义务——更不要说投保人实际同意接受保险公司的承诺了。

从以上我们法院概括并列举出来的三点因素来看,它们并没有表明当事人之间就所协商的问题有了最终意见,已经深思熟虑,或者有了某种不常见的形式——这种不常见的形式让人联想到当事人有着免除先前义务的替代协议或者特定的意愿。在 Moers 诉 Moers 一案和 Langlois 诉 Langlois 一案中,当事人之间达成的解决双方分歧的方案,是有关解决整个纠纷的深思熟虑的方案,正是这一点让法院认定双方之间存在着一份"更新的协议"。然而,在我们手头这一案件中,这些因素还没有达到这样的程度。法院曾经认定,Atterbury 诉 Walsh Paper Corp.①这一案件中的相关情形尚不足以推定当事人之间存在着一份"更新的协议",实际上,我们手头这一案件中的相关事实甚至连 Atterbury 诉 Walsh Paper Corp.这一案件中的情形都没有具备,可以说还差得很远。

一般而言,人们往往会假定,一个人不会以将来履行某个承诺来换取放弃一个已经存在的义务②。威利斯顿教授在其合同法专著③中指出:"在我看来,推定一个债权人仅仅是想将他当前的诉讼理由弃之一边,以此去交换另外一个诉讼理由,这样的推定并不是一个合情合理的推定。在通常情况下,只有在一个新的和解协议得以履行的情况下,当事人才会放弃他原先的权利,这才是一个更加合情合理的推定。"④《合同法重述》看上去采取的是在某种程度上更加前卫、新颖的观点⑤,但是,《合同法重述》中的观点明确表明,它仅仅是在合同解释存有疑问的情况下,作为合同解释的一个指导性意见。如果从这一点来看的话,它更类似于一个合同解释的规则,而不是在缺少相反证据的情况下法院必须遵守的一个推定。考虑到本案中发生在当事人之间的协商只是初步的而且是并不连贯的协商,是以一个转告他人的电话内容作为他们协商的终点,我们认为,这样的情形并不能够保证我们推定得出当事人达成了一份"更新的协议",进而免除了投保人的主张和他的可续保的保单。

假定本案中的当事人真的达成了一份合同——虽然初审法院的认定与此相反——本案中呈现出的事实,不管是根据解释的规则来判断或者是进行特别的审查,都表明以下这一点:即本案当事人如果达成了任何和解的话,这样的和解并不是一份"更新的协议"或者"替代的协议",而只是一份"待执行的和解协议"。(事实上,本案中还存在着另外一种可能性,但是,当事人在此并没有展开辩论,这种可能性是:当事人之间的谈话内容可能从来就没有完成和解

---

① 261 App. Div. 529, *affd.*, 286 N.Y. 578.

② Moers v. Moers, supra, p.300.

③ 6 Williston, *Contracts* [Rev.ed.], §1847.

④ 6 Corbin, *Contracts*, §§1268, 1271, 1293.

⑤ *Restatement*, *Contracts*, §419.

"在当事人达成一份合同用来了结既存合同义务或者赔偿义务时,如果对合同的性质存在疑问,例如,既存义务究竟是没有争议的给予赔偿的义务,还是给付约定金钱的义务,那么,应该这样来解释合同,即只有在随后的合同履行了的情况下,才会免除既存义务;但是,如果既存义务是另外一种性质,则应该解释为随后的合同将立即免除既存义务,并且替代了原先的合同。"至于这一规则在纽约州如何运用,可以参见《合同法重述》(纽约州的注释)有关这一部分的内容。(也见 6 Corbin, *Contracts*, §1271.)此为原判决中的注解。

协议的最终谈判。当事人之间以言词方式,特别是以口头方式同意协商,并不是必然地想要立即赋予其法律上的约束力。正如在一些非常不正式的情形下经常发生的那样,当事人所做的只是"同意进行协商"①而已,而最终的结果将等待一定程度的具体实施。当然,这也只是当事人的意愿问题。)

理所当然的是,根据我们在前面讨论的原则,如果本案当事人之间的电话交谈和保险公司的书面信件所导致的全部结果,只是形成了一份"待执行的和解协议",那么,根据纽约州的法律,由于它缺少《动产法》第33-a条款所要求的书面形式,是不能被我们法院认可的。

综上,根据法律和本案的具体事实,上诉法庭对于初审法院支持原告的判决所作的改判,即将原告得到的理赔保障金从2 800美元减到800美元,应该予以纠正。由于原告自己将理赔金让步到2 600美元,因而除了理赔金修改为2 600美元这一点之外,我们维持初审法院的其他判决……

第一美国商业公司诉华盛顿储蓄银行②

犹他州最高法院(1987年)

本案要旨

原告是第一美国商业公司,被告是华盛顿储蓄银行和第一不动产担保服务公司。第一不动产担保服务公司同意向原告贷出一定款项,并约定原告在对其拥有的一幢房屋进行装修时,第一不动产担保服务公司将会暂扣一定款项。随后,第一不动产担保服务公司将这一贷款合同转让给了华盛顿储蓄银行。原告知道并同意了这一转让行为。之后,当原告请求被告第一不动产担保服务公司返还暂扣的款项时,遭到了拒绝,其理由是这一义务已经授权华盛顿储蓄银行代为履行。法院认定,本案当事人之间没有发生合同更新。本案被告之间转让的只是收取款项的权利,并不包括合同义务。于是,判决支持了原告的诉讼请求。

本案确定的规则是,合同发生转让后,当事人有没有同意由受让人代为履行义务,是一个涉及当事人意愿的事实问题。这样的意愿,应该是清晰而明确

---

① "同意进行协商"是英美合同法中经常使用的一个概念。它与"同意"有着很大的区别,后者通常表示当事人就某一问题已经达成了一致意见,意味着合同可能成立。而"同意进行协商",通常表示当事人只是同意就某一问题进行协商,这样的协商只是初步意见,并不表示最终的同意。最终的同意或者意见,往往需要以一定方式(例如签订书面合同或者履行一定行为)来实现。——译者注

② First American Commerce Co. v. Washington Mutual Savings Bank. 743 P.2d 1193.

的。在没有相反证据的情形下,应该首先推定当事人不同意由受让人代为履行原先的合同义务。

德拉姆法官①代表犹他州最高法院呈递以下判决意见:

在这一起中间上诉②案件中,原告第一美国商业公司(以下简称"借款人")对于初审法院作出的简易判决③不服,提起了上诉。初审法院只是判决支持了原告一项诉讼请求,也就是原告基于欺诈这一理由针对被告第一不动产担保服务公司④(以下简称"出借人")提出的诉讼请求,然而,初审法院对于原告其余的诉讼请求都没有支持。

借款人在本案中所称的事实是,其从出借人这里获得了一笔借款,并以借款人拥有的一幢商业大楼上的信托契约和租金转让收益作为归还这笔借款的担保。根据双方的这一贷款合同文本,如果借款人对商业大楼进行新的出租,必须得到出借人的书面批准,而且在借款人按照承租人要求对大楼进行装修的期间,出借人会将一定比例的借款暂时扣下,作为"暂扣款"。在贷款合同文本签订的当天,出借人就将这一贷款业务转让给了本案的另一被告华盛顿储蓄银行(以下简称"受让人")。借款人对于这一转让是知道的,也是同意的。之后,借款人想要将这一大楼的某个空间出租给其他人,为此它与出借人和受让人都进行了沟通和接触,然而,出借人和受让人两方都没有予以书面同意,借款人因此失去了将大楼空间租赁出去的机会。在这一空间的装修完成之后,借款人提出书面请求,要求出借人返还被"暂扣"的那一部分资金。出借人拒绝了借款人的这一要求,其给出的理由是,返还这笔"暂扣"资金的义务已经被转让给了本案的受让人。于是,借款人向法院起诉了出借人和受让人。

出借人从初审法院这里得到了支持自己的简易判决,这一判决给出的理由是,当出借人将贷款合同文本转让给受让人的时候,它对于借款人就不再负有任何责任了,包括不再负有返还"暂扣"资金的责任。借款人则辩称,虽然出借人将它获得还款的权利转让出去了,但是它仍然有义务履行贷款合同项下

---

① Durham,J.

② 中间上诉是指当事人对于初审法院在全部审结之前作出的裁决不服提起上诉。——译者注

③ 简易判决是美国民事诉讼判决中的一种,是一种概括的、简易的判决,即不是经过一个完整的审判程序作出的一种判决。它一般是在法律事实没有实质性争议的情况下,由法院仅仅针对法律上的争议问题作出判决,因此也称为"法律上的判决"。——译者注

④ 本案中有两个被告,除了第一不动产担保服务公司之外,还有下面提到的贷款合同的受让人华盛顿储蓄银行。——译者注

的义务。在借款人和出借人之间并不存在一份由受让人替代出借人来履行义务的更新协议,在这样的情况下,出借人仍然有责任履行这一贷款合同项下的义务。我们法院相信,借款人的这一观点是正确的。

对基本的合同法词汇进行一下审视,非常有利于我们解决本案中的争议问题。"转让"①是对于权利的一种转移,而"授权他人代为履行"则是对于义务的一种转移。②法院在使用"转让"这一词汇时,经常是不太准确的。我们法院在此同意美国第二巡回上诉法院曾经说过的一个观点:"律师们似乎是自然而然地倾向于使用'转让'这一词汇,他们在使用'转让'这一词汇的时候,常常是想将另一个独特的概念'授权他人代为履行'也包括在'转让'这一词汇中……"③不管他们用什么样的专业词汇,我们法院还是认为,一方当事人将合同项下的义务授权第三人代为履行,该当事人在合同项下的责任非但不能免除,相反,他对于原先当事人仍然承担着最终的法律责任,因为他对原先当事人保证过会完全履行合同中的义务。

出借人坚持认为,通常的合同法规则并不适用于银行借款这样的业务,本案借款文本中的文字想要实现的目的,就是一种合同的更新④,而不是一种合同的"转让"。出借人的辩论意见是,虽然一方当事人授权他人履行提供商品或者服务的义务时,合同法的通常规则应该适用,但是,银行将合同项下的义务授权他人履行之后就不应该再承担进一步的责任……通过对合同法一般规则的政策进行审视、分析,可以看出,出借人的上述观点是缺乏说服力的。合同法的一般规则是要求授权他人履行的一方当事人仍然对原先的义务承担责任,这一规则之所以这样设计,是为了保护接受履行行为这一方当事人的期待。授权他人履行的一方当事人不应该在合同中偷偷加入合同之外的其他当事人作为合同的履行一方;被偷偷加入进来的这一方当事人,其具备的技能、

768

---

① 此处的"转让"一词,在原文中使用的单词是"assignment"。根据德拉姆法官在这一判决书中的观点,这一词汇更偏重于权利的转让;而对于义务的转让,在原文中使用的单词是"delegation"。在我国法律中,权利、义务的转让,在词汇使用上并没有什么特殊区别,既可以称"权利转让",也可以称"义务转让"。为区别起见,译者在此使用"授权他人代为履行"一词,表示"义务的转让",以示与"权利的转让"的区别。——译者注

② J. Calamari & J. Perillo, *Contracts* §18—24 (2d ed. 1977).

③ Contemporary Mission, Inc. v. Famous Music Corp., 557 F.2d 918, 924 (2d Cir. 1997) (*quoting* J. Calamari & J. Perillo, *Contracts* §254(1970)).

④ "更新"在美国合同法中经常与"替代的合同"同义使用。它更多的是指原先合同在"更新"之后发生了变化,原先的权利人或者义务人不再是更新之后合同的当事人,不再享受原先合同的权利,也不承担原先合同的义务,相当于我国合同法上的"合同变更"。——译者注

提供的商品、可信度、偿债能力等,可能会与出让方有着很大不同。①这样的分析,同样适用于贷款合同项下的义务。就大楼空间获批出租这一点,借款方有权寄希望于出借方在这方面的合理性和相关政策,以及出借方保证支付借款资金余额的能力。

出借方坚持认为,一份合同是否被更新,是一个法律上的问题,而不是事实问题。出借方同时还提出,贷款文本中的文字,很清楚地描述了一份合同的更新。我们对于出借方的这两个观点,都不能同意。我们认为,某一份协议究竟是不是一份更新协议,这是当事人的意愿问题。合同更新的实质要素,是将合同中的某一方当事人排除在原先合同之外,而接受另外一方当事人作为新的合同履行方,以另外一方当事人来替代最初的一方当事人。②某一份合同是否要进行更新,必须是最初的合同当事人确实有着这样的意愿,确实是想要实现这样的更新。

> 某一争议中的交易有没有发生合同更新,其证明责任落在主张发生了合同更新的一方当事人身上……发生合同更新这一效果的意愿,是不能通过推定的方式来认定的……在没有证据表明当事人有着相反意愿的情况下,我们会初步推定以下这一点,即新的义务被当事人接受,仅仅是根据付款情况所设定的一种增加出来的担保或者是一个附带的担保,或者是被推定为一种有条件的接受。产生合同更新这一效果的意愿,必须是由当事人非常清晰地表示出来的。③

借款人向法院提交了一份其主要合伙人所作的宣誓证词,这一份宣誓证词表明,借款人一直是指望着由被告出借人来返还这一笔暂扣的资金;当借款人同意出借人将这一贷款文本转让给其他人的时候,他只是同意将自己应该到期归还的款项转让给受让人。虽然说有着这样的可能,即某一个文本通过它清晰、明确的条款规定了合同的更新,然而,本案中的贷款文本却没有做到这样。出借人辩称,借款合同中的义务属于"受益人",而"受益人"在借款合同中被界定为"合同文件持有人,不论持有人的名字是否在这一借款合同中列举出来";通过将受让人称作合同文件持有人,这一借款合同也就免除了出借人的义务。我们认为,出借人这样的解释忽略了借款合同文件中的另一个条款,在另一个条款中,合同明确地将出借人作为"受益人",并且有一个条款这样表述:这一协议将约束这一文本的当事人**以及*他们*的承继者和受让人**,而合同更

---

① Foster v. Cross, 650 P.2d 406, 410—11(Alaska 1982).

② Kennedy v. Griffith, 98 Utah 183, 187, 95 P.2d 752(1939).

③ D.A. Taylor Co. v. Paulson, 552 P.2d 1274, 1275(Utah 1976).

新所要求的文字是，协议将约束这一文本的当事人**或者他们的受让人**。进一步而言，我们认为，如果当事人想要达成一份更新合同，出借方的法律顾问应该在合同中作出合同更新的安排，或者至少以很清晰、明确的文字表明其有着让受让人来替代出借人的意愿。

我们法院在此推翻初审法院所作的简易判决，将这一问题发回初审法院继续审理，以确定当事人的意愿及其他的一些事实问题。

769

第十五章

非法交易或者违背公共政策的交易

■ 第一节 公共政策的一些变化

T.F. 诉 B.L.[①]

马萨诸塞州最高法院(2004 年)

本案要旨

原告 T.F. 和被告 B.L. 是两名女性。在她们同居时,经过双方一致同意,原告通过人工授精怀孕。之后两人因产生矛盾分居,原告在分居后产下一子。被告曾去医院探望,承诺支付孩子的抚养费,但在两人大吵一场后,被告向原告发出了一封信,明确表明她不会再与原告和这个孩子联系。于是,原告在家事法院提起诉讼,认为被告违约,要求被告支付抚养费。法院认定,双方达成的成为孩子父母的合同违反了公共政策,是无效的,而且,被告愿意支付孩子抚养费的承诺是不能从这一合同中分离开来的,因而也是不能强制执行的。法院判决驳回了原告的诉讼请求。

本案确定的规则是,当一份合同违背了公共政策或者与公共政策相抵触的时候,即为无效合同,不能被强制执行。而对于一份部分内容合法而部分内容非法的合同是否可以强制执行,取决于合法部分的内容是否可以从整份合同当中分离出来。

---

① T.F. v. B.L., 442 Mass. 522, 813 N.E.2d 1244.
由于本案涉及的是同性婚姻这样的敏感案件,为了保护当事人的隐私,法官在呈递判决意见时隐去了当事人的真实姓名,以缩写字母代替。——译者注

考因法官①代表法院呈递以下判决意见：

本案的原告 T.F.和被告 B.L.是两名女性，她们从 1996 年到 2000 年期间一直生活在一起。在她们同居的这一段时间，原告通过人工授精的技术得以怀孕。2000 年 7 月，在原告与被告已经分居之后，原告产下了一个孩子。2001年 1 月，原告在家事法院提起了诉讼。原告基于禁止反言以及违反口头合同这两个方面的理论，要求家事法院根据抚养费的标准判令被告支付这个孩子的抚养费。家事法院的法官认定，双方当事人之间有着"生育一个孩子"的协议，本案被告违反了这一协议。然而，家事法院的法官并没有立即签发责令被告支付抚养费的裁决，而是将这一案件报告给了上诉法院……请求上诉法院认定，"马萨诸塞州的法律是否认可通过合同来让自己变成父母的协议"。如果对于这一问题的回答是肯定的，这位家事法院的法官认为，那么，"被告就是这个孩子的父（母）亲"。我们对于原告的申请直接进行上诉审查。我们认定，虽然原告已经证明她与被告之间达成了一份默示的合同，但是由于这样的一份合同是违反公共政策的，因而它是不能在法律上强制执行的。基于这一点，本案被告并没有法律上的义务来支付孩子的抚养费，家事法院也不能根据它衡平法上的权力来创设这样的义务。

一、案 件 背 景

……原告与被告于 1995 年相识，在 1996 年秋天开始共同生活，这对同性伴侣举行了一个"彼此承诺的仪式"②。随后，原、被告两人将她们的金钱放在一起，并且在各自的寿险保单和退休计划中将对方确定为受益人。很长时间以来，原告一直想要一个孩子，她将自己的这一想法告诉了被告……但是，被告一直拒绝，直到 1999 年 6 月或者 7 月的某一天，被告打电话给正在工作中的原告，告诉原告她已经改变了主意……这一对共同生活的伴侣在当时也讨论过一些问题，例如，究竟是要一个男孩还是女孩，被告改变内心想法的原因，被告的兄弟是不是一个合适的捐精者，未来孩子的洗礼和学校教育，以及如果要有一个孩子的话，她们之间由谁来分娩……在一个进行人工授精的专门诊所那里，原、被告双方共同会见了医生，商议通过人工授精生育孩子这件事……她们拒绝了其他选择，例如通过收养或者领养来拥有一个孩子，她们决定由原告来进行人工授精。[这一对当事人在诊所提供的

771

① Cowin, J.
② "彼此承诺的仪式"通常是指不能合法结婚的人为了证明彼此的关系而举办的一个仪式，以这一仪式来表明彼此相爱，今后将共同生活在一起，彼此对对方负责。举办这种仪式的人，通常是同性恋者，也有的是不正式结婚而仅仅同居的人。——译者注

一份"知情同意书"①上都签了名]……双方当事人一起去选择匿名的捐精者。这一对伴侣动用了她们的共同积蓄支付人工授精的费用以及产前护理的费用。在这一段时间,被告起码是部分地付出了努力来维护她与原告之间的关系,被告认为,如果她试着去阻止原告有一个孩子的话,她的日子会过得很不开心。

……1999年12月,在经过第二次人工授精之后,原告得以顺利怀孕。在接下来的数月中,双方当事人之间的关系日益恶化,在2000年5月,被告搬出了她们共同居住的公寓。在离开之前,被告表达了她的后悔之意,她后悔成为了一个"单身的父(母)亲",被告说道,她想要收养这个孩子,而且被告"承诺给予这个孩子经济上的抚养,并承诺在今后会和原告详细地谈这件事,因为在当时她仅仅想集中精力处理她们两人之间已经破裂的关系"。2000年7月,原告早产,生下了一个男孩。

……被告去看望了在医院的母子,而且去看过好几次,被告与孩子的母亲一起选择确定了这个孩子的名字,而且承诺会支付孩子的抚养费,会调整工作时间来抚养这个孩子。在被告来医院看望的过程中,她有一次向原告支付了800美元。2000年7月26日,被告通过互联网向她的朋友发送过她与这个孩子的照片……2000年10月,为了这个孩子的抚养问题,双方当事人之间发生了激烈争吵,争吵时间超过了1小时,起因是这个孩子由于早产,需要大量的医疗护理,要花费很多的费用。原告一直全力抚养并且全职照顾这个孩子,她想从被告这里获得经济上的支持。被告承认:"她一直没有支付过这个孩子的抚养费,是因为她对于原告非常生气。"在双方争吵之后的一个月,被告向原告发出了一封信,明确表明她不会再与原告和这个孩子联系。

家事法院的法官认定,对于共同"生育"孩子这一点,本案的双方当事人并没有形成一份书面的协议;被告与这个孩子并没有生物学上的联系;被告也从来没有与这个孩子共同生活过。家事法院的法官还进一步认定,被告的名字并没有出现在这个孩子的出生证上;被告并没有收养这个孩子;除了在这个孩子出生之后不久付过的那笔800美元之外,被告再也没有为了孩子的利益花过什么钱。

分析以上事实之后,家事法院的法官认定,除了"讨论过拥有一个孩子的可能性之外",被告并没有作出过明确的口头上的承诺。然而,家事法院还是认定,因为被告随后的行为以及被告未能"阻止原告怀孕"这些事实,被告的这一承诺就"自然而然地演变成为一个拥有孩子的承诺",因而在当事人之间也就创设了一个有约束力的合同。法官接下来认定,被告拒绝履行作为父(母)

---

① "知情同意书"是医院等医疗机构经常使用、交给患者的一份告知书,这一知情同意书会告诉患者相关的医疗情况和治疗(手术)可能面临的风险。——译者注

亲的义务,即拒绝支付这个孩子的抚养费,就是违反了双方的这一合同。

二、案 件 分 析

原告坚持要求被告支付这个孩子的抚养费,主要理由有以下两方面。首先,原告认为,被告与她之间达成了一份默示的合同,双方默示同意,共同拥有一个孩子,成为这个孩子的父母,最起码被告默示承诺会支付孩子的抚养费,而被告现在却出尔反尔,拒不支付孩子的抚养费。原告的辩论意见是,被告拒不支付抚养费的行为,就是构成了违约。其次,原告坚持认为,在本案中判令被告支付孩子的抚养费,是与立法机关在相关法规中经常表达出来的立法政策相符合的,家事法院享有"广泛而灵活"的衡平法上的权力,它可以运用,也应该运用这样的权力来贯彻立法机关的上述政策。我们在下面会对原告的上述两点辩论意见分别进行分析。

(一) 通过合同来让彼此成为一个孩子的父母

原告并没有坚称她与被告之间存在着一份明确的书面协议,但是她坚持认为,在 1999 年夏天的时候,被告第一次提到她希望和自己讨论共同"生育"一个孩子,结合被告随后的一系列行为,这就表明原告与被告之间达成了一份默示的合同,即双方共同"生育"一个孩子的合同。在缺少明确协议的情况下,可以通过以下两个方面的情况推定出当事人之间存在着默示合同:(1)当事人的行为;(2)当事人之间的关系。一份默示合同的成立,要求具有以下几方面的证明材料:被告在这当中有着自己的利益;原告期待由被告为这些利益支付费用;被告应该预料到,或者一个理性的人将会预料到,他或者她应该为这些利益支付费用。[1]当本案被告知道或者应该知道原告有着这方面的期待时,如果被告没有提出反对意见,那么就可以在原、被告双方之间创设一份合同。当本案被告知道或者有理由知道她外在的客观行为将表明存在一份协议的情况下,被告自己的主观意愿到底是什么,对于认定这份协议来说是没有什么关系的。[2]

本案中,现有的证据足以让家事法院的法官作出以下的认定,即原告与被告之间有着一份协议,在原告怀孕并生下一个孩子的情况下,被告同意担当起为人父母的责任。虽然被告认为,原告不应该对她过去在这件事情上的沉默不语产生信赖,但家事法院的法官还是可以合理地认定,本案中的具体情形和当事人之间的关系——在法官查明的事实部分对双方之间的关系有着充分的论述——讲述的却是与被告观点不一样的故事……对于原告想要有一个孩子

---

① LiDonni, Inc. v. Hart, 355 Mass. 580, 583, 246 N.E.2d 446 1969.
② *Restatement (Second) of Contracts* §19 (1981).

773 的想法,被告不仅没有反对,相反,还积极参与了医学上的决定和相关的医疗程序,积极参与讨论孩子未来的有关事项,共同讨论与怀孕和抚养孩子相关的经济安排……基于被告自愿的这些行为,家事法院认定双方当事人之间存在一份默示合同,在我们看来,当然是应该接受的一个结论。

当事人之间存在着一份默示合同这一结论,并不能让我们对这一案件的分析就此打住;本案中的争议问题仍然摆在我们法院面前,这一问题就是:法院是否能够强制执行本案中的这份合同呢? 未婚同居者之间达成的合同,例如涉及财产、经济以及其他事宜的那些合同,通常是可以强制执行的。①如果这样的合同与孩子的最大利益并不冲突,它们是可以涉及孩子的福利和抚养的。②未婚同性伴侣之间达成的有关孩子福利与抚养的合同,与未婚同居者之间达成的其他协议,两者的基础是同一的。③然而,当一份合同违背了公共政策或者与公共政策相抵触的时候,我们会将这样的合同视为无效合同,而且是不能强制执行的合同。④本案涉及的就是这样的一份合同。

在前面提到的 A.Z. 诉 B.Z.这一案件⑤中,我们法院拒绝强制执行这样的

---

① Wilcox v. Trautz, 427 Mass. 326,332,693 N.E.2d 141 (1998).

② Id. at 334 n.7, 693 N.E.2d 141.
我们并不同意持异议法官的以下观点,即"通过合同来让彼此成为一个孩子的父母",将削弱"维护孩子最大利益"这一标准。在抚养一个孩子的义务是明确的情况下,法院会采纳"维护孩子最大利益"这一标准来确定抚养义务是否要实现,以及如何来实现。然而,除非有问题的一个人与这个孩子有着法律上的关系,否则,"维护孩子最大利益"这一标准与案件的处理是不相干的。在本案中,被告与这个孩子之间除了一个不能强制执行的合同关系之外,并没有法律上的联系,因此,"维护孩子最大利益"这一标准在本案中并不适用。此为原判决中的注解。

③ E.N.O. v. L.M.M.,429 Mass. 824,831 n.9,711 N.E.2d 886(1999).

④ 见 A.Z. v. B.Z.,这一案件(431 Mass. 150,160,725 N.E.2d 1051(2000)),以及这一案件所引用的相关案例。

⑤ A.Z. v. B.Z., supra at 159—160,725 N.E.2d 1051.
这一案件的基本事实是,原告与被告是一对夫妻,原告是妻子,被告是丈夫。在原、被告双方婚姻关系存续期间,妻子因为宫外孕被切除了输卵管。原告与被告经过协商,决定采用人工授精的方式怀孕。结果,妻子成功怀孕并生下了一个孩子。在医疗诊所进行手术的过程中,诊所还留下了另外两个多余的胚胎,经冷冻保存在诊所。按照当时的医疗技术,只要原告与被告同意,可以让原告再次怀孕生育。之后,原告与被告的关系恶化,双方分居。这时,原告想再生一个孩子,于是,原告自主决定使用留在诊所的胚胎。被告从保险公司得到通知后才知道原告要使用冷冻胚胎一事,于是,被告提出了反对。丈夫也同时提起了离婚诉讼。原告妻子则向法院提起了诉讼,要求法院准许其使用保存在诊所的冷冻胚胎。被告丈夫则提出了反对的动议。法院最终认定,由于丈夫当初同意捐精的知情同意书只是告知丈夫相关利益和风险,而丈夫与妻子并没有想让这一捐精的知情同意书变成一份有约束力的协议;知情同意书的期限只有一年,在这一年期满之后,不能认为丈夫还同意使用其精子;原告与被告夫妻关系恶化这样的新情况,可以让丈夫有理由撤回原先同意"生育"孩子的承诺。综上,法院判决支持了丈夫的反对动议,不允许原告(妻子)使用预留在诊所的冷冻胚胎来生育孩子。——译者注

一个协议,即强求一方当事人"违背他或者她的意愿去成为一个孩子的父(母)亲"。在 A.Z. 诉 B.Z.这一案件中,经过法院的判决,原告(丈夫)成功地阻止了他已经分居的妻子使用自己的精子(他的精子被冷冻储存在一个人工授精的诊所)来"生育"一个孩子的企图。法院在判决意见中这样分析道:"通过外来的强制手段让一个人生育,并不是一个应该由司法强制来介入的领域。"①我们手头的这一个案件与前面提到的那些案件实际上是有区别的,这一区别在于,本案被告是参与了原告怀孕生育这件事的,这个孩子的出生是来自一个合同上的自愿选择,而不是来自被告的基因遗传。但是,我们认为,在 A.Z. 诉 B.Z.这一案件中所蕴含的重要分析,仍然适用于我们手头的这一案件。

我们法院是通过查看"立法机关作出的表述内容和法院判决中表述的内容"来确定究竟什么才是公共政策。②在 A.Z.这一案件中,我们法院指出,根据法律的规定,当事人有关达成夫妻关系的合同是不能强制执行的。③我们法院在早期的一些案件中也曾经讨论过这样的问题,早期这些案件的判决表明:"对于先前达成的约束某一个人在未来家庭关系中地位的协议,法院是不愿意强制执行的。"④我们法院曾经这样说道,为了保护"在婚姻事务和家庭生活中的个人选择自由"⑤,"对于当事人在先前已经达成建立家庭关系的协议(婚姻关系或者同居关系)的,如果一方当事人随后表示要重新考虑他们的决定,那么法院是不能针对反悔的这一方当事人强制执行这一协议的"。

我们法院在 A.Z.这一案件中所表达的法律原则,在我们手头这一案件中同样也是适用的,也有着相似的强制效力。决定成为一个孩子的父(母)亲,或者决定不成为一个孩子的父(母)亲,这完全是一个人的个人权利,这一权利是"如此地脆弱和私密,以至于法院永远也不应该尝试通过任何手段直接去强制执行"。⑥"通过合同来让彼此成为一个孩子的父母",在马萨诸塞州并不为法律所认可,如果原告与被告达成一份共同"生育"孩子的协议,不管这一协议是明

774

---

① A.Z. v. B.Z., *supra* at 160, 725 N.E.2d 1051.

② *Id*. at 160—161, 725 N.E.2d 1051, *citing* Capazzoli v. Holzwasser, 397 Mass. 158, 160, 490 N.E.2d 420(1986).

③ *Id*. at 161, 725 N.E.2d 1051, *citing* G.L.c.207, §47A.

④ *Id*., *citing* R.R. v. M.H. 426 Mass. 501, 510, 689 N.E.2d 790 (1998).
在 R.R. v. M.H.这一案件中,一位代孕母亲同意在小孩出生之后放弃这一个孩子,法院认定,这样的协议是不能强制执行的,除非这一协议特别包含了"合理的"等待期——这一"等待期"必须与放弃收养的期间相一致。在 Capazzoli 诉 Holzwasser 这一案件中,法院认定,要求某一个人放弃婚姻的合同是不能强制执行的。

⑤ A.Z. v. B.Z., *supra* at 162, 725 N.E.2d 1051, *quoting* Moore v. East Cleveland, 431 U.S.494, 499, 97 S.Ct. 1932, 52 L.Ed.2d 531(1977).

⑥ *Id*., *quoting* Kenyon v. Chicopee, 320 Mass. 528, 534, 70 N.E.2d 241(1946).

示的还是默示的，都是不能强制执行的。①

本案持异议的法官也承认，共同"生育"一个孩子的协议在法律上是不能强制执行的，但是，这些持异议的法官坚持认为，本案中这样的协议"包括了"一个支付孩子抚养费的承诺，这是一个可以强制执行的承诺。对于一份部分合法而部分非法的合同是否可以强制执行，我们法院的权威观点是，这取决于合法的那一部分内容是否可以从整份合同当中分离出来。在我们手头的这一案件中，必须搞清楚的是，在共同"生育"一个孩子、共同成为一个孩子父母的默示合同中，是否包含着一份特定的、可以识别的抚养孩子的协议呢？如果有这样的协议，那么这一协议是否可以从这一默示合同中分离出来呢？家事法院的法官在分析意见中提出，一份成为父母的合同，必定涉及四个方面的承诺：(1)"当事人双方将会一直爱着这个孩子"；(2)"彼此都会抚养对方"；(3)"共同照顾这个孩子的生活"；(4)"为这个孩子提供金钱，共同抚养这个孩子"。在本案的庭审记录中，并没有任何实质性的内容表明，被告抚养这个孩子的特别承诺是从"生育"这个孩子的默示协议中分离出来的承诺，是独立于"生育"孩子这份协议的承诺。正如家事法院的法官所说的那样，支付孩子的抚养费，是成为一个孩子父母的内在的、必然的后果……庭审记录中没有任何内容表明，当事人以某个清晰的对价作为交换，将抚养孩子这一点从共同成为孩子父母这一核心的、不能强制执行的协议当中分离了出来。因此，被告所作的有关抚养这个孩子的任何默示承诺，是与其成为一个孩子父母这一不能强制执行的承诺不可分割地联系在一起的，同样也是不能强制执行的。②

---

① 作出这一认定，即当事人之间存在着一个拥有孩子的默示合同，但是这样的合同是不能强制执行的（我们法院就是这样认定的），我们法院并不需要对禁止反言这一抗辩理由予以特别的分析。有关公共政策的考虑，同样也适用于禁止反言这一替代的救济理论。此为法官在原判决中的注解。

② 持异议法官的结论是，"通过合同来让彼此成为一个孩子的父母"并不为法律所认可，但法律却可以强制让一个并非父母的人承担支付抚养费的单独义务。然而，在我看来，对于这一结论的后果，持异议的法官们显然没有考虑。以前，我们法院从来没有认可过一方当事人即使没有父母子女这样的关系也应该承担支付长期抚养费的义务。如果我们法院认可这一点，那么，在如何确定被告身份这一点上，根本就没有得到普遍认可的法律原则。例如，虽然被告自愿终止了探视孩子，但是，她是否还有权要求法院强制保证其探视孩子的权利，或者要求重新接触孩子的权利呢？虽然可以假定被告没有对孩子的抚养权，但她对于如何照顾孩子，或者至少在那些可能极大地影响她支付金钱义务的某些方面（例如，决定孩子究竟是去私立学校还是公立学校），被告她有什么话语权吗？如果原告后来又与其他人结婚了，原告新的配偶想要收养这个孩子，那又该如何处理呢？在孩子随后的养父母支付这个孩子抚养费的情况下，要求被告继续支付抚养费的义务是否还有什么基础？如果原告去世，或者丧失了照顾孩子的行为能力，那又该怎么办呢？是否在这个时候被告有义务（或者权利）来对孩子进行完全的监护呢？根据持异议法官的理论，被告的身份将是一种很独特、以前没有先例的身份，这一独特的身份要求家事法院在很多年的时间之内监管当事人和孩子之间的关系，他们当中的每一个人都不会完全搞清楚他们的权利和义务到底是什么，要一直等到他们产生分歧，立法得以明确之后，他们才会真正搞清楚各自的权利和义务。此为法官在原判决中的注解。

多数法官在这一段注解中着重强调了如果某个人与孩子没有父母子女关系而支付抚养费，会带来很多法律上的难题。——译者注

二、家事法院所拥有的衡平法上的权力

本案中，原告和持异议的法官并不是仅仅将合同理论作为他们观点的依据，他们也援引了家事法院在衡平法上的权力来支持他们的观点。正如持异议法官所指出的那样，他们辩称：“当事人之间存在着一份协议，由被告支付这个孩子抚养费，这样的协议符合整个社会的利益（我们的成文法和法院的判决都表达过这一观点），也符合‘为了子女最大利益’这一标准；这样的协议，要求法院必须给予原告以法律上的救济。”……然而，在我们看来，原告及持异议法官的这一辩解意见虽然是真心出于好意，但是，他们却对家事法院在衡平法上到底有多大的权力以及这一权力存在的目的作出了错误的理解。立法机关之所以赋予家事法院衡平法上的权力，是想要让家事法院在强制执行已经存在的义务这一点上给当事人提供法律上的救济。但是，立法机关并没有想让家事法院去创设一个全新的法律义务。

抚养未成年人，是一个法定的义务。①早在 1692 年的时候，就已经通过一些立法的形式确认了孩子的父母从经济上抚养子女的法定义务。随着时代变迁，立法机关通过了一系列有关子女抚养的法律，要求那些承认自己是孩子父母的人或者被认定为孩子父母的人承担抚养子女的义务。那些持异议法官只是强调了立法中“不能独立生活的那些子女应该尽可能地从他们的父母那里得到抚养”这样的文字表述，但是，他们却忽视了立法机关将这样的义务是限定在孩子的**父母**身上。

立法机关已经明确指出了应该像孩子的父母那样来承担孩子抚养费的某一些对象。在“马萨诸塞州法律”第 209C 章第 1 款中，法律明确规定，被认定为非婚生子女父亲的人应该承担子女的抚养费；在“马萨诸塞州法律”第 210 章第 6 款中，法律明确规定，收养子女的人应该承担这一子女的抚养费。除了这两个法律规定外，“马萨诸塞州法律”第 46 章第 4B 款规定，如果某个女子的丈夫同意了妻子接受人工授精这一医学技术，那么这个丈夫将被认定为是人工授精产出的子女在法律上的父亲，因此这个丈夫有义务支付这个子女的抚养费。但是，立法机关并没有对一个非婚同居的配偶同意了人工授精这一医疗技术作出过专门的规定。在我们看来，立法机关没有对此作出专门规定，并不是他们对此疏忽大意，而是他们认为未婚同居的配偶不是孩子的父亲。

在本案中，根据现在的任何法律条款，被告都不是这个孩子的父母。被告

---

① L.W.C. v. E.R.C., 432 Mass. 438，443，735 N.E.2d 359(2000).

在普通法上，一个有足够经济能力的父亲是有义务去抚养那些与他共同生活在一起的孩子的。Creeley v. Creeley, 258 Mass. 460，155 N.E.424(1927).此为法官在原判决中的注解。

没有因为与这个孩子的长期关系而成为孩子**事实上的父母**。①除了家事法院查明的那些不能强制执行的合同义务之外,对于这个孩子来说,本案被告在法律上完全是一个陌生的人。有一些法律是专门确立父母与子女关系的法律。正因为被告不是任何这样的法律所认定的父母,所以被告在经济上没有抚养这个孩子的义务,法院也不应该裁决被告支付这个孩子的抚养费。

因为在没有法定义务的情况下,并非孩子父母的人是没有义务支付孩子的抚养费的,所以,在本案中,衡平法也不能给予原告以救济。"衡平法跟随的是成文法所宣示出来的法律,这是一条法律上的座右铭。"②类似地,我们也不能推断出以下结论,即由于规定父母有义务支付孩子抚养费的一系列法律在本案这一特定问题上尚属空白,法律就授权我们法院在法律上自行确定一个合适的结果,以填补那样的空白。③衡平并不是一个万能的司法工具,并非凭借这一工具就可以将某个"正确的事情"确定为一个具备了正当性的法律义务。

相类似地,"为了子女最大利益"这一标准并不像随意揉捏的面团那样,是一个可以任意变化的概念;这一概念并不能让家事法院对于那些没有法律义务的人施加法律上的义务。根据诉讼的不同性质,立法机关已经明确地规定了在什么情况下可以适用"维护孩子最大利益"这一标准,而且已经给出了法院在适用这一标准时需要考虑的具体因素……

作为对家事法院法官在这一案件中报告的回应,我们法院认定,"通过合同来让彼此成为一个孩子的父母"并不为马萨诸塞州的法律所认可。我们将这一案件发回家事法院,由家事法院按照我们在此表达的意见重新进行审理。

---

① 到现在为止,我们法院还没有考虑过一个"事实上的父母"是否有义务去支付一个孩子的抚养费的问题,在这一问题上我们法院并不表明我们的态度。我们只是指出,本案中与孩子没有关系的被告,并不能被认定是一个"事实上的父母"。此为原判决中的注解。

② Rossi Bros. v. Commissioner of Banks, 283 Mass.114, 119, 186 N.E.234 (1933). 2 J.N. Pomeroy, *Equity Jurisprudence* §425 (5th ed.1941).

③ 持异议法官引用了美国法律协会(American Law Institute)的相关分析和建议 (*Principles of the Law of Family Dissolution: Analysis and Recommendations* §3.03(1) (2000))作为其依据。在美国法律协会的相关论述中,建议可以通过协议的方式来让某个当事人承担父母的义务,即使根据州的法律这一当事人可能并不是孩子的父母。虽然美国法律协会建议中的第3.03(1)部分对于有可能被裁定要支付抚养费的人作出了一些限定,但是,该条款在表明需要具体考虑因素的时候,是以开放式的表述作为结束的;它要求法院在确定某个人支付抚养费时,应该考虑"让那个人承担支付抚养费是否公平的所有相关事实"。见 *Principles of the Law of Family Dissolution: Analysis and Recommendations*, *supra at* §3.03(2)(d), at 415.鉴于这一条款的界定非常模糊,以及确定支付抚养费这一义务的极端重要性,我们认为,如何解释这一条款最好还是留给立法机关去做。此为法官在原判决中的注解。

判决如上。

格里尼法官①部分附和同意多数法官的意见，部分反对多数法官的意见：②

支付一个孩子抚养费的义务，可以通过明示的协议或者默示的协议来予以确定（多数法官在判决意见中也承认这一点，因为对于这一观点是没有什么分歧的），也可以是通过被指控的人已经主动实施了支付抚养费义务的行为来确定（这一点同样也没有什么分歧）。基于家事法院法官所作出的强有力的事实认定，我认为，本案被告有义务支付原告所要求的抚养费，这是一个可以强制执行的义务。

（1）我也同意，"通过合同来让彼此成为一个孩子的父母"并不为马萨诸塞州的法律所认可，理由是，父母是只能通过法律来确定的一个身份，不能通过私人之间的协议来作出认定，孩子并不是（也不能成为）这一协议的当事人。立法机关和法院已经多次重申，而且是在很多情形下重申，家事法院在其权限范围内拥有完全的权力来审查任何一个涉及孩子最大利益的协议。"通过合同来让彼此成为一个孩子的父母"，可能会剥夺，至少是削弱已经确立的法院在保护孩子最大利益方面所拥有的权力。

（2）但是，我们对于这一案件的分析并不能就此停留住。家事法院的法官……对于本案的事实作了仔细的分析和认定，并且总结道："在本案中，相比起那些彼此是孩子生物学上父母的伴侣、彼此是通过直接性行为怀孕的人，本案的当事人在决定'生育'这个孩子的时候，可以说是更大程度上的有意为之。本案当事人达成的就是这样一份协议：共同'生育'一个孩子。本案当事人首先探讨了达成这一协议的途径，接着他们共同完成了这一份协议。"的确，我们不能通过一份合同来认定被告是这个孩子的父母，但是，被告与原告的协议当中还包括了一个抚养孩子的承诺，被告和原告同意通过人工授精这一方式"生育"一个孩子，并且成为这个孩子的父母。通过家事法院法官所查明的那些事实，被告同意抚养这个孩子的承诺，是得到很好的确认的，这样的认定不应该被很轻易地弃之一边。然而，我们法院的多数法官恰恰是将这样的认定轻易地扔在了一边……在本案中，当事人达成的承诺包括两个方面：一个是成为一个孩子的父母（这样的承诺是不能强制执行的），另外一个是抚养这个孩子（这样的承诺是可以强制执行的）。任何人都不可以像本案被告这样，先是与原告共同将这个孩子带到了这个世界上，然后拍拍屁股一走了之，不再抚养这个孩子。

777

---

① Greaney, J.
② 马歇尔首席法官和爱尔兰法官也同意格里尼法官的反对意见。——译者注

在本案中,原告最终选择的是要求法院颁发一个裁决,判令被告支付这个孩子的抚养费。长期以来,立法机构一直认可的是,对所有的孩子来说,支付抚养费是非常重要的。在立法机构通过的相关法律中对此有着明确的规定,该条款提到,"不能独立生活的子女应该尽可能地从他们的父母这里得到抚养费",而不是从纳税人这里获得抚养费,而且,抚养费的确定应该是遵循"维护孩子最大利益"这一原则。①对于那些非婚生子女,立法机构已经明确表示:"非婚姻关系出生的子女,有权利获得和其他婚生子女同样的权利和保护。"②在"马萨诸塞州法律"第46章第4B款中,立法机构讲得非常明白,人工授精生出来的子女,其出生并不是基于生物学遗传,而是基于双方当事人的同意。我们法院在判决中也说道:"立法机构反复、坚定地而且是清晰地表明了它的意愿,即所有的孩子'都有权获得同样的权利和法律同等的保护',不管这些孩子是如何出生的。"③立法机关已经预料到了本案中这样的情形。

[持异议法官强调了家事法院法官享有的衡平法上的权力,认定家事法院法官享有广泛的权力,这样的权力可以延伸到强制执行某份特定的协议,不管是有对价支持的协议,还是类似于禁止反言这一法律原则所支持的协议。持异议的法官认定,"虽然基于禁止反言理论提出的诉讼请求必须符合一定的前提条件,但是,在本案中,原告的主张符合了这样的前提条件";"对成文法没有预见到的与孩子相关的那些问题",家事法院可以自行作出自己的处理。]④

778 　　在本案中,双方当事人之间存在着由被告支付孩子抚养费的协议,这样的协议既符合整个社会的利益(我们的成文法和法院的判决都表达过这一观点),也符合"维护孩子最大利益"这一标准,因此这样的协议要求法院必须给予原告以法律上的救济。⑤我在此得出的这一结论,也得到了其他法院判决的

---

　　① 　G.L.c.119A,§1. G.L.c.209C,§9(c).

　　② 　G.L.c.209C,§1.

　　③ 　Woodward v. Commissioner of Social Sec.,[435 Mass. 536,546] 760 N.E.2d 257.

　　④ 　这一段文字为原编者对于持异议法官有关禁止反言规则所作分析的概括。——译者注

　　⑤ 　我们可以假定这样的情形:被告是一个想让自己成为一名父亲的未婚男性伴侣,他通过采取主动的措施让一个孩子来到世上,他曾经想过让这一个孩子作为自己的儿子,但是,在与孩子母亲的关系恶化之后,这名男子又反悔了,不愿再承担父亲的责任。如果是这样的假定情形,我对这一问题的分析并没有什么不同。我们手头的这一案件并不是一个让同性伴侣承担起父母亲责任的案件。本案是有关被告对一个孩子承担经济上抚养责任的案件,被告通过自己的言语和行为已经作出了抚养孩子的承诺。当两个成年人决定通过人工授精的方式共同"生育"一个孩子,并且同意共同对这一个孩子承担经济责任的情况下,如果他们的决定和随后的行为导致了这一个孩子出生,那么,这一个孩子就应该得到在经济上的抚养权利,这个孩子的权利不应该比两个已经结婚成年人所生的孩子更少,不应该比通过正常性行为怀孕生出来的孩子——这样的孩子与两个成年人之间就有着生物学上的关联——更少。此为原判决中的注解。

　　也可参见 A.R. v. C.R.,411 Mass. 570,575—576,583 N.E.2d 840(1992)。

有力支持,其他法院在涉及同样性质的案件中也是这样认定的。

我的这一结论,也是与美国法律学会确定的那些原则相符的。美国法律学会在《婚姻关系解除的法律原则:分析和建议》这一报告①——这一报告中所提及的情形涉及我们手头的这一案件——中建议,法院应该让某些人承担起抚养子女的义务,"这些人虽然不是州法律所认定的孩子父母,但是,他先前主动实施的那些行为应该可以公平地阻止他拒绝承担对子女的抚养义务"。②当某一个孩子是"根据被指控的人与孩子父母的协议来到世上的时候——这一协议约定,他们将分担抚养孩子的责任,他们每个人都将是这一个孩子的父母"——前述美国法律学会建议报告中的第 3.03(1)(c)部分允许法院作出一个裁决,责令对方支付孩子的抚养费。在同性伴侣"希望通过人工授精或者代孕母亲来共同拥有一个孩子"的案件中,法院可以让"并非孩子父母但是已经与孩子父母达成协议的人"支付孩子的抚养费。……③

总之,即使我们从法律上不认可"通过合同来让彼此成为一个孩子的父母",但是,本案证据已经表明,当事人之间已经达成了一份协议,这一协议包括了抚养孩子这一承诺。根据有关法律④,家事法院对于这一案件有管辖权,而且家事法院拥有特别的权力来强制执行那样的承诺。⑤被告可能对于她的言行产生了后悔,并且认为原告所要求的救济方式非常过分,但是,在我看来这些都无关紧要。衡平法要求,不能仅仅因为当事人对于某个艰难的协议感到后悔就予以解除。被告可以放弃这一个孩子,但是,无论如何,我们法院不能放弃这一个孩子。

779

---

① *Principles of the Law of Family Dissolution*:*Analysis and Recommendations*.

② ALI(American Law Institute),*Principles of the Law of Family Dissolution*:*Analysis and Recommendations* §3.03 & Comment c (2002).

③ ……被告引用了前述美国法律学会建议报告中的第 7.04(1)部分的但书条款,该但书条款要求"一个协议如果不是由双方当事人通过书面方式达成,是不能强制执行的";我认为,这一部分在本案中并不是起决定性作用的……第 7 部分的全部内容,包括它的评论和说明都表明,第 7.04 部分想要调整的是婚前协议、婚姻中的协议和分居协议,而并不是想调整那些自愿承担孩子责任的协议。此为原判决中的注解。

④ G.L.c.215,§6.

⑤ 多数法官他们担心,如果本案被告被判令支付孩子的抚养费的话,被告在将来对于这一个孩子拥有什么样的权利。被告基于这一担心所提出的问题,超出了本案判决意见的范围。被告与这一个孩子之间的经济抚养关系,可以让被告拥有相应的权利和责任;如果被告提出了这一问题,可以由家事法院的法官根据家庭法的一般原则和最有利于孩子的原则予以考虑。然而,推测这样的一些情形,并不是一个恰当的做法,不能以此来否认原告在本案中提出的诉讼请求。相类似的担心在其他涉及家庭法的疑难案件中已经提出来过,并且在其他法院那里已经得到过处理。此为原判决中的注解。

特劳特曼诉南方铁路公司①
美国联邦第五巡回上诉法院(1971 年)

本案要旨

被告南方铁路公司为赢得一起诉讼,聘请了与时任美国总统肯尼迪有着很好私人关系的原告特劳特曼律师,希望他能向总统反映他们的观点。后来,特劳特曼律师确实向肯尼迪总统反映了这一案件,美国司法部在这起案件中支持了南方铁路公司的观点。由于南方铁路公司没有按照约定支付报酬,特劳特曼律师向法院提起诉讼,要求被告南方铁路公司支付其报酬。被告则认为,试图影响政府官员的合同是违反公共政策的,因而是不能强制执行的。法院认定,原告只是向总统反映其观点,而不是利用个人影响游说总统,这样的合同并不违反公共政策。于是,法院判决支持了原告的诉讼请求。

本案确定的规则是,聘请某一个人去接近政府官员,向政府官员表明自己在某一事件上的观点,这样的合同并不当然无效。只有在利用个人影响或者政治影响的情形下,这样的合同才是违反公共政策的,不能强制执行。

威兹德姆巡回法官②代表法院呈递以下判决意见:

原告特劳特曼是美国乔治亚州律师协会的一名成员,他在联邦地区法院针对被告南方铁路公司提起了这一跨区管辖的诉讼,要求被告南方铁路公司支付其从事法律服务的合理价值,金额为 200 000 美元。特劳特曼要求被告支付报酬的是发生在 1962 年和 1963 年期间的两个独立案件,即涉及乔治亚中心的案件和粮食装运费的案件。针对南方铁路公司提出的简易判决动议,审理该案的联邦地区法院认定,就特劳特曼在乔治亚中心案件中提供法律服务的案件,其诉讼请求已经超过了乔治亚州法律所规定的 4 年的诉讼时效,不能得到法院的支持。特劳特曼对于地区法院这一案件的判决没有提起上诉,这样,有关乔治亚中心案件的问题就从本案中被排除出去,不在我们法院的审理范围之内了。陪审团认定,在粮食装运费这一案件中,特劳特曼提供法律服务的合理价值是 175 000 美元,对于这笔费用,特劳特曼有权利得到。我们对于地区法院针对粮食装运费这一案件所作的判决予以维持。

---

① Troutman v. Southern Railway Co., 441 F.2d 586.
② Wisdom, Circuit Judge.

一

1963 年,美国州际商业委员会签发了一个命令,要求南方铁路公司必须将其从中西部到东南部的粮食运费提高约 16 个百分点。这一命令让南方铁路公司处于一个艰难的境地:如果遵守州际商业委员会的这一命令,根据南方铁路公司的说法,它将损失在"大约翰"铁路车厢项目上高达 13 000 000 美元的投资,再加上未来"巨大的"可得利益损失。威尔班克斯是南方铁路公司的副总裁和总裁的助手,他找到本案原告特劳特曼寻求帮助,当时,特劳特曼正好在帮助南方铁路公司处理涉及乔治亚中心的案件。特劳特曼是一名来自亚特兰大的律师,他在涉及美国州际商业委员会的事务方面没有什么经验,但是,威尔班克斯知道,特劳特曼是美国总统约翰·肯尼迪的私人朋友和政治盟友。威尔班克斯告诉特劳特曼,南方铁路公司正在俄亥俄州的一家联邦地区法院提起诉讼,他们想通过这一诉讼来阻止美国州际商业委员会命令的实施。威尔班克斯要求特劳特曼去说服美国总统和司法部——总统的弟弟罗伯特·肯尼迪是美国当时的司法部部长,请求他们不要认可美国州际商业委员会的决定,让南方铁路公司在这一起案件中胜诉。威尔班克斯究竟对特劳特曼说了些什么,他要求特劳特曼去做的事情究竟是什么,特劳特曼最终又做了些什么,这些问题在本案中当然是很关键的问题,我们在本判决的后面将会对这些问题进行分析。特劳特曼的努力取得了成功,美国司法部在俄亥俄州的诉讼中向法院提交了一个答复,这一答复没有支持美国州际商业委员会的决定,而是支持了南方铁路公司在诉状中的观点。南方铁路公司在俄亥俄州诉讼的结果(特劳特曼在这一诉讼中没有再进一步发挥作用)是,美国州际商业委员会的命令被俄亥俄州法院否决。当时,特劳特曼在亚特兰大市中心拥有一处不动产,这一不动产正好与南方铁路公司拥有的一处不动产相邻,为了回报特劳特曼在乔治亚中心案件中提供的法律服务,当然也考虑到了特劳特曼在粮食装运费案件中的作用,南方铁路公司同意对特劳特曼拥有的不动产空间权利①进行合作开发,双方同意就合作开发的合同事宜进行研究和论证。双方当事人的确想过要解决不动产空间权利共同开发中的相关事宜,这样的努力前前后后持续了好几年时间。但是,以后这一事情的发展变得越来越明显,对于原

780

---

① "空间权利"在美国是附属在不动产上的一项权利,简单地说,如果某人拥有一处不动产,他对于该不动产上方的空间就有使用、开发的权利。相邻不动产的双方可以就各自的空间权利进行协商,合作开发。例如,一方在自己拥有的不动产上建造一幢高层房屋,在通常情况下,它只能在自己不动产的正上方建造房屋。但是,如果他得到相邻方的同意,可以将自己的高层房屋的空间部分延伸到相邻方的上空。当然,相邻方一般会以一定的经济回报作为条件,例如,固定地收取一定的租金或者使用费。这样的合作方式,就是对空间权利的合作开发。——译者注

告拥有的空间权利,南方铁路公司不会再继续进行开发了。在这样的情况下,特劳特曼要求南方铁路公司就其在粮食装运费案件中提供过的法律服务进行补偿,而且是按照"通常的方式",即以支付金钱的方式进行补偿。当南方铁路公司拒绝支付上述费用之后,特劳特曼提起了本案诉讼。

南方铁路公司在本案中提出了三个方面的抗辩理由:(1)特劳特曼的诉讼请求已经超过了乔治亚州所规定的 4 年的诉讼时效,因此其请求不应该再得到法院的支持;(2)特劳特曼代表南方铁路公司所从事的活动并不是一种法律服务,它是无偿为南方铁路公司进行服务的;(3)基于原告所提供服务的性质,如果法院在本案中判决支持原告提出的补偿请求,将是与公共政策相抵触的。基于以上几方面的理由,南方铁路公司向法院提出动议,要求法院作出一个简易判决,支持自己的主张。初审联邦地区法院驳回了南方铁路公司的这一动议,随后陪审团作出了支持原告特劳特曼的裁决,裁决被告应该支付原告法律服务费用,总计 175 000 美元。之后,被告南方铁路公司又向法院提出了动议,要求法院将陪审团的裁决置之一边,径行作出支持自己的判决,或者是对该案重新进行审判,这一动议再次被法院驳回。于是,南方铁路公司向我们法院提起了上诉。

二

南方铁路公司在上诉中提出的第一个抗辩意见是,联邦地区法院拒绝自己提出的将陪审团裁决置之一边,由法院径行作出判决的动议,是一个错误的决定,因为现在的证据充分表明,特劳特曼起诉所依据的合同是一份"针对美国总统施加个人影响和政治影响"的合同。南方铁路公司认为,这样的合同是违反公共政策的,是不能强制执行的。因此,从法律上说,初审地区法院没有作出支持南方铁路公司的判决,就是错误的。对于南方铁路公司的这一观点,我们法院不能同意。

一份试图影响政府公共官员履行其职责的合同,是无效的,也是不能强制执行的合同。但是,这里有一个前提,即这一合同不是想让政府官员按照事件本身的是非曲直去判断,而是试图对官员施加个人影响或者政治影响。然而,所有的美国公民都有权利向政府提出请愿,要求政府受理他们的申诉和意见。[①]为了达到这一目的,公民可以聘请代理人或者律师,利用他的影响来接近政府的公共官员。此外,一旦获得了会见政府官员的机会,该律师可以正当地向政府官员反映其客户在某一个案件中的法律问题,并且要求政府官员支持

781

---

① United States Constitution, Amendment Ⅰ(美国宪法第一修正案)。

其观点。①正如联邦地区法院在驳回南方铁路公司申请简易判决动议的判决中正确指出的那样："只有在合同中存在着'个人影响'和'阴险目的'这些因素的情况下，才会导致这一合同的无效，才会阻止这一合同的强制执行。"②在此之外，律师职业服务合同中的"非法性"和"阴险目的"，并不能理所当然地被推定为一定存在。证明某份合同的非法性，举证责任显然是在主张存在"个人影响"和"阴险目的"这些因素的当事人身上。③

顺着上面这些观点的思路，我们法院也就理所当然地得出以下结论，即对于当事人因为这样的法律服务而提出的给予补偿的诉讼请求，到底能否强制执行，将在很大程度上取决于每一个案件的具体事实到底如何。当事人是否在事实上达成了一个对政府官员施加不当个人影响的合同，这应该是在法官的正确释明之下，由陪审团来决定的一个事实问题。在本案中，陪审团认定，特劳特曼答应南方铁路公司去做的，只是利用其个人影响去接近总统，并向总统反映南方铁路公司案件中的法律问题；因此，我们认为，这一合同是有效的，是可以强制执行的。本案之所以提起上诉，是因为南方铁路公司提出将陪审团裁决置之一边的动议被初审法院判决驳回了，我们上诉法院的任务就是阅看案件的庭审记录，看看是否有实质性的证据支持陪审团得出的结论。

特劳特曼本人在庭审中作证道，威尔班克斯希望他能够去总统那里，并且劝说总统"听一听这一案件的情况，看看美国州际商业委员会颁布的命令是否真的没有违背美国的国家利益"。特劳特曼在庭审时说到，威尔班克斯并没有要求他为了那样的目的，利用个人影响或者政治影响让总统去做一些事情。因为特劳特曼在本案中已经被南方铁路公司提出的理由说服了，所以特劳特曼就去了华盛顿，与总统、总统的副特别顾问迈尔·费尔德曼，司法部部长助理威廉·奥里克，以及农业部的官员进行了会谈。

[作为总统副特别顾问的]费尔德曼通过提供证言的方式向法庭进行了作证，他在证词中说道，在被问到粮食装运费这一案件的情况时，肯尼迪总统要求他对这一案件进行调查，并"将这一案件的法律问题向他报告"。费尔德曼说道，特劳特曼向他提供了这一案件的材料，让他对这一案件的问题有了一些了解；他们谈话所涉及的内容是，究竟怎样才是对国家、对南方铁路公司、对农场社区的利益最为有利。在仔细研究了这一案件之后，费尔德曼向总统报告，他认为美国州际商业委员会的命令将会给南方铁路公司的经济带来负面影

① *E.G.*，Hall v. Anderson，1943，18 Wash.2d 625，140 P.2d 266，148 A.L.R. 760.
② Troutman v. Southern Ry. Co.，N.D.Ga.1968，296 F.Supp. 963，972.
③ Steele v. Drummond，1927，275 U.S.199，48 S.Ct.53，72 L.Ed.238.

响,因此并不符合国家的利益。最后,费尔德曼作证道,特劳特曼并没有向总统提出任何在费尔德曼看来是不恰当的请求;他并不认为,特劳特曼让粮食装运费这一案件引起总统注意有什么不恰当的。

[作为司法部部长助理的]奥里克也通过提供证言的方式向法庭进行了作证,他和他的工作人员研究了粮食装运费这一案件中的法律问题,司法部决定在俄亥俄州法院提出与美国州际商业委员会观点不一的答复意见,这一决定完全是基于案件本身的是非曲直而作出的,并没有受到任何外在因素的影响。

782　奥里克还陈述道,他是美国司法部的部长助理,某一个律师为了向他反映一些意见,不管是法律上的意见或者是经济上的问题而找到他,并不少见;律师这样的行为,是在为客户进行法律服务的总的范围之内的。

从这些证据来看,我们法院认定,陪审团在本案中可以合理地查明,特劳特曼是受聘于南方铁路公司,其目的在于利用特劳特曼的影响,但这种影响仅仅是得到一个接近总统的机会,向总统反映南方铁路公司的观点而已。这样的聘用合同并不违反公共政策,因而是可以强制执行的。因此,联邦地区法院对于南方铁路公司要求将陪审团裁决置之一边、由法院径行作出判决的动议予以拒绝,并无不当……

综上,联邦地区法院的判决予以维持……

783　## ■ 第二节　非法行为的后果

北印第安纳公共服务公司诉卡本县煤炭公司①
美国联邦第七巡回上诉法院(1986年)

本案要旨

原告北印第安纳公共服务公司是一家为居民提供电力服务的公司,它与被告卡本县煤炭公司签订了一份长期购买煤炭的合同。合同中规定了煤炭价格会随着市场价格予以相应调整,后来由于煤炭价格不断上涨,原告觉得合同中的规定是个负担。于是,原告以被告是一家铁路公司的关联企业,而联邦法律禁止这样的企业在联邦政府的土地上开采煤炭为由,向法院起诉,要求法院作出确认性判决,认定原告不必遵守这一合同。原告作为依据的这一联邦法律是近70年前颁布的一部法律。法院认为,本案系争并合同不是本身非法。

---

① Northern Indiana Public Service Co. v. Carbon County Coal Co., 799 F.2d 265.

违反相关联邦法,并不当然导致合同不能履行。而且,履行这一合同的利益要大于不履行这一合同的利益。法院判决驳回了原告的诉讼请求。

本案确定的规则是,违反法律的合同并不当然是"本身非法"的合同。如果履行并非"本身非法"合同的利益大于不履行合同的利益,那么,就应该让合同继续履行下去。

[本案原告北印第安纳公共服务公司是一家电力企业,它与被告卡本县煤炭公司达成了一份购买煤炭的合同。原告同意按照每吨 24 美元的价格,每年从卡本县煤炭公司购买 150 万吨煤炭,时间期限为 20 年,按照合同中各种提价条款①,煤炭的价格将可以进行相应调整。时间证明,合同中的这一条款对于北印第安纳公共服务公司来说是个沉重的负担。北印第安纳公共服务公司向法院提起诉讼,要求法院作出一个确认性判决,认为基于一些法律上的理由,自己并不需要遵守与被告达成的购买煤炭合同。原告提出的理由当中包括这一合同违反了 1920 年的联邦《矿产租赁法案》。被告卡本县煤炭公司则以原告北印第安纳公共服务公司违反合同为由提起了反诉。联邦地区法院在初审判决中作出判决,判令原告赔偿被告卡本县煤炭公司的经济损失。原告不服初审法院判决,提起了上诉。]②

波斯纳巡回法官③代表法院呈递以下判决意见:

……1920 年联邦《矿产租赁法》在第二部分(c)是这样规定的:"从事公共铁路运输的公司或者企业,除非它是为了自己铁路经营所需,根据本章的条款[该条款涉及的是联邦政府的土地]将不能获得任何煤矿的使用许可或者租赁许可……"让我们颇感奇怪的是,在这个诉讼成风的年代,在这一法规通过之后长达 66 年的时间里,已经报道的法院判决中竟然从来也没有对第二部分(c)这一条款作出过解释。原告北印第安纳公共服务公司坚持认为,如果不是想让这一法规成为一纸空文,那么对它的解读必定是,这一法规禁止一家铁路企业在联邦政府的土地上通过租赁土地或者获得土地许可来开发矿产资源[当然就包括了煤炭]。对于向北印第安纳公共服务公司供应煤炭的这一合同来说,卡本县煤炭公司计划产量的 15%,来自其获得采矿许可的那些煤矿,而这些煤矿所在的地方正是联邦政府拥有的土地;而且卡本县煤炭公司是案外

① 提价条款是指在合同中约定可以根据市场价格或者相应的参照指数提高劳动力或者原材料价格的条款。这种条款中的价格往往是不确定的,会根据市场行情发生相应变化。——译者注
② 这一段是原编者对于本案背景及相关事实的概括。——译者注
③ 波斯纳法官是美国著名的法官,也是著名的法学家。——译者注

人德拉夫公司和落基山能源公司的合伙人［卡本县煤炭公司在这两家公司中都拥有一半的利益］，而落基山能源公司又是案外人联合太平洋公司拥有的一家全资子公司，联合太平洋公司又是联合太平洋铁路公司的一家主要子公司……

如果某一份合同是限制交易的合同，那么它就违反了《谢尔曼法》①第一部分的规定；或者，如果某一份合同是承诺去抢劫银行，那么合同当事人就构成了共同犯罪。这两类合同属于本身就是非法的合同。由于本案系争的案件并不属于合同本身非法的案件，因此，我们手头的这一案件不应该由 Kaiser Steel Corp. 诉 Mullins② 这一判例来调整。在 Kaiser 这一判例中，作为一个集体合同签约方的 Kaiser 公司承诺参与一个联合的抵制行为③，并且同意，如果自己没有能够坚持将这样的联合抵制行为——法院认定，这是一种非法的联合抵制行为——进行到底，那么 Kaiser 公司将要向全美矿业工人联合会的福利基金缴纳更多的费用。审理 Kaiser 案件的美国最高法院对于要求 Kaiser 公司实际履行这一合同的诉讼，支持了 Kaiser 公司所作的抗辩，即系争合同是一份非法的合同。法院认为，Kaiser 公司承诺向全美矿业工人联合会缴纳更

784

---

① 《谢尔曼法》即美国的反垄断法，也被称为经济宪法，它以维护正当的市场竞争为立法目的。它禁止当事人通过协商、共谋等方式来限制竞争，如禁止当事人通过协商来提高价格、限制他人进入某一领域的市场，等等。——译者注

② 455 U.S. 72, 77—83, 102 S.Ct.851, 856—59, 70 L.Ed.2d 833 (1982).

Kaiser Steel Corp. 诉 Mullins 是由美国最高法院审理的一起涉及如何对待合同非法这一抗辩的著名案件。在 1974 年，全美矿业工人联合会与数百家煤炭生产企业达成了一份集体合同，这一集体合同要求签署协议的煤炭生产企业必须按照其生产的每吨煤和工人的工作时间，缴纳一定的健康保险和退休保险等费用。同时，该集体合同还规定，如果签署集体合同的企业从合同以外的其他煤炭企业那里购买煤炭，必须向矿业工人联合会报告，并同样要缴纳健康保险和退休保险等费用。该案的被告 Kaiser Steel Corp.是这一集体合同的签约方，它是一家钢铁企业，同时也经营着煤矿。出于生产需要，它必须从其他煤矿那里购买特定品种的煤炭，而其他煤矿并非这一集体合同的签约方。被告并没有将自己从其他煤矿那里购买煤炭的情形向全美矿业工人联合会报告，也没有缴纳上述费用。于是，全美矿业工人联合会的受托人(Mullins)向法院起诉，要求被告按照集体合同来缴纳费用。联邦地区法院和联邦巡回上诉法院都支持了原告的主张。被告不服，上诉至联邦最高法院，美国最高法院受理了该案。在最高法院审理过程中，法院认为该案争议的焦点问题是，1974 年的集体合同是否违反了美国的反垄断法；同时，被告还认为，集体合同中规定签署方企业不得与有着劳资纠纷的其他企业进行交易，这也违反了劳资关系法的相关规定，因此，应该认定这一合同是不能实际执行的。美国最高法院最终认可了被告有关合同非法的抗辩，推翻了联邦巡回上诉法院的判决。

从 Kaiser 这一案件可以看出，某一份合同如果是通过协议来限制竞争，就涉嫌违反反垄断法，可能被认定为无效，而且无效的后果是不能强制执行。——译者注

③ 这里提及的"联合的抵制行为"，是指签约的煤炭生产企业不得与发生劳资冲突的企业进行商业交易。这样的行为是被美国劳资关系法所禁止的。——译者注

多的费用,这实际上是作为其放弃联合抵制行为的一种惩罚;通过实施惩罚条款来保证履行的基础协议,就是参加非法的联合抵制行为。与 Kaiser 这一案件的情形恰恰相反,本案系争的合同并不是一份"真正意义上的非法合同"①。在本案中,合同非法这一抗辩,不会仅仅因为一份合法合同(在本案中,这一合同就是向电力企业提供煤炭的合同)的当事人在履行这一交易的过程中实施了不法行为而发生作用。

其次,假定本案系争的合同确实是违反了联邦《矿产租赁法案》第二部分(c)这一条款,这也并不必然导致它不能实际履行。这一问题更多的是涉及联邦法上的问题而不是州法律上的问题,虽然我们没有理由认为印第安纳州的法律在这一问题上会有不同的解决方案。在我们看来,如何对待合同非法性这一抗辩,联邦法和州法律的观点是非常类似的——后者的观点在法恩斯沃思的合同法专著②中有过很充分的论述。当某一部法律是联邦法的时候,联邦法不仅仅决定这一法律是否被违反,而且,如果一旦认定这一法律是被违反了,同时假定该法律本身在违反的后果这一问题上是"沉默的",联邦法还要决定违反这一合同实际履行方面的后果。③

但是,当我们提出这一问题,即在合同非法作为履行合同的一项抗辩,联邦法上的规则究竟是什么的时候,我们惊奇地发现,法院判决在这一问题上的行动方向并不完全一样。在这里,我们可以比较法院在两类不同案件中所采取的做法。一类案件涉及的是为政府提供产品或者服务的这一类合同④,法院对此采取的是较为强硬的态度。United States 诉 Mississippi Valley Generating Co.⑤就是这样的一类案件。在这一类案件中,合同非法的抗辩几乎是自动产生的。另一类案件涉及的是反垄断案件。例如,在 Kelly 诉 Kosuga 案件中,法院采取的则是非常缓和的态度。[我们认为,]在这一问题上,最好的统一做法也许是,合同非法——如果它不是源自一个衡平的、救济性质的原则,那它就是属于合同性质的抗辩——的抗辩不应该是自动产生的,而应该是在对实施这一合同的利弊得失进行比较分析之后再得出结论。

---

① Trustees of the Operative Plasterers' and Cement Masons' Local Union Officers & Employees Pension Fund v. Journeyman Plasterers' Protective & Benevolent Soc'y, Local Union No.5, 794 F.2d 1217, 1220(7th Cir. 1986).

② Farnsworth, *Contracts* §§5.5, 5.6(1982).

③ Kelly v. Kosuga, 358 U.S. 516, 519, 79 S.Ct. 429, 431, 3 L.Ed.2d 475(1959).

④ "为政府提供产品或者服务的合同"类似于我国的政府采购合同。通常要求供应商提供的商品或者服务是在成本的基础上加上明示的利润,这样做是为了最大限度地减少政府的开支。——译者注

⑤ 364 U.S. 520, 563—66, 81 S.Ct. 294, 316—17, 5 L.Ed.2d 268(1961).

对于违反《矿产租赁法案》的第二部分(c)条款的行为,当事人毕竟还是有着法律上的救济手段的(例如,《美国法典》第188(b)这一法律中就赋予了当事人解除租赁合同或者许可合同的权利)。问题是,在这一救济手段之外,当事人是否还应该享有法官给予的其他救济手段。要决定是否应该给予其他的救济手段,我们法院就必须考虑在非法合同这一问题上两种不同态度所带来的各自危险:一种是极端严苛的态度,另一种则是宽松大度的态度。如果我们在这一问题上非常严苛,对于违反法律不能履行的合同拒不给予其他救济手段,就可能导致当事人受到严厉惩罚,而这样的惩罚可能与其非法程度并不相称;在这一问题上过度严苛的态度,会对自由和繁荣造成损害,这与采取宽松大度的态度所带来的损害是难分伯仲的。让当事人实际履行一份有瑕疵的合同,是会带来一些利益的,这些利益就是合同关系的稳定性,以及维持当事人在合同上的合理期待。在这一问题上,我们必须将要求当事人履行有瑕疵合同所带来的那些利益,与放弃对那些法律所禁止的行为进行更多威慑——这些威慑就是拒绝让违法者履行合同——所产生的成本进行权衡、比较。

我们认为,在本案中将上述因素进行权衡、比较的结果,应该是赞成让当事人实际履行这一合同。联邦地区法院在本案一审过程中向陪审团作的释明是,如果要让法院最终支持合同非法这一抗辩,那么就必须既要查明卡本县煤炭公司是铁路公司的另外一个"自我"——即卡本县煤炭公司在实质上就是一个铁路公司,又要查明由于这一合同违反了联邦《矿产租赁法案》第二部分(c)的规定,北印第安纳公共服务公司因此遭受了损失。既然我们法院在此认定当事人应该实际履行这一合同,那么联邦地区法院在案件初审过程中是否向陪审团作了不恰当的释明,甚至根据法律的解释,这一合同是否被视为非法合同,就是无足轻重的事情了。在任何情况下,对《矿产租赁法案》第二部分(c)的违反,放在联合太平洋铁路公司与本案被告卡本县煤炭公司之间只有非常细小联系这一背景下来看,它只是一个微不足道的违法行为。而且,现在看来,这样的违法行为完全是没有什么害处的。联合太平洋铁路公司在铁路业务上的竞争对手,落基山能源公司在煤炭业务上的竞争对手——也许它们是依赖于联合太平洋铁路公司来运输它的煤炭——都没有指控过被告卡本县煤炭公司违反了《矿产租赁法案》第二部分(c)规定;即使作广义的界定,在联合太平洋铁路公司这一"家庭"中任何成员的竞争对手,都没有进行这样的指控。美国的内政部和司法部都没有作出这样的指控。联合太平洋铁路公司这一经济实体中的任何消费者,都没有牵涉到这一起案件中……到现在为止,只有北印第安纳公共服务公司对卡本县煤炭公司进行这样的指控。

785

联邦《矿产租赁法案》第二部分（c）条款，是一个与当今时代不合拍的事物，这一法案本身是有关监管方面的一个法规，但它已经是年代久远、日薄西山的一个法规。这一法规可以作为卡拉布雷西院长①在其专著中提出的法律陈旧的一个典型例子。对于这样陈旧的法律，卡拉布雷西院长的建议是，法院可以被赋予以下的一种权力，即在不宣布法律违宪的情况下，认定那些时过境迁的陈旧法律是无效的。②我们并不相信，仅仅因为我们认定某一个法律时过境迁——在这件事上，也许每个人都这样认为——我们就有权力来宣布一部宪法性的法律是无效的。但是，在本案中的问题并不是联邦《矿产租赁法案》的第二部分（c）条款究竟是不是一份可以执行的法律，而是对这一法律的违反是否导致了这一合同不能实际履行，法律的过于陈旧，与我们判断这一合同能否实际履行也许是有关联的。

原告北印第安纳公共服务公司在其抗辩中并没有认为被告卡本县煤炭公司对法律的违反给其造成了什么损害，也没有认为根据联邦《矿产租赁法案》第二部分（c）条款认定系争合同无效，将会在任何时间、任何地点，对任何人都会带来益处。如果我们采纳原告的观点，本案唯一的结果——这一结果是在诉讼当事人之外带来的结果——将是在数百份，也许是数千份由附属于铁路的公司提供煤炭的合同中，加入难以捉摸的"未知之云"③，而且，会在缔结合同的过程中加入不确定的因素。进行合同谈判的人们将会非常担心，他们正在讨论的合同是否有一天会被认定违反了一个古老而鲜有人知，直到最近才被重新解释的某部法律。如果真是这样的话，在签订合同之前，人们就需要进行更多的法律研究，那就只有律师才会从这种需求中受益，而其他任何人都不会从中受益。我们法院在此认定，《矿产租赁法案》的相关规定并不能够成为履行这一合同的抗辩理由……

［法院判决，原告以合同违反《矿产租赁法案》为由，要求法院确认其不必履行合同的诉讼请求不予支持。］

---

① 卡拉布雷西院长是当代美国著名的法学家，被认为是法和经济学派的创始人之一，曾经担任过美国耶鲁大学法学院的院长。1994 年，他被认命为美国第二巡回上诉法院的法官。——译者注

② Calabresi，*A Common Law for the Age of Statutes*（1982）.

③ "未知之云"是英美国家的一个俚语，本意是指天空的云会随时发生变化，不知某一片云下一刻会是什么样子。在生活中，这一短句是指某个事情具有极端的不确定性，变幻莫测。波斯纳法官在这里是想说明，合同应该具有一定的稳定性，不能因为一些陈旧法律的存在，让已经正常运行的制度和做法遭到破坏，否则，就是增加了合同的不确定性。——译者注

科克伦诉德尔法瓦①

纽约州门罗县罗彻斯特市法院小额诉讼法庭(1987 年)

本案要旨

原告科克伦在被告德尔法瓦的劝说下,参加了一个名为"飞机游戏"的传销活动。根据这一游戏的规则,参与者在投资 2 200 美元之后,通过一环接一环的传递,有可能获得丰厚回报。根据纽约州的法律,参与传销活动是非法的,甚至应该被追究刑事责任。科克伦知道参与这一活动是非法的,但在被告的劝说下还是交给了被告德尔法瓦 2 200 美元,参与了这一非法的传销游戏。之后,原告想退出游戏,当她向被告要求返还投入的钱款时,遭到了被告的拒绝。于是,原告向法院提起了诉讼。法院认定,原告自己参加的传销行为,属于"行为性质本身就受到禁止的行为",这种行为不能获得法律救济。于是,法院驳回了原告的诉讼请求。

本案确定的规则是,对于"行为性质本身就受到禁止的行为",当事人如果参加,是不能获得法律救济的。

约翰·施瓦茨法官②代表法院呈递以下判决意见:

在本案中,原告科克伦将 2 200 美元交付给了被告德尔法瓦,参加了一个所谓"飞机游戏"③。本案的争议焦点是,原告科克伦是否能够要求被告德尔法瓦返还当初交付出去的 2 200 美元?

786

所谓"飞机游戏",是一个包括 15 名选手或者投资者参加的游戏。每一名参加这一游戏的选手在最初的时候都要先行投入 2 200 美元。这一游戏假定的场景发生在一架飞机上,15 名参加者中,有 1 名即将离开飞机的驾驶员,2 名副驾驶员,4 名空乘人员和 8 名乘客。其中,飞机驾驶员、副驾驶员和空乘人员已经在这一假定的飞机上,他们要想方设法将机票出售给这 8 名乘客。当这 8 名乘客在等候上飞机的时候,他(她)们每个人将向飞机上的空乘人员支付 2 200 美元,这些空乘人员再将这笔钱交付给副驾驶员,这些副驾驶员最终

---

① Cochran v. Dellfava. 136 Misc.2d 38,517 N.Y.S.2d 854.

② John R. Schwartz, Judge.

③ "飞机游戏"是一个典型的投资欺诈手段。它往往以"小投入,大回报"作为诱人上当的口号,每个参与的人只能靠发展下线来赚钱,参与的人找到越多的下线,赚钱就越多。这种架构类似于金字塔,所以又叫作"金字塔诈骗",这是一种类似于传销的手段。在本案中,施瓦茨法官对这一投资欺诈手段涉及的法律问题作了剖析。——译者注

再将这笔钱交给即将离开这一飞机的驾驶员。当这 8 名乘客的飞机票全部售出之后,即将离开飞机的这名驾驶员就在最初只投入 2 200 美元的情况下,最终获得了 17 200 美元的收益。在这 8 张机票全部售出之后,即将离机的驾驶员就不再参加这一游戏了,这一假定的飞机就分成了两架新的假定的飞机。原先的每个副驾驶员就又变成了自己所在飞机的驾驶员;原先的四个空乘人员随即分开,每个空乘人员都成为了新飞机的副驾驶员。这些乘客也随即分开,他们成为新飞机上的空乘人员。这些新飞机上的成员接着就要想方设法诱使新的乘客来购买机票,登上他们的飞机。然后,这一游戏就按照前面说的方法再继续玩下去。

很清楚,这样的"飞机游戏"是《纽约州一般商事法》①第 359-fff(2)条款中所界定的"传销"行为:

> ……所谓传销是这样一种销售手段,即某一个人以进行一定投资作为条件,获得劝说他人、招募他人或者其他更多的人进行投资的资格或者权利,并在成功介绍他人投资之后可以赚得利润或者得到经济利益。被劝说或者招募进来的人在进行投资之后,也获得了再次劝说、招募他人投资的资格或者权利;通过这样的方式,可以使获得这一资格或者权利的人,像一个链条一样一直持续下去……

任何人如果推行、要求或者许可他人参加这样的传销行为,是非法的,也是为法律所禁止的②,任何人实施了上述行为还将构成法律上未予定级的轻罪。③

一、案件事实

1987 年 1 月 13 日,原告参加了被告召集的一次聚会。聚会上,在被告的不断劝说下,原告加入了一个名为"飞机游戏"的投资项目。原告声称,被告当时自诩为是[这一假定飞机上的]驾驶员,但是实际上被告只是一名副驾驶员而已,因此,被告在这一游戏中还没有赚到什么钱。原告说道,她知道参加这一"飞机游戏"是非法的,但是,被告告诉原告,"如果他们出事被抓,他(被告)将承担所有的责任"。在被告说了以上这些话之后,原告也就被说服了。这次会议结束之后,原告给了自己的朋友——这位朋友是"飞机游戏"的另外一名参加者——2 200 美元,原告的朋友将这一笔 2 200 美元交给了被告。在随后

---

① General Business Law.

② General Business Law 359-fff(1).

③ General Business Law 359-g(2).

在美国各州的刑法典中,轻罪往往被分成不同的等级,在这些等级之外的轻罪则被认定为"未予定级的轻罪"。——译者注

一次的聚会上,她发现自己成为了一名空乘人员,而她所在的这架[假定]飞机却不是她想要进入的那架飞机。于是,她向被告提出要求返还她交付的 2 200 美元。被告告诉原告,原告的 2 200 美元已经不在他这里了,他已经将这笔钱交付给了[假定]飞机上的驾驶员了。被告建议原告去找[假定]飞机上的驾驶员要回这笔钱。但是,[假定]飞机上的驾驶员拒绝返还原告投入的这笔钱。

787　后来,原告参与的这一"飞机游戏"没能持续下去,原告再也没有能要回她当初投入的这笔钱,也没有从中赚过什么钱。原告现在向法院提起诉讼,要求被告返还她当时投入的这笔 2 200 美元。

二、法 律 问 题

本案中的争议问题是,在民事法庭这里,原告是否有着要求返还其投资款项的诉因?①

法律规定,"实施、要求或者许可他人参加"所谓的飞机游戏,是非法的行为,而且这一行为构成了刑事上的犯罪。"一份非法合同的当事人,既不能要求法院来帮助其取回非法合同的客体,也不能在任何法院中就这一非法合同提起诉讼或者证明这样的诉讼成立——作为他(她)提出这一主张的基础,他(她)必须在案件中表明其非法目的。这在我们纽约州是一个已经确定下来的法律(几乎美国的每一个州都有着这样的法律)。②当事人不能要求任何法院来充当一个犯罪行为的'出纳员',或者是充当两个小偷之间的裁判员。因此,法律'不会对这些非法合同的任何一方施以援手',或者'聆听他们彼此的抱怨'。"③

然而,法律在这一问题上的一般原则,也是有着例外情形的。对于当事人的行为仅仅是"法律禁止的行为"④,而非"行为性质本身就受到禁止的行为"⑤,法院已经允许原告获得救济。在这里,原告的行为只能是"法律禁止的行为",而不能是"行为性质本身就受到禁止的行为"。原告如果要想将自己的

---

①　诉因是美国法律上的一个概念,相当于我国民事诉讼法上的诉讼理由。——译者注

②　Reiner v. North Amer. Newspaper Alliance, 259 N.Y.250, 181 N.E.561.

③　Stone v. Freeman, 298 N.Y.268, 271, 82 N.E.2d 571, *quoting* Schermerhorn v. Talman, 14 N.Y. 93, 141.

④　"法律禁止的行为"是一拉丁语的法谚,拉丁语为 *malum prohibitum*,在美国法中的用语相当于 conduct prohibited by statute。——译者注

⑤　"行为性质本身就受到禁止的行为"也是一拉丁语的法谚,拉丁语为 *malum in se*,在美国法的用语相当于 conduct prohibited by the nature of the act。从某种程度上,"行为性质本身就受到禁止的行为",其违法性要比"法律禁止的行为"更加严重,因此,法官在下面的分析中提到,对于单纯"法律禁止的行为",当事人还可以获得法律的救济,而"行为性质本身就受到禁止的行为"就不能获得法律上的救济。——译者注

情形归入法律一般原则的例外情形之中，那么，原告不仅应该证明这一协议是"法律禁止的行为"，而且还必须证明她是在被胁迫或者不正当影响之下才达成了系争的协议，被告的行为在这一过程中应该更加受到谴责。在 Duval 诉 Wellman① 这一案件中，我们法院支持了一个寡妇要求被告返还其婚姻中介费的诉讼请求，这一个寡妇的诉讼请求牵涉到了一份非法的婚姻中介合同［这一寡妇向被告支付了一笔婚姻中介费，希望被告为其介绍一个对象］；在 Birger 诉 Tuner② 这一案件中，我们法院支持了一个俄罗斯犹太家庭要求被告返还借款的请求，这一个俄罗斯犹太家庭向另外一个俄罗斯犹太家庭非法出借款项，以便让后者可以从一个共产党国家中移民出来。在 Smith 诉 Pope③ 这一案件中，原告基于一份非法协议要求被告返还其投入的钱款，这一协议涉及的是由原告专有经营被告的一家餐厅，这一协议中包括了原告可以使用被告的酒类经营许可证，而原告这样的行为违反了公共政策。对于这样的案件，法院判决，被告应该返还原告投入的钱款。

在上述案件中的每一起案件，法院都认定双方当事人并不是"互有过错"④的。上述案件的原告，或者是在胁迫、不当影响之下实施了不法行为，或者是出于好心实施了不法行为。

因此，原告提起的本案诉讼究竟能否成立，取决于她的行为是否违反了《纽约州一般商事法》第 359-fff(1) 条款。本案原告通过最初投入 2 200 美元来参加这一"飞机游戏"，是否构成了法律上所称的非法"实施"传销呢？

我们法院认为，从法律上来说，如果某个人以一名乘客的身份进入所谓"飞机游戏"，他事实上就是违反了《纽约州一般商事法》的规定，构成了这一法律中所称的"实施"这一游戏（也就是说，她的这一行为是在鼓励［假定］飞机上的飞行员获得非法利润；鼓励其他人以此为榜样参与到这一游戏中）。因此，原告的诉因从法律上来说是不能成立的。被告在本案中是不是更加应该受到谴责，被告是不是原告所称的［假定］飞机上的驾驶员，确实从这飞机游戏中获得了利润，或者是不是如被告所说的，他从来也没有成为［假定飞机上］即将离开的驾驶员，因而从来也没有从原告处拿走过钱，这些事实对于本案来说都不重要。

788

---

① Duval v. Wellman, 124 N.Y. 156.

② Birger v. Turner, 104 Misc.2d 63, 427 N.Y.S.2d 904.

③ Smith v. Pope, 72 A.D.2d 913, 422 N.Y.S.2d 192.

④ "互有过错"是普通法上的一个重要原则，即在双方当事人对某一非法行为存在同等过错的情况下，法院应该作出有利于被告的判决。也就是说，在通常情况下，原告的请求是不能得到法院支持的。但这一原则的适用有严格的条件，适用中也有一些变化，法院在适用这一原则时经常会按照公共政策的需要，对这一原则进行调整。——译者注

原告进入这一"飞机游戏",在其内心是有着侵占他人财产的意图的。如果这一["飞机游戏"中的]飞机没有中途解体,原告她将会获得相当多的非法利润。如果法院允许她获得法律上的救济,法院在事实上就将成为一群小偷的裁判。法律并不想对这样的协议施以援手。因此,本案原告的诉讼请求予以驳回。

梅泽提斯诉 TUV 公司①

俄亥俄州北区地区法院东部法庭(2007 年)

本案要旨

原告梅泽提斯与被告 TUV 公司订立有雇佣合同。在合同履行期间,原告获得了晋升、加薪,与此同时,原告还与被告签订了竞业限制条款。后来,原告与被告都按照这一合同履行完毕。在合同期满之后,原告向法院起诉,认为这一合同中要求其不得拉拢客户或雇员的条款,违反了公共政策,而他因为错误地相信了这一合同是有效的,给自己造成了损失,要求被告赔偿损失。法院认定,本案原告一方面认为合同违反公共政策无效,另一方面提出的又是在没有违约情况下才能得到的救济措施,这在法律上是不允许的。

本案确定的规则是,对于一份违反公共政策的合同,如果双方已经履行完毕,当事人不能以这一合同违反公共政策为由提起经济上的赔偿请求。

地区法院凯瑟琳法官②代表法院呈递以下判决意见:

本案争议问题来自被告 TUV 公司提出的动议,TUV 公司要求法院作出支持自己的简易判决……基于以下理由,我们法院支持 TUV 公司提出的这一动议。

一、案件背景

原告梅泽提斯的起诉状内容并不多,非常简单。原告起诉状第 6 段的内容似乎是其诉讼请求的基础,这一部分说到,被告 TUV 公司"强迫梅泽提斯与其达成一份不符合俄亥俄州法律的合同,并且让他受到这一份合同的制约……(由此带来的结果是)梅泽提斯遭受了严重的损失,而且是实质性的损失"。在我们看来,原告梅泽提斯在本案中的诉讼请求似乎是建立在一个很独特的论点之上的,即由于他达成了一份违反俄亥俄州法律的合同,又履行了这

---

① Maizitis v. TUV America, Inc., 2007 WL 582391 (N.D.Ohio).
② Kathleen McDonald O'Malley, United States District Judge.

样的合同,因此,他有权要求被告赔偿损失。

本案的相关事实没有什么争议,具体事实如下:2000 年 3 月 27 日,原告梅泽提斯在被告 TUV 公司得到了晋升,担任了被告服务部门的经理。这一位置给他带来了 10 000 美元的加薪。①在到新岗位工作之前,梅泽提斯阅看并且签署了双方之间的雇佣协议。这一协议的第 3 款是一份"不拉拢客户或雇员"协议②……从 2000 年 4 月 17 日开始,梅泽提斯在 TUV 公司以服务部门经理的身份进行工作,一直工作到 2002 年 5 月 22 日,在这一天他被解除了职务,雇佣合同被终止。TUV 公司从未就梅泽提斯雇佣合同中的任何条款提起过正式的或者非正式的诉讼。这一"不拉拢客户或雇员"条款也在 2004 年 5 月 22 日这一天终止。梅泽提斯以这一条款作为依据,于 2005 年 2 月 16 日向法院提交了起诉状。

789

二、问 题 讨 论

梅泽提斯的辩论意见集中在以下三方面:(1)系争竞业禁止协议是由俄亥俄州法律调整,而不是由马萨诸塞州的法律调整;(2)系争的"不拉拢客户或雇员"条款由于违反了俄亥俄州的公共政策③,因而是无效的;(3)他有权要求被告赔偿因为达成这一协议所造成的损失。然而,我们法院认为,这三个辩论意见都没有能够切中要害、说明本案中的关键问题:即不论是根据俄亥俄州的法律还是马萨诸塞州的法律,梅泽提斯是否有一个在法律上站得住脚的诉讼请

---

① 在本案中,梅泽提斯明确否认了这一协议的对价并不充分的抗辩意见。("梅泽提斯并不认为这一系争协议由于缺少对价而在法律上无效。")

② 协议中的相关条款如下:

"3. 不拉拢客户或雇员。

你(指原告梅泽提斯)在此同意,在受聘于 TUV 公司的期间,以及雇佣终止——不管是基于什么原因终止雇佣——之后的 2 年时间内,你将不得直接或者通过其他人或者通过其他公司实施以下行为:

(a) 引诱、鼓励或者帮助 TUV 公司的任何其他雇员离开公司的岗位,让这些雇员加入你准备参与的业务或者已经参与的业务当中;

(b) 雇佣、聘请、引诱或者诱导 TUV 公司的产品供应商、服务供应商或者公司的销售方(包括批发商、零售商、代理人、佣金代理人、雇员或者类似的人员),让他们终止、减少或者不再更新或者延长与本公司的合同关系或者其他关系;或者

(c) 引诱、诱导、接触或者劝说 TUV 公司的任何客户去终止、减少或者不再更新、延长与本公司的合同关系或者其他关系。这里提及的"合同关系或者其他关系"是指,顾客购买本公司提供的产品或者服务;或者引诱、诱导、接触或者劝说 TUV 公司的任何客户成为你自己的客户,或者本来是购买本公司提供产品或者服务的那些人成为你自己的客户。此为原判决中引用的系争合同中的内容。

③ 这里的"公共政策"是指鼓励竞争、不得限制竞争这一政策。美国的《谢尔曼法》(反垄断法)就明确规定了这样的政策。原告认为,根据俄亥俄州的公共政策,被告与其签订的"不拉拢客户或雇员"合同实质上是限制了竞争,因而违反了公共政策。——译者注

求？……

（一）审查标准

……

（二）法律问题及分析

本案中最有挑战的地方，是如何"破译"原告梅泽提斯提出的诉讼请求——自梅泽提斯最初向法院提交诉状时，我们就面临着这样的挑战……在本案中，梅泽提斯并没有提出一个违反合同的诉请。简单地说，他并没有指控 TUV 公司**违反了双方的协议**。正如我们在上面所讨论到的，梅泽提斯从 TUV 公司这里获得了晋升、加薪，在签署系争协议之后又继续为 TUV 公司工作了两年。在原告的起诉状、法律意见或者庭审记录中，**没有任何一点表明**，TUV 公司没有能够履行这一竞业禁止协议中的任何条款。

在对案件作出进一步的审视之后可以发现，梅泽提斯的辩论意见并不是 TUV 公司没有能够履行协议中的相应条款，而是 TUV 公司强制他"达成了一份合同并去履行这一份合同，而这份合同又是与俄亥俄州的法律相抵触的"。梅泽提斯的这一观点换句话说就是："他错误地相信了这一受到限制的协议是有效的，这导致他没有接受另外一个雇主的工作。"我们假定系争的"不拉拢客户或雇员"条款因为违反公共政策而无效，但原告在本案中的这些陈述既没有说明被告违反了合同，也没有提供与这一合同相关的任何法律上的诉因（这一点在后面会分析到）。①

790

1. 梅泽提斯并没有能够支持自己根据系争合同可以获得救济的主张

在案件的一开始，我们法院就注意到，本案中没有一方当事人提出这样一个问题：即当两个当事人（双方都已经是成年人）已经达成了一份违反公共政策的合同，而且已经履行了这一份合同的情况下，根据俄亥俄州的法律或者马萨诸塞州的法律，当事人是否可以获得法律上的救济？到现在为止，我们法院自己的研究还没有发现，在这种情况下，有任何案件可以给予当事人以法律上的救济。实际上，俄亥俄州在一起因为合同无效而提起诉讼的判决意见中这样说道："对于一份与公共政策相抵触的合同的违反，当事人的损失是不能得

---

① 梅泽提斯除了提及存在着一个没有法律效力的"不拉拢客户或雇员"条款之外，并没有为他的诉讼请求提供任何其他的基础。也就是说，如果系争的"不拉拢客户或雇员"条款是有效的，梅泽提斯对于他的诉讼请求是没有什么基础的。因为作为原告诉讼基础的"不拉拢客户或雇员"条款已经到期届满，当事人再提起确权或者颁发禁令的可能诉讼就没有什么意义。实际上，看来原告梅泽提斯也是承认这一事实的，因而他在本案中只是要求被告赔偿经济损失。此为原判决中的注解。

到赔偿的。"①类似地,对于因为合同与公共政策相抵触而提起的诉讼,马萨诸塞州的法律也是禁止的,不管那些诉讼是在侵权法上或者在合同法上是不是合理,也不管当事人要求的是一个衡平法上的救济或是法律上的救济。②在马萨诸塞州,

> 一份从开始就是无效的合同,是不能够强制执行的。没有合同义务存在,**违反合同也就无从谈起,当事人也就不能根据合同得到赔偿金钱损失的判决。司法上的法理或者衡平法上的法理都不能为这样的一种合同注入生命的活力。**③

正如上面所讨论的那样,法律上禁止对一份无效的合同主张违约,这一点是非常清楚的。因此,如果这一合同真的如原告梅泽提斯声称的那样是无效的或者是不能强制执行的,那么很清楚的是,**任何一方当事人**都不能就此提起一个违约之诉。然而,即使在这一问题上还是有一些地方有点不清楚的话,原告梅泽提斯也不会有一个法律上的诉因存在;他在本案中要求法院给予自己的是**并非违约**的救济措施,他声称,这一合同是一份无效的合同。也就是说,原告梅泽提斯认为,正因为他本可以违反这一合同或者应该违反这一合同(或者要求法院宣告这一合同不能强制执行),然而却没有这样做,所以,他相信法院应该根据本案的具体情形给予他以法律上的救济。但是,我们法院并没有发现支持被告这一观点的任何判例法,原告梅泽提斯方面也没有提供这方面的判例法。原告的这一观点就是,因为一方当事人本来可以让某个合同无效,所以,他对于自己履行合同的行为有权获得**额外的补偿**。④总而言之,我们认为,不管是根据俄亥俄州的合同法还是马萨诸塞州的合同法,原告梅泽提斯都没有能够提出或者支撑一个法律上认可的主张。因此,对他所声称的"合同法下的诉讼",我们法院不再作进一步的考虑。

791

---

① Westco Group, Inc. v. City Mattress, No. 12619, 1985 WL 144712, at ﹡5(Ohio App.2d Dist.Aug. 15, 1991).

② Citizens for Citizens, Inc. v. Lambert, No. CIV.A.B99—00305, 2000 WL 744569, at ﹡6—7 (Mass.Super. May 23, 2000).

③ Massachusetts Mun. Wholesale Elec. Co. v. Town of Danvers, 577 N.E.2d 283, 292—93 (Mass.1991).

也可以参见 Eisenstein v. David G.Conlin, P.C., 827 N.E.2d 686, 692(Mass.2005)。

在 Eisenstein 案件中,法院认定,对于一份因为违反公共政策而无效的合同来说,当事人也不能基于禁止反言这一理论来要求实际执行这一合同。在这一案件中,还引用了 T.F. v. B.L., 813 N.E.2d 1244, n.8 (Mass.2004)。——译者注

④ 正如上面所提到的,梅泽提斯在签订协议时已经得到了一次补偿,他并没有辩称那样的对价是不充分的或者是不恰当的。此为原判决中的注解。

2. 梅泽提斯已经自己否定了基于衡平法或者侵权法的任何诉讼主张

在通常情况下,法院可以努力抹去梅泽提斯起诉状中不合适的那些内容,法院的办法就是,想方设法去看看他的诉讼请求在侵权法上或者在衡平法上是不是站得住脚(也许是对方违反了一个信托义务,也许是对方有不当得利,或者是对方有欺诈行为)。然而,梅泽提斯反复强调,而且是非常清楚地向法院表明,自己不是基于侵权或者衡平法来提起本案诉讼。……

……梅泽提斯并没有提及他是如何"被迫"与 TUV 公司达成这一系争协议的,因此,我们法院不能仅仅因为梅泽提斯本人感觉到是"被迫"签署这一协议,就允许这一案件在诉讼程序上继续进行下去。[①]梅泽提斯也没有向法院提供任何事实或者抗辩意见支持以下的观点——被告 TUV 公司对他负有信托义务,妨碍了他对于合同的履行,或者是对他实施了欺诈行为。

……在对当事人提交的法律意见进行审查,并且对并不冲突的案件事实进行考虑之后,我们法院认定,原告梅泽提斯并没有能够提供充分的理由表明其诉讼请求必备的那些关键因素已经存在。

三、案 件 结 论

基于上面讨论的各种理由,被告 TUV 公司提出的要求法院作出简易判决的动议可以支持。原告提起的这一案件从整体上全部予以驳回……

[①] Tangwall v. Jablonski, 111 Fed. Appx. 365,368(6th Cir.2004).

附　录

美国法院概况

一、普通法的演变

由于美国历史上是英国殖民地,其法律体系来源于英国的普通法传统。11、12 世纪,诺曼及安茹王朝国王为加强王权,通过派出巡回法官,合理吸收各地习惯签发不同令状,争夺原有贵族封建领地案件管辖权,建立了统一的普通法法院。经过一两个世纪的发展,普通法令状渐趋形式化,救济方式也单一化,无法很好因应新的财产权利义务关系的演变。为更好救济权利,补充、修正普通法的僵化,英国发展出了更注重个案平衡,以良心保持公正的衡平法院。

1853 年,因《司法条例》的颁发,普通法与衡平法在程序上予以融合,无单独的普通法院或衡平法院之分。现今可从救济措施、权利类型等方面予以辨析。在救济措施方面,普通法基本上限于赔偿损失,衡平法则发展出了要求当事人履行合约义务的"特定履行"及适用范围更广的可要求当事人从事或不得从事相关行为的"禁止令"。在权利类型方面,衡平法将中世纪的"用益制度"发展成了现代的信托制度,信托制是衡平法最鲜明的制度内容。另外,衡平法也创制出了抵押人的"回赎权"等权利。

二、两套法院系统的设置

美国依据宪法设置了联邦法院与州法院两套系统。联邦法院由联邦设立,裁决与联邦宪法及与国会通过法律有关的争议,包括:合众国作为一方当事人的案件、涉及违宪或违反联邦法律的案件、涉及各州之间或各州与外国贸易的案件、发生在不同州的公民之间的案件、涉及联邦土地和财产管理的案件,以及一些特殊类型的案件如破产案件、专利案件及海事案件。州法院则拥有几乎所有类型案件的审判权,管辖联邦专属审理案件外的其他案件。州法院每年审理的案件数量为联邦法院的 30 倍左右。

合同案件中,美国法院对协议管辖总体态度为:承认排他性管辖协议有效,但不认为协议废除了法院管辖权,而是认为法院在合理情况下不行使管辖权,如果主张约定无效的一方能够证明执行管辖协议会导致不当困难或者非自愿达成,法院也可能拒绝执行排他性管辖权约定。

三、三级两审制的审级设置

联邦法院实行三级两审制，三个审级分别为联邦最高法院（1个）、巡回上诉法院（13个）和地区法院（94个），同时设有与初审、上诉审法院同级的各种专门法院（与上诉法院同级的如：关税和专利上诉法院、与地区法院同级的如：关税法院、征税法院）。

州法院系统各州不一，一般为三级两审制（例外：内布拉斯加州为两级两审制，纽约州为三级三审制），分别为州最高法院、州上诉法院以及初审法院。各州使用的法院名称不尽相同，如纽约州初审法院叫"最高法院"、上诉法院叫"最高法院上诉法庭"、最高法院叫"上诉法院"。部分初审法院内还设有各种不作为审级的专门法庭或另设的专门法院（包括家事、遗嘱验证及处理、交通和小额诉讼法院等）。

无论是联邦法院还是州法院，美国法院按职责都可划分为审判法院（Trial Courts）和上诉法院（Appellate Courts），审判法院只负责一审，上诉法院只负责二审。

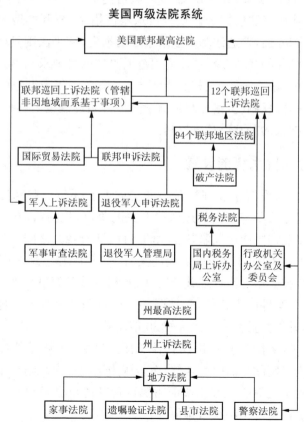

美国两级法院系统

　　联邦和各州最高法院均享有基于自由裁量的许可复审受案制度。其中，联邦最高法院的受案分为自由裁量的调卷令申诉和法定的上诉。1988 年后，美国国会已经废除了绝大部分法定上诉案件，现阶段美国最高法院受理的案件基本上来自其许可的调卷令。实践中，最明确、最常规的调卷考虑因素如巡回法院之间存在冲突、案件具有法律重要性（包括重大事件、宪政问题、全国性问题、有助于澄清法律制度中的含糊或歧义的地方），也包括其他因素如该问题是否经充分渗滤、是否棘手无解、是否还有可能进一步等待、该案是否为解决这一问题的良好载体等。

案例索引

（本索引中的页码均指原书的页码，即本书边码。案例索引中收入的是书中的主要案例，其他引用材料中提及的案例没有收入。）

A.B. Parker v. Bell Ford, Inc., 425 So.2d 1101(Ala.1983), 429

帕克诉贝尔·福特公司，见第 429 页

Albre Marble & Tile Co. v. John Bowen Co., 338 Mass. 394, 155 N.E.2d 437(Mass. 1959), 542

奥尔布里大理石公司诉约翰·鲍恩公司，见第 542 页

Algernon Blair, Inc., United States v., 479 F.2d 638(4th Cir.1973), 623

美国政府诉阿尔杰农·布莱尔公司，见第 623 页

Angel v. Murray, 113 R.I. 482, 322 A.2d 630(R.I.1974), 197

安杰尔诉默里，见第 197 页

Anglia Television Ltd v. Reed, 1972 WL 37139(CA(Civ Div) 1971), 566

安格利亚电视公司诉里德，见第 566 页

Ardente v. Horan, 117 R.I. 254, 366 A.2d 162(R.I. 1976), 129

阿登特诉霍兰，见第 129 页

Associates Loan Co., (N.S.L.) v. Walker, 76 N.M.520, 416 P.2d 529(N.M.1966), 706

联合贷款公司诉沃克，见第 706 页

Audette v. L'Union St. Joseph, 178 Mass. 113, 59 N.E.668(Mass.1901), 380

奥德特诉圣·约瑟夫，见第 380 页

Austin Instrument, Inc. v. Loral Corp., 29 N.Y.2d 124, 324 N.Y.S.2d 22, 272 N.E.2d 533 (N.Y.1971), 319

奥斯汀仪器公司诉劳拉公司，见第 319 页

Azevedo v. Minister, 86 Nev. 576, 471 P.2d 661(Nev.1970), 732

阿泽维多诉米尼斯特，见第 732 页

Balfour v. Balfour, 1919 WL 16546(CA 1919), 5

鲍尔弗诉鲍尔弗，见第 5 页

Banco Do Brasil S.A. v. State of Antigua and Barbuda, 268 A.D.2d 75, 707 N.Y.S.2d 151(N.Y.A.D.1 Dept.2000), 236

巴西班科银行诉安提瓜和巴布达政府，见第 236 页

Bartus v. Riccardi, 55 Misc.2d 3, 284 N.Y.S.2d 222(N.Y.City Ct.1967), 426

巴特斯诉里卡迪，见第 426 页

Beall v. Beall, 45 Md.App.489, 413 A.2d 1365(Md.App.1980), 171

比尔诉比尔，见第 171 页

Bentley v. Slavik, 663 F.Supp. 736(S.D.Ill.1987)，346

本特利诉斯拉维克，见第 346 页

BMC Industries, Inc. v. Barth Industries, Inc., 160 F.3d 1322(11th Cir.1998)，56

BMC 工业公司诉巴斯工业公司，见第 56 页

Brackenbury v. Hodgkin, 116 Me.399, 102 A.106(Me.1917)，107

布拉肯伯里诉霍奇金，见第 107 页

Broadnax v. Ledbetter, 100 Tex.375, 99 S.W.1111(Tex.1907)，82

布罗德纳克斯诉莱德贝特，见第 82 页

Burger King Corp. v. Family Dining, Inc., 426 F.Supp. 485(E.D.Pa.1977)，471

汉堡王公司诉全家餐饮公司，见第 471 页

Cantrell-Waind & Associates, Inc. v. Guillaume Motorsports, Inc., 62 Ark.App. 66, 968 S.W.2d 72(Ark.App.1998)，439

坎特雷尔公司诉纪尧姆赛车公司，见第 439 页

Cantu v. Central Educ. Agency, 884 S.W.2d 565(Tex.App.-Austin 1994)，119

坎图诉州教育委员会，见第 119 页

Carlill v. Carbolic Smoke Ball Co, 1892 WL 9612(CA 1892)，84

卡利尔诉石碳酸烟球公司，见第 84 页

Centex Homes Corp. v. Boag, 128 N.J.Super. 385, 320 A.2d 194(N.J.Super.Ch.1974)，635

桑达克斯公司诉博格，见第 635 页

C & J Fertilizer, Inc. v. Allied Mut.Ins. Co., 227 N.W.2d 169(Iowa 1975)，484

C & J 化肥厂诉联合互助保险公司，见第 484 页

Clark v. Wallace County Co-op. Equity Exchange, 26 Kan.App.2d 463, 986 P.2d 391(Kan. App.1999)，527

克拉克诉华莱士县粮库，见第 527 页

Clark v. West, 193 N.Y.349, 86 N.E.1(N.Y.1908)，462

克拉克诉韦斯特，见第 462 页

CNA Intern. Reinsurance Co., Ltd. v. Phoenix, 678 So.2d 378(Fla.App.1 Dist.1996)，525

CNA 国际再保险公司诉菲尼克斯，见第 525 页

Cochran v.Dellfava, 136 Misc.2d 38, 517 N.Y.S.2d 854(N.Y.City Ct.1987)，785

科克伦诉德尔法瓦，见第 785 页

Cohen v. Kranz, 12 N.Y.2d 242, 238 N.Y.S.2d 928, 189 N.E.2d 473(N.Y.1963)，516

科恩诉克兰兹，见第 516 页

Cohn v. Fisher, 118 N.J.Super. 286, 287 A.2d 222(N.J.Super.L.1972)，737

科恩诉费希尔，见第 737 页

Conrad v. Fields, 2007 WL 2106302(Minn.App.2007)，247

康拉德诉菲尔茨，见第 247 页

Copeland v. Baskin Robbins U.S.A., 117 Cal.Rptr.2d 875(Cal.App.2 Dist.2002)，65

科普兰诉巴斯金公司，见第 65 页

Cosgrove v. Bartolotta, 150 F.3d 729(7th Cir.1998)，259

科斯格罗夫诉巴托罗塔，见第 259 页

Costco Wholesale Corp. v. World Wide Licensing Corp.，78 Wash. App. 637，898 P. 2d 347（Wash. App. Div. 1 1995），744

好市多批发销售公司诉环球首饰销售公司，见第 744 页

Cousineau v. Walker，613 P. 2d 608（Alaska 1980），333

柯西诺诉沃克，见第 333 页

Crabtree v. Elizabeth Arden Sales Corporation，305 N. Y. 48，110 N. E. 2d 551（N. Y. 1953），722

克拉布特里诉伊丽莎白·阿登销售公司，见第 722 页

C. R. Klewin, Inc. v. Flagship Properties, Inc.，220 Conn. 569，600 A. 2d 772（Conn. 1991），709

科勒文诉旗舰置业公司，见第 709 页

Day v. Caton，119 Mass. 513（Mass. 1876），94

戴诉卡顿，见第 94 页

Detroit Bank and Trust Co. v. Chicago Flame Hardening Co., Inc.，541 F. Supp. 1278（N. D. Ind. 1982），673

底特律银行和信托公司诉芝加哥淬火公司，见第 673 页

Diamond Fruit Growers, Inc. v. Krack Corp.，794 F. 2d 1440（9th Cir. 1986），138

钻石水果公司诉克莱克公司，见第 138 页

Dienst v. Dienst，175 Mich. 724，141 N. W. 591（Mich. 1913），755

迪恩斯特诉迪恩斯特，见第 755 页

Dorton v. Collins & Aikman Corp.，453 F. 2d 1161（6th Cir. 1972），132

多顿诉科林斯公司，见第 132 页

Drake v. Wickwire，795 P. 2d 195（Alaska 1990），513

德雷克诉威克怀尔，见第 513 页

Drennan v. Star Paving Co.，51 Cal. 2d 409，333 P. 2d 757（Cal. 1958），254

德雷南诉星星铺路公司，见第 254 页

Eastern Air Lines, Inc. v. McDonnell Douglas Corp.，532 F. 2d 957（5th Cir. 1976），535

东方航空有限公司诉麦道公司，见第 535 页

Eckles v. Sharman，548 F. 2d 905（10th Cir. 1977），78

埃克尔斯诉沙曼，见第 78 页

Emanuel Law Outlines, Inc. v. Multi-State Legal Studies, Inc.，899 F. Supp. 1081（S. D. N. Y. 1995），430

伊曼纽尔公司诉各州法律研究公司，见第 430 页

Erhlich v. Diggs，169 F. Supp. 2d 124（E. D. N. Y. 2001），716

埃利希诉迪格斯，见第 716 页

Erickson v. Grande Ronde Lumber Co.，162 Or. 556，94 P. 2d 139（Or. 1939），671

埃里克森诉龙德公司，见第 671 页

Fairmount Glass Works v. Crunden-Martin Woodenware Co.，106 Ky. 659，51 S. W. 196

(Ky.1889)，34

费尔芒特玻璃公司诉克鲁登—马丁木制品公司，见第 34 页

Feinberg v. Pfeiffer Co., 322 S.W. 2d 163(Mo.App.1959)，243

范伯格公司诉法伊弗公司，见第 243 页

Fiege v. Boehm, 210 Md. 352, 123 A.2d 316(Md.1956)，188

菲格诉贝姆，见第 188 页

First American Commerce Co. v. Washington Mut. Sav. Bank, 743 P. 2d 1193(Utah 1987)，766

第一美国商业公司诉华盛顿储蓄银行，见第 766 页

Francois v. Francois, 599 F.2d 1286(3rd Cir.1979)，324

弗朗索瓦诉弗朗索瓦，见第 324 页

Fujimoto v. Rio Grande Pickle Co., 414 F.2d 648(5th Cir.1969)，116

藤本诉雷欧公司，见第 116 页

Gallon v. Lloyd-Thomas Co., 264 F.2d 821(8th Cir.1959)，315

加伦诉劳埃德—托马斯公司，见第 315 页

George v. Davoli, 91 Misc.2d 296, 397 N.Y.S.2d 895(N.Y.City Ct.1977)，276

乔治诉达沃里，见第 276 页

Goldbard v. Empire State Mut.Life Ins. Co., 5 A.D.2d 230, 171 N.Y.S.2d 194(N.Y.A.D.1 Dept.1958)，762

哥德巴德诉帝国人寿公司，见第 762 页

Gottlieb v. Tropicana Hotel & Casino, 109 F.Supp.2d 324(E.D.Pa.2000)，185

戈特里布诉乔皮卡那赌场，见第 185 页

Gruber v. S-M News Co., 126 F.Supp. 442(S.D.N.Y.1954)，564

格鲁伯诉 S-M 公司，见第 564 页

Hadley v. Baxendale, 1854 WL 7208(Ex Ct 1854)，558

哈德利诉巴克森代尔，见第 558 页

Haines v. City of New York, 41 N.Y.2d 769, 396 N.Y.S.2d 155, 364 N.E.2d 820(N.Y. 1977)，38

海恩斯诉纽约市政府，见第 38 页

Hamer v. Sidway, 124 N.Y.538, 27 N.E.256(N.Y.1891)，177

哈默诉希德威，见第 177 页

Harrington v. Taylor, 225 N.C.690, 36 S.E.2d 227(N.C.1945)，238

哈林顿诉泰勒，见第 238 页

Hawkins v. McGee, 84 N.H.114, 146 A.641(N.H.1929)，17, 554

霍金斯诉麦吉，见第 17 页，第 554 页

Herzog v. Irace, 594 A.2d 1106(Me.1991)，680

赫佐格诉艾拉斯，见第 680 页

Hessler v. Crystal Lake Chrysler-Plymouth, Inc., 338 Ill. App. 3d 1010, 273 Ill. Dec. 96, 788 N.E.2d 405(Ill.App.2 Dist.2003)，569

赫斯勒诉水晶湖公司,见第 569 页

Hill v. Gateway 2000, Inc., 105 F.3d 1147(7th Cir.1997), 151

希尔诉 Gateway 2000 公司,见第 151 页

Hobbs v. Massasoit Whip Co., 158 Mass. 194, 33 N.E.495(Mass.1893), 100

霍布斯诉马萨索伊特公司,见第 100 页

Hochster v. De La Tour, 1853 WL 7479(QB 1853), 508

霍克斯特诉德拉图尔,见第 508 页

Hoffman v. Chapman, 182 Md.208, 34 A.2d 438(Md.1943), 369

霍夫曼诉查普曼,见第 369 页

Hoffman v. Horton, 212 Va.565, 186 S.E.2d 79(Va.1972), 30

霍夫曼诉霍顿,见第 30 页

Horton v. Daimler Chrysler Financial Services Americas, L.L.C., 262 S.W.3d 1(Tex.App.-Texarkana 2008), 112

霍顿诉戴姆勒金融服务公司,见第 112 页

Horton v. O'Rourke, 321 So.2d 612(Fla.App.2 Dist.1975), 579

霍顿诉奥罗克,见第 579 页

Horward Schultz & Associates of the Southeast, Inc. v. Broniec, 239 Ga.181, 236 S.E.2d 265(Ga.1977), 648

霍华德·舒尔茨公司诉布罗尼克,见第 648 页

H.R.Moch Co. v. Rensselaer Water Co., 247 N.Y.160, 159 N.E.896(N.Y.1928), 660

莫克公司诉伦塞勒供水公司,见第 660 页

Indoe v. Dwyer, 176 N.J.Super. 594, 424 A.2d 456(N.J.Super.L.1980), 502

英杜诉德怀尔,见第 502 页

Inman v. Clyde Hall Drilling Co., 369 P.2d 498(Alaska 1962), 381

英曼诉克莱德·霍尔钻井公司,见第 381 页

In re(see name of party)

(有关某某当事人的案件,请见当事人的名字)

Jacob & Youngs v. Kent, 230 N.Y.656, 130 N.E.933(N.Y.1921), 415

雅各布公司诉肯特,见第 415 页

Jacob & Youngs v. Kent, 230 N.Y.239, 129 N.E.889(N.Y.1921), 411, 596

雅各布公司诉肯特,见第 411 页,第 596 页

J.J.Shane, Inc. v. Aetna Cas. & Sur. Co., 723 So.2d 302(Fla.App.3 Dist.1998), 397

沙恩公司诉埃特那公司,见第 397 页

Joseph Martin, Jr., Delicatessen, Inc. v. Schumacher, 52 N.Y.2d 105, 436 N.Y.S.2d 247, 417 N.E.2d 541(N.Y.1981), 53

约瑟夫·马丁食品公司诉舒马赫,见第 53 页

Karpinski v. Ingrasci, 28 N.Y.2d 45, 320 N.Y.S.2d 1, 268 N.E.2d 751(N.Y.1971), 644

卡宾斯基诉英格拉西,见第 644 页

Kaufman, In re, 37 P.3d 845(Okla.2001)，694

有关考夫曼是否有权转让合同这一问题的回答，见第 694 页

K & G Const. Co. v. Harris, 223 Md.305, 164 A.2d 451(Md.1960)，420

K & G 建筑公司诉哈里斯，见第 420 页

Kibler v. Frank L. Garrett & Sons, Inc., 73 Wash.2d 523, 439 P.2d 416(Wash.1968)，201

基布勒诉弗兰克公司，见第 201 页

Kim v. Son，2009 WL 597232(Cal.App.4 Dist.2009)，176

金诉宋，见第 176 页

Kirksey v. Kirksey, 8 Ala. 131(Ala.1845)，180

柯克西诉柯克西，见第 180 页

Klocek v. Gateway, Inc., 104 F.Supp.2d 1332(D.Kan.2000)，155

克洛切克诉 Gateway 公司，见第 155 页

Krell v. Henry, 1903 WL 12966(CA 1903)，546

克雷尔诉亨利，见第 546 页

Kvassay v. Murray, 15 Kan.App.2d 426, 808 P.2d 896(Kan.App.1991)，614

卡瓦塞诉默里，见第 614 页

Laclede Gas Co. v. Amoco Oil Co., 522 F.2d 33(8th Cir.1975)，638

拉克雷德燃气公司诉阿莫科石油公司，见第 638 页

Lancellotti v. Thomas, 341 Pa.Super. 1, 491 A.2d 117(Pa.Super.1985)，630

兰斯洛蒂诉托马斯，见第 630 页

Lawrence v. Anderson, 108 Vt. 176, 184 A.689(Vt.1936)，748

劳伦斯诉安德森，见第 748 页

Lawrence v. Fox, 20 N.Y.268(N.Y.1859)，653

劳伦斯诉福克斯，见第 653 页

Lee v. Joseph E.Seagram & Sons, Inc., 552 F.2d 447(2nd Cir.1977)，272

李诉西格拉姆公司，见第 272 页

Leonard v. Pepsico, Inc., 88 F.Supp.2d 116(S.D.N.Y.1999)，22，90

伦纳德诉百事公司，见第 22 页，第 90 页

Locke v. Warner Bros., Ins., 66 Cal.Rptr.2d 921(Cal.App.2 Dist.1997)，442

洛克诉华纳兄弟公司，见第 442 页

Lonergan v. Scolnick, 129 Cal.App.2d 179, 276 P.2d 8(Cal.App.4 Dist.1954)，32

洛纳根诉斯科尼克，见第 32 页

Lucas v. Hamm, 56 Cal.2d 583, 15 Cal.Rptr. 821, 364 P.2d 685(Cal.1961)，666

卢卡斯诉哈姆，见第 666 页

Lucy v. Zehmer, 196 Va. 493, 84 S.E.2d 516(Va.1954)，1

露西诉齐默，见第 1 页

Macke Co. v. Pizza of Gaithersburg, Inc., 259 Md. 479, 270 A.2d 645(Md.1970)，683

马克公司诉盖瑟斯堡比萨公司，见第 683 页

Mader v. Stephenson, 552 P.2d 1114(Wyo.1976)，561

马德诉斯蒂芬森，见第 561 页

Maizitis v. TUV America, Inc., 2007 WL 582391(N.D.Ohio 2007)，788

梅泽提斯诉 TUV 公司，见第 788 页

Market Street Associates Ltd. Partnership v. Frey, 941 F.2d 588(7th Cir.1991)，453

市场街有限合伙公司诉弗雷，见第 453 页

Martin v. Schoenberger, 1845 WL 4984(Pa.1845)，630

马丁诉舍恩博格，见第 630 页

MCC-Marble Ceramic Center, Inc. v. Ceramica Nuova d'Agostino, S.p.A., 144 F.3d 1384
　　(11th Cir.1998)，84

MCC-Marble 公司诉达戈斯蒂诺公司，见第 84 页

McIntosh v. Murphy, 52 Haw.29, 52 Haw.112, 469 P.2d 177(Hawai'i 1970)，727

麦金托什诉墨菲，见第 727 页

Methodist Mission Home of Tex. v. N_A_B_, 451 S.W.2d 539(Tex.Civ.App.-San Antonio
　　1970)，329

得克萨斯州"卫理公会使命之家"诉 N_A_B_，见第 329 页

Mezzanotte v. Freeland, 20 N.C.App.11, 200 S.E.2d 410(N.C.App.1973)，216

梅扎诺特诉弗里兰，见第 216 页

Miami Coca-Cola Bottling Co. v. Orange Crush Co., 296 F.693(5th Cir.1924)，219

迈阿密可口可乐瓶装公司诉鲜橙汁公司，见第 219 页

Miller v. NBD Bank, N.A., 701 N.E.2d 282(Ind.App.1998)，99

米勒诉 NBD 银行，见第 99 页

Mitchill v. Lath, 247 N.Y.377, 160 N.E.646(N.Y.1928)，267

米奇尔诉拉斯，见第 267 页

Monroe St. Properties, Inc. v. Carpenter, 407 F.2d 379(9th Cir.1969)，409

门罗街置业公司诉卡彭特，见第 409 页

Motel Services, Inc. v. Central Maine Power Co., 394 A.2d 786(Me.1978)，108

莫泰服务公司诉 CMP 公司，见第 108 页

Nanakuli Paving and Rock Co. v. Shell Oil Co., Inc., 664 F.2d 772(9th Cir.1981)，293

那那古利公司诉壳牌石油公司，见第 293 页

National Controls, Inc. v. Commodore Bus. Machines, Inc., 163 Cal.App.3d 688, 209 Cal.
　　Rptr.636(Cal.App.1 Dist.1985)，574

全美控股装置公司诉科莫多商业机械公司，见第 574 页

Nelson v. Rice, 198 Ariz.563, 12 P.3d 238(Ariz.App.Div.2 2000)，352

纳尔逊诉赖斯，见第 352 页

New York Bronze Powder Co., Inc. v. Benjamin Acquisition Corp., 351 Md.8, 716 A.2d
　　230(Md.1998)，385

纽约青铜粉公司诉本杰明资产收购公司，见第 385 页

Northern Indiana Public Service Co. v. Carbon County Coal Co., 799 F.2d 265(7th Cir.
　　1986)，783

北印第安纳公共服务公司诉卡本县煤炭公司，见第 783 页

Oglebay Norton Co. v. Armco, Inc.，52 Ohio St.3d 232，556 N.E.2d 515（Ohio 1990），72

欧格贝·诺顿公司诉阿莫科公司,见第 72 页

Oliver v. Campbell，43 Cal.2d 298，273 P.2d 15（Cal.1954），625

奥利弗诉坎贝尔,见第 625 页

Ortelere v. Teachers' Retirement Bd. of City of New York，25 N.Y.2d 196，303 N.Y.S.2d
    362，250 N.E.2d 460（N.Y.1969），305

奥特利诉教师退休金管理委员会,见第 305 页

Pacific Gas & Elec. Co. v. G. W. Thomas Drayage & Rigging Co.，69 Cal.2d 33，69 Cal.
    Rptr. 561，442 P.2d 641（Cal.1968），280

太平洋煤电公司诉托马斯公司,见第 280 页

Paradine v. Jane，1646 WL 32（KB 1646），521

帕拉丁诉简,见第 521 页

Parker v. Twentieth Century-Fox Film Corp.，89 Cal. Rptr. 737，474 P.2d 689（Cal.
    1970），581

帕克诉二十世纪福克斯电影公司,见第 581 页

Patton v. Mid-Continent Systems, Inc.，841 F.2d 742（7th Cir.1988），604

巴顿诉中州系统公司,见第 604 页

Peevyhouse v. Garland Coal & Min. Co.，382 P.2d 109（Okla.1962），596

皮威豪斯诉加兰煤炭开采公司,见第 596 页

Pennsy Supply, Inc. v. American Ash Recycling Corp. of Pennsylvania，895 A.2d 595（Pa.
    Super.2006），181

宾西供应公司诉美国灰循环利用公司,见第 181 页

Petterson v. Pattberg，248 N.Y.86，161 N.E.428（N.Y.1928），103

彼得森诉帕特伯格,见第 103 页

Pettit v. Liston，97 Or.464，191 P.660（Or.1920），302

佩蒂特诉利斯顿,见第 302 页

Potter v. Hatter Farms, Inc.，56 Or.App.254，641 P.2d 628（Or.App.1982），741

波特诉哈特农场,见第 741 页

ProCD, Inc. v. Zeidenberg，86 F.3d 1447（7th Cir.1996），145

ProCD 公司诉齐登伯格,见第 145 页

Protectors Ins. Service, Inc. v. United States Fidelity & Guar. Co.，132 F.3d 612（10th Cir.
    1998），554

护卫者保险服务公司诉美国 F & G 公司,见第 554 页

Raffles v.Wichelhaus，1864 WL 6161（KB 1864），290

拉弗尔斯诉威切豪斯,见第 290 页

RealNetworks, Inc., Privacy Litigation, In re，2000 WL 631341（N.D.Ill.2000），376

有关 RealNetworks 公司侵犯他人隐私的一起诉讼,见第 376 页

Ridge Runner Forestry v. Veneman，287 F.3d 1058（Fed.Cir.2002），212

里奇林业公司诉维尼曼,见第 212 页

Rockingham County v. Luten Bridge Co., 35 F.2d 301(4th Cir.1929), 561

罗金厄姆县政府诉路登桥梁公司,见第 561 页

Roth Steel Products v. Sharon Steel Corp., 705 F.2d 134(6th Cir.1983), 207

罗斯钢铁制造公司诉沙伦钢铁公司,见第 207 页

Rouse v. United States, 215 F.2d 872, 94 U.S.App.D.C.386(D.C.Cir.1954), 677

劳斯诉美国房屋管理署,见第 677 页

R & R Connecticut, Inc. v. Stiegler, 4 Conn. App. 240, 493 A.2d 293(Conn.App.1985), 480

康涅狄格州 R & R 公司诉施蒂格勒,见第 480 页

Sally Beauty Co., Inc. v. Nexxus Products Co., Inc., 801 F.2d 1001(7th Cir.1986), 686

萨莉公司诉耐克斯公司,见第 686 页

Salsbury v. Northwestern Bell Telephone Co., 221 N.W.2d 609(Iowa 1974), 252

萨尔斯伯里诉西北贝尔电话公司,见第 252 页

Scavenger, Inc. v. GT Interactive Software, Inc., 273 A.D.2d 60, 708 N.Y.S.2d 405(N.Y. A.D.1 Dept.2000), 438

清道夫公司诉 GT 软件公司,见第 438 页

Schenectady Steel Co., Inc. v. Bruno Trimpoli General Constr. Co., Inc., 34 N.Y.2d 939, 359 N.Y.S.2d 560, 316 N.E.2d 875(N.Y.1974), 469

斯坎塔迪钢铁公司诉布鲁诺建筑公司,见第 469 页

Schenectady Steel Co., Inc. v. Bruno Trimpoli General Constr. Co., Inc., 43 A.D.2d 234, 350 N.Y.S.2d 920(N.Y.A.D.3 Dept.1974), 466

斯坎塔迪钢铁公司诉布鲁诺建筑公司,见第 466 页

Schwartzreich v. Bauman-Basch, 231 N.Y.196, 131 N.E.887(N.Y.1921), 194

施瓦茨赖克诉鲍曼—巴施公司,见第 194 页

Seale v. Bates, 145 Colo. 430, 359 P.2d 356(Colo.1961), 699

西尔诉贝茨,见第 699 页

Seaver v. Ransom, 224 N.Y.233, 120 N.E.639(N.Y.1918), 657

西弗诉兰塞姆,见第 657 页

Shaughnessy v. Eidsmo, 222 Minn. 141, 23 N.W.2d 362(Minn.1946), 757

肖内西诉艾兹莫,见第 757 页

Sheldon v. Blackman, 188 Wis.4, 205 N.W.486(Wis.1925), 232

谢尔顿诉布莱克曼,见第 232 页

Sherwood v. Walker, 66 Mich.568, 33 N.W.919(Mich.1887), 356

舍伍德诉沃克,见第 356 页

Smith v. Zimbalist, 2 Cal.App.2d 324, 38 P.2d 170(Cal.App.2 Dist.1934), 343

史密斯诉津巴利斯特,见第 343 页

Southwest Engineering Co. v. Martin Tractor Co., 205 Kan. 684, 473 P. 2d 18 (Kan. 1970), 61

西南机械公司诉马丁拖拉机公司,见第 61 页

Specht v. Netscape Communications Corp., 306 F.3d 17(2nd Cir.2002), 161

施佩希特诉网景公司,见第 161 页

Stewart v. Newbury，220 N.Y.379，115 N.E.984(N.Y.1917)，406

斯图尔特诉纽伯里，见第 406 页

Stop & Shop, Inc. v. Ganem, 347 Mass. 697, 200 N.E.2d 248(Mass.1964), 450

Stop & Shop 公司诉加南，见第 450 页

Sullivan v. O'Connor, 363 Mass. 579, 296 N.E.2d 183(Mass.1973), 21

沙利文诉奥康纳，见第 21 页

Summits 7, Inc. v. Kelly, 178Vt. 396, 886 A.2d 365(Vt.2005), 226

Summits 7 公司诉凯利，见第 226 页

Swartz v. War Memorial Commission of City of Rochester, 25 A.D.2d 90，267 N.Y.S.2d 253(N.Y.A.D.4 Dept.1966), 448

斯沃茨诉罗切斯特战争纪念委员会，见第 448 页

Swift & Co. v. Smigel, 115 N.J.Super. 391, 279 A.2d 895(N.J.Super.A.D.1971), 123

斯威夫特公司诉斯密戈尔，见第 123 页

Taylor v. Caldwell, 1863 WL 6052(KB 1863), 522

泰勒诉考德威尔，见第 522 页

Texaco，Inc. v. Pennzoil，Co.，729 S.W.2d 768(Tex.App.-Hous.(1 Dist.) 1987), 6

德士古公司诉潘佐尔公司，见第 6 页

Texas Gas Utilities Co. v. Barrett, 460 S.W.2d 409(Tex.1970), 219

得克萨斯州液化气公司诉 S.A.巴雷特，见第 219 页

T.F. v. B.L., 442 Mass.522, 813 N.E.2d 1244(Mass.2004), 770

T.F.诉 B.L.，见第 770 页

Thompson v. Lithia Chrysler Jeep Dodge of Great Falls，Inc.，343 Mont. 392，185 P.3d 332 (Mont.2008), 399

汤普森诉利西亚公司，见第 399 页

Thos. J. Dyer Co. v. Bishop Intern.Engineering Co.，303 F.2d 655(6th Cir.1962), 392

索斯·戴尔公司诉毕晓普国际工程公司，见第 392 页

Transatlantic Financing Corp. v. United States, 363 F.2d 312, 124 U.S.App.D.C.183(D.C. Cir.1966), 530

跨大西洋金融公司诉美国政府，见第 530 页

Trident Center v. Connecticut General Life Ins. Co.，847 F.2d 564(9th Cir.1988), 284

特里登中心诉康涅狄格寿险公司，见第 284 页

Troutman v. Southern Ry. Co.，441 F.2d 586(5th Cir.1971), 779

特劳特曼诉南方铁路公司，见第 779 页

United States v. ___(see opposing party)

与美国政府发生诉讼的案件，请见另外一方当事人的名称

Val-Ford Realty Corp. v. J.Z.'s Toy World, Inc., 231 A.D.2d 434, 647 N.Y.S.2d 488(N.Y. A.D.1 Dept.1996), 278

瓦尔·福特公司诉 J.Z.玩具世界公司，见第 278 页

Vokes v. Arthur Murray，Inc.，212 So.2d 906(Fla.App.2 Dist.1968), 340

沃克斯诉亚瑟·默里公司，第 340 页

VRT, Inc. v. Dutton-Lainson Co., 247 Neb.845, 530 N.W.2d 619(Neb.1995), 415
VRT 公司诉达顿公司，见第 415 页

Wagenseller v. Scottsdale Memorial Hosp., 147 Ariz. 370, 710 P.2d 1025(Ariz.1985), 40
瓦根塞勒诉斯科茨代尔医院，见第 40 页

Walker & Co. v. Harrison, 347 Mich. 630, 81 N.W.2d 352(Mich.1957), 417
沃克公司诉哈里森公司，见第 417 页

Wassenaar v. Panos, 111 Wis.2d 518, 331 N.W.2d 357(Wis.1983), 609
瓦塞纳诉帕努斯，见第 609 页

Webb v. McGowin, 27 Ala.App.82, 168 So.196(Ala.App.1935), 238
韦布诉麦高因，见第 238 页

Wedner v. Fidelity Sec. Systems, Inc., 228 Pa. Super. 67, 307 A. 2d 429 (Pa. Super.
    1973), 617
温德诉忠诚安全系统公司，见第 617 页

Western Hills, Oregon, Ltd. v. Pfau, 265 Or.137, 508 P.2d 201(Or.1973), 498
俄勒冈西部公司诉 Pfau，见第 498 页

Western Oil Sales Corporation v. Bliss & Wetherbee, 299 S.W.637(Tex.Com.App.1927), 703
西部石油销售公司诉布利斯和韦瑟比，见第 703 页

Western Properties v. Southern Utah Aviation, Inc., 776 P.2d 656(Utah App.1989), 550
西部地产公司诉南犹他航空公司，见第 550 页

Western Waterproofing Co., Inc v. Springfield Housing Authority, 669 F.Supp.901(C.D.Ill.
    1987), 662
西部防水公司诉斯普林菲尔德住房管理局，见第 662 页

White v. Berrenda Mesa Water Dist., 7 Cal.App.3d 894, 87 Cal.Rptr.338(Cal.App.5 Dist.
    1970), 363
怀特诉伯林达·梅萨水务局，见第 363 页

Wilhoite v. Beck, 141 Ind.App.543, 230 N.E.2d 616(Ind.App.1 Div.1967), 96
威尔霍特诉贝克，见第 96 页

Williams v. Walker-Thomas Furniture Co., 350 F.2d 445, 121 U.S.App.D.C.315(D.C.Cir.
    1965), 372
威廉姆斯诉沃克·托马斯家具公司，见第 372 页

Wiseco, Inc. v. Johnson Controls, Inc., 2005 WL 2931896(6th Cir.2005), 222
威斯科公司诉江森自控公司，见第 222 页

Wood v. Lucy, Lady Duff-Gordon, 222 N.Y.88, 118 N.E.214(N.Y.1917), 214
伍德诉露西，见第 214 页

WorldCom, Inc., In re, 361 B.R.675(Bkrtcy.S.D.N.Y.2007), 587
有关乔丹向世界通信公司申请债权案，见第 587 页

Yarbro v. Neil B. McGinnis Equipment Co., 101 Ariz.378, 420 P.2d 163(Ariz.1966), 750
亚布罗诉麦金尼斯设备公司，见第 750 页

关键词索引

（本索引中的页码均指原书的页码，即本书边码。）

ACCEPTANCE OF ASSIGNMENT 对于转让的接受
 一般论述，见第 681 页。

ACCEPTANCE OF OFFER 对于要约作出承诺
 参见本索引中的"Offer and Acceptance"部分。

ACCEPTANCE OF PERFORMANCE 对于履行行为的接受
 一般论述，见第 426 页。
 也参见本索引中的"Performance and Breach"部分。
Offer to contract accepted by 通过履行一定行为来订立合同的要约，见第 85 页。

ACCORD AND SATISFACTION 合意清偿债务
 一般论述，见第 202 页。
 也见本索引中的"Modifications of Contracts"部分。
Consideration 对价，pre-existing duty rule 既存合同义务规则，见第 201 页。
Executory accords 待执行的和解，见第 762 页，第 764 页。
Fact and Law questions 事实和法律问题，见第 202 页。
Meeting of minds 思想（意思）的交会，见第 203 页。

ACQUISITION CONTRACTS 收购合同
 参见本索引中的"Mergers and Acquisitions"部分。

ADHESION CONTRACTS 附和合同
 也见本索引中的"Standard Form Contracts"部分。
Terms in the box 藏在盒子中的合同条款，见第 158 页。

ADOPTION CONSENTS 同意收养
Undue influence 同意收养中的不当影响，见第 329 页。

ADVERTISEMENTS 广告
Acceptance of offers in 对于广告中的要约作出承诺，见第 85 页。
Explicit offers in advertisements 广告中明确的要约，见第 27 页。
Extravagant promises 太过昂贵的承诺，见第 90 页。
Negotiation inducing vs performance inducing "诱导他人进行协商的广告"与"诱导他人履行一定行为的广告"之比较，见第 91 页。
Notice of acceptance 对于承诺的通知，advertisement reward offer 通过广告进行悬赏的要约，见第 86 页。
Offer and acceptance law 要约和承诺的法律，见第 23 页。
Performance as acceptance of offers in 通过履行一定行为对广告中的要约作出承诺，见第 85 页。

Performance inducing vs promise inducing offers "诱导他人履行一定行为的要约"与"诱导他人作出承诺的要约"之比较,见第 91 页。

Price quotations and offers distinguished 价格目录与要约的区别,见第 32 页。

Puffery 广告中的自吹自擂,见第 28 页。

Reward offer in 广告中的悬赏要约,见第 84 页。

Television advertisement 电视广告,statute of frauds 反欺诈法,见第 29 页。

AGENCY 代理

Authority to contract 代理人订立合同的权限,见第 747 页。

AGREEMENT 协议

UCC definition《统一商法典》中对于"协议"的界定,见第 296 页。

AGREEMENT PROCESS 缔约过程

　　一般论述见第 1 页及以下的内容。

Acceptance 作出承诺。参见本索引中的"Offer and Acceptance"部分。

Advertisements 广告

　　一般论述,见第 23 页。

　　Explicit offers in advertisements 广告中明确的要约,见第 27 页。

　　Reward offer in 广告中的悬赏要约,见第 84 页。

Agreement in principle and intent to contract 原则上达成的协议与当事人订立合同的意愿,见第 13 页。

Agreement to agree 有待将来协商的协议,indefiniteness 合同的不确定性

　　一般论述,见第 54 页。

　　Intention to be bound manifestation 当事人愿意受到协议约束的表现,见第 76 页。

　　Negotiation agreement 当事人同意进行协商(谈判)的协议,见第 68 页。

Assent 同意,见第 83 页。

Auction sales 拍卖

　　一般论述,见第 30 页。

　　Revocaiton of bids 投标的撤销,见第 104 页。

Bank and credit cards 银行卡和信用卡,offer and acceptance law 要约和承诺的法律,见第 102 页。

Bids as offer 作为要约的投标

　　一般论述,见第 30 页。

　　Revocaiton of bids 投标的撤销,见第 104 页。

Bluff 虚张声势,offer made as and intent to contract 虚张声势作出的要约与当事人想要订立合同的意愿,第 2 页。

Capacity of parties 当事人的行为能力,参见本索引。

Communication of acceptance 作出承诺之后的沟通(通知对方),reward 悬赏,见第 82 页。

Conditional acceptance 附条件的承诺,第 12 页,第 160 页。

Conditions 合同条件,performance and formation distinguished "合同履行条件"与"合同成立条件"之区别,见第 399 页。

Conduct 行动,acceptance by 通过一定行动作出承诺,见第 94 页及以后的内容。

Contracts and agreements distinguished 合同与协议的区别,见第 5 页。

Counter-offer 反要约

 一般论述,见第 129 页及以后的内容。

 也见本索引中的"Battle of the Forms"部分。

Cure 治愈,agreement to effect 医生与患者之间达成的有关治疗效果的协议,见第 17 页,第 21 页。

Custom and usage as to acceptance 有关作出承诺的惯例和习惯,见第 117 页。

Death of offeror 要约人的死亡,acceptance after 受约人在要约人死亡之后作出承诺,见第 125 页。

Definiteness 合同的确定性。也见本索引中的"Indefiniteness"部分。

Disclaimers of intent to contract,当事人表明自己没有订立合同的意愿,见第 16 页。

Drunken acceptance 醉酒状态下作出的承诺,见第 2 页。

Duration of contract 合同期限,indefiniteness as to 合同期限的不确定,见第 38 页。

Duress 胁迫,参见本索引。

Essential elements 合同必备要素,open terms constituting 构成合同必备要素的开放条款,见第 67 页。

Essential terms 必备条款,agreement as to 当事人之间有关必备条款的协议,见第 14 页。

Evidence of expressed intent to contract 当事人表达出来的订立合同意愿的证据,见第 10 页。

Explicit offers in advertisements 广告中的确定要约,见第 27 页。

Expressed intent to contract 当事人表达出来的订立合同意愿,见第 10 页。

Fact and law questions 事实和法律问题,intent to contract 订立合同的意愿,见第 9 页。

Form of acceptance 作出承诺的形式,offer as controlling 控制了作出承诺形式的要约,见第 105 页。

Formation and performance conditions distinguished "合同成立条件"与"合同履行条件"之间的区别,见第 399 页。

Husband and wife 丈夫与妻子,arrangements between 丈夫与妻子之间的安排,intent to contract 丈夫与妻子之间订立合同的意愿,见第 5 页。

Illusory 虚幻的承诺

 一般论述,见第 214 页。

 Implied promises distinguished "虚幻的承诺"与"默认承诺"之间的区别,见第 217 页。

Indefiniteness 合同的不确定性,参见本索引。

Indifferent offers 不确定承诺具体方式的要约,acceptance of 对不确定具体承诺方式的要约所作出的承诺,见第 112 页。

Inducement to act 诱导他人采取行动,offer as 诱导他人采取行动的要约,见第 83 页。

Informal agreements reflecting intent to contract 反映当事人订立合同意愿的非正式协议,见第 9 页。

Intent to Contract 当事人订立合同的意愿,参见本索引。

Interference with contract 干预他人订立的合同,intent to contract issues 当事人订立合同意愿的相关问题,见第 6 页。

Jest 玩笑,Offer made in 在玩笑当中作出的要约,见第 1 页,第 25 页。

Knowing assent to offer 对于要约的知情同意,见第 83 页。

Knowledge of offeror that offer has been accepted 要约人知道其作出的要约已经被他人接受,见第 119 页。

Language of contract 合同中的文字,见第 84 页。

Lapse of offer 要约的失效,见第 127 页。

Last shot rule "最后一击"规则,见第 142 页。

Mailbox rule "投邮生效"规则,offer and acceptance 要约和承诺,见第 116 页。

Manner of acceptance 作出承诺的方式,offer specifying 明确规定了作出承诺方式的要约,见第 114 页。

Marital arrangements 夫妻之间对于家庭生活的安排,intent to contract 夫妻之间订立合同的意愿,见第 5 页。

Master of offer 要约的主人,offeror as 作为要约主人的要约人。

一般论述,见第 117 页,见第 120 页。

Terms in the box cases "藏在盒子中的条款"案件,见第 159 页。

UCC《统一商法典》中有关"要约的主人"的规定,见第 150 页。

Meeting of Minds 思想(意思)的交会,参见本索引。

Mirror image rule "镜像规则",见第 129 页。

Misrepresentation 错误陈述,参见本索引。

Mistake in transmission of acceptance 承诺在传递过程中出现错误,见第 122 页。

Modifications of contracts 合同的修改

Acceptance of 对于合同修改的接受,见第 113 页。

Intent to contract 订立合同的意愿,见第 9 页。

Negotiation intent and contract intent distinguished "进行协商的意愿"与"订立合同意愿"之间的区别,见第 6 页。

Negotiations and offers distinguished 协商与要约之间的区别,见第 32 页。

Objective manifestations of intent to contract 当事人订立合同意愿的客观表现,见第 9 页。

Offer and Acceptance 要约和承诺,参见本索引。

Open terms 开放条款,参见本索引。

Opinion expressions and offers distinguished "观点的表达"与要约之间的区别,见第 17 页。

Part performance evidencing intent to contract 表明订立合同意愿的部分履行,见第 13 页。

Payment terms left open 付款条款不明确,indefiniteness 付款条款的不确定性,见第 61 页。

Performance 履行,acceptance by 通过履行一定行为来作出承诺

一般论述见第 86 页。

Death of offeror 要约人的死亡,acceptance by 在要约人死亡之后作出承诺,见第 125 页。

Unilateral contracts 单方合同,见第 107 页。

Performance and formation conditions distinguished "合同履行条件"与"合同成立条件"之间的区别,见第 399 页。

Performance inducing vs promise inducing offers "诱导他人履行一定行为的要约"与"诱导他人作出承诺(诺言)的要约"之比较,见第 91 页。

Power of acceptance 作出承诺的权力,termination of 作出承诺权力的终止,见第 173 页。

Prescribed medium of acceptance 作出承诺的指定媒介,见第 116 页。

Price quotations and offers distinguished 价格目录与要约的区别，见第 32 页。

Principle 原则，agreement in 原则上达成的协议，见第 13 页。

Promises implied by conduct 通过一定行为默认的承诺，第 94 页。

Reasonable expectations of offeree as to acceptance 受约人对承诺的合理期待［对于要约人的死亡应该给予通知］，见第 126 页。

Reformation 合同变更，参见本索引。

Revocation of offer 要约的撤回，tender preceding 在要约被撤回之前表明接受要约，见第 104 页。

Reward offer in advertisement 广告中的悬赏要约，见第 84 页。

Rewards 悬赏，参见本索引。

Seriousness of offer 要约的严肃性，见第 4 页。

Services 提供服务，acceptance as implying a promise to pay 接受服务时默认将会支付报酬，见第 96 页。

Shipment 装运货物，acceptance of offer to sell by 通过装运货物来表明接受销售要约，见第 118 页。

Signatures 签名，acceptance of offer by 通过签名来对要约作出承诺，见第 118 页。

Silence 沉默，acceptance made 通过沉默来作出承诺，见第 94 页及以后的内容。

Subject to conditions 受制于一定条件，acceptance made 作出的承诺受制于一定条件，见第 12 页。

Tender as acceptance of offer 向对方表明自己接受要约，见第 108 页。

Tender preceding revocation of offer 在要约被撤回之前表明接受要约，见第 104 页。

Term of performance 履行期限条款，indefiniteness 履行期限条款不确定，见第 38 页。

Termination of power of acceptance 作出承诺的权力终止，见第 173 页。

Terms in the Box 藏在盒子中的条款，参见本索引。

Undue Influence 不当影响，参见本索引。

Unilateral offer 单方要约，treatment of reward announcements as 作为单方要约的悬赏声明的处理，见第 90 页。

Waiver of condition 条件的放弃，acceptance of 对于放弃条件的接受，见第 113 页。

Withdrawal of offer 要约的撤回，见第 105 页。

Writing 书面文本形式，intent to commit oral agreement to 当事人将口头协议转化成书面文本的意愿，见第 10 页。

AMBIGUITY 合同条款的模糊性

Interpretation 解释

　　一般论述见第 281 页。

　　Ambiguous contract terms 含义模糊不清的合同条款，见第 282 页。

　　Unambiguous contract terms 含义明确的合同条款，见第 287 页。

Price rate mechanism 价格确定机制，indefinite 价格确定机制不明确

　　一般论述，见第 72 页。

　　Reasonable rate set by court to resolve 法院为了解决价格条款的不确定性所采纳的合理价格机制，第 76 页。

ANNUITIES 年金

Assignment prohibitions 年金的禁止转让,见第 694 页。

ANTICIPATORY BREACH 预期违约

一般论述,第 514 页,第 515 页。

也见本索引中的"Performance and Breach"部分。

Repudiation 毁弃合同,参见本索引。

ARBITRATION PROVISIONS 仲裁条款

Battle of the forms 格式文本的战斗,见第 132 页。

Clickwrap acceptance 对"点击即视为生效"协议的承诺,见第 161 页,第 164 页。

Conditions 条件

Formation and performance conditions distinguished "合同成立条件"与"合同履行条件"的区别,见第 399 页。

Precedent to enforceability 仲裁条款执行的前置条件,见第 399 页。

Consumer protection 消费者权益的保护,见第 151 页,第 158 页。

Federal Arbitration Act 联邦仲裁法案,见第 156 页。

Formation and performance conditions distinguished "合同成立条件"与"合同履行条件"的区别,见第 399 页。

Precedent conditions to enforceability 仲裁条款执行的前置条件,见第 399 页。

Terms in the box 藏在盒子中的条款,见第 151 页,第 155 页。

UCC《统一商法典》中有关仲裁条款的规定,见第 133 页。

Unconscionability 显失公平,见第 375 页。

ARTIFICAL INSEMINATION CONTRACTS 人工授精合同

Public policy 公共政策,见第 773 页。

ASSENT 同意

也见本索引中的"Offer and Acceptance"部分。

Death of offeror 要约人的死亡,见第 125 页。

Knowing 知情,见第 83 页。

Meeting of minds 思想(意思)的交会

也见本索引中的"Meeting of Minds"部分。

Assent manifestation doctrine vs "表达出来的同意"原则与"思想(意思)的交会"原则之比较,见第 125 页。

ASSET SALES OF BUSINESS 将某个业务的资产出售

Third party beneficiaries 第三方受益人,见第 671 页。

ASSIGNMENT 转让

一般论述,见第 680 页及以后的内容。

Acceptance 接受转让,见第 681 页。

Annuities 年金,assignment prohibitions 年金的禁止转让,见第 694 页。

Contracts assignable 可转让的合同,见第 705 页。

Contracts running to assigns 意欲转让出去的合同,effect of 意欲转让合同的效果,见第 703 页。

Contractual prohibitions 合同上的禁止转让,见第 694 页。

Counterclaims 反诉主张,见第 706 页。

Defenses 转让中的抗辩理由,见第 706 页。

Definition 转让的概念,见第 681 页,第 696 页。

Delectus personae bargains 一方当事人有权选择某个人作为交易对象,见第 684 页。

Delegations distinguished 权利转让与授权他人代为履行义务之间的区别,见第 767 页。

Distributorship contracts 经销合同,见第 686 页。

Effect 转让的效果,见第 680 页。

Equitable 衡平法上的转让,见第 682 页。

Estoppel of assignor to challenge 因为禁止反言,出让人不得质疑转让行为的正当性,见第 698 页。

Factors 转让的要素,见第 695 页。

Latent equities 隐性权益,见第 706 页。

Nature 转让的性质,见第 680 页。

Novation distinguished 转让与债务更新之间的区别,见第 767 页。

Personal injury settlement proceeds 人身伤害案件和解之后当事人得到的收益,见第 680 页。

Public policy challenges to contractual restrictions 公共政策对于合同中限制转让的挑战,见第 697 页。

Revocation 转让的撤回,见第 681 页。

Rights assignable 可以转让的权利,见第 683 页及以后的内容。

Structured settlements 分期付款和解协议,见第 680 页。

UCC 《统一商法典》中有关转让的规定,见第 689 页。

Validity of contractual restrictions 合同中限制转让的有效性,见第 696 页。

Waiver of improper assignment 对不恰当的转让放弃追究,见第 699 页。

ASSUMPTION OF RISK 自愿承担风险

Impossibility and impracticability 履行不能和履行困难,见第 529 页。

Mistake 错误,assumption of risk of 自愿承担因为错误所带来的风险,见第 349 页,第 354 页。

ASSURANCES 合同的保证

Acceptance of performance based on promisor's assurances 基于立诺人的保证而接受履行行为,见第 427 页,第 693 页。

Delegated duties 被授权由他人代为履行的义务,right of promisee to demand assurances 受诺人要求对方提供保证的权利,见第 686 页。

Demand for and repudiation 要求提供保证与毁弃合同,见第 516 页。

Revocation of acceptance of performance based on promisor's assurances 撤销基于立诺人的保证而作出的对履行行为的接受,见第 427 页,第 693 页。

ATTORNEY AND CLIENT 律师与客户

Damages 赔偿损失,attorney's fee as 作为损失的律师费,见第 561 页。

Repudiation determinations 作出毁弃合同的决定,malpractice risks 律师作出毁弃合同决定可能带来的失职风险,见第 513 页。

Restituiton claim for attorney's services 要求返还律师已经提供服务的价值,见第 625 页。

Satisfaction conditions 满意的条件,attorney approval 律师对于合同的批准,见第 502 页。

Services 律师所提供的服务，restitution 律师要求返还提供服务的价值，见第 625 页。

Third party beneficiaries 第三方受益人，见第 666 页。

AT-WILL EMPLOYMENT DOCTRINE "可以任意解除的雇佣关系"原则

一般论述，见第 40 页。

参见本索引中的"Employment Contracts"部分；"Noncompetition Covenants"部分。

Bad faith termination 雇主恶意终止可以任意解除的雇佣关系，见第 44 页。

Good cause duties 雇主有义务基于"好的理由"解除雇员；Implied 默认的义务。见第 51 页。

Implied covenant of good faith and fair dealing vs "善意及公平交易的默认约定"与"可以任意解除的雇佣关系"原则之比较，见第 41 页，第 50 页。

Implied-in-fact covenants vs "事实上默认的约定"与"可以任意解除的雇佣关系"原则之比较，见第 48 页。

Implied-in-fact promise of employment vs "事实上默认的雇佣承诺"与"可以任意解除的雇佣关系"原则之比较，见第 44 页。

Implied-in-law contract terms vs "法律上默认的合同条款"与"可以任意解除的雇佣关系"原则之比较，见第 50 页

Malicious termination 雇主恶意终止，见第 44 页。

Mutuality of obligation 义务的相互性，noncompetition agreements 雇员作出的不与雇主竞争的约定，见第 226 页。

No cause vs bad cause termination "雇主没有理由终止雇佣关系"与"雇主基于坏的理由终止雇佣关系"之比较，见第 52 页。

Origin of doctrine "可以任意解除的雇佣关系"原则的起源，见第 42 页。

Pension 养老金，promissory estoppel 允诺性禁止反言，见第 243 页。

Personnel manual exceptions 员工手册的例外

一般论述，见第 41 页，第 48 页。

也见本索引中的"Personnel Manuals"部分。

Public policy exception 公共政策的例外，见第 41 页，第 44 页。

Statutory employee protections 成文法上对于雇员的保护，见第 44 页。

Wrongful discharge 错误解除雇员，见第 43 页。

AUCTION SALES 拍卖

一般论述，见第 30 页。

Firm bids 确定的投标（在一定时间内不得撤销的投标），见第 258 页。

Revocation of bids 投标的撤销，第 104 页。

AUTHORITY OF CONTRACT 订立合同的权力

Acceptance authority 作出承诺的权力，见第 400 页。

Offer and acceptance 要约和承诺，见第 747 页。

AVOIDABLE CONSEQUENCES DOCTRINE "可以避免的损失后果"原则

Mitigation of damages 减少损失的发生，见第 589 页。

AVOIDANCE OF CONTRACTS 合同的无效

一般论述，见第 315 页及以后的内容。

Capacity of Parties 当事人的行为能力，参见本索引。

Duress 胁迫，参见本索引。

Misrepresentation 错误陈述,参见本索引。

Mistake 错误,参见本索引。

Modifications of contracs 合同的修改,参见本索引。

Reformation 合同的变更,参见本索引。

Rescission 合同的撤销,参见本索引。

Restitution 返还利益[已经付出的价值(劳动)],参见本索引。

Unconscionability 显失公平,参见本索引。

Undue influence 不当影响,参见本索引。

Void and avoidable contracts distinguished "当然无效的合同"与"可以撤销的合同"之间的区别,见第 317 页。

BAD FAITH 恶意

也见本索引中的"Good Faith"部分。

Burden of proof 证明责任,见第 224 页。

Damages 赔偿损失,bad faith factors 构成恶意的要素,见第 580 页。

Discretionary powers 自由裁量(判断)的权力,bad faith exercise of 恶意行使自由裁量(判断)的权力,见第 446 页。

Inference of 对于恶意的推定,见第 211 页。

BANK AND CREDIT CARDS 银行卡和信用卡

Offer and acceptance law 要约和承诺的法律,见第 102 页。

BARGAINING 商议,交易

也见本索引中的"Negotiation"部分。

Consideration 对价

Bargain theory of 对价的商议理论,见第 185 页。

Bargained for 经过协商的对价,term defined 概念的界定,见第 185 页。

Bargained for exchange 经过协商的对价交换,见第 186 页。

Relationship to bargaining process 协商过程中的关系,见第 184 页。

BASIS OF THE BARGAIN TEST "交易的基础"测试

Express warranty 明示担保,UCC《统一商法典》中对于明示担保的相关规定,见第 348 页。

BATTLE OF FORMS 格式文本的战斗

Arbitration provisions 仲裁条款,见第 132 页。

Last shot rule "最后一击"规则,见第 142 页。

Mirror image rule 镜像规则,见第 129 页。

Neutrality principle 中立原则,UCC《统一商法典》中有关中立原则的规定,见第 142 页。

Terms in the box 藏在盒子中的条款,参见本索引。

UCC《统一商法典》中有关格式文本的规定

一般论述,见第 134 页。

Merchant rules 商人规则,见第 153 页,第 160 页。

Neutrality principle 中立原则,见第 142 页。

Warranty limitations 格式文本中对于担保责任进行限制,见第 138 页。

BIDS 投标

也见本索引中的"Auction Sales"部分;"Offer and Acceptance"部分。

Construction contract bidding mistake 建设合同中的投标错误，见第 363 页。

Rescission 撤销投标，见第 365 页。

Subcontractor's bids 分包商的投标，Promissory estoppel 允诺性禁止反言，见第 254 页。

BILATERAL CONTRACTS 双方合同

也见本索引中的"Unilateral Contracts"部分。

Consideration 对价，见第 212 页及以后的内容。

Definition 双方合同的概念，见第 108 页。

Mutuality of Obligation 义务的相互性，参见本索引。

Presumptions 推定，见第 110 页。

BILLS OF SALE 出售货物的单据

Descriptions in as warranties 卖方在出售单据中对货物所作的描述视为对货物品质的保证，见第 345 页。

BOILERPLATE 格式合同

Standard form contracts 标准合同，见第 276 页。

BREACH OF CONTRACT 违反合同

也见本索引中的"Performance and Breach"部分。

Injunction of breach 要求对方不得违反合同的禁令，见第 638 页。

BROKERAGE CONTRACTS 经纪合同

Breach by repudiation 通过毁弃合同来违约，见第 513 页。

Hindrance of performance 阻碍履行，见第 439 页。

BURDEN OF PROOF 证明责任

Bad faith 恶意，见第 224 页。

Damages 赔偿损失

Lost profits 失去的利润，见第 565 页。

Lost volume seller 失去成交量的卖方，见第 590 页。

Mitigation of damages 减少损失的发生，见第 589 页。

Duress 胁迫，见第 322 页。

Lost profits damages 失去的利润损失，见第 565 页。

Lost volume seller 失去成交量的卖方，见第 590 页。

Mitigation of damages 减少损失的发生，见第 589 页。

Mutual 双方的（共同的）错误，见第 353 页。

Novation［合同、义务的］更新，见第 768 页。

Undue influence 不当影响，见第 327 页。

BURGLAR ALARM CONTRACT 入室盗窃报警合同

Stipulated damages 约定的损失（赔偿金），见第 617 页。

BUSINESS COMPULSION 商业上的强制

一般论述，见第 322 页。

也见本索引中的"Duress"部分。

BUSINESSES 业务

Asset sales 资产出售，third party beneficiary 第三方受益人，见第 671 页。

Assignments and delegations in connection with sales of businesses 与业务出售相关的转让

及授权代为履行,见第 683 页。

Mergers and Acquisitions 兼并与收购,参见本索引。

Sales of Going Concerns 持续经营业务的出售,参见本索引。

CANCELLATIONS OF CONTRACTS 合同的废止

Consideration 对价,pre-existing duty rule 既存合同义务规则,见第 196 页。

Discharge of Contracts 合同的解除,参见本索引。

Modifications of Contacts 合同的修改,参见本索引。

CAPACITY OF PARTIES 当事人的行为能力

一般论述,见第 302 页及以后的内容。

Duress 胁迫,参见本索引。

Election under pension contract 养老金合同项下的选择,Capacity to make 当事人在养老金
合同中作出不同方案(利益)选择的能力,见第 305 页。

Minors 未成年人,见第 302 页。

Rescission rights 撤销合同(协议)的权利

一般论述,见第 302 页。

也见本索引中的"Rescission"内容。

Executory and executed contracts 待履行的合同与已经执行的合同,见第 303 页。

Undue influence 不当影响,参见本索引。

CAVEAT EMPTOR DOCTRINE "买者自负"原则

Misrepresentations 错误陈述,见第 337 页。

Mistaken representations 错误陈述,见第 345 页。

UCC《统一商法典》中有关"买者自负"原则的规定,第 337 页,第 339 页。

CHAIN DISTRIBUTION SCHEMES 传销

Illegal contracts 非法合同,见第 785 页。

CHANGE OF POSITION 地位的改变

Promise 承诺,change of position in reliance on as consideration 一方当事人基于对承诺的信
任而改变了自己所处的地位,以此作为对价,见第 180 页。

Promissory estoppel 允诺性禁止反言,见第 743 页。

CHARITABLE SUBSCRIPTIONS 慈善捐款

Promissory estoppel 允诺性禁止反言,见第 252 页。

CHOICE OF LAW 法律的选择

Forum selection provisions 确定纠纷解决地的条款,见第 378 页。

Public policy 公共政策,见第 790 页。

Sales contract 销售合同,见第 348 页。

Statutes of frauds 反欺诈法,见第 718 页。

Unconscionability 显失公平,见第 378 页。

CLICKWARP PROVISIONS "点击即视为同意"条款

E-Commerce 电子商务合同,见第 162 页。

Unconscionability 显失公平,见第 378 页。

COHABITANTS' CONTRACT 同居者的合同

Public policy 公共政策,见第 773 页。

COMPROMISE 和解[妥协]

也见本索引中的"Settlement"部分。

Definition 和解[妥协]的概念,见第 763 页。

CONDITIONS 条件

一般论述,见第 380 页及以后的内容。

也见本索引中的"Performance and Breach"部分。

Acceptance of waiver of conditions 对于放弃条件的接受,见第 113 页。

Arbitration clauses 仲裁条款,precedent conditions to enforceability 仲裁条款执行的前置条件,见第 399 页。

Concurrent conditions 同时发生的条件,tender of performance 向对方提出(表明)自己将会履行,见第 410 页。

Consideration distinguished 条件与对价的区别,见第 184 页。

Construction contracts 建设合同

Constructive conditions 推定条件,见第 406 页,第 420 页。

Dependent and independent conditions "一方的履行依赖于另一方的履行"与"一方的履行独立于另一方的履行",见第 423 页。

Full performance 完全履行,见第 411 页。

Payment conditions 付款条件,见第 397 页。

Time conditions 时间条件,见第 392 页。

Time of the essence 及时履行作为合同中的必备要求,见第 467 页。

Trivial defects in performance 履行中的细小缺陷,见第 411 页。

Waiver 放弃条件,见第 467 页。

Workmanlike performance 符合专业标准的履行,见第 420 页。

Constructive conditions 推定条件

一般论述,见第 406 页及以后内容。

Construction contracts 建设合同,见第 406 页,第 420 页。

Cure of non-conforming delivery 对不符合合同的交付行为进行补正,见第 427 页。

Material breach 严重违约,见第 419 页。

Payment 付款,见第 406 页。

Rental contract 租赁合同,maintenance 对租赁设备的维护,见第 417 页。

Substantial performance 实质履行,见第 416 页。

Tender of performance 向对方提出(表明)自己将会履行,见第 410 页。

Total breach 完全违约,见第 424 页。

UCC《统一商法典》,见下面。

Dependent and independent conditions "一方的履行依赖于另一方的履行"与"一方的履行独立于另一方的履行",见第 423 页。

Construction contracts 建设合同,见第 423 页。

Promises 承诺,Dependent and independent 依赖于一定条件的承诺与独立的承诺,见第 412 页。

Election 合同条件没有成就之后,权利人选择不再追究。参见本索引。

Employment contracts 雇佣合同,见第 381 页。

Estoppel 禁止反言,参见本索引。

Excusable delay provisions "可以被豁免的迟延"条款,impossibility and impracticability 履行不能和履行困难,见第 536 页。

Excuse of 条件的免除[豁免],见第 478 页。

Express conditions 明示条件

一般论述,见第 385 页。

Formation and performance conditions distinguished "合同成立条件"与"合同履行条件"之间的区别,见第 399 页。

Pay if paid provision "在总承包商得到业主付款的情况下才支付分包商款项"的条款,见第 398 页。

Payment 付款,见第 385 页,第 397 页。

Performance and formation conditions distinguished "合同履行条件"与"合同成立条件"之间的区别,见第 399 页。

Promises distinguished 明示条件与承诺之间的区别,见第 385 页。

Time of performance conditions 履行的时间条件,见第 396 页。

Time provisions distinguished 明示条件与时间条款之间的区别,见第 392 页。

Fine print in standard form contracts 标准文本合同中的小号字体,见第 492 页。

Forfeiture 剥夺他人财产,参见本索引。

Formation and performance conditions distinguished "合同成立条件"与"合同履行条件"之间的区别,见第 399 页。

Full performance 完全履行,Construction contracts 建设合同,见第 411 页。

Good faith determinations as to satisfaction conditions 当事人对于满意条件的决定是否善意,见第 216 页,第 218 页。

Illusory promises and satisfaction conditions 虚幻的承诺和满意条件,见第 217 页。

Implied conditions 默认条件,impossibility and impracticability excusing 免除默认条件的履行不能及履行困难,见第 524 页。

Implied covenant of cooperation 与对方当事人进行合作的默认约定,见第 445 页。

Implied Covenant of Good Faith and Fair Dealing 有关善意及公平交易的默认约定,参见本索引。

Impossibility and impracticability 履行不能和履行困难,参见本索引。

Independent conditions "一方的履行独立于另一方的履行"条件。Dependent and independent conditions 见上面。

Insurance contract 保险合同,见第 380 页。

Interpretation 解释,见第 389 页。

Material breach of constructive conditions 对推定条件的严重违反,见第 419 页。

Mutually dependent conditions 双方相互依赖的条件,见第 423 页。

Notice of claims 提起主张时通知对方当事人,见第 381 页。

Pay if paid provisions "在总承包商得到业主付款的情况下才支付分包商款项"的条款,见第 398 页。

Payment 付款

Construction contracts 建设合同,见第 397 页。

Constructive conditions 推定条件,见第 406 页。

Express conditions 明示条件,见第 385 页,第 397 页。

Subcontracts 分包合同,见第 397 页。

Performance and formation conditions distinguished "合同履行条件"与"合同成立条件"之间的区别,见第 399 页。

Pleading conditions precedent 一方当事人提出对方的诉请存在前置条件,见第 384 页。

Precedent 前置的(条件),conditions 条件

Arbitration clause enforceability 仲裁条款的可执行性,见第 399 页。

Pleading 一方当事人提出对方的诉请存在前置条件,见第 384 页。

True conditions and 真正的条件和前置条件,见第 383 页。

Promises 承诺

Conditional and unconditional 附条件的承诺和无条件的承诺,见第 388 页。

Distinguished "附条件承诺"与"无条件承诺"之间的区别,见第 412 页,第 476 页。

Express conditions distinguished 承诺与明示条件的区别,见第 385 页。

Public policy challenges 公共政策的挑战,见第 381 页。

Relief form forfeiture 对于可能剥夺他人财产后果所给予的救济,见第 471 页及以后的内容。

Rental contract 租赁合同,maintenance 对租赁设备的维护,见第 417 页。

Satisfaction 对……感到满意

一般论述,见第 498 页及以后的内容。

也见本索引中的"Satisfaction"部分。

Conditions rendering promises illusory 导致某个承诺成为虚幻承诺的条件,见第 217 页。

Duties created by 当事人表示满意时应该遵循的义务,见第 445 页。

Good faith determinations as to 当事人表示满意是否出于善意的判断,见第 216 页,第 218 页。

Taste, fancy or personal judgment conditions 以个人的口味、嗜好或者个人判断作为条件,见第 500 页。

Utility, fitness or value conditions 以某个物品的效用如何、适合与否、价值如何作为条件,见第 500 页。

Strict performance 严格履行,UCC《统一商法典》中对于严格履行的规定,见第 426 页。

Subcontracts 分包合同,payment conditions 付款条件,见第 397 页。

Subsequent conditions 后置条件,promises distinguished 后置条件与承诺的区别,见第 476 页。

Substantial performance of constructive conditions 推定条件的实质履行,见第 416 页。

Taste, fancy or personal judgment conditions 以个人的口味、嗜好或者个人判断作为条件,satisfaction as to 对于上述条件感到满意,见第 500 页。

Tender of performance 向对方提出(表明)自己将会履行,见第 410 页。

Concurrent conditions 同时发生的条件,见第 410 页。

Constructive conditions 推定条件,见第 410 页。

Time of performance conditions 履行的时间条件,见第 396 页。

Time of the essence 及时履行作为合同中的必备要求,见第 466 页,第 467 页。

Time provisions and express conditions distinguished 时间条款与明示条件之间的区别,见第 392 页。

Total breach of constructive conditions 对推定条件的完全违反,见第 424 页。

True conditions and precedent conditions 真正的条件和前置条件,见第 383 页。

UCC《统一商法典》中对于条件的规定

一般论述,见第 426 页,第 428 页。

Cure of non-conforming delivery 对不符合合同的交付行为进行补正,见第 427 页。

Post acceptance discovery of defects 接收货物之后发现缺陷,见第 429 页。

Strict performance 严格履行,见第 426 页。

Utility, fitness or value conditions 以某个物品的效用如何、适合与否、价值如何作为条件,satisfaction as to 对于上述条件感到满意,见第 500 页。

Waiver 放弃条件

Acceptance of 对于放弃条件的接受,见第 113 页。

Time of the essence 及时履行作为合同中的必备要求,见第 466 页,第 467 页。

CONDUCT 行为

Acceptance of offer by 通过履行一定行为来接受要约,见第 94 页及以后的内容。

CONFIDENTIAL RELATIONSHIPS 信任关系

Undue influence 不当影响,见第 327 页。

CONFIDENTIALITY 保密性

Specific performance of noncompetition covenants having confidentiality provision aspects 包含保密要求的不竞争约定是否能够实际履行,见第 648 页。

CONSCIOUS IGNORANCE 自知对……并不知情[自愿承担由此带来的风险]①

一般论述,见第 350 页。

Mistake 错误,remediable distinguished 错误与可弥补的错误之间的区别,见第 354 页。

CONSIDERATION 对价

Abstention promise 当事人同意戒除某个行为的承诺,见第 177 页。

Accord and satisfaction 合意清偿债务,pre-existing duty rule 既存合同义务规则,见第 201 页。

Acknowledgement of barred debt 当事人就一个被[时效]阻止的债务予以承认,见第 236 页。

Adequacy 充分性

一般论述,见第 235 页。

Fact and Law questions 事实和法律问题,见第 183 页。

Grossly disproportionate consideration 显著不相称的对价,见第 235 页。

Peppercorns 像胡椒一样细小的对价,见第 176 页,第 187 页。

At-will employment doctrine "可以任意解除的雇佣关系"原则,continued employment 持续

---

① "Conscious ignorance"有时也被称为"有意识地对……不在意",主要是指一方当事人(买方)对物品的品质、真伪并不在意,自愿承担由此带来的风险。——译者注

的雇佣,见第 227 页。

Bargain theory of 对价的商议理论,见第 185 页。

Bargained for 经过协商的对价,term defined 概念的界定,见第 185 页。

Bargained for exchange 经过协商的对价交换,见第 186 页。

Bargaining process 协商的过程,relationship to 协商过程中的关系,见第 184 页。

Benefit or detriment 作为对价的利益或者不利后果,见第 183 页,第 186 页。

Benefit or harm 利益或者伤害,见第 178 页。

Bilateral contracts 双方合同,见第 212 页及以后的内容。

Cancellation of contract 合同的废止,pre-existing duty rule 既存合同义务规则,见第 196 页。

Change of position in reliance on promise 因为信赖某个承诺而导致自身地位发生变化,见第 180 页。

Child support promise 支付孩子抚养费的承诺,见第 190 页。

Coercive contract modifications 被强制的合同修改,pre-existing duty rule 既存合同义务规则,见第 199 页。

Compromise of claim 当事人对于某个主张达成和解,见第 188 页,第 191 页。

Conditional gift distinguished 对价与附条件的礼物之间的区别,见第 181 页,第 184 页。

Contest prize offers 提供竞赛[赌博]奖金的要约,见第 185 页,第 187 页。

Continued employment 持续雇佣,at-will employment doctrine "可以任意解除的雇佣关系"原则,见第 227 页。

Detriment or benefit 作为对价的不利后果或者利益,见第 183 页,第 186 页。

Doubtful claim 当事人提出的存疑诉请,forbearance to prosecute 当事人约束自己不去提出存疑的诉请,见第 191 页。

Duress 胁迫,contract modification obtained by 通过胁迫对合同进行修改

    一般论述,见第 211 页。

    Pre-existing duty rule 既存合同义务规则,见第 199 页。

Employment contracts 雇佣合同

    Pre-existing duty rule 既存合同义务规则,见第 194 页。

    Reasonable efforts 合理的努力,见第 215 页。

Examination questions 试题

    一般论述,见第 263 页

    Answer 答案,见第 863 页。

Fact and law questions 事实和法律问题,见第 183 页。

Forbearance of power to breach existing contract 当事人约束自己不去行使违反既存合同的权力,pre-existing duty rule 既存合同义务规则,见第 199 页。

Forbearance to prosecute doubtful claim 当事人约束自己不去提出一个存疑诉请,见第 191 页。

Forbearance to prosecute invalid claim 当事人约束自己不去提起一个无效的诉请,见第 188 页,第 190 页。

Good faith requirements 善意的要求,见第 206 页。

Grossly disproportionate 显著的不相称,见第 235 页。

Harm or benefit 伤害或者利益,见第 178 页。

Hold-up game 敲竹杠的游戏［是指一方当事人在履行合同中要求加价,不加价就不再履行］,见第 199 页。

Humanitarian acts 人道主义行动,见第 238 页。

Illusory promises 虚幻的承诺

　　一般论述,见第 214 页。

　　Implied promises distinguished "虚幻的承诺"与"默认的承诺"之间的区别,见第 217 页。

Implied promises 默认的承诺,见第 215 页,第 217 页。

Inducing effect of promise 某个承诺带来的诱导他人效果,见第 183 页。

Invalid claims 当事人提出的无效的诉请,forbearance to prosecute 当事人约束自己不去提出无效的诉请,见第 188 页,第 190 页。

Lotteries 彩票,见第 187 页。

Modifications of contracts 合同的修改

　　Pre-existing duty rule 既存合同义务规则,见第 197 页,第 200 页。

　　UCC《统一商法典》中对合同修改的规定,见第 207 页。

Moral Obligations 道德义务,参见本索引。

Multiple contracts 多个合同,simultaneously concluded 当事人通过一个对价同时达成多个合同,见第 267 页。

Noncompetition agreement of at-will employees 可以被任意解除雇员所签订的不竞争协议,mutuality of obligation 义务的相互性,见第 226 页。

Offer as promises 作为承诺的要约,见第 105 页。

Option contracts 选择权合同,见第 171 页。

Peppercorns 像胡椒粉一样细小的对价,见第 176 页,第 187 页。

Performance of contractual duty 合同义务的履行,见第 196 页。

Power to breach existing contract 当事人违反既存合同的权力,forbearance of 当事人约束自己不去行使违反既存合同的权力,见第 199 页。

Pre-existing duty rule 既存合同义务规则

　　一般论述,见第 194 页及以后的内容。

　　Accord and satisfaction 合意清偿债务,见第 201 页。

　　Cancellation of contract 废止合同,见第 196 页。

　　Coercive contract modifications 被强制的合同修改,见第 199 页。

　　Duress 胁迫,contract modification obtained by 通过胁迫达成的合同修改,见第 199 页。

　　Employment agreement 雇佣协议,见第 194 页。

　　Forbearance of power to breach existing contract 当事人约束自己不去行使违反既存合同的权力,见第 199 页。

　　Hold-up game 敲竹杠的游戏［是指一方当事人在履行合同中要求加价,不加价就不再履行］,见第 199 页。

　　Modification of existing contract 既存合同的修改,见第 197 页。

　　Necessity modifications of contracts 合同修改的必要性,见第 200 页。

　　Performance of contractual duty 合同义务的履行,见第 196 页。

　　Policy consideration 政策考虑,见第 200 页。

Power to breach existing contract 当事人违反既存合同的权力，forbearance of 当事人约束自己不去行使违反既存合同的权力，见第 199 页。

　　Rescission of contract 合同的撤销，见第 197 页。

　　UCC《统一商法典》对既存合同义务规则的规定，见第 200 页。

Promises 承诺

　　Abstention 当事人同意戒除某个行为的承诺，见第 177 页。

　　Gratuitous 免费的（无偿的）承诺，见第 176 页。

　　Implied 默认的承诺，见第 215 页，第 217 页。

Promissory Estoppel 允诺性禁止反言，参见本索引。

Quid pro quo［承诺的］替代物，见第 183 页。

Reasonable efforts 合理的努力，employment contracts 雇佣合同，见第 215 页。

Rescission of contract 合同的撤销，pre-existing duty rule 既存合同义务规则，见第 197 页。

Rose，hawk，or peppercorn 一枝玫瑰，一头秃鹰，或者像胡椒粉一样微不足道的东西，［也足以成为对价］。

Simultaneously concluded contracts 当事人通过一个对价同时达成多个合同，见第 267 页。

Something of value 有价值的东西，见第 186 页。

Statutory changes 成文法上的改变

　　一般论述，见第 206 页，第 219 页。

　　Good faith requirements 善意的要求，见第 206 页。

　　UCC《统一商法典》，见下面。

Suretyship contracts 保证性质的合同，见第 752 页。

Third party beneficiary contracts 第三方受益人合同，见第 654 页。

UCC《统一商法典》

　　一般论述，见第 206 页。

　　Modification of contracts 合同的修改，见第 207 页。

Pre-existing duty rule 既存合同义务规则，见第 200 页。

CONSPICUOUSNESS 显著性

Fine print 小号字体

UCC《统一商法典》有关合同条款显著性的规定，见第 491 页。

CONSTRUCTION 合同（条款）的解释

参见本索引的"Interpretation"部分。

CONSTRUCTION CONTRACTS 建设合同

Bidding mistake 投标中的错误，见第 363 页。

Conditions 条件，参见本索引。

Constructive conditions 推定条件，见第 406 页，第 420 页。

Damages 赔偿损失

　　一般论述，见第 596 页及以后的内容。

　　也见本索引中的"Damages"部分。

Dependent and independent conditions "一方的履行依赖于另一方的履行"与"一方的履行独立于另一方的履行"，见第 423 页。

Impossibility and impracticability 履行不能和履行困难，见第 542 页。

Interpretation 合同(条款)的解释，custom and usage 习惯和惯例，见第 293 页。

Mitigation of damages 减少损失的发生，见第 561 页。

Payment conditions 付款条件，见第 397 页。

Performance 履行，trivial defects in 合同履行中的细小缺陷，见第 411 页。

Performance bonds 履行担保，subcontractors' claims against[由于业主没有要求总包商提供履行担保]，分包商针对业主提出的赔偿请求，见第 662 页。

Progress payments 按照进度分期付款，见第 406 页。

Restitution 返还利益[已经付出的价值(劳动)]，aggrieved party claims 受害一方当事人的主张，见第 623 页。

Statute of frauds 反欺诈法，one year provision 一年期条款，见第 709 页。

Strip mining damages 露天开采中的损失，见第 596 页。

Subcontracts 分包合同，参见本索引。

Time of the essence condition 及时履行作为合同中的必备要求，waiver 放弃将及时履行作为履行合同的必备条件，见第 467 页。

Total breach of constructive condition 对于推定条件的完全违反，见第 424 页。

Trivial defects in performance 合同履行中的细小缺陷，见第 411 页。

UCC applicability《统一商法典》对于建设合同的适用，见第 467 页。

Waiver 放弃条件，time of the essence condition 及时履行作为合同中的必备要求，见第 467 页。

CONSTRUCTIVE CONDITIONS 推定条件

一般论述，见第 406 页及以后的内容。

也见本索引中的"Conditions"部分。

CONSUMER PROTECTION 消费者权益保护

Arbitration provisions 仲裁条款，见第 151 页，第 158 页。

Goods offered for sale 卖方主动向消费者提供货物作为销售该货物的要约，unsolicited delivery 卖方未经同意向消费者交付这样的货物①，见第 101 页。

Standard Form Contracts 标准文本合同，参见本索引。

Unconscionability 显失公平，参见本索引。

CONVENTION ON INTERNATIONAL SALE OF GOODS(CISG)国际货物销售公约

一般论述，见第 84 页。

COOPERATION 合作

Implied covenants 与对方当事人进行合作的默认约定，见第 445 页。

COUNTER-OFFER 反要约

Battle of the Forms 格式文本的战斗，参见本索引。

Offer and Acceptance 要约和承诺，参见本索引。

Terms in the Box 藏在盒子中的条款，参见本索引。

---

① 根据美国的成文法(39 U.S.C. §3309. Mailing of unordered merchandise)，除了特别情形之外，未经消费者许可，向消费者寄送物品构成不正当竞争及不公平交易的行为。收到这种货物的消费者没有必要声明自己拒绝接受货物，他可以留下来自用，也可以扔掉。不管是留下来还是扔掉，都不会被当作接受要约。——译者注

COURSE OF DEALING 磋商过程

Open terms 开放条款, course of dealing to resolve 通过分析磋商过程来解决开放条款带来的不确定性问题, 见第 76 页。

COURSE OF PERFORMANCE 履行过程

Interpretation 根据履行过程来解释合同条款, 见第 296 页。

Waiver distinguished "履行过程"与"放弃合同中的某个条款"的区别, 见第 294 页。

CONVENTION OF GOOD FAITH AND FAIR DEALING 善意及公平交易的约定

Implied Convention of Good Faith and Fair Dealing 善意及公平交易的默认约定, 参见本索引。

COVENANT NOT TO COMPETE 雇员作出的不与雇主竞争的约定

Noncompetition Covenants 雇员作出的不与雇主竞争的约定, 参见本索引。

CROP SALES CONTRACTS 谷物出售合同

Impossibility and impracticability 履行不能和履行困难, 见第 527 页。

CURE OF BREACH 对违约行为的补正

参见本索引中的"Uniform Commercial Code"部分。

CURE OF MALADY CONTRACTS 治疗疾病的合同

Offer and acceptance of agreement to effect 医生与患者之间通过要约与承诺形成了治疗患者疾病的协议, 见第 17 页, 第 21 页。

Public Policy 公共政策, 见第 21 页。

CUSTOM AND USAGE 习惯和惯例

一般论述, 见第 283 页。

Acceptance of offer 对于要约作出承诺, Mode of 对于要约作出承诺所采取的方式, 见第 117 页。

Interpretation 解释, 见第 283 页。

Price protection in construction contracts 建设合同中的价格保护, 见第 293 页。

Trade Usages 商业惯例, applicable trade 可以适用的商业惯例, 见第 295 页。

UCC《统一商法典》中对于习惯和惯例的规定, 见第 294 页。

DAMAGES 赔偿损失(赔偿)

一般论述, 见第 554 页及以后的内容。

Actual damages 实际损失

Agreed damages 经过协商的损失(赔偿金), Stipulated damages 约定的损失(赔偿金), 见下面。

Attorney's fee 律师费, 见第 561 页。

Avoidable consequences doctrine "可以避免的损失后果"法律原则, mitigation of damages 减少损失的发生, 见第 589 页。

Bad faith factors 构成恶意的因素, 见第 580 页。

Battle of the forms 格式文本的战斗, limitations of damages 格式文本中对于损失(赔偿金)的限制, 见第 138 页。

Benefit of the bargain 交易当中的收益

一般论述, 见第 579 页。

UCC《统一商法典》中的相关规定, 见第 576 页。

Breach of contract to negotiate 违反与对方进行协商(谈判)的合同，见第 71 页。

Burden of proof 证明责任

    Lost profits 失去的利润，见第 565 页。

    Lost volume seller 失去成交量的卖方，见第 590 页。

    Mitigation of damages 减少损失的发生，见第 589 页。

Burglar alarm contract 入室盗窃报警合同，stipulated damages 约定的损失（赔偿金），见第 617 页。

Business 业务，going concern valuation 对持续经营业务所作的估价，见第 554 页。

Compensatory damages 补偿性质的赔偿

    一般论述，见第 579 页，第 605 页。

    Stipulated damages as reasonable forecast of 可以合理预见的约定赔偿金，见第 612 页。

Construction contracts 建设合同

    一般论述，见第 596 页及以后的内容。

    Cost of completion 完成施工任务的成本，见第 599 页。

    Cost of performance 继续履行合同的成本，见第 603 页。

    Cost of performance rule 在赔偿损失案件中，按照继续履行合同的成本确定赔偿数额的规则，见第 597 页。

    Diminution in value 价值的减少，见第 596 页。

    Mitigation of damages 减少损失的发生，见第 561 页。

    Strip mining 露天开采，见第 561 页。

    Value rule 在赔偿损失案件中，按照物品减少的价值确定赔偿数额的规则，见第 597 页。

Cost of completion 完成施工任务的成本，见第 599 页。

Cost of performance rule 在赔偿损失案件中，按照继续履行合同的成本确定赔偿数额的规则，见第 597 页，第 603 页。

Cost of litigation 诉讼成本，见第 561 页。

Definition "赔偿损失"的概念，见第 18 页。

Diminution in value 价值的减少，见第 596 页。

Double recovery 双重救济（赔偿），见第 556 页。

Efficient breach 有效率的违约，punitive damages 惩罚性赔偿，见第 606 页。

Employment contracts 雇佣合同

    一般论述，见第 581 页。

    Lost volume seller 失去成交量的卖方，employee as 雇员作为失去成交量的卖方，见第 589 页。

    Repudiation 毁弃合同，见第 566 页。

    Stipulated damages 约定的损失（赔偿金），见第 609 页。

Endorsement contracts 代言合同，见第 587 页。

Evidence of lost profits 失去利润的证据，见第 555 页。

Expectation measure 期待利益损失的计算方法，见第 261 页。

Express warranty breach 违反明示担保，见第 349 页。

Foreseeability 可预见性，见第 558 页。

Franchise contracts 特许经营合同，见第 604 页。

Fraud 欺诈，punitive damages 惩罚性赔偿，见第 605 页。

Going concern valuation of business 对持续经营业务的估价，见第 554 页。

Gross negligence 重大疏忽，punitive damages 惩罚性赔偿，见第 605 页。

Lease 租赁合同，property damage 财产损失，见第 596 页。

Limitations 对损失（赔偿金）进行限制

　　一般论述，见第 554 页及以后的内容，第 617 页。

　　Battle of the forms 格式文本的战斗，见第 138 页。

　　Liquidation of damages provisions compared "对损失（赔偿金）进行限制条款"与"约定违约金条款"的比较，见第 622 页。

Liquidated damages 约定违约金

　　一般论述，见第 616 页。

　　Limitations of damages provisions compared "约定违约金条款"与"对损失（赔偿金）进行限制条款"的比较，见第 622 页。

　　Specific performance vs "实际履行"与"约定违约金"的比较，见第 638 页。

　　Stipulated damages 约定的损失（赔偿金），见下面。

Lost profits 失去的利润

　　一般论述，见第 554 页。

　　Burden of proof 证明责任，见第 565 页。

　　Evidence 证据，见第 555 页。

　　Lost volume sellers 失去成交量的卖方，见第 576 页。

　　UCC 统一商法典中有关失去利润的规定，见第 576 页。

Lost volume sellers 失去成交量的卖方

　　Burden of proof 证明责任，见第 590 页。

　　Employee as 雇员作为失去成交量的卖方，见第 589 页。

　　Lost profits 失去的利润，见第 576 页。

　　Mitigation of damages 减少损失的发生，见第 589 页。

Malice 恶意，punitive damages 惩罚性赔偿，见第 605 页。

Mitigation of damages 减少损失的发生

　　一般论述，见第 251 页。

　　Avoidable consequences doctrine "可以避免的损失后果"，见第 589 页。

　　Burden of proof 证明责任，见第 589 页。

　　Construction contracts 建设合同，见第 561 页。

　　Equity principles 衡平原则，见第 584 页。

　　Lost volume seller 失去成交量的卖方，见第 589 页。

　　Personal service contracts 提供个人专属服务的合同，见第 581 页。

　　Promissory estoppel 允诺性禁止反言，见第 251 页。

Negotiate 协商，breach of contract to 违反与对方进行协商（谈判）的合同，见第 71 页。

Opportunistic breach 投机取巧性质的违约，punitive damages 惩罚性赔偿，见第 605 页。

Oppression 强制，punitive damages 惩罚性赔偿，见第 605 页。

Out-of-pocket expenses 实际支出的费用，见第 565 页。

Personal service contracts 提供个人专属服务的合同,见第 581 页。

Policy consideration 政策考量,见第 606 页。

Pre-contract expenditures 在合同订立之前的开销,见第 566 页,第 567 页。

Promissory estoppel 允诺性禁止反言

    一般论述,见第 259 页。

    Mitigation of damages 减少损失的发生,见第 251 页。

    Restitutionary damages 赔偿已经付出的价值(劳动),见第 261 页。

Punitive damages 惩罚性赔偿

    Efficient breach 有效率的违约,见第 606 页。

    Fraud 欺诈,见第 605 页。

    Gross negligence 重大疏忽,见第 605 页。

    Malice 恶意,见第 605 页。

    Opportunistic breach 投机取巧性质的违约,见第 605 页。

    Oppression 强制,见第 605 页。

Reasonableness of stipulated damages 约定损失(赔偿金)的合理性,见第 611 页。

Repudiation 毁弃合同

    Employment contract 雇佣合同,见第 566 页。

    Mitigation of damages after 在对方毁弃合同之后应该减少损失,见第 562 页。

    UCC《统一商法典》中有关毁弃合同的规定,见第 572 页。

Restitutionary damages 赔偿已经付出的价值(劳动),见第 261 页。

Sales of goods 货物销售

    一般论述,见第 568 页及以后的内容。

    Stipulated damages 约定的损失(赔偿金),见第 614 页。

Sales of real property 不动产的买卖,见第 568 页及以后的内容。

Service contracts 个人服务合同

    一般论述,见第 581 页。

    Lost volume seller 失去成交量的卖方,employee as 雇员作为失去成交量的卖方,见第 589 页。

Stipulated damages 约定的损失(赔偿金)

    一般论述,见第 609 页。

    Burglar alarm contract 入室盗窃报警合同,见第 617 页。

    Compensatory damages relationship 约定的损失(赔偿金)与补偿性质赔偿的关系,见第 612 页。

    Limited liability provisions in contracts 合同中限制赔偿责任的条款,见第 617 页。

    Liquidated damages 约定的违约金,见上面。

    Penalty challenges 对约定的损失(赔偿金)是否构成惩罚的挑战,见第 613 页。

    Reasonableness 合理性,见第 611 页。

    Sales of goods 货物销售,见第 614 页。

    UCC《统一商法典》中对约定的损失(赔偿金)的规定,见第 615 页,第 621 页。

UCC《统一商法典》中有关赔偿损失的规定

    Benefit of the bargain 交易当中的利益,见第 576 页。

Cover costs 补货的成本，见第 573 页。

Limitations 对损失（赔偿金）的限制，battle of the forms 格式文本的战斗，见第 138 页。

Lost profits 失去的利润，见第 576 页。

Lost volume sellers 失去成交量的卖方，见第 576 页。

Repudiation 毁弃合同，见第 572 页。

Stipulated damages 约定的损失（赔偿金），见第 615 页，第 621 页。

Unjust enrichment 不当得利，见第 259 页。

Value rule 在赔偿损失案件中，按照物品减少的价值确定赔偿数额的规则，construction contracts 建设合同，见第 597 页。

Warranty breach 违反担保，见第 18 页。

DANCE LESSON CONTRSCTS 跳舞课程合同

Misrepresentation 错误陈述，见第 340 页。

DEAD MAN'S STATUTE 死人法案

　　一般论述，见第 99 页。

DEATH 死亡

Employment contract 雇佣合同，death as excusing performance 死亡作为免除雇员履行义务的一个理由，见第 525 页。

Offeror 要约人，acceptance after 受约人在要约人死亡之后作出承诺，见第 125 页。

Personal promises 带有人身性质的承诺，death of promissor 立诺人的死亡，见第 524 页。

DEFINITENESS 合同的确定性

见本索引中的"Indefiniteness"部分。

DEFINITIONS 有关概念的界定

Agreement 协议，见第 5 页。

Agreement 协议，UCC《统一商法典》中对于协议所作的界定，见第 296 页。

Assent 同意，见第 83 页。

Assignable contract 可转让的合同，第 705 页。

Assignement 转让，见第 696 页，第 767 页。

Assignements 转让，见第 681 页。

Avoidable contract 可以撤销的合同，见第 317 页。

Bargained for 经过协商的对价，见第 185 页。

Bilateral contract 双方的合同，见第 108 页。

CISG 国际货物销售公约，见第 84 页。

Compromise 和解协议，见第 763 页。

Conscious ignorance 自知对……并不知情［自愿承担由此带来的风险］，见第 350 页。

Contract 合同，见第 5 页。

Damages 赔偿损失，见第 18 页。

Delegation 授权他人代为履行行为（义务），见第 767 页。

Equitable estoppel 衡平法上的禁止反言，见第 465 页。

E-Sign Act 电子签名法案，见第 164 页。

Estoppel in pais 对于过去实施的行为不得在事后否定，见第 465 页。

Executory contract，待履行的合同，见第 219 页。

FAA 联邦仲裁法案,见第 156 页。

Fact mistake 事实上的错误,见第 366 页。

Factoring company 保理公司,见第 695 页。

Fixture 固定装置,见第 59 页。

Golden parachute 高额离职费,见第 7 页。

Good faith 善意,见第 224 页,第 298 页。

Hold-up game 敲竹杠的游戏[是指一方当事人在履行合同中要求加价,不加价就不再履行],见第 199 页。

Hybrid contract 混合合同,见第 57 页。

Illusory 虚幻的承诺,见第 214 页。

Inquiry notice 调查通知①,见第 165 页。

Judgment mistake 判断上的错误,见第 366 页。

Mailbox rule "投邮生效"规则,见第 120 页。

Material fact 主要事实,见第 336 页。

Merchant 商人,见第 136 页。

Movable 可移动的[设施],见第 59 页。

Mutual mistake 双方的(共同的)错误,见第 349 页。

Novation[合同、义务的]更新,见第 671 页。

Option 选择权合同,见第 172 页。

Personal services 带有个性化的服务,见第 684 页。

Puffery 自吹自擂,见第 28 页。

Quid pro quo[承诺的]替代物,见第 183 页。

Quotation of price 价格目录,见第 35 页。

Requirements contracts 需求合同,见第 638 页。

Settlement 和解协议,见第 763 页。

Shrinkwrap license 拆封许可合同,见第 157 页。

Standing offer 持续的要约,见第 109 页。

Suretyship 保证,见第 749 页。

Tangible goods 有形的货物,见第 169 页。

Tender 向对方提出(表明)自己会履行一定行为,见第 106 页。

UCITA(Uniform Computer Information Transaction Act)统一计算机信息交易法案,见第 157 页。

Unilateral contract 单方合同,见第 104 页,第 108 页。

Unilateral offer 单方要约,见第 90 页。

Void ab initio 自始无效,见第 402 页。

Void contract 无效合同,见第 317 页。

---

① "调查通知"是指根据案件的实际情况,当时的情形就是在通知一个理性、谨慎的人应该去对某个合同或者事情做一些调查、了解。在一些涉及下载软件合同的纠纷中,软件公司经常会持这种观点作为自己的理由,认为软件的使用者应该在下载软件时去调查、搞清楚软件许可协议中的内容。——译者注

Waiver 放弃(条件),见第 464 页。

Delegation 授权他人代为履行行为(义务)

一般论述,见 680 页及以后的内容。

Assignments distinguished 授权他人代为履行行为(义务)与转让的区别,见第 767 页。

Assurances 保证,right of promisee to demand 受诺人要求对方作出保证的权利,见第 686 页。

Best efforts 最大的努力,duties entailing 需要尽到最大努力的义务,见第 689 页。

Contracts running to assigns 意欲转让出去的合同,effect of 意欲转让合同的效果,见第 703 页。

Counterclaims 反主张,见第 706 页。

Defenses 代为履行行为(义务)中的抗辩理由,见第 706 页。

Exclusive-dealing contracts 独家经营合同,见第 689 页,第 691 页。

Latent equities 隐性权益,见第 706 页。

Performance variations 改变了合同中的履行行为,delegations leading to 导致改变了合同中约定行为的代为履行行为(义务),见第 686 页。

Performances delegable 可以授权他人代为履行的行为,见第 683 页及以后的内容。

Personal services 带有个性化的服务

一般论述,见第 684 页。

Waiver of objections 放弃提出反对的权利,见第 701 页。

Personal trust and confidence relationships 带有个体之间相互信赖与信任特性的关系,见第 685 页,第 688 页。

Skill, judgment and taste duties 以行为人自己的技巧、判断和品味来履行的义务①,见第 684 页。

UCC《统一商法典》中有关授权代为履行行为(义务)的规定

一般论述,见第 688 页,第 689 页。

Assurances of performance 履行的保证,见第 693 页。

Waiver of improper delegation 对不恰当授权代为履行行为(义务)放弃追究,见第 699 页。

DISCHARGE OF CONTRACTS 解除合同

一般论述,见第 762 页。

Assignments and novations distinguished 转让与更新之间的区别,见第 767 页。

Executory accords 待执行的和解,见第 762 页,第 764 页。

Insurance policy 保单,见第 762 页。

Intent of parties 当事人的意愿,见第 763 页。

Novation[合同、义务的]更新,参见本索引。

Novations and assignments distinguished 更新与转让之间的区别。见第 767 页。

Settlements 和解协议,见第 762 页。

Substituted agreement 替代的协议,见第 762 页。

DISCLAIMERS 对……放弃

Intent to contract 订立合同的意愿,disclaimers of 表明自己没有订立合同的意愿,见第

---

① 这种义务一般不得由他人代为履行。——译者注

16 页。

Personnel manuals 员工手册,disclaimers in 雇主在员工手册中放弃自己应该承担的义务
（责任），见第 49 页。

DISCLOSURES 披露

Nondisclosure as misrepresentation 相当于错误陈述的不披露信息,见第 343 页。

DISCRETIONARY POWERS OF OBLIGEE 权利人的自由裁量（决定）权

　　一般论述,见第 445 页。

　　也见本索引中的"Satisfaction"部分。

Good faith exercises 善意行使自由裁量（决定）权,见第 217 页。

DISTRIBUTORSHIP CONTRACTS 经销合同

　　一般论述,第 690 页。

Assignments 转让,见第 686 页。

UCC applicability《统一商法典》对于经销合同的适用,见第 689 页。

DIVISIBLE CONTRACTS 可分割的合同

Installment performance distinguished 可分割的合同与分期履行合同之间的区别,见第
　　447 页。

Performance and breach 履行行为和违约,见第 438 页。

Duration of contract 合同期限

　　也见本索引中的"Statute of frauds"部分。

Implied terms 默认条款,见第 40 页。

Indefiniteness as to 合同期限的不确定性,见第 38 页。

Duress 胁迫

　　一般论述,见第 315 页。

Breach of contract threat 以违反合同相威胁,见第 319 页。

Burden of proof 证明责任,见第 322 页。

Business compulsion 商业上的强制,见第 322 页。

Contract modification obtained by 通过胁迫达成的合同修改

　　一般论述,见第 211 页。

　　　　Pre existing duty rule 既存合同义务规则,见第 199 页。

Fact and law questions 事实和法律问题,见第 322 页。

Illegal contract participation under 在胁迫之下参与到非法合同当中,见第 787 页。

Negotiation distinguished 胁迫与协商之间的区别,见第 322 页。

Objective and subjective apprehensions of 对于胁迫后果客观上的担心与主观上的担心,见
　　第 321 页。

Ratification of contract avoidable for 对于因为胁迫而可撤销合同的追认,见第 317 页。

Reformation 合同变更,参见本索引。

Rescission 撤销,见第 315 页。

Undue influence 不当影响,参见本索引。

DUTY TO READ 当事人阅看合同的义务

　　一般论述,见第 372 页。

　　也见本索引中的"Unconscionability"部分。

Good faith and 善意与当事人阅看合同的义务，见第 460 页。

E-COMMERCE 电子商务

　　一般论述，见第 161 页。

Arbitration provisions 仲裁条款，见第 161 页，第 164 页。

Clickwrap provision "点击即视为同意"条款，见第 162 页。

Cookies 小甜点①，见第 161 页。

Electronic Communications Privacy Act 电子通信隐私法案，见第 162 页。

Electronic Signatures in Global and National Commerce Act 电子签名法案，见第 164 页。

Offer and acceptance

　　一般论述，见第 161 页。

　　Clickwrap provision "点击即视为同意"条款，见第 162 页。

UCC applicability《统一商法典》对于电子商务的适用，见第 169 页。

ECONOMIC DURESS 经济胁迫

　　参见本索引中的"Duress"部分。

ELECTION 合同条件没有成就之后，权利人选择不再追究

　　也见本索引中的"Waiver"部分。

Pension contract election 养老金合同项下的选择，capacity to make 在养老金合同中作出不同方案选择的能力，见第 305 页。

Suretyship 保证，见第 750 页。

Waiver as 作为对条件不再追究的放弃条件，见第 464 页，第 467 页。

ELECTRONIC SIGNATURES IN GLOBAL AND NATIONAL COMMERCE (E-SIGN) ACT 电子签名法案

　　一般论述，见第 164 页。

EMPLOYMENT CONTRACTS 雇佣合同

　　也见本索引中的"At-Will Employment Doctrine"部分；本索引中的"Personal Service Contracts"部分。

Breach by repudiation 通过毁弃合同来违反合同，见第 508 页。

Conditions 条件，见第 381 页。

Consideration 对价

　　Continued employment 持续雇佣，见第 227 页。

　　Pre-existing duty rule 既存合同义务规则，见第 194 页。

　　Reasonable efforts 合理努力，见第 215 页。

Damages 赔偿损失

　　一般论述，见第 581 页及以后的内容。

　　也见本索引中的"Damages"部分。

　　Repudiation 毁弃合同，见第 566 页。

Death as excusing performance 死亡作为免除雇员履行义务的一个理由，见第 525 页。

Duress 胁迫，rescission 撤销，见第 315 页。

Impossibility and impracticability 履行不能和履行困难，见第 524 页，第 525 页。

---

　　①　电脑与网络公司之间进行联系所用的电子身份标签。——译者注

Indefinite terms 不确定的条款，见第 78 页。

Noncompetition Agreements 雇员作出的不与雇主竞争的约定，参见本索引。

Non-solicitation provision "不得拉拢客户或雇员"条款，public policy 公共政策，见第 788 页。

Public policy 公共政策，non-solicitation provision "不得拉拢客户或雇员"条款，见第 788 页。

Reasonable efforts 合理的努力，consideration 对价，见第 215 页。

Repudiation 毁弃合同，damages 赔偿损失，见第 566 页。

Rescission 撤销，duress 胁迫，见第 315 页。

Resignation 辞职，acceptance of 接受辞职，见第 119 页。

Statute of frauds 反欺诈法

    Equitable enforcement 衡平法上的执行，见第 731 页。

    Foreseeable reliance 可以预见的信赖，见第 731 页。

    Memorandum requirement 备忘录的要求，见第 722 页。

    One year provision 一年期条款，见第 716 页。

    Part performance of barred contract 对于受到反欺诈法阻止合同的部分履行，见第 727 页。

Stipulated damages 约定的损失（赔偿金），见第 609 页。

ENDORSEMENT CONTRACTS 代言合同

Damages 赔偿损失，见第 587 页。

Reasonable efforts condition "尽到合理努力"的条件，见第 215 页。

ENFORCEMENT OF CONTRACTS 合同的执行

    一般论述，见第 554 页及以后的内容。

Illegal Contracts 非法合同，参见本索引。

Public policy 公共政策，参见本索引。

Remedies 救济措施，参见本索引。

Statute of Frauds 反欺诈法，参见本索引。

ESSENTIAL TERMS 必备条款

    也见本索引中的"Open terms"部分。

    Intent of parties as to essentiality 当事人对于某个条款是否属于必备条款的意愿，见第 80 页。

ESTOPPEL 禁止反言

Assignment 转让，Estoppel of assignor to challenge 因为禁止反言，出让人不得质疑转让行为的正当性，见第 698 页。

Change of position 地位的变化，promissory estoppel 允诺性禁止反言，见第 743 页。

Equitable estoppel 衡平法上的禁止反言

    Statute of frauds barred contracts 受到反欺诈法阻止的合同，见第 730 页。

    Waiver distinguished "衡平法上的禁止反言"与"放弃条件"之间的区别，见第 465 页。

Estoppel in pais defined 因为过去的行为而不得在事后否定。相关概念的界定见第 465 页。

Foreseeability 可预见性，promisory estoppel 允诺性禁止反言，见第 743 页。

Good faith and estoppel theory 善意及禁止反言理论，见第 742 页。

Promisory estoppel 允诺性禁止反言,参见本索引。

Reliance 信赖,promisory estoppel 允诺性禁止反言,见第 743 页。

Statute of frauds barred contracts 受到反欺诈法阻止的合同,见第 730 页。

    Equitable estoppel 衡平法上的禁止反言,见第 730 页。

    Promisory estoppel 允诺性禁止反言,见第 742 页。

Support promise 支付孩子抚养费的承诺,见第 772 页。

UCC《统一商法典》有关禁止反言的规定,第 742 页。

Waiver 放弃条件,equitable estoppel distinguished "放弃条件"与"衡平法上禁止反言"的区别,见第 465 页。

Evidence 证据

Bad faith inferences 恶意的推定,见第 211 页。

Conduct evidencing implied-in-fact contracts 表明存在着事实上默认合同的行为,见第 96 页。

Custom and Usage 习惯和惯例,见本索引。

Damages 赔偿损失,参见本索引。

Dead Man's Statute 死人法案,见第 99 页。

Duress 胁迫,见第 212 页。

Extrinsic evidence to interpret contract 用来解释合同的外部证据

    一般论述,见第 281 页。

    Fact and law questions 事实和法律问题,见第 485 页。

    Intent of parties 当事人的意愿,见第 370 页。

    Plain meaning rule 按照字面意思解释的规则,见第 281 页,第 287 页。

    Unambiguous terms 含义明确的条款,见第 287 页。

Implied-in-fact contracts 事实上默认的合同,conduct evidence of 表明存在着事实上默认合同的行为证据,见第 96 页。

Inferences of bad faith 恶意的推定,见第 211 页。

Injustice 不公平,promissory estoppel claims 衡平法上禁止反言的主张,见第 249 页。

Intent to contract 当事人订立合同的意愿,见第 10 页。

Intention 意愿,parol evidence of 表明当事人意愿的口头证据,见第 234 页。

Interpretation 解释

    一般论述,见第 280 页及以后的内容。

    也见本索引中的"Interpretation"部分。

Materiality of breach 违约的严重性,见第 420 页。

Parol evidence 口头证据

    也见本索引中的"Parol Evidence Rule"部分。

    Evidentiary support as factor 口头证据作为证据支持的一个因素,见第 271 页。

    Intention 意愿,parol evidence of 有关当事人意愿的口头证据,见第 234 页。

Part performance evidencing intent to contract 表明当事人有订立合同意愿的部分履行,见第 13 页。

Presumptions 假定,参见本索引。

Trade usage and custom 商业习惯和惯例,extrinsic evidence to interpret contract 用来解释

合同的外部证据,见第 283 页。

Unconscionability 显失公平,见第 355 页,第 495 页。

Waiver 放弃条件,见第 433 页。

EXAMINATIONS QUESTIONS 试题

Consideration 对价

　　　一般论述,见第 263 页。

　　　Answer 答案,见第 863 页。

Frustration 合同目的的落空,见第 552 页。

Impossibility and impracticability 履行不能和履行困难,见第 552 页。

Interpretation 解释

　　　一般论述,见第 300 页。

　　　Answer 答案,见第 863 页。

Parol evidence rule 口头证据规则

　　　一般论述,见第 300 页。

　　　Answer 答案,见第 865 页。

Performance and breach 履行行为和违约,见第 439 页,第 552 页。

Promissory estoppel 允诺性禁止反言

　　　一般论述,见第 263 页。

　　　Answer 答案,见第 863 页。

Repudiation 毁弃合同,见第 439 页。

EXCLUSIVE-DEALING CONTRACTS 独家经营合同

Delegations of duties 义务的代为履行,见第 689 页,第 691 页。

EXCUSE OF CONDITION 对条件的免除(豁免)

　　　一般论述,见第 478 页。

EXCUSE OF PERFORMANCE 对履行的免除(豁免)

Frustration 合同目的的落空,参见本索引。

Impossibility and Impracticability 履行不能和履行困难,参见本索引。

Quantum meruit recovery "据实结算"的救济,见第 543 页。

EXECUTORY CONTRACTS 待履行的合同

　　　一般论述,见第 219 页。

　　　也见本索引中的"Bilateral Contract"。

Breach by repudiation 通过毁弃合同来违反合同,见第 508 页。

Mutuality of obligation 义务的相互性,executory vs executed contracts "待履行合同"与"已
经执行的合同"之比较,见第 219 页。

Repudiation 毁弃合同,参见本索引。

Rescission 撤销,executory and executed contracts 待履行合同与已经执行的合同,见第
303 页。

EXPECTATION INTERESTS 期待利益

Judicial remedies protecting 保护期待利益的司法救济,见第 22 页。

FACT AND LAW QUESTIONS 事实和法律问题

Accord and satisfaction 合意清偿债务,见第 202 页。

Adequacy of consideration 对价的充分性,见第 183 页。

Consideration 对价,见第 183 页。

Contracts 合同,implied-in-fact 事实上默认的合同,见第 49 页,第 53 页。

Duress 胁迫,见第 322 页。

Essentiality of open term 开放条款的必备性,见第 81 页。

Express warranty creation 明示担保的创设,见第 348 页。

Good faith 善意,见第 70 页。

Implied-in-fact contracts 事实上默认的合同,见第 49 页,53 页。

Injustice 不公平,promissory estoppel claims 衡平法上禁止反言的主张,见第 249 页。

Intent to contract 当事人订立合同的意愿,见第 9 页。

Interpretation 合同的解释,见第 485 页。

Materiality of misrepresentations 错误陈述的严重性,见第 336 页。

Offer 要约,words as constituting 构成要约的言词,见第 17 页。

Open term 开放条款,essentiality of 开放条款的必备性,见第 81 页。

Unconscionability 显失公平,见第 355 页。

FAIR DEALING 公平交易

Good faith 善意,参见本索引。

参见本索引的"Implied Covenant of Good Faith and Fair Dealing"部分。

FAMILIAL RELATIONSHIPS 彼此密切的关系

Gratuity presumptive 推定免费提供食宿,见第 96 页。

Presumptive gratuities 当事人提供的食宿被推定为免费,见第 96 页。

FEDERAL ARBITRATION ACT 联邦仲裁法案

Arbitration provisions 仲裁条款,见第 156 页。

FIDUCIARY DUTIES 诚信义务

Good faith compared,诚信义务与善意的比较,见第 458 页。

Misrepresentations by fiduciaries 受托人作出的错误陈述,见第 342 页。

FIRM OFFERS 确定的要约(在一定时间内不得撤销的要约)

参见本索引中的"Offer and Acceptance"部分。

FIXTURES 固定装置

Movable materials used to construct immovable fixtures 用来建造不可移动装置的可移动材料,见第 59 页。

FORESEEABILITY 可预见性

Damages 赔偿损失,见第 558 页。

Frustration 合同目的的落空,见第 551 页。

Impossibility and impracticability 履行不能和履行困难,见第 537 页。

Promissory estoppel 允诺性禁止反言,见第 743 页。

FORFEITURE 剥夺他人财产

一般论述,见第 471 页及以后的内容。

Divisible contracts and installment performance distinguished "可分割合同"与"分期履行"之间的区别,见第 477 页。

Excuse of conditions 条件的免除[豁免],见第 478 页。

Franchise contracts 特许经营合同，见第 471 页。

Insurance policy interpretation 保单的解释，见第 484 页。

Lease renewal rights 对租赁合同续订的权利，见第 480 页。

Relief from 让当事人免予被剥夺财产的救济措施，见第 471 页及以后的内容。

Subsequent conditions and promises distinguished 后置条件与承诺之间的区别，见第 476 页。

Waiver 放弃条件，见第 464 页。

FORM CONTRACTS 格式合同

参见本索引中的"Standard Form Contracts"部分。

FRANCHISE CONTRACTS 特许经营合同

Damages 赔偿损失，见第 604 页。

Forfeiture 剥夺他人财产

FRAUD 欺诈

一般论述，见第 343 页。

也见本索引中的"Misrepresentation"部分。

Punitive damages 惩罚性赔偿，见第 605 页。

Statute of Frauds 反欺诈法，也见本索引。

Unconscionability 显失公平，apparent fraud 显而易见的欺诈，见第 374 页。

FREEDOM OF CONTRACT 合同自由

一般论述，见第 546 页。

Public policy tensions 公共政策的压力，见第 382 页。

UCC provisions《统一商法典》中有关合同自由的条款，default and mandatory《统一商法典》的默认适用条款与强制适用条款，见第 206 页。

FRUSTRATION 合同目的的落空

一般论述，见第 546 页。

也见本索引中的"Impossibility and Impracticability"部分。

Examination questions 试题，见第 552 页。

Foreseeability 可预见性，见第 551 页。

Impossibility and impracticability distinguished 履行不能与履行困难的区别，见第 534 页，第 548 页，第 551 页。

Lease 租赁，见第 550 页。

Lease agreement 租赁协议，见第 546 页。

GIFTS 礼物

Charitable subscriptions 慈善捐款，promissory estoppel 允诺性禁止反言，见第 252 页。

Consideration and conditional gift distinguished 对价与附条件礼物之间的区别，见第 181 页，第 184 页。

Third Party Beneficiaries，参见本索引。

GOING CONCERNS 正在经营中的业务

参见本索引中的"Sales of going concerns"部分。

GOOD FAITH 善意

也见本索引中的"Bad Faith"部分；"Implied Covenant of Good Faith and Fair Dealing"

部分。

At-will employment doctrine "可以任意解除的雇佣关系"原则

    Bad faith termination 恶意终止雇佣,见第 44 页。

    Implied covenant of good faith and fair dealing 善意及公平交易的默认约定,见第 41 页,第 50 页。

    Public policy considerations 公共政策的考虑,见第 41 页。

Candor distinguised 善意与"坦率说出实情"的区别,见第 456 页。

Consideration law 有关对价的法律,statutory good faith requirements 成文法上对于善意的要求,见第 206 页。

Definition 善意的概念,见第 224 页,第 298 页。

Discretion powers in contracts 合同中自由裁量(处置)的权力,good faith exerises 善意行使合同中自由裁量(处置)的权力,见第 217 页。

Duty to read and 当事人阅看合同的义务与善意,见第 460 页。

Estoppel theory and 禁止反言理论与善意,见第 742 页。

Fact and law questions 事实和法律问题,见第 70 页。

Fiduciary duties compared 善意与信任义务的比较,见第 458 页。

Merchant rules 商人规则,UCC《统一商法典》中有关商人规则的规定,见第 206 页。

Modifications of contracts 合同的修改

    Justifiable modifications 有正当理由的合同修改,见第 210 页。

    UCC《统一商法典》有关合同修改的规定,见第 208 页。

Negotiate 协商(谈判),agreement to as implying good faith obligation 进行协商(谈判)的协议默认了当事人应该善意行事的义务,见第 67 页。

Negotiation of open terms 当事人对开放条款的协商,见第 9 页。

Performance in good faith 善意履行,duty of 善意履行的义务,见第 453 页。

Policy considerations 政策考量,见第 459 页。

Requirements contracts 需求合同

    Increases and decreases in requirements 需求的增加和减少,见第 223 页。

    UCC《统一商法典》中有关需求合同的规定,见第 223 页。

Satisfaction 对……感到满意,见第 500 页。

Satisfaction conditions 满意条件,good faith determination as to 当事人对于满意条件的决定是否善意,见第 216 页,第 218 页。

UCC《统一商法典》中有关善意的规定

    Definition 善意的界定,见第 298 页。

    Merchant rules 商人规则,见第 206 页。

    Modifications of contracts 合同的修改,见第 208 页。

    Requirements contracts 需求合同,见第 223 页。

GOODS 货物

    也见本索引的"Sales of Goods"部分;"Uniform Commercial Code"部分。

Growing crops as 作为货物的生长中谷物,见第 734 页。

Movable materials used to construct immovable fixtures 用来建造不可移动装置的可移动材料,见第 59 页。

Tangible goods 有形的货物，见第 169 页，licensed software as 作为有形货物的被许可软件，见第 169 页。

UCC applicability to mixed sales of services and goods《统一商法典》对于服务与货物混搭销售的适用，见第 57 页。

GRATUITIES 免费的

也见本索引中的"Gifts"部分。

Presumptive 推定，见第 96 页。

GROSS NEGLIGNECE 重大疏忽

Punitive damages 惩罚性赔偿，见第 605 页。

HINDRANCE OF PERFORMANCE 阻碍履行

Brokerage contracts 经纪合同，见第 439 页。

HYBRID CONTRACTS 混合合同

UCC applicablity《统一商法典》对于混合合同的适用，见第 57 页。

ILLEGAL CONTRACTS 非法合同

一般论述，见第 770 页及以后内容。

也见本索引中的"Public Policy"部分。

Chain distribution schemes 传销，见第 785 页。

Duress 胁迫，participation under 在胁迫之下参与到非法合同当中，见第 787 页。

Effect of illegality 非法合同的后果，见第 783 页。

Equity principles 衡平法上的原则，见第 784 页。

In pari delicto factors 互有过错的要素，见第 787 页。

Intrinsic illegality 本质上的非法，见第 784 页。

Malum prohibitum and malum in se conduct distinguished "法律禁止的行为"与"行为性质本身就受到禁止的行为"之区别，见第 787 页。

Offer 要约，effect of supervening illegality 含有非法因素要约的后果，见第 128 页。

Requirements contracts 需求合同，见第 783 页。

Supervening illegality 含有非法因素，effect on offer 含有非法因素要约的后果，见第 128 页。

Trivial law violations 细微的违法，见第 785 页。

Undue influence 不当影响，participation under 在不当影响之下参与到非法合同当中，见第 787 页。

IMPLIED COVENANT OF GOOD FAITH AND FAIR DEALING 善意及公平交易的默认约定

At-will employment doctrine vs "善意及公平交易的默认约定"与"可以任意解除的雇佣关系"原则之比较，见第 41 页，第 50 页。

Cooperation 合作，见第 445 页。

Limits of "善意及公平交易默认约定"的边界，见第 444 页。

Policy considerations 政策考量，见第 459 页。

Satisfaction provisions 满意条款，见第 466 页。

IMPLIED TERMS 默认条款

也见本索引中的"Indefiniteness"部分。

Duration of a contract 合同的期限，见第 40 页。

IMPLIED-IN-FACT CONTRACTS 事实上默认的合同

At-will employment doctrine "可以任意解除的雇佣关系"原则，implied-in-fact promise of employment vs "事实上的默认合同"与"事实上默认的雇佣关系中的承诺"之区别，见第 44 页。

At-will employment doctrine vs "事实上的默认合同"与"可以任意解除的雇佣关系"原则之比较，见第 48 页。

Conduct evidencing 表明存在着事实上默认合同的行为，见第 96 页。

Evidence of 存在着事实上默认合同的证据，见第 96 页。

Fact and law questions 事实和法律问题，见第 49 页，第 53 页。

Intent to contract 当事人订立合同的意愿，见第 772 页。

Parenthood 通过……为人父母，见第 772 页。

Promises implied by conduct 通过一定行为默认的承诺，见第 94 页。

Services 服务，acceptance as implying a promise to pay 接受服务时默认将会支付报酬，见第 96 页。

IMPLIED-IN-LAW CONTRACTS 法律上默认的合同

At-will employment doctrine "可以任意解除的雇佣关系"原则，implied-in-law contract terms vs "可以任意解除的雇佣关系"原则与"法律上默认的合同条款"之比较，见第 50 页。

Promissory estoppel 允诺性禁止反言，见第 248 页。

IMPOSSIBILITY AND IMPRACTICABILITY 履行不能与履行困难

一般论述，见第 521 页及以后的内容。

也见本索引中的"Frustration"部分。

Assumption of risk 自愿承担风险，见第 529 页。

Construction contracts 建设合同，见第 542 页。

Crops sales contract 谷物出售合同，见第 527 页。

Death of promisor 立诺人的死亡，见第 525 页。

Distinctions of terms 概念之间的区别，见第 531 页。

Employment contracts 雇佣合同，见第 524 页，第 525 页。

Excusable delay provision "可以被豁免的迟延"条款，见第 536 页。

Foreseeability 可预见性，见第 537 页。

Fortuitous impossibility 意外导致的履行不能，见第 526 页。

Frustration distinguished "履行不能与履行困难"和"合同目的的落空"之间的区别，见第 534 页，第 548 页，第 551 页。

Implied conditions 默认条件，见第 524 页。

Impracticability 履行困难，subjective and objective 主观上的履行困难与客观上的履行困难，见第 529 页，第 534 页。

Leases 租赁，见第 521 页，第 522 页。

Objective and subjective impracticability 客观上的履行困难与主观上的履行困难，见第 529 页，第 534 页。

Personal promises 带有人身性质的承诺，death of promisor 立诺人的死亡，见第 524 页。

Quantum meruit recovery "据实结算"的救济,见第 543 页。

Sales of goods 货物的销售,见第 535 页。

Subjective and objective impracticability 主观上的履行困难与客观上的履行困难,见第 529 页,第 534 页。

Terms distinguished 与相关概念的区别,见第 534 页。

UCC《统一商法典》中有关履行不能及履行困难的规定

　　一般论述,见第 528 页,第 534 页。

　　　Excusable delay provision "可以被豁免的迟延"条款,见第 536 页。

Unavoidable impossibility 无法避免的履行不能,见第 526 页。

Vessel charter 租船合同,见第 530 页。

War 战争,见第 535 页。

War creating 造成履行不能和履行困难的战争,见第 530 页。

Weather vagaries 气候灾害,见第 527 页。

INCAPACITY 没有行为能力

Unconscionability 显失公平,capacities of parties as factor 当事人的行为能力作为认定显失公平的一个因素,见第 374 页。

INDEFINITENESS 合同的不确定性

　　一般论述,见第 38 页。

　　也见本索引中的"Ambiguity"部分;"Implied Terms"部分。

Agreement to agree 有待将来协商的协议

　　一般论述,见第 54 页。

　　　Intention to be bound manifestation 同意受到协议约束的表现,见第 76 页。

　　　Negotiation agreement 协商(谈判)协议,见第 68 页。

Breach of contract to negotiate 违反进行协商(谈判)的合同

　　一般论述,见第 65 页。

　　　Damages 赔偿损失,见第 71 页。

Course of dealing to resolve open terms 通过分析磋商过程来解决开放条款所带来的不确定性问题,见第 76 页。

Duration of contract 合同的期限,见第 38 页。

Employment contract terms 雇佣合同条款,见第 78 页。

Essential elements 合同中的必备要素,open terms constituting 构成必备要素的开放条款,见第 67 页。

Essential terms 必备条款,见第 80 页。

Lease term 租赁条款,见第 53 页。

Material terms 重要条款,见第 80 页。

Negotiate 协商(谈判),breach of contract to 违反进行协商(谈判)的合同

　　一般论述,见第 65 页。

　　　Damages 赔偿损失,见第 71 页。

Offer terms 要约的条款,见第 36 页。

Open terms 开放条款

　　Essential elements 必备条款,open terms constituting 构成必备要素的开放条款,见第

67 页。

UCC《统一商法典》中有关开放条款的规定,见第 62 页。

Payment terms left open 付款条款没有确定,见第 61 页。

Price rate mechanisms 价格确定机制

一般论述,见第 72 页。

Reasonable rate set by court to resolve 法院为了解决价格条款的不确定性所采纳的合理价格机制,第 76 页。

Rent to be agreed upon 需要当事人协商达成一致的租金(条款),见第 53 页。

Specific performance 实际履行,indefiniteness of contract challenges 合同条款的不确定性所带来的挑战,见第 77 页,第 639 页。

Term of performance 履行的期限,见第 38 页。

UCC open terms《统一商法典》中对于开放条款的规定,见第 62 页。

INDEMNIFICATION CONTRACTS 补偿[对方损失的]合同

Interpretation 解释,见第 280 页,第 284 页。

INJUNCTIONS 禁令

也见本索引中的"Specific Performance"部分。

Breach 违反合同,injunction of 要求对方不得违反合同的禁令,见第 638 页。

INJUSTICE 不公平

Fact and law questions 事实和法律问题,见第 249 页。

Freedom of contract tensions 合同自由带来的压力,见第 382 页。

Promissory estoppels to avoid 为了避免不公正而采取允诺性禁止反言原则,见第 246 页,第 249 页。

Reformation to avoid 为了避免不公正对合同进行变更,见第 370 页。

Statute of frauds 反欺诈法,enforcement of barred agreement to prevent injustice 为了阻止不公正,强制执行一个受到反欺诈法阻止的协议,见第 730 页。

INSURANCE POLICIES 保单

Conditions 条件,见第 380 页。

Discharge of contracts 合同的解除,见第 762 页。

Implied warranties 默认的担保,见第 490 页。

Interpretation

一般论述,见第 484 页。

Reasonable expectations 合理期待,见第 488 页。

Standard form contract 标准文本合同,use of 标准文本合同的使用,见第 487 页。

INTEGRATION 整合

一般论述,见第 271 页。

也见本索引中的"Parol Evidence Rule"部分。

Intention to integrate 对口头协议进行整合的意愿,见第 274 页。

Recitals 合同中对于整合的陈述,见第 274 页,第 275 页。

Standard form contract recitals 标准文本合同中对于整合的陈述,见第 276 页。

Written and oral agreements as integrated 被整合在一起的书面协议和口头协议,见第 274 页。

INTENT TO CONTRACT 当事人订立合同的意愿

一般论述，见第 1 页及以后内容。

也见本索引中的"Meeting of Minds"部分。

Acquisition agreements 收购合同，见第 6 页，第 15 页。

Agreement in principle 原则上达成的协议，见第 13 页。

Agreement to agree 有待将来协商的协议，intention to be bound manifestation 当事人愿意受到协议约束的表现，见第 76 页。

Agreements and contracts distinguished 协议与合同的区别，见第 5 页。

Bluff 虚张声势，offer made as 虚张声势作出的要约，见第 2 页。

Capacity of Parties 当事人的行为能力，参见本索引。

Conditional acceptance 附条件的承诺，见第 12 页。

Disclaimer of intent to contract 当事人表明自己没有订立合同的意愿，见第 16 页。

Drunken acceptance 醉酒状态下作出的承诺，见第 2 页。

Duress 胁迫，参见本索引。

Essential terms agreements and 协议中对于必备条款的协议与当事人订立合同的意愿，见第 14 页。

Evidence of expressed intent 当事人表达出来的订立合同意愿的证据，见第 10 页。

Expressed intent 表达出来的意愿，evidence of 当事人表达出来的订立合同意愿的证据，见第 10 页。

Fact and law questions 事实和法律问题，见第 9 页。

Good faith negotiation of open terms 就开放条款以善意进行协商，见第 9 页。

Husband and wife 丈夫与妻子，arrangements between 丈夫与妻子之间的安排，见第 5 页。

Implied-in-fact contracts 事实上默认的合同，见第 772 页。

Indefiniteness 合同的不确定性，参见本索引。

Informal agreements reflecting 反映当事人订立合同意愿的非正式协议，见第 9 页。

Intent to offer 发出要约的意愿，见第 32 页。

Interference with contract claims based on 一方当事人基于自己已经有了订立合同的意愿而提出对方干预合同，见第 6 页。

Jest 玩笑，Offer made in 在玩笑当中作出的要约，见第 1 页，第 25 页。

Marital arrangements 夫妻之间就家庭生活所作的安排

Mechanics and details left open 某个交易的机制和细节未予明确，见第 14 页。

Meeting of Minds 思想（意思）的交会，参见本索引。

Misrepresentation 错误陈述，参见本索引。

Mistake 错误，参见本索引。

Modifications of contracts 合同的修改，见第 9 页。

Negotiation intent distinguished "订立合同的意愿"与"进行协商的意愿"之区别，见第 6 页。

Objective manifestations 客观的表现，见第 9 页。

Open terms 开放条款，见第 9 页。

Parol evidence contradicting 与订立合同意愿相矛盾的口头证据，见第 278 页。

Part performance evidencing 表明订立合同意愿的部分履行，见第 13 页。

Price rate adjustment mechanism failure 价格调整机制失败，见第 74 页。

Principle 原则，agreement in 原则上达成的协议，见第 13 页。

Puffery 自吹自擂，见第 28 页。

Reformation 合同变更，参见本索引。

Seriousness of offer 要约的严肃性，见第 4 页。

Specific Performance 实际履行，见第 78 页。

Subject to conditions 受制于一定条件，acceptance made 作出的承诺受制于一定条件，见第 12 页。

Transactions and contracts distinguishentd 交易与合同的区别，见第 8 页，第 12 页。

Undue Influence 不当影响，参见本索引。

Writing 书面文本形式，intent to commit oral agreement to 当事人将口头协议转化成书面文本的意愿，见第 10 页。

INTENTIONS OF PARTIES 当事人的意愿

Discharge of contracts 合同的解除，见第 763 页。

Essentiality of open terms 开放条款的必备性，见第 80 页。

Express warranty 明示担保，intent to create 创设明示担保的意愿，见第 348 页。

Extrinsic evidence to determine 判断当事人意愿的外部证据，见第 370 页。

Integration of contract 当事人整合合同的意愿，见第 274 页。

Interpretation 解释，mutual 双方的(共同的)意愿，见第 282 页。

Interpretation to effect 通过解释来实现当事人的意愿，见第 113 页，第 282 页。

Novation[合同、义务的]更新，见第 768 页。

Parol evidence of 有关当事人意愿的口头证据，见第 234 页。

Reformation of contract to comform to intention of parties 变更合同使之符合当事人的意愿，见第 369 页。

INTERFERENCE WITH CONTRACT 干预他人合同

Negotiation interference vs contract interference "干预他人协商"与"干预他人合同"之比较，见第 6 页。

INTERPRETATION 解释

一般论述，见第 280 页及以后的内容。

也见本索引中的"Parol Evidence Rule"部分。

Acceleration provisions 加速付款条款，loan agreements 贷款协议，见第 286 页。

Ambiguities 合同条款的模糊性，见第 281 页。

ASAP delivery condition "尽快交付货物"条件，见第 571 页。

Conditions 条件，见第 389 页。

Course of performance 履行过程

一般论述，见第 296 页。

Waiver distinguished "履行过程"与"放弃(条件)"的区别，见第 294 页。

Custom and Usage 习惯与惯例，参见本索引。

Examination questions 试题

一般论述，见第 300 页。

Answer 答案，见第 865 页。

Express vs implied terms 明示条款与默认条款之比较，见第 447 页。

Extrinsic evidence 外部证据

一般论述，见第 281 页。

Fact and law questions 事实和法律问题，见第 485 页。

Peerless rule "无敌号轮船"规则，见第 290 页。

Plain meaning rule 按照字面意思解释的规则，见第 281 页，第 287 页。

Trade usage and custom 商业习惯和惯例，见第 283 页。

Unamibiguous terms 含义明确的条款，见第 287 页。

Fact and law questions 事实和法律问题，见第 485 页。

Implied vs express terms 默认条款与明示条款之比较，见第 447 页。

Indemnification contracts 补偿[对方损失的]合同，见第 280 页，第 284 页。

Insurance policies 保单

一般论述，见第 484 页。

Reasonable expectation 合理期待，见第 488 页。

Intent of parties 当事人的意愿，interpretation to give effect to 通过解释来实现当事人的意愿，见第 113 页，第 282 页。

Internal conflicts 条款的内在冲突 interpretation to avoid 通过解释来避免条款的内在冲突，见第 286 页。

Loan agreement acceleration provisions 贷款协议中的加速付款条款，见第 286 页。

Mutual intention 双方的（共同的）意愿，见第 282 页。

Peerless rule "无敌号轮船"规则，见第 290 页。

Plain meaning rule 按照字面意思解释的规则，见第 281 页，第 287 页。

Reasonable expectations 合理期待，standard form contracts 标准文本合同，见第 488 页。

Trade usage and custom 商业习惯和惯例，见第 283 页。

UCC custom and usage《统一商法典》中有关商业惯例和习惯的规定，见第 294 页。

Unamibiguous terms 含义明确的条款，extrinsic evidence to interpret 通过外部证据对合同（条款）进行解释，见第 287 页。

Unconscionability policy applicability to 解释中[防止]显失公平政策的适用，见第 489 页。

JURY QUESTIONS 陪审团的问题

参见"Fact and Law Questions"部分。

KNOWLEDGE 知道，知晓

Offerors,' that offer has been accepted 要约人知道其作出的要约已经被他人接受，见第 119 页。

LAND SALE CONTRACTS 土地买卖合同

Misrepresentation 错误陈述，见第 333 页。

LANDLORD AND TENANT 出租方和承租方

Uniform Residential Landlord and Tenant Act 有关住宅出租方和承租方关系的统一法案，见第 337 页。

LAST SHOT RULE "最后一击"规则

Battle of the forms 格式文本的战斗，见第 142 页。

LAW AND FACT 法律和事实

参见本索引中的"Fact and Law Questions"部分。

LEASES 租赁

Constructive conditions 推定条件,maintenance 对租赁物的维护,见第 417 页。

Damages 赔偿损失,property 财产,见第 596 页。

Forfeiture of renewal rights 对于他人续订租赁合同权利的剥夺,见第 480 页。

Frustration 合同目的的落空,见第 546 页,第 550 页。

Impossibility and impracticability 履行不能和履行困难,见第 521 页,第 522 页。

Indefinite term of lease 租赁中的不确定条款,见第 53 页。

Maintenance 对租赁物进行维护,rental contract constructive conditions 租赁合同中对租赁物进行维护的推定条件,见第 417 页。

Percentage rent lease 按照营业收入的一定比例计算租金的合同,noncooperation 不合作,见第 450 页。

Property damages 赔偿财产损失,见第 596 页。

Renewal right 对租赁合同续订的权利,forfeiture 对于他人续订租赁合同权利的剥夺,见第 480 页。

Sales of real property 不动产的买卖,见第 757 页。

LICENSES 许可协议

Shrinkwrap licenses 拆封许可协议。参见本索引中的"Terms in the Box"部分。

Use restrictions in 拆封许可协议中的使用限制,见第 146 页。

LOAN AGREEMENTS 贷款协议

Acceleration provisions 加速还款条款,interpretation 加速还款条款的解释,见第 286 页。

LOBBYING CONTRACT 游说合同

Public policy 公共政策,见第 779 页。

LOTTERIES 彩票

Consideration in 彩票中的对价,见第 187 页。

MAILBOX RULE"投邮生效"规则

参见本索引中的"Offer and Acceptance"部分。

MALICE 恶意

At-will employment 可以任意解除的雇佣关系,malicious termination 雇主恶意终止,见第 44 页。

Punitive damages 惩罚性赔偿,见第 605 页。

MARITAL CONTRACTS 夫妻之间达成的合同

Public policy 公共政策,见第 773 页。

Statute of frauds 反欺诈法,见第 755 页。

MATERIALITY 重要性

Breach 违反合同,material 严重违反合同,见本索引中的"Performance and Breach"部分。

Evidence 证据,见第 420 页。

Indefiniteness of material terms 重要条款的不确定性,见第 80 页。

Misrepresentations 错误陈述,fact and law questions 事实和法律问题,见第 336 页。

Mistake 错误,见 359 页。

Notice of material breach 严重违约的通知,见第 433 页。

Terms 条款,material 重要的条款,indefiniteness 不确定性,见第 80 页。

UCC《统一商法典》中有关"重要性"的相关规定,第431页。

MEETING OF MINDS 思想(意思)的交会

也见本索引中的"Intent to Contract"部分。

Accord and satisfaction 合意清偿债务,见第203页。

Assent manifestation doctrine vs 与"思想(意思)的交会"与"作出同意的意思表示"原则之比较

一般论述,见第125页。

也见本索引中的"Assent"部分。

Death of offeror 要约人的死亡,见第125页。

Notice of acceptance 对于承诺的通知,advertisement reward offer 通过广告进行悬赏的要约,见第86页。

Reward as offer requiring acceptance,悬赏作为要约,需要行为人作出承诺,见第83页。

MERCHANT RULES 商人规则

参见本索引中的"Uniform Commercial Code"部分。

MERGERS AND ACQUISITIONS 兼并和收购

Asset sales 资产出售,third party beneficiaries,第三方受益人,见第671页。

Negotiations and intent to contract 当事人进行协商(谈判)与当事人订立合同的意愿,见第6页,第15页。

MINORS 未成年人

Capacity of Parties 当事人的行为能力,参见本索引。

Rescissions of contracts 合同的撤销,见第303页。

MIRROR IMAGE RULE 镜像规则

参见本索引的"Offer and Acceptance"部分。

MISREPRESENTATION 错误陈述

一般论述,见第333页及以后的内容。

也见本索引中的"Fraud"部分。

Caveat emptor doctrine "买者自负"原则

一般论述,见第337页。

Mistaken representations 错误陈述,见第345页。

Conscious ignorance 自知对……并不知情[自愿承担由此带来的风险],见第350页。

Dance lesson contracts 跳舞课程合同,见第340页。

Duty to investigate 调查义务,见第338页。

Express warranties 明示担保,misrepresentations creating 构成明示担保的错误陈述,见第335页。

Facts vs opinion statements 事实与观点陈述之比较,见第342页。

Fiduciary relationships 诚信关系,见第342页。

Fraudulent 欺诈的,第343页。

Innocent 无辜的错误陈述,见第399页。

Justifiable reliance 有正当理由的信赖,见第337页。

Knowing 知道的,明知的,见第338页。

Land sale contract 土地买卖合同,见第333页。

Materiality 重要性，见第 336 页。

Mistaken 错误的，见第 343 页。

Mistaken representation 错误的陈述，caveat emptor doctrine "买者自负"原则，见第 345 页。

Mutual mistake 双方的（共同的）错误，见第 349 页。

Negligent 疏忽的，见第 338 页。

Nondisclosure as 构成错误陈述的不予披露，见第 343 页。

Puffing distinguished 错误陈述与自吹自擂的区别，见第 335 页。

Ratification of rescindable contract 可撤销合同的追认，见第 349 页。

Reckless 鲁莽的，见第 338 页。

Reformation 合同变更，参见本索引。

Reliance 信赖

    一般论述，见第 335 页。

    Justifiable 有正当理由的信赖，见第 337 页。

Rescission 撤销

    一般论述，见第 335 页。

    Ratification 追认，见第 349 页。

Restitution 返还利益［已经付出的价值（劳动）］，见第 339 页。

Unconscionability 显失公平，apparent fraud 显而易见的欺诈，见第 374 页。

Undue influence involving 涉及错误陈述的不当影响，见第 328 页，第 331 页。

Uniform Land Sales Practices Act 统一不动产销售法案，见第 337 页。

Uniform Residential Landlord and Tenant Act 有关住宅出租方和承租方关系的统一法案，见第 337 页。

MISTAKE 错误

    一般论述，见第 352 页及以后的内容。

Allocation of risk of 出现错误之后风险的分配，见第 355 页。

Assumption of risk of 承担出现错误的风险，见第 349 页，第 354 页。

Bidding mistake 投标中的错误，见第 363 页。

Burden of proof 证明责任，mutual mistake 双方的（共同的）错误，见第 353 页。

Careless 粗心，见第 365 页。

Caveat emptor doctrine "买者自负"原则，Mistaken representation 错误的陈述，见第 345 页。

Conscious ignorance distinguished "错误"与"自知对……并不知情［自愿承担由此带来的风险］"之间的区别，见第 354 页。

Construction contract bidding mistake 建设合同中的投标错误，见第 363 页。

Fact mistake 事实上的错误

    一般论述，见第 363 页，第 365 页，第 366 页。

    Mutual 双方的（共同的），见第 349 页。

Fault aspects 判断是哪一方的过失造成的错误，见第 370 页。

Judgment vs fact errors "判断上的错误"与"事实上的错误"之比较，见第 363 页，第 366 页。

Materiality of 错误的严重性，见第 359 页。

Misrepresentations 错误陈述

    一般论述，见第 343，345 页。

Mutual mistake 双方的(共同的)错误,见第 349 页。

Mutual mistake 双方的(共同的)错误

    Burden of proof 证明责任,见第 353 页。

    Definition 概念,见第 349 页。

    Fact mistake 事实上的错误,见第 349 页。

    Misrepresentations 错误陈述,见第 349 页。

    Reformation 合同变更,见第 370 页。

    Reformation to remedy 救济措施的变更,见第 353 页。

    Sales contracts 买卖合同,见第 352 页。

    Warranty and 担保和双方的错误,见第 361 页。

Reformation 合同变更

    一般论述,见第 369 页。

    Mutual mistake 双方的(共同的)错误,见第 353 页。

    Negligent mistake 因为疏忽造成的错误,见第 369 页,第 370 页。

    Sales contracts 买卖合同,mutual mistake 双方的(共同的)错误,见第 352 页。

Transmission of acceptance 承诺的传递,mistake in 承诺在传递过程中的错误,见第 122 页。

Warranty and mutual mistake 担保和双方的(共同的)错误,见第 361 页。

MITIGATION OF DAMAGES 减少损失的发生

    参见本索引中的"Damages"。

MODIFICATIONS OF CONTRACTS 合同的修改

    也见本索引中的"Accord and Satisfaction"部分。

Acceptance of 接受合同的修改,见第 113 页。

Consideration 对价

    Coercive contract modifications 被强制的合同修改,见第 199 页。

    Duress 胁迫,modification obtained by 通过胁迫达成的合同修改

    一般论述,见第 211 页。

    Pre-existing duty rule 既存合同义务规则,见第 199 页。

    Necessity modifications 合同修改的必要性,见第 200 页。

    Pre-existing duty rule 既存合同义务规则,见第 197 页。

    UCC《统一商法典》中对于合同修改对价的规定,见第 207 页。

Discharge of Contracts 合同的解除,参见本索引。

Good faith 善意

    Justifiable modifications 有正当理由的合同修改,见第 210 页。

    UCC《统一商法典》对于善意修改合同的相关规定,见第 208 页。

Intent to contract 当事人订立合同的意愿,见第 9 页。

Justifiable modifications 有正当理由的合同修改,见第 210 页。

Necessity modifications 合同修改的必要性,consideration 对价,见第 200 页。

Novations[合同、义务的]更新,见第 671 页。

Parol evidence rule 口头证据规则,见第 267 页。

Reasonable commercial standards 合理的商业标准,见第 209 页。

Statute of frauds 反欺诈法,见第 727 页,第 747 页。

Substituted agreements 替代的协议,见第 762 页。

Termination of contract distinguished 合同修改与合同终止的区别,见第 197 页。

Third party beneficiary contracts 第三方受益人合同,见第 673 页。

UCC《统一商法典》中有关修改合同的规定

    Consideration 对价,见第 207 页。

    Good faith 善意,见第 208 页。

    Reasonable commercial standards 合理的商业标准,见第 209 页。

Waiver distinguished 合同修改与放弃(条件)的区别,见第 463 页。

MORAL OBLIGATIONS 道德义务

    也见本索引中的"Promissory Estoppel"部分。

Acknowledgment of barred debt 对于一个受到[诉讼时效、反欺诈法等]阻止的债务予以承认,见第 236 页。

Consideration and 对价与道德义务,见第 232 页。

Humanitarian act as consideration 作为对价的人道主义行为,见第 238 页。

Promises made in recognition of 基于自己的道德义务而作出的承诺,见第 238 页,第 240 页。

MUTUALITY OF OBLIGATION 义务的相互性

Acknowledgment of barred debt 对于一个受到[诉讼时效、反欺诈法等]阻止的债务予以承认,见第 236 页。

Executory vs executed contracts "待履行的合同"与"已经执行的合同"之比较,见第 219 页。

Noncompetition agreement of at-will employees 可以被任意解除雇员的不竞争协议,见第 226 页。

Requirements contracts 需求合同,见第 222 页,第 638 页。

MUTUALITY OF REMEDY 救济措施的相互性

Specific Performance 实际履行,见第 639 页。

NEGLIGENCE 疏忽,过失

Gross negligence and punitive damages 严重疏忽与惩罚性赔偿,见第 605 页。

Misrepresentation 错误陈述,negligent 因为疏忽造成的错误陈述,见第 338 页。

Reformation 合同变更,negligent mistake 因为疏忽造成的错误,见第 369 页,第 370 页。

NEGOTIATON 协商,谈判

Advertisement 广告,performance inducing vs negotiation inducing "诱导他人履行一定行为的广告"与"诱导他人进行协商的广告"之比较,见第 92 页。

Agreement to agree 有待将来协商的协议,indefiniteness 合同的不确定性

    一般论述,见第 54 页。

    Intention to be bound manifestation 愿意受到协议约束的表现,见第 76 页。

    Negotiation agreement 进行协商(谈判)的协议,见第 68 页。

Agreement to negotiate 同意进行协商(谈判)的协议,good faith obligations 善意的义务,见第 67 页。

Bargaining process 协商的过程,relationship to consideration 对价的关系,见第 184 页。

Breach of contract to negotiate 违反同意进行协商(谈判)的合同

    一般论述,见第 65 页。

Damages 赔偿损失,见第 71 页。

Complexity of morden business contracts 当代商事合同的复杂性,见第 71 页。

Consideration 对价,relationship to bargaining process 协商过程中的关系,见第 184 页。

Contract formation and intent to negotiate distinguished "合同成立"与"同意进行协商(谈判)意愿"之间的区别,见第 6 页。

Damages 赔偿损失,breach of contract to negotiate 违反同意进行协商(谈判)的合同,见第 71 页。

Duress distinguished 协商与胁迫的区别,见第 323 页。

Good faith obligations 善意的义务,agreement to negotiate 同意进行协商(谈判)的协议,见第 67 页。

Intent to negotiate and contract formation intent distinguished "同意进行协商(谈判)的意愿"与"合同成立意愿"之间的区别,见第 6 页。

Offers distinguished 协商与要约的区别,见第 32 页。

Performance inducing vs negotiation inducing advertisement "诱导他人履行一定行为的广告"与"诱导他人进行协商的广告"之比较,见第 92 页。

NONCOMPETITION COVENANTS 雇员作出的不与雇主竞争的约定

Blue pencil enforcement "蓝色铅笔理论"的运用①,见第 650 页。

Confidentiality provision aspects 保密条款方面,specific performance 实际履行,见第 648 页。

Mutuality of obligation 义务的相互性,见第 226 页。

Non-solicitation provision as contrary to public policy 与公共政策相悖的"不得拉拢客户或雇员"条款,见第 788 页。

Personal service contracts 带有人身性质的服务合同,specific performance 实际履行,见第 644 页。

Specific performance 实际履行

一般论述,见第 644 页。

Confidentiality provision aspects 保密条款方面,见第 648 页。

Personal service contracts 带有人身性质的服务合同,见第 644 页。

NONDISCLOSURE 不予披露

Misrepresentation and 错误陈述与不予披露,见第 343 页。

NOTICE 通知

Condition 条件,notice of claim 主张条件时要通知对方当事人,见第 381 页。

Inquiry notice 调查通知,见第 165 页。

Material breach of notice requirement 严重违约的通知要求,见第 433 页。

Materiality of breach 违约的严重性,见第 433 页。

Offers 要约,notice of 要约的通知,见第 27 页。

---

① "蓝色铅笔理论",是指在不竞争协议当中对于竞业限制的时间、地域作了太过宽泛约束的情况之下,可以由法院通过"蓝色铅笔"将协议中不合理的那部分去除掉,进而使不竞争协议能够履行。通常情况之下,法院会因为协议中太过宽泛的限制将协议整体予以否定。"蓝色铅笔理论"并没有得到广泛认可。——译者注

Rescission election 撤销[报价等]的选择，见第 365 页。

NOVATION[合同、义务的]更新

一般论述，见第 671 页。

Assignments distinguished 更新与转让的区别，见第 767 页。

Burden of proof 证明责任，见第 768 页。

Intention of Parties 当事人更新合同的意愿，见 768 页。

OBLIGATION 义务

Moral Obligations 道德义务，参见本索引。

Mutuality of Obligation，参见本索引。

OFFER AND ACCEPTANCE 要约和承诺

一般论述，见第 16 页及以后的内容。

Acceptance 作出承诺，见 82 页及以后的内容。

Additional terms in acceptance 在作出承诺时增加的条款，UCC《统一商法典》中有关增加条款的规定，见第 133 页。

Advertisement as offer 作为要约的广告

一般论述，见第 23 页。

Acceptance 作出承诺，见第 85 页。

Explicit offers in advertisements 广告中明确的要约，见第 27 页。

Performance 履行一定行为，acceptance by 通过履行一定行为作出承诺，见第 85 页。

Performance inducing vs negotiation inducing offers "诱导他人履行一定行为的广告"与"诱导他人进行协商的广告"之比较，见第 91 页。

Reward offer in 广告中的悬赏要约，见第 84 页。

Approval of acceptance requirements "批准承诺"的要求，见第 400 页。

Assent 同意，见第 83 页。

Auction sales 拍卖

一般论述，见第 30 页。

Revocation of bids 投标的撤销，见第 104 页。

Authority to accept 作出承诺的权力，见 747 页。

Authority to contract 订立合同的权力，见第 747 页。

Bank and credit cards 银行卡和信用卡，见第 102 页。

Bidding mistake 投标中的错误，withdrawal prior to acceptance 在对方作出承诺之前撤回投标，见第 363 页。

Bid as offers 作为要约的投标。

一般论述，见第 30 页。

Revocation of bids 投标的撤销，见第 104 页。

Bluff 虚张声势，Offer made as and intent to contract 虚张声势作出的要约与当事人想要订立合同的意愿，第 2 页。

Chaffer 讨价还价，offers to 用来讨价还价的要约，见第 92 页。

Communication of acceptance 作出承诺之后的沟通（通知对方），reward 悬赏，见第 82 页。

Conditional acceptance 附条件的承诺，见第 12 页，第 160 页。

Conditions of performance and formation conditions distinguished "履行一定行为的条件"与

"合同成立条件"之区别,见第 399 页。

Conduct 行动,acceptance by 通过一定行动作出承诺,见第 94 页及以后的内容。

Contest prize offers as consideration 作为对价的竞赛(赌博)奖励要约,见第 185 页,第 187 页。

Count-offers 反要约

　一般论述,见第 129 页及以后的内容。

　也见本索引中的"Battler of the Forms"部分。

Cure 治愈,agreement to effect 医生与患者之间达成的有关治疗效果的协议,见第 17 页,第 21 页。

Custom and usage 习惯和惯例,acceptance mode 作出承诺的方式,见第 117 页。

Death of offeror 要约人的死亡

　Acceptance after 受约人在要约人死亡之后作出承诺,见第 125 页。

　Revocation of offer 要约的撤销,见第 125 页。

Delivered goods 交付的货物,acceptance of as acceptance of offer to sell 接受他人交付的货物,以此作为接受出售合同要约。

　一般论述,见第 100 页。

　Consumer protection laws 保护消费者权益的法律,见第 101 页。

Drunken acceptance 醉酒状态下作出的承诺,见第 2 页。

Duty to accept 接受货物的义务,delivery of goods as imposing 施加了[接受货物]义务的交付货物,见第 100 页。

E-commerce 电子商务

　一般论述,见第 161 页。

　Arbitration provisions 仲裁条款,见第 161 页,第 164 页。

　Clickwrap provision "点击即视为同意"条款,见第 162 页。

Employment resignation 雇佣关系中的辞职,acceptance of 接受雇员辞职,见第 119 页。

Examination questions 试题

　一般论述,见第 174 页,第 263 页。

　Answer 答案,见第 863 页。

Explicit offers in advertisements 广告中的明确要约,见第 27 页。

Fact and law questions

　Offer 要约,words as constituting 构成要约的言词,见第 17 页。

　Time of acceptance 作出承诺的时间,见第 728 页。

Firm offers 确定的要约(在一定时间内不得撤销的要约)

　也见本索引中的"Option Contracts"。

　Firm bids 固定价格的投标,第 258 页。

　Sales of goods 货物销售,见第 614 页。

　UCC《统一商法典》中有关确定要约的规定,见第 150 页。

Form of acceptance 作出承诺的形式,offer as controlling 控制作出承诺形式的要约,见第 105 页。

Formation and performance conditions distinguished "合同成立条件"与"合同履行条件"之区别,见第 399 页。

Indefiniteness of offer terms 要约条款的不确定性,见第 36 页。

Indifferent offers 不确定承诺具体方式的要约,acceptance of 对不确定具体承诺方式的要约所作出的承诺,见第 112 页。

Inducement to act 诱使他人采取行动,offer as 诱使他人采取行动的要约,见第 83 页。

Intent to Contract 当事人订立合同的意愿,参见本索引。

Intent to offer 发出要约的意愿,见第 32 页。

Jest 玩笑,offer made in 在玩笑当中作出的要约,见第 1 页,第 25 页。

Knowing assent 对于要约的知情同意,见第 83 页。

Knowledge of offeror that offer has been accepted 要约人知道其作出的要约已经被他人接受,见第 119 页。

Language of contract 合同中的文字,见第 84 页。

Lapse of offer 要约的失效,见第 127 页。

Last shot rule "最后一击"规则,见第 142 页。

Mailbox rule "投邮生效"规则,见第 116 页,第 120 页。

Manner of acceptance 承诺的方式,offer specifying 明确规定了承诺方式的要约,见第 114 页。

Master of offer 要约的主人,offeror as 作为要约主人的要约人。

　　一般论述,见第 117 页,第 120 页。

　　　Terms in the box cases "藏在盒子中的条款"案件,见第 159 页。

　　　UCC《统一商法典》中有关"要约的主人"的规定,见第 150 页。

Meeting of Minds 思想(意思)的交会,参见本索引。

Mirror image rule "镜像规则",见第 129 页

Mistake in transmission of acceptance 承诺在传递过程中出现错误,见第 122 页。

Modification of contract 合同的修改,acceptance of 接受合同的修改,见第 113 页。

Negotiations and offers distinguished 协商与要约之间的区别,见第 32 页。

New terms 新条款,acceptance including 接受包含新条款的承诺,见第 36 页。

Notice of acceptance 作出承诺的通知,advertisement reward offer 通过广告进行悬赏的要约,见第 86 页。

Notice of offers 要约的通知,见第 27 页。

Offer 要约,见第 16 页及以后的内容。

Opinion expressions and offers distinguished "观点的表达"与要约之间的区别,见第 17 页。

Option contracts 选择权合同,见第 171 页。

Payment 付款,acceptance by 通过付款作出承诺,见第 113 页。

Performance 履行,acceptance by 通过履行一定行为作出承诺

　　一般论述,见第 86 页。

　　　Advertisemnet offers 广告中的要约,见第 85 页。

　　　Death of offeror 要约人的死亡,acceptance after 受约人在要约人死亡之后作出承诺,见第 125 页。

Performance and formation conditions distinguished "合同履行条件"与"合同成立条件"之间的区别,见第 399 页。

Performance inducing vs promise inducing offers "诱导他人履行一定行为的要约"与"诱导

他人作出承诺(诺言)的要约"之比较,见第 91 页。

Power of acceptance 作出承诺的权力,termination of 作出承诺权力的终止,见第 173 页。

Prescribed medium of acceptance 作出承诺的指定媒介,见第 116 页。

Price quotations and offers distinguished 价格目录与要约的区别,见第 32 页。

Promises 承诺,诺言,offers as 作为承诺的要约,见第 105 页。

Quotations 价格目录,见第 35 页。

Reasonable expectations of offeree as to acceptance 受约人对承诺的合理期待[对于要约人
死亡应该给予通知],见第 126 页。

Resignation of contractual employment 从合同性质的雇佣关系中辞职,acceptance of 接受
辞职,见第 119 页。

Revocable offer 可撤销的要约,termination of 可撤销要约的终止,见第 123 页。

Revoation of offer 要约的撤销

    Bids at auction 拍卖中的投标,revocation of 撤销拍卖中的投标,见第 104 页。

    Death of offeror 要约人的死亡,见第 125 页。

    Reward offers 悬赏要约,见第 104 页。

    Subcontractors' bids 分包商的投标,见第 256 页。

    Tender preceding 在要约被撤销之前提出履行,见第 104 页。

    Unilateral offers 单方要约,见第 103 页,第 110 页。

    Withdrawal of offer 要约的撤回,见第 105 页。

Rewards offers 悬赏要约

    Acceptance 作出承诺,见第 82 页。

    Advertisements 广告,见第 84 页。

    Meeting of Minds 思想(意思)的交会,见第 83 页。

Seriousness of offer 要约的严肃性,见第 4 页。

Services 提供服务,acceptance as implying a promise to pay 一方在接受服务时默认将会支
付报酬,见第 96 页。

Shipment 装运货物,acceptance of offer to sell by 通过装运货物来表明接受销售要约,见第
159 页。

Signatures 签名,acceptance of offer by 通过签名来对要约作出承诺,见第 118 页。

Silence 沉默,acceptance made 通过沉默来作出承诺,见第 94 页及以后的内容。

Solicitations for offers 诱导他人作出要约,见第 27 页。

Standing offers 持续的要约,见第 109 页。

Subcontractors' bids 分包商的投标,revocation 撤销分包商的投标,见第 256 页。

Subject to conditions 受制于一定条件,acceptance made 作出的承诺受制于一定条件,见第
12 页。

Supervening illegality 包含非法因素,effect on offer 包含非法因素要约的后果,见第
128 页。

Tender 向对方提出(表明)自己会履行一定行为

    Acceptance by 通过向对方提出(表明)履行来作出承诺,见第 108 页。

    Offer distinguished "向对方提出(表明)自己会履行一定行为"与要约的区别,见第
106 页。

Revocation preceding 在对方提出履行之前撤销,见第 104 页。

Termination of power of acceptance 终止作出承诺的权力,见第 173 页。

Termination of revocable offer 终止可撤销的要约,见第 123 页。

Terms in the Box 藏在盒子中的条款,参见本索引。

Time of acceptance 作出承诺的时间,fact and law questions 事实和法律问题,见第 728 页。

Transmission of acceptance 承诺的传递,mistake in 承诺在传递过程中的错误,见第 122 页。

UCC《统一商法典》中有关要约和承诺的规定

    Additional terms in acceptance 在作出承诺时增加的条款,见第 133 页。

    Firm offers 确定的要约(在一定时间内不得撤销的要约),见第 150 页。

    Open terms 开放条款,见第 741 页。

    Shipment 装运货物,acceptance of offer to sell by 通过装运货物来表明接受销售要约,见第 159 页。

Unilateral contract 单方合同,acceptance by performance 通过履行来接受单方合同,见第 107 页。

Unilateral contract offers 单方合同的要约,revocation 撤销单方合同的要约,见第 103 页。

Unilateral offers 单方要约

    一般论述,见第 90 页。

    Revocation 撤销

    一般论述,见第 103 页。

    Part vs complete performance 部分履行与完全履行的比较,见第 110 页。

Rewards 悬赏

Waiver of condition 放弃条件,acceptance of 接受对条件的放弃,见第 113 页。

Withdrawal of bid prior to acceptance 在对方接受之前撤回投标,见第 363 页。

Withdrawal of offer 要约的撤回,见第 105 页。

OPEN TERMS 开放条款

    也见本索引中的"Agreement Process"。

Course of dealing to resolve 通过分析磋商过程来解决开放条款带来的不确定性问题,见第 76 页。

Essential terms 必备条款

    Fact and law questions as to essentiality 与开放条款必备性相关的事实和法律问题,见第 81 页。

    Intent of parties as to essentiality 当事人对于某个条款是否属于必备条款的意愿,见第 80 页。

    Open terms constituting 构成必备条款的开放条款,见第 67 页。

Indefiniteness 不确定性,rent to be agreed upon 需要协商达成一致的租金(条款),见第 53 页。

Intent of parties as to essentiality of open term 当事人对于开放条款是否属于必备条款的意愿,见第 80 页。

Intent to contract 当事人订立合同的意愿,见第 9 页。

Mechanics and details left open 某个交易的机制和具体细节未予明确,见第 14 页。

Offer and acceptance 要约和承诺,UCC《统一商法典》中有关要约和承诺的相关规定,见第

741 页。

Payment 付款

　　Indefiniteness 付款条款的不确定性，见第 61 页。

　　UCC《统一商法典》中对于付款的规定，见第 63 页。

Price rate adjustment mechanisms indefiniteness 价格调整机制的不确定性

　　一般论述，见第 72 页。

　　Reasonable rate by court to resolve 法院为了解决价格条款的不确定性所采纳的合理价格机制，见第 76 页。

Rent to be agreed upon 需要协商达成一致的租金（条款），见第 53 页，indefiniteness 不确定性，见第 53 页。

UCC《统一商法典》对于开放条款的相关规定

　　一般论述，见第 62 页。

　　Merchant rules 商人规则，见第 741 页。

　　Payment terms 付款条款，见第 63 页。

OPPRESSION 强制

Punitive damages 惩罚性赔偿，见第 605 页。

OPTION CONTRACTS 选择权合同

Consideration 对价，见第 171 页。

Definition 概念的界定，见第 172 页。

Firm offers 确定的要约（在一定时间内不得撤销的要约）

参见本索引中的"Offer and Acceptance"部分。

Forfeiture of lease renewal rights 对于他人续订租赁合同权利的剥夺，见第 480 页。

Offer and acceptance 要约和承诺，见第 171 页。

Requirement contracts distinguished 选择权合同与需求合同的区别，见第 224 页。

PARENTHOOD CONTRACTS 成为父母的合同①

Public policy 公共政策，见第 770 页。

PAROL EVIDENCE RULE 口头证据规则

　　一般论述，见第 267 页及以后的内容。

　　也见本索引中的"Interpretation"部分。

Ambiguous contract terms 含义模糊不清的合同条款，interpretation 解释，见第 282 页。

Contradicting terms of written contract 与书面合同的条款相抵触，oral agreement as 与书面合同相抵触的口头协议，见第 276 页，第 278 页。

Evidentiary support as factor 口头证据作为证据支持的一个因素，见第 271 页。

Examination questions 试题

　　一般论述，见第 300 页。

　　Answer 答案，见第 865 页。

Integration 整合

---

① 这种合同往往发生在同性恋者之间，同性恋双方通过协议准备要一个孩子（例如，女性同性恋者之间可以协商由其中一方进行人工授精），成为这个孩子的父母，并承担起父母的责任。——译者注

一般论述，见第 271 页。

也见本索引中的"Integration"部分。

Written and oral agreements as integrated 被整合的书面协议和口头协议，见第 274 页。

Intention 意愿

Contractual intent 合同上的意愿，parol evidence contradicting 与当事人合同上的意愿相抵触的口头证据。

Integration 整合，见第 274 页。

Parol evidence of 有关整合意愿的口头证据，见第 234 页。

Modifications of contracts by parol 通过口头方式达成的合同修改，见第 267 页。

Plain meaning rule 按照字面意思解释的规则，见第 281 页，第 287 页。

Real property sales contract 不动产买卖合同，见第 267 页。

Reformation 合同变更，见第 369 页。

UCC《统一商法典》中有关口头证据规则的规定，见第 276 页。

Varying terms of written contract 改变书面合同中的条款，oral agreement as 改变书面条款的口头协议，见第 276 页。

Warranties 担保，parol 口头担保，见第 268 页。

Written and oral agreements as integrated 被整合的书面协议和口头协议，见第 274 页。

PART PERFORMANCE 部分履行

一般论述，见第 110 页。

Divisibility of contracts 合同的可分割性，见第 438 页。

Intent to contract 当事人订立合同的意愿，part performance evidencing 表明订立合同意愿的部分履行，见第 13 页。

Statute of frauds barred contracts 受到反欺诈法阻止的合同

一般论述，见第 727 页。

Part payment 部分付款，见第 740 页。

Unilateral contracts 单方合同，见第 256 页。

Part performance 部分履行，见第 110 页，第 256 页。

Part vs complete performance 部分履行与完全履行之比较，见第 110 页。

Unilateral offer revocation 单方合同的撤销，part vs complete performance 部分履行与完全履行之比较，见第 110 页。

PAYMENT 付款

Acceptance of offer by 通过付款来接受要约，见第 113 页。

Conditions 条件

Construction contracts 建设合同，见第 397 页。

Constructive conditions 推定条件，见第 406 页。

Express conditions 明示条件，见第 385 页，第 397 页。

Subcontracts 分包合同，见第 398 页。

Construction contracts 建设合同，progress payments 根据进度分期付款，见第 406 页。

Constructive conditions 推定条件，见第 406 页。

Express conditions 明示条件，见第 385 页，第 397 页。

Offers and tenders distinguished 要约和"向对方提出（表明）自己会履行行为"之间的区别，

见第 106 页。

Open payment terms 开放的付款条款

Pay if paid provisions "在总承包商得到业主付款的情况下才支付分包商款项"条款,见第 398 页。

Statute of frauds barred contracts 受到反欺诈法阻止的合同,part payment 部分付款,见第 740 页。

Subcontracts 分包合同,payment conditions 付款条件,见第 397 页。

Tenders and offers distinguished "向对方提出(表明)自己会履行行为"和要约之间的区别,见第 106 页。

UCC《统一商法典》有关付款条款的规定,open payment terms 开放的付款条款,见第 63 页。

PENSION CONTRACTS 养老金合同

Capacity of parties to elect benefits 当事人在养老金合同中作出不同方案(利益)选择的能力,见第 305 页。

Promissory estoppel 允诺性禁止反言,见第 243 页。

PERFORMANCE AND BREACH 履行行为与违反合同

也见本索引中的"Conditions"部分。

Acceptance by performance of offer to contract 通过履行合同的要约来作出承诺,见第 86 页。

Acceptance of performance 接受履行行为,见第 426 页。

Assurance by promisor 立诺人的保证,acceptance based on 基于立诺人的保证而接受履行行为,见第 427 页,第 693 页。

Post acceptance discovery of defects 接收货物之后发现缺陷,见第 429 页。

Anticipatory breach 预期违约

一般论述,见第 515 页。

Repudiation 毁弃合同,见第 514 页,第 516 页,第 518 页。

Assignment 转让,见本索引。

Assurances of performance 履行的保证,见第 427 页,第 693 页。

Complete performance 完全履行,unilateral contracts 单方合同,见第 110 页。

Concurrent conditions 同时发生的条件,tender of performance 向对方提出(表明)自己将会履行,见第 410 页。

Conditions

Construction contracts 建设合同,full performance 全部履行,见第 411 页。

Formation and performance conditions distinguished "合同成立条件"与"合同履行条件"之区别,见第 399 页。

Promises and express conditions distinguished 承诺与明示条件之区别,见第 385 页。

Consideration 对价

Forbearance of power to breach existing contract 当事人约束自己不去行使违反既存合同的权力,见第 199 页。

Second contract 第二个合同,performance of contractual duty as 作为第二个合同义务的履行行为,见第 196 页。

Construction contracts 建设合同

Dependent and independent conditions "一方的履行依赖于另一方的履行"的条件,"一方的履行独立于另一方的履行"的条件,见第 423 页。

Full performance conditions 全部履行的条件,见第 411 页。

Trivial defects in performance 履行中的细小缺陷,见第 411 页。

Workmanlike performance 符合专业标准的履行,见第 420 页。

Constructive conditions 推定条件

一般论述,见第 406 页及以后的内容。

也见本索引中的"Conditions"部分。

Material breach 严重违约,见第 419 页。

Substantial performance 实质性履行,见第 416 页。

Tender of performance 向对方提出(表明)自己将会履行,见第 410 页。

Contractual recovery by defaulting party 违约一方当事人的合同救济,见第 438 页。

Cooperation 合作,implied covenants 默认的约定,见第 445 页。

Course of Performance 履行过程,参见本索引。

Cure of nonconforming delivery 对不符合合同的交付行为进行补正,UCC《统一商法典》中有关补正的规定,见第 427 页。

Cure of nonconforming performance 对于不符合合同的履行行为进行补正,strict performance 严格履行,见第 428 页。

Damages 赔偿损失,参见本索引。

Defaulting party 违约的一方当事人,Contractual recovery by 违约一方当事人的合同救济,见第 438 页。

Defects 缺陷,post acceptance discovery 接收货物之后发现缺陷,见第 429 页。

Delegation 授权他人代为履行,参见本索引。

Divisible contracts 可分割的合同

一般论述,见第 438 页。

Installment performance distinguished "可分割的合同"与"分期履行"之间的区别,见第 477 页。

Duration of contract 合同期限,indefiniteness as to 合同期限的不确定,见第 38 页。

Duress 胁迫,breach of contract threat 以违反合同相威胁,见第 319 页。

Efficient breach 有效率的违约,punitive damages 惩罚性赔偿,见第 606 页。

Election 合同条件没有成就之后,权利人选择不再追究,参见本索引。

Estoppel 禁止反言,参见本索引。

Evidence 证据,materiality of breach 违约的严重性,见第 420 页。

Examination questions 试题,见第 439 页,第 552 页。

Excuse of conditions 对条件的免除(豁免),见第 478 页。

Excuse of performance 对履行的免除(豁免)

Frustration 合同目的的落空,参见本索引。

Impossibility and impracticability 履行不能和履行困难,参见本索引。

Express conditions 明示条件,time provisions distinguished 明示条件与时间条款的区别,见第 392 页。

Forbearance of power to breach existing contract 当事人约束自己不去行使违反既存合同的权力,consideration 对价,见第 199 页。

Forfeiture 剥夺他人财产,参见本索引。

Formation and performance conditions distinguished "合同成立条件"与"合同履行条件"之区别,见第 399 页。

Good faith performance duties 善意履行的义务,见第 453 页。

Hindrance of performance 阻碍履行

一般论述,见第 439 页及以后的内容。

也见本索引中的"Implied Covenant of Good faith and Fair Dealing"部分。

Brokerage contract 经纪合同,见第 439 页。

Good faith performance duties 善意履行的义务,见第 453 页。

Implied covenants 默认约定,见第 445 页。

Implied covenants to use reasonable efforts 尽到合理努力的默认约定,见第 448 页。

Percentage rent lease 按照营业收入的一定比例计算租金的合同,见第 450 页。

Satisfaction provison duties "让……感到满意"条款中的义务,见第 445 页。

Honestly held subjective dissatisfaction 诚实地作出主观上不满意的判断,见第 446 页。

Implied Covenant of Good faith and Fair Dealing 善意及公平交易的默认约定

Implied covenants to use reasonable efforts 尽到合理努力的默认约定,见第 448 页。

Impossibility and Impracticability 履行不能与履行困难,参见本索引。

Indefinite term of performance 履行中的不确定条款,见第 38 页。

Independent promises 独立的承诺①,第 438 页。

Injunction of breach 要求对方不得违反合同的禁令,见第 638 页。

Installment performance 分期履行,divisible contract distinguished 分期履行与可分割合同的区别,见第 477 页。

Material breach 严重违约

Constructive conditions 推定条件,见第 419 页。

Evidence 证据,见第 420 页。

Notice 通知,见第 433 页。

Substantial impairment of whole contract 对于整个合同的实质性损害,见第 436 页。

UCC《统一商法典》关于严重违约的规定,见第 431 页。

Mutuality dependent conditions 彼此相互依赖的条件,见第 423 页。

Noncooperation 不合作

一般论述,见第 439 页及以后的内容。

也见本索引中的"Implied Covenant of Good faith and Fair Dealing"部分。

Brokerage contract 经纪合同,见第 439 页。

Good faith performance duties 善意履行的义务,见第 453 页。

---

① 一个合同中可以包括多个承诺,所谓"独立的"承诺是指可以从合同的多个承诺中独立出来履行的承诺,这样的承诺有时也被认为是一种可分割的承诺。当当事人履行了这样的独立承诺时,其还是可以向对方主张权利的,并不会因为其没有完成全部承诺而受到阻碍。——译者注

Implied covenants 默认约定,见第 445 页。

Implied covenants to use reasonable efforts 尽到合理努力的默认约定,见第 448 页。

Percentage rent lease 按照营业收入的一定比例计算租金的合同,见第 450 页。

Satisfaction provison duties "让……感到满意"条款中的义务,见第 445 页。

Notice 通知,materiality of breach 违约的严重性,见第 433 页。

Offer to contract 订立合同的要约,acceptance by performance 通过履行行为作出承诺,见第 86 页。

Opportunistic breach 投机取巧性质的违约,punitive damages 惩罚性赔偿,见第 605 页。

Part Performance 部分履行,参见本索引。

Part vs complete performance 部分履行与完全履行之比较,见第 110 页。

Percentage rent lease 按照营业收入的一定比例计算租金的合同,noncooperation 不合作,见第 450 页。

Post acceptance discovery of defects 接收货物之后发现缺陷,见第 429 页。

Power to breach existing contract 当事人违反既存合同的权力,forbearance of as consideration 作为一个对价,当事人约束自己不去行使这一权力,见第 199 页。

Promises and express conditions distinguished 承诺与明示条件的区别,见第 385 页。

Promissory estoppels 允诺性禁止反言,breach of contract remedy compared "允诺性禁止反言"与"违反合同的救济措施"之间的比较,见第 259 页。

Prospective nonperformance 未来可能的不履行行为

一般论述,见第 508 页及以后的内容。

也见本索引中的"Repudiation"部分。

Quantum meruit recovery "据实结算"的法律救济,excused performance 被免除的履行行为,见第 543 页。

Relief from foreiture 让当事人免予被剥夺财产的救济措施,见第 471 页及以后的内容。

Repudiation 毁弃合同,参见本索引。

Restitution claims of defaulting parties 违约一方要求对方返还利益[已经付出的价值(劳动)],见第 543 页。

一般论述,见第 630 页。

也见本索引中的"Restitution"部分。

Revocation of acceptance of performance 撤销对于履行行为的接受,见第 427 页,第 693 页。

Satisfaction conditions 满意条件

一般论述,见第 498 页及以后的内容。

也见本索引中的"Satisfaction"部分。

Duties of promisees 受诺人的义务,见第 445 页。

Second contract consideration 第二个合同的对价,performance of contractual duty as 作为第二个合同义务的履行行为,见第 196 页。

Separate contracts 单独的合同,见第 438 页。

Statute of frauds barred contracts 受到反欺诈法阻止的合同,effect of performance under 受到反欺诈法阻止的合同在履行之后的后果,见第 727 页。

Strict performance 严格履行,Cure of nonconforming performance contrasted "严格履行"与"对不符合合同的交付行为进行补正"之比较,见第 428 页。

Subjective dissatisfaction honestly held 诚实地作出主观上不满意的判断,见第 446 页。

Substantial performance as constructive conditions 对推定条件的实质履行,见第 416 页。

Tender of performance 向对方提出(表明)自己将会履行,见第 410 页。

Term of performance 履行期限条款,indefiniteness 不确定性,见第 38 页。

Time of performance conditions 履行的时间条件

一般论述,见第 396 页。

Express conditions distinguished "履行的时间条件"与"明示条件"之间的区别,见第 392 页。

Total breach of constructive condition 对于推定条件的完全违反,见第 424 页。

Trivial defects in performance 履行中的细小缺陷,construction contracts 建设合同,见第 411 页。

UCC《统一商法典》有关履行行为与违约的规定

Acceptance of goods 接受货物,见第 426 页。

Assurances of performance 履行的保证,见第 427 页,第 693 页。

Cure of nonconforming delivery 对不符合合同的交付行为进行补正,见第 427 页。

Materiality of breach 违约的严重性,见第 431 页,第 435 页。

Strict performance 严格履行,见第 426 页。

Substantial impairment of whole contract 对于整个合同的实质性损害,见第 436 页。

Unilateral contracts 单方合同

Part performance 部分履行,见第 256 页。

Part vs complete performance 部分履行与完全履行之比较,见第 110 页。

Waiver 放弃(条件),参见本索引。

Workmanlike performance 符合专业标准的履行,construction contract 建设合同,见第 420 页。

Wrongful prevention of performance 对履行行为的错误阻止

一般论述,见第 439 页及以后的内容。

也见本索引中的"Implied Covenant of Good faith and Fair Dealing"部分。

Brokerage contract 经纪合同,见第 439 页。

Good faith performance duties 善意履行的义务,见第 453 页。

Implied covenants 默认约定,见第 445 页。

Implied covenants to use reasonable efforts 尽到合理努力的默认约定,见第 448 页。

Percentage rent lease 按照营业收入的一定比例计算租金的合同,见第 450 页。

Satisfaction provison duties "让……感到满意"条款中的义务,见第 445 页。

PERSONAL PROPERTY 个人财产

参见本索引中的"Sales of Goods"部分。

PERSONAL SERVICES CONTRACTS 带有人身性质的服务合同

也见本索引中的"Employment Contracts"部分;"Service Contracts"部分。

Damages 赔偿损失

一般论述,见第 581 页。

Endorsement contracts 代言合同,见第 587 页。

Delegations of personal services 带有个性化服务的代为履行

　　　　一般论述,见第 684 页。

　　　　　　Waiver of objections 放弃反对,见第 701 页。

　　Endorsement contracts 代言合同,见第 587 页。

　　　　　　Damages 赔偿损失,见第 587 页。

　　　　　　Reasonable efforts condition 合理努力的条件,见第 215 页。

　　Specific performance of noncompetition covenants 不竞争约定的实际履行,见第 644 页。

PERSONNEL MANUALS 员工手册

At-will employment doctrine and "可以任意解除的雇佣关系"原则与员工手册,见第 41 页,
　　第 48 页。

Disclaimers in 雇主在员工手册中放弃自己应该承担的义务(责任),见第 49 页。

Reliance on employment terms stated in 对员工手册中的雇佣条款产生信赖,见第 50 页。

PLAIN MEANING RULE 按照字面意思解释的规则

Interpretation 解释,parol evidence rule 口头证据规则,见第 281 页,第 287 页。

PLEADING 提起(提出)……主张

Conditions precedent 一方当事人提出对方的诉请存在前置条件,见第 384 页。

POLICIES OF CONTRACT LAW 合同法的政策

　　　　参见本索引中的"Public Policy"部分。

Damages 赔偿损失,见第 606 页。

Efficient breach 有效率的违约,见第 606 页。

Good faith 善意,见第 459 页。

Pre-existing duty rule 既存合同义务规则,见第 200 页。

Promissory estoppel 允诺性禁止反言,见第 254 页。

Remedies 救济措施,见第 641 页。

Specfic performance 实际履行,见第 641 页。

Statute of frauds 反欺诈法,见第 716 页,第 729 页。

Unconscionability 显失公平,见第 489 页。

POLITICAL INFLUENCE CONTRACTS 受到政治影响的合同

Public Policy 公共政策,见第 779 页。

PRESUMPTIONS 假定

　　　　也见本索引中的"Evidence"部分。

Bilateral vs unilateral contracts 双方合同与单方合同之比较,见第 110 页。

Donee beneficiaries 受赠人受益人,presumptive acceptance 推定接受赠与,见第 674 页。

Gratuities 免费的,见第 96 页。

Undue influence 不当影响,见第 328 页。

PRICE 价格

Adjustment mechanism 价格调整机制

　　　　一般论述,见第 72 页。

　　　　Reasonable rate by court to resolve 法院为了解决价格条款的不确定性所采纳的合理
价格机制,见第 76 页。

Quotations 价格目录,offers distinguished 价格目录与要约的区别,见第 32 页。

PRIVITY 相对性

参见本索引中的"Third Party Beneficiaries"部分。

PROMISES 承诺

Abstention 当事人同意戒除某个行为的承诺，见第 177 页。

Change of position in reliance on as consideration 因为信赖某个承诺而导致自身地位发生变化，当事人以此作为对价，见第 180 页。

Child support promises 支付孩子抚养费的承诺，见第 190 页。

Collateral 附带的承诺，见第 749 页。

Conditional and unconditional 附条件的承诺与无条件的承诺，见第 388 页。

Conditions distinguished 承诺与条件的区别，见第 412 页，第 476 页。

Consideration 对价

      Child support promises 支付孩子抚养费的承诺，见第 190 页。

      Implied promises 默认的承诺，见第 215 页，第 217 页。

Dependent and independent promises distinguished "作为条件的承诺"与"独立的承诺"之区别，见第 412 页。

Detriment 损害，promise inducing 诱导他人产生损害的承诺，见第 183 页。

Direct 直接的承诺，见第 749 页。

Estoppel 禁止反言，Promissory 允诺性禁止反言。参见本索引中的"Promissory Estoppel"部分。

Express conditions distinguished 承诺与明示条件之区别，见第 385 页。

Extravagant 太过昂贵的承诺，in advertisements 广告中太过昂贵的承诺，见第 90 页。

Forbearance inducing 诱导他人采取限制行为的承诺，见第 246 页。

Gratuitous 免费的承诺

      一般论述，见第 176 页。

      也见本索引中的"Consideration"部分。

Illusory 虚幻的承诺

      一般论述，见第 214 页。

      Implied promises distinguished "虚幻的承诺"与"默认的承诺"之区别，见第 217 页。

      Satisfaction conditions 满意条件，见第 217 页。

Implied Covenant of Good faith and Fair Dealing 善意及公平交易的默认约定，参见本索引。

Implied promises 默认的承诺

      Conduct 行动，implied by 通过一定行动作出默认，见第 94 页。

      Consideration 对价，见第 215 页，第 217 页。

      Illusory promises distinguished "默认的承诺"与"虚幻的承诺"之区别，见第 217 页。

      Reasonable efforts 合理的努力，见第 448 页。

Independent and dependent promises distinguished "独立的承诺"与"作为条件的承诺"之区别，见第 412 页。

Independent promise 独立的承诺，见第 438 页。

Inferred 被推断出来的承诺，见第 95 页。

Martial 夫妻之间的承诺，见第 5 页。

Moral obligations 道德义务，promises made in recognition of 基于自己的道德义务而作出的

承诺,见第 238 页,第 240 页。

Mutuality of Obligation 义务的相互性,参见本索引。

Offers as 作为承诺的要约,见第 105 页。

Original 最初的承诺,见第 749 页。

Personal promises 带有人身性质的承诺,death of promisor 立诺人的死亡,见第 524 页。

Primary 主要的承诺,见第 749 页。

Reward 悬赏,promise intent 作出承诺的意愿,见第 85 页。

Satisfaction conditions rendering promises illusory 导致某个承诺成为虚幻承诺的满意条件,见第 217 页。

Secondary 从属的承诺,见第 749 页。

Services 提供服务,acceptance as implying a promise to pay 当事人在接受服务时默认将会支付报酬,见第 96 页。

Support promise estoppel 支付孩子抚养费的承诺不得反言,见第 772 页。

Suretyship distinctions 承诺与保证的区别,见第 749 页。

Third Party Beneficiaries 第三方受益人,参见本索引。

PROMISSORY ESTOPPEL 允诺性禁止反言

一般论述,见第 243 页及以后的内容。

也见本索引中的"Estoppel"部分;"Moral Obligations"部分。

Actual reliance 实际的信赖,见第 260 页。

Breach of contract remedies compared "允诺性禁止反言"与"违约救济措施"的比较,见第 259 页。

Change of position 位置的改变,见第 743 页。

Charitable subscriptions 慈善捐款,见第 252 页。

Damages 赔偿损失

一般论述,见第 259 页。

Mitigation 减少损失,见第 251 页。

Restitutionary 赔偿已经付出的价值(劳动),见第 261 页。

Elements 允诺性禁止反言的要素,见第 249 页,第 251 页。

Examination questions 试题

一般论述,见第 263 页。

Answer 答案,见第 863 页。

Forberance inducing promise 诱导他人采取限制行为的承诺,见第 246 页。

Foreseeablity 可预见性,见第 743 页。

Implied-in-law contracts 法律上默认的合同,见第 248 页。

Injustice 不公正,applicaition to prevent 适用允诺性禁止反言来阻止不公正,见第 246 页,第 249 页。

Mitigation of damages 减少损失的发生,见第 251 页。

Pension contract 养老金合同,见第 243 页。

Policy considerations 政策考量,见第 254 页。

Promise element 承诺的要素,见第 249 页。

Reasonable expectation for reliance 基于信赖产生的合理期待,见第 260 页。

Reliance 信赖

    一般论述,见第 249 页,第 743 页。

    Actual 实际的(信赖),见第 260 页。

    Actual reliance 实际的信赖,见第 260 页。

    Charitable subscriptions 慈善捐款,见第 253 页。

    Reasonable expectation for 基于信赖产生的合理期待,见第 260 页。

    Subcontractor's bids 分包商的投标,见第 255 页。

Remedies 救济措施,见第 250 页。

Restitutionary damages 赔偿已经付出的价值(劳动),见第 261 页。

Statute of frauds barred contracts 受到反欺诈法阻止的合同,见第 742 页。

Subcontractor's bids 分包商的投标,见第 254 页。

PROPERTY SETTLEMENT AGREEMENT 有关财产的和解协议

Undue influence 不当影响,见第 324 页。

PUBLIC POLICY 公共政策

    一般论述,见第 770 页及以后的内容。

    也见本索引中的"Public Policy"部分。

Alienability 财产可以被让与他人的特性,见第 698 页。

Artificial insemination contracts 人工授精合同,见第 773 页。

Assignment restrictions 转让限制,public policy challenge 公共政策对于转让限制的挑战,见第 697 页。

At-will employment doctrine "可以任意解除的雇佣关系"原则,public policy exception 公共政策的例外,见第 41 页,第 44 页。

Child 孩子,agreement to creat 通过协议来"创造"孩子,见第 770 页。

Choice of law 法律的选择,见第 790 页。

Cohabitants' contracts 同居者的合同,见第 773 页。

Conditions 条件,public policy challenges 公共政策对于条件的挑战,见第 381 页。

Cure 治愈,contractual enforcement of agreement to effect 医生与患者之间有关治疗效果的协议在合同上的强制执行,见第 21 页。

Determinations of 公共政策的认定,见第 45 页,第 773 页。

Employment contracts 雇佣合同,non-solicitating provision "不得拉拢客户或雇员"条款,见第 788 页。

Freedom of contract tensions 合同自由的压力,见第 382 页。

Fully performed contracts 已经完全履行的合同,见第 790 页。

Illegal Contracts,非法合同,参见本索引。

Legislation implied 立法默认的公共政策,见第 773 页。

Lobbying contracts 游说合同,见第 779 页。

Martial contracts 夫妻之间的合同,见第 773 页。

Parenthood contracts 成为父母的合同,见第 770 页。

Political influence contracts 受到政治影响的合同,见第 779 页。

Rewards 悬赏,enforcement 悬赏的执行,见第 84 页。

Unconscionability and 显失公平与公共政策,见第 375 页。

Void contracts 无效合同，见第 790 页。

PUFFERY 自吹自擂

Advertisements as 作为自吹自擂的广告，见第 28 页。

Misrepresentation distinguished 自吹自擂与错误陈述的区别，见第 335 页。

Undue influence and 不当影响与自吹自擂，见第 340 页。

PYRAMID SCHEMES 金字塔游戏

Illegal contracts 非法合同，见第 785 页。

QUANTUM MERUIT RECOVERY "据实结算"的救济措施

Excused performance 被豁免（免除）的履行，见第 543 页。

QUID PRO QUO[承诺的]替代物

一般论述，见第 183 页。

也见本索引中的"Consideration"部分。

RATIFICATION 追认

Duress 胁迫，ratification of contract avoidable for 对于因为胁迫而可撤销合同的追认，见第 317 页。

REAL PROPERTY 不动产

也见本索引中的"Sales of Real Property"部分。

REASONABLENESS 合理性

Commercial standards 商业标准，UCC《统一商法典》中有关商业标准的规定，见第 209 页。

Damages 赔偿损失，stipulated 约定的损失（赔偿金），见第 612 页。

Efforts 努力，consideration 对价，见第 215 页。

Expectations 期待

Insurance policies 保单，interpretation 解释，见第 488 页。

Offeree's reasonable expectations as to acceptance 受约人对承诺的合理期待[即对于要约人的死亡应该给予通知]，见第 126 页。

Performance 履行，implied covenants to use reasonable efforts 尽到合理努力的默认约定，见第 448 页。

Reliance reasonable expectation of 对某个合理期待产生信赖，见第 260 页。

Standard form contracts 标准文本合同，见第 488 页。

Rate of payment 支付标准，见第 76 页。

Satisfaction 满意，reasonableness standards [判断满意与否的]合理性标准，见第 500 页。

Unconscionability 显失公平，reasonableness determinations 合理性的认定，见第 375 页。

REFORMATION 合同变更

一般论述，见第 369 页。

Duty of diligence 审慎义务，见第 370 页。

Extrinsic evidence 外部证据，见第 370 页。

Intention of parties 当事人的意愿，reformation to conform to 变更合同使之符合当事人的意愿，见第 369 页。

Mistake 错误，见第 369 页。

Mutual mistake 双方的（共同的）错误，见第 353 页。

Parol evidence rule 口头证据规则，见第 369 页。

Purpose of remedy 救济措施的目的,见第 370 页。

Real property sale 不动产买卖,见第 369 页。

RELIANCE 信赖

Judicial remedies protecting reliance interests 保护信赖利益的司法救济措施,见第 22 页。

Justifiable 有正当理由的信赖,见第 337 页。

Misrepresentations 错误陈述,见第 333 页,第 336 页,第 337 页。

Personnel manual 员工手册,reliance on employment terms stated in 对员工手册中的雇佣
　　条款产生信赖,见第 50 页。

Promissory estoppel 允诺性禁止反言,见第 743 页。

REMEDIES 救济措施

　　一般论述,见第 554 页及以后的内容。

Damages 赔偿损失,参见本索引。

Limitation of remedies 救济措施的限制,UCC《统一商法典》中有关救济措施的规定,见第
　　621 页。

Mutuality of remedy 救济措施的相互性,specific performance 实际履行,见第 639 页。

Policy considerations 政策考量,见第 606 页,第 641 页。

Reformation 合同变更,参见本索引。

Rescission 撤销,参见本索引。

Restitution 返还利益[已经付出的价值(劳动)],参见本索引。

Specific Performance 实际履行,参见本索引。

RENTAL CONTRACT 租赁合同

　　参见本索引的"Lease"部分。

Constructive conditions of maintenance 对租赁物进行维护的推定条件,见第 417 页。

REPUDIATION 毁弃合同

　　一般论述,见第 508 页及以后的内容。

　　也见本索引中的"Performance of Breach"部分。

Anticipatory breach 预期违约,见第 514 页,第 516 页,第 518 页。

Assurances demand and 毁弃合同与要求提供担保,见第 516 页。

Breach by repudiation 通过毁弃合同来违约

　　一般论述,见第 508 页及以后的内容。

　　Brokerage agreement 经纪协议,见第 513 页。

　　Employment contract 雇佣合同,见第 508 页。

　　Executory contract 待履行的合同,见第 508 页。

　　Malpractice risks 律师作出毁弃合同决定可能带来的失职风险,见第 513 页。

　　Risks 风险,见第 513 页。

　　Sales of real property 不动产的买卖,见第 516 页。

　　Tender and demand 买方提出并要求卖方对不动产中的缺陷进行整改,见第 518 页。

Brokerage agreement 经纪协议,见第 513 页。

Constructive conditions 推定条件,material breach 严重违反推定条件,见第 419 页。

Damages 赔偿损失

　　Employment contract 雇佣合同,见第 566 页。

UCC《统一商法典》中有关赔偿损失的规定,见第 572 页。

Discharge of Contracts 合同解除,参见本索引。

Employment contract 雇佣合同

    Breach by repudiation 通过毁弃合同来违反雇佣合同,见第 508 页。

    Damages 赔偿损失,见第 566 页。

Examination questions 试题,见第 439 页。

Executory contracts 待履行的合同,breach by repudiation 通过毁弃合同来违反一个待履行的合同,见第 508 页。

Material breach resulting in 严重违约构成毁弃合同

    Constructive conditions 推定条件,见第 419 页。

    Substantial impairment of whole contract 对整个合同的实质性损害,见第 436 页。

Mitigation of damages after 在对方毁弃合同之后的减少损失义务,见第 562 页。

Risk 风险,breach by repudiation determinations 当事人决定通过毁弃合同来违约,见第 513 页。

Sales of real property 不动产的买卖,breach by repudiation 通过毁弃合同来违约,见第 516 页。

Substantial impairment of whole contract 对整个合同的实质性损害,material breach resulting in 严重违约导致了对整个合同实质性的损害,见第 436 页。

UCC《统一商法典》中有关毁弃合同的规定,damages 赔偿损失,见第 572 页。

REQUIREMENTS CONTRACTS 需求合同

Definition 概念,见第 638 页。

Good faith 善意,increases and decreases in requirements 需求的增加和减少,见第 223 页。

Illegal contracts 非法合同,见第 783 页。

Increases and decreases in requirements 需求的增加和减少,见第 223 页。

Mutuality of obligation 义务的相互性,见第 222 页,第 638 页。

Option contracts distinguished "需求合同"与"选择权合同"的区别,见第 224 页。

Specific performance 实际履行,见第 638 页。

RESCISSION 合同的撤销

    也见本索引中的"Avoidance of Contracts"部分。

Bids 投标,见第 365 页。

Consideration 对价,pre-existing duty rule 既存合同义务规则,见第 197 页。

Duress 胁迫,见第 315 页。

Incapacity of party 当事人没有行为能力,见 302 页。

Minors' contracts 未成年人签订的合同,见第 303 页。

Misrepresentation 错误陈述

    一般论述,见第 335 页。

    Ratification 追认,见第 349 页。

    Ratification of contract avoidable for 对于因为胁迫而可撤销合同的追认,见第 349 页。

Notice of election to rescind 通知对方自己选择撤销合同,见第 365 页。

Ratification of contract avoidable for 对于因为胁迫而可撤销合同的追认,见第 349 页。

Statute of frauds 反欺诈法,见第 727 页。

RESTITUTION 返还利益[已经付出的价值(劳动)]

一般论述,见第 623 页及以后的内容。

Aggrieved party claims 受害一方当事人主张返还利益[已经付出的价值(劳动)],见第 625 页。

一般论述,见第 623 页。

Attorney's claim for services 律师就所提供的服务主张返还利益[已经付出的价值(劳动)],见第 625 页。

Construction contracts 建设合同,见第 623 页。

Full performance 全部履行,见第 628 页。

Construction contracts 建设合同,aggrieved party claims 受害一方当事人主张返还利益[已经付出的价值(劳动)],见第 623 页。

Defaulting party claims 违约一方当事人主张返还利益[已经付出的价值(劳动)]

一般论述,见第 630 页。

Common law rule 普通法规则,见第 631 页。

Sale of going concern 正在经营中的业务的出售,见第 630 页。

Sales of real property 不动产的买卖,见第 633 页。

UCC《统一商法典》的相关规定。

Full performance 全部履行,aggrieved party claims 受害一方当事人的主张,见第 628 页。

Interests 利益,judicial remedies protecting 保护当事人利益的司法救济措施,见第 22 页。

Misrepresentation 错误陈述,见第 339 页。

Promissory estoppel 允诺性禁止反言,restitutionary damages 赔偿已经付出的价值(劳动)损失,见第 261 页。

Sale of going concern 正在经营中的业务的出售,defaulting party claims 违约一方当事人的主张,见第 630 页。

Sales of real property 不动产的买卖,defaulting party claims 违约一方当事人的主张,见第 633 页。

UCC《统一商法典》的相关规定,defaulting party claims 违约一方当事人的主张,见第 633 页。

RESTRICTIVE COVENATS 限制性约定

参见本索引中的"Noncompetition"部分。

REVOCATION 撤销

Assignments 转让,见第 681 页。

REWARDS 悬赏

Acceptance of offer 对于要约作出承诺,见第 82 页。

Advertisement 广告,reward offer in 广告中的悬赏要约,见第 84 页。

Meetings of minds 思想(意思)的交会,见第 83 页。

Performance inducing vs promise inducing offers "诱导他人履行一定行为的要约"与"诱导他人作出承诺的要约"之比较,见第 91 页。

Promise intent 作出承诺的意愿,见第 85 页。

Public policy favouring enforcement 支持执行悬赏的公共政策,见第 84 页。

Revocation of offer 要约的撤销,见第 104 页。

Unilateral offers 单方要约, treatment as 作为单方要约对待, 见第 90 页。

RISK 风险

Assumption of Risk, 参见本索引。

Mistake 错误

  Allocation of risk of 因为错误造成的风险分配, 见第 355 页。

  Assumption of risk of 自愿承担因为错误所造成的风险, 见第 349 页, 第 354 页。

Passage of title and risk of loss 权属的转移以及由此带来的损失风险, 见第 358 页。

Repudiation determination risks 决定毁弃合同带来的风险, 见第 513 页。

SALE OR RETURN 出售或者退货

UCC《统一商法典》中的相关规定, 见第 277 页。

SALES OF GOING CONCERN 正在经营中的业务的出售

Damages 赔偿损失, valuation questions 确定价值的问题, 见第 554 页。

Restitution 返还利益[已经付出的价值（劳动）], defaulting party claims 违约一方当事人的主张, 见第 633 页。

SALES OF GOODS 货物销售

  也见本索引中的"Uniform Commercial Code"部分。

Choice of law 法律的选择, 见第 348 页。

Counter-offers 反要约

  一般论述, 见第 129 页及以后的内容。

  也见本索引中的"Battle of the Forms"。

Damages 赔偿损失, 见第 568 页及以后的内容。

E-commerce 电子商务, UCC applicability《统一商法典》对于电子商务的适用, 见第 169 页。

Merchants 商人。见本索引中的"Uniform Commercial Code"部分。

Specific performance 实际履行, unique goods contracts 有关独特货物的合同, 见第 641 页。

Statute of frauds 反欺诈法, 见第 732 页及以后的内容。

Tangible goods 有形的货物, licensed software as 作为有形货物的被许可软件, 见第 169 页。

Terms in the Box 藏在盒子中的条款, 参见本索引。

SALES OF REAL PROPERTY 不动产买卖

Breach by repudiation 通过毁弃合同来违约, 见第 516 页。

Breach by repudiation 通过毁弃合同来违约, title defects 权属缺陷, tender and demand 买方提出并要求卖方对不动产中的缺陷进行整改, 见第 518 页。

Condominium sale 住宅公寓的出售, specific performance 实际履行, 见第 635 页。

Damages 赔偿损失

  一般论述, 见第 568 页及以后的内容。

  Title defects 权属缺陷, 见第 579 页。

Good faith performance duties 善意履行的义务, 见第 453 页。

Lease 租赁, 见第 757 页。

Parol evidence rule 口头证据规则, 见第 267 页。

Reformation 合同变更, 见第 369 页。

Restitution 返还利益[已经付出的价值（劳动）], defaulting party claims 违约的一方当事人的主张, 见第 633 页。

Satisfaction conditions 满意条件

一般论述，见第 498 页。

Attorney approval clause 需要得到律师批准的条款，见第 502 页。Good faith determination as to 当事人对于满意条件的认定是否善意，见第 216 页，第 218 页。

Title marketability 权属的市场适销性，见第 505 页。

Specific performance 实际履行，见第 635 页。

Statute of frauds 反欺诈法，见第 757 页。

Title defects 权属缺陷，breach by repudiation 通过毁弃合同来违约，tender and demand 买
方提出并要求卖方对不动产中的缺陷进行整改，见第 518 页。

Title marketability 权属的市场适销性，见第 505 页。

Damages 赔偿损失，见第 579 页。

Satisfactory 让人满意的权属市场适销性，见第 505 页。

Uniform Commercial Code applicability《统一商法典》的适用，见第 31 页。

SATISFACTION 对……感到满意

一般论述，见第 498 页及以后的内容。

也见本索引中的"Accord and Satisfaction"部分。

Attorney approval clause 需要得到律师批准的条款，见第 502 页。

Bad faith exercise of discretionary powers 恶意行使自由裁量（处置）权，见第 446 页。

Conditions of 让当事人感到满意的条件，duties created by 当事人行使表明满意的权力时应
该遵循的义务，见第 445 页。

Conditions rendering promises illusory 导致某个承诺成为虚幻承诺的条件，见第 217 页。

Fair consideration duty of promisee 受诺人对于满意条件进行公平考虑的义务，见第
501 页。

Good faith determination 当事人对于满意条件的认定是否善意，见第 216 页，第 218 页，第
500 页。

Illusory promises and satisfaction conditions 虚幻的承诺与满意条件，见第 217 页。

Implied covenant of good faith and fair dealing 善意及公平交易的默认约定，见第 446 页。

Reasonableness standards 合理性标准，见第 500 页。

Sales of real property 不动产的买卖

一般论述，见第 498 页。

Attorney approval clause 需要得到律师批准的条款，见第 502 页。

Title marketability 权属的市场适销性，见第 505 页。

Taste，fancy or personal judgment conditions 以个人的口味、嗜好或者个人判断作为条件，
satisfaction as to 对于上述条件感到满意，见第 500 页。

Title marketability 权属的市场适销性，见第 505 页。

Utility，fitness or value conditions 以某个物品的效用如何、适合与否、价值如何作为条件，
satisfaction as to 对于上述条件感到满意，见第 500 页。

SERVICE CONTRACTS 服务合同

也见本索引中的"Employment Contracts"部分；"Personal Service Contracts"部分。

Acceptance of services as implying a promise to pay 接受服务时默认将会支付报酬，见第
96 页。

Attorney's services 律师的服务, restitution 返还利益［已经付出的价值（劳动）］, 见第 625 页。

Burglar alarm contract 入室盗窃报警合同, 见第 617 页。

Damages 赔偿损失

一般论述, 见第 581 页。

Endorsement contracts 代言合同, 见第 587 页。

Stipulated 约定的损失（赔偿金）, 见第 617 页。

Restitution 返还利益［已经付出的价值（劳动）］, attorney's claim for services, 律师就自己提供的服务主张返还利益［已经付出的价值］, 见第 625 页。

UCC applicability《统一商法典》中对于服务合同的适用

一般论述, 见第 467 页。

Mixed sales of services and goods 混合了服务和货物的销售, 见第 57 页。

SETTLEMENTS 和解协议

Assignments of structured settlements 分期付款和解协议的转让, 见第 694 页。

Definition 概念, 见第 763 页。

Discharge of contracts, 合同的解除, 见第 762 页。

Structured settlements 分期付款和解协议, assignments 转让, 见第 694 页。

SHRINKWRAP LICENESES 拆封许可合同

一般论述, 见第 157 页。

参见本索引中的"Terms in the Box"部分。

Clickwrap licenses "点击即视为同意"的许可协议, 见第 162 页。

SIGNATURES 签名

Electronic Signatures in Global and National Commerce Act, 见第 164 页。

Offer 要约, signed but unreturned 已经签名但未返还的要约, 见第 118 页。

Statute of frauds memorandum requirement 反欺诈法对于备忘录的要求, 见第 735 页, 第 739 页。

SILENCE 沉默

Acceptance of offer by 通过沉默来接受要约, 见第 94 页及以后的内容。

SOFTWARE LICENSES 软件使用许可协议

UCC applicability《统一商法典》的适用, 见第 170 页。

SPECIFIC PERFORMANCE 实际履行

一般论述, 见第 635 页及以后的内容。

Adequacy of legal remedies 救济措施的充分性, 见第 639 页。

Condominium sale 住宅公寓的出售, 见第 635 页。

Confidentiality provisions in noncompetition covenants 不竞争约定中的保密条款, 见第 648 页。

Four requirements 实际履行的四个要求, 见第 639 页。

Indefiniteness 不确定性, 见第 77 页。

Indefiniteness of contract challenges 合同不确定性对于实际履行的挑战, 见第 639 页。

Injunction of breach 要求对方不得违反合同的禁令, 见第 638 页。

Intention to contract 当事人订立合同的意愿, 见第 78 页。

Liquidated damages vs 违约金赔偿与实际履行的比较,见第 638 页。

Mutuality of remedy 救济措施的相互性,见第 639 页。

Noncompetition covenants 雇员作出的不与雇主竞争的约定

　　一般论述,见第 644 页。

　　Confidentiality provision aspects 保密条款方面,见第 648 页。

Policy considerations 政策考量,见第 641 页。

Requirements contracts 需求合同,见第 638 页。

Sales of real property 不动产的买卖,见第 635 页。

Substantive basis for remedy 给予实际履行救济的实质基础,见第 635 页。

Supervisorial duties of court 法院对于实际履行进行监管的义务,见第 639 页。

Unique goods contracts 有关独特货物的合同,见第 641 页。

STANDARD FORM CONTRACTS 标准文本合同

　　一般论述,见第 487 页。

　　也见本索引中的"Battle of the Forms"部分。

Boilerplate 样板合同,见第 276 页。

Fine print 小号字体,见第 492 页。

Insurance policies 保单,见第 487 页。

Integration clauses 整合条款,见第 276 页。

Interpretation 解释,reasonable expectations 合理期待,见第 488 页。

STATUTE OF FRAUDS

　　一般论述,见第 709 页及以后的内容。

Adequacy of memorandum 备忘录的充分性,见第 739 页。

Choice of law 法律的选择,见第 718 页。

Completed sales under barred contracts 受到反欺诈法阻止的买卖合同已经履行完毕,见第 734 页。

Construction contracts 建设合同,one year provision 一年期条款,见第 709 页。

Deposit check as memorandum 作为备忘录的存款支票,见第 737 页。

Employment contrats 雇佣合同

　　Equitable enforcement 衡平法上的执行,见第 731 页。

　　Foreseeable reliance 可以预见的信赖,见第 731 页。

　　Memorandum requirement 备忘录的要求,见第 722 页。

　　One year provision 一年期条款,见第 716 页。

　　Part performance of barred contract 受到反欺诈法阻止的合同已经部分履行,见第 727 页。

Equitable enforcement 衡平法上的执行,见第 731 页。

Equitable estoppel enforcement of barred contracts 受到反欺诈法阻止的合同按照禁止反言原则予以履行,见第 730 页。

Foreseeable reliance 可以预见的信赖,employment contract 雇佣合同,见第 731 页。

Full performance of barred contract 受到反欺诈法阻止的合同已经全部履行,见第 727 页。

Indefinite duration contracts 不确定期限的合同,one year provision 一年期条款,见第 709 页。

Injustice 不公正, enforcement of barred agreement to prevent 对于受到反欺诈法阻止的协议予以实际履行以阻止不公正, 见第 730 页。

Martial contracts, 夫妻之间的合同, 见第 755 页。

Memorandum requirement 备忘录的要求

一般论述, 见第 722 页。

Adequacy of memorandum 备忘录的充分性, 见第 739 页。

Deposit check 存款支票, 见第 737 页。

Employment contrats 雇佣合同, 见第 722 页。

Periodic accountings between buyer and seller 买方与卖方之间的定期核算, 见第 732 页。

Reasonable time for delivery of memorandum 交付备忘录的合理时间, 见第 736 页。

Signatures 签名, 见第 735 页, 第 739 页。

UCC《统一商法典》对于备忘录的相关规定, 见第 733 页。

Modifications of contracts 合同的修改, 见第 727 页, 第 744 页。

One year provision 一年期条款

一般论述, 见第 709 页及以后的内容。

Construction contracts 建设合同, 见第 709 页。

Employment contracts 雇佣合同, 见第 716 页。

Indefinite duration contracts 不定期合同, 见第 709 页。

Policy considerations 政策考量, 见第 716 页。

Time of performance not specified 履行时间未曾明确, 见第 709 页。

Part payment 部分付款, 见第 740 页。

Part performance 部分履行, 见第 727 页。

Periodic accountings between buyer and seller 买方与卖方之间的定期核算, memorandum requirement 备忘录的要求, 见第 732 页。

Policy considerations 政策考量, 见第 729 页。

Promissory estoppel 允诺性禁止反言, 见第 742 页。

Reasonable time for delivery of memorandum 交付备忘录的合理时间, 见第 736 页。

Rescission 撤销, 见第 727 页。

Sales of goods 货物的销售, 见第 732 页及以后的内容。

Signatures on memorandum 备忘录上的签名, 见第 735 页, 第 739 页。

Suretyship 保证, 见第 748 页。

Television advertisement 电视广告, 见第 29 页。

Time of performance not specified 履行时间未曾明确, one year provision 一年期条款, 见第 709 页。

UCC《统一商法典》中有关反欺诈法的规定

Completed sales under barred contracts 受到反欺诈法阻止的买卖合同已经履行完毕, 见第 734 页。

Memorandum requirement 备忘录的要求, 见第 733 页。

Merchants rules 商人规则, 见第 741 页。

Modifications of contracts 合同的修改, 第 744 页。

STATUTES OF LIMITATIONS 诉讼时效

Consideration 对价,acknowledgment of barred debt as 当事人承认受到诉讼时效阻止的债务,以此作为对价,见第 236 页。

Tort/contract distinctions 侵权与合同的区别,见第 22 页。

STRUCTURED SETTLEMENTS 分期付款和解协议

Assignments 转让,见第 694 页。

SUBCONTRACTS 分包合同

也见本索引中的"Construction contracts"部分。

Bids 投标

Offer and acceptance law 要约和承诺的法律,revocation of offer 要约的撤销,见第 256 页。

Promissory estoppel 允诺性禁止反言,见第 254 页。

Reliance on 对投标产生信赖,见第 255 页。

Payment conditions 付款条件

一般论述,见第 397 页。

Pay if paid "在总承包商得到业主付款的情况下才支付分包商款项",见第 398 页。

Performance bonds 履行担保,claims against 分包商针对(业主)提出履行担保的主张,见第 662 页。

Revocation of subcontractor's bid 撤销分包商的投标,见第 256 页。

Third party beneficiaries 第三方受益人,见第 662 页。

Third party beneficiaries 第三方受益人,subcontractors as 作为第三方受益人的分包商,见第 662 页。

SURETYSHIP 保证

Collateral and primary promises distinguished 附带承诺与主要承诺之间的区别,见第 749 页,第 750 页。

Consideration 对价,见第 752 页。

Elections 在直接债务人与保证债务人之间选择向谁主张权利,见第 750 页。

Primary purpose exception 主要目的的例外情形,见第 751 页。

Secondary and original promises distinguished "附属的承诺"与"最初的承诺"之区别,见第 749 页,第 750 页。

Statute of frauds 反欺诈法,见第 748 页。

TENDER 向对方提出(表明)自己将会履行

Acceptance of offer by 通过提出履行来接受要约,见第 108 页。

Breach by repudiation 通过毁弃合同来违约,tender and demand 买方提出并要求卖方对不动产中的缺陷进行整改,见第 518 页。

Concurrent conditions 同时发生的条件,tender of performance 向对方提出(表明)自己将会履行,见第 410 页。

Constructive conditions 推定条件,tender of performance 向对方提出(表明)自己将会履行,见第 410 页。

Cure of nonconforming tender 对于不符合的提示履行进行补正,见第 428 页。

Definition 概念,见第 106 页。

Modification of contract 合同的修改，acceptance of 接受合同的修改，见第 113 页。

Offers distonguished 向对方提出（表明）将会履行与要约的区别，见第 106 页。

Performance tenders 向对方提出（表明）自己将会履行

    Concurrent conditions 同时发生的条件，见第 410 页。

    Constructive conditions of tender of performance 向对方提出履行的推定条件，见第 410 页。

Revocation of offer 要约的撤销，tender preceding 在对方撤销要约之前提出履行，见第 104 页。

Substantially complying 向对方提出的履行内容与合同中的义务实质性相符，见第 216 页。

Understanding 认知，tender made with 带着某个认知向对方提出（提交）履行，见第 113 页。

Waiver 放弃［对方提出整改的要求］

    一般论述，见第 518 页。

    Acceptance of 接受对方交付的履行行为，见第 113 页。

TERMINATIONS OF CONTRACT 合同终止

Modification of contract distinguished 合同终止与合同修改的区别，见第 197 页。

TERMS IN THE BOX 藏在盒子中的条款

    一般论述，见第 145 页及以后的内容。

Adhesion contracts 附和合同，见第 158 页。

Arbitration provisions 仲裁条款，见第 151 页，第 155 页。

Master of offer rule "要约的主人" 规则，见第 150 页，第 159 页。

Unconscionability 显失公平，见第 145 页。

Uniform Computer Information Transaction Act 统一计算机信息交易法案，见第 157 页。

Warranty limitations 对担保的限制，见第 154 页。

TESTAMENTARY INSTRUMENTS 遗嘱性质的文本

    一般论述，见第 233 页，第 235 页。

THIRD PARTY BENEFICIARIES 第三方受益人

    一般论述，见第 653 页及以后的内容。

Asset sales of business 将某个业务的资产出售

Attorney and client contracts 律师与客户的合同，见第 666 页。

Consideration 对价，见第 654 页。

Creditor beneficiaries 债权人受益人

    Defenses against 针对债权人受益人的抗辩理由，见第 677 页。

    Donee beneficiaries distinguished 债权人受益人与受赠人受益人的区别，见第 659 页。

    Intent to benefit 当事人让债权人受益人获得利益的意愿，见第 653 页。

    Modifications of promises affecting 对影响债权人受益人的承诺进行修改，见第 675 页。

    Privity 相对性，见第 655 页。

    Reliance 信赖，见第 675 页。

Defenses against Creditor beneficiaries 针对债权人受益人的抗辩理由，见第 677 页。

Direct or incidental beneficiaries 直接的受益人或者附带的受益人，见第 665 页。

Direct vs remote beneficiaries "直接的受益人" 与 "太过遥远的受益人" 之区别，见第 667 页。

Donee beneficiaries 受赠人受益人

　　一般论述,见第 657 页。

　　Creditor beneficiaries distinguished 受赠人受益人与债权人受益人的区别,见第 659 页。

　　Modifications of promises affecting 对影响受赠人受益人的承诺进行修改,见第 674 页。

　　Presumptive acceptance 假定某人会接受赠与,见第 674 页。

　　Privity 相对性,见第 658 页。

Incidental and intended beneficiaries 附带且有意让其受益的第三人,见第 660 页。

Intent to benefit creditor beneficiaries 当事人让债权人受益人获得利益的意愿,见第 653 页。

Intentional beneficiaries public as 一方当事人有意让社会公众作为第三方受益人,见第 660 页。

Modifications of contracts 合同的修改,见第 673 页。

Modifications of promises affecting

　　creditor beneficiaries 对影响债权人受益人的承诺进行修改,见第 675 页。

　　donee beneficiaries 对影响受赠人受益人的承诺进行修改,见第 674 页。

Performance bonds 履行担保,subcontractor's claims against 分包商针对(业主)提出履行担保的主张,见第 662 页。

Presumptive acceptance by donee beneficiary 假定受赠人受益人会接受赠与,见第 674 页。

Privity 相对性

　　Creditor beneficiaries 债权人受益人,见第 655 页。

　　Donee beneficiaries 受赠人受益人,见第 674 页。

Public beneficiaries 社会公众作为第三方受益人,见第 660 页。

Reliance 信赖,creditor beneficiaries 债权人受益人,见第 675 页。

Rights of parties 当事人的权利,见第 671 页。

Subcontractors 分包商,见第 662 页。

Trust beneficiaries 信托受益人,见第 667 页。

Will beneficiaries 遗嘱受益人,见第 666 页。

TIME OF ACCEPTANCE 作出承诺的时间

Fact and law questions 事实和法律问题,见第 728 页。

TIME OF THE ESSENCE 时间作为合同中的必备要求

Waiver of conditions 放弃条件,见第 466 页,第 467 页。

TIME PROVISION 时间条款

Express conditions distinguished 时间条款与明示条件之间的区别,见第 392 页。

TITLE 权属

Passage of title and risk of loss 权属的转移以及由此带来的损失风险,见第 358 页。

TORT / CONTRACT DISTINCTIONS 侵权与合同的区别

Physicians' promise to cure 医生作出的治愈患者的承诺,见第 21 页。

Statutes of limitations 诉讼时效,见第 22 页。

Wrongful discharge 错误解除雇员,见第 43 页。

Wrongful discharge of at-will employee 对于可以任意解除的雇员作出错误解除,见第 43 页。

TRADE USAGE 商业惯例

参见本索引中的"Custom and Usage"部分。

UNCERTAINITY 合同的不确定性

一般论述,见第 54 页。

也见本索引中的"Ambiguity"部分;"Indefiniteness"部分。

UNCONSCIONABILITY 显失公平

一般论述,见第 372 页及以后的内容。

Apparent fraud 显而易见的欺诈,见第 374 页。

Arbitration provisions 仲裁条款,见第 375 页。

Capacities of parties as factor 当事人的行为能力作为判断是否显失公平的一个因素,见第 374 页。

Clickwrap provisions "点击即视为同意"条款,见第 378 页。

Consumer sales 涉及消费者的买卖,见第 372 页。

Enforceability 可执行性,见第 373 页。

Evidence 证据,见第 355 页。

Evidence establishing 构成显失公平的证据,见第 495 页。

Fact and law questions 事实和法律问题,见第 355 页。

Fine print 小号字体,见第 492 页。

一般论述,见第 378 页。

Standard form contracts 标准文本合同,见第 492 页。

Form selection provisions 确定纠纷解决地的条款,见第 378 页。

Fraud 欺诈,apparent 显而易见的欺诈,见第 374 页。

Installment sales 分期付款的销售,见第 372 页。

Interpretation 解释,application of unconscionability policy to 解释中[防止]显失公平的政策适用,见第 489 页。

Meaningful choice standard① "有意义的选择"标准,见第 374 页。

Mutual mistake creating conditions of 构成显失公平条件的双方(共同)错误,见第 353 页。

One-Sideness of bargain 交易的"一边倒",见第 374 页。

Procedural and substantive 程序性的显失公平与实质性的显失公平,见第 355 页。

Public policy considerations 公共政策的考量,见第 375 页。

Reasonableness determinations 合理性的认定,见第 375 页。

Relative bargaining power of parties 当事人之间相对的讨价还价能力,见第 374 页。

Sharp practices 不择手段的行为,见第 373 页。

Standard form contract 标准文本合同,fine print 小号字体,见第 492 页。

Terms in the box 藏在盒子中的条款,见第 145 页。

UCC《统一商法典》中对于显失公平的规定,见第 374 页,第 493 页。

---

① "有意义的选择"是指当事人在交易时可以作出有实际意义的选择,根据该标准,只有当事人能够对某个交易提出修改、变更、拒绝,他才能作出"有意义的选择",否则,他达成的合同就可能被认定为是显失公平的合同。——译者注

UNDUE INFLUENCE 不当影响

一般论述,见第 324 页。

Adoption consent 同意收养,见第 329 页。

Burden of proof 证明责任,见第 327 页。

Confidential relationship 信任关系,见第 327 页。

Duress 参见本索引。

Excessive persuasion 过度劝说,见第 331 页。

Illegal contract participation under 在不当影响之下参与到非法合同当中,见第 787 页。

Misrepresentation and 错误陈述与不当影响,见第 328 页,第 331 页。

Presumptive 不当影响的假定,见第 328 页。

Property settlement agreement 财产和解协议,见第 324 页。

Puffing leading to 构成不当影响的自吹自擂,见 340 页。

UNIFORM COMMERCIAL CODE(UCC)《统一商法典》

也见本索引中的"Sales of Goods"部分。

Acceptance of performance 履行的接受,post acceptance discovery of defects 接收货物之后
发现缺陷,见第 429 页。

Additional terms in acceptance 在作出承诺时增加的条款,merchants 商人,见第 133 页。

Agreements 协议,见第 296 页。

Arbitration provisions 仲裁条款,见第 133 页。

Article 1《统一商法典》第一章

一般论述,见第 793 页。

先前的第一章,见第 851 页。

Article 2《统一商法典》第二章,见第 806 页。

Assignments of rights 权利的转让,见第 689 页。

Assurances of performance 履行的保证,见第 427 页,第 693 页。

Basis of the bargain test "交易的基础"测试,express warranty 明示担保,见第 348 页。

Battle of the forms 格式文本的战斗

一般论述,见第 134 页。

Merchant rule 商人规则,见第 153 页,第 160 页。

Neutrality principle 中立原则,见第 142 页。

Caveat emptor doctrine "买者自负"原则,见第 337 页,第 339 页。

Conditional acceptance 附条件的承诺,见第 160 页。

Consideration 对价

一般论述,见第 206 页。

也见本索引中的"Consideration"部分。

Pre-existing rule 既存合同义务规则,见第 200 页。

Conspicuousness 显著性,见第 491 页。

Construction contracts applicability 建设合同的适用,见第 467 页。

Constructive conditions 推定条件

一般论述,见第 426 页及以后的内容。

也见本索引中的"Consideration"部分。

Counter-offer 反要约

一般论述,见第 129 页及以后的内容。

也见本索引中的"Battle of the forms"部分。

Course of performance interpretation "履行的过程"解释,见第 296 页。

Cover 补货

Appropriateness of 补货的恰当性,见第 574 页。

Damages 赔偿损失,cover cost as 作为损失的补货成本,见第 573 页。

Cure of non-conforming delivery 对不符合合同的交付行为进行补正

一般论述,见第 427 页。

Material breach 严重违约,见第 435 页。

Strict performance contrasted "对不符合合同的交付行为进行补正"与"严格履行"的比较,见第 428 页。

Custom and usage interpretation "习惯与惯例"的解释,见第 294 页。

Damages 赔偿损失,参见本索引。

Default and mandatory provisions《统一商法典》的默认适用条款与强制适用条款,见第 206 页。

Defects 缺陷,post acceptance discovery of defects 接收货物之后发现缺陷,见第 429 页。

Delegations of contract duties 合同义务的代为履行,见第 688 页。

Delegations of duties 义务的代为履行

一般论述,见第 689 页。

Assurances of performance 履行的保证,见第 686 页,第 693 页。

Delivery of goods 货物的交付,acceptance of as acceptance of offer to sell 接受他人交付的货物,以此作为接受出售合同要约。

一般论述,见第 100 页。

Consumer protection laws 保护消费者权益的法律,见第 101 页。

Distributorship contracts applicability《统一商法典》对于经销合同的适用,见第 689 页。

E-commerce 电子商务,UCC applicability《统一商法典》对于电子商务的适用,见第 169 页。

Estoppel 禁止反言,见第 742 页。

Excusable delay provisions "可以被豁免的迟延"条款,见第 536 页。

Express warranty 明示担保,basis of the bargain test "交易的基础"测试,见第 348 页。

Firm offers 确定的要约(在一定时间内不得撤销的要约),见第 150 页。

Good faith 善意

Definition 概念,见第 298 页。

Merchant rules 商人规则,见第 206 页。

Modifications of contracts 合同的修改,见第 208 页。

Requirements contracts 需求合同,见第 223 页。

Growing crops as goods 作为货物的生长中谷物,见第 734 页。

Hybrid contracts 混合合同,见第 57 页。

Impossibility and impracticability 履行不能和履行困难

一般论述,见第 528 页,第 534 页。

Excusable delay provisions "可以被豁免的迟延"条款,见第 536 页。

Interpretation 解释
　　　Course of performance 履行过程,见第 296 页。
　　　Custom and usage 习惯与惯例,见第 294 页。
Last shot rule "最后一击"规则,见第 142 页。
Limitation of remedies 救济措施的限制,见第 621 页。
Lost profits 失去的利润,见第 576 页。
Lost volume sellers' damages "失去成交量卖方"的损失,见第 576 页。
Master of offer rule "要约的主人"规则,terms in the box 藏在盒子中的条款,见第 159 页。
Material breach 严重违约
　　　一般论述,见第 431 页,第 435 页。
　　　Substantial impairment of whole contract 对整个合同的实质性损害,见第 436 页。
Merchant rules 商人规则
　　　一般论述,见第 734 页。
　　　Additional terms in acceptance 在作出承诺时增加的条款,见第 133 页。
　　　Battle of the forms 格式文本的战斗,见第 153 页,第 160 页。
　　　Definition 概念,见第 136 页。
　　　Good faith 善意,见第 206 页。
　　　Open terms 开放条款,见第 741 页。
　　　Statute of frauds 反欺诈法,见第 741 页。
Mirror image rule 镜像规则,见第 132 页。
Mistake in transmission of acceptance 承诺在传达过程中出现错误,见第 122 页。
Modifications of contracts 合同的修改
　　　Consideration 对价,见第 207 页。
　　　Good faith 善意,见第 208 页。
　　　Reasonable commercial standards 合理的商业标准,见第 209 页。
　　　Statute of frauds 反欺诈法,见第 744 页。
Modifications of statutory provisions 对成文法上的条款作出修改,见第 206 页。
Movable materials used to construct immovable fixture 用来建造不可移动装置的可移动材
　　料,见第 59 页。
Offer and acceptance 要约和承诺
　　　Open terms 开放条款,见第 741 页。
　　　Shipment 装运货物,acceptance of offer to sell by 通过装运货物来表明接受销售要约,
见第 159 页。
Offer to sell 出售某样物品的要约,acceptance by acceptance of delivered goods 通过接受交
　　付的货物来作出承诺
　　　一般论述,见第 100 页。
　　　Consumer protection laws 保护消费者权益的法律,见第 101 页。
Open terms 开放条款
　　　一般论述,见第 62 页。
　　　Merchants 商人,见第 741 页。
　　　Payment terms 付款条款,见第 63 页。

Parol evidence rule 口头证据规则,见第 276 页。

Payment terms left open 付款条款没有确定,见第 63 页。

    Acceptance of goods 接受货物,见第 426 页。

    Assurances of performance 履行的保证,见第 427 页,第 693 页。

    Strict performance 严格履行,见第 426 页。

Post acceptance discovery of defects 接收货物之后发现缺陷,见第 429 页。

Real property sales 不动产买卖,applicability to《统一商法典》对于不动产买卖的适用,见第 31 页。

Reasonable commercial standards 合理的商业标准,modifications of contracts 合同的修改,见第 209 页。

Rejection or revocation of acceptance 拒绝接受货物或者撤销对货物作出的接受,见第 428 页。

Remedies 救济措施,limitation of 救济措施的限制,见第 621 页。

Repudiation damages 毁弃合同造成的损失,见第 572 页。

Requirements contracts 需求合同,good faith 善意,见第 223 页。

Restitution 返还利益[已经付出的价值(劳动)],defaulting party claims 违约的一方当事人主张对方返还利益[已经付出的价值(劳动)],见第 633 页。

Sale or return 出售或者退货,见第 277 页。

Service contracts 服务合同,见第 467 页。

Services and goods 服务与货物,UCC applicability to mixed sales of《统一商法典》对于服务与货物混搭销售的适用,见第 57 页。

Shipment 装运货物,acceptance of offer to sell by 通过装运货物来表明接受销售要约,见第 159 页。

Software licences 软件许可使用协议,UCC applicability《统一商法典》对于软件许可使用协议的适用,见第 170 页。

Statute of frauds 反欺诈法

    Completed sales under barred contracts 受到反欺诈法阻止的买卖合同已经履行完毕,见第 734 页。

    Memorandum requirement 备忘录的要求,见第 733 页。

    Merchants rule 商人规则,见第 741 页。

    Modifications of contracts 合同的修改,见第 744 页。

Substantial impairment of whole contract 对整个合同的实质性损害,material breach resulting in 严重违约导致了对整个合同实质性的损害,见第 436 页。

Tangible goods 有形的货物,见第 169 页,licensed software as 作为有形货物的被许可软件,见第 169 页。

Terms in the box 藏在盒子中的条款,master of the offer rule "要约的主人"规则,见第 159 页。

Transmission of acceptance 承诺的传递,mistake in 承诺在传递过程中的错误,见第 122 页。

Unconscionability 显失公平,见第 374 页,第 493 页。

Warranty limitations 担保的限制,battle of the forms 格式文本的战斗,见第 138 页。

UNIFORM COMPUTER INFORMATION TRANSACTION ACT(UCITA)统一计算机信息交易法案

一般论述,见第 157 页。

UNIFORM LAND SALES PRACTICE ACT 统一不动产销售法案

Misrepresentation 错误陈述,见第 337 页。

UNIFORM RESIDENTIAL LANDLORD AND TENANT ACT 有关住宅出租方和承租方关系的统一法案

错误陈述,见第 337 页。

UNILATERAL CONTRACTS 单方合同

一般论述,见第 90 页。

也见本索引中的"Offer and Acceptance"部分。

Complete performance 完全履行,见第 110 页。

Definition 概念,第 104 页。

Offers 要约,unilateral 单方的(要约)

Revocation 撤销,part vs complete performance 部分履行与完全履行之比较,见第 110 页。

Rewards 悬赏,见第 90 页。

Part performance 部分履行,见第 110 页,第 256 页。

Part vs complete performance 部分履行与完全履行之比较,见第 110 页。

Performance 履行,acceptance by 通过履行一定行为来作出承诺,见第 110 页。

Presumptions 假定,见第 110 页。

Revocation of unilateral offer 单方要约的撤销

一般论述,见第 103 页。

Part vs complete performance 部分履行与完全履行之比较,见第 110 页。

Rewards 悬赏,见第 90 页。

UNJUST ENRICHMENT 不当得利

Damages 赔偿损失,见第 259 页。

USAGE 惯例

参见本索引中的"Custom and Usage"部分。

VAGUENESS 模糊性

一般论述,见第 54 页。

也见本索引中的"Indefiniteness"部分。

VESSEL CHARTERS 租船合同

Impossibility and impracticability 履行不能与履行困难,见第 530 页。

VOID CONTRACTS 无效合同

也见本索引中的"Avoidance of contracts"部分。

Avoidable and void contracts distinguished "可以撤销的合同"与"当然无效的合同"之间的区别,见第 317 页。

Illegal contracts 非法合同,参见本索引。

Public policy 公共政策,见第 790 页。

Void ab initio 自始无效,见第 402 页。

WAIVER 放弃(条件)

也见本索引中的"Election"部分。

Acceptance of condition waiver 对于放弃条件的接受,见第 113 页。

Assignments 转让,improper 不恰当的转让,waivers of defects 对缺陷的放弃,见第 699 页。

Condition waivers 对条件的放弃

一般论述,见第 462 页。

Acceptance of 接受对条件的放弃,见第 113 页。

Time of the essence 及时履行作为合同中的必备要求,见第 466 页,第 467 页。

Course of performance distinguished 放弃条件与履行过程的区别,见第 294 页。

Definition 概念,见第 464 页。

Delegations 授权他人代为履行行为(义务),improper 不恰当的授权他人代为履行行为(义务),waiver of defects 对缺陷的放弃,见第 699 页。

Elections 合同条件没有成就之后,权利人选择不再追究,Waiver as 对条件不再追究的放弃条件,见第 464 页,第 467 页。

Equitable estoppel distinguished 放弃条件与衡平法上禁止反言的区别,见第 465 页。

Evidence 证据,见第 433 页。

Forfeiture 剥夺他人财产,见第 464 页。

Modifications of contracts distinguished 放弃条件与合同修改的区别,见第 744 页。

Tender 提出(提交)履行,见第 518 页。

Time of the essence conditions 及时履行作为合同中的必备要求,见第 466 页,第 467 页。

WAR 战争

Impossibility and impracticability by 由战争引发的履行不能和履行困难,见第 530 页,第 535 页。

WARRANTIES 担保

Basis of the bargain test "交易的基础"测试,express warranty 明示担保,见第 348 页。

Battle of the forms 格式文本的战斗,见第 138 页。

Bill of sale descriptions 出售单据中对物品的品质作出描述,见第 345 页。

Breach damages 违反担保的赔偿损失,见第 18 页,第 349 页。

Certificate of authenticity as express warranty 作为明示担保的认证证书,见第 348 页。

Damages 赔偿损失

Breach 违反担保,见第 18 页。

Express warranty breach 违反明示担保,见第 349 页。

Express warranties 明示担保

Basis of the bargain test "交易的基础"测试,见第 348 页。

Certificate of authenticity as 作为明示担保的认证证书,见第 348 页。

Creation 创设明示担保,fact and law questions 事实和法律问题,见第 348 页。

Damages for breach 违反担保的赔偿损失,见第 349 页。

Intent to create 创设明示担保的意愿,见第 348 页。

Misrepresentation creating 创设了明示担保的错误陈述,见第 335 页。

Fact and law questions 事实和法律问题,express warranty creation 明示担保的创设,见第 348 页。

Implied warranties 默认的担保，见第 490 页。

Insurance contracts 保险合同，见第 490 页。

Intent to create express warranty 创设明示担保的意愿，见第 348 页。

Misrepresentation creating express warranties 创设了明示担保的错误陈述，见第 335 页。

Mutual mistake and 双方的（共同的）错误与担保，见第 361 页。

Parol evidence rule 口头证据规则，见第 268 页。

Terms in the box 藏在盒子中的条款，见第 154 页。

WRITINGS 书面形式

Electronic Signatures in Global and National Commerce Act 电子签名法案，见第 164 页。

Integration of written and oral agreements 书面协议与口头协议的整合，见第 274 页。

Language of contract 合同中的文字，见第 84 页。

Parol evidence rule 口头证据规则，参见本索引。

Statute of frauds 反欺诈法，参见本索引。

WRONGFUL DISCHARGE 错误解除雇员

At-will employment doctrine "可以任意解除的雇佣关系"原则，见第 43 页。

图书在版编目(CIP)数据

美国合同法案例精解:第 6 版/(美)约翰·卡拉马
里(John Calamari)等著;王飞译.—上海:上海人
民出版社,2018
(海外法学译丛)
书名原文:Cases and Problems on Contracts
ISBN 978 - 7 - 208 - 14725 - 6

Ⅰ.①美⋯　Ⅱ.①约⋯　②王⋯　Ⅲ.①合同法-案例
-分析-美国　Ⅳ.①D971.23

中国版本图书馆 CIP 数据核字(2017)第 198750 号

责任编辑　秦　堃
封面设计　范昊如　夏　雪

美国合同法案例精解(第 6 版)

[美]约翰·卡拉马里、约瑟夫·佩里罗、海伦·哈德吉扬那基斯·本德、卡罗琳·布朗 著
王　飞　译

出　　版　上海人民出版社
　　　　　　(200001　上海福建中路 193 号)
发　　行　上海人民出版社发行中心
印　　刷　常熟市新骅印刷有限公司
开　　本　720×1000　1/16
印　　张　73.25
插　　页　8
字　　数　1294,000
版　　次　2018 年 3 月第 1 版
印　　次　2021 年 7 月第 3 次印刷
ISBN 978 - 7 - 208 - 14725 - 6/D·3075
定　　价　228.00 元

"独角兽法学精品"书目

《美国法律故事:辛普森何以逍遥法外?》
《费城抉择:美国制宪会议始末》
《改变美国——25 个最高法院案例》
《人工智能:刑法的时代挑战》
《上海法制史(第二版)》

人工智能
《机器人是人吗?》
《谁为机器人的行为负责?》
《人工智能与法律的对话》

海外法学译丛
《美国合同法案例精解(第 6 版)》
《美国法律体系(第 4 版)》
《正义的直觉》
《失义的刑法》

德国当代经济法学名著
《德国劳动法(第 11 版)》
《德国资合公司法(第 6 版)》